KB198571

쉽게 배우는
DSM-5-TR®
임상가를 위한 진단지침

James Morrison 지음

신민섭, 김현희, 남기은, 박찬솔, 엄수빈 옮김

Σ 시그마프레스

쉽게 배우는 **DSM-5-TR®** 임상가를 위한 진단지침

발행일 | 2025년 3월 5일 1쇄 발행

지은이 | James Morrison
옮긴이 | 신민섭, 김현희, 남기은, 박찬솔, 엄수빈
발행인 | 강학경
발행처 | **㈜ 시그마프레스**
디자인 | 김은경, 우주연
편 집 | 김은실, 이지선, 윤원진
마케팅 | 문정현, 송치헌, 김성옥, 최성복

등록번호 | 제10-2642호
주소 | 서울특별시 영등포구 양평로 22길 21 선유도코오롱디지털타워 A401~402호
전자우편 | sigma@spress.co.kr
홈페이지 | http://www.sigmapress.co.kr
전화 | (02)323-4845, (02)2062-5184~8
팩스 | (02)323-4197

ISBN | 979-11-6226-485-0

DSM-5-TR® Made Easy: The Clinician's Guide to Diagnosis

Copyright © 2023 The Guilford Press
A Division of Guilford Publications, Inc.
All rights reserved.
Korean language edition © 2025 by Sigma Press, Inc. published by arrangement with The Guilford Press

이 책의 한국어판 저작권은 The Guilford Press와 **㈜ 시그마프레스** 간 한국어판 출판·판매권 독점 계약에 의해 발행되었으므로 본사의 허락 없이 어떠한 형태로든 일부 또는 전부를 무단 전재 및 복제할 수 없습니다.

＊ 책값은 책 뒤표지에 있습니다.

역자 서문

10년 전에 임상 장면에서 정신병리와 진단에 대해 학생들을 가르치거나 수련생들을 지도할 때 도움이 될 만한 좋은 지침서를 찾던 중에 James Morrison 박사의 *DSM-5 Made Easy: The Clinician's Guide to Diagnosis*를 접하게 되었습니다. 정신장애의 진단과 이해를 돕기 위한 전문 서적들과 역서들은 많지만, 이 책처럼 다양한 정신장애를 다 포괄하여 각 장애 별로 명확한 진단기준과 전형적인 사례를 제시하면서 정신장애 진단 시 고려해야 할 점에 대해 전문적이고 체계적으로 설명할 뿐만 아니라 저자의 임상적인 견해를 명쾌하고 때론 흥미롭고 재미있게 기술한 책은 별로 없다는 생각이 들어서 번역하는 작업이 힘들기는 하지만 용기를 내어서 **쉽게 배우는 DSM-5 : 임상가를 위한 진단지침**을 2016년에 출판하였습니다. 이번 책은 DSM-5-TR에 따라 수정, 보완 작업이 이루어진 것입니다.

저자인 제임스 모리슨 박사는 이 책에서 DSM-5-TR에 포함된 모든 정신장애와 성격장애를 20개 장으로 나누어 DSM-5-TR에 입각한 진단과 감별진단 시 고려해야 할 점에 대해 알기 쉽게 기술하고 있습니다. 제1장에서부터 제18장까지는 신경발달장애, 조현병 스펙트럼 및 기타 정신병적 장애, 기분장애, 불안장애, 강박 및 관련 장애, 외상 및 스트레스 관련 장애, 해리장애, 신체증상 및 관련 장애, 급식 및 섭식 장애, 배설장애, 수면-각성장애, 성기능부전, 젠더 불쾌감, 파괴적, 충동조절 그리고 품행장애, 물질관련 및 중독 장애, 주요 및 경도 인지장애, 성격장애, 그리고 변태성욕장애에 대해 각각 설명하고 있습니다. 제19장에서는 정신질환은 아니지만 임상적 주의를 요하는 상태들에 대해 소개하였고, 제20장에서는 유념해야 할 진단 원칙과 함께 추가적으로 도움이 되는 진단 사례를 제시하고 있습니다.

저자는 각 장마다 빠른 진단지침과 핵심 특징, 이중선 안에 기술한 내용 등을 통해 각 정신장애에 대하여 구체적으로 알기 쉽게 설명하고 있을 뿐만 아니라, 각각의 사례에 대한 세심한 평가 및 진단을 통해서 임상 장면에서 진단 작업이 이루어지는 과정을 마치 저자 옆에서 직접 설명을 듣고 있는 것처럼 생생하게 기술하고 있습니다. 빠른 진단지침에서는 그 장에서 다루고 있는 정신장애에 대한 요약을 제공하고 있고, 핵심 특징에서는 여러 정신장애 및 행동장애의 전형적인 특징을 기술하였고, 다른 장애를 배제하고 정상집단과의 감별에 도움이 될 수 있도록 진단 과정에서 놓치기 쉬운 특징을 'ㄱ들을 다루어라'(감별진단, 고통 혹은 장애, 기간)라는 이름으로 정리하였습니다. 이 중 감별진단에서는 물질사용장애 및 일반적인 의학적 장애를 포함하여 증상을 평가할 때 대안으로 고려해야 하는 장애들을 감별진단의 안전원칙에 따라 열거하고 있습니다. 부호화 시 주의점에는 명시자를 비롯하여 하위유형, 심각도, 그리고 해당 장애와 관련이 있는 기타 주제에 대한 추가적인 정보를 제공하고 있습니다.

저자는 이 책을 저술할 때 임상 장면에서 환자를 면담하는 임상가가 느끼고 기술한 내용을 독자도 그대로 느끼고 이해할 수 있도록 간단 명료한 단어를 사용하여 설명하고 있고, 때로는 친근한 어조로 개인적인 의견을 피력하고 있습니다. 특히 진단에 도움이 되는 정보와 진단과 관련된 흥미로운 역사적 정보 등 부수적 정보와 진단에 대한 저자의 개인적 의견을 이중선 안에 기술한 점이 이 책이 다른 서적과의 차별점이라고 할 수 있습니다. 이 책에서는 100명이 훨씬 넘는 환자의 사례를 통하여 정신장애의 진단적 특징뿐 아니라 증상 및 감별진단과 관련된 중요한 내용을 구체적으로 제시하고 있으므로, 20장이나 되는 방대하고 복잡한 내용이지만 독자들이 끝까지 흥미를 유지하며 읽을 수 있을 것이라 생각됩니다.

유난히 무더웠던 지난 여름, 가능한 한 정확하게 번역하려고 마지막 작업까지 세심하게 노력해준 김현희, 박찬솔, 남기은, 엄수빈 선생님께 마음깊이 고마운 마음을 전합니다. 이 책의 번역을 맡겨주신 (주)시그마프레스 강학경 사장님과 수시로 연락을 주시며 꼼꼼하게 교정을 해주신 편집부 김은실 차장께도 깊은 감사를 드립니다. 저희가 이 책에 애정을 가지고 최선을 다하려 했지만, 우리말로 표현하기 어려운 용어나 단어뿐만 아니라 책의 내용도 다양하고 복잡하여 혹시 오번역하거나 교정 시 발견하지 못한 오류가 있으면 너그러이 이해해주시고 다음 번에 수정할 수 있도록 알려주시길 부탁드립니다. 이 책이 정신건강 전문가뿐만 아니라 관련 분야에서 수련을 받고 있는 분들과 학생들에게 정신병리의 이해와 진단에 도움이 되는 지침서가 될 수 있기를 기대합니다.

2025년 1월

역자 대표 드림

차례

자주 쓰이는 표

<big>의</big>과대학에 입학한 후 첫해를 보내고 여름방학 기간에 저자는 친구의 집을 방문한 적이 있었다. 그 집 근처에는 친구의 부모님께서 근무하시던 정신건강센터가 있었다. 친구와 함께 넓게 탁 트인 캠퍼스를 거닐면서 그곳에서 근무하는 의사와 대화를 나누었는데, 그 의사는 우리에게 최근에 만난 흥미로운 환자에 대한 이야기를 들려주었다.

그 젊은 여성은 입원한 지 며칠 되지 않았다. 그녀는 근처에 있는 대학을 다니던 중에 갑자기 불안해져서, 빠르게 말을 하고, 극도로 흥분된 행동을 보이기 시작했다. 그녀가 충동적으로 거의 새 것과 다름없는 스포츠카를 50만 원에 팔아버리자, 결국 그녀의 친구들이 평가를 의뢰하게 되었다.

"50만 원이라고요! 이런 게 바로 조현병이에요!" 의사가 소리쳤다.

이제 저자와 그 친구는 정신건강 진단에 대해 충분히 배웠기 때문에, 그 환자의 증상이 조현병보다는 조증 삽화에 가깝다는 것을 알고 있다. 하지만 그 당시 우리는 풋내기 의대 하생이었기 때문에, 숙련된 임상가의 진단에 함부로 도전할 수 없었다. 단지 우리는 그러한 평가와는 달리 치료에 있어서는 실수가 없기를 바랄 뿐이었다.

이러한 어설픈 진단에 대한 기억은 수십 년 동안 내 머릿속을 떠나질 않았다. 정신건강 분야의 역사에서 이러한 사례가 드물지 않기 때문이다. 실제로, 이 사건이 있던 당시로부터 수년이 지나서야 처음으로 구체적인 진단기준을 포함하고 있는 정신질환의 진단 매뉴얼(DSM-III)이 출판되었다. 이는 이후에 지속적으로 개정되어 마침내 **정신질환의 진단 및 통계편람 5판(DSM-5;** American Psychiatric Association)을 거쳐 현재 텍스트 개정판(DSM-5-TR)의 출판으로 이어졌다.

정신과 환자를 평가하고 치료하는 사람은 모두 평가 및 진단과 관련하여 세계적으로 통용되는 최신 기준을 알아야 할 필요가 있다. 하지만 DSM-5-TR을 숙지하기 위해서는 상당한 노력이 필요하다. DSM-5-TR은 다양한 분야의 연구를 비롯해 임상 현장에 여러 가지 기준을 제공하기 위해 출판되었으며, 정신건강과 관련된 거의 모든 주제를 망라하고 있다. 하지만 실제 환자에게 이러한 진단기준이 어떻게 적용되는지 이해하기는 쉽지 않다.

따라서 저자는 정신건강 전문 영역에서 일하는 모든 임상가가 정신건강진단에 더 쉽게 접근하도록 돕기 위해 **쉽게 배우는 DSM-5-TR**을 저술하였다. 이 책에서는 모든 정신질환을 기술하였으며, 특히 성인기 장애를 강조하였다. 또한 이 책을 세심하게 살펴본다면, 이제는 어느 누구도 그 젊은 여성의 조증 증상을 조현병으로 착각하지는 않을 것이다.

알기 쉬운 DSM-5-TR의 구성

빠른 진단 지침. 각 장의 서두에 그 장에서 설명할 진단을 전부 요약하였으며 유사한 문제를 호소하는 환자들이 가지고 있을 것으로 생각되는 다른 장애도 함께 언급하였다. 이 자료는 각 장의 색인으로도 유용하게 사용할 수 있을 것이다.

도입. 각 장애를 설명하기에 앞서 독자가 진단에 대한 방향성을 가질 수 있도록 간단한 기술로 시작하는 부분이다. 도입에서는 주요 증상에 대한 논의, 간략한 역사적 정보, 인구통계학적 특징(예 : 누가 그리고 어떠한 환경에서 이 장애를 보일 가능성이 높은가?)에 대한 기술을 제공한다. 저자가 다시 학창시절로 돌아간다면 알고 싶을 만한 세부사항들을 포함하려 노력하였다.

핵심 특징. 쉽게 배우는 DSM-5-TR에서는 핵심 특징이라는 용어를 사용하고 있지만, 이는 **원형**(prototype)이라는 용어로도 알려져 있다. 저자는 DSM-5-TR의 공식적인 진단기준을 더욱 이해하기 쉽게 설명하고자 핵심 특징을 기술하였다. 수년 동안 임상가로서 우리는 새로운 환자를 평가할 때 정서적 · 행동적 특징의 목록을 하나씩 체크해 가는 방식을 사용하지는 않았다는 사실을 발견하였다. 이보다는 여러 정신 및 행동 장애와 관련해서 형성된 마음속의 이미지와 수집된 자료를 비교한다. 자료가 이미지와 들어맞으면, '아하' 경험이 일어나고, 감별진단 목록 중에서 진단명이 결정된다. (오랜 기간의 경험과 수많은 숙련된 임상가들과의 대화를 통해, 이러한 방식으로 진단이 이루어진다는 것을 확신할 수 있었다.)

몇 년 전의 기분 및 불안 장애 연구[1]에 따르면, 원형을 고려해 환자를 평가하고 진단하는 임상가가 진단기준을 엄격히 준수하는 임상가에 비해 그 수행이 전혀 뒤처지지 않았으며, 때로는 더 나은 것으로 나타났다. 즉, 원형은 일부 DSM 진단기준보다 더 나은 타당도를 가지고 있는 것으로 볼 수 있다. 또한 원형은 아직 숙련되지 않은 임상가에게도 유용한 것으로 보고되고 있다. 원형을 능숙히 사용하는 데 20년이나 걸리지는 않을 것이다. 그리고 비교적 덜 번거로우며 임상적으로 더욱 유용한 것으로 보고되고 있다. (하지만 다음을 강조할 필요는 있다. 앞서 언급한 연구에서 사용된 원형은 DSM 기준에 입각한 진단기준에서 나온 것이다.) 결론적으로, 진단기준은 물론 필요하다. 하지만 진단을 더욱 잘 내리기 위해 적절히 조정될 수도 있다.

일단 자료를 모으고 원형을 파악했다면, 당신이 고려하는 장애의 이미지와 환자가 얼마나 일치하는지 숫자로 평가할 수 있을 것이다. 이는 일반적으로 다음과 같다. 1＝전혀 또는 거의 일치하지 않음, 2＝일부 일치(장애의 몇몇 증상을 보임), 3＝중등도 일치(장애의 중요한 증상을 유의미하게 보임), 4＝상당히 일치(진단기준을 충족함), 5＝완벽히 일치(전형적인 사례). 저자가 제공하는 일화는 모두 4나 5 수준에 해당하기 때문에(그렇지 않다면, 왜 굳이 사례로 했겠는가!), 점수를 매길 때 많이 고민하지 않았다. 하지만 당신은 새로운 환자를 면담할 때마다 이러한 과정을 정확히 수행할 필요가 있을 것이다.

공인된 DSM-5-TR 진단기준을 사용하고 싶을 때가 있을 것이다. 그 첫 번째 예는 초심자의 경우인데, 환자가 '속하는' 공식적인 진단기준의 정확한 숫자를 세 봄으로써 환자에 대한 정확한 그림을 얻을 수 있기 때문이다. 또 다른 예는 임상 연구를 진행할 경우이다. 이 경우, 과학적으로 연구되고 반복적으로 입증된 진단기준에 따라 환자를 선별했음을 보고해야 한다. 또한 숙련된 임상가인 저자 역시 이따금 DSM 진단기준으로 돌아가는 경우가 있다. 다른 임상가와 소통하기 위해 완전한 정보를 고려해야 하는 경우로, 저술활동과 관련해서 필요한 경우가 종종 있다(이 책에서 소개되는 환사들에 대한 논의를 읽어보면, DSM-5-TR의 공식적인 진단기준의 관점에서 평가가 이루어지는 것을 알 수 있다). 하지만 환자를 대하거나 학생과 이야기를 나누는 대부분의 상황에서 저자는 원형방식을 고수하며, 이는 활동하고 있는 거의 모든 임상가 역시 마찬가지이다.

주의사항. 저자는 이 부분에 포함된 대부분의 진단 자료를 '**표준문안(boilerplate)**'이라고 부른다. 이는 다소 경멸적으로 들릴지도 모르겠다. 그러나 '놓치기 쉬운 주의사항'에서는 실제 진단 과정에서 매우 중요한 여러 단계를 다루고 있다. 일례로, 원형은 관련된 장애를 포함시키는 데 용이한 반면, 표준문안은 다른 장애를 배제하고 정상집단과의 경계를 설정하는 데 상당히 유용하다. 표준문안은 다양한 종류의 정형화된 문구와 경고를 포함하고 있으며, 기억하기 쉽도록 'ㄱ들을 다루어라'라고 이름을 붙였다. 어쨌든 이 표준문안은 중요하다. 이는 문제가 되는 상태에 대한 진단

---

1) DeFife JA, Peart J, Bradley B, Ressler K, Drill R, Westen D: Validity of prototype diagnosis for mood and anxiety disorders. *JAMA Psychiatry* 2013; 70(2): 140-148.

적인 요구 사항의 일부를 구성하고 있으므로 이 부분을 대충 넘어가지 말자.

감별진단.   증상을 평가할 때 대안으로 고려해야 하는 모든 장애를 열거하였다. 대부분의 경우, 감별진단 목록은 물질사용장애 및 일반적인 의학적 장애부터 시작한다. 이는 상대적으로 빈도가 낮지만 항상 첫 번째로 장애목록에 올려놓고 고려할 필요가 있다. 다음으로, 가장 치료가 용이하므로 초기에 다루어야 하는 장애를 열거한다. 예후가 좋지 않거나 치료하기 힘든 장애는 후반에 배치하였다. 저자는 이를 감별진단의 안전원칙(safety principle)이라고 부른다.

DSM-5-TR에는 진단기준 자체에 열거된 몇 가지 장애가 있다. 이들은 굵은 글씨로 강조되어 있다. 텍스트에서 언급된 조건들도 있지만 별도의 강조는 하지 않았다.

고통 혹은 장애.   DSM-5-TR 진단기준의 대부분은 환자가 고통이나 어떤 형태의 결함(직장에서, 사회적 상호작용에서, 대인관계에서, 또는 기타 기능영역에서)을 경험한다는 것을 필수적인 항목으로 포함한다. 이는 흥미로운 측면을 가지고 있지만 정상에 해당되는 사람과 실제 환자를 구분하려는 데 목적을 두고 있다.

고통은 DSM-5-TR 전 영역에서 단 한 번만 설명된다. DSM-IV에서는 이 용어를 어디에도 정의하지 않았고, 캠벨 의학사전(Campbell's Psychiatric Dictionary)에서는 이를 언급조차 하지 않고 있다. DSM-5-TR의 발모광 및 피부뜯기장애 부분에서는 고통을 당혹감 및 통제감 상실과 같은 부정적인 정서를 포함하는 것으로 기술한다. 하지만 다른 부분에서도 이와 같은 정의가 적용되는 것인지, 혹은 이 진단 매뉴얼 전반에 일반적으로 받아들여지는 정의가 무엇인지는 불분명하다. 하지만 저자는 고통, 불안, 그리고 괴로움을 적절히 조합한 것이 가장 적절한 정의라 생각한다.

기간.   대개 장애를 고려하려면, 최소 기간 동안 증상이 존재해야 한다는 것이 필수적이다. 이를 통해 무분별하게 진단을 내리는 것을 방지할 수 있다. 예를 들어, 거의 모든 사람이 때때로 우울한 기분을 느낄 것이다. 하지만 우울장애를 진단하기 위해서는 적어도 2주간 이러한 상태가 지속되어야 한다.

기타 인구통계학적 특징.   일부 장애는 특정 연령군, 성별이나 문화 집단으로 제한된다.

정의.   저자는 정신장애를 평가하고 진단하는 데 필요한 모든 용어의 정의를 제공하려 노력했다. 대부분의 정의는 필요에 따라 본문 곳곳에 기술되어 있다. 색인에서는 이 정의들을 찾을 수 있도록 이태릭체로 표시된 페이지 번호를 사용하며 이는 일종의 용어집이다.

명시자. 많은 DSM-5-TR 진단은 그 자체만 기술되어 있을 때 충분하지 않으며 우리가 진단을 기록할 때 어떠한 방식으로 수정되어야 할 필요가 있다. 명시자는 우리가 진단을 확정한 후 환자의 증상이나 질병의 경과에 대해 추가적인 판단을 내려야 할 방법을 나타낸다. 이렇게 함으로써 가능한 많은 정보를 최종 진단에 넣을 수 있다. 걱정하지 마라. 몇 가지를 읽다 보면 그 개념을 이해하게 될 것이다.

부호화 시 주의점. 핵심 특징 부분에 부호화 시 주의점을 제시한다. 이 부분에서는 명시자를 비롯해 하위유형, 심각도, 그리고 해당 장애와 관련이 있는 기타 주제에 대한 추가적인 정보를 제공하고 있다. 때로는 장애가 물질 사용에 기인한 것인지를 판단하는 데 필요한 원칙 등 을 제시하기도 하였다.

이중선 안의 내용. 알아두어야 할 것을 강조하기 위해, 본문 전반에 걸쳐 이중선 속에 정보를 실어놓았다(당신이 방금 읽었던 고통에 대한 이중선처럼). 일부는 단순히 빠르게 진단을 내리는데 도움을 줄 만 한 정보를 제시하였으며, 일부는 진단과 관련한 흥미로운 역사적 정보 및 부수적 사항을 기술하였다. 다수는 저자의 여담으로, 주로 환자에 대한 저자의 의견, 진단과정, 임상적 자료에 관한 것이다.

일화. 저자는 일종의 믿을 만한 도구인 임상적 일화에 기반하여 이 책을 기술하였다. 학생시절 저자는 진단적 특징을 기억하는 것이 쉽지 않았다. 하지만 일단 환자를 평가하고 치료하고 나면 그 이미지를 떠올릴 수 있었고, 이는 증상 및 감별진단과 관련해 중요한 내용들을 기억하는 데 도움이 되었다. 쉽게 배우는 DSM-5-TR에는 총 130명이 넘는 환자 사례를 제시하고 있으며, 이것들이 독자에게도 도움이 되길 바란다.

평가. 이 부분에서는 일화에 제시된 환자에 대한 저자의 생각을 요약하였다. 환자가 어떻게 진단기준에 부합하는지, 또한 왜 다른 진단에는 부합하지 않는 것으로 판단했는지 설명하였다. 때로는 최종 진단에 앞서 언급할 필요가 있는 추가적인 과거력이나 의학적/심리적 검사 결과를 제시하였다. 여기서 기술한 결론을 당신의 생각과 비교해 볼 수도 있을 것이다. 여기에는 두 가지 방법이 있다. 하나는 해당 장애에서 언급한 핵심 특징을 일화에서 찾아보는 방식이다. 다른 하나는 DSM-5-TR의 진단기준을 따르는 방식이다. 이러한 경우를 위해 개별적인 진단기준마다 (괄호 안에) 주석을 달아놓았다. 혹시라도 저자의 해석에 동의하지 않는다면, 이메일(morrjame@ohsu.edu)을 보내길 바란다.

최종진단.   대개 진단부호 번호는 임상가나 보조 직원들이 할당한다. 직원들에게 어떻게 진행해야 할지 알려주기 위해서는 관련된 모든 진단 자료를 구체적으로 기술해야 하며, 이는 공인된 형태일 필요가 있다. 최종 진단에서 저자가 각 환자들을 어떻게 부호화했는지 제시하였다. 이를 환자의 진단을 작성할 때 참고하면 좋을 것이다.

표.   각 주제와 관련하여 전반적 그림을 파악할 수 있도록 다양한 표를 제시하였다. 여기에는 서로 다른 진단에 적용되는 여러 가지 명시자, 정서적/행동적 증상을 유발할 수 있는 신체질환 목록 등이 해당된다. 표에서 특정 장에 해당되는 내용을 다룬 경우에는 표를 해당 장 안에 포함하였으며, 책 전반에 걸친 일반적 내용을 다룬 경우에는 부록에 표를 실어놓았다. 이 표들 중 일부는 복잡하지만, DSM-5-TR에서 여러 페이지를 읽어야 찾을 수 있는 정보를 한 곳에 모아두었다.

저자의 저술 방식.   전반적으로 가능한 한 간단명료한 언어를 구사하려고 노력하였다. 임상적으로 유용한 정보는 환자를 진단하는 데 필요한 내용을 설명하는 명확한 문장으로 작성되어 있다. 법정의 변호사가 아닌, 환자를 대하는 임상가가 기술한 것처럼 느껴지도록 하는 것이 저자의 목표였다. 혹시 이러한 저자의 노력이 실패한 부분이 있다면 이메일로 알려주길 바란다. 이후 개정판에 반영하겠다.

쉽게 배우는 DSM-5-TR의 구조

앞부분의 18개 장[2]에서는 주요 정신진단 및 성격장애에 대한 설명과 진단기준을 포함하고 있다. 제19장은 도움이 될 만한 다른 용어들에 대한 정보를 모아놓았다. 이 중 다수는 Z코드로, 정신질환은 아니지만 임상적으로 주의를 요하는 조건을 의미한다. 실제 정신질환이 없는 사람들도 이와 관련된 문제를 가지고 있다는 점은 주목할 만하다. (때로는 환자가 평가에 의뢰되었다는 이유 때문에 Z코드를 기재할 수도 있다.) 또한 여기에는 약물의 효과, 꾀병, 그리고 추가적 진단 정보를 위해 필요한 사항과 관련된 부호를 기술하였다.

　제20장에서는 진단 원칙에 대해 매우 간략히 기술하고, 추가적 일화(일반적으로 이는 책의 전반부에 제시된 것에 비해 더 복잡하다)를 제시하였다. 진단 원칙과 진단기준을 살펴보는 데 도움을 주기 위해, 해당 사례의 과거력을 언급해 놓았다. 물론 제20장에는 모든 DSM-5-TR 진단 중

---

2)　그렇다. 저자가 속인 부분이 있다. DSM-5-TR는 실제 19개의 장으로 되어 있다. 하지만 기술의 편의를 위해 기분장애에 관한 2개의 장을 하나로 묶었다(이는 DSM-IV의 방식이다). 하지만 DSM-5-TR에서는 장의 수를 언급하지는 않으니 혼란스럽지 않을 것이다.

에서 일부만을 포함시켰다.

특이점

이 책의 특이점에 대해 언급하자면 다음과 같다.

줄임말. CD라고 하면 두 가지 장애를 떠올릴 수 있으며, SAD 역시 네 가지 장애를 떠올릴 수 있다. 따라서 항상 문맥을 고려해 이해할 필요가 있을 것이다. 또한 이 책에서 표준화되지 않은 줄임말을 몇 가지 사용하였는데, 주로 이는 장애의 명칭과 관련되어 있다. 예를 들어, BPsD(brief psychotic disorder)는 다른 곳에서 사용된 적이 없으며, 어떠한 공식적인 곳에도 등장하지 않는다. 문장을 줄이기 위해 이러한 줄임말을 사용하였으며, 글을 읽는 데 걸리는 시간을 조금이나마 줄여줄 것이다. 일반적으로 줄임말은 특정 장애 부분에만 국한하여 임시적으로 사용했기 때문에, 해당 장애 부분을 벗어나서도 이를 굳이 기억하려고 애쓸 필요는 없다. 다만 몇 가지 예외가 있다. PTSD, OCD, 그리고 ADHD는 너무나 친숙하므로 어떠한 맥락에서도 약어로 쓰이는 것이 자연스럽다.

　장의 제목에도 이러한 줄임말을 적용하였다. 저자가 보기에 DSM-5-TR에 등장하는 명칭 중 일부는 과도하게 복잡하다. 따라서 편의를 위해 때로(항상은 아니다 — 나는 강박장애가 있긴 하지만 조절 가능한 상태이다!) 줄임말로 대체하였으며, 그 구체적 내용은 다음과 같다. 수면장애(DSM-5-TR에서, 수면-각성장애), 기분상애(양극성 및 관련 장애+우울장애), 정신병적 장애(조현병 스펙트럼 및 기타 정신병적 장애), 인지장애(신경인지장애), 물질장애(물질관련 및 중독 장애), 섭식장애(급식 및 섭식 장애), 그리고 여러 기타 장애의 공식적 제목에서 ' — 및 관련 — '을 제거하였으며, 때로는 '물질/약물치료로 유발된 — '에서 '/약물치료'를 제거하고 기재하였다.

중괄호. 핵심 특징 및 일부 표에서 상호배타적으로 명시자를 선택하는 경우, 해당 기호를 사용하였다. 예를 들면, 양호한 예후 특징을 {동반하는 경우}{동반하지 않는 경우}가 이에 해당한다. 다시 한 번 말하지만, 이를 통해 조금이나마 문장을 줄이고자 하였다.

유병률. 유병률 수치는 매우 다양하다! 어떤 경우에는 12개월 유병률이 제공되고, 다른 경우에는 평생 유병률이 제공된다. 수치는 연령 집단 별로 제공되기도 하고, 때로는 연령, 성별, 인종, 국적, 그리고 문화 집단별로 세분화되기도 한다. 저자는 가능한 최선의 대략적 수치를 제공하려고 했으나 더 세부적인 정보가 필요하면 교과서나 연구 논문을 참고하라.

심각도 명시자.　DSM-5-TR과 관련된 논란 중 하나는 각 장마다(때론 장애마다) 서로 다른 심각도 명시자를 복잡하게 사용한다는 것이다.

예를 들어 정신병의 경우, 정신병적 증상 심각도에 대한 임상가-평정 차원(Clinician-Rated Dimensions of Psychosis Symptom Severity, CRDPSS)을 사용하여 평가하도록 되어 있는데, 이는 지난 7일을 기준으로 여덟 가지 증상(조현병의 다섯 가지 정신병적 증상[45쪽]+인지기능의 손상, 우울증, 조증)을 각각 5점 척도로 평정한다. 총점은 없고, 단지 여덟 가지 개별 요인에 대한 점수가 있으며, 며칠마다 다시 평가하는 것이 권장된다. 이 척도가 복잡하고 시간이 많이 소요된다는 문제 외에도 가장 불만스러운 점은 바로 전반적 기능에 대한 지표를 제공해주지 않는다는 점이다. 이 척도는 단지 각 여덟 가지 증상과 관련해 환자가 경험하는 정도를 알려줄 뿐이다. 다행히도 DSM-5-TR에서는 '해당 심각도 명시자를 사용하지 않고도' 환자를 평가할 수 있음을 공지하고 있으며, 많은 임상가들이 이러한 제안을 당연히 수용할 것으로 보인다.

기능의 평가.　전반적인 기능평가(Global Assessment of Functioning, GAF)에 도대체 무슨 일이 생긴 것인가? GAF는 환자의 전반적인 직업적·심리적·사회적 기능을 반영하는(신체적 제한이나 환경적 문제는 해당하지 않는다) 100점 척도로, DSM-III-R부터 DSM-IV-TR까지 사용되어 왔다. 또한 해당 척도는 환자의 GAF 점수를 판단하는 데 도움을 주기 위해 증상 및 행동 관련 지침을 명시하고 있다. 기본적으로 주관적 판단이 개입될 여지가 있지만, 시간에 따른 환자의 기능수준 변화 양상을 살펴볼 수 있는 장점을 가지고 있다. (또한 GAF 점수 안에는 심각도, 장애, 자살 가능성, 증상 등을 모두 포함하고 있었다.)

하지만 여러 가지 이유(DSM-5 전문위원회의 연구의장인 윌리엄 내로우 박사가 2013년 대담에서 언급한 이유)로 GAF는 이제 더 이상 사용하지 않는다. 내로우 박사는 GAF 속에 여러 개념(예 : 자살 사고를 동반한 정신병)이 혼재되어 있고, 평정자 간 신뢰도 역시 문제가 있음을 (정확하게) 지적하였다. 게다가 정말 필요한 것은 장애를 평가하는 것으로서, 이를 통해 환자가 직업적·사회적 책임을 얼마나 완수할 수 있을지, 전반적으로 사회에 얼마나 참여할 수 있을지를 밝히는데 도움이 되어야 하는 것이다. 이러한 이유로 전문위원회는 세계보건기구 기능제약평가목록 2.0(World Health Organization Disability Assessment Schedule, Version2.0, WHODAS 2.0)을 권장하고 있다. 이는 임상 집단뿐만 아니라 일반 집단까지 고려하여 개발되었으며, 전 세계적으로 검증된 것이다. 이는 DSM-5-TR(APA, 2023) 원서 856쪽에서 확인할 수 있으며, 온라인(www.who.int/classifications/icf/whodasii/en/)을 통해서도 확인이 가능하다. WHODAS 2.0는 다음과 같이 채점한다 : 1=증상 없음, 2=경도, 3=중등도, 4=고도, 5=최고도. GAF와 WHODAS는 서로 역방향으로 채점한다는 것에 주의하라. 높은 GAF 점수는 WHODAS 2.0에서의 낮은 점수와 같은 의미를 갖는다.

저자가 직접 WHODAS 2.0을 실시해본 결과, 이 체계는 주로 신체 능력에 비중을 두고 있어서, 정작 임상가가 관심이 있는 정신건강의 질을 반영하기에는 빈약한 것으로 보인다. 실제로 매우 심각한 정신과 환자 중 일부가 WHODAS 2.0에서는 중등도 수준의 점수를 받기도 했다. 예를 들어, 벨마 딘(83쪽)은 GAF에서 20점을 받았지만, WHODAS 2.0에서 1.6점을 받았다. 게다가 WHODAS 2.0은 점수를 계산하기 위해서 환자(혹은 임상가)가 36개 질문에 대답해야 한다. 이렇게 많은 자료를 수집하는 것은 부담이 될 수 있으며, 바쁜 다수의 임상가들에게는 불가능할 수도 있다. 또한 지난 한 달의 기간을 기준으로 하기 때문에, 정신질환이 급속히 진행된 환자의 경우에는 점수가 그 환자를 정확히 대표한다고 보기 어렵다.

따라서 저자는 신중히 고민한 후, WHODAS 2.0을 추천하지 않기로 결론을 내렸다. (이와 관련한 논의에 관심이 있는 사람은 누구든지 이메일을 보내주길 바란다. 기꺼이 책에 등장하는 모든 환자의 GAF와 WHODAS 2.0을 비교해 놓은 차트를 보내줄 수 있다.) 기능과 심각도를 평가하는 데 있어 저자가 내린 결론은 다음과 같다(이것이 마지막 특이점이다). 저자는 GAF를 계속해서 사용할 것이다(아무것도 우릴 막을 수는 없다!). 치료 중 환자의 진행과정을 살펴보는 데 있어 때로 GAF가 유용할 수 있다. 이는 빠르고 쉬우며(물론 주관적 판단이 개입될 수 있다) 무료이다. GAF를 통해 환자의 현재 기능수준을 명시할 수도 있고, 과거 가장 높았던 기능수준을 명시할 수도 있다. 이 책의 부록에 GAF를 수록하였다.

이 책을 활용하기

여러 가지 방식으로 쉽게 배우는 DSM-5-TR을 활용할 수 있다.

장애에 대한 고찰. 물론 이와 관련하여 여러 가지 방식이 가능하다. 하지만 다음은 저자가 해왔던 방식이다. 우선 배경지식을 위해 도입부분을 살펴보고 일화를 읽는다. 다음으로 일화에서 보여주는 정보를 핵심 특징과 비교해본다. 진단적으로 중요한 것을 집어낼 수 있는지 스스로 확인해보기 위해서다. 일화가 실제 DSM-5-TR 진단기준과 얼마나 부합하는지 알고 싶다면, 일화에 대한 평가부분을 읽는다. 거기에 진단적으로 중요한 사항을 기술해 두었다. 각 평가 부분에 감별진단뿐만 아니라 해당 장애와 자주 관련되는 다른 장애 역시 언급해 놓았다.

진단을 안다고 생각되는 환자 평가하기.   핵심 특징을 읽고 원형을 고려하여 해당 환자에 대한 정보를 체크한다. 당신이 원한다면, 앞서 언급했던 방식(ix쪽)을 통해 점수(1~5점)를 부여한다. 신중하게 'ㄱ들을 다루어라'를 고려하면서, 모든 정보 및 가능한 진단을 고려했는지 꼼꼼히 점검한다. 이 모든 것들을 고려했다면, 이제 관련된 일화의 평가 부분을 읽는다. 이를 통해 진단기준을 이해했는지 점검한다. 다음으로 배경지식을 위해 도입부분을 읽을 수도 있다.

새로운 환자 평가하기.   이 경우에도 위의 과정을 따르지만, 한 가지 차이점이 있다. 임상적으로 주의를 끄는 여러 영역 중 하나를 진단적인 가능성이 있다고 파악했다면 — 예를 들어, 불안장애라고 해보자 — 관련 장의 빠른 진단 지침부터 살펴보고 싶을 것이다. 거기서 추가적으로 고려해야 하는 한 가지 이상의 장애가 있다는 것을 깨닫게 해주는 짧은 문장(너무 간략해서 요약이라 보기도 힘들다)을 보게 될 것이다. 어떤 환자는 여러 영역에 걸쳐 문제를 보일 수 있기 때문에, 정확한 진단을 내리기 위해서는 여러 장을 살펴보아야 할 것이다. 제20장에 진단 전략과 관련하여 추가적인 사항들을 기술해 놓았다.

더 폭넓게 보기.   세상에는 수많은 장애가 존재한다. 익숙한 장애도 많지만, 피상적인 수준의 정보만 알고 있는 장애도 있을 것이다. 따라서 단지 책을 훑어보고 중요한 부분만 읽는 것(예 : 일화를 읽는 것)만으로는 새로운 환자를 진단하는 데 자신감을 가질 수 없다. 독자들이 책 전체를 읽기를 바란다. 많은 정신질환을 접할 수 있을 뿐만 아니라 임상적 문제에 진단가로서 어떻게 접근해야 하는지 알게 될 것이다.

　어떤 방식으로도 이 책을 읽을 수 있지만, 비교적 작은 부분으로 구분하여 읽기를 권한다. 이 책에서 진단기준을 단순화하고 그 이면의 근거를 설명하는 데 심혈을 기울였지만, 너무 많은 진단들을 한 번에 읽어버리면 머릿속이 혼란스러울 것이다.

부호화

현재의 부호화 체계는 **국제질병 분류 10판(ICD-10)**인데, 이 진단부호는 이전 판들보다 훨씬 더 완벽하다.[3] 이는 진단을 정확하게 확인하거나 연구를 위한 정보를 검색하거나 정보를 제공하는 데 도움을 줄 것이다. 하지만 숙지해야 하는 진단부호 번호의 수 역시 증가하였다. 각 장애의 진단 정

---

3)　기술적으로 이 ICD 버전은 ICD-10-CM이라고 불린다(CM은 임상적 수정을 의미한다). 여기서는 CM 버전을 사용하겠지만, 간단하게 하기 위해 단지 ICD-10이라고만 언급하겠다. 이 정보는 www.icd10data.com/ICD10CM/Codes에서 온라인으로 찾을 수 있다.

보와 함께 알아두어야 할 필요가 있는 것들을 대부분 포함하려 했다. 일부는 매우 광범위하고 복잡해서 하나 혹은 2개의 표로 압축시켰다. 제15장의 표 15.2가 대표적 예로, 물질관련 정신질환과 관련한 ICD-10의 진단부호 번호를 제시하고 있다. 저자는 2022년을 기준으로 ICD-10과 DSM-5-TR을 반영하여 부호화와 기타 자료들을 업데이트하였다.

DSM-5-TR 분류체계 사용하기

수십 년간, DSM은 환자에 대한 생물심리사회적 평가를 기록하기 위해 5개의 축 체계를 사용해왔지만, DSM-5에서는 결국 극단적 조치 — 완전히 반대되는 경로 — 를 취하였다. 현재는 주요 진단을 처음에 언급하면서 이와 함께 모든 정신질환, 성격장애, 신체진환을 동일한 곳에 기록한다. (주요 진단은 현재의 외래 방문이나 입원의 가장 큰 원인이 되는 진단이다). '-로 인한' 진단(예 : 결절성 경화증으로 인한 긴장증)을 내릴 때, ICD 방식에 따르면 가장 먼저 신체질환 경과를 먼저 언급한다. 그다음으로 병원에 오게 된 실제적인 이유를 (의뢰사유)나 (주요진단) 같은 방식으로 괄호( )를 사용해 두 번째에 기술한다. 임상가가 얼마나 자주 이러한 방식을 따를지는 미지수다. 다수가 이는 보조 직원들이 다루어야 할 의학적 기록과 관련된 문제이며 깊게 고민할 필요가 없다고 생각할 것이다. 아무튼 진단을 어떻게 기록할지 살펴보자.

분명히, 모든 정신질환의 진단을 기록할 필요가 있다. 거의 모든 환자에게 하나 이상의 진단이 내려지며, 상당수의 환자가 2개 이상의 진단을 가지게 된다, 예를 들어, 제 I 형 양극성장애와 알코올사용장애 두 진단에 해당하는 환자가 있다고 가정해보자. (덧붙여 말하자면, 저자는 DSM-5-TR 방식을 따랐고, 이는 특정 장애명을 대문자로 쓰는 관행을 버린 것이다.) 현재 평가가 의뢰된 가장 주된 원인이 되는 진단을 우선적으로 기록한다.

사회불안장애를 평가히는 과정에서 환자가 경도 알코올사용장애로 신단될 만큼 상당량의 술을 마신다는 사실을 알게 되었다고 가정해보자. 그렇다면 진단은 다음과 같다.

    F40.10   사회불안장애
    F10.10   알코올사용장애, 경도

본 사례에서 첫 번째 진단은 사회불안장애가 된다(이것이 바로 환자의 의뢰사유이다). 물론 평가를 의뢰한 사유가 알코올사용이라면, 두 진단의 위치는 서로 뒤바뀌게 된다.

DSM-IV에서 성격장애와 이전에 정신지체로 불렸던 장애는 다른 장애들과는 다른 위치에 있었다(그 악명 높은 축 2). 그렇게 한 목적은 평생에 걸쳐 지속되는 장애에 특별한 지위를 부여하고, 환자들의 더 긴급하고 주요한 병리를 치료할 때 이를 간과하지 않게 하기 위한 것이었다. 하지만 고귀한 동기에 비해 논리는 완벽하지 않았고, 세상은 계속 발전했다. 결국 DSM은 축 체계를 없앴다. 결국 성격장애 및 지적발달장애는 다른 모든 진단(정신질환 및 신체질환)과 동등하게 포함되었다. 대체로는 저자는 이것이 올바른 방향이라고 생각하지만 이는 또한 앞으로 GAF 점수(또는 WHODAS 2.0 점수) 같은 자료도 요약문에 기술되어야 할 것임을 의미하기도 한다.

모호한 진단

진단이 옳은지 확신이 없다면 DSM-5-TR 세분점(잠정적)을 사용할 것을 고려하라. 또한 어떤 진단이 옳다는 믿음은 있지만 이를 지지하는 과거력이 충분하지 않을 때도 이 세분점이 적절할 것이다. 혹은 환자의 병이 초기 경과를 보이고 있어 머지않아 더 많은 증상을 보일 것이라고 예상되는 경우가 있다. 혹은 환자의 병 기저에 다른 의학적 상태가 존재하는지 결정하기에 앞서 검사결과를 기다리는 경우가 있다. 이러한 상황에서는 잠정적인 진단이 타당할 수 있다. DSM-5-TR에서는 세 가지 진단 — 조현양상 정신병, 단기 정신병적 장애 및 월경전 불쾌감 장애 — 의 경우, 아직 경과가 분명하지 않다면 (잠정적)을 추가하도록 하고 있다. 하지만 안전한 진단이 필요한 경우에는 어떠한 상황에서든지 잠정적이라는 용어를 사용할 수 있다.

어떤 환자가 진단기준을 거의 완전히 충족하며, 오랫동안 병을 앓았고, 그 진단에 맞는 치료에 반응을 보이며, 같은 장애를 가진 가족력이 있다면 어떻게 할 것인가? 이러한 환자는 진단기준을 완전히 충족하지 않더라도 충분히 확정적인 진단을 받을 만하다(실제로 DSM-5-TR의 서문에서는, 증상이 심각하고 지속적이라면 완전한 진단기준을 충족하지 않더라도 일부 환자에게 진단을 내려야 한다고 인정하고 있다).

따라서 이러한 이유 및 다른 여러 이유들로 인해 저자는 원형을 사용해왔다. 결국에는 진단기준을 가지고 진단을 결정하지 않는다. 진단기준을 지침으로 사용할 뿐, 진단은 임상가가 결정하는 것이다. 즉, 진단기준은 지침으로써 당신을 '돕는' 것이지, 족쇄처럼 당신을 '제한'할 수 없다.

DSM-5-TR에서는 불확실해 보이는 진단을 내리는 다른 방법을 제공한다. 바로 '달리 명시된 [   ]장애'이다. 이 범주명과 함께 환자가 그 진단기준을 충족하지 않는 구체적 근거를 제시할 수 있다. 예를 들어, 집안에 쓸모없는 것들을 대량으로 모아두지만 고통이나 장애를 겪지 않는 환자의 경우, "달리 명시된 저장장애, 고통이나 손상 부족'과 같이 진단할 수 있다.

이런 진단이 얼마나 자주 활용될지는 흥미로운 주제이다.

장애의 심각도 지표

DSM-5-TR에서는 많은 진단에 구체적인 심각도 명시자를 포함하고 있다. 전반적으로 별다른 설명은 필요 없으므로, 독자와 저자 서로를 위해서 짧게 요약하려 한다. 한두 군데에서는 (특히 조현병 스펙트럼 및 기타 정신병적 장애 부분) 너무 복잡해 보이는 특정 심각도 분류를 사용하지 않도록 권장해왔다.

기타 명시자

다수의 장애에는 다양한 정보를 나타내는 명시자가 포함되어 있는데, 특정한 동반되는 증상의 유무, 현재 관해 수준, 조기(혹은 늦은) 발병이나 회복(부분 또는 완전) 같은 경과상 특징이 이에 해당한다. 이러한 명시자 중 일부에는 추가적으로 진단부호 번호를 제시할 필요가 있으며, 일부는 단지 용어만 추가하면 된다. 명시자 중 적절해 보이는 것은 모두 추가하라. 각 명시자는 당신이 보던 환자를 다음에 맡게 될 임상가가 환자를 이해하는 데 조금이라도 더 도움을 줄 수 있다.

신체적 상태 및 신체질환

신체질환은 환자의 정신질환 진단에 직접적인 영향을 미칠 수 있다. 특히 인지장애에 영향을 미친다. 또한 신체질환은 정신질환의 관리에도 영향을 미칠 수 있다(반대로 정신질환의 관리가 신체질환에 영향을 미칠 수도 있다). 일례로, 약을 독으로 오인하는 정신병 환자가 고혈압을 동반하는 경우를 들 수 있다. (이러한 사례 중 일부는 기타 정신상태에 영향을 미치는 심리적 요인으로 진단한다. 제8장, 291쪽) 어쨌든, 신체질환은 고유의 축을 가지고 있기 때문에 더 이상 이 책의 사례에 해당하지 않는다. 실제로 ICD-10에서 정신질환이 신체적 상태로 인해 나타날 경우, 신체적 상태를 우선적으로 기재하도록 하고 있다.

정신사회적 그리고 환경적 문제

환자의 진단이나 관리에 영향을 미칠 수 있는 특정 환경적·기타 정신사회적 사건 또는 조건을 보고할 수 있다. 이는 정신질환으로 인해 발생한 것일 수도 있고, 정신질환과 관련이 없는 것일 수도 있다. DSM-5-TR에서는 확인한 문제를 ICD-10 Z코드를 사용해 제시하도록 하고 있다. 제19장에서 이와 관련해 거의 완벽하다고 할 수 있는 목록을 제시해 놓았다. 이를 기록할 때는 가능한 구체적으로 한다. 책 곳곳의 여러 사례를 참고하길 바란다.

정신질환이란 무엇인가

정신질환과 관련해서는 많은 정의가 존재하지만, 그 어느 것도 정확하거나 완벽하지 않다. 이는 이상이라는 단어를 적절하게 정의할 수 있는 사람이 없기 때문일 것이다. ('이상'은 환자가 불편하다는 의미인가, 유별나다는 의미인가? 이상이 유별나다는 의미라면 매우 지능이 높은 사람도 이상의 범주에 해당한다.)

DSM-5-TR에서는 정신질환의 정의를 제시하며, 이 정의를 사용해서 DSM-5-TR 내에 진단을 포함시킬지 말지를 결정하였다. 해당 정의를 인용하면 다음과 같다.

"정신질환은 일반적으로 사회적 · 개인적 · 직업적 기능의 장애와 고통을 유발하는 임상적으로 중요한 증상들의 집합체(행동적, 정서적 혹은 심리적인 증상)"이다.

장애의 증상은 일상적 사건(예 : 가족의 죽음)과 관련하여 기대되는 반응 이상의 것이어야 한다. 개인과 사회 간의 갈등을 주로 반영하는 행동(예 : 광적인 종교적/정치적 이념)은 보통 정신질환으로 간주하지 않는다.

정신질환의 진단기준과 관련해 추가적으로 강조할 만한 사항은 다음과 같다.

1. 정신질환은 과정을 기술한 것이지 사람을 기술한 것이 아니다. 여기서 핵심은 진단기준을 사용함으로써 '사람을 분류하는' 일부 임상가에 대한 우려를 명백히 드러내고자 하는 것이다. 동일한 진단을 받은 환자라 하더라도 환자마다 증상 및 성격, 삶의 경험, 환자가 가질 수 있는 다른 진단을 비롯해 개인적 삶의 여러 측면(정서적 · 행동적 조건과 전혀 관련 없어 보이는)에서 상당한 차이가 존재할 수 있는 것이다.

2. '이상'이 무엇인가와 관련해 어느 정도는 개인이 속한 문화에 의해 결정되는 부분이 존재한다(물론 그렇지 않은 부분이 더 많지만). 예를 들어, 아메리카 대륙의 라틴 문화에서 자주 나타나는 nervious(즉, '신경질' 또는 '긴장')는 사람들이 그들 스스로 여러 신체적, 그리고 정서적 증상(예를 들어 불안, 기분 문제나 신체 증상 등)에 취약하다고 느끼는 것을 의미한다. 따라서 장애를 정의하고 환자를 평가하는 데 있어 문화를 더욱 고려할 필요가 있다. 실제로 DSM-5-TR은 책 전반에 걸쳐 문화에 대해 더욱 강조하고 있다.

3. 장애 간에 혹은 장애와 소위 '정상' 간에 엄격한 경계가 존재한다고 가정하지 마라. 제 I 형 양극성장애와 제 II 형 양극성장애의 진단기준에 따르면, 이 두 장애는 명확히 서로 구분된다. 또한 해당 장애를 가지고 있지 않은 사람과도 명확히 구분된다. 하지만 실제로 모든 양극성 조건은 (아마 다른 많은 장애의 경우 역시) 다소 연속적인 속성을 가지고 있다. 우리는

진단 기준(핵심 특징)과 경험을 바탕으로, 어떤 환자가 어떤 진단을 필요로 하는지 결정하기 위해 최선을 다해야 한다.

4. 신체적 상태(예 : 폐렴, 당뇨병)와 정신질환(예 : 조현병, 제I형 양극성장애)의 핵심적인 차이는 폐렴이나 당뇨병의 경우는 그 원인을 알고 있다는 것이다. 그러나 정신질환 역시 기질적 원인이 있음이 밝혀질 수도 있거나, 혹은 아직 그 원인이 발견되지 않은 것일 수도 있다. 따라서 신체질환과 정신질환 사이의 차이에 대해 조작적 정의를 내리자면, 신체질환은 DSM-5-TR이나 이 책에서 다루는 대상이 아니지만 정신질환은 그렇다는 것이다.

5. 기본적으로 DSM-5-TR은 질병의 의학적 모형을 따른다. 이는 약물 처방을 권한다는 의미가 아니다. 상당히 유사한 양상을 보이는 환자 집단을 대상으로 과학적 연구를 진행하여 질병의 증상, 징후, 생애경과를 도출하는 기술적 작업을 의미한다. 후속연구를 통해 밝혀진 것 역시 이에 해당하며, 이를 통해 환자 집단이 이후 몇 달(때론 몇 년)간 예측된 병의 경과를 보이는지 살펴보게 된다.

6. 몇몇 예외를 제외하고는, DSM-5-TR은 대부분 장애의 원인에 대해 가정하지 않는다. 이것이 바로 많은 찬사와 비난을 동시에 받은 그 유명한 '비이론적 접근'이다. 물론 대다수의 임상가는 일부 정신질환에 그 원인이 존재하다는 점에 동의할 것이다(헌팅턴병이나 루이소체로 인한 신경인지장애, PTSD를 들 수 있다). 사회 및 학습이론, 정신역동이론, 정신약리학을 포함해 철학적 관점을 가진 임상가들은 DSM-5-TR 주요 진단의 기술을 기꺼이 수용할 것이다.

주의사항

정신건강장애를 정의하는 데 있어 몇 가지 중요한 주의사항이 있다.

1. 매뉴얼에 장애가 언급되지 않았다고 해서 해당 장애가 존재하지 않는다는 의미는 아니다. 현재까지 DSM 개정판이 나올 때마다 기재된 정신질환의 수는 증가해왔다. 이를 어떻게 세느냐에 따라 DSM-5-TR은 예외가 될 수도 있고 아닐 수도 있다. 한편으로는 DSM-5가 거의 600개의 부호화할 수 있는 상태를 포함하고 있으며, 이는 DSM-IV에 비하면 거의 2배에 가까운 수라고 말할 수 있다.[4] 다른 한편으로는, DSM-5-TR이 156개의 주요 진단(저자가

---

4) 수가 증가한 것은, 새로운 장애가 등장했다기보다 기존의 장애를 더 세밀하게 쪼갠 것에 기인된 바가 크다. 따라서 새로 증가한 수는 DSM-5-TR(혹은 ICD-10)의 진단이 더 세밀하게 구분된 점을 반영한다. 특히 '물질/약물치료로 유발된-'과 관련된 것에서 거의 300개의 방식이 있다는 것이 이를 잘 보여준다.

살펴본 바에 따르면 155개)을 포함하고 있는데, 전반적으로 볼 때 9% 정도 감소한 것이다. 즉, 이는 하나의 제목(예 : 수면-각성장애 장) 아래 상당히 많은 조건이 포함되어 있음을 의미한다. 하지만 실제로는 더 많은 조건이 존재할 수 있으며, 여전히 발견되기를 기다리고 있을 수 있다. 서둘러 DSM-6와 쉽게 배우는 DSM-6를 준비하자.

2. 진단은 비전문가를 위한 것이 아니다. 진단에 있어 일련의 원형을 가지고 있다고 해서, 이것이 정신건강 임상가에게 필요한 면담기술 및 평가, 그리고 여러 기타 기술을 연마하기 위한 전문적 훈련을 대체하지는 못한다. DSM-5-TR에 따르면, 진단은 단순히 여러 증상을 하나하나 체크해가는 것 이상의 의미를 가지고 있다(저자도 이에 동의한다). 즉 교육, 훈련, 인내, 그리고 환자 경험(즉, 많은 정신질환 환자를 평가해보는 경험)을 요하는 것이다.

3. DSM-5-TR을 모든 문화에 일률적으로 적용할 수는 없을 것이다. DSM-5-TR 진단기준은 주로 북미와 유럽의 환자를 대상으로 한 연구에 근거한 것이다. 널리 세계 곳곳에서 성공적으로 DSM(DSMs)을 사용해왔다. 하지만 주로 북미와 유럽 임상가가 기술한 정신질환이 다른 언어와 다른 문화에 완벽히 맞게 적용될지는 확실하지 않다. 소수민족이나 하위문화에는 그들과 다른 배경을 가진 임상가에게 친숙하지 않은 신념이 널리 퍼져 있을 수 있으며, 이러한 신념을 보이는 사람에게 병리를 진단하는 것에 주의해야 한다. 한때 한 아메리카 원주민과 초기 미국 이주민들 사이에 유행했던 마녀에 대한 믿음이 바로 그러한 예이다. DSM-5-TR 859쪽 초반부에 특정 문화증후군의 목록을 제시해 놓았다.

4. DSM-5-TR은 법적 효력을 가지고 있지 않다. DSM-5를 집필한 사람들 역시 사법체계에서 사용하는 정의가 종종 과학적 요구와 일치하지 않음을 인식하고 있다. 따라서 DSM-5-TR의 정신질환을 가지고 있다고 처벌이나 법적인 행동 제약이 면제되는 것은 아니다.

5. 이 정보는 확정된 것이 아니다. 최종 편집 과정 중에 인지장애를 표기하고 부호화하는 방식에 대한 많은 변화를 포함한 개정안이 발표되었고, 나는 급히 16장을 다시 작성해야 했다. 앞으로도 비슷한 변화가 발생할 수 있으니 주의를 기울여야 한다.

6. 진단 매뉴얼은 사용하는 사람이 활용하는 정도의 가치만큼만 역할을 한다. 조지 위노커(의대 시절 저자가 좋아했던 교수 중 한 명으로, 수련 당시 저자의 첫 슈퍼바이저였음)는 자신의 경력[5] 후반에 DSM(그 당시는 DSM-III였다)이 얼마나 진단의 일관성을 보장하는지 살펴보는 연구를 진행하였다. 연구 결과에 의하면, 동일한 시설에 근무하며 유사한 진단적 접근법을 가진 임상가라고 하더라도 진단의 일관성에 문제가 있는 것으로 밝혀졌다. 위노커 등

---

5) Winokur G, Zimmerman M, Cadoret R: 'Cause the Bible tells me so. *Arch Gen Psychiatry* 1988; *45*(7): 683-684.

은 특히 진단을 내리는 데 소요되는 시간 및 진단기준에 대한 체계적 오해석, 진단기준의 비체계적 오해에 주목했고, "성경은 일관된 방식으로 이야기하겠지만, 진단기준은 그렇지 않다. 우리가 가진 것보다는 낫지만, 완벽과는 여전히 거리가 있다."라는 말로 결론을 내렸다. 이는 DSM-5-TR에서도 여전히 마찬가지이다.

사례

일화에 기술한 환자 중 일부는 저자가 아는 몇몇 환자들의 이야기를 섞어서 만든 것이다. 그러나 솔직히 대부분은 진단을 묘사하기 위해 저자가 만들어낸 것이다. (문서화 된 배경이 있는 역사적 인물을 사용한 아주 일부를 제외하고) 저자는 환자의 신원을 보호하고, 추가적 자료를 제공하고, 때론 단지 흥미를 끌기 위한 목적으로 모든 사례의 핵심 정보를 조금씩 수정하였다. 물론 일화에서는 모든 진단적 특징을 담은 사례를 제공하지 않았으며, 실제로 어떤 환자도 모든 특징을 전부 다 가지기는 어렵다. 저자는 되도록 장애의 전체적 느낌을 전달하는 데 초점을 맞추었다.

대부분의 정신장애를 포괄하기 위해 130개가 넘는 일화를 제시하였지만, 일부는 제시하지 않았다. 가능한 모든 물질관련 기분장애 및 정신병적 장애, 불안장애에 대한 일화를 제시한다면, 책이 2배가 되어버릴 것이다. 아동기에 시작되는 장애의 경우(제1장), 성인까지 지속될 가능성이 있는 조건(특히 지적장애, ADHD, 자폐스펙트럼장애, 투렛장애)에 한하여 일화와 논의를 제시하였다. 하지만 신경발달 시기에 시작되는 장애의 경우에는 모두 원형과 도입부에서 간략하게 논의를 제시하였다. 즉 쉽게 배우는 DSM-5-TR은 모든 DSM-5-TR 정신질환에 대한 진단적 자료를 포함하고 있는 것이다.

마지막으로

저자의 웹사이트에서는 DSM-5-TR의 진단기준과 부호화를 지속적으로 업데이트할 것이다. 자세한 정보는 www.jamesorrisonmd.org를 방문하여 확인하라.

CHAPTER 1

신경발달장애

DSM-5 이전에는 본 장에 '유아기, 아동기, 또는 청소년기에 흔히 처음으로 진단되는 장애'라는 다소 긴 제목이 붙어 있었다. 하지만 현재는 (신경계의 발달이 진행되는) 형성기에 있는 개인에게 초점을 맞추고 있기 때문에 '신경발달장애'라는 명칭을 사용하는 것이 논리적이고 적절하다. 쉽게 배우는 DSM-5-TR은 기본적으로 성인 환자(후기 청소년기 및 그 이후)의 평가에 초점을 맞추고 있다. 따라서 본 장에서는 장애들을 어느 정도 자유롭게 배열하였다. 자세히 언급할 필요가 있는 장애를 앞부분에서 다루었고, 그렇지 않은 장애는 뒷부분에 기술하였다.

물론 이후 장에서 언급되는 장애 중 다수(예 : 신경성 식욕부진증과 조현병)가 아동기나 초기 청소년기에 처음으로 나타날 수 있다. 또한 이와는 반대로, 본 장에서 다루는 장애 중 다수가 성장이 완료된 이후에도 오랫동안 지속적으로 문제를 일으킬 수 있다. 하지만 성인을 주로 보는 임상가가 흔히 다루는 장애는 몇몇에 불과하다. 이를 제외한 나머지의 경우, 사례를 제시하지는 않고 개론과 핵심 특징만을 기술하였다.

신경발달장애의 빠른 진단 지침

모든 빠른 진단 지침에 쓰인 쪽수는 해당 내용에 대한 논의가 시작되는 지점을 나타내는 것이다. 또한 가능한 다른 감별진단으로, 다른 장에서 다루고 있지만 생애 초기에 발생할 수 있는 장애를 함께 제시하였다.

자폐스펙트럼장애와 지적발달장애

지적발달장애. 대개 유아기에 시작되며, 지능이 낮기 때문에 일상적인 생활을 하는 데 특별한 도움이 필요하다(4쪽).

경계선 지적 기능. 일반적으로 IQ 71~84 범위에 해당하는 사람을 의미하며, 지적장애와 관련된 대처 문제를 가지고 있지는 않다(690쪽).

자폐스펙트럼장애. 초기 아동기부터 사회적 상호작용 및 의사소통에 결함이 있고, 상동증적 행동과 제한된 관심사를 보인다(10쪽).

전반적 발달지연. 발달적으로 지연되는 양상이 있지만, 그 정도를 정확하게 평가하기 어려운 5세 이하의 아동에게 내리는 진단이다(10쪽).

명시되지 않는 지적발달장애. 신체적 손상이나 정신적 손상으로 인해 정확하게 평가하기 어려운 5세 이상의 아동이나 더 나이가 많은 사람들에게 사용하는 범주이다(10쪽).

의사소통장애와 학습장애

언어장애. 아동이 구어와 문어를 사용하는 능력이 지연되어 제한된 어휘, 문법적으로 부정확한 문장, 그리고/또는 어휘나 문장을 이해하는 데 어려움을 보이는 것을 특징으로 한다(32쪽).

사회적(실용적) 의사소통장애. 어휘도 적절하고 문장을 만드는 능력도 갖추고 있지만, 실용적으로 언어를 사용하는 데 어려움이 있다. 대화하는 동안에 상호작용이 부적절한 경향이 있다(35쪽).

말소리장애. 정상적인 말소리를 내는 것이 어려워 환자의 말을 이해하기 어렵다(33쪽).

아동기 발병 유창성장애(말더듬). 정상적으로 유창하게 말하지 못하고 자주 끊긴다(34쪽).

선택적 함구증. 어떤 아동은 혼자 있을 때나 친한 사람들과 있을 때가 아니면 말을 하지 않으려고 한다. DSM-5에서는 선택적 함구증을 불안장애로 분류한다(193쪽).

특정학습장애. 읽기(37쪽), 수학(38쪽), 혹은 쓰기(39쪽)에 문제가 있는 것과 관련된다.

학업이나 교육 문제. (학습장애에 해당하지 않는) 학업적 문제가 치료의 초점인 경우에 해당 Z코드를 사용한다(680쪽).

명시되지 않는 의사소통장애. 의사소통 문제가 있지만 특정 진단을 내리기에는 정보가 충분하지 않은 경우에 해당한다(36쪽).

틱장애와 운동장애

발달성 협응장애. 운동 협응의 발달이 느리며, 이들 중 일부는 주의력결핍 과잉행동장애나 학습장애를 동반한다(29쪽).

상동증적 운동장애. 반복적으로 몸을 흔들거나, 머리를 세게 부딪치거나, 자신을 물어뜯거나, 피부를 뜯거나, 신체에 상처를 낸다(30쪽).

투렛장애. 하루에도 빈번하게 복합적인 음성 및 운동 틱을 보인다(24쪽).

지속성(만성) 운동 또는 음성 틱장애. 운동 틱이나 음성 틱 중 하나를 가지고 있다(28쪽).

잠정적 틱장애. 1년 미만의 기간 동안 틱을 보인다(28쪽).

달리 명시되는(명시되지 않는) 틱장애. 앞서 언급한 어떠한 조건도 만족하지 않는 틱장애의 경우에 사용한다(29쪽).

주의력결핍 및 파괴적 행동장애

주의력결핍 과잉행동장애. 널리 알려진 장애로(대개 ADHD라고 줄여 부름), 과잉행동을 보이거나 충동적이거나 부주의한 모습을 보인다. 상기 세 가지 특징을 모두 보이는 경우도 흔하다(17쪽).

적대적 반항장애. 거부적 행동을 보이는 다수의 사례가 적어도 6개월 이상 지속적으로 나타난다(425쪽).

품행장애. 규칙을 지속적으로 위반하거나 타인의 권리를 지속적으로 침해한다(427쪽).

섭식장애, 수면장애, 배설장애

이식증. 음식이 아닌 것을 먹는다(317쪽).

되새김장애. 이미 삼킨 음식을 다시 역류시켜 씹는 모습을 지속적으로 보인다(319쪽).

유분증. 4세 이상의 아동이 반복적으로 대변을 옷에 묻히거나 바닥에 흘린다(327쪽).

유뇨증. 5세 이상의 아동이 반복적으로 침대나 옷에 소변을 보는데, 이는 자발적일 수도 비자발적일 수도 있다(325쪽).

NREM수면 각성장애, 야경증. 수면 첫 단계에서 심한 공포에 질려 우는 행동을 보인다. 실제로는 전혀 잠에서 깨지 않은 상태일 때도 흔하다. 이러한 행동은 아동이 아닌 성인의 경우에만 병리적인 것으로 간주한다(370쪽).

발달기에 시작되는 기타 장애

부모-자녀 관계 문제. 정신질환은 없지만 자녀와 부모가 함께 지내는 데 문제가 있을 경우에 해당 Z코드를 사용한다(예 : 과잉보호, 비일관적인 훈육)(678쪽).

형제자매 관계 문제. 형제자매 사이에 어려움이 있을 경우 해당 Z코드를 사용한다(679쪽).

학대 혹은 방임 관련 문제. 방임 및 신체적/성적 학대로 인한 어려움과 관련하여 해당 Z코드를 사용한다(686쪽).

파괴적 기분조절부전장애. 아동이 심한 분노폭발을 보이며, 분노폭발 삽화 사이에는 지속적으로 불쾌한 기분을 보인다(148쪽).

분리불안장애. 부모에서서 떨어지거나 집에서 멀어질 때 불안해한다(194쪽).

미취학 아동의 외상후 스트레스장애. 교통사고나 자연재해, 전쟁과 같은 심각한 외상 사건을 반복적으로 재경험한다(236쪽).

탈억제성 사회적 유대감 및 반응성 애착장애. 습관적으로 부모로부터 안심을 추구하지 않거나, 또는 낯선 사람들과 함께 있을 때 예상되는 침묵을 보이지 않는 아롱에서 병리석인 놀봄의 증거가 있다(251쪽).

아동에서 젠더 불쾌감. 아동이 반대의 성이 되기를 원한다(418쪽).

타인에게 부여된 인위성장애. 돌보는 사람이 다른 타인(대개 아동)에게 증상을 유도한다. 물질적 이득을 얻으려는 의도가 존재하지 않는다(295쪽).

달리 명시되는(명시되지 않는) 신경발달장애. 앞서 언급한 장애 중 어떤 하나의 진단기준을 충족하지 않는 경우 사용한다(41쪽).

지적발달장애와 자폐스펙트럼장애

지적발달장애

지적발달장애(이전에는 '정신지체'로 불렸음)가 있는 사람은 크게 두 가지 문제를 가지고 있는데, 한 가지 문제가 또 다른 문제를 야기한다. 첫 번째 문제는, 사고능력에 근본적인 결함을 보인다는 것이다. 이는 추상적 사고 및 판단하기, 계획하기, 문제해결, 추론, 일반적 학습(학업 혹은 경험을 통한 학습)에 대한 복합적인 문제와 관련이 있다. 이들은 표준적인 개인지능검사(집단검사가 아님. 집단검사는 개인검사보다 정확성이 떨어지는 경향이 있음) 결과, 전반적 지능 수준이 평균에 비해 현저히 떨어진다. 임상 실제의 용어로는 일반적으로 IQ가 70보다 낮은 경우를 의미한다(유아의 경우에는 지적 기능을 주관적으로 판단할 수밖에 없다).

이러한 결함을 보이는 사람 중 대부분은 특별한 도움을 필요로 한다. 이는 진단의 두 번째 주요 요건에 해당한다. 즉, 정상적인 삶(학교 및 직장, 가족과 함께 사는 가정)의 요구에 적응하는 능력이 상당히 손상되어야 한다. 적응기능은 다음 세 가지 영역으로 구분해 볼 수 있다. (1) 개념적('학업적'이라고도 언급되는) : 문제해결을 위해서 언어, 계산, 읽기, 쓰기, 추론 및 기억에 의존하는 능력이다. (2) 사회적 : 공감능력, 의사소통능력, 타인의 경험을 인식하는 능력, 사회적 판단력, 자기조절 능력 등을 효율적으로 사용하는 것을 포함한다. (3) 실용적 : 행동을 조절하고, 업무를 조직화하며, 재무관리를 하고, 개인위생 및 취미를 관리하는 능력을 포함한다. 적응의 정도는 개인의 교육, 직업훈련, 동기, 성격, 중요한 타인의 지원, 그리고 (당연하겠지만) 지능 수준에 따라 달라질 수 있다.

정의에 따르면, 지적장애는 발달기(아동기 및 청소년기)에 시작된다. 대부분 상당히 이른 시기 — 일반적으로 영유아기에 발병하며, 심지어 출생 전 — 에 발병한다. 18세 이후에 발병하는 경우는 대개 신경인지장애(NCD)라고 부른다(신경인지장애와 지적발달장애는 공병할 수 있다). 진단에 있어 주의를 기울일 필요가 있는데, 특히 정확한 평가를 방해하는 다른 문제를 가지고 있는 아동의 경우가 이에 해당한다. 예를 들어, 청각이나 시각 등의 감각 손상을 보이는 아동이 그 손상에서 회복되면 더 이상 지적 기능에 문제를 보이지 않을 수 있다.

진단기준에는 포함되지 않는 다양한 행동 문제가 지적발달장애와 관련이 있다. 여기에는 공격성, 의존성, 충동성, 수동성, 자해, 고집스러움, 낮은 자존감, 낮은 좌절 인내력이 포함된다. 또한 이들은 순진하고 잘 속기 때문에 다른 사람에게 이용당할 위험성 역시 높다. 일부 지적발달장애 환자는 기분장애나 정신병적 장애, 좁은 주의폭, 과잉행동으로 어려움을 겪는다. 하지만 대부분 조용하고 정이 많으며 유쾌한 모습을 보이기 때문에 함께 살아가는 사람들에게 즐거움을 주는 경우가 많다.

지적발달장애 환자 중 상당수는 외모에서 두드러지는 특징이 없지만, 일부는 숙련된 임상가가 아니라도 알아챌 수 있는 신체적 특징을 가지고 있다. 이런 특징에는 작은 키, 발작, 혈관종, 눈, 귀 및 독특한 모양을 가지는 기타 얼굴 부위의 기형이 포함된다. 이러한 신체적 특징이 존재할 경우(예 : 다운증후군), 지적발달장애 진단이 더 이른 시기에 내려질 가능성이 높다. 일반 집단의 1% 정도가 이 장애를 보이며, 남성이 여성보다 3:2 정도로 더 많다.

지적발달장애의 원인으로는 유전적 이상 및 화학적 작용, 구조적인 뇌 손상, 선천적 대사 이상, 아동기 질환이 있다. 한 개인의 지적발달장애와 관련해서는 생물학적 원인이나 사회적 원인, 또는 이 두 가지 모두가 존재할 수 있다. 원인에 대해 구체적으로 살펴보면 다음과 같다. 백분율은 대략적인 추정치이며 범주 간에 서로 통하는 경향이 있다는 것을 명심하라.

유전적 원인(약 5%). 21번 염색체가 2개의 쌍이 아니라 3개(다운증후군), 염색체 이상, 테이삭스병, 결절성 경화증

초기 임신기 요인(약 30%). 산모의 물질 사용, 감염(예를 들면, 풍진)

후기 임신기 및 태아기 요인(약 10%). 조산, 저산소증, 출산 외상, 태아기 영양실조

후천적인 아동기 신체상태(약 5%). 납 중독, 감염, 외상

환경적 영향 및 정신질환(약 20%). 문화적 박탈, 가난

확인되지 않은 원인(약 30%).

DSM-5-TR 진단기준에서는 더 이상 공식적으로 지능지수를 포함시키고 있지 않지만, 여러 심각도 명시자를 선택하는 데 기준이 되도록 아래에 IQ 범위를 기술해 놓았다. 하지만 모든 개인의 실제 진단을 좌우하는 것은 특정 수치가 아니라 환자의 적응적 기능 수준이라는 사실을 명심하자.

개인적으로 시행되는 IQ 검사조차 어느 정도 오차를 가질 수 있다. 이 때문에 IQ 점수가 75인 환자가 때론 지적발달장애로 진단받을 수 있다. 즉, 이들은 IQ 점수가 기준 이상이라고 하더라도 여전히 적응적 기능에 문제가 있기 때문에 지적장애로 진단될 수 있다. 이와는 반대로, IQ가 70 미만인 경우에도 지적장애를 충족하지 않을 만큼 적절한 기능을 유지하는 경우도 있다. 아울러 문화적 차이, 질병, 정신상태 역시 IQ 검사의 정확성에 영향을 미칠 수 있다.

IQ 점수를 해석하는 데 있어, 신체적·문화적·정서적 장애뿐만 아니라 편차가 있을 가능성(예 : 비언어성 검사보다 언어성 검사의 수행이 더 좋은 경우, 또는 그 반대의 경우) 역시 고려할 필요가 있다. 이러한 요인은 판단하기가 쉽지 않으므로, 몇몇 검사도구의 경우에는 숙련된 심리검사자의 도움을 받을 필요가 있다. 이러한 점들 때문에 임상가는 단지 IQ 검사 결과에만 의존해서 지적발달장애를 진단해서는 안 된다.

지적발달장애의 핵심 특징

지적발달장애가 있는 사람은 생애 초기에서부터 인지적인 어려움을 경험한다. 사실상 크게 두 종류의 어려움으로 볼 수 있다. 첫째, 이들은 추론 및 계획하기, 추상적 사고, 판단, 문제해결, 정규교육이나 삶의 경험을 통한 학습과 같은 지적 과제에서 어려움을 보인다. 이는 임상적 평가 및 공식적 검사 양쪽 모두에서 드러난다. 따라서 지적 기능을 평가하는 데 있어 임상적 판단과 일대일 지능검사, 두 가지 모두가 요구된다. 둘째, 이들은 행동을 조절하는 데 어려움이 있으며, 그 결과 독립적이고 사회적으로 책임을 지는 삶을 영위하기가 힘들다. 그들은 개념적 영역(아래에 정의된), 사회적 상호작용, 그리고 실용적 생활 기술에서 충분히 기능하기 위해서는 지원을 필요로 한다. 이러한 환자들은 가정, 학교, 직장, 그리고 사회적 관계 등 여러 삶의 영역에 걸쳐 적어도 1개 이상의 영역에서 어려움을 경험한다.

주의사항

개념적(학업적) 영역 : 기억, 언어 사용, 읽기와 쓰기, 수학적 추론, 문제해결, 판단력.
사회적 영역 : 타인이 생각하고 느끼는 것에 대한 인지, 의사소통능력, 공감, 친구를 사귀는 능력.
실행 영역 : 자기관리, 직업적 책임의식, 금전관리, 자기행동관리 및 다른 많은 요인들.

ㄱ들을 다루어라

- 기간(초기 아동기에 시작)
- 감별진단(자폐스펙트럼장애, 인지장애, 경계선 지적 기능, 특정학습장애, 사회적 의사소통장애)

부호화 시 주의점

아래의 기술에 따라 심각도 수준(및 진단부호)을 명시하자.
　지능지수의 범위는 참고로만 명시되며, 심각도는 적응기능의 수준에 따라 달라진다.

F70 경도. 아동기에는 또래에 비해 학습이 느리고 뒤처지긴 하지만, 성장하면서 대략 6학년 정도의 학업 기술을 습득하는 것이 가능하다. 성인이 되어서도 판단 및 문제해결 능력에 결함이 있기 때문에 개인적 및 대인관계에서 겪는 일상적 상황에 대처하려면 별도의 도움이 요구된다. 결제하기, 장보기, 숙소 구하기 같은 일에도 대개 도움이 필요하다. 하지만 상대적으로 인지적 개입이 적게 요구되는 업무에서는 대부분 독립적으로 일을 한다. 기억력 및 언어 사용 능력이 꽤 양호할 수는 있으나, 비유나 다른 추상적 사고에는 어려움을 보인다. 전형적으로 IQ는 50~70 사이이다. 전체 지적발달장애 환자의 85%에 해당한다.

F71 중등도. 어린 아동기에는 정상적 또래에 비해 전반적 영역에서 현저한 차이를 보인다. 읽기, 단순 계산, 돈 다루기 정도는 학습할 수 있지만, 언어발달이 느리며 사용하는 언어가 상대적으로 단

순하다. 경도 지적장애보다 더 심한 수준으로, 생애 초기 자기관리 및 집안일 참여를 학습하는 데도 도움이 필요하다. 대개 일상적/개인적 상호작용 속 단서를 인식하지 못하지만, 타인과의 관계는 (심지어 연애 관계도) 가능하다. 의사결정에 있어 도움이 필요하지만, 감독 및 동료의 도움이 있다면 상대적으로 덜 까다로운 직업, 일반적으로는 보호 작업장에서 일하는 것은 가능하다. IQ 범위는 30~50이다. 전체 지적발달장애 환자의 약 10%가 이에 해당한다.

F72 고도. 단순한 명령이나 지시는 따를 수 있지만, 의사소통 기술은 지체된 수준이다(예 : 한 단어, 짧은 구). 함께 지도(지원)를 해주면 단순한 작업을 수행할 수도 있다. 친족과 개인적 관계를 유지할 수 있지만, 모든 활동에 있어 감독이 필요하다. 심지어 옷 입기나 개인적 위생관리에도 도움이 필요하다. IQ 범위는 20~30이며, 전체 지적발달장애 환자 중 약 5%가 이에 해당한다.

F73 최고도. 말하기가 제한되어 있고, 사회적 상호작용은 미발달된 수준에 머물러 있어, 대부분의 개인적 의사소통이 몸짓(제스처)을 통해 이루어진다. 단순한 집안일을 도울 수 있으나 일상적인 활동을 포함하여 전적으로 타인의 도움에 의지한다. 그럼에도 불구하고, 그들은 가까운 가족 및 친척들과 관계를 즐길 수 있다. 최고도 지적장애는 대개 심각한 신경학적 장애가 원인으로, 감각장애나 운동장애를 동반한다. IQ 범위는 20대 이하이며, 전체 지적발달장애 환자 중 약 1~2%가 이에 해당한다.

그로버 피어리

그로버 피어리가 태어났을 때 그 어머니의 나이는 겨우 15세밖에 되지 않았었다. 그녀는 뚱뚱했고, 그래서인시 무려 6개월이 될 때까지도 임신 사실을 알지 못했다. 또한 임신 사실을 알고 나서도 태교에 별다른 신경을 쓰지 않았다. 그녀는 무려 30시간 동안 고되게 일한 후 그로버를 낳았고, 그로버는 태어난 직후 바로 숨을 쉬지 못했다. 출산 이후 그녀는 그로버에게 관심을 주지 않았으며, 조모와 이모가 대신해서 그루버를 키웠다.

그로버는 20개월부터 걷기 시작했고, 2년 반 만에 처음으로 단어를 말했다. 소아과 의사는 그로버가 '다소 느리다'고 진단하였다. 그래서 조모는 그로버를 발달장애 아동을 위한 영유아 학교에 입학시켰다. 7세에는 그 지역의 일반 초등학교에 들어갈 만큼의 수행을 할 수 있었다. 이후 재학기간 내내 정규수업과 함께 매일 2시간씩 특수교육을 받았다. 4학년 때와 고등학교 1학년 때 받은 검사에서 IQ는 각각 70과 72로 나타났다.

장애가 있었지만 그로버는 학교를 아주 좋아했다. 8세경에 읽기를 습득하였고, 자유 시간 대부분에 지리학과 자연과학 관련 책에 심취하기도 하였다. (그로버는 특히 쉬는 시간과 점심시간에 자유로운 시간이 많았다. 그로버는 체격도 작고 서툴렀기 때문에, 다른 아이들은 놀이에서 언제나 그로버를 따돌렸다.) 한때 그로버는 지리학자가 되고 싶어 했지만 일반 교육과정을 따라야 했다. 그로버가 살던 주에서는 지적발달장애 아동에게 특수교육 및 훈련을 제공했기 때문에, 그로버는 졸업할 때까지 몇몇 손을 사용하는 기술을 학습할 수 있었으며 복잡한 지역 대중교통을 사용할 수도 있게 되었다. 진로 상담사는 그로버에게 시내 호텔 식당에서 접시 닦는 일을 구해주었으며, 그 일에 필요한 기술을 학습하도록 도와주었다. 그리고 식당 매니저는 호텔 지하에 방을 잡아주었다.

호텔에 살면서 그다지 많은 돈이 필요하지 않았다. 숙소와 음식은 해결되었고, 조그만 주방에서 일했으므로 그다지 많은 옷이 필요하지 않았다. 종종 식당 종업원들은 그로버에게 자신의 팁 일부를 주기도 했고, 이 돈을 CD를 수집하고 야구경기를 관람하는 데 사용하였다. 매주 이모가 찾아와서 그로버의 차림새에 신경을 써주었고, 면도도 하라고 일러주었다. 이모 부부는 때로 그로버와 함께 야구장에 가기도 했다. 그로버는 거의 모든 자유 시간을 자신의 방에서 음악을 듣거나 잡지를 읽으면서 보냈다.

그로버가 28세가 되던 해, 살던 도시에 지진이 강타하였다. 호텔은 큰 손상을 입었고, 아무런 공지도 없이 문을 닫아버렸다. 그로버의 직장 동료들 역시 모두 직장을 잃었고 자신의 가족을 돌보느라 그로버에게 미처 신경을 쓰지 못했다. 이모 역시 당시 휴가 중이었기 때문에 그 도시에 있지 않았다. 그로버는 갈 곳이 없었다. 당시는 여름이었다. 그로버는 겨우 챙긴 소지품 몇 개를 가방에 넣고는 피곤에 지칠 때까지 거리를 헤매다 공원에 모포를 펴고 잠을 청했다. 거의 2주 동안 이렇게 잠을 잤으며, 캠핑하는 사람들에게 구걸하여 끼니를 해결했다. 지진으로 인해 피해를 본 사람들을 돕기 위해 연방 응급 구제원이 파견되었지만, 그로버는 구제를 요청할 수 있다는 사실을 인지하지 못했다. 결국 공원 순찰요원이 그로버를 발견하고 나서야 그로버는 정신건강 클리닉으로 이송될 수 있었다.

첫 면담에서 그로버는 비쩍 마른 얼굴에 머리카락은 뒤엉켜 있었으며, 자신의 실제 나이보다 더 늙어 보였다. 흙이 묻은 셔츠와 바지(누가 버린 옷가지로 보였다)를 입고 의자에 앉아 있었으며, 눈맞춤도 잘되지 않았다. 처음에는 더듬거리며 말을 하였다. 그러나 명확하고 논리적이었으며, 시간이 좀 흐르자 면담자와 자연스럽게 대화할 수 있었다. (하지만 앞서 언급한 정보 대부분은 과거 학교기록이나 휴가에서 돌아온 이모로부터 얻은 것들이다.)

그로버의 기분은 놀랍게도 좋았으며, 대화의 주제에 완전히 적합했다. 이모에 대해 이야기할 때는 미소도 띠었다. 하지만 어디에 머무를 예정인지 물어보면 심각해졌다. 망상, 환각, 강박 사고, 강박 행동, 공포증은 없었다. 공황 발작 역시 없었다고 부인했지만, 공원에서 잠을 청하던 당시에는 "그게 걱정이었던 것 같아요."라고 시인하였다.

그로버는 간이정신상태검사(MMSE)에서 30점 만점에 25점을 받았다. 지남력 역시 유지하고 있었지만, 정확한 날짜는 이야기하지 못했다. 100에서 계속 7을 빼는 과제에서 상당한 노력을 기울여야 했고, 그 결과 2개를 맞힐 수 있었다. 5분 후 세 가지 물건을 회상해야 하는 과제를 풀 수 있었으며, 언어 영역에서는 만점을 받았다. 그는 자신이 살 곳을 찾는 데 문제가 있음을 인식했지만, 이모에게 물어보는 것 외에는 어떻게 할지에 대해 어떠한 생각도 가지고 있지 않았다.

그로버 피어리의 평가

호텔이 문을 닫기 전에는, 그로버는 살 곳과 먹을 것을 확보하고 있었으며 직업 활동을 하고 있었다. 물론 때때로 이모가 면도를 하고 외모를 단정히 하라고 일러주어야 했지만, 그 당시에 평가를 했다면 그로버는 지적발달장애 진단기준을 충족시키지 않을 수도 있을 것이다. 그로버는 적어도 두 번의 IQ 검사에서 낮은 점수를 받았지만(DSM-5-TR 기준), 높은 수준으로 구조화된 환경에서는 상당히 잘 기능하고 있었다.

하지만 지원 체계가 붕괴되자, 그로버는 변화에 제대로 대처하지 못했다. 집을 잃은 다른 사람들은 사용할 수 있었던 자원을 그로버는 사용하지 못했다. 일을 구할 수도 없었으며, 다른 사람의 친절에 의지해서 겨우 끼니를 해결할 수 있었다. 이는 매우 명확한 적응기능의 결함에 해당한다(B). 물론 그로버의 이런 상태는 초기 아동기부터 지속된 것이다(C). IQ 70대 초반을 맴돌고 있기는 하지만, 지적발달장애 진단을 내릴 정도로 기능이 손상된 것으로 볼 수 있다. 경도 지적발달장애의 원형 역시 충분히 만족한다는 것에 주목하라.

지적발달장애의 감별진단에는 여러 학습장애 및 의사소통상애가 포함되며, 이 두 장애는 본 장의 후반부에 설명하고 있다. 만약 그로버의 인지 문제가 이전 기능 수준에 비해 현저히 저하된 것이라면, DSM-5-TR의 주요 신경인지장애로 진단할 수 있다. (신경인지장애와 지적장애는 때로 공병할 수 있지만, 이를 구별하는 것은 어려울 수 있다.) 그로버가 만약 삶에 대처하는 데 명백한 어려움을 보이지 않았다면, 그의 지적 수준을 고려해서 경계선 지적 기능으로 진단했을 수도 있다.

지적발달장애를 가진 청소년 및 성인은 종종 다른 정신질환과 연관되어 있는데, 주의력결핍 과잉행동장애(ADHD)와 자폐스펙트럼장애가 이에 해당하며, 이러한 상태는 지적장애와 동시에 진단될 수 있다. 기분장애와 불안장애도 종종 함께 나타나지만, 적절한 추가 정보가 없으면 임상가가 이를 인식하지 못할 수 있다. 때로 고집스러움과 같은 성격 특질 역시 동반된다. 뇌전증과 뇌성마비 같은 신체적 상태를 동반할 수도 있다. 특히 다운증후군 환자는 중년에 이르러서 알츠하이머병으로 인한 주요 신경인지장애로 발전할 위험성이 상당히 높다. 자살 시도(및 완수)도 어떤 사람들에게는 위험요인이다. 그로버의 경우, 살 집이 없는 점(그리고 GAF가 45점임)을 고려하면 다음과 같이 진단할 수 있다.

F70	경도 지적발달장애
Z59.0	노숙
Z56.9	실직

DSM이 여러 차례 개정되어 오면서 정신질환의 명칭과 관련해 200개 이상이 변동사항이 있었다(심지어 이 수치에는 새로운 장애가 추가된 것은 포함시키지 않았다). 하지만 지적장애(현재는 지적발달장애)의 경우에 이렇게 의회의 결정에 따라 정신질환의 명칭이 변경된 것은 처음 있는 일이다.

2009~2010 입법회의를 통해 '정신지체' 용어를 '지적장애'로 바꾸는 법안을 의회가 승인하였으며, 오바마 대통령이 이에 서명하였다. 그 법안이 발의된 데는 다운증후군을 가지고 있는 9세 여자아이인 로사 마르셀리노가 가족과 함께 메릴랜드(로사의 고향)의 건강 및 교육 법규에서 '정신지체'라는 단어를 삭제하기 위한 활동을 벌인 것이 영향을 미쳤다.

법에서 사용되는 '발달장애' 용어를 지적발달장애 환자에 한정하지 않은 것 역시 주목할 필요가 있다. 이 용어는 정신적 또는 신체적 손상으로 인해 적어도 세 가지 영역에서 영구적 문제를 가지고 있는 22세 이하의 모든 사람에게 적용된다.

F88 전반적 발달지연

적절하게 평가하기가 어려운 5세 이하의 환자에게는 전반적 발달지연 범주를 사용한다. 이런 아동은 발달적으로 중요한 단계에서 지연을 보일 수 있다. 분명히, 추후에 더 완전한 평가가 필요할 것이다.

F79 명시되지 않는 지적발달장애

5세 이상의 환자에게 지적발달장애의 평가가 곤란할 정도로 심각한 부가적인 장애(예 : 시각 상실, 정신 및 행동장애)가 있는 경우, 명시되지 않는 지적발달장애 범주를 사용한다.

F84.0 자폐스펙트럼장애

자폐스펙트럼장애(ASD)는 다양한 심각도와 징후가 나타나는 이질적인 신경발달장애로, 유전적 원인과 환경적 원인이 모두 존재한다. 보통 초기 아동기에 발견되며 성인까지 지속되지만, 경험이나 교육에 따라 그 양상이 상당히 달라질 수 있다. 장애의 증상은 다음과 같이 세 가지 범주로 나눌 수 있다.

의사소통. ASD 환자는 청각은 정상이지만 말하기는 수년 정도 지연되는 양상을 보인다. 그 결함의 범위와 심각도는, 이른바 아스퍼거장애(이들은 명확하게 말할 수 있으며, 정상적인, 심지어 우수한 지능을 갖기도 한다) 수준에서부터 전혀 의사소통이 불가능한 심각한 수준까지 매우 다양하다. 일부는 독특한 패턴으로 말하며 독특한 어구를 사용하기도 하고, 일부는 너무 크게 말하거나 억양이 비정상적으로 단조로운 양상을 보이기도 한다. 의사소통을 위한 신체 언어 및 기타 비언어적 행동(예 : 대부분이 찬성의 표현으로 사용하는 미소나 고개 끄덕임)을 사용하지 못할 수 있다. 또한 유머의 본질을 이해하지 못하기도 한다(예 : 상대가 사용하는 단어가 중의적이거나 추상적인 의미를 가질 수 있음을 이해하지 못함). ASD 아동은 종종 대화를 시작하거나 유지하는 데 어려움이 있으며, 타인과 대화하기보다는 자신이 관심이 있는 주제에 대해 혼잣말이나 독백을 할 수도 있다. 몇 번이고 반복적으로 질문하는 경향이 있으며, 심지어 대답을 들은 이후에도 계속 질문할 수 있다.

사회화. ASD 아동은 대부분의 아동보다 사회적 성숙이 더디게 진행되며, 발달 단계가 예상되는 순서를 따르지 않기도 한다. 부모들은 자녀가 6개월이 지나서도 눈맞춤 및 따라서 웃기, 포옹을 하지 않는 것에 신경을 쓰기 시작하지만, 그 아이는 부모에게 안기려고 하지도 않고 허공을 응시하는 모습을 보일 수 있다. 사물을 가리키지도 않고, 다른 아동과 함께 놀지도 않는다. 무언가를 잡기 위해 팔을 뻗지도 않으며, 부모와 떨어질 경우 정상적으로 나타나는 불안 역시 경험하지 않는다. ASD 아동은 의사소통을 하지 못한다는 좌절감 때문인지, 시주 떼를 쓰고 공격성을 표출한다. ASD 아동은 후기 아동기에도 친밀감에 대한 욕구를 거의 보이지 않으며, 친구가 없고, 기쁨이나 슬픔을 다른 사람과 함께 나누지도 않는다. 청소년기 및 그 이후에는 성욕이 없는 모습을 보이기도 한다.

운동행동. ASD 아동의 운동능력은 대개 그 연령의 발달 시기에 맞게 발달한다. 하지만 이들이 취하는 행동유형은 정상 아동과 확연한 차이를 보인다. 강박적이거나 의례적인 행동(상동증)을 보이는데, 빙빙 돌기, 몸 흔들기, 손뼉 치기, 머리 흔들기, 특이한 자세 유지하기 등이 이에 해당한다. 장난감을 상상 놀이에서 일종의 상징으로 사용하기보다는 주로 입으로 빨거나 빙빙 돌린다. ASD 환자는 흥미가 제한적이기 때문에 어떤 대상의 부분에 몰두한다. 변화에 저항하며, 정해진 절차를 엄격히 고집하는 경향이 있다. 고통이나 극도의 온도에도 무감각한 것처럼 보일 수 있으며, 냄새를 맡거나 만지는 것에 몰두하기도 한다. 이런 환자들 중 상당수가 머리 흔들기나 피부 뜯기, 그 밖의 반복적인 행동으로 자해를 한다.

그 이전에 아스퍼거장애라고 알려진 하위유형 외에도, 자폐스펙트럼장애는 1943년 레오 카너가 조기유아자폐증(early infantile autism)을 소개하기 전까지는 전혀 알려지지 않았다. 이후 자폐스펙트럼장애 개념은 범위가 확장되어 새로운 하위영역들이 나타났지만(DSM-IV에서는 4개의 유형과 어디에도 적용할 수 있는 달리 분류되지 않는 범주를 제시함), DSM-5-TR에서는 다시 하나의 개념으로 축약되었다. 장애의 정도는 매우 다양하지만, 대부분의 환자 및 그 가족의 삶에 미치는 영향은 매우 강력하며 지속적이다.

ASD는 종종 지적발달장애와 연관되어 있으며, 이 둘을 구분하는 것은 어려울 수 있다. 자폐스펙트럼장애 환자 중 약 90% 정도는 감각 이상을 보인다. 일부는 밝은 빛이나 큰 소리를 싫어하고, 심지어 일부는 특정 직물이나 기타 표면의 까슬까슬한 촉감을 싫어하기도 한다. 소수지만 일부는 인지적으로 특출한 능력을 보인다. 계산이나 음악, 기계적인 기억력에서 특별한 능력을 보이며, 때로는 그 정도가 서번트증후군 수준에 해당하기도 한다.

ASD와 관련이 있는 신체적 상태로는 페닐케톤뇨증, 취약 X 증후군, 결절성 경화증, 태아기 문제의 과거력이 있다. 동반되는 정신질환으로는 불안장애(매우 흔함)와 우울증(2~30%), 강박장애(약 1/3), ADHD(50% 이상), 지적발달장애(약 50%), 뇌전증(25~50%)이 있다. 일부 환자는 초기 불면증이나 수면 욕구의 감소를 보고하며, 심지어 낮에 자고 밤에 깨어 있기도 한다. 최근 연구들에서, 신장, 유방, 결장, 뇌, 피부 관련 암의 원인이 되는 유전자와 자폐증 사이의 관련성이 보고되고 있다. 즉, 많은 ASD 환자들은 증상의 복잡성을 완전히 포착하기 위해 추가적인 진단을 필요로 할 것이다.

미국 내에서 ASD의 전체 유병률은 아동의 1%를 조금 넘는 것으로 보고되며, 다른 나라에서 이루어진 연구에서는 그보다 낮은 수치가 보고된다. 최근 그 수는 증가 추세에 있는데, 이는 부분적으로 ASD에 대한 인식이 증가했기 때문인 것으로 보인다. ASD는 모든 문화에서, 그리고 모든 사회경제적 집단에서 나타난다. 남아의 비율이 여아보다 2~3배 정도 높다. ASD 환자의 형제자매 역시 동일한 장애가 나타날 위험성이 굉장히 높다.

사회적 의사소통과 행동적 요소를 따로 평가하기 때문에 자폐스펙트럼장애의 심각도 범위가 다양하게 나타날 수 있다는 점에 주목하자. DSM-5-TR의 심각도 수준의 정의는 다소 복잡하지만, 경도, 중등도, 고도로 요약할 수 있다. 저자 역시 이런 식으로 기술했지만, DSM-5-TR에서는 실용적인 근거를 제시하지 못하고 있다. 진단기준을 결정하는 위원회의 구성원 중 일부는 '경도'라는 명칭이 보험회사가 서비스를 거부하는 명분을 줄 수 있다는 점을 걱정하였다. 물론 이러한 점은 모든 장애에 동일하게 적용될 수 있다.

자폐스펙트럼장애의 핵심 특징

초기 아동기부터 타인과의 접촉은 자폐스펙트럼장애 환자의 기능과 관련된 거의 모든 영역에 상당한 영향을 미친다. 자폐스펙트럼장애의 사회적 관계는 경도 손상부터 상호작용이 거의 완전히 불가능한 정도까지 다양하다. 단지 흥미와 경험을 다른 사람과 공유하는 정도가 떨어지는 경우도 있지만, 일부는 아예 타인에게 접근을 시도하지 않거나 타인의 접근에 대해 전혀 반응을 보이지 않는다. 자폐스펙트럼장애 환자는 대부분의 사람들이 감정과 생각을 의사소통하기 위해 사용하는 일반적인 신체적 신호(예 : 눈맞춤, 손짓, 미소, 고개 끄덕임)를 거의 사용하지 못한다. 타인과의 관계가 손상되어 있어, 다양한 사회적 상황에 맞추어 행동을 조절하는 데 문제를 보인다. 타인에 대한 일반적 관심이 부족하며, (관심이 있다고 하더라도) 좀처럼 친해지기 힘들다.

　자폐스펙트럼장애를 가진 사람들의 활동 및 흥미는 반복적이며 그 초점이 협소하다. 정해진 것에서 조금만 변화가 있어도 저항한다(예 : 점심시간마다 똑같은 메뉴를 요구하거나, 이미 대답을 들었음에도 질문을 끝없이 반복함). 특정 동작(예 : 빙빙 돌기)이나 대상의 한 부분에 몰두한다. 자극(예 : 고통, 큰 소리, 극도의 온도)에 대한 반응이 약하거나, 아니면 반대로 너무 강할 수 있다. 일부는 감각 경험에 비정상적으로 몰두하기도 한다. 시각적 움직임이나 특이한 냄새에 몰두하며, 때로는 특정 소리나 특정 직물의 감촉에 두려움을 느끼고 이를 거부하기도 한다. 특이한 말을 하거나 상동증적 행동(예 : 손뼉 치기, 몸 흔들기, 반향어)을 보이기도 한다.

주의사항

다양한 수준의 자폐스펙트럼장애가 존재할 수 있음에 주의하자. DSM-IV에서는 별도의 진단 및 진단부호를 부여했으나, DSM-5-TR에서는 더 이상 그렇지 않다. 특히 과거 진단되었던 아스퍼거장애의 경우 상대적으로 가벼운 수준에 해당한다. 아스퍼거장애 환자 중 다수는 언어적 의사소통은 꽤 양호하지만, 타인과 사회적 유대감을 형성하는 데 필요한 기술은 부족하다.

ㄱ들을 다루어라

- 기간(초기 아동기에 시작, 하지만 이후 사회화 요구가 증가하는 시기에 증상이 드러날 수도 있음)
- 고통 혹은 장애(직업적/학업적, 사회적, 혹은 개인적 손상)
- 감별진단[정상 아동도 강한 선호를 갖고, 반복행동을 즐길 수 있다. 지적발달장애, 전반적 발달지연, 주의력결핍 과잉행동장애, 상동증적 운동장애, 강박장애, 사회불안장애, 언어장애, 사회적 (실용적) 의사소통장애 또한 고려하라.]

부호화 시 주의점

다음의 경우 명시할 것
　지적 손상을 동반하는 경우/동반하지 않는 경우

언어 손상을 동반하는 경우/동반하지 않는 경우

알려진 의학적·유전적 상태 또는 환경적 요인과 연관된 경우 [이 요인도 부호화하는 것을 잊지 마라.]

다른 신경발달, 정신 또는 행동 장애와 연관된 경우

긴장증 동반(94쪽)

심각도(사회적 의사소통과 제한된 반복적 행동을 구분해서 평가할 필요가 있음)

사회적 의사소통

1단계(경도). 대화를 시작하는 데 문제가 있거나, 다른 사람과의 대화에 별다른 관심이 없어 보인다. '지원이 필요한 수준'으로 부호화한다.

2단계(중등도). 언어적 및 비언어적 의사소통 모두 현저한 결함이 있다. '상당한 지원을 필요로 하는 수준'으로 부호화한다.

3단계(고도). 타인의 접근에 거의 반응이 없으며, 이로 인해 기능 수준이 현저히 제한적이다. 대개 말하기가 몇몇 단어로 제한된다. '매우 상당한 지원을 필요로 하는 수준'으로 부호화한다.

제한적이고 반복적인 행동

1단계(경도). 변화가 있을 경우 적어도 한 가지 활동영역에서 문제가 발생한다. '지원이 필요한 수준'으로 부호화한다.

2단계(중등도). 변화에 대처하는 데 있어 문제가 쉽게 드러나며, 이로 인해 여러 활동영역의 기능에 방해가 된다. '상당한 지원을 필요로 하는 수준'으로 부호화한다.

3단계(고도). 변화를 대단히 힘들어하며, 이러한 행동의 경직성이 모든 활동영역에 영향을 미친다. 심한 고통을 유발한다. '매우 상당한 지원을 필요로 하는 수준'으로 부호화한다.

템플 그랜딘

템플 그랜딘이 자폐스펙트럼장애를 가지고 태어나지 않았다고 하더라도 그 이력은 주목할 만하다. 템플 그랜딘의 이야기는 환자 및 그 가족, 그리고 도움을 제공하는 우리 같은 사람에게 영감을 줄 수 있다. 아래의 정보는 템플 그랜딘의 책에 나온 내용을 요약한 것으로, 이 사례의 목적은 그녀의 삶에 대한 완전한 그림을 제공하는 것이 아니라 자폐스펙트럼장애의 특징을 설명하는 것이다.

템플은 1947년에 태어나서, 첫돌이 지나자 곧 걷기 시작했다. 유아기 때도 안기는 것을 좋아하지 않았으며, 어머니가 잡으려고 하면 뻣뻣하게 굳어버렸다. 템플의 자서전에 따르면, 그녀는 오랫동안 앉아서 몸을 흔들곤 했다. 과도하게 흥분했을 때는 몸을 흔들거나 빙빙 돌면 안정되었다. 다른 사람이 만지면 감각이 과부화된 것으로 느끼고, 벗어나려고 버둥거렸다. 템플에게 포옹은 '너무 압도적'이었다. 심지어 옷의 가장자리(예 : 속옷의 이음매)가 닿는 느낌조차 견딜 수가 없었다.

템플은 기민하였으며, 협응이 적절했고, 청각 역시 정상이었다. 하지만 네 번째 생일이 지날 때까지도 말을 하지 않았다. 이후 템플은 말은 이해했지만 이에 반응을 할 수 없던 것에 좌절감을 느꼈다고 회상했다. 그 이후 수년 동안, 템플의 말에는 억양이 없었고 운율이 느껴지지 않았다. 심지어 대학생 시절에도 템플은 너무 크게 말했고, 다른 사람에게 자신의 목소리가 어떤 영향을 미치는지 인식하지 못했다.

어린 아동기 시절, 템플은 '아동기 조현병' 진단을 받았으며, 의사는 부모님께 템플을 보호시설에 수용할 필요가 있다고 이야기했다. 그 대신 부모는 템플을 사립학교에 진학시켜 도움을 받도록 했고, 학교 선생님은 다른 학생들에게 템플(및 그녀의 특별한 점)을 이해하고 받아들이도록 지도하였다.

템플은 다른 사람의 시선을 마주보지 못했으며, 대인관계와 관련된 감정들에 대한 인식이 부족했다. 심지어 고양이를 너무 세게 쥐고 있으면서도 고양이가 그녀에게 보내는 고통의 신호를 인식하지 못했다. 다른 아이들과 함께 노는 데 관심이 없었으며, 그 대신에 앉아서 동전이나 캔이나 병의 뚜껑 같은 것을 빙빙 돌리곤 했다. 냄새에 강한 흥미를 느꼈으며, 밝은 색상이나 미닫이문 같은 대상의 움직임에 매료되었다.

일관적이라는 것은 템플에게 위안을 주었다. 학창 시절 정해진 일과를 변경하는 것을 거부하였으며, 똑같은 질문을 계속해서 했다. 크리스마스와 추수감사절은 너무나 소음이 많고 혼잡해서 싫어했다. 나이가 들면서 선거와 같은 특정 사건에 몰두하였으며, 주지사의 캠페인 단추나 범퍼 스티커, 표스디에 특별한 관심을 보였다.

하지만 그녀는 정서적 뉘앙스를 드러내지는 않았다. 그녀는 대인관계를 맺는 데 방향성을 알려 줄 나침반 같은 능력을 가지고 있지 않았기 때문에, 정상적인 사회적 상호작용을 이해하는 것은 마치 '금성에서 온 인류학자'가 되는 것과 비슷했다. 템플은 정상적인 사람이 타인에게 애착을 느끼는 감정을 가지고 있지 않았기 때문에, 정서가 아닌 지능을 통해 사회적으로 상호작용하였다. 직관적인 방식으로는 사회적으로 적절하게 말할 수 없었기 때문에, 상호작용을 위해 대본을 미리 작성해야 했다. 다른 사람의 입장에 서는 것을 머릿속에 그려봄으로써 공감을 학습하였다.

템플은 항상 사람과의 접촉을 거부하였지만, 위안은 갈구하였다. 농가에서 지내던 어느 여름, 템플은 이러한 위안을 찾아냈다. 템플은 예방접종 과정에서 소를 잡아두기 위해 사용하던 장비가 소를 진정시키는 것을 관찰하고는 자신의 몸에 기계적으로 압력을 가하는 장비를 설계하여 만들어 냈다. 그 결과, 다른 방법으로는 얻을 수 없었던 평안함을 얻게 되었다. 결국 템플은 수년간의 거듭된 수정을 거쳐 축산 분야에서 사용되는 장비를 발명하기에 이르렀다.

성인이 되어서도 템플은 여전히 예상치 못한 사회적 상황에 대응하는 데 문제가 있었으며, 항우울제인 이미프라민 소량으로는 조절되지 않는 심한 공황발작도 가지고 있었다. 하지만 템플은 대학 졸업식 때 내빈들에게 환영사를 말하는 졸업생으로 선정되었으며, 마침내 박사학위를 취득한 후 자신의 회사를 운영했다. 현재 템플은 도축장으로 끌려가는 동물을 진정시키는 장치의 설계자로 세계적으로 유명하다. 게다가 자폐증과 관련하여 인기 있는 강연자이기도 하다. 하지만 여전히 강연 도중 무선호출기나 핸드폰이 울리면, 하려고 했던 말을 잊어버리곤 한다.

템플 그랜딘의 평가

물론 템플뿐만 아니라 어떠한 환자의 경우도 다양한 정보를 가지고 있을 경우에만 확실한 진단을 내릴 수 있다. 하지만 그것이 없을 때는, 그녀의 책에 있는 데이터의 보물창고에서 자료를 수집할 수 있다.

진단기준을 적용해 보자면, 우선 템플은 사회적 상호작용과 의사소통에 지속적으로 문제를 보인다고 할 수 있다(진단기준 A). 여기엔 사회적/정서적 상호 관계(포옹을 거부함 — A1), 비언어적 행동의 사용(눈맞춤이 빈약함 — A2), 대인관계(또래에 대한 관심 부족 — A3)상의 문제가 포함된다. 이 세 가지 영역에서 결함이 있어야 DSM-5-TR의 자폐스펙트럼장애를 진단할 수 있다.

템플의 제한된 행동 및 관심은 진단기준 B의 네 가지 증상 모두에 해당한다(진단을 위해서는 단지 두 가지만 충족해도 된다). 상동증적으로 동전이나 기타 사물을 빙빙 돌리는 것(템플은 심지어 자기 자신까지도 돌린다 — B1), 정해진 것의 변화를 거부하는 것(명절 축제 분위기를 싫어함 — B2), 미닫이문이나 선거운동 장비에 관심이 고착되고 제한되는 것(B3), 소리에 과잉행동을 보이거나 냄새에 집착하는 것(B4). 이러한 증상은 초기 아동기부터 나타났으며(C), 그녀의 자서전 및 기타 책을 보면, 이러한 증상이 그녀의 일상생활의 기능에서 두드러지며, 기능을 손상시킨 정도를 충분히 확인할 수 있다(D). 하지만 결국 템플은 제한된 행동 및 관심을 멋지게 극복했으므로, 다른 가능한 진단을 배제할 수 있다. 즉 이를 지적발달장애로는 설명하기 힘든 것이다(E).

상동증적 운동장애 환자들도 명백한 기능이 없는 운동행동을 보일 수 있지만, 상동증적 운동장애 진단기준에는 자폐스펙트럼장애를 배제해야 한다는 요건이 있다. 템플은 말하기가 지연되었고, 언어적 의사소통을 하는 데 어려움이 있었지만, 사회적 의사소통장애의 진단기준에도 역시 자폐스펙트럼장애를 배제한다는 조항이 있다. 템플의 부모는 템플의 요구사항에 지지적이고 민감하게 반응했으므로, 고도 정신사회적 박탈을 가능한 병인론에서 배제한다. 청각 손상과 같은 일반적인 의학적 문제 역시 고려할 필요가 있지만, 템플 스스로 이에 대해서 부정하였다.

템플은 심한 불안의 과거력을 가지고 있으며, 이를 약물을 통해 잘 통제했다. 따라서 공황장애 동반이환 진단이 가능할 수 있다. 그러나 과거의 증상 대부분을 공황장애만으로는 설명하기가 어렵다(공황장애에 대한 자세한 내용은 부지런한 독자들을 위한 숙제로 남겨놓는다). 템플의 과거력 중 일부는 강박장애를 연상시키지만, 강박장애를 통해 설명하지 못하는 증상도 많았다.

자폐스펙트럼장애는 공황장애 및 기타 불안장애뿐만 아니라 지적발달장애 및 ADHD, 발달성협응장애, 특정학습장애, 기분장애와 공병할 수 있다. 템플의 아동기 GAF 점수는 약 55점 정도이다. 현재 템플은 더 이상 DSM-5-TR의 진단기준을 만족하지 않지만, 아동기에는 명확히 진단기준을 충족했다. 그녀는 지능이 높지만 자신의 글에서 아동기 언어의 어려움에 대한 분명한 암시를 준다.

> F84.0   자폐스펙트럼장애, 지원이 필요한 수준, 지적 손상을 동반하지 않는, 언어 손상을 동반하는
> F41.0   공황장애

DSM-5-TR에서 아스퍼거장애(및 기타 특정 자폐장애)가 제외되자, 환자 지지 집단은 격분하였다. 1944년부터 사용되어 온 아스퍼거장애는 자폐증만큼 오랜 역사를 가지고 있다. 아스퍼거장애 환자는 분명히 증상으로 고통을 받지만, 때론 비범한 인지능력과 역량의 범위를 보이며, 심지어 정상인보다 더 우수할 수도 있다. 아스퍼거를 '자폐증의 아류(autism lite)'쯤으로 여기기도 하지만 이는 오류이다. 아스퍼거 환자 역시 자폐스펙트럼장애와 동일하게 많은 손상을 보인다. 친구를 원하지만, 정상적인 사회적 상호작용을 위해 필요한 공감능력이 결여되어 있다. 이 외로운 사람들은 변하고 싶어 하지만 어떻게 해야 할지를 모른다.

아스퍼거장애의 개념은 매우 유용하며, 환자와 전문가 모두 흔히게 사용하고 있고 뿌리 깊이 박혀 있디. 따리서 최근의 DSM들에서는 사라졌지만, 이 개념은 쉽게 없어지지 않을 것으로 보인다. 템플 그랜딘은 언어 지연을 보였기 때문에 DSM-IV에서 아스퍼거 진단을 받기에 부적절하다. 하지만 아이러니하게도 여전히 아스퍼거 진단에 속하는 전형적 인물에 해당한다. 이러한 경우가 바로 '들어가며'(X쪽)에서 언급했던 원형-일치 진단 방식을 지지하는 대표적 예이다. 원형-일치 방식을 사용해 템플을 평가하자면, (아동기의 경우) 아스퍼거장애 진단에서 5점 중 4점에 해당한다. 하지만 DSM-5-TR의 경우, 과거 아스퍼거로 진단받은 사람은 현재의 진단기준을 충족하든 그렇지 않든 자폐스펙트럼장애에 해당할 수 있다고 본다. 이것이 바로 이 단락의 두 번째 아이러니이다.

주의력결핍 과잉행동장애

주의력결핍 과잉행동장애(ADHD)는 1902년에 처음 소개되었으며, 그 이래로 이 긴 이름을 유지하고 있다. 아동기에서 가장 흔한 행동장애이지만, 최근 들어 — 고작해야 수십 년 사이에 —

ADHD 증상이 성인기에도 지속될 수 있음을 인식하게 되었다.

9세 이전에는 보통 ADHD를 진단하지 않지만, 대개 초등학교에 입학하기 전에 증상이 시작된다(DSM-5-TR 진단기준에서는 12세 이전에 일부 증상이 나타나야 한다). 부모의 보고에 따르면, 때때로 ADHD 아동은 다른 아이보다 더 자주 울고, 다양한 증상으로 불쾌해하거나 과민하며, 잠을 더 적게 잔다. 심지어 일부 어머니는 임신 중에 아이가 더 자주 배를 찼다고도 주장한다.

발달이정표(developmental milestones)가 이른 시기에 나타날 수 있으며, ADHD 아동은 걷기를 시작하자마자 달리는 경우도 있다. '움직임을 통제할 수 없고', 조용히 앉아 있는 것도 힘들어한다. 동작이 서투르고 협응에 문제가 있을 수 있다. 여러 연구에서 ADHD 아동은 그렇지 않은 아동에 비해 부상이나 돌발적인 중독으로 인해 응급처치를 받은 경험이 더 많은 것으로 보고되고 있다. 종종 학업에 집중하지 못하며, 그로 인해 (지능은 보통 평균 혹은 그 이상이지만) 학교생활이 원만하지 못할 수 있다. 충동적이고 타인의 감정을 상하게 하는 말을 하며, 인기가 없는 경향이 있다.

확실한 개인력은 필수적이다. 직접적인 관찰로는 전형적인 증상들이 드러나지 않을 수 있는데, 정밀한 조사나 새로운 임상가의 사무실을 방문하는 것에 대한 스트레스가 증상을 일시적으로 숨길 수 있기 때문이다.

청소년기가 되면서 보통 이러한 행동이 감소하며, ADHD 중 다수가 안정을 찾고 정상적인 활동 수준을 보이며 자신의 능력을 발휘하기 시작한다. 하지만 일부는 약물을 사용하거나, 다른 형태의 비행행동을 보인다. 성인기에도 지속적으로 대인관계 문제, 알코올 및 물질 사용, 혹은 성격장애를 보일 수 있다. 또한 성인기에 집중의 어려움을 비롯해 조직화의 어려움, 충동성, 기분가변성, 과잉행동을 보이며, 쉽게 화를 내고, 스트레스를 견디기 힘들어할 수 있다.

전체 아동의 약 7% 정도가 ADHD를 보이는 것으로 보고되고 있으며, 2:1 또는 그 이상의 비율로 남자 아동이 더 많다. DSM-5-TR 진단기준에 따르면 17세 이상 성인 중 약 2.5%가 이에 해당한다고 보지만, 다수의 연구에서는 그 이상으로 보고하고 있다. 성인의 경우 남녀 비율의 차이가 상당히 감소하는 양상을 보이는데, 그 이유는 명확하지 않다.

가족력이 있으며, 부모 및 형제자매 역시 문제를 보일 가능성이 평균 이상으로 높다. 알코올중독 및 이혼을 비롯한 여러 유형의 가족 붕괴가 이런 환자들의 배경에 깔려 있는 경우가 흔하다. 반사회성 성격장애 및 신체증상장애와 유전적 연관성을 보이기도 한다. 또한 학습장애(특히 읽기 관련 문제)와도 관련이 있다. 성인기에는 물질사용장애 및 기분장애, 불안장애를 동반할 수 있다.

여러 장애가 ADHD와 공병할 수 있다. 공병하는 장애로는 적대적 반항장애와 품행장애가 해당되는데, 이 두 장애는 ADHD 환자들 중 소수에게서 나타난다. 이러한 공병을 가진 환자들은 불행해하기 때문에 지속성 우울장애의 진단기준을 충족할 수 있다. DSM-5에 새로 포함된 상태인 파괴적 기분조절부전장애가 ADHD와 더 강하게 연관되어 있을 수 있다. 특정학습장애, 강박장애, 틱장애 역시 ADHD와 공병할 수 있다. 성인의 경우, 반사회성 성격장애나 물질 사용 문제를 보일 수 있다.

주의력결핍 과잉행동장애의 핵심 특징

종종 교사가 ADHD 아동을 발견하고 평가에 의뢰한다. 이들은 쉴 새 없이 움직이며, 안절부절못하거나 꼼지락거리는 행동으로 수업을 방해한다. 의자에서 뛰어내리고, 끊임없이 말하며, 차분히 노는 것이나 자신의 순서를 기다리는 것이 불가능해 보인다. 다른 사람을 방해하거나 간섭하고 심지어 질문이 완전히 끝나기도 전에 대답하기도 한다. 그러나 과잉행동/충동성은 ADHD 사례의 절반에 불과하며, 또 다른 ADHD 측면으로는 주의력결핍이 있다. 이들은 직접 들은 상황에서조차 일이나 놀이에 주의를 기울이고 유지하는 것을 힘들어한다. 쉽게 주의가 분산되기 때문에(그래서 숙제하기처럼 정신적 노력을 유지할 필요가 있는 것을 좋아하지 않으며 회피한다), 세부사항을 간과하고 부주의한 실수를 저지른다. 조직화 기술이 빈약하기 때문에, 과제나 기타 자료를 분실하거나 집안일이나 다른 의무들을 이행하지 못한다.

이러한 행동은 학교, 가족 관계, 사회적 생활과 같은 삶의 여러 측면에 영향을 미친다. 연령이 증가하면서 ADHD와 관련된 이러한 행동은 다소 줄어들기도 하지만, 10대나 그 이후에도 지속적으로 나타날 수 있다.

주의사항

ㄱ들을 다루어라
- 기간 및 기타 인구통계학적 특징(6개월 이상, 12세 이전 발병)
- 고통 혹은 장애(직업적/학업적, 사회적, 혹은 개인적 손상)
- 감별진단(지적발달장애, 불안장애 및 기분장애, 물질 중독 장애, 적대적 반항장애, 반응성 애착장애, PTSD, 간헐적 폭발장애, 특정학습장애, 인지장애, 파괴적 기분조절부전장애, 정신병적 장애, 혹은 기타 정신질환 및 성격장애, 물질 중독 혹은 금단)

부호화 시 주의점

다음 중 하나를 명시할 것(과거 6개월 동안)

F90.0 주의력결핍 우세형. 부주의 진단기준은 만족하나, 과잉행동/충동성 진단기준은 만족하지 않음

F90.1 과잉행동/충동 우세형. 과잉행동/충동성 진단기준은 만족하나, 부주의 진단기준은 만족하지 않음(F90.0의 반대)

F90.2 복합형. 양쪽 진단기준 모두 만족

다음의 경우 명시할 것

부분 관해 상태. 적어도 6개월 이상(아마 성인기까지) 기능에서의 손상이 지속되지만 증상이 거의 없어 더 이상 진단기준을 완벽히 만족하지 않는 경우

현재의 심각도를 명시할 것

경도. 상대적으로 증상이 적고, 적은 손상만을 초래한다.

중등도. 경도와 고도에 비해 증상이 중간 정도이다.

고도. 많거나 특별히 심한 증상을 경험한다.

실제 DSM-5-TR 진단기준을 자세히 살펴보다 보면 이상한 점을 발견할 수 있을 것이다. 진단기준 D에서 증상은 환자의 '기능을 방해하고, 기능의 질을 떨어뜨리는 것'이라고 명시하고 있다(DSM-5 60쪽). 하지만 다른 장애의 경우 거의 모두 '기능의 손상'을 명시하고 있다. 진단기준을 작성한 분과위원회는 '손상'이 문화의 영향을 너무 많이 받는다고 판단하였다. 물론 이런 판단에 대해 다음과 같은 질문이 가능하다. 왜 ADHD 진단은 DSM-5-TR의 다른 장애보다 더 문화적 영향에 주의를 기울여야 하는가?

물론 그 대답은 '그렇지 않다'이고, 그래서도 안 된다는 것이다. 핵심 특징에 집중하자.

데니스 투어니

"아들이 가지고 있는 문제를 저도 가지고 있는 것 같아요."

데니스 투어니는 37세 기혼남으로 직업은 화학자이다. 데니스는 평생 동안 줄곧 과제에 주의집중하는 데 어려움이 있었다. 그러나 그는 쾌활하고 매력적이었기 때문에 결국 자신의 단점을 극복하고 일류 제약업자로 성공할 수 있었다.

병원 예약을 하기 일주일 전 어느 날 저녁, 데니스는 집에서 새로운 화학 합성과 관련된 연구를 하고 있었다. 아내와 아이들 모두 자고 있어서 매우 조용했지만, 데니스는 이상하게 일에 집중하기 힘들었다. 시계 똑딱거리는 소리와 테이블 위로 뛰어오르는 고양이를 비롯해 모든 것이 주의를 분산시켰다. 게다가 머리까지 쿵쾅거리기 시작했다. 그래서 데니스는 아스피린인 줄 알고 약 2알을 우유 한 잔과 함께 마셔버렸다.

"그다음에 마술과도 같은 일이 일어났어요!"라고 데니스는 임상가에게 말했다. "마치 누군가가 내 뇌파를 깔때기를 통해서 내가 작업하고 있는 종이 위에 그대로 쏟아놓는 것 같았어요. 30분 동안 일에 집중하는 활동을 제외한 모든 것이 차단되었어요. 보통 하루나 그 이상이 걸리던 일을 2

시간 만에 끝내버렸어요. 알고 보니 지난달 랜디에게 처방되었던 알약 2개를 먹었던 거예요."

데니스의 아들 랜디는 8세로, 한 달 전까지만 해도 2학년 사이에서 일종의 공포의 대상이었다. 하지만 ADHD 치료제인 리탈린을 4주간 복용한 후 성적이 올라갔고, "함께 지내는 게 즐거워졌어요."라고 말할 정도로 좋아졌다.

수년 동안, 데니스는 자신이 아이처럼 과도하게 활동적이라고 생각해 왔다. 랜디처럼 데니스 역시 초등학교 저학년 시절, 자리에 차분히 앉아 있을 수가 없었다. 연필깎이를 사용하거나 지나가는 구급차를 보면 야단법석을 떨었다. 선생님이 가정 통신문에 '끊임없이 말을 하며 프라이팬 위의 벌레처럼 꿈틀댄다'고 기록한 적도 있었다. 데니스가 '8개월에 기어다녔고 10개월에 뛰어다녔던 것'은 가족들 입에 오르내리는 신화 중 하나이기도 하다. 데니스는 어린 시절 항상 분주하였으며, 어떤 경우에도 자신의 차례를 기다리지 못했다("나는 내가 펄쩍 뛰어오를 것처럼 느꼈어요.").

데니스는 놀랍게도 어린 시절 문제에 대해 거의 기억을 하지 못했다. "여전히 그래요. 어린 시절 저의 주의폭에 대해서는 잘 기억이 안 나요. 너무 오래전이에요. 하지만 전반적으로 잘 경청하지 않았다는 인상은 남아 있어요. 딱 지금의 저처럼 말이에요. 실수로 알약 2개를 먹었을 때를 제외하고요."

데니스의 평가와 관련해서 나머지는 그리 특별한 것은 없었다. 데니스의 신체적 건강은 양호하며, 다른 정신건강 문제 역시 없어 보였다. 의자에서 안절부절못하는 점을 제외하면, 겉으로 드러나는 모습에도 별다른 점은 없다. 말하기와 정서 모두 완벽히 정상적이었으며, 간이정신상태검사(MMSE)에서도 만점을 받았다.

데니스는 스리랑카에서 태어났다. 당시 부모님 모두 외교관으로 해외 근무 중이었다. 아이들이 겨우 7, 8세이었을 때 이들은 이혼하였으며, 이후 아버지는 술로 요절하였다. 부모의 이혼은 데니스를 불안하게 만들었다. 데니스는 부모가 마지막에 크게 싸웠던 장면을 생생하게 기억했다. 그 당시 어머니는 데니스의 문제를 평가해 보자고 설득했지만, 아버지는 주먹을 치며 '내 아이를 빌어먹을 의사에게 절대로 데려가지 않을 것'이라고 소리쳤다. 이 일이 있고 얼마 지나지 않아 부모는 갈라섰다.

데니스는 아버지의 사례에서 많은 것을 배웠다고 생각했다. 술도 마시지 않았고, 절대로 마약도 입에 대지 않았으며, 아내와 싸우지도 않았다. 랜디를 평가해 보자는 제안에도 쉽게 동의했다. "당신도 자신이 가져보지 못했던 것을 당신의 아이가 가질 수 있길 항상 원할 겁니다. 저에게 있어 그건 바로 리탈린이에요."라고 그가 말했다.

데니스 투어너의 평가

어린 시절의 데니스는 확실히 ADHD의 증상을 여러 개 보였다. 활동 수준과 관련된 문제를 매우 쉽게 확인할 수 있었다(진단기준 A2). ADHD 아동기 증상에는 몸을 꼼지락거리는 것(A2a), 착석을 유지하기 어려운 것(A2b), 자기 차례를 기다리지 못하는 것(A2h), 끊임없이 활동하는 것(A2e), 지나치게 뛰어다니는 것(A2c), 지나치게 수다스럽게 말을 하는 것(A2f)이 포함된다. (DSM-5-TR에서는 아동의 경우 여섯 가지 증상을 요구한다. 하지만 시간이 흐르면서 기억이 흐려지는 경향이 있기 때문에, 17세 이상의 경우에는 다섯 가지만을 요구한다. 주의력결핍과 관련해서도 같은 수의 증상과 논리가 적용된다.) 데니스 역시 자신의 주의폭에 문제가 있었다고 생각했지만, 정확한 증상에 대해 명확히 기억하지 못했다.

데니스는 어린 시절에, 즉 확실히 12세 이전부터 이러한 증상을 보였다(B). 증상으로 인해 현재 업무의 질이 저하되고 있다는 '확실한 증거'를 하나 가지고 있지만, 이를 제외한다고 하더라도 과거력만으로 충분히 진단기준을 만족한다. 임상가는 데니스가 하나 이상의 장면(예 : 학교와 집)에서 어려움을 보였다는 것을 확인할 수 있다(C). 데니스는 30년이 지났음에도 아동기 진단이 가능할 만큼 과잉행동/충동성 증상을 충분히 기억해 냈다. 성인 ADHD 환자 중 다수가 안절부절못하는 것을 자신의 주요 증상으로 생각한다. 데니스가 기억해 낸 것을 과거 학교기록을 통해 확인해 보는 것이 좋은 방법일 것이다.

아동기의 경우, 다른 많은 상태에 대해 감별진단이 필요하다. (많은 ADHD 아동이 진료실에서는 차분히 의자에 앉아 있으며 주의를 잘 집중할 수 있기 때문에 과거력을 바탕으로 진단을 내려야 하는 경우가 종종 있다는 점에 주의하자.) 지적장애 환자들은 학습이 느리며, 과도하게 활동적이고 충동적일 수 있다. 하지만 ADHD 환자는 일단 주의를 집중하면 학습이 정상적으로 이루어진다. 자폐스펙트럼장애 아동과 달리 ADHD 아동은 정상적으로 의사소통을 한다. 우울한 환자 역시 안절부절못하고 주의폭이 좁을 수 있지만, 보통 그러한 기간이 평생 가지는 않는다. 다수의 투렛장애 환자들 역시 과도하게 활동적일 수 있지만, ADHD만 있는 환자는 운동 틱과 음성 틱을 보이지 않는다.

혼란스러운 사회 환경에서 자란 아동 역시 과잉행동과 부주의로 인해 문제를 보일 수 있다. 불안정한 사회 환경에서 성장한 아동에게 ADHD를 진단할 경우, 좀 더 주의를 기울일 필요가 있다. 적대적 반항장애와 품행장애의 경우, 성인이나 또래와 충돌하는 행동을 보이지만, 이들의 행동에는 목적이 있고 후회의 감정을 동반하지 않는다. 하지만 ADHD 아동은 대개 후회하는 감정을 보인다. 그러나 다수의 ADHD 아동은 동반이환으로 품행장애, 적대적 반항장애, 투렛장애를 가질 수 있다.

성인의 경우, 감별진단에 반사회성 성격장애 및 기분장애가 포함된다(기분장애 환자는 주의집중에 문제를 보이고 초조한 모습을 보일 수 있다). 증상이 조현병이나 불안장애, 성격장애를 통해 더 잘 설명될 경우, ADHD 진단을 내리면 안 된다.

데니스는 아동기 때 ADHD, 복합형의 진단기준을 만족하는 것으로 보인다. 하지만 엄격한 임상가는 현재 가지고 있는 정보만으로는 설득되지 않을 수도 있다. 데니스는 성인이 되어서도 지속적으로 집중하는 데 심각한 문제를 보이고 있지만, 타고난 지능의 힘으로 이를 극복하였다. 데니스는 아스피린인 줄 알고 리탈린을 먹은 후 평소와 다른 집중력을 경험해 보기 전까지는 자신이 얼마나 문제가 있는지 전혀 인식하지 못했다.

현재의 DSM-5-TR 진단기준을 구성하는 몇몇 특이사항들을 알고 있지만(주의가 산만함 — A1b), 더 많은 정보가 있다 하더라도, 현재의 성인 진단을 완벽하게 만족할 만큼 충분한 세부사항을 알아내기는 힘들 것이다. 임상가로서 '부분 관해' 명시자를 적용하는 것이 더 안전해 보인다. 더 완벽한 검사(아마도 아내나 직장상사에게 추가적인 정보를 얻을 수 있을 것이다)가 이루어진다면 최종진단이 바뀔 수도 있다. 저자는 데니스에게 GAF 70점을 주었다.

　　F90.2　　　　주의력결핍 과잉행동장애, 복합형(부분 관해 상태)

대개 성인들에서는 ADHD가 과소진단되고 있다. 몇몇 저자는 성인 ADHD 진단의 타당성에 회의적인 태도를 보이고 있지만, 성인에게도 ADHD 진단이 적절하다는 증거가 점차 증가하고 있다. 하지만 의견 불일치 및 여러 사람들의 혼란스러운 설명들 때문에 성인 명시자를 쓰지는 않기로 한 것 같다.

F90.8 달리 명시되는 주의력결핍 과잉행동장애

F90.9 명시되지 않는 주의력결핍 과잉행동장애

달리 명시되는 ADHD나 명시되지 않는 ADHD라는 진단은, 진단기준을 적절히 만족시키지 않지만 뚜렷한 증상을 동반하는 경우에 사용한다. 가령 12세 이후 증상이 시작되었거나 증상이 너무 적은 경우가 바로 이에 해당한다. 나타나는 증상이 손상과 질적으로 관련이 있어야 함을 기억하자. ADHD가 적절하지 않은 이유를 명시하고 싶다면, F90.8을 선택하고, '13세에 처음으로 증상을 보임'이라는 설명을 덧붙인다. 그렇지 않으면 두 번째를 선택한다. xviii쪽 이중선 안에 기술된 내용을 참조하라.

틱장애

틱은 비율동적이고, 반복적이며 빠른 갑작스러운 음성이나 신체 움직임이다 — 실제로 너무 빨라 말 그대로 눈 깜짝할 사이에 일어날 수도 있다. 복합 틱은 여러 가지 단순 틱이 빠르게 연속적으로 일어나며, 자연히 더 길게 나타난다. 틱은 흔하다. 틱 단독으로 발병할 수도, 투렛장애의 증상으로 나타날 수도 있다.

틱은 가끔씩 나타나는 경련부터 일련의 운동 및 음성이 반복적이고 폭발적으로 나타나는 것까지 그 수준이 다양하며, 특히 후자의 경우 학교 교실에서 큰 혼란을 일으키기도 한다. 운동 틱은 어린 아동기(때론 2세에도)에 처음으로 나타난다. 일반적으로 틱은 얼굴 위쪽(얼굴 찡그리기나 눈 주위 근육의 경련)에 나타나지만, 복부 긴장이나 어깨, 머리, 손발 경련처럼 다양한 부위에서 나타날 수 있다. 음성 틱은 이보다 다소 늦게 시작되는 경향이 있다. 단순 음성 틱은 짧게 큰 소리 내기, 헛기침, 쿵쿵대기, 단음절 말을 중얼거리거나 외치는 모습을 보인다.

틱으로 인해 아동은 자신의 몸과 정신과정을 통제할 수 없다는 느낌을 받는다. 그렇지만 일부 환자들은 나이가 들면서 틱을 함으로써 틱을 하고 싶은 욕구를 완화시키는 긴장-완화기제를 발달시킨다(병적 도벽에서도 긴장-완화의 기제가 있지만 이와는 다르다). 틱은 불수의적이지만, 때때로 일시적이나마 이를 억제할 수 있으며 보통 수면 중에는 보이지 않는다. 틱장애는 지속적이라고 표현되지만, 시간이 지나면서 그 강도가 변하며, 갑자기 몇 주간 완전히 사라지기도 한다. 아프거나 피곤하거나 스트레스를 받으면 종종 그 빈도가 증가한다.

아동기 틱은 흔하며, 남아는 약 10%, 여아는 약 5%의 유병률을 보인다. 대부분은 운동 틱으로, 아동이 성장하면서 사라지며 대개 진단평가를 받아야 할 정도로 심하게 발전하지 않는다. 틱이 성인기까지 지속되는 경우는 유병률 자체는 낮지만 남성에서 더 많다. 틱이 성인기에 처음으로 발병하는 경우는 드물며, 발병하더라도 주로 코카인이나 기타 마약으로 인해 나타난다. 성인 환자의 틱은 변하지 않는 경향이 있으며, 아동기 틱보다 덜 심하지만 그 강도가 다양하다. 성인기 예후는 다양한 요인으로 인해 악화될 수 있는데, 동반이환된 정신장애나 만성적인 신체질환, 가정에서의 지원 부족, 향정신성 약물 사용이 이러한 요인에 해당한다.

틱은 진단과 상관없이 매우 유사하게 나타나기 때문에, 투렛장애 맥락에서만 사례를 제시하였다.

F95.2 투렛장애

투렛장애는 1895년 프랑스 신경학자인 조르주 질 드 라 투렛(Georges Gilles de la Tourette)에 의해 처음 소개되었다. 투렛장애에는 신체의 다양한 부분에서 보이는 많은 틱이 포함된다. 보통 머리

부분에서 운동 틱을 보인다(눈 깜빡임이 종종 처음 증상으로 나타난다). 어떤 환자들은 복합 운동 틱을 보인다(예 : 무릎을 크게 구부리기). 일반적으로 투렛장애 환자의 운동 틱의 위치와 강도는 시간이 지남에 따라 변화하는 양상을 보인다.

음성 틱은 투렛장애에서 특징적으로 나타나며, 이는 전문가(신경학자보다는 주로 정신건강 임상가)의 주의를 끄는 부분이기도 하다. 음성 틱은 짧은 큰 소리, 딸깍 소리, 기침, 으르렁거리기, 이해할 수 있는 단어 등 놀라울 정도로 다양한 형태로 나타난다. 환자 중 소수지만 상당수(10~30%)가 욕설증을 동반하기도 한다. 욕설증은 외설적인 말, 혹은 다른 가족이나 지인이 견딜 수 없는 말을 내뱉는 것을 말한다. 정신적 욕설증(침투적인 외설적 사고) 역시 나타날 수 있다.

현재 투렛장애는 드물지 않다고 알려져 있으며, 아동의 경우 투렛장애의 유병률은 1%에 달하고, 남아가 여아보다 2~3배 더 많다. 다른 민족/인종 집단에 비해 아프리카계 미국인에게 더 적게 나타나는데, 그 이유는 밝혀지지 않았다. 관련 증상으로는 머리 흔들기나 피부 뜯기로 인한 자해가 있다. 투렛장애는 가족력이 미치는 영향이 강력하다. 일란성 쌍둥이의 경우 50%, 이란성 쌍둥이의 경우 10% 이상의 일치율을 보인다. 종종 틱이나 강박장애의 가족력이 있기 때문에, 임상가들은 투렛장애와 조기 발병 강박장애 사이에 유전적 관련성이 있을 것이라고 추측하고 있다.

일반적으로 투렛장애는 6세 이전에 발병하며, 대부분의 환자들은 10~12세에 이르면서 증상이 가장 심각해진다. 지속적으로 중등도 이상 수준의 틱을 보이는 경우는 25% 이하이다. 증상이 완화되는 기간이 있을 수 있지만, 보통 평생 동안 지속된다. 하지만 성장하면서 심각도가 떨어지거나 완전히 사라질 수도 있다. 대부분의 환자가 동반이환 상태(특히 강박장애와 ADHD)에 있다.

틱장애의 핵심 특징(비교)

	투렛장애	지속성(만성) 운동 또는 음성 틱장애	잠정적 틱장애
특정 틱 유형	1개 이상의 음성 틱과 2개 이상의 운동 틱(주의사항 참조)	운동 틱 또는 음성 틱, 양쪽 다는 아님	운동 틱이나 음성 틱, 또는 양쪽 다(어떤 수준이든)
기간	1년 이상, 틱이 없는 기간은 있을 수 있음		1년 이하

	투렛장애	지속성(만성) 운동 또는 음성 틱장애	잠정적 틱장애
감별진단	기타 의학적 상태나 물질 사용 없음	기타 의학적 상태나 물질 사용 없음 투렛장애 해당 없음	기타 의학적 상태나 물질 사용 없음 투렛장애나 지속성(만성) 운동 또는 음성 틱장애 해당 없음
기타 인구통계학적 특징	18세 이전에 시작		
다음의 경우 명시할 것	—	운동 틱만 또는 음성 틱만	—
틱 정의	비율동적이고, 빠르며, 반복적인 운동 또는 음성		

주의사항

투렛장애에서 반드시 운동 틱과 음성 틱이 동시에 나타날 필요는 없다.

투렛장애의 핵심 특징

투렛장애 환자가 처음으로 보이는 틱은 대개 눈 깜빡임이며, 6세 정도에 증상이 나타난다. 여기에 음성 틱이 결합되는데, 처음에 그르렁거리기와 헛기침으로 시작한다. 결국에는 다양한 운동 틱과 적어도 하나 이상의 음성 틱을 포함하게 된다. 가장 잘 알려진 틱인 욕설증 — 욕설이나 기타 사회적으로 수용되지 않는 말을 함 — 은 상대적으로 드물다.

주의사항

ㄱ들을 다루어라

- 기간 및 기타 인구통계학적 특징(1년 이상, 18세 전에 시작, 전형적으로는 4~6세에 시작)
- 감별진단(강박장애, 기타 틱장애, 물질사용장애, 신체질환)

고든 휘트모어

고든은 20세 대학생이며, 다음을 주 호소로 병원을 찾아왔다. "약을 끊고 나서, 투렛장애가 다시 나타났어요."

고든의 어머니는 임신기간을 다 채우고 별다른 문제 없이 출산하였다. 고든은 정상발달을 보였지만, 고든의 어머니는 고든이 8세 6개월경에 처음으로 틱을 목격하였다. 아침 식사 중에 고든의 어머니는 시리얼 상자 너머로 고든을 바라보고 있었다. 고든은 상자 뒤에 쓰여 있는 것을 읽으면서, 눈을 쥐어짜듯 억지로 감았다가 크게 뜨면서 몇 초마다 눈을 깜빡였다.

"무슨 일이 있냐고 어머니가 물었어요. 제가 경련을 보이는 건지 걱정하셨죠." 고든이 정신과 의사에게 말했다. 그는 갑자기 이야기를 멈추더니 "젠장! 젠장!"이라고 말했다. 이 말을 외칠 때마다 머리를 오른쪽으로 격렬하게 비틀고 흔들었는데, 실제 이가 덜그럭거릴 정도였다.

"하지만 결코 의식을 잃거나 한 적은 없어요. 제 투렛 증상이 시작되는 것이었죠." 고든은 갑작스럽고 폭발적인 증상에도 동요하지 않고 계속해서 이야기를 이어갔다. 아동기에 고든의 얼굴 경련 및 갑작스러운 머리 및 상체 움직임은 점차 심해졌다. 새로운 운동 틱이 나타나면 그때마다 친구들은 새로운 별명을 붙이며 놀려댔다. 하지만 이는 음성 틱이 시작되고 나서 받은 놀림에 비하면 아무것도 아니었다.

고든이 13세가 되고 얼마 되지 않아 점차 목구멍 뒤쪽에서 어떤 긴장감이 느껴졌다. 이는 설명할 수 없었다. 간지러운 것도 아니고 어떤 맛이 나는 것도 아니었다. 삼킬 수 있는 것도 아니었다. 때론 기침을 하면 일시적으로 완화되기도 하였다. 하지만 완화하기 위해서는 특정 형태의 음성이 더 자주 필요했다. 짧게 큰 소리 내기나 외침이 딱 좋았다. 하지만 욕설이 가장 강렬한 효과를 보였다.

"젠장! 젠장!" 고든이 다시 외쳤다. "제길!" 고든이 다시 머리를 흔들고 두 번 소리쳤다.

고등학교 3학년 중간쯤, 음성 틱이 너무 심해져서 무기정학을 받았다. 교실에서 혼란을 일으키시 않고 가만히 있어서 공부가 가능할 때까지였다. 부모가 세 번째로 데려간 임상가는 할로페리돌을 처방해 주었다. 이 약은 스트레스 상황에서 눈을 깜빡이는 증상을 제외하고는 고든의 증상을 완전히 완화시켰다.

고든은 한 달 전까지만 해도 이 약을 복용하였다. 하지만 지연발생운동이상증에 대한 기사를 읽고 약 부작용에 대해 걱정하기 시작하면서 약을 끊었다. 일단 약을 끊고 나니, 모든 틱 증상이 빠르게 재발했다. 최근 의사에게 평가를 받았는데, 건강하다는 판정을 받았다. 결코 마약이나 알코올을 남용한 적도 없다.

고든은 깔끔한 옷차림에 호감 가는 외모의 젊은 남성으로, 면담 시 대부분 조용히 앉아 있었다. 과도하게 눈을 깜빡이는 것(1분에 여러 번)을 제외하면 정말로 매우 평범해 보였다. 이따금 눈 깜빡임과 함께 입을 벌리고 이 주위의 입술을 오므렸다. 하지만 몇 분마다 얼굴, 머리, 어깨를 포함한 여러 가지 틱과 함께 야유, 그르렁거리는 소리, 날카로운 소리, 짧고 큰 소리를 내뱉었다. 불규칙적이지만 다소 빈번하게 욕설이 섞여 있었으며, 납득할 수 있는 수준보다 더 크게 내질렀다. 하지만 그러고 나면 다시 차분하게 대화를 이어갔다.

고든의 정신상태와 관련해 그 외 다른 부분은 별다른 점이 없었다. 틱을 보이지 않을 때, 말은 분명하고 논리적이었고, 적절하고 자발적이었으며, 간이정신상태검사(MMSE)에서도 만점(30점)을 받았다. 자신의 증상을 걱정하긴 했지만, 우울이나 특히 불안을 느끼지는 않았다. 환각이나 망상, 자살 사고를 경험하지도 않았다. 강박 사고 및 강박 행동 역시 부인하면서, 다음과 같이 말했다. "삼촌 같은지를 묻는 거죠? 조지 삼촌은 특정한 의례적인 행위들을 하거든요."

고든 휘트모어의 평가

고든의 증상은 어렸을 때 시작되었으며(진단기준 C), 음성 틱과 복합 운동 틱이 함께 나타났다(A). 또한 투렛장애 진단에 완벽히 부합할 정도로 자주 그리고 길게 나타났다. 고든은 다른 면에서는 건강했다. 따라서 다른 의학적 상태(특히 근육긴장이상 같은 신경학적 장애)로 인해 증상이 나타났을 가능성은 낮다. 정상적이지 않은 움직임과 관련이 있는 기타 정신질환으로는 조현병과 암페타민 중독이 있다. 하지만 이 둘과 관련해 아무런 증거도 찾을 수가 없다(D). 음성 틱 및 복합 운동 틱의 기간과 모든 증상을 통해 고든의 상태가 기타 틱장애(지속성 운동 또는 음성 틱장애, 잠정적 틱장애)와 구분됨을 확인할 수 있다.

투렛장애와 관련성이 있는 상태를 살펴보면, 아동기의 강박장애와 ADHD가 이에 해당한다. (고든의 삼촌은 강박장애에 해당할 수도 있다.) 따라서 고든의 진단은 다음과 같다(고든의 GAF 점수는 55점이었다).

F95.2   투렛장애

F95.0 잠정적 틱장애

정의에 의하면, 잠정적 틱장애는 일시적으로 나타난다. 보통 단순 운동 틱으로, 3~10세에 시작하여 수 주에서 수개월 동안에 걸쳐 심해졌다가 다시 완화된다. 음성 틱은 운동 틱보다 드물다. 지속성 운동 또는 음성 틱장애로 진단된 적이 있는 환자는 잠정적 틱장애를 진단할 수 없다.

F95.1 지속성(만성) 운동 또는 음성 틱장애

틱이 1년 동안 지속되면 더 이상 잠정적 틱장애로 볼 수 없다. 지속성 운동 틱 역시 여러 수준의 심각도를 보이며 심해졌다 다시 완화되기를 반복한다. 하지만 지속성 음성 틱은 드물다. 심지어 지속성 운동 틱은 보통 수년 내에 사라지지만, 성인기에 피곤하거나 스트레스를 받는 상황에 다시 나타날 수도 있다. 지속성 틱은 유전적으로 투렛장애와 관련성이 있을 수 있지만, 투렛장애 환자에게 이를 진단할 수는 없다.

F95.8 달리 명시되는 틱장애

F95.9 명시되지 않는 틱장애

앞서 언급한 틱장애 중 하나에 해당하는 진단기준을 완전히 충족하지 않는 경우, 명시되지 않는 틱장애를 사용한다. 아니면 달리 명시되는 틱장애를 사용해 그 이유를 명시할 수 있다. 18세 이후에 틱이 나타나기 시작한 경우가 그 예이다.

운동장애

F82 발달성 협응장애

발달성 협응장애는 대개 '둔한 아동 증후군(clumsy-child syndrome)'이란 경멸적인 표현으로 더 잘 알려져 있다. 실행곤란증(힘과 감각 모두 정상이지만 능숙하게 움직이기 어려움)과 유사하지만, 일부 논란이 여전히 존재한다. 5~10세 아동의 약 6%가 이 장애를 보이며, 이 중 1/3이 심각한 증상을 보이는 중요한 장애이다. 약 4:1의 비율로 남아가 여아보다 더 많다.

　발달성 협응장애 아동은 자신이 원하는 대로 몸을 움직이기 어려워한다. 발달의 중요 단계들이 지연되는데, 특히 기기, 걷기, 말하기, 심지어 옷 입기까지도 발달이 지연된다. 연령이 증가해도 잡고, 달리고, 뛰고, 차는 데 서투르기 때문에 보통 팀 경기에서 제외되다가 마지막에서야 포함되며, 따라서 자연히 친구 관계에도 문제가 생길 수 있다. 일부 아동은 심지어 색칠하기, 글씨 쓰기, 가위질 같은 기술을 습득하는 데도 문제를 보인다.

　발달성 협응장애 증상이 단독으로 나타나기도 하지만, 절반 이상이 주의력결핍이나 난독증 같은 학습장애를 동반하며, 자폐스펙트럼장애 역시 관련성을 보인다.

　수년간의 연구에도 그 원인은 여전히 밝혀지지 않았다. 여러 신체적 상태를 배제해야 하는데, 근위축증, 선천성 근육무력증, 뇌성마비, 중추신경계 종양, 뇌전증, 프리드라이히운동실조증, 엘러스단로스병이 이에 해당한다. 처음엔 정상적으로 발달하다가 운동 실조가 뒤늦게 발병한 경우에는, 발달성 협응장애가 아닐 가능성에 초점을 맞출 필요가 있다.

　운동 기술의 손상은 청소년기나 성인기까지 이어질 수 있지만, 성장이 끝난 이후의 발달성 협응장애 경과에 대해서는 거의 알려진 바가 없다.

발달성 협응장애의 핵심 특징

학업이나 스포츠, 기타 활동에서 해당 연령에서 기대되는 것보다 운동 기술이 매우 서투르다. 이와 관련된 구체적인 운동행동장애에는 전반적으로 서투른 행동, 균형감의 문제, 발달적 주요 단계에서의 지연, 기본적 기술 습득의 지연(뛰기, 공 놀이 및 잡기, 알아볼 수 있게 글 쓰기)이 포함된다.

주의사항

ㄱ들을 다루어라

- 기타 인구통계학적 특징(초기 아동기에 시작)
- 고통 혹은 장애(직업적/학업적, 사회적, 혹은 개인적 손상)
- 감별진단(시력 손상, 뇌성마비, 근위축증과 같은 신체적 상태, 지적발달장애, 자폐스펙트럼장애, ADHD)

F98.4 상동증적 운동장애

상동증은 분명한 목적 없이 반복적으로 나타나는 행동으로, 움직임 그 자체를 위한 반복적인 운동에 해당한다. 유아와 어린 아동이 하는 반복적인 행동은 예상되는 것이며, 이들은 몸을 흔들거나, 엄지손가락을 빨며, 적당한 크기의 물건은 입으로 가져간다. 하지만 후기 아동기나 그 이후까지 상동증이 지속된다면 상동증적 운동장애를 임상적으로 고려해 볼 필요가 있다.

상동증적 행동에는 몸 흔들기, 손뼉 치기나 손 흔들기, 손가락 만지작거리기, 피부 뜯기, 물건 돌리기가 있다. 깨물기, 머리 흔들기, 손가락이나 입, 기타 신체 부위 때리기로 인해 심각한 상해를 입기도 한다. 보통 지적발달장애나 자폐스펙트럼장애의 경우 이러한 행동을 보일 수 있다. 정상적인 ADHD, 틱장애나 강박장애 아동의 경우에도 약 3% 정도에서 상동증적 행동을 보인다.

성인의 정확한 유병률은 알려져 있지 않지만, 지적발달장애를 제외하고 나면 드물 것으로 예상된다. 한 연구에 따르면 상동증적 운동장애 성인 환자 20명 중 14명이 여성이었다. 일반적으로 이들은 일생 동안 기분장애와 불안장애를 동반한다.

암페타민을 남용하는 환자들은 시계, 라디오와 같은 기계장치를 조작하는 것이나 자신의 피부를 뜯는 것에 매료될 수 있다. 이들 중 몇몇은 보석이나 심지어 조약돌 같은 작은 물체를 분류하거나 재배열하는 것을 반복하는 펀딩(punding, 암페타민 남용자의 행동을 지칭하는 용어)을 보일 수 있는데, 이는 과도한 도파민 자극과 관련이 있을 것이다.

상동증적 운동장애 행동은 시각장애(특히 선천적인 경우) 및 청각장애, 레쉬-니한 증후군, 측두엽 뇌전증, 뇌염후 증후군뿐만 아니라 심각한 조현병 및 강박장애와도 관련이 있다. 윌슨병(구리 대사 장애), 뇌간증후군, 유전적인 고양이울음증후군(아기일 때 고양이 울음소리를 내는 특징이 있음)이 있는 몇몇 환자들과의 관련성 역시 보고되고 있다. 또한 치매 노인 환자에게서도 상동증적 운동장애 행동이 발견된다. 시설에 거주하는 지적발달장애 환자의 약 10% 정도가 자해형 상동증적 운동장애를 보인다.

주간지인 「뉴요커」는 1995년에 마이크로소프트사의 최고경영자인 빌 게이츠가 일을 할 때 몸을 흔든다고 보도하였다. "상체를 거의 45도 정도로 아래로 구부리고, 세웠다가 다시 구부린다. 팔꿈치도 대개 함께 접으면서 가랑이에 놓는다. 기분에 따라 다른 수준의 강도로 흔든다. 때론 미팅 중인 사람들도 함께 흔들기 시작한다." 게이츠는 이러한 행동이 '매우 어린 시절'부터 이어져 온 것이라 주장하면서 '단지 에너지가 넘치는 것'이라고 리포터에게 말했다.

상동증적 운동장애의 핵심 특징

무의미하고 반복적인 움직임 — 머리 흔들기, 몸 흔들기, (자신을) 물어뜯기, 손뼉 치기 — 에 대해 다른 신체적/정신적 원인을 찾을 수 없다.

주의사항

ㄱ들을 다루어라

- 기타 인구통계학적 특징(초기 아동기에 시작)
- 고통 혹은 장애(사회적, 직업적, 혹은 개인적 손상. 자해를 보일 수 있음)
- 감별진단(아동의 정상발달, 강박장애, 자폐스펙트럼장애, 발모광, 틱장애, 피부뜯기장애, 지적장애, 물질사용장애, 신체질환)

부호화 시 주의점

다음의 경우 명시할 것

자해행동을 동반하는 경우/동반하지 않는 경우(만일 예방하지 않는다면 잠재적으로 해가 될 수

있는 행동들을 포함)

현재의 심각도를 명시할 것
  경도. 증상을 행동적으로 쉽게 조절할 수 있다.
  중등도. 증상에 대한 행동 수정 및 특정 보호 조치가 필요하다.
  고도. 가능한 부상을 피하기 위해 증상에 대한 지속적인 관찰이 필요하다.

다음의 경우 명시할 것
  알려진 의학적 · 유전적 상태 및 신경발달장애, 또는 환경적 요인과 연관된 경우
  (예 : 지적발달장애, 태아알코올증후군)

의사소통장애

의사소통장애는 아동들이 특수평가를 위해 의뢰되는 가장 흔한 이유 중 하나이다. 일부 아동의 경우 더 광범위한 발달 문제(예 : 자폐스펙트럼장애, 지적장애) 증상의 일환으로 의사소통 문제가 나타난다. 하지만 그 외 다른 많은 아동들은 말하기 및 언어에서 단독으로 장애를 보인다.

말하기장애는 말하기 유창성이 떨어지며(예 : 말더듬), 발음이 부정확하거나 부적절한 말소리를 사용하며(말소리장애와 유사), 발달적 언어 실행장애(이는 말하기 기관의 운동 조절 및 협응이 손상되어 나타남)를 보인다. 언어장애는 단어(어형론)나 문장(구문론)의 형성, 언어 의미(의미론), 문맥의 사용(화용론)에 문제가 있는 것이다.

여전히 사람들은 이러한 장애를 제대로 이해하지 못하고 있고, 장애를 잘 인지하기도 어렵다. 이들 장애는 서로 구분이 가능하지만 공존할 가능성 역시 매우 높다.

F80.2 언어장애

언어장애는 구어와 문어(심지어 수화) 등의 언어 관련 문제를 포괄하기 위해 최근에 고안된 범주이다. 그 문제는 표현성 언어능력과 수용성 언어능력에서 드러나게 되나, 문제가 표현되는 정도에는 차이가 있다. 대개 어휘와 문법에서 모두 문제가 나타난다. 언어장애 아동은 대부분의 아동보다 늦게 말을 시작하며, 말수도 적고, 궁극적으로 학업에 지장이 생긴다. 이후 성인기의 직업적 성공 역시 어려울 수 있다.

진단기준에는 실제적인 검사 결과에 대해 따로 언급하고 있지는 않지만, 진단은 과거력 및 직접 관찰, 표준화된 검사 결과에 근거해서 내려야 한다. 이 상태는 지속되는 경향이 있기 때문에, 청소년기 및 성인기에도 의사를 표현하는 데 어려움을 겪을 수 있다. 언어장애는 유전적 기반이 강하다.

다른 발달장애(예 : 지적발달장애, ADHD, 자폐스펙트럼장애)와 함께 언어 손상을 보일 수도 있다.

언어장애의 핵심 특징

초기 아동기에 시작되며, 해당 연령에게 기대되는 것보다 구어 및 언어 사용이 지연되어 있다. 또래에 비해 어휘가 부족하며, 문장을 구성할 때 단어 사용에 손상을 보이고, 생각을 표현하기 위해 문장을 사용하는 능력이 저조하다.

주의사항

ㄱ들을 다루어라
- 기타 인구통계학적 특징(초기 아동기에 시작, 만성적인 경향이 있음)
- 고통 혹은 장애(직업적/학업적, 사회적, 혹은 개인적 손상)
- 감별진단(청각이나 다른 감각 손상, 자폐스펙트럼장애, 지적발달장애, 전반적 발달 지연, 다른 의학적 상태 — 이들 모두 언어장애와 공병할 수 있음)

F80.0 말소리장애

말소리장애(이전에는 '음성학적 장애'로 불렸음) 환자는 한 음을 다른 음으로 대체하거나 특정 음을 생략하는 오류를 범한다. 말소리에 대해 잘 알지 못하거나 말하기 산출을 방해하는 운동적인 문제로 인해 어려움을 겪을 수 있다. 대개 자음에 문제가 있기 때문에 혀 짧은 소리를 낸다. 다른 예로는, 소리의 순서에서 오류를 보이는 경우이다(예 : 스파게티를 '게스파티'라고 바꿔서 발음함). 모국어를 제2언어로 학습한 사람이 모국어를 말할 때 오류를 보이는 경우에는 말소리장애로 간주하지 않는다. 경도 말소리장애의 경우, 색다르게 보이며 심지어 귀엽게 보일 수도 있다. 하지만 더 심각해지면, 말을 이해하기 힘들며 때로는 지능이 떨어져 보일 수 있다.

미취학 아동의 경우 말소리장애의 유병률은 2~3%이지만(남아에게 더 흔하다), 대개 자연적으로 좋아지며, 10대 후반에 이르면 200명 중 1명으로 유병률이 감소한다. 가족력이 있으며, 다른 언어장애를 비롯해 불안장애(예 : 선택적 함구증), ADHD와 공병할 수 있다.

말소리장애의 핵심 특징

말소리를 내는 데 문제를 보이며, 의사소통에 지장을 초래한다.

주의사항

ㄱ들을 다루어라

- 기타 인구통계학적 특징(초기 아동기에 시작)
- 고통 혹은 장애(직업적/학업적 혹은 사회적 손상)
- 감별진단(구개파열 같은 신체질환 또는 신경학적 장애, 청각 손상, 선택적 함구증, 다른 의학적 장애)

F80.81 아동기 발병 유창성장애

말더듬(ICD-10을 따라 명칭이 바뀌었음)이라고 불리던 유창성과 리듬의 손상은 모든 일반인에게 친숙한 개념이지만, 말을 더듬는 사람이 겪는 통제곤란의 괴로움은 잘 알려져 있지 않다. 아동기 발병 유창성장애를 가진 사람들은 말더듬으로 인해 순간적으로 공황을 경험할 수도 있으며, 이로 인해 어려운 발음이나 상황을 피하기 위해 극단적인 조치를 취하기도 하는데, 심지어 전화통화 정도의 아무것도 아닌 평범한 일까지 회피할 수 있다. 이들은 불안이나 좌절감을 전형적으로 보고하고, 심지어 신체적 긴장을 호소한다. 통제감을 되찾으려는 노력의 일환으로 주먹을 쥐거나 눈을 깜빡이기도 하는데, 특히 이는 성공적으로 잘하려는 과도한 압박을 느끼는 경우에 두드러진다(예 : 여러 사람 앞에서 말하는 상황).

말더듬은 특히 자음이나 단어의 첫 음, 문장의 첫 단어, 그리고 강조되거나, 길거나, 거의 사용하지 않는 단어에서 주로 일어난다. 농담을 하거나, 자신의 이름을 말하거나, 낯선 사람에게 말을 걸거나, 권위자에게 말을 할 때 나타날 수 있다. 말을 더듬는 사람도 노래를 부르거나, 욕을 하거나(swearing), 메트로놈의 리듬에 맞추어 말하는 경우에는 종종 유창해질 수 있다.

평균적으로 말더듬은 5세에 시작되지만, 2세 정도의 어린 나이에 시작될 수도 있다. 어린 아동은 대개 말하기가 유창하지 않기 때문에, 이 시기의 말더듬은 종종 발견하지 못하고 지나친다. 갑자기 발병한 경우에는 더 심각할 수 있다. 어린 아동의 3% 정도가 말을 더듬으며, 뇌 손상이나 지적발달장애가 있는 아동들에서는 유병률이 더 높다. 남아가 여아보다 3배 이상 더 많다. 다양한 보고가 있기는 하지만, 성인기 유병률은 약 1,000명 중 1명으로, 이 중 80%가 남성이다.

말더듬은 가족력이 있으며, 유전 가능성이 있다는 일부 증거가 제시되고 있다. 도파민 관련 장애인 투렛장애와 유전적으로 (또한 일부 증상적으로) 관련성이 있으며, 실제 말더듬의 효과를 개선하기 위해 도파민 길항제를 사용하기도 한다.

아동기 발병 유창성장애(말더듬)의 핵심 특징

고르고 순조롭게 말하는 데 어려움이 있다. 발음을 길게 끌거나 반복하는 경우가 가장 흔하다. 전체(단음절) 단어가 반복되거나, 혹은 단어를 말하다가 중간에 머뭇거린다. 환자들은 말하는 동안 매우 긴장하고, 발음하기 어려운 말은 더 쉬운 단어로 바꿔서 말한다. 그 결과, 말하는 행위에 대해 불안을 보인다.

주의사항

ㄱ들을 다루어라
- 기타 인구통계학적 특징(초기 아동기에 시작)
- 고통 혹은 장애(사회적, 학업적, 혹은 직업적)
- 감별진단(말하기운동결함, 뇌졸중, 청각 손상과 같은 신경학적 상태, 기타 정신 혹은 의학적 질환)

부호화 시 주의점

뒤늦게 시작하는 말더듬은 성인기에 발병하는 유창성장애로 기록하며 F98.5로 부호화한다.

F80.82 사회적(실용적) 의사소통장애

사회석(실용적) 의사소통장애는 적절한 어휘력과 문장을 구성하는 능력을 갖추었음에도 불구하고, 실질적으로 언어를 활용하는 것에는 문제를 보이는 경우이다. 의사소통에서 이를 화용론이라고 부르며, 다음과 같은 여러 중요한 기술을 포함한다.

- 과제별로 다른 목적을 가지고 언어를 사용하기(예 : 누군가를 환영하기, 사실을 전달하기, 요구하기, 약속하기, 요청하기)
- 특정 상황이나 개인의 요구에 맞추어 언어를 조율하기(예 : 어른 대 아이, 집 대 학교에 따라 다르게 말하기)
- 대화의 규칙에 따르기[예 : 번갈아 가며 말하기, 주제 유지하기, 언어적 신호 및 비언어적 신

호(예 : 눈맞춤, 얼굴 표정) 사용하기, 화자와 청자 사이에 적절한 거리를 두기, 잘못 이해하면 다시 말하기]

- 의사소통 이면의 의미를 이해하기(예 : 비유, 관용구, 유머)

사회적(실용적) 의사소통장애 환자는 아동이든 성인이든, 사회적 의사소통의 실제적 측면을 이해하고 활용하는 데 어려움을 보이며, 이로 인해 이들의 대화는 사회적으로 부적절할 수 있다. 하지만 자폐스펙트럼장애로 진단될 만큼 제한된 관심사나 반복적인 행동을 보이지는 않는다. 사회적(실용적) 의사소통장애는 단독으로 발병할 수도, 다른 진단(예 : 기타 의사소통장애, 특정학습장애, 지적발달장애)과 공병할 수도 있다.

사회적(실용적) 의사소통장애의 핵심 특징

초기 아동기부터 다음과 같은 사항에 어려움을 보인다. 사회적 상황에서 언어 사용하기, 문맥에 맞게 의사소통 조율하기, 의사소통의 규칙 따르기, 의사소통 이면의 의미를 이해하기.

주의사항

ㄱ들을 다루어라
- 고통 혹은 장애(직업적/교육적, 사회적 혹은 개인적 손상)
- 기타 인구통계학적 특징(보통 4~5세 전에 처음으로 인식됨)
- 감별진단(신체적 혹은 신경학적 상태, 자폐스펙트럼장애, 지적발달장애, 사회불안장애, ADHD)

F80.9 명시되지 않는 의사소통장애

일반적인 사항을 따르면 된다. 의사소통의 문제가 앞서 언급한 상태 중 어느 하나의 진단기준도 완전히 충족하지 않지만 환자에게 문제를 야기하는 경우, 명시되지 않는 의사소통장애로 진단한다.

특정학습장애

특정학습장애는 지식을 습득하는 데 문제를 보인다. 이러한 문제는 아동의 연령이나 지능과 일관되지 않으며, 외부 요인(예 : 문화, 교육 기회의 부족)으로도 설명되지 않는다. 따라서 특정학습장애의 경우, 이론적으로 가능한 아동의 학습능력과 실제 학업성취 사이에서 불일치를 보인다(읽기, 계산, 쓰기 표현 등에서 차이를 보임).

특정학습장애 진단을 확정하기 전에, 진단기준에서는 현저한 결함의 증거를 필요로 한다. 이 결함의 증거는 개별적으로 실시하고 심리측정적으로 우수하며 문화적으로도 적절한 표준화된 검사를 통해 밝혀져야 한다. 대다수의 DSM-5-TR 장애와 마찬가지로, 손상이 학업적, 직업적, 사회적으로 삶에 영향을 미치지 않는다면 특정학습장애 역시 진단할 수 없다. 물론 아동의 지적 수준은 특정학습장애의 징후, 예후, 치료에 영향을 미칠 수 있다.

대개 특정학습장애는 아동이 2학년이 되는 시기에 진단한다. 예외로, '쓰기 손상 동반' 명시자는 다른 명시자에 비해 1년이나 2년이 더 지나야 확인할 수 있다. 특정학습장애는 크게 두 집단으로 나뉜다. 상당수를 차지하는 첫 번째 집단은 철자법과 읽기 등의 언어 기술에 문제를 보이며, 그 원인은 기본적으로 말소리와 상징을 처리하는 데 근본적으로 장애를 가지고 있기 때문이다(즉, 음운과정에 손상이 있는 것이다). 더 소수의 사람들에게서 보이는 두 번째 집단은 난산증(dyscalculia)으로, 시공간 및 운동, 촉각-지각적 문제를 해결하는 데 어려움을 보인다.

두 형태를 모두 포함하여, 미국인의 특정학습장애 평생 유병률은 5~15%이며, 남아가 여아보다 2~3배 더 많다. 물론 아동이 보이는 행동적/사회적 경과는 손상의 심각도에 따라 달라지며, 가용한 교육적 치료 및 사회적 지원에 비례하며 달라진다. 하지만 전체적으로 특정학습장애로 진단받은 아동 중 40% 정도가 고등학교를 마치기 전에 학교를 그만둔다(전체 평균은 약 6% 정도이다). 특정학습장애는 성인기까지 지속되는 경향이 있으며, 성인 유병률은 대략 아동의 절반 정도이다. 득정학습·상애의 유형 중 수학 관련 문제가 성인기 기능에 영향을 미칠 가능성이 가장 높다.

또한 특정학습장애 아동은 행동적 및 정서적 문제를 보일 가능성이 높으며, 특히 ADHD(이러한 경우 정신건강 예후는 더욱 나빠진다), 자폐스펙트럼장애, 발달성 협응장애, 의사소통장애, 불안장애, 기분장애를 동반할 수 있다.

특정학습장애, 읽기 손상 동반(난독증)

특정학습장애 중에 가장 연구가 많이 이루어진 유형이자 아동기에 보이는(혹은 성인기까지 지속되는) 읽기 손상 유형(난독증)은 읽기능력이 연령 및 지능에서 기대되는 수준에 미치지 못하는 것이다. 여러 형태가 있다. 소리 내지 않고 읽을 때 이해력이나 읽기 속도에 문제를 보이고, 소리 내어 읽을 때 정확하게 읽기가 어렵고, 철자에서 문제를 보일 수도 있다. 난독증 집단은 정규분포를 따르며(또한 모든 지능 수준에서 발생함), 취학 아동 중 약 4%에서 발생하고 대부분 남아이다.

흥미롭게도 모국어의 음소와 서기소가 상당히 일치하는 경우(즉, 글자와 발음이 같으면) 아동이 읽기 문제를 덜 보인다. 이러한 이유로 인해, 상대적으로 이탈리아어보다 영어에서 문제가 더 많이 나타난다.

다양한 환경요인(예 : 납 중독, 태아알코올증후군, 낮은 사회경제적 지위) 및 가족요인(유전이 사례의 약 30%를 설명)이 난독증을 유발한다. 특히 사회적으로 열악한 환경의 아동은 아동기 발달에 중요한 조기 자극이 주어질 가능성이 적기 때문에 발병 위험성이 높다. 임상가는 진단 시, 시각이나 청각 문제, 행동장애, ADHD(ADHD는 흔히 공병함)를 배제해야 한다.

난독증의 예후는 여러 요인에 따라 달라지는데, 특히 각 환자의 심각도가 이에 기여하는 바가 크다. 읽기 수준이 모집단 평균으로부터 2표준편차 아래에 해당하는 경우 예후가 좋지 않다. 다른 요인으로는 부모의 교육 수준 및 아동의 전반적 지적 능력이 있다.

난독증을 조기에 발견하면 결과는 호전될 수 있다. 한 연구에 의하면, 7세에 치료를 받은 아동 중 40%가 14세에는 정상적으로 읽기가 가능했다. 하지만 그리 좋지 않은 소식도 있다. 미국인 성인 중 4,000만 명은 거의 읽고 쓸 줄을 모른다. 나이가 들어가면서 읽기 정확성은 향상되는 경향이 있지만, 성장 이후에도 유창성은 지속적으로 문제를 보인다. 성인기에도 느리게 읽고, 적합한 명칭을 혼동하거나 낯선 단어를 제대로 발음하지 못하며, (부끄러워서) 소리 내어 읽기를 피하고, 철자를 임의대로 사용(또는 철자가 쉬운 단어를 선택)하기도 한다. 이들에게 읽기는 피곤한 일이기 때문에 취미로 독서를 하는 것을 회피한다.

특정학습장애, 수학 손상 동반(난산증)

우리는 특정학습장애의 수학 손상 유형에 대해 무엇을 알고 있는가? 이는 이해하기가 다소 어려운 유형에 해당한다. 수학적 연산을 행하는 데 어려움을 보이는데, 수 세기, 수학적 개념을 이해하기와 상징을 인식하기, 구구단 익히기, 더하기처럼 단순한 연산 수행하기, 혹은 서술식 문제처럼 복잡한 연산 수행하기가 이에 해당한다. 그러나 그 원인은 밝혀지지 않았다. 더 포괄적인 비언어성 학습장애의 일부분일 수도 있고, 수 감각과 수의 표상 사이의 연결에 문제가 발생했기 때문일 수도 있다.

그 원인이 무엇이든, 취학 아동 중 약 5%가 이 장애를 보인다. 물론 아주 어린 아동에게서 이런 문제를 발견하기는 어려울 것이다. 설령 아기들이 수 감각을 가지고 있는 경우가 있다 하더라도, 계산을 할 것이라고 기대되는 연령이 되기 전에는 난산증을 진단할 수 없다. 때로는 유치원 시기에 계산을 시작하는 경우도 있으나, 보통 2학년에 시작하는 경우가 더 많다.

거스트만증후군(Gerstmann syndrome)은 좌측 두정엽 각회 영역의 뇌졸중 및 기타 손상으로 인해 발생하는 증상을 총칭하는 것이다. 네 가지 주요 손상을 보이는데, 여기에는 바르게 글씨를 쓰지 못하는 증상(쓰기장애 혹은 실서증), 계산 규칙을 이해하기가 어려운 증상(난산증), 좌우를 구분하기 어려운 증상, 자신의 손가락 위치를 지각하고 인식하는 데 어려움을 겪는 증상(손가락 실인증)이 포함된다. 또한 다수의 성인이 실어증을 보인다.

이는 때로 아동에게서도 보고되는데, 그 원인은 밝혀지지 않았다. 심지어 거스트만증후군을 가진 일부 아동은 다른 면에 있어서 매우 똑똑하다. 거스트만증후군은 대개 아동이 학교를 다니기 시작하는 시기에 확인이 된다. 이런 아동들 중 많은 아동이 네 가지 주요 증상 이외에도 난독증을 보이며, 단순한 그림을 모사하지 못하는데, 이런 손상을 구성실행증이라고 부른다.

특정학습장애, 쓰기 손상 동반

특정학습장애 쓰기 손상 유형을 가진 환자는 문법, 구두점, 철자를 비롯해 생각을 글로 표현하는 데 문제를 보인다. 구술/청각적 형태의 정보를 쓰기/시각적 형태로 전환하는 데 어려움이 있다. 작성한 글이 너무 단순하거나, 너무 짧거나, 혹은 너무 난해해서 이해하기 힘들다. 일부는 새로운 사고를 하는 데 문제를 보인다. 손 글씨가 해독이 불가능한 경우라도, 악필이라는 문제만으로는 쓰기 손상 동반을 진단할 수 없다는 것에 주의하자.

2학년 혹은 그 이상이 될 때까지 대개 쓰기 문제는 드러나지 않으며, 읽기형 학습장애가 발병한 이후에도 잘 드러나지 않는다. 쓰기에 대한 요구는 점차 증가하기 때문이다. 쓰기 문제는 작업기억력이 원활하지 못한 것에 기인할 수 있다(아동이 말하고자 하는 것을 조직화하는 데 문제를 보임). 만약 환자가 저조한 협응을 보인다면 쓰기능력의 문제가 발달성 협응장애에서 기인한 것일 수 있기 때문에, 일반적으로 특정학습장애 쓰기 손상 유형을 진단하는 것은 적절하지 않다. 아마도 학령기 아동의 10%가 영향을 받고 있고, 이 상태는 가족력의 영향을 크게 받는다.

특정학습장애의 핵심 특징

개입에도 불구하고, 읽기, 쓰기, 계산에서 문제를 보인다.

읽기가 느리거나 과도한 노력을 필요로 함. 의미를 파악하는 데 현저한 어려움이 있음

내용을 작성하는 데 어려움을 보임(기술적인 문제가 아님). 문법적 오류, 불명확한 사고 표현, 빈약한 조직화, 비정상적으로 '독창적인' 철자법 등을 보임

수학적 사실, 계산, 수학적 추론에 현저한 어려움을 경험함

어떠한 영역에서 문제를 보이든지, 표준화 검사의 점수가 연령에서 기대되는 정도에 비해 현저하게 낮다.

주의사항

17세 이상인 경우, 손상에 대한 정보를 검사 대신 학교기록을 통해 얻을 수 있다.

그들을 다루어라

- 기간 및 기타 인구통계학적 특징(저학년에 시작하지만, 능력에 비해 요구가 더 커지는 시기에 와서야 완전히 발현할 수 있음. 적어도 6개월 이상 지속됨)
- 고통 혹은 장애(사회적, 학업적, 직업적)
- 감별진단(시각, 청각, 운동 수행 같은 신체질환, 지적발달장애, ADHD, 학교에서 사용되는 언어 능력의 부족, 교육 기회의 부족, 가난 등의 외부적 요인)

부호화 시 주의점

F81.0 읽기 손상 동반. 단어 읽기 정확도, 읽기 속도 및 유창성, 독해력을 명시한다.

F81.2 수학 손상 동반. 수 감각, 수학적 사실에 대한 기억, 계산의 정확도 또는 숙련도, 수학적 추론의 정확도를 명시한다.

F81.81 쓰기 손상 동반. 철자의 정확도, 문법 및 구두점 정확도, 쓰기 표현의 명확도 및 조직화 수준을 명시한다.

각 하위 유형마다 심각도를 명시할 것

경도. 1개 이상의 기술에서 문제가 있으나, (특히 학교에서의 지원과 조정을 통해) 이를 잘 보완하면 충분히 성과를 거둘 수 있다.

중등도. 특수교육이 필요할 정도로 어려움이 심각하다. 학교, 직장 및 가정에서의 조정과 지원이 필요할 것이다.

고도. 치명적인 문제를 가지고 있으며, 학교에서 수년간의 집중적인 교정이 없으면 이를 극복하기가 어렵다. 심지어 막대한 지원 서비스를 제공하더라도 기술이 충분히 습득되지 않을 수 있다.

F88 달리 명시되는 신경발달장애

성인 이전에 시작된 다른 신경발달장애를 가지고 있는 환자의 경우에, 그리고 다른 어느 장애로도 잘 설명되지 않는 신경발달장애를 가진 환자의 경우에는 이 범주를 적용한다. 아래의 두 가지 이유를 명시할 수 있다.

> 납 섭취와 관련된 신경발달장애
> 태아기 알코올 노출과 관련된 신경발달장애. 태아기 알코올 노출과 관련된 신경발달장애는 태아기알코올증후군의 공식 명칭으로, 다양한 신체적(특히 얼굴의) 특징들뿐만 아니라 많은 발달장애를 동반한다.

F89 명시되지 않는 신경발달장애

진단기준이 완전히 충족되지 않거나 적절한 정보가 부족한 특별한 경우에 이 범주를 적용한다.

CHAPTER 2

조현병 스펙트럼 및 기타 정신병적 장애

조현병 스펙트럼 및 정신병적 장애의 빠른 진단 지침

정신병 때문에 정신건강평가가 의뢰되었다면, 진단은 아래의 장애나 분류 중 하나가 될 것이다. 논의를 촉진하기 위해 DSM-5-TR에서 제시하는 순서와는 다른 순서로 이들 장애를 기술하였다.

조현병 및 조현병 유사 장애

조현병. 적어도 6개월 이상 동안, 다음 5개의 정신병적 증상 중 2개 이상을 보인다 ― 망상, 와해된 언어, 환각, 음성증상, 긴장증이나 기타 현저하게 비정상적인 행동. 정신병적 증상이 현저한 기분장애 혹은 물질 사용 및 일반적인 의학적 상태로 인한 것일 때는 조현병을 배제한다(51쪽).

다른 정신질환과 연관된 긴장증(긴장증 명시자). 3개 이상의 운동행동적 특성을 보인다(94쪽 참조). 이 명시자는 정신병, 기분장애, 자폐스펙트럼장애 및 다른 의학적 상태를 포함한 장애에 적용할 수 있다(97쪽).

조현양상장애. 이 범주는 조현병의 기본적인 증상을 가지고 있지만, 이 질병이 1~6개월 동안만 나타난 경우로, 조현병에서 명시한 기간보다 짧은 경우에 해당한다(65쪽).

조현정동장애. 적어도 1개월 동안 기본적인 정신병적 증상을 보이면서 동시에 뚜렷한 조증 혹은 우울 증상을 나타낸다(80쪽).

단기 정신병적 장애. 1개월 미만 동안 기본적인 정신병적 증상을 1개 이상 보인다(69쪽).

기타 정신병적 장애

망상장애. 망상을 가지고 있지만, 다른 조현병 증상을 보이지는 않는다(74쪽).

다른 의학적 상태로 인한 정신병적 장애. 다양한 의학적 혹은 신경학적 상태로 인해 정신병적 증상이 발생할 수 있으며, 이렇게 유발된 정신병적 증상은 위의 다른 조건에는 충족되지 않는다(90쪽).

물질/약물치료로 유발된 정신병적 장애. 알코올이나 기타 물질(중독 및 금단)이 정신병적 증상을 야기할 수 있으나, 이 정신병적 증상은 위의 다른 조건에는 충족되지 않는다(86쪽).

달리 명시되는(명시되지 않는) 조현병 스펙트럼 및 기타 정신병적 장애. 정신병적 증상이 위의 범주 중 어느 하나에도 완전히 충족되지 않을 때 이 범주를 사용한다(100쪽).

명시되지 않는 긴장증. 긴장성 증상을 보이지만, 좀 더 확실한 진단을 내리기 위한 증거가 충분하지 않을 때 이 진단을 사용한다(101쪽).

증상으로서 정신병을 보이는 장애

어떤 사람들은 다른 장에서 논의했던 정신질환 증상의 하나로서 정신병을 보이기도 한다. 이들 장애는 다음과 같다.

정신병 동반 기분장애. 심한 주요우울 삽화(106쪽)나 조증 삽화(118쪽)가 있는 환자들은 환각이나 기분과 일치하는 망상을 경험할 수 있다.

정신병 동반 인지장애. 섬망(538쪽)이나 주요 신경인지장애(572쪽)를 가진 많은 환자들은 환각이나 망상을 보인다.

성격장애. 경계성 성격장애를 가진 환자들은 일시적인 기간(몇 분에서 몇 시간) 동안 망상을 보일 수 있다(622쪽). 조현병 환자들은 병전에 조현성 성격장애나 (특히) 조현형 성격장애를 가지고 있을 수 있다(611, 614쪽).

정신병을 가장한 장애

어떤 장애에서 보이는 증상은 실제적으로는 아님에도 정신병적으로 보일 수 있다. 이들 장애는 다음과 같다.

특정공포증. 몇몇 공포회피행동은 정신병적이지는 않더라도 매우 이상해 보일 수 있다(186쪽).

지적발달장애. 지적장애를 가진 환자들은 때때로 괴이한 말이나 행동을 보일 수 있다(4쪽).

신체증상장애. 고통 또는 일상에서의 현저한 지장을 초래하는 다수의 신체 증상의 개인력이 있는 환자들은 가성환각이나 가성망상을 보고하는 경우가 종종 있다(273쪽).

스스로에게 부여된 인위성장애. 병원이나 다른 의학적 돌봄을 받기 위해 망상이나 환각을 가장하기도 한다(293쪽).

꾀병. 경제적인 이유(보험, 지불 불능) 혹은 업무를 회피하거나 처벌을 피하기 위해 망상이나 환각을 가장하기도 한다(690쪽).

이중 정신증(folie à deux)은 DSM-5-TR에서 어떻게 된 것일까? 여러 세대 동안 관찰하기 매우 드문 현상이었던 이 상태는 정신건강 진단 체계에서 중요한 요소 중 하나였다. 최신 DSM에서 공유 정신병적 장애라는 용어로 사용되었고, 이는 친척이나 아주 가까운 관계에 있는 사람이 가지는 망상과 유사한 망상을 발전시키는 환자를 지칭하는 것이었다. 일차적 환자와의 관계가 끊어지는 경우, 보통 이차적 환자의 망상은 없어지게 된다. DSM-5-TR에서 이 상태를 제외한 데는 몇 가지 이유가 있다.

수십 년 동안, 공유 정신병적 장애의 이해를 도울 만한 연구가 거의 없었다. 하나의 일차적인 출처(folie à trois, à quatre, à famille)에 근거하여 이차적 환자에 대해 기술한 사례 보고서가 몇 개 있기는 하지만, 이 역시 주된 근거가 되기에는 불충분하다.

비록 대부분의 환자들이 조현병이나 망상장애를 가진 사람들과 함께 살지만, 이런 현상은 신체증상장애나 강박장애, 해리장애 등과도 관련이 있다. 다른 말로 하면, 이중 정신증은 오히려 카그라스 현상[Capgras phenomenon(나와 긴밀한 사람이 완전히 복제되어 대체되었다고 믿는 환자)]과 유사한 증후군으로 더 잘 개념화할 수 있다는 것이다. 이전에 이중 정신증(공유 정신병적 장애)으로 진단받은 대부분의 환자들은 망상장애의 진단기준도 충족할 것이다. 바로 이런 이유로 이제는 별도로 분류하지 않는다. 이후에 보게 될 미리암 필립스와 같은 사람들에게는 성가시지만 "현저한 망상을 가진 사람과의 관계 맥락에서 나타나는 망상 증상"이라는 매우 긴 진단적 용어를 사용하길 원할 수 있는데, 이는 이중 정신증과 같은 의미를 지닌다. 이러한 명칭을 보험 서류 양식에 있는 작은 박스 안에 쑤셔 넣는다고 상상해 보라.

도입

20세기 후반기 동안 정신건강 분야에서의 괄목할 만한 성과 중 하나는, 정신병을 유발하는 수 있는 많은 이유가 있다는 것을 알아낸 것이라고 할 수 있겠다. 이러한 진보는 진단기준을 확립하고 대중화한 DSM-III와 이런 체계를 만든 사람들과 그것을 계승하는 사람들 덕분이다. DSM-5-TR은 다양한 유형의 정신병을 구분하기 위해 정신병적 증상의 유형, 질병의 경과, 질병의 결과, 배제기준이라는 4개 범주의 정보를 사용한다.

정신병적 증상의 유형

보통은 정신병의 존재 여부를 결정하기는 어렵지 않다. 정신병 환자는 현실에 접촉이 결여되어 있고(단기적인 형태의 정의로서 수십 년간 사용되어 온 용어), 명백히 구별할 수 있으며, 종종 인간의 정상 범위의 행동에서 벗어나 극적인 변화를 보여준다. 이러한 정신병의 정신상태는 다음의 다섯 가지 기본 유형의 증상 중 한 가지 이상으로 정의할 수 있다. 일괄적으로, 이러한 증상들은 DSM-5-TR의 조현병 진단기준 A를 구성하고 있다. 이에 대해서는 추후 보다 자세히 이야기하겠다.

망상

망상은 그 환자의 문화나 교육 수준에서 설명할 수 없는 잘못된 신념으로, 이를 반박할 수 있는 명백한 증거나 다른 사람의 의견에도 불구하고, 환자에게 그 신념이 틀리다는 것을 설득할 수 없다. 망상은 다음을 포함하여 다양한 유형이 있을 수 있다.

색정망상(erotomanic). (사회적 지위가 더 높은) 누군가가 자신을 사랑한다는 망상

과대망상(grandeur). 자신이 신이나 영화배우와 같이 높은 지위를 가진 사람이라는 망상. 혹은

대단한 재능이나 통찰력이 있다는 망상. 과대망상을 가진 일부 사람들은 그들이 유명한 사람과 특별한 관계를 맺고 있다거나, 심지어 그들 자신이 유명하다는 생각을 표현한다.

죄책망상(guilt). 자신이 절대 용서받을 수 없는 죄나 중대한 실수를 범했다는 망상

질투망상(jealousy). 배우자나 동반자가 외도를 저질렀다는 망상

허무망상(nihilism). 자신이 죽거나, 없어지거나, 썩거나 또는 더 이상 존재하는 인간이 아니라는 망상

피동망상(passivity). 전자파 같은 외부 세계의 힘이 자신을 통제하거나 조종한다는 망상

피해망상(persecution). 누군가가 자신을 따라다니며 괴롭히고, 쫓아다니거나 방해한다는 망상

빈곤망상(poverty). 반대되는 증거(직업이 있고, 은행에 충분한 잔고가 있음)에도 불구하고, 자신이 매우 빈곤한 상태에 처해 있다는 망상

관계망상(reference). 타인의 몸짓이나 말, 또는 주변 환경에서 일어나는 일상적인 일이 특별한 개인적인 의미를 가지는 것으로 해석하는 망상. 신문이나 TV 같은 매체에서 자신에 대해 이야기하고 있다는 망상

신체망상(somatic). 자신이 죽을 병에 걸렸거나, 자신의 신체기능이 변형되거나, 나쁜 냄새가 난다는 망상

조종망상(thought control). 다른 사람이 자신의 마음에 어떤 생각을 주입한다는 망상

망상은 지배관념(overvalued ideas)과 구분해야 한다. 지배관념은 명백히 틀린 것이 아니라, 그 사고가 옳다는 증거가 충분하지 않은 상태에도 불구하고 지속하고 있는 신념이다. 예를 들면, 자신의 인종이나 국적이나 성별이 우월하다고 믿는 신념 같은 것이다.

환각

환각은 관련된 감각적 자극이 부재함에도 불구하고 발생하는 잘못된 감각지각이다. 환각은 거의 항상 비정상적이며, 오감 중 어떤 감각에서도 나타날 수 있지만, 환청과 환시가 가장 흔하게 나타난다. 그러나 이러한 극적인 증상을 경험한 사람을 항상 정신병적이라고 말할 수는 없다.

환각을 정신병적 증상이라고 하려면, 깨어 있고 완전히 명료한 의식상태에서 환각이 관찰되어야 한다. 환각이 섬망 중에만 나타난다면, 환각을 이 장에서 논의되는 정신병적 장애 중 하나의 증거로 보아서는 안 된다는 것을 의미한다. 마찬가지로 잠에 들거나(입면 시) 깰 때(출면 시) 발생하는 환각 경험도 정신병의 증거로 보아서는 안 된다. 이는 (진성환각이 아니나) 흔히 경험하는 것으로 정상 범위에 있고, 심상과 더욱 관련이 있다.

또 다른 필수조건은, 환각이 비현실적이라는 통찰이 부재한다는 것이다. 이 조건을 모든 환각에 적용할 수 있다고 생각할지도 모르겠지만 그건 아니다. 찰스보넷증후군(Charles Bonnet syndrome)을 예로 들면, 시야에 있어 상당한 손상을 가지고 있는 이들은 복합적인 시각적 심상을 보곤 하지만, 그 경험이 현실이 아니라는 것을 알고 있다.

환각은 착각과는 반드시 구분해야 하며, 착각은 실제로 존재하는 감각 자극을 단순히 오해한 것이다. 보통 착각은 한밤중과 같이 감각 입력이 감소된 상태에서 주로 나타난다(예를 들어, 어떤 사람이 강도가 침대 근처에 숨어 있다는 인상 때문에 잠에서 깼는데, 불을 켜니 '강도'는 고작 의자 위에 있는 옷더미였다). 착각은 흔하고 대개 진단적 중요성을 가지지 못한다.

와해된 사고

정신병 환자는 망상이나 환각의 유무와 상관없이 와해된 사고(연상의 이완이라고도 함)를 보일 수 있다. 와해된 사고에서의 정신적 연상은 논리를 따르지 않으며, 운율, 동음이의어를 무분별하게 사용하거나 관찰자가 보기에 명백하지 않은 다른 규칙을 따르기도 하며, 전혀 규칙을 따르지 않기도 한다. 물론, 누군가의 생각을 알 수 있는 유일한 방법은 그 사람의 이야기를 듣는 것이다. 사고와 언어는 같지 않지만 대부분의 임상적 목적에서는 충분히 밀접하다.

어떤 언어의 와해는 꽤 흔하다(가령 정치인의 즉흥적인 연설문을 문자 그대로 읽어보아라. 짜증은 날 것이지만 정신병적으로는 거의 느껴지지 않을 것이다). 그리고 대체로, 이 글을 말로 하면 청자들은 이 글이 원래 의도했던 바를 잘 이해할 수 있다. 정신병적으로 와해되었다는 말을 쓸 때는 언어가 심하게 손상되어 있어서 의사소통에 방해가 될 정도여야 한다. 경고 없이 주제를 바꾸거나(아마 자신도 모르게), 때로는 탈선이라고 불리는 것 안에서 두 사고가 함께 섞여서 진행된다. 예 : 그는 마침내 나에게 어떤 것을 말하고 다른 귀로 흘려버린다("한 귀로 듣고 한 귀로 흘려버린다."의 변형), 반 덩어리가 엔칠라다의 전체보다 좋다("빵 반 덩어리라도 없는 것보다는 낫다."의 변형).

이상행동

와해된 행동이나 명백한 목적이 없어 보이는 신체적 움직임, 예를 들면 (연극이 아니며, 정치적인 의도 없이) 공공장소에서 옷을 벗기, 반복하여 종교적 신호를 보내는 행동, 기괴하거나 불편해 보이는 동작을 가장하거나 유지하는 것 등은 정신병을 나타내는 것일 수 있다. 그러나 그 행동이 와해된 것인지 알아내는 것은 정말 어렵다는 것을 다시 한번 강조한다. 이상한 행동을 하는 사람(광대, 정치적 시위자들)은 수없이 많으며, 이 사람들 중 상당수는 정신병적이 아니다. 정신병 진단을 충족시키는 행동을 보이는 다수의 환자들은 실제로 긴장증을 가지고 있으며, 각각의 증상은 신중하게 규정되어 왔다(94쪽 참조).

음성증상

음성증상은 정서 표현의 범위가 감소(둔화정동 혹은 둔마정동)되고, 언어 유창성이나 발화량이 현저하게 감소되며, 어떤 일을 하려는 의지가 감소된 것(무의욕증)을 포함한다. 이는 환자로부터 무언가가 빠져나간 것 같은 인상을 주기 때문에 음성이라 부르는 것이다. 음성증상은 환자가 본래 가진 성격의 특성을 감소시킨다. 이는 우울증, 약물 사용으로 인해 둔해지는 것이나 정상적인 흥미의 감소와 구분하기 어려울 수 있다. 또한 항정신병 약물로 인해 정서가 둔화된 경우를 음성증상으로 오해할 소지가 있다.

환자의 정동의 가변성이나 의욕, 발화량의 변화와 관련된 정보에 대해 물어보지 않는다면, 음성증상을 정확히 찾아내기 어려울 수 있다. 이것들은 다른 정신병적 장애들보다 조현병에서 더 일반적으로 발견된다.

질병의 경과

정신병의 감별진단에 개인이 현재 보이는 증상('횡단적인 증상'이라 부르겠다)은 질병의 경과에 비해 덜 중요하다. 즉, 진단은 장애와 관련된 종단적인 패턴이나 관련된 특성에 의해 강하게 영향을 받는다. 요인 중 몇 가지를 다음에 설명하였다.

기간. 환자가 얼마나 병을 앓아야 하는가? DSM-5-TR에서는 조현병 진단에 최소 6개월의 기간이 요구된다. 이런 규칙은 조현병을 가진 환자를 오랜 기간 동안 주의해서 관찰한 결과로 만들어진 것이다. 단기간의 정신병을 보이는 환자일수록 결국 다른 장애로 밝혀질 수 있다. 수십 년에 걸쳐, 기간은 6개월 혹은 그 이상이 요구되는 것으로 조작적으로 정의하게 되었다.

촉발요인. 때로는 심한 정서적 스트레스가 단기 정신병을 촉발시키기도 한다. 예를 들어, 출산 스트레스가 소위, 산후 정신병(postpartum psychosis)(현재는 공식적으로 주산기)이라고 하는 상태를 촉발시킬 수 있다. 상기 사례를 포함하여 이런 촉발요인이 존재하는 경우에는, 병이 만성적인 경과를 밟을 가능성은 더 줄어든다.

이전의 병의 경과. 만약 정신병에서 완전히 회복된 과거력이 있다면(잔류 증상이 없음), 추후 삽화에서 상대적으로 좋은 예후가 시사된다.

병전 성격. 정신병적 증상이 발병하기 전에 사회적 및 직업적으로 기능이 좋았다면, 진단은 조현병에 초점을 맞출 것이 아니라 정신병을 동반한 기분장애나 다른 의학적 상태나 물질 사용에 의한 정신병과 같은 기타 정신병적 장애를 고려해야 한다.

잔류 증상. 급성 정신병적 증상을 치료하고 나서도 잔류 증상(residual symptoms)이 남아 있을 수 있다. 잔류 증상은 이전에 보이던 망상이나 기타 활성 정신병적 증상(괴이한 믿음, 초점을 흐리는 모호한 화법, 다른 사람들과의 모임에 대한 흥미 감소)이 더 경미한 형태로 나타난다. 이들은 추후에 정신병의 재발에 대한 징후가 된다.

정신병의 다양한 원인을 구별하는 것은 어려울 수 있다. 숙련된 임상가조차 어떤 환자를 정확히 진단하는 것이 어려울 수 있으며, 심지어 면담을 마친 이후에도 여전히 진단이 어려울 수 있다.

질병의 결과

정신병은 환자와 가족 모두의 기능에 심각한 영향을 줄 수 있다. 이 영향의 정도가 정신병의 다양한 원인들을 구분해 주는 데 도움을 줄 수 있다. 조현병을 가지고 있다고 진단하기 위해서는, 환자는 실제로 사회적 혹은 직업적 기능이 손상되어 있어야 한다. 예를 들어, 대부분의 조현병 환자는 미혼이며, 전혀 일을 하지도 않고, 지속적인 교육이나 훈련이 필요하지 않은 더 낮은 기능이 요구되는 직업조차 가지고 있지 않다. 몇몇의 기타 정신병적 장애의 진단에는 이런 기준을 요구하지 않는다. 심지어 망상장애의 진단기준은 망상과 직접 관련된 영역을 제외하고 다른 중요한 영역에서는 기능의 손상이 없다는 것을 명시한다.

배제기준

일단 정신병이라는 사실을 확인하더라도 그 증상이 조현병이 아니라 다른 정신질환 때문일 수도 있지 않은가? 우리는 적어도 다음의 세 가지 가능성에 대해 고려해야 한다.

신체적 상태로 인한 장애에 속할 수 있는 모든 다른 진단을 먼저 염두에 두라. 이를 입증하기 위해 과거력, 신체검사 및 다른 임상검사를 면밀하게 해야 한다. 부록에 있는 '정신질환 진단에 영향을 미치는 신체질환' 표의 이들 장애와 관련되어 기술된 부분을 참조하라.

다음으로는, 물질관련장애를 배제하라. 환자가 알코올이나 마약류를 남용한 과거력이 있는가? 이 마약류(알코올, 정신자극제, 환각제) 중 몇 가지는 조현병과 매우 유사한 정신병적 증상을 야기할 수 있다. 처방약(예 : 코르티코스테로이드) 복용 또한 정신병적 증상을 나타내 보일 수 있다. 더 자세한 정보는 부록의 '정신질환을 유발하는 약물의 종류'를 참조하라.

마지막으로, 기분장애를 고려하라. 조증이나 우울 증상이 두드러지지는 않는가? 기분장애로 수년간 수많은 정신건강치료를 받은 이력이 있는 환자가 조현병으로 진단되곤 한다. 정신병을 가진 환자를 감별함에 있어서 기분장애가 더 먼저 고려되어야 한다.

기타 특징

DSM-5-TR 진단기준에 포함되지 않은 정신병의 다른 특징들도 생각해 보아야 한다. 이들 중 몇 가지는 결과를 예측하는 데 도움을 준다. 아래의 내용을 참조하라.

질병의 가족력. 가까운 가족이 조현병을 가지고 있으면, 환자 또한 조현병을 가질 확률이 증가한다. 가족 중에 정신병적 양상을 동반한 제 I 형 양극성장애가 있어도 그렇다(그러나 가족력이 없는 경우가 있는 경우보다 흔하다). 항상 가족력을 가능한 한 많이 조사하라. 그러면 본인 스스로 판단할 수 있을 것이다. 진단에 대해 다른 임상가의 의견만을 고려하는 것은 위험할 수 있다.

약물에 대한 반응. 환자가 얼마나 정신병적 증상을 나타냈는지와 상관없이, 이전에 리튬치료로 회복된 적이 있다면 기분장애 진단이 시사된다.

발병 연령. 조현병은 보통 20대 중반에 시작된다. 40세 이후에 발병했다면 다른 진단이 시사된다. 이런 경우는 망상장애일 수도 있지만, 기분장애를 먼저 고려해야 한다. 그러나 늦은 발병이 조현병 진단을 완전히 배제할 수 있는 근거가 되지는 못하며, 이는 피해망상이 현저한 특징일 때 특히 그렇다.

이들 (몇몇의 다른 특질들을 포함한) 각각의 범주가 정신병을 증상으로 보이는 다른 장애들과 가장 흔한 정신병인 조현병을 구분하는 데 도움이 될 것이다. 이를 강조하는 이유는, 정신병의 감별진단이 대부분 조현병인가 혹은 비조현병인가로 요약되곤 하기 때문이다. 증상을 보이는 환자들의 수와 치료 및 예후에 대한 함의의 심각성 측면에서 볼 때, 조현병은 정신병적 증상을 유발하는 가장 중요한 단일요인이다.

이전의 DSM 버전까지는 정신병적 증상이 괴이한 망상이나 서로 대화하는 환청인 경우라면, 이 중 한 가지 유형의 정신병적 증상만으로도 조현병을 진단할 수 있었다. 환청은 우리가 꽤 명확히 구분할 수 있다. 그런데 '괴이하다(bizarre)'라는 것은 정확히 무엇을 의미하는가? 불행하게도 그 정의는 명확하지도 않을뿐더러 여러 연구들에 걸쳐 일관적이지도 않다. 심지어 DSM 버전 간에도 일관성이 없으며, '괴이하다'라는 용어와 관련하여 확신의 강도도 점점 약해지고 있다 — "사실에 근거한 가능성이 전혀 없는(DSM-III)", "완전히 타당해 보이지 않는(DSM-III -R)", "확실히 타당해 보이지 않는(DSM-IV)". DSM-5-TR에서는 조금 더 나아가 삶의 일상적인 경험에서 유래

되지 않는 것이고 "같은 문화권의 또래들이 이해할 수 없고 명확히 받아들이기 어려운"이라는 식으로 한정한다. 괴이한지 괴이하지 않은지를 평가하는 것은 판단하는 사람에 따라 차이가 있을 것이다. "나는 특별하고, 너는 이상하고, 그들은 괴이하다."

따라서 '괴이하다'라는 용어에는 수백 년 전에 프랑스어에서 따온 본래의 의미인 '괴상하거나 현실성이 없는(odd or fantastic)'을 적용하는 것이 나을 것 같다. 괴이한 망상의 예로는, 동화의 나라로 향하는 토끼굴에 떨어지기, 핼리혜성에서 온 외계인에게 사고나 행동을 통제당하는 것, 혹은 뇌를 컴퓨터 칩으로 교체하는 것 등이 있다. 괴이하지 않은 망상의 예로는 이웃이 자신의 행동을 감찰하고 있다는 것, 배우자에게 배신을 당했다는 것 등이 해당된다.

최근에는 진단이나 예후와 관련해서 괴이함의 질이 별로 중요하지 않다는 의견에 무게가 실린다. 따라서 DSM-5-TR에서는 모든 조현병 환자는 그 내용이 얼마나 비현실적인지와는 상관없이, 2개 유형 이상의 정신병적 증상을 가지고 있어야 한다.

정신병적 장애의 다양성

이 책은 의도적으로 DSM-5-TR에서 제시하는 순서와는 다른 순서로 기술하였다. 진단 매뉴얼의 기술 의도는 임상가들이 일반적으로 따라야 하는 '정신병리의 변화도'에 따라 자료를 제시함으로써 첫 진단으로 정신병적 장애와 같은 최후의 상태를 먼저 고려하지 않게 하고, 환자의 삶에 비교적 적은 영향을 미치는 상태를 먼저 고려하게 하기 위한 것이다. 따라서 DSM-5-TR에서는 최종적으로 조현병을 다루기 전에 망상장애로 먼저 시작하고, 그다음으로 단기 정신병적 장애와 조현양상장애 순서로 기술한다.

나도 일반적으로는 안전한 연속선, 즉 더 치료 가능한 장애(예 : 물질로 유발된 정신병적 장애)로 시작하거나 더 좋은 예후를 보이는 장애(예 : 정신병을 동반한 기분장애)를 먼저 고려하여 환자를 평가해야 한다는 것에 동의한다. 그러나 이러한 복잡한 상태를 묘사하기 위해서 정신병을 특징지을 수 있는 가능한 모든 증상이 포함된 조현병을 먼저 기술하고 나서 변형된 형태를 다루는 것이 도움이 된다.

F20.9 조현병

진단의 정확도를 높이려는 노력으로 인해 조현병에 대한 DSM 진단기준은 점점 더 복잡해졌다. 그러나 진단의 기본 패턴은 여전히 명료하게 남아 있어, 다음과 같이 간단하게 요약할 수 있다.

1. 어린 시절부터, 환자는 병전에 내성적이거나 독특한 성격을 갖고 있을 수 있다.

2. 환자는 임상적으로 발병하기 이전에 얼마간의 기간 동안(3~6년 정도), 실제 정신병까지는 아니더라도 정신병의 전조 증상을 경험할 수 있다. 정신병적 증상의 수준에 이르지 않는 사고, 언어, 지각 및 행동의 비정상성이 전구기의 특징이다.

3. 엄밀한 의미의 조현병은 점진적이며, 그 시작을 감지하기가 어려운 경우가 흔하다. 진단을 받기 적어도 6개월 전에 행동의 변화가 시작된다. 처음부터 망상이나 환각이 있을 수도 있다. 증가하는 전구기 증상이 전조로 나타날 수 있다. 질병이 있다는 사실에 대한 병식의 부재는 결국 치료적 권고에 대한 비순응으로 이어질 수 있다.

4. 환자는 6개월 중 적어도 1개월 이상 동안 명백히 정신병적이어야 한다. 이 장의 도입부에서 기술한 다섯 가지 기본 증상 중 2개 이상이 있어야 하며, 두 가지 증상 중 하나는 반드시 환각이나 망상, 혹은 와해된 언어여야 한다.

5. 질병으로 인하여 직업적 및 사회적 기능에 주요한 문제가 야기된다. 질병에 걸렸다는 병식이 없으면 결과적으로 치료적 권고에 순응하지 않을 수 있다.

6. 임상가는 기타 의학적 장애, 물질사용장애, 기분장애로 인한 가능성을 배제할 수 있어야 한다.

7. 대부분의 환자가 치료로 개선될 수 있기는 하나, 병전의 상태로 완전히 돌아갈 정도로 회복되는 사람은 상대적으로 드물다.

조현병을 정확히 진단하는 것이 중요한 이유가 몇 가지 있다.

빈도. 일반 성인 집단에서 조현병의 발병 빈도는 1% 정도이다. 무슨 이유인지는 명확하지 않으나, 여성보다 남성에게서 증상이 몇 년 더 일찍 시작된다.

만성. 대부분의 조현병 환자들은 인생 전반에 걸쳐 증상이 지속된다.

심각도. 항정신병 약물이 개발되었기 때문에 환자들이 더 이상 몇 달에서 몇 년 동안 병원에 입원할 필요는 없어졌지만, 사회적 및 직업적 기능 저하는 매우 심하다. 정신병적 증상의 심각도는 환자마다 다양할 수 있다(63쪽, 이중선 안에 기술된 내용을 참조하라).

병의 관리. 적절한 치료라 함은 대부분 항정신병 약물을 사용하는 것을 의미하며, 부작용의 위험에도 불구하고 일생 동안 약물을 복용해야 하는 경우도 있다.

모두가 이미 그렇게 하고 있긴 하지만, 조현병을 하나의 질병인 것처럼 이야기하는 것은 적절하지 않을 수 있다. 조현병이라는 동일한 기본적인 진단기준을 사용하는 경우에도, 그 기저의 원인론이 다양하다는 것은 확실하나. 조현병이 있는 환자에게서 형식적인 진단기준뿐만 아니라 많은 증상이 관찰된다는 것을 염두에 두는 것 또한 중요하다. 여기에 몇 가지 사항이 있다.

인지적 기능장애. 전통적으로는 조현병 증상이 지남력이 명료한 상태에서 발생한다고 기술되고 있지만, 주의산만, 기억의 결함, 혹은 기타 인지적 문제가 종종 기술된다.

기분 증상. 물론 조현병의 한 전통적인 발현양상은 부적절한 정동(예 : 전혀 웃기는 것이 없는데도 키득거리는 것)이다. 그러나 분노, 불안, 우울은 정신병에 뒤따르는 흔한 정서적 반응이다. 따라서 진단기준은 우울증이나 조증의 증상이 조현병의 전체 질병기간의 절반 이하 동안 있어야 한다고 명시하고 있다.

통찰의 부재. 많은 환자들이 자신이 병이 없다는 잘못된 믿음 때문에 약물 복용을 거부한다. 그리고 그들은 환각과 망상의 실체를 열렬히 믿는다.

수면장애. 어떤 환자들은 환각이나 망상이 발생하는 것을 조절하기 위해서, 늦게까지 자고 있고 늦게 일어난다.

물질 사용. 담배를 피우는 것이 가장 흔하며, 조현병 환자의 80%가 담배를 피운다.

자살과 폭력적 행동. 조현병 환자의 20명 중 1명 정도(특히 새롭게 진단을 받은 젊은 남성)가 스스로 목숨을 끊는다. 또한 이보다 더 많은 사람들이 심각한 자살 시도를 한다. 공격적인 분노폭발이 특히 젊은 남성들에게서 일어날 수 있지만, 조현병 환자들은 폭력의 가해자보다 희생자가 될 가능성이 훨씬 더 높다.

일반 인구에서 조현병의 평생 위험도는 200명 중 1명 정도이며, 남성과 여성에게서 거의 동등하게 나타난다. 조현병은 젊은 사람들의 장애인데, 남성의 경우 평균적으로 20대 초반에 시작하며 여성은 이보다는 몇 년 후에 시작한다. 늦게 발병한 사람들(40세 또는 그 이상)은 여성일 가능성이 높고, 그들의 사회적 기능과 정서는 상대적으로 덜 영향을 받았을 수 있다. 비록 유전적인 영향이 강하지만, 조현병은 상대적으로 낮은 빈도로 나타나는 장애이기 때문에 대부분의 조현병 환자들은 이 질환을 가진 친척이 없을 것이다.

조현병의 핵심 특징

1개월 이내에 환자는 다음 중 2개 이상의 증상을 임상적으로 중요한 수준으로 보여야 한다. (1) 망상, (2) 환각, (3) 일관성이 없거나 와해된 언어, (4) 심하게 비정상적인 정신운동행동(긴장증), (5) 제한된 정서나 무의욕증과 같은 음성증상. 둘 중 적어도 하나는 망상, 환각, 또는 와해된 언어여야 한다.

주의사항

ㄱ들을 다루어라

- 기간(6개월 이상, 활성기 증상이 적어도 1개월 동반)
- 고통 혹은 장애(상당한 기간 동안 사회적, 직업적, 혹은 개인적 손상)
- 감별진단[기타 정신병적 장애, 기분장애, 인지장애, 신체질환 및 물질로 유발된 정신병적 장애, 조현정동장애, (정치적이거나 종교적인) 공동체에서 공유하는 지배관념
- 기타 인구통계학적 정보[만약 자폐스펙트럼장애나 아동기 발병 의사소통장애의 개인력이 있다면, 두드러지는 환각이나 망상(및 기타 요구조건)이 있는 경우에만 조현병으로 진단]

부호화 시 주의점

명시자

긴장증 동반(94쪽 참조)

만약 장애가 1년 이상 지속된다면, 경과를 명시할 것

첫 삽화, 현재 급성 삽화 상태

첫 삽화, 현재 부분 관해 상태

첫 삽화, 현재 완전 관해 상태

다중 삽화, 현재 급성 삽화 상태

다중 삽화, 현재 부분 관해 상태

다중 삽화, 현재 완전 관해 상태

지속적인 상태

명시되지 않는 경우

꼭 심각도를 명시할 필요는 없으나, 심각도를 명시할 수도 있다(63쪽 참조).

DSM-IV(그리고 이전 버전)에서는 조현병의 하위유형을 나열했던 반면, DSM-5-TR에서는 크게 하나로 묶어버렸다. 왜 그랬을까? 그리고 애초에 하위유형이 왜 있었을까?

애석하게도 파과형(와해형), 긴장형, 편집형 등의 대단한 범주의 기원은 19세기까지 거슬러 올라가지만, 단순히 말해서, 이러한 범주가 예측할 수 있는 것이 많지 않았다(적어도 유형의 연속적인 존재 자체를 정당화할 만큼 충분하지는 않았다). 게다가 해당 환자에게서 정신병의 첫 삽화에서의 하위유형이 다음번 삽화까지 지속될 필요도 없었다. 조현병 외의 병에서도 자주 관찰되는 긴장증은 기존의 독립적인 장애에서 이제 행동을 지칭하는 명시자로 강등되었고, 이는 조현병뿐만 아니라 기분장애, 신체질환에까지 적용할 수 있게 되었다. 또한 다른 오래된 범주에 관해서도 현재 흥미로운 논쟁을 벌이고 있지만, 결국에는 이것마저도 '발열요법'이나 '전신습지찜질요법'과 함께 역사의 산물 정도로 여겨질 것이다.

조현병은 꽤 다양한 방식으로 나타날 수 있고, 각 개인, 사회, 정신질환의 역사에 매우 중요하기 때문에 환자 4명의 사례를 설명하도록 하겠다.

리오넬 차일즈

리오넬 차일즈는 어릴 때 약간 고립되어 동떨어져 있는 편이었는데, 심지어 친형제 2명과 여동생과도 그랬다. 저학년 때는 항상 다른 아이들이 자신의 이야기를 하는 것은 아닌지 의심하는 것 같아 보였다. 리오넬이 편안해 보인 적은 거의 없으며, 유치원에 다닐 때부터 알고 지내던 아이들과 함께 있을 때도 마찬가지였다. 10세가 될 때까지도 절대 웃는 얼굴을 볼 수 없었고, 그 어떤 정서도 드러내지 않았으며, 어른들은 그가 '긴장되어 있다'고 했고, 친형제자매들조차도 리오넬을 별나다고 생각했다. 어른들은 리오넬에 대해 '신경이 과민하다'고 했다. 10대 초반에는 몇 달 동안 마술과 오컬트에 흥미를 보였고, 마법과 주문을 외우는 것에 대한 책을 과도하게 많이 읽었다. 이후 성직자가 되기로 결심하고, 자신의 방 안에 틀어박혀 성경구절을 암기하면서 시간을 보냈다.

리오넬은 성에 대한 관심이 거의 없었는데, 대학을 다닐 때인 24세에 강의실에서 한 여자에게 관심을 갖게 되었다. 메리는 금발에 진한 파란 눈을 가지고 있었고, 리오넬은 그녀를 보자마자 자신의 심장이 뛰는 것을 알아차렸다. 메리는 만날 때마다 "안녕."이라고 말하며 웃어주었다. 리오넬은 메리에게 큰 관심이 있다는 것을 들키고 싶지 않았기 때문에, 기다리다가 몇 주 후 저녁에 있을 신년 전야 파티에 가자고 제안했다. 메리는 정중하고 확실하게 거절했다.

몇 달 후, 리오넬은 면담자에게 참 이상한 것 같다고 이야기하였다. 메리는 그날 낮 동안에는 다정히고 솔직했지만, 밤에 마주쳤을 때는 말수가 적었다. 리오넬은 메리의 행동에 자신을 피하고자 하는 메시지가 있음을 알아차리고는 부끄럽고 혼란스러운 기분이 들었다. 또한 자신의 생각이 너무 빨리 지나가서 정리할 수조차 없다는 것을 알아차렸다.

"내 정신적 에너지가 줄어든 것 같았어요." 리오넬이 면담지에게 말했다. "그래서 진찰을 받으러 갔어요. 의사에게 내 창자에 독가스가 있어서, 그 독가스가 날 발기상태로 만든다고 생각한다는 것을 말했어요. 그리고 내 근육들이 모두 축 늘어진 것도요. 의사가 나에게 약물을 복용했는지 아니면 우울한 기분이 드는지 묻더군요. 그래서 난 둘 다 아니라고 했어요. 그러자 의사는 신경안정제를 처방해 줬고, 난 그 약을 바로 버렸어요."

리오넬의 피부는 창백했고, 왜소한 체격의 사람들보다도 훨씬 더 현저하게 야위었다. 캐주얼한 옷차림을 하였고, 면담을 하는 동안 초조해 보이는 기색 없이 조용히 앉아 있었다. 정확한 어순으로 말을 하였고, 사고는 논리적으로 연결되었으며, 신조어도 전혀 관찰되지 않았다.

여름이 되자, 리오넬은 메리가 자신을 생각하고 있다는 확신을 갖기 시작했다. 무언가가 둘 사이를 멀리 떨어뜨리려 하는 것이라고 생각했다. 이런 느낌이 들 때마다, 자신의 생각이 크게 발설되어서, 다른 사람들이 확실히 듣게 될 수 있을 것이라고 생각했다. 그해 리오넬은 아르바이트를 구하지 않고 부모님이 계시는 집으로 돌아갔으며, 자기 방에서 나오지 않고 생각에 잠겼다. 그는 메리에게 장문의 편지를 썼지만, 대부분은 찢어버렸다.

가을 즈음 리오넬은 친척들이 자신을 도우려 한다는 것을 깨달았다. 메리가 근처에 오면 알 수 있도록 그들이 윙크를 해주거나 손가락을 튕겨서 소리를 내주는 것 같았지만, 상황은 전혀 좋아지지 않았다. 메리는 리오넬을 계속 피해 다녔고, 그러지 못할 경우에는 아주 짧은 시간 동안만 대응을 해주었다. 때로는 리오넬의 오른쪽 귀에서 종소리가 들리곤 했는데, 이것 때문에 리오넬은 귀머거리가 되는 것은 아닌지 궁금해지기 시작했다. 이런 의심은 확신에 이르게 되었고, '확실한 징후'라고 이름까지 붙이기도 하였다. 그러던 어느 날 리오넬이 운전을 하던 도중에 후면유리의 서리제거장치(rear defroster)를 제어하는 버튼을 (마치 처음 보는 것인 양) 발견하였다. 리오넬은 버튼에 'rear def'라고 써 있는 문구를 보고, '오른쪽 귀머거리(right-ear deafness)'라고 의미를 부여했다.

겨울이 깊어지고 연휴가 다가올 때, 리오넬은 어떤 조치를 취해야 한다는 것을 느꼈다. 그는 차를 몰고 메리의 집으로 가서, 그녀를 밖으로 불러냈다. 동네 근처에 다다르자, 지나가는 사람들이 그를 이해하고 인정한다는 표현으로 그를 향해 고개를 끄덕이고 윙크를 해주었다. 뒷좌석에서 어떤 여자의 목소리가 그의 등 바로 뒤에 대고 명확하게 "오른쪽으로 돌아, 잘했어."라고 했다.

리오넬 차일즈의 평가

조현병의 진단에는 DSM-5-TR의 진단기준 A에 기록된 5개의 증상 중 2개가 반드시 존재해야 하고, 그중 적어도 하나는 망상, 환각 혹은 와해된 언어여야 한다. 리오넬은 망상(진단기준 A1)과 환각(진단기준 A2) 등의 증상을 보였다.

리오넬이 그랬던 것처럼 조현병의 환각은 보통 환청이다. 환시는 가끔 물질로 유발된 정신병적 장애나 다른 의학적 상태로 인한 정신병적 장애임이 시사되지만, 주요 신경인지장애와 섬망에서도 발생할 수 있다. 환촉이나 환후는 다른 의학적 상태로 인해 정신병을 보이는 사람들이 더 잘 경험하곤 하지만, 그렇다고 환촉이나 환후의 존재가 조현병을 배제할 수 있는 근거가 되지는 못한다.

리오넬과 마찬가지로 환청은 전형적으로 명료하고 큰 소리이며, 검사자가 환자들에게 "그 목소리가 지금 내 목소리만큼 큰가요?"라고 물어보면 종종 환자들은 그렇다고 할 것이다. 그 목소리가 환자의 머릿속에서 비롯된 것처럼 보일 수도 있지만, 목소리의 출처는 복도, 가전제품, 반려묘 등 그 어디도 될 수 있다.

리오넬이 받은 특별한 메시지는 관계망상이라고 한다. 조현병이 있는 환자는 다른 종류의 망상을 경험하기도 하는데, 이는 46쪽에 기록해 두었다. 종종 망상은 대체로 어느 정도는 피해의식적이다(즉, 환자는 쫓기거나 방해받고 있다고 느낀다). 리오넬의 망상적 사고는 괴이하다고 말할 수 있을 정도로 인간의 보통 경험을 넘어서지는 않았다.

리오넬은 와해된 언어나 긴장성 행동, 혹은 음성증상을 보이지는 않았으나, 조현병이 있는 다른 사람들에게는 이 증상이 나타날 수 있다. 그의 병은 현저하게 그의 업무(여름 아르바이트를 구하지 않음)와 타인과의 관계(방에서 나오지 않고 생각에 잠김)에 지장을 주었다. 이를 통해 병전에 비해 각각의 영역에서 기능이 훨씬 더 떨어졌다는 것(진단기준 B)을 추론할 수 있다.

리오넬이 환청을 들은 것은 아주 잠깐 동안뿐이지만, 망상은 몇 달간 지속되었다. 전구 증상(장에 가스가 차고, 정신적 에너지가 감소한다는 걱정)은 1년도 훨씬 전에 시작되었다. 이에, 전체 기간이 적어도 6개월(진단기준 C)이라는 필수조건을 쉽게 충족할 수 있었다.

리오넬을 상담한 의사는 그에게서 다른 의학적 상태의 증거를 발견하지 못했다(진단기준 E). 완전히 조현병에 걸린 것처럼 보일 수 있는 환청은 알코올로 유발된 정신병적 장애에서도 발생할 수 있다. 암페타민의 금단 증상을 보이는 사람은 끔찍한 피해망상에서 벗어나기 위해 자해까지 할 수도 있다. 만약 리오넬이 최근에 물질을 복용했다면, 이런 장애를 반드시 배제해야 한다.

리오넬은 우울감도 부인했다. 정신병적 양상을 동반한 주요우울장애에서도 망상이나 환각이 나타날 수 있으나, 이는 종종 기분과 일치한다(죄책감으로 꽉 차 있거나 처벌받아야 마땅하다고 여김). 리오넬의 경우 기분 증상(우울 혹은 조증)이 두드러지지 않았으므로, 조현정동장애는 배제할 수 있다(진단기준 D). 증상의 기간을 볼 때, 조현양상장애 진단도 아니라는 것을 알 수 있다.

또한 조현병 환자들은 병전 성격이 비정상적인 경우가 많다. 이는 종종 조현성 성격장애나 특히 조현형 성격장애의 형태를 띤다. 리오넬은 아동기에 최소한 다섯 가지 조현형 성격장애의 특징을 보였다(614쪽 참조). 제한된 정서, 친밀한 친구의 부재, 이상한 믿음(오길드에 대한 흥미), 독특한 외모(또래가 판단할 때), 다른 아이들에 대한 의심 등이 이에 해당된다. 그러나 자폐스펙트럼장애를 고려해야 할 만한 과거력은 없었다.

2개의 정신병적 증상과 6개월을 초과하는 기간 때문에 리오넬의 병은 조현병의 전형적인 증상에 쉽게 부합한다. 의학적 상태와 물질 사용을 반드시 배제해야 한다는 것을 명심해야 하며, 더 다루기 쉬운 다른 정신질환이 정말로 가능성이 더 낮은지도 반드시 고려해야 함을 반복해서 역설한다.

리오넬의 현재 삽화에서, 지속적인 경과를 대체할 만한 증상의 변화는 없었다. 병은 약 1년가량 지속되었다. GAF 점수를 30점으로 매겼고, 그에게 내리는 진단은 다음과 같다.

F20.9	조현병, 첫 삽화, 현재 급성 삽화 상태
F21	조현형 성격장애(병전)
Z56.9	무직상태

망상이나 환각이 있는 환자를 평가할 때는 인지장애를 고려해야 한다. 특히 나이가 많은 환자에게 정신병적 증상이 꽤 급성으로 발병할 때는 인지장애일 수 있다. 또한 생생한 환각이나 망상이 있는 조현병 환자에게는 불쾌감 증상에 대해서도 물어봐야 한다. 우울이나 불안(혹은 둘 다 해당)이 있을 수 있고, 이럴 경우 별도의 치료가 필요할 수도 있다.

밥 네이플스

밥 네이플스의 누나에 따르면, 밥이 어릴 때 항상 조용하긴 했지만 독특하거나 이상하지는 않았다. 그의 가족들에게 이런 일은 처음이었다.

밥은 조그마한 상담실의 홀에 앉았다. 그의 입술은 소리 없이 움직였고, 의자에 팔을 기대고 헐벗은 다리를 달랑달랑 떨며 앉아 있었다. 의상은 하얀 바탕에 빨간 줄무늬가 있는 파자마 상의 하나뿐이었다. 간호사가 초록색 담요를 밥의 무릎에 덮어주려 하였지만, 그는 키득거리며 웃고는 담요를 바닥에 내팽개쳐 버렸다.

밥의 누나인 샤론은 밥이 처음으로 변하기 시작했을 때가 언제인지를 특정하기가 어려웠다. 그는 한 번도 사교적이었던 적이 없었다. "밥을 외톨이라고 부르는 게 좋겠어요."라고 누나가 말하였다. 밥은 항상 거리를 뒀으며, 항상 냉담했다. 또한 즐기는 것도 전혀 없어 보였다. 고등학교를 졸업한 이후 5년 동안 샤론과 매형인 데이브의 기계공장에서 일하면서 함께 살았지만, 진정으로 화합을 이루며 산 적은 한 번도 없었다.

가끔씩 고등학교 친구 몇몇과 말을 하기도 했으나, 연인이 있었던 적은 한 번도 없었다. 약 1년 반 전부터 밥은 더 이상 친구들과 어울려 놀지 않았고, 심지어 전화를 받지도 않았다. 샤론이 이유를 물어보자, 그는 할 일이나 하는 게 더 나을 것 같다고 이야기하였다. 그러나 업무를 하지 않을 때, 그가 하는 일이라고는 방에 처박혀 있는 것뿐이었다.

데이브가 샤론에게 직장에서 있었던 일을 이야기해 주었다. 밥은 쉬는 시간에 절단용 기계 앞에 머물러 있고, 이전보다도 훨씬 더 말수가 줄었다. "가끔 데이브가 밥이 혼자 키득거리는 소리를 들은 것 같아서 뭐가 웃기냐고 물어보면 밥은 어깨를 으쓱거리며 돌아서서 일을 하러 간다더라고요." 샤론이 말했다.

이렇게 1년이 넘는 시간이 지난 후 약 두 달 전부터, 밥은 잠을 안 자기 시작했다. 가족들은 그가 방 안에서 쿵쿵거리고, 서랍을 쾅 하고 치고, 가끔 물건을 던지는 소리를 들을 수 있었다. "가끔씩은 그가 다른 누군가와 이야기하는 것 같은 소리가 들렸어요."라고 샤론이 말했다. "하지만 그의 방은 2층이었고 전화도 없었죠."

밥은 일을 그만두었다. "당연히, 데이브가 그를 해고한 건 아니죠."라고 샤론이 말했다. "하지만 그가 밤에 잠을 자지 않으니까, 계속 졸려 하고, 기계 앞에서 꾸벅꾸벅 졸았죠. 가끔은 기계가 돌아가게 내버려두고, 멍하니 창밖을 응시하곤 했죠. 데이브는 밥이 공장에 나오지 않자 안심했어요."

지난 몇 주 동안 밥이 한 말이라고는 '길가메시(Gilgamesh)'밖에 없다. 샤론이 밥에게 그 뜻이 무엇인지 물어보았더니, "백스페이스키에 있는 빨간 신발이 아니야(It's no red shoe on the backspace)."라고 대답했다. 샤론은 이 일로 깜짝 놀라서 이 말을 받아 적었다. 그러고는 더 이상 물어보지 않았다.

샤론은 밥이 어떻게 병원에 입원하게 되었는지에 대해서는 추측 정도밖에 할 수 없었다. 그녀가 마트에서 집으로 돌아오기 몇 시간 전에 밥이 나가버렸다. 그 후에 전화벨이 울렸는데, 경찰서에서 온 것이었고, 밥을 잡아두고 있다고 했다. 마트에서 보안요원이 그를 발견했는데, 그는 길가메시에 대해 중얼중얼 이야기하면서 다니고 있었고, 파자마 윗도리 외에는 아무것도 입지 않은 상태였다고 한다. 샤론은 팔소매로 눈물을 닦았다. "심지어 이 파자마는 밥의 것이 아니에요, 내 딸의 것이라고요."

밥 네이플스의 평가

밥의 개인력이 조현병의 전형적인 증상에 부합하는지 검토해 보라. 당신의 머릿속에 밥의 사례를 그림처럼 남겨놓고, 후에 만나게 될 환자와 비교해 볼 수 있을 것이다.

밥은 몇 가지 정신병적 증상을 보이고 있어, 조현병의 기본적인 진단기준을 완전히 충족한다. 그는 심하게 와해된 언어(진단기준 A3)와 이해할 수 없는 행동(옷을 입지 않은 채로 외출함 — A4)뿐만 아니라, 말을 하지 않고 의욕 저하(일하러 가는 것을 그만둠 — A5) 등의 음성증상도 보였다. 그가 활성 증상(active symptom)을 보인 것은 단지 몇 달에 불과하지만, 사회적 능력은 1년도 훨씬 전에 감소하기 시작하였으며, 병이 나타난 전체 기간을 고려하면, 6개월이라는 진단적 역치를 훨씬 넘어선다(C). 이 일화는 증상이 그의 직업이나 사회생활에 미치는 파괴적인 영향을 명료하게 보여준다(B). 그러나 이런 전형적인 특징에도 불구하고, 여전히 몇 가지 제외해야 하는 배제기준이 존재한다.

입원 당시 오직 한 단어만을 말할 수 있었으므로, 그가 인지적 결함을 가지고 있는지 아닌지를 결정할 수가 없다. 따라서 이런 증상은 섬망이나 암페타민 혹은 펜사이클리딘으로 유발된 정신병적 장애일 가능성도 있다. 효과적인 치료를 시작한 지 조금 지나야 그의 인지적 상태가 어떤지 확실히 알 수가 있다. 뇌 엑스레이나 MRI, 또는 혈액검사 등을 통해 전반적인 뇌질환 증거(E)를 검증해야 한다.

제 I 형 양극성장애의 조증 삽화가 있는 환자들도 옷 입기를 거부하는 것과 같은 판단력의 문제를 보일 수 있으나, 밥은 다행감이나 과잉 활동과 같은 조증의 전형적인 다른 특성은 전혀 보이지 않았으며, 확실히 말의 압박도 없었다. 현저한 기분 증상이 없다면, 주요우울장애나 조현정동장애를 배제할 수 있다(D). 조현병의 최소 6개월이라는 기준보다 훨씬 더 오래되었으므로 조현양상장애를 배제할 수 있다.

밥의 증상 중 몇 가지는 우리가 흔히 와해형 조현병이라고 불러 온 장애의 전형적인 증상이다. 비록 정동적 가변성이 감소한(단조롭거나 둔마된) 것을 음성증상으로 간주할 수도 있지만, 그의 정서 또한 부적절하였다(선반을 보고 낄낄거림. 명백한 이유 없이 웃음). 평가를 받을 때 그의 말은 딱 한 단어로 줄어들었고, 그 이전에는 지리멸렬한 말을 했었다(그의 말이 독특해서 누나가 받아 적을 정도로). 마지막으로, 무의욕증이 있었다 — 일하러 가는 것을 그만두었고, 대부분의 시간을 방 안에서 보냈고, 성취한 것도 전혀 없었다.

샤론이 제공한 정보에 의하면, 어떤 유형의 성격장애에 대한 병전진단이 타당할 수 있다. 밥의 구체적인 증상은 다음과 같다 — 가까운 친구가 없음, 관계를 갈망하지도 않음, 혼자 하는 활동을 선택함, 활동의 즐거움이 결여됨, 성 경험이 없음. 이는 조현성 성격장애(614쪽)라고 하며, 조현병 환자들의 초기 과거력에서 자주 언급되는 장애 중 하나이다.

밥의 최종진단은 명백해 보일 수 있으나, 조현병 외에 정신증을 유발할 수 있는 다른 원인을 배제하기 위해 의학적인 검사 결과를 기다려 봐야 한다. 이에, 원래 진단에 '잠정적인(provisional)'이라는 세분점을 추가한다. GAF 점수는 15점만 주었다.

F20.9   조현병, 첫 삽화, 현재 급성 삽화 상태(잠정적인)
F60.1   조현성 성격장애(병전)

와해형 조현병(disorganized schizophrenia)이 처음으로 알려진 것은 거의 150년 전의 일이다. 원래는 파과형(hebephrenia)이라는 용어로 쓰였는데, 이는 장애가 생애의 초기에 시작되기 때문이다['hebe'라는 말은 그리스어로 '청년(youth)'이라는 뜻이다]. 와해형 조현병 환자들은 모두 가장 명백한 정신병적 증상을 보인다. 그들은 대개 빠르게 악화되고 횡설수설하며, 위생과 외모에 신경 쓰지 않는다. 그러나 최근 연구에 따르면, 증상의

패턴만으로는 와해형 조현병을 유용한 하위범주로 보기에는 불충분하며, 그보다는 현재의 증상을 기술하는 것이라고 보는 것이 더 적절하다.

나타샤 오블라모브

"나타샤는 이반만큼 상태가 나쁘지는 않아요." 오블라모브 씨는 그의 두 자녀들에 대해 이야기하고 있었다. 이반은 30세경에 심한 와해형 조현병을 앓았고, 항정신병 약물과 전기충격요법을 시도했음에도 불구하고, 이해할 수 있게 구사할 수 있는 단어는 10개도 되지 않았다. 이제 그보다 3세 어린 여동생인 나타샤가 이반과 유사한 증상을 호소하여 외래 클리닉에 오게 되었다.

나타샤는 예술가였다. 집 근처의 전원지역을 찍은 사진을 유화로 옮기는 것을 전문으로 하였다. 2년 전에 지역 아트갤러리에서 전시회를 개최하기도 하였으나, 작품으로 돈을 번 적은 지금까지 한 번도 없었다. 그녀는 아버지의 집에서 살았고, 거기서 두 사람은 아버지의 퇴직금으로 생활하였다. 그녀의 오빠는 더 악화되어 정신병원의 폐쇄병동에서 지냈다.

"병이 상당히 진행된 것 같아요." 오블라모브 씨가 이야기하였다. "좀 더 일찍 데리고 왔어야 했는데, 이런 일이 내 딸에게도 일어났다는 것을 믿고 싶지가 않았던 것 같아요."

징후는 약 10개월 전에 처음으로 나타났다. 당시 나타샤는 예술학원 수업에 참석하지 않으려 하였고, 자신이 데리고 있던 두세 명의 문하생을 포기하였다. 그녀는 거의 방 안에만 있었고, 심지어 식사 시간에도 방 안에서 나오지 않은 채로 대부분의 시간을 그림을 그리며 보냈다.

나타샤가 현관문을 자꾸 열어놓아서, 결국 아버지가 나타샤를 평가에 외뢰하기 위해 데리고 왔다. 6주 전쯤부터 나타샤가 저녁 시간에 몇 번씩 자신의 방을 나와서, 꽤 오랫동안 복도에 서서 머뭇거리고 있다가, 현관문을 열어두곤 하였다. 복도를 아래위로 훑어본 다음, 자신의 방으로 돌아가서 침구를 다시 정리하곤 했다. 지난주에는 이 일을 하루 저녁에만 열두 번을 반복하였다. 오블라모브 씨는 한두 번 정도 딸이 '제이슨'에 대해서 중얼거리는 소리를 들은 것 같다고 생각했다. 아버지가 나타샤에게 제이슨이 누구냐고 물어보았더니, 그녀는 멍한 표정으로 돌아서 나가버렸다.

나타샤는 동그란 얼굴, 촉촉한 푸른 눈망울을 가진 호리호리한 여자였지만, 시선은 전혀 초점이 맞지 않았다. 자발적으로 말하는 것은 거의 없었고, 매우 간단한 질문에만 명확하고 논리적으로 대답하였다. 지남력은 온전하였고, 자살 사고도 부인했으며, 충동 통제 등의 다른 문제도 없었다. 정동은 그녀의 캔버스만큼이나 단조로웠다. 그녀는 자신이 겪은 가장 끔찍한 경험에 대해 침구를 정리할 때보다 더 아무런 감정 없이 이야기하였다.

면담자는 부드러운 태도로 탐색을 하여 더 많은 정보를 추출했다. 제이슨은 예술학원의 전임강

사였다. 몇 달 전 아버지가 오후 동안 외출했을 때, 제이슨이 그녀에게 '특별한 화법(some special stroking techniques)'에 대해 도움을 주려고 그녀의 아파트에 왔었다. 그날 이 두 사람은 결국 벌거벗은 채로 주방 바닥에 있게 되었지만, 그녀는 왜 자신이 옷을 다시 입어야 하는지에 대해 설명을 하느라 대부분의 시간을 보냈다. 그는 그녀의 마음을 얻지 못하고 자리를 떠났으며, 그 이후로 그녀는 예술학원에 다시 가지 않았다.

오랜 시간이 지나지 않아, 나타샤는 제이슨이 주변을 배회하면서 그녀를 다시 보려고 한다는 것을 깨달았다. 그녀는 문밖에서 그의 존재를 느꼈지만, 문을 열 때마다 그는 사라져 버렸다. 그녀는 이 일이 어리둥절하게 느껴졌지만, 그렇다고 우울하다거나 화가 난다거나 불안하다는 의미는 아니었다. 제이슨과 비슷한 목소리를 듣기 시작하였고, 그녀가 작은 욕실에 설치해 둔 사진확대기에서 그 목소리가 나오는 것처럼 들렸다.

"보통 'C word'라고 말하죠."라고 그녀가 질문에 대답했다.

"'C word'라구요?"

"알다시피, 그걸 하는 여자의 신체를 두고 'F word'라고 하잖아요." 그녀는 손을 무릎 위에 포개어 올린 채로, 눈 하나 깜박이지 않고 차분하게 말하였다.

지난 1~2주 동안 여러 번에 걸쳐, 그녀가 잘 때 제이슨이 그녀의 방 창문을 통해 들어와 자고 간 것 같았다. 나타샤는 특히 자신의 허벅지 안쪽 부분에서 그의 몸의 압력이 느껴져서 잠에서 깨곤 했다. 몇 주가 지난 후에는, 그녀가 완전히 잠에서 깨면 그는 없어지곤 했다. 그리고 어제 그녀가 욕실에 들어갔을 때, 변기에서 장어의 머리가 — 혹은 큰 뱀이었을 수도 있다 — 갑자기 나타나서 그녀를 향해 돌진하였다. 그녀가 문을 쾅 닫고 그 동물의 목을 잡자, 그 동물이 사라져 버렸다. 그날 이후로 그녀는 복도에 있는 큰 화장실만 이용하기 시작했다.

나타샤 오블라모브의 평가

나타샤는 다양한 정신병적 증상을 가지고 있다. 여기에는 환시(화장실에서 장어를 본 것 — 진단기준 A2)와 제이슨에 대한 정교화된 망상(A1)이 포함된다. 또한 둔화정동(장어나 자신의 몸에 대해 이야기할 때 정서적인 암시가 전혀 없었음 — A5) 등의 음성증상도 가지고 있다. 비록 활성 증상을 보인 것은 단지 몇 달에 불과하지만, 그녀가 방에서만 머물러 있던 전구기 증상은 약 10개월 정도 된다(C). 이번 일화에서는 무의욕증이라고 부를 만한 것은 없었지만, 이 장애로 인해 그녀의 일상 활동에 지장을 받았다는 것은 명백하다(B).

나타샤의 개인력을 고려해 볼 때, 그녀의 증상을 설명할 수 있는 다른 의학적 상태를 시사할 만한 것은 전혀 없다(E). 그렇다 하더라도 처음에는 통상적인 임상검사(혈구수치검사, 혈액생화학적 검사, 소변검사)를 먼저 시행해야 한다. 이번 일화에서 물질로 유발된 정신병적 장애를 시사할 만한 증거는 없으며, 정서가 둔화되어 있기는 했지만 충분히 기분은 괜찮아 보였고, 정신병적 양상을 동반한 주요우울장애에서 보이는 심한 우울감은 전혀 없었다. 게다가 그녀는 자살 사고가 전혀 없었고, 조증 삽화를 시사할 만한 것도 없었다. 병의 기간이 6개월을 초과하므로 조현양상장애나 단기 정신병적 장애는 배제한다. 마지막으로, 그녀의 오빠에게 조현병이 있었다. 조현병이 있는 환자의 1차 친족(부모, 형제자매, 자녀) 중 약 10%가 같은 장애를 보인다. 물론 이는 진단을 위한 기준은 아니지만, 진단의 방향을 설정하는 데 도움을 준다.

나타샤는 조현병의 전형적인 증상의 모든 기본 요소들을 충족한다 ― 정신병적 증상, 기간, 다른 원인의 부재(특히 약물 및 물질 사용장애). 비록 DSM-5-TR 진단기준에는 발병 연령이 포함되어 있지는 않지만, 35세 이상에서 처음으로 정신병적 증상이 발견되었다면 다른 치료 가능한 원인이 없는지 면밀한 검사가 필요하다.

이전(DSM-IV)에는 나타샤의 증상이 조현병 미분화형으로 진단되었겠지만, 이제는 조현병의 하위유형을 별도로 구분하지 않는다. 왜냐하면 질병의 기간이 1년 이하이고(물론 최소기간 6개월은 훨씬 초과함), 경과에 관한 명시자가 없기 때문이다. GAF 점수는 30점으로 매겼고, 그녀에게 내리는 진단은 다음과 같다.

F20.9   조현병, 첫 삽화, 급성

DSM-5-TR에서는 환자의 정신병적 증상을 각각 5점 척도로 평가하도록 권고한다. 지난 일주일 동안 5개의 진단기준 A의 증상은 각각 0=부재, 1=분명하지 않은(정신병적이라고 고려할 만큼 증상이 강하거나 충분히 오래되지 않은 경우), 2=경도, 3=중등도, 4=고도로 평가된다. 매뉴얼에는 이런 유사한 평가 척도를 인지 손상, 우울, 조증에도 사용해야 한다고 명시하고 있다. 왜냐하면 이들 특징 각각은 정신병적 환자의 감별진단에 중요하기 때문이다. 이 장의 다른 정신병적 장애에도 이들 척도를 덧붙여 사용할 수 있다. 꼼꼼하게 평가된 심각도 수순이 필요한 연구자들에게 이 척도는 가치가 있을 수 있다. 그러나 다행히 이 심각도 점수 체계가 필수는 아니다.

라모나 켈트

결혼한 지 몇 달밖에 되지 않았던 20세의 라모나 켈트는 처음으로 당시 '파과형 조현병'으로 기술된 병으로 입원하였다. 기록에 따르면, 그녀의 감정 표현은 우스꽝스럽고 부적절했으며, 말은 지리멸렬하여 흐름을 따라가기가 어려웠다. 그녀는 제멋대로 뿌려진 커피 찌꺼기와 오렌지 껍질을 머리에 쓴 채로 평가에 의뢰되었다. 그녀는 의료진에게 자신이 성관계를 할 때마다 자기를 감시하는 TV 카메라가 옷장 속에 있다는 것에 대해 이야기하였다.

그때 이후로도 25년 동안 산발적으로 추가적인 삽화가 몇 차례 더 있었다. 그녀가 아프다고 느낄 때마다 비슷한 증상이 있었다. 충분히 증상이 호전되면, 매번 남편이 있는 집으로 돌아갔었다.

라모나의 남편은 아침마다 그녀에게 식사 시간이나 요리 계획까지 포함한 그날 할 일에 대한 목록을 짜서 설명해 주었다. 그렇게 하지 않으면, 그가 퇴근하여 돌아올 때까지 그녀는 아무 일도 하지 않았다. 이 부부는 아이가 없었고, 친구들도 거의 없었다.

보험방침이 바뀌면서 라모나는 다시 평가에 의뢰되었다. 그녀를 새로 담당하게 된 임상가는 라모나가 여전히 항정신병 약물을 복용하고 있다는 점을 알게 되었다. 매일 아침 남편이 약을 세어 그녀의 접시 위에 올려놔 주고, 그것을 그녀의 오렌지 주스와 함께 삼키는지 관찰했었다. 면담에서 그녀는 윙크를 하고 웃었는데, 적절해 보이지 않았다. 그녀는 몇 년 동안 TV 카메라가 자신을 괴롭히고 있다고 이야기하였고, 자신의 옷장에서 '유령이 나오는지' 궁금해하였다.

라모나 켈트의 평가

라모나는 와해된 행동(진단기준 A4), TV 카메라에 대한 망상(A1)을 포함한 증상을 수년 동안 가지고 있었다. 부적절한 정서와 괴이한 언어(A3) 및 행동을 근거로 와해형(파과형) 조현병 진단을 확실히 내릴 수 있다. 병이 급성적으로 나타날 때는 DSM-5-TR의 조현병 진단기준도 충족한다.

이 평가는 그녀가 급성 삽화 사이에 있을 때 이루어진 것이지만, 정신병 증상의 약화된 형태인 독특한 정동(윙크)과 사고(옷장에서 유령이 나온다는)를 보였다. 그녀는 심각하고 지속적인 음성 증상인 무의욕증을 보였다. 만약 남편이 그날의 계획을 짜주지 않으면, 그녀는 아무것도 하지 않을 것이다. 그러나 현재는 한 가지 정신병적 증상만 가지고 있기 때문에 조현병의 마지막 삽화에서 부분적으로 회복된 것처럼 보일 수 있다.

물론 조현병을 진단하기 위해서는 배제기준(일반적인 의학적 상태, 물질로 유발된 정신병적 장애, 기분장애, 물질사용장애)에 해당사항이 없어야 한다. 이 사례가 여전히 지속될 것이라고 가정하는 것이 꽤 안전하다고 판단하기 때문에 그녀에게 다음과 같은 진단을 한다. 또한 이 사례에 대한 대략적인 정보가 조현병의 전형적인 특성을 잘 충족한다는 점도 알아두어라. 경과 명시자는 근본적으로 조현병의 예전진단인 잔류형에 해당한다.

F20.9   조현병, 다중 삽화, 현재 부분 관해 상태

F20.81 조현양상장애

이 진단명은 마치 조현병과 확실히 관련이 있는 것처럼 들릴 수도 있지만, 조현양상장애의 진단은 조현병과 다른 특성을 가진 환자들을 기술하기 위해 1930년대에 처음으로 사용된 것이다. 이들은 단면적인(횡단적인) 모습으로는 조현병으로 보이지만, 이들 중 일부는 잔류 증상 없이 완전히 회복된다. 조현양상장애 진단은 조현병이라고 단정 짓는 것을 예방할 수 있다는 점에서 가치가 있다. 이는 환자의 정신병 기저에 아직 증명되지 않은 어떤 본질이 있다는 점을 시사해 주는 것이다. ('-양상'이란 말의 의미는 다음과 같다. 그 증상이 조현병처럼 보이며, 그렇게 될 수도 있다. 그러나 신중한 임상가들은 정보가 제한적이기 때문에, 일생 동안 장애와 치료가 지속된다는 것을 암시하는 조현병 진단을 성급하게 내리는 것을 불편하게 느낀다.)

조현양상장애에서 요구하는 증상이나 배제기준은 조현병과 동일하다. 이 두 진단은 기간과 역기능에서 차이가 있다. 단기 정신병적 장애와 마찬가지로, DSM-5-TR에서 조현양상장애 진단에는 환자의 삶에 지장을 준다는 기준을 요구하지 않는다. 그러나 이에 대해 생각해 보면, 한 달 이상 동안 망상이나 환각을 가지고 있는 대부분의 사람들은 사회적으로 혹은 직장에서 겪는 불편감으로 인해 고통스러울 것이다.

감별의 핵심은 환자가 증상을 보이는 기간이다. 1개월에서 6개월 사이의 기간을 요구한다. 이 기간이 실질적인 측면에서 중요한 이유는, 단기적으로 병을 앓는 정신병적 환자는 6개월 이상 앓은 환자들에 비해 완전히 회복될 확률이 높다는 수많은 연구 결과가 있기 때문이다. 그러나 여전히 처음에 조현양상장애로 진단받은 환자들 중 절반 이상은 결국 조현병이나 조현정동장애로 진단이 내려진다.

조현양상장애는 전혀 별개의 진단이라고는 볼 수 없다. 이는 우리로 하여금 무슨 일이 일어나고 있는지는 확신할 수 없지만 시간이 경과함에 따라 명확해질 것임을 알게 해주는 임시진단이다. 이는 남녀를 불문하고 처음 조현병을 진단받는 시기 즈음에 내릴 수 있다는 임시진단이다. 특히 미국과 기타 서양국가들에서는 조현양상장애의 진단이 조현병 진단율의 1/5 정도로만 내려진다.

1930년대, 노르웨이 정신과 의사인 가브리엘 랑펠트(Gabriel Langfeldt)가 조현양상 정신병(schizophreniform psychosis)이라는 용어를 처음으로 사용하였다. 아마도 이 용어는 미국에서 더 적절하게 쓰였던 것 같다. 당시 미국에서는 조현병의 전형적인 장기적 경과를 보이지 않는 정신병적 증상을 가진 환자들을 조현병으로 많이 진단했다. 랑펠트는 1982년에 *American Journal of Psychiatry* 논문에서 조현양상장애가 단지 증상의 기간을 제외하면 정확히 조현병처럼 보이는 정신병을 의미하는 것뿐만 아니라 다른 특징들도 보일 수 있다고 정정하였다. 다른 특징에는 우리가 오늘날 단기 정신병, 물질사용장애, 심지어 양극성장애라고 부르는 장애가 포함된다.

그의 용어는 기간과 관례에서 협소한 의미를 가진다는 점 때문에 거의 사용되지 않는다. 이렇게 전락하는 것이 아쉽긴 하지만, 저자는 조현양상장애가 임상가들로 하여금 방심하지 않도록 하며, 환자들에게는 약물을 만성적으로 복용하지 않게 하는 유용한 장치라고 생각한다.

조현양상장애의 핵심 특징

환자들은 1개월 동안, 다음 중 적어도 2개의 증상을 임상적으로 중요한 수준으로 가져야 한다. (1) 망상, (2) 환각, (3) 일관성이 없거나 와해된 언어, (4) 심하게 비정상적인 정신운동행동(긴장증), 혹은 (5) 제한된 정서나 무의욕증과 같은 음성증상. 환자들은 6개월 안에 완전히 회복되어야 함을 명심하라.

주의사항

ㄱ들을 다루어라

- 기간(30일에서 6개월)
- 고통 혹은 장애(사회적 혹은 다른 손상이 존재할 수 있지만, 요구되진 않음)
- 감별진단(신체질환 및 물질로 유발된 정신병적 장애, 조현병, 조현정동장애, 기분장애, 또는 인지장애)

부호화 시 주의점

다음의 경우 명시할 것

양호한 예후 특징을 {동반하는 경우}{동반하지 않는 경우}, 이는 다음을 포함한다. (1) 정신병적 증상이 일찍 시작함(질병이 시작된 지 한 달 이내). (2) 정신병적 증상이 최고조에 달할 때 혼란감 혹은 당혹감을 보임. (3) 양호한 병전기능. (4) 정서가 둔마되지 않음. 이 네 가지 항목 중 두 가지가 해당되면 양호한 예후 특징을 동반하는 경우. 하나 이하일 때는 양호한 예후 특징을 동반하지 않는 경우

긴장증 동반(94쪽 참조)

만약 6개월 이내의 기간 동안 환자가 지속적으로 병을 앓고 있다면, 명시자(잠정적인)를 사용하라. 이후 환자가 완전히 회복되면, 명시자를 지워라.

6개월 이후에도 환자가 여전히 병을 앓고 있다면, 더 이상 조현양상장애를 적용할 수 없다. 진단을 조현병이나 기타 다른 장애로 변경하라.

꼭 심각도를 명시할 필요는 없으나, 심각도를 명시할 수도 있다(63쪽 참조).

아놀드 윌슨

아놀드 윌슨이 3세일 때, 아놀드의 가족은 증인 보호 프로그램에 들어가게 되었다. 적어도 그가 정신건강 접수 면담자에게 말하기로는 그러했다.

아놀드는 마른 편이었고, 중간 정도의 키에, 깔끔하게 면도한 모습이었다. 그는 의대생 신분이 표시된 이름표를 착용하고 있었다. 그는 정면으로 꾸준하게 눈을 맞출 수 있었고, 차분히 앉아서 자신의 경험에 대해 설명했다. "이건 저의 아버지 때문입니다."라고 그는 설명했다. "우리가 동부에 살 때, 아버지는 마피아 무리에 들어가 있었습니다."

주 정보원이었던 아놀드의 아버지는 이렇게 말했다. "그래요. 난 증권 인수업자예요. 이 일이 나쁜 일이라고 생각할지 모르지만, 마피아는 아니에요. 어쨌든 그 마피아는 아니라고요."

두 달쯤 전에 아놀드에게 어떤 생각이 계시처럼 다가왔다. 그는 생리학 시험공부를 하면서 책상에 앉아 있었고, 그의 바로 뒤에서 어떤 목소리가 들렸다. "전 깜짝 놀라 일어났고, 제 방문을 열어두어야만 한다고 생각했어요. 그 방에는 저 말고는 아무도 없었어요. 라디오와 아이폰을 확인해 봤는데, 모두 꺼져 있었어요. 그러자 또 목소리가 들렸어요." 아놀드가 말했다. "하지만 누구의 목소리인지는 말할 수 없어요. 그녀가 그러지 말라고 했거든요."

그 여자의 목소리는 매우 분명하게 그에게 말했고, 주변 어디에서든지 나오는 것처럼 들렸다. "가끔은 그녀가 제 바로 뒤에서 있는 것처럼 들리기도 해요. 어떨 때는 그녀가 밖에 있어서 제 방 어느 곳에서나 들리는 것 같기도 하고요." 그는 그녀가 완전한 문장을 구사한다고 하였다. "가끔은 완전한 문장을 구사하기도 해요. 얼마나 수다스럽다고요."라고 하며 웃었다.

그 목소리가 그에게 처음으로 말한 것은 "내가 한 일을 숨길 필요가 있어. 그게 의미하는 것이 무엇이든 간에."이었다. 그가 이 목소리를 무시하려고 하자, 목소리는 "정말로 화가 나, 목소리를 믿는다고 말해! 그렇지 않으면…" 아놀드는 문장을 끝마치지 못했다. 그 목소리는 그가 3세가 되기 전에 쓰던 이탈리아어로 된 성을 불렀다. "당신도 알다시피, 그 목소리는 정말 말이 뇌게 이야기했어요."

"이름이 바뀐 부분은 사실이에요."라고 그의 아버지가 설명했다. "제가 그의 엄마와 결혼했을 때, 아놀드에 대해 합의해야 했어요. 아놀드의 친아버지가 신장암으로 죽었습니다. 우리 둘은 제가 아놀드를 입양하는 게 최선이라고 생각했습니다." 그 일은 20년 전의 일이었다.

아놀드는 중학교 생활이 힘들었다. 주의가 산만했기 때문에 교장실에 불려갈 일이 많았다. 몇몇 선생님들은 그를 포기했지만, 고등학교에서는 본래의 컨디션을 되찾았다. 최고의 성적을 받았고, 좋은 대학에 입학하였으며, 더 좋은 의과대학에도 합격했다. 1학년이 되기 직전인 지난 가을에 시행한 신체검사(혈액검사)에서 결과는 완전히 정상으로 나왔었다. 그는 자신의 룸메이트가 자신이 그 어떤 약물이나 알코올도 복용하지 않았다는 것을 증명해 줄 수 있다고 하였다.

"처음에는 꽤 혼란스러웠어요. 그 목소리 말이에요. 제 정신이 나간 것은 아닌지 궁금했어요. 근데 그 목소리와 나는 서로 대화를 했고, 이제는 꽤 명확하게 느껴져요."

아놀드가 그 음성에 대해 이야기할 때 꽤 활기차 있었고, 적절한 제스처와 억양을 사용하였다. 그는 면담자와 이야기하는 동안 완전히 주의를 유지할 수 있었다. 다만 무언가 혹은 누군가의 소리를 듣는 것처럼 보일 때만 그의 머리가 다른 곳을 향해 있었다.

아놀드 윌슨의 평가

아놀드의 두 가지 정신병적 증상 — 망상과 환청 — 은 진단기준 A의 요건을 충족하며, 이는 조현양상장애와 조현병에서 모두 똑같은 요건이다. 이 사례에서는 그의 사회적 혹은 학업 기능이 위태로운 정도까지 악화되지 않았을뿐더러 조현양상장애의 진단기준은 이를 필수조건으로 요구하지도 않는다.

아놀드의 정신병의 임상적 특징은 조현병의 임상적 특징과 매우 닮았다. 물론 그것이 바로 조현양상장애의 중요한 점이기는 하다. 진단을 내리는 시점에, 그 병이 완전히 회복될 것인지 혹은 오랜 기간 지속될 것인지는 알 수가 없다. 아놀드의 증상은 1개월 이하로 지속되는 단기 정신병적 장애라고 하기에는 너무 길고, 조현병이라고 하기에는 너무 단기적이다. 그는 알코올을 과다 복용하지 않았으며, 그의 룸메이트가 증인이다. 그리고 약물을 복용한 사실도 전혀 없으므로, 물질로 유발된 정신병적 장애를 배제할 수 있다. 보통 정신병을 유발할 수 있는 일반적인 의학적 원인에 대해 조사를 해야 하지만, 최근의 신체검사 결과는 정상으로 나왔다. 조증이나 우울 증상이 없으므로 제I형 양극성장애는 가능성이 낮아 보인다.

환자가 조현양상장애 가능성이 있을 때는 예후에 대한 기술을 해야 한다. 아놀드의 경우, 임상가가 양호한 예후에 대한 다음의 증거를 언급하였다. (1) 누가 말하든 명확하게, 그의 정신병적 증상(환청)은 갑작스럽게 시작되었다. (2) 그의 병전기능(업무 및 사회적 기능에서 모두)은 양호한 편이었다. (3) 단조로워지거나 부적절해지는 것 없이, 그의 정서는 평가 동안 꽤 온전했다. DSM-5-TR에서 명시하는 네 번째 양호한 예후양상은 혼란감이나 당혹감이다. 처음에 아놀드는 혼란스러웠다고 보고하였으나, 병이 최고조에 달했을 때 그의 인지적 과정은 온전해 보였다. 2개만 충족되면 양호한 예후 특징을 동반한 것을 시사하는데, 아놀드는 이 특징 중 세 가지를 보인다.

아놀드 사례와 마찬가지로, 환자가 회복되기 전에 조현양상장애 진단을 받는다면 '잠정적인'이라는 세분점이 추가로 필요하다. 만약 6개월 안에 완전히 회복된다면, '잠정적인' 세분점을 지울 수 있다. 그러나 만약 병이 6개월 이상 지속되고 아놀드의 일이나 사회생활에 지장이 된다면, 진단은 아마도 조현병으로 변경해야 할 것이다.

지금 시점에서 아놀드의 진단은 다음과 같다. GAF 점수는 60점으로 매겼다. 그의 정신병적 증상이 심각함에도 불구하고 그의 행동에는 아직 현저한 영향을 주지는 않기 때문이다.

F20.81　　　조현양상장애(잠정적인), 양호한 예후 특징을 동반하는 경우

더 많은 증거를 수집하기 위해 진단을 보류할 필요가 있는가? DSM-5-TR에서도, 무언가 잘 맞지 않지만 진단을 내리기 전에 더 정보를 모을 필요가 있다는 것을 의미하는 '안전진단' 두 가지를 주장하고 있다. 물론 모든 장애에 '달리 명시되는' 혹은 '명시되지 않는'이 있지만, 이 두 어구보다 훨씬 유용한(모호하고, 때로는 무분별하게 사용되는) 몇 가지 다른 용어도 있다.

그중 하나가 조현양상장애로, 이는 만성적인 상태로도 혹은 회복하는 방향으로도 갈 수 있다. 그리고 조현양상장애를 진단하기 이전의 정신병 기간을 다루기 위해 단기 정신병적 장애라는 진단명을 만들었다. 제6장에서 보게 될 급성스트레스장애는 외상후 스트레스장애가 시작되기 전의 기간을 다루기 위해 만들어진 것이다. 그러나 이러한 진단은 같은 진단 범위 영역에 무료 주차하는 것이다. 문제는 정신건강 임상가들이 여전히 우리가 보는 환자의 외양에 의존하여 진단을 한다는 것이다. 다른 의학 분야에서는 임상검사를 사용하므로 이도저도 아닌 애매한 진단을 피할 수 있다.

F23 단기 정신병적 장애

단기 정신병적 장애를 가진 환자들은 정신병적 증상이 최소 하루 동안 지속되고 한 달 안에 정상으로 돌아온다. 얼마나 많은 증상을 보이는지 혹은 사회적·직업적인 기능에 문제가 있는지 여부는 중요하지 않다. (조현양상장애와 마찬가지로, 증상이 1개월 이상 지속되는 환자의 경우에는 다른 진단을 내려야만 한다.)

특히 단기 정신병적 장애는 안정적인 진단은 아니다. 절반 이상이 재발하고, 많은 환자들이 결국에는 다른 정신병적 장애로 다시 진단을 받게 된다. (30일 동안에만 이 진단을 받을 수 있다는 사실은 놀랄 만한 것도 아니다.) 정신병적 장애를 처음으로 보인 환자들 중 5%만이 이 진단을 처음으로 받는다. 출산을 전후로 정신병을 경험하는 몇몇 환자들은 이 진단을 흔히 받는다. 그럼에도 불구하고, 이 상태는 매우 드문 편이다. 산후 정신병의 발병은 출산을 하는 1,000명의 여성 중 1~2명에게서만 나타난다. 사실 단기 정신병적 장애는 남성에 비해 여성에게서 2배로 높게 나타난다.

유럽 임상가들은 단기 정신병적 장애 진단을 더 많이 내리는 경향이 있다. (유럽에서 이 상태가 더 빈번하게 나타난다는 것을 의미한다기보다는, 단지 유럽인 임상가가 이에 대해 더 민감하거나

혹은 과잉진단 하는 것 때문일 수 있다.) 단기 정신병적 장애는 어리고 젊은 (10대와 초기 성인기) 환자들에게서 더 흔하며, 낮은 사회경제적 지위를 가진 환자들이나 이전에 성격장애를 가지고 있었던 환자들에게서 더 흔하다. 특정 성격장애(경계성 성격장애)가 있는 환자들이 스트레스로 촉발된 아주 단기적인 정신병적 증상을 보이는 경우에는 따로 단기 정신병적 장애를 진단할 필요가 없다.

수십 년 전, DSM-III-R에서는 이 범주를 단기 반응적 정신병(brief reactive psychosis)이라고 불렀다. 이 이름이나 진단기준에는 정신병이 가족의 죽음이나 재정적 붕괴와 같이 압도적인 스트레스 사건에 대한 반응으로 발생한다는, 한때는 널리 알려졌던 생각이 담겨 있다. 상기 개념은 DSM-5-TR 진단기준에서는 명시자의 형태로만 남아 있다.

우리는 다소 까다로운 일인, 명시자를 결정하는 일에 직면하게 된다. 스트레스원이 정신병을 야기했는지 여부를 결정해야만 한다. 물론 발병에 앞서 어떤 일이 발생해야 하며, 그 일이 스트레스였는지 여부를 알기 위해 배우자나 가족, 혹은 친구와 면담하는 것이 필요할 수도 있다. 가능한 외상적 사건에 대해 알아야 할 뿐만 아니라, 환자의 병전 성격, 개인력에서 스트레스에 대한 유사한 반응, 스트레스원과 발병의 만성적인 관계 등에 대해서도 알아내야 한다. 이런 모든 정보를 가지고 있음에도 불구하고, 어떤 사건이 정신병을 야기했는지의 여부를 결정하지 못하고 헤맬 수 있다.

DSM-5-TR에 의하면, 사건은 반드시 환자와 같은 상황과 문화에 속한 모든 사람에게 스트레스를 유발할 정도로 충분히 심각해야 한다. 그러나 이것 역시 스트레스에 대한 반응으로 정신병을 보이는지 여부를 결정하는 데는 충분하지 않을 수 있다. 나의 해결책은 '반응으로'라는 단어를 무시하는 것이며, 만약 스트레스가 현저하다는 증거가 있다면, 그냥 그렇다 치고 넘어가라.

단기 정신병적 장애의 핵심 특징

망상, 환각, 또는 와해된 언어, 와해된 행동(긴장증과 같은) 중 적어도 1개를 포함하는 정신병적 삽화가 시작되고 회복되는 모든 과정이 1개월 이내에 일어난다. 환자는 결국 완전한 병전기능으로 돌아간다.

주의사항

ㄱ들을 다루어라
- 기간(1일에서 1개월)

- 고통 혹은 장애(사회적 혹은 다른 손상이 존재할 수 있지만, 요구되진 않음)
- 감별진단(기분장애 또는 인지장애, 의학적 상태나 물질 사용으로 유발된 정신병, 조현병, 긴장증, 조현양상장애, 성격장애)

부호화 시 주의점

회복되기 전에 진단을 해야 한다면, '잠정적인'이라는 용어를 추가해야 한다.
다음을 명시할 수 있다.

산후 발병. 출산을 전후로 4주 이내에 증상이 시작된다.
현저한 스트레스 요인을 {동반하는 경우}{동반하지 않는 경우}. 증상의 원인이 확실히 스트레스여야 하고, 반드시 증상이 발병하기 전에 스트레스가 먼저 발생해야 하며, 스트레스는 그 문화권에 속한 거의 대부분의 사람이 현저하게 스트레스라고 느낄 만큼 심각해야 한다.
긴장증 동반(94쪽 참조)

꼭 심각도를 명시할 필요는 없으나, 심각도를 명시할 수도 있다(63쪽 참조).

멜라니 그레이슨

이번이 멜라니 그레이슨의 첫 임신이었고, 그녀는 임신에 대해 걱정스러워했다. 몸무게가 13kg가량 늘었고, 혈압도 꽤 높아졌다. 그러나 출산 시 그녀는 척수마취만 하면 될 정도였고, 그녀가 건강한 여자아이를 출산할 때 남편은 그녀와 함께 방에 있었다.

그날 밤, 그녀는 잠을 설쳤고, 그다음 날에는 과민해졌다. 그러나 그녀는 사랑스러운 아이에게 모유수유를 하였고, 간호사가 와서 그녀에게 목욕과 산후조리에 대해 설명해 줄 때도 그녀는 이를 주의 깊게 듣는 것처럼 보였다.

다음 날 아침 멜라니가 아침 식사를 마치자마자, 남편이 와서 그녀와 아이를 집으로 데리고 갔다. 그녀는 남편에게 라디오를 꺼달라고 했지만, 그는 방을 둘러보면서 소리가 들리지 않는다고 말했다. 그녀는 "라디오가 뭔지 몰라?"라며 소리를 지르고, 남편에게 티백을 집어 던졌다.

정신건강 상담원은 멜라니가 정신이 맑고, 지남력이 양호하며, 인지적으로도 온전하다고 말했다. 그녀는 과민해져 있긴 했지만 우울하지는 않았다. 그녀는 계속 라디오 소리를 들었다고 주장했다. "내 베개 속에 라디오를 숨겨놓은 것 같아요." 그녀는 베개 지퍼를 열고, 안에서 나는 소리에 귀를 기울였다. "뉴스 소식인 거 같아요. 병원에서 어떤 일이 일어났는지에 대해 말하고 있어요. 방금 내 이름을 언급한 것을 들은 것 같아요."

멜라니의 말의 흐름은 일관성이 있었고 적절했다. 티백을 던지고 라디오를 찾아다닌 것을 제외하면 그녀의 행동은 평범했다. 그녀는 다른 감각과 관련된 환각을 모두 부인하였다. 그녀가 들은 음성은 상상일 리가 없다고 주장했으며, 누군가가 자신을 놀리고 있다고 생각하지도 않았다. 그녀는 약물이나 알코올을 복용한 적이 전혀 없으며, 그녀의 산부인과 주치의도 그녀의 일반적인 건강상태가 양호하다는 것을 증명해 주었다. 논의 끝에, 그녀는 하루나 이틀 정도 더 병원에 남아서 이 미스터리를 풀기로 했다.

멜라니 그레이슨의 평가

명백한 정신병(환각과 망상)을 보임에도 불구하고, 멜라니의 증상은 짧아서 조현병이나 조현양상장애, 혹은 조현정동장애의 진단기준 A를 충족하지 못한다. 그러면 무엇이 남는가?

멜라니는 정신이 맑았고 인지적으로 온전했더라도, 갑자기 정신병적 증상이 발병한 모든 환자들의 경우에는 섬망의 가능성에 대해 면밀히 평가해야 한다. (섬망이 있는 사람들은 종종 혼란스러워하지만, 단기 정신병적 장애 환자들 역시 그럴 수 있다. 그러므로 정신병적 사고에 대한 평가에 신중하라.) 다양한 일반적인 의학적 상태 역시 정신병적 증상을 야기할 수 있다. 입원 직후 정신병을 보이는 환자들은 모두 금단 중 발병한, 물질로 유발된 정신병적 장애에 대한 평가를 받아야만 한다. 멜라니는 기분 증상이 두드러지지 않았다. 만약 어떤 기분 증상이 있다면, 정신병적 양상을 동반한 기분장애를 진단으로 고려해야 할 것이다.

출산 후에 정신병을 보이는 환자들이 다행감(euphoria), 정신병, 인지적 변화 등을 포함하여 혼재된 증상을 보일 수 있다는 것은 주목할 만하다. 이 환자들 중 많은 수가 기분장애의 양상을 보인다(흔히 제I형 양극성장애). 모든 주산기 발병 사례는 최대한 신중하게 진단을 내려야 한다. 완전히 명백하고, 잘 기록되어 있으며, 특정한 경우를 제외하고는 조현병 진단을 함부로 내려서는 안 된다.

멜라니는 아주 단기간 동안 정신병을 보였고, 다른 배제기준도 없으므로, 단기 정신병적 장애의 진단기준을 충족한다. 그녀가 회복되기 전까지 그 진단은 잠정적으로 내려질 것이다. GAF 점수는 40점을 부여하였다. 이번에 그녀의 전체 진단명은 다음과 같다.

F23	단기 정신병적 장애, 산후 발병(잠정적인)
O80	정상적인 출산

F22 망상장애

망상장애의 핵심 특징은 지속적인 망상이다. 망상은 보통 매우 그럴듯하지만, DSM-IV에서 요구했듯이 망상이 괴이하지 않아야 한다는 것은 DSM-5-TR에서 더 이상 필수조건이 아니다. 그러나 망상에 대하여 이야기하지 않는 이상, 환자들은 아주 정상적인 것처럼 보일 수 있다. 부호화 시 주의점에는 망상의 여섯 가지 주제들에 대해 요약하였다.

망상장애의 증상이 조현병의 증상과 유사해 보일 수는 있지만, 망상장애를 따로 구분하는 데는 몇 가지 이유가 있다.

- 조현병에 비해 발병 연령이 더 늦은 편이다(30대 중후반).
- 두 질병의 가족력이 서로 다르다.
- 경과를 볼 때 이들 환자는 조현병으로 다시 진단받는 경우가 드물다.
- 환각이 빈번하지는 않으며, 환각은 망상과 관련된 것으로 망상의 맥락 안에서 이해할 만한 수준이다.

조현병과 비교할 때, 가장 중요한 것은 망상장애의 경과에서 인지기능이나 업무와 관련하여 감퇴를 덜 보인다는 것이다. 실제로 망상에 대한 반응(예를 들어, 보호를 위해 경찰에 전화를 거는 것이나 잡다한 모욕적인 것과 위법행위에 대해 불만을 호소하는 편지를 쓰는 활동)이 아니라면, 행동이 별다르지 않다. 예측할 수 있듯이, 이는 빈번하게 가정에서 문제를 유발한다. 또한 하위유형에 따라 어떤 환자들은 소송에 휘말리기도 하고, 끊임없는 의학적 검사를 받기도 한다.

망상장애는 흔하지 않다(핀란드 일반 인구 표본 연구에서는 1,000명 중 2% 이하로 추정되었다). 만성적으로 감각 입력이 감소하는 경우(눈이나 귀가 머는 경우)에는 망상장애가 발달할 수 있고, 마찬가지로 사회적 고립(낯선 지역으로 이주하는 경우)이 망상장애의 발달에 기여할 수 있다. 망상장애는 의심과 질투가 많고, 비밀이 많은 가족의 특징과도 관련되어 있다. 피해형이 가장 흔하며, 그다음으로 질투형이 많다.

한 가지 문제는 망상장애 환자들은 흔히 기분 증상을 보인다는 것이다. 굳건히 믿고 있는 신념에 다른 사람이 동의해 주지 않는다는 것을 인식할 때 우울한 반응이 뒤따른다는 것은 놀라운 일도 아닐 것이다. 우울한 기분으로 인해 감별진단이 어려울 수 있다. 가장 중요한 것은, 그 환자가 일차적인 기분장애를 가지고 있는지 여부이다. DSM-5-TR에서는 일차적인 기분장애와 정신병이 함께 있는 경우와 우울감을 동반하는 일차적인 정신병을 구분할 만한 확실한 지침을 제공하고 있지 않지만, 이 두 증상(기분과 정신병)의 경과를 고려하면 감별에 도움이 될 것이다. 이 중대한 질문에 대답해 보면, 처음에는 더 보수적으로(더 나은 예후를 가지기 때문에) 기분장애를 우선하여 고려할 것이다. 그러나 시간이 흐를수록 망상장애가 더 가능성이 높아 보이기 시작할 수 있다. 또한, 망상적인 수준으로 그들의 지각이 경직되어 있는 신체이형장애 환자들은 망상장애가 아닌 신체이형장애로 진단되어야 한다.

공유망상

어떤 한 사람 혹은 그 이상의 사람들이 보이는 망상으로 인해, 그 사람과 긴밀한 관련이 있는 타인에게도 망상이 생긴다는 공유망상은 매우 드물기는 하나 실제로 존재하며, 이는 매우 극적이고 흥미롭다. DSM-IV에서는 이 상태를 '공유 정신병적 장애'라고 불렀다. 150여 년 동안 이중 정신증(folie à deux)이라는 용어로 사용되었고, 그 의미는 '두 사람에서의 광기'라는 뜻이다. 보통은 두 사람이 연관되나, 세 사람, 네 사람, 혹은 그 이상이 망상에 연루되곤 한다. 공유망상은 남성보다는 여성에서 더 자주 보이며, 보통은 가족 안에서 발생한다. 이 이상한 상태를 발달시키는 데는 사회적 고립이 영향을 주는 것 같다.

한 사람이 독립적으로 정신병을 보이면, 긴밀한 관련이 있는 다른 사람(보통 그에게 의존적인 사람)도 첫 번째 사람의 망상과 경험을 믿게 된다. 망상의 내용은 괴이하고 납득하기 어려울 수도 있지만, 보통은 있음직하고 그럴듯하다. 독립적인 정신병 환자를 고립시키는 것으로 (종속된) 다른 사람들을 치료할 수 있지만, 이 치료가 항상 효과가 있는 것은 아니다. 우선 한 가지 이유는 당사자들은 흔히 긴밀하게 관계를 맺고 있으며, 정신병리를 상호적으로 강화시키는 일을 지속하게 되기 때문이다.

일차적인 환자들의 망상을 반영하는 망상을 보이는 이차적인 환자들 중 몇몇은 한두 가지 이유로 망상장애의 진단기준을 완전히 충족하지 못한다. 이런 사람들에게는 달리 명시되는(혹은 명시되지 않는) 조현병 스펙트럼 및 기타 정신병적 장애 범주를 사용하며, 이는 이 장의 뒷부분에서 설명하였다.

망상장애의 핵심 특징

적어도 1개월 이상 망상을 보이지만, 다른 정신병적 증상은 보이지 않으며, 다른 기분 증상은 상대적으로 단기적이다. 망상의 직접적인 결과가 아닌 이상, 행동에 미치는 영향은 적다.

주의사항

환촉이나 환후와 같은 약간의 환각은 있을 수 있지만, 이는 반드시 망상과 관련이 있어야 한다. 그리고 환각이 두드러지지는 않아야 한다.

ㄱ들을 다루어라

- 기간(1개월 이상)
- 고통 혹은 장애(망상의 내용과 관련된 것을 제외하고는 없음)
- 감별진단(신체질환 및 물질로 유발된 정신병적 장애, 기분장애 또는 인지장애, 조현병, 병식이 부재하는 강박장애, 신체이형장애, 인위성장애, 꾀병)

부호화 시 주의점

망상의 유형을 명시할 수 있다. 색정형, 과대형, 질투형, 피해형, 신체형, 혼재형, 명시되지 않는 유형

다음의 경우 명시할 것

> **괴이한 내용 동반.** 명백하게 있음직하지 않은 망상을 의미한다(50쪽 이중선 안에 기술된 내용을 참조).

만약 망상장애가 1년 이상 지속된다면, 경과를 명시할 것

> **첫 삽화, 현재 급성 삽화 상태**
>
> **첫 삽화, 현재 부분 관해 상태**
>
> **첫 삽화, 현재 완전 관해 상태**
>
> **다중 삽화, 현재 급성 삽화 상태**
>
> **다중 삽화, 현재 부분 관해 상태**
>
> **다중 삽화, 현재 완전 관해 상태**
>
> **지속적인 상태**
>
> **명시되지 않는 경우**

꼭 심각도를 명시할 필요는 없으나, 심각도를 명시할 수도 있다(63쪽 참조).

몰리 맥코네갈

작은 체구의 여성인 몰리 맥코네갈은 대기실 의자의 앞쪽에 걸터앉아 있었다. 무릎에는 흠집이 있는 조그만 검은색 클러치 백을 올려두고 있었으며, 하얗게 센 머리는 뒤로 쪽을 져 묶고 있었다. 그녀는 돋보기안경을 통해 매우 의심스러운 눈초리로 방 안을 둘러보고 있었다. 그녀는 상담사와 이미 45분을 보냈다. 이제 그녀는 남편인 마이클이 면담하는 동안 기다리고 있다.

마이클은 몰리가 했던 이야기가 대부분 맞았다는 것을 확인해 주었다. 이 부부는 40년이 넘게

결혼생활을 지속해 왔고, 두 자녀가 있고, 결혼생활의 거의 대부분을 같은 동네에서 살았다(사실 같은 집에 살았다). 두 사람은 모두 통신회사에서 은퇴를 하였고, 원예에 흥미를 가지고 있다.

"모든 것이 바로 그 정원에서 시작되었어요."라고 마이클이 말했다. "지난 여름이었어요. 저는 앞마당에서 장미 넝쿨을 정리하고 있었죠. 몰리는 제가 길 건너 집을 보고 있었다고 말했어요. 그 집에 살고 있는 과부는 우리보다 어리고, 50세 정도 됐을 거예요. 우리는 10년 동안 고개를 끄덕이며 '안녕하세요.'라고 말한 것밖에 없고, 저는 그 집에 들어가 본 적도 없죠. 그러나 몰리는 제가 장미 넝쿨을 정리하는 데 시간이 너무 오래 걸렸다며, 그건 제가 앞집에 사는 여자(그녀의 이름은 제섭 부인이었음)가 집에서 나오기를 기다리는 것이었다고 말하는 거예요. 물론 저는 절대 아니라고 했지만, 아내는 며칠 동안 계속 그 이야기를 하며 자기 말이 맞다고 주장하더라고요."

몰리는 그다음 달에도 마이클이 불륜을 저지른다는 생각을 계속 키워가고 있었다. 처음에는 남편이 그 여자를 한번 만나보려고 유혹하는 정도로만 생각했다. 그 후로 몇 주 만에 몰리는 그들이 이미 만나서 함께 있었다는 것을 '알았다'고 생각했다. 머지않아 몰리는 그 둘이 섹스 파티를 했다고 확신했다.

현재 몰리는 다른 것에 대해서는 거의 언급하지 않았고, 일상적으로 흔히 볼 수 있는 일들을 그녀의 의심에 끼워 맞추기 시작했다. 마이클 셔츠의 단추가 풀려 있는 것은 '그 여자'에게 갔다가 방금 돌아왔다는 것을 의미한다. 거실 블라인드의 각도는 그녀에게 '그 밤'을 미리 수신호로 알리려는 시도이다. 마이클을 감시하기 위해 그녀가 고용했던 사설탐정은 마이클과 수다만 떨다가 50만 원짜리 청구서를 놓고 갔으며, 의뢰된 일을 하지 않기로 했다.

몰리는 자신을 위해서만 요리와 세탁을 하였고, 이제 마이클은 스스로 요리를 하고 세탁을 해야만 했다. 그녀는 그가 옆에 없을 때도 평상시처럼 자고, 잘 먹었고, 기분도 좋아 보였다. 반면 마이클은 신경쇠약에 걸렸다. 몰리는 그의 전화를 엿들었고, 그의 편지를 열어보았다. 한번은 그녀가 남편에게 이혼소송을 제기할 것이라고 말하면서, '아이들이 모르게 하길 바란다'고 하였다. 그는 자다가 부인이 목욕가운을 단단히 매고서 자기 머리맡에 서서 물끄러미 자신을 내려다보고 있는 것에 놀라서 깬 적이 두 번이나 있다. "내가 뭔가를 하기를 기다리면서요."라고 그가 말했다. 몰리는 남편의 방 앞 복도에 압정을 흩뿌려 놓았다. 만약 밤에 남편이 밀회를 위해 슬그머니 도망을 가면, 그 압정을 밟고 울부짖게 해서, 자기가 자고 있더라도 그 소리를 듣고 깨려고 그랬던 것이었다.

마이클의 미소는 약간 슬퍼 보였다. "당신도 알다시피, 저는 근 15년 동안 그 누구와도 성관계를 맺은 적이 없어요. 전립선 수술을 받았기 때문에 그걸 할 능력도 없다고요."

몰리 맥코네갈의 평가

망상장애와 조현병의 특징을 비교해 보면, 많은 차이가 있다는 것을 알게 될 것이다. 먼저 증상을 고려하라. 망상장애에서 의미 있는 정도로 나타나는 유일한 정신병적 증상은 망상뿐이다. 여기서 망상은 부호화 시 주의점에 명시한 유형이면 모두 가능하다. 몰리의 경우에는 질투형이었지만, 피해형이나 과대형도 흔한 유형이다. 가끔씩 망상의 내용을 지지하는 환후나 환미를 보이는 예외가 있을 수 있지만, 망상장애 환자는 절대로 조현병의 진단기준 A를 완전히 충족하지 않는다는 점을 명심하라(이 불충족조건은 망상장애의 진단기준 B에 해당한다).

망상은 1개월 이상만 지속하면 된다(진단기준 A). 그러나 망상이 전문가의 시선을 끄는 시점에서는 대부분의 환자들이 몰리처럼 1개월보다 훨씬 더 긴 기간 동안 병을 앓아 왔을 것이다. 환자의 평균 연령은 대략 55세 정도이다. 보통 망상장애의 경과는 상대적으로 경미한 편이다. 실제로 망상에 의한 직접적인 결과를 제외하면(몰리의 경우에는 화목한 결혼생활), 직업이나 사회생활은 그렇게 많이 영향을 받지는 않는다(C).

그러나 배제기준은 조현병의 배제기준과 매우 유사하다. 망상을 보이는 환자를 평가할 때는 항상 다른 의학적 상태나 인지장애, 특히 망상을 동반한 신경인지장애를 배제해야 한다(E). 이는 특히 나이가 많은 환자들에게 중요한데, 실제로는 인지적인 손상을 가진 사람들을 망상장애가 있는 사람으로 오인할 수도 있기 때문이다. 물질로 유발된 정신병적 장애에서도 망상장애와 매우 유사한 증상을 보일 수 있다. 특히 금단 중 발병, 암페타민으로 유발된 정신병적 장애의 경우에 그러하며, 이런 경우 지남력이 온전한 환자들도 자신이 마피아에게 어떻게 공격을 당했는지 묘사하기도 한다(E).

몰리 멕코네갈의 경우에는 위에서 언급한 장애를 시사하는 개인력이나 증상이 전혀 없지만, 대부분의 환자들에게는 임상병리검사나 독성검사가 꼭 필요하다. 남편과 관련된 상황에서 과민한 것을 제외하면, 기분장애의 증상은 전혀 없다. 심지어 사고 내용과 관련된 정서는 꽤 적절하다. 그러나 망상장애 환자들 중 대다수는 망상에 따르는 이차적인 기분증후군을 보일 수도 있다. 이럴 경우 가족이나 제3자의 정보에 근거하여, 망상이 먼저인지 기분증후군이 먼저인지를 결정해야 한다. 또한 망상장애 진단을 유지하려면, 기분 증상은 상대적으로 경미하거나 단기적이어야만 한다.

몰리는 1년이 채 안 되는 기간 동안 망상장애를 보였기 때문에, 병의 경과에 관한 명시자를 기록할 필요는 없다. 그녀의 GAF 점수로 55점을 부여하였다(증상이 가장 최고조였을 때를 기준으로). 그녀에게 내리는 진단은 다음과 같다.

F22   망상장애, 질투형

미리암 필립스

미리암 필립스는 거의 23년을 오자크에서 살았는데, 그녀는 세 학급만 있는 학교에서 수업에 가끔 참석했다. 그녀는 충분히 영특했으나, 공부에는 흥미가 거의 없었고, 집에서 몸이 편치 않은 어머니를 돌보는 일을 자처하였다. 그녀는 고등학교 3학년 때 학교를 중퇴하고 거의 항상 집에서 지냈다.

나지막한 언덕 위에 사는 것은 외로운 일이었다. 장거리 운전수였던 미리암의 아버지는 대부분의 시간을 밖에서 보내셨다. 미리암은 운전을 배워본 적도 없었고, 근처에 이웃도 전혀 없었다. TV 수상기에는 거의 눈이 덮여 있었고, 우편물이 오는 일도 거의 없었으며, 방문객도 전혀 없었다. 그래서 미리암은 지난 월요일 오후 늦게 두 남자가 전화를 걸어왔을 때 깜짝 놀랐었다.

그들은 그녀에게 FBI 요원이라고 자신들을 소개한 후, 그녀가 3주 전에 대통령에게 편지를 보낸 미리암 필립스가 맞는지 물어보았다. 그때 그녀는 그들이 그걸 어떻게 알았는지 물어보았고, 그들은 그녀에게 팩스로 받은 그녀의 편지 사본을 보여주었다.

> 친애하는 대통령께, 당신은 쿠바인들을 어떻게 하실 생각입니까? 그들은 어머니에게 어떤 짓을 하고 있어요. 못된 짓이죠. 나는 경찰도 찾아가 보았지만, 경찰은 쿠바인이 당신네들 소관이라고 얘기했고, 저도 그 말이 맞다고 생각해요. 대통령이 이 일을 처리해 줘야 합니다. 그렇지 않으면 내가 직접 더러운 일을 하게 될 거예요.
>
> – 미리암 필립스

미리암은 'FBI 요원들이 자신이 대통령을 위협한다고 오해했었다'는 사실을 깨닫고 나서야 마음을 놓았다. 그녀는 위협할 의도가 전혀 없었다. 편지의 의미는 아무도 어떤 조치를 취하지 않으면, 그녀가 직접 집 밑에 있는 중력기계를 꺼내기 위해 기어 들어가야 한다는 것이었다.

"중력기계라구요?" 두 요원이 서로를 바라보았다.

그녀가 설명했다. 1960년대 피그스만 침공 이후에 피델 카스트로의 쿠바 요원이 집 밑에다가 중력기계를 설치하였다. 그 기계는 체액을 발로 끌어내린다. 그 기계가 아직 미리암에게까지 영향을 주지는 않지만, 그녀의 어머니는 기계 때문에 몇 년 동안 괴로워했다. 미리암은 어머니의 발목에서 흉측한 중창을 보았고, 머지않아 중창이 무릎에까지 올라갈 것이라고 했다.

두 요원은 그녀의 설명을 정중하게 듣고는 돌아갔다. 그들은 이 도시를 통과하여 공항으로 가는 길에, 지역사회 정신건강 클리닉에 들렀다. 며칠 후 미리암을 면담하기 위해 의료진이 방문하였고, 그녀는 입원에 동의한 후 입원 절차를 밟았다.

입원 당시 미리암은 매우 멀쩡해 보였다. 정동의 범위가 적절하였고, 정상적인 인지능력과 지남력을 보유하고 있었다. 중력기계에 대한 이야기를 할 때를 제외하면 추론능력도 양호해 보였다.

어머니가 미리암에게 어떻게 그 기계가 집 밑의 배관공간에 설치된 것인지를 이야기해 주었던 시기는 미리암의 10대 시절까지 거슬러 올라간다. 어머니는 간호사였고, 미리암은 항상 어머니의 말을 의학적인 문제로 받아들였다. 지난 몇 개월 간, 그녀는 중력기계에 대해 더 많이 생각하기 시작했다. 미리암과 어머니는 암묵적인 동의하에 미리암의 아버지 문제에 대해서는 절대 이야기하지 않았다.

미리암이 병동에 입원한 지 3일째 되던 날, 임상가가 그녀에게 어머니의 부종을 설명할 다른 가능성에 대해 생각해 본 적이 있는지 물었다. 미리암은 생각해 보았다. 자신은 중력의 효과를 스스로 느껴본 적이 한 번도 없었다. 단지 어머니의 말이 사실이라고 믿었을 뿐이었다. 그러나 아직도 어머니가 실수를 했을 수 있다고 생각하는 것은 아니었다.

미리암은 약물치료를 받지 않았음에도, 일주일 후에는 더 이상 중력기계에 대해 말하지 않았고, 중력기계를 방전시켜 달라고 요구하지도 않았다. 그날 오후 느지막이 젊은 조무사 두 사람이 그녀를 집까지 태워다 주었다. 그들이 미리암을 현관에 데려다주자, 작은 키에 통통한 체구의 반백발을 한 여자가 문을 열어주었다. 그녀의 무릎 관절과 발목 사이는 고무밴드로 정갈하게 묶여 있었다. 그녀는 문을 반쯤 열고 두 사람을 힐끔 쳐다보며 말했다.

"흠! 쿠바인같이 생겼네."

미리암 필립스의 평가

미리암의 망상이 정확히 얼마나 오래됐는지는 알 수가 없지만, 적어도 1개월보다는 훨씬 오래되었으며(진단기준 A), 환각이나 음성증상, 와해된 행동이나 정서는 없었다. 따라서 증상의 다양성이 불충분하다는 근거로 조현병은 배제할 수 있다(B). 또한 조현양상장애와 조현정동장애도 쉽게 배제할 수 있다. 그녀는 우울하거나 조증을 보이지도 않았다(D). 또한 물질로 유발된 정신병적 장애 혹은 다른 의학적 상태로 인한 정신병적 장애를 시사할 만한 개인력이나 다른 증거가 없었다 (E). 망상은 직업적 혹은 사회적 역기능을 야기하지도 않았으며, 그녀가 고립을 자처한 것은 공유 망상이 발병한 시기보다 적어도 5년 전의 일이다(C).

그녀의 어머니로부터 그녀를 분리한 지 며칠이 지나자 미리암의 망상은 점차 사라졌다. 치료자가 그녀와 함께 작업을 하면서, 의존성 성격장애와 같은 성격장애에 대한 가능성도 고려하고자 하였다. 미리암의 망상과 환모의 망상이 확실히 괴이하긴 했지만, 망상장애가 1년이 넘는다는 것을 확신할 수 없기 때문에, 그녀에게 다른 명시자를 주지는 않았다. 입원할 때의 GAF 점수는 40점이었다.

그렇다면, 망상장애 진단을 좋아하지 않을 만한 점이 무엇일까? 음, 아래를 제외하고는 전혀 없어 보인다.

망상장애를 가진 대부분의 사람들은 동일한 망상을 가진 다른 사람과 밀접한 접촉이 없으며, 대부분은 망상을 가진 다른 사람과 분리된 후에도 다른 치료 없이 회복되지 않는다. 실제로, 이 조합은 예전에 'folie à deux'로 불렸던 것과 매우 유사하며 나중에 '공유 정신병적 장애'로 명명되었다. 한동안 우리는 그런 환자를 망상장애를 가진 것으로 진단하도록 권장받았고, 그것이 내가 그녀의 진단을 다룬 방식이다. 지금은 그녀가 여전히 망상장애의 진단기준을 충족하지만, '달리 명시되는 조현병 스펙트럼 및 기타 정신병적 장애'라는 범주에도 잘 들어맞는다. (휴!) 어떤 것을 사용해야 할까?

전반적으로, 나는 이제 후자를 선호하는 것 같다. 왜냐하면 그것이 원인과 가능한 치료(즉, 그녀를 그녀의 어머니로부터 분리하는 것)에 관한 정보를 제공하기 때문이다. 그렇지만 아니다, 나는 이러한 맥락에서 괴이한 내용을 명시할 수 있는 명백한 권한을 부여받은 적이 없다. 그러니 나를 고소하라.

F28   괴이한 내용을 동반한 두드러지는 망상을 가진 개인과의 관계의 맥락에서 나타나는 망상 증상

하지만 나는 실제로 'folie à deux' — 또는 공유망상장애라는 이름을 유지해야 한다고 생각한다.

조현정동장애

조현정동장애는 매우 혼란스러운 장애이다. 수년 동안, 임상가들 사이에서 조현정동장애의 의미에 대해 의견이 분분했다. DSM 태스크 포스 멤버들이 동의하지 않았기 때문에, 1980년대 DSM-III에는 진단기준조차 포함되지 않았다. 1987년 DSM-III-R에서 처음으로 진단기준을 구체화하려는 시도를 했다. DSM-IV에서 상당히 많은 내용이 수정되어 다시 쓰이기까지 7년이 걸렸다. 이 정의는 잘 명시되어 있기 때문에, DSM-5 진단기준에서의 변화는 적은 편이다. 진단기준에 작은 변화가 있기는 하지만, 저자의 의견으로는 이 논쟁의 여지가 있는 진단의 가치에 대해서 여전히 의문이다.

대부분의 견해(와 그 명칭)는, 조현정동장애가 일종의 기분장애와 조현병이 겹쳐지는 형태라는 것이다. 몇몇 지지들은 어떤 환자들이 리튬에 잘 반응한다는 것을 근거로 조현정동장애를 양극성 장애의 한 형태로 간주하기도 한다. 다른 논평자들은 조현정동장애가 조현병과 유사하다고 생각한다. 그러나 일부 학자들은 여전히 조현정동장애를 정신병 유형과 완전히 구분되는 장애라는 입

장을 고수한다. 그리고 불행히도, 어떤 사람들은 증상의 개수나 시기에 상관없이, 모든 종류의 기분 및 정신병적 증상이 섞인 환자를 위한 진단으로 조현정동장애를 사용한다.

조현정동장애는 다양한 방식으로 나타날 수 있는데, 조증(혹은 우울증)이 먼저 나타나기도 하고, 정신병이 먼저 나타나기도 하고, 두 가지가 함께 시작되기도 한다. 물론 물질 사용과 일반적인 의학적 상태 등의 흔한 배제기준은 존재한다. 다양한 기간 요건을 검증한다면, 전체 증상이 적어도 1개월 이상 지속되어야 한다는 것을 확인할 수 있다. 물론 많은 환자들에서 1개월보다 훨씬 오랫동안 병이 지속되기는 한다.

조현정동장애의 인구통계학적 특징은 여전히 불확실한데, 조현병의 1/3 정도로 추정되며, 우울형이 양극형보다 흔하다. 여성들에게서 전반적으로 더 높은 빈도로 나타나는 것은 여성이 우울형을 가질 확률이 남성보다 약 2배 높기 때문이며, 양극형은 거의 동일하게 나타난다. 예후는 조현병과 기분장애의 중간에 위치하며, 양극형이 더 좋은 결과를 가질 수 있다.

다음과 같이 생각하면 조현정동장애의 필수조건을 기억하기 쉽다.

- 기분 증상은 전체 병의 기간 중 절반 이상 동안 반드시 존재해야 한다.
- 정신병적 증상(망상 혹은 환각)만이 존재하는 기간이 적어도 2주 이상, 그리고 전체적으로는 최소 1개월 이상 증상이 지속되어야 한다는 것이 중요하다.

아래의 그림은 질병의 초기에 기분 삽화 없이 발생하는 정신병적 증상을 보여주지만, 실제로 '독립적인' 정신병의 기간은 언제나 발생할 수 있다. 그러나 정신병 증상의 전체 기간은 최소 한 달 이상이어야 한다. 기분 증상은 징신병직 증상이 없을 때 말생할 수 있지만, 꼭 그러할 필요는 없다. 불행히도 DSM-5-TR은 정신병의 기간 동안 완전히 진단기준을 충족하지 않는 조증이나 우울 삽화가 있을 가능성에 대해서는 언급하지 않는다(DSM-IV는 "두드러지는 기분 증상이 없을 때"라고 더 확실하게 기술했다). DSM-6를 기대해 보자.

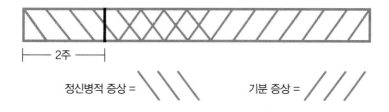

조현정동장애의 핵심 특징

질병의 연속적인 기간 동안 개인에게는 조현병의 주요 증상(아래에서 정의됨)과 주요우울 또는 조증 삽화의 증상이 공존한다. 이 질병이 있는 최소 2주 동안 기분 삽화 없이 환각 및/또는 망상이 존재한다. 기분 삽화는 총질병기간 중 절반 이상에 걸쳐 존재하며, 이는 활성기 및 잔류기의 발현양상을 모두 포함한다. 물질 사용이나 다른 의학적 질병이 이러한 증상들을 설명할 수 없다.

주의사항

조현병 증상 : 최소 1개월 동안 망상, 환각, 와해된 언어, 이상행동, 음성증상 5개 중 2개 이상의 증상을 보여야 하고, 그중 1개는 반드시 망상, 환각, 와해된 언어여야 한다.

조증 삽화 : 대부분의 시간 동안 증가된 활동이나 에너지가 동반되는 현저하게 고양되거나 과민한 기분이 있고, 웅대성이나 자존감의 증가, 수면 욕구의 감소, 발화량의 현저한 증가나 압출 언어, 사고의 비약이나 질주 사고, 주의산만, 초조 또는 목표 지향적 활동의 증가, 판단력의 저하 중 최소 3개(만약 기분이 단순히 과민하다면 4개)의 증상이 동반된다.

주요우울 삽화 : 하루 중 대부분의 시간 동안 우울한 기분이 있고, 일상 활동에 대한 흥미나 즐거움의 감소, 식욕이나 체중의 증가 또는 감소, 대부분의 시간 동안 증가 또는 감소된 수면, 무가치감 또는 비합리적인 죄책감, 사고나 집중의 어려움, 그리고 반복된 자살이나 죽음에 관한 생각 중 최소 4개의 증상이 동반된다.

그들을 다루어라

- 기간(전체 기간이 1개월 이상)
- 고통과 장애(기술되어 있진 않지만, 없을 것이라고 상상하긴 어려움)
- 감별진단(정신병적 기분장애, 조현병 및 다른 정신병, 물질사용장애, 신체질환)

부호화 시 주의점

다음 중 하나를 명시할 것

F25.0 양극형(조증 삽화 동안 나타나는 경우)

F25.1 우울형

다음의 경우 명시할 것

긴장증 동반(94쪽 참조)

만약 조현정동장애가 1년 이상 지속된다면, 경과를 명시할 것

첫 삽화, 현재 급성 삽화 상태

첫 삽화, 현재 부분 관해 상태

첫 삽화, 현재 완전 관해 상태

다중 삽화, 현재 급성 삽화 상태

다중 삽화, 현재 부분 관해 상태

다중 삽화, 현재 완전 관해 상태

지속적인 상태

명시되지 않는 경우

꼭 심각도를 명시할 필요는 없으나, 심각도를 명시할 수도 있다(63쪽 참조).

벨마 딘

벨마 딘은 입꼬리가 올라갔으나, 눈가에는 웃음이 번지지 않은 채로 "이 일에 대해서는 정말 미안합니다."라고 치료자에게 이야기했다. "그런데 정말로 저는 이게 뭔지 모르겠어요." 그녀는 큰 쇼핑백에 손을 넣어 약 15cm짜리 식칼을 꺼냈다. 그녀는 칼을 손으로 움켜잡고는 엄지손으로 칼날을 문질러 보았다. 치료자는 환자의 다양한 개인력에서 아직까지 별다른 변화가 없다는 것을 초조하게 되새기며, 책상 밑에 있는 경보 버튼에 손을 대고 있었다.

벨마 딘은 열여덟 번째 생일이 되기 한 달 전에 군에 입대했다. 포병대의 대령인 그녀의 아버지는 아들을 원했지만, 자녀라곤 벨마 하나뿐이었다. 어머니의 소심한 저항에도 불구하고 벨마는 거의 군대식으로 엄격하게 양육되었다. 그녀는 군대 수송부에서 3년간 일한 후에 하사관으로 승진하였고, 바로 그때부터 병이 시작되었디.

벨마는 기관지염으로 보이는 증상 때문에 의무실에 이틀 동안 있었다. 페니실린을 복용한 효과가 있었고 열이 내려갔지만, 그때부터 목소리가 들리기 시작했다. 처음에는 그녀의 머리 뒤에서 소리가 들리는 것 같았다. 며칠 만에 그 목소리는 물잔 속으로 이동했다. 그녀의 말에 의하면, 잔에 든 물의 양에 따라 목소리의 톤이 달라졌다. 물잔에 물이 거의 없으면 여성의 목소리가 들렸고, 물이 가득 찰 때는 풍성한 바리톤의 목소리가 나왔다. 목소리는 항상 조용하고 점잖았다. 목소리는 그녀에게 어떻게 행동하면 좋을지 충고를 해주기도 했지만, 때로는 자신의 행동을 지속적으로 논평했기 때문에 그녀는 목소리가 "나를 미치게 만들어요."라고 말했다.

정신과 의사는 벨마의 상태를 조현병으로 진단하고 항정신병 약물을 처방하였다. 이후 몇 주 동안 환청이 완화되긴 했으나, 완전히 없어지지는 않았다. 그녀는 자신을 침대로 끌어들이려고 몇 달 동안 노력했던 그녀의 첫 상관 때문에 병이 생겼을 것이라는 '깨달음'을 말하지 않고 숨겼다(이후 마주쳤을 때, 그는 웃으며 말했다. "안녕, 나는 게이야."). 군대에서는 그녀가 100% 장애를 가졌다며, 의학적인 이유로 그녀를 전역시켰다. 그녀가 느끼는 실망("또 다른 실패!")은 이후 몇 달 동안 우울감의 증가로 이어졌다. 정신병적 증상이 처음 나타난 후 3개월이 지난 시점에서 장거리를 가도 괜찮을 만큼 몸이 괜찮아졌을 때, 아버지는 900km 넘게 떨어진 집까지 그녀를 데리고 운전해서 갔다.

그녀는 치료를 위해 지역 재향군인회(Department of Veterans Affairs) 외래 클리닉에 등록하였다. 거기서 그녀의 새로운 치료자는 다음의 사항을 확인하였다. (1) 지속적인 환청(이제는 거의 4개월이 됨), (2) 점점 더 두드러지는 우울 증상. 여기에는 심하게 저하된 기분(저녁보다 아침에 더 심해짐), 낮은 자존감, 무망감, 식욕 감소, 지난 2개월 동안 약 5kg의 체중 감소, 불면증(거의 매일 아침마다 일찍 잠에서 깨게 됨), 죄책감(병역이 끝나기도 전에 군대를 '떠나서' 아버지를 실망시켜 드렸다는 자책감)이 포함된다. 그녀는 자해 및 타해 사고에 대해서는 부인했다. 그녀는 다시 돌아온 3주 동안, 매일 거의 한 잔의 서던컴포트(Southern Comfort) 위스키를 마신 사실을 감추고 있었다.

재향군인회 의사는 그녀의 병을 조현양상장애라고 하기에는 너무 오래되었고, 조현병과 대치되는 오래 지속된 우울 증상도 보인다는 것에 주목하여 진단을 일단 보류했다. 신체검사 및 임상검사를 통해 일반적인 의학적 상태를 배제했다. 재향군인회 서포트 그룹의 도움을 받아 금주를 했음에도 불구하고, 그녀의 우울 증상 및 정신병적 증상은 지속되었다.

정신병이 부분적으로만 치료되었기 때문에 항정신병 약물 복용량을 증가하였다. 이에 환청과 망상은 완전히 없어졌지만, 사실상 우울 증상은 조금도 수그러들지 않았다. 항우울제인 이미프라민을 하루에 200mg으로 추가하자 부작용만 나타났기 때문에 4주 후에는 리튬을 추가했다. 치료적 혈액 수준에 도달하자 우울 증상이 완전히 사라졌다. 그녀는 취업을 하지도 않고 자신을 위해 무언가를 하지도 않았지만, 6개월 동안은 좋은 기분과 정신병이 없는 상태를 유지했다.

이제 벨마의 의사는 그녀가 정신병적 특징을 동반한 주요우울장애를 앓고 있는 것인지 의문을 가졌다. 이런 관점에서 그녀의 주치의는 항정신병 약물이 지연발생운동이상증 같은 부작용을 야기할 수 있다는 사실에 불편해지기 시작했다. 이에 벨마의 동의하에 신경이완제를 일주일에 20% 정도씩 점진적으로 줄여나가기로 했다. 이 시기 동안에 기분은 여전히 좋은 상태를 유지했고, 종전의 우울한 상태에서 보였던 생장 증상도 전혀 없었지만, 수면에 약간의 문제가 있었다. 3주 후에는 또다시 그녀에게 집으로 도망가라고 명령하는 목소리가 들렸다. 이에 종전과 동일한 양의 항정신병 약물을 바로 다시 투약하였다.

안정기에 들어온 지 몇 개월 후에, 벨마와 치료자는 다시 한번 도전해 보기로 결심하였다. 이번에는 이미프라민을 매주 25mg까지 신중하게 줄이기 시작하였다. 매주 월요일 오후에 만나서 그녀의 기분을 평가하고 정신병적 증상을 확인하였다. 12월이 되자 2개월 동안 항우울제를 투여하지 않은 상태를 지속할 수 있었고, [습관적인 단조로움이나 미소를 짓는 감정(smiling affect)을 제외하고는] 증상도 없는 채로 유지되었다. 그제야 치료자는 안심을 하였고, 이제는 하루에 1알까지 리튬을 줄였다. 다음 월요일에 벨마가 방문했을 때, 그녀는 우울감과 환각을 보이며 자신이 식칼을 손에 쥐고 있는지 주먹에 쥐고 있는지 궁금해하였다.

벨마 딘의 평가

벨마의 이야기를 고려하면, 조현정동장애에 대한 생각을 구체화할 수 있을 것이다. 그녀의 상태는 정말로 질병의 단일 기간 동안 우울 증상과 정신병적 증상이 혼재되어 있는 것처럼 보인다. 그녀는 장애의 동일한 기간(그녀가 '양호'했던 때는 오직 투약 중인 시기였지만, 그때도 의욕은 계속 결여되었다) 안에 정신병적 증상(환청, 하사관이 병을 야기했다는 망상)과 주요우울 삽화를 동시에 보였다(조현정동장애 진단기준 A). 장애가 있는 기간 동안 정신병적 증상을 동반한 적도 있고 동반하지 않은 적도 있는데, 기분 증상이 있는 기간이 전체 장애의 기간 중 절반 이상 지속되었다(C). 정신병적 증상과 우울 증상이 모두 발병한 후에 알코올을 남용했기 때문에, 이는 장애의 결과이지 원인은 아니다(D). 정신병은 처음에 발생하였으며, 기분 증상이 시작된 후 최소 2주, 그리고 그 이전 2주를 합하여 총 1개월 이상 동안 존재했다(B).

우리는 비교적 쉽게 진단기준을 줄줄 읊을 수는 있지만 벨마의 병력을 진단기준에 적용하는 것은 매우 어려운 일이다. 이 사례에서 치료자의 생각을 이미 묘사한 바 있지만, 처음에 치료자는 현명하게도 진단을 미루었다. 이는 모든 임상가가 염두에 두어야 할 점으로, 꼬리표를 붙임으로써 그 이상의 치료 계획에 대한 생각을 막아버리는 일은 없어야 하고, 추가적인 진단적 기능성에 대해 지속적으로 생각해야 한다. 두드러지며 지속적인 기분 삽화를 배제할 수 없었기 때문에 그녀를 조현병으로 진단할 수 없었다. 정신병적 양상을 동반한 기분장애도 배제하였는데, 그녀는 우울하지 않을 때도 정신병적 증상을 보였기 때문이다. 수개월의 관찰 후에도 그녀는 다른 의학적 상태의 증거는 보이지 않았다.

조현정동장애에서는 정신병적 증상을 보이는 기간과 기분 증상을 보이는 기간을 상대적으로 비교해 보는 것이 매우 중요하다. DSM-5-TR에서는 기분 증상이 반드시 전체 장애의 기간에 주로 존재해야 한다고 명시하였다. 벨마의 우울 증상은 최소 2개월 동안 지속되었는데, 이는 그녀가 만약 효과적인 치료를 받지 않았다면, 우울 증상이 훨씬 더 오래 지속되었을 것이라고 가정할 수 있는 근거가 된다. 조현병의 진단기준 A 증상은 우울 증상이 없는 상태에서 2주 동안 관찰되었다. 그러나 다양한 증상의 기간을 기준에 적용하려 할 때는 신중하게 해야 하며, 임상가마다 약간씩은 다른 판단을 할 여지가 남아 있다. (DSM-5-TR에서는 우울 및 조현정동 장애의 치료에 대한 문제는 다루지 않고 있지만, 저자는 임상가의 특권으로 그녀에게 항우울제 치료를 한 것이 이런 차이를 만들어 냈다고 주장하는 바이며, 이에 그녀를 조현정동장애로 진단해야 한다.)

결국 기분과 정신병적 증상을 모두 보이는 많은 환자들은 조현병이나 기분장애의 진단기준을 무난하게 충족한다. 만약 충분히 길게 경과 관찰을 한다면, 아마도 대다수의 환자는 조현정동장애로 다시 진단받을 수도 있을 것이다. 현재 정의의 본질이 상당히 제한적이라는 점을 고려한다면, 이 진단은 사용될 일이 거의 없을 것이다. 진단을 내리기 전에 스스로에게 물어보아라. "무엇을 간과하고 있지는 않은가?" 조현정동장애는 기분과 정신병적 증상을 동시에 오랫동안 보이는 환자들에게 유용한 진단이다. 대부분의 임상가들은 달리 명시되는(혹은 명시되지 않는) 조현병 스펙트럼 및 기타 정신병적 장애 진단이 훨씬 더 유용하다고 말할지도 모르겠다. 벨마의 기분 증상은 우울이었고, 이는 진단의 하위유형으로 정의한다. 동시에 그녀는 칼을 들었으므로, GAF 점수는 20점 이하로 줄 수 있을 것이다.

F25.1   조현정동장애, 우울형

물질/약물치료로 유발된 정신병적 장애

이 범주는 향정신물질에 의해 유발된 모든 정신병적 상태를 포함한다. 우세 증상은 보통 환각이나 망상이지만 물질에 따라 다르며, 금단기나 급성중독기에 발생할 수 있다(만약 개인이 현실 검증력을 유지하는 경우에는 이 진단을 내리지 마라. 대신, 물질 중독 또는 금단으로 진단하라). 병의 과정은 보통 단기적이지만, 내인성 정신병(endogenous psychoses)(즉, 분명한 외부적인 원인이 없는 정신병)과 혼동이 될 만큼 오래 지속되기도 한다.

이런 정신병은 대부분 스스로를 제한하는 병이지만, 조기 발견이 아주 중요하다. 물질로 유발된 정신병적 장애를 앓다가 죽는 환자들도 있고, 이 증상 중 일부는 조현병과 매우 유사해 보일 수도 있다. 다양한 물질로 유발된 정신병의 유형과 기간, 그리고 이와 관련된 중독과 금단 및 사용의 모든 가능한 조합을 포함시킨다면 꽤 많은 진단이 가능하다. 적지 않은 수의 첫 정신병 삽화가 이 부류에 속할 수도 있지만, 그 발생률은 알려져 있지 않기 때문에 이에 대해 경각심을 유지하고 있어야 한다. 부록에 있는 정신병과 관련된 약물치료의 목록을 제시한 표(745쪽) '정신질환을 유발하는 약물의 종류(또는 명칭)'를 참조하라.

물질/약물치료로 유발된 정신병적 장애의 핵심 특징

정신병적 증상을 유발할 수 있는 어떤 물질을 사용한 후에, 환자는 환각이나 망상(혹은 둘 모두)을 보일 수 있다.

물질과 관련된 원인을 식별하기 위해서 88쪽의 이중선 안에 기술된 내용을 참조하라.

주의사항

ㄱ들을 다루어라

- 고통 혹은 장애(직업적/학업적, 사회적, 혹은 개인적 손상)
- 감별진단(조현병 및 조현병 유사 장애, 망상장애, 일상적인 물질 중독 또는 금단, 섬망, 신경인지 장애)

이 진단은 정신병적 증상이 두드러지며 임상적 관심이 필요한 경우에만 물질 중독 또는 금단 대신에 사용하라.

부호화 시 주의점

진단을 쓸 때는 진단명에 정확한 물질의 이름을 사용하라(예 : 메스암페타민으로 유발된 정신병적 장애).

ICD-10에서는 그 증상이 실제로 물질사용장애를 충족하는지의 여부, 즉 그 물질사용장애가 얼마나 심각한지에 따라 물질 사용을 부호화하였다. 제15장의 표 15.2를 참조하라.

다음의 경우 명시할 것

{중독}{금단} 중 발병. 이는 진단의 말미에 붙여서 쓴다. 또한 ICD-10 부호와 관련지어서 사용한다.

치료약물 사용 후 발병. 치료약물을 시작하거나, 변경하거나 혹은 중단했을 때 증상이 발생했다면 다른 명시자에 덧붙여서 이 진단을 사용할 수 있다.

꼭 심각도를 명시할 필요는 없으나, 심각도를 명시할 수도 있다(64쪽 참조).

대니 핀치

대니 핀치는 3일 동안 이비인후과적 문제를 겪다가 마침내 병원 진료를 예약했다. 의사는 그를 이리저리 살펴봤고, 대니가 미세한 진전(tremor)을 보이는 것에 대해 우려했다.

"술은 마시지 않죠?"

"조금 마시긴 하는데, 술이 귀랑 상관이 있나요?"

"귀는 매우 정상적이에요."

"하지만 뭔가 들려요. 누군가가 이야기하고 있는 것 같아요. 저는 그들이 말하고 있는 걸 거의 다 파악할 수 있어요. 선생님, 아무도 제 귀에 보청기 같은 뭔가를 넣지 않았다는 것을 확신하시죠?" 그는 새끼손가락으로 그의 귀를 후볐다.

"아니요, 먼지 하나 없이 깨끗해요. 저기요, 귀를 손가락으로 파지 마세요!" 의사는 그를 복도 끝에 위치한 정신건강 클리닉에 보내기 위해 진료의뢰서를 썼다. 그때가 금요일 늦은 오후였기 때문에 당연히 클리닉은 진료가 끝났다.

마침내 월요일 오후 진료일이 되었다. 당시 대니는 그의 이름을 알아보기 쉽게 쓸 수 있었고, 고형식도 먹을 수 있었다. 그러나 여전히 그 목소리가 들렸다. 그는 면담을 하는 동안에도 그 목소리 때문에 집중하기가 매우 어려웠다. "술 마시는 것을 얘기하지 마!", "그냥 자살하지 그래?" 대니는 두려워져서, 정신과 병동에 자발적으로 입원하는 것에 안도하며 동의하였고, 입원 시 그의 진단은 조현병이었다. 하루에 두 번, 강력한 항정신병 약물을 처방받았으나, 그는 혀 아래에 약을 감추고 코를 푸는 척하면서 화장지에 싸서 버렸다.

그는 목소리가 시끄럽게 들리는 동안에도 밤에 잠을 잘 잤으며, 모든 음식을 잘 먹었다. 입원한 지 일주일 정도 되었을 때 상담원이 그를 만나러 왔으며, 상담원은 그 목소리가 그의 약 60cm 뒤쪽에서 들려온다는 것과, 문장을 갖춰 말한다는 것을 알게 되었다. 그는 마지못해 그 목소리가 자신의 음주에 대해 말하지 말라고 했음을 시인했다.

대니의 차트를 빠르게 훑어보니 음주 문제 대한 언급이 없었다. 그러나 조금 구슬린 결과 그에게서 음주 문제에 대한 이야기를 들을 수 있게 되었다. 20대 초반까지, 그는 매우 심각하게 음주를 했고, 두 번 직장을 잃고(그의 현재 직업도 위태로웠다) 한 번 이혼을 했는데, 이는 모두 그가 버번위스키를 좋아한 것과 관련되어 있었다. 최근에는 매일 저녁마다 500ml 이상의 술을 마셨으며, 주말에는 750ml 정도의 술을 자주 마셨다. 그는 과거에 그가 포기했던 여러 경우에서 주량을 줄이고자 노력했으며, 의사에게 그의 청력에 대해 상담하기 며칠 전, 소위 말하는 '위장염'에 걸리고 난 후 갑자기 술을 끊게 되었다.

DSM-5-TR에서는 물질로 인해 보일 수 있는 증상을 분류하여 제시했다. 당신의 환자가 물질로 인한 증상에 해당되거나 해당되지 않는다는 증거를 평가하는 것은 바로 임상가인 당신에게 달려 있다. 아래에 다음의 참고사항을 확인하라. 주로 시간의 전후 관계에 따라 증거를 제시한 것이다.

물질 사용 병인을 지지하는 증거는 다음과 같다.

1. 환자가 물질을 사용하지 않는데도 이전에 이와 같거나 거의 비슷한 증상을 보인 삽화가 있다.

2. 물질을 중단한 이후(혹은 금단기가 지난 이후)에도 상당히 오랫동안 장애가 지속된다.

3. 물질을 사용하기 이전에 시작된 장애는 분명히 물질 사용 때문이 아닐 것이다.

4. 물질 남용의 양과 기간을 감안한다 하더라도 그보다 증상이 훨씬 더 나쁘다.

그리고 물질 사용의 인과 관계를 고려해야 하는 이유는 다음과 같다.

1. 물질을 사용한 직후나 도중에, 혹은 금단기간에 증상이 시작된다.

2. 환자가 약물을 사용하기 시작한 이후에 증상이 나타난다.

3. 문제의 증상이 그 약물/약물치료로 야기될 수 있다고 알려져 있다.

4. 이전에 같은 물질을 사용하여 같은 증상을 보였던 삽화가 있다면, 이는 당연히 가장 명백한 증거가 될 것이다.

정확히 완벽한 규칙은 없다. 예를 들면, 주요우울장애의 개인력이 있다고 해서 스카치 한 병으로 인해 유발된 우울감을 알코올 때문이 아니라 주요우울장애의 개인력 때문이라고 말할 수는 없다. 그러나 여전히 신중한 판단을 도울 단서는 있다.

대니 핀치의 평가

대니는 조현병에서 자주 등장하는 용어인 환청(진단기준 A)을 가지고 있지만, 이를 조현병이라 하기에는 환청을 보인 기간이 너무 짧다. 만약 물질로 유발된 정신병적 장애로 증상을 더 잘 설명할 수 없다면, 단기 정신병적 장애 진단도 가능할 수 있다(C). 그는 내과 의사에게 진료를 보았고, 의사는 그에게 아무 이상이 없다고 말해주었다. 즉, 신체적 상태에 대한 별다른 증거가 없었다. 그가 완전한 지남력을 가지고 있었으며 주의를 유지하고 있었니는 사실을 고려할 때, 섬망과 다른 인지 장애를 배제할 수 있다(D). 그는 자신의 환청 경험 때문에 두려워하지만(E), 이는 적절한 수준이며, 기분장애의 증거는 관찰되지 않는다(C).

그의 정신병은 과거에 알코올 환청증이라 불리던 금단장애로, 보통 몇 주 혹은 몇 달간 폭음한 이후에만 발생한다(B). 대략 4:1 정도의 비율로 여성보다는 남성에게 더 흔하다. 환청을 알코올 금단 섬망으로 오인하는 경우도 종종 있는데, 이 차이는 지남력과 주의력 문제로 명확히 구분할 수 있다(544쪽 참조).

다른 약물로 생긴 금단도 정신병을 보일 수 있다. 알코올과 유사한 효과를 많이 가지고 있는 바비튜레이트는 약물 중 가장 악명이 높다. 몇몇 환자들은 펜사이클리딘이나 LSD와 같은 기타 환각제를 사용한 후에 장기간 정신병을 경험하는데, 성격장애가 있는 사람들에게는 그 위험이 훨씬 더 커질 수 있다.

대니의 증상은 지각 장해를 동반한 알코올 금단(그의 경험이 '진짜'가 아니라는 것을 인식한다면 이 진단을 내릴 수 있음)에서 기대되는 것보다 훨씬 더 심했다. GAF 점수는 35점을 부여하며, 진단은 다음과 같다.

F10.259　　알코올로 유발된 정신병적 장애를 동반한 심한 알코올사용장애, 금단 중 발병

다른 의학적 상태로 인한 정신병적 장애

다른 의학적 상태를 가진 환자에게 정신병이 나타나는 것은 그렇게 드문 일이 아니다. 많은 질병이 정신병을 야기할 수 있으며, 비교적 흔하게 발생한다. 그러나 이에 대한 역학적인 연구는 전무하다. 이런 환자가 찾아오면, 조현병이나 다른 내인성 정신병을 가진 사람으로 오해하는 경우가 많다. 오진단은 비극을 야기할 수 있다. 조기에 적절히 치료받지 못한 환자는 상당한 피해를 받게 될 수도 있다. 유병률에 대해 정확하게 알려진 것은 없지만 유병률은 낮을 것이며, 예상할 수 있듯이, 발생빈도는 연령에 따라 증가할 것이다.

　환각의 비현실성에 대한 병식이 있는 사람들에게는 이 진단이 내려지지 않을 것이다. 와해된 행동을 주로 보이는 환자는 다른 의학적 상태로 인한 긴장성 장애로 진단할 수도 있음에 주의하라.

신체질환이나 의학적 상태가 정신질환을 유발했는지를 결정하는 것에 대한 논쟁이 분분하다. 이 문제에 도움을 줄 수 있는 몇 가지 좋은 정보가 있다.

- 시기 : 신체질환이 시작된 이후에 정신적 혹은 행동적 증상이 시작됐다는 점은 인과 관계에 대한 명확한 단서가 된다. 또한, 신체 문제에 대한 효과적인 치료 후에 관해가 뒤따른다.
- 증상의 비례 : 신체질환이 악화됨에 따라 행동 증상이나 정신적 증상도 악화된다.
- 증상의 전형성 : 증상이 독립적인 정신병에 비전형적인가? 예를 들면, 나이가 든 사람들에게서는 처음 발생하는 정신병을 예상하지 않을 것이다.
- 무엇보다도 신체적 상태와 문제의 증상 사이에 잘 알려진 생리적 연관성이 있다. 즉, 어떤 신체질환은 어떤 증상을 야기할 수 있다고 알려져 있다(예를 들면, 뇌 구조에 영향을 주는 화학작용을 통해). 그러나 심각한 질병이 정신병이나 우울증, 불안 등을 유발한다고 단순하게 예측하기는 어렵다.

물론 이는 정확한 규칙이 될 수는 없다. 이는 일종의 도움이 되는 정보에 불과하며, 정확한 지침이 아니라는 점을 명심하라.

다른 의학적 상태로 인한 정신병적 장애의 핵심 특징

생리학적인 수단을 통해, 의학적 상태가 명백한 환각이나 망상이 나타나는 질병을 일으킨 것으로 보인다.

주의사항

신체적 상태가 정신질환을 유발하는지 결정할 때의 조언은 바로 위의 이중선 안에 기술된 내용을 참조하라.

ㄱ들을 다루어라

- 고통 혹은 장애(직업적/학업적, 사회적, 혹은 개인적 손상)
- 감별진단(섬망, 다른 정신장애, 물질로 유발된 정신병적 장애, 조현병, 조현병 유사 장애, 망상 장애)

부호화 시 주의점

진단을 기술할 때는 원인이 되는 의학적 상태의 이름을 사용하라. 그리고 그 상태의 이름을 부호 숫자와 함께 가장 처음에 써라.

우세한 증상을 기준으로 부호화하라.

> **F06.2 망상 동반**
>
> **F06.0 환각 동반**

꼭 심각도를 명시할 필요는 없으나, 심각도를 명시할 수도 있다(63쪽 참조).

로드리고 차베즈

로드리고 차베즈는 65세에 교직에서 은퇴한 후, 대부분 시간을 자신의 방에서 홀로 보냈다. 그는 어쿠스틱 기타를 연주하곤 했으며, 종종 소총 사격장에서 사격을 했다. 그는 평생 동안 술을 마신 적이 한 번도 없었다. 그는 직계 가족을 제외하고는 사회적인 교류가 거의 없었다. 그는 정신감정 검사에서 "담배가 나의 가장 친한 친구이다."라고 적었다.

　로드리고가 거의 70세가 되었을 때, 수술이 불가능한 폐암을 진단받았다. 완화방사선요법을 받은 이후에는 추가적인 치료를 거부하고, 죽을 때까지 그의 아파트에서 머물기로 하였다. 그로부터 4개월 후, 처음으로 오른쪽 편두통이 신경 쓰이기 시작했고, 이 두통 때문에 이따금씩 잠에서 깨곤 했다. 의사가 말기 증상을 보이는 것이라고 이야기했기 때문에 더 이상 진료를 보지 않았다.

그 무렵 그는 욕실에 있는 통풍구에서 나오는 냄새를 맡게 됐고, 그 천연가스 냄새와 자신의 두통을 관련시키기 시작했다. 그가 집주인에게 이 문제를 이야기하려고 전화를 했더니 집주인은 경비원을 보냈다. 하지만 경비원은 이상한 점을 발견하지 못했다. 로드리고가 몇 주 전의 일을 회상했다. 그는 당시 두통과 악취가 점점 심해졌다는 것과 전기회사에서 나온 인부가 건물 밖 도로를 파내는 동안 집주인이 그것을 지켜보기 위해 수차례 들락날락했었다는 것을 기억해 냈다. 그러면서 갑자기 '집주인이 자신을 독살하려고 했다'는 결론을 이끌어 냈다.

악취가 심해지자 그의 분노는 정점에 다다랐다. 악취가 그의 목소리에 영향을 주기 시작하였고, 탁하고 고음의 시끄러운 목소리로 변해갔다. 그는 집주인과 수차례 큰 소리로 언쟁을 했다. 그 중 한 번은 가스 냄새를 처음 맡은 지 몇 주 후 새벽 2시에 집주인의 아파트 문을 사이에 두고 언쟁이 계속되었다. 그는 관리사무소에 이야기하겠다고 집주인을 협박하였다. 집주인은 그를 '미친 늙은 괴짜'라고 불렀다. 그가 집주인을 위협한 이후("만약 내 생명이 위험하다면, 당신 인생은 100원만큼의 가치도 없다."), 두 사람은 즉시 경찰에 신고를 했다. 경찰은 두 사람의 행동에서 책임을 지거나 처벌을 받을 만한 행동을 발견하지 못했다.

로드리고가 체포되던 날 밤, 그는 출입구를 열어놓고 앉아 집주인에게 모욕을 주며 고함을 지르고 있었다. 집주인이 계단에 있을 때, 그는 집주인의 왼쪽 귀 바로 뒤쪽에 총을 한 방 쐈다. 형사들은 그가 집주인을 살해한 것에 대해 '이상하게 초연한' 것처럼 보였다고 언급했다. 형사들 중 한 사람이 다음과 같은 진술을 받아 적었다. "단지 나에게만 해당되는 것이라면 이것은 문제가 되지 않는다. 하지만 나는 그 여자가 이 집에 살고 있는 모든 다른 사람들을 독가스로 죽이는 것을 견딜 수 없었다."

법의학 검사관은 로드리고 차베즈가 수염을 말끔하게 밀고 옷차림을 단정하게 하고 다니는 깔끔한 노인이었다고 적었다. 그는 살이 너무 많이 빠진 것처럼 보일 정도로 야위었다. 그의 말은 명확하고 논리적이었으며 적절했고 자연스러웠지만, 그의 목소리는 매우 고음이었고 귀에 거슬리는 소리였다.

처음에 그는 침착한 것처럼 보였고, 그는 자신의 기분을 '중간 정도'라고 설명했지만, 집주인이 자신을 독살하려 했던 것에 대해 설명할 때는 화를 내기 시작했다. 그는 사람, 장소 그리고 시간에 대한 완전한 지남력을 가지고 있었으며, 간이정신상태검사(MMSE)에서 만점을 받았다. 그는 자신이 폐암에 걸려 있음에 대해 완전히 인지하고 있었다. 정신병이 있을 것이라는 병식이 없었으며, 최근이 병력을 보면 그의 판단력은 완전히 떨어졌다.

흉부 엑스레이에서는 오른쪽 폐가 완전히 종양으로 가득 차 있음이 나타났고, 뇌영상에서는 우측 전두엽에 전이성 병변이 발견되었다.

로드리고 차베즈의 평가

로드리고는 명백하게 정신병적 상태이다. 그는 수개월 동안 뚜렷한 환후와 독살당하고 있다는 것에 대한 구체적인 망상을 가지고 있었고, 이는 진단기준 A를 충족하는 것이다(만약 환각이 환자 자신의 마음에서 생겼다는 것에 대한 병식이 있다면, 일반적으로는 그에게 정신질환을 진단하지 않을 것이다). 또한 로드리고의 증상이 조현병 진단기준 A의 내용을 명확하게 충족하기는 하지만, 일반적인 의학적 상태로 인한 정신병적 장애 진단에서는 반드시 이를 충족할 필요는 없다는 점에 주의하라. 환각이나 망상 중 한 가지만 충족하면 다른 의학적 상태로 인한 정신병적 장애 진단이 가능하다.

정신병을 제외하면 그의 사고는 분명했다. 그는 지남력이 있었고, 간이정신상태검사(MMSE)에서 좋은 점수를 받았으므로 섬망이나 신경인지장애의 증거는 없다(D). 그는 음주를 했거나 마약을 복용한 개인력이 없으므로, 물질로 유발된 정신병적 장애를 배제할 수 있다. 그는 종종 화를 냈지만 그의 기분은 망상과 환각의 내용에 적절하므로, 정신병적 양상을 동반한 기분장애의 가능성도 낮아 보인다. 또한 조현병 진단을 내릴 만큼의 행동 변화나 성격 변화를 보인 개인력도 없다(C). 비전형적인 조현병의 다른 특징으로는 늦은 발병 시기와 비교적 단기간의 증상이 포함된다. 다른 진단의 가능성이 더 높기 때문에 조현양상장애를 배제할 수 있다. 집주인과의 불행한 결말이 그의 질병의 임상적 영향에 대한 무언의 증거가 될 수 있다(E).

로드리고는 암에 걸린 과거력을 가지고 있고 이 암은 뇌로 전이된 것으로 보이며, 두통은 암이 이미 뇌로 전이되었다는 것을 시사한다. 흉부 엑스레이와 MRI에서 나온 결과들은 이 진단을 입증해 주고 있다(B). 귀에 거슬리는, 고음의 목소리는 암이 커지고 전이된 결과이거나 혹은 흉부나 경부 내에 또 다른 전이가 발생했기 때문일 수 있다. [정신병의 원인이 될 수 있는 다른 일반적인 의학적 상태에는 측두엽 간질(temporal lobe epilepsy), 일차적 뇌종양(primary brain tumor)(전이된 것이 아닌), 갑상선질환과 부신질환(thyroid and adrenal disease) 같은 내분비장애(endocrine disorder), 비타민 결핍 상태(vitamin deficiency states), 중추신경계 매독(central nervous system syphilis), 다발성 경화증(multiple sclerosis), 전신 홍반성 루프스(systemic lupus erythematosus), 윌슨병(Wilson's disease), 그리고 두부 외상(head trauma)이 포함된다.]

로드리고가 환각과 망상을 모두 가지고 있기는 하지만, 환후가 먼저 나타났고 가장 두드러진 증상처럼 여겨지는바, 다음과 같이 진단을 내린다. GAF 점수는 15점으로 평가하였다.

C79.31	뇌로 전이된 폐암
F06.0	전이암으로 인한 정신병적 장애, 환각 동반
Z65.3	살인으로 체포됨

F06.1 다른 정신질환과 연관된 긴장증(긴장증 명시자)

조현병의 전통적인 하위유형으로 여겨지던 긴장증은 1874년에 카를 칼바움(Karl Kahlbaum)이 처음으로 기술했던 것이다. 1896년도에는 에밀 크레펠린(Emil Kraepelin)이 긴장증을 와해형(당시에는 파과형이라고 했음), 편집형과 같이 조현병[당시에는 조발성치매(dementia praecox)라고 불렀음]의 주요 하위유형으로 포함시켰다. 20세기 초반에 미국 전역의 병원 중 1/3에서 이들 하위유형을 조현병으로 인정하였다. 그때 이후로 긴장형의 유병률은 현저하게 감소하였기 때문에, 이제는 단기 입원치료 환경에서 이러한 환자들을 만나는 것이 흔치 않은 일이 되었다. 이런 연유로, 이 경우가 발생하면 우리는 이를 조현병과 연관된 긴장증이라 부른다.

조증과 관련된 긴장증의 특징은 과잉 활동, 충동성, 공격성을 포함한다. 이런 환자들은 옷 입기를 거부하거나, 옷을 벗어버릴 수도 있다. 우울한 환자들은 운동성이 현저하게 줄어들며, 함구증, 거부증, 매너리즘, 상동증을 보이기도 한다.

다양한 위치에서의 긴장성 증상의 정의를 생략하고, 모든 긴장증을 한곳에 모아 바로 아래와 같이 편집하였다. 이런 행동은 한 번 발생하고 끝나기보다는 반복적인 경향이 있다.

초조(agitation). 목적이 없고 외적인 원인도 없는 과도한 운동 활동성

혼미(stupor). 초조와 완전히 반대되는 개념

강경증(catalepsy). 그럴 필요가 없다고 이야기해 줘도 불편한 자세를 유지하는 것

반향언어증(echolalia). 다른 반응을 해보라고 해도 다른 사람의 말을 그대로 반복하는 것

반향동작증(echopraxia). 그렇게 하지 말라고 해도 다른 사람의 행동을 모방하는 것

과잉복종(exaggerated compliance). 최소한의 압력하에서도 다른 사람의 직접적인 지시에 무조건적으로 움직이는 것[독일어로 mitgehen(동행하다)이라고 함]. DSM-5-TR에서는 이것을 배제하였다. 그러나 이것이 긴장증에 속하기 때문에 나는 포함시킨다.

찡그림(grimace). 얼굴을 찡그리는 것으로, 유해한 자극에 대한 반응이 아님

매너리즘(mannerism). 목적 지향적이기는 하지만, 그 목적에 비해 과도한 반복적인 움직임

함구증(mutism). 분명히 말할 수 있는 능력이 있음에도 불구하고 말은 하지 않는(혹은 줄이는) 것

거부증(negativism). 분명한 동기가 없음에도 불구하고 검사자에게 수동적인 태도를 보이며 저항하거나 검사자의 지시를 반복적으로 외면함

자세유지증(posturing). 자발적으로 부자연스럽거나 불편해 보이는 자세를 취하는 것

상동증(stereotypy). 목적 지향적 행동 중 불필요한 일부의 행동을 반복하는 것

납굴증(waxy flexibility). 자세를 변경하려는 검사자의 노력에 환자가 적극적으로 저항하는 것. 고무나 부드러운 왁스 막대를 구부리는 것과 유사하다.

다른 의학적 상태와 연관된 긴장증의 핵심 특징

어떤 환자들은 강경증, 거부증, 자세유지증, 혼미, 상동증, 찡그림, 반향언어증 외 다른 증상(위의 이중선 안에 기술된 정의를 참조)과 같은 긴장증을 두드러지게 보인다.

주의사항

여기서는 놓치기 쉬운 주의사항이 없다. 명시자만 있으니 잠시 쉬어가자.

부호화 시 주의점

긴장증 명시자는 조증, 경조증 혹은 주요우울 삽화에 적용할 수 있으며, 조현병, 조현양상장애, 조현정동장애, 단기 정신병적 장애, 물질로 유발된 정신병적 장애에도 적용할 수 있다. 심지어 자폐스펙트럼장애에도 사용할 수 있다.

제일 먼저 다른 정신질환을 기입하라. 그다음 줄에 F06.1을 쓰고, 그런 후에 긴장증과 연관된 [다른 정신질환] 순으로 기입하면 된다.

에드워드 클래펌

미혼이며 43세인 에드워드 클래펌은 대학병원의 정신보건센터에 입원하였다. 그는 주 호소가 없었는데, 아무 말도 하지 않았기 때문이다. 그는 주립정신병원에서 전원된 환자로, 해당 병원에서 이미 긴장형 조현병을 진단받은 바 있다. 그는 지난 8년 동안 말이니 글로 의사소통을 한 적이 없다.

전원기록에 따르면, 입원기간 동안 에드워드는 강도 높은 항정신병 약물치료를 받았지만, 이런 치료에도 불구하고 증상에 호전이 없었다. 매일 그는 등을 바닥에 붙이고 발가락 끝을 침상 아래쪽으로 향하게 한 뒤 주먹을 꽉 쥐어 안으로 굽힌 자세를 하루 종일 유지하였다. 이러한 자세를 몇 년 동안 유지하자, 발목과 팔목에 심한 근육수축이 생겼다. 대부분의 경우에 숟가락으로 음식을 직접 떠 먹여 주었지만, 때로는 음식을 삼키지 않아 비위관을 사용해야 하는 경우도 있었다. 비위관을 사용하였음에도, 이런 일이 6개월 동안 반복되다 보니 몸무게가 13kg이나 감소하였다.

10일 전에는 40℃ 고열에 시달려 의료센터로 이송되었고, 테트라사이클린으로 폐렴간균을 치료받았다. 그 이후 정신보건센터로 이송된 것이다.

에드워드의 배경에 대해 알려진 것은 거의 없었다. 그는 미국 중서부지방에서 농가의 둘째 아들로 자랐다. 그는 한 전문대학을 다녔고, 이후에는 대략 10년 동안 트랙터 판매원으로 일했었다. 입원 시의 정신상태평가 내용은 다음과 같다.

클래펌 씨는 침대에 등을 납작하게 붙인 채로 누워 있었다. 그가 완전히 입을 다물고 있어서 사고의 내용이나 흐름에 대해서 알아내는 것이 불가능하였다. 마찬가지로 인지적 처리과정, 병식, 판단력도 평가할 수 없었다. 발가락은 아래로 향했고 주먹은 안으로 굽혀져 있었다. 발과 손에 현저한 떨림이 있었으며, 팔과 다리의 근육긴장이 너무 심해서 흔들리고 있었다.

　말을 하지 않는 것에 더불어, 다른 긴장성 증상도 관찰되었다. **거부증** : 한쪽으로 다가가면, 그는 반대 방향을 응시하기 위해 자신의 머리를 점차적으로 돌린다. **강경증** : 팔이 특정 위치에 놓이게 되면(예 : 자신의 머리 위로 높이 올라감), 이완하라고 말해도 몇 분 동안 그 자세를 유지하였다. **납굴증** : 근육수축이 존재하지 않는 위치인 팔꿈치 쪽 팔을 구부리려는 시도에 저항하고, 결국 압력에 굴복한다. 이는 이두근과 삼두근이 함께 수축하여 마치 밀랍으로 만들어진 막대기, 또는 딱딱한 물체를 구부리는 듯한 느낌이 드는 움직임을 야기한다. **얼굴 찡그림** : 4~5분마다 그는 코를 찡그리고 입술을 꽉 다물었다. 이러한 표정을 10초 혹은 15초 동안 짓다가 풀어버린다. 이러한 운동에 명백한 목적이 존재하지 않았으며, 혀 운동이나 지연발생운동이상증(tardive dyskinesia)을 시사하는 지표가 동반되지도 않았다.

에드워드 클래펌의 평가

그의 음성증상(언어와 정동의 부족)과 극도로 비정상적인 운동행동을 고려할 때, 에드워드는 조현병의 진단기준 A를 충족한다. 그의 병은 최소 6개월보다 훨씬 더 오래 지속되었다(조현병 진단기준 C), 장애가 그의 인생 전반에 얼마나 막대한 영향을 미쳤는지는 상상하기조차 어렵다(B). 그럼에도 불구하고 정신건강센터에 입원했을 당시에는 명시되지 않는 조현병 스펙트럼 및 기타 정신병적 장애를 진단받았다. 이 잠정적 진단은 임상가가 초기면접에서 그의 증상이 탈수 증상 때문인지, 체중 감소(일반적인 의학적 상태) 때문인지, 조현병 때문인지, 기분장애 등으로 유발된 것인지를 확신할 수 없기 때문에 내려진 것이며, 위에서 언급된 증상은 긴장증의 원인으로 가장 빈번하게 고려되는 것들이다.

　긴장성 행동을 유발할 수 있는 일반적인 의학적 상태에는 폐질환, 뇌졸중, 간질, 그리고 윌슨병, 결절성 경화증, 상염색체 우성 유전병 등과 같이 드물게 발생하는 질환을 포함한다. 이러한 가능성을 배제하기 위하여 신경학적 조사와 의학적 상담, 그리고 적절한 임상검사와 엑스레이 검사를 적극적으로 시행해야 한다. 정밀검사를 실시하는 경우에는 항상 독성물질이나 약물 남용의 여부를 감별하기 위해 소변이나 혈액 검사도 고려해야 한다. 긴장증 삽화를 처음으로 나타낸 환자라면 MRI도 찍어봐야 한다. 에드워드 클래펌을 진단할 당시에는 MRI가 없었기 때문에 진단기준 E를 받아들일 수밖에 없다.

　긴장형 조현병을 진단받은 많은 환자들은 제 I 형 양극성장애의 조증상태를 정말로 보인다(진단기준 D). 반면 정신운동 속도의 저하가 심한 환자들은 멜랑콜리아 양상을 동반한 주요우울장애의 진단을 고려해야 한다. 가끔 신체증상장애를 가진 환자들이 말을 하지 않거나 비정상적인 운동활동을 보이는 경우가 있지만, 이런 삽화는 보통 짧게 나타나며, 단지 몇 시간이나 며칠 동안만 지속되고, 몇 년까지 지속되는 경우는 드물다. 에드워드는 증상이 수년 동안 지속되었다. 따라서 만성적, 정신병적, 긴장성 기분장애의 가능성은 극히 낮아 보인다.

에드워드의 증상은 조현병과 연관된 전통적인 긴장증이다. 그는 찡그림(긴장증 명시자 진단기준 A10), 함구증(A4), 납굴증(A3), 강경증(A2)을 보였다. 접근하는 자극에 방향을 전환할 수 있을 정도로 충분한 의식이 있었으므로, 그에게 혼미가 있었다고 말할 수는 없다(거부증 — A5). 그의 행동 범위는 다른 전형적인 긴장증 행동을 포함시킬 정도로 충분한 범위에 있지는 않았다.

에드워드는 이미 과도하고 효과가 없는 항정신병 약물치료를 받았으므로, 전기충격요법(ECT)을 고려하였다. 양방향에서 ECT를 세 번 실시하였을 때는 주목할 만한 어떠한 효과도 나타나지 않았지만, 네 번째 실시 후에는 그가 물 한 잔을 달라고 말하기 시작했다. 총 열 번의 ECT 이후, 그는 병동에 있는 다른 사람들과 대화를 시작하였고 혼자서도 식사하고 걷는 것이 가능해졌다. 그러나 발목의 심각한 근육수축으로 인해 항상 발꿈치로 걸었다. 비록 장애의 잔류 증상은 여전히 지속되었지만, 모든 긴장증은 사라져서 결국 병원을 퇴원하였고, 경과 관찰도 종료하였다.

에드워드의 병은 8년 동안 지속적인 경과를 보였지만, GAF 점수는 60점을 부여한다(입원 당시를 기준으로 하면 1점에 가까울 것이다). 그의 이상행동에 대한 다른 가능한 원인은 적절한 의학적 검사와 추가적인 병력을 통해 배제하였다. 그의 진단은 다음과 같다.

그러나 저자는 DSM-5-TR의 공식적인 정신병 심각도 기준을 참고하지 않고, 에드워드에게 '고도(severe)'를 부여한다. 분개한 임상가가 반발을 하지 않기를 바라지만, 저자는 여전히 GAF로 부여하는 전체적인 평가가 더 낮다고 생각한다. 그래도 책임을 면하기 위해 다음과 같이 진단한다.

F20.9	조현병, 첫 삽화, 현재 부분 관해 상태
F06.1	조현병과 연관된 긴장증
M24.573	발목수축
M24.539	손목수축

F06.1 다른 의학적 상태로 인한 긴장성 장애

최근 수십 년 동안, 긴장증이 다른 많은 의학적 장애와 관련 있다는 사실이 밝혀졌다. 각 출판물에서는 다루기 쉬운 환자들만을 기술하고 있지만, 관련 있는 질병에는 바이러스성 뇌염(viral encephalitis), 지주막하출혈(subarachnoid hemorrhage), 뇌의 갑작스러운 소낭성 동맥류(berry aneurysm), 경막하혈종(subdural hematoma), 부갑상선기능항진증(hyperparathyroidism), 동정맥기형(arteriovenous malformation), 측두엽 종양(temporal lobe tumor), 무동무언증(akinetic mutism), 심한 머리 부상(penetrating head wounds) 등이 포함된다. 심지어 불소에 대한 반응으로 긴장성 장애를 보이는 환자에 대해 묘사한 것도 있다. 의료기관에서 많은 환자를 의뢰받는 신경과 전문의나 정신건강 전문의는 긴장증을 종종 만날 수 있을 것이다.

긴장증(앞의 이중선 안에 기술된 내용을 참조)은 우울장애에서 동반되는 것이든, 조현병이나 신체질환에서 동반된 것이든 기본적으로 유사하다. 다른 의학적 상태에 있는 환자는 지체된 긴장증(retarded catatonia)을 특징으로 보일 가능성이 더욱 많다. 여기에는 자세유지증, 강경증, 납굴증이 포함된다. 이런 환자들은 침을 흘리거나 식사를 하지 않거나 말을 하지 않기도 한다.

다른 의학적 상태로 인한 긴장성 장애의 핵심 특징

생리학적 기전을 통해, 어떤 신체질환은 강경증, 거부증, 자세유지증, 혼미, 상동증, 찡그림, 반향언어 외 다른 증상(앞의 이중선 안에 기술된 정의를 참조)과 같은 긴장증을 유발하는 것처럼 보인다.

주의사항

신체적 상태가 정신질환을 유발하는지 결정할 때 도움이 되는 정보를 90쪽의 이중선 안에 기술하였다.

ㄱ들을 다루어라
- 고통과 장애(직업적/학업적, 사회적, 혹은 개인적 영역에서의 손상)
- 감별진단(섬망 혹은 기타 인지장애, 조현병 및 조현병 유사 장애, 정신병적 기분장애, 강박장애)

부호화 시 주의점

먼저 실제 의학적 상태를 나열한 후에 F06.1, 그리고 해당 의학적 상태로 인한 긴장증을 나열하라.

매리언 라이트

매리언 라이트는 12년 전 고등학교를 졸업한 이후, 간판장이로 일을 하기 시작하였다. 비록 그는 제2의 피카소가 될 만큼의 실력도 없었고, 학창 시절에 상업예술에서 경력을 쌓을 만큼 공부를 한 것도 아니었지만, 예술에 소질을 보였었다. 빌딩이나 옥외광고판에 그림을 그리는 일은 그렇게 힘들지 않았고, 수입도 괜찮았으며, 일을 구하기 쉬웠고, 주로 야외에서 일을 할 수 있었다. 그는 결혼한 지 몇 년 만에 두 자녀를 낳았고, 작은 집을 갖게 되었다. 그리고 그는 여전히 간판에 그림을 그리고 있었다. 그는 여생이 보장되어 있다고 생각했다.

30세 생일이 지난 지 얼마 되지 않아, 광고판을 점검하러 나온 현장주임이 "도면에는 블록체로 하라고 되어 있는데, 당신은 로고를 필기체로 했잖아!" 라고 지적하였다. 매리언은 필기체가 훨씬 더 낫다고 생각한다는 점을 이야기했지만, 불평하지 않고 현장주임이 원하는 대로 바꿨다. 일주일 후에는 프리미엄 맥주 광고판을 완성하였는데, 상반신을 탈의한 채 맥주병을 들고 있는 여자 모델을 그렸다. 그다음 날 매리언은 일자리를 잃었다.

이후 매리언은 며칠 동안 새 직장을 알아보았으나, 일주일 내내 집에 있으면서 낮에 TV를 보았다. 둘째 주에 그의 부인은 그의 말수가 점점 줄어들고 있다는 것을 알아차리고 의학적 평가를 받아볼 것을 권유하였으나 그는 이를 무시하였다. 그는 평상시처럼 먹고 잤으나 성적 관심은 없어졌다. 4주째가 되자, 자발적인 말은 전혀 하지 않았고, 그에게 직접 물어보는 경우에만 대답할 뿐이었다. 매리언의 형까지 그를 설득한 끝에 그들은 그를 병원에 데리고 갈 수 있었고, 그는 즉시 입원하게 되었다.

입원 당시, 매리언은 질문에는 짧지만 적절히 대답할 수 있었다. 지남력이 온전하였고, 우울감이나 자살 사고는 부인하였다. 망상, 환각, 강박 사고나 강박 행동도 없었다. 지시에 따르는 속도가 느리다는 언급이 있기는 했지만, 간이정신상태검사(MMSE)에서 만점을 받았다.

다음 날 아침, 그는 천천히 고개를 돌려 침대 옆으로 다가온 간호사를 외면했다. 그는 식당에서 간호사와 함께 앉아 있기는 했으나 식사를 거부하고, 아무 말도 하지 않았다. 그날 이후, 그를 검사한 임상가는 매리언이 검사자의 작은 손짓에도 어느 방향으로든 쉽게 움직인다는 것을 발견하였다. 저녁 시간에는 좀 나아지는 것처럼 보였고, 심지어 몇 단어씩 이야기를 하기도 했다.

그러나 다음 날, 그는 침대에 등을 대고 누워 있었고, 또다시 묵언으로 협조를 거부하였다. 베개를 치워보아도 그는 매트리스에서 머리가 5cm가량 떠 있는 상태를 유지하였다. 그에게는 그 자세가 전혀 불편감을 주지 않는 것처럼 보였고, 하루 종일이라도 이 자세를 유지할 수 있을 것처럼 보였다. 이후 검사자는 매리언의 팔이 이상한 자세로 이동해 있다는 것을 발견하였고, 편하게 내려놓으라고 말을 해줘도 매리언은 그 자세를 유지하였다.

매리언을 담당한 임상가는 조현병 진단을 고려하였으나, 그의 병이 너무 단기적이라는 점과 정신병 가족력도 전혀 없다는 점에 주목하였다. 매리언의 부인이 그가 약물이나 알코올을 남용한 적도 없다는 점을 확인해 주었다. 신경학적 검사가 정상 범위로 나왔다는 사실에도 불구하고, 뇌 MRI를 시행하였다. 그 결과 우측 전두엽 궁륭부(convexity of his right frontal lobe)에 골프공만 한

종양이 발견되었다. 수술로 이를 제거하자, 바로 의식을 완전히 회복하였다. 두 달 후에는 옥외광고판 그림 작업에 복귀할 수 있었고, 문자 지시에 따를 수 있게 되었다.

매리언 라이트의 평가

매리언은 긴장증 분류(3개의 증상을 요구함)에 속하는 몇 가지 증상을 가지고 있었다(진단기준 A). 그의 증상에는 거부증(간호사로부터 몸을 돌리기)과 함구증(A5, A4), 과잉복종(DSM-5-TR 진단기준에서 언급하는 기준은 아님), '심리적 베개'(매트리스 위로 머리를 붕 띄운 채로 유지하는 자세 — A6), 그리고 강경증(A2)이 포함된다.

매리언은 주의산만은 보이지 않았고, 섬망을 배제했다(D). 긴장성 행동은 조현병에서도 관찰될 수 있지만, 그를 담당한 임상가는 그의 병이 너무 단기적이라는 이유로 이를 기각하였다(C). 증상이 매우 경미하고 더 나은 대안이 있기 때문에, 조현양상장애도 배제하였다. 함구증 및 현저히 느린 운동, 부동성(immobility)은 주요우울 삽화에서도 관찰될 수 있지만, 매리언은 기분 증상을 부인하였다. 함구증은 신체증상장애, 꾀병 및 허위성장애에서도 관찰될 수 있으나, 이런 경우에는 완전한 함구증이 관찰되는 것은 흔하지 않으며, 이들 상태의 일부로서 긴장증 증후군을 나타낸다.

긴장성 행동이 조증 삽화나 물질 사용 중독을 시사하는 과도하거나 심지어 광분한 운동 활동을 포함할 수 있다는 점을 명심하라. 당연히 매리언은 이 두 가지 모두에 적용되지 않는다.

수술적출물검사를 통해 매리언이 긴장증에 직접적으로 영향을 주고(B) 손상을 야기하는(E) (양성) 뇌종양을 가지고 있었다는 것을 알아냈다. 입원 시 GAF 점수는 21점이었으나, 퇴원할 때는 90점이었다.

D32.9	뇌수막종, 양성
F06.1	뇌수막종으로 인한 긴장성 장애

F28 달리 명시되는 조현병 스펙트럼 및 기타 정신병적 장애

이 범주는 더 확실한 정신병적 장애 진단을 부여할 수 없어서 특정한 이유를 기입하고자 할 때 사용한다. 기록하는 방식은 다음과 같다. "달리 명시되는 조현병 스펙트럼 및 기타 정신장애, 약화된 정신병 증후군"

> 찰스보넷증후군(Charles Bonnet syndrome). 이 장애에서는(DSM-5-TR에서는 구체적으로 언급되지 않았지만, 1790년에 처음으로 기술됨!) 대부분은 노년기인, 시각 손상이 있는 사람들이 복합 환시(장면, 사람)를 보고하나, 다른 환각이나 망상은 없다. 그들은 또한 그들이 '보고

있는 것'이 현실적이지 않다는 병식을 가지고 있다. 이에 이들은 진정으로 정신병적이라고 할수 없다. 그러나 어떤 사람들은 이 상태가 정신병적 장애 스펙트럼에 속해야 한다고 주장할수 있다.

약화된 정신병 증후군(attenuated psychosis syndrome). 정신병적 증상을 보이는 환자가 그 어떤 정신병적 장애의 진단기준을 완전히 충족하지 못하는 경우(짧고 손상을 덜 유발하는 증상, 상대적으로 좋은 병식 등)

지속적 환청(persistent auditory hallucinations). 다른 증상은 없이 반복적인 환청만 경험하는경우

현저한 망상을 가진 사람과의 관계 맥락에서 나타나는 망상 증상. 친밀한 관계가 있는 사람(독립적으로 정신병을 가지고 있는)의 영향을 받아 망상을 발전시키는 사람들 대부분은 망상장애로 진단할 수 있다. 그러나 망상장애의 진단기준을 완전히 충족하지 못하는 사람들은 이진단을 사용한다.

기타. 정신병적 장애를 가지고 있으나 특정 세부진단을 내리기에는 정보가 불충분하거나 모순되는 경우

F29 명시되지 않는 조현병 스펙트럼 및 기타 정신병적 장애

이 범주는 앞서 기술한 장애 중 어디에도 속하지 않는 증상이나 증후군을 보이는 환자들을 위한 것으로, 이유를 명시하지 않아도 된다.

명시되지 않는 긴장증

DSM-5-TR에서 말하는 명시되지 않는 긴장증은 더 정확한 진단을 위한 세부적인 정보가 불충분하거나 맥락이 불분명할 때 사용 가능하다. 그러나 부호화 자체는 명확하다.

R29.818   긴장 및 근골격계와 연관된 기타 증상
F06.1   명시되지 않는 긴장증

CHAPTER 3

기분장애

유전학, 증상과 관련된 문제들을 고려할 때, 양극성장애를 기분장애와 조현병을 이어주는 가교로 볼 수 있다는 점에 주목하여서, DSM-5-TR은 양극성장애와 우울장애를 서로 매우 관계가 깊은 두 장으로 구분하였다. 하지만 기분장애를 가능한 한 명확하고 간명하게 설명하고자, 이 책에서는 그 둘을 다시 묶게 되었다.

기분장애의 빠른 진단 지침

DSM-5-TR은 기분과 관련된 정신과적 문제들을 진단하는 데에 세 가지 세트의 기준을 사용하는데, 이는 (1) 기분 삽화, (2) 기분장애, (3) 더욱 최근 삽화와 재발 경과를 서술하는 명시자이다. 이 빠른 진단 지침에서는 이들을 각각 다룰 것이다.

기분 삽화

쉽게 말하면, 기분 삽화는 환자가 비일반적으로 행복하거나 비정상적으로 슬픔을 느끼는 때를 일컫는다. 기분 삽화는 진단부호를 붙일 수 있는 여러 기분장애를 구성하는 데 필요한 요소이다. 기분장애를 가진 대다수의 환자들은 주요우울 삽화, 조증 삽화, 경조증 삽화 세 가지 중 하나 혹은 그 이상의 삽화를 경험한다. 추가적인 정보가 없을 때 이 기분 삽화들만으로는 임상적인 진단 분류를 할 수 없다.

주요우울 삽화. 적어도 2주 동안, 환자는 우울한 기분을 느끼고(혹은 생활을 즐기지 못하고), 식사 및 수면 감소, 죄책감, 활력 저하, 집중력의 감소, 죽음에 대한 생각과 관련된 문제를 겪는다(106쪽).

조증 삽화. 적어도 1주 동안, 환자는 고양된(혹은 때로 짜증만 보이는) 기분을 느끼고, 과장되고 말이 많고, 활동이 과다하고 주의가 산만해질 수 있다. 잘못된 판단으로 인해 중요한 사회적 혹은 직업적 손상이 초래될 수 있다. 때로는 입원 조치가 취해져야 한다(119쪽).

경조증 삽화. 조증 삽화와 거의 비슷하지만 더욱 짧고 덜 심각하다. 입원이 필요하지는 않다(129쪽).

기분장애

기분장애는 비정상적인 기분에 기인하는 질병유형이다. 기분장애를 가지고 있는 거의 모든 환자들은 특정 시점에 우울증을 경험하지만, 어떤 이들은 고조된 기분 또한 경험한다. 모든 경우가 그런 것은 아니지만, 많은 기분장애는 기분 삽화에 근거하여 진단된다. 기분장애를 가지고 있는 대부분의 환자들은 아래에 나열되어 있는, 진단 분류를 할 수 있는 범주 중 하나에 해당한다.

우울장애

주요우울장애. 환자들은 조증이나 경조증 삽화를 겪은 적이 없고, 하나 이상의 주요우울 삽화를 경험한다. 주요우울장애는 재발성 삽화 또는 단일 삽화 중 하나로 구분된다(111쪽).

지속성 우울장애. 고조되는 시기는 없으나, 전형적인 주요우울장애보다 훨씬 오래 지속된다. (비록 만성 주요우울증이 이 범주에 속하게 되었으나) 이러한 우울증은 대개 주요우울 삽화로 불릴 만큼 심각하지는 않다(136쪽).

파괴적 기분조절부전장애. 아동이 빈번하고 심각한 분노폭발을 보이고, 분노폭발 삽화 사이에 부정적인 기분을 경험한다(148쪽).

월경전불쾌감장애. 월경 시작 며칠 전, 여성은 우울증과 불안 증상을 경험한다(145쪽).

다른 의학적 상태로 인한 우울장애. 다양한 의학적이고 신경학적인 상태가 우울 증상을 유발할 수 있다. 이는 상기된 어떤 상태의 진단기준을 충족할 필요는 없다(153쪽).

물질/약물치료로 유발된 우울장애. 알코올이나 다른 약물(중독 혹은 금단)이 우울 증상을 유발할 수 있다. 이는 상기된 어떤 상태의 진단기준에 부합할 필요는 없다(150쪽).

달리 명시되는(명시되지 않는) 우울장애. 환자가 상기된 우울 진단이나 우울증이 특징인 다른 진단기준을 충족시키지 않는 우울 증상을 보일 때 이 범주를 이용하라(168쪽).

양극성 및 관련 장애

대략 25%의 기분장애 환자들은 조증 혹은 경조증 삽화를 경험한다. 이들의 대다수는 우울증 삽화 또한 경험한다. 기분이 고양되고 저하되는 정도와 기간에 따라 양극성장애 유형이 결정된다.

제 I 형 양극성장애. 적어도 하나의 조증 삽화가 있어야 한다. 대부분의 제 I 형 양극성장애 환자들은 주요우울 삽화 또한 경험한다(122쪽).

제 II 형 양극성장애. 이 진단에는 적어도 하나의 경조증 삽화와 적어도 하나의 주요우울 삽화가 필요하다(132쪽).

순환성장애. 환자들은 반복적인 기분 변동을 경험하지만, 그중 어떤 것도 주요우울 삽화나 조증 삽화로 불릴 만큼 심각하지 않다(141쪽).

물질/약물치료로 유발된 양극성장애. 알코올이나 다른 약물(중독 혹은 금단)이 조증 혹은 경조증 증상을 유발할 수 있다. 이는 상기된 어떠한 상태의 진단기준에 부합할 필요는 없다(150쪽).

다른 의학적 상태로 인한 양극성장애. 다양한 의학적이고 신경학적인 상태가 조증 혹은 경조증 증상을 유발할 수 있다. 이는 상기된 어떠한 상태의 진단기준에 부합할 필요는 없다(153쪽).

달리 명시되는(명시되지 않는) 양극성장애. 환자가 상기된 양극성 진단의 기준을 충족시키지 않는 양극성 증상을 보일 때 이 범주를 이용하라(168, 171쪽).

우울 증상과 조증 증상의 기타 원인

조현정동장애. 조현정동장애에서 조현병을 시사하는 증상은 주요우울 삽화 혹은 조증 삽화와 공존한다(80쪽).

행동장애를 동반한 주요 및 경도 신경인지장애. 행동장애 세분점(qualifier)은 주요 및 경도 신경인지장애의 진단에 붙여 부호화할 수 있다(555쪽). 물론 기분 증상에서도 온전하지 않은 행동을 보일 수는 있지만, DSM-5-TR에서는 우울증을 동반한 인지장애를 이러한 방법으로 명시한다.

우울감을 동반한 적응장애. 우울한 기분이 생활 스트레스에 반응하는 한 가지 방법인 경우, 이 진단이 내려진다(241쪽).

성격장애. 불쾌한 기분은 주로 경계성 성격장애의 진단기준으로 언급된다(622쪽). 한편 우울한 기분은 흔히 회피성, 의존성, 연극성 성격장애에 동반된다.

단순 사별. 친척이나 친구의 죽음에 대한 슬픔은 자연스러운 경험이다. 단순 애도는 특정한 스트레스원에 대한 정상적인 반응이기 때문에, 장애가 아닌 Z코드로 다시 분류된다(679쪽).

지속성 비탄장애. 어떤 나이의 사람이든 사랑하는 사람의 사망을 경험하고, 그 결과로 나타나는 애도 증상이 장기간에 걸쳐 지속되어 기능을 손상시킨다(246쪽).

기타 장애. 우울증은 조현병, 섭식장애, 신체증상장애, 성기능부전 및 젠더 불쾌감 등 다른 많은 정신질환에 동반될 수 있다. 기분 증상은 불안장애(특히 공황장애와 공포증), 강박장애, 외상후 스트레스장애 환자에게도 나타날 수 있다.

명시자

두 가지 특징적인 기술이 기분 삽화와 기분장애에 적용될 수 있다.

1. 현재 혹은 가장 최근의 삽화를 기술하는 명시자

이 명시자들은 가장 최근의 주요우울 삽화의 특징을 설명하는 데 도움이 된다. 처음 두 가지를 제외한 나머지 조건은 조증 삽화에도 적용될 수 있다. (158쪽에 심각도와 관해에 대한 명시자를 기록해 두었음을 기억하라.)

비전형적 양상 동반. 이 경우에 우울한 환자들은 많이 먹고 체중이 증가하며, 과도하게 잠을 자고, 느릿느릿하거나 마비된 듯한 느낌을 받는다. 이들은 거절에 과도하게 민감하다(160쪽).

멜랑콜리아 양상 동반. 이 용어는 심각한 우울증의 '전형적인' 증상인 주요우울 삽화에 해당한다. 멜랑콜리아 양상을 동반한 환자들은 일찍 일어나고, 하루 중 늦은 시간보다 아침에 기분이 더 나쁘다. 그들은 식욕을 잃고 체중이 빠지며, 죄책감을 느끼고, 행동이 느려지거나 초조해하며, 대개는 좋아할 만한 일이 생길 때도 기분이 더 나아지지 않는다(161쪽).

불안증 동반. 이 경우에 환자들은 불안, 긴장, 초조함, 걱정 혹은 기분 삽화에 동반되는 두려움 등의 증상을 보인다(159쪽).

긴장증 동반. 이 경우에 환자들은 운동 과잉 혹은 활동정지의 양상을 보인다. 긴장성 증상은 주요우울 삽화와 조증 삽화에 적용될 수 있다(94쪽).

혼재성 양상 동반. 이 경우에 환자들은 조증 삽화, 경조증 삽화, 주요우울 삽화에서 조증 증상과 우울 증상이 혼재되어 나타나기도 한다(162쪽).

주산기 발병 동반. 조증 삽화, 경조증 삽화, 혹은 주요우울 삽화(혹은 단기 정신병적 장애)가 임신기나 아이를 낳은 지 한 달 이내의 여성에게서 발생할 수 있다(163쪽).

정신병적 양상 동반. 조증 삽화와 주요우울 삽화는 기분과 일치하거나 일치하지 않는 망상을 동반할 수 있다(164쪽).

> ### 2. 재발 기분 삽화의 경과를 기술하는 명시자
>
> 이 명시자는 개별 삽화의 유형뿐만 아니라 기분장애의 전반적인 경과를 기술한다.
>
> **급속 순환성 동반.** 1년 이내에 환자는 적어도 4개의 주요우울 삽화, 조증 삽화, 혹은 경조증 삽화의 진단기준을 충족시키는 삽화(어떤 조합이든)를 경험한다(165쪽).
>
> **계절성 동반.** 이 경우 환자는 가을이나 겨울과 같이 한 해의 특정한 시점에 주기적으로 어려움을 겪는다(166쪽).

기분 삽화 도입

기분은 우리가 삶을 바라보는 방식에 영향을 미치는 지속적인 감정을 일컫는다. 성인 여성의 20%와 성인 남성의 10% 정도가 살아가는 동안 한 번 정도 기분의 이상을 경험하기 때문에, 이러한 때를 알아차리는 것은 매우 중요하다. 기분장애의 유병률은 남녀 모두에게서 증가하는 추세이며, 정신건강 현장에서 환자의 절반 이상을 차지한다. 기분장애는 인종과 사회경제적 지위를 불문하고 발병할 수 있으나, 미혼인 사람과 연인이 없는 사람들에게 더욱 흔히 보인다. 또한 기분장애는 비슷한 문제를 가진 친척이 있을 경우 발병할 가능성이 더 높다.

많은 기분장애는 주로 세 가지 기분 삽화(주요 우울증, 조증, 그리고 경조증)에 기반한다. 나는 진단이 특정한 기분 삽화의 존재에 따라 진단이 결정되는 환자들을 묘사하는 사례를 통해 기분 삽화를 설명할 것이다.

수년 전에는 기분장애가 정동장애로 불렸다. 아직도 많은 임상가들은 이런 오래된 용어를 사용하고 있으며, 이는 계절성 정동장애라는 이름에도 자리 잡고 있다. 그런데 정동이라는 용어는 단순한 환자의 감정상태 이상의 것을 포함한다는 점에 주목하라. 정동은 환자가 어떻게 느끼는 것처럼 보이는가를 포괄하는 개념으로, 환자의 얼굴 표정, 자세, 눈맞춤, 눈물 글썽거림과 같은 신체적인 단서를 통해 드러난다. 때로는 불명확해 보이는 개념인 정동 대신에 환자가 실제로 경험하는 기분을 강조하기 위하여 기분이라는 용어를 사용하게 되었다.

주요우울 삽화

주요우울 삽화는 다섯 가지 주요한 필요 요건을 충족시켜야 한다. (1) 우울한 기분(또는 흥미나 즐거움의 감소)이 (2) 최소한의 기간 동안 나타나고 (3) 요구되는 개수의 증상이 동반되며 (4) 고통이나 장애를 가져오고 (5) 배제요인(핵심 특징에 나열된)에 해당하지 않아야 한다.

주요우울 삽화는 기분장애를 구성하는 요소 중 하나이지만, 부호화할 수 있는 진단은 아니다. 주요우울 삽화는 환자들이 도움을 요청하는 가장 흔한 문제 중 하나이므로 임상가는 이를 자주 사용하게 될 것이다. 환자의 전체 병력과 정신상태검사 결과를 고려한 후에 신중하게 적용할 필요가 있다(물론 모든 명칭과 모든 진단을 사용함에 있어 신중해야 한다). 여기서 이 같은 주의점을 언급하는 것은, 몇몇 임상가들이 실제로 근거에 대해 고려하지 않고 반사적으로 주요우울 삽화 진단을 사용하는 경향이 있기 때문이다. 한번 진단을 부여하게 되면, 너무 자주 그 진단을 자동적으로 내리게 된다.

주요우울 삽화의 핵심 특징

환자들은 매우 우울하다. 대부분은 슬프고, 낙심하며, 우울하거나 이와 비슷한 감정을 느낀다. 하지만 몇몇 환자들은 그들이 한때 좋아했던 거의 모든 활동에 대한 흥미나 즐거움을 잃었을 뿐이라고 주장할 것이다. 모든 환자들이 그 외 4개 이상의 증상을 경험한다(각 증상은 이전 기능으로부터의 변화여야만 한다). 예를 들면, 피로감, 주의집중의 어려움, 무가치감이나 죄책감, 죽음에 대한 동경이나 자살 생각과 같은 다양한 증상이다. 게다가 수면, 식욕/체중, 정신운동성 활동 등의 세 가지 증상의 영역들은 정상 수준보다 증가하거나 감소한다. (각각의 경우, 일반적으로는 식욕의 경우에서처럼 정상보다 식욕이 감소하지만, 몇몇 '이례적인' 환자들은 식욕 증가를 경험한다.)

주의사항

어린이나 청소년들은 우울한 기분을 보이지 않고, 과민하거나 짜증스러운 기분만을 보이기도 한다. 또한 명백히 다른 의학적 장애에 의해 유발된 어떠한 증상도 포함하지 말아야 한다는 것을 주의해야 한다.

ㄱ들을 다루어라

- 기간(거의 매일같이, 2주 이상)
- 고통 혹은 장애(직업적/학업적, 사회적, 혹은 개인적 손상)
- 감별진단(물질사용장애 및 신체질환)

부호화 시 주의점

부호화하지 말 것 : 주요우울 삽화는 진단을 내릴 수 있는 질병이 아니며, 주요우울장애, 제Ⅰ형 양극성장애, 제Ⅱ형 양극성장애를 구성하는 요소이다. 이는 지속성 우울장애(기분저하장애)에서 나타날 수도 있다. 그러나 어떤 명시자 부호는 주요우울 삽화에 부여할 수 있다. 물론 이는 실제 기분장애 진단을 내리기로 결정한 후에만 덧붙일 수 있다. 앞으로 차차 명확해질 것이니 안심하라.

기분의 특성

우울증은 보통 정상보다 저조한 기분으로 경험된다. 환자들은 이를 '행복하지 않은', '낙담한', '상심한', '울적한', 혹은 슬픔을 표현하는 다른 많은 용어들로 묘사하기도 한다. 몇 가지 쟁점들이 우울증임을 인식하는 것을 방해할 수 있다.

- 모든 환자들이 자신들이 느끼는 것에 대하여 인지하거나 정확하게 묘사할 수 있는 것은 아니다.
- 다른 문화적 배경을 가지고 있는 임상가와 환자는 문제가 우울증이라는 것에 동의하지 못할 수 있다.
- 우울증에서 보이는 증상은 환자마다 매우 다를 수 있다. 어떤 환자는 행동이 느려지고 울 수도 있고, 또 다른 환자는 웃으면서 무언가 잘못되었다는 것을 부인할 것이다. 어떤 환자는 너무 많이 자거나 먹고, 또 다른 환자들은 불면증과 거식증을 호소한다.
- 몇몇 환자들은 실제로 우울을 느끼지 않으며, 그보다는 성생활을 포함한 일상 활동에서 즐거움이 상실되거나 흥미가 감소하는 형태로 우울증을 경험한다.
- 진단에 중요한 것은, 삽화가 환자의 평소 기능 수준으로부터 현저한 변화를 보여야 한다는 것이다. 만약 환자가 이를 알아차리지 못한다면(어떤 이들은 문제가 너무 심해서 주의를 기울이지 않거나 자신을 돌보는 데 무관심하다), 가족 또는 친구들이 변화가 있음을 보고할 수 있다.

기간

환자는 거의 매일, 하루의 대부분, 적어도 2주 동안 기분 문제를 보여야 한다. 주요우울 삽화가 우리 대부분이 가끔 느끼는 일시적인 '기분 저하'와 다르다는 것을 확실히 하기 위하여 이것이 필수 요건으로 포함되었다.

증상

위에서 언급된 2주의 기간 동안, 환자는 아래의 **진한 글씨**로 된 증상 중 적어도 5개를 가지고 있어야 한다. 다섯 가지 증상은 우울한 기분 또는 즐거움의 상실을 포함해야 하며, 증상은 모두 그 사람이 이전보다 더욱 낮은 수준으로 수행하고 있다는 것을 나타내야 한다. **우울한 기분**은 따로 설명이 필요 없을 것이고, **즐거움의 상실**은 우울한 환자에게서 거의 일반적으로 나타난다. 이러한 증상은 환자 자신이나 타인에 의해 보고될 때 인정될 수 있다.

많은 환자들은 **식욕을 잃고 체중이 감소**한다. 환자의 3/4 이상이 수면과 관련된 문제를 보고한다. 일반적으로 그들은 동이 트기 전 매우 일찍 일어난다. 하지만 어떤 환자들은 평상시보다 더욱 많이 먹고 더 많이 자는데, 이런 사람들 중 대부분은 비전형적 양상 명시자에 해당된다(160쪽).

우울한 환자들은 대개 **피로감**을 호소하는데, 이를 피곤함이나 활력 부족으로 표현하기도 한다. 말이나 신체적인 움직임이 느려질 수도 있고, 때때로 질문에 답하거나 행동을 시작하기 전에 현저하게 정지상태를 보이기도 한다. 이를 **정신운동성 지체**라고 부른다. 말을 매우 조용하게 하며, 때로는 들리지 않을 정도이다. 어떤 환자들은 직접적인 질문에 대답하는 것 외에는 완전히 말하는 것을 중단해 버린다. 극단적일 때는 완전히 침묵해 버리기도 한다.

다른 쪽으로 극단적일 경우, 어떤 우울한 환자들은 매우 불안하고 초조해지기도 한다. **초조**(agitation)는 손을 비틀거나 왔다 갔다 하거나 또는 움직이지 않고는 가만히 앉아 있을 수 없는 형태로 나타날 수 있다. 우울한 환자들은 자신을 객관적으로 평가하는 능력이 급격히 저하되어, 이는 **낮은 자존감 또는 죄책감**으로 나타난다. 어떤 환자들은 (실제로 그러하거나 그렇게 느껴지는) 주의집중의 어려움이 너무 심하여 때로 신경인지장애로 오진단될 수도 있다. 죽음에 대한 생각, **죽음에 대한 소망**, 그리고 **자살 사고**는 모든 우울증 증상 중에서 가장 심각한 증상인데, 이는 환자들이 그런 사고들을 성공적으로 행동에 옮길 수 있는 실제적인 위험성이 있기 때문이다.

DSM-5-TR에서 증상이 주요우울 삽화로 간주되기 위해서는 위의 열거된 행동이 거의 매일 나타나야 한다. 하지만 죽음이나 자살에 대한 생각은 반복적으로 보이기만 하면 충족된다. 자살 시도나 구체적인 자살 계획은 한 번만 있어도 주요우울 삽화를 충족시킬 수 있다.

일반적으로 환자가 이러한 형태에 더욱 가깝게 닮을수록, 주요우울 삽화 진단이 더욱 신뢰할 만해진다. 그러나 우울증 환자들은 DSM-5-TR 기준에 열거된 것 이외에도 많은 증상을 보일 수 있다는 점을 주의해야 한다. 여기에는 한바탕 울어대는 것, 공포증, 강박 사고와 강박 행동이 포함될 수 있다. 환자들은 무망감, 무력감, 또는 무가치감에 빠져 있을 수 있다. 불안 증상, 특히 공황발작과 같은(175쪽 참조) 증상이 두드러져서, 임상가로 하여금 기저에 있는 우울증을 보지 못하게 할 수 있다.

많은 환자들이 우울해졌을 때 술을 더 마신다(때로는 더 적게). 이는 치료적 접근을 어렵게 할 수 있다. 우울증과 음주 중 어떤 것이 먼저 다루어져야 하는가? (이상적으로는, 동시에 치료되어야 한다.)

소수의 환자들은 현실과의 접촉을 상실하고 망상이나 환각을 경험한다. 이러한 정신병적 양상은 기분과 일치할 수도 있고(예: 우울한 한 남성이 큰 죄책감을 느껴서 그가 어떤 끔찍한 죄를 저질렀다고 생각하는 것), 기분과 일치하지 않을 수도 있다(FBI에 쫓기고 있다고 생각하는 우울한 남자가 경험하는 것은 우울증 환자의 전형적인 주제가 아니다). 브라이언 머피의 사례(112쪽)는 그 일례이다.

주요우울 삽화 진단을 내릴 때 증상으로 포함시키지 말아야 되는 세 가지 상황이 있다.

증상이 다른 의학적 상태에 의해 완전히 설명된다. 예를 들어, 큰 수술로 회복 중인 한 환자의 경우 피로 증상을 우울 증상으로 고려하지 않아야 하는데, 이런 상황에서는 피로함이 예상 가능한 것이기 때문이다.

증상이 기분과 일치하지 않는 망상 또는 환각으로 인해 발생한다. 예를 들어, 밤새도록 깨어 있게 만드는 환청으로 인한 불면증은 우울 증상으로 고려하지 않는다.

환자가 너무 우울해서 책임을 다하지 못한 것으로 인해 죄책감이나 무가치감을 경험한다. 이런 감정은 우울증에 너무 일반적이므로 진단적 중요성을 지니기 어렵다. 이보다는 타당성이 있는 범위를 벗어난 죄책감이 있는지 탐색하라. 극단적인 예로, 자신의 사악함이 9·11 비극을 초래했다고 믿는 여성의 예를 들 수 있다.

손상

이 삽화는 물리적인 고통 혹은 환자의 직무(혹은 학업) 수행, 사회생활(위축이나 불화)이나 성생활과 같은 다른 기능영역에서의 손상을 야기할 만큼 심각해야 한다. 정신질환의 다양한 결과 중에 직무에 미치는 영향은 탐지하기 가장 어려운 것일 수 있다. 아마도 생계를 꾸려가는 것이 매우 중요하므로 대부분의 사람들이 고용에 위협이 될 수 있는 증상을 숨기기 위해 매우 노력하기 때문일 것이다.

배제기준

증상의 심각도나 기간과 관계없이, 증상을 야기할 수 있는 임상적으로 중요한 물질 사용 혹은 일반적인 의학적 장애의 경우에는 주요우울 삽화로 진단을 내려서는 안 된다.

최신 연구 결과에서 사랑하는 이의 죽음이나 상실 후의 우울증이 다른 스트레스원을 겪은 후의 우울증(혹은 선행요인이 없는)과 많이 다르지 않다는 것으로 밝혀져, DSM-IV에서 사용된 애도 배제요인은 DSM-5-TR에서 찾아볼 수 없게 되었다. 이러한 변화, 더 정확히 말하면 이 항목을 제거하는 것에 가슴을 치며 안타까워하는 사람이 많다. 어떤 사람들은 이로 인하여 전후 사정이 증상을 이해 가능하게 할 때도 환자들이 기분장애 진단을 받는 위험에 처하게 된다고 주장한다. 우리가 정신질환이 있다고 여기는 사람의 수가 상당히 증가하는 결과를 낳게 될 것이다.

저자는 이러한 상황을 조금 다르게 본다. 우리 임상가들이 진단과 치료를 함에 있어 인위적인 장벽이 낮아졌다는 생각이다. 하지만 여느 다른 자유와 마찬가지로, 우리는 이를 남용하지 말아야 한다. 전체 상황을 평가해야 하며, 특히 증상의 심각도, 기분장애의 과거력, 촉발요인으로 추정되는 것(사별 및 다른 형태의 상실)의 시기와 심각도, 그리고 증후군의 경과(점점 악화되는가, 호전되는가?)를 평가해야 한다. 또한 자주 재평가를 시행하라. 680쪽에는 증상을 분석하는 표(표 19.1)가 포함되어 있다. 그리고 새로운 진단인 '지속성 비탄장애'를 고려하는 것을 잊지 마라(246쪽).

다음 사례들에 주요우울 삽화의 예시를 포함시켰다. 브라이언 머피(112쪽), 에일린 파르미터(116쪽), 엘리자베스 잭스(125쪽), 위노나 피스크(128쪽), 아이리스 맥마스터(133쪽), 노아 샌더스(139쪽), 그리고 살 카모치(337쪽) 등. 또한 제20장 '환자와 진단'에도 몇몇 예들이 있으며, 이는 직접 찾아보아야 한다.

주요우울장애

하나 이상의 주요우울 삽화를 경험하고, 조증이나 경조증 증상을 경험한 적이 없는 환자에게는 주요우울장애(MDD) 진단을 내린다. 주요우울장애는 전체 인구의 약 7%에서 보이는 흔한 상태로, 여성에게서 대략 2:1로 더 많이 나타난다. 주요우울장애는 대개 20대 중후반에 발생하기 시작하지만, 아동기부터 노년기에 이르기까지 생의 어느 시기에서도 처음으로 발생할 수 있다. 발병은 급작스러울 수도 있고 점진적일 수도 있다. 평균적으로 삽화가 6개월에서 9개월 정도 지속되지만, 그 범위는 몇 주에서 몇 년간에 걸쳐 다양할 수 있다. 대개 발병 몇 달 내에 회복되지만, 이 또한 매우 다양할 수 있다. 성격장애나 더욱 심각한 증상(특히 정신병적 양상)을 보이는 환자는 완전 회복되는 경우가 더욱 드물다. 주요우울장애는 유전성이 매우 강하다. 부모, 형제는 일반인에 비하여 몇 배나 높은 위험성을 지닌다.

어떤 환자들은 전 생애에 걸쳐 단 한 번의 삽화만 경험하기도 한다. 그리고 그들은 (놀랄 것 없이) 주요우울장애, 단일 삽화로 진단받는다. 하지만 한 번의 주요우울 삽화를 경험한 환자의 대략 절반 정도는 다른 삽화를 경험한다. 이들이 두 번째 삽화(이는 첫 번째 삽화와 적어도 두 달의 시간차가 있어야 한다)를 경험하는 순간, 주요우울장애, 재발성으로 진단을 바꾸어야 한다.

재발성 진단을 받은 환자들은 그 누구라도 이전 삽화와 다음 삽화 사이의 우울 증상이 꽤 비슷하게 남아 있다. 이러한 환자들은 거의 4년마다 삽화를 경험하는데, 나이가 들수록 삽화의 빈도가 증가한다는 증거가 있다. 당연히 재발성 삽화를 경험하는 환자들이 단발성 삽화를 경험하는 환자에 비하여 증상으로 인한 기능 손상을 경험할 확률이 더 크다. 가장 심각한 결과 중 하나가 자살로서 주요우울장애 환자의 약 4%가 자살한다. 우울증 삽화를 많이 경험하는 것은 자살 시도와 자살의 가능성을 매우 증가시킨다.

처음에는 오직 주요우울장애만을 가지는 것처럼 보이는 환자 중 약 25%가 조증 삽화나 경조증 삽화를 경험하고, 그로 인해 진단은 어떠한 형태의 양극성장애로 바뀌게 된다. 이러한 전환을 예측하는 데 도움이 되는 몇 가지 특징들이 있다. (1) 환자가 꽤 어릴 때, 예를 들어 청소년 시기에 우울증이 발생함, (2) 양극성장애의 가족력(이는 놀라운 일이 아님), (3) 정신병이 존재하는 경우, (4) 이전에 많은 삽화가 있는 경우, (5) 항우울제에 대한 반응이 부족한 경우, (6) 우울증 치료가 조증으로의 전환을 유발하는 경우.

주요우울장애, {단일 삽화}{재발성}의 핵심 특징

환자는 하나 혹은 그 이상의 주요우울 삽화를 경험하고, 조증이나 경조증 삽화가 자발적으로 발생한 적이 없다.

주의사항

삽화들을 구분된 것으로 간주하기 위해서는 증상이 없는 기간이 두 달 혹은 그 이상 존재해야 한다.

ㄱ들을 다루어라

- 기간(2주 이상)
- 감별진단(물질사용장애 및 신체질환, 기타 기분장애, 정상적인 비탄과 슬픔, 조현정동장애)

부호화 시 주의점

삽화의 유형과 심각도에 관하여, 표 3.2의 진단부호 번호를 찾아보라. 적용 가능하다면, 표 3.3에서 명시자를 선택하라. 이 장의 끝부분(168, 169쪽)에 표를 제시하고 논의하였다.

브라이언 머피

브라이언이 55세 때, '중간 정도'이던 그의 기분이 우울해지기 시작했다. 농장 일들은 점점 짐처럼 느껴졌고, 그의 트랙터는 헛간에 그대로 방치되어 있었다.

기분이 우울해지면서 신체기능도 악화되는 것 같았다. 계속 피곤하긴 했지만, 밤 9시에 잠이 들었던 그가 지속적으로 새벽 2시나 3시에 잠이 깨었다. 강박적인 걱정 때문에 해가 뜨기 전까지 계속 깨어 있었다. 그는 아침에 가장 기분이 좋지 않았다. '빌어먹을 하루를 또 견뎌야 한다'는 생각에 압도당하는 것 같았다. 그가 '농장 일을 할 수 없게' 되어 저축한 돈을 가지고 살아야 할 경우 돈을 얼마나 가지고 있을지 알아보려고 잡지 위에다 계산을 하면서 빈둥거려도, 저녁에는 보통 기분이 다소 나아졌다. 식욕은 달아나 버렸다. 체중을 재어본 적은 없지만, 몇 달 전에 입었던 것보다 허리띠 구멍을 두 칸이나 줄여야 했다.

"브라이언은 흥미를 잃은 것 같아 보였어요." 브라이언이 병원에 입원한 날에 그의 아내인 레이첼이 말했다. "그는 더 이상 어떤 것도 즐거워하지 않아요. 그는 빈둥거리고 빚이 생기는 것에 대해 걱정만 하며 시간을 보내요. 우리는 신용카드로 몇십만 원을 쓰긴 했지만, 매달 이를 지불하고 있어요!"

지난 2주 동안, 브라이언은 자신의 건강에 대해 곰곰이 생각하기 시작했다. "처음에는 혈압에 대해 걱정했어요." 아내가 말했다. "하루에도 몇 번씩 혈압을 재달라고 했어요. 전 지금도 시간제 간호사로 일하고 있거든요. 그는 수차례 자신이 뇌졸중이라고 생각했어요. 어제는 자신의 심장이 멈춰가고 있다고 확신하기 시작했어요. 그는 일어나, 맥박을 느끼면서, 방 주변을 걷고, 잠깐 쉬었다가 머리를 발밑으로 내려두고, '심장이 계속 뛰게 하기 위해' 할 수 있는 모든 것을 했어요. 그래서 제가 그를 여기에 데려와야겠다고 결심했지요."

"우리는 농장을 팔아야 할 거예요." 브라이언이 의사를 만났을 때 내뱉은 첫마디였다. 브라이언은 옷을 캐주얼하게 입고 있었고, 옷에 구김이 가 있었다. 이마에 눈에 띄는 걱정 주름이 있었으며, 계속해서 자신의 맥박을 느끼고 있었다. 면담 중 여러 번, 그는 가만히 앉아 있지 못하는 것 같았다. 그는 침대에서 일어나 창문 쪽으로 걸어갔다. 그의 말은 느렸으나 조리 있었다. 그는 주로 그들이 얼마나 가난한지와 농장이 경매에 넘어갈 것 같은 두려움에 대해 이야기했다. 그는 환각에 대해 부인했으나, 피곤하고 '가망이 없는 — 더 이상 어떤 것도 좋지 않은' 기분을 느낀다고 인정했다. 그의 지남력은 온전했고, 정보가 풍부했고, 간이정신상태검사(MMSE)에서 만점인 30점을 받았다. 우울하다는 점을 인정했으나, 죽음에 대해 생각하고 있다는 점은 부인했다. 다소 망설이긴 했지만 그는 치료가 필요하다는 것을 인정했다.

레이첼은 관대한 장애인정책과 투자, 그리고 예전 회사로부터 얻은 연금 덕분에 그가 건강할 때보다 더 많은 수입이 있다는 점을 지적했다.

"하지만 여전히 우린 농장을 팔아야 해."라고 브라이언이 대답했다.

불행히도 임상가들(몇몇 정신건강 전문가들을 포함하여)은 우울증 환자를 평가할 때, 흔히 두 종류의 실수를 한다.

먼저, 우리는 때로 환자의 불안, 알코올 사용 혹은 정신병적 증상에 너무 집중하고 기저의 우울 증상을 무시한다. 여기, 저자가 수련의였을 때부터 뼈아픈 경험(모두 저자의 경험인 건 아니지만)을 통해 만들어 낸 일생의 규칙이 있다. '새로운 환자의 주 호소가 다른 것일지라도 모든 새로운 환자에게서 기분장애를 찾아보라.'

두 번째로, 현재 나타나는 우울 증상 혹은 조증 증상은 쉽게 인지할 수 있고, 심지어 극적이기도 하다. 바로 이 부분 때문에 그 기저의 알코올사용장애 혹은 다른 장애(좋은 예로 신경인지장애와 신체증상장애를 들 수 있다)의 존재 유무를 알아차리기 힘들 수 있다. 이는 첫 번째 규칙의 정반대이지만 마치 거울처럼 똑같이 중요한 반대 규칙을 시사한다. 절대 기분장애가 환자의 유일한 문제라고 가정하지 말라.

브라이언 머피의 평가

먼저, 현재의(그리고 이전의) 기분 삽화를 확인해 보자. 브라이언 머피는 2주 이상 기분이 우울했다(진단기준 A). 열거된 주요우울 삽화 증상 중(DSM-5-TR에서는 5개가 요구된다), 그는 적어도 일곱 가지 증상을 가지고 있었다 — 저조한 기분(A1), 흥미 상실(A2), 피로감(A6), 불면(A4), 낮은 자존감(A7), 식욕 상실(A3), 그리고 초조함(A5). (저조한 기분이나 흥미 상실은 진단에 필수적인 요소라는 점에 주의하라. 브라이언은 둘 다 갖추고 있었다.) 그는 기능이 매우 심각하게 손상되어 (B) 입원을 해야 했다. 신체검사와 임상검사 결과를 가지고 있지는 않으나, 일화에서 다른 의학적 상태(예를 들어, 췌장암) 혹은 물질 사용을 시사하는 기록을 찾아볼 수 없다(C). 하지만 임상가는 브라이언과 아내 모두에게 이에 대해 확실하게 질문할 필요가 있었다. 우울한 사람들은 종종 평소보다 음주를 많이 한다. 그는 명백하게 매우 우울했고, 평상시의 모습과 달랐다. 그는 주요우울 삽화의 진단기준을 분명하게 만족시켰다.

다음으로, 브라이언은 어떤 유형의 기분장애에 해당하는가? 조증 삽화나 경조증 삽화가 없었으므로(E), 제I형 양극성장애나 제II형 양극성장애는 배제된다. 빈곤에 대한 망상이 정신병적 장애(조현정동장애와 같은)를 시사할 수 있으나, 정신병적 증상이 너무 적고, 기분과 망상의 시기로 볼 때 정신병적 장애는 아니다(D). 그는 망상을 보이고 있지만 조현병에 해당하는 추가적인 진단기준 A를 만족시키지 않는다. 그의 기분 증상은 단기 정신병적 장애와 망상장애를 배제시킨다. 그러므로 그는 주요우울장애의 필요 요건을 충족시켰다.

주요우울장애에는 단일 삽화와 재발성 등 두 하위유형이 있다. 브라이언 머피가 나중에 다른 우울증 삽화를 경험할 수 있긴 하지만, 아직까지는 하나의 삽화만 있었다.

브라이언의 우울증에 대해 진단하고 추가적으로 기술하기 위해 표 3.2(168쪽)를 보자. 그의 경우는 주요우울장애 아래 단일 삽화 열에 해당될 것이다. 그리고 망상적이기 때문에 정신병적 양상 동반으로 진단한다.

하지만 잠깐 멈춰 그가 정신병을 보인 적이 없었다고 가정해 보라. 그렇다면 심각도를 어떻게 매길 것인가? 그가 자살 시도를 한 적이 없다는 사실에도 불구하고(그는 죽음을 원하지 않았고, 오히려 두려워하였다) 그는 대부분의 필수 증상을 보였고, 우울증으로 인해 삶이 매우 손상되었다. 그것이 저자가 그를 매우 심하게 우울하다고 평가한 이유이다. 정신병이 없으면 진단부호 번호는 약간만 바뀐다.

이제 다른 명시자들을 살펴볼 것인데, 명시자들은 이 장의 끝부분(159쪽)에서 다시 논의할 것이다. 브라이언은 조증 증상이 없었으므로 혼재성 양상 동반을 배제한다. 빈곤해서 농장을 팔아야 할 것이라는 그의 망상은 기분과 일치했는데, 즉 흔한 우울증의 인지적 주제와 일치하는 것이었다. (한편 심장이 멈출지도 모른다는 생각과 맥박 체크는 망상적인 것은 아닌 것 같다. 이는 그가 건강상태에 대해 느끼는 압도적인 불안을 나타내는 것으로 보인다.) 지금까지 그의 진단에 부가한 용어는 주요우울장애, 단일 삽화, 고도, 기분과 일치하는 정신병적 양상 동반이다.

하지만 더 있으니 잠깐 기다려라. 긴장증 양상을 시사하는 움직임의 이상은 없었고, 그의 우울증은 비전형적 양상(예를 들어, 정상을 벗어나는 수준으로 식욕의 증가나 과도한 수면)을 보이지도 않았다. 당연히 그는 주산기 발병을 충족시키지도 않는다. 하지만 그의 아내는 그가 '더 이상 어떤 것도 즐기지' 않는다고 불평했는데, 이는 그가 멜랑콜리아 양상을 충족시킬 수 있음을 시사한다. 그는 면담 시에 초조해했고(현저한 정신운동성 지체 또한 이 진단기준을 충족시킨다), 체중이 상당히 감소했다. 그는 아침에 자주 일찍 일어나게 된다고 보고했다[후기 불면증(terminal insomnia)]. 면담자는 우울증 삽화가 그의 부모님께서 돌아가셨을 때 느꼈던 것과 질적으로 다른지 질문하지 않았지만, 저자는 다를 것이라고 확신한다. 그래서 멜랑콜리아 양상 동반을 추가할 것이다.

새로운 명시자인 불안증이 생기기 이전에 이 사례를 기술한 것이지만, 브라이언 머피는 이 명시자도 충족시킬 것으로 생각된다. 그는 불안하고 긴장되어 보였고, 두드러지게 초조해 보였다. 게다가 그는 끔찍한 어떤 일 — 아마도 재난적인 건강 문제 — 이 발생할 것 같은 두려움을 경험하고 있는 듯했다. 집중력 문제에 대해서는 언급되지 않았지만, 그는 불안증 동반 명시자에서 요구되는 증상 중 적어도 3개의 증상을 중등도 수준에서 경험하고 있었다. 이 명시자는 예후에 대한 중요성을 가지고 있는데, 치료하지 않는 경우에 좋지 않은(자살에 이를 수 있는) 결과가 일어날 가능성이 있음이 시사된다.

고도의 우울증을 경험하는 어떤 환자들은 공황장애, 범불안장애, 혹은 기타 불안장애에 전형적인 증상도 많이 보고한다. 그러한 경우 두 가지 진단이 내려질 수 있다. 대개 기분장애가 주 진단으로 먼저 기술된다. 제4장에서 기술될 장애의 진단기준을 만족시키지 못한 불안 증상은 불안증 명시자의 증거로서 추가적으로 평가될 수 있다.

당연히 브라이언은 급속 순환성 혹은 계절성에 해당되지 않는다. 하나의 삽화만 있는 경우 그러한 패턴이 나타나지 않을 것이다. 저자는 그에게 GAF 점수 51점을 주었고, 그의 최종진단은 다음과 같이 내려졌다.

한 명의 환자에게 진단을 내리는 데 많은 다양한 진단기준 세트를 사용하는 것은 매우 쉽지 않을 것으로 보이지만, 한 걸음씩 차례대로 밟아나가는 것은 매우 논리적이고 (요령을 알게 되면) 꽤 빠른 과정이다. 이와 같은 기본적인 방법이 우울증의 모든 예에 적용되어야 한다. (당연히 당신은 우울증과 조증과 각 장애에 대한 전형적인 기술을 사용하는 것이 훨씬 간편할 것이라고 주장할지도 모른다. 하지만 다시 한번 어떤 증상 세트에 대해서도 물질 사용과 신체적 요인의 가능성을 고려해야 함을 항상 기억하라.)

F32.3   주요우울장애, 단일 삽화, 고도, 기분과 일치하는 정신병적 양상 동반, 멜랑콜리아 양상 동반, 중등도 불안증 동반

주요우울장애를 진단하는 것에 관하여 저자가 특히 주의하는 상황이 있다. 환자가 신체증상장애도 가지고 있을 때이다(273쪽 참조). 여기서 문제는 신체 증상을 너무 많이 가지고 있는 많은 환자들은 주요우울 삽화(그리고 때로는 조증 삽화)와 매우 흡사한 기분 증상을 보일 수 있다는 것이다. 몇 해 동안, 저자는 이들이 약물치료, 전기충격요법(ECT), 그리고 별 도움이 안 되어 보이는 다른 물리요법 — 확실히 장기간은 도움이 되지 않는 — 을 받는 경향이 있다는 것을 알게 되었다. 저자가 약물이 전혀 효과가 없다고 말하는 것은 아니다. 하지만 만약 당신이 우울한 신체증상장애 환자를 만난다면, 다른 치료들(인지행동치료나 다른 형태의 행동수정)이 더욱 효과적이고 합병증이 적을 것이다.

에일린 파르미터

"제가 여기에 온 게 끔찍한 실수였다는 걸 이제 알았어요." 세 번째 시간에, 에일린 파르미터는 의자에서 일어나 창문으로 걸어갔다. 160cm의 강인한, 전 해군 상사[그녀는 속기 인력(steno pool)을 감독했었다]는 체중이 45kg에 조금 못 미치는 체구였다. 그녀는 자유로움을 간절히 원하는 눈빛으로 블라인드 창살을 통해 아래쪽 주차장을 응시했다. "난 정말 여기에 왜 오게 됐는지 모르겠어요."

"제가 당신에게 와달라고 요청했기 때문에 온 거죠." 그녀의 의사가 설명했다. "당신의 조카가 전화해서 당신이 지난번처럼 다시 우울해지고 있다고 말했어요."

"아니에요. 전 그렇게 생각하지 않아요. 정말 화가 나요." 그녀는 인내심을 갖고 말을 했다. "나는 며칠 동안 감기 증세가 약간 있어서 테니스를 칠 수 없었어요. 나의 아담한 아파트로 다시 돌아가기만 한다면 괜찮아질 거예요."

"이번에는 목소리를 듣거나 뭔가를 본 적이 있나요?"

"당연히 없죠." 그녀는 기분이 상한 것처럼 보였다. "당신은 아마 내가 술을 마셨는지도 질문하겠죠."

마지막으로 입원한 후, 에일린은 10개월 동안 잘 지냈다. 단 몇 주 동안만 처방약을 복용했으나, 그녀는 3주 전까지 계속 활동적이었다. 3주 전부터 친구와 만나지 않고, 테니스를 치지도 않았는데 단지 '그것이 재미없었기' 때문이었다. 그녀는 계속해서 건강에 대해 걱정했고, 잠을 이룰

수 없었다. 식욕이 감소했다고 호소하진 않았으나, 그녀는 약 4.5kg이 빠져 있었다.

"음, 문제없는 사람이 있나요? 단지 전 너무 피곤해서 규칙적인 운동을 못 할 뿐이에요." 그녀는 웃으려 했으나, 웃음은 일그러지고 억지스러웠다.

"파르미터 씨, 자살 사고는 어때요?"

"당신이 무슨 말을 하는지 모르겠네요."

"제 말은, 여기 올 때마다 — 작년, 그리고 그보다 2년 전 — 당신이 자살하려고 해서 입원했던 거잖아요."

"저는 지금 좋아지고 있어요. 그냥 집으로 보내주세요."

하지만 기억력이 좋은 그녀의 주치의는 에일린을 일대일로 관찰할 수 있는 개인실에서 지내도록 했다.

에일린은 새벽 3시까지 잠을 이루지 못하다가 일어나, 보호사를 향해 차갑게 웃고는 화장실로 들어갔다. 운동복에서 찢어낸 가느다란 천 조각을 문 위쪽에 말아 걸치고는 목을 매려고 하였다. 정적이 길어지자 보호사가 부드럽게 부르면서 노크를 하고 문을 열었고 경보기를 울렸다. 응급소생(code team)이 지체 없이 대응했다.

그날 아침 주치의가 그녀가 누워 있는 곳으로 다시 왔다. "왜 그런 거예요, 파르미터 씨?"

"전 아무것도 하려 하지 않았어요. 전 혼란스러웠던 게 틀림없어요." 그녀는 목에 난 자줏빛 멍을 조심스럽게 만졌다. "이거 정말 아프네요. 절 그냥 집에 보내주시면 기분이 나아질 거예요."

에일린은 10일간 더 입원해 있었다. 아픈 목이 안정되자, 다시 항우울제 약물을 복용하기 시작했다. 곧 그녀는 정상적으로 수면과 식사가 가능해졌고, 간이정신상태검사(MMSE)에서 만점을 받았다. 그녀는 퇴원해서 자신의 아파트로 가 테니스를 쳤지만, 여전히 모든 사람이 그녀에 대해 법석을 떨었던 이유는 알지 못했다.

에일린 파르미터의 평가

에일린은 우울한 기분을 절대 인정하지 않았지만, 일상적 활동에 흥미를 잃었었다. 이 변화는 2주 이상 지속되었고, 이전 삽화에서처럼 피로감, 불면증, 체중 감소, 자살 사고(진단기준 A)를 포함하는 증상을 보였다(그녀가 입원하는 것에 대해 자책하긴 했으나, 이는 기분이 안 좋았던 것과 관련이 있을 뿐 죄책감으로 간주되진 않는다). 그녀는 입원을 필요로 할 정도로 상태가 좋지 않고, 이는 손상 진단기준(B)을 충족시킨다.

에일린은 다른 의학적 상태로 인한 기분장애를 가질 수도 있는데, 이는 그녀의 주치의가 확인해야 할 부분이다. 그러나 이는 재발성 과거력을 고려할 때 가능성이 낮아 보인다(C). 무감동과 기억력 손상이 있어 경도 신경인지장애가 의심되지만, 간이정신상태검사 결과 기억력 손상을 지지할 만한 증거는 없었다. 그녀가 알코올 섭취를 부인했기 때문에 물질로 유발된 기분장애 또한 적절하지 않을 것이다(주치의는 오랫동안 그녀를 알아 왔기 때문에 이에 대한 가능성을 계속 파악하는 것은 헛수고일 것이다).

에일린이 조증, 경조증을 겪은 적이 있다는 증거가 없으므로 제 I 형 양극성장애나 제 II 형을 배제할 수 있고(E), 정신병적 증상이 없었으므로 모든 정신병적 장애도 배제한다(D). 따라서 그녀는 주요우울장애 진단기준을 만족시킨다. 그녀는 2개월이 훨씬 넘는 기간 간격이 있는 하나 이상의 삽화를 겪었으며, 이는 재발성이라는 필요조건을 만족시킨다. 표 3.2를 참고해서, 정신병적 양상과 관해를 서술하는 열을 배제할 수 있다(그녀는 망상이나 환각을 단호하게 부인했다).

이제 우울증의 심각도를 고려해야 한다(168쪽). 병식이 거의 없는 사람을 어떻게 잘 평가할 수 있는지가 항상 문제이다. 자살 시도를 한 에일린도 주요우울장애 삽화에 필요한 다섯 가지 증상을 가까스로 충족시킨 것으로 보였다. 이 규칙에 따르면, 그녀는 중등도 수준을 넘지 않는 심각도 진단부호를 받게 된다. 그러나 자살을 성공(한 번 이상!)할 뻔한 환자에게 이는 부적절하고 위험할 수 있다. 이전에 말했듯이 진단부호를 매기는 지시문은 족쇄가 아닌 지침을 의미한다. 에일린의 우울증은 고도(severe)로 진단되어야 한다.

에일린은 가장 최근 삽화에 대한 어떤 명시자에도 해당사항이 없었다. 아마도 그녀가 병식이 부족하여 완전한 정보를 제공하지 못했기 때문일 것이다. (더 장기간 관찰할 기회가 있었다면, 그녀는 멜랑콜리아 양상 동반에 해당될지도 모른다.)

때때로 주요우울장애를 가진 환자들에게 다른 진단이 붙을 수 있다. 여기에는 불안장애, 강박장애, 물질관련장애(특히 알코올사용장애) 등이 있을 수 있다. 그러나 상기 진단을 입증할 증거는 없다. 저자는 그녀에게 입원 시 GAF 점수를 15점만 주었다. 그녀의 GAF 점수는 퇴원 시 60점까지 향상되었다. 자살행동은 초기 증상으로 발현되지 않았기 때문에 그녀의 뒤이은 행동으로 부호화된다. 그녀의 최종진단은 다음과 같다.

F33.2   주요우울장애, 재발성, 고도
T14.91XD   현재 자살행동, 뒤이은 행동

조증 삽화

기분장애의 두 번째 '구성 요소'인 조증 삽화는 최소 150년 동안 인지되어 왔다. 조증 증상의 대표적인 세 가지 요소는 팽창된 자존감, 운동 활동의 증가, 그리고 말을 해야 할 것 같은 압박감으로 구성되어 있다. 이런 증상은 명백하고 때로는 아주 별나기 때문에 조증 삽화가 과잉진단되는 일은 흔하지 않다. 하지만 때로 조증 삽화에서 보이는 정신병적 증상은 너무 화려하기 때문에 임상가들은 이를 조현병으로 오진단할 수도 있다. DSM-III 기준을 통해 양극성장애에 대한 임상가들의 자각이 증가되었던 1980년대 이후로 이렇게 오진단하는 경향은 감소하고 있다. 1970년에 양극성장애에 리튬치료를 도입하게 된 것도 진단을 촉진시키는 데 일조했다.

조증 삽화는 주요우울 삽화보다 훨씬 드물며, 전체 성인의 약 1%에서 보인다. 조증은 남성과 여성에게서 거의 동일한 비율로 보인다. 조증 삽화로 진단하기 위해 보여야 하는 특징은 주요우울 삽화에서의 특징과 동일하다. (1) 기분의 상태가 (2) 요구되는 기간 동안 존재하고 (3) 요구되는 개수의 증상이 있어야 하며 (4) 상당한 정도의 장애를 야기하고 (5) 열거된 배제요인에 해당하지 않는다.

조증 삽화의 핵심 특징

고통스러운 조증을 겪는 환자들은 대부분 명백해 보인다. 환자들은 다행감(때로는 과민한 상태만 있기도 하지만)을 느낀다. 그들의 증가된 활력과 부산한 활동을 무시하기가 어려울 것이다. 그들은 매우 많은 계획을 세우지만, 그중 실행 가능한 것은 거의 없다(그들은 매우 산만하다). 그들은 이야기하고 웃는데, 종종 매우 빠르게 이야기하며 사고의 비약이 나타나기도 한다. 그들은 평소보다 잠을 적게 자지만('많이 자는 것은 시간 낭비'), 어찌되었건 기분이 좋다. 웅대성은 때때로 매우 과장되어서, 자신이 고위층의 인물(왕족이나 신, 록 스타)이라고 믿거나 초인적인 힘을 지녔다고 믿는 등 정신병적 양상을 보이기도 한다. 판단력이 저하되고(현명하지 못하게 지출하고 분별없는 성적 모험이나 다른 위험한 행동에 빠지기도 한다) 기능이 손상되어, 흔히 자신이나 타인을 보호하기 위해 강제적인 입원 조치가 취해질 수 있다.

주의 사항

그들을 다루어라
- 기간(거의 매일같이, 1주 이상, 만약 입원이 필요할 정도의 증상이 있다면 기간에 상관없이)
- 고통 혹은 장애(직업적/학업적, 사회적, 혹은 개인적 손상)
- 감별진단(물질사용장애 및 신체질환, 조현정동장애, 신경인지장애, 경조증 삽화, 순환성장애)

부호화 시 주의점
조증 삽화는 부호를 붙일 수 있는 질병이 아니라, 제I형 양극성장애를 구성하는 요소이다.

기분의 특성

비교적 경미한 증상을 가진 어떤 환자들은 즐거운 기분만을 느낀다. 재미있는 유머는 꽤 전염성이 있으며, 다른 사람들로 하여금 같이 웃게 만들기도 한다. 하지만 조증이 악화되면 이러한 유머는 즐겁지도 않은 수준이 되어서, 결국 모든 이들이 불편해진다. 몇몇 환자들은 오직 과민한 기분만 느끼며, 때때로 '다행감(euphoria)'과 과민함이 함께 존재하기도 한다.

기간

환자는 적어도 일주일 동안 증상을 보여야 한다. 이 기간 요건은 조증 삽화를 경조증 삽화와 감별하는 데 도움을 준다.

증상

기분의 변화(다행감 또는 과민함)에 더하여, 환자는 일주일의 기간 동안 활력 혹은 활동 수준의 증가를 보여야 한다. 이러한 변화와 함께, 아래에 나열된 **진한 글씨**의 증상 중 적어도 세 가지의 증상이 같은 기간 동안 상당한 정도로 나타나야 한다. (만약 환자의 **비정상적인 기분**이 단지 과민한 것뿐이라면, 즉 어떠한 다행감의 요소가 없다면, 활동 수준의 증가 외에 네 가지 증상이 요구된다는 점을 주의하라.)

대부분의 환자에게서 나타나는 **팽창된 자존감**은 망상 수준이 될 정도로 과대해질 수 있다. 그러면 환자들은 자신이 대통령에게 조언하고 세계의 기후 변화 문제를 해결할 수 있다고 믿으며, 더불어 심리치료를 하고 그들이 현재 환자로 있는 그 의료시설을 운영하는 등의 많은 일상적인 일을 할 수도 있다고 믿는다. 이런 망상이 행복한 기분과 일치하기 때문에 이를 **기분과 일치하는 망상**이라고 부른다.

조증 환자들은 전형적으로 **적은 수면**에도 숙면을 취한 것 같은 느낌을 갖는다고 보고한다. 수면 시간을 낭비로 보며, 그들은 오히려 많은 일들을 계속해 나가기를 선호한다. 조증의 경도 형태에서, 이러한 **과잉 활동**은 목표 지향적이고 유용할 수 있다. 중등도 증상만 있는 조증 환자들은 하루 20시간 동안 정말 많은 것을 성취해 낼 수 있다. 하지만 그들이 점점 더 활동적으로 되면서, 초조함이 뒤따르고, 결코 완성할 수 없는 많은 프로젝트들을 시작하게 된다. 이쯤 되면 그들은 합리적이고 달성 가능한 것이 무엇인지에 대한 **판단력을 잃게 된다**. 그들은 위험한 사업이나 무분별한 성적 관계, 그리고 의심스러운 종교적 또는 정치적 활동에 몰두하게 된다.

조증 환자들은 자신의 말을 들어줄 수 있는 누군가에게 자신의 생각과 계획 그리고 일에 대해 말하고 싶은 강한 욕구를 가지며, 그들은 큰 목소리로 열렬하게 이를 설명하기 때문에 그 말을 중단시키기가 어렵다. **조증의 말은 종종 빠르며 말을 해야 하는 압박을 느끼게 하는 것 같은데**, 마치 막혀 있던 너무 많은 단어들이 한 번에 쏟아져 나오려고 하는 것과 같다. 나온 말들은 소위 **사고의 비약**이라고 불리는 것을 보여주는데, 이는 하나의 생각이 정말 미미한 논리적 관련성만을 지닌 다른 사고를 촉발시키는 것을 나타낸다. 그 결과, 환자는 대화(또는 긴 혼잣말)가 시작됐던 주제에서 벗어나 관련이 없는 주제에 대해 이야기한다. 조증 환자는 또한 다른 사람들은 무시할 만한 관련성이 없는 소리나 움직임에 의해 **쉽게 주의가 산만**해진다.

어떤 조증 환자들은 병식을 가지고 치료를 받으러 오지만, 환자들은 무언가 잘못되고 있다는 사실을 부인할 것이다. 그들은 이렇게 잘 느끼고 생산적인 사람이 결코 병에 걸릴 리 없다고 합리화한다. 그러므로 조증 행동이 자연스럽게 끝나거나, 아니면 환자가 입원 또는 수감되기 전까지 조증 행동은 계속된다.

DSM-5-TR 기준에서 특별히 언급되지 않은 몇몇 증상 또한 주의할 가치가 있다.

1. 많은 환자들이 단기 우울증을 보이며, 심지어 급성 조증 삽화 기간 동안에도 단기 우울증을 보일 수 있다. 이런 '극소우울증(microdepressions)'은 비교적 흔하다. 이와 관련된 증상에 따라 '혼재성 양상 동반' 명시자가 적절한지 알 수 있다.

2. 환자들은 고도 조증 삽화에 수반되는 통제되지 않는 불편한 기분을 완화해 보려는 시도의 일환으로 물질(특히 알코올)을 사용할 수 있다. 종종 물질 사용이 일시적으로 기분 삽화의 증상을 모호하게 할 수 있다. 물질 사용이 먼저인지 조증의 발생이 먼저인지 혼란스러울 경우, 보통은 정보제공지의 도움을 받아 이 문제를 해결할 수 있다.

3. 조증 삽화 동안 가끔 긴장증이 발생하기도 하는데, 이러한 삽화는 때로 조현병과 유사해 보일 때가 있다. 하지만 (정보제공자로부터 얻어진) 급성발병 및 완전 회복을 했던 이전 삽화에 대한 과거력을 고려하면, 진단을 명확하게 하는 데 도움이 될 것이다. 이 경우 '긴장증 동반' 명시자가 붙게 될 것이다(94쪽).

우울증에 대한 치료를 시작한 후 발생한 삽화는 어떠한가? 그 삽화는 자연발생적인 조증이나 경조증의 증거로 충분히 고려되어야 하는가? DSM-5-TR에서 조증이나 경조증 삽화의 증거로 간주되기 위해서는, 전체 기준(초조나 과민함과 같은 2개의 증상이 아니라)에 부합하고, 그 증상이 치료에서 기대되는 생리적 효과보다 더욱 오래 지속되어야 한다. 이러한 언급은 아래의 가능성을 멋지게 마무리 짓는다. DSM-III-R에서는 치료에 의해 유발된 조증 삽화가 제Ⅰ형 양극성장애로 고려될 수 있다는 암시를 주었던 반면에 DSM-IV에서는 치료에 의해 유발된 조증 삽화가 제Ⅰ형 양극성장애 진단으로 고려될 수 없다고 딱 잘라서 기술했다. 한편 DSM-III에서는 이러한 사항 전반에 대해 아무런 언급을 하지 않았다.

DSM을 계승한 저자들은 "어리석게도 일관성을 부여하려 드는 것은 편협한 사람들의 헛된 망상이다."라는 랠프 월도 에머슨의 유명한 경구를 떠올렸을지도 모른다.

손상

조증 삽화는 일반적으로 환자와 주위 사람들의 삶에 많은 문제를 초래한다. 처음에는 증가된 활력과 들이는 노력의 증가로 인해 직장에서(또는 학교에서) 생산성이 향상될 수 있으나, 조증이 악화됨에 따라 환자는 점점 주의집중하는 데 어려움을 겪는다. 논쟁으로 인해 우정에 큰 타격을 입을 수 있다. 복잡한 성적 관계는 질병이나 이혼, 원치 않은 임신을 야기할 수 있다. 삽화가 사라졌을 때도 죄책감과 비난이 뒤에 남게 된다.

배제기준

조증 삽화의 배제기준은 주요우울 삽화와 같다. 갑상선기능항진증(hyperthyroidism)과 같은 일반적인 의학적 상태는 과잉행동을 초래할 수 있다. 특정 향정신물질(특히 암페타민)을 오용하는 환자들은 말이나 행동의 속도가 빨라지는 것처럼 보일 수 있으며, 또한 강하고 강력한 느낌과 다행감 같은 느낌을 보고할 수 있다.

엘리자베스 잭스는 조증 삽화를 가졌다. 당신은 125쪽의 시작 부분에서 그녀의 과거력을 읽을 수 있다. 또 다른 사례는 위노나 피스크(128쪽)이다. 그 외의 사례들은 20장에 제시되어 있는 환자들의 과거력에서 확인하라.

제 I 형 양극성장애

제 I 형 양극성장애는 적어도 하나의 조증 증상을 포함하는 순환성 기분장애(cyclic mood disorder)의 약칭이다. 비록 이 명명법은 상대적으로 최근의 것이지만, 이 개념은 한 세기 이상이 되었다. 이전에는 조울병(manic-depressive illness)으로 불렸고, 나이가 많은 임상가들은 여전히 이 장애를 조울병으로 부를지도 모른다.

제 I 형 양극성장애는 유전성이 매우 강하다. 일란성 쌍둥이 간 일치율은 40~70% 내에서 다양하게 나타난다(이는 어린 시절 정서적 외상이나 결혼, 대학 졸업 등 최근의 생활 스트레스와 같은 환경적 요인에 많은 영향을 받는다). 남녀 간 비슷한 확률로 발병하며, 일반 성인 인구의 대략 1%에서 발병한다. 발병 시기는 일반적으로 10대 후반에서 20대 초반이며, 1개의 조증 삽화를 경험하는 대부분의 사람은 다른 삽화도 경험하게 될 것이다. 그러나 첫 삽화가 주요우울증이라면, 환자가 결국 양극성장애를 갖게 될지 주요우울장애를 갖게 될지를 알기 어렵다는 것을 명심하라. 제I형 양극성장애 환자는 알코올사용장애뿐만 아니라 심혈관질환, 수면 무호흡증, 비만 등 다양한 신체적 상태에 대한 위험도 매우 높다.

제I형 양극성장애의 삽화를 평가하는 데 고려해야 할 두 가지 기술적인 사항이 있다. 먼저, 한 삽화가 새로운 삽화로 간주되기 위해서는 극단으로의 변화가 나타나거나(예를 들어, 주요우울 삽화에서 조증 삽화 혹은 경조증 삽화로), 보통의 기분이 적어도 2개월 동안 지속되어 이전의 삽화와 구분되어야 한다.

둘째로, 조증 삽화나 경조증 삽화는 때로 우울증 치료에 의해 촉발되는 것처럼 보일 것이다. 항우울제, 전기충격요법(ECT), 혹은 광선치료(계절성 우울증을 치료하는 데 쓰이곤 하는)로 인해 우울증에서 완전한 조증 삽화로 빠르게 변화될 수 있다. 제I형 양극성장애는 자발적으로 발생한 우울증, 조증, 경조증으로 정의된다. 따라서 다른 치료로 유도된 기분 삽화는 증상이 치료의 생리적인 효과를 넘어서 지속될 경우에만 양극성장애로 진단할 수 있다. 그러한 경우에 대해서도, DSM-5-TR에서는 주의를 촉구하고 있다. 환자가 우울증 치료 후 경험하는 초조함이나 불안함뿐만 아니라 조증 혹은 경조증 증상의 총개수를 따져보라.

게다가 기분 삽화는 정신병적 장애, 특히 조현병, 조현양상장애, 망상장애, 또는 명시되지 않는 정신병적 장애와 중첩하여 진단해서는 안 된다는 경고에 주의하라. 제I형 양극성장애의 장기적인 경과는 정신병적 장애의 경과와 매우 다르기 때문에, 진단적인 문제를 야기할 일은 거의 없을 것이다. 하지만 DSM-5-TR은 이 가능성에 충분히 관심을 가지고 있어 제I형 양극성장애의 진단기준에 대해 경고한다. 적어도 1개의 조증 삽화는 정신병적 장애에 의해 더 잘 설명되지 않아야 한다.

대개 조증 삽화를 현재 보이고 있으면, 환자에게 입원 조치가 취해진다. 때때로 새로 진단받은 후 기분안정제 치료를 받고 있는 환자에게 현재 또는 가장 최근 조증 삽화 범주를 사용할 수 있을 것이다. 대부분은 이전에 적어도 하나의 조증 삽화, 주요우울 삽화 혹은 경조증 삽화를 경험했을 것이다. 그러나 단일 조증 삽화가 드물지 않은 것은 아닌데, 특히 제I형 양극성장애의 초기 경과에서 그렇다. 당연히 이러한 환자의 대부분은 이후에 추가적인 조증 삽화뿐 아니라 주요우울 삽화를 경험한다. 남성은 여성보다 첫 삽화가 조증일 확률이 더 높다.

현재의 우울한 삽화(current episode depressed)(저자는 길고 거추장스러운 공식 표현을 일부러 약칭하고 있다)는 제I형 양극성장애의 하위유형 중에서 가장 빈번하게 사용될 것이다. 이 장애를 가지고 있는 거의 모든 환자들이 일생 중 어떤 지점에서 이 진단을 받을 것이다. 우울한 증상은 브라이언 머피(112쪽)와 에일린 파르미터(116쪽)의 주요우울장애 증상과 매우 비슷할 것이다. 현재의 삽화가 조증인 엘리자베스 잭스(125쪽)는 평가를 받기 몇 주 전에 우울했었다.

조증 삽화를 경험하는 환자의 약 1/3은 우울 증상을 가질 것이다. 그렇다면 이들은 혼재성 양상 동반의 명시자를 충족할 수 있고(162쪽), 결과 및 자살 시도와 관련된 더 나쁜 예후가 예측될 수 있다.

제 I 형 양극성장애를 진단받은 환자들은 이전 삽화와 다음 삽화 사이에 기분 증상이 비슷하게 유지되는 경향이 있다. 하지만 이전의 조증 삽화 이후, 기분 변동은 덜 심해져서 경조증 정도가 될 수도 있다. 제 I 형 양극성장애의 첫 번째 삽화는 나중에 완전한 조증을 경험한 후에 회고해 볼 때만 경조증일 수 있다. 제 I 형 양극성장애, 가장 최근 경조증 삽화의 사례를 제시하진 않았지만, 제 II 형 양극성장애 환자인 아이리스 맥마스터의 사례에서 경조증 삽화를 묘사해 놓았다(133쪽 참조).

양극성장애를 몇 해 동안 추적 관찰해 온 연구자들에 의하면, 어떤 환자들은 조증만을 경험한다. 단극성 조증 (unipolar mania)의 개념은 오랫동안 간헐적으로 논의되어 왔다. 아마 한 번도 우울증을 경험하지 않은 환자가 있을 수 있겠지만, 대개 충분한 시간이 주어지면 우울증을 경험한다. 저자가 아는 어떤 환자는 20년 동안 일곱 번 정도의 조증을 경험한 후에야 마침내 첫 번째 우울증을 겪었다. 여기서 중요한 것은, 모든 제 I 형 양극성장애 (그리고 제 II 형) 환자에게, 그리고 그 가족들에게 우울 증상을 조심하라는 경고를 해야 한다는 것이다. 제 I 형 양극성장애 환자들은 자살에 성공할 가능성이 높다. 어떤 연구는 이들이 전체 자살의 1/4가량을 차지할 것이라 고 본다.

제 I 형 양극성장애의 핵심 특징

환자는 적어도 하나의 조증 삽화와 이에 더해 몇 번의(0번도 포함) 경조증 삽화와 주요우울 삽화를 경험한다.

주의사항

치료(약물, ECT, 광선치료)에 의해 유발된 조증 혹은 경조증 삽화는 조증 증상이 기대되는 생리적 치료 효과를 넘어서 지속되는 경우에만 제 I 형 양극성장애로 고려될 수 있다. 그리고 정신병적 장애로 더 잘 설명되지 않는 적어도 하나 이상의 조증 삽화가 있어야 한다.

ㄱ들을 다루어라
- 감별진단(물질사용장애 및 신체질환, 기타 양극성장애, 정신병적 장애)

부호화 시 주의점

삽화의 유형과 심각도에 관해 표 3.2에서 진단부호 번호를 찾아보라. 최종적으로 표 3.3에서 전체 명시자들 가운데서 선택하라.

처음으로 조증 삽화를 보이는 나이가 많은 환자는 동반이환으로 신경학적 장애를 가질 수 있다. 이들은 사망률 또한 더 높을 것이다. 노년기의 첫 조증 삽화는 노년기의 재발성 조증과 매우 다른 질병이며, 명시되지 않는 양극성장애와 같은 다른 진단을 받아야 할 것이다.

엘리자베스 잭스

엘리자베스 잭스는 양극성장애 과거력에 대한 주요 정보제공자였던 두 번째 남편 도널드와 출장 연회 서비스를 운영하였다.

38세에 엘리자베스에게는 이미 다 큰 아이 둘이 있었기 때문에, 도널드는 왜 또 다른 임신이 그녀를 속상하게 했는지를 이해할 수 있었다. 그렇다고는 해도 그녀는 이상할 정도로 슬퍼 보였다. 임신 4개월경에, 그녀는 하루의 대부분을 침대에서 보냈고, 피곤함이 가시기 시작하는 오후까지 일어나지 않았다. 3개월 동안 왕성했던 식욕은 감퇴하여, 출산할 때는 임신 열 달을 다 채웠음에도 평상시보다 체중이 몇 킬로그램 더 줄어 있었다. 그녀는 집안일을 하고 법인 계좌를 관리하는 것을 포기해야만 했다. 숫자를 더할 만큼 주의집중할 수가 없었기 때문이었다. 하지만 도널드가 정말 깜짝 놀랐던 때는, 엘리자베스가 9개월에 접어들기 시작한 어느 저녁 그녀가 자신이 출산으로 인해 살아남을 수 없을 것이고, 그가 그녀 없이 아기를 키워야 할 것이라는 생각을 며칠 동안 해 왔다고 말했을 때이다. 그녀는 "어쨌든, 당신과 아기는 내가 없는 게 더 나을 거예요."라고 말했다.

그들의 아들이 태어난 후, 엘리자베스의 기분은 거의 즉시 나아졌다. 한바탕 우는 것과 몇 시간 동안 반추하는 것이 사라졌다. 잠깐 동안, 그녀는 거의 정상적인 모습으로 보였다. 그러나 어느 금요일 늦은 밤, 아기가 생후 3주 되었을 때, 연회에서 출장 서비스를 하고 돌아온 도널드는 엘리자베스가 속옷 차림으로 케이크에 아이싱을 입히고 있는 것을 목격했다. 조리대 위에는 막 아이싱된

2개의 다른 케이크들이 줄지어 있었고, 주방에는 더러운 냄비와 팬들이 지저분하게 널려 있었다.

"그녀는 우리들 한 사람 한 사람을 위해 그것을 만들었다고 말했고, 파티를 하고 싶어 했어요." 도널드가 의사에게 말했다. "나는 아기의 옷을 갈아입히기 시작했지만, 아기는 자기 요람에서 울부짖고 있었어요. 그녀는 나를 침대로 끌고 가고 싶어 했어요. 그녀는 '제발, 자기야, 오랜만이잖아.'라고 말했어요. 내 말은, 내가 죽을 만큼 피곤하지 않았다 한들, 그러면 누가 저렇게 울고 있는 아이를 본단 말이에요."

다음 날에 엘리자베스는 도널드에게 아이를 맡기고 여자 친구들과 외출을 했다. 일요일에 그녀는 4월 벼룩시장에서 '크리스마스 선물을 위해' 거의 30만 원가량 썼다. 그녀는 끝없는 활력을 가진 것처럼 보였는데, 일어나기 전까지 밤에 오직 두세 시간만 잤고, 쉬고 나서 나갈 준비를 했다. 월요일에 그녀는 제과점을 열기로 결심했다. 그녀는 전화를 걸어서 160만 원어치의 주방 용품을 사려 했다. 그녀는 다음 날 똑같은 행동을 했지만, 그녀가 너무 빨리 말해서 전화를 받은 사람은 그녀의 말을 이해할 수 없었다. 그녀는 신경질을 내며 전화를 끊었다.

엘리자베스의 행동이 매우 변덕스러워져서 도널드는 그다음 이틀 저녁 동안 아기를 돌보기 위해 일을 나가지 않았다. 그러나 그의 존재는 그녀의 성적 욕구를 도발시킬 뿐인 듯했다. 그때 마리화나가 있었다. 엘리자베스는 임신 전에 가끔 마리화나를 한 모금씩 피웠다[그녀는 그것을 그녀의 '허브(herb)'라고 불렀다]. 지난주에 집에서 나던 냄새가 갓 구운 케이크 냄새뿐인 것은 아니었으므로, 도널드는 그녀가 그것을 다시 했을지도 모른다고 생각했다.

어제 엘리자베스는 아침 5시에 그를 흔들어 깨웠고, "나는 신이 되었다."라고 말했다. 이때 그는 그녀로 하여금 진단평가를 받게 하기 위해 병원에 예약을 하게 되었다.

엘리자베스는 면담하는 동안 가만히 앉아 있을 수 없었다. 그녀는 자신의 새로운 활력과 제과점에 대한 계획을 쏟아내듯 설명했다. "내 인생에서 이보다 더 나은 기분을 느꼈던 일은 없다구요." 그녀는 자진해서 말했다. 계속해서 쉬지 않고 그녀는 자신의 (황홀한) 기분과 자신이 가장 아끼는 (섹시한) 실크 드레스를 입었을 때 어떤 기분이 드는지, 드레스를 산 곳이 어딘지, 그걸 샀을 때 몇 살이었는지, 그 당시 누구와 결혼했는지를 설명했다.

엘리자베스 잭스의 평가

엘리자베스의 사례는 조증성 흥분(manic excitement)의 상당히 전형적인 특징을 보여준다. 그녀의 기분은 분명히 의기양양했다. (원인이 아닌 증상으로 보이는) 마리화나 흡연 문제와는 별도로, 비교적 늦은 나이에 발병한 것이 유일하게 비전형적인 다른 양상이었다.

적어도 일주일 동안 엘리자베스는 이러한 고양된 기분을 느꼈고(조증 삽화 진단기준 A), 대부분의 다른 전형적인 증상이 동반되었다(B) — 수면욕 감소(B2), 다변(B3), 사고의 비약(사례의 끝부분에 나와 있다, B4), 그리고 판단력 저하(제과 장비를 주문하는 것, 4월에 벼룩시장에서 크리스마스 선물을 사는 것, B7). 그녀의 장애는 그녀만이 아니라 가족들에게 상당한 고통을 야기하였다(C). 이는 조증 삽화를 보이는 환자들에게 흔한 일이다. (증상의 수 또는 유형이 아닌) 증상의 심각도와 손상 정도를 통해 경조증 삽화에 비해 완전히 진행된 조증 삽화를 확실히 구별할 수 있다.

또 다른 의학적 상태(D)의 문제는 사례에서 다뤄지지 않았다. 갑상선기능항진증, 다발성 경화증, 그리고 뇌종양과 같은 의학적 문제들은 최종진단이 내려지기 전에 의사에 의해 배제되어야만 할 것이다. 출산 후 환자들에게 섬망을 배제할 수 있어야 한다. 그러나 그녀는 주의집중을 잘할 수 있었다. 엘리자베스는 마리화나를 피워 왔을 수 있지만, 이러한 물질에 대한 오용은 조증과 절대 혼동되지 않을 것이다. 마찬가지로 대마 중독이나 금단 또한 조증의 전형적인 증상을 보이지 않는다(제 I 형 양극성장애를 가질 것으로 보이는 환자들에게는 알코올 중독 증상에 대해 세심히 면담해야 한다. 알코올사용장애는 무려 30%나 되는 환자들에게 동반이환 장애로 진단된다. 종종 알코올 관련 증상이 먼저 나타나기도 한다.)

임신 초기에 발생한 우울은 주요우울 삽화 기준을 충족시켰을지라도, 그녀의 최근 조증 삽화가 주요우울장애를 배제할 수 있다. 최근 삽화는 경조증 증상이라기에는 너무 심각하기 때문에 그녀를 순환성장애로 진단할 수 없다. 따라서 진단은 제 I 형 양극성장애가 된다(정신병과 입원이 제 II 형 양극성장애를 배제한다).

그녀의 병의 경과는 단기 정신병적 장애를 제외한 다른 정신병적 장애와는 양립할 수 없으며, 다른 정신병적 상애가 있다면 양극성장애 진단은 배제된다(B). 앞에서 설명한 대로, 제 I 형 양극성장애의 하위유형은 가장 최근 삽화의 특성에 근거한다. 엘리자베스의 하위유형은 당연히 현재 조증 삽화일 것이다.

다음으로, 엘리자베스의 조증에 심각도를 매겨보자(표 3.2 각주 참조). 심각도 부호들에 대해서는 따로 설명할 필요가 없지만 한 가지 문제가 있다. 엘리자베스가 실제로 정신병적인지가 일화에서 분명하지 않았다. 만약 그녀의 말을 문자 그대로 받아들이면, 그녀는 자신이 신이 되고 있다고 생각했고, 이런 경우 그녀는 고도의 정신병적 양상 동반을 충족시킨다. 웅대성은 그녀의 득의양양한 기분과 꽤 일치하였기 때문에 기분과 일치하는 정신병적 양상으로 볼 수 있다. 하지만 우리는 그녀에게 "당신이 실제로 신이 된다고 생각을 했나요? 아니면 다른 의미가 있나요?"라고 직접적으로 질문함으로써 더 정확한 평가를 얻어야 한다.

주산기 발병 동반(with peripartum onset)이 유일하게 가능한 명시자이다(표 3.3). 그녀는 출산하고 며칠 이내에 조증 삽화를 보였다. GAF 점수가 25점으로, 종합진단은 다음과 같을 것이다.

F31.2   제 I 형 양극성장애, 현재 조증, 고도, 기분과 일치하는 정신병적 양상 동반, 주산
            기 발병 동반

위노나 피스크

위노나 피스크가 21세였을 때, 그녀는 이미 정신과에 두 번 장기 입원을 했었고, 조증과 우울증을
한 번씩 겪었다. 그때 그녀는 1년 동안 리튬을 잘 복용해 왔었는데, 대학교 3학년 봄에 '괜찮다고
느꼈기' 때문에 갑자기 중단하였다. 열흘 후에 두 오빠가 그녀를 병원에 데려왔을 때, 그녀는 난
폭한 행동으로 수업에 반복적으로 지장을 준 것 때문에 정학 처분을 받은 상태였다.

병동에서, 위노나의 행동은 거의 조증성 흥분의 모습이었다. 그녀는 쉴 새 없이 말했고 끊임없
이 움직였으며, 때때로 다른 환자의 지갑이나 사물함을 뒤졌다. 그러나 그녀의 머릿속에 밀려드는
많은 생각들이 너무 슬퍼서 그녀는 종종 자발적으로 몇 분 동안 눈물을 흘렸다. 그녀는 강의실에
서의 행동 때문이 아니라 가족에게 짐이 되는 것에 대해 우울과 죄책감을 느꼈다고 말했다. 이러
한 단기 삽화 기간 동안, 그녀는 아버지의 무덤에서 아버지의 심장 박동 소리를 들었다고 주장했
고, 죽어서 그와 함께하고 싶다고 했다. 그녀는 거의 먹지 않아 7kg이나 빠졌다. 그녀는 종종 밤에
울면서 깨어났고 다시 잠들 수 없었다.

리튬, 카바마제핀, 신경이완제(neuroleptics)로 거의 한 달 동안 받은 치료는 크게 효과가 없었
다. 결국 그녀는 6회의 양측성 전기충격요법(bilateral ECT)를 받게 되었다.

위노나 피스크의 평가

위노나는 이전에 두 번의 제 I 형 양극성장애 삽화가 있었기 때문에 진단에 의심의 여지는 없다. 이
제 남아 있는 과제는 가장 최근 삽화의 유형과 심각도를 결정하는 것이다.

위노나의 삽화는 '너무 좋은' 느낌이 있는 것으로 시작하여 병적 수준에 이르게 되었다. 이는
그녀가 리튬을 끊게 함으로써 문제를 초래했다. 판단력 저하(그녀는 행동 문제로 정학 처분을 받
았다), 다변, 정신운동성 활동의 증가를 포함한 그녀의 증상은 조증 삽화의 진단기준 A와 B를 충
족한다. 임상가는 그녀가 다른 의학적 장애 혹은 물질사용장애를 갖지 않는다는 것을 확실히 해
야 했을 것이다(진단기준 D). 그녀는 입원이 필요할 정도로 증상이 심했기 때문에 경조증 삽화를
배제한다(경조증 삽화 진단기준 E).

그러나 가끔 온종일, 그녀는 짧은 기간의 강한 슬픔, 즉 몇 개의 우울 증상을 구성하는 '극소우
울증'을 경험했다, 그 기간 동안 적어도 3개의 우울 증상을 경험했는데, 이는 혼재성 양상 농반 병
시자의 진단기준 A 필요 요건을 충족시켰다. 그녀는 조증(혹은 경조증) 삽화 동안 현저한 우울함

을 느꼈고(혼재성 양상 A1), 부적절한 죄책감을 표현했으며(A5), 죽음에 대해 깊이 생각하고 있었다(A6). 수면과 식욕/체중의 문제는 포함할 수 없는데, 이는 조증 삽화와 우울증삽화 모두에서 나타나므로 혼재성 양상 목록에 들어갈 수 없기 때문이다. 또한 그녀는 음주나 약물을 사용한 적이 없다(D).

위노나 삽화의 심각도를 결정하기 위해, 증상의 수와 병이 그녀(그리고 타인)에게 영향을 미치는 정도 모두를 고려해야 한다. 이 모두를 고려할 때, 임상가는 그녀의 문제가 심각하다고 느꼈고, 이에 따라 진단부호를 매겼다.

GAF 점수는 25점이었고, 위노나의 진단은 다음과 같다.

F31.2   제 I 형 양극성장애, 현재 조증 삽화, 고도, 기분과 일치하는 정신병적 양상 동반, 혼재성 양상 동반

Z55.9   학업이나 교육 문제(정학 처분을 받음)

경조증 삽화

경조증 삽화는 기분장애의 마지막 구성 요소이다. 조증 삽화와 거의 똑같은 증상으로 이루어져 있는 이 삽화는 조증 삽화의 축소판이다. 치료받지 않고 있는, 경조증 삽화를 가진 몇몇 환자들은 나중에 조증이 될 수 있다. 그러나 특히 제 II 형 양극성장애를 가진 많은 환자들은 경조증 삽화를 반복해서 겪는다. 경조증 삽화는 하나의 진단으로 부호화하지 않으며, 제 II 형 양극성장애의 근간이 된다. 또한 환자가 이미 실제 조증을 경험한 적이 있다면, 진단은 제 I 형 양극성장애, 현재 경조증 삽화 동반이 된다. 경조증 삽화는 (1) 기분의 상태가 (2) 요구되는 기간 동안 존재하고 (3) 요구되는 개수의 증상이 나타나며 (4) 상당한 정도의 장애를 야기하고 (5) 열거된 배제요인에 해당하지 않는다. (익숙하게 들리는가?) 표 3.1은 조증 삽화와 경조증 삽화의 특징을 비교하여 보여준다.

기분의 특성

경조증 삽화에서의 기분의 특성은 보통 다행감이며, 기분이 과민해질 수는 있지만 보통 조증 삽화에서 보이는 통제할 수 없는 특성은 없다. 설명이 어떻든, 이 삽화는 환자의 우울하지 않은 보통 기분과는 분명하게 다르다.

기간

환자는 적어도 4일 동안 증상을 겪어야 한다. 이는 조증 삽화의 필수기간보다는 조금 짧다.

표 3.1 조증과 경조증 삽화의 비교		
	조증 삽화	경조증 삽화
기간	일주일 이상	4일 이상
기분	비정상적이고 지속적으로 고양되고, 과민하고, 팽창된	
활동/활력	지속적으로 증가된	
평소의 행동과 다른 증상	웅대성, 수면욕↓, 수다스러움↑, 사고 비약 혹은 사고가 연달아 일어남, 주의산만(자신이나 타인의 보고), 초조함 혹은 목표 지향적 활동↑, 판단력 저하 중 3개 이상[a]	
심각도	정신병적 양상, 입원, 또는 직업적, 사회적, 개인적 기능 손상을 초래	평소의 기능으로부터 명백히 변화하고, 타인이 이러한 변화를 알아차리고, 정신병, 입원 혹은 손상이 없음
기타	물질/약물치료로 유발된 증상 배제 적절하다면 혼재성 양상 동반[b]	

a 비정상적인 기분이 과민함으로만 나타날 때는 4개 이상
b 조증 삽화와 경조증 삽화 모두 혼재성 양상 동반 명시자를 가질 수 있다.

증상

조증 삽화에서와 마찬가지로 기분(다행감 또는 과민함)의 변화뿐 아니라 활력이나 활동 수준이 증가해야 한다. 다시 한번 말하지만 4일 동안만이다. 이 4일 동안 같은 목록에서 적어도 3개의 증상을 상당한 수준으로 보여야 한다(그리고 인식할 만큼의 변화를 보여야 한다). 만약 환자의 비정상적인 기분이 오직 과민함뿐이고 고양됨이 없다면 4개의 증상이 필요하다. 치료에 의해 촉발된 경조증 삽화는 치료로 기대되는 생리적인 효과보다 더 길게 유지될 때 제 II 형 양극성장애의 증거로 간주될 수 있다.

경조증 환자의 수면 시간은 짧고 활동 수준은 증가하며, 때로는 초조해지는 시기를 보인다. 초조함의 정도가 조증 삽화일 때보다는 낮으나, 경조증 환자들 역시 통제할 수 없다는 느낌과 불편감을 경험할 수 있다. 판단력이 저하되어, 재정이나 직업적 생활 또는 사회생활에서 곤란한 결과가 초래될 수 있다. 말이 빨라지고 말의 압박을 받게 되며, 사고가 연달아 일어나거나 사고 비약이 나타날 수 있다. 쉽게 주의가 산만해지는 것은 경조증 삽화의 양상 중 하나이다. 자존감이 고양되지만 결코 매우 웅대해져서 망상 수준에 이르지는 않으며, 경조증 환자는 절대 정신병적 양상을 보이지 않는다.

DSM-5-TR 기준뿐 아니라 경조증 삽화에서도 조증 삽화에서처럼 물질 사용이 흔하다는 점에 주의하라.

손상

조증 삽화를 충족시키지 않으면서, 손상은 어느 정도까지 심해질 수 있을까? 이는 어느 정도는 임상가의 판단에 달려 있다. 흥청망청 소비하기와 무분별한 성적 행동과 같은 판단력 저하는 조증 또는 경조증 삽화 모두에서 발생할 수 있으나, 정의에 따르면 엄밀하게는 조증인 환자에게만 심각한 손상이 나타난다. 만약 행동이 매우 극단적이어서 입원이 필요하거나 정신병적 증상이 명백할 경우, 그 환자는 더 이상 경조증으로 간주될 수 없으며, 진단을 변경해야 한다.

배제기준

배제요인 역시 조증 삽화의 배제요인과 같다. 갑상선기능항진증과 같은 일반적인 의학적 상태가 과잉행동을 야기할 수 있다. 특정 물질을 오용한 환자들(특히 암페타민)은 말이나 행동의 속도가 빨라지는 것처럼 보일 수 있으며, 또한 강한 느낌, 다행감을 보고할 수 있다.

경조증 삽화의 핵심 특징

경조증은 '가벼운 조증'이다. 조증과 같은 증상이 나타나지만, 결코 조증만큼 강렬한 수준으로 나타나지는 않는다. 환자들은 다행감이나 과민함을 느끼고 높은 활력과 활동 수준을 보인다. 그들은 매우 많은 계획을 세우며, 다소 산만하긴 해도 때로는 이를 실제로 실행에 옮기기도 한다. 사고가 연달아서 일어나는 것을 반영하듯 말을 많이 하고, 사고의 비약이 일어나기도 한다. 판단력(성관계와 지출)이 손상될 수도 있지만, 그들 자신이나 타인을 보호하기 위해 입원 조치가 취해져야 할 정도는 아니다. 때때로 환자들은 웅대성을 느끼고 자만해지지만, 이런 특징들이 결코 망상의 수준에 이르지는 않는다. 이들에게서 경조증 삽화로 인해 변화된 점을 인지할 수 있지만 기능을 현저히 손상시키는 정도는 아니며, 때로는 그들이 실제로 꽤 많은 것들을 처리하기도 한다.

주의사항

ㄱ들을 다루어라

- 기간(거의 매일같이, 4일 이상)
- 고통 혹은 장애(직업적/학업적, 사회적, 혹은 개인적 기능이 특별히 손상되지는 않음)
- 감별진단(물질사용장애 및 신체질환, 기타 양극성장애)

부호화 시 주의점

심각도 부호는 없다.

경조증 삽화는 진단될 수 있는 질병이 아니며, 제 I 형 양극성장애와 제 II 형 양극성장애의 구성 요소이다.

F31.81 제 II 형 양극성장애

제 II 형 양극성장애와 제 I 형 양극성장애의 증상은 주된 유사성을 지닌다. 하지만 장애의 심각도 와 고조된 기간 동안의 불편감이 주요한 차이점이며, 제 II 형 양극성장애에서는 정신병적 증상이 절대 나타나지 않고 입원을 필요로 하지 않는다.[1] 제 II 형 양극성장애는 경조증 삽화가 중간에 나 타나는 재발성 주요우울 삽화들로 구성된다. 환자들은 증상이 매우 유사하다.

제 I 형 양극성장애처럼, 제 II 형 양극성장애는 자발적으로 발생되는 기분 삽화에 기반하여 진단 될 것이며, 혹은 항우울제, ECT 또는 광선치료에 의해 촉발된 기분 삽화에 기반해 진단될 수 있 다. (유발된 증상이 생리적 치료 효과가 기대되는 기간을 넘어서 지속되는 경우, 환자와 정보원에 게 치료에 의해 촉발되지 않은 다른 경조증 삽화가 있었는지 확인하라. 많은 환자들이 이런 삽화 를 겪었을 것이다.) 제 II 형 양극성장애는 특히 급속 순환성과 관련이 있을 확률이 높으며, 여기에 는 질병의 경과가 좋지 않을 추가적인 위험성이 수반된다.

제 I 형 양극성장애에서는 성차가 거의 없으나, 남성에 비해 여성에게서 제 II 형 양극성장애가 발병하기 더 쉬울 것이다. 전반적으로, 일반 성인 인구의 1% 미만에서 발병하며, 청소년들 가운데 유병률이 더 높을 수 있다. 주산기 스트레스는 특히 경조증 삽화를 촉발할 가능성이 있다.

제 II 형 양극성장애 환자에게 동반이환은 그들의 삶의 한 방식이라 할 수 있다. 대부분의 환자 는 불안장애와 물질사용장애를 함께 보이고, 특히 여성 환자에게서는 섭식장애가 혼합되어 나타 날 수 있다.

앞에서 경조증 삽화를 '가벼운 조증'으로 묘사하긴 했지만, 중요한 것은 이 장애가 위험하지 않 다고 여겨서는 안 된다는 점이다. 실제로 어떤 연구에서는 제 I 형 양극성장애 환자보다 제 II 형 양 극성장애 환자에게서 병이 더욱 오래 지속되고 꽤 심한 수준으로 우울한 기간이 더욱 길었다. 그 들은 충동적이고, 성공적인 자살 시도를 할 가능성도 특히 높을 것이다. 비전형적 우울 증상(과다 수면, 증가된 식욕)은 제 II 형 양극성장애에서 더 흔하다. 그리고 적지 않은 수가 (10% 범위 내에 서) 결국에는 완전히 진행된 조증 삽화를 경험할 것이고, 이후 진단이 바뀔 것이다.

---

1) 저자는 제 II 형 양극성장애 환자가 정말로 입원이 필요하지 않은 상황에서 입원을 할 수 있다고 생각한다. 그런 경우에는 주된 증상을 기준으로 제 II 형 양극성장애로 부를 것이다.

제 II 형 양극성장애의 핵심 특징

환자는 적어도 하나의 주요우울 삽화와 경조증 삽화를 경험하며, 조증 삽화를 경험한 적이 없다.

주의사항

정신병적 장애로 더 잘 설명되지 않는 적어도 1개의 경조증 삽화와 1개의 주요우울 삽화가 있어야 한다.

ㄱ들을 다루어라

- 고통 혹은 장애(직업적/학업적, 사회적, 혹은 개인적 손상, 하지만 우울 삽화나 삽화 간 변화기간 동안에만 나타나는 손상)
- 감별진단(물질사용장애 및 신체질환, 기타 양극성장애, 주요우울장애, 조현정동장애 또는 다른 정신병적 장애)

부호화 시 주의점

현재 또는 가장 최근 삽화를 {경조증}{우울}로 명시할 것

표 3.3에 요약되어 있는, 적절한 명시자를 선택하라. 가장 최근의 삽화에 대해 심각도를 언급할 수 있다(자유롭게 선택 : 경도, 중등도, 고도).

아이리스 맥마스터

"저는 작가예요."라고 아이리스 맥마스터가 말했다. 그녀는 면담자의 사무실에 처음 방문했고, 담배를 피우고 싶어 했다. 그녀는 담배를 만지작거렸고 그것으로 무엇을 할지 모르는 것처럼 보이지는 않았다. "그건 제 생계 수단이에요. 전 지금 집에서 그걸 해야만 해요 — 그건 제 삶이에요. 아마도 저는 도스토옙스키 이후로 가장 창의적인 작가일 거예요. 하지만 제 친구 샬린이 제가 여기 와야만 한다고 말해서, 저의 희곡과 희극 소설 작업을 놔두고 시간을 내서 여기에 왔어요." 그녀는 마침내 담배를 다시 넣었다.

"왜 샬린은 당신이 와야 한다고 생각했을까요?" 면담자는 알고 싶어 했다.

"그녀는 제가 기분이 지나치게 들떠 있다고 생각해요. 물론 저는 흥분했어요. 저는 창작 단계에서 항상 흥분되어 있어요. 오직 그녀만 제가 너무 과민하다고 생각해요." 아이리스는 보통 키에 날씬했다. 그녀는 밝은 분홍색 봄옷을 입고 있었다. 그녀는 담뱃갑을 갈망하듯 보았다. "신이여, 저는 그중 하나가 필요해요."

그녀의 말은 도중에 끼어들 여지가 항상 있기는 했지만, 기지 넘치는 발언과 세련된 표현 방식, 독창적인 직유법으로 된 표현을 구사하였다. 아이리스는 자신의 과거력 또한 조리 있게 말할 수 있었다. 그녀는 45세였고, 엔지니어와 결혼했으며, 18세짜리 딸이 있었다. 그리고 그녀는 정말 지난 몇 년 동안 (주로 잡지에) 매우 다양한 주제들에 대한 기사를 썼던 작가였다.

3, 4개월 동안 아이리스는 다시 한번 고조된 기간을 보냈고, 광범위한 주제로 막대한 양의 기사와 글을 쏟아냈다. 그녀의 '흥분된' 감정은 어떤 면에서는 불편했지만, 매우 생산적이라고 느껴졌기 때문에 그녀에게 문제가 되지 않았다. 창작을 할 때마다 잠을 많이 잘 필요가 없었다. 2시간 동안 낮잠을 자면 피로가 풀려서 이후 10시간 동안 컴퓨터 앞에 앉아 있을 수 있었다. 그런 경우에, 그녀의 남편은 자신의 식사를 준비하였고, '한 가지 생각만 한다'며 그녀를 놀렸다.

아이리스는 고조되는 기간 동안 많이 먹지 않아 체중이 감소하였다. 그러나 그녀는 성적으로 무분별한 행동이나 과소비 같은 문제를 한 번도 일으키지 않았다("저는 쇼핑을 하기엔 항상 너무 바빠요."). 그리고 그녀는 자진해서 "저를 쫓는 사람들에 대한 환상을 보거나 목소리를 듣거나 이상한 생각들을 하지 않아요. 저는 정신병원에 입원한 적도 없어요."라고 말했다.

아이리스는 생각을 잠시 멈추고, 손가락으로 담뱃갑을 움켜잡았다. 그녀는 고개를 살짝 가로저으며 의문을 표하고는, 아무 말 없이 지갑을 쥐고 의자에서 일어나 문으로 급하게 나갔다. 이후 면담자는 1년 반 동안 그녀를 보지 못했다.

다음 해 11월에, 자신을 아이리스 맥마스터라고 칭하는 한 사람이 사무실에 들렀다. 그녀는 거의 다른 사람 같았다. 그녀는 15kg 정도 살이 쪘고, 몸에 맞지 않는 싸구려 바지와 큰 니트 스웨터에 몸을 집어넣듯 옷을 입고 있었다. 그녀는 "제가 말했던 것처럼"이라며 말문을 열었다. 잠시 동안 그녀의 입꼬리가 씰룩거리며 올라갔다. 그러나 남은 시간 동안 그녀는 글이 써지지 않는 것에 대해 침착하게 말했다.

약 1년 전, 글 쓰는 영감이 사라졌을 때만 해도 그녀는 희곡을 탈고한 후, 희극 소설을 쓰고 있었다. 그러나 최근 몇 달 동안은 점심시간이 돼서야 컴퓨터 화면을 바라보며 긴 오후 시간을 보내고 있었다. "어떨 때는 심지어 전원을 켜지도 않아요!"라고 그녀가 말했다. 그녀는 생각에 집중할 수가 없어서 '저장' 버튼을 클릭할 정도의 가치가 있는 창작물을 하나도 만들어 낼 수가 없었다. 그녀는 거의 매일 밤 9시에 침대에 누웠다. 그녀는 피곤함과 무거움을 느꼈는데, 마치 다리가 벽돌로 만들어진 것 같았다.

"그건 치즈케이크 때문이었어요."라며 아이리스는 자신의 체중 증가를 설명했다. "저는 그걸 배달시켰어요. 몇 달 동안 전 저 자신을 위해 요리하는 데 관심이 없었어요." 그녀가 유일하게 기분이 좋아지는 때는 샬린이 점심을 먹으러 그녀를 데리고 나갈 때였다. 그때 그녀는 예전처럼 먹고 아주 많이 대화하였다. "최근에는 꽤 많이 그랬어요. 누가 보더라도 그렇게 보일 정도로." 집에 돌아오면 우울증은 빠르게 되돌아왔다. 하지만 그녀는 한 번도 자살 충동을 느끼지 않았다.

마침내 아이리스는 1년 반 전에 면담실을 나가버린 것에 대해 사과하였다. "저는 제가 아주 조금도 아팠다고 생각하지 않았어요."라고 그녀가 말했다. "그리고 저는 컴퓨터 앞에 가서 당신의 특징을 글로 쓰고 싶은 생각뿐이었어요!"

아이리스 맥마스터의 평가

이 논의는 첫 번째 방문에서 아이리스가 보인 고양된 기분에 관한 삽화에 초점을 맞출 것이다. 이 삽화의 경우 두 가지 가능성이 있다. 조증 삽화와 경조증 삽화가 그것이다. 기간에 관한 필요 요건을 고려한다면 아이리스는 두 유형 모두 가능하다. 경조증의 필요 요건은 4일이고(경조증 삽화 진단기준 A), 그녀는 자신이 '흥분'했고 이 느낌이 몇 달간 지속되었음을 인정했다. 고조된 기간 동안 적어도 네 가지 증상이 있었다(필수 요건은 세 가지, B) — 높은 자존감, 수면 욕구 감소, 다변, 그리고 목적 지향적 활동의 증가(글쓰기).

조증이나 경조증 삽화에서 느껴지는 기분은 과도하게 흥분되고 과민하며, 여기에는 활력과 활동의 증가가 동반된다. 경조증과 조증의 실질적인 구분은 기분의 상승이 환자와 주위에 미치는 영향에 근거한다. 조증 삽화 동안에는 환자의 기능이 매우 손상되는 반면, 경조증 삽화에서는 그 사람의 정상적인 기능 수준으로부터 다른 사람이 인지할 수 있을 정도의(D) 명백한 변화만 있으면 된다(C). 기분이 고조되는 기간 동안 아이리스의 집필 창작력은 증가했고, 그녀의 사회적 관계(남편과 친구와의 관계를 의미하며, 운이 안 좋은 임상가와의 관계는 제외한다)에 어려움이 없었다(E). 진단기준 C, D, E의 종합적인 영향을 살펴보면, 심하진 않지만 어느 정도의 기능 손상을 보여준다.

다른 의학적 상태 또는 물질로 유발된 기분장애가 없었다면(F), 대체로 세 가지 기분장애 중 하나로 볼 수 있다 — 제 I 형 양극성장애, 제 II 형 양극성장애, 또는 순환성장애. 정신병이 없었고, 입원하지 않았음을 고려하면, 아이리스는 진정한 조증을 경험한 적이 없으므로 제 I 형 양극성장애를 배제한다. 그녀의 기분 변동은 순환성장애의 진단기준을 충족시킬 만큼 빈번하지 않았다.

따라서 제 II 형 양극성장애가 남았다. 하지만 이 진단을 충족시키기 위해서는 적어도 한 번의 주요우울 삽화가 있어야 한다(제 II 형 양극성장애 진단기준 A). 아이리스가 임상가를 두 번째로 찾아왔을 때, 그녀가 나타낸 우울 증상으로는 하루의 대부분 우울한 기분을 느낀 것, 체중 증가, 과다수면, 피로, 그리고 집중력 저하('글길이 막힘')가 있었고, 이는 주요우울 삽화의 진단기준 A를 충족시켰다. 만약 우울증이 주요우울 삽화의 기준을 충족시키지 않았다면, 그녀의 진단은 명시되지 않는(혹은 달리 명시되는) 기분장애가 되었을 것이다. 또한 우울증이 전혀 없었으나 오직 한 번의 경조증 삽화를 보인 환자에게 이러한 진단이 적합할 것이다.

제 II 형 양극성장애에 진단부호를 매길 때, 임상가들은 가장 최근 삽화를 세분화해야 한다. 아이리스는 우울증이었다. 정의상으로 조증에 비해 덜 심각하기 때문에 제 II 형 양극성장애는 경조증 삽화에 심각도 부호를 붙이지 않지만, 다른 주요우울 삽화에 사용하는 기준으로 그녀의 우울증을 평가할 수 있다. 그녀가 주요우울 삽화에 필요한 최소한의 증상만 보였지만, 그녀의 직업 수행은 매우 손상되었다. 그러한 이유로 중등도의 심각도가 적절해 보이며, 이를 그녀의 GAF 점수 60점에 반영하였다. 만일 추가적인 면담에서 더 많은 (또는 더 심각한) 증상이 밝혀졌다면, 그녀의 평가를 고도 수준까지 바꾸었을 것이다. 이 명시자는 임상가의 재량에 맡겨진다.

우울증 기간에 아이리스는 비전형적 양상 동반이라는 삽화 명시자와 관련된 증상을 많이 보였다. 즉, 그녀의 기분은 친구와 점심을 먹을 때 밝아지는 것 같았고, 또한 체중이 증가하였고, 지나치게 많이 잤고, 사지에서 무거운(벽돌 혹은 치즈케이크) 감각을 느꼈다. 이러한 네 가지 증상 전체를 고려하여(오직 세 가지만 필수적이다), 두 번째 면담에서 그녀의 최종진단은 다음과 같다.

F31.81   제 II 형 양극성장애, 우울, 중등도, 비전형적 양상 동반

또 다른 제 II 형 양극성장애 환자인 살 카모치의 이야기는 제11장에서 볼 수 있다.

추가적인 기분장애

지금까지 논의해 온 것과 같이, 정신건강 장면에서 볼 수 있는 많은 기분장애 환자들은 조증, 경조증, 주요우울 삽화를 언급함으로써 진단할 수 있다. 기분 증상을 보이는 모든 환자들에 대해 위의 세 가지 기분 삽화를 고려해야 한다. 지금부터는 위의 세 가지 삽화와 독립된 몇 가지 다른 상태를 검토해 보자.

F34.1 지속성 우울장애

여기서 논의하는 상태는 여러 이름을 가지고 있다 — 기분저하장애, 기분저하증, 만성 우울증, 그리고 이제는 지속성 우울장애. 이를 뭐라고 부르든지 간에(저자는 일반적으로 기본적인 '지속성 우울장애'를 고집힌다), 이 환자들은 정말 만성적으로 우울하다. 몇 년 동안 때때로, 그들은 주요우울 삽화에서 보이는 것 같은 많은 증상을 보일 것이며, 여기에는 기분의 저하, 피로감, 무망감,

집중력 문제, 식욕과 수면 문제 등이 포함될 수 있다. 하지만 이러한 증상 목록(그리고 진단기준)에 기술되지 않은 부분(부적절한 죄책감과 죽음에 대한 생각이나 자살 사고)을 주의해서 보아라. 즉, 대다수의 환자들은 지속적이긴 하지만 주요우울장애에 비해서는 비교적 경미한 질병을 갖는다.

생의 과정에서 성인의 6% 정도가 지속성 우울장애를 경험할 것이며, 여성은 남성에 비해 약 2배 정도 많이 이를 경험한다. 어떤 나이에서도 발병할 수 있지만, 늦은 발병은 흔하지 않으며, 전형적으로 매우 조용하게 그리고 매우 일찍 나타나기 시작하기 때문에 어떤 환자들은 그들이 우울하다는 것을 인지하지 못하고, 습관적으로 저하된 기분을 정상적인 것으로 여긴다. 예전에는 이러한 환자를 우울성 성격 혹은 우울성 신경증으로 불렀다.

지속성 우울장애 환자는 조용히 고통받고, 장애는 감지하기 어려울 정도로 미미할 수 있다. 그들은 에너지를 일에 많이 쏟는 경향이 있어서, 삶의 사회적 측면에 대해서는 여력이 별로 없다. 환자들은 장애가 그렇게 심해 보이지 않는다. 따라서 그들은 증상이 명확한 주요우울 삽화로 쉽게 진단이 내려질 정도로 악화되기 전까지는 치료를 받으러 오지 않는다. 대부분의 기분저하증 환자가 이러한 운명을 맞을 것이다. 1993년에 이러한 현상은 「뉴욕 타임스」 베스트셀러 목록에 포함된 책 프로작에게 듣는다(*Listening to Prozac*)에 서술되었다. (하지만 책에서 보고된 약물에 대한 놀라운 반응은 결코 한 약물에만 국한된 것이 아니다.)

DSM-IV는 기분저하장애와 만성 주요우울장애를 구별했지만, 연구에서는 이러한 구분을 지지해 주지 못했다. 그래서 DSM-5-TR에서는 DSM-IV의 두 가지 개별적인 상태를 조합하여 지속성 우울장애라고 명칭을 붙였다. 현재 진단기준에서는 그 차이를 나타내기 위하여 명시자를 제공하고 있다. 분명한 점은 지속되는 우울증을 경험하는 환자는 치료에 잘 반응하지 않는 경향이 있고 양극성장애나 어떤 형태의 우울증을 가진 친척이 있을 가능성이 더 높으며, 추적 관찰 시에도 질병이 지속될 확률이 높다.

지속성 우울장애와 만성 주요우울증을 같은 것으로 보면서 나타난 다른 양상이 있다. 몇 가지 주요우울증상은 지속성 우울장애 진단기준 세트에 포함되어 있지 않다. 따라서 (DSM-5-TR이 기술하듯이) 만성 주요우울장애를 가지는 환자들의 상당수는 지속성 우울장애 진단기준에 맞지 않을 가능성이 있다. 정신운동성 지체, 자살 사고, 기분/활력/흥미 저하의 조합이 그러한 경우에 해당할 것이다(증상 중 활력 저하만 지속성 우울장애의 진단기준 B에 포함된다). 확률이 낮다는 것을 알지만, 아마도 그런 경우가 있다. 만약 현재 삽화 동안에 증상이 주요우울장애 진단기준에 부합한다면, 그 환자에게 주요우울장애 진단을 내릴 것을 권고한다. 증상이 주요우울 삽화의 진단기준에 부합하지 않는 경우에는 달리 명시되는(혹은 명시되지 않는) 우울장애로 물러서야 한다.

지속성 우울장애의 핵심 특징

지속성 우울장애의 증상을 '덜 심각한 우울증'이라고 묘사한다. 증상은 2년 동안 대부분 기간에 나타난다(증상이 두 달 넘게 없었던 적이 없다). 환자들은 피로감, 주의집중력이나 의사결정의 문제, 부정적인 자기상, 무망감을 인식할 것이다. 식욕과 수면욕은 증가할 수도 감소할 수도 있다. 그들은 주요우울 삽화의 필수 요건을 모두 충족시킬 수 있으나, 조증 혹은 경조증 삽화나 순환성장애는 한 번도 가진 적이 없다.

주의사항

ㄱ들을 다루어라

- 기간(그렇지 않은 날보다 그런 날이 더 많음, 2년 이상)
- 고통 혹은 장애(직업적/학업적, 사회적, 혹은 개인적 손상)
- 감별진단(물질사용장애 및 신체질환, 정상적인 슬픔, 지속성 비탄장애, 오래 지속되는 스트레스원에 대한 적응, 양극성장애, 주요우울장애, 정신병적 장애)

아동에서는 기분이 우울하기보다는 과민한 상태로 나타나기도 하며, 요구되는 기간은 2년이 아닌 1년이다.

부호화 시 주의점

심각도를 명시할 것
발병 시기를 명시할 것
  조기 발병, 20세 이전에 발병하는 경우
  후기 발병, 21세 혹은 그 이후에 발병하는 경우

다음의 경우 명시할 것
  순수한 기분저하증후군 동반. 주요우울 삽화의 진단기준에 부합하지 않음
  지속성 주요우울 삽화 동반. 지난 2년 동안 진단기준에 부합함
  간헐적인 주요우울 삽화 동반, 현재 삽화를 동반하는 경우. 현재 주요우울 진단기준에 부합하나, 지난 2년의 기간 동안 2개월 이상 진단기준에 부합하지 않음
  간헐적인 주요우울 삽화 동반, 현재 삽화를 동반하지 않는 경우. 과거에 주요우울 진단기준에 부합했었고, 현재는 부합하지 않음

증상이 지속성 우울장애와 주요우울장애 모두의 진단기준을 충족하는 환자는 두 가지 진단을 모두 받아야 한다. 그리고 위의 세 가지 명시자 중 하나 또한 적용되어야 한다.

표 3.3에서 다른 명시자를 선택하라.
　　긴장증 동반
　　비전형적 양상 동반

노아 샌더스

노아 샌더스에게 삶은 재밌었던 적이 없는 듯했다. 그가 거의 항상 '그저 마음이 울적하다'는 것을 처음으로 알아차린 때는 18세 무렵이었다. 그는 똑똑하고 열심히 공부했으나, 대학생활 내내 학우들이 이해하지 못하는 생각들로 주의가 산만해졌다. 그는 일류 전자회사에 일자리를 구했다. 그러나 그는 책임감이 더 부가되는 것을 감당할 수 없다는 생각에 승진 기회를 여러 번 거절하였다. 이러한 '타고난 2인자'라는 열등감을 보상하고자 불굴의 투지를 가지고 오랜 시간 업무를 해왔다. 이러한 노력은 그를 만성적으로 피곤하게 했다. 심지어 결혼과 두 딸의 탄생마저도 기껏 겨우 몇 주 정도만 우울한 기분을 완화해 줄 뿐이었다. 그는 자신감이 너무 부족했기 때문에 가족에 대한 대부분의 의사결정을 항상 합의하에 그의 아내가 했다.

노아는 30대 초반이었던 어느 날 "그게 제가 항상 살아온 방식이에요. 저는 능숙한 비관주의자예요."라고 주치의에게 말했다. 의사는 그가 우울성 성격을 가졌다고 말했다.

수년간 그 설명은 적절한 것처럼 보였다. 노아가 40대 초반이 되었을 때, 그의 작은딸이 대학에 가기 위해 집을 떠났다. 이후에 그는 점차 인생이 부질없다고 느끼기 시작했다. 몇 달 동안 그의 우울증은 깊어졌다. 살면서 이민큼 우울했던 적이 없다고 느낄 정도가 되었다. 항상 그를 힘내게 했던 딸들의 방문도 그의 기분을 돋우지는 못했다.

평소 숙면을 취하던 노아는 새벽 4시 정도에 깨어나 자신이 했던 실수들을 반추하기 시작했다. 식욕이 떨어지고 체중은 감소하였다. 아내는 그가 흐느껴 우는 것을 7주에만 세 번이나 목격했다. 당시 그는 자신의 실패에 대해 너무나 죄책감을 느낀 나머지 가족들에게 그가 없는 것이 훨씬 나을 것이라고 생각했다고 고백했다. 그녀는 그에게 치료가 필요하다고 결정했다.

노아는 항우울제를 복용하기 시작했다. 2주 동안 그의 기분은 생기를 찾았고, 숙면을 취했다. 1개월 되었을 때 그는 살아오는 동안 "이보다 더 좋았던 적이 없었다."라고 했다. 한때는 회사에서 구두 발표를 피했지만, 그는 '내가 할 수 있는 것을 보여줄 기회'로 생각하고 이를 기대하기 시작했다. 만성적인 피로감은 사라져 갔고, 넘치는 활력을 소모하기 위해 조깅을 시작했다. 여가 시간에는 혁신적인 기술을 개발하고 촉진시키기 위해 자신만의 작은 사업을 시작하였다.

그 후로 노아는 여전히 작은 사업을 부업으로 운영하고, 약물을 복용하고 있다. 그와 그의 치료사가 약물을 줄이려고 시도할 때마다, '아마도 결국에는 나는 정말로 실패할 거야.'라는 생각으로 돌아가는 자신을 발견했다.

노아 샌더스의 평가

노아의 기분 증상은 삽화적이라기보다는 성인기 대부분 동안 만성화되어 있는 것처럼 보였다. 이러한 증상이 없었던 기간이 한 번에 몇 주 이상씩 지속된 적은 없었다(지속성 우울장애의 진단기준 C). 증상은 거의 매일 하루의 대부분 존재했다(A). 진단기준 B에서 요구하는 증상은 두 가지뿐이지만, 그의 증상에는 전반적인 비관주의, 부정적인 자아상, 만성적인 피곤함을 포함한다. 그는 우유부단하여 그의 아내가 가족의 의사결정자 역할을 하게 되었고, 이는 사회적 손상과 매우 흡사하게 들린다(H). 그가 느끼는 방식은 평상시의 자신과 다르지 않았다. 사실 그는 이를 자신이 살아온 방식이라고 말했다. (긴 기간은 지속성 우울장애를 주요우울장애와 구별하는 두 가지 핵심 특징 중 하나이다. 나머지 하나는, 지속성 우울장애에서 요구되는 증상이 주요우울증의 증상만큼 많거나 심각하지 않다는 것이다.) 노아는 양극성장애나 정신병적 장애를 고려할 만한 조증 증상이나 정신병적 증상을 보인 적이 없다(E, F).

지속성 우울장애의 감별진단은 주요우울장애의 감별진단과 본질적으로 동일하다. 다른 의학적 상태로 인한 기분장애와 물질로 유발된 기분장애를 배제해야 한다(G). 두드러진 만성화와 부정적인 자기상을 근거로 노아의 어려움들이 회피성 혹은 의존성 성격장애와 같은 성격장애에 의해 설명될 수 있다는 추측을 할 수도 있다. 이 사례에서는 상기 진단을 하는 데 필수적인 진단기준을 모두 다루지는 않았다. 그러나 중요한 진단적 원칙은 치료할 수 있는 가능성이 더 높은 상태를 먼저 진단해야 (그리고 치료해야) 한다는 것이다. 만약 기분장애가 완화됨에도 불구하고 노아가 계속해서 수줍어하고 어색해하며 부정적 자기상을 가진다면, 그때 성격장애 진단을 고려해도 된다.

이제 명시자를 보자(표 3.3). 정신병적 증상은 없지만, 노아는 (죽음에 대한 사고를 포함하는) 꽤 많은 우울 증상을 보였고, 이는 그의 질병이 심각했다는 점을 시사한다. 그는 증상을 18세가 되었을 때 처음 알아차렸기 때문에, 그의 발병이 이르다고 말할 수 있다. 최근 노아의 증상은 주요우울 삽화 또한 충족시킬 수 있을 것이다. 주요우울 삽화는 꽤 최근에 시작된 것이며, DSM-5-TR에서는 기분저하증 환자가 주요우울 삽화의 진단기준을 만족시키는 증상을 가질 수 있다고 기술되어 있으므로 그에 대한 평가를 결정하였다(D). 이에 그에게 간헐적인 주요우울 삽화, 현재 삽화를 동반하는 경우 명시자를 부여할 것이다.

정의에 의하면, 지속성 우울장애에 적용될 수 있는 표준적인 우울장애 명시자는 비선형석 양상과 긴장증 동반뿐이다. 둘 중 어느 것도 적합하지 않다.

치료를 시작하자, 노아는 성격이 변화된 것처럼 보였다. 기분이 좋아지고 행동은 반대로 변했는데, 그는 거의 경조증처럼 보였다. 그러나 이러한 증상은 경조증 삽화에서 요구되는 수준 정도는 아니었다. 만약 그러했다면, 진단기준 E에 의해 지속성 우울장애 진단을 배제했을 것이다. (또한 DSM-5-TR에서는 노골적으로 명시하고 있지 않지만, 치료에 의해 촉발된 경조증 삽화는 제Ⅱ형 양극성장애 진단으로 고려하지 않는다는 것을 기억하라. 역으로 이러한 경우를 지속성 우울장애로 고려해서도 안 된다.) 처음에는 GAF의 점수가 50점 정도일 거라 생각했다. 추후에는 GAF 점수를 건강한 수준인 90점 정도로 생각했다. 요약에서는, 회피성 성격 특질의 가능성을 기록해 두었다.

노아 샌더스가 주요우울장애의 진단기준도 충족했기 때문에, 그는 다음의 두 진단을 받았다.

F34.1   지속성 우울장애, 고도, 조기 발병, 간헐적인 주요우울 삽화 동반, 현재 삽화를 동반하는 경우, 멜랑콜리아 양상 동반

F32.1   주요우울장애, 중등도

F34.0 순환성장애

순환성장애 환자들은 만성적으로 의기양양하거나 우울하지만, 처음 2년간은 조증, 경조증, 또는 주요우울 삽화 기준을 충족시킨 적이 없다. 다음 이중선 안의 내용에서 설명할 것이다.

순환성장애는 한때 성격장애로 간주되었다. 이는 부분적으로는 이 장애가 점진적으로 발병해서 오랫동안 지속된다는 사실에 기인할 것이다. 일부 임상가들은 여전히 **순환성 기질**(cyclothymic temperament)에 대해 언급하고 있는데, 이는 양극성장애의 전조일 수 있다.

임상적으로 나타나는 모습은 매우 다양할 수 있다. 어떤 환자는 거의 항상 불쾌감을 느끼고, 때때로 하루 정도 경조증으로 옮겨갈 수 있다. 다른 어떤 환자는 하루에도 몇 번씩 변동할 수 있다. 혼재되어 나타나는 경우도 흔하다.

순환성장애는 전형적으로 청소년기나 유아기에 점진적으로 나타나기 시작하며, 일반 인구의 1% 이하에서 발병한다. 하지만 임상가들은 생각보다 순환성장애를 훨씬 적게 진단한다. 여성이 더 많이 치료를 받으러 오는 경향이 있지만, 성별 분포는 거의 동일하다. 대개 환자들이 우울할 때만 치료를 받으러 간다는 것은 놀라운 일이 아니다. 한번 시작되면 순환성장애는 만성화되는 경향이 있다.

당신의 순환성장애 환자가 후에 조증, 경조증, 혹은 주요우울 삽화로 발전하게 된다면 어떻게 하겠는가? 이러한 일은 일부 빈도(최대 50%)로 발생하며, 이런 경우에는 진단을 다르게 변경해야 할 것이다. 주요기분 삽화가 한 번 시작되면, 그 환자는 다시 순환성장애로 돌아갈 수 없다. 만약 새로운 삽화가 주요우울 삽화라면, 명시되지 않는(혹은 달리 명시되는) 양극성장애로 진단을 양보해야 할 것이다. 왜냐하면 정의상 순환성장애의 '기분이 좋은' 기간은 경조증 삽화를 충족시키지 않을 것이기 때문이다.

순환성장애의 핵심 특징

환자는 어떤 기분 삽화(주요우울, 경조증, 조증)에 대한 진단기준에 부합하지 않는 '좋아졌다 나빠졌다 하는 기분'을 수차례 경험한다. 증상이 대부분의 시간 동안 발생하지만, 최대 두 달 정도는 평온한 기분이 지속될 수 있다.

주의사항

ㄱ들을 다루어라

- 기간(2년 이상, 아동과 청소년의 경우 1년 이상)
- 고통 혹은 장애(직업적/학업적, 사회적, 혹은 개인적 손상)
- 감별진단(물질사용장애 및 신체질환, 빠르게 순환하는 기타 양극성장애, 정신병적 장애)

부호화 시 주의점

다음의 경우 명시할 것

불안증 동반

허니 베어

"저는 요요(yo-yo)예요!"

깃털과 스팽글이 없었다면 허니 베어는 도발적으로 보이지 않았다. 그녀는 멜리사 슈와츠로서 삶을 시작했지만 예명을 사용하는 것을 좋아했다. 문제가 된 무대는 후퍼스로, 해안가 근처에서 번창하던 스트립 바 중 하나였다. 해군 징병소에 있는 광고 게시판에는 "진짜 사나이만 오세요" 라고 선전하고 있었다. 4년 전 대학을 중퇴한 이후로, 허니는 후퍼스에서 공연하는 4명의 소녀 쇼에서 앞줄에 서는 무용수였다. 매일 오후 일터로 가는 길에 정신건강 클리닉 바로 옆을 지나쳤지만, 이번이 그녀의 첫 방문이었다.

"최근 우리 공연에서, 저는 자유의 여신상을 연기했어요. 저는 지친, 가난한, 움츠러들어 있는 사람들에게 접대했어요. 그러고는 옷을 벗었어요."

"그게 문젠가요?" 면담자는 알고 싶었다.

대부분의 경우 그렇지 않았다. 허니는 공연하는 작은 무대를 좋아했다. 해군함대가 들어왔을 때, 그녀는 우레와 같은 박수 속에 연기하였다. "사실, 저는 제가 하는 모든 것을 즐길 뿐이었어요. 저는 술을 많이 마시지 않았고, 절대 마약을 하지 않았지만 파티에는 갔어요. 전 교회 성가대에서 노래를 부르고 영화를 보러 가요. 전 예술 영화를 꽤 즐겨요." 그녀는 기분이 좋았을 때 거의 자지 않았고, 많이 말했고, 수십 개의 프로젝트를 시작했으며, 심지어 그것들 중 일부를 끝냈다. "저는 정말 행복한 사람이에요. 제가 기분이 좋을 때는요."

그러나 2개월마다 어떤 것도 즐겁지 않을 때가 한두 주 있었다. 그녀는 미소를 억지로 얼굴에 갖다 붙이고 일하러 갔으나, 막이 내릴 때 미소는 화장과 함께 사라졌다. 자살 사고는 없었고 수면과 식욕에 문제가 없었다. 활력과 집중력은 정상적이었다. 그러나 마치 김빠진 탄산음료 같았다. 그녀는 자신의 기분이 변동하는 명백한 원인을 확인할 수 없었고, 그렇게 몇 년이 흘러갔다. 그녀는 '그저 정상적'이었을 때가 몇 주였는지 양손 손가락으로 셀 수 있었다.

최근에 허니에게는 남자 친구가 생겼는데, 그는 해군 하사관으로 그녀와 결혼하고 싶어 했다. 그는 그녀가 아주 명랑하고 열정적이기 때문에 그녀를 사랑한다고 말했지만, 그는 오직 명랑 쾌활할 때의 그녀만 본 것이었다. 그녀가 우울했던 그전에는 항상, 그는 바다로 나가 있었다. 이제 그는 육상 근무로 옮기겠다고 했고, 그녀는 그늘의 관계가 끝나게 될까 봐 두려웠다. 그녀가 이에 대해 이야기할 때, 2개의 큰 눈물방울이 마스카라 사이로 떨어져서 그녀의 볼에 흘러내렸다.

4개월 동안 수차례 방문을 한 후 허니는 웃으며 들어왔다. 그녀는 탄산 리튬이 효과가 좋은 것 같다고 보고했다. 기분의 기복이 완만해졌다. 그녀는 여전히 후퍼스에서 자유의 여신상을 연기하고 있었다.

"저의 선원은 거의 3개월 만에 돌아왔어요." 그녀는 말했다. "그리고 그는 여전히 나를 짝사랑하고 있어요."

19세기 중반으로 돌아가서, 카를 칼바움 — 긴장증을 처음 기술한 정신과 의사 — 은 어떤 사람들이 특정한 치료를 필요로 하지 않을 정도로 경미한 수준으로 기분의 고조와 저하를 빈번하게 경험한다는 점에 주목했다. 그의 제자이자 동료인 (파과형 조현병에 대한 기술로 가장 잘 알려진) 에발트 헤커(Ewald Hecker)는 이를 확인하고 확장하였다.

하지만 20세기 중반까지, 첫 번째 DSM에서는 (조현성, 편집성, 그리고 부적절한 성격과 함께) 중심특성 성격유형(cardinal personality type)이라는 말로 순환증을 기술했다. 이러한 첫 DSM의 기술은 굉장히 멋지게 들린다 — "삶에 대한 외향적인 적응, 분명한 인간적인 따뜻함, 우호성과 겉으로 드러나는 너그러움, 환경에 대한 정서적인 접근, 경쟁에 대한 준비된 열정"('외향적'이라는 의미를 찾아보는 것은 연습 문제로 남겨둘 것이다). 어쨌든 본래 순환증은 기질이나 성격유형이었다.

DSM-II에서는 역시 순환성 성격이 다른 성격장애와 함께 분류되었지만, 1980년에 기분장애로 옮겨지면서 현재의 이름으로 바뀌었다. 하지만 다른 기분장애와의 관련성이 명확하지 않다. 전문가들은 오늘날에도 이에 대해 논쟁하고 있다. 많은 전문가들이 순환증을 더욱 심각한 양극성장애로 가는 전구 증상일 수 있다고 주장한다.

몇몇 전문가들은 순환증과 경계성 성격장애의 유사점(불안정한, 대인관계에서 갈등을 불러일으키는 과민한 기분)을 언급하며, 심지어 경계성 성격장애가 양극성 스펙트럼에 속한다고 주장하기도 한다. 이러한 추측은 반론을 불러일으키기에 충분하다.

이는 여전히 진단 편람 내에서 순환성장애의 정확한 위치가 어디인지 결정하는 일이 남아 있음을 시사한다. DSM-5-TR 진단기준이 이 오래된 진단의 구분을 위해 한 발짝 내딛긴 했으나, 실제 진전이 있는 것 같지는 않다.

허니 베어의 평가

가장 처음으로 할 명백한 질문은 이것이다. 허니는 조증, 경조증이나 주요우울 삽화의 기준을 충족시킨 적이 있는가(순환성장애 진단기준 C)? 우울해졌을 때, 그녀는 주요우울 삽화의 생장 증상(vegetative symptoms)(수면 또는 식욕 관련 문제들)을 보이지 않았다. 그녀는 정상적인 집중력을 가지고 있었고 자살 사고를 한 적이 없었으며, 무가치감을 호소하지 않았다. 반대쪽 극단에서, 그녀는 정말로 경조증의 증상과 유사한 증상(말이 많고, 적게 자고, 다른 때보다 더욱 활동적인)을 보였지만, 경조증을 충족시킬 만큼 심하지 않았다. 허니의 '들뜬' 기분은 비정상적인 수준으로(경조증 삽화 진단기준 A) 의기양양하지(혹은 과민하거나 팽창되지) 않았다. 증상은 그녀의 평상시 기능 수준이었다. 게다가 그녀는 제 II 형 양극성장애에 전형적인 것보다 더욱 많은 기분 변동 주기를 경험했다. 그러므로 우리는 다른 양극성이나 주요우울 진단을 배제할 수 있다.

허니는 그녀가 거의 항상 기분이 좋거나 나빴다고 진술했다(순환증으로 돌아가서 — 진단기준 B). 정신병을 경험한 적이 없었기 때문에 조현정동장애와 같은 진단을 충족할 수 없다(D). 그녀는 약물 또는 알코올 사용을 하지 않았으므로, 물질로 유발된 기분장애는 배제된다(E). 또한 관련 삽화의 부족으로 인해 제 I 형 양극성장애, 제 II 형 양극성장애, 그리고 주요우울장애 진단을 제외한다. (하지만 기분 변동이 매우 많아서, 급속 순환성 동반 제 I 형 혹은 제 II 형 양극성장애가 때때로 순환성장애와 혼동될 수 있다.) 기분 변동, 충동성, 그리고 대인관계 문제는 당연히 경계성 성격장애에서도 매우 많이 나타날 수 있지만, 주요 정신 진단으로 설명이 가능한 경우에는 결코 성격장애를 진단하지 않는다.

허니는 거의 항상 존재하던 증상을 보였으므로 순환성장애를 충족한다. 그녀는 기분 변동을 많이 보였으며, 기분이 고조되지도 저하되지도 않은 기간이 매우 드물었다. 순환성장애에 가능한 유일한 명시자는 불안증 동반이며, 허니의 증상과는 관계가 없는 것 같다. GAF 점수는 입원 시 70점, 추후 관찰 시 90점이었다. 진단은 단순하다.

F34.0   순환성장애

F32.81 월경전불쾌감장애

월경전불쾌감이 실재하는지에 대해 오랫동안 의견이 분분했고, 이로 인해 DSM-5 이전에는 월경전불쾌감이 부록에 머물러 있었다. 마침내 충분한 연구가 발표되어 이 장애를 음지로부터 꺼내줄 수 있게 되었다.

월경전 증상은 정도에 관계없이 출산 가능한 연령의 여성 약 20%에서 보인다. 비록 기능 손상은 훨씬 적은 사람에게서 나타나겠지만, 월경전불쾌감장애는 일반 인구의 1% 이상에 영향을 미친다. 증상은 임신 가능한 기간 내내 월경 주기 중 대략 일주일 동안 보인다. 이러한 환자는 다양한 수준의 불쾌한 기분(사전적으로 "매우 불행하거나, 불안하거나 혹은 불만족스러운"), 피로감을 호소하며, 가슴의 민감함, 체중 증가, 복부팽창 등의 신체적 증상을 호소한다. 주요우울 삽화 및 기분저하증과의 감별은 주로 시기와 기간에 따라 결정한다.

월경전불쾌감장애는 심각한 결과를 초래할 수 있다. 이런 환자들은 임신 가능한 일생 중 기분 증상을 경험하는 기간을 모두 합치면 8년 정도 될 것이다. 어떤 환자는 자신의 분노나 다른 부정적인 기분이 주위에 얼마나 영향을 미치는지 인식하지 못하기도 하고, 많은 이들은 심각한 우울증으로 고통스러워한다. 15% 정도는 자살을 시도할지도 모른다. 하지만 전형적인 환자는 30세가 될 때까지 치료를 받지 않으며, 때로는 30세 이후에야 치료를 받게 된다. 증상은 나이가 들수록 더욱 악화되는 경향이 있지만, 폐경(때때로 호르몬 대체치료에 의해 기간이 길어질 수 있다)으로 인해 자연스럽게 종결된다. 이 장애는 심하게 과소진단되는 정신질환 중에서도 상위권에 든다.

월경전불쾌감장애의 위험요인에는 체중과다, 스트레스, 외상(학대당한 과거력을 포함하여) 등이 있다. 강력한 유전적 요인이 있는 것 같다. 동반이환으로는 양극성 상태를 포함한 다른 기분장애와 불안장애가 있다.

1944년까지 거슬러 올라가면 — '월경전 긴장(premenstrual tension)'이라는 용어는 적어도 1928년에 나온 것으로 추정된다 — 월경전 증후군(PMS)은 길고 격정적인 과정을 겪었다. 코미디언 지망생에게 조롱당하였고, 많은 사람들에 의해 경멸 조로 묵살당하고, 젠더 정치(gender politics)를 실행하는 사람들 일부에 의해서도 폄하되었다. 그간 월경전 증후군이 홀대받은 것은 놀랄 일이 아니다. 월경전 증후군을 장애로 보기에는 매우 모호하고 다양하게 정의된다.

모두 합해서, 월경전 증후군은 100여 개의 증상을 아우른다. 모두 예시일 뿐, 최소한의 수나 요구되는 특정 증상이 존재하지 않는다. 모든 것이 입증되지 않았다. 몇몇을 제시해 보면, 체액저류(fluid retention)(가장 빈번하게 보고되는 증상, 특히 가슴과 복부에서), 달거나 짠 음식에 대한 갈망, 근육통, 피로감, 과민함, 긴장, 여드름, 불안, 변비나 설사, 불면증, 성욕의 변화, 슬프거나 기분 변화가 심하거나 통제를 벗어난 기분 등이다. 대다수의 여성은 가끔 생리기간 전후로 이러한 증상 중 몇몇을 보일 것이다. 이 증상은 각각 따로 매우 흔하게 나타나서, 병리적이라기보다는 생리적인 것으로 여겨질 수 있다. 이러한 점으로 인해 몇몇 사람들은 위와 같은 증상을 모두 PMS(축약하지 않은 이름으로는 거의 불리지 않는다)의 탓으로 돌리기도 한다. 모든 여성들이 사실상 똑같은 문제를 지니고 있으므로 정확한 증상과 그 시기 및 강도에 주목하는 것이 매우 중요하다.

월경전불쾌감장애의 핵심 특징

월경이 시작하기 전 며칠 동안 환자는 현저한 기분 변동, 우울증, 불안, 분노 혹은 짜증을 경험한다. 주의집중의 어려움, 흥미의 감소, 피로감, 통제를 상실한 느낌("압도되는 느낌이에요."), 식욕이나 수면의 변화와 같은 우울증의 전형적인 증상 또한 인정할 것이다. 가슴의 민감함, 근육통, 체중 증가, 복부가 팽창되는 느낌과 같은 신체적인 증상을 겪을 수 있다. 월경이 시작하면 이내 정상으로 빠르게 회복된다.

주의사항

ㄱ들을 다루어라

- 기간(월경기간 전후 며칠 동안, 지난해 대부분의 주기 동안)
- 고통 혹은 장애(직업적/학업적, 사회적, 혹은 개인적 손상)
- 감별진단(호르몬 대체치료를 포함한 물질사용장애, 신체질환, 주요우울장애 혹은 지속성 우울장애, 공황장애, 성격장애, 일반적인 비탄/슬픔)

부호화 시 주의점

DSM-5-TR에서는 다가오는 두 번의 월경 주기에 대한 평가를 할 때까지는 진단이 '잠정적인'이라는 점을 언급한다고 기술되어 있다. 임상가로서 이렇게 할 것인지 말 것인지를 결정하는 것은 당연히 당신의 몫이다.

에이미 저니건

"자, 무엇이 문제인지 제게 말해줄 필요는 없어요. 전 무엇이 문제인지 알고 있어요. 전 단지 당신이 절 치료해 주길 바라요." 상담의자에 구부정하게 앉은 에이미 저니건은 다리를 꼬고 임상가를 계속 바라보았다. "증상 목록을 가져왔으니 헷갈릴 일은 없을 거예요." 그녀는 종이 반쪽을 펼쳤다.

"항상 월경 4~5일 전에 시작돼요." 그녀는 조용히 얘기했다. "공부하지 않은 과목의 시험 시간을 기다릴 때처럼 긴장이 되기 시작해요. 그러다가 하루나 이틀 뒤 우울해지고 울고 싶어져요." 그녀는 흘끗 보고 미소 지었다. "지금은 제가 그렇게 하는 걸 볼 수 없을 거예요. 항상 월경이 시작되고 나면 괜찮아져요."

20대 초반에 에이미는 미국 최남부 지역에 있는 집 근처의 대학을 졸업했다. 지금은 그녀의 소설이 팔리길 기다리면서, 정치적 블로거를 연구하고 있었다. 한쪽으로는 신문을 주시하면서 말을 이어갔다. "하지만 그 전에는 우울해지고, 짜증스럽고, 8월의 하운드 독(사냥개)처럼 게을러지고 아무것도 하기 싫어져요."

에이미의 어머니는 평등권 개정에 반대하는 캠페인을 하는 반페미니스트였고, 본인도 월경전 증상을 경험한 적이 있으면서도 에이미의 증상은 인정해 주지 않으려 하였다. 에이미의 문제는 그녀의 첫 월경이 시작되었던 10대 초반에 시작되었다. "제가 너무 화를 내서 친구들이 등을 돌렸어요. 다행스럽게도 제가 꽤 외향적인 편이라서 그들은 곧 돌아왔어요. 하지만 거의 매달 가슴이 예민해져서, 가슴으로 점자를 읽을 수 있을 정도였어요. 이제는 차라리 말을 하지 않는 게 낫다는 걸 알아요. 그렇지 않으면 다음 주에는 제가 아는 모든 사람에게 맥주 한 잔을 대접해야 될지도 몰라요."

에이미는 증상 목록을 그녀의 뒷주머니에 넣고 바르게 앉았다. "나는 월경전 증후군이 있는 페미니스트는 되기 싫어요. 걸어다니는 클리셰 같잖아요."

에이미 저니건의 평가

그녀가 용어를 정확하게 사용하지는 않았지만, 에이미가 얘기한 것처럼 그녀의 문제가 무엇인지에 대해서는 많은 논의가 필요하지 않다. 그녀의 증상 목록 — 우울, 과민함, 긴장(진단기준 B3, B2, 그리고 B4)과 가슴의 민감함, 무기력(lethargy), 흥미의 감소(C7, C3, 그리고 C1) — 은 총 5개 이상의 필요 요건을 초과하였다. 에이미는 그 증상이 얼마나 심신을 쇠약하게 하는지 자발적으로 말했다(D). 증상의 재발과 시기, 월경전 외에는 증상이 부재하다는 것으로(A) 이 사례는 완벽해졌다. 주요우울 삽화나 지속성 우울장애로 보기에는 저조한 기분이 나타나는 기간이 너무 짧다(E). 당연히 증상들이 물질 사용이나 다른 의학적 상태를 배제하기 위한 조사가 이뤄져야 한다(G). 두 달간의 전향적인 주기에 대한 증상기록이 없으므로, 에이미의 임상가는 주요우울장애를 배제할 때 매우 조심해야 한다. 그달의 다른 시기에 발생하는 우울 증상을 무시하는 실수를 범하기 쉽다.

에이미의 임상가는 진단기준 F를 충족하려면, 앞으로 두 번의 주기 동안 그녀의 기분을 평가해야 한다. 그녀의 상태가 좋지 않을 때 GAF 점수는 60점이었고, 진단은 다음과 같다.

F32.81   월경전불쾌감장애, 잠정적인

최종진단을 내리기 전에 향후의 정보에 대해 요구하는 것은 DSM-5-TR의 독특한 특징이며, 이전 DSM-5에서는 찾아볼 수 없었다. 이는 가능한 한 충분한 정보에 기초하여 진단이 내려져야 한다는 점에 근거하고 있다. 최종진단을 내리기 전에 차후에 발생할 삽화를 필요로 하는 이런 절차가 다른 진단에는 요구되지 않는다는 사실은 실제 임상 장면에서는 다행으로 여겨질 것이다. 그러나 이는 앞으로 불어닥칠 폭풍의 맛보기 정도에 불과할지 모른다.

F34.81 파괴적 기분조절부전장애

파괴적 기분조절부전장애는 아동기 문제의 극단을 포함한다. 대부분의 아이들은 서로 싸우지만, 파괴적 기분조절부전장애는 싸움의 범위와 강도가 더 확장된 것이다. 이런 아이들은 아주 사소한 자극(샌드위치에 치즈가 부족한 것, 좋아하는 셔츠가 빨래 중인 것)에도 통제가 어려울 정도의 강렬한 화를 촉발한다. 분노폭발 시 이들은 형제(그리고 부모)를 위협하거나 괴롭힐 수 있다. 어떤 아이들은 집안일과 숙제하기 혹은 기본적인 위생관리마저도 하지 않으려 한다. 분노폭발은 평균적으로 이틀에 한 번 꼴로 발생하며, 폭발 사이에는 계속 불안정한 기분 ― 우울하고, 화나고, 짜증 나는 ― 을 경험한다.

파괴적 기분조절부전장애를 가진 아이들의 행동은 이들로 하여금 막대한 사회적 · 교육적 · 감정적 불이익을 당하게 한다. 기능평가가 저조한 것은 그들이 또래와 교사, 친척들과 교류하는 데 어려움이 있음을 반영한다. 이들은 부모의 지속적인 관심을 요하며, 만일 학교에 간다면 때때로 자신과 다른 사람들의 안전을 지키기 위한 경호원이 필요하다. 어떤 이들은 분노가 너무 극심한 나머지, 그 분노가 그들의 삶을 위협하기도 한다. 심지어 비교적 경미한 증상만으로도 놀이데이트(play date)나 파티초대와 같은 많은 평범한 아동기 경험을 좌절시킬 수 있다. 어떤 표본에서는 1/3이 입원 조치되었다.

유병률은 미국에서 6세의 8%에 달하며 연령에 따라 감소한다(브라질에서는 11세의 2.5%). 파괴적 기분조절부전장애 아동의 80%가량은 적대적 반항장애의 진단기준에도 부합할 것인데, 이러한 경우 파괴적 기분조절부전장애만 진단한다. 이 진단은 대부분의 다른 아동기 장애와 비슷하지만 대부분의 다른 기분장애와는 달리 여자아이보다 남자아이에게 흔하다. 비록 공식적인 DSM-5-TR 진단기준이 6세 이전에는 진단을 내리지 않도록 상기시켜 주지만, 제한된 연구 결과에서는 이 장애가 미취학 아동에게서 가장 흔하게 나타났다. 그리고 이 장애는 10대의 반항과는 구별되어야 한다. 10대는 일시적으로 기분 증상이 흔하게 나타나는 시기이다.

다음과 같은 질문이 던져질 수 있다. 파괴적 기분조절부전장애는 왜 파괴적, 충동조절 그리고 품행 장애에 포함되지 않았는가? 당연히 근본적인 원인은 임상가에게 제 I 형 양극성장애를 대체할 수 있는 기분과 관련된 대안을 제시하기 위한 것이다. 하지만 질병의 경과 동안 지속적으로 우울한(혹은 과민한) 행동을 뚜렷하게 보이는 특징은 파괴적 기분조절부전장애를 다른 기분장애와 함께 배치할 만한 충분한 근거가 되는 것으로 보인다.

이 진단이 아동을 대상으로 한 것이기 때문에 이 진단과 관련된 사례를 제시하지 않을 것이다. 사실 더 주된 이유는 새로 날조된, 연구가 충분히 축적되지 않은 이 장애의 타당성에 대해 매우 우려되기 때문이다(아래의 이중선 내용 참조). 이와 동시에 저자는 약물치료(아마도 불필요한)를 수반하는 양극성장애 진단을 떠맡게 된 모든 아이들이 정말, 정말로 걱정된다.

어떠한 장애로 진단되는 환자의 수가 불편하게 급증된 데서 유래된 장애의 이름을 얼마나 많이 댈 수 있는가? 나는 정확히 하나를 떠올릴 수 있고, 여기서 이게 어떻게 된 것인지 설명하겠다.

1990년대 중반부터 몇 명의 저명한 미국 정신과 의사들은, 가끔이 아니라 만성적으로 과민한 아동에게 양극성장애 진단을 내릴 수 있게 하기 위해 양극성장애의 진단기준을 충분히 변화했다. 그 결과 아동기 양극성 신단의 수가 급증했다. 다른 많은 전문가들은 이를 양극성 진단기준의 분열로 받아들여 항의했다. 그래서 진단 전쟁에 대한 전선이 그어졌다.

많은 양상들이 이러한 청소년을 전형적인 양극성장애 환자와 구별할 수 있게 한다. (1) 아주 많지는 않은 연구에서 이러한 아이들이 성장하면서 조증이 아닌 우울증이 증가함을 보여주었다. (2) 가족력 연구에서 이러한 환자의 친척들 가운데 양극성장애가 발병할 확률을 초과하지 않았다. (3) 성비가 약 2:1로 남자아이에게서 더욱 많이 발생하는데, 이는 성인 환자의 양극성장애 비율이 1:1인 것과 다르다. (4) 병태생리학 연구는 두 상태의 두뇌 메커니즘이 다름을 시사해 주었다. (5) 아동기 양극성장애의 진단은 세계의 어느 곳에서보다 미국에서 훨씬 많이 내려진다. (6) 후속 연구에서 주요 문제가 심각한 기분조절곤란인 아동에서보다는 전통적인 진단기준에 따라 진단된 양극성장애 아동에게서 조증이나 경조증 삽화가 훨씬 많이 나타남을 보여주었다.

미국 정신건강 전문들 간의 서사적인 투쟁은 2008년 PBS의 *Frontline* 프로그램("양극성 아동")과 제니퍼 이건(Jennifer Egan)이 쓴 「뉴욕 타임스 매거진」 기사("양극성 퍼즐", 2008년 9월 12일)에서 연대기 순으로 기록되었다. 논쟁은 계속되고 있다. 그동안에 파괴적 기분조절부전장애 범주는 심각하게 과민한 아동의 병리적 측면을 더욱 정확하게 포착하기 위해 고안되었다.

파괴적 기분조절부전장애의 핵심 특징

적어도 1년 동안, 일주일에 몇 번씩 아동은 사소한 자극에도 심각한 분노발작을 보이며 — 소리를 지르거나 실제로 어떤 대상(혹은 사물)을 공격함 — 이는 환자의 나이와 발달 단계에 적절하지 않다. 분노발작 사이에, 아동은 대부분 화가 나 있고, 짜증을 부리거나(grumpy) 슬퍼 보인다. 공격행동과 그 사이의 부정적 기분은 다양한 환경에서 보인다(집, 학교, 친구와 있을 때). 환자는 조증 삽화를 보이지 않는다.

주의사항

그들을 다루어라

- 기간(1년 이상, 그리고 3개월 이상 없었던 적이 없음)
- 기타 인구통계학적 정보(10세 이전에 시작함. 진단은 6세에서 17세에서만 내려질 수 있음)
- 고통 혹은 장애(증상이 적어도 하나의 상황에서 심각하며 — 집, 학교, 다른 친구와 있을 때 — 다른 상황에서도 존재함)
- 감별진단(물질사용장애 및 신체질환, 주요우울장애, 지속성 우울장애, 양극성장애, 적대적 반항장애, 주의력결핍 과잉행동장애, 자폐스펙트럼장애, 외상후 스트레스장애, 분리불안장애, 발달 연령에 적절한 행동폭발)

파괴적 기분조절부전장애와 적대적 반항장애 모두를 충족하는 환자는 파괴적 기분조절부전장애로만 진단되어야 한다. 파괴적 기분조절부전장애는 간헐적 폭발장애나 양극성장애와 함께 진단될 수 없다.

유발된 기분장애

물질/약물치료로 유발된 기분장애

물질 사용은 특히 기분장애에서 흔한 원인이다. 코카인 또는 암페타민 중독은 조증 증상을 촉발시킬 수 있고, 우울증은 특히 코카인, 암페타민, 알코올 또는 바비튜레이트의 금단에 의해 야기될 가능성이 있다. 상기 진단을 위해서는 증상이 물질 중독이나 금단 삽화로부터 시간적으로 가깝게 발생되어, 인과 관계를 명백히 입증할 수 있어야 한다.

명백히 우울증은 알코올과 길거리 마약 남용과 함께 발생할 수 있다 — 아마도 알코올사용장애 환자의 40% 정도. 하지만 건강관리 전문가도 약물에 의해 유발되는 기분장애를 인식하지 못할 수 있다(745쪽 참조). 그러므로 전 세계 임상가의 사무실에서 만나게 될 수 있는 에린 핀의 사례를 주의 깊게 보아야 한다.

물질/약물치료로 유발된 {우울장애}, {양극성 및 관련 장애}의 핵심 특징

어떤 물질의 사용은 환자에게 뚜렷하고 지속적인 {우울한 기분 혹은 거의 모든 일상생활에서 흥미의 상실}{고양된(혹은 팽창되거나 과민한) 기분과 과도하게 증가된 에너지 또는 활동}을 경험하게 할 수 있다.

물질과 관련된 원인을 식별하기 위해서 88~89쪽의 이중선 안에 기술된 내용을 참조하라.

주의사항

ㄱ들을 다루어라

- 고통 혹은 장애(직업적/학업적, 사회적, 혹은 개인적 손상)
- 감별진단(신체질환, 기타 우울 또는 양극성 장애, '일반적인' 물질 중독 혹은 금단, 섬망)

이 진단은 기분 증상이 두드러지며 임상적 관심이 필요한 경우에만 물질 중독 또는 금단 대신에 사용하라.

부호화 시 주의점

다음의 경우 명시할 것

{중독}{금단} 중 발병. 이는 진단의 끝부분에 붙인다.

치료약물 사용 후 발병. 치료약물을 시작하거나, 변경하거나 또는 중단했을 때 증상이 발생했다면 이를 다른 명시자에 부가하여 쓸 수 있다.

경도 혹은 중등도/고도 물질사용장애를 지지하는 증거가 있는지에 따라 진단부호를 매겨라(표 15.2).

에린 핀

정치운동 매체 전문가로 일하는 에릭 핀은 퇴근 후 바로 클리닉으로 갔다. 그녀는 C형 간염 검진 프로그램에 참여했는데, 이는 그녀의 연령대를 대상으로 한 것이었다. 이는 C형 간염 발병을 감소시키는 혈액 공급을 정기적으로 검사하고 관리하는 프로그램이다. 검사 결과는 양성이었다. RNA 폴리메라아제 검사에서 바이러스가 있다고 나오자, 그녀는 인터페론 투여에 동의했다. "가끔 피곤함을 느꼈지만 그 외에 다른 증상은 없었어요." 그녀의 의사에게 말했다.

에린은 중산층이고 보수적으로 옷을 입는 편이었음에도 불구하고, C형 간염에 노출되었을 가능성이 몇 번이나 있었다. 가장 가능성이 큰 것은 1년 전에 수혈을 받은 것이다. 또한 그녀는 "제멋대로인 어린 시절을 보냈어요. 여러 차례 주사 가능한 약물로 실험도 했고, 심지어 문신도 했어요. 신중할 때도 있고 아닐 때도 있었어요. 문신 말이에요."라고 의사에게 말했다.

치료를 시작한 처음에는 약간의 우울감만 느꼈지만 시간이 갈수록 급격한 우울감을 호소했다. "작년 예비 선거에서 낙선했다고 생각했을 때보다 기분이 좋지 않았어요."라고 면담자에게 말했다. "밤에는 푹 자지 못하고 낮에는 정신을 차리지 못해 최악이었어요. 또 힘도 없고 피곤하고 그리고…" 그녀는 2개의 선거운동 배지가 달려 있는 자신의 코트를 만지작거리며 말을 더듬더듬 이어갔다.

원래 데이터 입력을 위해 고용되었던 에린은 책자나 TV 방송을 위한 선거 자료를 쓰도록 승진했다. 하지만 그녀는 하루 종일 우울해 있었기 때문에 일에 집중하지 못했고 이는 실수로 이어졌다. "저는 일을 제대로 하지 못해요." 그녀는 말했다. "항상 문법이나 철자 실수를 하고 있어요. 11월에 우리가 낙선한다면 그건 제 잘못일 거예요."

잠시 뒤 그녀는 덧붙였다. "하지만 저는 자살을 생각할 정도로 멍청하거나 극단적이지는 않아요. 그저 죽으면 좋겠다는 생각을 하죠." 그녀는 잠시 생각했다. "죽었으면! 그리고 남자 친구가, 제가 잠자리에서 별로라고 했어요. 다른 모든 것들과 마찬가지로, 나는 잠자리도 더 이상 신경 쓰지 않는 것 같아요."

에린은 그 뒤 인터페론 복용을 중단했고, 그녀의 기분과 다른 증상은 점점 정상으로 돌아왔다. "의사는 제가 어느 정도 도전하는 측면에서 인터페론을 다시 투여해야만 한다고 생각하세요. 그 말을 처음 들었을 때는 재고할 가치도 없는 생각이라고 말했어요. 하지만 저는 간경변이 염려되었고, 다시 투여를 하는 것이 좋겠다고 생각했어요."

그녀는 소매를 말아올리며 어깨를 으쓱했다. "저는 간염 치료가 정치와 많은 점에서 닮았다고 생각해요. 둘 다 편하지는 않다는 얘기예요."

에린 핀의 평가

에린의 증상을 보면 (비교적 경미한) 주요우울 삽화 진단을 내릴 수 있다. (인터페론 사용 이전부터 나타났으므로 고려하지는 않겠지만) 피로를 배제하더라도 말이다. 이러한 우울 증상 모두를 제외하더라도, 명백한 기분저하가 있었다는 사실만으로도 약물치료로 유발된 우울장애 진단기준 A의 필요 요건을 충족시킬 것이다. 시기가 일치하고(B1), 인터페론은 많은 환자들에게 우울 증상을 유발하는 것으로 알려져 있다(이전에 기분 삽화를 경험한 적이 있는 환자에게서 더욱 흔하긴 하지만 — B2). 그리고 통제된 실험이라고 할 수는 없지만, 인터페론을 중단하자마자 우울 증상이 깨끗이 사라졌다. DSM-5-TR에서 유발검사를 구체적으로 명시하지는 않지만(때때로 이런 실험은 바람직하지 않다), 에린이 약물을 재개하면서 우울 증상이 다시 나타나기 시작했던 것은 결정적인 인과 관계가 있음을 보여준다.

자, 그녀의 우울증에 대해 가능한 다른 원인을 고려해야 한다(진단기준 C와 D. 나는 이를 독자를 위한 연습 문제로 남겨두고자 한다). 진단기준 E(장애와 기능제약)와 관련하여, 과실추정의 원칙에 따라 업무상의 어려움이 있었다는 사실만으로도 약물치료로 인한 손상을 입증할 수 있다. ICD-10 부호화를 위해 제15장의 표 15.2로 가보면, 그녀가 복용한 약물은 '기타(other)'(F19)에 해당하며, 확실히 처방된 대로만 사용했으므로 사용장애는 없었다. 기분장애 열을 상호 참조하면, F19.94가 된다. 나는 그녀에게 입원 시 55점의 GAF 점수를 주었고, 퇴원 시 90점을 주었다.

B18.2   만성 C형 간염
F19.94   인터페론으로 유발된 우울장애, 치료약물 사용 후 발병

다른 의학적 상태로 인한 기분장애

많은 의학적 상태가 우울 증상 또는 양극성 증상을 유발할 수 있으며, 기분장애를 평가할 때는 항상 신체적 원인을 고려하는 것이 필수이다. 이는 이 증상이 치료 가능하기 때문만은 아니다. 오늘날의 치료 기술로 대부분의 기분장애는 치료될 수 있다. 일반적인 의학적 상태 중 일부는, 너무 오랜 기간 적절히 치료를 받지 않으면, 그 자체로 심각한 결과(죽음까지 포함하는)를 초래하게 된다. 그리고 조증 증상을 유발할 수 있는 의학적 상태는 적지 않다. 표가 완전히 포괄적인 것은 아니지만, 부록의 '정신질환 진단에 영향을 미치는 신체질환' 표에 의학적 상태의 일부를 제시하였다.

정말 중요한 이 필요 요인에 주목하라. 의학적 상태는 양극성 또는 우울 증상의 직접적이고 생리적인 원인이어야 한다. 심리적인 원인(예를 들어, 환자가 "암입니다."라는 말을 들어서 당연하게도 끔찍한 기분을 느낀다는 것)은 적응장애를 촉발하는 요인으로는 고려될 수 있지만, 다른 의학적 상태로 인한 기분장애로 설명될 수는 없다.

다음 리사 부어히스의 이야기는 의학적 상태가 기분장애를 유발할 수 있다는 것을 명심하는 것이 중요함을 잘 보여준다.

다른 의학적 상태로 인한 {우울장애}, {양극성 및 관련 장애}의 핵심 특징

생리학적 수단을 통해, 신체적인 의학적 상태가 환자로 하여금 현저하게 {우울한 기분 혹은 거의 모든 일상생활에서 흥미의 상실}{고양된(혹은 팽창되거나 과민한) 기분과 과도하게 증가된 에너지 또는 활동}을 초래하는 것으로 보인다.

주의사항

신체적 상태가 정신질환을 유발했는지를 결정할 때 90쪽의 이중선 안에 기술된 내용을 참조하라.

ㄱ들을 다루어라

- 기간(짧은 기간은 아니지만, 기술된 바는 없음)
- 고통 혹은 장애(직업적/학업적, 사회적, 혹은 개인적 손상)
- 감별진단(물질사용장애, 기타 우울 또는 양극성 장애, 다른 정신질환, 섬망)

부호화 시 주의점

명시할 것 : 다른 의학적 상태로 인한 우울장애

F06.31 우울 양상 동반. 주요우울 삽화 진단기준의 전체 증상이 나타나진 않는다.

F06.32 주요우울 유사 삽화 동반. 나타날 수 있다.

F06.34 혼재성 양상 동반. 조증 또는 경조증 증상이 분명히 보이지만, 우울 증상보다 두드러지지는 않는다.

명시할 것 : 다른 의학적 상태로 인한 양극성 및 관련 장애

F06.33 조증 또는 경조증 유사 삽화 동반. 조증이나 경조증 진단기준의 전체 증상을 보일 수 있다.

F06.33 조증 양상 동반. 완전한 조증 혹은 경조증 진단기준이 충족되지 않는다.

F06.34 혼재성 양상 동반. 우울 증상을 분명히 보이지만, 조증 증상보다 두드러지지는 않는다.

의학적으로 유도된 양극성장애를 의학적으로 유도된 우울장애와 명확하게 구별하여 진단기준을 기술한 것은 DSM-5가 유일하다. 당신이 이 차이를 알 수 없다면 어떻게 하겠는가? 어떤 기분장애는 초기 단계에서 명명하기에는 너무 애매할 수 있다. 그럴 경우, 당신은 명시되지 않는 기분장애로 진단 내릴 수 있다.

리사 부어히스

정신건강 클리닉에 도착했을 때, 리사 부어히스는 이미 3명의 의사를 만난 상태였다. 그들은 모두 그녀의 문제가 전적으로 정신적인 것이라고 생각했다. 그녀는 날씬하고 똑똑했으며, 자신이 남자들에게 인기가 있다는 것을 알고 있었다.

그녀는 그러한 방식을 유지하려고 했다. 중서부의 큰 대학교 영문학과 학과장의 개인 비서라는 직업 특성상 많은 신랑감을 만날 수 있었다. 그리고 그것이 리사가 자신이 미쳐가고 있다고 생각하게 한 문제를 처음으로 알아차린 부분이었다.

"로망어를 가르치는 멋진 조교수였어요." 그녀는 면담자에게 말했다. "그는 항상 사무실 안팎에 있었고, 저는 그가 절 알아차리게 하기 위해 성희롱 빼고는 모든 걸 다했어요. 그러자 지난 봄 어느 날인가, 그는 저녁을 먹고 쇼를 보자고 데이트 신청을 했어요. 그러나 저는 그를 거절했어요! 그저 관심이 없었어요. 제 성적 욕망이 휴가를 가버린 것 같았어요!"

몇 주 동안 그녀는 계속 남자에게 무관심했다. 그런데 어느 날 아침 그녀는 자신이 소름 끼치도록 싫어하는 남자 옆에서 깨어났다. 그는 교무처장 사무실에서 일하는 사람이었다. 그녀는 몇 달 동안 그를 피해 다녔다. 그녀는 자신이 혐오스럽게 느껴졌으나 어쨌든 그녀가 그를 차기 전에 그들은 다시 성관계를 맺었다.

다음 몇 달 동안 리사의 성적 욕구는 2, 3주마다 갑자기 변했다. 그녀는 남몰래 그것을 '나사의 회전(The Turn of the Screw)'이라고 부르기 시작했다. 활성기 동안 그녀는 상쾌하고 가벼운 기분을 느꼈고, 하루에 12시간 동안 컴퓨터 작업을 꾸준히 할 수 있었다. 그러나 그때를 제외하고는 즐거운 일이 하나도 없었다. 그녀는 사무실에서 우울하고 불평이 많았고, 제대로 자지 못했고(그리고 혼자였고), 그녀의 키보드와 마우스가 자신을 골치 아프게 만들 작당을 하고 있다고 농담을 했다.

심지어 리사는 손목이 악해지는 걸 느꼈다. 그녀는 타사를 칠 때 사용할 손목지지대를 샀고, 이는 잠시 동안은 도움이 됐다. 하지만 자신의 성적 충동이 급변하는 것을 다스릴 수 있는 부목이나 연고도 없었다. 한 의사는 이 증상을 '변화(폐경기)'라고 말하며, 에스트로겐 처방을 하였다. 또 다른 의사는 '조증-우울증'으로 진단하였고 리튬을 처방하였다. 세 번째 의사는 목회 상담을 제안하였으나 그 대신에 그녀는 진료를 받으러 왔다.

실망스러워하며, 리사는 의자에서 일어나 창문 쪽으로 걸어갔다가 돌아왔다.

"잠시만요. 다시 해보세요." 면담자가 재촉했다.

"뭘요? 제가 한 것이라고는 방을 가로질러 오는 것뿐이었어요."

"저도 알아요. 그렇게 절뚝거린 지 얼마나 되었어요?"

"저도 몰라요. 아마, 오래되진 않았을 걸요. 제가 알아차리지 못한 다른 문제들처럼요. 그게 문제가 되나요?"

그것이 실마리인 것으로 밝혀졌다. 신경과 전문의에게 세 차례 진료를 보고, 몇 번의 엑스레이와 MRI를 거친 후에, 리사는 다발성 경화증으로 진단받았다. 신경과 전문의는 다발성 경화증은 때때로 기분 변동을 야기한다고 설명했다. 다발성 경화증에 대한 치료를 시작했고, 리사는 심리치료를 받기 위해 정신건강센터로 다시 의뢰되었다.

리사 부어히스의 평가

이론적으로는 다양한 진단기준 세트가 '정서적' 원인을 가진 기분장애와 일반적인 의학적 상태 혹은 물질 사용으로 인한 기분장애를 상당히 분명하게 구분해 준다. 그러나 실제 임상 장면에서는 이 둘의 구분이 항상 명확한 것은 아니다.

리사의 기분 증상은 고조된 기간과 저하된 기간 사이를 오갔다. 비록 그러한 증상은 2주 혹은 그 이상 지속되었지만, 이러한 극단 중 어느 것도 조증, 경조증, 혹은 주요우울 삽화로 확신할 만큼 충분히 심각하지 않았다. 지속성 우울장애로 보기에는 우울기간이 너무 짧았다. 전체 삽화는 순환성장애로 보기엔 충분히 길지 않았다. 물질로 유발된 기분장애에 대한 어떠한 증거도 없었다.

다른 의학적 상태로 인한 기분장애는 두 가지 중요한 준거들을 충족시켜야만 한다. 그중 첫째는 기분 증상이 반드시 질환 그 자체의 생리학적인 기제에 의해 직접적으로 발생되어야만 하며, 질환을 가지는 것에 대한 단순한 정서적 반응만으로는 안 된다는 점이다. 예를 들어, 췌장두부암 환자는 우울증에 특히 위험한데, 이는 단순히 심각한 의학적 문제를 가지고 있다는 소식을 접한 데 대한 반응이 아니며, 그에 대한 지속적인 스트레스 때문에 생긴 것도 아니다.

일련의 증거들은 의학적 상태와 기분 증상 간의 인과적 관계와 관련이 있을 수 있다. 만약 기분장애가 대부분의 사람들이 일반적인 의학적 증상에서 보일 수 있다고 알려진 정도, 혹은 그 이상의 심리적 영향을 넘어설 정도로 심각한 경우에는, 의학적 상태와 기분 증상의 인과 관계가 존재하는 것으로 볼 수 있다. 하지만 만약 환자가 일반적인 의학적 상태에 대해서 알게 되기 전에 기분장애가 시작된다면 이러한 관련성을 가정할 수 없다. 다른 의학적 문제를 알게 됨으로써 생겨나는 유사 기분 증상에 대해서는 다른 의학적 상태로 인한 양극성 혹은 우울 장애의 진단을 내리지 않는다. 이와 대조적으로, 주요기분장애와 임상적 양상이 다르다는 점(비전형적인 발병 연령과 같은)에서 연관성을 주장할 수 있을 것이다. 이러한 상태들 중 어느 것도 리사 부어히스의 사례에서는 발견되지 않는다.

기분 증상의 발달을 생리적인 용어로 설명할 수 있는 잘 알려진 병리적인 기제는, 인과 관계를 분명하고 강하게 지지한다는 점이다. 뇌의 여러 영역들에 영향을 미치는 다발성 경화증은 이러한 준거를 만족시키는 것으로 보인다. 다발성 경화증 환자들 중 높은 비율이 기분 변동을 보고하였다. 또한 이들은 다행감을 느끼는 주기가 있다고 보고하였다. 불안은 여전히 가장 흔히 보고되는 증상이다.

많은 다른 의학적 상태들이 우울증을 유발할 수 있다. 내분비질환 또한 중요한 원인이다. 갑상선기능저하증과 부신피질 기능감소증(hypoadrenocorticalism)은 우울 증상과 관련되는 반면, 갑상선기능항진증과 부신피질 기능항진증(hyperadrenocorticalism)은 조증 또는 경조증 증상과 관련된다. 감염성질환(infectious diseases)은 우울 증상을 야기할 수 있다[정상적인 사람들과는 달리 한바탕 독감을 앓을 때 많은 사람들은 무기력과 기분저하를 나타냈다. 라임병(lyme disease)이 수 년간 많은 주목을 받고 있다]. 뇌 공간점유성 병변(space occupying lesions of the brain)[종양(tumor)과 농양(abscess)] 또한 비타민 결핍증(vitamin deficiencies)과 마찬가지로 우울 증상과 관련되었다. 마지막으로 알츠하이머병, 헌팅턴병, 뇌졸중을 지닌 환자들의 1/3 정도는 심각한 우울 증상을 발달시킬 수도 있다.

다른 의학적 상태로 인한 기분장애의 두 번째 주요 준거는 기분 증상이 섬망의 경과 중에만 나타나지 않아야 한다는 점이다. 섬망 환자들은 기억과 집중력의 어려움, 흥미의 결여, 슬픈 삽화, 그리고 주요우울장애와 상당히 유사한 명백한 우울증을 보일 수 있다. 리사는 섬망에 대한 어떤 증거도 보이지 않았다.

명시자와 관련하여, 조증 양상과 혼재성 양상 중에 선택할 수 있을 것이다(이전의 '핵심 특징' 참조). 여러 경우에 있어서, 리사는 기분의 극단을 모두 보였다. 어떤 것도 우세한 것은 없었기 때문에 아래와 같이 기술하면서, GAF 점수는 70점을 주었다. 일반적인 의학적 상태에 대한 진단부호와 명칭을 포함하였고, 그다음으로 다음과 같이 의학적 상태명을 기술하였다.

G35　　　　다발성 경화증
F06.34　　　다발성 경화증으로 인한 양극성장애, 혼재성 양상 동반

기분장애 진단의 변경인자

표 3.3은 다음에서 다루고 있는 기분장애에 대한 각각의 변경인자들을 언제 그리고 어떻게 추가해야 하는지 보여주고 있다.

심각도 및 관해

심각도 부호화

어떠한 기분 삽화(주요우울, 조증, 경조증)도 그 자체로는 진단부호를 매길 수 없다(양해하라, 이전에 들어봤다는 것을 알고 있다). 대신 이들 삽화는 다른 진단의 근거로 사용된다. 각 장애에는 심각도 부호를 부여하며, 동일한 심각도 부호가 주요우울 삽화 그리고 조증 삽화에 사용된다. 이러한 부호를 주요우울장애, 제 I 형 양극성장애, 제 II 형 양극성장애의 현재 또는 가장 최근의 주요우울 삽화나, 두 가지 양극성장애의 현재 또는 가장 최근의 조증 삽화에 사용하라. (경조증 삽화는 상대적으로 경도라고 정의되고, 따라서 심각도 명시자가 없다.)

조증 삽화와 주요우울 삽화에 대한 기본적인 심각도 부호는 다음과 같다.

경도. 증상이 준거를 간신히 만족시킨다. 주요우울 삽화의 경우, 환자의 직업적, 학업적, 혹은 사회화 능력에 미치는 고통이나 방해가 적다.

중등도. 경도와 고도의 중간 정도이다. 조증 삽화의 경우, 활동 수준의 증가나 판단력의 손상이 현저하다.

고도. 진단을 위한 최소한의 준거보다 더 많은 증상을 보이며, 환자의 직업적, 사회적 혹은 개인적인 기능을 현저하게 방해한다. 조증의 경우, 자신 또는 타인에 대한 신체적 상해를 예방하기 위해 거의 지속적인 감독이 필요하다.

관해 부호화

대다수의 양극성장애 환자들이 삽화 사이에 완전히 회복된다(그리고 그들 중 대부분은 이후에 삽화를 보일 것이다). 하지만 제 I 형 양극성장애 환자의 1/3은 완전히 회복되지 않는다. 주요우울장애 환자들의 양상은 그렇게까지 암울하지는 않다. 제 II 형 양극성장애 및 지속성 우울장애(기분저하증)뿐만 아니라 제 I 형 양극성장애 및 주요우울장애의 현재 상태에 대한 명시자는 다음과 같다.

부분 관해 상태. 공식적으로 모든 준거를 만족시켰으나, 현재는 (1) 요구되는 증상보다 적은 수의 증상을 보이거나, 혹은 (2) 어떠한 증상도 보이지 않고 있지만, 그 기간이 2개월 미만인 경우

완전 관해 상태. 적어도 2개월 동안 환자가 어떠한 기분 삽화의 주요 증상도 보이지 않는 경우

가장 최근의 기분 삽화를 설명하는 명시자

삽화 명시자는 환자의 질환에 대한 현재 또는 가장 최근의 삽화 양상을 설명한다. 이러한 양상에 할당되는 추가적인 부호 번호는 없다. 당신은 그저 자세히 기술하기만 하면 된다. 다시 말하자면 특수 명시자를 언제 사용할 수 있는지는 표 3.3에서 한눈에 볼 수 있다.

불안증 동반

제 I 형 양극성장애, 제 II 형 양극성장애, 순환성장애, 주요우울장애, 혹은 지속성 우울장애를 가진 환자들은 높은 불안 증상을 경험할 수도 있다. 이러한 환자들은 평균적인 수준보다 자살을 하거나 질환이 만성적이 될 가능성이 훨씬 높을 것이다.

불안증 동반의 핵심 특징

주요우울/조증/경조증 삽화 혹은 지속성 우울장애 또는 순환성 장애 동안에, 환자들은 눈에 띄게 초조해하거나 긴장하거나 또는 안절부절못하는 행동을 보일 수 있다. 전형적으로는 걱정으로 인해서 주의집중을 하기 어려워한다. "뭔가 끔찍한 일이 일어날 것 같아서 두려워요." 혹은 "통제력을 잃어버릴 것 같아요, 그리고… [끔찍한 결과물]…"

부호화 시 주의점

심각도를 명시할 것 : **경도**(두 가지 불안증 증상), **준중도**(세 가지 불안증 증상), **중등도-고도**(네댓 가지 불안증 증상), **고도**(네댓 가지 불안증 증상에 신체적 초조가 추가됨)

적용에 대해서는 표 3.3을 참조하라.

몇 가지 재미있는 사실이 있다. (조증과 주요우울 삽화처럼) 증상의 개수에 따라 부여하는, 고유의 심각도 척도를 갖는 기분 명시자가 있다. DSM-5-TR은 높은 불안이 나쁜 결과, 즉 자살 위험, 치료에 대한 무반응, 질병의 장기간 지속 등을 시사할 수 있음을 언급한다. 따라서 이는 중요한 사안이다. 만약 DSM-5-TR에서, 같은 진단에 2개의 개별적인 심각도를 내릴 수 있는 또 다른 영역이 있다면, 이를 언급하지 않았을 것이다. (다른 명시자에는 개수를 셀 수 있는 여러 개의 증상이 포함되는데, 가령 멜랑콜리아 양상 동반의 심각도를 평가하는 것은 어떨까?) 이론적으로는 환자에게 '경도 우울증, 고도 불안증 동반'을 주는 것이 가능하다. 물론 각 부분을 독립적으로 평가할 수도 있지만, 이는 혼란스러우며 다소 우스꽝스럽게 들릴 수도 있다. 여기서는 기분 삽화의 심각도에 초점을 맞출 것이다. 이러한 명시자는 아마도 명시자 자체를 통해서 잘 해결해 가는 수밖에 없을 것이다.

비전형적 양상 동반

심각하게 우울한 환자들이 모두 멜랑콜리아에서 전형적으로 나타나는, 대표적인 생장 증상을 보이지는 않는다(다음의 내용 참조). 비전형적 양상이 있는 환자들은 거의 정반대처럼 보인다. 너무 적게 자고 너무 적게 먹는 것 대신에, 너무 많이 자고 너무 많이 먹는다. 이러한 유형은 특히 젊은 층의 환자들에게서 보편적이다(10대와 대학생 연령). 실제로 '비고전적인 우울증(nonclassic depression)'으로 부르는 것이 일반적으로 더 맞을지도 모른다.

두 가지 이유에서 비전형적 양상을 명시하는 것은 중요하다. 첫째로, 이러한 환자들의 증상은 종종 불안과 거절에 대한 민감성을 포함하고 있기 때문에 불안장애 혹은 성격장애를 가진 것으로 잘못 진단될 위험성이 있다. 둘째로, 이러한 환자들은 멜랑콜리아 양상이 있는 환자들과는 다른 치료적 반응을 보일 수 있다. 비전형적인 환자들은 특정한 항우울제에 반응할지도 모르며[단가아민산화효소억제제(monoamine oxidase inhibitors)], 계절성 (겨울) 우울증에 대한 광선치료에 잘 반응하는 것으로 보인다.

아이리스 맥마스터의 제II형 양극성장애에는 비전형적 양상이 포함된다(133쪽).

비전형적 양상 동반의 핵심 특징

주요우울 삽화(또는 지속성 우울장애)를 경험하는 환자들은 좋은 일이 발생했을 때 기분이 좋아진다['기분반응성(mood reactivity)', 이는 환자가 우울할 때나 혹은 괜찮을 때에 관계없이 나타난다]. 이러한 환자는 비전형적인 증상도 보이게 된다. 식욕 증가 혹은 체중 증가(전형적인 우울 환자는 감소하는 것들), 과도한 수면(불면증의 반대로), 굼뜨거나 마비된 느낌, 그리고 장시간 지속되는(우울한 때만이 아닌) 거절에 대한 민감성.

주의사항

비전형적 양상 동반 명시자는 멜랑콜리아 또는 긴장증 양상 동반 명시자들과 함께 사용할 수 없다. 이를 적용하기 위해서는 표 3.3을 참조하라.

긴장증 동반

정신병적 장애와 관련하여 제2장에서도 언급하였던 긴장증 명시자는 주요우울과 조증 삽화(경조증 삽화는 제외)의 상당 기간 동안 긴장증이 존재할 경우 적용될 수 있다. 94쪽의 이중선 안에 다

양한 용어에 대해 정의해 놓았다. 이 명시자를 사용하는 경우에는, 다른 정신질환을 나열하고 진
단부호를 매긴 이후에 추가적인 부호로써 추가해야 한다.

F06.1   [정신질환 기술]과 연관된 긴장증

그들 모두 일차적인 기분장애를 가지고 있지 않지만, 에드워드 클래펌(95쪽)과 매리언 라이트
(98쪽)의 사례를 제시하였다.

멜랑콜리아 양상 동반

이 명시자는 심각한 우울증의 전형적인 '생장' 증상과 세상에 대한 부정적인 관점을 일컫는다. 멜
랑콜리아 환자들은 아침에 너무 일찍 기상하고, 하루 중 아침에 가장 기분이 나쁘다. 그들은 식욕
감퇴 및 체중 감소 역시 보인다. 일상 활동(성관계를 포함)에서 기쁨을 느끼는 경우가 적고, 보통
은 즐기던 친목 모임 등에서도 즐거움을 느끼지 못한다. 이러한 즐거움의 상실은 그저 상대적인
정도가 아니라, 완전히 혹은 거의 상실되는 것이다.

멜랑콜리아 양상은 심각한 우울증이 중년기에 처음 발병한 환자들에게서 특히 일반적이다. 이
러한 상태는 갱년기 멜랑콜리아(involutional melancholia)라고도 했는데, 증상이 중년기에서 노년
기(이른바 '갱년기')까지의 환자들에게서 일어나는 것처럼 관찰되었기 때문이었다. 그러나 현재는
멜랑콜리아 양상이 모든 연령의 환자들에게 영향을 줄 수 있다는 점이 받아들여지고 있다. 특히
정신병적 우울증에서 일어날 가능성이 높다. 멜랑콜리아가 수반된 우울증은 보통 항우울제 약물
치료와 전기충격요법(ECT)과 같은 신체적 치료에 잘 반응한다.

다시 표 3.3에는 이러한 명시자를 적용하는 경우에 대한 세부 내용이 들어 있다. 브라이언 머피
(112쪽)는 이러한 환자들 중의 한 예이다. 노아 샌더스(139쪽)도 그렇다.

멜랑콜리아 양상 동반의 핵심 특징

주요우울 삽화가 심한 기간에 환자는 익숙한 활동에서 즐거움을 찾지 못할 수 있으며, 혹은 좋은
일이 생기는 경우에도 기분이 나아지지 않을 수 있다(물론 둘 다 일어나는 것도 가능하다). 이러한
환자는 다음과 같은 경험을 한다. 깊은 낙담과 절망감, 기분의 일중 변동(편차)(아침에 더 우울함),
후기 불면증(terminal insomnia)(적어도 2시간은 일찍 깨어난다), 식욕 혹은 체중의 상당한 감소, 부
적절하거나 혹은 과도한 죄책감. 우울증의 이러한 유형은 극도로 심각하고 정신병에 근접해질 수
있다. 실제로 이는 정신병적 특징을 가진 환자들 사이에서 더 흔하다.

부호화 시 주의점

이러한 증상이 발생할 때마다 주요우울 삽화에 이러한 명시자를 적용할 수도 있다. 주요우울장애(단일 삽화 또는 재발성), 제 I 형이나 제 II 형 양극성장애, 또는 지속성 우울장애. 표 3.3을 참조하라.

혼재성 양상 동반

1921년에 에밀 크레펠린은 조증과 우울증의 혼재성 유형을 처음으로 기술하였다. DSM-IV와 이전 버전에서는 기분장애 사이의 혼재성 삽화를 포함하였다. 현재는 이러한 내용이 폐기되었고, DSM-5-TR에는 같은 기간 내에 우울증과 조증(혹은 경조증) 증상을 보이는 환자에게 사용하기 위하여 혼재성 양상 동반의 명시자를 제공한다. 이러한 2개의 대비되는 특징은 거의 동시에 나타나지만, 몇몇 환자들에게는 점진적으로 시작되며(그 후 사라지는), 이를테면 조증 삽화 내에서 우울증이 시작된다.

그러나 연구자들은 그러한 환자가 '순수한' 삽화성 조증 혹은 우울증을 가진 사람들과는 구별된다는 정도만을 알아냈을 뿐이다. 혼재성 양상을 보이는 환자들은 총삽화와 우울 삽화가 더 많고, 질환을 보다 오래 끌고 가는 것으로 보인다. 이러한 환자들은 보다 많은 동반이환 정신질환과 더 큰 자살 위험성을 나타내는 경향이 있다. 직업적 측면에서 손상을 나타낼 가능성도 더 크다. 혼재성 양상을 보이는 주요우울장애 환자는 향후에 양극성장애를 발달시킬 가능성이 특히 높다.

이러한 이목을 끄는 점에도 불구하고 혼재성 양상 동반 명시자 진단이 정당하게 여겨지는 경우에도 실제로 이 진단을 사용하는 것은 여전히 드물 것이다. 몇몇 연구들은 양극성 환자의 1/3 이상이 적어도 한 번의 혼재성 증상에 대한 삽화를 경험한다고 제안하였다. 혼재성 기분 상태는 남성보다는 여성에게서 빈번하게 나타난다고 보고되기도 하였다.

이러한 명시자를 주요우울증, 조증, 그리고 경조증의 삽화들에 적용할 수 있을 것이다(표 3.3 참조). 조증 증상에서의 심각한 손상과 전반적인 심각도 때문에 조증과 주요우울증의 모든 준거를 만족시키는 환자가 있다면, 주요우울장애, 혼재성 양상 동반의 진단을 내리기보다는 제 I 형 양극성장애, 혼재성 양상 동반의 진단을 내려야 할 것이다. 위노나 피스크(128쪽)는 제 I 형 양극성장애 혼재성 양상 동반 진단을 받았다.

혼재성 양상 동반에 대한 준거에는 조증과 주요우울 삽화에서 나타나는 몇 가지 기분 증상이 누락되어 있다. 왜냐하면, 그 증상이 양쪽 목록 모두에 속할 수도 있지만, 혼재성 징후를 분명히 나타내지 않기 때문이다. 이러한 증상은 수면, 식욕/체중, 과민성, 초조, 그리고 주의집중과 관련된 특정한 문제들을 포함한다. 어찌되었건 간에,

환자들은 반드시 주요우울 삽화, 조증 삽화, 혹은 경조증 삽화의 모든 준거들을 반드시 만족시켜야 한다는 점을 주의하라.

준거에서는 매일 얼마나 길게(혹은 사실상 대부분의 날 동안) 이러한 혼재성 양상이 나타나야만 하는지에 대해서 설명해 주지 못하며, 이러한 질문에 대한 보다 나은 대답을 해줄 수 있는 자료는 없는 듯하다. 현재로서는 하루 중 몇 분이라도 매일 나타나는 경우에는 충분히 이 명시자를 부여할 수 있는 듯하다. 그것이 합리적인 시간적 설정인지 이해하기 위해서는 추가적인 연구가 필요하다 — 너무 짧은지 혹은 너무 긴지. 현재 이러한 측면은 확실히 혼재되어 있다.

혼재성 양상 동반의 핵심 특징

여기에는 두 가지 방법이 있다.

대부분의 기간에, 조증 삽화 혹은 경조증 삽화를 가진 환자들은 거의 매일 상당한 우울증 증상도 보여야 한다 — 우울한 기분, 활동에 대한 흥미나 즐거움의 저하, 빨라지거나 둔화된(speeded up or slowed down) 활동 수준, 피로감, 무가치감 혹은 죄책감, 그리고 죽음이나 자살에 대한 반복적인 사고('부호화 시 주의점'을 참조).

대부분의 기간에, 주요우울 삽화를 보이는 환자는 거의 매일 상당한 조증 증상 역시 경험해야한다 — 고조된 기분, 과대감, 증가된 다변, 사고 비약(또는 사고 질주), 증가된 활력 수준, 판단력 저하(과도한 소비, 성적인 모험, 무분별한 경제적 투자), 그리고 수면 욕구 감소.

틀 중 어떠한 경우에도, 타인은 이러한 증상들을 알아차릴 수 있으며 이는 그 개인의 정상적인 모습과는 다르다.

부호화 시 주의점

조증 삽화와 우울 삽화의 모든 삽화 진단기준을 동시에 만족시키는 환자들은 완전히 진행된 조증의 장애와 심각성을 고려하여, 조증 삽화, 혼재성 양상 동반으로 기록되어야 한다.

주산기 발병 동반

출산을 하고 난 여성의 절반 이상이 '출산 후 우울(baby blues)'을 겪는다. 그들은 슬픔과 불안을 느끼거나 울고, 주의집중곤란에 대해 호소하며 수면 문제를 보인다. 이러한 증상은 한두 주일 정도 지속되며, 보통 후유증은 적은 편이다. 하지만 새로이 어머니가 된 10%가량의 여성들은 기분장애를 가진 것으로 진단되기에 충분한 증상을 보일 수 있다. 이러한 사람들은 종종 정신질환에 대한 이전의 개인력이 있다. 경조증의 삽화는 특히 출산 이후에 나타날 가능성이 높다. 재발이 흔하다. 출산 여성 1,000명 중 2명 정도가 실제로 정신병적이 된다.

주산기 발병 동반 명시자는 이 책에서 핵심 특징이 가장 짧다. 엘리자베스 잭스는 출산 이후에 조증 삽화가 있었지만(125쪽), 주요우울 삽화가 훨씬 더 흔하게 나타나는 반응이었다. 주산기 발병 동반은 제 I 형과 제 II 형 양극성장애와 주요우울장애의 각 유형, 그리고 단기 정신병적 장애에도 적용될 수 있다(단기 정신병적 장애를 제외한 장애에 대한 모든 적용사항에 대해서는 표 3.3을 참조).

주산기 발병 동반의 핵심 특징

여성 환자의 기분장애가 임신기간 동안 혹은 출산한 그달에 시작된다.

부호화 시 주의점
적용사항에 대해서는 표 3.3을 참조하라.

정신병적 양상 동반

조증 삽화 혹은 주요우울 삽화를 보이는 몇몇 환자들은 심각도 평가에 관계없이, 망상 또는 환각을 나타낼 수 있다. (물론 이러한 환자들의 대부분은 심각한 질환이 있는 것으로 평가되지만, 이론적으로 봤을 때 그저 몇 가지 증상 ― 정신병을 포함하여 ― 만을 나타내는 사람도 있을 수 있으며, 어떤 이유에서든지 이러한 증상은 그들을 크게 불편하게 만들지 않는 것일 수 있다.) 제 I 형 양극성장애를 가진 환자들의 거의 절반이 정신병적 증상을 보일 수 있는 반면, 주요우울장애를 가진 환자들이 정신병적 증상을 보이는 경우는 훨씬 드물다.

정신병적 증상은 기분과 일치하는, 혹은 기분과 일치하지 않는 정신병적 양상으로 나타날 수 있다. 가능하다면 명시하라.

기분과 일치하는 정신병적 양상 동반. 환자의 망상이나 환각에 대한 내용은 관련된 기분 삽화에서 통상적으로 나타나는 주제와 완벽하게 일치한다. 주요우울증에서 이러한 측면에는 죽음, 질환, 죄책감, 허무(nihilism)[공허(nothingness)]의 망상, 개인적인 부적절감, 또는 받아 마땅한 처벌이 포함된다. 조증에 있어서는 정체성, 지식, 영향권력, 자기가치감, 혹은 신 또는 유명인과의 관계에 대한 과장된 생각들이 포함된다.

기분과 일치하지 않는 정신병적 양상 동반. 환자의 망상이나 환각에 대한 내용은 관련된 기분 삽화에서 통상적으로 나타나는 주제와 일치하지 않는다. 조증과 주요우울증 모두에 관련하여, 피해망상, 조종망상, 사고전파, 사고주입이 여기에 포함된다.

정신병적 양상 동반의 핵심 특징

환자는 주요우울 또는 조증 삽화의 경과 중에 환각 또는 망상을 보인다.

부호화 시 주의점

가능한 명시할 것

기분과 일치하는 정신병적 양상 동반. 정신병적 증상이 조증 혹은 우울한 기분에서 기본적으로 기대되는 것들과 일치한다(위 내용 참조).

기분과 일치하지 않는 정신병적 양상 동반. 정신병적 증상이 일치하지 않는다.

삽화 패턴을 기술하는 명시자

기분 삽화의 빈도나 시기를 기술하는 두 가지 명시자가 있다. 다른 유형의 명시자들과 마찬가지로 직진하세 할용히는 데 씬번힌 내용은 표 3.3에 요약되어 있나.

급속 순환성 동반

기분이 빠르게 순환하지 않는 환자는 전형적으로 수개월(아마도 3~9개월 정도)간의 우울증 후에 다소 짧은 개월 수를 보이는 조증 또는 경조증을 경험한다. 시간이 지나면서 전체적인 주기가 빨라지는 경향이 있지만, 한 해에 한 번 정도의 상승과 하강을 보인다. 그러나 심지어 다섯 번 이상의 완전한 순환을 보이기도 한다.

어떤 환자들은, 특히 여성은 이보다 순환이 훨씬 빠르다. 이들은 몇 주 안에 조증에서 우울증으로, 그리고 다시 조증으로 변화할 수도 있다. (그들의 증상은 기분 삽화의 필요 요건을 모두 충족시킨다. 이것이 순환성장애와 다른 점이다.) 횟수를 떠나서, 개별 삽화들은 주요우울 삽화, 조증 삽화, 또는 경조증 삽화의 모든 진단기준을 충족시킨다.

최근의 연구는 급속 순환을 보이는 환자들이 높은 사회경제적 지위에 있을 가능성이 크다는 점을 시사한다. 또한 급속 순환의 개인력이 있다는 것은 이러한 패턴이 향후에도 계속될 것이라는 점을 예측할 수 있게 해준다. 급속 순환성이 있는 사람들은 다른 환자들에 비해서 표준적인 유지 요법으로 관리하기가 더욱 까다로울 수 있으며, 전반적으로 좋지않은 예후를 보일 수 있다. 급속 순환성은 제 I 형과 제 II 형 양극성장애에 적용될 수 있다.

급속 순환성 동반의 핵심 특징

양극성 환자가 1년에 4개 이상의 주요우울증, 조증, 혹은 경조증 삽화를 보인다.

부호화 시 주의점

개별적인 삽화로 간주하기 위해, 반드시 2개월 이상의 관해(부분 관해 또는 완전 관해), 혹은 극단에서의 변화(조증 삽화에서 주요우울 삽화로의 변화와 같은)가 두드러져야 한다. 의학적 질병이나 물질 사용으로 촉발된 삽화는 고려하지 않는다.

계절성 동반

알려진 지 몇십 년 정도밖에 되지 않은, 기분장애에 대한 또 다른 명시자가 남아 있다. 이 유형에서는 일반적으로, (종종 비전형적일 때도 있는) 우울 증상이 가을 혹은 겨울 기간에 나타나며, 봄과 여름에 관해된다. 겨울 우울증을 가진 환자들은 우울 시기 동안에 통증장애 증상 또는 탄수화물에 대한 갈망과 같은 다른 어려움을 보고할 수도 있다. 겨울 우울증은 한대기후, 특히 북극에서 보다 일반적으로 발생하며, 젊은 사람들이 더 걸리기 쉽다. 계절성 동반은 제 I 형과 제 II 형 양극성장애, 그리고 주요우울장애, 재발성에 적용될 수 있다. 비록 나타날 가능성이 적기는 하지만, 조증 증상에 대한 계절성도 있을 수 있다. (제 I 형 양극성장애 환자들은 다른 삽화 없이, 한 가지 유형의 삽화에 대해 계절성 유형을 경험할 수도 있다.)

살 카모치(337쪽)의 제 II 형 양극성장애는 계절성 유형을 포함한다.

계절성 동반의 핵심 특징

환자의 기분 삽화는 한 해 중 거의 비슷한 시기에 반복적으로 시작된다(그리고 끝난다). 적어도 과거 2년 동안, 오직 이러한 계절성 삽화들만 보였다. 평생 동안 계절성 삽화들이 비계절성인 삽화들보다 실질적으로 더 많다.

주의사항

매년 여름에 해고당하는 것과 같은 분명한 계절적 원인이 있는 경우에는 해당되지 않는다.

모든 경우 고려하기 : 기분장애를 부호화하고 진단하기

기분장애, 특히 주요우울장애와 제 I 형 양극성장애를 부호화하고 진단하는 것은 언제나 복잡한 일이다. 그리고 DSM-5-TR과 ICD-10은 이를 더 복잡하게 만든다(ICD-11을 볼 수 있을 때까지 기다려 보라!). 표 3.2에는 제 I 형 양극성장애와 주요우울장애에 가능한 부호들을 열거하였다. 이 표의 각주는 해당 장애에서의 특정한 징후를 어떻게 진단 내리는지에 대하여 두 가지 예시를 제공하고 있다.

표 3.2에 열거된 세 가지 양극성 유형과 더불어, 제 I 형 양극성, 명시되지 않는 유형의 가능성도 제시되어 있다. 이는 주로 부호화를 하는 의무기록실의 직원들을 위해 만든 것으로, 임상가들이 가장 최근 삽화의 유형을 명시하는 것을 잊은 경우에 사용된다. 임상가들이 이 부호를 사용하는 일은 없어야 할 것이다. 삽화유형이 알려지지 않았으므로 삽화에 대한 어떤 명시자도 적용될 수 없다.

　표 3.3에는 기분장애에 적용할 수 있는 모든 기술어와 명시자들을 요약해 놓았으며, 각각의 변경인자가 어떤 장애에 사용될 수 있는지를 명시해 놓았다.

표 3.2   제 I 형 양극성장애와 주요우울장애의 진단부호

심각도	제 I 형 양극성, 현재 또는 가장 최근 삽화			주요우울, 현재 또는 가장 최근 삽화	
	조증[a]	경조증	우울[b]	단일	재발성
경도	F31.11	F31.0 (심각도 없음, 경조증 삽화에 대한 정신병 없음)	F31.31	F32.0	F33.0
중등도	F31.12		F31.32	F32.1	F33.1
고도	F31.13		F31.4	F32.2	F33.2
정신병적 양상 동반[c]	F31.2	—	F31.5	F32.3	F33.3
부분 관해 상태[d]	F31.73	F31.71	F31.75	F32.4	F33.41
완전 관해 상태[e]	F31.74	F31.72	F31.76	F32.5	F33.42
명시되지 않는	F31.9	F31.9	F31.9	F32.9	F33.9

주의할 것. 표기 순서는 다음과 같다. 장애명 → 삽화유형 → 심각도/정신병/관해 → 다른 명시자들. 그리고 진단을 함께 고려하는 방법에 대한 두 가지 예시는 다음과 같다. (1) 제 I 형 양극성장애, 조증, 고도, 기분과 일치하는 정신병적 양상 동반, 주산기 발병 동반, 혼재성 양상 동반. (2) 주요우울장애, 재발성, 부분 관해 상태, 계절성 동반. 기분 삽화의 심각도는 증상의 개수와 심각도, 그리고 기능 손상의 수준에 따라 판단한다.

a 조증 삽화 : 경도=증상의 최소한의 기준(3개 혹은 그보다 약간 많은)만을 충족시키며, 이러한 증상이 고통스럽지만 기능상으로는 최소한의 장애를 일으킴; 중등도=현저하게 증가된 활동량이나 판단력의 손상; 고도=환자 혹은 타인을 보호하기 위해 거의 지속적인 감독이 요구됨
b 주요우울 삽화 : 경도=스스로 다룰 수 있는 정도의 고통과 손상이 동반되는 최소한의 증상; 중등도=증상, 심각도 및 손상이 경도와 고도 사이; 고도=최소한의 기준을 크게 초과하는 개수의 증상, 고통은 심각하고 혼자 다룰 수 없으며 현저한 기능 손상
c 만약 정신병적 양상이 나타난다면, 심각도에 관계없이 이러한 부호화 번호를 사용한다(어떠한 방식으로 나타나든지, 거의 매번 심도 수준이 될 것이다).
d 부분 관해. 증상이 더 이상 진단기준에 충분히 부합되지 않는다.
e 완전 관해. 2개월 이상, 환자가 진단에 필수적인 증상을 나타내지 않았다.

달리 명시되는 그리고 명시되지 않는 기분장애

F31.89 달리 명시되는 양극성 및 관련 장애

환자에게 보다 명확한 양극성 진단을 내릴 수 없다는 특별한 이유를 적기를 원할 때 달리 명시되는 양극성 및 관련 장애를 사용하라. 기분의 정상적인 변화를 '치료하는 행위'와 남용을 방지하기 위해서, 환자가 더 특정적인 양극성장애 진단을 충족시키지 않으면서, 정상적인 기능을 방해하거나 고통을 야기하는 증상을 보여야 한다. DSM-5-TR은 몇 가지 예시를 제공한다.

단기 경조증 삽화(2~3일)와 주요우울 삽화. 이러한 환자는 적어도 한 번의 주요우울 삽화를 완전히 충족시키며, 이와 더불어 제 II 형 양극성장애의 진단을 내릴 수 있는, 적어도 한 번의 매우 짧은 경조증(2~3일)을 보이게 된다. 우울증과 경조증이 함께 일어나지는 않기 때문에

표 3.3 기분장애에 적용 가능한 기술용어 및 명시자

장애	심각도	관해	혼재성 양상 동반	불안증 동반	긴장증 동반ª	비전형적 양상 동반	멜랑콜리아 양상 동반	주산기 발병 동반	정신병적 양상 동반	급속 순환성 동반	계절성 동반
주요우울증											
단일 삽화	X		X	X	X	X	X	X	X		
재발성 삽화	X		X	X	X	X	X	X	X		X
제I형 양극성											
가장 최근 조증	X	X	X	X	X			X	X	X	X
가장 최근 우울증	X	X	X	X	X	X	X	X	X	X	X
가장 최근 경조증		X	X	X	X			X		X	X
가장 최근 명시되지 않는											
제II형 양극성											
가장 최근 경조증		X	X	X	X			X		X	X
가장 최근 우울증	X	X	X	X	X	X	X	X	X	X	X
순환성	X	X		X							
지속성ᵇ	X	X		X		X					

주의할 것: 이 표는 기분장애에 대한 일련의 명칭, 부호, 그리고 변경인자를 선택할 수 있도록 도와준다. 좌측에서 우측으로 표를 읽어나가면서, 순서대로 적용이 가능한 변경인자를 표기하면 된다. 기본지침은 또한 조기 발병과 후기 발병을 붙일 수 있으며, 다양한 추가적인 명시자들도 있다.

ª 긴장증 명시자는 그에 해당하는 부호와 기술이 따로 있다(94쪽).

ᵇ 또한 간헐적 주요우울 삽화 동반, (동반되거나/동반되지 않음) 현재 삽화; 순수기분부전 증후군 동반, 지속성 우울 삽화 동반(136쪽).

혼재성 양상 동반은 적절하지 않을 것이다.

불충분한 증상 동반 경조증 삽화와 주요우울 삽화. 이러한 환자는 적어도 한 번의 주요우울 삽화를 보였지만, 적어도 한 번의 역치하 경조증 삽화는 보이더라도, 실제적인 조증 삽화 또는 경조증 삽화는 보이지 않는다. 즉, 고조된 기간이 충분히 길기는 하지만(4일 이상), 증상이 하나이거나 혹은 경조증 삽화에 요구되는 개수보다 2개 부족한 경우이다(의기양양한 기분과 1개 혹은 2개의 다른 경조증 삽화 증상, 또는 과민한 기분과 2개 혹은 3개의 다른 경조증 증상). 경조증 증상과 주요우울 증상은 중첩되지 않기 때문에 주요우울 삽화, 혼재성 양상 동반으로 부를 수는 없다.

주요우울 삽화의 과거력이 없는 경조증 삽화. (놀랄 것도 없이) 경조증 삽화를 보이지만 주요우울 삽화 혹은 조증 삽화의 준거에는 부합되지 않았던 사람이 이 범주에 속하게 된다.

단기 순환성. 이러한 환자는 2년이 안 되는 기간 동안에(아동 또는 청소년의 경우, 1년 내에), 경조증 증상과 우울 증상 모두와 관련된 여러 개의 삽화들을 보이며, 주요우울 삽화 혹은 경조증 삽화로 보기에는 너무 짧거나 또는 너무 적은 수의 증상을 보일 것이다. 물론 조증과 정신병 증상은 없어야 한다. 단기 순환성이 있는 환자들은 거의 매일 증상을 보일 것이며, 증상이 없는 기간이 두 달 이상 지속되지 않는다.

조현병(혹은 다른 정신병적 장애)에 부과된 조증 삽화. 환자가 조증 삽화와 규정된 기분 삽화가 없는 정신병적 장애를 가진 경우에 이 진단을 사용하라.

DSM-5-TR에서는 달리 명시되는 양극성장애 혹은 달리 명시되는 우울장애를 특정한 목적 없이 실제적인 진단으로 사용하지 말라고 경고하고 있다. 그보다는 양극성 목록의 상단과 우울성 목록의 하단에 있는 (종종 복잡하고 어려운) 많은 진단명 중 하나를 온전하게 진단하는 것이 나을 것이다. 우리가 의존할 수 있는 한 가지는 분명하다. 우리가 어떤 별개의 용어들을 사용하는지와 관계없이, 1개의 부호화 번호는 양극성장애에 대한 것이고, 하나는 우울장애에 대한 것이다.

F32.89 달리 명시되는 우울장애

달리 명시되는 양극성 및 관련 장애에서 기술했던 것과 동일한 방식으로 달리 명시되는 우울장애를 사용하라. DSM-5-TR은 달리 명시되는 우울장애에 대한 다음의 예시를 제공한다.

재발성 단기 우울증. 12개월 이상, 매달 한 번에 2일에서 13일 정도 지속되며, 이러한 환자는 저하된 기분에 더하여 적어도 4개의 다른 우울증 증상을 보이고, 이러한 증상이 월경과는 관련이 없어야 한다. 환자는 다른 기분장애의 준거를 충족시켜서는 안 되며, 정신병적이었던 적이 없어야 한다.

단기 우울 삽화. 기간기준을 제외하면 주요우울 삽화의 진단기준을 충족한다. 삽화가 4~13일간 지속된다. 전체 기준은 다음과 같다. 우울한 기분, 적어도 4개의 다른 주요우울 증상, 임상적으로 유의미한 고통 혹은 장애, 다른 기분장애의 준거에 부합된 적이 없어야 하고, 현재 정신병적이지 않아야 하며, 다른 상태와 관련된 준거에 부합돼서는 안 된다.

불충분한 증상 동반 우울 삽화. 증상이 너무 적다는 점을 제외하고는 주요우울증의 진단기준(기간, 고통)에 부합될 것이다. 또 다른 정신병적 장애 또는 기분장애를 보여서는 안 된다. 11장(374쪽)에서 에녹 다이몬드에 대해 이 명시자를 사용했다.

조현병(혹는 다른 정신병적 장애)에 부과된 주요우울 삽화. 환자가 주요우울 삽화와 규정된 기분 삽화가 없는 정신병적 장애를 가진 경우에 이 진단을 사용하라. 그러나 종종 정신병적인 환자가 우울해지면, 우울 증상은 주요 진단과 관련된 특징으로 간주될 수 있으며 추가적인 부호화가 필요하지 않을 수 있다.

F31.9 명시되지 않는 양극성 및 관련 장애

여기에는 명확한 양극성 상태를 진단하지 않는 이유를 명시할 필요가 없는 환자들이 포함된다.

F32.A 명시되지 않는 우울장애

명시되지 않는 양극성 및 관련 장애와 마찬가지로, 더 확실한 진단에 대한 근거를 기술할 필요가 없을 때, 명시되지 않는 우울장애 범주를 사용할 수 있다.

F06.30 알려진 생리학적 상태로 인한 명시되지 않는 기분장애

DSM-5-TR에는 해당 내용이 없지만, ICD-10에서는 해당 내용을 제공하고 있다.

F39 명시되지 않는 기분장애

DSM-5에서 발생한 문제를 DSM-5-TR에서 드디어 수정했다. 즉, 환자가 기분장애를 가지고 있지만 (아직) 그것이 양극성인지 우울증인지 확실히 모르는 경우에 대한 임시진단의 부재이다. 명시되지 않는 기분장애는 DSM-IV의 달리 명시되지 않는 기분장애의 개념을 부활시킨 것이다. 이 진단은 DSM-5의 챕터 구조로 인해 지혜롭지 않은 선택을 강요받은 임상가들에게 감사히 받아들여질 것이다.

CHAPTER 4

불안장애

불안장애의 빠른 진단 지침

현저한 불안 증상을 보이는 환자의 진단은 다음 장애 중 하나가 될 것이며, 환자는 하나 이상의 불안장애를 가질 수 있다. 좀 더 세부적인 논의는 각 항목 뒤에 쓰인 쪽수에서 확인할 수 있다.

주요 불안장애

공황장애.　반복적인 공황발작을 경험한다. 이는 강렬한 공포감을 보이는 짧은 삽화로, 여기에는 다양한 신체 증상과 기타 증상이 수반되며, 공황발작과 관련하여 정신적 · 행동적 변화와 함께 추가적인 발작에 대한 걱정을 보인다(179쪽).

광장공포증.　이러한 사람들은 자신이 위험에 처해도 도움을 받을 수 없는 장소나 대형매장에 들어가는 것과 같은 상황에서 공포를 느낀다(183쪽).

특정공포증.　특정한 대상이나 상황에 대하여 공포를 느낀다. 예를 들어, 동물, 번개, 고공, 혈액, 비행기, 갇히는 것, 구토나 질식, 혹은 병이 걸릴 것 같은 상황들이 공포를 유발한다(186쪽).

사회불안장애.　말을 하거나, 쓰기를 할 때, 공공장소에서 식사를 할 때, 혹은 공중화장실을 사용할 때 당황하는 자신을 상상한다(189쪽).

선택적 함구증.　어떤 아동은 혼자 있을 때나 친한 사람들과 있을 때가 아니면 말을 하지 않으려고 한다(193쪽).

범불안장애.　극심한 공황을 경험하지는 않지만, 대부분의 시간을 긴장하고 불안한 상태로 보내며, 다양한 주제들에 대하여 걱정을 한다(197쪽).

분리불안장애.　부모나 다른 애착 대상들로부터 떨어지는 것에 불안을 느낀다(194쪽).

다른 의학적 상태로 인한 불안장애.　공황발작이나 범불안 증상은 다양한 의학적 상태로 인해 발생할 수 있다(203쪽).

물질/약물치료로 유발된 불안장애. 물질의 사용이나 약물치료로 공황발작이나 다른 불안 증상을 야기할 수 있다(200쪽).

달리 명시되는(명시되지 않는) 불안장애. 증상이 위의 범주 중 어느 하나에도 완전히 충족되지 않을 때 이 범주를 사용한다(205쪽).

불안 및 관련 증상의 다른 원인

강박장애. 반복적인 사고나 행동으로 고통을 받으며, 심지어 환자 자신도 그 사고와 행동이 과도하다고 생각한다(208쪽).

외상후 스트레스장애. 전쟁이나 자연재해와 같은 심각한 외상적 사건이 동반되는 불안과 함께 반복해서 재경험된다(230쪽).

급성스트레스장애. 외상후 스트레스장애와 상당히 유사하지만, 이 장애는 스트레스 사건 도중이나 직후에 증상이 보이기 시작하고 증상이 한 달 이내로만 지속된다는 점에서 차이가 있다(237쪽).

회피성 성격장애. 이러한 소심한 사람들은 비평에 쉽게 상처를 받기 때문에 타인과의 관계 형성을 꺼린다(633쪽).

주요우울장애의 불안증 동반 명시자. 몇몇 주요우울장애 환자들은 긴장이나 불안을 동반하는 경우가 잦다(159쪽).

신체증상장애 및 질병불안장애. 신체증상장애의 일부 증상으로 공황 및 다른 불안 증상이 종종 나타난다(273, 283쪽).

도입

이 장에서 논의하는 장애는 불안과 그 불안을 회피하는 행동이 특징적이다. DSM-5-TR에 제시된 모든 정신질환을 총괄해 볼 때 공황장애, 다양한 공포증, 그리고 범불안장애는 가장 빈번하게 접하는 장애이다. 이러한 장애를 논의하기 전에 불안에 대한 세 가지 사실을 기억해야 한다.

첫째, 일정한 수준의 불안은 그저 정상이라는 의미를 넘어서 적응적인 것이며, 인간의 안녕과 정상적인 기능을 위해서 꼭 필요한 요소이다. 예를 들어, 우리가 시험을 치르거나 대중들에게 말을 하는 경우(혹은 책을 집필할 때), 실패에 대한 공포는 적절한, 어쩌면 특별한 준비를 하도록 우리를 자극한다. 유사하게, 건강한 관심 이면에 과도한 부채, 폭력범죄자, 그리고 포이즌 오크(북미산 덩굴 옻나무) 등과 같은 정상적인 공포가 있다.

둘째, 불안 또한 증상이다. 불안은 아마도 대부분의 정신질환에서 접할 수 있는 증상 중 하나이다. 너무 극적으로 나타나기 때문에 진단을 내리는 데 결정적인 발달력 자료나 다른 증상(우울, 약물 사용, 그리고 기억과 같은 것)을 보지 못하고 때때로 불안에만 초점을 맞추기도 한다. 그동안 저자는 불안 증상의 이면에 기분 및 신체 증상, 혹은 다른 장애가 가려져 있던 환자들을 수도 없이 면담해 왔다. 이런 상태는 인지하기만 하면 치료가 쉽지만, 인지하지 못한 경우에는 치료에 어러움을 겪을 수 있다. 실제로, 불안한 사람들은 특히 자살행동에 취약하며, 자살 생각에서 시도로 이어질 가능성은 공황장애, 특정 공포증, 또는 범불안장애를 가진 사람들에게 더 높다.

셋째, 불안 증상은 때로 물질 사용 문제나 의학적 상태, 혹은 공존하는 다른 정신질환(기분, 신체적 증상, 인지 혹은 물질 관련 장애)의 존재를 알려주는 지표가 된다는 점을 강조하고 싶다. 불안이나 회피행동을 보이는 환자들을 볼 때, 상기 상태에 대해 반드시 고려해 보아야 한다.

한 번 더 강조하지만, 이 장에서 장애를 기술한 순서는 전형적인 발병 연령(대부분의 불안장애는 상대적으로 어린 나이에 발병한다)에 입각하여 조직화한 DSM-5-TR을 따르지 않았다. 이 장은 공황발작으로 시작하고자 한다. 공황발작은 불안(혹은 많은 다른)장애에 만연하게 나타나는 증상이기 때문이다.

공황발작

공황발작으로 극심한 고통을 겪는 어떤 사람들은 전조를 느낀다. 일반적으로 심장계 증상(불규칙하고 빠른 심박수)과 호흡곤란(가쁜 숨, 가슴 통증)에 동반되는 재앙과 같은 느낌이다. 발작은 갑자기 시작되며 빠르게 고조된다. 끔찍한 경험은 보통 총 30분 이내로 지속된다.

공황발작에 관한 몇 가지 중요한 사실이 있다.

- 발작은 보편적이다(성인의 약 30%는 적어도 한 번의 발작을 경험한다). 12개월 동안, 미국인의 10%가 1년에 한 번의 발작을 경험한다(유럽인들에게는 훨씬 덜 흔하다).
- 발작은 남성보다 여성에게서 더 흔하다.
- DSM-5-TR은 흡연이 위험요인일 수 있다고 지적한다.
- 발작이 정상 성인에게서 일회성으로 발생할 수 있다. 이 경우 진단은 내리지 않는다.
- 공황발작은 다양한 스펙트럼의 빈도수로 나타날 수 있다. 어떤 사람이 생애에서는 그저 몇 번의 삽화로 나타날 수 있고, 다른 사람에게서는 일주일에 몇 번씩 일어나는 경우도 있다. 어떤 사람들은 야간에 일어나는 공황발작을 경험하는데, 이는 더 심각한 형태의 공황장애를 나타낼 수 있다.
- 치료를 받지 않는 경우, 이러한 장애를 가진 사람들은 심각하게 쇠약해질 수 있다. 많은 환자들은 발작이 정신병적 장애나 신체 질환을 의미한다고 생각하며, 그에 대한 반응으로 행동을 변화시킨다.
- 때때로 치료는 그저 단순히 안심을 시키거나 종이 봉투에 숨을 불어넣는 것과 같이 간단할 수 있다.

- 하지만 때때로 공황발작은 기분장애에서 심장발작까지 이르는 다양한 질환들을 간과하게 만들 수 있다.
- 다리를 건너거나 붐비는 슈퍼마켓에서 돌아다니는 것과 같은 특정한 상황이 공황발작을 유발할 수 있다. 이는 소인으로 인한(cued) 혹은 상황이 소인이 되는(situationally bound) 발작이라고 부른다. 두 번째 유형의 발작은 공황장애에서와 같이 특정 자극에 의해서가 아니라 자연발생적으로 일어나는데, 이는 예기치 못한(unexpected) 혹은 소인이 없는(uncued) 발작이라고 한다. 세 번째 유형은, 상황과 관계가 있는(situationally predisposed) 발작이다. 이는 자극에 직면하게 되면 흔히(항상 그런 것은 아님) 공황상태에 빠지게 되는 발작이다.
- 환자들은 공황 증상이 호전되기 시작할 때 안정되거나 혹은 불안해할 수 있다.
- 공황발작만으로는 진단부호를 매길 수 없다. 공황장애 진단기준은 다른 모든 장애의 명시자로서 적절한지를 식별하고 적용하기 위한 것이다. 물론 공황장애에서는 공황발작이 항상 발생한다. 그러나 공황발작은 공황장애의 범주 안에 속해 있으므로 공황발작을 세분화할 필요는 없다.

병리적인 공황발작은 보통 20대에 시작된다. 공황발작은 다른 증상이 없이 발생할 수도 있으며 (공황장애로 진단이 확실시될 때), 혹은 광장공포증, 사회불안장애, 특정공포증, 외상후 스트레스 장애(PTSD), 기분장애, 그리고 정신병적 장애를 포함하는 다양한 다른 장애의 연장선상에서 발생하기도 한다. 이뿐만 아니라 발작은 다른 의학적 상태로 인한 불안장애나 물질로 유발된 불안장애에서도 나타날 수 있다.

공황발작의 핵심 특징

공황발작은 갑자기 엄습하는 강렬한 공포와 (때로는 매우 극심한) 두려움이며, 고전적인 '싸움 혹은 도주'의 다양한 증상을 보인다 — 가슴 통증, 오한(가끔은 열이 너무 올라가는 느낌), 질식할 것 같은 느낌, 빠르거나 불규칙한 심박수, 피부가 따끔거리거나 무감각함, 과도한 땀 분비, 메스꺼움, 현기증, 그리고 떨림. 이러한 사람들은 결국 비현실감을 느낀다. 혹은 정신을 잃거나 죽는 것에 대하여 두려워할 수도 있다. 신체적 및 정서적 감각은 적어도 4개 이상 충족해야 한다.

부호화 시 주의점
공황발작은 진단부호를 매길 수 있는 장애가 아니다. 공황발작은 공황장애의 기본적인 요소이며,

다른 진단에 명시자로 추가할 수 있다. 여기에는 외상후 스트레스장애, 그리고 기타 불안장애나 정신질환이 포함된다(섭식장애, 기분장애, 정신병적 장애, 성격장애, 그리고 물질사용장애). 이뿐만 아니라 심장, 폐, 그리고 위장 기관 등에 영향을 미치는 의학적인 상태에서 공황발작이 나타나기도 한다.

쇼티 레인볼드

쇼티 레인볼드는 클리닉 대기실에 편안한 마음으로 앉아 있으려고 했었다. 조명은 부드러웠고, 음악은 차분했다. 그가 앉아 있던 소파는 안락한 천으로 싸여 있었다. 기포가 올라오는 어항에는 물고기가 여유롭게 헤엄을 치고 있었다. 하지만 쇼티는 조금도 안정을 취할 수 없었다. 그것은 아마 접수 담당자 때문이었을 것이다. 쇼티는 그 담당자에게 자신의 문제를 처리해 줄 만한 위기관리능력이 있는지 없는지 궁금했다. 컴퓨터 뒤에 가려진 그 담당자의 모습은 마치 오소리와 같았다.

몇 분 후에 그는 심장 박동이 이상해지고 있다고 느꼈다. 그의 심장이 문제였다. 쇼티는 처음에 앉았을 때만 해도, 평소대로 뛰고 있는 심장의 박동을 알아차리지 못했다. 아무 일도 없었는데 갑자기 그는 심장 박동 소리에 집중하기 시작했다. 처음에는 박동이 한두 번 멈추었다가, 몇 분이 지나자 흉벽에 전쟁이 난 것처럼 맹렬한 박동이 시작되었다. 심장 박동이 점점 고통스러워져서 그는 가슴을 움켜잡았다. 그러나 다른 사람의 이목을 끌지 않기 위해 재킷 속으로 손을 넣은 채로 참고 있었다.

그러자 그가 생각하는 비보 그 시나리오처럼 숨이 가빠지기 시작했다. 왼쪽 흉부에서 시작된 증상이 심장 전체를 손상시키고 있는 것처럼 느껴졌다. 이 통증이 폐를 거슬러 올라가, 목구멍을 타고서 그의 목까지 고통이 전달되었기 때문에 가쁜 숨만 겨우 쉴 수 있었다.

요동치는 심장과 가슴 통증이 의미하는 것은 오직 한 가지인 것 같았다. 며칠 간격으로 발작이 있기 시작한 지 두 달이 지나자 그는 나름대로 그 증상의 의미를 이해하기 시작했다. 그는 죽을 것 같았다! 물론 지난주에 진료를 해준 심장질환 전문의는 그의 심장 박동 소리가 종소리처럼 정상적으로 들린다고 안심시켜 주었지만, 이번에는 그 소견이 틀릴 수도 있다고 생각하고 있었다. 그는 왜 지난번에 자신이 죽지 않았는지, 발작이 일어날 때마다 왜 두려움에 떨게 되는지 이해할 수가 없었다. 이번에는 살아남는 게 불가능할 것처럼 느껴졌다. 설마 내가 그렇게 되길 바라는 걸까? 이러한 생각이 들자 그는 갑자기 구역질이 나는 것을 느꼈다.

쇼티는 가능한 한 드러나지 않게 가슴과 복부를 모두 움켜잡을 수 있도록 몸을 앞으로 숙였다. 그러나 그는 이런 자세를 계속 유지하는 것이 힘들었다. 익숙한 따끔거림과 마비감이 손가락에서부터 시작되었다. 몸 전체로 번져가는 여러 가지 고통을 참아내면서 손이 떨리는 것을 느낄 수 있었다.

그는 접수 담당자가 알아차렸는지 보려고 방 안을 둘러보았다. 그 장소에서는 아무런 도움도 받지 못했다. 그녀는 여전히 키보드를 치고 있었다. 아마도 모든 환자들이 이런 식으로 행동했으리라. 아마도, 문득 깨달은 것은, 그곳에 한 관찰자가 있었다. 쇼티가 자기 자신을 보고 있었다! 자신의 일부가 떠올라 벽의 중간 지점쯤에 매달려 있는 것처럼 보였다. 그는 자신이 잘 보이는 위치에서 연민과 경멸의 눈으로 떨리는 육체를 내려다보고 있었다. 그 육체는 당시의 쇼티 레인볼드 자신처럼, 혹은 과거의 자신처럼 느껴졌다.

이제 쇼티의 영혼은 불타는 것처럼 빨개진 쇼티의 얼굴을 바라보고 있다. 뜨거운 공기가 그의 머릿속을 쉴 틈 없이 가득 채우고 있었다. 그의 영혼은 벽을 타고 더 높이 떠올랐고, 천장은 차츰 사라졌다. 그는 빛나는 햇살로 솟아올랐다. 빛이 내리쬐어 눈을 감아도 눈이 부셨다.

재발성 공황발작을 호소하는 환자들에서 흔히 우울이 관찰되는데, 이런 두 증상의 관련성은 아무리 강조해도 지나치지 않다. 몇몇 연구에서는 공황장애를 가진 환자들의 절반이 주요우울장애를 가지고 있다는 점을 시사한다. 분명한 것은, 공황 증상을 보이는 모든 환자들의 기분장애 증상을 신중하게 평가해야 한다는 것이다.

쇼티 레인볼드의 평가

쇼티의 공황발작은 전형적이다. 갑작스럽게 시작되어 빠르게 고조되었고, 필수적인 증상을 충분히 포함하였다. 숨이 가빠지는 것(진단기준 A4)과 심계항진(A1)은 고전적인 공황발작 증상이다. 그는 또한 가슴 통증(A6), 정신을 잃을 것 같은 느낌(A8), 그리고 손가락의 저림(A10) 증상을 보였다. 쇼티가 보인 죽을 것 같은 공포(A13)는 환자들이 발작이 진행되는 동안에 보이는 전형적인 공포이다. 자신을 쳐다보고 있는 것 같은 느낌(이인증 — A11)은 공황에서는 덜 일반적인 증상이다. 공황발작 사실을 입증하기 위해서는 이들 증상 중에 네 가지만 있으면 된다.

쇼티의 공황발작은 소인이 없는 발작이다. 즉, 촉발 자극이 없는 상태에서 자연발생적으로 일어나는 것처럼 보인다는 의미이다. 그는 발작을 유발하는 사건, 대상, 사고를 알아차리지 못하였다. 공황장애에서는 소인이 없는 발작이 전형적이지만, 소인으로 인한(혹은 상황이 소인이 되는) 발작 역시 포함될 수 있다. 사회불안장애와 특정공포증에서는 반복적이고 예측 가능한 촉발 자극이 소인이 되어 공황발작이 일어난다.

공황발작은 몇몇 의학적 상태들에 의해서도 발생할 수 있다. 그중 하나는 급성심근경색이며,

이는 많은 공황장애 환자들이 가장 두려워하는 의학적 상태이다. 물론 쇼티와 유사한 증상을 보이는 환자들은 심근경색이나 다른 의학적 장애에 대한 평가를 받아야 할 것이다. 다른 의학적 상태에는 저혈당이나 불규칙한 심장 박동, 승모판탈출증, 측두엽 간질, 그리고 드물게는 갈색세포종이라는 부신종양이 포함된다. 또한 공황발작은 암페타민, 마리화나, 그리고 카페인과 같은 몇몇 향정신물질의 중독상태에서도 일어난다. (추가적으로 말하자면, 어떤 환자들은 공황발작의 심각도를 줄이고자 알코올이나 진정성 약물을 오용하기도 한다.)

공황발작에 관련된 진단부호 번호는 없다. 쇼티의 완전한 진단은 뒤로 미루겠다.

F41.0 공황장애

공황장애는 흔한 불안장애이다. 공황장애 환자는 예기치 못한 공황발작(발작은 대개 많은 횟수로 일어나며, 반드시 1회 이상이어야 함)과 더불어 또 다른 발작이 일어날 것에 대한 두려움을 경험한다. 소인이 없는 공황발작이 보통이지만, 상황적으로 관계가 있는 발작, 그리고 소인으로 인한/상황이 소인이 되는 발작 또한 발생할 수 있다(이전의 정의를 참조할 것). 환자들 중 상당수는 깨어 있는 동안 일어나는 공황발작뿐만 아니라 야간에도 공황발작을 보이며, 이는 더 심각한 형태의 공황장애일 수 있다. 공황장애 환자의 약 절반 정도는 광장공포증 증상도 함께 가지고 있다(183쪽 참조).

공황장애는 전형적으로 20대 초반에 시작된다. 공황장애는 가장 흔한 불안장애 중 하나이며, 일반 성인 인구 중 2~3%에서 보인다. 어린이들도 공황발작을 경험하지만 공황장애 진단은 드물며, 청소년기를 거치며 점차 증가한다. 이 장애는 특히 여성들에게서 흔하다. 노년층에서는 빈도가 감소하는데, 이는 노화과정의 드문 이점이다.

공황장애의 핵심 특징

예기치 못한 공황발작의 결과 환자들은 또다시 발작이 일어날까 봐 두려워하거나 추가적인 발작을 피하기 위한 (비효과적인) 행동을 시도한다. 가령 한때 자신이 좋아했던 활동을 포기한다거나 발작이 일어났던 장소를 피하는 것 같은 행동을 한다.

주의사항

그들을 다루어라

- 기간(한 달 이상)

- 고통 혹은 장애(위에 기술되어 있음)
- 감별진단(물질사용장애 및 신체질환, 기타 불안장애, 기분장애, 정신병적 장애, 강박장애, 외상 후 스트레스장애, 실제적 위험)

쇼티 레인볼드의 사례로 돌아가서

쇼티는 눈을 떴고, 자신이 대기실 바닥에 누워 있다는 사실을 발견했다. 두 사람이(접수 담당자와 다른 한 사람) 그를 일으켰다. 그는 다른 한 사람을 잘 알아보지는 못했지만, 그 사람이 자신을 면담할 정신건강 임상가임에 틀림이 없다고 추측했다.

"당신이 내 목숨을 구했군요." 그가 말했다.

"아닙니다." 임상가가 대답했다. "당신은 그냥 괜찮은 거예요. 이런 일이 자주 발생하나요?"

"요즘은 2, 3일에 한 번씩이요." 쇼티가 조심스럽게 일어섰다. 잠시 후에 그는 도움을 받아 면담실 안으로 들어갔다.

언제 처음으로 그의 문제가 시작된 것인지 확실치 않았다. 쇼티는 24세였고, 4년 동안 해안경비대로 일했다. 일을 그만두고 나서 그는 여기저기 방황을 하다가 가족들과 함께 이사를 갔고, 건설 현장에서 일을 하였다. 그러다가 6개월 전에 자동차 정비소로 직장을 옮겨 계산원으로 일하게 되었다.

거기까지는 좋기만 했다. 유리로 된 부스에 하루 종일 앉아서 거스름돈을 계산하고, 스캐너로 신용카드 결제를 하고 간식을 팔았다. 임금이 좋은 편은 아니었지만, 임대료를 낼 필요는 없었다. 심지어 거의 매일 저녁 외식을 해도 될 정도였고, 토요일 밤에는 여자 친구와 데이트를 할 정도로 충분한 임금이었다. 두 사람 모두 술을 마시거나 약물을 사용하지 않았으므로 사실 그가 다른 사람들보다 그렇게 문제가 있는 건 아니었다.

쇼티가 일한 지 두 달 정도 되었을 때 문제가 시작되었다. 그날은 사장이 견인차를 가지고 정비공인 브루스에게 가보라고 했던 날이었다. 그들은 헤드 개스킷이 고장 난 오래된 뷰익 스카이락을 견인하기 위해 동쪽으로 향하는 간선도로 갓길에 정차하였다. 몇 가지 이유로 그 차를 견인기계에 거는 데 어려움이 있었다. 브루스가 큰 목소리로 지시해 주는 것에 따라 쇼티는 차도 방향의 트럭 옆에서 견인기계를 조작하고 있었다. 그러다 갑자기, 견인 트레일러의 카라반에서 굉음이 났다. 그 소리와 여풍 때문에 쇼티는 깜짝 놀랐다. 그는 견인차 옆에서 빙글빙글 돌다가 넘어졌고, 굉음을 내는 거대한 타이어 바로 근처에 멈추어 섰다.

이제, 쇼티의 안색과 심박이 정상으로 돌아왔다. 이 이야기를 상기시켜 말할 수 있게 되었다. 겁이 나긴 했지만, 견인차를 타고 나가는 일을 지속할 수 있었다. 그러나 매번 거의 공황상태에 이르렀다. 브루스가 함께 갈 때만 일을 나갈 수 있었고, 자동차의 차도 방향을 조심스럽게 피했다.

그건 최악의 문제는 아니었다. 그는 언제든 일을 그만두고 다른 직업을 구할 수 있었다. 그러나 그 이후로도 비슷한 일이 조금이라도 예상되는 경우에는 이런 발작을 경험하곤 했다. 이제는 발작을 촉발하는 원인이 전혀 없을 때도 발작이 일어났다. 심지어 집이 아닌 곳에 있거나 직장에서는 유리로 된 부스 안에 들어가 있지 않으면 발작이 일어났다. 지난주에 쇼핑을 갔을 때는 어머니를 위해 구입한 식료품이 가득 담긴 카트를 통째로 버리고 나와야만 했다. 그는 이제 여자 친구와 영화 보는 것조차 꺼려졌다. 그 대신 지난 몇 주 동안 그는 여자 친구네 집에서 TV를 보며 토요일 밤을 보내자고 제안하였다. 아직까지는 여자 친구가 이를 불평하지는 않지만 그는 여자 친구가 불평하는 일은 시간문제라는 것을 알고 있었다.

"저는 업무 시간을 견디는 것만으로도 벅차요." 쇼티가 말했다. "그래도 이 문제를 해결해야 한다고 생각해요. 내 여생을 동굴 속의 은둔자처럼 지내기에는 전 아직 젊잖아요."

쇼티 레인볼드의 추가적인 평가

쇼티가 공황발작을 경험했던 것은 기정사실이다. 원래 쇼티의 발작은 견인차 주변에서 작업하는 것과 같은 특정한 상황과 관련이 있었다. 지금까지 몇 달 동안, 발작이 며칠에 한 번꼴로 예기치 한 상태에서 일어났다(공황장애의 진단기준 A). 의심할 여지 없이 걱정과 염려를 보였고(B1), 여자 친구와 함께 하는 활동을 바꾸었다(B2). 수많은 의학적 상태들이 공황발작을 유발할 수는 있다. 하지만 최근 심장질환 전문의의 소견에 의하면 쇼티는 의학적으로 건강했다. 과거력을 근거로 물질로 유발된 불안장애(C)도 배제한다. 쇼티는 약물 혹은 알코올을 사용하지 않았다(하지만 공황발작으로 인해 '약물치료'를 받고 있는 환자들이 약물 혹은 알코올을 사용하고 있다면 주의해야 한다). 다른 정신질환의 가능성은 더욱 낮다(D). 그의 증상은 공황장애의 진단기준을 완전히 충족한다.

하지만 기다려라. 사례에는 광장공포증의 증상을 고려해야 할 내용이 더 남아 있다. 최근에 쇼티는 집이 아닌 곳과 관련된 다른 모든 상황에 대해 두려움을 느꼈다 — 운전하기, 쇼핑하기, 심지어 영화를 보러 가기(광장공포증의 진단기준 A). 이러한 상황에서 거의 항상 공황발작이 유발되었다(C). 그 결과, 그는 그러한 상황을 피하거나 브루스나 여자 친구와 동행해야만 했다(D). 이런 두려움으로 인하여 쇼티의 생활영역은 협소해지기 시작하였다. 치료를 받지 않는다면 직장을 그만두고 집에만 틀어박혀 있게 되는 것이 시간문제일 것이다(G). 이러한 증상은 전형적인 것이다. 증상이 매우 심각했으므로 정확한 기간에 대해서 옥신각신할 필요가 없을 것이다(F). 그의 증상과 관련하여 다른 원인을 배제할 수 있다면(H, I), 그의 증상은 광장공포증의 필요조건을 충족할 것이다. 물론 그를 혹사시키고 있는 두려움이 도움을 받기 어려운 것 때문인지 혹은 그 상황을 피하기 어렵기 때문인지를 결정하기 위한 질문을 해야 할 것이다(B). 그러나 이미 쇼티를 알고 있으므로 이에 대한 대답은 명백하다.

특정공포증이나 사회불안장애 진단의 가능성은 적어 보인다. 왜냐하면 불안의 초점이 단일한 문제(예 : 폐쇄된 장소)나 사회적 상황에만 국한된 것이 아니기 때문이다. 신체증상장애를 가진 환자들 또한 불안 증상을 호소할 수 있지만(물론 신체증상장애의 진단적 특징은 아니지만), 신체적으로 건강한 사람에게 신체증상장애 진단을 내릴 가능성은 적다.

비록 이 사례에서는 주요우울장애의 가능성에 대한 설명을 하고 있지는 않지만, 공황장애 사례의 절반 이상에서 동반이환으로 주요우울장애를 보인다. 극적인 불안 증상이 종종 잠재적인 우울 증상을 가리고 있어 임상가들은 이를 완전히 간과해 버리는 실수를 범할 위험성이 있다. 불안장애와 기분장애 진단기준이 모두 충족될 때는 두 진단을 모두 병기해야 한다. 공황장애 환자들에게 기타 불안장애가 동반이환이 될 수 있다. 이러한 장애에는 범불안장애와 특정공포증이 포함된다.

GAF 점수는 61점이었고, 그의 진단은 다음과 같다.

F41.0   공황장애
F40.00   광장공포증

회피를 보이는 기타 불안장애(특히 특정공포증 그리고 사회불안장애)로부터 공황장애와 광장공포증을 감별하는 것은 매우 어려운 일이다. 최종적인 결정은 결국 임상가의 몫이지만, 아래의 정보가 도움이 될 수는 있을 것이다.

- 환자가 얼마나 많은 공황발작을 보였으며, 어떠한 유형의 공황발작이었는가(소인으로 인한 발작, 소인이 없는 발작, 상황과 관계가 있는 발작)? 소인이 없는 발작은 공황장애를 시사한다. 소인으로 인한 발작은 특정공포증이나 사회불안장애를 시사한다. 하지만 혼합된 형태로 나타날 수도 있다.
- 얼마나 다양한 상황에서 일어나는가? 제한된 상황에서 발생하는 것은 특정공포증이나 사회불안장애를 시사한다. 발작이 다양한 상황에서 일어나는 것은 공황장애와 광장공포증을 시사한다.
- 환자가 공황발작 때문에 밤에 깨어나는가? 이는 공황장애에서 더 전형적이다.
- 공포의 초점이 무엇인가? 만약 앞으로 있을 공황발작을 두려워하는 것이라면, 공황장애가 알맞은 진단일 것이다. 그렇지 않고 공황발작이 비행기를 타는 것과 같은 특정 상황에서만 일어난다면, 진단은 특정공포증, 상황형이 알맞을 것이다.
- 환자가 공황발작이 일어날 것을 지속적으로 걱정하는가? 심지어 두려운 상황(예 : 엘리베이터를 타는 것)에 처할 위험이 전혀 없는 경우에도? 이것은 공황장애와 광장공포증을 시사한다.

F40.00 광장공포증

아고라(agora)는 고대 그리스의 시장을 의미한다. 현대에 와서 광장공포증(agoraphobia)이란 용어는 피하기가 어렵거나 당혹스러운 장소나 상황, 혹은 불안 증상이 발생할 때 도움을 받기 어려운 장소나 상황에 처해 있다는 것에 대한 두려움을 지칭하는 데 사용한다. 극장이나 사람이 붐비는 슈퍼마켓과 같은 개방된 장소나 공공장소가 이에 해당되는 경우이며, 집에서 나와 외출을 하는 경우도 광장공포증에서 말하는 두려운 장소나 상황에 해당된다. 광장공포증이 있는 환자는 두려운 장소나 상황을 완전히 피한다. 혹은 두려운 상황이나 장소에 직면해야만 하는 환자는 강렬한 불안을 경험하거나 동반자를 필요로 할 수도 있다. 어쨌든, 그리스 시대에는 광장공포증을 지칭하는 단어가 없었으며, 이 용어가 사용되기 시작된 것은 1873년이다.

광장공포증은 대개 외출을 한다든지, 군중 속에 있다든지, 집에 혼자 있다든지, 다리 위에 있다든지, 버스, 차, 기차 여행을 하는 것과 같은 상황과 관련이 있다. 광장공포증은 공황발작이 일어난 결과로서, 몇 주 만에 급격하게 진전될 수 있다. 발작이 재발할 수 있다는 두려움 때문에 환자들은 외출을 피하거나 다른 활동에 참여하는 것을 꺼린다. 한편 몇몇 환자들은 공황발작을 경험한 적이 한 번도 없는 상태에서도 광장공포증이 발병할 수 있다.

최근 몇 년간 광장공포증의 유병률 추정치는 1~2% 정도로 상승하고 있다. 공황장애와 마찬가지로 광장공포증은 남성보다는 여성에게서 더 많이 보인다. 이 장애는 대개 20대에 발병하지만, 어떤 환자들은 40대에 처음으로 증상을 보이기도 한다. 흔히 공황발작은 광장공포증의 발병에 선행한다. 유전적인 성향도 매우 강하다.

광장공포증의 핵심 특징

광장공포증을 가진 사람들은 혼자 있어야만 하거나 두려워하는 특정 상황에서 예외 없이 과도한 불안 혹은 두려움을 경험한다. 버스나 비행기(혹은 대형 운송 수단) 타기, 쇼핑하러 가기, 공연 보러 가기 혹은 실내에서 일어나는 어떤 활동을 포함한다. 어떤 환자들은 개방된 공간(벼룩시장, 운동장)을 거닐거나, 군중 속에 있거나, 줄을 서는 것과 같은 일상적인 일에서도 불안 혹은 두려움을 경험할 수 있다. 그들의 생각을 들여다보면, 이들은 공황 증상(175쪽 참조)이나 다른 의료적 긴급 상황(넘어짐, 갑작스러운 설사 등)이 발생할 경우, 즉각적으로 피하기 어려울 것이라고 걱정하거나 도움(공황발작이 일어날 때)을 받기 어려울 것이라고 걱정한다. 이에 그들은 이러한 상황을 피한다. 아니면 믿음직한 친구가 있을 때만 용기를 내어 상황에 직면을 한다. 만약 이 모든 방법이 실패한다면, 상당한 고통을 경험하게 된다.

주의사항

두려움/회피 증상은 확실하게 그들이 가지고 있는 어떤 실제 의학적 상태에서 오는 위협을 넘어서는 것이다 — DSM-5-TR은 염증성 질환과 파킨슨병을 예시로 들고 있다.

ㄱ들을 다루어라
- 기간(6개월 이상)
- 고통 혹은 장애(괴로움, 직업적/학업적, 사회적, 혹은 개인적 손상)
- 감별진단(물질사용장애 및 신체질환, 기타 불안장애, 기분장애, 정신병적 장애, 강박장애, 외상 후 스트레스장애, 사회불안장애, 분리불안장애, 상황적인 공포, 공황장애, 신체이형장애)

루시 굴드

어머니는 상담실 밖에서 기다리고 계시라는 임상가의 말에 루시 굴드는 "괜찮으시다면 엄마가 옆에 있는 것이 나을 것 같아요."라고 대답했다. "지금까지 엄마와 저 사이에는 비밀이 없거든요."

루시는 18세 이후로 엄마 없이는 아무 데도 가지 않았다. 실제로 루시는 6년 동안 아무 곳에도 가본 적이 없었다. "저 혼자서는 나갈 수가 없어요. 마치 전쟁터에 나가는 것 같다고요. 만약 저와 함께 가주는 사람이 아무도 없다면, 진료받으러 오는 것 같은 일도 할 수 없을 거예요. 지금도 끔찍하게 긴장된다고요."

루시가 호소하는 신경과민은 실제로 공황발작에는 포함되지 않는다. 그녀는 숨을 쉴 수 없거나 죽을 것 같다고 느껴본 적이 없다. 대신에 그녀는 강렬한 운동성 초조를 경험하였는데, 이 때문에 쇼핑몰, 슈퍼마켓, 그리고 영화관에서 뛰쳐나온 적이 있다. 대중교통을 탈 수도 없었다. 그녀는 버스와 기차가 전부 너무 무서웠다. 명확하지는 않지만, 거기서 뭔가 끔찍한 일이 일어날 것 같은 느낌을 항상 받았다. 아마도 너무 불안해져서 기절하거나 오줌을 지릴지도 모르며, 아무도 자신을 도와줄 수 없을 것 같았다. 그녀는 고등학교 졸업식이 있던 주 이후로는 혼자서 공공장소에 간 적이 한 번도 없었다. 졸업장을 받으러 단상 위까지는 올라갈 수 있었는데, 이는 당시 그녀의 가장 친한 친구가 함께 있어주었기 때문이다. 그 친구는 루시에게 도움이 필요할 때 어떻게 해야 할지 알고 있었다.

루시는 예민하기보다는 항상 소심한 여자아이였다. 유치원에 입학한 첫 주에 어머니가 자신을 혼자 두고 갈 때마다 울기 시작했고, 이는 학교에 다닐 때까지 지속되었다. 하지만 아버지가 "강해져야 한다."라고 그녀를 설득하자 몇 주 동안은 두려움을 거의 잊은 것처럼 보였다. 루시는 상당 기간 동안 거의 완벽한 학교 출석률을 유지하였다. 그런데 그녀의 17세 생일이 지난 직후, 아버지가 백혈병으로 사망하였다. 장례식을 치르는 몇 주 동안 외출하는 것에 대한 공포가 시작되었다.

어머니는 생계를 유지하기 위해서 집을 팔았고, 루시의 가족은 고등학교의 바로 건너편에 있는 아파트로 이사를 갔다. "그게 내가 마지막 학년을 버틸 수 있는 유일한 방법이었어요." 루시가 설명했다.

어머니가 마을 외곽의 전기회사에서 회로판을 조립하는 일을 하는 몇 년 동안, 루시는 엄마가 일할 때 집을 지켰다. 어머니가 항상 몇 시간씩 떨어진 거리에서 일하고 있음에도 불구하고, 루시는 집을 보면서 아주 편안함을 느꼈었다. 루시의 신체건강은 좋았다. 그녀는 약물이나 알코올을 사용한 적이 없었고, 우울증이나 자살 사고, 망상, 혹은 환각이 있었던 적도 없었다. 그런데 1년 전 루시는 인슐린 의존성 당뇨병에 걸렸고, 이 때문에 자주 병원에 가야 할 일이 생겼다. 혼자서 버스를 타려고 시도를 했으나, 몇 번의 실패 끝에 포기했다. 한번은 차가 막히는 곳에서 뒷문을 열고 집으로 달려갔다. 그러자 어머니는 집에 남아 루시에게 필요한 도움이나 여건을 제공하기 위해 장애 보조금을 신청하였다.

루시 굴드의 평가

과도하고 실제적 위협을 넘어서는 수준의 두려움(진단기준 E)으로 인해서, 루시는 슈퍼마켓, 쇼핑몰, 버스, 그리고 기차를 포함한 다양한 상황과 장소를 피했다(A). 만약 그 장소를 가야 한다면, 동반자를 필요로 할 것이다(D). 그녀는 무슨 일이 일어난 것인지 정확하게 표현할 수 없었다. 이 일은 아마도 끔찍하고 당황스러운 (심지어 방광에 대한 통제를 잃을지도 모르는) 일이며, 도움을 받기 어려운 일일 것이다(B). 다른 문제(당뇨병)로 인해 집에 더 이상 머물 수 없는 상황이 되자 증상이 드러난 것은 흔한 일이며, 당뇨병 자체가 광장공포증의 두려움과 관련이 있는 것은 아니다(H). 물론 진단기준 C(그 상황은 거의 매번 불안을 유발한다)와 진단기준 G(환자는 임상적으로 유의미한 고통 혹은 장애를 경험한다)를 확인하기 위해서는 이 사례의 행간을 읽어야 할 것이다.

루시의 증상을 특정공포증이나 사회불안장애라고 보기에는 너무 다양하다(광장공포증에서 환자가 지각하는 위험은 환경으로부터 기인하는 한편, 사회불안장애에서는 다른 사람들과의 관계에서 기인한다는 점에 주의하라). 그녀의 문제는 분리불안장애의 사례(비록 그녀가 5세 때는 이 진단의 요소를 명확히 충족시켰지만)와는 다르게, 혼자 있는 것이 두려운 것이 아니었다. 또한 외상후 스트레스장애의 사례(아버지의 죽음이 외상적일 수는 있겠으나, 이러한 경험이 다시 나타나는 것이 핵심 증상은 아니었다)와 달리, 그녀는 주된 외상을 가지고 있지 않았다. 강박장애를 가지고 있다는 어떠한 지표도 없었다. 이렇게 (드디어) 우리는 진단기준 I축을 해결하였다.

광장공포증은 다양한 진단에 동반될 수 있는데, 그중 가장 중요한 것은 주요우울 삽화와 관련한 기분장애이다. 그러나 루시는 우울 증상, 정신병적 증상 및 물질 사용과 관련한 증상을 모두 부인하였다. 비록 그녀가 당뇨병에 걸리긴 했지만, 당뇨병이 이미 수년 동안 진행되어 온 이후에 광장공포증이 명백히 두드러진 것이다. 게다가 광장공포증과 당뇨병 사이의 생리적인 연관성을 떠올리기 어렵다(광장공포증 환자가 가질 수 있는 어떤 다른 의학적 상태에도 동일한 추론을 적용해야 한다).

루시는 개별적인 공황발작을 경험한 적이 없기 때문에, 광장공포증과 별도로 공황장애 진단기준에는 충족되지 않는다. 한편, 외출을 하지 못한다는 점으로 인해 그녀는 낮은 GAF 점수(31점)를 받았다.

F40.00   광장공포증
E10.9   인슐린 의존성 당뇨병

특정공포증

특정공포증을 가진 환자들은 특정한 대상이나 상황에 대한 비합리적인 두려움을 가지고 있다. 가장 잘 알려진 것은 동물, 혈액, 고공, 비행기, 밀폐된 장소, 그리고 뇌우에 대한 공포증이다. 상기 자극 중 하나에 노출되어 유발된 불안은 공황발작의 양상을 띠기도 하며, 더 일반화된 불안감으로 나타나기도 한다. 그러나 여기서 불안은 항상 특정 자극에 직면할 때 발생하는 것이다(한편 이러한 환자들은 두려워하는 어떤 것에 마주해야 하는 경우에 일어날지도 모르는 일 ― 실신, 공황, 통제 상실 ― 에 대해 걱정할 수도 있다). 일반적으로 두려워하는 자극에 근접할수록, 그리고 이를 회피하기 어려울수록 그들이 느끼는 두려움은 더욱 커진다.

환자들은 보통 하나 이상의 특정공포증을 가지고 있다. 두려워하는 활동이나 대상과 마주하기 직전에 즉각적으로 초조감을 느끼며 공황상태에 빠져들게 된다. 이는 예기불안이라고 알려져 있다. 그러나 대부분의 사람들은 불편감의 정도가 크지 않기 때문에 전문가의 도움을 구하지 않는다. 환자가 두려운 상황을 회피하게 되는 경우에는, 예기불안이 가장 주된 불편감이 될 수 있다. 심지어 업무에 지장을 줄 수도 있다. 혈액, 손상 혹은 주사와 관련된 특정공포증을 가진 환자들은 혈관미주신경반응이라는 증상을 흔히 경험한다. 이는 심박수와 혈압이 떨어져 환자가 실제로 실신에 이르는 것을 의미한다.

일반 집단에서 특정공포증은 가장 빈번하게 보고되는 불안장애 중 하나이다. 미국 성인의 10% 정도가 특정공포증 중 하나로 고통을 겪었을 가능성이 있지만 임상적 유의성을 판단하는 것은 매우 어려운 일이다.

특정공포증은 대개 아동기나 청소년기에 발병한다. 특히 동물공포증은 일찍 시작되는 경향이 있다. 어떤 경우에는 동물에게 물리는 것 같은 외상 사건 이후에 시작된다. 비록 광범위한 정신질환과 동반이환을 보일 수 있는 것이 일반적이기는 하지만, 상황형 공포(예 : 폐쇄된 곳에 있거나 비행기 여행)는 특정공포증의 다른 유형에 비해 우울증이나 물질 오용과 같은 동반이환 장애를 가질 가능성이 더 높다. 발병률은 여성이 남성에 비해 약 2:1의 비율로 더 많다.

특정공포증의 핵심 특징

특정한 상황이나 대상이 즉시적이고 과도한 (그리고 비합리적인) 두려움이나 불안을 습관적으로 유발하여 환자는 이를 회피하게 되며, 회피하지 못하면 상당한 불안감을 경험한다.

주의사항

ㄱ들을 다루어라

- 기간(6개월 이상)
- 고통 혹은 장애(직업적/학업적, 사회적, 혹은 개인적 손상)
- 감별진단(물질사용장애 및 신체질환, 광장공포증, 사회불안장애, 분리불안장애, 기분장애, 정신병적 장애, 신경성 식욕부진증, 강박장애, 외상후 스트레스장애)

부호화 시 주의점

각각의 ICD-10 부호를 적용하여 모든 유형을 명시하라.

F40.218 **동물형**(뱀, 거미)

F40.228 **자연환경형**(뇌우, 고공)

혈액-주사-손상형(주사기, 수술)

F40.230 **혈액**

F40.231 **주사, 수혈**

F40.232 **기타 의학적 도움**

F40.233 **부상**

F40.248 **상황형**(비행기, 밀폐된 장소)

F40.298 **기타형**[질식, 구토를 유발하는 상황, 아동의 경우 큰 소리나 가장 인물들(가장 캐릭터)]

에스더 듀고니

칠순이 거의 다 된 여성인 에스더 듀고니는 비록 1~2년 전부터 초기 파킨슨병의 특징인 떨림 증상을 보이기 시작하였지만 건강하고 튼튼했다. 그녀는 (2년제)전문대학에서 원예학을 가르치는 일에서 은퇴한 이후, 몇 년 동안 자신의 정원을 가꾸는 일에 집중하였다. 작년 플라워 쇼에서는 그녀의 철쭉이 1등을 했다.

그런데 10일 전, 그녀가 있는 곳에서부터 미국의 절반을 가로질러야 갈 수 있는 먼 거리에 위치한 디트로이트에서 그녀의 어머니가 돌아가셨다. 그녀와 여동생이 유언의 공동 집행인으로 임명되었다. 그녀는 유언장을 공증하고 어머니의 집을 처분하기 위해 그곳에 수차례 다녀와야 했다. 이는 비행기를 타는 것을 의미했는데, 이것이 바로 그녀가 정신건강 클리닉을 찾아온 이유이다.

"비행기를 탈 수가 없어요!" 그녀가 임상가에게 말했다. "20년 동안 비행기를 타고 어디를 가본 적이 없습니다."

에스더는 어린 시절에 비행기를 탈 기회가 한 번도 없었다. 마찬가지로 성인이 되어서도 여행을 할 기회가 많지 않았다. 왜냐하면 남편의 학교 교사 봉급으로 다섯이나 되는 아이들을 키워야 했기 때문이다. 몇 년 전 그녀의 자녀 중 둘이 결혼을 하여 다른 도시로 떠났을 때, 짧은 비행을 할 일이 몇 번 있었다. 그런 비행 중 한 번은 뇌우를 만났고, 비행기가 오마하에 착륙하기 위해 거의 1시간 동안이나 상공을 도는 일이 있었다. 기체는 무섭게 흔들렸다. 비행기는 만석이었고, 많은 승객들이 비행기 멀미를 했으며, 그녀의 양옆에 앉아 있는 남자들도 멀미를 했다. 도와줄 수 있는 사람이 아무도 없었다. 승무원들도 좌석에 앉아 안전띠를 매고 있어야 했다. 그녀는 눈을 감은 채로, 기내에 가득 찬 악취를 걸러내고자 손수건을 대고 숨을 쉬었다.

결국은 비행기가 안전하게 착륙했지만, 이것이 에스더가 비행기를 탑승했던 마지막 일이 되었다. "저는 누구를 만나러 공항에 가는 것도 싫어요." 그녀가 말했다. "그 정도의 일로도 숨이 가빠지고 배가 아픈 느낌이 들어요. 그러다 보면 가슴이 답답해지고 몸이 떨리기 시작해요. 죽을 것 같은 느낌이 들고, 끔찍한 일이 일어날 것만 같아요. 알아요. 너무 바보 같아 보이죠."

그러나 비행기를 타는 것 외에는 정말로 대안이 없었다. 모든 업무를 다 처리하기 전까지 디트로이트에 머물 수도 없는 일이었다. 몇 달이나 걸릴 것이기 때문이다. 기차 노선은 없었고, 버스를 타는 것도 불가능했다. 당연히, 그녀에게 공황이 나타났다.

에스더 듀고니의 평가

비행기 여행이 예상되는 것을 단서로 에스더의 불안 증상이 나타났다(진단기준 A). 심지어 공항에 가는 것만으로도 예외 없이 불안이 유발되었다(B). 그녀는 몇 년 동안 비행기 여행을 회피했다(C,

E). 그녀는 이러한 공포가 비합리적이라는 것("바보 같아 보이죠.")을 인식하고 있었으며, 창피하다고 느꼈다(D). 이는 그녀가 개인적인 업무를 수행하는 데 지장을 준다(F).

특정공포증은 대개 어떠한 일반적인 의학적 상태 혹은 물질로 유발된 장애와도 관련이 없다. 조현병 환자가 이따금씩 망상에 대한 반응으로 대상이나 상황을 피할 수 있지만('도청되는' 전화기, '독이 든' 음식), 조현병 환자에겐 이런 공포감이 근거가 없다는 점을 깨달을 수 있는 통찰력이 없다. 물론 특정공포증은 다른 장애와 관련된 공포감(광장공포증, 강박장애, 외상후 스트레스장애, 사회불안장애 — G)과 구분되어야 한다. 에스더의 임상가는 가능한 동반이환 진단에 대해 물어봐야 한다. 동반이환의 유무는 잠시 미뤄두고, 그녀의 최종진단은 다음과 같으며, GAF 점수는 75점이다. (에스더는 오직 한 가지 상황에 대한 한 가지 공포증을 보였다. 그러나 평균적으로는 세 가지를 보이며, 이런 경우에는 줄을 바꿔서 각각을 고유 번호와 함께 병기해야 한다.)

F40.248   특정공포증, 상황형(비행에 대한 공포)
G20   파킨슨병
Z63.4   단순 사별

각가지 동물들과 관련된 공포는 매우 흔한 것이다. 특히 아동들은 동물공포증에 걸리기 쉬우며, 대부분의 성인들도 거미나 뱀, 바퀴벌레를 그다지 좋아하지는 않는다. 그러나 특정공포증, 동물형 진단은 환자가 증상으로 인하여 실질적인 손상을 보이는 경우에 한해서만 내려야 한다. 가령 종신형을 살고 있는 수감자에게는 뱀공포증을 진단할 수 없다. 그런 상황에서는 뱀을 만나거나 뱀으로 인해 활동이 제한될 가능성이 희박하기 때문이다.

F40.10 사회불안장애

사회불안장애는 자신이 서툴러 보이거나, 우둔해 보이거나, 수치스럽게 보이는 것에 대한 두려움이다. 환자들은 글을 쓸 때 손을 떠는 것, 혹은 말을 하거나 악기를 연주할 때 틀리는 것과 같은 사회적인 실수를 두려워한다. 몇몇 남성들의 경우, 공중화장실 소변기를 사용하는 것이 불안으로 이어지기도 한다. 얼굴이 빨개지는 것에 대한 두려움은 특히 여성들과 관련이 있는데, 이런 사람들은 얼굴이 빨개지는 것이 너무나 끔찍해서 단어조차 입 밖으로 낼 수가 없다. 목에 뭐가 걸릴 것 같은 공포는 이전에 음식이 목에 걸렸던 삽화를 경험한 후에 생기는 것이 흔하다. 이는 아동기부터 성인기에 이르기까지 언제든 발생할 수 있다. 어떤 환자들은 다양한 공적인 상황을 두려워하고 회피한다.

사회불안장애를 가진 많은 사람들은, 남자든 여자든 눈에 띄는 신체 증상 — 얼굴이 붉어지고, 쉰 목소리가 나고, 떨리고, 땀을 흘리는 것 — 을 보인다. 이런 환자들은 실제로 공황발작을 보일 수도 있다. 아동은 매달리거나, 울거나, 경직되거나, 뒤로 움츠러들거나, 떼를 쓰거나, 말하기를 거부하는 것으로 자신의 불안을 나타낼 수 있다.

일반 집단에 대한 연구에서 불안장애의 평생 유병률은 7%이지만 유럽에서는 더 낮다. 실제 수치가 어떻든 간에, 이런 연구 결과는 사회불안장애가 드물다는 기존의 시각과 대조된다. 이는 아마도 면담자들이 환자가 자주 공포를 드러내지 않고 조용히 참는 상황을 간과하는 경향이 있기 때문일 것이다. 비록 치료 장면에서는 남성의 수와 여성의 수가 거의 동일하지만, 일반 집단에서는 여성의 수가 더 많은 것으로 나타난다.

전형적인 발병 시기는 10대 중반이다. 사회불안장애의 증상은 회피성 성격장애의 증상과 중첩된다. 후자는 더욱 심각하지만, 두 장애 모두 이른 나이에 시작되고, 수년 동안 지속되는 경향이 있으며, 가족력이 있다는 것이 공통점이다. 실제로 사회불안장애는 유전적인 기초가 있다고 보고된다.

사회불안장애의 핵심 특징

타인이 환자를 주시할 수 있는 상황에서 과도한 불안을 보인다. 연설이나 발표를 하는 일, 음식을 먹거나 음료를 마시는 일, 글을 쓰는 것, 혹은 다른 사람과 단순히 이야기하는 것도 여기에 해당될 수 있다. 이런 활동은 창피를 당하거나 사회적 거부를 당할 것 같은 비합리적인 두려움을 거의 항상 유발하기 때문에, 환자는 이러한 상황을 회피하려 하며, 그렇지 않으면 상당한 불안을 경험하게 된다.

주의사항
아동의 경우에는 '타인'에 성인뿐만 아니라 반드시 가까이서 관찰할 수 있는 또래가 포함되어야 한다.

ㄱ들을 다루어라
- 기간(6개월 이상)
- 고통 혹은 장애(직업적/학업적, 사회적, 혹은 개인적 손상)
- 감별진단(물질사용장애 및 신체질환, 기분장애, 정신병적 장애, 신경성 식욕부진증, 강박장애, 회피성 성격장애, 정상적인 수줍음, 기타 불안장애, 특히 광장공포증)

부호화 시 주의점

다음의 경우 명시할 것

수행 시 한정. 환자는 연설이나 발표를 하는 일을 두려워하지만, 다른 상황에서는 그렇지 않다.

발레리 텁스

"그것은 바로 여기서 시작되어서 번갯불처럼 퍼져 나가요. 그러니까, 이게 정말 불이 나는 것 같다는 얘기예요!" 발레리 텁스는 그녀의 파란색 실크 스카프로 조심스럽게 가리고 있는 자신의 목 오른쪽 부분을 가리켰다. '그것'이 일어나기 시작한 것은 거의 10년 정도가 되었으며, 사람들과 함께 있을 때면 항상 그랬다. 많은 사람들 앞에 있게 되면 더 악화되었다. 그녀는 모든 사람들이 이를 알아채는 것 같다고 느꼈다.

시도해 본 적이 없었음에도 불구하고, 발레리는 자신의 반응을 통제할 수 없다고 생각했다. 그녀는 사람들이 자신을 쳐다본다는 생각이 들 때마다 얼굴이 빨개졌다. 이 일이 시작된 것은 고등학교에 다닐 때 수강했던 연설수업에서였다. 그 수업에서는 사람들 앞에서 말을 했어야 했다. 그녀는 폴립(산호류 해양 식물)과 해파리의 차이점에 대해서 혼란이 왔고, 남자애들 중 하나가 그녀의 목에 나타난 붉은 반점에 대해서 지적을 했다. "그 애는 내 반점이 황소의 눈 같다고 했어요." 그녀의 얼굴 전체가 급속하게 빨개져서 자리에 앉을 수밖에 없었고, 그 수업에서 놀림거리가 되었다.

그때부터 발레리는 사람들이 조금만 있어도 아무 말도 하지 않는 등 자신을 잠재적으로 당황스럽게 만들 수 있는 상황을 회피하려는 시도를 하였다. 그녀는 백화점에서 패션 바이어가 되고 싶은 꿈까지 포기하였는데, 이런 일에 수반되는 타인의 철저한 감시나 감독을 견딜 자신이 없었기 때문이다. 대신에 그녀는 지난 5년 동안 같은 매장에서, 닫힌 커튼 뒤에서 마네킹에 옷을 입히는 일을 해 왔다.

발레리는 자신이 지나치게 겁을 내는 것이 '바보 같아' 보이는 것 같다고 말했다. 단순히 불그스름하게 변하는 정도가 아니었다. 홍당무처럼 빨개졌다. "내 목에서부터 볼까지 까슬까슬하게 땀띠가 올라오는 게 느껴져요. 얼굴에 불이 난 것 같고, 녹슨 면도기로 피부를 긁어내고 있는 것 같아요." 그녀는 얼굴이 빨개질 때 실제 공황 증상을 느낀 것은 아니었다. 그보다는 불안감과 초조감을 느꼈고, 이런 느낌 때문에 자신의 몸이 다른 누군가의 것이길 바라기도 했다. 심지어 새로운 사람들을 만난다는 생각만으로도 그녀는 과민해지고 긴장감을 느꼈다.

발레리 텁스의 평가

발레리는 몇 년째 다른 사람들과 말할 때마다 얼굴이 빨개져 당황스러워지는 것에 대한 두려움을 가지고 있다(진단기준 A, B, C, F). 두려움이 과도하며(E), 그녀 자신도 두려움이 과도하다는 것을 알고 있다 — 진단에 이러한 통찰이 요구되는 것은 아니지만. 공개적으로 말하는 것을 꺼리는 것과 그녀의 스카프 덕분에 그녀는 철저한 감시나 감독을 받는 걸 회피할 수 있다(D). 또한 불안으로 인해 그녀가 선호하는 업무를 하는 데 방해를 받고 있다(G).

실제로 공황발작을 보인 적이 없고, 다른 의학적 상태로 인한 불안장애와 물질로 유발된 불안장애가 없었기 때문에(H), 그녀의 장애를 결정하기 위한 감별진단으로는 공포증으로 좁혀지게 된다(I). 어떤 특정 병력도 없었기 때문에 특정공포증을 쉽게 제외할 수 있다. 광장공포증 환자는 사람들이 많은 식당에서 공황발작이 일어나 당혹감을 느끼게 될 것에 대해 두려워하기 때문에 외식을 하지 않으려고 할 수 있다. 만약 증상이 광장공포증의 발병에 선행하고, 또 광장공포증과 관련이 없다면, 사회불안장애만 진단할 수 있다(심지어 불안장애의 진단 및 치료를 전문으로 하는 임상가들조차도 때로는 이 두 진단들 중 어떤 것을 내릴지 난감해하기도 한다). 신경성 식욕부진증 환자들은 식사를 회피하지만, 여기서 초점은 그들의 체중이지, 자신이 웃음거리가 되거나 입술에 음식물이 묻어 생기는 당혹감이 초점이 되지는 않는다.

아동이나 다른 젊은 층에서 흔히 보이는 평범한 수줍음과 사회불안장애를 구별하는 것은 매우 중요한 일이다. 이 감별에는 아동뿐만 아니라 성인에게도 증상이 최소한 반년 이상 존재해야 한다는 DSM-5-TR의 진단기준이 유용할 것이다. 또한 많은 사람들이 공개적으로 말을 하는 것(무대공포 혹은 마이크공포)과 같은 사회적 활동을 걱정하거나 불편해한다는 점을 기억하라. 만약 이러한 문제가 그들의 직업적, 사회적, 또는 개인적 기능에 중요한 영향을 주지는 않는다면, 진단을 내리지 말아야 한다.

사회공포증(사회불안장애라고도 함)은 종종 자살 시도 및 기분장애와 관련이 있다. 사회불안장애를 가진 사람은 누구든지 약물이나 알코올로 자가치료를 할 위험이 있다. 따라서 발레리를 면담한 임상가는 이러한 상태에 대해 면밀히 질문해 보아야 한다. 사회불안장애는 회피성 성격장애와 공통적인 요소를 가지고 있어 동반이환이 흔한 편이며, 사회적으로 억제되어 있으며, 비평에 과도하게 민감하고, 부적절감을 느끼는 환자들은 대개 회피성 성격장애 진단 또한 타당할 수 있다. 배제해야 하는 다른 정신질환으로는 — 발레리의 경우는 해당사항이 없음 — 공황장애, 분리불안장애, 신체이형장애, 자폐스펙트럼장애가 포함된다.

발레리의 두려움은 수행에 제한된 것이 아니므로 명시자는 적용되지 않는다. GAF 점수는 61점이며, 진단은 다음과 같다.

F40.10   사회불안장애

F94.0 선택적 함구증

선택적 함구증은 혼자 있을 때나 소수의 친밀한 사람들과 있을 때를 제외하고는 말을 하지 않는 아동을 지칭한다. 전형적으로 이 장애는 취학전 연령에 시작되며(2~4세), 정상적인 언어가 발달된 이후에 나타난다. 집에서 가족 구성원들에게는 적절하게 말을 하지만, 낯선 사람들에게는 말수가 적어지는 아동 같은 경우에는 정규 학교교육이 시작되고 나서야 비로소 임상적으로 주목하게 될 수 있다. 비록 이런 아동은 자주 수줍음을 타기는 하지만, 대부분은 정상 수준의 지능과 청력을 가지고 있다. 그들은 말을 할 때 정상적인 표현, 문장 구조 및 단어를 사용하는 경향이 있다. 이런 상태는 종종 수 주 혹은 수개월 내에 자연적으로 개선되지만, 어떠한 환자가 자연적인 개선을 보일 것인지 미리 알아낼 수 있는 방법을 아는 사람은 아무도 없다.

선택적 함구증은 흔하지 않으며, 유병률은 1,000명당 1명 이하이다. 대개 5세 이하에 시작되며 여아와 남아에게 동일한 비율로 나타난다. 가족력으로는 사회불안장애가 있는 경우가 흔하며, 선택적 함구증을 가진 친족들이 있는 경우도 흔하다. 동반이환으로는 기타 불안장애(특히 분리불안장애와 사회불안장애)가 포함된다. 선택증 함구증을 지닌 사람은 반항성 장애나 품행장애와 같은 외현화 장애는 잘 보이지 않는 경향이 있다.

선택적 함구증의 핵심 특징

정상적으로 말을 할 수 있음에도 불구하고, 수업 시간같이 말하기가 기대되는 특정 상황에서 지속적으로 말을 하지 않는다.

주의사항
아이가 학교에 등교한 첫해의 첫 달은 중증 불안감으로 가득 차 있다. 이 기간 동안 발생하는 행동은 제외하라.

ㄱ들을 다루어라
- 기간(첫 등교 후 1개월 이상)
- 고통 혹은 장애(직업적/학업적, 사회적, 혹은 개인적 손상)
- 감별진단(사용하는 언어의 비친숙성, 말더듬과 같은 의사소통장애, 정신병적 장애, 자폐스펙트럼장애, 지적발달장애, 사회불안장애)

F93.0 분리불안장애

수년 동안 분리불안장애는 아동기에 진단이 내려졌다. 그리고 지금도 마찬가지이다. 그러나 보다 최근에는 이런 상태가 성인에게도 나타날 수 있다는 증거가 늘어나고 있다. 이는 두 가지 경로로 발생할 수 있다. 분리불안장애가 있는 아동의 약 1/3은 성인기가 되어서도 분리불안장애의 증상을 보인다. 반면 어떤 환자들은 10대 후반이나 그 이후에 처음으로 증상을 보일 수 있다. 때로는 심지어 노년에 시작되는 경우도 있다. 남아에 비해 여아에게 더 흔하며, 여아에 비해 남아가 훨씬 더 많이 치료에 의뢰된다. 아동의 경우 생애 유병률은 2~4%이다.

아동의 경우에는 촉발요인으로 인해 분리불안장애가 시작될 수 있다. 가령 새로운 집에 이사를 가거나 혹은 전학을 가는 것, 의료시술을 받거나 심각한 신체질환 진단, 아니면 중요한 친구 혹은 반려동물(또는 부모)을 상실하는 것이 촉발요인이 될 수 있다. 증상은 종종 등교 거부로 나타나며, 더 어린 아동의 경우에는 육아도우미와 있기를 꺼리거나 어린이집에 가는 것을 주저하는 행동으로도 나타날 수 있다. 부모와 함께 집에 남아 있는 것을 정당화하기 위해서, 상상한 것이든 아니든 간에 신체 문제들을 호소한다.

성인들도 중요한 애착 대상에게 — 아마도 배우자, 혹은 심지어 자녀에게 — 뭔가 끔찍한 일이 생길 것 같다고 두려워할 수 있다. 그 결과, 집에서(혹은 안전한 장소에서) 나가는 것을 꺼리고, 혼자서 자는 것을 두려워하며, 분리에 대한 악몽을 꾸기도 한다. 주된 애착 대상과 떨어질 때는 전화나 다른 기기로 하루에도 수차례씩 연락을 해야 할 것이다. 어떤 환자들은 애착 대상자의 안전을 확실히 할 수 있도록 그들이 따라야 할 일정표를 짜주기도 한다.

초기 아동기에 발병하는 경우에는 이런 상태가 관해되는 경향이 있다. 반면 더욱 늦게 발병할수록 성인기까지 증상이 지속되고, (비록 그 강도는 완화와 악화를 반복할 수 있지만) 더욱 심각한 장애로 이어질 가능성이 높아진다. 아동 환자는 준임상적 양상이나 비임상적 상태로 전환되는 경향이 있다. 대부분의 성인 환자와 아동 환자는 다른 장애(특히 기분장애, 불안장애, 물질사용장애) 또한 보일 수 있지만, 분리불안장애가 가장 오랫동안 지속되는 상태이다.

분리불안장애 아동의 부모는 종종 같은 장애를 보이며, 대부분의 불안장애와 마찬가지로 강한 유전적 요소가 존재한다.

분리불안장애의 핵심 특징

분리불안장애 환자들은 부모 혹은 자신의 삶에서 중요한 누군가에게 무슨 일이 일어날 것 같다는 두려움을 느끼기 때문에 혼자 있지 않으려고 한다. 자신의 부모가 죽거나 그들을 잃게 되는(혹은 언젠가는 잃게 될 것이라는) 상상을 한다. 그래서 심지어 분리된다는 상상만으로도 불안, 악몽, 혹은 구토, 두통이나 다른 신체적 증상을 유발할 수 있다. 따라서 그들은 등교, 출근, 혹은 외박을 거부한다. 심지어 자신의 침대에서 자는 것까지 거부할 수 있다.

주의사항

ㄱ들을 다루어라

- 기간(성인의 경우 6개월 이상이지만, 등교를 완전히 거부하는 것 같은 극단적인 증상을 보인다면 6개월 이하의 짧은 기간에서도 진단이 타당할 수 있다. 아동의 경우에는 4주 이상)
- 고통 혹은 장애[직업적/학업적(특히 등교 거부), 사회적, 혹은 개인적 손상]
- 감별진단[기분장애, 기타 불안장애(예 : 광장공포증, 범불안장애, 정신병적장애, 자폐스펙트럼장애, 질병불안장애, 외상후 스트레스장애)]

나딘 몰티머

나딘 몰티머는 24세에도 여전히 부모님 집에서 살고 있었다. 그녀는 임상가에게 자신이 평가를 받는 이유는 오직 어머니와 양아버지가 병원봉사단에 기입하기로 서명했기 때문이라고 말하였다. 그러면 나딘은 홀로 남겨지게 된다. "전 혼자 남겨진다는 것을 견딜 수 없다는 걸 아니까요." 그녀는 크리넥스에 얼굴을 파묻고 울었다.

나딘은 아주 어렸을 때부터 혼자 있는 것이 아주 두려웠다. 이를 추적해 보면 아버지의 죽음까지 거슬러 올라간다고 생각했다. 아버지는 경주용 자동차 운전을 즐기는 정비공이었다. 어느 주말에 아버지는 동네에 있는 자동차 경기장 코너에서 벽을 들이박는 사고로 사망하였다. 그에 대한 어머니의 반응은 이상하게도 절제되어 있었다. "저는 어머니와 저 자신, 우리 두 사람의 애도를 제가 떠맡았던 것 같다고 생각해요."라고 나딘이 설명했다. 그해에 어머니는 재혼을 하셨다.

나딘은 1학년 첫날에 너무 두려워했기 때문에, 어머니가 교실에 함께 있어야 했다. "저는 어머니에게도 끔찍한 일이 일어날까 봐 두려웠어요. 안전하게 거기에 있었으면 좋겠다고 생각했어요." 몇 주가 지나자 나딘은 혼자서 있는 것을 견딜 수 있게 되었지만, 이듬해 노동절 무렵에는 구토를 하였다. 이후 2학년은 단 몇 주만 다니고 학교를 그만두었고 재택교육을 받았다.

고등학교 1학년 때는 고등학교 3학년 수준의 읽기와 수학을 하였다. "하지만 제 사회화 기술은 거의 0점에 가까웠어요. 전 다른 친구 집에서 자고 온 적이 없어요." 그녀가 말했다. 부모는 그녀에게 핸드폰을 주면서, 언제든 전화를 할 수 있다고 약속했다. 그녀가 대학에 다닐 무렵에는— 그녀가 다닌 고등학교보다도 멀지 않은 대학교였다 —GPS장치가 탑재된 스마트폰을 요구하였고, 이제 그녀는 일정 거리 내에서 어머니의 행적을 추적할 수 있게 되었다. 핸드폰 덕분에 "저는 가게든 어디든 편하게 돌아다닐 수 있어요. 제가 원할 때 어머니의 위치를 확인할 수 있기 때문이죠." 라고 말했다. 배터리가 방전된 적이 있는데, 그때 그녀는 공황발작을 일으켰다.

그럼에도 불구하고 여전히 그녀는 대학을 졸업하지 못하였고, 학기가 끝난 후에는 어머니와 함께 있으려고 집으로 돌아와 버렸다. "이게 이상해 보이는 것은 알아요." 면담자에게 그녀가 말했다. "하지만 어머니가 언젠가 집에 돌아오지 못할 수 있다는 생각이 자꾸 들어요. 우리 아버지가 그랬던 것처럼."

나딘 몰티머의 평가

그녀가 학교를 다니기 시작했을 시점부터(진단기준 B), 나딘은 분명한 분리불안장애 증상을 보였다. 그녀는 어머니에게 해로운 일이 닥치게 될 것이라고 걱정하였고 어머니와 떨어질 때마다 심한 고통을 받았다. 그녀는 단순히 새로운 학년이 시작된다는 예상만으로도 구토를 하였다(A). 그 결과, 그녀는 친구가 거의 없었고, 집 밖에서는 잠을 자본 적도 없었다(C). 배제를 할 만한 다른 장애에 대한 징후도 없었다(D).

이러한 증상 중 상당수는 성인기가 되자 변형된 채로 지속되었다. 어머니와 따로 떨어져 살기를 거부하는 것은 어머니와 가까운 거리를 유지하지 못할 때 일으키는 공황 증상으로 표현되었다. 심지어 그녀는 어머니와 분리되면 어머니에게 해로운 일이 발생할지도 모른다는 두려움을 그대로 유지하고 있었다. 부모가 새로운 생활을 위해서 떠날 것이라는 예상은 그녀에게 강한 영향을 주었다. 만약 나딘이 어린 시절에 이러한 증상을 보이지 않았다고 가정하더라도, 그녀의 성인기 장애가 충분히 문제를 야기하므로 분리불안장애의 진단을 충족한다.

분리불안장애의 감별진단에 대한 문제가 남아 있다. 광장공포증과는 어떻게 구별되는가? 중첩되는 부분들이 있지만, 분리불안장애를 가진 환자들은 부모 혹은 중요한 사람과 떨어지는 것에 대한 두려움을 갖고 있는 반면에, 광장공포증을 가진 사람의 두려움은 도피가 어려운 곳에 있는 것과 관련된다. 스마트폰이 보여주는 증거를 통해 나딘의 불안은 광장공포증이 아니라 분리불안장애의 유형에 해당한다는 것을 알 수 있다. 그녀의 GAF 점수는 45점이었다.

F93.0   분리불안장애

DSM-IV의 분리불안장애 진단기준에는 오직 아동기에만 해당하는 많은 행동만을 포함하였다. 아마도 이런 예시 때문에 이전에는 성인기 분리불안장애를 인식하지 못했던 것 같다. 심지어 요즘에도, 임상가들이 때로는 성인 분리불안장애 증상을 공황 증상으로 생각하는 것 같다.

F41.1 범불안장애

범불안장애는 진단을 내리기 힘들 수 있다. 상대적으로 이들의 증상은 초점이 불명확하다. 그들이 느끼는 신경과민은 강도가 덜하고 만연되어 있으며 공황발작도 없다. 게다가 그 증상은 결국 그저 걱정으로, 우리 모두가 느낄 수 있는 것이다. 그러나 다른 점이 있다. 일상적인 걱정은 덜 심각하다. 우리는 (대부분의 시간에) 걱정을 뒤로하고 보다 시급한 다른 일에 집중할 수 있다. 한편 범불안장애의 걱정은 종종 저절로 시작되고, 원인이 없는 것처럼 보인다. 때때로 범불안장애의 걱정은 통제하기가 어렵다. 초조하고 안절부절못하는 느낌들이 상당한 고통 속에서 축적되어 다양한 신체 증상을 동반하게 된다.

  비록 범불안장애 환자들 중 어떤 사람들은 자신을 긴장하게 만드는 것이 무엇인지를 설명할 수 있을지도 모르지만, 다른 사람들은 이를 설명할 수가 없다. 전형적으로 범불안장애의 걱정은 정의를 할 수 있는 객관적인 사실을 훨씬 넘어서는 전반적인 주제('모든 것')에 대한 것이다. 이 장애는 보통 30대에 시작된다. 많은 범불안장애 환자들은 임상가의 관심을 끌지 못한 채로 증상을 보이는 기간이 수년 동안 지속된다. 이는 흔히 범불안장애로 인한 손상 정도가 그렇게 심각하지는 않기 때문일 것이다. 유전적 요인이 범불안장애의 발달에 중요한 역할을 한다. 범불안장애는 일반 성인 인구이 3%, 청소년 인구의 1%에서 니디난다(12개월 유병률). 다른 모든 불안상애와 마찬가지로, 여성에게 더 우세하게 나타난다고 알려져 있다.

범불안장애의 핵심 특징

다양한 주제들 ― 건강, 가족 문제, 돈, 학교, 직장 ― 에 대한 통제하기 어렵고, 과도한 걱정으로 인해 신체적이고 정신적인 문제가 동반된다 ― 근육긴장이상, 안절부절못함, 쉽게 피로해짐, 과민한 기분상태, 집중곤란, 수면 문제

주의사항

성인의 경우 세 가지 증상이 요구되며, 아동의 경우 한 가지만 요구된다.

그들을 다루어라

- 기간(6개월 동안 대부분의 날에 나타나야 함)
- 고통 혹은 장애(직업적/학업적, 사회적, 혹은 개인적 손상)
- 감별진단(물질사용장애 및 신체질환, 기분장애, 기타 불안장애, 강박장애, 외상후 스트레스장애, 현실적인 걱정)

버트 팔마리

버트는 성인기의 대부분을 '걱정꾼'으로 살았다. 그는 35세에도 여전히 대학교의 전기공학과정에서 낙제하는 악몽을 꿨다. 최근에는 자신이 외줄타기를 하고 있는 것 같은 느낌이 들었다. 지난 한 해 동안 그는 「포춘」지 상위 500위 안에 드는 회사의 CEO 밑에서 보좌관으로 일하였고, 그 이전에는 같은 회사의 생산공학 분야에서 일을 했었다. 그는 지금 자신이 줄타기를 하고 있다고 느낀다.

"저는 이 업무가 출셋길을 달릴 수 있는 좋은 방법이라고 생각했기 때문에 이 일을 선택한 거예요." 그가 말했다. "하지만 거의 매일 그 서열 단계에서 미끄러질 것 같은 느낌이 들어요."

6명의 야심 찬 부사장들은 버트를 CEO의 정보통이라고 생각했다. 사장은 아이디어를 끊임없이 떠올리고 이를 재빨리 시행하기를 원하는 정력적인 일중독자였다. 사장은 버트에게 그의 성과를 칭찬하는 말을 여러 번 했었다. 실제로 버트는 지금까지 사장이 데리고 있었던 보좌관들 중에 가장 일을 잘했지만, 이러한 사실도 버트를 안심시킬 수 없어 보였다.

"이 직책을 맡은 이후로 저는 매일매일 초조해요. 사장님은 행동과 결과를 기대하세요. 일을 어떻게 잘 해결할 수 있을지 구상하는 것을 참고 기다리지 못하세요. 부사장님들은 전부 자신의 방식대로 하길 바라시죠. 몇몇 부사장님들은 만약 제가 자기들을 돕지 않으면 사장님께 나쁜 말을 전달하겠다는 막연한 협박을 합니다. 저는 항상 눈치만 보고 있어요."

지금 버트는 업무에 집중하는 데 어려움이 있다. 밤이 되면 진이 다 빠졌지만, 잠드는 데 어려움이 있었다. 잠에 들더라도 자다 깨다를 반복하는 얕은 잠을 잤다. 집에서는 만성적으로 과민한 상태가 되었고, 아이들에게는 아무런 이유 없이 소리를 지르기 시작했다. 공황발작을 경험한 적은 없으며, 우울하다고 생각해 본 적도 없었다. 실제로 그는 그가 가장 즐기는 두 가지 활동에서 여전히 큰 즐거움을 느끼고 있었다 — 일요일 오후에 방송하는 미식축구 관람, 토요일 밤에 아내와 갖는 성관계. 하지만 최근에 아내는 버트의 압박을 덜어주기 위해서 몇 주간 아이들을 친정어머니에게 맡기자는 제안을 하였다. 이 일은 '자신이 아내에게 충분히 좋은 사람이 아니므로 그녀가 자신을 떠나 다른 사람을 찾을지도 모른다'는 그의 오랜 불안감을 상기시킬 뿐이었다.

버트는 신경을 써서 옷을 차려입었고 다소 비만한 체격에 대머리였다. 그는 다소 안절부절못하였다. 그러나 말은 명료하고 일관적이었으며, 적절하고 자발적이었다. 그는 강박 사고나 강박 행동, 공포증, 망상, 혹은 환각을 전부 부인하였다. 간이정신상태검사에서는 만점인 30점을 받았다. 그는 자신의 주 문제가 — 유일한 문제는 — 지속되는 불안감이라고 말했다.

그는 바쁨 때문에 나른해졌다. 명상을 시도해 보기도 했지만, 이는 오히려 자신의 문제에 더 집중하게 만들 뿐이었다. 몇 주 동안 그는 저녁을 먹기 전에 와인을 마셔보았다. 이는 그를 이완시킴과 동시에 알코올중독에 대한 걱정도 촉발시켰다. 심지어 그는 처남을 따라 익명의 알코올중독자 모임(AA)에 가보기도 하였다. "이제는 하루에 한 번씩만 걱정하기로 했어요."

버트 팔마리의 평가

버트는 삶의 많은 측면(직업, 알코올중독자가 되는 것, 아내를 잃는 것)에 대해 걱정을 하였다. 이런 걱정은 실제에 비해 과도했다(진단기준 A). 과도한 걱정이라는 점을 통해 병리적이지 않은 일상의 불안과 병리적인 불안을 구분할 수 있다. 그는 반복적으로 노력(명상, 약물치료, 안심시키기)을 해보았지만, 걱정을 통제할 수가 없었다(B). 게다가 그는 최소 네 가지 신체적 혹은 정신적 증상을 보였다(진단은 세 가지 이상이면 가능하다) — 집중곤란(C3), 피로(C2), 과민한 기분상태(C4), 그리고 수면 문제(C6). 그는 진단에서 요구되는 6개월을 초과하여 거의 매일 어려움을 겪었다(A). 그는 증상으로 인해 심각한 고통을 경험했는데, 이는 대개 범불안장애 환자들이 경험하는 고통의 수준을 훨씬 초과했었던 것 같다(D).

범불안장애를 진단하는 게 어려운 이유 중 하나는 매우 많은 다른 상태들을 배제해야 하기 때문이다(E). 많은 신체적 상태가 불안 증상을 유발할 수 있다. 버트의 불안에도 이러한 가능성이 있을 수 있다는 가정하에 면밀한 검사를 해야 한다. 사례에서 제공하는 정보를 고려할 때, 물질로 유발된 불안장애 가능성은 낮아 보인다.

불안 증상은 정신병적 장애, 기분장애(우울증 혹은 조증), 섭식장애, 신체증상장애, 그리고 인지장애를 포함하는 거의 모든 정신질환의 범주에서 보일 수 있다. 버트의 과거력을 볼 때, 상기 장애는 해당사항이 없어 보인다(F). 예를 들어, 불안을 동반한 적응장애는 버트의 진단에서 제외할 수 있는데, 왜냐하면 버트의 증상이 다른 정신질환의 진단기준을 충족하기 때문이다.

환자의 걱정과 불안은 순전히 다른 정신질환, 특히 다른 불안장애에서 보이는 양상에만 초점이 맞춰져 있어서는 안 된다는 점을 확신해야 한다. 즉, 여기서 말하는 걱정은 신경성 식욕부진증에서 체중이 증가하는 것에 대한 '순전한' 걱정이 아니어야 한다. 마찬가지로, 걱정은 순전히 오염 (강박장애), 애착 대상으로부터의 분리(분리불안장애), 공개적인 당혹감(사회불안장애), 혹은 신체 증상을 갖게 되는 것(신체증상장애)에 대한 걱정이 아니어야 한다. 그럼에도 불구하고 어떤 환자는 다른 정신질환 — 가장 흔한 것은, 기분장애와 기타 불안장애 — 이 있는 상태에서도 범불안장애 를 보일 수 있다는 점에 주의하라. 범불안장애의 증상이 임상 개입을 요할 정도로 심각해야 한다.

범불안장애의 유일한 명시자는 선택적인 공황발작을 동반하는 것이다. 버트의 GAF 점수는 70 점이며, 버트의 진단에 아무것도 덧붙이지 않는다.

F41.1　　　범불안장애

이런 질문을 해보는 것이 합리적이다. 우울한 환자에게 범불안장애 진단을 하려는 당신의 평가가 환자에게 도움이 될 것인가? 우울증이 충분히 치료된다면 결국 불안 증상이 사라지게 될 수 있는데도 말이다. 저자는 불안 증상을 표시하는 것이 환자의 정신병리에 대해 더 완전한 이해를 제공하는 가치가 있다고 제안하는 바이다. 아울러 이러한 불안 증상은 자살 가능성을 경고한다.

물질/약물치료로 유발된 불안장애

화학물질의 사용으로 인해 불안 증상이나 공황 증상이 발생했다면, 물질/약물치료로 유발된 불안 장애를 진단해야 한다. 이는 급성 중독 상태(혹은 카페인 같은 물질의 과도한 사용), 혹은 금단상 태(알코올 혹은 진정제)에서 발생할 수 있다. 그러나 증상이 통상적인 중독 혹은 금단에서 기대되 는 정도보다 더 심각해야 하며, 임상적인 주의가 요구될 정도로 충분히 심각해야 한다.

많은 물질이 불안 증상을 일으킬 수 있지만, 마리화나, 암페타민, 카페인이 가장 흔하게 관련된 물질이다. 제15장의 표 15.1은 중독 혹은 금단 상태에서 불안을 야기할 것으로 예상되는 물질을 정리한 것이다. 만약 관련된 물질이 한 가지 이상이라면, 각각을 별도로 부호화해야 한다. 솔직히 말하면 이런 장애는 드물다.

물질/약물치료로 유발된 불안장애의 핵심 특징

어떤 물질의 사용으로 인하여 현저한 또는 심각한 불안 증상이나 공황발작을 경험하게 된다.

물질과 관련된 원인을 식별하기 위해서 89쪽의 이중선 안에 기술된 내용을 참조하라.

주의사항

ㄱ들을 다루어라

- 고통 혹은 장애(직업적/학업적, 사회적, 혹은 개인적 손상)
- 감별진단(통상적인 물질 중독 또는 금단, 섬망, 신체질환, 기분장애, 기타 불안장애)

이 진단은 불안 증상이 두드러지며 임상적 관심이 필요한 경우에만 물질 중독 또는 금단 대신에 사용하라.

부호화 시 주의점

명시할 것

{중독}{금단} 중 발병. 이는 진단명 뒤에 붙인다.

치료약물 사용 후 발병. 약물치료를 시작하거나, 변경하거나, 중단했을 때 발생하는 경우 이를 사용할 수 있다.

구체적인 부호화 절차에 대한 설명은 제15장의 표 15.2를 참조하라.

보니타 라미레즈

보니타 라미레즈는 19세이며 대학교 신입생이다. 친구 2명이 그녀를 응급실로 데리고 들어왔다. 기민하고 똑똑하며 세련된 그녀는 매우 협조적으로 아래의 정보를 제공하였다.

보니타의 부모님 두 분은 보누 석사학위를 취득하였고, 전문직에 종사하는 분들이다. 그들은 샌디에이고의 부촌에서 살았다. 보니타는 장녀이자 외동딸이었다. 그녀는 가톨릭교도로 엄격하게 양육되었고, 작년까지만 해도 부모님은 데이트를 허락하지 않으셨다. 여학생 클럽 가입 주간이 되기 전까지, 술을 마셔본 것은 성찬식 때 먹은 와인이 전부였다. 그녀와 친구들의 말에 의하면, 2주 전까지만 해도 그녀는 대학생활 내내 행복했고, 건강했고, 명랑했다.

2주간 현저한 변화가 나타났다. 이제 보니타는 응급실 검사 책상에 웅크리고 앉아서, 의자 밑에서 발끝을 세우고 있었다. 팔로 무릎을 감싸안고 확연하게 떨고 있었다. 아직 9월밖에 안 되었는데도 불구하고, 그녀는 스웨터를 입고서 춥다고 불평했다. 그녀는 또다시 구토 용기가 필요하다는 듯이 자신의 옆에 비치된 구토 용기에 손을 뻗쳤다.

그녀는 떨리는 목소리로 예전에는 이런 적이 없었다고 이야기하였다. "지난주에 맥주를 조금 마셨어요. 다음 날 아침에 머리가 조금 아팠던 것을 빼고는 다른 문제는 전혀 없었어요."

오늘 저녁에는 보니타가 가입한 여학생 클럽에서 '선후배와의 만남' 파티가 열렸었다. 맥주를 마신 직후에 그녀는 술김에 다른 사람들과 돌려가며 마리화나 담배를 몇 모금 피웠다. 친구들은 맥주 때문에 보니타의 목구멍이 마비되었을 것이고, 그래서 마리화나 연기가 폐까지 들어갈 수 있었던 것 같다고 생각하고 있었다.

보니타는 약 10분가량 의식이 없었으나, 스스로 전혀 눈치를 채지 못하고 있었다. 그러다 마치 머리에 맞지 않는 가발을 쓴 것처럼 머리가 조이는 느낌이 들기 시작했다. 숨을 깊이 쉬려고 하자 갑자기 가슴이 '아파서 비명을 질렀고', 숨을 쉴 수 없어 불현듯 죽을 것 같다는 생각이 들기 시작했다. 그녀는 토를 하고 도망이라도 가보려 했지만, 고무같이 후들거리는 다리가 말을 듣지 않았다.

여학생 클럽에 있는 새로운 아이들은 약물반응에 대해 경험이 별로 없어서, 대신 옆방 남학생 클럽 회관에서 남학생을 불렀다. 그 남학생은 보니타에게 와서 안정을 시켜주는 말을 하려고 하였다. 1시간이 지났지만, 보니타는 여전히 공황상태였고, 숨이 가빠지고 메스꺼움이 가라앉지 않는 등 그녀는 죽거나 미칠 것만 같았다. 그때 친구들은 보니타를 응급실로 데리고 와야겠다고 결정한 것이다.

그녀는 장황하게 말했다. "친구들이 절 진정시키고 의식이 들게 하려고 말을 걸었어요. 저는 계속 거기에 주의를 유지하려고 했고요."

보니타 라미레즈의 평가

보니타의 과거력은 진단에서 결정적인 증거이다. 그녀는 불안 증상을 유발한다고 알려진 물질을 흡입하기 전까지는 건강했는데, 특히 그것은 처음 복용하는 사람에게 불안 증상을 유발하는 물질이다(진단기준 A, B). 흔히 불안 증상을 일으키는 다른 약물로는 암페타민과 카페인이 있다. 암페타민은 불안 증상뿐만 아니라 공황발작 증상도 일으킬 수 있으며, 카페인은 과도하게 복용하는 경우 불안 증상을 일으킬 수 있다. 그러나 대부분의 물질은 복용 중 특정 시점에서는 불안 증상을 보일 수 있기 때문에 만약 불안 증상이 통상적인 물질 중독이나 금단에서 기대할 수 있는 정도보다 더 심한 경우라면, 불안장애를 해당 물질 사용으로 인한 이차적인 것으로 부호화할 수 있다. 보니타는 응급 평가와 치료가 필요했는데, 이를 통해 보니타의 사례가 진단기준에 맞는지 판단할 수 있을 것이다(E). 증상의 발달이 물질 사용과 근접해 있기는 하지만(C), 그녀의 임상가는 그녀의 불안 증상을 설명할 수 있는 다른 의학적 상태(또는 의학적 상태에 대한 약물치료)의 존재 여부를 확실히 해야 할 것이다.

비록 그녀가 응급실에 도착했을 때는 심한 공황상태였지만, 그녀의 증상은 실제 장애로 인한 것이 아니며 일시적인 것이 분명하므로, GAF 점수는 비교적 높은 80점을 주었다. 다른 전문가들은 동의하지 않을 수도 있다. 그녀는 이전에 마리화나를 사용한 적이 없으므로 물질사용장애가 아니다. 표 15.2에서 대마 열의 '없음'에서 부호를 가져왔다.

F12.980   대마로 유발된 불안장애, 중독 중 발병

F06.4 다른 의학적 상태로 인한 불안장애

많은 의학적 장애에서 불안 증상이 발생할 수 있는데, 여기서 보이는 불안은 대개 공황장애나 범불안장애의 불안과 흡사할 것이며, 때로 강박 사고나 강박 행동과 같은 양상을 띠기도 한다. 대부분의 불안 증상이 의학적 장애로 인한 것은 아니겠지만, 그 여부를 확인하는 것은 매우 중요한 일이다. 치료가 되지 않은 의학적 장애로 인한 증상은 불안에서부터 영구적인 장애로까지 악화될 수 있다. 뇌종양이 발생할 위험성을 고려하라.

다른 의학적 상태로 인한 불안장애의 핵심 특징

생리학적 원인으로 인해 공황발작이나 심한 불안을 특징으로 하는 의학적 상태가 발생할 수 있다.

주의사항
신체적 상태가 언제 장애를 야기하는지 결정하는 것과 관련하여 90쪽의 이중선 안의 내용을 참조하라.

그들을 다루어라
- 고통 혹은 장애(직업적/학업적, 사회적, 혹은 개인적 손상)
- 감별진단(물질사용장애, 섬망, 기분장애, 질병불안장애, 적응장애)

부호화 시 주의점
진단을 기록하는 데 있어서, 원인이 되는 의학적 상태의 이름을 사용하고, 첫 번째 의학적 상태를 진단부호와 함께 기입하라.

밀리센트 워시

"우리가 문을 열어둔 상태로 있어도 되는지 궁금하네요." 밀리센트 워시는 의자에서 일어나 검사실 문을 열었다. 그녀는 면담 초반 내내 안절부절못하고 초조한 모습이었고, 주의집중을 전혀 하지 못하는 것처럼 보였다. "문이 열려 있으니까 좀 낫군요." 그제야 진정이 돼서 자신의 이야기를 시작했다.

밀리센트는 24세이며 이혼을 했다. 그녀는 마약이나 술에 손을 대본 적이 없었다. 사실 4개월 전까지만 해도 전반적으로 잘 살고 있었다. 정신건강 클리닉을 가본 적은 12세 때 딱 한 번뿐이다. 당시 부모님의 결혼생활에 문제가 있었고, 모든 가족 구성원이 가족 상담을 받았었다.

그녀는 자신이 일하는 곳인 비디오 대여점에서 카운터를 보고 있을 때 처음으로 초조감을 느꼈다. 그녀는 그곳이 비좁게 느껴졌고, 옴짝달싹 못 하게 에워싸인 것 같았다. 그곳에서 빠져나가야만 할 것 같았다. 그러던 어느 날 오후, 대여점에 있는 종업원이 그녀 혼자뿐이었고, 그녀가 카운터에 서 있어야 했다. 그때 그녀는 심장이 뛰고 땀이 났으며, 숨을 몰아쉬기 시작했다. 그녀는 죽을 것 같았다.

이후 몇 주 동안 밀리센트는 점차 다른 증상도 의식하기 시작했다. 손이 떨리기 시작했는데 근무교대 시간에 금전 등록기의 영수증을 합산하다가 알게 되었다. 그녀는 식탐이 많은 편이었지만, 지난 6주 동안 몸무게가 거의 4.5kg가 빠졌다. 그녀는 여전히 영화 보는 것을 즐겼지만, 최근에는 너무 피곤해서 TV 앞에서 깨어 있을 수가 없을 정도였다. 기분은 다소 과민했다.

"생각해 봤는데, 이건 제 남자 친구와 결혼을 하기로 결심했을 때부터 시작된 것 같아요. 우리는 1년 동안 함께 살았고, 저는 정말로 그를 사랑했어요. 그런데 저는 첫 번째 결혼생활에 지쳤어요. 그 일이 나를 계속 힘들게 한다는 생각을 했고, 그래서 반지를 돌려주고 나와버렸어요. 그런데 오히려 그 전보다 지금이 더 나빠진 것 같은 느낌이 들어요."

밀리센트는 면담 중에 안절부절못하며 몇 번이나 자세를 바꿔 앉았다. 말의 속도가 빨랐지만 끊을 수는 있는 정도였다. 눈이 살짝 튀어나와 보였고, 살은 빠져 있는 반면에 목은 부풀어 있어서 갑상선 종이 시사되었다. 그녀는 더위를 참는 것이 어렵다고 토로했다. "우리 가게에는 에어컨이 없어요. 지난 여름에는 문을 열어놓았더니 괜찮았어요. 하지만 지금은 너무 끔찍해요. 그렇다고 제가 옷을 조금만 덜 입기라도 하면, 사장님이 저를 성인용 비디오 데스크에 세워두려 할 거예요."

검사 결과, 밀리센트의 갑상선기능에 상당한 이상이 있는 것으로 나타났다. 내분비내과 전문의가 2개월 동안 항진된 갑상선기능을 조절했더니 그녀의 불안 증상도 완전히 사라졌다. 6개월 후에 그녀와 약혼자는 결혼을 했다.

밀리센트 워시의 평가

밀리센트는 적어도 한 번 이상의 공황발작을 보였다(진단기준 A). 그녀의 고통은 현저했다(E). 이제 남은 일은 그녀의 문제에 대한 다른 원인을 배제하는 것이다.

만약 그녀가 공황발작을 반복적으로 보이면서 동시에 갑상선 종 증상을 못 보고 지나쳤다면, 그녀를 공황장애로 오진했을 수도 있다. 안절부절못하는 것은 범불안장애로 오해할 수 있으며, 밀폐된 것 같은 느낌은 특정공포증처럼 들린다(심지어 밀리센트는 자신의 증상을 심리적인 것으로 해석하고 있었다, C). 이러한 시나리오가 가능하기 때문에 감별진단에 있어서 신체적 상태를 최우선으로 고려하는 지혜가 더 중요해진다.

과민함, 안절부절못하는 과잉 활동, 체중 감소는 조증 삽화 또한 시사할 수 있지만, 조증 삽화에서 이런 증상은 피로감에 동반되는 것이 아니라, 주관적인 높은 활력에 동반되는 것이다. 밀리센트의 말이 빠르지만 다른 사람이 끼어들 수 있는 정도였다. 양극성 조증 상태에서는 끼어들 수가 없다. 이전에 우울증이나 조증이 없었기 때문에 기분장애 진단을 배제할 수 있다. 그녀의 과거력을 통해 물질/약물치료로 유발된 불안장애를 배제한다. 아울러 주의력 및 지남력이 양호하므로 섬망을 배제할 수 있다(D). 마지막으로 우리는 갑상선기능항진증의 생리적 효과로 밀리센트가 보였던 종류의 불안 증상을 야기할 수 있다는 사실을 알고 있다(B).

파혼을 언급했던 것은, 불안 증상의 원인이 파혼이라서가 아니라, 그녀와 약혼자의 관계는 해결해야 할 전체 치료 계획 중 하나의 문제이기 때문에 언급했던 것이다. 전반적으로 건강하지만 여전히 해결해야 할 것들이 남아 있으므로 GAF 점수는 85점을 준다. 치료를 받기 전, 그녀의 진단은 다음과 같다.

E05.00	갑상선중독증은 없고 갑상선 종이 수반된 갑상선기능항진증
F06.4	갑상선기능항진증으로 인한 불안장애
Z63.0	약혼자와 소원해짐

F41.8 달리 명시되는 불안장애

불안, 두려움, 혹은 공포증 회피 등 현저한 증상을 가지고 있지만 어떠한 특정 불안장애의 진단기준을 충족하지 못하는 환자는 달리 명시되는 불안장애를 가진 것으로 부호화할 수 있다. 그리고 잘 정립된 불안장애 범주에 속하지 못하는 이유도 함께 언급해 주어야 한다. DSM-5-TR에서는 몇 가지 다른 가능성을 제안한다.

불충분한 증상. 증상의 수가 부족한 공황발작이나 범불안장애가 포함된다.

비전형적 양상. DSM-5-TR은 며칠 이상보다 덜 자주 발생하는 GAD의 예를 보여준다.

문화적 증후군. DSM-5-TR의 원서 261쪽 부록에 두 가지 경우가 언급되어 있다.

F41.9 명시되지 않는 불안장애

CHAPTER 5

강박 및 관련 장애

강박 및 관련 장애의 빠른 진단 지침

강박적인 생각이나 반복적인 행동에 사로잡힌 환자들은 아래 나열된 장애에 해당될 것이다.

강박장애. 환자 자신에게조차도 의미 없어 보이는 반복적인 생각이나 행동으로 고통을 경험하고 있다(208쪽).

신체이형장애. 신체적으로 정상적임에도 불구하고, 자신의 신체 일부가 추하거나 기형이라고 믿는다(213쪽).

수집광. 삶과 생활을 방해할 정도로 지나치게 많은 물건들을 모아둔다(217쪽).

발모광(털뽑기장애). 다양한 신체 부위의 털을 뽑음으로써, 종종 '긴장과 안도감'을 경험한다(220쪽).

피부뜯기장애. 지속적으로 자신의 피부를 뜯어서 상처가 생긴다(223쪽).

다른 의학적 상태로 인한 강박 및 관련 장애. 다양한 의학적 상태가 강박장애를 야기할 수 있다(226쪽).

물질/약물치료로 유발된 강박 및 관련 장애. 다양한 물질이 강박 증상을 야기할 수 있지만, 이 증상은 위에 언급된 장애 중 그 어떤 진단기준에도 충족되지 않는다(225쪽).

달리 명시되는(명시되지 않는) 강박 및 관련 장애. 두드러진 강박 증상이 상기 장애 중 어느 하나에도 완전히 부합되지 않을 때, 이들 중 하나의 범주를 부호화한다(227쪽).

도입

DSM-5에서 새롭게 도입되는 이 장은 침투적 사고와 시간을 낭비하는 반복적인 행동을 공통적으로 보이는 장애를 모두 포함한다. 여기에는 강박장애(OCD)의 고전적인 증상은 물론, 피부 뜯기,

수집하기, 신체적 결함을 확인하기가 포함된다. 신체적인 완벽함을 추구하거나(신체이형장애) 물건을 모으는 것(수집광) 같은 행동이 처음부터 쓸모가 없는 일은 아니었을 수 있다. 시작이 어떻든 간에, 한때 자발적으로 했던 이러한 행동이 불안 및 고통을 주는 의무로 변하여, 결국 견디기 어려운 증상이 된다.

겉보기에는 서로 공통점이 없는 것처럼 보이는 상태들의 집합을 한데 묶어주는 공통적인 특징은 다음과 같다 ― 어릴 때 발병, 유사한 동반이환, 강박장애의 가족력, 유사한 치료반응, 그리고 전두선조체 두뇌 회로(미상핵 과활동)에서의 역기능 징후.

F42.2 강박장애

강박 사고는 개인의 정신세계에 침투하여 영향을 주는 반복적인 믿음, 생각이다. 환자는 강박 사고가 비현실적임을 알고 이에 저항하려는 시도를 함에도 불구하고 강박 사고가 지속된다. 강박 행동은 반복적으로 보이는 (신체적 혹은 정신적) 행동이며, 환자들도 이러한 행동이 부적절하고 쓸모없다는 것을 어느 정도는 알고 있을 것이다. 그렇다면 왜 강박적인 행동을 할까? 대부분의 경우, 강박적인 사고를 중화시키기 위한 목적을 가지고 있다. 따라서 반복적인 사고의 목적이 강박적인 불안을 감소시키는 것이라면, 때때로 반복적인 사고 자체가 강박 행동이 될 수 있다는 사실을 명심하라.

강박적인 사고로부터 보호해 주는 단어 혹은 구를 말하거나 생각하는 등의 강박 행동은 상대적으로 단순한 것이다. 하지만 몇몇 강박 행동은 믿기 어려울 정도로 복잡하다. 그 예로 정교하게 옷 입기, 취침 준비하기, 혹은 씻기 의식을 들 수 있는데, 만약 정해진 복잡한 규칙에 따라 정확하게 이행하지 못했다면, 그 규칙에 맞을 때까지 반복할 것이다. 물론 이러한 종류의 행동에 매일 몇 시간씩 몰두할 수 있다.

비록 강박 행동 없이 강박 사고를 보이기도 하나, 대부분의 환자들은 강박 사고와 강박 행동을 모두 보이며, 이로 인해 불안과 공포를 경험한다. 대부분의 환자들은 자신의 증상이 비합리적이라는 것을 알고 있고, 이에 저항하고자 한다. 강박장애는 다음 네 가지 주요 증상 패턴으로 구성되어 있으며, 때로 이들 증상은 중첩될 수 있다.

- 가장 흔한 것은 오염에 대한 공포로, 이는 과도하게 손을 씻거나 정화하는 행동을 수반한다.
- 의도적인 해를 끼치거나 어떤 행동을 하지 않음으로써 발생할 수 있는 해("가스레인지를 껐나?")는 과도하게 확인하는 행동을 수반한다. 환자들은 가스레인지가 꺼져 있고 (그 표면이) 차갑다는 것을 확신할 때까지 반복적으로 확인한다.

- 대칭(물건을 특정한 순서로 놓거나 세는 것)
- 도덕적 또는 취향의 문제로 받아들이기 힘든 생각들(금기사항) : 성적 공격성과 신성 모독적인 생각 및 행동들이 포함된다.

강박 사고와 강박 행동은 많은 시간을 소비한다. 아침 식사나 다른 일상적인 일과를 끝내는 데 몇 시간이 걸린다. 그런데 가족들은 때때로 도와주려는 노력으로 이러한 부적응적인 의례적 행동에 너무 관여하게 되어 환자들이 그것을 포기하기보다는 그 행동을 계속하도록 부추길 것이다.

강박장애 환자를 분류하는 데 유용한 한 가지 특징으로는 환자의 병식 수준을 들 수 있다. 대부분의 환자들은 자신의 행동이 이상하고 별나다는 것을 꽤 잘 인식하고 있다. 사실 자신의 행동으로 인해 당황스러워하고, 이를 감추려고 시도하는 경우가 많다. 하지만 강박장애 환자 중 약 10~25%는 자신의 행동이 비합리적이라는 것을 전혀 인식하지 못하거나, 약간의 병식만 유지하고 있을 수 있다. 대개 병식이 부족하면 예후가 더 나쁘다. 소수의 환자는 병식이 거의 없어서 실제로 망상적인 수준까지 이를 수 있다. 그러나 이런 강박장애는 강박 사고의 존재에 따라 망상장애와 감별할 수 있으므로 그런 증상을 보이는 사람들에게 부가적인 정신병 진단을 내릴 필요가 없다. 아동은 자신의 행동이 비합리적이라고 판단하지 못하므로, 아동에게 병식 명시자(insight specifiers)를 적용하지 않는다.

강박장애는 대개 만성화되고, 흔히 심신을 쇠약하게 만들기 때문에 임상적으로 중요하다. 비록 증상은 악화되다가 완화되기를 반복하긴 하지만, 환자들은 증상으로 인해 금욕적으로 살거나 부부 불화가 생길 위험이 있고, 학교나 직장에서의 수행에 지장이 초래된다. 동반이환이 매우 흔하고, 환자의 2/3 정도가 주요우울증을 경험한다. 약 15% 정도는 자살을 시도한다.

강박장애는 전형적으로 청소년기(남성) 혹은 초기 성인기(여성)에 시작되지만, 때때로 자신의 증상에 임상적인 관심을 기울이기까지 10년 이상의 시간이 걸리기도 한다. 그리고 사춘기 이전에 발병했다면, 아마 강박 행동이 먼저 시작되고 틱장애 및 다른 동반이환 장애에 수반되는 경우가 흔할 것이다.

강박장애는 남자와 여자에서 동등한 비율로 나타난다. 발병률은 일반 집단에서 1% 정도 되고, 사회경제적 지위와 지능이 높은 사람들일수록 발병률이 더 높다고 보고된다. 강박장애는 가족력이 강하게 있는데(직계 가족은 발병 위험이 12%이다), 적어도 일부는 유전적인 요소와 관계가 있을 것이다. 그러나 여전히 유전과 환경이 어떻게 상호작용을 하는지는 분명치 않다.

틱 명시자

DSM-5에서는 틱장애를 경험하는 환자에 대해 새로운 명시자를 추가하였다. 이들은 보통 남성이며, 강박장애가 조기 발병 — 흔히 11세 이전 — 하는 경향이 있고, 특히 정확성과 대칭에 관한 문제에 강박적으로 몰두한다. 이들의 강박 행동은 사물을 정돈하고 정렬하는 것과 관련이 있다. 몇몇 연구에서는 만성적인 틱장애가 항우울제에 대한 환자의 반응성을 감소시키며(인지행동치료의 경우는 아니지만), 이런 경우 항정신병 약물이 도움이 될 수 있다고 제안했다. 그러나 틱 병력이 있다는 것이 더 심각한 환자라는 것을 의미하는지는 명확하지 않다. 강박장애 환자의 약 30%가 틱 명시자에 해당될 것이다.

시사 월간지인 「애틀랜틱」의 2008년 12월호에서는 식기세척기에 넣어놓은 접시를 재배열하고픈 억제할 수 없는 충동을 기술할 용어가 필요하다고 보도했다. 이에 많은 독자들은 '강박 접시장애(obsessive compulsive dishorder)'를 제안하였다.

강박장애의 핵심 특징

강박장애 환자들은 고통스러운 강박 사고나 강박 행동(혹은 둘 다)을 가지고 있으며, 일상생활을 방해할 정도로 매우 많은 시간을 강박 사고나 강박 행동에 몰두한다.

주의사항

강박 사고는 반복적으로 의식에 침투하는 원치 않는 생각이다. 이런 환자들은 보통 강박 사고를 억제하거나 무시하거나 중화시키려고 노력한다. 강박 행동은 정서적 고통을 경감시키기 위해, 규칙(혹은 강박 사고에 대한 반응)을 따르는 반복적인 신체적(때때로 정신적) 행동이다. 환자들은 강박적인 행동에 저항하려고 노력할 것이다. 강박 행동은 비합리적이지만, 강박적인 고통을 경감시킬 만한 다른 현실적인 방법이 없다는 것을 의미한다.

ㄱ들을 다루어라
- 고통 혹은 장애(전형적으로, 강박 사고 그리고/또는 강박 행동이 하루에 1시간 이상을 차지하거나, 직업적/학업적, 사회적, 혹은 개인적 손상을 야기함)

- 감별진단(물질사용장애 및 신체질환, 정서적 고통이나 장애를 야기하지 않는 '정상적' 미신행동
  과 의례적인 행동, 우울장애 및 정신병적 장애, 불안장애 및 충동조절장애, 투렛장애, 강박성 성
  격장애, 질병불안장애, 수집광, 범불안장애, 신체이형장애, 발모광, 피부뜯기장애, 자폐스펙트럼
  장애, 상동증적 운동장애, 도박장애, 변태성욕장애)

부호화 시 주의점

병식의 정도에 따라 명시할 것

좋거나 양호한 병식. 강박적인 사고와 행동이 확실히(또는 아마도) 사실이 아니라는 점을 환자가
인식하고 있다.

좋지 않은 병식. 환자가 강박장애와 관련된 것들이 아마도 사실일 것이라고 생각한다.

병식 없음/망상적 믿음. 환자가 강박장애와 관련된 것들이 사실이라고 강하게 믿고 있다.

다음의 경우 명시할 것

틱 관련. 만성적인 틱장애의 병력(현재 또는 과거)을 가지고 있다.

레이튼 프레스콧

레이튼 프레스콧은 잠시 멈춰서, 면담자의 책상 위에 있는 신문 더미를 가지런히 하려고 몸을 구
부렸다. 그의 튼 손등은 칙칙한 벽돌색이었다. 확신에 찬 듯한 모습으로, 다시 자신의 이야기를 시
작하였다.

"나는 내 손에 있을지 모르는 정액이 여자에게로 옮기가 그녀가 임신을 할 수도 있을 것 같은
느낌이 들어요. 제가 그녀와 심지어 악수만 해도 말이죠. 그래서 나는 자위를 할 때마다 아주 각별
히 신경 쓰면서 씻기 시작했어요."

레이튼은 23세의 식물생리학을 전공하는 대학원생이다. 그는 매우 명석한 데다 과학 과목에 매
진했음에도 지난 몇 달간 성적이 많이 저하되었다. 그는 강박적인 손 씻기 행동 때문에 성적이 떨
어졌다고 생각했다. 레이튼은 손이 정액으로 오염될지도 모른다는 생각이 들 때마다 강렬한 충동
을 느껴 손을 세게 문질러 씻는다.

1년 전에는 견딜 수 있을 정도로 따뜻한 물과 비누 1개를 가지고 3~4분가량 손을 씻는 정도였
다. 그다음에는 네일 브러시를 사용했는데, 그 이후에도 솔을 사용하여 손과 손목까지 닦았다. 이
런 행동은 정교한 의례적 강박 행동(ritual)으로 진화되었다. 우선 그는 손톱 밑을 칼날로 긁어낸
다. 그리고 그곳을 브러시로 닦는다. 그다음 수술용 비누로 팔꿈치까지 비누거품을 내어 닦고, 또
다른 브러시를 사용하여 15분 동안 문질러 닦는다. 그리고 손톱부터 다시 시작해야 하는데, 팔에

서 닦아낸 정액이 손톱에 남아 있을 수도 있기 때문이다. 만약 한 단계라도 정확하게 지켜지지 않았다는 생각이 들면 다시 처음부터 시작해야 했다. 지난 몇 주간 처음부터 다시 시작하는 것이 일상이 되었다.

"나도 이런 방식이 미친 것처럼 보인다는 것을 알아요." 그가 손을 힐끗 보면서 말했다. "나는 생물학자예요. 그래서 정자가 피부에서 몇 분 이상 살 수 없다는 것을 알아요. 하지만 내가 씻지 않는다면, 씻을 때까지 압박감이 점점 쌓여요. 손을 씻는 것만이 나의 불안을 완화시켜 줄 수 있어요."

레이튼은 자신의 증상에 대해 꽤 걱정했지만, 스스로 우울하다고 생각하지는 않았다. 그는 수면과 식욕이 정상이었고, 죄책감이나 자살 충동을 한 번도 느껴보지 않았다.

"그냥 한심해요. 특히 여자 친구가 헤어지자고 했을 때요. 그녀와 식사하러 갔을 때 레스토랑 화장실에서 손을 씻었어요. 45분이 지난 후 그녀는 나에게 매니저를 보냈어요." 그는 장난기 없이 웃었다. "그녀는 제가 제 행동을 고치면 다시 만나줄지도 모른다고 말했어요."

레이튼 프레스콧의 평가

레이튼의 강박 사고와 강박 행동(진단기준 A)은 모두 강박장애의 필수 요건을 수월하게 충족한다. 그는 오염에 대한 반복적인 생각을 억제하고자 시도했고, 그의 마음속 산물이 비합리적이라는 것을 인식하고 있었다(양호한 병식). 그는 반복적인 손 씻기를 통해 강박 사고를 없애려고 하였고, 이것이 매우 과도하고 무의미하다는 것을 알고 있었다. 그가 치료를 받으러 오기 전까지, 매일 몇 시간 동안 이러한 증상에 몰두했고, 학업과 사회생활에 지장이 생겼고, 심한 정서적 고통을 겪었다(B). 이러한 증상을 설명할 수 있는 다른 정신질환은 없었다(D).

강박장애를 평가하는 데 중요한 단계 중 하나는 걱정의 초점이 병리적인가를 확인하는 것이다. 예를 들어, 빈민가나 전쟁터에 사는 사람들은 문을 삼중으로 잠그고, 안전을 자주 확인하는 것이 현명할 수 있다. 만약 레이튼이 다양한 실생활 문제(시험 통과나 여자 친구와의 관계 지속과 같은)에 대해 과도하게 걱정해 왔다면, 범불안장애를 진단받는 것이 보다 적합할 것이다.

반복적인 행동은 투렛장애와 측두엽 뇌전증에서도 나타날 수 있는 특징이지만, 다른 의학적 상태에 있는 환자들은 강박 사고나 강박 행동을 거의 보이지 않는다(C). 그러나 때때로 물질 사용으로 인해 강박 사고나 강박 행동이 발생하기도 한다. 과거 혹은 현재 틱 증상을 가지고 있는지 꼼꼼하게 조사하라. 강박장애 환자 중 약 1/4 정도가 틱 증상을 보고하므로, 강박장애는 투렛장애와 관련이 있을 뿐만 아니라, 강박장애 환자의 상당 비율이 만성적인 틱 증상 병력을 보고한다(레이튼의 경우는 아니지만).

강박 사고나 강박 행동은 다양한 다른 정신질환에서도 발견될 수 있다. 사람들은 도박, 음주,

그리고 성행위 등 매우 다양한 활동에 강박적으로 몰두될 수 있다. 또한 신체이형장애(자신의 체형에 사로잡힌 환자)와 질병불안장애(불안의 초점이 건강이다)와도 감별할 필요가 있다. 정신병적 장애 환자들은 때때로 망상적 수준의 강박적인 생각을 유지한다. 그리고 물론 신경성 식욕부진증과 신경성 폭식증 환자의 섭식행동에서도 다소 강박적인 면이 발견된다.

강박장애 환자 중 약 20%는 병전에 강박적인 성격 특질을 가지고 있다. 강박성 성격장애는 그 이름 때문에 강박장애와 혼동되기 쉽다. 강박성 성격장애만 가지고 있는 환자들은 강박 사고나 강박 행동을 전혀 보이지 않을 수 있다. 그들은 완벽주의적이고, 규칙, 목록, 그리고 세부적인 사항에 집착한다. 또한 정확히 맞게 수행되었는지 확신할 때까지 확인하기 때문에 과업을 달성하는 데 오랜 시간이 소요되지만, 그들은 이러한 행동에 저항하려는 생각이 없다. 강박장애와 강박성 성격장애는 공병할 수 있는데, 흔히 이런 경우 훨씬 더 심각하다. 몇몇 임상가들은 강박장애와 조현형 성격장애의 경계 지점 역시 감별진단 시 자주 발생하는 난제라고 생각한다.

레이튼을 진단한 임상가는 그가 강박장애를 종종 동반하는 (많은) 다른 장애 중 그 어느 장애도 가지고 있지 않음을 확인할 필요가 있다. 저자라면, 방금 언급된 두 가지 성격장애 외에, 특히 기분장애(우울이나 양극성)와 불안장애(범불안장애, 사회불안장애 및 공황장애)에 대해 확인하겠다. 사실 과거 DSM에서는 강박장애를 불안장애로 분류했다.

대부분의 강박장애 환자들은 자신의 강박 사고와 강박 행동이 비합리적이거나 과도하다는 것을 인식하고 있지만, 몇몇은 만성화되면서 병식을 잃게 된다. 레이튼은 자신이 비합리적이라는 사실을 인식했다. 우리는 그의 병식을 감안하여 진단을 내렸다. GAF 점수는 60점이고, 그의 진단은 다음과 같다.

F42.2 강박장애, 좋은 병식

F45.22 신체이형장애

신체이형장애 환자들은 신체 일부의 형태와 외형에 뭔가 문제가 있다고 걱정한다. 가장 흔한 신체 부위는 가슴, 성기, 모발 또는 코와 같은 어떤 얼굴 특징이다. 신체이형장애 환자들이 자신의 신체에 대해 갖고 있는 이런 생각은 망상적이지는 않다. 질병불안장애에서처럼 이러한 생각들은 과대평가된 생각이다. 예전에는 이 장애를 신체이상공포증(dysmorphophobia)이라고 불렀다. 몇몇 임상가들이 아직도 이 용어를 사용하고 있을지 모르지만, 신체이형장애는 공포증이 결코 아니다(비합리적인 공포는 사실 여기에 딱 맞는 개념은 아니다).

이 장애는 엄청난 손상을 야기할 수 있다. 신체이형장애 환자들은 자신의 가상적인 결점을 고치기 위해 의료적 시술(예 : 박피)이나 성형 수술을 요청하는 빈도가 높지만, 이들은 종종 시술이나 수술 결과에 만족하지 않는다. 이런 이유 때문에 신체이형장애 환자들에게는 대개 수술을 금지한다. 또한 이들은 (아주 잠시 동안 도움이 되는) 안심시켜 주는 말을 청하거나, 결함이 있다고 지각하는 부위를 옷이나 화장으로 가릴 수도 있다. 혹은 사회적 상황을 회피하려고 할 수 있다. 심지어 몇몇은 두문불출하기도 한다. 신체에 과하게 몰두하는 것은 임상적으로 중요한 다른 종류의 정서적 고통(예를 들면 우울한 기분, 심지어 자살 사고나 시도)을 야기한다. 병식은 환자마다 다양하지만, 보통은 좋지 않은 병식을 가지고 있다.

신체이형장애의 비율은 일반 집단에서 약 2%이다. 환자 중 약 10%는 피부과 의사를 찾고, 1/3 정도는 코 성형을 원한다. 신체이형장애 환자들은 비교적 어린 편이지만(10대에 발병하는 경향이 있다), 폐경기 이후 발병률이 다시 정점을 찍는다. 증명된 것은 아니지만, 이 장애의 발병률은 남녀 모두 동등하다. 그러나 남성은 여성에 비해 성기나 모발에 대해 걱정하는 경우가 많다.

DSM-5-TR에서는 대리적인 신체이형장애에 대해 언급하고 있는데, 환자가 다른 사람 — 보통 배우자나 가까운 친척 — 의 외모에 결함이 있다는 생각으로 걱정하게 되는 경우를 말한다. 이는 거의 연구가 이루어지지 않았으며, 비록 있을 수는 있지만 매우 드물며 유병률은 알려져 있지 않다.

신체이형장애의 핵심 특징

신체이형장애 환자들은 사소하고 때로는 눈에 보이지도 않는 신체적 결함에 대한 반응으로, 반복적으로 거울을 보면서 점검하거나, 타인으로부터 안심시키는 말을 구하거나, 피부를 덮는 반창고를 고르거나 마음속으로 타인과 비교한다.

주의사항

ㄱ들을 다루어라
- 고통 혹은 장애(직업적/학업적, 사회적, 혹은 개인적 손상)
- 감별진단(물질사용장애 및 신체질환, 기분장애 및 정신병적 장애, 신경성 식욕부진증을 비롯한 기타 섭식장애, 강박장애, 범불안장애, 사회불안장애, 질병불안장애, 외모에 대한 평범한 불만족, 젠더 불쾌감)

부호화 시 주의점

다음의 경우 명시할 것
    근육이형증 동반. 자신의 몸이 너무 작거나 혹은 근육이 부족하다고 믿는다.

병식의 정도에 따라 명시할 것

좋거나 양호한 병식. 신체이형장애 사고와 행동이 확실히(또는 아마도) 사실이 아님을 인식하고 있다.

좋지 않은 병식. 신체이형장애와 관련된 걱정이 아마도 사실이라고 생각한다.

병식 없음/망상적 믿음. 신체이형장애와 관련된 걱정이 사실이라고 강하게 믿고 있다.

근육이형증 명시자

신체이형장애의 근육이형증 명시자는 전적으로 남성에게서 발견되며, 이들은 대체로 병식이 거의 없는 상태에서 자신의 몸매가 너무 왜소하거나 빈약하다고 믿는다. 그 결과, 식이요법을 하거나 체중을 과도하게 늘리는 데 몰두할 수 있고, 아나볼릭 스테로이드나 기타 약물을 오용할 수 있다. (이 환자들은 자신의 다른 신체 부위 — 피부, 체모, 신체 어디든 — 에 대해서도 걱정할 수 있다.)

세실 크레인

세실 크레인이 의뢰되었을 때 그는 겨우 24세였다. 그의 성형외과 의사는 전화로 "그가 지난주 코 성형 수술에 대해 상담하러 왔었어요."라고 말했다. "제가 보기에 세실의 코는 완벽해 보여서, 그렇게 말해주었는데, 그래도 세실은 자신의 코에 문제가 있다고 주장했어요. 저는 예전에도 이런 환자를 본 적이 있어요. 만약 제가 수술을 한다고 해도 이런 환자들은 절대 만족하지 못할 거예요. 이건 그지 소송이 일어나기만을 기다리는 꼴이죠."

며칠 후 세실이 방문했다. 임상가가 볼 때 그는 지금껏 본 코 중 (그리스 조각상 1~2개를 제외하고는) 가장 아름다운 코를 가지고 있었다. "뭐가 문제죠?"

"그렇게 물어보실까 봐 걱정했었습니다." 세실이 말했다. "모두들 그렇게 말해요."

"그렇지만, 본인은 믿지 않으시죠?"

"음, 그들은 절 이상하게 봐요. 심지어 직장에서 — 저는 메이시스 백화점에서 옷을 판매합니다. 가끔씩 손님들이 뭔가를 쳐다보는 것 같은 느낌이 드는데, 제 생각엔 제 코에 있는 혹을 보는 것 같아요."

어떤 각도에서 보면, 세실이 가리킨 코의 어떤 지점에 아주 희미하게 볼록한 부분이 있었다. 그는 이로 인해 여자 친구와 헤어졌다고 불평했다. 헤어진 여자 친구는 자신이 보기엔 그의 코가 괜찮다고 이야기했었다. 그녀는 세실이 거울을 지날 때마다 거기에 비치는 자신의 옆모습을 확인하고, 늘 성형 수술에 대해 지겹게 이야기하는 것에 넌덜머리가 나서 그와 헤어졌다.

세실은 우울하지 않았지만 행복하지도 않았다. 그는 자신의 인생이 망가져 가고 있다는 것을 인정했지만, 그래도 독서와 영화 감상 등의 취미생활을 지속했다. 그는 여자 친구와 헤어진 이후 성적 흥미를 검증해 볼 기회가 없기는 했지만, 성적 흥미 역시 괜찮은 편이라고 생각했다. 그는 식욕도 좋았고, 키에 비해 몸무게도 정상 수준이었다. 사고의 흐름 역시 특이할 게 없었다. 코에 대한 지나친 염려만 제외한다면, 사고의 내용도 평범해 보였다. 그는 자신이 두려워하는 것보다는 코가 그렇게 못생기지는 않았을 수 있다는 점을 인정하면서도 그 가능성이 매우 낮을 것이라고 생각했다.

세실은 코에 대한 걱정이 언제 시작되었는지에 대해 정확히 이야기하지 못했다. 아마도 그건 면도를 시작했을 무렵일 것이다. 그는 가족과 해변으로 휴가 갔을 때 만든 검은 종이를 잘라서 만든 자신의 실루엣을 자주 쳐다봤던 사실을 기억한다. 비록 수많은 친척과 친구들은 그것을 세실과 아주 닮은 작품이라며 말했지만, 그는 코에 있는 결점 때문에 마음이 불편했다. 어느 날 그는 코의 결점을 고치기 위해, 검은 종이를 잘라서 만든 자신의 실루엣을 액자에서 떼어낸 다음, 가위로 실루엣 속의 코를 똑바로 고치려 시도했다. 얼마 지나지 않아, (작품 속 자신의) 코가 조각나 주방 테이블 위에 떨어졌고, 이 일로 세실은 한 달간 외출 금지를 당했다.

"저는 정말로 성형외과 의사가 나보다 더 나은 예술가이기를 바라요."라고 그는 말했다.

세실 크레인의 평가

신체이형장애의 진단기준은 간단하다. 세실은 결점 없는 코에 몰두되어 있었고(진단기준 A), 이로 인해 수술을 원할 만큼 정서적 고통을 경험했다. 그리고 그는 여자 친구와도 헤어졌다(C). 1명 이상의 사람들이 그에게 코가 전혀 이상하지 않다고 확인시켜 주고 심지어 멋있다고 말했으므로, 그가 겪는 고통은 외모에 대한 일반적인 걱정 수준을 명백히 넘어섰다. 그리고 그는 거울 앞에서 지속적으로 확인이 필요한 것처럼 보였다(B). 신체이형장애의 증상 범위를 모두 충족했으나 그래도 몇몇 장애와 감별할 필요가 있다.

질병불안장애 환자가 몰두하는 것은 외모가 아니라, 병에 걸리는 것에 대한 두려움이다. 신경성 식욕부진증 환자들도 왜곡된 자기상을 가지지만, 이는 단지 과체중에 대한 걱정이라는 맥락에만 국한된다. 망상장애 신체형(somatic type of delusional disorder) 환자는 자신의 호소가 비합리적일 수도 있다는 병식이 부재하지만, 세실은 다른 사람들이 그의 코를 다르게 볼 수도 있다는 생각을 기꺼이 받아들이려고 했다(그러나 몇몇 신체이형장애 환자들은 완전히 병식이 부재하다. 그러므로 감별 시 망상의 내용에 초점을 두어야 한다. 망상장애의 망상은 그들의 외모보다는 신체 부위의 기능이나 감각에 대한 내용과 관련 있을 것이다). 조현병 환자가 보이는 외모에 대한 호소는 대개 괴이하다(한 여성은 거울을 보니 자신의 머리가 버섯으로 바뀌었다고 보고했다). 젠더 불쾌감 환자의 호소는 자신이 반대 성별로 태어났어야 했다는 확신에 국한되어 있다.

세실의 걱정의 초점은 상술한 것과는 다르다. 그러나 임상가는 신체이형장애와 공병할 수 있는 사회공포증, 강박장애, 그리고 주요우울장애에 대해 신중하게 잘 살펴보아야 한다. 이들 장애에 대해 조사하는 것은 잠시 보류하자. 세실의 진단은 다음과 같고, GAF 점수는 70점이다.

F45.22   신체이형장애, 양호한 병식

F42.3 수집광

1,000년 전 베어울프(Beowulf) 전설에서 가장 처음으로 언급되었는데, 미래에 사용할 목적으로 귀중한 물건 더미(특히 돈이나 다른 보물)를 모으는 것을 '수집(hoard)'이라고 불렀다. 하지만 오늘날 우리는 그 용어를 실제적인 용도를 넘어서는 쓸모없는 물건을 모은다는 정반대의 의미로 사용하고 있다.

수집 이면에는 다양한 동기가 있을 수 있다. 어떤 사람들은 그들의 물건이 실제 가치가 없을 때도 가치가 있다고 믿는다. 다른 이들은 가족 구성원들이 하던 행동을 모방하는 것일지도 모른다(또한 유전적 요소가 의심된다). 또 다른 사람들은 여전히 그들의 성장과정에서 가지고 있었거나 나중에 필요할지도 모른다고 생각되는 물건들이 존재한다는 것 자체로 확실히 안정감을 느낀다. 그 동기가 무엇이든, 수집을 하는 사람들의 생활공간은 난장판이 되고, 아마도 결국에는 물건들로 가득 채워질 것이다. (만약 생활 가능한 공간이 남아 있다면, 그것은 아마 다른 누군가가 깔끔하게 정리하기 때문일 것이다.) 수집으로 인한 한 가지 사회적 결과는 환자의 자녀들이 집에 손님이 오는 것을 두려워하는 것이다. 그런 가정에서는 아이들이 가정 내에서 기초적인 집안일을 배우기가 어렵다! 수집광 환자들의 자녀를 위한 온라인 지지 집단이 있는데, 이런 지지 집단이 없었다면 그들은 비위생적이고, 보기 흉하며, 안전하지 않은 것에 대처하지 못하는 무기력한 상태로 남겨졌을 것이다.

수집광은 일반 집단에서 대략 2%로 발병한다고 알려져 있으며, DSM-5에 새로 수록된 장애이다. 한때 수집광을 강박장애의 변형으로 간주하기도 하였으나, 실제 수집광 환자 중 20%는 강박장애 진단기준을 충족하지 않는데, 부분적으로 이는 이들이 자신의 증상을 침투적이고 불쾌하거나 고통스러운 것이라고 인식하지 않기 때문이다. 실제로 자신이 매우 열심히 모아둔 물건을 치우라는 압력을 받을 때만 고통을 경험하는 경우가 흔하다.

수집광은 몇몇 특수한 유형 — 책, 동물(집 가득히 찬 고양이들을 상상해 보라), 음식(윽! 유효기간이 훨씬 지난 음식) — 으로 나뉜다. 동물 수집광은 동물과 함께, 위생에 도움을 줄지 모르는 다른 물건들까지 모은다. 이러한 장애는 젊었을 때 발병하고 시간이 지날수록 점점 심해져서, 노인에게서 더 흔히 발견된다. 남성이 여성에 비해 훨씬 더 많다. 유전적 영향이 강한 것 같다.

수집광의 핵심 특징

수집광 환자들은 물건을 수집하고자 하는 압도적인 욕구에 강하게 시달린다. 이들은 심지어 전혀 가치가 없어 보이는 (지나치게 감상적이거나 혹은 그 반대인) 소유물을 버리려고 시도할 때 어려움 ─ 정말로 고통 ─ 을 경험한다. 그 결과, 물건이 쌓이고 쌓여서 생활공간을 사용할 수 없을 정도로 어지럽게 채워지게 된다.

주의사항

ㄱ들을 다루어라

- 기간('지속적인' 것 외에는 명시되는 바 없음)
- 고통 혹은 장애(직업적/학업적, 사회적, 혹은 개인적 손상)
- 감별진단[물질사용장애 및 신체질환(특히 뇌 손상과 관련된 경우), 기분장애 및 정신병적 장애, 치매, 신경인지장애, 강박장애, 자폐스펙트럼장애, 정상적인 수집]

부호화 시 주의점

다음의 경우 명시할 것

과도한 습득 동반. 필요하지 않거나 혹은 저장할 공간이 없는데도 물건들을 과도하게 수집하고, 구입하며, 절도하는 행동이 동반되는 증상인 경우

병식의 정도에 따라 명시할 것

좋거나 양호한 병식. 사고와 행동이 문제를 야기한다는 것을 인식하고 있다.

좋지 않은 병식. 수집이 문제가 아니라고 거의 믿고 있다.

병식 없음/망상적 믿음. 수집이 문제가 아니라고 강하게 믿고 있다.

랭글리 콜리

랭클리 콜리의 이야기는 반세기가 넘는 시간이 지나도록 수집광 역사에서 유명한 사례로 남아 있다.

랭글리 콜리는 컬럼비아대학에서 교육을 잘 받은 재능 있는 피아니스트였음에도 불구하고, 아마 벌이가 좋은 직업을 가지지 못했던 것 같다. 그와 그의 형 호머는 부모님이(그의 아버지는 산부인과 의사였고, 어머니와 아버지는 사촌지간이었다) 물려준 할렘 하우스에서 살았다. 변호사로서

전문교육을 받은 호머는 한동안 변호사로 일했지만, 시력 감퇴와 관절염으로 인해 고통을 겪었다. 그리하여 두 형제는 나이가 들어가면서 상속받은 재산으로 살게 되었다. 그들은 많은 것을 필요로 하지 않았다. 가스, 전기나 전화 서비스도 없었고, 심지어 물도 결국 끊겼다. 사실상 몇십 년 동안 그들은 실내에서 야영을 하고 있는 것이나 마찬가지였다.

랭글리는 수레에 구입한 물건들을 싣고 집으로 가져왔다. 게다가 그는 이러한 여정에서, 결국에는 그들의 삶의 공간을 침범할 정도로 많은 양의 잡동사니를 모았다. 비록 랭글리는 유행이 훨씬 지난 옷을 입고 있었지만, 완전히 비사교적인 사람은 아니었다. 그를 알았던 회계사들의 보고에 의하면, 그는 유쾌하고 때때로 회사에 감사할 줄 아는 사람이었다. 심지어 그는 자신이 은둔생활을 하고 있다는 사실을 인정하기도 했다.

1947년, 랭글리는 형제의 재산을 훔치러 오는 도둑들을 막기 위해 몇 년에 걸쳐서 디자인하고 설치한 덫인 부비트랩에 깔려 61세의 나이로 사망했다. 출입구는 켜켜이 쌓인 신문과 다른 잡동사니로 만든 3m 높이의 벽에 막혀 있어서, 경찰은 집으로 들어가기 위해 그 벽을 잘라내야 했다. 랭글리의 주검은 2주가 넘어서야 발견되었고, 그는 동생이 죽은 이후 굶주림으로 사망한 형 호머와 불과 3m밖에 떨어지지 않은 거리에 누워 있었다.

시체들이 옮겨지고 난 후, 집 안에 있는 물건들을 치웠다. 인부들은 양장점의 마네킹, 점자판, 인형 마차, 자전거, 미키 루니의 사진, 오래된 광고, 소화기와 탄약, 낡은 라디오의 부품, 콘크리트 덩어리, 그리고 신발 끈 등을 발견했다. 형제는 배설물을 요강에 보관했다. 포름알데히드에 보존된 머리가 2개 달린 아기(그들의 아버지의 의료실습에 쓰였던 모형으로 추정됨), 카누, 분해된 Model T의 시동치, 2개의 파이프 오르간, 수천 개의 빈 캔, 그리고 14대의 피아노가 있었다. 또한 신문도 많이 있었는데, 이것은 언젠가 호머가 시력을 되찾았을 때 그동안 밀린 뉴스들을 볼 수 있도록 보관한 것이다. 결국 그들의 집은 수십 년의 먼지에 뒤덮인 수많은 물건을 포함하여, 모두 180t의 쓰레기로 뒤덮여 있었다.

랭글리 콜리의 평가

랭글리의 상태를 분석하는 데는 약간의 관대함이 필요하다. 그것은 솔직히 우리가 수집광에서 한 가지 중요한 기준을 언급해야 하기 때문이다. 즉, 이러한 증상을 더욱 잘 설명할 수 있는 다른 의학적 상태가 없어야 한다(진단기준 E). 랭글리와 호머는 의학적 도움을 거부했다. 이로 인해 호머에게는 극심한 관절염과 시력 상실이 생겼을지 모른다. 반면 랭글리는 알코올이나 마약에 손대지 않았고 그의 생이 끝나는 거의 마지막 순간까지 수십 년 동안 상당히 건강해 보였다. 죽음이 다가온 때는, 정말 문자 그대로, 무너져 깔린 것이었다.

수집광은 강박장애의 한 가지 증상으로 나타날 수 있지만, 대부분의 수집광 환자들은 실제 강박 사고나 (다른) 강박 행동의 증거가 없다. 랭글리에게 다른 정신질환이 있었다는 증거가 없지만, 그렇다고 해서 다른 정신질환, 예를 들면 주요우울장애가 없었다는 증거 역시 없었다(주요우울장애와 강박증은 흔히 수집광과 공병한다).

이 증후군의 다른 필요조건에 대해 말하자면, 랭글리는 부정하기 어려운 수집광이라는 것이다. 즉 은둔한 형제 2명의 터전에 축적된 적재량은 단지 공간을 침범하는 정도가 아니라 집을 삼켜버릴 정도였다(A, B, C). 이는 그들 자신, 그들에게 도움을 주고자 했던 공공 서비스 직원들의 안전까지도 위태롭게 했다. 안전한 환경을 유지하지 못한 것은 스트레스 또는 손상이 요구되는 조건을 만족시킨다(D).

랭글리의 직접적인 증언이 부재한 상태에서, 우리는 그가 자신의 상태에 대해 얼마나 깊게 이해하고 있었는지 알 수 없다. 그러므로 병식 명시자를 고려할 수 없다. 그러나 그의 수집 습관이 '과도한 습득 동반' 명시자에 부합한다는 사실 — 수집광의 대다수가 이 명시자에 해당하는 것처럼 — 에 동의할 수 있을 것이다. 비록 우리가 '성격장애, 진단보류'와 같은 부호화를 더 이상 할 수 없지만, 만약 랭글리가 살아 있었다면 저자는 추후 그를 담당할 임상가가 성격장애 진단을 하는 데 도움이 될 만한 기록을 요약 부분에 남길 것이다. 나는 그에게 GAF 60점을 주고 싶다.

    F42.3   수집광, 과도한 습득 동반

F63.3 발모광(털뽑기장애)

발모광(trichotillomania)은 그리스어로 '털을 뽑는 것에 대한 몰두'란 말에서 유래되었다. 병적 방화나 병적 도벽에서와 같이, 많은 발모광 환자들(모두는 아니지만)은 이러한 충동에 굴복할 때까지 점점 긴장감이 고조되고, 털을 뽑을 때 그런 긴장에서 해방되는 느낌을 경험한다. 대개 아동기에 증상이 시작되며, 자신의 머리카락, 수염, 눈썹이나 속눈썹을 반복적으로 뽑는다. 이보다는 드물지만, 겨드랑이, 음부 혹은 다른 신체 부위의 털을 뽑기도 한다. 털을 뽑을 때 얼얼한 느낌을 경험하지만, 보통 이와 관련된 고통을 보고하지 않는다.

몇몇은 뽑은 털을 입에 넣으며, 약 30% 정도는 털을 삼킨다. 만약 털이 길다면, 수술로 제거해야 할지 모르는 결석(모발결석)이 되어 위나 장에 쌓일 수 있다. 발모광 환자들의 드문드문 진행된 탈모를 발견한 피부과 의사가 그들을 정신건강 전문가에게 의뢰하기도 한다.

발모광은 환자들에게 수치심을 주며, 이러한 증상을 숨기려는 경향이 있기 때문에 이 장애가 얼마나 흔한지 불분명하다. 발모광 진단기준을 완전히 충족하는 경우는 매우 드물지만(대략 1%

이하), 몇몇 털 뽑기 행동은 성인 집단, 특히 여성에서 3%까지 발견될 수 있다. 이 장애는 남성보다 여성에게서 더 흔하고, 특히 지적장애가 있는 사람들에게서 더욱 빈번하다. 또한 털을 뽑는 사람들은 손가락 관절을 꺾거나, 손톱을 깨물거나 혹은 자신의 피부를 뜯으려는 경향이 있다.

털을 뽑기 전의 긴장감과, 털을 뽑고 난 후에 경험하는 해방감과 안도감은 여전히 많은 발모광 환자들이 보이는 특징이다(더 이상 진단기준에 필수 요건이 아닐지라도). 그러나 털 뽑기의 '긴장감과 해방감' 양상을 가진 환자들은 이러한 특성을 보고하지 않는 환자들에 비해 더 심각한 병의 경과를 보인다.

발모광은 보통 아동기나 청소년기에 발병한다(성인이 되어 발병하는 경우, 정신병과 관련될 가능성이 크다). 이 상태는 악화되다가 완화되기를 반복하는 경향이 있지만 대개 만성적이다. 전체 인구의 유병률은 1~2%이며, 남성보다 여성에게 더 흔하다.

발모광의 핵심 특징

환자가 자신의 털을 반복적으로 뽑는 행동으로 인해 체모가 나지 않는 부분(털이 뽑힌 자국)이 생기며, 환자는 털을 뽑는 행동을 통제하려는 시도를 한다.

주의사항
ㄱ들을 다루어라
- 기간('재발성')
- 고통 혹은 장애(직업적/학업적, 사회적, 혹은 개인적 손상)
- 감별진단(물질사용장애 및 신체질환, 기분장애 및 정신병적 장애, 신체이형장애, 강박장애, 일반적인 체모손질)

로잘린 브루어

"저도 제가 왜 그러는지 모르겠어요, 그냥 하게 돼요." 로잘린 브루어는 그녀의 피부과 전문의로부터 정신건강센터에 방문해 볼 것을 권유받았다. "일종의 긴장감을 느끼고, 한 가닥의 털을 뽑으면 왠지 긴장이 완화돼요." 그녀는 자신의 긴 금발 한 가닥을 골라서, 집게손가락에 깔끔하게 두 번 감아 확 잡아당겼다. 그리고 잠시 그 머리카락을 바라보다가 진공청소기로 갓 청소한 카펫 위로 떨어뜨렸다.

로잘린은 그녀의 30년 인생 중 거의 절반 동안 머리카락을 뽑아 왔다. 그녀는 한창 기말고사를 대비하던 고등학교 2학년이나 3학년 사이에 이러한 행동이 시작되었을 것이라고 추측했다. 아마 머리카락을 뽑을 때 두피의 얼얼한 느낌이 그녀를 깨어 있도록 하는 데 도움을 주었을 것이다. 그녀는 알지 못했다. "이제는 습관이에요. 전 항상 정수리에 있는 머리카락만 뽑아요."

로잘린의 정수리에는 500원짜리 동전 크기만 한 머리카락이 뽑힌 자국이 나 있었다. 손상된 모발과 새로 나는 드문드문한 머리카락만 있어서, 그것은 마치 원형탈모처럼 보였다.

"머리를 뽑으면 어머니는 매우 화를 냈어요. 어머니는 아버지처럼 되고 싶은 거냐고 말씀하셨죠. 어머니는 그만하라고 강하게 말씀하셨지만, 애들이 어떤지 아시잖아요. 전 어머니를 마음대로 부리려는 생각을 하곤 했어요." 그녀는 약간 웃었다. "지금은 그만두고 싶지만, 그렇게 되지가 않네요."

로잘린은 8세까지 엄지손가락을 빨았던 것을 제외하고는, 아동기 동안 주목할 만한 점이 없었다. 신체적 건강은 양호했고, 강박적인 행동이나 강박적인 사고도 없었다. 또한 마약이나 알코올 사용도 부인했다. 우울 증상은 두드러지지 않았지만, 모발 뽑기가 심각한 문제라는 점을 본인도 인정했다. 그녀는 머리가 뽑힌 자국을 가리기 위해 부분 가발을 착용할 수는 있었지만, 이에 대한 자각으로 인해 다른 남자와 친밀한 관계를 형성하지 못했다.

"그건 제가 수도승처럼 보이게 할 만큼 끔찍해요."라고 로잘린은 말했다. "하지만 제가 스스로 그렇게 살게끔 만들고 있기도 하지요."

로잘린 브루어의 평가

반복적으로 머리를 뽑는 로잘린의 증상(진단기준 A)에는 '긴장감과 해방감'이 포함되었다. 긴장감과 해방감은 과거에는 발모광을 진단받는 데 반드시 필요한 고전적인 증상이었지만, 이젠 그저 빈번한 특징으로 간주된다. 그녀의 증상을 설명할 수 있는 피부과적 장애나 기타 일반적인 의학적 상태(피부과 의사가 그녀를 의뢰하였다)에 대한 증거가 없었다(D). 발모광과 혼동될 수 있는 정신질환으로 강박장애를 들 수 있는데, 강박 행동은 불안 자체를 없애기 위해서라기보다는 불안을 예방하기 위한 수단으로 행해진다. 모발 뽑기는 신체이형장애에서도 종종 발견되지만, 로잘린은 모두 동의할 만한 미용적 결함을 가지고 있었다. 또 다른 장애로는 인위성장애를 들 수 있으나, 로잘린의 경우 환자가 되기를 원했다는 증거가 없기 때문에 이를 배제할 수 있다. 그녀는 머리 뽑는 행동을 멈추지 못하는 것(B)에 대한 고통(C)을 제외하고는, 정신병이나 다른 명백한 정신질환(특히 기분장애, E)이 없었다.

GAF 점수 70점과 함께, 그녀의 최종진단은 다음과 같이 단순하게 내려진다.

F63.3 발모광

F42.4 피부뜯기장애

피부뜯기장애는 보통 청소년기에 시작되지만, 때때로 그 이후에 발병하기도 한다. 이러한 환자들은 자신의 피부를 뜯어내는 데 많은 시간(아마 매일 몇 시간씩)을 할애하며, 대부분 머리나 얼굴에 피부 뜯기가 집중되어 있을 것이다. 몇몇 환자들은 족집게를 사용하기도 하지만, 대개는 손톱으로 뜯는 경향이 있다. 병적 방화를 비롯한 다른 충동 관련 장애와 마찬가지로 피부 뜯기 환자들에서도 행동에 선행하는 긴장감을 빈번하게 발견할 수 있다. 게다가 이들은 피부 뜯기를 통해 희열을 느낄 수 있으며, 뒤이은 당혹감이나 수치심이 치료를 지연시킬 수 있다. 감염이 흔하며, 때때로 궤양을 발생시키기도 한다.

환자들은 흉터나 찰과상을 감추기 위해 화장을 할 수도 있고, 몇몇은 사교 모임을 회피할 것이다. 더 끔찍한 결과도 있을 수 있다. 한 환자는 지속적으로 자신의 목과 두피를 뜯었고, 결국 두개골까지 관통되어 경막외 농양으로 발전하였다. 이로 인해 사지가 마비되었고, 겨우 일부만 회복되었다. 휠체어에 탈 수 있는 정도로 회복되었으나, 결국 피부를 뜯는 행동이 재발하였다. 물론 이는 매우 극단적인 사례지만, 흉터나 경미한 감염은 매우 흔하다. 많은 환자들은 하루에 1시간 이상 피부를 뜯거나, 이로 인한 결과에 몰두하여 시간을 허비할 것이다.

피부뜯기장애 환자 중 약 1/3은 다른 정신질환을 함께 보이는데, 공병으로 가장 흔한 장애는 발모광, 기분장애, 강박장애이고, 이들 중 몇몇은 그들의 손톱을 물어뜯는다. 또한 신체이형장애 환자의 거의 절반 정도가 자신의 피부를 뜯는다. 피부 뜯기는 발달상의 장애, 특히 프라더-윌리 증후군(226쪽 이중선 안에 기술된 내용 참조)을 가진 환자에게서 자주 발견된다.

1889년으로 거슬러 올라가 보면, 피부뜯기장애는 비교적 흔하다. 유병률은 약 2% 혹은 그 이상이다. 이 장애는 보통 청소년기에 시작되며, 만성적인 경과를 보인다. 피부뜯기장애 환자는 대다수가 여성인 경향이 있고, 이들 중 상당수는 유사한 고통을 경험하는 친척이 있다.

피부뜯기장애의 핵심 특징

환자들은 피부 손상을 초래하는 반복적인 피부 뜯기, 긁기 혹은 후벼 파기를 멈추려고 빈번하게 시도한다.

주의사항

ㄱ들을 다루어라

- 기간('재발성')

- 고통 혹은 장애(직업적/학업적, 사회적, 혹은 개인적 손상)
- 감별진단[물질사용장애(코카인) 및 신체질환(옴이나 여드름), 정신병적 장애, 강박장애, 신체이형장애, 상동증적 운동장애, 비자살적 자해]

브리트니 피치

증거는 확실했다. 브리트니 피치의 얼굴에는 깊이 움푹 팬 자국과 상처들로 가득했다. 그중 몇 개의 상처에는 아직도 염증이 나 있었고, 그녀의 이마는 딱지투성이였다. 그녀는 자신의 손톱을 테이프로 감싸고 있었다.

브리트니는 11세부터 여드름이 나기 시작했고, 그녀의 어머니는 그것을 치료하려 그의 얼굴에서 농포와 블랙헤드를 짜냈다. 브리트니는 어머니의 두툼한 손가락들이 '마치 황금을 찾는 광부처럼' 그녀의 얼굴을 샅샅이 뒤지는 동안, 머리를 코너에 밀어 넣은 채 서서 오랜 시간 견뎠다. 마침내 어머니에게서 풀려났을 때, 그녀는 화장실로 달려가 따끔거리고 얼룩덜룩해진 얼굴을 찬물로 닦았다. 그녀는 어머니를 몹시 싫어했다.

이제 대학생인 브리트니는 쥐어짜고 뜯는 행동이 피부에 상처를 더 남긴다는 것을 알고 있지만, 이제 어머니 대신 자신이 그러한 행동을 하게 되었다. 한 주에 몇 번씩 자신의 피부를 뜯었고, 피부를 뜯는 데는 보통 한 번에 몇 분씩 걸렸다. 혼자 화장실에 있을 때는 머무르는 시간이 더 길어지기도 했다. 그녀는 거울 앞에 서서 얼굴을 샅샅이 살피고 짜내는 것에 매료되었고, 이러한 검열행동은 불가피하게 많은 상처를 야기했다. 그녀는 스스로 만든 상처에 수치심을 느꼈기 때문에 데이트를 피했다. 그녀는 혼자 간 것을 포함해 연극이나 콘서트에 가본 지 6개월이 넘었다.

"전 당신이 저를 도와줄 수 있길 바라요." 그녀는 쓴웃음을 지으며 말했다. "무엇보다, 전 어머니처럼 행동하는 것을 멈추고 싶어요."

브리트니 피치의 평가

브리트니 피치의 상태를 진단하는 것은 어렵지 않다. 그녀의 발진과 상처(진단기준 A), 그리고 테이프로 감겨 있는 손톱(B)은 많은 사연을 말해주었다. 그녀가 클리닉에 내원한 것 자체가 이러한 증상으로 인한 정서적 고통을 증명해 주었다(C). 이 시점에서 가장 중요한 질문은 아마 다음과 같을 것이다. 그녀의 증상을 설명할 수 있는 다른 정신적(혹은 의학적) 장애가 있는가? 즉, 임상가는 강박장애를 확실히 배제하기 위해 그녀의 과거력을 조금 더 깊이 탐색해야 할 것이다(E). 물론 그녀는 신체이형장애를 가지고 있지 않다. 그녀를 보는 사람이면 누구든 그녀의 피부상태를 분명하게 확인할 수 있었기 때문이다.

주치의가 그녀에게 어떤 의학적 상태(예를 들면, 옴이나 몇몇 다른 피부과적 질병)나 물질사용
장애(예를 들면, 코카인이나 메스암페타민을 사용하는 경우에, 그들의 피부 혹은 피부 아래에 벌
레가 기어다니는 것 같은 감각을 느낄 수 있고, 이로 인해 피부 뜯기가 촉진될 수 있다)의 증거가
없다는 것을 확인할 수 있는 한, 브리트니의 진단은 확실해 보인다. 그녀가 경험하는 사회적 장애
의 정도를 고려하여 GAF 점수(60점)를 정했다.

F42.4   피부뜯기장애

물질/약물치료로 유발된 강박 및 관련 장애

코데인, 코카인, 엑스터시, 메스암페타민의 사용과 강박 증상의 연관성이 연구 결과에서 보고된
바 있다. 만약 물질/약물치료로 유발된 강박 및 관련 장애의 기준이 물질로 유발된 불안장애의 진
단기준과 아주 비슷해 보인다면, 이는 상기 두 기준이 원래 DSM-IV에서 병합되었기 때문이다.
이것이 저자가 여기에 사례를 별도로 포함하지 않기로 한 하나의 이유이다. 또 다른 이유는 이러
한 상태가 거의 사라질 정도로 매우 드물기 때문이다.

한 가지 주된 예는 크랙코카인(흡연 형태의 강력한 코카인) 사용자들이 흔히 보이는 찾아다니
는(foraging, 수렵, 채집) 행동이다. 물질을 과도하게 복용한 사람들은 최대 몇 시간 동안 혹시 떨
어졌을지도 모를 작은 알약을 찾기 위해 카펫이나 바닥을 샅샅이 살필 것이다. 이는 항상 금단 현
상으로 나타나며, 환자 자신의 행동이 헛수고라는 것을 인식하면서도 저항하지 못하고 무력하게
이런 행동을 지속하게 된다.

물질/약물치료로 유발된 강박 및 관련 장애의 핵심 특징

몇몇 물질의 사용은 강박 사고, 강박 행동, 수집광, 털 뽑기, 피부 뜯기 혹은 자신의 신체와 관련된
반복적인 증상을 야기하는 것처럼 보인다.
물질과 관련된 원인을 식별하기 위해서 88쪽의 이중선 안에 기술된 내용을 참조하라.

주의사항
ㄱ들을 다루어라
- 고통 혹은 장애(직업적/학업적, 사회적, 혹은 개인적 손상)

- 감별진단(일반적인 물질 중독, 금단, 섬망, 신체질환, 강박장애, 불안장애)

  이 진단은 강박 증상이 두드러지며 임상적 관심이 필요한 경우에만 물질 중독 또는 금단 대신에 사용하라.

부호화 시 주의점

명시할 것

    {중독}{금단} 중 발병. 이는 진단의 말미에 붙여서 쓴다.

    치료약물 사용 후 발병. 투약을 시작하거나 변경하거나 중단했을 때 증상이 발생하는 경우 이를 대안으로 사용할 수 있다.

구체적인 부호화 절차를 위해, 제15장의 표 15.2를 참조하라.

F06.8 다른 의학적 상태로 인한 강박 및 관련 장애

때때로 당신은 다른 의학적 상태와 관련된 강박 증상을 보게 될 수 있다. 물론 이들 사이의 인과 관계가 증명되진 않았지만, 그중에서도 특히 일본B형뇌염과 지주막낭종에서 병인학적 관계가 주장되어 왔다.

또한 강박 증상은 아동에게 연쇄상구균 감염으로 발생하는 시드넘무도병(Sydenham's chorea) 환자들에게서도 발견된다. 상당 부분 연쇄상구균 폐렴과 관련된 아동기 자가면역 신경정신질환(PANDAS)을 가진 어린 아동들에서 틱을 비롯한 다른 증상뿐 아니라 강박 사고 및 행동이 진행될 수 있다는 사실이 기술된 바 있다. 그러나 무도병에서 보이는 운동장애는 이와 관련이 없다. 하지만 수년간의 연구에도, PANDAS가 실제 존재하는지, 그리고 주장되고 있는 이러한 관계가 사실인지를 포함해 여전히 많은 부분이 밝혀지지 않은 상태이다. (2013년, 한 젊은 남자는 오리건주 포틀랜드 근처에 위치한 자신의 고등학교에 폭탄을 설치하려다 체포되었다. 그는 자신의 입장을 변호하기 위해, PANDAS로 인한 강박장애를 주장했다.)

프라더-윌리 증후군는 매우 드문(5만 명당 1명 꼴) 장애로, 15번 염색체 이상과 관련되어 있다. 이 증후군은 출생 시 유전자검사에서 두드러지게 근육의 긴장성이 떨어지는 것으로 확인될 수 있다. 프라더-윌리 증후군 환자 중 몇몇은 경계선에서 보통 수준의 지능을 보이기도 하지만, 대개 경도에서 중증도 수준의 지적장애인 경우가 많다. 이 환자들은 전형적으로 키가 작고 성기능저하증이 있다. 끝없는 식탐 때문에 흔히 고도비만이 되기도 한다. 몇몇은 기분 증상과 충동 통제의 문제를 보인다. 또한 수집행동, 음식 모으기, 피부 뜯기, 그리고 청결에 대한 강박 사고를 비롯하여, 이 장에서 나온 거의 모든 증상을 보고하기도 한다.

다른 의학적 상태로 인한 강박 및 관련 장애의 핵심 특징

생리적 메커니즘을 통해 어떤 신체적 상태에 의해 강박 사고, 강박 행동, 수집광, 털 뽑기, 피부 뜯기, 그 외 자신의 신체와 관련된 반복적인 증상이 나타날 수 있다.

주의사항

신체적 상태가 정신질환을 유발하였는지를 결정하는 데 필요한 조언은 90쪽의 이중선 안에 기술된 내용을 참조하라.

ㄱ들을 다루어라

- 고통 혹은 장애(직업적/학업적, 사회적, 혹은 개인적 손상)
- 감별진단(물질사용장애, 섬망, 그리고 기분장애 및 불안장애, 강박장애와 같은 기타 정신적 장애)

부호화 시 주의점

징후에 따라 명시할 것

외모에 대한 집착 동반. 신체이형장애와 비슷한 증상이 있는 경우

강박장애 유사 증상 동반

수집광 증상 동반

털 뽑기 증상 동반

피부 뜯기 증상 동반

F42.8 달리 명시되는 강박 및 관련 장애

이 범주(환자가 강박장애의 특징을 보이지만 진단을 내리기 충분치 않아서, 특정한 이유를 이야기하고자 할 때 사용한다는 것을 기억하라)는 다음의 경우를 포함하여 몇몇 경우에 적합할 것이다.

실제 결함이 있는 신체이형장애 유사 증상. 결함이 있지만, 그래도 이에 대한 걱정이 매우 지나친 것처럼 보인다.

강박증적 질투. 다른 정신질환의 진단기준에 부합하지 않으나, 배우자의 부정으로 인해 고통을 느낀다(혹은 손상이 있다). 그 결과 반복적인 행동이나 사고가 나타난다.

후각관계장애(후각관계 증후군). 자신이 불쾌한 체취를 지니고 있다고 믿는 상태로, 다른 사람들이 그 냄새를 인지하지 못할 때도 반복적으로 샤워를 하거나 체취를 확인하거나 향으로 숨기려는 행동을 보인다. 일본의 정신건강 전문가들은 이를 '지코슈-교후(jikoshu-kyofu)'로

알고 있다.

반복적 행동이 없는 신체이형장애 유사 증상.

F42.9 명시되지 않는 강박 및 관련 장애

이러한 환자들은 이 장에 포함된 강박 사고나 강박 행동, 혹은 다른 행동을 보이지만, 이를 설명할 필요는 없다.

CHAPTER 6

외상 및 스트레스 관련 장애

외상 및 스트레스 관련 장애의 빠른 진단 지침

우리가 이 장에서 다루게 될 장애는 다양한 스트레스와 외상에 의한 것이다.

주요 외상 및 스트레스 관련 장애

반응성 애착장애. 부모 혹은 대리양육자에게서 편안함을 추구하지 않는 아동에게는 병적인 양육의 증거가 있다 (251쪽).

탈억제성 사회적 유대감 장애. 낯선 사람과 있을 때 예상되는 주저함을 보이지 않는 아동에게는 병적인 양육의 증거가 있다(251쪽).

외상후 스트레스장애. 이러한 청소년들이나 성인들은 전투나 자연재해 같은 심각한 외상적 사건을 반복적으로 재경험한다(230쪽).

미취학 아동의 외상후 스트레스장애. 이러한 아동은 교통사고, 자연재해, 혹은 전쟁 같은 심각한 외상적 사건을 반복적으로 재경험한다(236쪽).

급성스트레스장애. 이 상태는 외상후 스트레스장애와 매우 유사하나 스트레스 사건 동안 혹은 그 이후에 즉시 시작되며, 한 달 이내로 지속된다는 점에서 다르다(237쪽).

지속성 비탄장애. 어느 연령대에서나 사랑하는 사람의 사망으로 인해 발생하는 장기적이고 장애를 일으키는 슬픔 증상을 겪는다(246쪽).

적응장애. 스트레스 이후 증상을 보이게 되는데, 일단 스트레스의 원인이 사라지고 나면 이러한 증상은 사라지게 된다(241쪽).

달리 명시되는(명시되지 않는) 외상 및 스트레스 관련 장애. 스트레스 혹은 외상이 다른 양상들과 관련이 되어 있는 환자들이 이러한 범주 중 하나로 분류된다(253쪽)

외상이나 스트레스와 관련된 다른 문제

학대 혹은 방임 관련 문제. 아동이나 성인의 신체적 혹은 성적 학대나 방임으로부터 야기된 어려움을 다루는 상당히 많은 범주를 포함하는 Z코드가 있다(686쪽).

분리불안장애. 이러한 환자들은 부모나 다른 애착 대상, 혹은 집에서 분리될 때 불안해진다(194쪽).

도입

이 장에서는 이전에 불안장애, 발달장애, 혹은 적응장애로 기술되었던 특정한 진단을 다룬다. 이러한 장애를 함께 묶을 수 있는 단일화 요인은 환자의 과거력에서 외상 혹은 스트레스가 되는 어떤 것이 적어도 부분적으로 환자들이 보이는 증상과 관련되어 있다는 점이다. 이는 발달 단계에 의해 환자들을 분리시키기보다는 적절하게 혼합된 증상을 가진 어떤 연령의 환자들이라도 하나의 진단범주로 함께 묶으려는 추세의 일부분인 것이다.

물질관련장애 외에 많은 진단이 원인론에 대한 언급을 포함하고 있지 않다. 그러나 병적인 발달과정의 심리학에 뿌리를 둔 어떠한 병인론을 전적으로 추정하는 DSM-5-TR에서 오직 하나뿐인 장애영역이다.

반응성 애착장애 그리고 탈억제성 사회적 유대감 장애의 예에서는, 반드시 발병 원인이 되는 병적인 양육의 증거가 있어야만 한다. 외상후 스트레스장애와 이의 사촌격에는 끔찍한 사건이, 적응장애에서는 스트레스성 사건, 즉 스트레스인자가 있어야만 한다. 각각의 진단기준은 우리가 진단기준의 충족을 점검하게 하고, 그러한 과정을 계속 진행할 수 있도록, 아마도 우리가 퍼즐을 풀 수 있도록 생각할 수 있게끔 해준다.

우리가 인과 관계를 성공적으로 밝힌 것을 기뻐하는 한편, 마음속에서 풀리지 않는 부분은 그 이야기에 무언가가 더 있다는 느낌일 것이다. 달리 말하면, (우리가 할 수 있는 한 최대한 비슷하게 말하자면) 정확하게 똑같은 자극에 노출되었을 때 어떤 사람들은 거기서 헤어나는 동안에, 왜 몇몇 사람들은 증상을 보이게 되었을까? 더군다나 연구들은, 조만간 우리 대다수가 상당한 스트레스인자를 직면하게 될 것임을 제시해 주었다. 관찰된 결과(장애)에서 문제가 되는 자극이 필요조건이긴 하지만 충분조건은 아니라고 결론을 내려야 하지 않을까?

적어도 이 DSM-5-TR 장에서는 이러한 대부분의 병인 특정적인(etiology-specific) 진단을 우리가 잘 관찰할 수 있는 하나의 영역으로 몰아넣었다.

F43.10 외상후 스트레스장애

심각한 외상적 사건에서 생존한 많은 사람들이 외상후 스트레스장애(PTSD)를 보이게 된다. 전투에서 생존한 사람들은 외상의 피해자가 될 확률이 가장 높지만, 자연적이든 인위적이든 여러 다른 재해를 경험한 사람들도 이에 해당된다. 여기에는 강간, 홍수, 유괴, 혹은 비행기 충돌뿐만 아니라, 납치 혹은 인질 상황에 의해 발생할 수 있는 위협도 마찬가지로 포함된다. 아동도 실제적인 상해가 없더라도, 부적절한 성 경험의 결과로 PTSD를 겪을 수 있다. 심지어 PTSD는 친밀한 사람이 당한 — 자녀, 배우자, 혹은 가까운 친척 — 심각한 외상(혹은 그에 대한 위협)에 대해서 학습이 되기만 하여도 진단 내릴 수 있다. 전신마취를 견뎌낸 1,000명의 환자들 중 1~2명이, 수술 후에 통증, 불안, 무력감을 느꼈다고 보고하였고, 수술과정 중에 경험했던 임박한 죽음에 대한 공포를 이후에 보고하였다. 그들 중 반 이상은 그 이후에 PTSD 증상을 보일 수 있다. 이러한 정의에서 암묵적으로 배제된 것은 사별, 이혼, 그리고 심각한 질병과 같은 일상적인 삶에서 느끼는 스트레스성 경험들이다. 그러나 수술이 진행 중인 동안에 마취에서 깨어나는 것은, 배우자의 갑작스러운 사고사 혹은 자녀의 생명을 위협하는 질병이 그렇듯이 외상적 사건의 자격을 갖추고 있다. TV에서 재난 장면을 보는 것은 충분한 스트레스인자가 될 수 없다(개개인의 직업과 관련된 내용을 보는 것일 경우에는 제외한다).

약간의 지연이 있은 후(증상은 일반적으로 외상 이후에 즉시적으로 나타나지 않는다), 개인은 어떠한 방식으로든지 외상적 사건을 재경험하고 그에 대해 생각하는 것을 피하려고 노력할 수 있다. 악화된 놀람반응과 같은, 생리학적인 과각성의 증상 역시 나타난다. PTSD 환자들은 죄책감 혹은 개인적인 책임감과 같은 부정적인 느낌 역시 표현한다("나는 그걸 미리 막았어야만 했어.").

외상적 사건 그 자체를 제외한 다른 요인이 PTSD를 보이게 하는 데 영향을 미칠 수 있다. 개인적인 요인에는 개인의 타고난 성격 구조 그리고 유전적인 형질이 포함된다. 상대적으로 낮은 지능과 낮은 교육 수준은 PTSD와 정적인 관련이 있다. 상대적으로 낮은 사회경제적 지위와 소수 인종 혹은 소수 민족의 구성원이라는 점은 환경적인 영향에 포함된다.

일반적으로 외상이 더 공포스럽고 지속적일수록 PTSD를 보일 가능성은 더욱 커지게 된다. 치열한 전투의 생존자 가운데 1/4이, 그리고 이전에 전쟁 포로였던 경우의 2/3가 PTSD를 보일 위험이 있다. 화재나 홍수와 같은 자연재해를 겪었던 사람들의 경우 증상이 나타날 가능성은 일반적으로 덜하다. (PTSD의 전반적인 생애 유병률은 대략 7%로 추정되지만, 유럽 연구자들은 전체 비율을 낮게 보고하는 경우가 많다.) 나이 든 성인의 경우 젊은 층에 비해 증상의 발생 가능성이 덜하며, 여성이 남성보다 다소 높은 비율을 차지하는 경향이 있다. 이러한 환자들의 절반 정도가 몇 달 이내로 회복된다. 나머지는 몇 년간 정상생활이 불가능할 정도로 증상을 경험하게 될 수도 있다.

아동의 경우, 일반적인 특성은 전형적인 PTSD 증상 목록에 있는 다섯 가지 일반적인 핵심사항들에서 상당 부분 비슷하지만 증상 수에 대한 강조점이 다르며, 이는 표 6.1을 참조하라(238쪽).

기분, 불안, 그리고 물질사용 장애는 빈번하게 동반이환으로 나타난다. 최근 명시자는, 아마도 12~14% 정도의 환자에서, 해리가 PTSD 증상의 형성 및 유지에 중요하다는 결과를 반영한 것이다.

외상후 스트레스장애의 핵심 특징

뭔가 정말로 끔찍한 일이 일어났다. 한 사람은 중한 상해를 당했거나 혹은 아마도 성적으로 학대를 받아 왔고, 또 다른 사람은 다른 사람의 죽음, 상해, 또는 성적 외상을 목격했으며, 세 번째 사람은 친밀한 동료가 사고나 다른 형태의 폭력을 경험했다는 것을 알게 되었다. 응급인력(경찰, 소방관)은 업무 중 반복된 외상에 노출될 수 있다.

결과적으로, 이러한 환자들은 수 주 혹은 수개월 동안 반복적으로 자신의 사건을 재경험하는데, 이는 불쾌한 악몽이나 꿈, 침입적인 정신적 이미지 또는 해리성 플래시백을 통해 일어날 수 있다. 어떤 사람들은 사건을 상기시키는 것들에 대해 생리적인 감각(가슴이 뛰는 것, 숨 가쁨) 또는 뚜렷한 정서적 고통으로 반응한다.

또한 사람들은 어떤 방식으로든 사건으로부터 거리를 두려 한다 — 어쩌면 관련된 기억이나 감정을 억제하거나, 혹은 사건을 상기시킬 수 있는 장소, 사람, 활동을 피함으로써.

그리고 인지적 혼란의 표현이 두 가지 이상 있어야 한다. 이는 부정적인 기분(분노, 두려움, 죄책감, 수치심)이나 우울한 사고("나는 쓸모없어.", "세상은 엉망이야.", "난 아무도 믿을 수 없어.")를 포함할 수 있다. 또는 왜곡된 사고로 인해 환자들이 자신이나 타인에게 부당한 비난을 할 수 있다. 중요한 활동에 대한 관심을 잃거나 다른 사람들로부터 분리되어 있다고 느낄 수 있다. 몇몇은 외상적인 측면들에 대한 기억 상실을 경험하며, 다른 이들은 긍정적인 감정을 경험할 수 없게 되어 사랑하거나 즐거움을 느끼는 것이 불가능해진다.

마지막으로, 반응성 및 과각성의 표현이 최소 두 가지는 있어야 한다. 이에는 과민성, 무모하거나 자해적인 행동, 과도한 경계, 주의집중곤란, 수면장애, 그리고 강렬한 놀람반응이 포함된다.

주의사항

7세 미만 아동에 관한 진단 차이점은 표 6.1(238쪽)을 참조한다.

그들을 다루어라

- 기간(1개월 이상)
- 고통 혹은 장애(직업적/학업적, 사회적, 혹은 개인적 손상)
- 감별진단[물질사용장애 및 신체적 장애(특히 외상적 뇌 손상), 기분장애 및 불안장애, 해리 및 정신병적 장애, 적응장애, 스트레스성 사건에 대한 정상적인 반응]

부호화 시 주의점

다음의 경우 명시할 것

지연되어 표현되는 경우. 사건 이후 적어도 6개월까지는 진단을 내리기에 충분한 증상을 보이지 않는다.

해리성 증상 동반

이인감. 이는 분리된 느낌을 말하며, 마치 자신의 마음이나 신체에서 빠져나와서 꿈을 꾸는 것 같은 느낌이다.

비현실감. 환자로 하여금 주변을 둘러싼 것들이 동떨어진 것처럼 보이거나, 왜곡되며, 꿈과 같거나, 혹은 비현실적으로 보이게 하는 것이다.

바니 고스

"저런 쥐새끼들! 총을 쏘고 있어! 저기에-"

바니 고스의 뒤에 앉은 누군가가 정신건강 클리닉 대기실의 타일 바닥에 책을 떨어뜨렸고, 갑작스러운 소리에 그가 흥분했다. 이제 그는 정신건강 클리닉의 대기실 코너로 돌아갔다. 그의 동공은 크게 커져 있었고, 이마에서는 땀이 흥건했다. 그는 숨을 헐떡이고 있었다. 그는 떨리는 손가락으로 방 반대편에서 겁에 질려 있는 아시아인 학생을 가리켰다. "저런 썩을 쥐새끼를 여기서 내보내!" 그는 불쌍한 학생을 향해 천천히 걸어갔다.

"기다려, 바니. 괜찮아." 바니의 새로운 치료자는 그를 팔꿈치로 단단히 붙잡고 방으로 데리고 늘어갔다. 그들은 조용히 앉아 있었고, 바니의 호흡이 점차 느려지는 동안 치료자는 그의 의무기록지를 검토했다.

바니 고스는 지금 39세이다. 하지만 그는 자신의 군입대 번호를 받고 베트남전에 육군 9사단으로 참가했던 20세 전후에 머물러 있다고 봐야 했다. 그 당시, 닉슨 대통령은 '전쟁을 단계적으로 축소'하고 있었고, 이를 보다 고통스럽게 하듯이 바니의 분대는 북베트남 월맹군으로부터 박격포 공격을 받았다.

그는 그 일에 대해서 절대 이야기하지 않았고, 심지어 다른 참전 용사들과 함께 '분노 전치' 집단치료를 받는 중에도 그랬다. 그들이 그에게 그의 이야기를 하라고 요청할 때마다, 그는 분노로 가득 차 있을 뿐이었다. 하지만 진정으로 충격적이었던 것은 그날 베트남전에서 바니에게 있었던 일이었을 것이다. 보고서에서는 그의 허벅지에 있는 상처에 대해 언급하였다. 그는 공격에서 살아남은 그 분대의 유일한 병사였다. 그는 퍼플하트 훈장과 연금 전액을 수여받았다.

바니는 그날 몇 시간 동안의 월맹군 공격에 대해서 전혀 기억할 수가 없었다. 그는 항상 전쟁에 대한 영화나 TV 프로그램을 피하려고 조심했다. 그는 다른 사람들이 일생 동안 겪을 것을 다 경험했다고 말했다. 실제로 그는 그 일에 대해 생각하지 않으려고 갖은 노력을 아끼지 않았다. 그는 술에 취함으로써 자신의 육군 전역을 자축하였고, 6년간이나 술에 취한 채 지냈다. 술이 완전히 깰 때쯤에는 약물에 의존했다. 그러나 약물조차도 여전히 그의 뇌리에서 떠나지 않고 있는 악몽을 떨쳐버리기에는 역부족이었다. 일주일에 몇 번이나 소리를 지르며 깨어났다. 갑작스러운 소리는 그를 놀라게 했고 공황발작으로 이어지곤 했다.

알코올 중독 치료제인 디설피람 덕분에, 그리고 지속적인 공적 불법 방해 때문에 복역 중이었던 바니가 만난 교도소의 목사 덕분에 그는 6개월 동안 약물도 복용하지 않았고 술에 취하지도 않았다. 물질 사용으로 치료가 필요한 상태였기 때문에 바니는 교도소에서 석방되었다. 물질 오용 치료 전문가는 그에게 다른 문제가 있다는 것을 빠르게 알아차렸고, 이곳으로 그를 보냈다.

지난주에 바니를 처음 만났을 때, 치료자는 그가 과거에 대한 감정으로 깊숙이 들어가는 작업이 필요하다는 점을 다시 한번 상기시켰다. 바니는 그가 어떤 감정도 가지고 있지 않다고 대답했다. 감정은 메말라 가고 있었다. 그런 연유로, 미래가 밝아 보이지 않았으며 이렇게 말하기도 했다. "직업도 없고, 아내도 없고, 아이들도 없어요. 전 그냥 살아야 할 의미가 없는걸요." 그는 일어나서 나가기 위해 문손잡이를 잡았다. "소용없어요. 난 그 일에 대해선 아무것도 얘기 못 해요."

바니 고스의 평가

PTSD로 진단하기 위해서 충족되어야만 하는 진단기준들을 요약하고 다시 살펴보자.

1. 심각한 외상이 있어야 한다(진단기준 A). 바니의 경우 전투의 맥락에서 일어났지만, 일반인들의 다양한 스트레스인자는 죽음, 심각한 부상, 혹은 성적 학대로 귀결될 수 있다. 스트레스인자가 충분히 외상적이라고 간주하기 위해서는 두 가지 양상이 반드시 존재해야 한다. (a) 외상이 실제든 위협이든 간에 죽음, 심각한 부상 혹은 상해나 성폭력과 관련되어 있어야 한다. (b) 환자는 어떠한 방식을 통해서든지 외상을 개인적으로 경험해야만 한다 — 직접적인 관찰(TV로 보는 것이 아닌), 개인적으로 연루되거나, 혹은 친인척이나 가까운 친구가 관련되어 있다는 사실을 알게 된 후에 그에 대한 정보를 습득하게 되는 것도 해당된다. 외상적 상황에 최초에 대처하는 사람들(경찰관, 구급대원)은 끔찍한 사건의 결과물들에 반복적으로 노출됨으로써 이를 충족시킬 수 있다(미국의 9·11테러 직후 사건 현장에서 일했던 사람들을 생각해 보라). 이혼 및 암으로 인한 배우자의 사망은 부인할 수 없는 스트레스성 요인이지만, 상대적으로 흔하고 예측 가능하다. 이것으로는 충족되지 않는다.

2. 몇 가지 침습적인 기제를 통하여, 환자는 이러한 스트레스를 재경험한다. 바니는 플래시백을 경험했으며(B3), 그러는 동안에는 그 자신이 실제 베트남에 돌아와 있는 것처럼 상상했다. 그는 외적 단서(베트콩 병사와 닮은 것 같았던 직원을 보았을 때)에 대하여 격양된 반응을 경험하기도 했다. 회상의 덜 극적인 양상에는 재발하는 일반적인 기억, 꿈, 그리고 사건을 상기시키는 다른 것 등이 포함되며, 이들은 고통 혹은 생리적인 증상으로 이어지게 된다.

3. 환자들은 (고의적이든 아니든 간에) 외상을 상기시키는 것을 회피함으로써 스트레스성 사건과 정서적 거리를 두려는 시도를 한다. 이러한 연상 요소들은 내재적인 것(감정, 생각) 혹은 외현적인 것(사람, 장소, 활동) 중 어떠한 것도 될 수 있다. 바니는 영화나 TV 프로그램을 보는 것, 혹은 베트남에 대해서 이야기하는 것을 거부하였다(C).

4. 이러한 환자는 외상과 관련된 두 가지 이상의 부정적인 기분과 생각의 표현을 경험한다. 바니의 경우, 전투 중 상당 시간에 대한 기억 상실(D1), 지속적으로 부정적인 마음가짐("나는 삶을 사는 의미가 없다." — D4), 그리고 긍정적인 기분상태의 결여(그의 느낌은 자신에게 '메말라 버린' 상태였다 — D7)가 포함된다.

5. 마지막으로 PTSD의 경우, 환자들은 외상적 사건과 관련하여 과각성과 반응성의 증상을 적어도 두 가지는 반드시 보여야 한다. 바니는 불면증(E6)과 심각한 놀람반응(E4)으로 고통받았다. 다른 사람들은 일반적인 과민성, 저조한 주의력, 무모함 혹은 자해행동, 혹은 과잉경계를 경험할 수도 있다. 모든 증상을 놓고 볼 때, 바니의 치료자는 이러한 각성 증상이 베트남 외상 이전에는 명백하게 없었다는 점을 확실히 해야만 했다.

바니의 증상은 진단에 요구되는 최소 1개월보다 길게 지속되었고(F), 뚜렷하게 스트레스를 유발하고 그의 기능을 저하시키고 있다(G). 물질 사용의 직접적인 영향에 의한 것이라고 볼 수 없었다 — 지금 그는 반년 동안 약도 끊었고 술에 취한 적도 없다(H).

전투 중 심각한 외상의 경험과 위에서 말한 전형적인 증상은 바니의 증상에 대한 다른 설명을 납득하기 어렵게 만든다. 간헐적 폭발장애를 가진 환자는 공격적이 되고 통제를 잃을 수 있지만, 바니처럼 외상의 과거력은 없을 것이다. 그럼에도 불구하고, 임상가들은 불안 증상을 유발할 수 있으며 PTSD 진단 대신에 혹은 추가적인 진단으로 내려질 수도 있는, 기타 의학적 상태의 가능성에 대해서 항상 경계를 늦추지 말아야 한다(H). 예를 들어, 뇌 손상은 참전 군인 혹은 다른 폭력 외상에서 상대적으로 흔하게 나타난다. 동반되는 뇌 손상이 있다면 반드시 언급되고 부호화되어야만 한다. 상황적인 적응장애는 PTSD와는 혼란을 일으키지 않는다. 외상의 심각도에서 훨씬 덜하며, 효과 또한 일시적이고 덜 극적으로 나타난다.

PTSD에서, 동반이환은 예외라기보다는 일반적이다. 바니는 약물과 알코올을 사용했다. 그의 치료자는 다른 약물의 사용에 대해서 추가적인 정보를 얻었을 것이며, 진단적 요약에 그러한 내용이 언급될 것이다. PTSD를 보이는 참전 군인의 경우, 반 이상이 물질사용장애 문제를 역시 보이며, 대개는 복수의 약물을 사용한다. 불안장애(공포증, 범불안장애)와 기분장애(주요우울장애, 기분저하증)는 이러한 사람들에게 똑같이 일반적으로 나타난다. 해리성 기억 상실 역시 일어날 수 있다. 공존하는 성격장애는 탐색될 것이지만, PTSD로 인해서 급성으로 상태가 나빠지는 경우 명확한 진단을 내리기가 어려워진다. 사고 혹은 신체적 발작으로부터 이득(보험, 장애 진단, 법적인 문제)을 얻게 될 가능성이 있는 경우라면, 꾀병 역시 진단을 고려해야 한다.

비록 이러한 사례가 현재 시점에서는 모호할 수 있지만, 바니의 증상은 아마도 그가 군대를 전역하였을 시점부터 시작된 것으로 보이며, 따라서 지연되어 표현되는 명시자로는 평가할 수 없을 것이다. 이 일화는 뚜렷한 해리에 대한 추가적인 증거를 제공하지는 않는다. 그의 GAF 점수는 35점이다. 물질 사용에 대한 추가적인 정보가 없는 한, 바니의 진단은 다음과 같을 것이다.

F43.10   외상후 스트레스장애
F10.20   알코올사용장애, 중등도, 조기 관해 상태
Z60.2   독거
Z56.9   무직

지연된 표현을 동반하는 명시자에 대한 상당한 논란이 여전히 진행 중이다. 많은 전문가들은 PTSD 증상이 외상으로부터 수개월이 지난 뒤에 시작될 수 있음을 부인하고 있다. 그렇더라도, 이러한 명시자가 적절하다고 보이는 경우라면 사용을 해야 할 것이다.

미취학 아동의 외상후 스트레스장애

미취학 아동이 외상적 사건에 노출될 때, 그것은 대부분 교통사고, 자연재해, 학대, 전쟁을 통해 일어난다. 즉, 이는 모두 현대의 삶이 제공하는 이익과 관련되어 있기도 하다. 문제는 매우 어린 아동이 전형적인 PTSD 증상을 보이는지에 대한 것이다. 그렇다는 것을 보여주는 몇몇 결과가 있지만, 나이가 많은 아동에 비해서 가능성은 매우 낮다(0~12%).

표 6.1은 어린 아동의 PTSD, 성인의 PTSD, 급성스트레스장애에 대한 DSM-5-TR 진단기준을 비교하였다. 어린 아동의 PTSD에 대한 개정된 진단기준은, 부모와의 면담을 기반으로 한 연구에

따르면, 심한 화상을 입은 아동들 중 1개월과 6개월에 각각 25%, 10%의 비율로 PTSD 증상이 나타난다.

F43 급성스트레스장애

몇몇 사람들의 경우 외상적 스트레스 직후에 증상이 나타났다는 관찰 내용을 기반으로 하여, 수십 년 전에 급성스트레스장애가 제안되었다. 그렇다 하더라도 이는 정확히 말하자면 새로운 내용은 아니었다. 유사한 증상이 1865년 미국 남북전쟁 직후에도 기록되어 있다. 이는 수년간 '탄환충격'이라는 용어로 불렸다. PTSD처럼, 급성스트레스장애는 일반인들에게도 나타날 수 있다. 급성스트레스장애의 전반적인 비율은, 외상의 특성과 개인의 특징에 좌우되며 20%에 초점을 둔다.

비록 증상 수나 분포가 다르긴 하지만, 진단기준은 PTSD에서 요구하는 것과 동일한 항목들을 포함하고 있다.

- 신체 보전을 위협하는 사건에 노출되는 것
- 스트레스 사건의 재경험
- 사건과 관련된 자극의 회피
- 기분과 사고에서의 부정적 변화
- 증가된 각성과 반응성
- 고통 혹은 장애

증상은 흔히 환자가 사건에 노출이 되자마자(혹은 학습하는 대로) 빠르게 시작되지만, 기간에 대한 진단기준을 충족시키기 위해서는 스트레스성 사건 후 적어도 3일 이상 경험해야만 한다. 이는 스트레스성 사건 자체를 넘어 그 즉시 후유증까지 포함한다. 증상이 1개월 이상 지속되는 경우라면 더 이상 급성이 아니며, 더 이상 급성스트레스장애가 아니라는 것이다. 한 달 이후에는 많은 환자들이 PTSD 진단으로 전환이 될 것이다. 급성스트레스장애 환자의 최대 80%에 해당된다. 하지만 PTSD 환자들은 대부분 급성스트레스장애에 해당되지는 않으며 절반은 첫 달 이후에 확인된다.

급성스트레스장애의 핵심 특징

환자에게 뭔가 정말로 끔찍한 일이 일어났다. 어떤 사람이 심각하게 다치거나 성적으로 학대받았을 수도 있고, 다른 사람은 타인의 죽음, 부상 또는 성적 트라우마를 목격했을 수 있다. 또 다른 이

표 6.1 미취학 아동의 PTSD, 성인의 PTSD, 그리고 급성스트레스장애의 비교

아동 PTSD(7세 이하)	성인 PTSD	급성스트레스장애
외상		
직접적인 경험 증인 학습된	직접적인 경험 증인 학습된 반복된 노출(TV로만 본 것이 아닌)	직접적인 경험 증인 학습된 반복된 노출(TV로만 본 것이 아닌)
침습 증상(1/5)^a • 기억 • 꿈 • 해리성 반응 • 심리적 고통 • 생리적 반응	침습 증상(1/5) • 기억 • 꿈 • 해리성 반응 • 심리적 고통 • 생리적 반응	모든 증상(9/14) • 기억 • 꿈 • 해리성 반응 • 심리적 고통 혹은 생리적 반응
회피/부정적 정서(1/6) • 기억의 회피 • 외현적인 상기물의 회피	회피(1/2) • 기억의 회피 • 외현적인 상기물의 회피	• 기억의 회피 • 외현적인 상기물의 회피
	부정적 정서(2/7) • 기억 상실 • 부정적 신념 • 왜곡 → 자기비난	• 자신 혹은 환경에 대한 현실감의 변화 • 기억 상실
• 부정적인 정서 상태 • 흥미의 감소 • 사회적 위축 • 긍정적 정서의 감소	• 부정적 정서 상태 • 흥미의 감소 • 타인과의 분리 • 긍정적 정서의 결여	• 긍정적 정서의 결여
생리적 증상(2/5) • 과민함, 분노	생리적 증상(2/5) • 과민함, 분노 • 무모함, 자기파괴적임	• 과민함, 분노
• 과잉경계 • 놀람 • 주의집중곤란 • 수면장애	• 과잉경계 • 놀람 • 주의집중곤란 • 수면장애	• 과잉경계 • 놀람 • 주의집중곤란 • 수면장애
기간		
1개월 이상	1개월 이상	3일~1개월

a 분수는 다음의 가능한 목록 중에서 요구되는 증상의 개수를 의미함

는 친한 동료가 사고나 다른 형태의 폭력을 경험했다는 것을 알게 되었다. 응급인력(경찰, 소방관)은 업무 중 반복적인 노출을 통해 외상을 겪을 수 있다.

그 결과, 환자는 최대 한 달 동안 사건과 관련된 침입적이고 괴로운 기억, 관련된 나쁜 꿈, 플래시백이나 비현실적인 느낌과 같은 해리성 경험, 사건 일부에 대한 기억 상실을 경험하기도 한다. 내부 또는 외부의 자극에 의해 심각한 정신적 고통이 유발되거나, 기쁨이나 사랑을 경험할 수 없는 무능력상태가 될 수 있다. 환자는 사건 일부에 대한 기억 상실, 사건을 상기시키는 것을 회피하려는 시도(영화나 TV를 보는 것을 거부하거나 사건에 대한 글을 읽는 것을 거부), 생각이나 기억을 의식 밖으로 밀어낸다. 이러한 환자들은 과각성 증상도 경험할 수 있다 — 과민성, 과잉경계, 집중 곤란, 불면증, 혹은 강렬한 놀람반응 등의 과각성 증상도 포함된다.

주의사항

ㄱ들을 다루어라

- 기간(3일에서 1개월)
- 고통 혹은 장애(직업적/학업적, 사회적, 혹은 개인적 손상)
- 감별진단[물질사용장애 및 신체적 장애(특히 외상성 뇌 손상), 단기 정신병적 장애, 공황장애, 기분장애, 해리성장애, 외상후 스트레스장애, 적응장애]

마리 트루도

마리 트루도와 그녀의 남편 앙드레는 접수 면담실에 앉아 있다. 마리는 대부분의 시간 동안 손가락 마디를 만지작거리거나, 방 안을 멍하니 바라보고 있었고, 남편인 앙드레가 더 많은 말을 했다.

"전 그녀의 변화가 믿기지가 않는걸요." 그가 말했다. "한 주 전만 해도 완전히 정상이었어요. 이전에는 이런 모습을 보인 적이 없죠. 제길, 어떤 것도 잘못된 게 없었다고요. 그러더니 갑자기 쾅! 완전 망가져 버렸죠."

앙드레의 감탄사에, 마리는 홱 돌아서 그를 마주 보며 의자에서 반쯤 일어난다. 몇 초 동안 그녀는 방을 두리번거리는 시선을 제외하고는 꼼짝 않고 서 있었다.

"어이쿠, 미안해 자기야. 내가 깜빡했어." 그는 그녀를 감싸안았다. 그녀의 어깨를 단단히, 하지만 부드럽게 감아쥐고는, 천천히 의자에 다시 앉혔다. 안정을 찾을 때까지 그는 팔로 그녀를 안고 있었다.

그는 말을 이었다. 일주일 전에, 마리는 정원 일을 막 끝마치고 뒷마당에 앉아 레모네이드를 마시며 책을 읽고 있었다. 비행기 엔진 소리가 들려서 위를 올려다보았을 때 2대의 비행기가 그녀의 머리 바로 위의 높은 곳에서 날고 있었다. '오, 신이시여,' 그녀는 생각했다. '부딪히려고 해!' 그녀가 겁에 질려 쳐다보는 동안 두 비행기는 충돌했다.

그녀는 모든 상황을 볼 수 있었다. 해는 낮게 떠 있었고, 반짝이는 두 비행기는 깊고 푸른 늦은 오후의 하늘을 날고 있었다. 그들 중 한 대가 파괴되는 것처럼 보였다. 이후 뉴스에서는 한 비행기의 오른쪽 날개가 다른 비행기의 조종석을 정통으로 부수어 버렸다고 보도했다. 911에 전화해야 된다고 생각했고, 마리는 핸드폰을 집어 들었지만, 다이얼을 돌리지 못했다. 그녀는 한가로이 앉아 있다가, 박살이 난 비행기 한쪽에서 갑자기 떨어지고 있는 작은 조각들을 쳐다만 보고 있었다.

"그건 조각이 아니었어요, 사람이었다고요." 그녀가 면담 중에 처음으로 말을 하였다. 마리의 턱은 떨리고 있었고, 머리카락 뭉치가 그녀의 눈앞으로 내려왔지만, 머리카락을 뒤로 넘기려 하지 않았다.

그녀가 계속 지켜보는 동안에 그녀가 앉아 있던 곳에서 조금 떨어진 그녀의 집 마당으로 시선이 돌려졌다. 그 시선은 장미 덤불 뒤에 있는 부드러운 흙 속으로 꽂히듯이 파고들었다.

다음에 벌어진 일들은, 마리의 머릿속에서 마치 지워져 버린 것 같았다. 다른 시체는 한 블록 떨어진 길가에 떨어졌다. 30분 후에 경찰이 문을 두드렸고, 그들은 주방에서 저녁 식사를 위해 당근 껍질을 벗기며 싱크대에서 울고 있는 그녀를 발견했다. 앙드레가 한 시간 뒤에 집에 도착했을 때 그녀는 넋이 나가 보였다. 그녀가 하는 말이라고는 "난 여기에 없어." 뿐이었다.

6일이 지났을 때도 마리는 그다지 완화되지 않았다. 비록 대화를 시작하는 듯했지만, 무언가가 그녀를 주의집중하기 어렵게 만들었으며, 항상 문장 중간에서부터 말소리가 작아졌다. 그녀는 집안일에 좀처럼 집중할 수 없었다. 9세 딸 에이미가 그녀를 돌보는 것처럼 보였다. 수면은 안절부절못하는 몸부림 때문에 악화되었고, 3일 밤 동안 꿈에서 깨어나, 비명을 지르려 했지만 두려움에 찬 신음 소리만 낼 수 있었다. 그녀는 계속해서 주방의 블라인드를 닫았고, 뒷마당을 보는 것이 어려웠다.

"제2차 세계대전 영화에서 보았던 것 같았어요." 앙드레가 결론을 내렸다. "그녀가 탄환 충격을 받았다고 생각하시면 될 거예요."

마리 트루도의 평가

불안과 우울 증상은 심각한 스트레스를 겪은 후에 거의 항상 나타난다. 보통 이러한 증상은 상대적으로 짧게 나타나지만, 급성스트레스장애에 요구되는 모든 범위의 증상이 포함되지는 않는다. 주요한 증상이 3일 이상 지속되거나 혹은 공포스러운 사건에 개인적으로 노출되고 난 뒤에 훨씬 더 이후까지 지속되게 되는 경우에만 급성스트레스장애 진단이 고려되어야 한다. 공포스러운 사건은 마리가 목격한 비행기 충돌이었다(진단기준 A2). 그녀는 멍해졌고(B6), 정서적으로 무반응적이 되었으며(B5), 사고 당시에 어떤 일이 일어났었는지 회상할 수 없었다(B7). 잠에 들 수 있었던 날에는(B10), 악몽을 꾸었으며(B2), 뒷마당을 쳐다보는 것을 회피하기도 했고(B9), 쉽게 놀랐으며(B14), 심지어 면담실에 왔을 때에도 과잉경계하는 행동을 보였다(B12). 시작한 말을 끝맺을 수 없었기 때문에, 사건의 침습적인 기억으로 인해 주의가 분산되어(B1) 집중하는 데 어려움을 경험하고 있다고 추론할 수 있다(B13). 알고 있듯이, 사고를 목격하기 이전에 그녀는 이러한 증상 중에 어느 것도 보였던 적이 없었다(DSM-5-TR은 진단기준 B에 제시된 14개의 증상 중에 9개를 요구한다). 우리가 알고 있는 한, 사건 이후부터 일주일 전만 해도(C) 그녀는 집안일을 할 수 없었다(D).

다른 어떤 진단이 가능할 것인가? 앙드레에 의하면, 마리의 건강은 이전에는 좋았으며, 따라서 다른 의학적 상태의 가능성을 줄여준다(E). 그녀가 알코올 또는 약물을 사용했는지 말하지 않았지만, 그녀가 충돌 당시에 레모네이드를 마시고 있다는 사실을 통해 알코올이나 약물은 사용하지 않았음을 알 수 있을 것이다. (물론 분명하게 말해서 다른 사람들은 이에 동의하지 않을 수 있다. 그녀의 임상가는 물질사용장애를 배제하는 과정을 거쳐야만 한다.) 단기 정신병적 장애는 망상, 환각, 또는 와해된 행동이나 언어가 없기 때문에 배제된다.

급성스트레스장애 환자들은 심각한 우울 증상을 보일 가능성이 높으며('생존자의 죄책감'), 이는 주요우울장애의 진단이 가끔씩 동반이환 장애로 내려질 수 있다는 점을 나타내 준다. 마리는 이러한 일련의 증상에 대한 추가적인 검토를 받아야 할 것이다. 당시 GAF 점수는 61점으로, 그녀의 진단은 다음과 같이 간단하다.

F43.0   급성스트레스장애

적응장애

적응장애 환자들은 하나 혹은 여러 스트레스에 반응하게 될 수 있다. 스트레스인자도 한 번 혹은 반복적으로 일어날 수 있다. 만약 스트레스인자가 진행 중이라면, 계속 부부 싸움을 하는 부모와 함께 살고 있는 아동들의 경우에서처럼 만성적으로 될 수도 있다. 만일 일상적인 상황들에서, 스트레스인자는 보통 한 명의 사람에게만 영향을 미치지만, 많은 사람들에게 영향을 미칠 수도 있다(홍수, 화재, 그리고 기근을 생각해 보라). 그러나 거의 대부분에게는 상대적으로 일반적인 사건인데도 몇몇 사람들에게는 스트레스인자가 될 수 있다. 성인들에게 가장 자주 발생하는 사건은 결혼이나 이혼, 이사, 그리고 재정적인 문제들이다. 청소년들에게는 학교에서의 문제가 될 수 있다. 스트레스인자의 특성이 무엇이든 환자들은 환경적인 어떤 요구에 압도되는 느낌을 받는다.

결과적으로, 그들은 기분저하와 같은 정서적인 증상, 한바탕 울어대는 것, 긴장감 혹은 공황과 같은 느낌에 대한 호소, 그리고 다른 우울 혹은 불안 증상을 보이게 된다. 하지만 이러한 증상들은 우울장애나 불안장애의 진단기준을 충족해서는 안 된다. 몇몇 환자들은 주로 행동적인 증상을 보이기도 한다. 특히 품행장애로 간주될 수 있는 증상들이다. 이에는 무모한 운전, 폭력, 책임 회피 등이 포함될 수 있다.

이러한 장애의 경과는 보통 상대적으로 짧다. DSM-5-TR 진단기준은 이러한 증상이 스트레스인자의 종료 혹은 결과로부터 6개월 이상 지속되지 않아야 한다는 점을 분명히 하고 있다. (몇몇 연구들은 상당수의 소수 환자 집단들이 6개월의 제한이 넘는 시간 동안 지속적으로 증상을 보였다고 보고하고 있다.) 물론 만성적인 질환과 같이 스트레스인자가 진행 중인 경우라면, 환자가 적응하는 데 걸리는 시간은 더 오래 지속될 수도 있다.

비록 적응장애가 1차 진료기관을 찾은 성인 환자들의 10% 이상에게서, 그리고 높은 비율로 정신건강 환자들에게서 보고되고 있지만, 최근 한 연구에서는 유병률이 겨우 3%라고 밝히기도 하였다. 대다수의 이러한 환자들은 항정신성 약물로 부적절한 치료를 받았으며, 오직 두 사례에서만 적응장애 진단을 받았다고 밝히고 있다. 이러한 불일치는 아마도 다소 잘 확립되지 않은 진단기준과 적응장애를 잔류 진단으로 보는 (잘못된) 관점에 기인한 것일 수 있다.

적응장애는 모든 문화 및 어린이를 포함한 모든 연령 집단에서 나타난다. 청소년보다는 초기 증상이 보다 확고한 정신질환으로 발달하는 성인기에 더 두드러진다. 적응장애의 신뢰도와 타당도는 다소 낮은 경향이 있다. 한 연구에서 적응장애의 임상적 진단을 받은 환자들의 2/3 미만이 ICD-10 진단기준에도 부합될 수 있다는 결과가 나타났다.

성격장애 또는 인지장애가 개인을 스트레스에 보다 취약하게 만들 수 있으며, 따라서 적응장애에도 취약해질 수 있다. 적응장애로 진단을 받은 환자들은 종종 물질을 오용하기도 한다.

적응장애의 핵심 특징

스트레스인자는 우울, 불안, 혹은 행동적인 증상을 유발시킨다. 하지만 이러한 반응은 유사한 상황에서 대부분의 사람들에게 기대되는 것보다 과도하게 나타난다. 스트레스인자가 사라진다면, 증상이 유지되더라도 6개월 이상 추가로 지속되지는 않는다.

주의사항

ㄱ들을 다루어라

- 기간(스트레스인자가 시작된 후 3개월 이내에 시작되고, 스트레스인자가 사라지고 6개월 이내에 끝남)
- 고통 혹은 장애(직업적/학업적, 사회적, 혹은 개인적 손상)
- 감별진단(명명할 수 있는 모든 장애 : 물질사용장애 및 신체적 장애, 기타 정신질환, 기분 및 불안 장애, 외상후 스트레스장애 및 급성스트레스장애, 신체증상장애, 정신병적 장애, 품행 및 다른 행동 장애, 생활 스트레스에 대한 경도 수준의 반응, 지속성 비탄장애, 정상적인 사별반응)

부호화 시 주의점

다음 중 하나를 명시할 것

F43.21 우울 기분 동반. 환자는 주로 울고 슬퍼하거나 절망한다.

F43.22 불안 동반. 환자는 주로 신경이 예민해지고, 긴장되거나 분리불안을 느낀다.

F43.23 불안 및 우울 기분 함께 동반. 앞서 말한 두 증상이 혼재된 것

F43.24 품행 장애 동반. 환자는 부적절하고 경솔하게 행동하며, 사회적인 규칙, 규범을 위반하거나 혹은 타인의 권리를 침해한다.

F43.25 정서 및 품행 장애 함께 동반. 정서적 증상과 품행 증상이 혼재된 임상적 양상이 나타난다.

F43.20 명시되지 않는 경우. 신체적 호소, 사회적 철수, 직업적 혹은 학업적 억제와 같은 다른 부정적인 스트레스와 관련된 반응을 보일 때 사용된다.

다음의 경우 명시할 것

급성. 상태가 6개월 이내로만 지속됩니다.

지속성(만성). 증상이 6개월 이상 나타나지만, 스트레스인자가 사라진 뒤에 6개월 이상 지속되는 것은 아니다.

클러리사 웨더비

"잠깐이라는 것도 알고 있고, 제가 과하게 반응한다는 것도 알아요. 저도 그러고 싶지 않은데 그냥 속상해요."

클러리사 웨더비는 남편의 새로운 작업 스케줄에 대해 얘기하고 있었다. 아서 웨더비는 도로포장공사 팀의 감독으로, 현재 주와 주 사이를 이어주는 고속도로를 확장하고 재포장하는 일을 하고 있었고, 부부의 집에서 고작 몇 km 떨어진 곳에서 일하고 있었다. 작업 팀이 맡은 구역에 다른 주요 고속도로와의 분기점이 있어서 작업은 야간에 이루어져야 했다.

지난 2개월 동안 아서는 낮에 자고 오후 8시에 출근했다. 클러리사는 레스토랑에서 주간 계산원으로 일했다. 남편은 정상적인 수면 시간을 맞추려고 노력하여 아내와 함께 있을 수 있었던 주말을 제외하면 서로의 얼굴을 보기도 힘들었다. "내가 버려진 것 같아요." 그녀가 말했다.

웨더비 부부는 결혼한 지 3년밖에 되지 않았고, 아이는 없었다. 두 사람은 35세였고, 각각 이전에 한 번씩 결혼한 경험이 있었다. 약물이나 음주는 하지 않았다. 클러리사가 정신건강관리를 받았던 것은 7년 전으로, 그녀의 첫 번째 남편이 다른 남자에게로 떠나버렸던 때이다. "거짓으로 삶을 이어갈 필요는 없으니까, 그의 권리를 존중해요." 그녀가 말했다. "하지만 난 너무 외로웠고, 굴욕적인 느낌이었어요."

현재도 클러리사의 증상은 그때와 비슷하다. 직장에 있는 대부분의 시간 동안, '정상적인 편'이라고 느끼고, 하고 있는 일에 흥미를 잃지도 않았다. 하지만 저녁에 혼자 있을 때면 슬픔에 압도당해 버렸다. 이러한 증상은 그녀를 정말 꼼짝도 하지 못하게 만들었고, 심지어 TV를 켜는 것도 할 수 없었다. 그녀는 자주 혼자서 울며 이러한 감정에 대해 죄책감을 느끼기도 했다. "누군가 죽었을 때의 느낌이랑은 달라요." 그녀가 말했다. 비록 그녀는 잠드는 것이 약간 힘들었지만 아침에는 잘 잤다. 몸무게는 일정했고, 식욕은 좋았으며, 자살 사고나 죽음에 대한 갈망도 없었다. 주의집중력의 문제도 보고하지 않았다. 조증 증상은 없었다고 했다.

이전에 정신건강 도움을 받았을 때, 그녀는 이혼이 결정되고 난 후 몇 주 정도 우울하고 속상했었다. 그러다가 갑자기, 그녀는 어느 날부터 이혼을 생각하지 않을 수 있게 되었고, 다시 연애를 시작할 수 있었다.

"아서가 작업 스케줄에서 벗어나기만 하면 제가 기분이 좋아진다는 걸 알고 있어요." 그녀가 말했다. "이럴 때면 고가도로 작업에 밀려 뒷전으로 취급받는 것 같아서 제 자신이 무가치하게 느껴져요."

클러리사 웨더비의 평가

클러리사 스스로 인식하고 있듯이, 남편의 작업 스케줄에 관련된 스트레스에 대해 보인 클러리사의 반응은 제3자에게도 극단적이라고 생각될 수 있다. 바로 이 점이 적응장애의 진단에서 중요한 특성 중 하나이다. 환자가 느끼는 비참함이 증상을 일으킨 스트레스 정도에 비해 명백하게 과도하다는 것이다(진단기준 B1). 그녀의 과거력은 그녀의 반응의 원인에 대한 단서를 제공한다. 그녀는 첫 번째 남편이 자신을 영원히 버렸던 끔찍한 시간을 떠올렸다. 그녀는 굴욕적이라고 느끼는 상황에 있었다. 그러나 환자의 반응이 실제적인 위협에 대한 병리적이지 않은 반응인가를 신중하게 고려하는 것이 항상 중요하다. 클러리사의 경우는 그렇지 않았다.

클러리사의 증상에서, 시간에 따른 경과는 적응장애에 잘 맞는다. 증상은 아서의 새로운 작업 스케줄에 대해 알게 된 후 짧은 시간에 나타났다(A). 비록 이러한 삽화가 얼마나 오래 지속될지에 대해서는 알 수 없지만, 이혼 이후의 후유증이 가라앉고 난 뒤인 몇 달 후에 그녀의 이전 삽화는 끝이 났다(E). 물론 사별은 그녀의 감별진단에 들어가지 않는다(D).

적응장애는 잔류 진단으로 고려되지 않지만, 종종 그렇게도 사용된다는 점이 중요하다. 이러한 경우 DSM-5-TR에 목록화된 모든 다른 장애를 구성하는 긴 감별진단의 끝에 오게 된다(C). 클러리사의 경우, 기분장애의 증상이 가장 두드러졌다. 그녀는 조증은 한 번도 없었고, 따라서 양극성장애는 적합하지 않다. 기분저하도 있었지만, 저녁에 혼자 있을 때만 그러하였다(하루 중 대부분이 아니었음). 위와 같은 증상 중 하나가 해당되지 않으면 죄책감, 낮은 에너지 및 잠들기 어려움에도 불구하고 그녀는 주요우울장애로 진단될 수 없다. 물론 그녀의 증상은 2년보다 훨씬 짧게 지속되었으므로 기분저하증도 배제된다. 비록 직업적으로 온전하게 기능하고 있지만 고통이 심각하므로 심각도의 요구조건을 충족시킨다.

외상후 스트레스장애(그리고 급성스트레스장애) 가능성에 대한 고려가 적응장애 감별에 있어서 종종 중요하다. 외상후 스트레스장애와 급성스트레스장애의 진단에서는 스트레스인자가 심각한 상해의 위협을 주어야 하며, 환자가 다양한 방식으로 반응한다는 점이 요구된다. 클러리사는 이러한 요건을 충족시키지 않는다. 유사하게 그녀는 적응장애 감별에서 주로 다뤄지는 진단인 범불안장애를 시사하는 증상도 보이지 않았다. 성격장애가 스트레스로 인해 악화되었을 수 있지만(그래서 더욱 두드러졌지만), 클러리사는 일생 동안 지속되는 성격에서의 병리를 보인 증거가 없다. 그녀의 GAF 점수는 61점이다.

F43.21   적응장애, 우울 기분 동반, 급성

비록 수십 년간 임상적으로 사용된 적응장애의 유용성을 지지하는 자료들이 있지만, 이 책에서는 '거의 최후의 진단'으로 이 진단을 보류하기를 추천한다. 이러한 경고에는 몇 가지 이유가 있다.

하나는 무슨 일이 벌어지고 있는 것인지 딱히 좋은 생각이 떠오르지 않을 때 이 진단을 너무 빈번하게 사용한다는 점이다. 다른 이유는 DSM-5-TR 진단기준이 우울증, 불안, 혹은 일탈적인 행동을 유발할 정도로 심각한 스트레스를 주는 사건과 평범한 사건을 구별하는 방법을 알려주지 않는다는 것이다. 나는 사건들이 종종 정서적 혹은 행동적 문제를 일으키는 유일한 원인인지, 순환적이지는 않은지 의심해 보아야 한다고 생각한다. 하지만 결국, 특별한 스트레스(extraordinary stress)의 판단은 임상가가 아닌 환자에게 달려 있다.

F43.81 지속성 비탄장애

사랑하는 사람이 죽으면 우리는 슬퍼한다. 상실을 애도하는 방식은 매우 다양하며, 어두운 옷을 입는 것에서부터 무표정한 체념, 절망과 고통의 반복적인 폭발에 이르기까지 강도의 스펙트럼을 보인다.

우리가 경험하는 슬픔의 감정과 행동은 우리 문화의 규범, 죽은 사람과의 연결, 우리가 아끼는 사람들로부터 받는 지지, 그리고 우리 자신의 고유한 성격요인들과 같이 여러 원천에서 비롯된다. 죽음이 있은 후 어느 시점까지, 현실은 자주 상기되거나 파도처럼 밀려오며, 우리가 잃어버린 사람을 생각나게 한다. 그러나 기념일이 되풀이되는 것은 흔한 일이지만, 몇 주 혹은 몇 달 이내에 그러한 삽화는 점차 줄어들어 결국 우리는 다른 문제에 집중할 수 있게 된다. 한마디로, 우리는 계속 나아간다.

하지만 모든 사람들이 이러한 과정을 따르는 것은 아니다. 사별한 개인들의 약 2~5%, 특히 여성들 및 사랑이나 지지를 제공하는 고인에게 의존적이었던 사람들(예를 들어 자녀나 배우자)의 경우, 슬픔과 관련된 경험이 지속된다. 이들은 사망 1주년 이후에도 다른 생각과 행동을 덮어버리는 증상을 경험한다. 이들은 지속성 비탄장애(PGD)의 영역에 들어서게 된다.

이 상태에 있는 사람들은 고인에 대한 그리움과 그에 사로잡힌 생각을 경험하며, 이것은 정서적인 고통이나 무감각함과 동반된다. 인지적 문제로는 죽음이 발생했다는 사실을 거부하거나 삶이 의미를 잃었다는 관점을 포함하며, 자신의 정체성에 문제가 생길 수도 있다(일부 죽은 것처럼 느끼는 것). 행동적 문제로는 죽음의 상기를 피하거나 자신의 삶을 재건하는 데 어려움을 포함한다.

이 상태는 어느 정도 외상후 스트레스장애(PTSD)와 유사해 보인다. 하지만 PTSD에서는 침입적인 생각이 외상 사건 자체에 초점을 맞추는 반면, PGD에서는 환자가 죽음 자체보다는 사망한 사람과의 관계와 그리움에 사로잡혀 있다. (DSM-5-TR은 PTSD를 유발한 외상적 사건이 사망인 경우, 그것은 '비자연적'이어야 한다고 지적한다. 따라서 폭력적인 신체 공격이나 교통사고로 인한 사망은 PTSD에 해당되지만, 심장마비나 암으로 인한 사망은 해당되지 않는다.) 물론 지속적인 비탄을 경험하는 사람들 중 일부는 PTSD도 경험할 수 있다. 즉, PTSD와 PGD는 동일한 폭력적 외상 사건으로 인해 발생할 수 있지만, 이 두 진단이 지정한 다른 시간대에서 나타난다.

PGD와 혼동될 수 있는 또 다른 상태는 심한 우울장애이다. 물론 사별한 사람들은 일반적으로 우울한 생각을 표현한다. 하지만 지속성 비탄에서는 침울한 생각이 상실에 초점을 맞춘 반면, 우울증에서는 더 넓게 분포하고 절망감을 동반할 수 있다. 추가적인 증상적 차이와 유사점이 주목되었으며, 편의상 이를 표로 정리했다(표 6.2 참조).

DSM의 가장 최근 장애인 PGD에 대해서는 아직 명확하지 않은 부분이 많다. 사별한 개인 중

표 6.2 주요우울증과 지속성 비탄장애 비교

	주요우울증	지속성 비탄장애
우울한 생각	일반적인 불행	죽은 사람에게 초점
희망 상실감	자주 나타남	특징적이지 않음
주된 감정	저조한 기분, 쾌락을 느낄 수 없음	공허감, 상실감
죽은 사람에 대한 강렬한 그리움	관련 없음	관련됨
개인적인 가치감 상실 : 자기 경멸을 느낌	관련됨	관련 없음
우울한 기분	지속적	파도처럼 옴
죽은 사람의 냄새, 음성 녹음 찾기	관련 없음	관련됨
전반적인 죄책감 "난 짐이다."	관련됨	관련 없음
회피행동	일반적인 철수	죽은 사람과 관련된 회피
죽음에 대한 소망	"살아갈 자격이 없어."	"죽은 사람과 함께 하고 싶어."
수면장애	흔함	흔함
식욕 저하, 체중 감소	흔함	드묾
정신운동 지체	가능성 있음	

소수만이 영향을 받는 것으로 보이며, 아마도 10% 미만일 것이지만, 정확한 비율은 알려져 있지 않다. 10대 청소년들 사이에서는 비율이 더 높을 수 있다. 첫 증상은 사망 소식을 듣고 곧바로 시작되지만, 전체적인 증상이 나타나는 데는 시간이 걸릴 수 있다. PTSD가 동반된 경우에는 증상이 더욱 심각할 수 있다. 남성과 여성은 아마도 대략적으로 비슷하게 영향을 받고, 연령이 많은 사람들이 더 위험할 수 있으며, 사망한 사람이 배우자, 파트너, 또는 자녀인 경우에 위험이 더 커질 수 있다. 그리고 자녀의 사망은 특히 장기간 또는 힘든 과정을 예고할 수 있다.

지속성 비탄장애의 핵심 특징

친한 친구나 친척이 사망한 후, 개인의 슬픔의 깊이는 죽은 사람에 대한 강렬한 그리움 또는 지배적인 생각이나 기억으로 표현된다(어린이나 청소년은 죽음이라는 상황에 몰두될 수 있다).

슬픔은 다음의 여덟 가지 증상 중 적어도 세 가지를 유발한다. 심한 정서적 고통; 심한 외로움;

정서적 마비(감정이 덜 강렬해지거나 없어짐); 사망이 실제로 일어났다는 것을 믿지 못함; 정체성의 혼란(예를 들어, 환자가 자신도 부분적으로 죽은 것처럼 느낄 수 있음); 삶이 무의미해졌다는 느낌; 죽음을 떠올리는 것을 회피함; 삶을 영위하기 어려움(친구들과 만나거나 계획을 세우는 등).

주의사항

ㄱ들을 다루어라

- 기간(최소 12개월, 어린이의 경우 6개월; 사망 이후 대부분의 날들에 증상이 강력하게 나타나고, 지난 1개월 동안 거의 매일 나타남)
- 고통 혹은 장애(직업적/학업적, 사회적, 혹은 개인적 손상)
- 감별진단(정상적인 슬픔, 외상후 스트레스장애, 주요우울장애, 물질사용장애, 또는 다른 정신적 또는 의학적 장애)
- 기타 인구통계학적 배제(문화적, 종교적, 사회적 관습에 의해 증상이 설명되지 않음)

일부 DSM-5-TR 장애들을 기술하는 본문(예를 들어, 망상장애, 비현실감/이인증, 페티시즘장애 등)은 환자가 진단에 해당되는지 결정하는 데 있어 문화적, 연령적, 종교적 배경을 고려할 것을 우리에게 요청한다는 점을 주목하라. 일반 성격장애 및 사회불안장애의 기준에서 간략하게 언급된 것을 제외하고, 지속성 비탄장애는 처음으로 특정 정신질환의 실제 진단기준에 문화적 고려사항을 포함시킨 것이다. 이는 DSM-5-TR이 특정 정신질환의 진단 시 환자의 문화적, 연령적, 종교적 배경을 더욱 중요하게 고려하고 있음을 시사한다.

모린 키드

토요일 오후, 모린 키드는 신랑을 기다리며 교회 현관에 서 있다. 27세인 그녀는 지금까지 결혼을 하려는 모험을 해본 적이 없었다. 그녀와 제이크는 결혼식을 세심하게 계획했으며, 첫 춤의 안무까지도 정했다. 그녀와 그녀의 일행들은 제이크가 오지 않는다는 문자 메시지를 받기 전까지 30분을 기다렸다.

　1시간 동안 광란에 가까운 전화와 문자 끝에, 모린은 제이크가 다른 여자를 만나 마을을 빠져나가고 있다는 것을 알게 되었다. 큰 슬픔과 수치심에 빠진 모린은 울음을 터뜨렸다. 하지만 시간이 지나며, 그녀는 이렇게 합리화했다. "모든 일에는 이유가 있어, 이유를 아직 찾지 못했을 뿐이야." 2년 후, 그녀가 일하는 농장에서 만난 원예 전문가 매튜와 결혼할 때, 그녀는 자신의 목적이 단지 조금 늦게 나타났을 뿐임을 깨닫는다.

"매튜는 이제까지 제게 일어났던 가장 좋은 일이에요." 모린은 듣고 싶어하는 모든 사람들에게 말한다. "제이크는 흥분하기 쉽고 시끄러웠던 반면, 매튜는 차분하고 안정적이에요. 그리고 그는 생각이 깊고 관대한데 솔직히 말해서 제이크는 꽤 인색했어요 — 심지어 제 반지도 제가 사야 했으니까요." 결혼식 몇 달 후, 그녀는 주립대학에서 식물학 수업을 듣기 시작하여 육묘장에서 새로운 식물 번식을 더 잘 도울 수 있게 되었다. 그녀는 단조롭게 들린다는 것을 알지만, 자신의 새로운 만트라(주문)를 반복해 말하는 것을 좋아한다. "그의 일에서, 그의 인격에서 — 매튜는 나에게 완벽하다. 우리가 함께 사는 것은 완벽하다."

하지만 COVID-19 팬데믹 초기에, 매튜와 모린은 회사에서 주최한 파티에 마지못해 참석하는데, 그곳에는 많은 포옹과 어깨를 두드리며 환영하는 분위기가 있었고, 마스크를 쓰지 않은 채로 조금 기침을 하는 사람들도 있었다 — 그리고 두 사람 모두 COVID-19에 걸렸다. "저는 회복됐어요," 그녀는 치료사에게 말했다. "하지만 잠시 중환자실에 입원하고 많은 사람들의 영웅적인 치료를 받은 후에 매튜는… 매튜는 사망했어요." 그녀는 주먹을 꽉 쥐고 쓰라린 눈물을 흘렸다.

모린은 상심에 빠져 있지만, 자신이 그 상황을 극복할 수 있을 것이라고 생각했다. 10년 전 아버지가 돌아가신 후 어머니가 그랬던 것처럼. 하지만 모린은 그렇게 되지 않았다. "아무리 애를 써도, 제가 할 수 있는 유일한 일은 제 자신의 부고를 쓰는 것 같아요."

그녀는 식물학 수업을 포기하고 친구들과 만나는 것에 대한 모든 관심을 잃어버렸다. "그리고 그건 아마 괜찮을 거예요 — 제가 말하는 모든 것은 매튜에 대한 것뿐이니까. 물론 그들은 저에게 얼마나 유감스러운지 말해주지만, 저조차도 제가 완전히 지루한 사람이 되었다는 걸 알 수 있어요. 그가 죽있을 때, 그는 서의 않은 것을 그와 함께 가져갔어요."

그녀는 그의 포옹, 그의 지지, 그들이 공유했던 깊은 연결을 갈망한다. "밤에 잠에서 깨어나면, 외로움과 제가 잃은 것의 거대함이 — 저의 가슴을 짓누르듯이 위협하는 신체적인 무게처럼 느껴져요. 하지만 어떤 진통제도 이것을 해결할 수 없어요. 저는 결코 외딴 섬에 있어본 직이 없시만, 그렇게 느껴져요. 다른 사람들과 함께 있을 때조차 버려진 것 같고 영원히 잃어버린 것처럼 말이죠."

그녀는 새벽에 혼자서 그가 어떻게 불필요하게 죽었는지, 그것이 얼마나 어리석은지, 바이러스에 노출된 것이 얼마나 범죄적인지에 대해 반추한다. 그리고 그녀의 분노! 그 휴일 파티를 위해, 그들의 상사는 파티를 야외에서 개최하는 것을 거부했다. "상업의 신에게 희생된 — 제 사랑하는 남편." 그녀는 계속해서 반복한다.

지금까지 1년 동안, 그녀는 게스트룸에서 잠을 잤다. 매튜와 함께했던 침실에 들어가는 것조차도 그녀로 하여금 눈물을 흘리게 한다. "밤에 깨어나면, 그가 옆에 없을 때, 절대 채울 수 없는 공허함을 느껴요."

모린 키드의 평가

지속성 비탄장애에 대해 고려하기 위해서는 모린 또는 누구에게나 이를 충족시키는 세 가지 요소가 있다. (1) 소중한 사람의 사망(진단기준 A)이 (2) 그 사람에 대한 강렬한 그리움(B1) 또는 반복적인 사고(B2)로 특징지어지는 심한 슬픔을 유발하며, (3) 12개월 이상 지속되고 최근 한 달 동안 매일 또는 거의 매일 발생한다. 모린의 사례는 이러한 각 요소들을 쉽게 충족한다. 이제 우리는 지난 1년 동안 대부분의 날(그리고 지난 한 달 동안 거의 매일)에 그녀가 경험한 사회적, 정서적, 지적 증상 여덟 가지 중 대부분을 현저한 강도로 보여줬는지를 판단해야 한다.

게스트룸에서 잠을 자는 것은 매튜를 상기시키는 것을 회피하는 것으로(진단기준 C3) 간주될 수 있으며, 식물학 수업을 그만둔 것은 그녀가 삶을 영위하는 것이 아니라 그의 죽음에 갇혀 있다는 것을 보여준다(C5). 외로움에 대해서는 그녀가 치료사와의 대화에서 그 단어를 사용했다(C8). 그녀의 가슴을 짓누르는 고통, 어떤 진통제로도 해결할 수 없는 그 고통은 감정적 고통(C4)으로 볼 수 있다. 그녀의 부고에 대한 언급을 정체성 혼란(C1) 중 하나로 간주할 수 있을까? 나는 그렇게 생각하며, 매우 확신한다. 모린 역시 그렇게 생각할 것이다.

매튜가 죽었다는 것을 믿지 않는다는 증상(C2)은 없다. 그녀는 분명히 그것을 믿고 있으며, 매일 그녀의 얼굴에 그것이 있다. 그녀의 삶이 무의미하다는 생각을 우리가 추론할 수는 있지만, 그것을 증상(C7)으로 간주하기 위해서는 신중한 조사가 필요하다. 감정적 무감각(C6)과는 거리가 멀고, 오히려 그녀는 불필요한 손실에 대한 강렬한 분노를 표현한다(한 사람이 동시에 감정적 무감각과 강렬한 감정적 고통을 경험할 수 있을까? 연속적으로는 가능하지만 동시에는 어렵다).

주의사항에서, 지속기간은 12개월 — 확인; 고통 그리고/또는 장애 — 확인과 재확인(명백한 고통과 문제가 되는 직업/사회적 상호작용, D). 인구통계학적 배제(E)에 대해서는 그녀의 문화적, 종교적, 사회적 배경을 탐구하지 않았지만, 그녀가 어머니의 슬픔 회복 사례를 따르지 않았다는 것을 우리는 정말로 알고 있다.

감별진단 측면에서, 다른 정신적 또는 신체적 질환의 증거는 없다. 그녀는 알코올이나 약물을 사용하지 않으며, 매튜의 죽음은 자연적 원인이므로 PTSD 진단기준에 부합하지 않는다. 그러나 우울증을 고려해야 하지 않을까? 그녀는 명백히 슬프다!

기분장애 및 지속성 비탄과 연관된 침체된 기분 간의 차이점을 보여주는 표 6.2를 여기서 사용할 수 있다. 간략하게 말해서, 그녀의 증상들 중 다수(우울한 생각, 강렬한 갈망, 회피행동)는 표 6.2의 지속성 비탄 열에 해당된다. 우울증 열에 해당되는 것은 하나도 없다 — 우리가 묻지 않아서 추론해야만 하는 절망을 아마도 제외하면. 물론 사별한 사람들은 기분장애 진단을 가질 수 있고 우리는 모린에게도 이를 경계해야 한다. 그러나 지금 평가에서 이것은 명백하지 않으며 진단기준

F를 따른다.

모린의 GAF 점수는 50점 이하를 주었다. 그녀의 진단은 아마도 다음과 같다.

F43.81　　　지속성 비탄장애

F94.1 반응성 애착장애

F94.2 탈억제성 사회적 유대감 장애

매우 흔하지는 않지만 매우 심각한 두 가지 장애에서, (우연이건 계획적이건 간에) 아동은 학대를 당한 적이 있으며, 극단적인 철수를 보이거나 또는 병적인 외향성을 보이게 된다. 둘 중 어떠한 장애도, 아동(혹은 경우에 따라 성인)에게 영향을 주는 적어도 잘 이해가 되는 다른 정신질환을 부여하기에는 정보가 부족하다.

각각의 장애는 아동이 비일관적인(부모 혹은 대리양육자가 자주 바뀜) 또는 병적인(학대, 방임) 양육을 경험하는 환경에 대한 반응으로 간주된다. 두 가지 유형 중에 하나를 이후에 발달시키게 된다.

반응성 애착장애(RAD)에서는, 매우 어린 유아도 사회적 접촉으로부터 철수행동을 보이며, 수줍어하거나 냉담한 것처럼 보인다. 억제된 아동은 생떼를 부리거나 필사적인 매달림으로 분리에 저항할 것이다. 심각한 사례에서 유아는 표준성장차트에서 3%ile 정도에 해당하는 머리둘레, 키, 몸무게를 가진 성장장애증후군을 보일 수도 있다.

대조적으로, 탈억제성 사회적 유대감 장애(DSED)를 보이는 아동은 혼란스러운 경계행동을 보인다. 그러한 아동들은 정상적으로 보이는 경계를 하지 않고 낯선 사람에게도 대담하게 다가간다. 하지만 매달리기보다는 부모가 떠나는 것에 무관심한 것처럼 보이기도 한다. 모든 하위유형에서, 주 양육자가 부재한 경우에 이상반응이 보다 두드러진다.

반응성 애착장애(RAD)나 탈억제성 사회적 유대감 장애(DSED)와 관련된, 위험성을 증가시키는 요소로는 보육원이나 다른 시설에서 양육되는 것이 포함된다. 오랜 입원생활, 여러 양육자로 빈번하게 교체됨, 심각한 빈곤, 학대(신체, 정서, 그리고 성 학대 전반), 죽음, 이혼, 불화로 인한 가족의 분열도 여기에 포함된다. 이러한 장애에 관련된 문제에는 신체성장저해, 낮은 자존감, 비행, 분노조절 문제, 섭식장애, 영양실조, 우울증 및 불안, 그리고 이후의 물질 오용이 포함된다.

각각의 장애에서, 적절한 신체적, 정서적 성장을 재확립하기 위해서는 아동의 욕구에 민감한 양육자와의 지속적이고 풍부한 관계가 요구된다. 이러한 치료가 없는 경우에는 상술한 문제가 청소년기까지 이어지는 경향이 있다. 성인기까지의 추적 연구는 거의 이루어지지 않았다. 신뢰할 만한 정보가 부족하지만, (물론) 웹사이트에서 찾아볼 수는 있을 것이다.

DSM-IV는 두 가지 상태를 하나의 장애 내의 하위범주로 분류했었다. 그러나 증상, 경과, 치료 반응, 그리고 다른 상관변인에서의 차이점 때문에, DSM-5-TR은 현재 이들을 별개의 진단으로 다루고 있다 — 공통 병인을 가진 것으로 추정되기는 하지만. 그러나 어떤 아동들은 매우 어렸을 때는 철수된 행동을 보이다가도, 이후에는 탈억제행동을 보이는 것으로 변화하기도 하고, 다른 경우에는 두 가지 증상이 동시에 나타나기도 한다. 몇몇 전문가의 관찰에 입각해서 두 장애를 양분하는 것에 조금 더 무게를 싣는 것으로 결론지었다.

두 가지 장애 모두 임상군에서도 흔히 발견되지 않으며, DSM-5-TR은 방임된 아동의 대다수가 이러한 증상을 나타내지 않는다고 명시하고 있다.

반응성 애착장애의 핵심 특징

유해한 아동 양육(방임, 불충분하거나 너무 자주 바뀌는 양육)은 분명히 아동을 정서적으로 철수하게 만든다. 아동은 성인을 찾지도 않고 안심시키는 행동에 반응하지도 않는다. 이러한 아동은 다른 사람들에 대해 정서적 혹은 사회적 반응을 거의 보이지 않을 것이다. 긍정적인 정동을 느끼는 것과는 거리가 멀게 안심시키는 보호자와 함께 있을 때조차도 이유 없는 과민성, 두려움, 혹은 슬픔과 같은 증상을 경험할 수 있다.

주의사항

인과 관계에 대한 추정은 외상적인 아동 양육과 문제행동 간의 시간적인 관련성으로부터 나온다.

ㄱ들을 다루어라

- 기타 인구통계학적 변인(5세 전에 시작됨. 아동의 발달 연령이 최소한 9개월은 되어야 함)
- 감별진단(자폐스펙트럼장애, 지적발달장애, 우울장애)

부호화 시 주의점

다음의 경우 명시할 것

지속성. 증상이 1년 이상 나타난다.

고도. 모든 증상이 높은 수준의 강도로 나타난다.

탈억제성 사회적 유대감 장애의 핵심 특징

유해한 아동 양육(방임, 불충분하거나 너무 자주 바뀌는 양육)은 낯선 성인과의 상호작용에서 아동이 서슴없이 대하는 행동에 분명히 영향을 미친다. 이러한 아동은 초면인 경우에 보이는 전형적인 부끄러움을 나타내지 않고, 낯선 성인과 함께 남겨지는 것에 망설이는 행동도 보이지 않는다. 그들은 친근한 양육자를 확인하지 않고, 낯선 성인과 함께 어울리는 것을 망설이지 않으며 과도하게 친근한 신체적, 언어적 행동을 보인다. 이러한 행동은 일반적인 문화적, 사회적 정상 범위를 넘어서는 수준이다.

주의사항

인과 관계에 대한 추정은 외상적인 아동 양육과 문제행동 간의 시간적인 관련성으로부터 나온다.

ㄱ들을 다루어라

- 기타 인구통계학적 변인(아동의 발달 연령이 최소 9개월 이상)
- 감별진단(자폐스펙트럼장애, 지적발달장애, 주의력결핍 과잉행동장애)

부호화 시 주의점

다음의 경우 명시할 것

지속성. 증상이 1년 이상 나타난다.

고도. 모든 증상이 높은 수준의 강도로 나타난다.

F43.89 달리 명시되는 외상 및 스트레스 관련 장애

이 진단은 스트레스인자 또는 외상의 증거가 있지만, 이에 대한 원인이 위에서 언급된 어떠한 표준 진단기준에도 특정적으로 부합되지 않는 환자를 분류하는 데 사용된다. DSM-5-TR은 적응장애와 유사한 장애(adjustment-like disorders)(하나는 지연된 발병, 그리고 다른 하나는 적응장애에 비해 긴 지속기간을 갖는 것)의 두 가지 양식을 포함하여, 몇 가지 예시를 제공하고 있다. 나머지는 아래에 제시되어 있다.

스트레스인자 발생 후 3개월 이상 지연된 증상 발생을 가진 적응장애와 유사한 장애.

6개월 이상 지속되는 스트레스인자 없이 지속되는 적응장애와 유사한 장애.

DSM-5-TR에서 이에 대해 인쇄된 공식적인 제목은 필요 이상으로 길다. 나는 이것을 자르는 것을 거부할 수 없었다.

외상에 대한 지속적인 반응과 외상후 스트레스장애와 유사한 증상을 가진 장애. 증상이 완전히 외상후 스트레스장애 기준을 충족하지 않으며 6개월 이상 지속된다.

다양한 문화적 증후군. DSM-5-TR의 부록에는 다양한 문화적 증후군들에 대한 설명이 포함되어 있으며, 이는 원서 874쪽에서 찾을 수 있다.

F43.9 명시되지 않는 외상 및 스트레스 관련 장애

이 진단은 스트레스인자 또는 외상의 증거가 있지만, 기존에 언급된 표준 진단기준에 부합하지 않으며, 그 이유를 명시할 수 없는 환자들에게 적용된다.

CHAPTER 7

해리장애

해리장애의 빠른 진단 지침

이 장에서는 주로 해리 증상을 다룰 것이지만, 다른 장애에서도 분류되는 (특히 기억력 상실과 손실을 포함하는) 상태들이 있다.

주요 해리장애

해리성 기억 상실. 보통은 개인적인 특성을 지니는 중요한 정보를 기억하지 못한다. 기억 상실은 대개 스트레스와 관련되어 있다(261쪽).

해리성 정체성 장애. 하나 혹은 그 이상의 추가적인 정체성이 간헐적으로 환자의 행동을 제어한다(257쪽).

이인성/비현실감 장애. 마치 자신의 행동을 (실제처럼 보이지 않는) 외부에서 관찰하는 것 같은 분리 삽화들을 경험한다. 이러한 상태에서 실제 기억력 손실은 발생하지 않는다(267쪽).

달리 명시되는(명시되지 않는) 해리장애. 상기 장애를 시사하는 증상을 보이지만, 이들 중 어떤 장애의 진단기준에도 부합하지 않을 경우, 이 두 범주 중 하나에 속하게 된다(260쪽).

현저한 기억력 손실의 기타 원인

해리 증상이 다른 정신질환의 경과 중 나타날 때 해리장애를 따로 진단 내리지 않는다.

공황발작. 급성 공황발작의 일부분으로 이인성이나 비현실감을 경험하기도 한다(175쪽).

외상후 스트레스장애. 심각한 외상을 겪은 후 한 달 혹은 그 이상, 개인력의 중요한 측면을 기억하지 못할 수 있다(230쪽).

급성스트레스장애. 심각한 외상을 겪은 직후, 개인력의 중요한 측면을 기억하지 못할 수 있다(237쪽).

신체증상장애. 알려져 있는 질병의 기제로 설명할 수 없는 신체 증상을 보인 적이 있는 환자 또한 개인력의 중요한 측면을 잊을 수 있다(273쪽).

NREM수면 각성장애, 수면보행증형. 수면보행은 의도적으로 행한 어떤 행동에 대한 기억을 상실한다는 점에서 해리장애와 비슷하다. 하지만 모든 수면장애를 한데 모아두기 위해 다른 범주로 분류한다(367쪽).

경계성 성격장애. 심각한 스트레스를 받을 때, 때로 이인성과 같은 해리 삽화를 경험한다(622쪽).

꾀병. 어떤 환자들은 의도적으로 기억 손실을 가장한다. 이들의 목적은 처벌을 피하거나 돈 또는 약물을 얻는 것 같은 물질적인 이득이다(690쪽).

도입

해리는 정상적인 정신과정의 일부가 나머지에서 분리될 때 발생한다. 본질적으로 개인의 사고, 느낌, 또는 행동의 일부가 의식적인 인식이나 통제에서 벗어난다. 예를 들어, 다른 부분에서는 건강한 대학생이 지난 2주간 있었던 어떤 사건도 회상하지 못할 수 있다.

다른 많은 정신 증상처럼, 장애가 없어도 해리를 경험할 수 있다. 정도가 가볍다면 완전히 정상적일 수 있다. (예를 들어, 지루한 강의 시간에, 주말 계획에 대해 공상을 하다가 답변을 하라고 이름이 불리는 것을 깨닫지 못한 적이 있지 않은가?) 해리 현상은 최면과도 긴밀한 관련이 있다. 실제로 어떤 설문에서 응답자의 반 이상이 해리와 비슷한 경험을 했다고 답했다.

장애로 여겨질 정도로 심각한 해리 삽화는 공통적으로 몇몇 양상을 보인다.

- 대개 갑자기 시작하고 갑자기 끝난다.
- 개개인에게 필요한 정보들의 붕괴를 통해 깨닫게 된다. 삽화는 어떤 것이 추가된다는 의미에서 양성(예를 들면 플래시백)이거나 음성(아무 기억이 없는 사건 또는 기간)일 수 있다.
- 병인론에 대해 임상가들 간에 의견이 불일치하지만, 많은 삽화들이 명백히 심리적인 갈등에 의해 촉발된다.
- 보통은 한 가지 또는 다른 종류의 트라우마를 겪은 사람들에서 발견된다.
- 일반적으로 드물게 나타나는 것으로 추정되나 횟수가 늘어날 수도 있다.
- 대부분의 경우(이인성/비현실감 장애를 제외하고), 최고도의 기억장애가 있다.
- 손상된 기능 또는 주관적인 고통감은 해리성 기억 상실과 이인성/비현실감 장애에서만 필수적으로 요구된다.

DSM-5-TR의 해리장애 소개에서는 환자들이 외상적 경험 후 종종 해리한다는 점을 고려하여, 책에서 해리장애를 외상에 의해 발생한 장애들 바로 옆에 위치시켰다고 설명한다. 이것은 두 장애 간의 밀접한 관계를 물리적으로 입증하는 것이다. DSM-5-TR에서 이런 종류의 병렬 배치는 다른 곳에서는 찾아볼 수 없다.

F44.81 해리성 정체성 장애

이전의 다중인격장애로 알려진 해리성 정체성 장애에서, 환자는 최소 둘 이상의 각기 구별되는 정체성을 갖는다. 정체성의 수는 200여 가지에 이를 수 있으며, 각각 고유한 이름을 가질 수 있다. 그들은 환자의 원래 성별과 다를 수도 있다. 어떤 이름은 '노동자'처럼 상징적이다. 그들은 나이와 스타일이 매우 다양할 수 있다. 환자가 수줍어하고 조용하다면, 보통 그중 하나의 정체성은 외향적이거나 심지어 난폭할 수도 있다.

비록 한 번에 하나의 정체성만 환경과 상호작용하지만, 정체성들은 어느 정도는 서로를 인식할 수 있다. 한 성격에서 다른 성격으로 교체되는 것은 대개 갑자기 일어나고, 종종 스트레스에 의해 촉발된다. 대부분의 정체성은 다른 정체성이 지배적인 기간을 시간이 손실되는 것으로 인식할 수 있다. 하지만 어떤 환자들은 친한 친구가 성격의 변화를 지적해 줄 때까지 이러한 독특한 상태를 인식하지 못한다. 해리성 정체성 장애 환자들 사이에서조차도 정체성의 모든 표현 — 이름, 옷차림, 억양, 필체 및 다른 개인 및 인격 특성 — 을 만나는 것은 드문 일이다.

특별한 진단적 주의점은 병리적인 빙의상태인데, 이는 해리성 정체성 장애와 유사한 특성을 지닐 수 있다. 이 경우 환자는 개인의 기능을 장악하는 영혼이나 외적 존재로서 특징지어진다. 만약 이러한 행동이 인정되고 수용되는 문화적 또는 종교적 관행의 일부라면, 해리성 정체성 장애 진단을 충족시키지 않을 것이다. 하지만 고통을 야기하거나 DSM-5-TR 진단기준과 일치하는 반복적인 빙의상태를 경험하는 환자는 진단을 충족시키는 것이 당연하다. 당연히 우리는 아동이 상상의 놀이 친구를 갖는 것에 대해 해리성 정체성 장애를 진단하지 않는다.

비록 당시에는 보통 인지되지 않으나, 너무나도 매혹적으로 보이는 이 장애의 발병은 대개 아동기에 일어난다. 전체 인구의 최대 1%의 유병률로, 대부분의 환자는 여성이며, 다수는 성적으로 학대를 받은 적이 있다. DSM-5-TR은 외상후 스트레스장애가 자주 동반된다는 점을 지적한다. 해리성 정체성 장애는 만성적인 경향이 있다. 이 장애는 가족 내력으로 나타날 수도 있지만, 아직 유전의 가능성에 대해서는 밝혀지지 않았다.

해리성 정체성 장애의 핵심 특징

적어도 2개의 분명히 개별적인 성격을 지니고 있으며, 각기 독특한 기분, 인식, 회상, 사고와 행동의 통제 속성을 지닌다. 결과 : 흔한 건망증으로 설명될 수 없는 개인적 정보에 대한 기억의 공백이 있다.

주의사항

ㄱ들을 다루어라

* 고통 혹은 장애(직업적/학업적, 사회적, 혹은 개인적 손상)
* 감별진단(물질사용장애 및 신체적 장애, 기분장애, 불안장애, 정신병적 장애, 외상 그리고 스트레스 관련 장애, 기타 해리장애, 비서구 문화에서 수용되는 종교적 빙의상태, 유년기 상상의 놀이 친구/환상극), 허위성장애, 인위성장애
* 기타 인구통계학적 배제(증상은 널리 받아들여지는 문화적 또는 종교적 관행과 관련이 없음)

해리성 정체성 장애는 유럽보다는 북미 지역의 임상의들이 훨씬 더 흔하게 진단한다. 이 사실은 오랫동안 논쟁을 불러일으켰다. 유럽의 임상의들은 (당연하게도) 이 질환이 드물고, 해리된 환자들에게 너무 많은 주의를 기울임으로써 북미 임상의들이 환자들의 발병을 부추긴다고 주장한다. 이 글에서, 두 진영은 마치 홀린 것처럼 계속 논쟁을 벌이고 있다.

에피 젠스

정신건강 클리닉에 처음 방문했을 때, 에피는 울면서 자신의 기억 결함에 대해 말했다. 26세의 나이로 — 알츠하이머라고 하기에는 너무 어린 — 그녀는 언젠가 노망이 날 것 같다고 느꼈다. 몇 달 동안 그녀는 '그녀의 기억에 구멍이 있음'을 알아챘고 이는 때때로 이틀 혹은 사흘 동안 지속되었다. 드문드문하게 기억이 나지 않는 정도가 아니었다. 이 시기에 자신의 활동에 대해서 아는 것이라고는, 자신이 마취상태에 있었을지 모른다는 것뿐이었다. 하지만 숨길 수 없는 — 냉장고에 있던 음식이 사라지고 최근 받은 편지가 개봉된 것과 같은 — 흔적들로부터 자신이 이 시간 동안 깨어나 기능하고 있었다는 게 틀림없음을 알게 되었다.

최근 이혼으로 인한 재산처리 절차 때문에 그녀는 작은 아파트에 혼자 살았다. 그녀의 가족은 먼 도시에 산다. 그녀는 독서와 TV 시청과 같은 조용한 것들을 즐겼다. 그녀는 수줍음이 많았고

사람들과 만나는 것을 어려워했다. 그녀의 잃어버린 시간을 설명하는 데 도움을 줄 수 있을 만큼 자주 보았던 사람이 없었다.

이러한 문제 때문에 젊은 시절의 상세한 일들에 대해 에피는 그다지 명확하지 않다. 그녀는 순회하는 전도사 집안의 세 딸 중 둘째였다. 그녀의 어린 시절 초기 기억은 노동 캠프, 싸구려 호텔 방, 그리고 열정적인 설교가 섞인 혼란스러운 기억들이다. 10대가 될 때까지 그녀는 15개의 각기 다른 학교에 다녔다.

면접이 끝날 쯤에 그녀는 13세 때 기억 전부가 거의 없다는 것을 밝혔다. 아버지의 전도가 적당히 성공을 했고, 오리건주 남부에 있는 작은 마을에 잠시 정착했다. 한 학년을 같은 학교에서 시작하고 마칠 수 있는 유일한 때였다. 하지만 몇 달 동안 그녀에게 무슨 일이 일어난 것일까? 그녀는 그 당시 일어난 어떤 일도 기억하지 못했다. 그녀는 당혹스러운 듯 의자의 팔걸이를 꽉 잡았다.

그다음 주 에피가 돌아왔지만 그녀는 달라져 있었다. "리즈라고 불러주세요." 그녀는 숄더백을 바닥에 떨어뜨리고 의자에 등을 기대고 앉아 다리를 꼰 채 말했다. 그 이상의 지체 없이, 그녀는 지난 3일 동안 한 일에 대해서 길고 자세히 극적으로 이야기하기 시작했다. 그녀는 식료품점에서 만난 남자와 저녁을 먹으러 나갔고 춤을 추고 난 후 술집 두 곳을 함께 갔다.

"하지만 전 탄산음료만 마셨어요." 그녀가 웃으며 다리를 꼬면서 말했다. "저는 전혀 술을 마시지 않았어요. 술은 몸매를 망가뜨려요."

"지난주 일들 중 기억할 수 없는 부분이 있나요?"

"오, 천만에요. 기억 상실증을 가지고 있는 건 그녀예요."

'그녀'는 에피 젠스였고, 리즈는 그녀를 자기 자신과 매우 다른 사람으로 간주했다. 리즈는 행복하고 걱정이 없고 사교적이었다. 에피는 내성적이고 혼자 있는 것을 좋아했다. "나는 그녀가 제대로 된 사람이 아니라고 말하는 게 아니에요." 리즈는 인정했다. "하지만 당신은 그녀를 만났잖아요. 그녀가 조금 매력 없다고 생각하지 않아요?"

비록 수년간 그녀가 에피와 '생활공간을 공유'했지만, 이혼 후 리즈가 '나타나기' 시작했다. 처음에는 1~2시간 동안, 특히 에피가 피곤하거나 우울하고 '휴식이 필요할 때' 나타났다. 최근 리즈는 점점 더 오랜 기간 지배를 하고 있다. 한번은 3일 동안 그렇게 지냈다.

"전 조심하려고 하지만, 그건 그녀를 몹시 두렵게 만들어요." 리즈는 걱정으로 얼굴을 찡그리고 말했다. "저는 영원히 지배하는 것에 대해 심각하게 생각하기 시작했어요. 더 나은 일을 할 수 있을 거라고 생각했어요. 분명히 보다 나은 사회생활을 할 거예요."

에피가 치료를 받도록 이끈 공백기간 동안 그녀가 한 활동에 대해 차례대로 말할 수 있을 뿐만 아니라, 리즈는 에피의 모든 의식적인 활동에 대해서도 증언할 수 있었다. 그녀는 에피가 13세였을 때 '잃어버린' 1년 동안 일어난 일도 알고 있었다.

"아빠였어요." 리즈가 입술을 오므리며 말했다. "그는 그것이 '교시를 재현하는 연습'을 하는 자신의 종교적인 사명의 일부라고 말했어요. 하지만 그것은 정말로 또 다른 성적으로 흥분한 남성이 자신의 딸을 더듬는 것이었고, 더 나쁜 일이었어요. 에피는 엄마에게 말했어요. 처음에 엄마는 그녀를 믿지 않았어요. 그리고 마침내 엄마가 믿게 되었을 때, 그녀는 에피에게 절대 말하지 않기로 약속하게 했어요. 엄마는 그 일이 가정을 깨뜨릴 거라고 말했어요. 그해 나는 그 일에 대해 알고 있는 또 다른 한 사람이었어요. 에피가 통제력을 잃은 것은 조금도 놀랍지 않아요. 그 일은 저조차도 힘들게 해요."

에피 젠스의 평가

에피의 두 성격(진단기준 A)은 해리성 정체성 장애의 전형적인 것이다. 하나는 조용하고 잘난 체하지 않으며 내성적인 성격에 가까운 반면, 다른 하나는 훨씬 더 적극적이다. (하지만 에피의 개인력은 비전형적이다. 둘보다 많은 인격이 특징이다.) 리즈가 지배했을 때 무슨 일이 일어났는지는 에피에게 알려지지 않았고, 그녀는 이러한 삽화를 기억 상실로 경험했다. 이러한 기억 회상의 어려움은 일상적인 건망증으로 예상되는 것보다 훨씬 광범위했다(B). 이는 에피로 하여금 도움을 찾게 할 만큼 고통스러웠다(C).

기억 상실에 대한 여러 다른 원인들을 이 장애의 감별진단에서 고려해야 한다. 당연히 다른 가능한 의학적 상태가 먼저 배제되어야 하지만, 에피/리즈는 발작장애 또는 물질 사용을 시사하는 과거력이 없다(나는 부분발작과 알코올성 일시적 의식 상실을 생각하고 있다). 에피가 기억 상실증으로 인한 중요한 문제를 가지고 있었지만, 이는 덜 빈번하게 재발하고 여러 개의, 개별적인 정체성을 포함하지 않는 해리성 기억 상실의 사례가 될 정도로 그녀의 주요 문제가 아니다. 또한 황홀경이나 기억 상실을 설명할 만한 다른 의식적 관례를 가진, 어떤 문화적 또는 종교적 집단에 그녀가 속해 있다는 증거가 없다는 점에 주의하라(D).

조현병은 때때로 해리성 정체성 장애와 혼동되곤 하는데, 이는 주로 비전문가들이 '분열된 성격'(일반 대중이 조현병을 특징짓는 방식)을 해리성 정체성 장애의 옛 명칭인 다중인격장애와 동일시하기 때문이다. 해리성 정체성 장애에서 괴이한 행동이 나타날 수 있긴 하지만, 정체성은 보통 정신병적이지 않다. 다른 해리장애에서처럼, 꾀병과의 구별이 어려울 수 있다. 타인으로부터 얻은 가능한 물질적 이득에 대한 정보가 가장 중요한 자료가 된다. 에피의 개인력은 이러한 진단 중 어느 것에도 전형적이지 않았다.

종종 해리성 정체성 장애 환자들은 경계성 성격장애도 보일 수 있다. 변동하는 페르소나를 경계성 성격장애에 전형적인 불안정한 기분과 행동으로 오인하는 임상가에 의해서, 후자인 성격장애만 진단될 수 있다는 위험성도 있다. 물질관련장애가 때때로 해리성 정체성 장애 환자에게 발생하기도 한다. 에피와 리즈 모두 술을 마시지 않는다(E). 그녀의 GAF 점수는 55점이 될 것이다.

F44.81	해리성 정체성 장애
Z63.5	이혼

F44.0 해리성 기억 상실

해리성 기억 상실에는 두 가지 주요한 필요 요건이 있다. (1) 중요한 어떤 것을 기억하지 못하고, (2) 다른 장애는 배제되어야 한다. 물론 중요한 특징은 중요한 사건을 기억하지 못하는 것이다. 100년 전에 피에르 자네 등의 임상가들은 이러한 망각이 일어나는 여러 패턴을 발견했다.

국소적. 특정한 기간 동안 일어난 사건을 모두 회상하지 못하며, 전쟁이나 자연재해와 같은 재난이 발생할 경우 자주 나타난다.
선택적. 출산과 같은 특정한 기간의 일부를 기억하지 못한다. 이 유형은 비교적 흔하지 않다.

다음 세 유형은 훨씬 적은 빈도로 발생하며, 이후 해리성 정체성 장애 진단을 받게 될 수 있다 (다음 내용을 보라).

전반적. 전 생애 동안의 모든 경험을 망각한다. 이는 전반적으로 전쟁 생존자와 성폭행 피해자에게서 발견되며 때때로 둔주 상태와 연관될 수 있다.
지속적. 특정한 시점부터 현재까지의 모든 사건을 망각한다. 이는 극히 드물다.
체계화된. 가족이나 일과 관련된 정보와 같은 특정한 부류의 정보를 망각한다.

해리성 기억 상실은 갑작스럽게 발생하며, 대개 상해, 혼외정사에 대한 죄책감, 배우자에 의한 유기, 성적인 문제로 인한 내적 갈등과 같은 심각한 스트레스를 겪은 후 발생한다. 때때로 집 근처에서 목적 없이 방황하기도 한다. 기간은 매우 다양할 수 있고, 몇 분에서 아마 몇 년에 이르게 될 수 있는데, 이후에 기억이 온전히 회복되며 기억 상실증이 갑자기 끝날 수도 있다. 어떤 사람에게서는 재발할 수 있는데, 한 번 이상 재발할 수 있다.

해리성 기억 상실은 아직 연구가 충분히 이루어지지 않았기 때문에 인구통계학적 패턴, 가족력의 영향 등에 대해 알려진 바가 거의 없다. 성인기 초반에 발생하며, 젊은 여성에게서 가장 흔하다고 보고되었다. 비록 최근 조사에서는 조금 더 높게 나타나기도 하였지만, 전체 인구의 1% 미만에서 나타날 것이다. 많은 해리성 기억 상실 환자는 아동기 성적 외상을 보고하였고, 많은 경우 실제 학대를 기억하지는 못했다.

해리성 둔주

해리성 둔주로 알려진 해리성 기억 상실 하위유형에서, 기억을 상실한 개인은 갑자기 집을 떠나 이동한다. 이는 부부 갈등이나 자연재해 혹은 인재와 같은 심각한 스트레스 후에 발생한다. 방향 감각을 상실하고 당혹감을 경험할 수 있다. 이들은 새로운 정체성과 이름을 가장하고, 몇 달간 새로운 직장에서 일을 할 수도 있다. 하지만 대부분의 경우, 삽화는 몇 시간이나 며칠간 지속되는 짧은 여행 일화와도 같다. 때때로 폭력적인 행동도 보일 수 있다. 대개 갑자기 회복되며, 이어 그 삽화에 대한 기억이 상실된다.

해리성 둔주는 소설과 영화의 재료가 되는 또 다른 흥미로운 장애로, 이에 대해 견고한 연구가 거의 이루어지지 않았다. DSM-IV에서 독립적인 진단이었던 해리성 둔주가 DSM-5에서 해리성 기억 상실의 명시자(specifier)로 격하되었다. 둔주는 해리성 정체성 장애와 함께 발생하는 것이 흥미롭지만, 이 명시자는 해리성 정체성 장애에 적용되지 않는다.

해리성 기억 상실의 핵심 특징

일반적인 건망증 수준을 넘어서, 중요한 개인적(대개 고통스럽거나 외상적인) 정보를 회상하지 못한다.

주의사항

그들을 다루어라
- 고통 혹은 장애(직업적/학업적, 사회적, 혹은 개인적 손상)
- 감별진단[물질사용장애 및 신체적 장애(특히 간질과 외상성 뇌 손상), 신경인지장애, 외상후 스트레스장애, 급성 스트레스장애, 해리성 정체성 장애, 신체증상장애, 일상적인 건망증, 인위성 및 허위성 장애]

부호화 시 주의점

관련이 있다면, 명시할 것
    F44.1 해리성 둔주 동반

할리 칸

정신건강 임상가가 다음과 같은 딜레마를 의료센터 윤리학자에게 제시했다.

38세의 한 미혼 여성이 여러 번 외래 클리닉에 찾아왔다. 그녀는 우울증과 불안을 호소하였는데, 두 증상 모두 비교적 경미하였다. 이 증상은 그녀가 38세에 미혼이며 '그녀의 생물학적 시계가 똑딱거리고 있다'는 사실에 초점이 맞춰져 있는 듯했다. 그녀는 수면, 식욕, 혹은 체중 감소나 증가의 문제가 없었고, 자살에 대한 생각을 하지 않았다.

몇 달 동안 할리는 아이를 갖기를 원했고, 그래서 남자 친구와의 사이에서 의도적으로 임신을 했다. 그가 이를 알게 되었을 때 그는 그녀와 연락을 끊었다. 그다음 주 그녀는 유산했다. 교육 자재를 전문으로 판매하는 가게에서 지루하고 보람이 없는 판매원으로 갇혀 있으면서, 그녀는 '삶의 의미를 찾는 데' 도움을 구하고자 클리닉에 왔다고 말했다.

중서부 가정의 맏이로, 할리는 어린 형제들을 돌보며 청소년기 대부분을 보냈다. 비록 그녀는 20대 중반에 2년간 대학에 다니긴 했으나, 그 성과를 보여줄 학위나 경력도 없이 중퇴를 하였다. 지난 10년간 그녀는 3명의 남자와 동거했다. 가장 최근의 관계가 가장 오래 지속된 관계였고, 가장 안정되어 보였다. 그녀는 약물 남용이나 알코올 중독을 겪은 적이 없었고, 신체적으로 건강했다.

임상가가 설명한 사람은 평범하고 현재는 어려 보이지 않는(그리고 아마 절대 어려 보인 적이 없었던), 사각턱과 지저분한 머리를 한 신체가 건장한 여성이었다. "사실 그녀는 이와 꽤 많이 닮았습니다." 임상가는 여성의 흉상화를 제시했다. 이는 다소 희미하고 번져 있었지만, 구술 표현과 밀접하게 일치했다. 윤리학자는 그게 최근 널리 유포된 전단이라는 걸 알아차렸다. 그림 아래에는 다음과 같은 문구가 쓰여 있었다. '유괴 혐의로 FBI에 의해 지명수배 중.'

생후 하루 된 신생아가 지역 병원의 분만실에서 유괴되었다. 막 10대를 벗어난 초보산모는 수술실 작업복을 입고 있는 여성에게 여자아이를 넘겨주었던 것이다. 여성은 자신을 간호책임자로 소개했고, 산모가 아이를 집에 데려가기 전에 마지막으로 이이의 몸무게 측정과 검사를 위해 데려가야 한다고 말했다. 그게 여성과 아기를 본 마지막 순간이었다. 흥분하여 제정신이 아닌 산모에 의한 진술에 기초해서 몽타주 작성자가 그림을 그렸다. 아기의 조부모는 현상금을 걸었다.

"마지막으로 그 환자를 만났을 때, 우리는 그녀가 자신의 삶을 통제할 수 있도록 하는 방법을 찾게 하기 위해 노력했어요. 그녀는 꽤 자신감이 생겼고, 덜 우울해 보였어요. 다음 주에 그녀는 다소 멍해 보이는 모습으로 지각을 했어요. 그녀는 자신이 지난 며칠간 했던 일에 대해 기억이 없다고 주장했어요. 전 그녀에게 아팠거나, 머리에 충격을 받는 등의 일이 있었는지 물었어요. 그녀는 모두 부인했어요. 그녀의 기억을 더듬어 볼 수 있는지 확인차 과거를 캐보았으나, 그녀는 점점 초조해지더니 뛰쳐나가 버렸어요. 그녀는 다음 주에 돌아오겠다고 했지만, 그 뒤로 그녀를 볼 수 없었어요. 어제가 되어서야 전 이 그림 속의 여성과 그녀가 닮았다는 것을 알아차렸어요."

치료사는 앉아서 몇 초 동안 전단을 응시하고는 말했다. "이게 제 딜레마예요. 전 정말이지 끔찍한 범죄를 저지른 이 사람이 누군지 알고 있다고 생각하지만, 제가 의심하고 있는 사람과 비밀을 지켜야 하는 관계이기도 하죠. 대체 제가 져야 할 윤리적 의무는 어떤 걸까요?"

할리 칸의 평가

여기서 중요한 점은 할리가 아기를 납치했는지 여부가 아니다. 문제가 되는 것은 그녀의 기억 상실증의 원인이며, 이는 그녀의 가장 긴급한 최근의 문제(진단기준 A)이다. 그녀는 아이를 갖고 싶은 바람 때문에 스트레스를 받고 있었고, 이 점이 기억 상실증에 자극을 주었다. 삽화는 그 자체로 명백하게 그녀가 임상가와 연락을 끊을 만큼 충분히 스트레스가 되었다(B).

이 사례에는 기억 상실증의 다른 (대부분 생물학적인) 원인을 지지할 만한 정보가 없다(D). 특히 외상 뇌 손상으로 인한 주요 신경인지장애를 유발할 수 있는 두뇌 외상이 없었다. 할리의 그녀의 개인력에 물질 사용이 없었기 때문에 물질로 유발된 신경인지장애, 지속성이 배제된다(C). 그녀의 전반적인 건강상태는 양호했고 비정상적인 신체적 움직임도 없었기 때문에 뇌전증의 가능성도 줄어든다. 비록 그녀에게 유산 경험이 있지만, 유산 후 정신병 가능성에 대한 시간이 너무 많이 지났다. 기억 상실증 환자 중 일부는 침묵하기도 한다. 그들은 긴장성 증상을 동반한 다른 의학적 상태로 오진단될 수 있다. 그리고 완전을 기하기 위해 기억의 상실이 인간이 항상 경험하는 일상적인 건망증보다 훨씬 두드러지고 심각하다는 점을 지적할 필요가 있다.

할리에게는 급성스트레스장애를 나타낼 수 있는 최근의 심각한 외상이 없었다. 만약 그녀가 꾀병이라면, 그녀는 명백한 동기가 없이 이를 행했어야 한다(범죄에 대한 처벌을 회피하기 위한 시도였다면, 의료센터에 가까이 가지 않는 것이 훨씬 도움이 되었을 것이다). 분명히 정상적인 백일몽 사례로 보이진 않는다. 할리는 자신의 개인적인 정체성에 대해 분명했고, 집에서 나와 여행하지 않았기 때문에 해리성 둔주 하위유형 진단을 충족시키지 않는다. 비록 개인적으로 면담하지 않았고, 적절한 부수 정보들이 부족한 환자에 대해 진단을 하지 않도록 주의해야 하나, 우리가 가진 정보가 차후 조사에 의해 증명된다면, 그녀의 진단은 다음과 같이 내려질 것이다. 그녀의 GAF 점수는 31점이었다.

F44.0   해리성 기억 상실

기능성 신경학적(전환) 증상은 신체증상장애와 해리에서 흔하며, 같은 정서적 메커니즘을 포함하는 경향이 있다. 해리 증상을 보이는 환자를 만날 때마다 이러한 진단이 적절한지 고려해야 한다.

무명씨

처음으로 노숙자 임시 숙소에 걸어 들어왔을 때, 그는 이름을 포함하여 아무것도 기억하지 못했다. 그는 병원의 응급실에서 위탁되었지만, 당직의에게는 자신이 머물 곳이 필요해서 그곳에 간 것이라고 말하였다. 그가 인지한 바로, 그의 신체적 건강상태는 양호했다. 문제는 그가 그날 아침 동이 틀 무렵에 공원 벤치에서 일어나기 전의 일들 중 어떤 것도 기억하지 못한다는 점이었다. 이후에 서류 작업을 하면서 임상가는 환자의 이름을 '무명씨'라고 써넣었다.

약 8시간 동안 있었던 일들만을 이야기할 수 있었다는 점을 무시한다면, 무명씨의 정신상태검사는 특별한 것이 없어 보였다. 그는 40대 초반처럼 보였다. 그는 슬랙스와 분홍빛 와이셔츠, 그리고 팔꿈치에 가죽 패치가 덧대어진 몸에 잘 맞는 코르덴 스포츠 재킷을 입고 있었다. 분명하고 조리 있는 말을 하였다. 비록 기억 상실로 인해 명백히 곤란을 겪고 있지만, 정서는 전반적으로 유쾌했다. 그는 "내가 알기로는" 환각이나 망상은 부인하지만, "내가 어제 무슨 미친 생각을 했었는지 확신할 수는 없지만 말입니다."라고 충분히 논리적으로 지적했다.

무명씨는 지적이었고 많은 정보를 알고 있었다. 그는 최근 5명의 대통령 이름을 순서대로 말할 수 있었고, 최근의 국가지·국제지 사건에 대해 논의할 수 있었다. 그는 일곱 자리의 숫자를 순서대로 따라 외울 수 있었고, 6개의 숫자를 거꾸로 따라 외울 수 있었다. 그는 임시 숙소가 위치한 지역을 알지 못했을 뿐, 간이정신상태검사에서 30점 만점에 29점을 받았다. 비록 그가 자신이 결혼했을 거라고 추측했지만(그는 결혼반지를 끼고 있었다), 30분가량 이야기한 후 그의 가족, 직업, 거주지 또는 신원과 관계된 어떤 것도 기억하지 못했다.

"스포츠 재킷의 안쪽을 좀 볼게요." 임상가가 말했다.

무명씨는 당황스러워 보였지만, 재킷의 단추를 풀고 열어 보였다. 상표에는 800km가량 떨어진 신시내티에 있는 한 옷가게의 이름이 적혀 있었다.

"한번 연락해 보죠." 임상가가 제안했다. 수차례 전화해 본 후에야, 신시내티 경찰서에서는 무명씨가 변호사이며, 아내가 이틀 전 실종신고를 했다는 것이 밝혀졌다.

다음 날 아침 무명씨는 집으로 가는 버스에 올랐고, 며칠 뒤 임상가는 이야기의 나머지 부분을 들었다. 유언과 공증 전문가인 43세의 무명씨는 고객과 자신의 계좌를 혼입한 것으로 고소되었었다. 그는 무죄를 주장했고 변호사를 고용했으나, 오하이오주 변호사협회는 그를 고소할 준비가 되어 있었다. 장부를 바로잡고, 법률사무를 계속하면서, 법정에서 자신을 변호하고 소속 주의 법정에 항변하는 것에 대한 압박감은 매우 컸다. 그가 사라지기 이틀 전, 그는 아내에게 이렇게 말했다. "정신을 놓아버리지 않고 이 많은 것을 다 해낼 수 있을지 모르겠어."

무명씨의 평가

무명씨는 전형적으로 중요한 자서전적 정보를 — 사실 모든 정보를 — 회상하지 못했다(진단기준 A). 이 점이 그에게 문제가 되는 것은 당연하다. 그리고 필수적이다(B).

평가 시와 추후 관찰 시 모두에서 대안적인 장애가 있다는 증거는 없다(D). 무명씨의 정체성은 반복적으로 전환되지 않았으므로, 해리성 정체성 장애를 배제하게 된다(두 장애를 동시에 진단하지 않는다). 명백한 기억 상실증 외에 인지장애의 증거도 없다. 43세이므로 측두엽 뇌전증의 새로운 사례일 것 같지는 않지만, 전체 평가는 신경학적 정밀검사도 포함해야 한다. 당연히 기억 상실증 삽화를 보이는 어떤 환자든지 물질관련장애에 대해 평가되어야 한다(특히 알코올의 영향, C).

꾀병에서 의식적으로 기억 상실증을 모방하는 것은 해리성 둔주를 동반한 해리성 기억 상실에서 나타나는 기억 상실증과 구별되기 매우 어려울 수 있다. 하지만 비록 무명씨가 법적인 문제를 가지고 있었지만, 이는 기억 상실증을 가장하는 것에 의해 경감되지 않는다. (꾀병의 가능성이 있는 것으로 보일 때, 친척이나 과거의 친구들로부터 그러한 행동이나 반사회성 성격장애에 대한 이차적인 개인력을 구하는 것이 도움이 될 수 있다.) 평생 동안 다양한 의학적 증상에 대한 내력은 신체증상장애를 시사할 수 있다. 무명씨는 헤매는 것과 다른 괴이한 행동이 발생할 수 있는, 조증 삽화나 조현병을 암시하는 특징을 보이지 않는다.

뇌전증은 해리장애에서 항상 언급되는 감별진단이다. 하지만 뇌전증과 해리는 실제로 EEG의 도움 없이도 구별하기 어렵지 않다. 뇌전증 삽화는 대개 몇 분 이상 지속되지 않으며 반복적이고 명백히 목적 없는 말과 운동행동을 포함한다. 반면 해리적 행동은 며칠 또는 그보다 오래 지속될 수 있으며 목적의식이 있는 것으로 보이는 복잡한 말과 운동행동을 포함한다.

비록 무명씨의 사례가 (다른 정체성을 나타내지 않았고 새로운 삶에 적응하지 않았다는 점에서) 그다지 전형적이진 않으나 그는 집에서 멀리 떨어져 여행했고, 의도적으로 보호소를 찾고자 했다. 이러한 점이 그의 진단에 명시자를 적용하게 한다. 한편 그의 GAF 점수는 55점일 것이다.

F44.1 해리성 기억 상실, 해리성 둔주 동반
Z65.3 주 변호사협회에 의한 수사

둔주 하위유형은 이전의 해리성 기억 상실과 다른 진단부호를 갖는다는 것에 주목하라. 이는 ICD-10에서, 둔주 상태가 해리성 기억 상실과 별개이고 구분되는 진단이라는 점을 반영한다. 따라서 숫자의 변화는 실수가 아니라 특성이다.

F48.1 인성/비현실감 장애

이인성은 자신으로부터 단절되거나 분리되는 듯한 느낌으로 정의될 수 있다. 이러한 느낌은 자신의 정신과정이나 행동을 보는 것으로 경험될 수 있다. 어떤 사람들은 마치 꿈속에 있는 것처럼 느끼거나, 자신의 몸을 통제할 수 없는 것처럼 느낄 수도 있다 — 마치 로봇처럼. 이인성 삽화로 인해 반복적으로 고통받을 때, 그리고 증상을 더욱 잘 설명할 수 있는 다른 장애가 없을 경우, 이인성/비현실감 장애(DDD)로 진단 내릴 수 있다.

DSM-5-TR에서는 이 진단을 내릴 수 있는 다른 경우가 제시된다. 외부 세계가 비현실적이거나 이상하게 느껴지는 비현실감 경험을 통해서이다. 물체의 크기나 형태나 색깔이 변하거나, 다른 사람이 로봇 같거나 심지어 죽은 것처럼 보이는 것을 지각할 수도 있다. 하지만 항상 환자는 그것이 지각에서의 변화일 뿐이며 — 세상 자체는 그대로라는 — 통찰력은 유지한다.

성인의 대략 절반 정도는 적어도 한 번 정도 이러한 삽화를 경험하기 때문에 이 장애를 진단할 때는 어느 정도 제한을 두어야 한다. 만약 증상이 지속적이거나 재발하지 않는 한, 그리고 기능이 손상되거나 꽤 중요한 상애를 야기하지 않는다면("음, 좀 이상했어요."와 같은 어리벙벙한 설명을 훨씬 넘어서는 어떤 것을 말한다), 진단을 내려서는 안 된다. 사실 이인성과 비현실감은 진단보다는 증상으로 맞닥뜨리게 되는 경우가 훨씬 더 많다. 예를 들어, 비현실감이나 이인성은 공황발작을 충족시키는 증상 중 하나이다(175쪽).

이인성/비현실감 장애 삽화는 종종 스트레스에 의해 촉발된다. 이는 갑작스럽게 시작되어 갑작스럽게 끝이 난다. 이 장애는 종종 10대 혹은 그보다 더 일찍 발병한다. 초기에는 대마초, 케타민, 엑스터시와 같은 약물 사용에 의해 촉발될 수 있다. 하지만 약물 사용과 함께만 경험된다면 DDD라고 불리지 않는다. 아마도 인구의 절반 정도는 어느 시점에서 간간이 삽화를 경험했을 수 있지만, 일반 인구에서 유병률은 대략 1~2%이며, 남녀에게서 거의 비슷하게 발병한다. 일단 시작되면, 보통 만성화된다.

이인성/비현실감 장애의 핵심 특징

이인성 또는 비현실감이 경험되지만, 현실 검증력은 계속 온전하게 유지된다(정의에 관해서는 267쪽 참조).

주의사항

ㄱ들을 다루어라

- 고통 혹은 장애(직업적/학업적, 사회적, 혹은 개인적 손상)
- 감별진단 (물질사용장애 및 신체적 장애, 기분 또는 불안 장애, 정신병적 장애, 외상 그리고 스트레스 관련 장애, 조현병, 기타 해리장애)

프란신 파핏

"제가 실성한 것처럼 느껴졌어요." 프란신 파핏은 20세밖에 되지 않았지만, 이미 근 2년간 은행원으로 일하고 있었다. 그동안 여러 번 승진하면서, 그녀는 자신이 일을 잘한다고 느꼈다. 성실하고, 매력적이고, 믿을 만하다고 느꼈다. 그리고 자신이 '신체 이탈 경험'이라고 부르는 것 때문에 점점 더 곤란을 겪고 있긴 하지만 건강하다고도 생각했다.

"전 창구 뒤에 서 있었는데, 갑자기 몇 발자국 떨어진 곳에도 제가 서 있었어요. 제가 고객과 이야기하고 있는 동안, 저는 제 어깨를 훑어보고 있는 것 같았어요. 그리고 머릿속에서 마치 제가 다른 사람인 것처럼 저 자신의 행동에 대해 언급하고 있었어요. '이제 그녀는 자금 이체를 승인받기 위해 대리를 불러야 해.'와 같은 거 말이에요. 며칠 전에 TV에서 이런 걸 봤고, 그 사람이 충격치료를 받았다고 해서 클리닉에 오게 되었어요. 그때부터 아주 끔찍한 무언가가 잘못되고 있는 게 아닌가 걱정되기 시작했어요."

프란신은 자신이 일시적 의식 상실, 경련, 두부 외상, 심각한 두통, 또는 현기증을 경험한 적이 없다고 했다. 그녀는 고등학생 때 한두 번 마리화나를 피웠던 적이 있지만, 그 밖에는 약물이나 알코올을 사용하지 않았다. 그녀는 신체적으로 건강했다. 그녀가 병원에 방문했을 때는 단지 백신 접종, 자궁경부암 검사, 그리고 2년 전에 채용 전 신체검사를 받았을 때뿐이었다.

각 삽화들은 예고 없이 갑작스럽게 발생했다. 프란신은 처음에 매우 두려웠다. 그다음에는 머리가 통제를 벗어나 약간 일렁거리는 것처럼 느껴졌다. 때때로 그녀는 마치 누군가가 덜 익은 계란을 깨뜨려서 노른자가 그녀의 머리를 타고 흐르게 하는 것처럼, 정수리 부분이 따뜻해지는 감각을 느꼈다.

이 삽화들은 몇 분 이상 지속되지는 않았지만 점점 빈번해졌다. 이제는 한 주에 여러 번 발생했다. 그녀가 일을 하는 중에 삽화가 발생하면, 그녀는 보통 삽화가 끝날 때까지 잠시 쉬곤 했다. 하지만 몇 번은 그녀가 운전을 하는 중에 발생했다. 그녀는 차에 제동을 걸지 못하게 될까 봐 걱정되었다.

프란신은 목소리를 듣거나 다른 환각을 경험한 적이 없었지만, 삽화를 경험할 때 세상이 '조금 흐릿하게' 보인다는 것을 인정했다. 그녀는 어떤 식으로든 이에 대해 이야기하거나 꾸며내려고 했다는 것에 대해서 부인했다. 그녀는 자살 생각을 한 적이 없고, 우울감을 느끼지 않는다.

"그저 무서워요," 그녀는 결론지었다. "마치 조금 죽은 것 같은 느낌이 정말 무섭습니다."

프란신 파핏의 평가

자기 자신에 대해 외부 관찰자가 되는 느낌은 매우 불안할 수 있다. 환자가 아닌 많은 사람들이 이를 한두 번 경험한다. 프란신의 경험 중 두드러지는 점은, 충분히 빈번하고(진단기준 A1), 평가에 의뢰될 정도로 상당한 고통을 강하게 야기한다는 점이다(C). (그녀의 삽화들은 스트레스에 의해 촉발되는 것 같지 않다는 점에서 특이했다. 많은 사람들의 경우, 스트레스로 인해 촉발된다.) 그녀가 자신의 경험을 설명할 때, "제가 다른 사람이에요."가 아닌 "전 마치 다른 사람인 것 같아요."라고 했다는 점에 주의하라. 여기서 그녀가 현실 감각을 유지하고 있다는 것을 알 수 있다(B).

프란신의 경험과 느낌은 쇼티 레인볼드(177쪽)의 경우와 매우 유사하다. 하지만 쇼티의 경우는 **공황장애**의 증상으로 이러한 경험을 했다. 증상으로 이인성을 포함하는 나른 않은 상애들이 있다. **외상후 스트레스장애, 불안, 인지, 기분, 성격, 그리고 물질관련장애, 조현병, 그리고 뇌전증**이다(D, E). 하지만 프란신은 공황발작을 호소하지 않았고, 이러한 증상을 설명할 수 있는 다른 장애의 증상을 보이지 않았다. 만일 프란신이 비현실감의 증상만을 경험했다면 이 진단을 받을 수도 있었다.

GAF 점수는 70점이었고, 그녀의 진단은 다음과 같다.

F48.1   이인성/비현실감 장애

F44.89 달리 명시되는 해리장애

이 범주는 정체성, 기억, 또는 의식에서 정상적인 통합적 기능의 변화가 증상으로 나타나지만, 위에 열거된 특정 해리장애 중 하나의 진단기준을 충족시키지 않을 경우 사용한다. 여기 몇 가지 예시가 있다. 달리 명시되는 진단이 주어진 후에 특정한 상태가 기술되어야 한다.

지속적이고 강력한 강압적 설득에 의한 정체성 장애. 세뇌당하거나 주입된 사람들은 혼합적인 해리성 상태를 나타낼 수 있다.

혼합 해리 증상 증후군. 명백한 해리성 기억 상실증이 없는 경우, 이러한 사람은 보다 명확하게 정의된 해리 진단에 해당하지 않는 만성적이거나 재발적인 더 경미한 증상을 경험할 수 있다.

스트레스성 사건에 대한 급성 해리성 반응. DSM-5-TR에서는 이러한 상태가 종종 몇 시간 동안, 항상 한 달보다 짧게 지속되며, 혼합적인 해리 증상(이인감, 비현실감, 기억 상실증, 의식의 분열, 혼미)으로 특징지어진다고 언급하고 있다.

해리성 황홀경. 환자는 현시점에 대한 인식이 감소하고, 자극에 반응하지 않게 된다. (수용되는 종교적 또는 문화적 의식에 참가하는 것은 해리성 황홀경의 예를 충족시키지 않는다.)

F44.9 명시되지 않는 해리장애

이 진단은 명백한 해리성 증상이 있지만, 이미 위에 언급된 그 어떤 진단의 기준도 충족시키지 않는 환자와 그 이유를 명시할 수 없는 환자를 분류할 수 있다.

CHAPTER 8

신체 증상 및 관련 장애

신체 증상 및 관련 장애의 빠른 진단 지침

임상가에게 평가를 받아야 하는 주된 이유가 신체 증상일 때, 그 진단은 흔히 다음에 나열된 장애 중 하나(혹은 범주)일 것이다.

주요 신체증상장애

신체증상장애. 이전에는 신체화장애로 불리던 것으로 이러한 환자들은 다수의 신체 증상을 가지고 있어 이로 인해 고통받거나 일상생활에 큰 방해를 받는 것이 특징이다(273쪽).

신체증상장애, 통증이 우세한 경우. 명백한 신체적 통증을 호소하나, 이에 대한 생리적인 근거가 없거나, 환자의 실제 신체상태를 감안한다 해도 그 고통이 일반적으로 기대할 수 있는 수준을 훨씬 초과한다(279쪽).

기능성 신경학적 증상장애(이전에는 '전환장애'). 이 환자들은 신체적 원인이 없는 것처럼 보이는 분리된 증상을 호소한다(286쪽).

질병불안장애. 앞서 건강염려증으로 불리던 것으로, 신체적으로 건강한 사람들이 종종 암이나 심장질환과 같이 생명을 위협하는 심각한 질병에 대해 근거 없이 공포를 느끼는 장애이다. 그러나 사실 신체 증상이라고 할 만한 것이 거의 없다(283쪽).

기타 의학적 상태에 영향을 주는 심리학적 요인. 환자의 정신적 혹은 정서적 요인이 의학적 장애의 경과나 치료에 영향을 준다(291쪽).

스스로에게 부여된 인위성장애. 아픈 역할을 자처하는 환자들(아마도 병원에서의 관심을 즐길 수도 있음)은 의도적으로 증상을 가장하여 건강관리 전문가의 관심을 끌기 위해 노력한다(293쪽).

타인에게 부여된 인위성장애. 어떤 사람은 관심이나 동정을 얻기 위해 다른 사람, 특히 아동에게 증상을 유발시키는 경우가 종종 있다(295쪽).

달리 명시되는(명시되지 않는) 신체 증상 및 관련 장애. 환자의 신체 증상이 상기 정의된 장애의 진단기준 중 어느 하나에도 완전히 충족되지 못했을 때 사용하는 잔여범주이다(301쪽).

기타 신체 호소의 원인

실제 신체적 질병. 신체 증상에 대한 심리적 원인은 반드시 신체질환을 배제한 뒤에 고려되어야 한다.

기분장애. 명백한 신체적 원인이 없는 통증은 몇몇 주요우울장애(111쪽)와 제 I 형 양극성장애, 현재 혹은 가장 최근 우울증 삽화(122쪽)를 보이는 환자들의 특징일 수 있다. 이는 치료 가능하고 잠재적으로 생명을 위협할 수 있으므로 초기에 이러한 가능성들을 반드시 살펴보아야 한다.

물질 사용. 물질 사용 환자들은 통증이나 다른 신체적 증상을 호소할 수 있다. 이는 물질 중독(461쪽) 혹은 금단 증상(451쪽)의 결과에서 비롯된 것일 수 있다.

적응장애. 환경적 상황에 대한 어떤 반응을 경험하고 있는 몇몇 환자들은 통증이나 다른 신체 증상을 호소할 수 있다(241쪽).

꾀병. 이 환자들은 자신의 신체적(혹은 심리적) 증상이 꾸며진 것임을 알고 있으며, 그 동기는 처벌이나 업무를 피하는 것 혹은 돈이나 약물을 얻는 것과 같은 일종의 물질적 이득 때문이다(690쪽).

도입

수십 년 동안 임상가들은 신체적 증상과 건강에 대한 염려가 정서적 원인을 가질 수 있음을 인식해 왔다. DSM-III 및 그 후속 판에서는 기질적 진단에 관한 몇 가지 대안들을 하나의 범주로 취합하였다. 이제 이 모두를 통틀어 '신체 증상 및 관련 장애'라 부르는데, 그 이유는 바로 그러한 장애들의 표현이 신체질환과 유사하기 때문이다. 이 책에서 논의된 다른 많은 장애범주와 마찬가지로 이러한 상태들은 공통된 병인론, 가족력, 치료 혹은 기타 요인에 의해 함께 묶은 것은 아니다. 이번 장은 단순히 다른 편리성으로 묶은 것이다. 즉, 이 장에 제시된 장애들은 주로 신체 증상과 관련된 것이다.

신체증상장애를 시사하는 몇 가지 유형의 문제가 있는데, 여기에는 다음과 같은 문제들이 포함된다.

- 극심하거나 만성적인 고통
- 기능성 신경학적 증상(286쪽)
- 설명이 불가능하거나 불충분한, 만성적인, 복합적인 증상
- 대부분의 환자에게 효과적인 치료임에도 불구하고 나아지지 않는 신체적 호소
- 건강이나 신체적 외모에 대한 과도한 걱정

신체 증상 및 관련 장애 환자들은 보통 신체질병에 대한 평가를 받아 왔을 것이다. 이런 평가들은 대개 가격이 비싸고, 많은 시간이 소요되며, 비효과적이거나 때로는 위험하기까지 한 검사나 치료로 이어진다. 이러한 처치는 환자가 자신에게 존재하지 않는 어떤 의학적 질병에 대한 두려운 믿음만 강화하도록 만들 뿐이다. 어떨 때는 건강관리 전문가가 환자의 문제 기저에 강력한 정서적 원인이 있다는 것을 알아채고, 이들의 정신건강 평가를 의뢰하기도 한다.

명백한 인위성장애를 제외하고는, 신체 증상 및 관련 장애 환자들이 자신의 증상을 가장하는 것이 아니라는 사실을 인정하는 것이 중요하다. 그보다 환자들은 자신에게 어떤 심각한 문제가 있다고 믿고, 이로 인해 상당한 불안과 어려움을 겪는다. 그럴 의도는 없었겠지만, 그들은 자기 자신과 주변 사람들에게 심한 고통을 주게 된다.

다른 한편으로, 우리는 단지 신체증상장애라고 해서 이후에 다른 의학적 — 또는 정신적 — 질환을 보이지 않으리라 확신할 수 없다는 사실을 기억해야 한다.

F45.1 신체증상장애

신체증상장애(SSD)의 DSM-5-TR 진단기준은 하나의 신체 증상과 6개월의 지속기간을 요구하지만, 증상(혹은 증상들)은 반드시 정서적 고통이나 현저한 기능 손상을 유발해야 한다. 반대로 고전적 신체화장애 환자는 통증, 호흡이나 맥박의 문제, 복통, 그리고/혹은 월경장애를 비롯하여, 다양한 (흔히 많은) 신체 부위에 영향을 미치는 복합적인 신체 및 정서적 증상을 가지고 있었다. 기능성 신경학적 증상(해부학적이나 생리학적 원인이 없는 신체기능장애, 예를 들어 마비나 시력 상실 같은 것) 역시 직면할 수 있다. 일반적으로 실제 신체질환으로 인한 증상을 완화시키는 데 통상적으로 도움이 되는 치료는 이러한 환자들에게 종종 비효과적이다.

신체증상장애는 보통 생애 초기인 10대 혹은 20대 초반에 발병하며, 오래 — 아마 환자의 전 생애에 걸쳐 — 지속될 수 있다.[1] 건강관리 전문가들에 의해서조차 종종 간과되는 이 장애에 대해, 우리는 여전히 유병률과 분포에 대한 정보가 매우 부족하다. 보다 관대한 기준을 가진 설문 연구에서 SSD 유병률은 일반 인구의 7~17%로 영향을 미치는 것으로 나타났다. DSM-IV 버전에서는 정신건강 클리닉 환자의 약 7~8%를 차지하며, 입원한 정신건강 환자들에서도 비율이 거의 비슷하다. 어떠한 기준에 의해서도, 여성이 남성보다 많으며(실제 비율은 확실하지 않다), 이 장애는 또한 가족력이 강한 경향이 있다. 여기에는 아마 유전적이고 환경적인 요소 모두 관련이 있을 것

---

1) 이 장과 다른 장에 제시된 신체증상장애에 대한 많은 정보는 DSM-IV 기준에 의해 정의된 환자들을 대상으로 한 연구를 기반으로 하고 있다.

이다. 신체증상장애는 낮은 사회적 지위나 제한된 학력을 가진 환자에게서 더 빈번할 것으로 나타났다.

신체증상장애 환자의 절반 이상은 불안 및 기분 증상을 가지고 있다. 이때 임상가들은 기저에 신체증상장애를 간과하고, 불안이나 기분 장애를 진단할 위험이 항상 존재한다. 그 결과 환자는 기분이나 불안 장애에 특화된 치료를 받게 되는데, 이는 실제로 기저에 있는 신체증상장애를 다루는 접근보다는 흔히 덜 효과적이다.

신체증상장애의 핵심 특징

한 가지 이상의 신체 증상에 대한 염려는 환자들로 하여금 건강관리에 많은 시간을 투자하게 하거나, 증상의 심각성에 대해 과도하게 걱정하게 함으로써 높은 수준의 건강에 대한 불안을 초래한다.

주의사항
- 기간(6개월 이상)
- 감별진단(물질 사용 및 신체적 장애, 질병불안장애, 기능성 신경학적 증상장애, 기분장애, 공황장애 및 범불안장애, 망상장애, 해리장애, 신체이형장애, 인위성장애, 꾀병)

부호화 시 주의점
다음의 경우 명시할 것

통증이 우세하게 수반된 경우. 통증이 주 호소인 환자의 경우. 더 자세한 논의는 279쪽을 참조하라.

지속성. 만일 이 경과에서 심각한 증상, 수많은 손상, 그리고 6개월보다 더 긴 지속기간을 보일 때 부호화한다.

환자 증상의 심각도와 관련된 다음의 행동을 고려하라 — 과도한 생각, 지속적으로 높은 불안, 과도한 에너지/시간. 그리고 나서 심각도를 평정하라.

경도. 상기 행동 중 하나.

중등도. 2개 이상.

고도. 2개 이상, 수많은 신체적 호소(혹은 극도로 심각한 하나의 신체적 호소)가 동반됨.

나의 전문적인 경험에 따르면, 신체 증상 및 관련 장애는 네 가지 다른 이름으로 불렸다. 2,000년 전 그리스인들은 히스테리아(hysteria)에 대해 이야기했는데, 그들은 통증을 유발하거나 호흡을 방해하거나 목이 막히는 등의 증상이, 몸 안을 돌아다니는 자궁(hystera)으로부터 야기된다고 믿었다. 그러한 고대 용어는 20세기 중반까지 유행했으며, 이후 점차 새로운 진단명과 더 복잡한 정의로 대체되었다.

브리케 신드롬(Briquet syndrome)은 19세기 프랑스 의사의 이름을 따서 지어졌으며, 그는 이 장애의 전형적인 다증상적 발현을 최초로 기술한 인물이다. 이 진단은 (60개 증상 중) 25개의 증상을 충족해야 하고, 임상가는 신체검사나 임상검사를 통해 각 증상을 설명할 객관적인 증거가 없다는 사실을 확신할 수 있어야 한다. 일반적인 신체적 호소뿐만 아니라, 일시적인 실명과 발성불능증(aphonia)과 같은 신경학적(pseudoneurological) 증상과 우울, 불안, 발작, 환각과 같은 정서적 증상도 목록에 포함되었다.

브리케 진단기준은 추후 인터뷰에서 실제 신체적 질병을 발달시키지 않았고 심리치료와 행동관리에 잘 반응한 환자 그룹을 확인했다. 하지만 25개의 증상은 몇몇 임상가들이 평가하기에 지나치게 많았다. 1980년대 DSM-III의 저자들은 신체화장애라는 용어를 고안해 내었고 브리케 증상 중 정신 및 정서적 증상을 모두 없애면서 증상의 개수를 줄였다.

DSM-III-R과 DSM-IV에서는 좀 더 증상 목록을 다듬어서 줄였다("가위질해서 쉽게 만들었다."라고 말한다). 하지만 이처럼 신체화장애의 증상이 더 간단해졌음에도 불구하고, 거의 진단된 환자는 없었다. 아마도 임상가들은 이 문제를 감수하고 싶지 않거나 혹은 이 증상을 실질적으로 사용하기에는 너무 제한적이기 때문일 수 있을 것이다. DSM-5-TR은 정신건강 분야가 아닌 임상가들이 기준을 이해하기 어렵고 의학적으로 설명이 안 된다는 점을 강조하는 것이 비하적이고 모욕적이었다고 지적한다.

이름이 점차 길어지면서, 진단기준은 점점 더 짧아졌다는 점은 주목할 만하다 — 명백한 예외는 히스테리 자체로, 이는 단 하나의 증상만을 필요로 하는 직감적 진단이었으며, 종종 가성신경학적 '전환(conversion)' 유형이었다. 이제 SSD와 함께, 우리는 다시 출발점으로 돌아왔다. 환자의 일정 수준의 관심을 받는 단 하나의 증상이면 DSM-5-TR 진단에 충분하다.

현재 기준이 신체질환 또는 다른 정신장애를 가진 환자들로부터 동질적인 환자 그룹을 얼마나 잘 구분할 수 있을지는 아직 미지수다. 그러나 우리는 정말로 원점으로 돌아온 것 같아 걱정된다. 다시 한번, 복잡하고 심지어 신비스러운 증상을 가진 사람들을 잘못 식별할 위험에 처해 있으며, 이는 궁극적인 신체적 또는 심각한 정신 장애의 전조가 될 수 있다.

여기 우리의 검증을 받아야 할 또 다른 논쟁거리가 있다. DSM-5-TR 진단기준에는 환자의 증상에 대해 배제해야 할 기타 원인을 찾아볼 수가 없다. 즉, 신체증상장애의 진단기준에는 특정 집단(지적장애, 성격장애, 물질사용장애, 신경성 식욕부진증 및 변태성욕장애)을 감별진단으로 고려할 필수 요건으로 두지 않고 있다.

이 책의 이전 판에서, 저자는 현재의 진단기준을 사용하지 말 것을 권장했다. 그것은 너무 빠른 변화에 맞서는 것이었을 수도 있어, 이제 현재 DSM-5-TR의 신체증상장애(SSD) 기준의 사용을 위한 저자의 제안은 다음과 같다.

- 증상의 지속기간이 최소 6개월을 훨씬 넘는 경우를 찾아라.
- 확장된 기간 동안 여러 증상을 가진 환자를 식별하기 위해 면밀한 인터뷰를 시행하라.
- 일반적인 치료 개입에 반응하지 않은 증상을 식별하는 데 도움이 될 다른 건강관리 제공자들로부터 정보를 얻어라.

- 기분 및 불안 장애와 물질 사용을 포함한 다른 가능한 원인들을 신중하게 배제하라.
- 그리고 환자를 주의 깊게 추적해 보라. 당신들이 마주칠 수 있는 길에서 어떤 전환점으로 꺾일지 모를 일이다.

신시아 파울러

신시아 파울러는 자신의 이야기를 하면서 눈물을 흘렸다. 그녀는 35세였고, 자신을 담당했던 일련의 건강관리 전문가 중 가장 최근 담당자에게 오랜 기간에 걸친 복잡한 병력을 이야기하고 있다. 그녀의 병력은 매우 복잡했다. 이는 10대 중반부터 시작되는데, 한 관절이 다른 쪽으로 움직이는 것 같은 관절염을 앓았다. 그녀는 이러한 증상을 '성장통'이라고 들었지만, 증상이 나타났다 사라졌다를 반복하며 20년 동안이나 지속되었다. 그녀는 이후에도 다양한 유형의 관절통을 지속적으로 진단받았지만, 검사 결과 그 어떤 증거도 발견되지 않았다. 장기간 지속된 치료는 결국 효과가 없었던 것으로 증명되었다.

신시아는 20대 중반에 왼쪽 옆구리의 통증을 확신했지만, 또다시 아무것도 발견되지 않았다. 후에 복통과 구토 증상으로 인해 위장검사와 황산바륨 엑스레이 조영검사를 해보았지만 검사 결과 모두 정상이었다. 이제 처방받거나 혹은 처방전 없이 살 수 있는 진통제뿐 아니라 항염증제까지 포함되며 점차 늘어나던 그녀의 약물 목록에 항히스타민제까지 추가되었다.

한때 신시아는 한 여성지에서 월경전 증후군에 관한 기사를 읽은 후, 그녀의 증상 중 상당수가 월경전 증후군으로 인해 악화되었다고 지레 짐작했다. 그녀는 월경 전에 항상 심한 복통과 함께 과민해졌고, 때때로 이러한 증상이 너무 심해서 며칠 동안 침대에 누워 있던 적도 있었다. 그녀는 26세가 되었을 때 자궁적출술을 받았다. 6개월 뒤 지속적인 구토 증세로 내시경검사를 받았지만, 유착(adhesions) 외에는 어떠한 이상도 발견되지 않았다. 설사와 변비가 번갈아 나타나면서 배변 활동을 조절하기 위한 일련을 치료도 받았다.

그녀에게 성생활에 대해 질문했을 때, 신시아는 불편하게 의자를 움직였다. 그녀는 성에 그다지 신경을 쓰지 않았고, 한 번도 절정을 경험한 적이 없었다. 성적 흥미의 부족은 그녀에게 문제되지 않았지만, 그녀의 남편이었던 사람들은 자주 불만을 표현했다. 신시아는 10대 초반이었을 때 자신에게 어떤 성적인 문제가 있었을 가능성에 대해 인정했지만, 이에 대해 전혀 기억하지 못했다. "마치 어떤 사람이 제 일기에서 그해 있었던 일 모두를 잘라내 버린 것 같아요." 그녀는 이렇게 말했다.

어찌 되었든, 신시아는 자신을 담당했던 몇 명의 임상가들에게 실망감을 표현했다. "그들 중 그 누구도 나를 어떻게 도울 수 있을지 알지 못했어요. 그러나 당신은 무엇이 잘못된 건지 찾아낼 거라 확신해요. 모두들 당신이 이 분야에서 최고라 하더군요." 그녀는 눈물 사이로 확신에 찬 미소를 지었다.

신시아 파울러의 평가

한눈에, 우리는 신시아가 매우 고통스러운 신체 증상을 보이며(진단기준 A), 수년 동안(C) 막대한 시간과 노력을 기울였다는 것을 확인할 수 있었다(B). 이러한 사실이 그녀가 근본적으로 DSM-5-TR의 신체증상장애를 진단받는 이유이다. 그러나 저자는 그녀의 상태를 이전 DSM-IV의 신체화 장애 지침에 따라 분석하고자 한다(다시 278쪽의 이중선 안에 기술된 내용 참조).

신시아는 네 가지 증상영역에 걸쳐 최소 여덟 가지 증상을 가지고 있어서, 이를 충족했다 — 통증(복부, 옆구리, 관절 그리고 월경통), 소화계(설사와 구토), 성적 증상(과도한 월경 출혈, 성적 무관심), 그리고 오래된 가성신경학적 증상(기억 상실). DSM-IV 진단기준에서는 상기 증상이 신체 질환의 원인으로 설명될 수 없어야 하며, 이는 어떤 방식으로든 환자의 기능을 손상시켜야 한다. 저자 역시 이에 이견이 없다. 이러한 증상은 30세가 되기 한참 전에 시작되었고, 의도적으로 증상을 가장한다는 근거가 전혀 없었다. 이것이 저자가 증명하려는 내용이다.

그렇다 하더라도 거의 모든 정신질환에서와 같이, 기타 의학적 상태는 가장 먼저 배제되어야 할 첫 번째 감별진단이다. 의학적 및 신경학적 장애 중 살펴볼 만한 것은 다발성 경화증, 척수종양 그리고 심장과 폐 질환이다. 신시아는 이미 다양한 의학적 상태에 대한 검사를 마쳤고, 다양한 약물을 처방받았음에도 나아지지 않았다. 이 사례의 마지막 단락을 통해 추정해 보건대, 그녀의 이전 임상가들은 진단을 내리거나 그녀를 효과적으로 치료하는 데 있어서 어찌할 바를 몰랐을 것이다.

신시아의 경험이 실제 신체적 질환을 가진 환자들과 다른 것은 다음과 같다. (1) 증상의 수와 다양성(비록 DSM-5-TR SSD 진단기준 A에서는 수량이나 다양성이 요구되지 않지만), (2) 병력, 임상검사 결과 혹은 신체검사에 근거하여, 신체 증상에 대한 충분한 설명이 부재함(SSD에서도 요구되지 않음), 그리고 (3) 일반적으로 해당 증상에 도움이 되는 치료로부터 불충분한 완화(역시 요구되지 않음). 다시 한번 강조하자면, 현대의 신체증상장애 진단기준은 신시아가 가지고 있는 증상보다 훨씬 더 적은 증상만으로도 진단 가능하지만, 그녀의 병력은 수천 년 동안 임상가들이 헛되이 도움을 주려고 노력해 온 환자들에게서 나타나는 전형적인 특징을 보였다.

다른 신체 증상 및 관련 장애 역시 감별을 위해 논의될 필요가 있다. 신체증상장애, 통증이 우세한 경우에 환자들은 때때로 아무것도 할 수 없게 만드는, 매우 심각한 신체적 통증에 초점을 둔다. 비록 신시아는 다양한 영역의 통증을 호소했지만, 이는 더 넓은 범위의 신체 증상 가운데 한 측면일 뿐이었다. 질병불안장애(이전에는 건강염려증) 환자들은 복합적인 신체 증상을 보일 수 있지만, 신시아처럼 특정 신체 증상이 아닌 어떤 신체질환에 걸리는 것을 두려워하는 데 초점을 둔다.

신시아는 고전적인 신체적 전환 증상이 하나도 없었지만(예 : 발이나 손의 감각마비, 편마비), 많은 신체증상장애 환자들은 그러한 증상을 보일 수 있다. 그렇다면 전환장애(기능성 신경학적 증상장애)와의 감별진단을 시작해야 할 것이다. DSM-5-TR은 기능성 신경학적 증상장애가 신체증상장애와 함께 진단될 수 있다는 점을 강조한다. 이러한 관행에는 장점이 있다고 볼 수 있다. 신체적 원인이 분명하지 않은 특정 증상을 강조할 수 있게 해준다. 하지만 내가 보기에 이것은 새로운 진단적 영역을 포함하지 않는다.

우리는 항상 물질관련장애에 대해 신중히 조사해야 한다. 신체증상장애 환자의 1/4 이상에서 물질관련장애가 발견된다. 더불어 환자들이 정신건강기관에 치료를 위해 내원하는 경우, 부수적으로 나타나는 우울이나 불안 장애 때문인 경우가 흔하다.

게다가 많은 신체증상장애 환자들은 하나 이상의 성격장애를 가지고 있다. 경계성 그리고 반사회성 성격장애도 진단 가능하나, 특히 연극성 성격장애가 우세하게 많다. 신시아가 마지막 단락에서 주치의에게 했던 말을 통해 성격장애를 짐작할 수 있지만, 이에 대한 정보가 불충분하기 때문에 이번에는 성격장애 진단을 유보하려고 한다. 여기에는 성격장애 진단을 내릴 방법이 없으므로, 저자는 요약 부분에서 추가적인 평가가 필요하다는 점을 언급할 것이다.

GAF 점수는 61점이고, 신시아의 진단은 다음과 같다.

F45.1   신체증상장애

이 책에서 저자가 유일하게 제공하는 DSM-IV의 진단기준은 불완전할 수 있지만, 이것이 두 가지 관점을 당신에게 제공하기 바란다. 첫째, 이 기준을 통해 신체 증상을 호소하는 환자들에게 영향을 미칠 수 있는 신체적 및 정서적 증상의 폭을 이해할 수 있다. 더 중요하게는, 이전에 사용되었던 약물 및 외과적 개입을 무의미하게 반복하지 않고 실제적인 도움이 될 수 있는 치료 접근법을 식별하는 도구를 제공한다.

개인적으로 확신하건대, 이 기준에 따라 진단된 모든 환자는 DSM-5-TR의 신체증상장애 진단에도 해당될 것이다.

DSM-IV 신체화장애의 개요는 다음과 같다.

- 나이가 어렸을 때부터 이 환자들은 다양한 신체적 불편함을 겪으며, 새로운 증상들은 종종 이전 증상이 해결됨에 따라 나타난다. 치료가 대체로 비효과적이기 때문에, 환자들은 치료를 찾아 다른 건강관리치료를 제공하는 기관으로 옮겨 다닌다.
- 가능한 다양한 증상들은 여러 그룹으로 나뉜다.
  ○ 통증(몇 개의 다른 영역을 요구한다). 머리, 등, 가슴, 복부, 관절, 팔과 다리 혹은 생식기, 혹은 배뇨, 월

경 혹은 성교와 같이 신체기능과 관련된 것들

- 소화계(통증 외). 복부팽만감, 변비, 설사, 메스꺼움, 구토(임신기 동안은 제외) 혹은 몇몇 음식에 대한 과민증(명목상 3개 이상)
- 성적 혹은 생식 기관(통증 외). 발기 혹은 사정의 어려움, 불규칙적인 월경, 과도한 월경량, 임신기 내내 지속되는 구토
- 가성신경학적인 증상(통증 외). 시력 상실, 청력 상실, 복시(double vision), 목구멍에 덩어리가 있는 느낌이나 삼키는 것의 어려움, 말할 수 없게 됨, 빈약한 균형 혹은 협응력, 약한 혹은 마비된 근육, 소변 정체(retention of urine), 환각, 감각 혹은 통증에 대한 무감각, 발작, 기억 상실(혹은 다른 해리 증상), 혹은 의식 상실(실신 외)

- 보통 신체화장애 환자들은 통증 증상에서 4개(이상), 소화계 증상에서 2개, 나머지 2개 증상 집단에서 최소 각각 1개씩, 총 8개 이상의 증상을 보일 것이다. 대부분 환자들은 8개보다 더 많은 증상을 보인다. 증상은 치료를 요하거나 사회적, 개인적 혹은 직업적 기능을 손상시킨다.
- DSM-IV는 신체화장애를 30세 이전에 발병하는 것으로 규정했지만, 대부분 환자들은 그보다 이른 10대 혹은 20대 초반부터 증상을 보인다. 이 증상은 반드시 어떤 다른 의학적 상태(물질 오용을 포함하여)에 의해 설명되어서는 안 된다. 또한 신체질병을 가진 환자의 경우에는 그 증상에 대해 일반적으로 기대되는 것보다 훨씬 더 큰 불안감을 가지고 반응한다.
- 물론 실제로 있는 신체질병이 가장 먼저 감별되어야 한다. 더불어 신체화장애는 치료가 어려울 수 있기 때문에 많은 다른 정신 및 정서 장애가 배제될 필요가 있다. 여기에는 기분 혹은 불안 장애, 정신병적 장애, 그리고 해리 혹은 스트레스 장애가 포함된다. 물질사용장애는 신체화장애와 동반이환할 수 있다. 저자의 감별 목록에는 인위성장애와 꾀병이 포함될 수 있지만, 이는 감별 목록 중 거의 최하위에 속할 것이다.

DSM-IV Made Easy (pp. 294-295) by James Morrison. Copyright ⓒ 1995 The Guilford Press. 허락하에 재인쇄.

신체증상장애에 대한 통증이 우세한 경우 명시자

몇몇 신체증상장애 환자들은 주로 통증을 경험하며, 이때 통증이 우세한 경우라는 명시자를 부여할 수 있나. 이러한 경우 DSM-IV에서는 통증장애로 명명했고, 고유한 진단기준이 있는 독립적인 장애(condition)였다. (여기서부터 저자는 통증장애를 신체증상장애-통증으로 부를 것이다.) 우리가 그것을 무엇이라 부르든 간에 다음 사항을 명심할 필요가 있다.

- 통증은 주관적이다. 개인은 통증을 각기 다르게 경험한다.
- 전체 증상을 설명할 수 있는 해부 병리학이 없다.
- 통증을 측정하는 것이 어렵다.

따라서 만성적이거나 고통스러운 통증을 호소하지만 이를 설명하기에 적절한 객관적인 병인이 명백히 부족한 환자의 경우 진단이 매우 까다롭다. (DSM-5-TR에서는, 실제 통증을 가지고 있지만

그에 비해 과도한 염려를 보이는 환자에게 신체증상장애-통증을 진단할 수 있다.)

주 호소인 통증은 보통 만성적이고, 흔히 매우 극심하다. 통증은 때때로 다양한 형태로 나타날 수 있지만, 가장 흔한 것으로는 허리, 머리, 골반 혹은 악관절 통증을 들 수 있다. 전형적으로, 신체증상장애-통증은 시간의 흐름에 따라 완화와 악화가 반복되기보다는 지속적이며, 주의 전환을 통해 증상을 경감시키기도 어렵다. 아마 유일하게 진통제에는 미약하게나마 반응할지 모른다.

만성적인 통증은 인지기능을 방해하여 사람들의 기억력, 집중력, 과업 완수를 곤란하게 만든다. 통증은 종종 우울, 불안 그리고 낮은 자존감과도 관련이 있다. 수면곤란이 나타날 수도 있다. 이런 환자들은 자극에 대한 반응 속도가 느리고, 통증이 악화되는 것에 대한 두려움으로 신체적 활동을 줄일 수 있다. 물론 업무에서도 손상을 보인다. 절반 이상의 경우, 임상가들은 만성적인 통증을 부적절하게 다룬다.

신체증상장애-통증은 보통 30~40대에 시작되며, 흔히 어떤 사고나 몇몇 다른 신체적 질환 이후 나타난다. 이 장애는 흔히 남성보다 여성에게서 더 빈번하게 진단된다. 장애의 지속기간이 늘어나는 만큼, 많은 경우에 업무 및 사회생활에서 무능해지고 때때로 결국 병약해진다. 비록 몇몇 형태의 통증이 많은 성인들에게 — 미국에서는 약 30% 정도로 — 영향을 미치지만 아무도 신체증상장애-통증의 유병률에 대해 정확히 알지 못한다.

루비 비셀

루비 비셀은 자신의 팔을 의자 팔걸이에 각각 올려놓았고 불편하게 움직였다. 그녀는 거의 30분 동안 이야기를 했는데 묵직하고 지속적인 아픔이 점점 악화되었다. 두 손으로 허리를 밀면서 몸통을 다리 쪽으로 구부렸다. 그녀는 허리의 안쪽을 주먹으로 누를 때마다 얼굴을 찡그렸다. 얼굴에 생긴 주름들 때문에 실제 나이인 45세보다 10년은 더 늙어 보였다.

루비는 이러한 통증을 경험한 지 거의 6년이 지났지만 정확히 언제부터 시작되었는지 확신하지 못했다. 짐작건대 환자를 수술대에서 침대로 옮기는 업무를 했을 때부터 시작되었던 것 같다. 그러나 루비를 처음으로 진찰한 정형외과 의사가 인대가 살짝 늘어난 것이라고 했기 때문에, 그녀는 거의 1년 동안 계속 간호사로 근무했다. 이후에도 앉으나 서나 늘 등이 아팠기 때문에 결국 일을 그만두어야만 했다. 또한 어떤 자세도 한 번에 몇 분 이상 유지할 수 없었다.

"병원에서 한동안 제게 관리하는 일을 하게 해주었어요." 그녀가 말했다. "하지만 전 그 일조차도 그만둘 수밖에 없었죠. 제가 할 수 있는 선택은 앉거나 서는 것뿐이었어요. 그리고 매 시간당 몇 분씩 제 등을 펴는 데 할애해야 했죠."

루비는 건실한 블루칼라 계층인 부모님으로부터 직업 윤리의식을 물려받았기 때문에, 17세부터 스스로 생계를 꾸려나갔고, 통증으로 인한 퇴직은 타격이 컸다. 그러나 그녀는 퇴직으로 인해 우울한 기분을 느낀다고 말할 수 없었다. 이제까지 그녀는 자신의 감정에 대해 내성해 본 적이 없었고, 많은 것들에 대해 어떻게 느끼는지 솔직하게 설명할 수 없었다. 그녀는 환각이나 망상에 대한 경험을 부인하였다. 요통을 제외하고 그녀의 신체건강은 양호한 편이었다. 요통으로 인해 종종 잠에서 깨곤 했지만, 실제로 불면증을 앓고 있지는 않았다. 식욕이나 체중도 정상이었다. 면담자가 자살 충동이나 자살 사고를 경험한 적이 있었는지 물어봤을 때, 그녀는 약간 기분 나빠 하며 강하게 부인했다.

다양한 치료에도 그녀의 상태는 거의 변화가 없었다. 진통제 역시 증상을 전혀 경감시키지 못했고, 그녀는 진통제에 중독되기 전에 모든 약물 복용을 중단하였다. 물리치료는 오히려 통증을 더욱 악화시켰고, 전기 자극 치료기는 피부에 화상을 입히는 것 같았다.

신경외과 의사도 해부학적인 병인을 찾을 수 없었고, 루비에게 척추궁절제술(laminectomy)이나 척추유합술(spinal fusion)로도 그녀의 상태를 호전시킬 수 없다고 설명했다. 그녀는 남편에게 있었던 일로 인해 그 어떤 외과 수술도 믿지 못하였다. 그녀의 남편은 그녀의 통증이 시작되기 1년 전에 트럭사고로 부상을 당했다. 이후 그는 척추궁절제술을 받았지만, 이로 인해 업무 수행뿐 아니라 성생활에도 무능하게 되었다. 부양해야 할 자녀가 없었기 때문에, 이 부부는 그들에게 나오는 장애수당으로 어느 정도 안락하게 살 수 있었다.

"대부분 우리는 그냥 집에 있어요." 루비는 이야기했다. "우리는 서로를 많이 아낀답니다. 우리의 관계는 제 삶이 매우 행복한 이유 중 하나예요."

면담사는 그들이 여전히 어떤 형태로든 성생활이 가능한지 물었다. 루비는 성생활이 불가능하단 사실을 인정했다. "우리는 매우 적극적이었어요. 나는 그것에 만족했죠. 그레고리가 사고를 당한 이후 성관계를 할 수 없게 되면서, 그는 저를 만족시켜 줄 수 없다는 것에 대해 엄청난 죄책감을 느꼈어요. 하지만 이젠 제 요통이 성생활을 할 수 없게 만들었죠. 남편과는 상관없이 말이에요. 이제 그가 모든 책임을 짊어지지 않아도 돼서 다행이에요."

루비 비셸의 평가

몇 년 동안(신체증상장애 진단기준 C는 6개월 이상의 기간을 요한다), 루비는 그녀의 생활, 특히 업무능력에 현저한 영향을 미치는 심한 통증(A)을 호소해 왔다. 그녀는 자신의 통증을 치료하기 위해 명백하게 많은 시간과 노력(B)을 들였다. 한마디로 우리는 신체증상장애-통증의 세 가지 진단 요건을 모두 확인하였다.

이 진단기준에서 우리에게 다른 원인들을 배제하라고 요구하지 않지만, 우리는 책임감 있는 임상가로서 어떠한 방식으로든 다른 원인이 있는지 확인해야 마땅하다. 원칙적으로 우리는 그녀의 통증이 다른 의학적 상태로부터 야기된 것이 아님을 확실히 알 필요가 있다. 이 사례에서 그녀는 정형외과 의사로부터 전반적인 평가를 받았지만, 심한 통증을 충분히 설명해 줄 수 있는 병리가 발견되지 않았다는 사실을 분명히 확인했다(만약에 그녀가 뚜렷한 병리를 가지고 있었다고 하더라도, 통증의 상태나 시기 및 양상이 그 질병의 전형적인 특징이 아니라면, 신체증상장애-통증을 의심해 보아야 한다).

루비가 꾀병일 가능성은 없을까? 이러한 문제는 특히 산업재해 보상금을 수령하는 모든 사람들과 관련이 있다. 그러나 루비는 정말로 고통을 겪고 있는 것으로 보이며, 이 사례에서 그녀가 업무 시간보다 여가 시간에 신체기능이 더 좋았다는 증거가 없었다. 루비의 의뢰사유는 법적 증빙서류를 마련하려는 것이 아니었으며, 이러한 검사에도 적극적으로 협조했다. 게다가 꾀병은 오랫동안 지녀온 그녀의 직업 윤리와도 일치하지 않는 것처럼 보인다.

통증은 흔히 우울 증상 중 하나이다. 실제로 많은 의사들은 극심하거나 대부분의 만성적인 통증을 호소하는 환자들에게 자동적으로 항우울제를 권할 것이다. 루비는 두드러지게 우울한 기분을 부인했지만, 이러한 통증 증상은 여전히 기분장애의 대체 증상일 수 있다. 하지만 그녀는 기분장애를 암시할 수 있는 자살 사고, 수면장애 혹은 식욕 저하를 한 번도 경험한 적이 없었다. 물질관련장애 환자들이 때때로 약물을 처방받으려는 목적으로 통증을 가장하기도 하지만, 오히려 루비는 진통제에 의존하게 되는 것을 막으려고 노력했다.

질병불안장애 환자들은 신체 증상이 존재하더라도 대개 경미하며, 이들은 증상 자체보다는 특정 질병을 가진 것에 집착한다. 루비는 그다지 걱정하는 것처럼 보이지 않는다. 기능성 신경학적 증상(전환)장애에서는 통증이 주요 초점이 아니다. 적응장애 환자들은 때때로 신체 증상을 보일 수 있지만 이들의 신체 증상은 확인 가능한 촉발요인과 관련되어 있으며, 스트레스 요인이 없어지면 함께 사라진다.

DSM-5-TR에서는 우리에게 통증의 기저에 있는 심리적 요인을 확인하도록 요구하지 않는다. 실제로 신체증상장애의 진단기준에는 통증에 대해 심리적 기제가 있다고 추정한다는 내용이 없다. 하지만 환자의 통증을 발생시키거나 혹은 유지에 기여할 수 있는 심리적 요인을 생각해 보는 것은 도움이 될 수 있다. 루비의 병력에서도 몇 가지 가능성이 시사되었다. 여기에는 루비가 남편이 성적 무능으로 인해 죄책감을 느끼는 사실을 알고 있는 것, 혼자 집안의 가장이 되는 것에 대한 불안, 그리고 어쩌면 10대부터 일을 해 오고 있는 것에 대한 분노가 포함될 수 있다. (많은 환자들은 복합적인 심리적 요소를 가지고 있다.)

따라서 루비의 통증을 야기하거나 혹은 악화시킬 수 있는 심리적 요인에는 관계, 업무, 그리고 재정에서 비롯된 스트레스가 포함된다. GAF 점수 61점과 함께, 그녀의 진단은 다음과 같다.

F45.1   신체증상장애, 통증이 우세한 경우

때때로 루비와 비슷한 증상을 보이는 환자들은 통증과 관련된 정서적 요소를 기술하는 데 현저한 어려움을 보일 수 있다. 개인이 느끼는 것을 언어로 표현하지 못하는 것은 '감정표현불능증(alexithymia)'이라 명명되었고, 이는 '기분 표현을 못 하는'이란 그리스어에서 유래되었다.

F45.21 질병불안장애

질병불안장애(IAD) 환자들은 자신이 어떤 심각한 질병에 걸렸을 것이라고 몹시 걱정한다. 그들의 불안은 건강관리 전문가로부터의 안심시켜 주는 말이나 건강하다는 의학적 증거에도 불구하고 지속된다. 흔한 예로, 심장질환(때때로 심계항진과 함께 시작되었을 수 있다)이나 암(심지어 약간 어두워진 것처럼 보이는 반점에 대해 궁금해하면서 시작되기도 한다)에 대한 공포를 들 수 있다. 이런 환자들은 정신병이 아니다. 그들은 자신의 증상에 정서적 원인이 있다는 사실에 일시적으로 동의하기도 하지만, 금세 다시 두려움에 사로잡히기 시작한다. 따라서 그들은 신체적 질환이 없다는 소견을 무시하고, 심지어 정신건강 자문을 받는 것을 화를 내며 거부할 것이다.

DSM-IV에서 건강염려증으로 진단된 환자 중 약 3/4은 실제로 신체 증상이 있어 DSM-5-TR에서는 신체증상장애로 분류될 수 있다. 환자의 약 1/4은 질병에 걸리는 것에 대해 걱정하지만, 신체 증상은 별로 없다. 때때로 환자들은 명백한 기질적 질환을 보이기도 하지만 그들의 건강염려적(hypochondriacal) 증상은 실제 의학적 상태에 비해 지나치다. 이런 환자들을 더 명확하게 설명하기 위해 DSM-5에서는 진단명을 개정하였고(건강염려증이라는 용어기 비난조로 여겨질 수 있다), 새로운 진단기준을 작성했다.

수 세기 동안 질병불안장애가 연구되었지만, 이는 여전히 미지의 영역에 가깝다. 예를 들면, 가족 내 유전 여부에 대해서도 지금껏 알려지지 않았다. 그러나 다수에 의하면, 질병불안장애는 꽤 흔하고(전체 인구의 약 5% 정도), 특히 비-정신건강 의사들에게 진료를 보러 오는 경우에 더 그러하다. 이 장애는 20~30대에 발병하는 경향이 있고, 30~40대 즈음에 발병률이 정점을 찍는다. 아마도 남성과 여성에게서 동등한 비율로 나타날 것이다. 그들은 현재 의학적 질병에 대한 비율이 높지 않지만, 아동기에 질병을 보였던 비율은 높다.

역사적으로, 건강염려증은 만화가와 극작가들에게 재미있는 소재로 쓰였지만, 사실 이 장애는

정말로 견디기 어려운 고통을 유발한다(몰리에르의 **상상병 환자**라는 희곡을 읽어보라). 이 장애는 완치 가능하지만, 수년 동안 업무와 사회생활을 방해하면서 만성적인 경과를 밟는 경우가 더 흔하다. 많은 환자들은 자신에게 분명히 심각한 신체질환이 있다고 느끼고, 이를 완화시켜 줄 수 있는 의사를 찾아다닌다. 그중 몇몇은 몰리에르의 불쌍한 주인공, 아르강처럼 완전히 병약해지게 된다.

질병불안장애의 핵심 특징

심각한 신체적 증상이 부재함에도 불구하고, 질병불안장애 환자는 질병에 걸리는 것에 대해 지나치게 걱정한다. 높은 수준의 불안은 신체 증상에 대한 경고신호의 역치가 낮은 것과 관련이 있는데, 이는 건강에 관한 반복적인 행동으로 이어진다(안심시키는 말을 요청하고, 신체 징후에 대해 계속 확인하는 것). 몇몇 환자들은 오히려 병원이나 진료 약속을 회피하는 것으로 대처한다.

주의사항

ㄱ들을 다루어라
- 기간(6개월 이상, 건강에 대한 염려는 다양할 수 있음)
- 감별진단(신체적 장애, 기분장애, 범불안장애, 공황장애, 강박장애, 망상장애, 신체이형장애, 신체증상장애, 적응장애)

부호화 시 주의점

아형을 명시할 것

    진료추구형. 이 환자들은 보통사람보다 더 빈번하게 의료적 서비스를 받는다.

    진료회피형. 이 환자들은 불안 수준이 고조되어, 진료받는 것을 회피한다.

줄리안 펜스터

"우와! 차트 두께가 5cm는 되겠어요." 줄리안 펜스터는 지난달에 세 번이나 응급실을 방문했다. "이 차트는 이제 세 권째인 걸요." 간호사는 그에게 말했다.

줄리안은 24세였고, 어머니와 10대인 여동생과 함께 살고 있었다. 몇 년 전 그는 멀리 떨어진 전문대학을 다니기 시작했지만 한 학기 만에 다시 집으로 돌아왔다. "저는 제 주치의와 멀리 떨어지고 싶지 않았어요."라고 말했다. "심장질환을 예방하고자 한다면, 아무리 주의해도 지나치지 않죠." 그는 익숙한 솜씨로 그의 혈압기를 팔뚝에 고정시켰다.

줄리안의 아버지는 그가 10대 초반이었을 때 돌아가셨다. 그는 "아버지는 스스로 죽음을 자초한 거예요."라고 지적했다. "아버지는 어린 시절에 앓았던 류머티즘열 때문에 심장비대증이 생겼죠. 하지만 그가 한 운동이라고는 속에 크림이 든 스폰지케이크를 포함하여 튀긴 음식들을 먹는 것뿐이었어요. 그리고 담배도 피우셨죠. 그는 하루에 담배 두 갑을 피우는 것을 자랑으로 여기는 남자였죠. 그래서 아버지가 어떻게 되었는지 보세요."

줄리안은 섭취하는 음식에 매우 철저했기 때문에, 이와 같이 건강에 위협이 되는 행동을 전혀 하지 않았다. 그는 인터넷에서 식이요법에 대한 정보를 찾기 위해 몇 시간씩을 소비하는가 하면, 딘 오니시 박사의 강의를 듣기도 했다. "전 강의를 들은 후로 식물성 음식 식이요법을 따르고 있어요." 줄리안은 말했다. "저는 특별히 두부에 관심이 많아요. 브로콜리도요."

줄리안은 신체 증상에 대해 크게 호소한 적이 없었으며, 단지 이상하게 가슴이 두근거리거나 특히 날씨가 습한 날 볼이 화끈거리는 것 정도였다. "저는 어디가 나쁘다고 느끼지 않아요." 그는 설명했다. "저는 그저 두려움을 느낄 뿐이에요."

이번에 그는 심장질환을 앓는 젊은이들에 대한 전미방송협회의 보도를 들었다. 이 보도에 그는 깜짝 놀라서 찬장에 넣으려던 그릇을 떨어뜨렸다. 그는 그릇의 잔해를 치우지도 않은 채 응급실에 가는 다음 버스를 탔다.

줄리안은 그의 건강관리 욕구에 대한 다른 접근이 필요하다는 사실에 동의했고, 한 번쯤 인지행동치료를 받아볼 수도 있겠다고 생각했다. "그런데 먼저," 그가 물었다. "딱 한 번만 제 혈압 좀 체크해 주실 수 있어요?"

줄리안 페스터의 평가

질병불안장애의 필요조건은 간단하다. 줄리안은 쉽게 질병불안장애의 진단기준을 충족했다. 그는 질환이 없다는 것을 확실하게 확인했음에도 이에 대해 필요 이상으로 지나치게 걱정했다(진단기준 A). 그는 높은 불안과 낮은 경고신호 역치 수준(low threshold for alarm) 모두를 보였다(그는 단지 라디오 보도만으로 겁을 먹고 응급실에 재내원하였다, C). 또한 그의 증상은 가벼운 정도가 아니라 아예 없는 것에 가까웠다(B). 따라서 우리는 신체증상장애를 배제할 수 있다. 그는 인터넷으로 건강에 대한 정보를 모으는 데 막대한 시간을 투자했다(D). 마침내 그는 질병불안장애 진단에 필요한 최소 6개월의 기간보다 훨씬 더 오랫동안 증상을 보였다(E).

이번 장에서 논의되었던 다른 질환들과 마찬가지로(스스로 유발한 것을 제외하고), 감별 시 가장 먼저 배제되어야 할 사안은 다른 의학적 상태이다. 건강에 대한 경미한 불안은 내과 외래환자들 사이에서도 꽤 흔하다. 신체질환은 간과되기 쉽다. 특히 환자가 신체적 원인이 없어 보이는 증상을 오랜 기간 호소해 온 경우 더 그러하다. 하지만 줄리안의 경우, 무언가 놓쳤을 위험이 거의 없을 정도로 계속 자신의 증상을 평가하였다. 건강염려증적 행동을 보이는 사람들이 불멸의 존재는 아니기 때문에, 신체 증상은 주치의들이 항상 명심해야 할 중요한 감별사항으로 남아 있을 것이다.

건강에 대한 불안은 다른 정신질환에서도 흔히 발생하지만, 감별에 도움이 되는 몇 가지 차이점을 발견할 수 있다. 이 중에는 신체이형장애와 불안 및 관련 장애(예를 들어, 범불안장애, 공황장애와 강박장애)가 있다. 줄리안에게는 이들 장애 중 그 어느 것을 암시하는 증상도 없었다. 조현병에서 신체에 대한 걱정이 나타났을 때, 이는 망상적이고 괴이해지는 경향이 있다("나의 뇌가 빵으로 변하고 있어요."). 주요우울장애에서 증상은 자아 동질적이지만, 멜랑콜리아에 영향을 받은 것일 수 있다("나의 장이 시멘트처럼 굳었어요."라는 말은 망상이 아니라 은유적 표현이다). 저자는 거의 모든 정신건강 환자들에게서 매우 꼼꼼하게 우울증을 확인하지만, 줄리안에게서는 우울 증상을 발견하지는 못했다. 저자는 그에게 GAF 65점을 주었다.

줄리안의 차트 두께가 진료추구 아형 명시자를 뒷받침해 줄 것이다.

F45.21   질병불안장애, 진료추구형

기능성 신경학적 증상장애(전환장애)

기능성 신경학적 증상을 정의해 보자. (1) 신체기능의 어떤 변화, (2) 원인이 발견되지 않은 신체적 혹은 생리적인 기능부전. 이 증상은 때때로, '가성 신경학적 증상'이라고 불리며, 이전에는 전환 증상이라는 용어로 알려진 것이다. 현재는 '기능성 신경학적 증상'이라는 용어가 주류를 차지하고 있다. 어떤 명칭을 사용하든 이 증상들은 감각 증상과 운동 증상은 모두 포함한다.

전환 증상은 대개 분명한 신체적 원인이 존재하는 상태에서 기대되는 해부학적인 패턴과 일치하지 않는다. 한 가지 예로 '스타킹 마비'를 들 수 있는데, 이 환자들은 감각이 다리 아랫부분을 둘러싸는 지점에서 갑작스럽게 중단되어 발에서 감각을 느낄 수 없다는 무감각을 호소한다. 이는 실제 하지의 신경 공급 양상과 매우 다르고, 이렇게 깔끔하게 경계가 나뉜 무감각은 아마 없을 것이다.

다른 감각 전환 증상에는 시력 상실, 청력 상실, 복시와 환각이 포함된다. 운동 결손 전환 증상의 예로는 손상된 균형 감각이나 비틀비틀한 걸음걸이(한때는 기립보행불능증으로 불렸다), 근육의 쇠약 혹은 마비, 목이 메거나 삼키기 어려움, 실성증(loss of voice)과 폐뇨가 있다.

몇십 년 동안 전환장애의 진단기준에는 이 증상이 정서적인 갈등이나 특정 심리적 스트레스에 의해 야기되었다는 임상가의 판단이 필요했다(예를 들어, 어떤 남자는 부인이 이웃과 외도한 것을 목격한 뒤 시력 상실이 생겼다). 하지만 DSM-5-TR에서는 인과 관계에 대한 잠재적인 의견 충돌을 고려해 상기 진단기준을 없앴다. 한 임상가는 어떤 두 가지 사건에 대해 그저 '가벼운 관련성'이 있다고 보겠지만, 또 다른 임상가는 이러한 연관 가능성에 대해 필사적으로 논쟁할 수 있다.

전환장애 진단기준에서는 환자의 임상 및 영상 검사를 요구하지 않는다는 사실을 명심해야 한다. 진단을 위한 오직 한 가지 필요조건은 면밀한 신체적 신경학적 평가 후에도, 환자의 증상이 이미 알려진 의학 또는 신경학적 질환의 경과로 설명되지 않는다는 것이다. 앞서 언급했던 스타킹 마비는 이러한 요구조건을 충족할 수 있다. 밝은 빛에 대한 반응으로 동공 수축을 보이는 환자가 완전히 시력을 상실한 경우도 그렇다. 가성신경학적 증상에 대한 임상검사를 다룬 재미있는 문헌들이 많다.

전환 증상은 다양한 의학적 집단에서 광범위하게 발생할 수 있다. 성인의 1/3 정도가 일생 동안 적어도 한 번 정도 그러한 증상을 보이지만, 전환장애로 진단받는 사람들은 아마 1만 명당 오직 1명일 정도로, 정신건강 환자들에서도 매우 드물게 진단된다. 이는 보통 젊은 사람에게 나타나며, 아마 남성보다 여성에게 훨씬 더 빈번할 것이다. 전환장애는 보통 학력 수준이 낮거나 의학적 지식이 부족한 환자와, 의료행위 및 진단을 계속 접하는 곳에 있는 환자에게서 약간 더 자주 발견된다. 또한 이는 종합병원에 상담을 받으러 오는 환자들 사이에서 더 흔하게 진단될 수 있다.

전환 증상을 보이는 것이 환자의 추후 경과에 대한 의미 있는 예측인자가 되지 못할 수 있다. 후속 연구들은 전환 증상을 보였던 많은 환자들에게서 정신질환이 발견되지 않았다는 결과를 보여주었다. 상당수는 몇 년 후에도 신체질환이나 정신질환을 보이지 않았다. 하지만 몇몇은 신체화(혹은 신체 증상)장애 혹은 다른 정신질환을 보였다. 소수 몇 명은 뇌와 척수 종양, 다발성 경화증, 혹은 다양한 다른 의학적 및 신경학적 장애를 포함하여 다양한 실제 신체적 질환이 있다고 밝혀졌다. 임상가들이 '실제 질환'과 전환 증상을 감별하는 능력이 향상되어 왔다는 것은 의심할 여지가 없으나, 이는 애석하게도 여전히 실수를 범하기 쉬운 영역으로 남아 있다.

기능성 신경학적 증상장애(전환장애)의 핵심 특징

환자는 알려진 의학적 또는 신경학적 상태와 임상적으로 일치하지 않는 감각 또는 자발적 운동 기능의 변화를 경험한다. 이러한 증상은 뚜렷한 고통이나 장애를 초래하거나 의학적 평가를 받을 필요가 있다.

주의사항

ㄱ들을 다루어라

- 고통 혹은 장애(직업적/학업적, 사회적, 혹은 개인적 손상)
- 감별진단(신체질환, 기타 정신장애, 기분장애, 공황장애, 신체이형장애, 해리장애, 인위성장애, 꾀병)

부호화 시 주의점

다음의 경우 명시할 것

급성 삽화. 증상이 6개월 이하로 지속된다.

지속성. 증상이 6개월 이상 지속된다.

다음의 경우 명시할 것

심리적 스트레스 요인을 {동반하는 경우}{동반하지 않는 경우}

증상 유형을 명시할 것

F44.4 쇠약감이나 마비 동반. 이상 운동 동반(떨림, 언어장애, 근육긴장이상증, 이상 걸음걸이), **삼키기 증상 동반, 혹은 언어 증상 동반**(언어장애, 말더듬증)

F44.5 발작 동반

F44.6 무감각증이나 감각 손실 동반; 또는 특수 감각 증상 동반(환각 또는 시각, 청각, 후각의 기타 장애)

F44.7 혼합 증상 동반

DSM-5-TR의 전환장애 진단기준에는 무언가가 빠져 있다. DSM-IV에서 임상가들은 특히 꾀병이나 인위성장애와 같은 의도적인 증상을 배제해야만 했다. 비록 우리는 여전히 이 증상을 더 잘 설명할 수 있는 다른 진단이 없는지 확신하기 위해 스스로에게 질문해야 하지만, 이 두 진단이 명쾌하게 언급되지 않아도 된다. 저자의 생각으로는 환자가 증상을 꾸며내는지 확실히 알아내기 매우 까다롭기 때문에(때때로는 불가능함), 이는 바람직한 것이다. 그러나 전환 증상이 있는 경우 우리는 혼동될 수 있는 다른 모든 진단과 함께, 이러한 증상을 가장했을 가능성을 염두에 두고 인위성장애와 꾀병을 배제할 수 있도록 모든 것을 해야만 한다.

로잘린 누난

로잘린 누난은 말을 더듬는 증상으로 인해, 그녀가 다니고 있는 대학교의 학생건강센터를 방문하였다. 이는 상당히 주목할 만한 일이었는데, 그녀는 18세였고 말을 더듬은 지 겨우 이틀밖에 되지 않았기 때문이다.

이러한 증상은 화요일 오후에 있었던 여성 문제 세미나에서부터 시작되었다. 이 수업에서는 성희롱에 대해 이야기하였는데, 점점 성추행에 대한 논의로 이어졌다. 세미나를 이끄는 리더가 토론을 활성화시키기 위해 각 참여자에게 의견을 물었다. 로잘린의 차례가 되었을 때, 그녀는 너무 심하게 말을 더듬어서 결국 발표를 포기하였다.

"저는 여전히 이해하-하-하-할 수가 없어요." 그녀는 면담자에게 이야기했다. "제가 이런 고-고-곤-곤 — 문제를 겪은 건 이번이 처음이에요."

로잘린은 심리학을 전공하기로 결정한 1학년 학생이었고, "스스로를 돕기 위해선, 저 자신에 대해 더 잘 알아야 해요."라고 말하였다. 그녀가 이미 알고 있는 것에는 다음의 내용이 포함된다.

로잘린은 태어난 지 겨우 일주일 만에 자녀가 없던 한 고등학교 물리 교사와 그의 아내에게 입양되었다. 그녀의 아버지는 엄격하고 완벽주의적인 남자였고, 로잘린과 그녀의 어머니를 통제했다. 생물학적 부모에 대한 정보는 전혀 없었다.

어린아이였을 때 로잘린은 지나치게 활동적인 아이였다. 학령기 초반에는 주의집중하는 데 어려움이 있었다. 그녀는 아마 주의력결핍 과잉행동장애의 진단에 부합했을지 모르지만, 당시 그녀의 가족 주치의에게 받은 유일한 평가는 이러한 증상이 '성장의 한 단계'이며, 나이가 들면서 곧 사라진다는 소견이었다. 정확한 진단을 받지 못했지만 그녀가 12세가 되었을 때 실제로 주의력 문제가 점차 사라지기 시작했다. 로잘린이 고등학생이 되었을 무렵에는 거의 전 과목에서 A 학점을 받았다.

고등학교 시절 그녀는 친구가 많았고 폭넓게 데이트도 했지만, 진지하게 교제한 남자 친구는 하나도 없었다. 그녀는 신체적으로 매우 건강해서 병원에 방문하는 것은 예방접종을 할 때뿐이었다. 그녀의 기분은 거의 항상 밝았고 활기찼다. 그녀는 망상이나 환각을 경험한 적이 없으며, 한 번도 마약이나 알코올에 손을 대지 않았다. "지는 긴깅하고 행복하게 자-사-사랐어요." 그녀는 항변했다. "제가 이해를 모-모-못 하겠는 이유가 이거예요."

"누구든지 어떠한 문제도 없이 성인이 되기는 어렵죠." 면담자는 그녀의 반응을 보기 위해 잠시 말을 멈추었으나 아무런 반응이 없자 계속 이어갔다. "예를 들어, 어렸을 때 누군가가 성적인 목적으로 접근한 적이 있었나요?" 로잘린의 시선은 그녀의 눈에서 흘러나온 눈물로 초점을 잃은 것처럼 보였다. 처음에는 방울져 떨어지던 눈물이 이내 왈칵 쏟아졌고, 뒤이은 이야기를 통해 모든 것이 명백해졌다.

로잘린이 9~10세였을 때 그녀의 부모님은 아버지가 재직 중이던 학교의 교사 부부(둘 다 영어 교사)와 친해지게 되었다. 그녀가 14세가 되었을 무렵, 그 부부의 부인이 갑자기 사망했다. 그 남편은 이후로 수차례 저녁 식사에 초대되었고, 그러던 어느 날 그가 지나치게 와인을 많이 마셔서 로잘린네 거실 소파에서 자게 되었다. 로잘린은 침대에 있던 자신의 몸 위로 그 남자의 손이 자신의 입을 막은 채 누워 있는 것을 발견하고 잠에서 깼다. 그가 정말로 로잘린을 범했는지 결코 확신할 수 없었지만, 그녀의 몸부림이 그를 사정하게 만든 건 분명했다. 그런 다음 그는 그녀의 방을 나갔고, 다시 그 집에 오지 않았다.

다음 날 그녀는 어머니에게 이러한 이야기를 털어놓았다. 그녀의 어머니는 처음엔 로잘린이 꿈을 꾼 게 분명하다고 믿었다. 하지만 시트가 얼룩진 것을 보고는 로잘린에게 아버지에게는 이 일에 대해 아무것도 말하지 말라고 강요했다. 이후로 이 이야기는 그녀의 집에서 한 번도 다시 언급되지 않았다.

"저는 그 당시 우리가 아버지가 이 사실을 알았을 때 어떻게 했을 거라고 생각했는지 모르겠어요." 로잘린은 눈에 띄게 유창하게 말했다. "그러나 우린 모두 아버지를 무서워했어요. 전 제가 벌을 받을 만한 일을 했다고 느꼈고, 제 생각에 어머니는 아버지가 그 선생님을 공격할까 봐 두려웠던 거 같아요."

로잘린 누난의 평가

로잘린의 말더듬 증상은 고전적인 전환 증상이다. 이러한 증상은 의학적 상태를 암시하거나 혹은 그와 유사하다. 대학교 때 처음 증상이 급작스럽게 나타나는 것은 우리가 그동안 알고 있던 언어 유창성장애의 말더듬(증)과 다르다(진단기준 A, B). 많은 임상가들은 그녀의 증상이 오랫동안 묻어두었던 성 학대에 대해 이야기하는 과정에서 생긴 스트레스로 인해 촉발되었다는 사실에 동의할 것이다. DSM-5-TR에서는 전환장애 증상과 관련되었다고 추정되는 심리적 요인을 확인해야 한다는 조항이 삭제되었다. 그러나 이는 여전히 전환장애 환자를 대할 때 주목해야 할 사항이다.

진단 시 임상가들이 저지를 수 있는 가장 심각한 실수는 다른 의학적 상태에 의해 야기된 증상을 전환장애로 오진하는 것이다(C). 매우 특이한 증상이 결국 어떤 의학적 원인에 의해 나타났다고 밝혀지기도 한다. 그러나 로잘린은 성인기에 갑자기 말더듬이 나타났기 때문에, 확인 가능한 기질적 원인이 없다는 것이 거의 확실하다. 더불어 그녀의 말더듬 증상이 그 사건을 이야기하는 동안에 사라졌다는 사실은 이를 전환 증상으로 볼 추가적인 증거가 될 수 있다.

로잘린은 그녀의 건강이 항상 좋았다고 말했지만, 그럼에도 그녀의 주치의는 전환 증상에서 흔하게 보이는 신체증상장애의 증상이 있는지 충분히 물어보았다. 그녀는 어떤 심각한 질환이 있다는 것에 대한 공포보다 증상 그 자체에 초점을 두었기 때문에, 진단 시 고려사항에서 질병불안장애(건강염려증)를 배제시킬 수 있을 것이다. 관례상 전환장애 진단기준이 통증을 배제하지 않았을

지라도 전환 증상에는 보통 통증이 포함되지 않는다. 통증이 심리적 요인에 의해 야기되거나 증가하며 증상으로 나타날 때, 진단은 신체증상장애, 통증이 우세한 경우가 될 것이다. 때때로 전환 증상에서 직면하게 되는 또 다른 상태로 조현병을 들 수 있지만, 로잘린은 정신병적이었다는 증거가 없었다. 또한 그녀가 의식적으로 증상을 가장했다는 증거 역시 없었기 때문에 인위성장애와 꾀병을 배제할 수 있다.

로잘린은 전환장애에 흔히 결부되는 무관심(종종 '아름다운 무관심'으로 불림)과는 반대로, 자신의 말더듬에 대해 걱정하였다(D). 전환장애 환자 중 상당수가 연극성, 의존성, 경계성 혹은 반사회성 성격장애로 진단될 수 있지만, 로잘린의 사례에서 이들 중 그 어느 것도 시사할 만한 증거가 없었다. 신체증상장애에서와 같이 기분, 불안 그리고 해리 장애가 전환장애와 종종 관련된다.

비록 로잘린은 성추행으로 인해 끔찍한 스트레스를 받았지만, 그녀의 전반적인 기능은 꽤 좋았다. 따라서 그녀의 GAF 점수는 75점이다. 최종진단에는 증상의 유형과 추정되는 심리적 스트레스 요인을 세분화하였다.

> F44.4 기능성 신경학적 증상장애, 언어 증상 동반(말더듬증), 급성 삽화, 심리적 스트레스(성추행에 관한 걱정) 동반

F54 기타 의학적 상태에 영향을 주는 심리학적 요인

정신건강 전문가들은 어떤 의학적 상태의 경과나 치료에 영향을 줄 수 있는 모든 종류의 문제들을 다룬다. 실제로 대부분의 이런 환자들에서 한두 가지 심리적 요인이 작용하는 것을 발견할 수 있다. 기타 의학적 상태에 주는 심리학적 요인의 진단은 그러한 환자들을 확인하는 데 사용될 수 있다. 비록 이것은 정신적 장애 및 정신적 장애 동반으로 부호화되지만, 실제 장애에 해당되는 것이 아니므로 완전한 사례를 제공하지 않았다. 여기에는 단지 이 진단이 어떻게 적용되는지를 보여 주기 위해 짧은 사례만을 제시하였다.

몇 가지 사례

DSM-IV에서는 어떤 의학적 상태의 경과를 변화시킬 수 있는 여섯 가지 구체적인 요인범주를 포함했었다. 이 범주가 거의 사용되지 않았기 때문에 비록 이것이 어떤 것을 시사해 주지만 DSM-5-TR에서는 이를 폐기하였다. 그러나 저자는 아래 목록을 작성했다. 만일 하나 이상의 심리적 요인이 존재한다면 가장 두드러진 것을 선택하라.

정신질환. 15년 동안 필립은 조현병 치료에 비순응적이었다. 지금 그의 환청은 그에게 투석을

거부하라고 경고한다.

심리적 증상(DSM-5-TR 진단에는 불충분함). 몇몇 다른 정신적 증상을 보이는 앨리스는 기분이 너무 가라앉아서, 제2형 당뇨병 처방전대로 이행하는 걸 귀찮아했다.

성격 특질 혹은 대처 방식. 고든은 오랜 시간 권위적인 대상에 대한 혐오감이 지속되어서, 주치의가 스텐트(혈관 폐색 등을 막기 위해 혈관에 주입하는 것 — 역주)를 권고한 것을 거부하게 만들었다.

부적응적인 건강행동. 몸무게가 180kg에 가까운 팀은 단 음료수를 피해야 한다는 사실을 알고 있었지만, 그가 좋아하는 과일 음료수인 '빅걸프'를 거의 매일 마셨다.

스트레스와 관련된 심리적 반응. 정부 대변인인 에이프릴은 업무가 지나치게 많아서 항고혈압제를 2배로 복용했다.

다른 혹은 명시되지 않는 심리적 요소. 해럴드의 종교는 그가 수혈을 받지 못하도록 만들었다. 난자 문화에서는 여성이 남편을 제외한 그 어떤 남자에게도 그녀가 옷을 입지 않은 모습을 보도록 허락하지 않아야 한다. 그녀의 새로운 내과 의사는 데릭이었다.

그리고 마지막으로, 예시는 없는 DSM-5-TR의 친절함 : 만일 어떤 환자가 대체치료법을 통해서 돌봄을 추구한다면, 그 의도는 의료적인 접근을 하기 위한 것이다. 여기서 이것이 하나의 쟁점으로 기록되어서는 안 된다.

기타 의학적 상태에 영향을 주는 심리학적 요인의 핵심 특징

어떤 환자의 신체적 증상이나 질병은 하나 혹은 그 이상의 방식에서 심리적 혹은 행동적 요인에 영향을 받는다. 이 문제는 치료를 방해하거나, 환자에게 추가적인 건강 위험을 초래하거나, 기저 병리에 부정적으로 영향을 미쳐 더 많은 증상이나 의료적 요구를 가져온다. 또는 시간적 관계가 심리적/행동적 문제와의 의학적 상태에 미치는 부정적 효과 사이의 인과 관계를 보여준다.

주의사항

그들을 다루어라

- 감별진단(공황장애, 기분장애, 다른 신체 증상과 관련된 장애 및 질병불안장애, 외상후 스트레스장애, 적응장애, 다른 의학적 상태에 의한 정신장애 등 기타 정신장애)

부호화 시 주의점

현재의 심각도를 명시할 것

경도. 이 요인은 의학적 위험을 증가시킨다.

중등도. 이 요인은 의학적 상태를 악화시킨다.

고도. 이는 응급실 방문 혹은 입원을 초래한다.

극도. 이는 심각한, 생명을 위태롭게 하는 위험을 초래한다.

연관된 의학적 상태의 명칭을 먼저 부호화하라.

DSM-5-TR에서 심리적 요인은 단지 그것만으로 실제 장애나 명시자로 분류되지 않는다. 사실 이러한 상태는 Z 코드를 부여해야 하고 다른 이러한 이슈들과 함께 책 뒷부분에 넣는 것이 옳았을 것이다. 그러나 그런 선택은 없었다. ICD-10에서는 그 규칙을 정했다. 그러나 저자가 생각하기에 이것을 전면에 함께 두는 것은 혼란스럽다.

F68.X 인위성장애

인위성은 무언가를 꾸며내는 것을 뜻한다. 정신건강 환자들의 맥락에서, 이는 진짜 질환은 아니지만 꼭 그렇게 보이는 장애를 의미한다. 이런 환자들은 그들의 증상(예를 들어, 통증을 호소하는 것) 혹은 신체적 징후(예로, 커피에 온도계를 넣어 열을 올리거나 소변 검체에 설탕을 넣어 제출하는 것)를 조작함으로써 증상을 꾸며낸다. 때때로 인위성 환자들은 우울, 환각, 망상, 불안, 자살 시고 및 와해된 행동을 포함한 심리적 증상을 호소할 수 있다. 이 증상은 주관적이기 때문에 이러한 증상이 꾸며졌는지 감지하는 것이 상당히 어려울 수 있다.

DSM-5-TR에는 인위성장애의 두 가지 하위유형이 포함되어 있다. 하나는 이러한 행동이 자기 자신에게 영향을 주는 것이고, 또 다른 것은 이러한 행동이 다른 개인에게 영향을 준다.

F68.10 스스로에게 부여된 인위성장애

스스로에게 부여된 인위성장애(FDIS) 환자들은 고통 수준에 대해 새빨간 거짓말이 첨가된, 두드러지게 극적인 증상을 보일 수 있다. 그 징후 및 증상에 대한 전반적인 양상이 짐작되는 질환의 전형적인 특성이 아니며, 몇몇 환자들은 자신의 증상을 다시 이야기할 때 바꾸어 말한다. 이러한 증상의 비일관성이 감별에 도움이 된다. 그러나 또 다른 스스로에게 부여된 인위성장애 환자들은 증상 및 질환과 관련된 전문용어에 박식하기 때문에 그들의 증상을 파악하는 것이 더욱 어려울 수 있다. 몇몇은 환자의 역할을 지속하기 위해 많은 시술(그들 중 몇몇은 고통스럽거나 위험할 수 있다)들을 기꺼이 견딘다. 보통은 그들의 '질환'을 다루는 데 적합한 치료에도 그 증상이 완화되지 않거나 새로운 합병증으로 악화되기도 한다.

일단 입원하면, 스스로에게 부여된 인위성장애 환자들은 대개 심하게 불평하고, 의료진과 언쟁하는 경향이 있다. 이들은 특징적으로 며칠간 입원해 있고, 방문객이 극히 드물며, 검사 결과가 음성이라고 판명 나면 그 의학적 권고를 받아들이지 못하고 병원을 떠난다. 많은 이들은 의학적 도움을 받기 위해 여러 도시를 돌아다닌다. 때때로 이들 중 가장 상습적인 방문객 및 작화증 환자들은 뮌하우젠 증후군(Münchausen syndrome)을 가진 것으로 언급된다. 이 명칭은 자신의 모험에 대해 새빨간 거짓말을 하는 우화 속 남작의 이름에서 유래되었다.

DSM-5-TR에서는 스스로에게 부여된 인위성장애(혹은 이 장애의 동생 격인, 추후 언급될 타인에게 부여된 인위성장애)의 동기가 될 만한 것들에 대해 더 이상 추측할 필요가 없다. 이는 임상가들이 마음을 읽을 수 있다는 가정을 거부하는 사람들에게 축복이다. 다른 사람과 관련되지 않은 행동을 보이는 환자에서는 이러한 행동의 패턴을 간파하는 것만으로도 충분하다.

스스로에게 부여된 인위성장애 환자들은 소변 검체에 설탕을 넣는 것, 그들의 증상에 대한 주관적인 보고를 윤색하는 것처럼 꾀병과 비슷한 몇몇 행동을 보일 수 있지만, 꾀병과는 완전히 다르다. 꾀병 환자는 금전적 보상(보험금 등)을 얻거나, 약물을 처방받거나, 업무, 처벌, 혹은 (과거에는) 병역을 회피하고자 증상을 가장한다. 반면 스스로에게 부여된 인위성장애의 동기는 확실히 훨씬 더 복잡하다. 이 환자들은 보호받거나, 의학 전문가를 속이거나, 소중한 사람들로부터 아주 큰 관심을 받고 있다는 느낌을 원할 수 있다. 이유가 어찌 되었건, 환자들은 그들이 통제할 수 없었던 것을 얻기 위한 방편으로 신체적 혹은 심리학적 증상을 꾸며낸다.

스스로에게 부여된 인위성장애는 신체적 질환 및 다른 장애를 배제함으로써 진단된다. 환자가 성격장애를 꾸며낼 수 있다는 것이 있음 직한 일이지만, 저자는 이런 경우를 한 번도 보지 못했다. 실제로 스스로에게 부여된 인위성장애 환자들에게서 성격장애가 실제 동반이환하는 경우는 매우 많다.

이 장애는 생애 초기에 시작된다. 스스로에게 부여된 인위성장애가 얼마나 드문지는 누구도 알지 못하지만, 그래도 여성보다는 남성에게서 더 빈번할 것이다. 이 장애는 종종 실제로 신체적인 문제 때문에 입원을 하면서 시작되기도 하며 심각한 손상을 초래한다. 이런 사람들은 자주 실직하고, 가족이나 친구들과 친밀한 관계를 유지하지 못한다. 각종 검사, 약물, 불필요한 외과적 수술에 의해 그들의 삶이 복잡해진다(그리고 때때로 위험에 빠진다).

F68.A 타인에게 부여된 인위성장애

불과 몇 년 사이에 알려진 상태인 타인에게 부여된 인위성장애는 이제 막 DSM의 부록에서 벗어나 정식으로 포함된 장애이다(다소 불안정한 이미지가 있다). 이 장애는 환자로 인해 증상이 발현되는 것이 아니기 때문에 대리인에 의한 인위성장애(혹은 뮌하우젠 증후군)로 불리곤 했다. 오히려 다른 사람에게 인위성 증상이 나타나게 만들어 진단을 받게 하는 사람은 돌보는 사람이다. 이때 그 '다른 사람'은 거의 대부분 아동이지만, 의학 문헌 검색 시스템('Medline')을 통해 검색한 결과, 때때로 나이가 많은 사람, 그리고 그중 하나는 강아지에게서 나타난 적도 있었다.

가해자의 3/4 이상은 여성이고, 대개는 증상이 나타나는 아동의 어머니들이다. 이들 중 상당수가 건강관리에 대한 배경지식을 가지고 있기 때문에, 타인에게 부여된 인위성 증상을 간파하기가 어렵다. 그들이 체포되었을 때 기분이나 성격 장애, 혹은 둘 다 있는 것으로 밝혀지는 경우가 많다. 실제로 정신병적인 경우는 매우 드물다. 어떤 가해자는 스스로에게 부여된 인위성장애의 병력을 보이기도 한다. 법적 절차를 피하기 위해 다른 사람의 병을 가장하는 부모나 다른 보호자는 이 진단에 해당되지 않는다. 이 진단은 물질적 이익을 얻기 위한 행동일 경우에는 명시적으로 제외된다.

타인에게 부여된 인위성장애를 가진 환자 중 몇몇은 자녀가 아프다고 믿는다. 그들은 절망적으로 아픈 아이를 가지고 있음으로써 관심을 필요로 하는, '의사 중독자(doctor addicts)'처럼 행동하는 경향이 있다. 이들은 대개 발작이나 일시적 호흡정지(apnea)와 같은 질병의 증상과 징후에 대해 거짓으로 보고하는 수준에 그친다. 그러나 그 밖에 다른 사람들은 실제로 증상을 유도하기도 한다. 가장 흔하게는 질식이나 음독에 의한 것이지만, 소변이나 대변 표본 혹은 다른 검체를 위조하기도 한다. 게다가 희생자의 절반 정도는 신체질병이 실제로 있을 수 있다.

의료진은 아동에게 불필요하고 또 해로울지도 모르는 치료를 처방해야 한다고 설득당할 수 있다. 사실 의사는 그 상황을 제일 곧이곧대로 믿는 사람이다. 심지어 의사는 때때로 양육자의 거짓행동에 대한 증거를 모으는 다른 직원에게 화를 낼지도 모른다. 실제로 몇몇 전문가들은 은밀한 감시를 계획할 때, 가해자가 그 사실을 암시받을 위험을 줄이기 위해 의사에게도 감시한다는 사실을 알리지 않도록 권한다.

의료진은 아픈 아이에 대해 크게 염려하지 않는 것처럼 보이는 부모, 이해가 되지 않는 증상 혹은 적절한 치료를 받았는데도 증상이 계속되는 아동을 통해 타인에게 부여된 인위성장애를 알아챌 수 있다. 그러나 몇몇의 경우, 부모 가해자가 매우 광기에 차 있어서, 의료진은 그들의 잠재적인 거짓행동을 전혀 인식하지 못할 수 있다. 게다가 이러한 손상은 그 피해 아동이 죽거나, 가해자가 체포되거나 혹은 시간이 흐르면서 어린 동생으로 대상을 바꿀 때까지 지속된다. 한 연구에서 피해자의 70% 이상이 외형적인 손상이나 영구적 장애를 입었다고 보고되었다.

전반적으로 인위성장애는 드물지만, 실제 유병률은 알려져 있지 않다. 의료진들은 종종 정확한 진단을 기록하는 것을 꺼리기 때문이다. 그러나 한 연구에 따르면 일반 병원 환자 중 약 1%가 이 진단을 받을 수 있다.

피해자 수는 남녀 모두에게 동일하게 나타난다. 대부분이 5세 이하지만 몇몇은 나이가 많다. 대부분의 범죄자는 여성이며, 한부모가 아니다. 종종 이들은 모범적인 부모로 묘사되지만, 나쁜 건강 소식을 접할 때 부적절한 반응(예 : 흥분)을 보일 수 있다. 우리가 예상할 수 있듯이 피해자가 10대 청소년일 때 가해자와 공모하는 일이 흔히 발생한다. 전체 중 사망에 이르는 비율은 끔찍하게도 10%에 이르며, 대부분 음독이나 질식이 포함되는 경우가 흔하다.

인위성장애 환자들은 때때로 새로운 (그리고 때때로 부실하게 조사된) 질병의 증상을 보인다 — '오늘의 장애 (disorder du jour)' 현상. 이 진단기준은 매우 모호하고, 이러한 환자들은 다루기 어려우며 때때로 고약하다. 다른 정신질환 및 신체질환의 가능성을 모두 배제할 수 있다는 확신 없이 인위성장애를 내림으로써 다른 장애의 가능성을 간과하기가 쉽다.

이 책에서는 보기 드문 일이지만, 여기서 저자가 감별진단에 꾀병이라는 용어를 사용한다는 사실을 언급하고 싶다. 그 이유가 뭘까? 분명히 사람들은 다른 증상과 장애에 대해 꾀병을 부린다. 물론 그들은 꾀병을 부릴 수 있고, 때때로 그러기도 한다. 그러나 저자는 진단적 개념으로 꾀병에 대해서 극도로 신중한 임상가에게 꾀병 진단은 필요한 것이라고 강력하게 생각한다.

인위성장애의 핵심 특징

누군가가 아프고, 상처를 입거나 손상되었다는 것을 보여주기 위해 환자, 환자에게 행동을 하게 하는 다른 사람은 신체적 혹은 정신적 증상이나 질병의 징후를 꾸며내며, 질환이나 손상을 야기한다. 심지어 이러한 행동은 명백한 이득(금전적 이득, 보복 혹은 법적 책임을 피하는 것)이 없을 때에도 나타난다.

주의사항

인위성장애가 다른 사람에 의해 강요된 경우, 진단은 가해자에게 부여된다. 피해자는 학대를 반영하기 위한 다른 진단을 받을 수 있다.

그들을 다루어라

- 감별진단(물질사용장애 및 신체적 장애, 정신병적 장애, 신체증상장애, 성격장애, 꾀병)

부호화 시 주의점

진단

스스로에게 부여된 인위성장애. 가해자 또한 환자이다.

타인에게 부여된 인위성장애. 가해자와 피해자가 별개의 개인이다. (가해자가 인위성장애 진단을 받는다. 피해자는 학대를 반영하는 Z코드를 받는다.)

둘 중 해당되는 유형을 명시할 것

단일 삽화

재발성 삽화

제이슨 버드

제이슨 버드는 의료보험 카드가 없었다. 그는 흉골 아래쪽에서 강렬한 가슴 통증을 호소하면서, 늦은 토요일 밤 미드웨스턴 병원의 응급실에 오기 몇 시간 전, 노상강도에게 지갑을 털렸다고 주장했다. 비록 그의 심전도(EKG)가 두드러지게 비정상적이긴 했지만, 급성심근경색에서 나타나는 전형적인 심전도 변화는 나타나지 않았다. 당직 심장외과 의사는 그의 창백한 안색과 명백한 고통에 주목하여, 그가 심장병 집중 치료 장치 시설에 입원할 수 있도록 요청했고, 심효소(cardiac enzyme) 결과를 기다렸다.

다음 날 제이슨의 EKG는 바뀌지 않았고, 혈청효소 검사 결과에서도 심근경색에 대한 어떤 증거도 나타나지 않았다. 그는 지속적으로 가슴 통증을 호소했고, 자신을 무시한다며 큰 소리로 항의했다. 신장외과 의사는 급히 정신건강 상담을 의뢰했다.

제이슨은 약간 체격이 좋은 47세 남자로, 생기 있지만 불안한 눈빛과 4일간 자란 수염이 나 있었다. 그는 비음 섞인 보스턴 억양으로 말했다. 그의 오른쪽 어깨에는 부츠 한 짝과 전설의 'Born To Kick Ass' 문신이 새겨져 있었다. 그는 면담 내내 자주 가슴 통증을 호소했지만, 숨을 쉬고 말하는 데 이상이 없었고 자신의 의학적 상태에 대해 불안해하는 모습이 전혀 발견되지 않았다.

그는 메사추세츠주의 퀸시에서 성장했고, 의사의 아들이라고 이야기했다. 그는 고등학교 졸업 후 몇 년 동안 전문대학에 다녔지만, '너무 창의적'이어서 전문적이거나 틀에 박힌 직업에 지속적으로 종사할 수 없었다. 그 대신 의학 장비를 개발하는 일을 시작하였고, 그중 가장 성공한 발명품은 제이슨의 이름을 따서 명명한 양압 인공 호흡기(positive pressure respirator)였다. 그는 몇 번의 행운을 거머쥐었음에도 불구하고, 주식 투자에 빠져 거의 모든 것을 잃었다. 그는 가슴 통증이 있을 때마다 안정을 취하려고 이곳을 방문해 왔었다.

"그리고 이런 적이 한 번도 없었다고요?" 면담자가 차트를 보면서 물었다.

제이슨은 그가 이전엔 한 번도 심장에 관한 문제를 겪은 적이 없다고 보고했다. "심지어 찌릿한 느낌도 없었어요. 전 언제나 건강함을 감사하며 지내 왔어요."

"입원하신 적은요?"

"전혀요. 음… 제가 어렸을 때 편도선절제술을 한 이후로요."

추가 질문들을 해도 비슷하게 쓸모가 없었다. 면담자가 떠나자, 제이슨은 추가로 식사 서비스를 요청했다.

직감적으로, 면담자는 보스턴 지역의 응급실 의사들에게 전화를 해서 제이슨의 이름이나 특이한 문신을 한 환자에 대해 물어보기 시작했다. 세 번째 시도에서 마침내 노다지를 캤다.

"제이슨 버드요? 또 언제쯤 그 사람에 대한 소식을 다시 들을까 궁금했어요. 그는 이 도시에 있는 절반 정도의 시설에 들락날락하더라고요. 우스꽝스럽게도 그의 EKG는 거의 만성적인 심근경색과 비슷하게, 정말 나쁜 것처럼 나와요. 그래서 언제나 입원을 허가받지만 급성으로 진행되고 있다는 증거가 그 어디에도 없어요. 전 그가 약에 중독됐다고 생각하지는 않아요. 몇 년 전 그는 진짜 폐렴으로 입원했어요. 일주일 동안 진통제 없이 지냈고 금단 증상도 보이지 않았어요. 그는 중환자실에 며칠 머무르면서, 의료진에게 화를 낼 거예요. 그리고 나서 떠날 겁니다. 그는 마치 의료진을 괴롭히기를 즐기는 것처럼 보여요."

"그는 저에게 자신이 의사 아들이었고, 부유한 발명가였다고 이야기했어요."

전화선 너머 낄낄거리며 웃는 소리가 들렸다. "그 오래된 인공 호흡기 이야기요? 전 그가 이곳에 세 번째 입원했을 때 그 장치를 찾아보았어요. 그것은 전혀 다른 버드의 이야기였어요. 전 평생 제이슨이 그의 병력 외에 무엇이라도 발명해 본 적이 있는지 모르겠네요. 그리고 제가 생각하기에 그의 아버지는 척추 지압사였던 것 같아요."

면담자가 차트에 추가적인 내용을 기록하려고 병동으로 돌아왔을 때 제이슨이 자의로 퇴원한 뒤, 병원 행정관에 대한 불평이 적힌 쪽지를 남긴 채 떠났다는 사실을 발견했다.

제이슨 버드의 평가

제이슨은 인위성장애를 진단할 때 직면할 수 있는 주된 어려움을 이해하기 쉽게 보여주는 사례이다. 이 장애의 진단은 현재 나타내는 징후와 증상이 의도적으로 꾸며진 것이라는 임상가의 판단에 전적으로 달려 있다(진단기준 A). 만일 환자가 상처를 긁어서 벌리거나 라디에이터에 체온계를 두는 것을 확인했다면 진단은 간단할 것이다. 하지만 흔히 제이슨의 사례와 마찬가지로, 같은 문제를 호소하며 많은 건강관리 기관들을 찾아다녔다는 단서를 통해 증상을 가장하려는 의도를 추론해야 한다. 제이슨의 EKG는 변화가 없었고, 그의 심장효소는 증가하지 않았다. 따라서 면담자는 제이슨이 흉통을 꾸며내거나 심하게 과장했다고 추측했다. 이러한 추측이 맞을 수도 있겠지만, 응급실의 보고서만으로 그렇게 단정 짓기보다는 이를 뒷받침할 수 있는 증거 정도로 간주해야 한다.

제이슨은 마치 아픈 것처럼 행동했다(B). 심지어 금전적 이득이나 처벌을 회피하는 등의 외적 동기가 없었는데도 그러하였다(C). 중요한 것은, 그러한 동기 없이도 이러한 행동을 보였다는 것이 인위성장애와 꾀병을 감별해 주는 주된 요소이고, 꾀병을 배제하기 위해 이를 반드시 고려해야 한다. 꾀병은 이에 대한 기준 없이 진단되지만, 우리는 보통 한 개인이 가치 있는 무언가를 얻기 위해 의도적으로 장애가 있는 것처럼 가장할 때 꾀병을 진단한다는 사실에 모두 동의할 것이다 ― 돈(보험, 소송, 보상으로부터), 약물(동정 어린 의사로부터), 범죄 기소를 회피하는 것, 혹은 예를 들어 군대와 같은 곳에서 벗어나는 것. 제이슨의 경우, 어떠한 이득도 없다는 것이 명백하다.

다른 감별진단 목록은 예측 가능하다. 물론 여기서 가장 중요한 것은 스스로에게 부여된 인위성장애와 신체질병을 감별해야 한다는 점이다. 이는 제이슨의 경우에서도 즉각 적용되었고, 그다음에 다른 정신질환을 배제하였다. 신체증상장애 환자들 역시 분명한 기질적 근거 없이 증상을 호소할 수 있다. 반사회성 성격장애 환자들은 증상에 대해 거짓말을 하지만, 보통 어떤 물질적 이득을 취할 의도를 가지고 있다(처벌을 피하는 것, 돈을 빼앗는 것). 몇몇 조현병 환자들은 고전적인 뮌하우젠 증후군과 혼동될 수 있는 괴이한 생활 방식을 보이지만, 그들의 사고 내용은 보통 명백한 망상과 환각을 포함할 것이다. 심리적 증상을 꾸미는 환자들은 마치 치매나 단기 정신병적 장애를 앓고 있는 것처럼 보일 수도 있다. 제이슨은 과거 병력이나 현재 징후를 살펴봤을 때, 이들 중 그 어느 것도 지지할 만한 것이 없었다.

스스로에게 부여된 인위성장애에 몇몇 다른 장애가 동반될 수 있다. 여기에는 물질관련장애(진정제 및 진통제를 포함하는)와 의존성, 연극성 및 경계성 성격장애가 포함된다. 스스로에게 부여된 인위성장애 환자 중 상당수는 심각한 성격장애를 가지고 있지만, 제이슨의 사례에서는 상기 진단을 내리기에 정보가 부족하다. 우리는 요약부분에 이러한 가능성에 대해 언급해야 할 필요가 있다. GAF 점수 41점과 함께 제이슨 버드의 진단은 다음과 같다.

F68.A   스스로에게 부여된 인위성장애

클라우디아 프랭클

보통 경찰 보고서는 상당히 무미건조하기 때문에 눈가를 촉촉하게 적시는 일은 드물다. 하지만 클라우디아 프랭클의 이야기는 이런 통칙을 깨는 예외 사례였다.

로즈 프랭클이 겨우 2세에 불과했을 때, 위장질환을 비롯한 다양한 신체 증상이 시작되었고 이후 6년간 지속되었다. 처음에는 치료가 어려울 것처럼 보이는 발작적인 구토 증상으로 시작되었다. 그녀가 소아과를 포함하여 병원에 왔다 갔다 한 것을 모두 합하면 대략 200회는 되었다. 매번 방문할 때마다 새로운 검사나 치료를 해보았지만 전혀 도움이 되지 않았다. 로즈는 소아과 집중치료센터에서 보살핌을 받으며 거의 24회에 가까운 수술을 견뎠고, 설사, 감염, 발작, 그리고 구토에 대한 수많은 약물을 복용했다.

로즈의 어머니인 클라우디아가 나타나 로즈를 개인병실로 데려가기 전까지 증상이 점차 나아지는 것처럼 보였다. 하지만 이후 의료진들은 로즈의 울음소리를 들었고, 그녀의 건강상태는 다시 악화되었다. 가끔씩 의료진들이 로즈를 퇴원시켜도 되겠다고 생각하던 바로 그때였다.

로즈는 모두 합쳐서 열두 가지의 심각한 감염으로 고통받고 있었다. 그중 하나는 생명을 위협하는 패혈증이었는데, 이는 다방면에 퍼져 있었다. 모든 과정이 이루어지는 동안 클라우디아는 주치의와 긴밀하게 협력하고 있었다. 그들은 하루에도 몇 번씩 개인적으로 혹은 전화로 이야기를 나누었고, 의사인 밴드는 종종 클라우디아에 대해 로즈를 집어삼킨 참사의 진상을 밝히려 노력하는 그의 충실한 오른팔이라고 이야기하곤 했다.

투병생활 동안, 로즈가 유일하게 한 달 이상 건강하게 있었던 시기는 클라우디아가 최종 선고를 받은 자신의 어머니를 간호하기 위해 동네를 떠났을 때였다. 로즈는 유치원 생활의 마지막 몇 주 동안 활력을 찾았다. 그러나 외할머니께서 돌아가신 후 클라우디아가 집으로 돌아오자 다시 아프기 시작했다.

병원의 간호사 중 몇몇은 의심을 하는 것에만 머무르지 않았다. 한번은 로즈가 묵었던 병실에 버려진 구토제가 든 병이 발견되었다. 이 외에도 3명의 간호사가 시간마다 체크하던 모니터링 장치가 꺼진 채 발견되기도 했다. 간호사들은 모두 로즈의 병에 클라우디아가 직접적인 책임이 있다고 결론을 내렸기 때문에, 로즈가 입원했을 때 클라우디아가 항상 쓰던 방에 카메라를 숨겨두기도 했다. 이러한 사실을 발견한 의사 밴드는 신뢰를 잃는 것에 대해 염려하면서, 클라우디아에게 '들통 나기 직전'이라고 경고했다. 그날 오후 클라우디아는 로즈를 퇴원시켰고, 그들은 자취를 감췄다. 의료진이 세세한 모든 내용을 경찰에게 알렸고 경찰은 그 파일을 열었지만 증거로 쓰일 만한 자료는 없었다.

클라우디아 프랭클의 평가

인위성장애의 진단은 2개의 진단기준이 요구되기 때문에 쉽게 충족된다. 클라우디아의 행동에는 금전적 이득과 같은 외적 보상을 암시하는 것은 아무것도 없었고(진단기준 C), 그녀는 명백히 로즈가 아픈 것처럼 보이게 만들었다(D). 여기서 우리는 두 가지 사실을 받아들여야 한다. 비록 로즈의 증상이 가장된 것이라는 강한 상황적 근거가 있었지만, 의료진들은 확실한 증거를 찾아내지는 못했다(A). 더불어 우리는 클라우디아에게 그녀의 행동을 더욱 잘 설명할 수 있는 망상장애와 같은 다른 정신질환이 없다고 확신할 수 없었다(D). 따라서 우리의 현재 진단을 잠정적인 것으로 간주해야 한다. 저자는 후속 평가에서 필요할지 모르는 성격장애와 관련된 내용을 그녀의 차트에 적을 것이다. 그러나 ICD-10에서는 이와 같은 범주에서 '진단을 유보하는'이라고 부호화할 수 없다.

클라우디아에게 GAF 점수를 부여하는 데 몇 가지 쟁점이 발생할 수 있다. GAF 점수의 판단 근거를 그녀가 대부분의 삶의 영역에서 기능이 꽤 좋을 수 있다는 점에 두어야 하는가? 아니면 그녀의 행동이 로즈나 그들의 관계에 영향을 미치는 정도에 두어야 하는가? 저자의 생각에 이 사례에서 GAF 점수를 결정하는 요인은 클라우디아의 손상된 판단능력으로 인해 초래된 끔찍한 결과가 되어야 할 것 같다. 따라서 GAF 점수를 30점으로 매우 낮게 평가하였다. 그러나 다른 사람들은 그녀의 상황을 상당히 다르게 이해하고 이의를 제기할 수 있다.

로즈에게는 부모의 신체적 학대로 인해 고통을 겪었다는 사실을 반영하기 위해 T74.12로 진단한다는 것을 명심하라.

F68.A   타인에게 부여된 인위성장애(진단지)

F45.8 달리 명시되는 신체 증상 및 관련 장애

이 범주는 환자의 신체 증상이 위에서 언급한 신체 증상 및 관련 장애 중 그 어느 진단도 충족하지 않지만, 그에 대한 몇 가지 정보가 있을 때 사용한다. 여기에 제안된 진단 모두는 DSM-5-TR에서 공식적인 결론으로 내릴 수 있을 만큼 아직 연구가 진행되지 않았기에, 잠정적인 결론으로 간주되어야 한다. 이러한 환자에게 좀 더 자세한 정보가 있다면, 다른 장 혹은 이 장의 신체 증상 및 관련 장애 진단기준에 충족될 수도 있다는 사실을 명심하라.

상상임신. 상상임신이라는 단어는 '거짓임신'을 의미하며, 이는 임신을 했다는 환자들의 잘못된 믿음을 일컫는다. 그들은 복부가 튀어나오는 것, 메스꺼움, 무월경 및 젖몸살과 같은 임신의 증후를 나타낸다. 그리고 심지어 태아의 움직임과 산통 등의 증상을 보이기도 한다.

과도한 건강 관련 행동 혹은 부적응적인 회피가 동반되지 않은 질병불안장애

단기 질병불안장애

단기 신체증상장애. 저자는 이 마지막 두 장애의 정의를 숙제로 남길 것이다 — 물론 추가점을 주기 위해서이다.

F45.9 명시되지 않는 신체 증상 및 관련 장애

이 범주는 이 장에서 다룬 장애 중 어느 것도 완전히 충족시키지 않으며, 이에 대한 이유나 가능한 발현 징후를 구체화하기 원치 않을 때 사용하라.

CHAPTER 9

급식 및 섭식 장애

급식 및 섭식 장애의 빠른 진단 지침

주요 급식 및 섭식 장애

각각의 주요 급식 및 섭식 장애는 먹는 행위에 관한 비정상적인 행동을 포함한다. 신경성 식욕부진증은 신경성 폭식증보다 흔하지 않으며, 이 두 장애 모두 최근에 생긴 폭식장애보다는 흔하지 않다. 이 세 장애의 전체적인 유병률은 증가하고 있다. 나머지 세 가지 특정 장애는 DSM-IV의 소아/청소년 장애 영역에서 급식 및 섭식 장애로 옮겨진 것이다.

신경성 식욕부진증. 자신이 심각할 정도로 저체중이라는 사실에도 불구하고, 스스로를 뚱뚱하다고 여기다(304쪽).

신경성 폭식증. 폭식을 하고 난 후에 자기-유도적인 구토, 제거행동(purging) 및 운동을 통해 체중 증가를 막는다. 자기-평가에 있어서 외모가 중요하지만 신경성 식욕부진증의 특징인 왜곡된 신체상을 가지고 있지 않다(309쪽).

폭식장애. 폭식을 하지만 구토, 운동 또는 하제 사용을 통해 보상하려는 시도를 하지 않는다(313쪽).

이식증. 음식이 아닌 물질을 먹는다(317쪽).

되새김장애. 이미 먹은 음식을 지속적으로 역류시키거나 되씹는다(319쪽).

회피적/제한적 음식섭취장애. 충분히 먹는 것에 실패하여 체중이 감소하거나 체중이 늘지 않는다(321쪽).

달리 명시되는(명시되지 않는) 급식 또는 섭식 장애. 위에 언급된 어떤 진단기준에도 충족되지 않는 급식 및 섭식 장애의 경우에 이 범주들 중 한 가지를 사용한다(322쪽).

비정상적인 식욕 및 체중의 다른 원인

기분장애. 주요우울 삽화(또는 기분저하증)가 있는 환자들은 식욕부진으로 인해 체중이 감소하거나 식욕 증가로 인해 체중이 증가하는 경험을 할 수 있다(111, 136쪽).

조현병 및 다른 정신병적 장애. 정신병적 환자들은 가끔씩 괴이한 섭식 습관을 보인다(51쪽).

> **신체증상장애.** 두드러진 체중 변화 및 식욕장애를 호소할 수 있다(273쪽).
>
> **클라인-레빈 증후군.** 이 희귀질환은 게걸스럽게 먹고 깊이 잠들게 한다(346쪽 이중선 안에 기술된 내용 참조).
>
> **단순비만.** 단순비만은 DSM-5-TR 진단은 아니다(단순비만이 정신 또는 정서 병리와 관련이 있다는 증거는 없다). 그러나 비만을 발생시키고 유지하는 데 기여하는 정서적 문제는 다른 의학적 상태에 영향을 주는 심리적 요소로 부호화할 수 있다(291쪽). 또한, 현재는 과체중 또는 비만에 대한 별도의 의학적 부호(E66.9)가 있다.

도입

사람이 먹어야 살 수 있는 한 너무 많이 먹거나 너무 적게 먹는 것은 아마도 문제를 유발하게 될 것이다. 거의 모든 사람들이 한 번쯤은 너무 많이 먹거나 적게 먹는 행동 중 한 가지를 하게 된다. 그러나 이와 같은 행동이 도를 넘어설 때는 위험할 수 있다. 때때로 이러한 행동은 치명적으로 변할 수 있다. 진단기준은 명확하게 장애와 준임상적 양상(subclinical presentations) 사이를 구별하지만 환자들은 둘 사이에서 왔다 갔다 이동할 수 있다.

신경성 식욕부진증

거의 200년 동안 신경성 식욕부진증(AN)이 세 가지 중요한 구성 요소를 가진다고 인식되었다. 환자는 (1) 체중이 현저하게 줄어들 정도로 음식 섭취를 제한한다. 그러면서도 (2) 비만 또는 체중 증가에 대해 과도하게 염려한다. (3) 과체중이 있다는 왜곡된 자기-지각을 보인다. 환자들이 전반적인 체중 감소를 인식하더라도, 특정 신체 부위에 대해 과도하게 비판적으로 집착할 수 있다. (예를 들어, "내 엉덩이는 정말 끔찍해.")

다른 증상은 음식 제한, 과도한 운동, 구토 또는 다른 제거 방법과 같은 부적응적인 섭식행동에 대한 기술들이다. 많은 신경성 식욕부진증 여성 환자들에서 월경이 중단되지만 월경 없음이 의미 있는 감별기준을 제공하지는 않기 때문에 진단기준에서 제외되었다. 신경성 식욕부진증이 있는 환자들은 비정상적인 활력 징후가 있다(느린 심박률, 낮은 혈압). 또한 비정상적인 검사 결과들을 보일 수 있다(빈혈, 낮은 골밀도, 심전도 변화).

두 가지 추가적인 특징을 주목하라. 하나는 증상의 지속기간과 관련 있는데, DSM-5-TR은 진단기준에서 지속기간을 명시하지 않는다. 따라서, 아형 구분을 위해서 적어도 3개월 동안 증상을 보여야 한다는 기술에서 이를 추론해야 한다. 다른 하나는 병식으로, 신경석 식욕부진증 환자들에서는 병식이 거의 없다. 심한 체중 감소에도 불구하고(일부는 매우 해골 같은 모습을 보일 수 있음), 그들은 자신이 얼마나 저체중인지를 제대로 인식하지 못한다.

신경성 식욕부진증은 심각한 건강 문제를 일으킨다. 지역 표본 환자들의 2/3가 5년 안에 관해되었지만, 사망자 수(물질 사용, 자살 및 영양실조로 인한)는 일반 집단에서의 사망자 수의 약 6배에 이른다. 임상 집단에서 사망자 수가 더 많다는 것은 결코 놀랄 일은 아닐 것이다. 두 가지 임상 아형이 있는데, 폭식하고 나서 적은 체중을 유지하고자 폭식하고 먹은 것을 제거하는 행동을 하는(purge) 사람들은 섭식만 제한하는 사람들보다 더 나이가 많고 더 장애가 심하며, 더 예후가 나쁘다. 그러나 아형 간 변동이 종종 발생하며, 이는 예언 타당도를 제한하게 된다(폭식/제거형에서 제한형으로의 변동보다는 제한형에서 폭식/제거형으로의 변동이 더 자주 발생한다). 우울과 불안이 빈번하게 수반된다.

여성 인구의 약 1.5%가 신경성 식욕부진증을 보이며(평생 유병률), 남성에서의 비율은 여성 비율의 1/5 정도이다. 청소년과 젊은 성인에게 더 흔하며, 특히 여성의 경우에는 피겨 스케이팅 선수들, 체조 선수들에서 흔하고, 남성의 경우에는 경마 기수, 마라톤 선수들에게서 흔하다. 제한형이 더 흔하다. 일치율이 이란성 쌍둥이에 비해 일란성 쌍둥이에서 더 높으며, 이는 유전적 기반의 정도를 시사한다. 마른 체형에 가치를 두는 서양 문화가 기여요인일 가능성이 높다.

신경성 식욕부진증의 핵심 특징

신경성 식욕부진증 환자들은 (1) 그들은 거의 먹지 않아서 해골 같아 보인다. (2) 그러나 비만이나 체중 증가를 두려워한다. (3) 그리고 자신이 뚱뚱하다는 왜곡된 자기-지각을 가지고 있다.

주의사항
일부 환자들은 과체중에 대한 두려움을 인정하지 않을 수 있지만, 필요한 체중 증가를 피하기 위한 행동을 취할 수 있다.

ㄱ들을 다루어라
- 기간(3개월 이상)
- 감별진단(물질사용장애 또는 신체적 장애, 기분 또는 불안 장애, 조현병, 강박장애, 사회불안장애, 신체이형장애, 회피적/제한적 음식섭취장애, 신경성 폭식증)

부호화 시 주의점
지난 3개월을 충족하는 유형을 명시할 것

F50.02 폭식/제거형. 환자는 반복적으로 섭취한 것을 몸에서 제거하거나(구토; 관장제, 완하제, 또는 이뇨제 남용) 폭식해 왔다.

F50.01 제한형. 환자가 최근에는 폭식하거나 섭취한 것을 몸에서 제거하지 않았지만, 식단, 다이어트 운동, 단식으로 체중 감소를 한다.

체질량지수(BMI)[체중(kg)÷신장(m)^2]에 기초해서, 심각도를 명시할 것(기능적 손상에 따라 심각도 수준이 증가할 수 있다). 성인의 경우에 심각도 수준은 다음과 같다.

경도. BMI가 17 또는 그 이상

중등도. BMI가 16~17

고도. BMI가 15~16

극도. BMI가 15 미만

다음의 경우 명시할 것

부분 관해 상태. 환자는 '지속기간'이라고 칭하는 기간 동안에 더 이상 심각할 정도의 체중 미달을 보이지는 않는다. 그러나 여전히 체중에 대해 과도하게 염려하거나 자신의 체중/체형에 대해 잘못된 지각을 가지고 있다.

완전 관해 상태. 환자는 '상당한 기간' 동안에 신경성 식욕부진증 진단기준을 충족하지 않는다.

마를렌 리치몬드

마를렌 리치몬드는 키가 170cm이고, 조각 같은 외모의 금발 여성이었다. 그녀가 병원에 입원한 날, 그녀의 체중은 거의 딱 36kg이었다. 조깅복 차림에 다리 토시를 하고 있었고, 면담 초반 동안에는 무릎 들어올리기를 하면서 면담에 임했다. 그녀의 개인력에 대한 정보는 그녀의 언니가 제공해 주었고, 그녀와 병원까지 동행해 주었다.

마를렌은 일리노이주 남부의 작은 마을에서 자랐다. 그녀의 아버지는 생계 수단으로 샘을 파는 일을 했고, 음주 문제가 있었다. 그녀의 어머니는 심각할 정도로 비만이었고, 유행하는 다이어트를 셀 수 없을 정도로 많이 시작했지만 한 번도 성공한 적은 없었다. 마를렌의 가장 어릴 적 기억 중 하나는 자라면서 부모 둘 중 어느 한쪽도 닮지 않겠다고 스스로 결심했다는 것이었다.

고등학교 1학년 때로 돌아가 보면 그녀의 관심사는 대부분 외모, 옷, 다이어트 위주였다. 그녀는 그 한 해 동안에 가장 체중이 많이 나갔던 57kg에서 7kg을 감량했다. 그러고 나서도 그녀는 스스로 너무 뚱뚱하다고 친구들에게 호소했다. 고등학교 생활 내내 그녀는 음식에 매료되어 있었다. 그녀는 가정경제 개론 및 고급 가정경제학 과목을 모두 수강했다. 그녀는 컴퓨터과학 수업 중에는 어떤 조리법이든 칼로리를 계산해 내는 데이터베이스를 구축하는 것에 대부분의 시간을 할

애했다.

마를렌은 자신의 방에서 혼자 먹는 것이 허용될 때마다 혼자 방에서 TV를 보면서 음식을 먹었다. 가족과 함께 먹도록 강요되었다면, 그녀는 접시에 음식을 재배열하거나 음식을 포크로 뭉개고, 음식이 포크 사이에서 빠져나가지 못할 정도로 매우 작게 베어 물었다.

마를렌은 "배가 고프기는 해요."라고 입원 후 면담 중에 말했다. "저는 대부분의 시간을 먹는 것에 대해 생각해요. 그러나 제가 매우 부어 보이고 역겨워 보이고, 제 자신을 거울로 보기 싫어요. 제가 정말 많이 먹게 되면, 저는 심한 포만감과 죄책감을 느끼고, 먹은 것을 토해내야만 한다고 생각할 거예요."

2년 전에 마를렌은 스스로 폭식을 했다고 생각될 때마다 구토를 했다. 처음에는 자신의 목구멍을 손가락이나 연필 끝으로 찔렀다. 한번은 친구 집에 있는 약통에서 찾은 하제를 사용하였다. 그녀는 곧 화학적·기계적 도움 없이도 간단하게 마음대로 구토할 수 있는 법을 배웠다. 또한 그녀는 이뇨제와 완하제를 사용해서 체중을 줄였다. 이뇨제를 사용하면 체중이 0.5kg 또는 1kg 감소했지만, 갈증이 심하게 났으며, 이내 체중이 이전으로 되돌아왔다. 그녀는 일주일에 한 번이나 두 번 정도 고칼로리의 음식(콘칩과 콜라를 선호함)을 폭식하고 나서 먹은 것을 토했다.

입원 당시에 놀랄 정도로 마르고, 빈혈로 인해 창백했던 것 외에 그녀의 외모는 정상적이었다. 임상가가 그녀에게 운동하는 것을 멈추라고 요청했을 때, 마를렌은 운동하는 것을 멈추었다. 하지만 그녀는 자신이 나중에 사용할 수 있는 계단운동기구가 병원에 있는지를 임상가에게 물어보았다. 마를렌은 기분이 쾌활해 보이고, 생각의 흐름이 논리적이었다. 그녀는 체중이 증가하는 것에 대해 극도로 두려워했지만 망상이나 환각은 없었다. 그녀는 어떤 다른 공포, 강박 사고 또는 강박 행동이 있다는 것을 부인했다. 그녀는 공황발작은 전혀 없었다. 그녀가 자발적으로 언급한 것은 대부분 식단 계획과 요리에 대한 관심사였다. 그녀는 영양사가 되고 싶어서 자원했다. 그녀는 총명하고 주의 깊었으며, 가이정신상태검사 점수는 완벽했다.

마를렌이 건강에 대해 유일하게 염려하는 것은 자신이 5개월이나 6개월 동안 월경을 하지 않았다는 것이었다. 그녀는 1년간 데이트를 한 적이 없었기 때문에 임신을 하지 않았다는 것은 알고 있었다. 그녀는 "제가 1kg 정도만 살을 뺀다면 더 매력적으로 보일 거라고 생각해요."라고 말했다.

마를렌 리치몬드의 평가

마를렌이 키에 비해 현저하게 체중 미달을 보인다는 사실에도 불구하고(진단기준 A), 그녀는 체중 증가에 대해 부적절한 염려를 지속적으로 표현하였다(B). 거울에 비치는 자신의 신체상에 대한 혐오는 신경성 식욕부진증이 있는 환자들이 가진 자신에 대한 왜곡된 지각을 나타내 준다(C). 체중 감량으로 인해 수개월 동안 월경이 없었다는 것은 상당히 중요하다. 모든 환자들이 체중 증가를 피하기 위한 능동적인 조치를 취하는 것은 아니지만(어떤 사람들은 단지 제한적인 섭취만을 함), 마를렌이 보인 구토, 이뇨제와 하제의 사용은 신경성 식욕부진증에서 전형적이다.

식욕과 체중의 감소는 다양한 신체질환(몇 가지만 예를 들면, 간질환, 심각한 감염, 암)에서 흔히 발견된다. 이러한 신체질환들은 적합한 의학적 병력과 의학적 검사에 의해 배제되어야만 한다. 신경성 식욕부진증의 증상은 매우 확연하기 때문에 다른 정신질환과 혼동되는 경우는 드물다.

신체증상장애가 있는 경우에 체중 감소와 신경성 식욕부진증을 경험할 수 있다. 하지만 신체증상장애에 해당된다면 환자가 증상에 대한 과도한 염려를 보여야만 하는데, 마를렌의 태도는 염려하는 것과는 정반대인 것 같다. 조현병이 있는 환자들은 때때로 특이한 섭식 습관을 보인다. 하지만 그들이 위험하게 체중을 감량하지 않고, 전형적으로 왜곡된 자기상을 보이지 않는다면, 두 진단을 모두 내리지 않는다. 단식투쟁은 개인적인 이득이나 정치적 이득을 위해서 다른 사람들의 행동에 영향을 끼치려고 애쓰는 상황에서 발생한다. 신경성 폭식증이 있는 환자들은 대개 용인되는 수준의 체중을 유지한다. 마를렌이 폭식하고, 먹은 것을 몸에서 제거하는 행동을 한다는 사실에도 불구하고, 폭식과 제거행동이 신경성 식욕부진증으로 진단받은 동안에만 나타난다면, 신경성 폭식증이나 폭식장애로 진단 내릴 수는 없다. 그러나 일부 환자들은 처음에 신경성 식욕부진증을 보였다가 이후에 폭식을 하는 경우가 있다. 신경성 식욕부진증 진단기준을 충족하지 않는 시기 동안에 폭식-제거 주기(binge-purge cycles)의 과거력이 있다면, 신경성 폭식증으로 진단 내릴 수 있다.

몇몇 정신질환은 신경성 식욕부진증과 종종 관련이 있다. 마를렌이 기분장애의 증상이 있었다면, 주요우울장애로 진단받을 수 있다. 공황장애, 광장공포증, 강박장애와 물질 사용이 진단과 치료를 복잡하게 할 수도 있다. 불안 증상이 섭식행동을 엄격하게 제한할지라도 사회불안장애의 진단을 추가적으로 내리지는 않을 수 있지만 신경성 식욕부진증이 있는 환자들은 모르는 사람들 앞에서 먹는 것을 두려워할 수도 있다. 신경성 식욕부진증이 있는 환자들에게서 특정 성격장애가 발견되지는 않지만, 그들은 다소 융통성이 없고, 완벽주의적인 면이 있다고 보고된다. 마를렌의 폭식-제거 주기의 과거력이 폭식/제거형 명시자에 적합하다면, 추가적으로 부호화할 수 있다. 그녀의 GAF 점수는 45점이다. 그녀의 전체 진단명은 다음과 같다.

F50.02	신경성 식욕부진증, 폭식/제거형, 극도
E44.0	영양실조, 중등도

F50.2 신경성 폭식증

가장 이상적인 식사 시간에 대해 이야기해 보자. 우정을 쌓고 대화하기 위해서, 식사 중에 오래 머물면서 천천히 맛을 음미하고, 친구와 함께 맛 좋은 음식을 먹는 기분 좋은 예상을 해보는 것은 어떤가? 그것은 신경성 폭식증(BN)이 있는 사람을 위한 방식은 아니며, 그들은 완전히 반대의 식사 경험을 하는 경향이 있다. 그들은 전형적으로 우울한 감정 또는 스트레스에 대한 반응으로 음식을 게걸스럽게 먹고, 정상적인 식사를 넘어서는 많은 양을 섭취한다. 그들은 자제력을 잃은 자신의 행동을 부끄러워하기 때문에 혼자서 먹는다. 그리고 나서 그들은 화장실로 향하고, 먹은 음식을 모두 토해낸다. 스스로에 대한 자기-평가는 체형 및 다른 사람들에게 어떻게 보이는지와 관련이 있다. 즉, 그들은 신경성 식욕부진증이 있는 환자들과 비슷하다. 신경성 식욕부진증과는 달리 신경성 폭식증이 있는 사람들은 살이 찌지 않았는데도 뚱뚱하다고 여기는 왜곡된 지각을 보이지는 않는다.

신경성 폭식증은 10대 후반이나 20대 초반에 시작되며, 신경성 폭식증이 있는 환자들은 일주일에 한 번 이상 엄청난 양의 음식을 마구 먹어대며, 종종 거북할 정도의 포만감을 경험한다.(이와 같은 폭식은 불연속적일 수 있다. 예를 들어, 간혹 식사 장소 사이를 오가는 것으로 인해 폭식이 중단되기도 한다.) 신경성 폭식증 환자들이 일반적으로 체중이 정상이라는(어떤 사람은 과체중이지만 비만은 아니다) 사실은 놀랍지만, 보상행동은 정상적이지 않다. 어떤 사람들은 아랫니의 법랑질을 사라지게 할 정도로 자주 구토하는 것 외에도, 하제 혹은 다른 약물을 사용할 수 있다. 다른 사람들은 신경성 식욕부진증과 마찬가지로 과도하게 운동을 한다. 또 다른 사람들은 여전히 폭식 사이에 단식을 한다. 그러나 거의 대부분은 구토를 한다.

신경성 폭식증은 신경성 식욕부진증보다 약간 더 흔하며, 성인 여성의 1.9%에 영향을 끼치고 (평생 유병률), 남성에게서는 비율이 훨씬 낮으며, 고소득 국가에서 더 흔하게 보인다. 신경성 폭식증과 신경싱 식욕부진증의 선환율은 대략 10%이며 간혹 폭식증으로 변하는 경우도 있다. 신경성 폭식증은 체조, 피겨 스케이팅, 댄스, 모델과 같이 날씬한 몸매를 강조하는 직업과 활동에 종사하는 사람들에게서 더 빈번하게 발견된다. 이유는 알 수 없지만, 지난 20년에 걸쳐서 신경성 폭식증의 발병률은 다소 감소하고 있다. 다른 섭식장애가 있는 환자들과 마찬가지로, 신경성 폭식증이 있는 환자들은 종종 동반이환 장애를 보인다(특히 기분 및 불안 장애, 이뿐만 아니라 충동조절 및 물질 사용 문제).

신경성 폭식증이 있는 환자들의 거의 절반 정도가 시간이 지나면서 완전히 회복되며, 1/4 정도는 완화된다. 최종 1/4 정도는 폭식행동이 만성화된다. 사망률이 어떤 비교 연령 집단의 평균보다

표 9.1 세 가지 섭식장애의 비교

	신경성 식욕부진증	신경성 폭식증	폭식장애
폭식	없음	있음	있음
자기-지각	비정상(자신을 뚱뚱하다고 지각함)	체중, 체형에 의해 영향을 받음	두드러지지 않음
운동, 제거를 통한 보상	있음	있음	없음
체중 미달	있음	없음	없음
결여된 통제감	없음	있음	있음

더 높았지만, 신경성 폭식증은 신경성 식욕부진증보다 덜 치명적이다. 그러나 자살률은 일반 집단보다 더 높다. 표 9.1은 신경성 폭식증을 신경성 식욕부진증 및 이후에 논의될 폭식장애와 비교해서 제시했다.

다른 식이장애와 마찬가지로, DSM-5-TR은 어떤 사람이 충분히 개선되어 '완전히 또는 부분적으로 완화됨'의 명시자를 사용할 때 구체적인 지속기간을 제공하지 않는다는 점을 주목하라. 대신, 우리는 그것이 "지속적인 기간 동안" 있었다고 판단해야 한다. 내 의견으로는, 이는 다소 애매모호하다. '지속적'이란 얼마나 긴 것일까? 지속적인 폭우는 3시간일 수 있고, 도시에 대한 지속적인 포위는 3개월일 수 있다. 나는 '상당한'이라는 용어를 선호하는데, 이는 우리가 시간만이 아니라 환자의 식이장애의 시작과 중단의 과거력을 고려하도록 한다.

신경성 폭식증의 핵심 특징

신경성 폭식증을 가진 환자들은 자신들이 식사를 통제할 수 없다는 것을 알고 있으며, 그 시간 동안 대부분의 사람들이 먹는 것보다 훨씬 많은 양의 음식을 폭식한다. 그들의 자존감은 과도한 정도로 자신의 체중과 몸매에 달려 있다. 금식, 구토, 과도한 신체 운동, 완하제, 이뇨제 또는 기타 약물의 남용과 같은 하나 이상의 부적절한 방법으로 체중을 관리한다.

주의사항

ㄱ들을 다루어라

- 기간(3개월 이상 동안 매주)

- 감별진단(신체적 장애, 우울장애, 신경성 식욕부진증, 폭식증, 명절에 흔히 하게 되는 과식)

부호화 시 주의점

다음의 경우 명시할 것

부분 관해 상태. '상당한 기간' 동안 일부 진단기준은 충족하지만, 모든 진단기준을 충족하지는 않는다.

완전 관해 상태. 환자는 '상당한 기간' 동안에 신경성 폭식증 진단기준을 충족하지 않는다.

일주일 동안 부적절한 보상행동 삽화의 수에 기초해서 심각도를 명시할 것. 기능적 손상에 따라 심각도 수준이 증가할 수 있다.

경도. 일주일에 1~3회의 삽화

중등도. 4~7회

고도. 8~13회

극도. 14회 이상

버나딘 홀리

"전 우울할 때 먹고, 먹을 때 우울해져요. 저는 완전히 자제력을 잃었어요." 버나딘 홀리는 자신의 이야기를 하면서 자주 휴지로 눈물을 닦았다. 그녀는 32세의 미혼이었고, 초등학교 2학년 학생을 가르쳤다. 그녀는 이전에 정신건강치료를 받은 적이 전혀 없었다.

대학에서 처음 2년 동안에 버나딘은 중등도의 식욕부진이 있었다. 그녀는 자신이 너무 뚱뚱하다고 확신했기 때문에, 165cm 키에 체중이 45kg보다 적게 나갈 때까지는 굶고 구토를 했다. 그 당시 그녀는 항상 배가 고팠고, 종종 폭식을 했으며, 폭식하는 동안에 "제 냉장고든 다른 사람의 냉장고든 깨끗이 비웠다."라고 말했다. 그녀는 나중에 "제가 꽤 이상하게 보였을 거예요."라고 인정했다. 그녀는 대학을 마칠 때까지 자기-유도적인 구토로 체중을 조절하면서, 꾸준히 54kg의 체중을 유지했다.

10년 사이에, 버나딘은 폭식과 제거행동을 해 왔다. 그녀는 퇴근 후 평균적으로 일주일에 두 번 정도, 한꺼번에 3인분의 양을 먹었다. 그녀는 단것이나 탄수화물식품을 선호했다. 그녀는 TV를 보면서 2개의 라자냐, 1리터의 얼린 요거트와 12개의 도넛을 먹었고, 이러한 음식들 중 어느 것도 크게 힘들어서 준비할 필요가 없었다. 그리고 그녀는 자신이 먹은 대부분의 음식을 토해냈다. 그녀는 '요리'를 하고 싶지 않을 때는 패스트푸드를 사러 나갔고, 30분 만에 4개의 빅맥 버거를 마구 먹었다. 그녀가 즐기는 것은 맛이 아니라 먹는 행위인 것 같았다. 어느 날 저녁, 그녀는 버터 하나를 설탕에 묻혀서 먹었다. 그녀는 후회가 되어 한 번의 저녁 식사로 폭식한 칼로리를 일단 계산했다. 그녀는 1만 칼로리 이상을 먹었고 역류시켜서 제거했다.

그녀는 하제도 빈번하게 사용했다. 하제는 효과적이었지만 버나딘은 하제가 비싸서 훔칠 수밖에 없다고 생각했다. 그녀는 들킬 가능성을 최소화하기 위해서, 상점에서 한 번에 한 팩만 훔치도록 조심했다. 그녀는 옷장 뒤 선반에 최소 3개월 치의 하제를 유지하고자 항상 이를 관리했다.

버나딘은 미국 중서부에 살고 있는 부부 사이에서 태어난 외동딸이었고, 그녀는 자신의 부모에 대해 '제대로 역할을 하지 않았다'고 묘사했다. 그녀의 부모는 그들의 결혼기념일을 서로 축하하지 않았기 때문에, 그녀는 부모님이 임신을 해서 결혼하게 된 거라고 추측했다. 그녀의 어머니는 은행에서 일했는데, 냉담했고 통제적이었다. 그녀의 아버지는 이발사였고 술을 많이 마셨다. 부부 간의 불화로 인해 버나딘은 부모에게 번갈아 가면서 비난받거나 무시당했다.

버나딘은 어렸을 때나 성인이 되었을 때 친구가 있었지만 그녀의 여자 친구들 중 일부는 그녀가 자신의 체중과 외모에 대해 과도하게 염려한다는 것에 대해 불평했다. 그녀는 대학에서 몇 차례의 성관계를 갖고 난 후로부터 자신이 건강한 성욕을 가지고 있다는 것을 알게 되었다. 하지만 신경성 폭식증에 대해 수치스럽고 창피하다고 느껴서 오랫동안 관계를 지속하지 못했다.

그녀는 자주 외롭고 슬펐지만, 이러한 감정들이 수일 이상 지속되지는 않았다. 버나딘은 현재 자신의 체중이 정상이라는 것을 인정했지만 체중에 대해 매우 염려했다. 그녀는 저지방 조리법을 모아두었고, 헬스클럽을 다녔다. 폭식을 없애기 위해서는 그녀가 가진 모든 것을 줄 수 있다고 종종 스스로에게 말했다. 최근에 그녀는 치과에서 턱 교정을 하는 데 260만 원을 지출했다. 치과 의사는 그녀가 턱 교정을 하고 난 후에 굶는 것이 확실히 문제라고 지적하며, 그녀를 정신건강 클리닉에 의뢰했다.

버나딘 홀리의 평가

많은 신경성 폭식증 환자들과 마찬가지로, 버나딘의 장애는 중등도의 신경성 식욕부진증에서 보이는 전형적인 행동으로부터 시작되었다. 그녀는 현재 신경성 식욕부진증 진단을 충족하지는 않지만(그녀의 체중은 정상이고, 왜곡된 자기상을 보이지 않는다 — 진단기준 E), 이후의 폭식-제거 삽화 동안에 그녀는 자제력을 잃었고, 정상적인 양보다 훨씬 더 많이 먹었다(A1과 A2). 또한 그녀는 구토를 하거나 하제를 사용함으로써 체중을 유지하였다(B). 친구들은 그녀가 자신의 외모와 체중에 대해 과도하게 관심을 가진다는 것을 지적했다(D). 그녀의 삽화는 주 1회보다 더 자주 발생했고, 최소 3개월 기간보다 더 오래 지속되었다(C).

상점에서 물건 훔치기는 신경성 폭식증의 진단기준이 아니지만 두 가지가 종종 함께 발생한다.

절도 이력이 반사회성 성격장애 또는 경계성 성격장애의 가능성을 높이지만, 그 어느 쪽의 증거도 사례에 기재되어 있지 않다. 그녀에게 절도 전에 긴장감이 쌓이고 절도 후에 안도감이나 해방감을 느끼는지 물어보지 않았지만 그것을 물어보았어야 한다. 병적 도벽의 진단기준을 충족할 때는 신경성 폭식증과 함께 병적 도벽 진단도 내려야 한다.

드물게도 신경학적 장애(일부 뇌전증, 클라인-레빈 증후군)에서 폭식을 보일 수 있다. 비전형적 양상이 동반된 주요우울장애에서도 과도한 식욕이 발생할 수 있다. 버나딘은 이러한 조건 중 어느 쪽의 증거도 보이지 않았다. 많은 신경성 폭식증 환자들과는 달리, 그녀는 알코올 또는 약물을 오용하지 않았다.

버나딘은 매주 두 번 정도 폭식과 제거행동을 하였다. 이는 심각도 수준에서 경도 수준으로 평가된다. 이 이야기는 그녀의 신경성 식욕부진증으로 인한 몇 가지 대인관계 문제를 암시한다. 그녀의 주치의는 그녀의 섭식행동이 대인관계와 업무에 영향을 주었는지 파악하기 위해서 좀 더 깊이 탐색해야 한다. 만일 그녀의 섭식행동이 대인관계와 업무 수행에 영향을 미치고 있고 심각하다면, 우리는 신경성 폭식증의 심각도 수준과 GAF 점수를 높여야 한다. 내 기준에 다른 그녀의 GAF 점수는 61점이다. 현재 그녀의 진단은 다음과 같다.

F50.2   신경성 폭식증, 경도

F50.81 폭식장애

음식에 대해 말하자면, 우리 중에 이 누가 결코 음식을 탐닉한 적이 없었다고 말될 수 있을까? (양심에 거리끼는 바 없이, 아마 어느 누구라도 첫 번째로 집은 쿠키를 던져버리지는 않을 것이다.) 추수감사절 후에 남은 여분의 파이, 점심 식사 후 제공된 3단으로 쌓아올린 아이스크림을 먹고 우리는 배가 불러서 괴로워하며 더 이상 먹지 않으리라고 맹세한다. 즉석에서 따뜻하게 데워서 제공되는 음식을 수치스러울 정도로 접시에 한가득 넘치게 쌓아올려 담는다면, 당신에게는 폭식장애(BED)를 위한 처방이 필요하다.

대개 10대 혹은 20대 초반이나 간혹 다이어트 직후에 폭식행동이 시작된다. 두 가지 중요한 특징은 음식 섭취율(엄청날 수 있는 총량)과 섭식행동을 자제할 수 없다는 통제력 상실감이다. 환자들은 특정한 갈망(craving)을 가지고 있지 않고, 그들의 선택은 다양하며, 시간이 경과함에 따라 달라질 수 있다. 신경성 식욕부진증 혹은 신경성 폭식증과 달리, 폭식장애가 있는 환자들은 대개 다른 섭식장애 간을 왔다 갔다 하지는 않는다.

공식적으로 인정된 진단 중에서 비록 폭식장애는 새로운 진단명이지만 섭식장애 중에서 가장 흔하며, 성인의 대략 2%, 청소년들의 절반 정도가 이에 영향을 받는다. 종종 여성에서 남성보다 거의 2배 정도 더 많이 발생하며, 어떤 이유에서인지 제2형 당뇨병이 있는 사람에게서 흔하다. 종종 비만과 연관되지만 과체중 환자들 중 1/4 정도만이 폭식장애를 보인다. 하지만 비만인 사람들은 일반 집단보다 폭식 삽화를 경험할 가능성이 훨씬 높다. 특히 폭식장애가 있는 사람들은 체중을 줄이는 것이 어렵다.

부분적으로 유전성이 있는 이러한 장애는 종종 다이어트를 마친 후에 시작된다. 전형적으로 사람들이 침울하거나 불안하다고 느낄 때 폭식이 발생하고, 그들은 고지방, 고당도, 고염분의 맛있는 음식을 먹고 죄책감을 느낀다. 빠르게 먹는 것은 아주 많이 먹을 때까지 포만감을 느끼는 것을 미리 막으며, 이는 거북하고 차고 넘치는 느낌을 유발한다. 수치심과 당혹감 때문에 폭식이 은밀하게 발생할 수 있으며, 이것은 고통과 삶의 질 문제에 더 많은 영향을 미칠 수 있다.

폭식장애의 핵심 특징

환자는 먹는 것에 대한 자제력을 잃고, 비슷한 시간 동안에 정상적인 양보다 훨씬 많은 음식을 폭식한다. 환자는 폭식하는 동안에 너무 빠르게 먹고, 배불러서 고통스러울 때까지 너무 많이 먹지만 실제로 배고프지는 않다. 폭식은 죄책감(간혹 우울증과 혐오)을 야기하며, 당황스러움을 피하기 위해 혼자 식사하게끔 만든다. 하지만 구토와 과도한 운동같이 폭식을 만회하기 위한 행동을 야기 하지는 않는다.

주의사항

ㄱ들을 다루어라

- 기간(3개월 이상 동안 매주)
- 과도하게 먹는 행동에 대한 고통
- 감별진단(기분장애, 신경성 식욕부진증, 신경성 폭식증, 경계성 성격장애, 흔히 있는 과체중)

부호화 시 주의점

다음의 경우 명시할 것

부분 관해 상태. 환자는 '상당한 기간' 동안에 주 1회 미만으로 폭식을 한다.

완전 관해 상태. 환자는 '상당한 기간' 동안에 폭식장애 진단기준을 충족하지 않는다.

심각도를 명시할 것(기능적 손상에 따라 심각도 수준이 증가할 수 있음)

경도. 주 1~3회의 폭식

　　　중등도. 4~7회

　　　고도. 8~13회

　　　극도. 14회 이상

모니카 허진스

모니카 허진스는 자신의 주치의에게 "저는 누구의 기준으로 보나 비만이라는 것을 알아요. 그리고 제 스스로가 비만이 되도록 행동하고 있어요."라고 말했다.

　어렸을 때에도 모니카는 과체중이었다. 현재 그녀는 160cm, 95kg이다. "전 37세예요. 수년 동안 저의 BMI는 나이가 들수록 증가되었어요."

　수년 전 사귀던 사람과 관계가 깨진 후 모니카의 폭식이 시작되었다. 현재는 일주일에 최소 두 번 정도 야식을 준비한다. 특히 그녀는 헤이즐넛이 들어간 파스타를 좋아한다. 그녀는 한 그릇을 게걸스럽게 먹고 나서, 또 다른 것을 걸신들린 듯이 먹고 난 후, 그다음에는 또 다른 것을 먹는다. 그녀는 더 이상 배가 고프지 않더라도 아이스크림과 쿠키를 먹는다("최소 2인분을 먹어요. 전 생각할 겨를도 없이 급하게 먹어요."). 배가 너무 부르다고 느꼈지만('식사와 회한'), 절대 먹은 것을 토해내지는 않았다. 그녀는 먹은 것을 제거를 위한 하제나 다른 약물은 전혀 사용하지 않았다. 설거지를 하고 난 후, 그녀는 30분밖에 지나지 않았다는 것을 알아차리고 종종 놀랐다.

　"저는 항상 체격이 큰 편이었어요. 지난 몇 년간 저는 꽤 열심히 다이어트를 했지요. 하지만 지금은 포기했어요."라고 모니카는 자신의 핸드백에 감추어 둔 머핀을 만지면서 말했다. 그녀는 물질 오용의 병력은 부인했다. 주치의는 그녀가 비만 외에는 건강하다고 말하였다.

　모니카는 미 서부 해안에서 태어나서 자랐으며, 결혼 후 이혼을 했다. 현재 그녀는 롤런드라는 15세 아들과 함께 살고 있으며, 그의 체중은 정상이다. 그녀는 주말이나 일을 쉬는 동안에 폭식을 하는 경향이 있었다. 롤런드가 친구들을 사귀고, 독립적으로 자신의 일을 하게 된 후로 모니카의 폭식은 더 악화되었다.

　모니카의 자기상은 긍정적인 면과 부정적인 면이 뒤섞여 있었다. "저는 굉장한 유머 감각이 있고, 얼굴이 꽤 예쁜 편이에요. 하지만 제가 거대하다는 것은 알고 있어요. 저의 전남편은 등산을 좋아했어요. 하지만 결국 그는 결혼생활을 원하지 않는다고 결정 내렸어요."

　모니카는 지역 공영방송사에서 라디오 아나운서로 일했다. 그녀가 더 나은 직업을 제안받았던 순간이 '마지막 결정타'였다. "케이블 TV 프로듀서가 라디오에서 제 방송을 듣고, 제 목소리를 좋아했어요. 하지만 저를 만나서 커피를 마실 때, 그는 저에 대한 관심을 상실했어요." 그녀는 슬퍼 보였지만, 이내 미소를 살짝 지어 보였으며, "저를 TV에서 볼 수는 없겠죠? 대형 화면이 되어야만 하겠죠."라고 덧붙였다.

모니카 허진스의 평가

모니카는 식사 중에 비슷한 상황에서 대부분의 사람들이 먹는 것보다 훨씬 더 많이 먹었고, 자제력의 상실이 있음을 분명하게 표현했다("전 포기했어요… 생각하지도 않아요.")(진단기준 A1, A2). 이러한 폭식 삽화는 적어도 일주일에 한 번 발생하며, 수개월 동안 지속된다(D). 삽화 동안에 그녀는 빠르게 먹고(음식을 '걸신들린 듯 먹는다'), 불편할 정도의 포만감을 느꼈으며, 신체적으로 배고프지 않을 때도 먹었다(B1, B2, B3). 그녀는 자신의 섭식행동에 대한 경멸을 표현하기도 하였으며 홀로 먹었다(B4, B5). 사례에서 분명하게 증명해 보이지는 못했지만 이것은 당혹감 때문일 수도 있다. 진단기준 B의 증상 중에 세 가지만을 충족하면 진단이 내려진다. 그녀의 고통(C)은 그녀가 임상가에게 처음에 진술했던 부분에서 명백하게 나타난다. 모니카는 다른 섭식장애 진단을 충족하지 않는다. 폭식을 보상하려는 다른 행동 및 제거행동의 부재(E)가 신경성 폭식증을 배제할 수 있다. 그리고 그녀의 체중은 명백히 신경성 식욕부진증에 해당되지 않는다. 반면 그녀는 폭식장애 진단기준에는 충분히 충족된다.

폭식을 수반하는 일부 의학적 질병을 신경성 폭식증과의 관계에서 이미 언급하였다. 추가적으로 모니카는 프라더-윌리 증후군의 증거가 없다(15번 염색체에서 여러 유전자의 결실에 의해 유발된 것). 프라더-윌리 증후군에서는 흔히 현저하게 과체중을 보이며 게걸스럽게 먹는다. 하지만 이러한 상태는 대개 아동기에 명백하며 낮은 지능과 연관된다. 모니카는 이전의 마리화나 사용도 부인했다. 마리화나(대마) 중독에서 때때로 식욕 증가가 나타난다.

폭식장애 환자들은 종종 다른 DSM-5-TR 진단의 과거력이 있으며, 특히 기분장애, 불안장애 및 물질 사용과 관련된 문제를 보일 수 있다. 많은 경우에 물질사용장애가 동시에 발병할 수 있다. 어떤 이차적 진단도 환자가 더 심각한 폭식장애 증상을 보일 거라고 예측한다. 모니카가 비전형적 양상이 동반된 주요우울장애인지는 충분히 평가되어야만 한다. 왜냐하면 비전형적 양상이 동반된 주요우울장애에서 폭식과 체중 증가를 포함하고 있기 때문이다.

모니카는 일주일에 두 번만 폭식을 했기 때문에 심각도 진단기준에서 경도 수준으로 평가되어야 한다. 그러나 그녀가 임상가에게 말했던 절박감을 알아차려야 한다. GAF 점수는 61점으로 상대적으로 건강하지만 심각도 수준은 중등도 수준에 해당될 것이다. 어느 누가 반박할 수 있겠는가?

F50.81   폭식장애, 중등도

E66.9   비만

대부분의 신체질환은 정상과 구분되는 확실한 경계가 있는 반면에, 믿기 어려울 정도의 수많은 정신질환은 기본적으로는 확실히 일상적으로 보일 수 있는 행동이다. 섭식장애, 물질사용장애, 우울장애, 불안장애, 신체증상장애 그리고 심지어 성격장애는 완벽하게 정상적인 사람들도 한 번쯤은 경험할 수 있는 심하지 않은 행동으로 이루어져 있다. DSM-5-TR은 병리와 일상을 감별할 수 있는 몇 가지 특징을 사용한다.

증상의 수. 가끔씩 약간 불안하다고 느낀다면, 21세기에서는 환영받을 만한 일이다. 현저한 불안, 숨 가쁨, 심계항진, 발한과 위약감(weakness)을 포함하는 삽화를 보인다면, 공황장애로 진단받을 수 있다.

고통의 수준. 많은(아마도 대부분) DSM-5-TR 진단에서는 환자가 장애로 인해 현저한 고통을 느끼게 된다는 기술을 포함한다.

손상. 그리고 그들이 고통을 경험하지 않는다면, 직업적·사회적·개인적 맥락에서 손상이 있다.

기간. 진단을 내리기 위해서는 지속되는 다른 요인, 최소 기간 또는 증상의 빈도가 요구된다. 예를 들어, 기분저하증(기간)과 순환성장애(기간 및 빈도)를 고려해 보자.

심각한 결과. 자살 혹은 자살 시도, 심각한 체중 감소 및 폭력적인 행동화를 포함한다.

배제. 대부분의 장애는 의학적 질병 및 물질 사용을 배제하도록 요구한다. 폭식장애의 경우에는 신경성 식욕부진증 혹은 신경성 폭식증이 있는 환자들이 배제될 수 있다. 대부분의 경우에 감별진단하기 위해서 다른 정신질환을 고려해야 한다.

일부 진단기준 세트는 이러한 기제들 중 한 가지로 그런대로 감별한다. 다른 진단기준들은 벨트와 멜빵 접근(belt and suspenders approach)과 같이 감별을 위해 엄격하게 여러 기제들을 사용한다. 안전성을 높이기 위해 벨트 고리를 착용한 후에도 엄지손을 올려놓는 효과처럼, 몇몇 진단기준들은 대부분의 범주 혹은 모든 범주를 사용한다.

부가적인 섭식장애

이 장에서 다루는 나머지 장애들은 주로 아동에게 초점을 둔 것이다. 이식증과 되새김장애는 정상적인 초기 아동기 발달과정 중에 발생한다. 성인의 경우, 이식증과 되새김장애가 얼마나 자주 발생하는지 실제로 알 수는 없지만, 대부분의 정신건강 집단에서 이식증과 되새김장애가 거의 존재하지 않으므로 사례가 없다.

이식증

이식증은 영양분이 없는 물질을 먹는 것으로, 주로 어린 아동과 임신한 여성에게서 보고된다. 먹을 수 있는 목록은 때로는 놀랄 정도로 많고 다양하다 — 흙, 분필, 회반죽, 비누, 종이, 그리고 심지어 드물게는 배설물. 인도의 한 환자는 많은 양의 쇠못과 유리구슬을 먹었다. 이식증은 철결핍증과 연관되지만 다른 미네랄(한 가지 예로, 아연)이 관련될 수 있다. 물론 다양한 합병증이 뒤따를 수 있으며, 여기에는 납 중독, 흙이나 다른 먹을 수 없는 물질 속에 있는 다양한 기생충을 먹는 것이 있다. 이식증 환자들은 장폐색 수술을 받으러 오게 되어서야 비로소 종종 이러한 행동 문제가 있다는 것을 알게 된다.

특히 자폐스펙트럼장애 및 지적장애가 있는 환자들은 이식증을 보이기 쉽다. 위험도는 각 장애의 심각도에 따라 증가한다. 이식증에 걸린 아동들은 낮은 사회경제적 지위(socioeconomic status) 및 방임의 배경에서 비롯될 수 있다. 이 행동은 대개 2세에 시작되고, 청소년기 또는 철(또는 다른 미네랄)결핍증이 치료되었을 때에는 관해된다. 이식증은 학령기 아동의 5%에서 나타난다.

한편 성인이 되었을 때 비정상적인 식이 섭취가 시작된다는 예들 또한 문헌에 많이 나와 있다. 이식증에 걸린 성인은 종종 이식증 가족력이 있는 것과 관련되고, 과거력상 그들이 어려서부터 이식증이 있었다는 것을 알 수 있다. 이식증은 전통적으로 임신과 연관되지만(임신한 덴마크 여성을 대상으로 한 조사에서의 유병률은 단지 0.02%이지만), 조현병이 있는 환자들에게서도 발견될 수 있다.

의학 전문가들은 이식증이 아주 드물다고 생각하는 경향이 있지만 정상 집단에서 이식증을 많이 볼 수 있다. 예를 들어 철결핍성 빈혈을 야기하는 위장 출혈이 있는 다수의 환자들은 이식증을 진단받는다. 특히, 얼음섭취증(pagophagia)(얼음 조각품이 아니라 얼음을 몹시 원하는 것)은 철결핍성 빈혈이 있는 환자들에게 흔하다. 환자들이 조현병, 지적장애 및 자폐스펙트럼장애를 보이는 경우에는 이식증으로 진단을 내리기 전에 추가적인 임상적 주의가 요구되어야 한다.

이식증(Pica)은 검은색과 흰색이 함께 있는 까치의 학술명에서 유래되었다. 비정상적인 섭식행동 유형을 일컫는 이 용어의 기원은 최소 400년 전으로 거슬러 올라간다. 실제로 까치가 둥지를 만들기 위해 진흙을 모으는 것을 본 사람들이 까치가 진흙을 먹는다고 추정했다.

4,000년 전까지 그리고 수많은 문화에서 인간은 흙을 씹고 삼켰다. 연구자들은 이 일이 왜 일어났는지는 모른다. 흙을 씹고 삼키는 것은 흙이 해독기능을 하고, 흙에서 흡수되는 미량영양소 때문이라는 가설이 있다.

이식증의 핵심 특징

환자는 흙이나 음식이 아닌 것을 지속적으로 먹는다.

주의사항

ㄱ들을 다루어라

- 기간과 인구통계학적 특징(최소 2세 이상, 1개월 이상)
- 감별진단(신체적 장애, 지적발달장애, 자폐스펙트럼장애, 조현병, 영양결핍, 발달상 정상적인 행동, 신경성 식욕부진증)
- 기타 인구통계학적 배제(개인의 문화에 의해 승인된 관행이 아님)

부호화 시 주의점

이식증이 다른 정신적 또는 의학적 맥락에서 발생하거나 임신 중 발생하면, 추가적인 임상적 관심이 필요한 심각한 경우에만 진단한다.

다음의 경우 명시할 것

관해 상태(증상이 상당 기간 나타나지 않는 경우)

환아의 연령에 따른 부호

F98.3 아동 이식증

F50.89 성인 이식증

F98.21 되새김장애

음식을 되새김하는 동안에 개인은 소화된 음식 덩어리를 역류시키고 되씹는다. 이러한 행동은 역행성 연동운동기제에 의해 발생하며, 되새김 동물인 소, 사슴, 기린에게는 정상적인 소화과정의 일부이다. 그러나 사람에게 되새김은 비정상적이며, 잠재적으로 문제가 되므로 이를 되새김장애라고 일컫는다. 되새김장애 역시 흔하지 않으며, 이 장애는 고형식을 먹기 시작한 이후의 영유아들이 가장 흔하게 보인다. 여아들보다 남아들에게서 더 자주 발생한다.

되새김을 하는 대부분의 사람들은 나중에 음식을 되씹어 먹는다. 그러나 특히 영유아와 지적장애가 있는 일부 사람들은 대신에 입 밖으로 음식을 뱉어버리며, 이로 인해 영양실조, 성장장애(영유아의 경우) 및 질환 취약성의 위험에 처한다. 보고된 사망률은 25%로 높은 편이다. 수년 동안 되새김장애는 진단 내려지지 않았을 수 있다. 왜냐하면 우리가 되새김장애에 대해 물어볼 필요성을 느끼지 못했기 때문이다.

되새김장애의 원인은 알려져 있지 않지만, 유력하게 추측되는 원인이 제안되었다. 가능한 병인은 기질(식도역류 증상일 수도 있다), 그리고 심리적(이것이 불안정한 모자 관계를 반영하는 것인지?)이고 행동적인 측면(관심을 얻는 것으로 인해 강화될 수 있다)을 포함한다.

시설에서 지내고 있는 지적장애를 보이는 사람들의 6~10%에서 때때로 되새김장애가 발생한다. 지적장애가 없는 성인들에서 가끔 되새김장애가 보고된다. 한 연구에서는 초등학생의 1~2%에서 이러한 증상이 보고됨을 밝혔다. 되새김장애가 신경성 식욕부진증 환자에게서도 보고되지만, 이들은 대개 음식을 다시 삼키지 않는다. DSM-5-TR은 다른 식이장애와 함께 되새김장애 진단을 명시적으로 금지하고 있다. 대부분의 경우에는 이 행동이 자연스럽게 좋아지지만, 일생 동안 지속될 수도 있다. 보고된 바에 따르면, 성인 되새김장애가 있는 사람으로 새뮤얼 존슨이 있는데, 그는 18세기의 사전편집자이며 그의 동료들은 그의 '되새김질하는' 행동에 대해 언급했다.

이식증에서와 같이(그리고 DSM-5-TR의 여러 장에서 다루는 다양한 다른 조건도), 되새김장애가 다른 정신적 혹은 의학적 장애가 있는 경우에 발생한다면, 추가적인 임상적 주의가 요구될 정도로 충분히 심각해야만 한다는 것을 유의해야 한다.

되새김장애와 이식증은 DSM-5-TR 장애 중 비교적 흔히 진단되는 것이 아닌 두 가지 장애로, 임상적으로 심각한 수준의 진단기준이 요구되지는 않는다. 즉, 되새김장애와 이식증이 다른 정신질환이 있는 경우에서 발생하지 않는다면, 환자 또는 타인에 대한 위해, 고통, 추가적인 조사 혹은 손상된 기능에 관한 진술이 요구되지 않는다. 따라서 이 행동이 전형적인 행동과 구분되는 확실한 경계는 없다.

현재 이식증과 되새김장애는 신경성 식욕부진증 및 신경성 폭식증과 같은 범주에 포함되어 있으며, 이는 DSM-III에서 시작되었다. DSM-IV에서는 이식증과 되새김장애가 전형적으로 아동기에 시작되는 다른 장애의 범주에 속해 있었다. 이식증 및 되새김장애가 다시 급식 및 섭식 장애 범주로 돌아온 것을 환영한다!

되새김장애의 핵심 특징

환자는 적어도 1개월 동안 음식을 역류시킨다. 이를 씹어서 삼킬 수도 있고 그렇지 않을 수도 있다.

주의사항

그들을 다루어라

* 기간(1개월 이상)
* 감별진단(신체적 장애, 기타 섭식장애)

부호화 시 주의점

만약 되새김장애가 다른 의학적 혹은 정신적 장애(예를 들어 지적발달장애)의 맥락에서 발생한다면, 추가적인 임상 관찰이 필요할 정도로 충분히 심각한 경우에만 진단한다.

다음의 경우 명시할 것

  관해 상태(증상이 상당 기간 나타나지 않는 경우)

F50.82 회피적/제한적 음식섭취장애

많은 어린 아동들은(거의 반 정도) 어느 정도 섭식 문제를 경험하지만, 대부분은 나이가 들면서 섭식 문제가 해결된다. 이를 극복하지 못한 사람들은 예전에 영유아기 또는 초기 아동기 섭식장애로 불렸던 것에 대한 최근 진단명인 회피적/제한적 음식섭취장애(ARFID)로 불릴 수 있다. 새로운 진단명은 반드시 초기 아동기에서만 발생하는 것이 아니라는 점뿐만 아니라 왜 어떤 사람들이 너무 적게 먹어서 건강을 유지하지 못하는가에 대해 우리가 몰랐던 사실을 알려준다.

이 행동은 먹는 것을 중심으로 부모-자녀 간의 갈등의 맥락에서 시작된다. 또한 방임, 학대 및 부모의 정신병리(예를 들어, 우울증, 불안상태 또는 성격장애)가 원인으로 제시되었다. 그러나 대부분의 경우에는 어떤 의학적 질환에서 비롯된다. 이들 중 일부는 씹고 삼키는 행동에 대한 신체 질환이 있거나 음식의 질감, 맛, 겉모습과 같은 측면에 대한 과민성을 보인다. 사실상 DSM-5-TR에서는 회피적/제한적 음식섭취장애가 있는 아동들이 세 가지 주요한 범주로 나뉜다는 점에 주목하도록 권장한다 — 기본적으로 섭식에 대한 관심을 보이지 않는 아동들, 감각 문제로 인해 그들의 식이를 제한하는 아동들(어떤 음식들은 입맛을 딱 떨어지게 한다), 그리고 불쾌한 경험 때문에 먹지 않는 아동들(아마도 이 아동들은 음식을 삼키려고 애쓰다가 숨이 막혀 질식한 적이 있었을 수 있다). 어떠한 경우에도 이 행동의 결과에 대한 정의는 일상에서 식성이 까다로운 사람을 훨씬 넘어설 정도라는 것으로 확장하고 있다.

유병률은 아마도 1% 미만일 것이다. 대부분의 회피적/제한적 음식섭취장애가 있는 아동들은 6세 미만이지만 성인에게도 진단 내릴 수 있는가? DSM-5-TR에서는 성인에게 진단 내리는 것을 막기 위한 진단기준이 없지만 임상 장면에서 찾을 수 있는 사례가 많지 않을 것이다.

회피적/제한적 음식섭취장애의 핵심 특징

환자들은 자기상이 비정상적이지 않음에도 불구하고, 너무 적게 먹어서 적절한 영양 혹은 체중(아동의 경우에는 성장하거나 체중이 증가하기 위해서)을 유지하기 어렵다. 결과적으로 환자들은 비위관을 삽입하거나 영양분을 보충해 주어야 한다. 사회적·개인적 삶이 방해받을 수도 있다.

주의사항

ㄱ들을 다루어라
- 감별진단(신체적 장애, 식량 부족, 기분 또는 불안 장애, 자폐스펙트럼장애, 신경성 식욕부진증, 신경성 폭식증, 정신병적 장애 혹은 인위성장애, 강박장애, 까다로운 식성)
- 기타 인구통계학적 배제(종교적 금식과 같은 수용되는 문화적 관습)

부호화 시 주의점

회피적/제한적 음식섭취장애가 다른 정신적 또는 의학적 장애의 맥락에서 발생한 경우 추가적인 임상적 관심이 필요할 정도로 심각한 경우에만 진단한다.

다음의 경우 명시할 것
　관해 상태(증상이 상당 기간 나타나지 않는 경우)

F50.89 달리 명시되는 급식 또는 섭식 장애

수많은 환자들이 주요 급식 및 섭식 장애 정의의 범위에 해당되지는 않는다. 그들 중 대다수가 정말로 질병이 있다. (이러한 환자들이 기분장애, 조현병, 신체증상장애, 혹은 다른 의학적 상태로 인한 장애와 같이 다른 확정적인 장애가 없다는 것을 확인하는 것은 매우 중요하다.) 여기에 해당되는 상태가 '달리 명시되는'에 분류되며, 아래에는 진단명에 따라 좀 더 세부적으로 분류되어 있다.

비전형적 신경성 식욕부진증. 일부 환자들은 상당한 체중 감소를 보이고, 살이 찌는 것에 대해 두려워하며, 자신이 뚱뚱하게 보인다고 믿는다. 신경성 식욕부진증의 전형적인 생리적 변화를 겪으면서도 그들의 체중은 정상 범위 내로 유지된다.

폭식장애(저빈도 혹은 제한된 기간). 폭식이 일주일 미만 또는 3개월 미만으로 나타난다.

신경성 폭식증(저빈도 혹은 제한된 기간). 대부분의 신경성 폭식증 진단기준을 충족하지만 상당 기간 또는 자주 폭식하거나 보상행동을 보이지 않는다.

야식증후군. 환자가 저녁 식사 후 또는 야간에 어떤 수면 단계 중에 있을 때 폭식 삽화가 발생한다. 다음 날 환자는 폭식한 것에 대해서 기억한다.

제거장애. 환자는 폭식을 하지 않고도 체중이나 외모에 영향을 미치는 제거행동(의도적으로 구토를 하거나 하제를 사용함)에 반복적으로 관여한다.

F50.9 명시되지 않는 급식 또는 섭식 장애

DSM-5-TR의 다른 장들에서 명시되지 않는 진단과 마찬가지로, 환자들이 앞서 기술한 진단 중 어느 것에도 완전히 진단기준을 충족하지 않으며, 더 구체화된 진단을 내리기를 원하지 않을 때, 명시되지 않는 급식 또는 섭식 장애 진단기준을 사용한다.

CHAPTER 10

배설장애

배설장애의 빠른 진단 지침

유분증. 4세 혹은 그 이상, 부적절한 장소에 반복적으로 대변을 본다(327쪽).

유뇨증. 5세 혹은 그 이상, 잠자리나 옷에 소변을 반복적으로 본다(고의적이거나 고의적이 아닐 수 있다)(325쪽).

도입

대부분의 경우 유분증과 유뇨증은 별개로 발생하지만, 때때로 함께 나타나기도 하는데, 특히 심하게 방치되거나 정서적으로 박탈당한 아동에게서 함께 나타난다. 유뇨증이나 유분증은 일차성(배설장애 증상이 아동의 발달과정에서 나타나는 증상이다) 혹은 이차성(초기에 배변훈련은 성공적이다)으로 진단을 내릴 수 있다. 비뇨기 그리고/혹은 소화기의 비정상성이 종종 의심되지만 문제가 발견되는 경우는 거의 없기 때문에 상세하게 병력을 살피는 것이 정확한 진단을 내리는 데 충분히 도움이 된다.

F98.0 유뇨증

4:1의 비율로 일차성 유뇨증(아동은 소변을 한 번도 가린 적이 없다)은 이차성 유뇨증보다 좀 더 보편적으로 나타난다. 이는 잠을 자는 상황에만 국한되어 나타난다. 낮 시간에 소변을 가리는 데

는 문제가 없다. 정신건강 전문가에게 의뢰된 아동의 부모는 보통은 성공한 적 없는 일반적인 처치법 — 잠자리 들기 전에 화장실 갔다 오기, 야간용 변기 사용 — 을 시도한다. 아동들은 전형적으로 일주일에 여러 번 소변을 보기 때문에 너무 당혹스러워서 친구들 집에 놀러가서 잠을 자고 올 수 없다.

몇몇 아동의 경우, 유뇨증은 비-급속안구운동수면(NREM수면)과 관련이 있는데 이는 특히 수면 중 첫 3시간 동안 자주 발생한다. 또 다른 아동의 경우 입원 혹은 부모로부터의 분리와 같은 외상이 이차적인 유뇨증을 발생시키기도 하는데, 하룻밤에 1회 이상 혹은 전체 수면 시간 동안 수시로 발생한다. 유뇨증이 있는 몇몇 아동들은 비뇨기 감염 혹은 신체적 문제(그러면, 유뇨증 진단을 내릴 수 없다)가 있기도 하나, 대부분의 병인은 알려져 있지 않다. 고의로 소변을 보는 것이 공식적인 진단기준에 언급이 되어 있지만, 대부분의 아이들에게는 우연적이고 당혹스럽게 일어난다.

여기에는 강력한 유전적 요인이 있다. 유뇨증이 있는 아동의 3/4이 직계 가족 내에서 가족력이 있다. 양쪽 부모가 모두 유뇨증이 있는 경우 그 자녀에게 유뇨증이 나타나게 된다는 것을 강하게 예측한다.

6세 이전의 남아와 여아에게서 동등한 비율로 나타난다(전반적으로 어린 아동의 5~10%가 유뇨증을 보인다). 좀 더 연령이 많은 아동들의 경우에는 남아에게서 좀 더 빈번하게 나타난다. 자라면서 유병률은 감소하기 때문에 청소년기에는 1% 정도만 이런 문제를 보인다. 잠자리에서 소변을 보는 성인은 그 증상이 평생에 걸쳐 지속되기 쉽다.

뻔뻔한 광고 : 어떻게 하나의 사건이 다른 사건을 야기했다고 결정할 수 있을까? 물론, 임상 진단에서는 확실하다고 말하기 어렵지만, 여러 특징들이 A가 B를 야기했다고 합리적인 확신을 가지고 결정할 수 있게 도와줄 수 있다. 저자는 이 문제들(그리고 훨씬 더 많은 것들)을 저자의 책 *Diagnosis Made Easier* 에서 논의했다.

유뇨증의 핵심 특징

알려진 원인 없이, 의도가 있든 없든 옷이나 잠자리에서 반복적으로 소변을 본다. 경험하는 고통과 장애, 그리고 증상의 빈도는 아래와 같다.

주의사항

ㄱ들을 다루어라

- 기간과 기타 인구통계학적 특징(5세 혹은 그 이상의 연령에서 3개월 이상의 기간 동안 일주일에 2회 이상)
- 고통 혹은 장애(직업적/교육적, 사회적 그리고 개인적인 손상)
- 감별진단(약물 부작용 그리고 신체적 장애)

부호화 시 주의점

유형을 명시할 것

야간형 단독

주간형 단독

주야간형 복합

F98.1 유분증

유분증이 있는 환자들은 옷이나 방바닥과 같은 부적절한 장소에 대변을 본다. 여기에는 두 가지 종류가 있다. 하나는 항문 주위를 갈라지게 만드는 만성 변비와 관련이 있다. 배변이 통증을 유발하므로, 아동은 이를 피하기 위해 대변을 참는다. 그러면서 대변은 딱딱해지고(항문 주위의 갈라진 틈은 더욱 악화된다), 장으로부터 액체 형태의 분뇨가 흘러나와 옷과 잠옷에 묻게 된다.

보다 덜 흔한 유형으로 변비가 없는 유형은 종종 비밀스럽고 드러나지 않은 형태로 나타난다. 아동들은 대변 본 것을 부적절한 장소 — 변기 뒤, 서랍장 — 에 감춘다. 그리고 그들은 어떻게 된 것인지 모르는 일이라고 주장한다. 변비가 없는 유분증은 종종 스트레스, 그리고 가족 내의 다른 병리와 관련되어 있다. 일부 아동들은 신체적으로 혹은 성적으로 학대를 당해 왔을 수도 있다.

유분증은 초등학교 학령기 아동의 1% 정도에서 나타난다. 6:1의 비율로 남아가 더 많이 보인다. 유분증이 의도적인 경우, 품행장애 및 적대적 반항장애와 관련될 수 있다. 유분증을 진단받기 위해서는, 적어도 4세 아동의 발달 수준에 해당되어야 한다는 것을 주목하라.

유분증의 핵심 특징

고의적이든 우연적이든 반복적으로 부적절한 장소나 옷에 변을 본다.

주의사항

그들을 다루어라

- 기간과 기타 인구통계학적 특징(4세 혹은 그 이상의 연령에서 3개월 이상의 기간 동안 한 달에 1회 이상)
- 감별진단(하제 사용 그리고 신체적 장애)

부호화 시 주의점

다음 중 하나를 명시할 것

    변비 및 일류성 요실금을 {동반하는 경우} 또는 {동반하지 않는 경우}

달리 명시되는 배설장애

전체 진단기준을 충족시키지 않는 유분증 혹은 유뇨증의 증상에 대해서 달리 명시되는 배설장애 범주를 사용하라. 이러한 경우에 이유를 언급할 수 있다. 다음의 진단부호를 사용하라.

    N39.498   소변 증상 동반
    R15.9   대변 증상 동반

명시되지 않는 배설장애

전체 진단기준을 충족시키지 않는 유분증 혹은 유뇨증의 증상에 대해서 명시되지 않는 배설장애 범주를 사용하라. 이러한 경우에 원인을 알 수 없다. 다음의 진단부호를 사용하라.

    R32   소변 증상 동반
    R15.9   대변 증상 동반

CHAPTER 11

수면 - 각성장애

수면 - 각성장애의 빠른 진단 지침

저자는 빠른 진단 지침에서 DSM-5-TR의 순서와는 다르게 가장 많이 기본적으로 나타나는 진단을 강조하기 위해 장애를 배열하였다.

수면 부족(불면증)

불면증은 종종 하나의 증상이다. 때때로 불면증은 주 호소 문제가 된다. 오직 이따금 주요 정신질환 혹은 다른 의학적 상태와는 독립적으로 진단이 내려진다(334쪽 이중선 안에 기술된 내용을 참조하라).

저자는 다른 정신질환 혹은 의학적 상태가 불면증이 원인인지 아닌지 첫 번째로 생기미는 것이 일마나 중요한 일인지에 대해 말하고 싶다.

불면장애. 의학적 상태와 동반이환하여 나타날 수 있으며(333쪽), 일차성으로 나타날 수 있고(원인을 알 수 없을 때, 340쪽), 혹은 다른 수면장애 혹은 정신질환과 동반되어 나타날 수 있다(336쪽). 정신질환의 경우에는 주요우울 삽화(106쪽), 조증 삽화(118쪽), 혹은 공황발작(175쪽)으로 인해 고통을 받는 환자에게서 가장 흔히 나타난다.

물질/약물치료로 유발된 수면 - 각성장애, 불면형. 다양한 종류의 처방전 약물뿐 아니라, 흔하게 오용되는 향정신성 물질의 대부분이 수면을 방해할 수 있다(384쪽).

수면 무호흡증. 수면 무호흡증과 같이 호흡에 문제가 있는 환자들의 대부분은 과다수면에 대해 호소를 하지만, 몇몇은 그 대신 불면증을 보인다. 여기에는 세 가지 기본유형이 있다 — 폐쇄성 수면 무호흡 저호흡, 중추성 수면 무호흡증, 수면관련 환기저하(352, 356쪽).

과다수면(과다수면증)

'과다수면(hypersomnia)'은 단지 잠을 많이 자는 것을 의미한다고 생각할 수 있다. 그러나 이것은 또한 환자가 각성을 유지해야 하는 상태에서도 나타나는 졸음을 가리킨다. 이 두 가지 의미를 확실히 하기 위해 새로운 용어, '과다수면증(hypersomnolence)'이 소개되었다.

과다수면장애. 과도한 졸음 혹은 졸림은 정신적 혹은 의학적 장애, 혹은 다른 수면장애를 동반할 수 있다. 때때로 이는 일차성으로 나타나기도 한다(343쪽).

기면증. 시간과 장소에 상관없이 때로는 서 있을 때조차도 잠이 밀려오는 경험을 지속적으로 한다. 그래서 갑자기 잠에 빠져버리는 수면마비, 갑작스러운 힘의 상실(탈력발작)이 일어나고, 입면 혹은 출면 시 환각이 나타난다(347쪽).

물질/약물치료로 유발된 수면-각성장애, 주간 졸림형. 물질 사용이 불면증보다는 과다수면증을 유발할 가능성은 낮지만, 그래도 발생할 수 있는 일이다(384쪽).

호흡관련 수면장애. 이러한 장애는 흔히 낮 시간에 졸음을 유발하며, 세 가지 주요 유형은 다음과 같다. 폐쇄성 수면 무호흡증(352쪽), 중추성 수면 무호흡증(352쪽) 그리고 수면관련 환기저하(356쪽).

일주기리듬 수면-각성장애

이것은 개인의 생체 시계와 환경 간의 불일치를 말한다. 다섯 가지 주요 하위유형이 있다.

뒤처진 수면위상형. 원하는 때보다 늦게 잠이 들고 늦게 깬다(358쪽).

앞당겨진 수면위상형. 원하는 때보다 일찍 잠이 들고 깬다(359쪽).

불규칙한 수면-각성형. 불규칙한 시간에 잠이 들고 깬다(360쪽).

비24시간 수면-각성형. 보통은 원하는 것보다 점진적으로 늦게 잠이 들고 깬다(359쪽).

교대근무형. 졸림은 일하는 스케줄의 변화와 관련되어 있다(360쪽).

시차. 시차가 달라지는 지역에서 졸리거나 기분이 언짢은 것은 수면장애와 더 이상 관련이 없다. 이는 현대인의 생활에서 나타나는 하나의 생리적 현상이다. 그러나 이중선 안에 간략하게 소개하였다(360쪽).

사건수면과 기타 수면장애

이 장애에서는 수면(수면의 단계), 혹은 잠들고 일어나는 시간 동안에 비정상적인 어떤 일이 일어나는 것이다.

NREM(non-REM)수면 각성장애, 야경증. 수면 초기에 두려움으로 소리를 지른다. 종종 전혀 잠에서 깨지 않은 상태에 있다. 소아에게서 이러한 행동은 병리적인 것으로 여기지 않지만, 성인은 병리적인 것으로 간주한다(370쪽).

NREM수면 각성장애, 수면보행증형. 보통 야간 수면의 초기에 지속적인 수면보행이 나타난다(367쪽).

NREM수면 각성장애, 혼란스러운 각성형. 일부 깨어 있는 상태이지만 걸어 다니지 않으며, 두려움을 나타내지는 않는다. 이것은 공식적인 DSM-5-TR의 장애가 아니지만, 사람들은 이것을 경험한다(372쪽).

REM수면 행동장애. REM수면 시 깨어서 말을 하거나 이리저리 뒤척거리고 때로는 자신이나 함께 잠을 자는 사람에게 상처를 입힌다(381쪽).

악몽장애. 악몽은 몇몇 사람들에게서는 다른 사람들보다 더 문제를 일으킨다(377쪽).

하지불안 증후군. 정지하고 있는 동안(특히 저녁/밤) 불가항력의 욕구로 인해 다리를 계속 움직이게 되는데 이는 피곤함과 다른 행동적/정서적 문제들을 유발한다(373쪽).

물질/약물치료로 유발된 수면장애, 사건수면형. 수면 동안에 알코올과 기타 물질(중독 혹은 금단 기간 동안이) 다양한 문제의 원인이 될 수 있다(384쪽).

달리 명시되는(명시되지 않는) 수면장애. 이 범주는 상기 범주의 어디에서도 다루지 않는 불면증, 과다수면증, 혹은 일반적 수면 문제를 위한 것이다(388쪽).

도입

모든 동물과 마찬가지로 인간에게 수면은 기본적인 행동이다. 인간의 정상적인 수면에 대해 다음의 사항들을 기억하라.

1. 정상적인 수면은 범위가 넓다. 이것은 수면의 양, 잠이 들고 깨는 데 얼마나 오래 걸리는지 그리고 이 사이에 무슨 일이 일어나는지에 대한 것을 말한다.

2. 수면상태가 비정상적일 때, 건강에 심각한 결과를 가져올 수 있다.

3. 개개인의 수면은 생애 전체에 걸쳐 변화한다. 아기가 대부분의 시간 동안 잠을 잔다는 것은 누구나 아는 사실이다. 나이가 증가함에 따라 잠이 드는 데 더 긴 시간이 필요하며, 수면 시간을 덜 필요로 하고, 밤에 깨어 있는 시간이 좀 더 길어진다. 저자는 9세 아동들이 누구보다도 잠을 잘 잔다고 들었다. 수면과 관련하여 이 글을 읽고 있는 독자들은 이 시기를 넘겼다는 점이 애석하다.

4. 수면은 한 가지 형태가 아니다. 야간 수면의 깊이와 질은 매우 다양하다. 수면의 두 가지 기본적인 단계에는 대부분의 시간 동안 꿈을 꾸게 되는 급속안구운동(rapid eye movement, REM)수면과 비-급속안구운동(non-REM)수면이 있다. 다양한 장애가 수면의 이 단계와 관련이 있다.

5. 필요로 하는 것보다 잠을 충분히 자지 못하거나 혹은 잠깐 동안 자는 사람들은 실제로 수면장애를 가지고 있지 않다.

6. 오늘날, 수면상애 진단기준은 근본적으로 임상 소견에 기반한 것이다. EEG와 다른 수면 실험 연구들이 확증을 해주고 있지만, 여기에 기술된 장애들의 단지 소수에서만 진단서에 그런 검사가 요구된다.

수면 전문가들은 수면장애를 '수면곤란증'과 '사건수면'으로 나눈다. '수면곤란증'이 있는 환자들은 어떤 형태든 간에 너무 적게 자거나, 너무 많이 자며, 혹은 적절하지 않은 시간에 잠을 자지만, 수면 자체는 언급할 만하지 않고 꽤 평범하다. '사건수면'에서 수면의 질, 양, 그리고 수면 시간은 본질적으로 정상적이다. 그러나 수면하는 시간 동안이나 잠이 들고 깨는 시간 동안 비정상적인 어떤 일이 일어나는 것이다. 행동, 인지 혹은 자율신경계가 수면 중이나 수면에서 각성으로 전환되는 동안에 활성화되고 대혼란이 일어난다.

　예를 들어, 수면 무호흡증(수면곤란증) 대 악몽장애(사건수면)를 생각해 보라. 이 둘은 잠을 자는 동안에 일어나지만, 악몽장애는 수면 무호흡증에서 그런 것처럼 수면을 방해하거나 다음 날 각성상태를 유지하는 것을 방해하는 것 때문이 아니라, 사람들이 무서움을 느끼기 때문에 문제가 되는 것이다.

과다수면 혹은 수면 부족

F51.01 불면장애

불면증에 대해 우리에게 가장 많이 알려져 있는 것은 수면 시간이 매우 짧거나 수면이 편안하게 느껴지지 못한다는 것이다. 불면증이 있는 몇몇 사람들은 그들 자신이 얼마나 긴장되어 있는지 깨닫지 못한다. 일부 사례에서는 다른 의학적 상태로 인해 이차적으로 불면증이 시작된다. 부러진 둔부로 인한 고통의 예를 들면, 둔부는 치료되지만 환자들은 밤 동안에 잠을 잘 수 없다는 생각에 익숙해진다. 다른 말로 하면 불면증은 학습된 행동이 될 수 있다. 사실 많은 의학적 질병이 불면증의 증상을 불러일으킬 수 있다.

불면증이 있는 몇몇 환자들은 그들의 침대를 잠을 자거나 성관계를 하는 곳 외에도 다른 활동을 하는 데 이용한다. 예를 들면, 식사하기 그리고 TV 보기이다. 이러한 연합조건이 침대에 있는 동안 그들을 깨어 있게 한다. 이러한 것은 수면 클리닉 임상가들이 좋지 않은 수면 위생(poor sleep hygiene)이라고 부르는 것이다. 환자들은 일상적인 수면 습관과 거주지 안에서 벗어나 주말, 휴일 혹은 휴가기간 동안에 수면 문제가 개선될 때 근본적인 원인을 발견하게 된다. 불면증을 가진 대부분의 환자들은 또한 다른 정신적 혹은 의학적 장애를 가지고 있다.

원인이 무엇이든, 효과적으로 해결되지 않는다면 불면증은 영원히 지속될 수 있다. 불면장애 (ID)는 특히 노인 환자들과 여성들에게서 발견된다. 많은 사람들이 잠을 자도 피곤이 풀리지 않거나, 동반자가 밤새 잠을 잤다고 맹세코 말을 해도, 그들은 밤새 깨어 있었다고 불평한다. 이러한 이유로, 불면증이 '거의 잠을 자지 않는' 것이라는 말은 전혀 맞지 않는 것이다. 이보다는 불면증은 적게 자게 되는 것에 대한 호소이다. 그러나 이러한 사람들은 상당한 문제를 가지고 있다. 그들에게 말할 수 있는 기회를 주는 것은 그들의 문제에 대한 원인을 탐색하는 데 중요하다.

불면증은 여러 가지 다른 패턴으로 경험될 수 있다. 가장 흔한 것은, 특히 노인들에게 자주 발생하는 수면 유지(밤에 깨어나거나 간헐적 불면증)에 문제가 있는 것으로, 이것이 불면장애의 약 60%를 차지한다. 후기 불면증은 일어날 시간이 되기 전에 깨어나 다시 잠들 수 없는 경험으로 덜 흔하게 경험하게 되지만, 심각한 주요우울장애의 전형적인 증상으로 여겨진다. 그리고 어떤 사람들, 특히 젊은 성인들은 잠들기 어려움(초기 불면증)에 대해 더 많이 호소한다.

결론적으로 불면증의 정의는 환자들이 임상적으로 중요한 고통 혹은 장애를 경험하는 것을 요구한다는 점에 유의하라. 비록 밤에 고통을 경험하지만, 일의 효율성 저하, 가정 내 불화, 낮 시간 동안 피곤함, 그리고 졸림과 같은 결과는 대부분 낮 시간 동안에 나타나기 쉽다. 불면을 호소하지만, 고통이나 장애를 보고하지 않는 사람들은 이 장애를 진단받아서는 안 된다. 이러한 제한을 두고 있지만, 여전히 불면증은 성인 인구의 10%에 달한다. (전체 성인의 약 1/3이 어떤 시점에서 수면문제를 호소하는 것으로 추정된다) 남성들보다는 여성들이 불면증을 더 많이 보인다.

DSM-5-TR에서는 불면장애가 별도의 임상적인 주의가 필요할 정도로 심각한 경우, 공존하는 정신질환, 의학적 장애 혹은 다른 수면장애가 있든지 없든지 간에 불면장애 진단기준을 충족시키는 환자에게는 불면장애 진단을 내려야 한다는 것을 명시하고 있다.

다른 의학적 질환을 동반한 불면장애

많은 의학적 질환이 수면 문제(주로 불면증)와 관련이 있으며, 일반적으로 초조함, 수면 개시 잠복기의 증가, 그리고 밤 동안의 빈번한 각성을 포함한다. 낮이나 밤에 불편함을 유발할 수 있는 것으로 언급된 의학적 문제들은 다음과 같다.

- 다양한 감염으로 인한 발열.
- 두통(특히 일부 편두통), 류머티즘성 관절염, 암, 지속적인 야간 발기, 혹은 협심증에 의한 통증.
- 다양한 전신 및 피부 질환에 의한 가려움.
- 천식이나 만성 폐쇄성 폐질환(COPD), 비만, 임신, 또는 척추 변형으로 인한 제한된 폐 용량에 의한 호흡 문제, 또는 낭포성 섬유증.
- 갑상선기능항진증, 간부전, 그리고 신장질환을 포함한 내분비 및 대사 질환.
- 예를 들어 깁스 착용으로 인해 한 자세에서 자야 하는 경우.
- 근위축증 및 소아마비와 같은 신경근육장애.
- 헌팅턴병, 비틀림 이영양증, 파킨슨병, 그리고 일부 발작장애와 같은 운동 및 기타 신경학적 장애.

불면장애의 핵심 특징

충분한 수면의 기회가 주어져도, 환자는 수면의 질이나 양에 대해 불만을 표한다. 잠들기 어렵거나, 수면을 유지하는 데 어려움을 겪거나, 아침에 너무 일찍 깨는 것이다. 때때로 수면은, 그저 단순히 상쾌하지 않다.

주의사항

ㄱ들을 다루어라

- 기간(3개월 이상의 기간 동안, 일주일에 3일 밤 이상)
- 고통 혹은 장애(직업적/학업적, 사회적, 혹은 개인적 손상)
- 감별진단(물질사용장애 및 신체적 장애, 기분장애, 불안장애, 정신병적 장애, 외상후 스트레스장애, 수면 무호흡증과 같은 기타 정신적 장애, 그리고 기타 수면-각성장애, 좋지 않은 수면 습관 혹은 수면 가능한 시간의 부족, 수면 요구량의 단순한 정상적 변화)

부호화 시 주의점

다음의 경우 명시할 것

삽화성. 1~3개월 기간(단기간의 불면장애는 실제로는 달리 명시되는 불면장애로 부호화되어야 함, 388쪽)

지속성. 3개월 이상 기간

재발성. 1년 이내 2개 이상 삽화

다음의 경우 명시할 것

정신질환 동반. 여기에 물질사용장애가 포함된다.

의학적 상태 동반

다른 수면장애 동반

각각의 사례에서 공존하는 장애를 명시하라. 어떤 것이 먼저인지 언급할 필요가 없다. 종종 당신은 그냥 모른다.

다른 질병이 없는 사람들(다른 의학적 상태뿐만 아니라 정신상태에 문제가 없다는 것이다)에게 불면증이 얼마나 보편적으로 나타나는지 아무도 알지 못한다. 아마도 이런 환자들을 정신건강 전문가가 만나는 것은 극소수일 것이다. 이러한 사람들은 주치의로부터 도움을 구하기 쉽다. 비록 연구에서 지속적인 불면증이 상당히 일반적이라고 말함에도 불구하고, 그들은 가정의 혹은 내과 전문의에게 도움을 청한다. 저자가 만났던 1만 5,000명이 넘는 정신과 환자들 가운데, 정확하게 1명이 (다른 의학적 상태나 정신질환이 없는) 일차성 수면장애를 가지고 있었다.

호일 가너

호일 가너가 불면증으로 치료를 받았을 때 그는 58세였다. 그의 아내 이디스가 그와 함께 동행하였다. 그들은 작은 채소 가게를 운영하였다.

몇 해 전에 호일은 폐기종을 앓았다. 의사는 일련의 폐기능검사 결과들을 보고 그에게 금연을 하도록 했다. 3주 뒤에 그는 몸무게가 5kg이 늘었고, 매일 밤 가게 수입을 정산하는 데 집중을 잘 할 수가 없었다. "저는 우울했고, 긴장됐어요. 담배를 피우고 싶다는 생각이 들었고, 중간에 깨지 않고는 2시간을 자지 못했죠."라고 호일이 기억했다.

"저는 그에게 다시 담배를 피울 것을 권했어요."라고 이디스가 말했다. "그가 담배를 다시 피웠을 때, 우리 둘 모두는 안정감을 느끼게 되었지요."

호일은 의사를 만나는 것을 중단하였고, 그의 수면은 정상적으로 되돌아왔다. 그러나 지난 몇 달 동안, 그는 밤에 몇 시간이나 깨어 있기 시작했다. 그가 담배를 끊기 위해 노력했을 때 경험했던 것과 같은 불안과 함께 무력감, 불편감을 느꼈다. 몇 번 정도 침대 모서리에 앉아 담배를 피웠지만 도움이 되지 않았다. 그리고 이디스는 밤에 담배 연기가 나는 것에 대해 불평했다. 그들은 여전히 채소 가게를 운영하고 있고, 계산하는 데는 전혀 문제가 없었다. 호일은 보통 오후에 맥주 한 잔 이상을 마신 적이 없다.

"깨어 있는 것이 그를 그렇게 힘들게 하지는 않았어요."라고 이디스는 불평했다. "그는 보통 다시 잠이 들어요. 다음 날 졸려 하지도 않아요. 그러나 그가 다시 얼마나 빨리 잠이 깰지에 대한 생각이 나를 깨어 있게 만들어요."

이디스는 깨어 있는 시간에 남편을 관찰할 수 있는 기회가 상당히 있었다. 30분 정도 조용히 잠을 잔 이후에 그의 숨소리는 빠르고 얕아 보였다. 그는 몇 초 이상 숨을 멈춘 적이 없었고, 코를 골지 않았다. 그들은 여분의 베개를 가지고 잠을 자도록 노력했다(이러한 방법은 심장병이 있는 이디스의 삼촌 빌에게 도움이 된 것이나). 그러나 이것은 호일의 숙면을 전혀 돕지는 못했고, "목을 불편하게 했죠."

"나는 우리가 이것을 해결할 수 있길 바라요."라고 이디스가 결론적으로 말을 했다. "이것은 그를 그렇게 많이 괴롭게 하지는 않아요. 그러나 나는 잠을 좀 자야겠어요."

호일 가녀의 평가

호일의 주요 문제는 수면을 취할 수 있는 기회가 충분히 있었음에도 불구하고(진단기준 E) 몇 달 동안 매일 밤 몇 번이나 자주 잠에서 깨는 것이다(A2, C, D). 그에게는 큰 영향을 미치지는 않았으나, 그의 아내는 상당히 불평을 많이 하였다(전형적으로 만성 폐쇄성 폐질환으로 인한 불면증은 낮 시간에 졸림을 유발하지 않는다). 그리고 동반자나 보호자가 상대방의 불면증으로 인해 받는 영향이 증상 중 하나이다(B).

호일이 보이는 불면증의 특징은 이른 아침에 잠에서 깨는 것과 관련 있는 심각한 기분장애로 볼 수 없다. 그렇지만 경미한 기분장애, 혹은 우울한 기분이 있는 적응장애는 전형적으로 잠들 때의 문제와 관련이 있다. 이디스의 관찰에 따르면 호일은 다양한 기면증 혹은 수면 무호흡증(기타 의학적 상태와 동반이환하는 불면증이 있는 환자에게서 수면 무호흡증이 나타나는 것인지 확인하라)을 가지고 있지 않다(F). 그는 이 시기에 약물을 복용하지는 않았지만, 의학적 질병이 있는 많은 환자들은 약물을 복용한다. 그렇게 되면 당신은 물질로 유발된 불면증을 감별해야 할 것이다.

호일은 또한 담배사용장애가 있는데, 이는 무엇보다도 폐기종을 일으켰을 것이다. 불면증이 니코틴 문제를 일으켰다고 보기는 어렵다(G). 그가 금연을 시도했을 때, 그는 명백하게 금연 증상을 경험했고, 만성 폐쇄성 폐질환에도 불구하고 담배 피우는 것을 지속했다(521쪽 참조). 저자는 그에게 GAF 점수 61점을 주었다. 그에 대한 전반적인 진단은 다음과 같다.

J43.9   폐기종
F17.200   담배사용장애, 중등도
F51.01   불면장애, 지속성, 폐기종 동반, 그리고 중등도 담배사용장애

DSM-5-TR은 불면증이 공존하는 신체적 혹은 정신적 장애로 '유발된' 것인지 명시하는 것을 더 이상 요구하지 않는다는 점에 유의하라. 이러한 것들이 공존한다고 충분히 말할 수 있다. 그러나 하나가 다른 하나의 실제적인 원인인지 밝히는 것은 매우 어렵기 때문에 이를 명시하지 않는다. 우리는 증상이 별도의 임상적인 주의를 기울일 정도의 심각한 장애인 경우에 진단을 내리도록 한다(사실 독려한다).

비수면장애 정신질환이 동반된 불면장애

불면증이 몇몇 다른 정신질환의 증상일 때, 불면증은 종종 다른 정신질환의 심각한 정도에 직접적으로 비례한다. 그리고 충분히 논리적으로, 수면 문제는 기저의 근본적인 장애가 해결되면 호전된다. 한편 환자들은 때때로 수면제와 다른 약물을 남용하기도 한다. 여기에 간략한 개관이 제시되어 있다.

주요우울 삽화들. 불면증은 아마도 기분장애에서 가장 흔한 증상이다. 사실 수면 문제는 우울증의 초기 증상 중 하나이다. 불면증은 특히 우울한 노인들에게서 나타난다. 심각한 우울증에서는 후기 불면증(terminal insomnia, 이른 아침에 깨서 다시 잠들지 못함)이 특징이다. 그리고 정말로 이는 절망적인 경험이다.

외상 및 스트레스 관련 장애. 급성스트레스장애와 외상후 스트레스장애의 진단기준에서 하나

의 증상으로 수면 문제를 언급하고 있다.

공황장애. 수면 중에 공황발작이 일어날 수 있다.

적응장애. 특정한 스트레스에 대한 반응으로 불안과 우울을 보인 환자들은 특정한 스트레스 원 혹은 그날에 있었던 사건에 대해 걱정하며 깨어 있는 상태로 누워 있게 된다.

신체증상장애. 신체화 증상이 있는 많은 환자들은 수면 문제, 특히 수면 초기와 수면 중간에 불면증을 호소한다.

인지장애. 대부분의 치매 환자들은 어느 정도 수면 문제를 가지고 있다. 여기에는 전형적으로 수면 중에 잠에서 깨는 것이 포함된다. 그들은 밤에 왔다 갔다 서성거릴 수 있으며, 낮 동안에는 각성 수준이 감소되어 고통을 받는다.

조증 그리고 경조증 삽화. 조증과 경조증 환자들은 기분이 들떠 있을 때 전형적으로 평소보다 덜 잔다. 그러나 그들은 불면증에 대해서 호소하지 않는다. 그들은 휴식을 취했고, 좀 더 많은 활동을 할 준비가 되었다고 느낀다. 걱정하는 것(그리고 피곤해하는 것)은 그들의 가족과 친구들이다. 이러한 환자들이 문제를 호소한다면, 수면 개시 잠복기 — 잠드는 데 걸리는 시간 — 에 대한 것이다.

조현병. 조현병 환자들은 발병 시 밤이 깊어질수록 망상, 환청 혹은 불안에 심하게 압도된다. 전체 수면 시간은 일정하지만, 밤에 잠을 이루지 못하고, 아침이 되어서야 잠이 들기 때문에 낮이 되어야 일어나게 된다. DSM-5-TR은 정신질환과 관련되어 있는 일주기리듬 수면-각성장애를 부호화하지 않는다. 조현병과 관련되어 있는 불면장애(혹은, 아마도, 명시되지 않는 불면장애)가 가장 근접한 분류일 것이다.

강박성 성격장애. 대개 이 성격장애는 불면증과 관련되어 있는 것으로 언급된다.

불안 혹은 조증은 다른 정신질환의 경과기간 동안에 나타나는 불면증을 은폐시킨다. 환자들은 그들이 운전 중에 잠이 들거나 산업재해를 당할 때까지 수면 문제를 인식하지 못한다. 다른 한편으로는, 임상가들은 수면과 관련된 문제에만 초점을 맞추고 관련되어 있는 정신과적 문제를 진단하지 않게 되는 위험도 있다.

살 카모치

"저는 경기 때문에 잠을 충분히 못 자고 있어요." 살 카모치는 남부 캘리포니아에 있는 한 작은 대학에서 미식축구와 관련된 장학금을 받고 있으며, 3학년에 재학 중이다.

지금은 11월 초, 시즌의 중반인데 그는 활동을 유지할 수 있다고 생각하지 않았다. 그는 항상 일정 시간 수면을 취했고, '건강한 식사'를 했지만, 한 달 넘게 매일 새벽 2시 30분에 깨어 있었다.

"저는 알람을 잘 맞춰놓았어요."라고 그가 말했다. "눈을 뜨고는 다음 경기에 대해 걱정하거나 화학 시험이나 다른 시험을 통과하는 것에 대해 걱정을 해요. 저는 밤에 5시간을 자는데, 보통은 8시간 수면이 필요해요. 점점 절망적이에요."

잠시 동안 살은 의사의 처방 없이 구입할 수 있는 약물을 복용하였다. 이것은 조금은 도움이 되었지만, 대부분의 경우 다음 날에 휘청거리는 느낌을 받았다. 그는 항상 술과 마약을 피해 왔는데, 그는 몸에서 약기운이 느껴지는 것을 싫어했기에 기꺼이 그것들을 포기했다.

살은 작년 가을과 그 이전에도 같은 문제를 경험했다. 그때 똑같은 수면 문제가 있었다. 식욕 또한 저하되었다. 그러나 어떤 때에도 지금과 같이 심각하지 않았다. (올해에 그는 이미 5kg 가까이 체중이 줄었다. 그는 축구에서 수비를 담당하는 선수로서 체중 유지가 필요했다.) 살은 또한 그가 지내 오던 방식으로는 삶을 즐길 수 없는 것 같다고 호소했다. 축구에 대한 그의 관심과 운동장에서 경기 중에 집중력이 저하되었다.

고등학교 시절 어느 여름에 살은 잠을 너무 많이 잤다. 그는 전염성 단핵증(infectious mononucleosis) 검사를 받았는데, 신체적으로 건강하다는 결과가 나왔다. 그리고 그해 가을에 새 학기가 시작되면서 그는 정상적인 생활을 했다.

지난 봄과 그 이전에는 다른 문제가 있었다. 살이 야구를 했을 당시 활력이 넘쳐서 타율이 4할이었고, 모든 경기에 출전했다. 그는 잠을 많이 자지 않았을뿐더러 이에 대해 하룻밤에 5시간이면 충분하다고 생각했다. "저는 에너지가 충전되어 있었고, 제 생애에서 이보다 행복하다고 느낀 적이 없었어요. 저는 또 다른 베이브 루스가 된 것처럼 느꼈어요."

코치는 "살이 야구 시즌 동안 대단히 훌륭했고, 항상 기운이 넘쳤지만 말이 너무 많았죠. 그는 왜 미식축구에는 같은 노력을 하지 않았을까요?"라고 말했다.

살 카모치의 평가

살의 사례를 보면, 그의 수면장애는 물질 사용 혹은 다른 신체질환과 관련되어 있지 않다. 마찬가지로 다른 수면장애에 대한 증거도 없다.

살의 수면 문제는 사실 우울증이라는 빙산의 일각일 뿐이다. 살펴보아야 할 첫 번째 증상은 주요우울 삽화로 보이는 증상일 것이다. 그는 말을 많이 하였고 우울한 기분에 대해 호소하지는 않았지만, 삶에 대한 의욕 상실을 보고했다. 이러한 점들과 더불어 불면증 외에도 살은 식욕이나 흥미 그리고 주의집중력 상실을 보였다. 이러한 증상들을 모두 고려할 때 간신히 주요우울 삽화의 진단기준에 해당된다. 그의 개인력에는 죽음에 대한 소망 혹은 자살 사고는 보이지 않았다. 이것은 탐색되어야 할 필요가 있다.

우울증 외에도 명백한 조증 삽화가 진단 시 고려될 필요가 있을 것이다. 살은 평소와 다르게 행복한 기분을 느끼고, 활력이 증가되고, 상당히 말을 많이 하며, 수면에 대한 욕구가 감소된 기간이 여러 번 있었다. 특히 그의 현재 기분과는 상반되는 것으로, 자존감은 상당히 높아졌다(그가 "베이브 루스가 된 것처럼 느꼈어요."라고 말하는 점에 주목했다). 기분에 있어서 이러한 변화는 다른 사람들이 목격하고 이를 언급하기에 충분한 것이었으나, 그의 기능을 저하시키거나 입원이 필요한 것은 아니었다. 만약 그랬다면, 우리는 조증 삽화로 진단을 내렸을 것이다. 그의 증상은 경조증 삽화 진단기준을 충족시킨다.

이 모든 것이 제Ⅱ형 양극성장애 진단기준을 충족시킨다(132쪽 참조). 살의 현재 삽화는 우울 경과를 보이고 있다. 그는 멜랑콜리아 양상 동반 명시자를 거의 충족시키기는 하지만, 해마다 같은 계절(가을)에 시작되고 다른 계절(봄)에는 이것이 개선되거나 경조증으로 바뀌는 반복된 우울증은 계절성 동반 명시자에 전형적으로 들어맞는다. 고등학교 때 한 번 이러한 양상에 부합하지 않는 우울 삽화가 있었지만, 대부분의 삽화는 진단기준을 충족한다. 그리고 지난 2년 동안 나타난 양상은 정확하게 들어맞는다.

살의 불면증은 일주일에 며칠 동안 발생하며 피곤함의 원인이 되기 때문에(불면장애 진단기준 C), 제Ⅱ형 양극성장애 진단이 없이도 임상적으로 의미가 있다(A, B). 그러나 이는 다음을 생각하게 한다. 이 증상이 한 달 넘게(아마도 DSM-5-TR의 불면장애 진단기준에서 요구하는 3개월에서 모자라는 60일) 지속되어 왔다. 현재 살의 증상은 DSM-IV의 진단기준에는 부합한다. 살이 변한 것은 아니다. 단지 진단기준만 바뀌었다. 어떻게 해야 할까?

저자는 진단적 정의에 따라 어떤 장애가 상대적으로 짧은 기간으로 인해(계절성 기분 문제가 있는 환자들은 계절에 따라 기분 문제가 나타나고 회복된다) 추가적으로 불면장애 진단을 충족시킬 수 없다고 보는 것은 합리적이지 않다고 생각한다. 그래서 저자는 진단기준이 수갑이 아닌 단지 지침이라고 생각하며 저자가 살에게 내렸던 원래 평가를 고수할 것이다. 저자의 견해에 동의하든 동의하지 않든 간에 그의 사례는 복잡한 진단기준을 통과해 나가는 데 지침이 될 것이다. (동의하지 않는다면, 그의 수면장애를 G47.09, 달리 명시되는 불면장애, 단기 불면장애로 부호화할 수 있다.)

살의 GAF 점수는 55점이 될 것이다. 우리는 다른 정신질환과의 관계를 명확하게 하기 위해 수면장애 바로 다음에 정신질환을 기재하도록 배웠다. 저자는 처음에 먼저 기분장애를 기술하기를 원한다. 왜냐하면 이것은 치료에 있어 좀 더 중요하기 때문이다. 그러나 적어도 이 둘을 함께 기술하였다(그렇다. 진단명이 2개만 있는 경우가 아니라면, 이렇게 하는 것은 어려운 일이다).

F31.81   제Ⅱ형 양극성장애, 우울, 계절성 동반

F51.01   불면장애, 제Ⅱ형 양극성장애 동반

다른 정신질환과 함께 나타나는 수면장애를 진단 내릴지에 관한 문제는 확실히 기호의 문제이다. DSM-5-TR에서는 수면과 관련된 문제가 평가를 받는 게 정당할 정도로 충분히 심각할 때는 진단하는 게 적절하다고 명시하고 있다. 만약 환자가 현재 호소하고 있는 문제가 수면 문제라면, 저자는 이를 임상적 중요성을 가진다고 볼 것이다. 하지만 이런 상황은 종종 불명확하게 판단을 요한다. 기분장애의 예를 들어보면, 수면과 관련된 문제는 대부분 우울증이 적절히 치료되고 나면 사라질 증상이다. 그러므로 이 경우 기분장애만 진단하는 것이 문제가 되지 않는다.

[일차성] 불면장애

불면증 외의 다른 증상이 나타나지 않는 불면장애의 또 다른 유형은 실제로 가장 드물게 접하는 유형이다. 실제로, 이 유형은 배제의 원칙에 따라 위에서 언급한 다른 가능성들이 배제된 후에만 사용되어야 한다. DSM-IV에서는 이를 **일차성 불면장애**라고 불렀다.

물론, 우리가 불면증의 원인을 알아내지 못한다는 사실이 그것이 존재하지 않는다는 것을 의미하지는 않는다. 때때로 불면증은 소음이나 다른 자극들이 수면을 억제하기 때문에 시작되기도 한다. (시끄러운 환경이나 혹은 수면에 도움이 되지 않는 것 때문에 잠이 부족한 것은 엄밀히 말하면 불면증이라고 할 수 없다. 때로는 '환경적 수면장애'라고 불리기도 한다. 하지만 DSM-5-TR은 명명하지 않고, 그러한 유형의 특수성을 수면을 연구하는 사람들에게 남겨두었다.)

다른 요소는 취침 시간까지 활동적인 상태로 있는 것이다. 격렬한 운동과 논쟁은 잠이 드는 것을 방해하는 활동이다. 사람들이 수면을 취하는 데 필요한 이완된 정신상태로 만들기 위해서는 조용한 시간이 필요하다. 한번 불면증이 생기면, 깨어서 누워 있는 채로 근육이 긴장되어 있는 것과 계속되는 부정적인 생각("나는 끔찍한 불면증 환자야.")이 불면증을 지속시킨다. 그 결과, 밤은 절망스러운 시간이 되고, 다음 날에는 피곤하고 불쾌한 상태가 된다.

일차성 불면증이라고 불리는 이것이 얼마나 빈번하게 발생할까? 그것은 아무도 모른다. 성인의 1/4 정도가 수면에 문제가 있음에도 단 몇 퍼센트 정도가 불면장애 진단기준을 충족시킬 것이다. 시간이 흐르면서 다양해질 수 있지만, 특히 노년층과 여성에게서 많이 발견된다. 보통은 만성적인 결과를 보인다.

(일차성 불면증에서처럼) '일차적인'은 영어를 사용하는 대부분의 사람들이 이해하는 것과 다른 의미를 가진 재미있는 단어 중 하나이다. 임상 분야에서, '일차적인(primary)'은 원인을 찾을 수 없는 질병이나 증상을 의미한다. 이 맥락에서, '일차적인'이라는 것은 어떤 상태가 다른 것보다 더 중요하거나 먼저 시작된다는 의미가 아니다. (세계보건기구도 여러 신체 기관이나 시스템 중 하나로, 뇌를 공격하는 것과 대비되는 개념으로 뇌를 직접 또는 우선적으로 공격하는 장애를 나타내는 데 '일차적인'을 사용한다.) DSM-5-TR은 '일차적인'을 공식적인 의미로 사용하지 않지만, 임상가들은 원인을 명확하게 밝힐 수 있는 장애와 그렇지 않은 장애를 구별하기 위해 사용한다.

임상가들은 또한 뇌 해부학, 화학, 생리학에서 명백한 근거가 없는 장애를 설명하기 위해 '기능적(functional)'이라는 용어를 사용한다. 대부분의 기분장애와 정신병은 '기능적'으로 불린다. 즉, 우리는 아직 그것들이 어떻게 발달했는지, 왜 발달했는지 모른다. '기능적'은 이제 공식적으로 전환 증상을 대체했다. 이 모든 것이 혼란스럽다고 생각한다면, 의학계 전반에 걸쳐 사용되는 '원인을 모른다는 것을 의미하는' 다른 단어들을 고려해 보라. 예를 들어 본태성 고혈압(essential hypertension)에서처럼 본태성(essential), 특발성 혈소판 감소성 자반증(idiopathic thrombocytopenic purpura)에서처럼 특발성(idiopathic), 암호적인(cryptogenic, 문자 그대로 '숨겨진 원인'). 때때로 우리는 '심인성의(psychogenic)'라고 말하는데, 그것은 우리가 원인을 찾았다는 착각을 주지만, 그때는 우리 마음속이나 꿈에서만 그런 것이다.

훈련 중인 임상가들이 잠을 못 자는 것은 당연하다.

커티스 어셔

"끔찍해요. 9시 30분, 10시, 10시 30분. 몇 시에 잠을 청하든지 별 차이가 없어요. 언제이든지 간에 내 눈은 새벽 2시에 떠지고 그게 밤 사이 취하는 휴식의 전부예요."

커티스 어셔는 몇 년 동안 이 문제를 반복해서 겪어 왔고, 최근에 좀 더 심해졌다. "실제로, 보통은 주중에 가장 심하다고 생각해요. 누워 있을 때마다, 나는 일에 대한 걱정을 해요."

커티스는 광고 대행사의 프로젝트 매니저이다. 시간이 여유롭다면 훌륭한 직업이지만, 지난 몇 년간 그래본 적이 없다. 커티스의 상사는 다소 폭군과 같은데, 그는 두통을 느껴본 적 없다고 즐겨 말한다. 대신 그는 두통을 유발한다. 커티스는 두통이 있지는 않지만, 많이 자지 못하는 편이다.

53세 때 커티스는 규칙적인 습관을 가진 건강한 사람이었다. 그는 3년 전에 그의 멍청함을 불평하는 아내와 이혼한 뒤로 혼자 지내 왔다. 때때로 현재 그의 여자 친구가 그의 아파트에서 지내기도 하지만, 대부분의 밤 시간 동안 그는 더 이상 깨어 있는 채로 있을 수 없을 때까지 TV를 시청하며 침대에 누워서 시간을 보낸다. 그는 술을 마시거나 약물을 복용한 적이 없고, 기분도 괜찮은 편이다. 그 자신뿐만 아니라 그의 가족 누구에게도 정신건강 문제는 없다.

"저는 낮잠을 자지 않아요." "그렇지만 저는 일을 많이 하지 못한다고 말하는 게 낫겠어요."라고 커티스가 짧게 덧붙여 말했다.

커티스 어셔의 평가

커티스는 명백하게 수면 문제가 있다. 이것은 수면 초기와 말기를 포함한다(불면장애 진단기준 A1, A3). 이것은 진단에서 요구되는 3개월보다도 더 길게 지속되었다(D). 커티스에 따르면, 이는 일주일에 여러 번 나타나고(C) 일할 때 그 효율성을 저하시킨다(B). 여자 친구와 밤을 보낼 때 외에 어떠한 다른 정보에서도 그의 수면을 방해할 만한 환경이 보고되지 않는다(E).

여기서 관건은 커티스의 불면증이 독립적인 문제인지 아닌지, 혹은 그의 수면을 방해하는 근본적인 문제를 부호화하는 것이 필요한지 아닌지를 결정하는 것이다. 상황이 모든 가능성을 충족시키지는 않지만, 몇 가지 주요 핵심사항과 맞닿아 있다.

아마도 커티스는 다른 정신질환은 없을 것이다(H). 그의 기분은 주요우울 삽화를 충족하기에 너무 양호하다. 그가 일에 대해 걱정을 하지만 범불안장애 같은 광범위한 불안을 가지고 있다는 어떤 정보도 없다. 그는 술을 마시거나 약물을 복용하지 않는다(G). 성격장애를 배제할 만한 정보는 없지만, 성격장애가 수면장애의 단독적인 원인으로서 아마도 흔한 것은 아닐 것이다.

우리는 단지 커티스가 보고한 것을 통해서만 그에게 다른 의학적 상태가 없다는 점을 알 수 있다(또한 진단기준 H). 그의 주치의는 그가 의학적인 평가를 받도록 의뢰해야 한다. 다른 수면장애(F)는 어떠한가? 커티스는 낮잠은 자지 않는데, 이로써 기면증을 배제할 수 있을 것이다. 수면 무호흡증처럼 보이지 않는다. 그의 전 부인의 불평들을 보면, 코를 고는 것이 아닌 그의 멍청함에 대해 말했었다. 일주기리듬 수면-각성장애, 뒤처진 수면위상형이라면 이른 시간보다는 늦게까지 깨어 있게 될 것이다. 그리고 앞당겨진 수면위상형처럼 그는 이른 시간에 졸려하지도 않는다. 이러한 상황에서는 악몽장애와 같은 사건수면, 혹은 야경증 혹은 수면보행증형 같은 NREM수면 각성장애 진단을 지지하는 정보는 없다.

두 가지 기제는 커티스의 불면증을 설명하는 것을 도울 수 있다. 그의 일과 관련된 불안이 그중 하나이다(그의 직장 상사는 요구적이고 직장에서 보내는 시간은 매우 힘들다). 이에 대한 대안으로 그는 종종 TV를 보는 동안 그의 침대 위에서 누워 있다. 이렇게 침대(좋지 않은 수면 위생)와 의식적인 활동과의 연합은 그가 깨어 있도록 하는 데 조건화가 될 수 있다.

의학적 평가가 없는 상태에서 커티스의 진단은 다음과 같다(GAF 점수는 65점, Z코드는 직업영역을 나타낸다).

F51.01   불면장애, 지속성
Z72.9   생활 양식과 관련된 문제(좋지 않은 수면 위생)

범불안장애는 수면장애와 감별진단하는 데 있어 중요하다. 수면장애가 있는 환자들 또한 불안장애가 있는 사람들처럼 걱정을 하며 깨어 있게 된다. 차이점은 그들의 불안은 그들이 원하는 만큼 잠을 잘 수 없는 것에 초점이 맞추어져 있다. 또한 '가면 우울증'을 주의하라. 수면장애를 보이는 환자를 평가할 때 주요우울 삽화에서 나타나는 다른 신체적인 증상(식욕, 체중 감소)을 상세하게 물어보라.

F51.11 과다수면장애

수면 전문가들은 과다수면(hypersomnia) 대신에 과다수면증(hypersomnolence)이라는 용어를 사용한다. 그 이유는 다음과 같다. 이 새로운 용어는 과도한 수면상태뿐만 아니라 문제가 있는 각성상태를 더 잘 기술한다. 후자는 때때로 이를 잠에 취한 상태 또는 수면무력증(sleep inertia)이라고 부르는데, 잠에서 깰 때의 문제 혹은 깨어 있는 상태를 유지하는 데 있어 나타나는 문제를 포함한다. 완전히 깨어 있을 필요가 있을 때 온전히 깰 수 없을 것 같은 느낌(혹은 그러한 상태로 머물러 있지 못할 것 같은 느낌)을 뜻한다. 과다수면장애(HD)는 의학적, 정신적 혹은 다른 수면장애가 함께 있는 과다수면증 상태와 명확하게 독립적으로 나타나는 상태를 포함한다.

과다수면장애가 있는 사람들은 쉽고 빠르게 잠이 들고(5분 혹은 그 미만), 다음 날 늦게까지 잠을 잔다. 이들은 아침에 일어나는 데 어려움을 겪는 경향이 있으며, 약 40%는 몽롱함을 느끼고 방향 감각 상실, 기억 문제, 각성(수면무력증) 등의 이상 증상을 보고한다. 전체 수면 시간이 24시간 중 9시간 혹은 그 이상임에다 만성적으로 피곤하고 졸려서 밤에 정상적으로 잠을 잔 이후에도 낮잠을 잔다. 이러한 시간은 더 길어지고 잘 회복되지 않는 경향이 있다. 그들은 많은 것을 하지 못한다. 덜 깬 상태에서 그들은 자동적으로 나중에 기억하지 못할 행동을 하기도 한다.

우리가 과다수면장애에 대해 많이 알지 못하지만, 남성과 여성에게서 비슷하게 나타나며, 보통은 10대나 20대와 같이 상대적으로 낮은 연령에서 시작된다. 일반 인구 집단에서 1% 정도까지 나타난다.

과다수면장애의 원인이 항상 분명한 것은 아니지만, 상당히 많은 원인들이 알려져 있다. 하이포크레틴이 평균적으로 일반 인구 집단 수준보다는 낮은 수준으로 나타나지만, 과다수면장애의 경우에는 탈력발작이 있는 기면증의 경우보다 하이포크레틴 결핍이 덜 나타난다. 또한 아무도 과다수면장애가 전적으로 유전적인 현상이라고 말하지 않지만, 유전적 대립 형질이 흔하게 나타난다(HLA DQB1*0602, 가계에 이것이 있는 사람들). 과다수면장애가 있는 몇몇 환자들은 스트레스에 대처하는 데 어려움을 겪을 수 있다. 어떤 사람들은 자신들의 삶에서 이 같은 문제를 보상하기 위해 노력을 한다. 그래서 이러한 사람들은 때로는 약물을 복용하며, 그 결과 전체 수면 시간이 정상적인 규준에서 상당히 벗어나게 된다. 중추신경자극제는 낮 시간 동안의 졸음을 줄이는 데 도움이 될 수 있다. 그러나 진정제는 수면 문제를 악화시키기 쉽다.

과다수면장애는 의학적인 질병이나 정신질환과 동반해서 나타날 수 있고, 그렇지 않을 때도 있다. 그러나 또 다른 수면장애만 동반해서 나타나는 경우에는 진단 내리지 않는다.

과다수면장애의 핵심 특징

7시간 이상 수면한 뒤에도 낮 시간에 심하게 졸리다고 호소하며, 이는 다음 증상의 하나 혹은 그 이상으로 표현된다. 각성 후 완전히 깨어 있는 상태를 유지하는 것이 어렵고, 반복적으로 매일 낮잠을 자거나 낮 시간에 쉽게 잠이 들게 되고, 혹은 긴 시간(밤에 9시간 이상) 잠을 자지만, 숙면을 취하는 데 어려움이 있다(잠을 자도 개운하지 않다).

주의사항

ㄱ들을 다루어라
- 기간(3개월 이상의 기간 동안 일주일에 3회 이상)
- 고통 혹은 장애(직업적/학업적, 사회적, 혹은 개인적 손상)
- 감별진단[물질사용장애, 다른 수면-각성장애(예 : 기면증, 수면 무호흡증), 정상적인 수면 변화]

부호화 시 주의점

만일 환자가 공존질환을 가진 경우, 과다수면장애 증상의 심각도를 설명할 수 없다.

다음의 경우 명시할 것
　　급성. 1개월 미만 지속
　　아급성. 1~3개월 지속
　　지속성. 3개월 이상 지속

다음의 경우 명시할 것
　　정신질환 동반.
　　의학적 상태 동반.
　　다른 수면장애 동반. 과다수면증이 단순히 다른 수면장애와 동반하여 나타난다면, 이 진단을 내리지 않는다.

각 사례에서 공존하는 장애를 부호화하라.

낮 시간 동안 각성을 유지하기 어려운 날이 며칠인지에 따라 심각도를 명시할 것
    경도. 일주일에 1~2일
    중등도. 일주일에 3~4일
    고도. 일주일에 5일 이상

콜린 로드버그

15세 이래로 콜린 로드버그는 건축가를 꿈꿔 왔다. 그는 크리스토퍼 렌과 프랭크 로이드 라이트의 전기를 읽었다. 여름마다 그는 원자재들이 어떻게 쓰이는지 배우기 위해 건설 관련 일을 했다. 현재 그는 23세이고 건축학과 2학년인데, 수업 시간에 깨어 있을 수 없다.

"저는 제 눈꺼풀을 묶어놓는 게 낫겠어요."라고 그가 말했다. "6개월 동안, 하루에 두세 번, 낮잠을 자야만 했어요. 수업 시간 언제든지 말이에요. 한번은 여자 친구와 사랑을 나눌 때에도 그랬어요. 이후가 아니라 도중이었다고요!"

비록 콜린은 늘 피곤함을 느낀다고 호소했지만, 그의 건강은 최상의 상태였다. 애리조나주에서 개업 의사로 일하는 그의 아버지는 그가 종합건강검진을 받았다고 했다. 콜린은 갑작스러운 질병, 의식의 상실 혹은 뇌전증에 대한 질문을 받았으나, 이들 중 어떤 것에도 해당되지 않았다. 그의 어머니는 오리건주에서 임상심리학자로 일을 했고, 그의 정신건강에 대해 장담할 수 있었다.

"밤에 잠을 상당히 많이 자요, 적어도 9시간 정도요. 이것이 문제가 아니에요. 제가 얼마나 많은 시간을 잠을 잤는지와 관계없이 잠을 자고 난 후에도 휴식을 취했다는 느낌이 없어요. 낮잠을 자면, 꾸벅꾸벅 졸 때처럼 거의 잠에 취한 상태로 깨어나게 돼요."

수면 문제와는 별도로 학교생활은 좌절스러웠다. 그는 비록 기술적으로는 능숙한 편이었지만, 그와 함께 수업을 듣는 친구들이 가지고 있는 디자인에 대한 안목이 없다는 것을 알게 되었다. 지난 학기에 그는 건축 설계에 재능이 있다는 것을 깨달았다. 그가 향후 직업을 바꾸는 것에 대해 의논할 때 교수님은 그의 의견에 반대하지 않았다.

콜린 로드버그의 평가

불면증과 마찬가지로 과다수면장애를 평가하는 데 있어 첫 번째 과제는 이를 유발할 수 있는 많은 상태들을 감별하는 것이다. 콜린을 담당하는 임상가가 진단을 내리는 데 필요한 콜린의 모든 정보를 이 사례가 포함하고 있지는 않지만, 상당히 중요한 점을 제시하고 있다.

신체질환은 아마도 감별진단을 하는 데 가장 중요한 요소일 것이다. 최근에 있었던 종합건강

검진에 의하면 콜린은 건강하다. 더 나아가 정신운동성 발작을 시사하는 갑작스러운 의식의 약화 혹은 소실도 없었다. (DSM-5-TR의 진단기준 F에 따르면, 환자는 의학적 문제가 있을 때에도 의학적 문제가 수면 문제를 온전히 설명하지 못하면 과다수면장애를 진단받을 수 있다.) 물질 사용에 대한 정보는 없다(E). 콜린의 임상가는 물질 사용에 대한 문제가 없다고 평가할 것이다. 적어도 정신건강 전문가인 그의 어머니는 다른 정신질환에 대한 증상이 없다고 느꼈다(또한 F). 그러나 어머니들이 원래 그렇다.

기면증은 낮 시간에 잠을 유발하는 또 하나의 장애이다(D). 전형적으로 사람들은 짧게 낮잠을 자면 상쾌함을 느끼는 반면에, 콜린은 낮에도 졸려서 비틀거린다. 임상가는 콜린의 여자 친구에게 그가 코를 고는지 혹은 수면 무호흡증을 시사하는 다른 증상이 있는지 물어볼 수 있을 것이다. 밤 시간의 불충분한 수면은 과다수면을 보이게 되는 매우 명확한 이유이기 때문에 때때로 간과된다 (밤에 7시간 이하로 자는 환자들에서 그 점을 의심해 보라). 콜린은 밤에 9시간 혹은 그 이상 충분한 수면을 취했다고 느꼈으며, 우리는 그가 수면 시간이 부족하다고 생각하지 않는다(A).

이 사례에서 우리가 말할 수 있는 것은, 콜린의 수면장애는 6개월 동안 지속되었고, 거의 매일 나타났다 — 분명히 그는 매일 수업 시간에 과다수면을 보였다(B, C). 그를 평가할 때 그에게 학업 문제가 있다는 것을 명확하게 포함시키려고 한다. 이렇게 하는 것은 치료적 개입에 도움이 될 것이다. 그의 GAF 점수는 65점이 될 것이다.

F51.11   과다수면장애, 지속성, 고도
Z55.9   부진한 학업 수행

성미가 까다로운 10대 청소년이 늦잠 자는 걸 좋아한다고? 잠시 중단하고 생각해 보라!

의학적 상태가 동반되는 과다수면증에 포함되는 많은 장애 중 하나인 클라인-레빈 증후군이 그렇다. 이는 흔한 것은 아니며 고통스러울 수 있다. 어떤 것인지 궁금한가? 100만 분의 1 정도의 유병률을 보이는 클라인-레빈 증후군은 DSM-5-TR에 언급된 가장 희귀한 질병일 것이다. 이러한 환자를 만났을 경우, 여기 탐색해야 할 것들이 있다.

클라인-레빈 증후군은 대개 10대 때 시작된다. 여자에서 발생할 때 증상의 심각도가 더욱 심하지만, 2:1 혹은 3:1의 비율로 남성들에게서 많이 나타난다. 모든 환자들은 심각한 과다수면장애를 경험한다. 하루에 12~24시간을 잔다(평균과 중앙값이 각각 18시간이다). 게다가 거의 대부분의 사람이 인지 변화를 경험한다 — 현실감 상실, 혼란, 집중력 상실 혹은 기억력 문제(몇몇 환자들은 일어났던 일에 대해 완전한 기억 상실을 경험한다). 특히 잠을 자지 못하게 하면, 환자들은 무례한 모습을 보이거나 논쟁적이고 짜증스러운 모습을 보인다. 5명 중 4명이 식습관에 있어 변화가 있다. 특히 폭식증 환자에게서 나타나는 전형적인 구토행동은 없으나, 게걸스러운 과식(포만감을 느끼는 시점을 넘음)을 한다.

3명 중 2명에서는 언어능력 또한 비정상적이다. 환자들은 말이 없거나 혹은 말수가 적다. 혹은 단음절만을 발음할 수 있다. 혹은 말이 느리고 불분명하게 발음하거나 일관성이 없게 말한다. 또한 거의 절반이 과도한 성욕을 느낀다. 몇몇은 노출을 하거나 다른 사람들이 보는 데서 자위행위를 하거나 혹은 타인에게 성적으로 부적절하게 접근한다. 동시에 거의 절반은 우울한 기분을 보고하는데, 각각의 삽화 말기에는 보통 사라진다. 사실 그런 삽화 사이에는 거의 모든 환자들이 완전히 평범해 보인다.

클라인-레빈 증후군의 원인은 알려져 있지 않다. 종종 이 장애는 아마 감기와 같은 경한 정도의 감염에 의해 시작된다. 몇몇 원인은 뇌졸중, 종양, 혹은 다발성 경화증과 같은 다른 신경학적 장애로 인해 촉발된다. 삽화는 1~3주 동안 지속되며 전형적으로 1년에 몇 번 정도 되풀이된다. 이러한 패턴은 아마도 8년 동안 지속되거나 평균 열두 번의 삽화가 나타난다. 그리고 이는 이유 없이 시작되고 종종 그냥 사라진다. 삽화들이 지속적으로 나타나는 사람들이 상당히 완화되는 것을 발견되기도 한다.

이러한 환자를 만나게 되면 출판을 위해 기록하라. 그리고 저자에게 하나 보내주길 바란다.

기면증

기면증(narcolepsy)은 '잠에 빠지다'라는 의미의 그리스어에서 파생된 프랑스 단어이며, 19세기 프랑스 신경학자에 의해 쓰였다. 기면증은 1880년대부터 인식되기 시작하였고, 대표적인 증상은 네 가지를 포함한다 — 수면발작, 탈력발작, 환각, 수면마비. 대부분의 환자들이 이 모든 증상을 가지고 있는 것은 아니며, 때때로 환자들은 수면과 관련 없는 정신장애로 잘못 진단받기도 한다.

- REM 기간이 잠이 든 후 1시간 30분 이내에 나타나는 것 대신에 잠이 들고 나서 몇 분 이내에 시작된다(나이가 더 많은 환자에게서는 잠이 들기까지의 시간이 증가한다). 이는 종종 저항할 수 없는 졸림을 느끼도록 하며, 정상적으로 깨어 있는 시간을 방해한다. 이러한 수면발작은 짧게 나타나는 경향이 있는데, 몇 분에서 1시간 정도까지 지속된다. 과다수면장애 환자들이 종종 경험하는 정신의 혼미함과는 대조적으로 잠을 자고 일어나면 상쾌하다 — 피곤함을 느끼며 깨는 아이들을 제외하고. 그리고 수면발작 후에 1시간 혹은 그 이상 반짝 깨어 있는 시간이 나타난다. 수면발작은 스트레스 혹은 정서적 경험(보통 농담과 웃음 같은 '긍정적인' 것)으로 인해 유발될 수 있다. 낮 동안의 졸음은 수면발작이 있는 환자들의 초기 호소 문제가 될 수 있다.

- 가장 극적인 증상은 탈력발작이다. 종종 턱과 무릎과 같은 특정 근육에 나타나지만, 거의 모든 수의근에 영향을 미치는 갑작스럽고 짧게 나타나는 마비이다. 모든 근육이 영향을 받을 때, 환자들은 완전히 넘어지게 될 것이다. 보다 국소 부위의 근육이 영향을 받거나 발작이 짧다면, 탈력발작은 거의 눈에 띄지 않을 수 있다. 탈력발작 삽화는 수면발작과 함께 발생하

지만, 이것은 의식의 소실 없이 각각 별개의 것이 될 수 있다. 이는 종종 웃음, 울음, 혹은 분노, 혹은 오르가슴과 같은 강렬한 정서에 의해 유발된다. 탈력발작은 보통 과다수면이 발병한 지 몇 달 이내에 나타난다. (종양, 감염 혹은 외상과 같은 뇌 손상이 다른 수면발작 없이 탈력발작을 유발할 수 있다.)

특히 짧은 시간 동안에 탈력발작이 나타나는 아동들은 전형적인 탈력발작을 보이지 않는다. 그보다는 턱을 움직이거나, 얼굴 찡그리기, 혀 내밀기 등이 명확한 정서적 자극이 없이도 나타난다. 이러한 발작은 점차 전형적인 탈력발작의 형태에 가까워진다.

- 환각, 주로 환시가 수면발작의 첫 증상으로 나타날 것이다. 환각은 환자들이 잠이 들거나 깰 때에 나타나기 때문에 REM수면이 출면상태를 갑자기 방해하는 것을 나타낸다.
- 수면마비는 공포스러운 것이다. 환자들은 깨어 있지만, 움직일 수 없고, 말할 수 없고, 심지어는 숨을 제대로 쉬기가 어렵다. 수면마비는 죽음에 대한 불안 및 두려움과 관련되어 있다. 보통 10분 미만으로 지속되며, 환시 혹은 환청이 동반된다.

REM은 상대적으로 얕은 수면의 단계이다. 이 약어는 급속안구운동을 의미하는데, 눈을 감고 있는 상태에서 꿈을 꿀 때 눈동자가 왔다 갔다 움직인다. 우리가 회상할 수 있는 대부분의 꿈을 꿀 때 나타난다. 정상적인 REM수면 시간 동안 우리의 얼굴 근육은 마비되는데, 편안하게 잠이 든 상태이기 때문에 보통은 이를 느끼지 못한다. REM수면은 밤 시간 내내 나타나는데, 보통 우리가 잠에 빠진 후 처음 90분이 되었을 때 시작되고, 전체 수면 시간의 20~25%를 차지한다. REM수면 시간 동안 심장 박동과 호흡은 불규칙하다. 꿈은 강렬하므로 기억이 된다. 음경이나 음핵이 발기된다.

NREM수면은 밤의 나머지 시간 동안 일어나는 것이다. 이는 뇌파 패턴에 의해 정의되는 다양한 전위를 가지며, 이 장의 다른 곳에서 언급된 몇 가지 장애와 관련이 있다.

네 가지 대표적 증상 중 적어도 세 가지를 포함하는 전형적인 개인력은 수면발작의 좋은 예가 된다. 그러나 평생에 걸쳐 관리하고 치료해야 하는 힘들고 만성적인 장애이기 때문에 진단은 반드시 임상검사 결과를 통해서 확인해야 한다. 이와 관련하여 최근에는 신경펩티드 하이포크레틴(때로는 오렉신이라고 부른다)이 관련되어 있다고 알려져 있다. 외측 시상하부에서 만들어지는 이것은 각성을 촉진시킨다. 수면발작이 있는 환자들은 아마도 자가면역 체계에 의해 이것을 만들어 내는 몇몇 뉴런이 파괴되었기 때문에 종종 정상적인 수준보다 훨씬 적은 양을 가지고 있다. 이러한 발견은 이 장애에 대한 진단기준에 영향을 미치기에 충분히 강력하다.

강력하게 유전이 되는 수면발작은 여성과 남성에게 동등한 수준으로 나타난다. 2,000명당 1명에게 나타나는 희귀한 질병이다. 전형적으로 아동기 혹은 청소년기에 시작하지만, 30세에는 거의 대부분이 나타난다. 졸음이 보통 첫 증상으로 나타나며, 대개 1년 정도 내에 탈력발작이 뒤따른다. 한번 시작되면, 보통은 천천히 그리고 꾸준히 발전한다. 이는 우울증과 무기력, 직업상의 문제, 심지어는 길 위에서나 일할 때 사고를 일으키기도 한다. 체중 증가를 호소하며, 낮에 깨어 있기 위해 약물을 오남용한다. 때때로 기분장애와 범불안장애가 동반이환된다.

다음 이탤릭체로 된 한 쌍의 단어는 거의 동음이의어다. 그러나 그 의미의 차이에 조심스럽게 주목해 보라.

탈력발작(captalepsy, 그리스어로 '억누르기'라는 의미)은 긴장증에서 나타나는 움직일 수 없는 상태가 장기적인 형태로 나타나는 것이다. *탈력발작*(cataplexy)은 '때려눕히다'를 의미한다. 짧은 — 보통 2분 또는 그 이하 — 수면발작 증상으로, 농담이나 웃음에 의해 유발되며 (의식 상실 없이) 근긴장이 소실되어 잠깐의 쓰러짐을 초래한다.

입면(hypnagogic)과 *출면*(hypnopomic)은 잠이 들거나 깰 때 각각 나타나는 사건을 묘사할 때 널리 사용되는 용어이다. 두 단어 모두 그리스어에서 유래되었다(hypn = '잠', agogue = '이끄는 것', pomp = '쫓아내다'). 비슷한 철자에 주목해 보라[hypna 그리고 hypno(이 역시 그리스어에서 유래되었다)].

기면증의 핵심 특징

환자는 낮 시간에 일어나는 **수면발작**에 저항할 수 없는데, 이는 **탈력발작**, 낮은 수준의 뇌척수액 하이포크레틴, 그리고 야간 수면다원검사에서 감소된 REM수면 잠복기와 관련되어 있다(앞의 이중선 안에 기술된 내용을 참조하라).

탈력발작은 보통 웃음과 같은 강한 정서에 의해 촉발된다. 아이들의 경우 턱을 벌리고 혀를 내미는 삽화로 분명하게 나타나기도 한다.

주의사항

ㄱ들을 다루어라
- 기간(3개월 이상의 기간 동안 일주일에 3회 이상)
- 감별진단[물질사용장애 및 신체적 장애(특히 간질), 기분장애, 수면 무호흡증, 매우 부족한 야간 수면]

부호화 시 주의점

명시할 것

G47.411 탈력발작이 있거나 또는 하이포크레틴 결핍증이 있는 기면증(제1형 당뇨)

G47.419 탈력발작이 없으며 하이포크레틴 결핍이 없거나 측정이 안 된 기면증(제2형 당뇨)

G47.421 [의학적 상태]로 인한 탈력발작 또는 하이포크레틴 결핍이 있는 기면증

G47.429 [의학적 상태]로 탈력발작과 하이포크레틴 결핍이 없는 기면증

주의 : 위의 마지막 두 경우는 우선 근본적인 의학적 장애를 먼저 부호화하고 그런 다음 그 장애의 이름을 기면증 진단에 포함시킨다.

심각도를 명시할 것

경도. 탈력발작이 일주일에 1회 이하 : 1~2회의 낮잠, 경한 수면장애

중등도. 탈력발작이 일주일에 1~7회 : 하루에 수차례의 낮잠, 중간 정도의 야간 수면의 어려움

고도. 약물 저항성 탈력발작 : 하루에 수차례 발생, 야간 수면의 어려움

엠마 플라워스

"몇 년 동안 그래 왔어요. 단지 최근에 좀 더 나빠졌어요." 엠마의 남편 에릭 플라워스가 말했다. 그는 그녀가 더 이상 운전을 안전하게 할 수 없다고 느끼고 그녀를 클리닉에 데려왔다.

엠마는 그의 옆에 있는 면담용 의자에 푹 쓰러져 버렸다. 그녀의 턱이 가슴 위에 놓였고 왼팔은 옆으로 늘어져 있었다. 그녀는 몇 분 동안 고요히 잠들어 있었다.

"이 사람이 의자에 앉지 않았다면, 앞으로 쓰러졌을 거예요."라고 에릭이 말했다. "저는 그녀를 수없이 잡아줘야 했어요."

10대 시절 엠마는 잠이 들려고 할 때, 심지어는 오후 시간에 잠깐 낮잠을 자려고 할 때 생생하고, 때로는 무서운 꿈을 꾸었다. 그녀가 에릭과 결혼할 무렵, 몹시 잠이 쏟아지고 저항할 수 없는 낮잠을 자려고 할 때, 가끔 '수면발작'을 경험했었다. 그 후 몇 년이 넘게, 이러한 낮잠은 좀 더 빈번해졌다. 28세인 지금, 엠마는 10분 정도 혹은 아니면 하루에 3~4시간마다 낮잠을 잔다. 그녀의 전반적인 야간 수면은 정상적으로 보이지만, 에릭은 그녀가 때때로 수면 중에 상당히 어슬렁거리고 돌아다닌다고 했다.

이번 평가를 받게 된 계기는 푹 쓰러져 버리는 이러한 발작 때문이다. 첫째로 엠마는 잠들어 있을 때, 단지 그녀의 목 근육의 힘이 빠지는 것과 같은 느낌에 주목했다. 1년이 경과하면서 현재 이러한 힘이 빠지는 증상은 모든 수의적인 근육에 영향을 줄 정도로 심해졌다. 이는 시도 때도 없이,

갑작스럽게 잠이 드는 것과 관련이 있다. 이럴 때 그녀는 모든 힘이 빠지게 되고, 때로는 너무 갑작스러워서 자리에 앉을 시간도 없었다. 그리고 그녀는 온전히 의식이 있음에도 서 있던 자리에서 넘어진다. 한번은 그녀가 차를 주차할 때 수면발작이 일어났다. 지난달에 신경과 의사를 만났지만, 뇌파검사상에서는 뇌전증에 대한 증거가 없었고 MRI도 정상이었다.

엠마는 몸을 움직이고, 하품을 하고, 눈은 뜨고 있었다. "또 이런 일이 일어났네요, 그렇지 않아요?"

"기분은 좀 좋아졌어요?" 그녀의 남편이 물었다.

"기분은 항상 좋아요, 그렇지 않나요?

엠마 플라워스의 평가

이 상황은 기면증의 전형적인 증상을 보여주고 있다. 낮에 반복적으로 나타나는 저항할 수 없는 수면발작(진단기준 A)과 탈력발작(이는 반드시 환자가 넘어지는 것을 유발하는 것은 아니며 깨어 있을 동안에 나타난다, B1a)이 일어난다. 몇몇 환자들은 잠이 드는 동안 생생한 꿈을 꾸고, 정상적인 REM수면 동안에 눈에 띄지 않게 수면마비가 발생한다.

DSM-5-TR 진단기준에는 감별진단에 대한 언급이 없다. 우리가 도와줘야 할 것이다. 수면 무호흡증 또한 낮 시간에 잠을 유발하지만, 이는 보통 중년 혹은 노년기의 남성 환자에게서 나타난다. 또한 지나친 졸음에 대해 다른 모든 가능한 원인들이 감별진단에 포함되어야 한다 ─ 물질로 유발된 수면장애, 비전형적 양상이 동반된 주요우울 삽화, 다양한 인지장애(특히 섬망), 그리고 갑상선기능저하증, 뇌전증, 저혈당, 중증 근무력증, 다발성 경화증과 같은 의학적 질병들과 클라인-레빈 증후군 그리고 프라더-윌리 증후군과 같은 희귀한 신경학적 상태. 당연히 엠마의 임상가는 이러한 각각의 상태들을 고려해야 한다. 청소년기에 흔하게 나타나는 순수한 수면 부족과 일주기리듬 수면-각성장애의 뒤처진 수면위상형을 배제해서는 안 된다.

엠마의 임상적 증상이 수면발작에 대한 DSM-5-TR의 진단기준을 충족시키지만, 부호화 유형을 결정하기 위해서는 뇌척수액의 하이포크레틴 수치를 측정하기 위해 요추 천자를 해야 할 것이다. 그녀(혹은 많은 다른 환자들)가 별로 도움이 되지 않는 이 절차를 기꺼이 따를 것이라고 장담할 수 없다. 탈력발작이 있는 기면증은 대부분 감소된 하이포크레틴과 관련이 있다. GAF 점수는 60점으로 그녀의 진단은 거의 확실히 다음과 같을 것이다.

G47.411 하이포크레틴 상태가 알려지지 않은 탈력발작이 동반된 기면증

DSM-5-TR은 수면장애를 평가하고 진단하는 데 몇 가지 조건들이 요구된다는 점에서 실험 장비의 사용이 날로 증가하는 데 주목하고 있다. 이 중 하나인 '다중 수면 잠복기 검사(multiple sleep latency test)'는 수면다원검사를 통해 실시되는 평가 중 하나이다. 1977년 디멘트(Dement)와 카스카든(Carskadon)이 처음으로 이 평가가 과다수면증을 판별하기 위한 기준이라고 언급하였다. 이것이 이루어지는 방식은 다음과 같다.

조용하고 어두운 방에서 환자가 보통은 깨어 있을 시간에 잠을 자는 동안 뇌파(EEG)를 기록한다. 20분 후에 환자는 깨어나고, 그 후 2시간 후에 다시 잠을 자도록 한다. 이것을 모두 4~5회 정도 매 2시간마다 반복한다. 후속 삽화에서의 REM수면 압박을 유지하기 위해서 REM수면이 나타나자마자 수면의 각 삽화가 진단에 필요한 점수를 산출하게 되는데, 환자가 잠이 들 때(수면 잠복기)까지의 시간에 대해 평균을 계산한다. 연령이 증가하면 조금씩 시간이 늘어나는 경향이 있지만, 일반적으로 5분을 기면증 진단에 있어 유의미한 것으로 본다.

다중 수면 잠복기 검사는 기면증에만 특정적이지 않다. 수면 무호흡증 혹은 수면박탈이 있는 사람의 경우, 그리고 어떤 임상적 증상을 가지고 있지 않는 소수(2~4%)의 사람에게서도 유의미한 점수가 나타난다.

호흡관련 수면장애

G47.33 폐쇄성 수면 무호흡 저호흡

중추성 수면 무호흡증

'무호흡'은 쉽다. 이는 간단히 말해 호흡이 없다는 것을 의미한다. '저호흡' ― 얕거나 이따금씩 나타나는 호흡 ― 은 다양하게 정의되어 왔다. 관례상, 최소 10초 동안 기류가 30% 정도 혹은 그 이상, 그리고 혈중 산소 포화도가 최소 4% 정도 감소되는 증상이 나타난다.

예상하고 있듯이 여기에도 혼합유형이 있다. 이는 중추성 무호흡증으로 시작해서 폐쇄성 무호흡증으로 끝난다.

생명까지도 빼앗아 갈 수 있는 두 가지 수면-각성장애가 있다. 잠을 자는 동안 10초부터 1분 혹은 그 이상(환자는 절대 깨지 않는다), 환자의 호흡기 상부 통로를 통한 공기의 흐름(기류)이 완전히 중단된다. 잠을 자는 매 시간마다 환자를 잠깐의 질식상태로 있게 한 채 기체교환이 감소한다.

좀 더 흔한 폐쇄성 유형에서는 숨을 들이쉬고, 가슴이 불룩해지지만, 입안의 조직과 목구멍이 정상적인 공기의 흐름을 막는다. 이러한 사투는 매우 크게 코 고는 소리로 끝나며, 2분 정도까지 지속될 수 있다. 이 모든 것들이 환자에게는 불분명하게 느껴지지만, 함께 잠을 자는 사람은 보통 쉽게 알아챈다. 대부분의 환자들은 하룻밤에 이러한 삽화를 30회보다 훨씬 많이 경험한다.

좀 덜 흔한 중추성 유형(여기에는 병인학적으로 다양한 원인들이 있다) 환자들은 단순히 호흡을 멈춘다. 말하자면, 횡격막이 단지 멈춘다. 코를 고는 모습이 나타날 수 있지만, 이것이 두드러지게 나타나는 것은 아니다. 남성의 경우 과다수면증에 대해 호소하고, 여성의 경우는 불면증에 대해 호소한다. 환자들이 이 진단을 충족시키기 위해 증상을 가질 필요가 없음을 주목하라. 단지 수면다원검사만으로도 충분하다. 그렇지만, 환자들은 전형적으로 그들이 밤 시간에 깨어 있고, 숨이 차며, 결과적으로 다음 날 졸림을 느낀다고 말한다. 이러한 상태는 아편계의 장기적인 사용이나 몇몇 신경학적 혹은 의학적 질병들 — 당신이 중환자실 병동 밖에서는 만날 가능성이 거의 없는 장애들 — 과 함께 발견된다. (사람이 빠르고 깊은 호흡을 하다가 점차적으로 호흡이 줄어들어 무호흡상태로 이어진다. 이 현상은 최근에 뇌졸중이나 심부전이 있었던 사람들에게서 발생할 수 있다.)

유형과는 상관없이, 수면 무호흡증 환자의 혈액은 호흡이 다시 시작할 때까지 산소가 모두 고갈된다. 종종 환자들은 부분적으로 깨어 있거나 온전히 깨어 있는데도 불구하고 이러한 상태를 전혀 자각하지 못한다. 코골이와 낮 시간에 잠에 빠져드는 것 외에도 흔하게 고혈압과 부정맥 문제가 나타난다. 환자들은 또한 아침에 두통과 발기부전을 호소한다. 밤 시간 동안, 몇몇 환자들은 서 있거나 심지어는 걸어 다니고 침구(혹은 함께 자는 사람)에 발길질을 하며, 휴식을 취하는 데 상당한 어려움이 있다. 다른 후유증으로는 주의산만한 모습으로 보이는 과민성, 인지적 손상, 지각 혹은 기억의 문제 혹은 당혹감이 있다. 또한 환자들은 잠이 들어 있을 때, 잠꼬대를 하거나 야경증 상태일 때 땀을 많이 흘리고 환각을 경험한다. 야간뇨(밤에 소변을 보기 위해 일어나기)는 원인이 밝혀지지 않았으나, 종종 수면 무호흡증과 관련이 있다.

대부분의 경우는 평가되지 않지만, 폐쇄성 수면 무호흡증은 일반 인구 집단의 5% 정도에서 나타나며, 65세에 20%까지 증가한다. 고령 외 위험요인으로는 비만(성인 남성의 경우 셔츠의 목둘레 사이즈가 41cm를 초과한다), 아프리카계 미국인이라는 민족성, 그리고 남성과 임산부가 포함된다. 유전적인 배경과 함께 가족력과 관련이 높다. 중추 수면 무호흡증은 흔하지 않고, 노인들에게 더 자주 발생하며, 아편 사용 및 심각한 신체질환을 가진 사람들에게 가장 흔하다.

수면 무호흡증은 잠재적으로 치사의 위험이 있기 때문에 과다수면증 혹은 불면증의 감별진단 시 항상 이 점을 고려하라. 빠른 발견과 관리는 생명을 구할 수 있다. 함께 취침하는 파트너는 옆에서 지켜볼 수 있기 때문에 항상 명확한 수면 무호흡증의 증거를 제시할 수 있지만, 이를 진단하기 위해서는 확증할 수 있는 수면다원검사가 요구된다.

두 가지 유형에서 증상은 유사하며, 감별은 수면다원검사의 특정 결과에 달려 있기에 한 가지 일화만 제시하였다.

중추성 수면 무호흡증 진단기준은 순수하게 임상적인 근거에 의해 진단을 내릴 수 없는 DSM의 몇 안 되는 진단기준 중 하나이다. 사실 임상적 양상들은 전혀 기술되지 않는다. 저자는 정신질환 진단을 내리는 것이 더 이상 임상훈련이 아닌 검사실 검사에 기반을 둔 세상으로 변화하고 있는 것을 지켜보게 될 것에 대해 우려가 된다.

폐쇄성 수면 무호흡 저호흡의 핵심 특징

야간의 호흡 문제로 인해 낮 시간 동안의 졸림을 호소한다. (상당히 오랫동안) 호흡 정지와 큰 소리의 코골이 혹은 거친 콧숨이 수반된다.

진단에는 수면다원검사에서 볼 수 있듯 주간 졸림(또는 피로나 회복되지 않는 수면)과 시간당 최소 5회의 폐쇄성 무호흡 또는 저호흡이 요구된다. 혹은 시간당 15회의 무호흡/저호흡 삽화가 있어야 한다.

주의사항

ㄱ들을 다루어라
- 감별진단[신체적 장애(천식), 약물 사용으로 인한 수면장애, 일차성 코골이, 기타 수면장애]

부호화 시 주의점
시간당 무호흡/저호흡 횟수에 기초하여 심각도를 부호화할 것

    경도. 15회 이내

    중등도. 15~30회

    고도. 30회 이상

중추성 수면 무호흡증의 핵심 특징

수면다원검사에서 수면 시간당 5회 이상의 중추성 수면 무호흡증을 보인다.

주의사항

ㄱ들을 다루어라
- 감별진단(기타 수면–각성장애)

부호화 시 주의점

명시할 것

G47.31 **특발성 중추성 수면 무호흡증.** 기도가 막혔다는 증거 없이 호흡 노력의 변화성 때문에 이 환자들은 자주 깨어난다.

R06.3 **체인-스토크스 호흡**(호흡의 깊이가 오르락내리락하는 패턴, 각성상태가 자주 동반됨)

G47.37 **아편계 사용과 동반이환된 중추성 수면 무호흡증.** 일회성이 아닌 경우에 한해서 먼저, 아편 사용을 부호화한다.

시간당 무호흡/저호흡의 횟수와 혈중 산소의 농도 그리고 수면 유지 정도에 따라 심각도를 부호화 하라. DSM-5-TR은 어떤 다른 지침도 제공하지 않는다.

로이 다디스

"30년도 더 된 것 같아요." 릴리 다디스가 말했다. 그녀는 남편의 코골이에 관해 이야기하고 있다. "저는 원래 잠을 잘 잤어요. 그래서 이것이 저한테는 문제가 되지 않았어요. 그런데 최근에 제가 관절염을 앓고 있어서 그것 때문에 깨어 있게 되었어요. 로이는 창문까지 덜거덕거리게 해요."

진통제 효과가 나타나기 시작할 때까지 기다리며 밤에 깨서 누워 있는 채로 릴리는 남편의 수면 습관에 대해 자세하게 관찰할 기회가 있었다. 등을 침대에 대고 똑바로 누워서 자는 어떤 사람들이 그렇듯이 로이는 항상 밤에 잘 때마다 시끄럽게 숨을 쉬었다. 그러나 5분 혹은 그 정도마다 호흡이 감소하여 멈추기도 하였다. 그의 가슴이 숨을 들이켜 올리기고 내려가는 동안, 20초 혹은 30초 후에 크게 코 고는 소리와 함께 마침내 숨을 쉰다. 이후에 매우 크게 코 고는 소리가 곧 뒤따른다. "이웃집에서 항의를 하지 않는 게 놀라워요."라고 릴리가 말했다.

로이 다디스는 거대한 체구에 키가 큰 남자였다. 릴리가 만든 시골 음식의 결과이다. 그는 자신이 항상 어느 정도 코를 골아 왔다고 생각했다. 어린 시절 그와 방을 함께 쓰던 형제는 그가 코 고는 것에 대해 놀리곤 했다. 물론 농담으로 지적한 것이고, 그는 코를 고는 동안 잠을 잤기 때문에 그 소음은 그를 괴롭히지는 않았다. 로이의 호소는 단지 그가 휴식을 취했다는 느낌이 없다는 것이었다. 그는 일을 하든지 TV를 보든지 간에 꾸벅꾸벅 졸았고, 이는 그의 기분을 좋지 않게 했다.

아침에 로이는 종종 머리 앞부분에 두통을 느끼며 깬다. 보통은 두 잔의 진한 커피가 이 두통을 잠재운다.

로이 다디스의 평가

릴리 다디스는 로이가 수면 무호흡증이라는 것을 강력하게 제시한다. 그녀는 로이가 상당 시간 동안 호흡하는 것을 멈추고, 크게 코를 골면서 호흡을 재개하는 것을 관찰했다. 그가 무호흡상태에서 숨을 쉬기 위해 애쓰는 것에 대한 그녀의 설명은 로이가 폐쇄성 수면 무호흡 유형임을 보여준다. 로이의 체구, 아침에 나타나는 두통 그리고 낮 시간의 졸림에 대한 호소 또한 전형적인 수면 무호흡증이다. 임상가는 로이와 같은 환자에게 잠이 들 때 환각 경험, 성격의 변화(과민함, 적대감, 불안, 우울), 성욕 감퇴, 발기부전, 야경증, 수면 중 보행에 대해 물어보아야 한다. 이들 각각은 수면 무호흡증에서 매우 다양한 빈도로 나타나는 것이다. 환자들은 종종 심장질환, 고혈압, 뇌졸중, 그리고 알코올 사용 문제 등을 가지고 있는데, 이들 중 몇몇은 의심할 여지 없이 원인이라기보다는 합병증이다.

로이의 사례에서는 나타나지 않지만, 과다수면의 다른 원인들도 고려해 보아야 한다. 낮 시간의 잠과 입면 시 환각은 기면증에서 발생하지만, 로이는 탈력발작이 없고, 낮잠은 개운하지 않다. 물론 다른 많은 평범한 사람들도 코를 골지만, 주 호소가 코골이인 환자들과 이 경우는 감별진단되어야 한다.

로이의 전형적인 개인력에도 불구하고, 수면검사를 실시해야 한다. 수면다원검사가 진단에 필요한 사항이라는 것에 더하여, 무호흡 시 혈중 산소 농도를 평가해야 한다. 그리고 다른 정신질환(특히 기분장애 그리고 불안장애) 그리고 물질관련장애에 대한 평가를 해야 한다. 이것들 중 주요 우울장애, 공황장애, 그리고 주요 신경인지장애 몇몇이 관련된 진단이 될 수 있다.

로이는 GAF 점수가 60점이다. 우리는 수면다원검사에 따라 심각도 점수를 매긴다. 그러나 임상적 근거에 입각해 볼 때 로이는 그의 장애로 인해 최소한 중등도 손상이 있는 것으로 판단된다. 최소한 그가 몇몇 검사를 받을 때까지 말이다.

G47.33	폐쇄성 수면 무호흡 저호흡, 중등도
E66.9	비만

수면관련 환기저하

건강과 편안한 상태를 느끼는 데는 혈중 기체 농도의 균형이 필요하다. 95% 혹은 그 이상의 높은 산소(O_2) 수치, 높지도 낮지도 않은 수치인 1리터당 23~29밀리퀴빌런트(milliequivalents) 정도의 적절한 이산화탄소(CO_2). 우리의 몸은 간단한 피드백 회로를 통하여 이를 맞춘다. 낮은 농도의 O_2 혹은 높은 농도의 CO_2는 폐가 좀 더 부지런히 작동하도록 뇌의 호흡기 중추에 신호를 보낸다.

그러나 수면관련 환기저하가 있는 사람들은 화학 수용기와 연수의 (뇌간) 신경 네트워크가 적절한 신호를 보내는 데 실패하여 호흡이 얕아지게 되는 것이다. 깨어 있을 때, 이러한 사람들은 호흡을 더 빠르고 혹은 깊게 하며 보상행동을 할 수 있지만, 자는 동안에는 이러한 전략이 실패하고 호흡은 여전히 얕게 된다. 증상은 보통 잠을 자는 동안 악화되고, 호흡이 완전히 멈추게 되는 무호흡이 나타날 때 일어난다.

이러한 상태는 특히 상당히 과체중인 사람, 혹은 근위축증, 척수성 소아마비, 근위축성 측삭경화증(루게릭병)과 종양 혹은 척수 혹은 중추신경계에 다른 손상이 있는 사람에게서 발견된다. 대부분의 성인 환자들(보통 20~50대의 남성)은 호흡 문제를 호소하지 않지만, 그들은 낮 시간에 서서히 몰려오는 졸음, 피로, 아침 시간의 두통, 종종 밤 시간에 깨어 있는 상태, 그리고 상쾌하지 않은 수면을 보고한다. 그들은 또한 발목 부종과 산소의 결핍을 나타내는 푸르스름한 피부를 가지고 있다. 심지어 진정제 혹은 마취제가 이미 부적응적인 호흡을 더욱 악화시켰을 수 있다. 비극적으로 이는 어린 아동들에게도 발생한다(이중선 안에 기술된 내용을 참조하라).

낮 동안의 졸림, 피로 그리고 아침 시간의 두통과 같은 많은 단서들에도 불구하고 DSM-5-TR 진단기준은 전적으로 수면다원검사의 결과에 의존한다. 이 증후군이 흔하지는 않아서 제시할 일화가 없다.

수면관련 환기저하의 핵심 특징

수면다원검사에서 호흡 저하와 높은 CO_2 수준을 보인다.

주의사항

ㄱ들을 다루어라
- 감별진단(기타 수면-각성장애, 폐질환)

부호화 시 주의점

명시할 것

G47.34 특발성 환기저하. 확인할 수 있는 원인이 없다.

G47.35 선천성 중추성 폐포 환기저하. 신생아의 경우 드물다.

G47.36 동반이환된 수면관련 환기저하(폐질환, 비만, 혹은 근위축증과 같은 의학적 장애로 인한)

CO_2 그리고 O_2의 포화도에 따라 심각도를 부호화하라. 환자가 깨어 있을 때 혈액가스가 비정상적이면 더 심각하다.

수면관련 환기저하는 연구 보고서에서조차 때로는 온다인의 저주(Ondine's curse)라고 불린다. 이 명칭은 기사와 사랑에 빠진 물의 요정 온다인(때때로 언다인)의 전설을 말한다. 온다인은 그녀가 인간과 결혼을 하여 아이를 가지면 그녀의 불멸성을 잃게 된다는 것을 알았다. 사랑에 빠진 그녀는 결혼을 했고 늙기 시작했다. 그녀의 아름다움이 사라짐에 따라 남편의 애정도 식었다. 그녀는 그가 다른 여자의 품에서 코를 골고 있는 것을 보았을 때, 그가 '매 순간 깨어서 숨 쉴 때마다 신의를 지킬 것을 맹세했다'는 사실을 떠올렸다. 그래서 그녀는 오직 그가 깨어 있는 동안만 숨을 쉴 수 있도록 저주했다. 그가 불가피하게 잠에 들었을 때, 그는 죽었다.

영원히 살 수 없다던 온다인의 저주가 어떻게 그러한 힘을 가지고 있었는지 전해지지는 않고 있고, 왜 이 용어가 대체적으로 선천적인 환기저하에 특히 사용되고 있는지 풀리지 않은 의문으로 남아 있다. 그러나 대략 5만 명당 1명이 잠잘 때 호흡을 하지 못한다. 4번 염색체에서 상염색체 우성 유전자인 PHOX2B에서의 산발적 돌연변이에 기인된다. 이 장애가 있는 아동들은 대개 어린 나이에 사망하지만, 최근에는 기관조루술(tracheostomy)과 야간에 호흡할 수 있도록 하는 기계적인 도움을 받아서 일부는 정상적으로 성인기까지 생존한다.

일주기리듬 수면-각성장애

일주기(circadian)라는 단어는 라틴어의 '약 1일'이라는 의미에서 유래했다. 이는 뇌의 전시상하부의 시교차 상핵에서 담당하는 신체의 수면, 체온, 그리고 호르몬 생성 주기에 대해 말한다. 외부로부터 시간에 대한 단서(자연발생적인 빛 혹은 시계와 같이 인공적으로 시간을 알려주는 것)가 없을 때 자율적으로 작동되는 인간의 주기는 실제로 24시간 9분이다. 불일치 정도가 적기 때문에 우리에게 어떤 심각한 문제는 없다. 그러나 때때로 우리의 자연스러운 신체 주기와 직장 혹은 사회적 관계에서 요구되는 수면-각성 일정 사이의 불균형은 원하지 않는 불면이나 졸림, 혹은 둘 다를 초래한다.

정상적인 일주기 수면-각성 주기는 생애 전체를 통해 변화한다. 그것은 청소년기 동안 길어진다. 10대들이 늦은 밤까지 깨어 있고, 늦잠을 자는 이유가 바로 이 때문이다. 노년기에는 일주기가 다시 짧아져서 책을 읽거나 TV를 보는 동안에도 이른 저녁에 잠이 들게 되며, 교대근무와 시차적응에 더 어려움을 느끼게 된다.

일주기리듬 수면-각성장애, 뒤처진 수면위상형

일주기리듬 수면-각성장애의 뒤처진 수면위상형이 있는 사람들은 '올빼미', '야행성 인간'이라는 다양한 이름으로 불리는데, 이들은 늦은 시간(때때로 매일 밤 점점 더 늦은 시간이 된다)까지 깨어 있고, 활기찬 기분을 느끼기 때문에 잠자리에 늦게 들고 늦은 아침 혹은 오후에 일어난다. 이런 식으로 지내더라도 그들은 문제를 느끼지 않는다. 그러나 그들이 수업에 출석하거나 일을 하러 가기 위해(혹은 점심을 먹기 위해), 일찍 일어나야 한다면 졸림을 느끼고 심지어는 '잠에 취한' 것처럼 보일 것이다. 불규칙한 수면 습관과 카페인 혹은 다른 각성제는 그들의 이러한 문제를 더욱 악화시킨다.

이러한 사람들이 만성 불면증을 호소하는 수면 클리닉 환자의 10%까지 달한다. 뒤처진 수면위상형은 가장 흔한 유형이다. 특히 10대와 젊은 성인 사이에서 흔하다. 종종 가족력도 보인다.

뒤처진 수면 단계는 단순히 늦게 잠을 청하며 늦잠을 자는 것을 선호하는 생활 양식과 구분되어야 한다. 이러한 사람들은 그들의 별난(eccentric) 수면 스케줄에 상당히 편안함을 느끼므로 이를 변화시키려고 많은 노력을 하지 않는다. 그러나 실제적으로 장애를 가진 사람들은 과다수면을 호소하고 수면 주기를 변화시키고 싶어 한다.

일주기리듬 수면-각성장애, 앞당겨진 수면위상형

앞당겨진 수면위상형은 이와는 정반대이다. 우리는 이를 두고 '일찍 자고 일찍 일어나기' 장애라고 부른다. 이들이 잠자고 싶어 하는 시간은 이른 시간이어서 아침에는 기분이 좋지만, 늦은 오후나 혹은 이른 저녁 시간에는 졸림을 느낀다. 때때로 그들을 '종달새'라고 부른다. 앞당겨진 수면위상형은 뒤처진 수면위상형보다 훨씬 덜 나타나는데, 그 이유의 일부는 앞당겨진 수면위상형이 불편감이 덜하고, 사회적인 문제를 적게 일으키기 때문이다. 이는 나이가 들수록 더 자주 발생한다고 보고되어 왔으며, 아마도 중년 인구의 1%에 영향을 미칠 것이다.

일주기리듬 수면-각성장애, 비24시간 수면-각성형

비24시간 유형은 또한 자유진행형(free-running type)이라고 불리는데, 이는 주로 맹인에게서 나타난다. 당연히 맹인들은 그들의 생체기계를 이끌어 줄 빛 단서를 가지고 있지 않다. 시력을 완전히 잃기 시작한 시점부터 시작되며, 맹인들의 50% 정도까지 이 장애를 보인다. 초 1개에서 발하는 것과 같은 정도의 최소한의 빛에 대한 지각이 있는 사람들은 대부분 정상적인 생체 시계를 유지하고 있다. 이 장애가 있는 사람들은 주로 젊은 층(10대와 20대)과 남성인 경향이 있다. 그들은 종종 다른 정신질환을 가지고 있기도 하다. 바닷속에서 18시간 동안 머무는 것 또한 자유진행형의 일주기리듬을 발생시킨다. 시간에 대한 시각적 단서가 없는 연구에 참여한 시력이 있는 사람들 대부분은 결국에는 비24시간 수면-각성 유형을 발달시키게 될 것이다.

일주기리듬 수면-각성장애, 불규칙한 수면-각성형

여기서의 패턴은 패턴이 없는 것이다. 환자들의 전체 수면 시간은 정상적이나, 그들은 각양각색으로 예측불허의 시간에 졸림을 느끼거나 불면증을 겪게 된다. 그들은 낮잠을 자게 되므로, 좋지 않은 수면 습관을 배제하는 것이 중요하다. 불규칙한 유형은 치매, 지적장애, 그리고 두부 외상 등 다양한 신경학적 장애에서 직면하게 된다. 유병률이 알려져 있지는 않으나 아마도 매우 드물 것이다. 우리가 아는 한 이러한 상태는 남녀에서 동등하게 나타난다. 주로 생애 후반에 나타나는 알츠하이머와 같은 의학적 장애 때문에 연령이 위험요인이라 할 수 있다.

일주기리듬 수면-각성장애, 교대근무형

직장인들이 서로서로 교대로 근무할 때, 특히 이전에는 잠을 자던 시간에 활동을 해야 할 때 졸음이 밀려오고 업무 수행 능력은 감소된다. 새로운 수면 시간에 잠을 자는 것은 종종 방해를 받으며 수면 시간이 매우 짧다. 이러한 증상은 야간 근무자의 최대 10%에까지 영향을 미치며, 수면적응에 요구되는 시간은 사람마다 다르지만, 야간 근무로 교대를 한 이후에 증상이 가장 심하다. 추가적인 요인에는 연령(나이가 많을수록 영향을 받을 가능성이 더 높음), 통근 거리 그리고 개개인이 '종달새' 혹은 '올빼미' 유형인지가 포함된다. 증상은 3주 혹은 그 이상 지속되며, 특히 개인이 주말이나 휴일에 정상적인 수면 스케줄로 복귀하려고 시도할 때까지 지속된다.

시차에 대해서 무슨 일이 벌어진 걸까? 시차는 DSM-IV에서는 일주기리듬 하위유형 중 하나였다. 그러나 (정말, 이것에 대해 생각할 때) 시차는 너무나 보편적이고 일상적이며, 평범한 일이기 때문에 DSM의 장애에서 제거되었다. 그렇지만 이 증상을 언급하는 것은 여전히 유용하다.

아마도 누구라도 이것을 경험했던 적이 있을 것이다. 몇몇 시간대를 지나 비행을 한 후에 당신은 강한 졸림과 피로를 경험했던 적이 있을 것이다. 몇몇 사람들처럼, 당신은 메스꺼움을 느끼거나 감기와 같은 증상이 나타났을 것이다. 그러나 둘째 날부터 새로운 시간대에 적응하기 시작하고, 며칠 이내에 곧 괜찮아진다.

대부분의 사람들은 동쪽보다는 서쪽으로 비행한 후에 시차적응이 좀 더 빠르고 쉽다고 느낀다. 아마도 이것은 신체의 자연스러운 주기가 24시간보다 조금 더 길기 때문일 것이다. 우리가 유럽에서부터 미국 집까지의 긴 여행 동안에는 깨어 있다가 밤이 되어 푹 잠을 잘 수 있는 것이 바로 이런 이유 때문이다. 연구에 따르면 서쪽으로 비행할 때는 하루에 약 90분 정도의 시차 조정이 이루어지며, 동쪽으로 비행할 때는 하루에 약 1시간 정도 조정이 이루어진다. 이는 집을 떠날 때의 비행 방향에 관계없이 동일하게 적용된다. 단 북쪽이나 남쪽으로의 비행은 제외된다.

그러므로 만약 (언제든지) 시차로 고생한다면, 그것을 현대 생활의 다른 일반적인 특징들과 마찬가지로 다루어라. 당신은 아프지 않으면서 아픈 것을 경험하는 놀라운 상황에 있는 것이다.

일주기리듬 수면-각성장애의 핵심 특징

수면-각성 패턴과 환경적 요구 간의 되풀이되는 불일치는 불면증 혹은 과다수면증을 야기한다.

주의사항

ㄱ들을 다루어라
- 고통 혹은 장애(직업적/학업적, 사회적, 혹은 개인적 손상)
- 감별진단(물질사용장애, 기타 수면장애, 정상적인 수면 변화)

부호화 시 주의점

명시할 것
G47.21 뒤처진 수면위상형. 제시간에 잠이 들고 깨는 데 어려움이 있다.

G47.22 앞당겨진 수면위상형. 원하는 수면 시간이 될 때까지 깨어 있기가 어렵고, 기상 시간이 되기 전에 일어나게 된다.

G47.23 불규칙한 수면위상형. 24시간 동안 수면과 각성 시기가 매우 불규칙하게 나타난다.

G47.24 비24시간 수면-각성형. 수면 시작과 각성 시간이 24시간 환경에 일치하지 않으며, 매일 점진적으로 이동한다(대개 점차 더 늦어짐).

G47.26 교대근무형. 주로 수면을 취하는 시간 동안 야간 교대근무 혹은 빈번한 교대근무 때문에 주로 각성되어 있는 시간 동안 과다수면증을 경험하거나, 혹은 불면증(혹은 둘 다)을 경험한다.

G47.20 명시되지 않는 유형

명시할 것
가족성. 뒤처진 수면위상형과 앞당겨진 수면위상형 모두에 적용하라.

비24시간 수면-각성형과 중복. 뒤처진 수면위상형에 적용하라.

명시할 것
삽화성. 증상이 최근 1~3개월 지속된다.

지속성. 증상이 최근 3개월 이상 지속된다.

재발성. 1년 이내에 2회 혹은 그 이상의 삽화가 존재한다.

펜톤 슈미트

펜톤 슈미트는 그가 할 수 있는 한 매우 이른 아침에 면담 약속을 요청하였다. "그 이유의 일부는 내가 최악의 상태라는 것을 내가 알고 있기 때문이에요. 내가 겪고 있는 상황을 당신이 좀 더 알 수 있을 거라고 생각했어요."라고 그가 수면 전문가에게 설명했을 때, 그는 다크서클이 진 눈을 비비고 있었다. "나는 내가 둔즈베리 만화 캐릭터처럼 보인다는 것을 알아요."

펜톤의 문제는 그가 고등학생 때부터 시작되었다. "저는 어머니가 없었다면 결코 8시 수업에 들어가 본 적이 없었을 거예요." 그는 눈을 다시 비비고 하품을 하였다. "음, 여러 번, 어머니는 제게 차가운 물 한 냄비를 퍼부었어요. 그래야 제가 침대에서 일어났어요."

대학에서 그는 정오 이전에 수업을 들으려고 계획해 본 적이 전혀 없었다. 이러한 방법은 편의점에서 밤 근무 관리자로서 35년간 같은 스케줄에 맞춰 일해 온 아버지와 함께 살았기 때문에 꽤나 효과적이었다. 그래서 그는 너무 일찍 일어났을 때 느끼는 잠에 취한 느낌을 피할 수 있었다. "한번은 이른 아침 비행기에서 내린 아버지를 봤어요. 아버지는 상당히 잠에 취해 계셨어요." 그의 아버지는 이민 일세대 미국인으로, 그의 가족들은 아직도 약간의 독일어를 사용하고 있다. 그는 '잠에 취해 있다'는 뜻으로 독일어 단어인 'Schlaftrunkenheit'를 말했다.

"'일찍 자고 일찍 일어나라'라는 글은 사디스트가 쓴 것임에 틀림없어요."라고 펜톤이 말했다. 수년간 여러 번 그는 일찍 잠을 청하며 수면 스케줄을 변화시키려고 노력해 왔다. 그러나 며칠 뒤에는 항상 이를 포기했다. "평생 동안, 만일 새벽 2시 전에 잠자리에 들었다면 짜증이 난 채로 단지 누워 있었을 거예요."

지난 2년 동안, 펜톤은 전자부품 조립업자로 교대근무를 해왔다. "전략은 완벽했어요. 밤 11시 30분에 일을 마치면, 긴장이 풀리지 않고 몇 시간이든 있을 수 있었어요. 내가 원하는 시간에 잠을 자러 갈 수 있었고, 나는 단지 4시에 교대근무를 위해 일어나면 됐어요. 그때는 오후이죠."

"그러면 지금 문제는 무엇인가요?"라고 질문하며 수면 전문가는 현재의 문제를 알고 싶어 했다.

지금 펜톤은 약혼자인 제이린의 아버지가 운영하는 팬케이크 가게에서 일하기 시작했다. "사람들이 팬케이크를 몇 시에 먹는지 아세요?"라고 그가 물었다. 그와 제이린 모두 가게 문을 열기 위해 일찍 일어난다. "그녀는 괜찮아요. 그녀는 종달새예요. 하지만 올빼미인 저는 새벽 5시에 흥이 나지 않아요."

펜톤 슈미트의 평가

펜톤의 문제는 즉각적으로 명백히 알 수 있다. 그의 수면 욕구는 직업적 그리고 사회적, 개인적 생활과 조화를 이루지 못했다(진단기준 A). 이를 설명할 수 있는 (외상성 뇌 손상과 같은) 신체질환 혹은 물질 사용 문제가 없이 나타나는 과다수면(B)과 고통(C)은 일주기리듬 수면장애 진단기준을 충족시킬 수 있을 것이다. 물론 임상가는 조심스럽게 건강하지 않은 수면 습관을 배제해야 한다. 그가 실제로 겪는 문제는 단순히 생활 양식의 문제가 아니다.

펜톤의 개인력은 그가 뒤처진 수면위상형이라는 것에 대해 충분한 증거를 제시한다. 이는 수면 다원검사를 해서 더 증명할 필요는 없다. 그의 GAF 점수는 62점이다.

G47.21	일주기리듬 수면-각성장애, 뒤처진 수면위상형, 가족성
Z60.0	생의 단계 문제(결혼이 임박함)
Z56.9	직업 변화

마셀 크링거

60세인 마셀은 북부 캘리포니아 힐스에 있는 작은 지역 병원에 근무하는 공인 간호사 7명 중 1명이다. 전체 병상수는 단지 32개이며, 업무를 보조하는 간호보조원과 공인 간호조무사들이 있어도 캘리포니아주 법에 따르면 병원에 항상 공인된 정식 간호사가 있어야 한다. 3교대근무제에서 밤 11시부터 아침 7시 30분까지 근무를 해 왔던 간호사가 은퇴를 하게 되었을 때, 병원 관계자는 그 자리를 충원하기 위해 지원자를 요청했다.

"아무도 지원하지 않았어요. 그래서 어떤 현명한 사람이, 모두가 교대로 일을 하는 것만이 공평한 것이라고 결론을 내렸어요."라고 마셀은 말했다.

그 결과, 4주씩 교대근무가 이루어졌다. 1년 동안, 각 간호사들은 4주씩 낮 근무 여섯 번, 저녁 근무 네 번, 밤 근무는 두 번씩 교대근무를 하였다. 모두 불만이 있었지만, 마셀은 이를 가장 싫어했다. 낮 근무에서 저녁 근무로 교대를 하는 것은 그렇게 나쁘지 않았다. 그녀는 병원 근처에 살았기 때문에 자정 무렵에는 집에서 잠을 잘 수 있었다. 그러나 밤 근무로 교대하는 것은 재앙이었다.

"저는 거기서 유일한 공인 간호사이고, 계속해서 깨어 있어야 했어요. 환자들이 저에게 의지해요. 그러나 제 눈은 감기는 것을 억지로 뜨려고 노력했고, 머리는 마치 잠이 들려고 웅얼거리는 것 같았어요. 배탈이 난 적도 있고요. 한번은 일하다 10분 정도 잠이 든 적도 있어요. 전화벨이 울렸을 때 잠이 깼지만 아직 잠이 덜 깬 느낌이었어요."

마셀의 신체적 그리고 정신적 건강은 최상이었다. 그녀는 잠귀가 밝은 사람이어서 그녀가 낮 시간에 잠을 자는 건 거의 불가능하다는 것을 알게 되었다. 무거운 커튼이 대부분의 빛을 차단했지만, 그녀는 자동차 소음과 인도 위를 걷는 보행자들이 내는 소리 때문에 자주 잠에서 깼다.

게다가 마셀이 근무하는 중에 각성을 위해 마시는 커피는 잠을 자려고 할 때 곧바로 잠이 드는 데 방해가 되었다. 또한 이 때문에 적어도 한두 번 화장실에 가기 위해 일어났다. 남편이 학교에서 아이들을 가르치고 오후에 집에 돌아오는 시간까지 그녀는 3~4시간 이상 잠을 잘 수 없었다. 주말에 그녀는 가족들과 함께하기 위해 정상적인 수면 스케줄로 복귀하려고 노력했으나, 상황은 더욱 악화되었다. "나는 이전에 파리에 가서 일주일 동안 시차를 겪었어요. 지금은 한 달 내내 그런 어려움이 있어요."

마셀 크링거의 평가

마셀이 처한 상황에서 몇몇 특징이 그녀가 느끼는 불편감에 기여해 왔다.

1. 근무교대를 하는 많은 사람들처럼(진단기준 A), 그녀는 주말에는 재조정된 수면-각성 스케줄에 다시 적응하기 위해 노력했다.
2. 창밖으로부터 들려오는 소리들이 그녀가 잠을 자려고 할 때 깨어 있게 만든다.
3. 그녀는 60세이다. 나이 든 사람들은 수면의 생리적인 특성 때문에 종종 이러한 적응에 어려움이 있다.
4. 그녀는 깨어 있기 위해 커피를 마셨다. 카페인으로 인한 각성과 소변을 보기 위해 일어나려는 욕구는 그녀가 잠자려는 것을 더욱 방해하였다. 그 결과, 그녀는 불면증과 과다수면증으로 인해 어려움을 겪었으며(B), 명백한 고통이 수반되었다(C).

우리는 그녀의 개인력으로부터 그녀가 신체적인 질병, 물질 사용, 혹은 다른 정신질환을 가지고 있지 않다는 것을 알고 있다. (비록 조현병과 같은 정신병 환자들은 때때로 환각 때문에 점진적으로 더 밤늦게까지 깨어 있게 되지만, 기분장애와 불안장애는 일반적으로 단지 불면증이나 과다수면을 야기한다.) 이 삽화는 다른 수면-각성장애에 대한 어떤 증거도 제공하고 있지 않다. 마셀은 낮잠을 잤을 때 개운하지 않았다(이것은 기면증과는 상반되는 것이다). 그녀는 항상 잠귀가 밝은 사람이지만, 얕은 잠 자체가 수면장애로 간주되지는 않는다(몇몇 얕은 잠을 자는 사람들은 제외하고 말이다).

하위유형은 분명하다. 마셀의 GAF 점수는 65점이다.

G47.26   일주기리듬 수면-각성장애, 교대근무형 재발성
Z56.9   근무 시간 변동

사건수면

수면 중에 이상한 어떤 일이 발생하는 장애들이 여기에 해당한다. (수면하는 당사자들이 말하기를) 수면 그 자체의 구조는 정상적이고 튼튼하지만, 어떤 식으로든 각성의 요소들이 REM수면이나 NREM수면과 섞이게 된다.

NREM수면 각성장애

깜깜한 밤에 전화기의 시끄러운 소리가 울려서 잠에서 깨려고 할 때 힘들 수 있지만, 대개는 잠에서 완전히 깨기까지 매우 짧은 시간이 걸린다. 그렇다. 우리는 잠에서 깨는 것을 싫어하고 불쾌하게 느끼며 전화를 건 사람을 저주하고, 스스로 깼다는 걸 알면서도 소리를 안 들리게 하기 위해 전화기를 돌려버리기도 한다. 이유가 명확하지 않지만, 항상 이런 방법이 통하는 것은 아니다. 몇몇 사람들에게는 수면상태와 깨는 과정 사이에 당혹스러움부터 공포까지 이르는 반응이 일어난다.

신체와 정신 간의 관계에 대한 세 가지 설명이 있다. 깨어 있는 동안 신체와 정신 이 두 가지가 모두 작동한다. (깊은) NREM수면에서는 둘 다 어느 정도 느슨해진다. (꿈을 꾸고 있는) REM수면을 취하는 동안 정신은 작동하나, 신체는 휴식을 취한다. 실제로 수의적인 근육은 마비되어 우리는 움직일 수 없다. (네 번째로 생각할 수 있는 조합은 정신은 수면상태이고 신체는 활성화된 상태로, 좀비 영화에서 본 것과 같은 상태이다.) NREM수면 각성장애가 진행되는 동안, 환자들은 수면 시와 각성 시의 EEG 패턴을 동시에 경험한다. 그에 잇따라서 증상이 발생한다.

NREM수면 시 갑작스럽게 나타나는 부분적인 각성은 보통 느린 수면 뇌파가 주로 나타나는 수면 초반의 첫 한두 시간 사이에 발생한다. 때때로 중첩되어 나타나지만, 주요한 세 가지 유형의 비정상적인 각성이 나타난다. 저자는 이것을 심각도에 따라 나열해 보았다.

혼란스러운 각성 < 수면보행증 < 야경증

이들 각각에서, 일어났던 일은 거의 기억이 나지 않는다. 아동들에게서 좀 더 흔히 나타나며, 아동들의 경우에 일반적으로 널 심각한 것으로 간주되는데, 이는 아마도 상대적으로 미성숙한 신경계 때문에 야기된 것일 터이다. 이들 중 하나인 혼란스러운 각성은 공식적인 DSM-5-TR에는 포함되어 있지 않다(372쪽 이중선 안에 기술된 내용 참조).

몇몇 삽화는 자연스럽게 발생하지만, 그 이외 다른 경우는 명백한 촉발요인이라 할 수 있는 스트레스, 불규칙한 수면, 약물 그리고 수면박탈 이후에 나타난다. 가족력이 종종 영향을 주지만 유전적인 원인은 밝혀지지 않았다.

NREM수면 각성장애의 핵심 특징

잠에서 덜 깬 상태에서 걸어 다니거나 혹은 야경증을 반복적으로 경험한다('부호화 시 주의점'을 보라). 다른 사람들이 대화를 하려고 하거나 진정시키려는 시도는 큰 도움이 되지 않는다. 환자들은 그 당시에는 거의 꿈을 꾸지 않으며, 다음 날 아침에 무슨 일이 있었는지 기억하지 못하는 경향이 있다.

주의사항

ㄱ들을 다루어라
- 고통 혹은 장애(직업적/학업적, 사회적, 혹은 개인적 손상)
- 감별진단(물질사용장애 및 신체적 장애, 불안 그리고 해리 장애, 기타 수면장애와 같은 다른 정신장애)

부호화 시 주의점

명시할 것

F51.3 수면보행증형. 잠이 깨지 않은 상태로 침대에서 일어나 걸어 다닌다. 환자들은 멍하니 응시하고, 잠을 깨우기가 매우 어렵고, 다른 사람들이 대화하려는 시도를 할 때 거의 반응하지 않는다.

다음의 경우 명시할 것
  수면관련 섭식 동반
  수면관련 성적 행동 동반(수면섹스장애)

F51.4 야경증 유형. 공포스러운 비명과 함께 시작되며, 갑자기 잠에서 깨고 강렬한 두려움과 동공 확대, 빠른 호흡과 심장 박동 그리고 땀 등과 같은 자율신경계가 각성된 상태를 보인다.

'수면마비'는 장애가 아니다. 이것은 정상적인 수면의 특징이다. 그러나 수면이 시작(종결)될 때, 그리고 그때 당신이 어느 정도 깨어 있을 때 나타나는 경우라면 이것은 공포스럽게 느껴질 수 있다. 수 초에서 몇 분까지 '물체(생명체, 환영)' 같은 것이 다가왔다 사라진다. 부분적으로 깨어 있을 때 나타나는 수면마비는 젊은 성인에게서 8% 정도 나타난다. 이것의 빈도는 모든 일상적인 일들 때문에 증가한다 — 수면박탈, 스트레스 그리고 불규칙한 생활(교대근무와 같이). 안심시키는 것 외에 치료는 대체로 불필요하다.

NREM수면 각성장애, 수면보행증형

수면보행증은 꽤 정해진 패턴을 따르는 경향이 있다. 이것은 보통 NREM수면이 좀 더 빈번한 밤 시간 수면의 첫 1/3 시간 동안 발생한다. 수면보행자들은 처음에는 앉아서 어떤 종류의 반복된 동작(잠옷을 잡아 뜯는 등)을 한다. 그리고 옷 입기, 먹기, 혹은 화장실 가기 등의 좀 더 목적이 있는 행동이 뒤따른다. 얼굴 표정은 보통 무표정하게 응시를 하고 있다. 조금이라도 말을 하게 된다면 대개는 왜곡된 것이며, 문장을 말하는 것은 드물다. 그들의 움직임은 조화롭지 못하며, 때때로는 상당히 위험한 결과를 초래한다.

각각의 삽화는 어디서든지 몇 초에서 30분까지 지속되며, 전형적으로 짧게 지남력을 상실한 채 갑작스럽게 깨어나지만, 삽화가 발생하는 동안에 잠에서 깨는 것은 힘들다. 몇몇 사람들은 잠에서 깨지 않고 그냥 다시 잠자리에 드는 경우가 있다. 때때로 어떤 한 장소에서 잠이 든 개인은 다른 곳에서 깨어나게 되어 놀라기도 한다. 삽화에 대한 기억 상실은 전형적이지만, 이것은 다르다.

DSM-5-TR에서 수면보행증의 두 하위유형이 있다 — 수면관련 섭식 동반과 수면관련 성적 행동 동반(수면섹스장애 — 그렇다, 심지어 DSM-5-TR은 실제 이것을 그렇게 부른다). 전자는 주로 여성에게서 나타나는데, 이는 섭식을 하는 동안 개인이 깨어 있고, 다음 날 기억해 낼 수 있는 야식증후군과 동일한 것은 아니다. 수면섹스장애는 자위행위와 때때로 타인과의 성적 행동을 포함하는데, 놀라울 것이 없이 이는 남성에게서 좀 더 일반적이며 대인관계 및 법적 문제에 영향을 미칠 수 있다.

수면보행증은 대체로 빈도는 덜하나 야간에 발생한다. 악몽과 야경증은 흔히 일어나는 일로 삽화가 빈복직이니 손상 혹은 고통을 일으키지 않는다면, 수면보행증을 진단하지 마라. 그리고 다른 많은 수면장애가 동반되는 일이 흔하며, 수면보행증 삽화는 개인이 피곤할 때나 스트레스를 받았을 때 좀 더 나타나기 쉽다. 성인에게서 이러한 상태는 가족력과 유전적인 소인이 있다.

아동의 6%는 수면 중에 보행을 한다. 이들은 병리적인 것으로 고려되지 않는다. 보통 6세와 12세 사이에 시작되며 몇 년간 지속된다. 대부분 15세에는 사라진다. 20%는 성인이 될 때까지 수면보행증이 지속된다. 수면보행증은 성인 남녀에게서 4%까지 나타나며, 40세가 될 때까지 만성적이 되는 경향이 있다. 수면보행증이 있는 성인은 특정한 성격장애를 가질 수도 있지만, 아동의 수면보행증은 예후에 있어 중요성은 없다.

로스 조셉슨

"저는 비디오를 가져왔어요. 이것이 제 문제를 설명해 줄 것이라고 생각해요." 로스 조셉슨은 임상가에게 USB 하나를 건넸다. 로스는 2명의 룸메이트와 기숙사에서 살았는데, 그 비디오는 룸메이트가 로스에게 준 것이다.

로스는 잠을 자는 상태에서 걸었다. 그는 자신이 12세에 파자마를 입은 채 현관의 벤치용 그네 위에서 동그랗게 말린 자세로 일어났던 때인 7월의 어느 뜨거운 여름날 새벽이 될 때까지는 이것을 온전히 깨닫지는 못했다. 그러나 이는 상당히 어린 시절에 시작된 것으로 추측되었다. 그가 어머니에게 말했을 때 어머니는 자신의 남자 형제들이 어린 시절 잘 때 걸어 다녔다는 것을 기억했다. 그녀는 로스도 역시 나이가 들면 괜찮아질 것이라고 생각했다.

하지만 그는 그렇지 않았다. 대학 1학년 때, 로스는 한 달에 한두 번 밤에 배회를 하였다. 처음에는 룸메이트들이 그걸 보며 즐거워했다. 룸메이트들은 전체 과정을 다 담을 때까지 며칠 동안을 깨어 있었다. 그 비디오는 아래층에 사는 여학생들이 함께 한 즉석 파티에서 히트를 쳤다. 로스는 농담을 잘했다. 사실 그는 수면보행 중일 때 자신이 어떻게 보이는지를 매우 보고 싶어 했다.

그러나 지난주 그의 룸메이트들은 기숙사 3층 지붕에서 창문을 열고 뛰어내리려는 그를 붙잡으며 매우 놀라게 되었다. 가장자리에 낮은 턱 외에는 아래쪽 포도 덩굴까지 1m 가까이 되는 높이에서 추락을 막아줄 만한 것은 아무것도 없었다. 그들은 로스를 다시 안으로 끌어당겼지만, 분명 잠을 자고 있던 로스는 몸부림을 치며 저항했다. 학생 건강 서비스에 근무하는 상담자 중 한 사람에게 면접과 신체검사를 받은 후에 로스는 건강하다는 것을 확인받고 대학 내 정신건강 클리닉에 의뢰되었다.

임상가와 로스는 그의 비디오를 함께 보았다. 화면은 선명하지 못했고 상당히 흔들렸다. 파자마를 입고 침대에 앉아 있는 로스가 보였다. 그의 눈은 뜨여 있었지만, 초점이 맞지 않았고, 그의 얼굴에는 어떤 감정도 나타나 있지 않았다. 처음에 그는 목적 없이 단지 요와 담요를 당겼다. 갑자기 그는 바닥으로 그의 발을 휙 움직여 섰다. 그는 파자마 상의를 벗고 그것을 침대 위로 떨어뜨렸다. 그리고 그는 복도가 있는 쪽으로 문을 열고 걸어 나갔다.

2~3분 후에 카메라는 로스를 따라나섰다. 그는 몇 번이나 홀을 오르락내리락하였다. 그가 나타났을 때, 다른 젊은 친구가 화면에 나타났고("저 사람은 테드, 내 룸메이트 중 하나예요."라고 로스가 설명했다), 그와 대화하려고 했다. 로스는 몇 음절로 답했는데, 전혀 알아들을 수 없었다. 마침내 로스는 룸메이트가 자신을 침대로 조심스럽게 안내하는 것을 허락했다. 그는 거의 침대에 눕자마자 잠이 든 것처럼 보였다. 전체 비디오는 대략 10분 정도 지속되었다.

"그들이 다음 날 아침 이것을 나에게 보여주었을 때 나는 놀랐어요. 나는 그날 밤에 잠을 잔 것 외에는 어떤 것도 전혀 생각나지 않아요. 나는 아무것도 하지 않았어요."

로스 조셉슨의 평가

수면보행증은 아동들에게서는 병리적인 것으로 간주되지 않지만, NREM수면 각성장애의 수면보행증이 있는 성인은 성격장애 혹은 다른 정신병리를 가지고 있을 수 있다. 철저한 면접을 통해 그러한 것들이 주의 깊게 탐색되어야 한다(정신건강 관리 제공자들을 자문하는 것의 모든 사람에게 해당된다). 그러나 이따금씩 나타나는 수면보행증은 병리적이기보다는 좀 더 짜증 나는 것일 수 있다.

로스가 보인 NREM수면 각성장애의 진단기준을 빠르게 살펴보자. 그의 각성은 온전하지 않고(실제로는 거의 존재하지 않음), 수면보행증을 반복적으로 보이며(진단기준 A1), 수면보행 중에는 무언가를 바라보지 않는 눈으로 그저 응시한다. 비디오에서 그의 룸메이트는 그가 편안함을 느끼도록 시도하지는 않았지만, 로스를 대화에 참여시키기 위해 노력하였다 — 전혀 도움이 되지는 않았지만. 삽화에서는 로스가 꿈을 꾸었는지 아닌지 명시하지 않지만(이것이 있어야 한다, B), 다음 날 이것에 대한 어떤 기억도 없었다는 점을 지적하고 있다(C). 로스 자신은 고통스럽지 않지만, 그의 룸메이트들은 걱정이 되었다. 그들은 로스가 지붕 꼭대기에서 떨어지는 것을 바라지 않았다(D).

감별진단에는 자는 동안 시작되고 수면 중 보행을 보이는 정신운동성 뇌전증(psychomotor epilepsy)이 포함된다. 해리성 기억 상실의 둔주형으로 알려진 해리상태는 때때로 수면보행증과 혼동이 될 수 있는데, 둔주는 좀 더 지속적이며, 완벽한 문장을 말하는 등 복잡한 행동을 포함한다. 야간에 배회하는 것은 수면 무호흡증에서도 나타날 수 있다. 로스에게는 물질 사용에 대한 어떠한 증거도 없다(E).

또 다른 야간에 보이는 장애와 수면장애가 수면보행증과 관련되어 있을 수 있다. 이러한 것에는 야뇨증, 악몽장애 그리고 NREM수면 각성장애의 야경증이 포함된다. 범불안장애, 외상후 스트레스장애 그리고 기분장애가 발생할 수도 있다. 그러나 이 삽화에서는 이러한 상태들의 어떤 것도 시사되지 않았다(F). 로스는 GAF 점수 75점을 받을 수 있다. 그의 진단은 다음과 같다.

F51.3   NREM수면 각성장애, 수면보행증형

수면보행증이 인식되어 온 수백 년 동안, 비록 정확하지는 않지만, 방대한 양의 미신이 축적되어 왔다. 또한 '몽유병'(놀랍게도 '수면보행증'을 의미한다!)이라고 알려진 것은 희극(셰익스피어의 희극)과 수많은 미스터리 스릴러 작가들에게는 신뢰할 만한 수단이 되었다. 흔한 미신 중 하나는 수면보행하는 사람을 깨우는 것이 위험하다는 것이다. 아마 그것은 깨우는 것이 어렵다는 관찰에서 나온 것 같다. 그러나 어떤 상황에서라도 저자는 이러한 믿음을 지지하는 증거가 없다는 것을 알고 있다.

NREM수면 각성장애, 야경증

야경증(sleep terror)(또한 night terror 혹은 pavor nocturnus로 알려져 있다)은 전형적으로 4~12세 사이의 아동들에게서 나타난다. 성인이 되어 시작되는 경우는 보통은 20대 혹은 30대이고 40대 이후에는 거의 나타나지 않는다. 악몽장애에서 악몽이 핵심인 것처럼(377쪽 참조), 증상이 반복적으로 나타나야 하며, 고통 혹은 손상이 있어야 NREM수면 각성장애의 야경증 진단을 내릴 수 있다.

야경증 발작(sleep terror attack)은 잠이 든 지 얼마 안 되었을 때 NREM수면 동안 크게 지르는 소리 혹은 비명과 함께 시작된다. 환자는 일어나 앉고, 공포스러워하는 반응을 보이며, 깨어 있는 것처럼 보이지만, 진정시키려 시도해도 반응을 하지 않는다. 빠른 심박 그리고 땀흘림, 털이 곤두서는 것과 같은 교감신경계의 각성이 일어난다. 깊은 호흡과 동공 확장으로 보아, 이 사람은 싸움 또는 도피 상태에 준비된 것처럼 보이며, 각성된 것처럼 보이지만 각성될 수 있는 것은 아니다. 한번 야경증 발작이 시작되면 몇 분간 지속되고, 자발적으로 종료되어 다시 잠자게 된다. 몇몇 성인은 이를 일부 기억해 내지만, 대부분의 환자는 다음 날 아침에 이에 대한 기억이 전혀 없다.

어떠한 밤에도 이러한 사건이 한 번 발생하는 것은 일반적이며 스트레스와 피곤이 야경증 발작의 빈도를 증가시키지만, 야경증 발작 사이에는 며칠에서 몇 주간의 간격이 있다. 성인에서 이 장애는 여성과 남성에게 동등하게 나타난다.

아동은 6세경에 가장 많이 증상을 보이며 유병률은 3%이다. 성인은 이보다 적게 보이지만 아주 드문 정도는 아니다. 아동들에서는 야경증을 병리적인 것으로 여기지 않는다. 자라면서 대부분 야경증이 사라지게 되며, 의학적 혹은 정신병리로 인한 고통은 겪지 않는다. 성인기 발병형은 불안 혹은 성격 장애 등의 다른 정신적 상태와 관련이 있을 수 있다.

버드 스탠호프

버드 스탠호프와 그의 아내 헤리어트는 부부 상담을 받기 시작했다. 그들은 부부간의 많은 문제가 버드의 지나친 의존 욕구 때문이라는 점에 동의했다. 버드의 첫 번째 부인이 버드와 이혼하자마자, 그들은 반발심에서 결혼을 했다. "저는 혼자라는 것이 너무 불행했어요."라고 버드가 말했다.

그의 만성적으로 낮은 자존감은 집 주변에 건물을 짓는 것조차 헤리어트와 의논 없이는 시작할 수 없다는 것을 의미했다. (심지어 헤리어트가 회의 참석차 출장에 갔을 때, 그는 그의 전 부인에게 전화를 해서 조언을 구했다.) 그리고 버드는 헤리어트의 의견에 동의하지 않는 것에 대해 걱정했기 때문에 그들 부부는 어떤 문제도 해결할 수 없었다.

"제가 밤마다 그의 경악하는 소리 때문에 잠에서 깰 때 저는 얼마나 괴로운지 그에게 말할 생각을 하지 못했어요."라고 그녀가 한숨을 내쉬며 말했다. "밤에 경악한다고?" 버드가 말했다. "나는 몇 달 전부터 멈췄다고 생각했어."

헤리어트가 말한 것처럼 버드의 '경악'은 항상 동일했다. 그들이 잠이 든 후 한 시간 정도 지났을 때 헤리어트는 그의 무시무시한 비명 소리에 깼다. 버드는 공포스러운 얼굴을 하고 침대에서 일어나 똑바로 앉아 있었을 것이다. 그는 눈을 크게 뜨고 코너 혹은 벽을 응시했을 것이다. 그가 단지 허튼소리를 하거나 가끔 무작위로 단어를 말하는 등 알아들을 수 있게 말을 한 적이 없기 때문에 그녀는 그가 무언가를 보고 있는 것인지 확신할 수 없었다. 그는 안절부절못하는 것처럼 보였을 것이고, 자신의 잠옷을 잡아당겼을 것이다. 그리고 때로는 침대 밖으로 뛰쳐나왔을 것이다.

"그의 팔에 있는 털이 곤두설 거예요. 그는 보통 숨을 가쁘게 쉬고, 심지어는 추운 방에서도 땀을 흘려요. 한번은 내가 그의 가슴에 손을 올렸을 때, 그의 심장은 토끼처럼 빨리 뛰었어요."

헤리어트는 버드를 진정시키는 데 10분 혹은 15분 정도 걸렸을 것이다. 그가 완전히 깨어난 적은 없고, 결국 다시 누웠을 것이다. 그리고 그녀는 몇 시간 동안 잠이 깬 채 누워 있는 반면, 그는 거의 순식간에 다시 잠이 들었을 것이다. 2~3주마다 이러한 발작을 한 번은 보였을 것이다. 딱 한 번 이틀 연속으로 이런 발작을 보였는데, 그때는 그가 직장을 잃을 것이라고 느꼈던 특별히 힘들었던 시기였다.

버드 스탠호프의 평가

버드가 보인 발작의 여러 특징은 야경증에 해당된다 ─ 자율신경계의 각성(빠른 심장 박동, 땀 흘림)이 일어난다는 것, 잠이 든 직후에 곧 발생한다는 점, 그를 진정시키려는 헤리어트의 노력이 소용없다는 점, 그가 완전히 깨어 있지 않다는 점, 그리고 다음 날 이를 잘 기억해 내지 못한다는 섬. 이 모든 점들을 고려할 때, 이 사례는 사실상 진단을 내릴 만하지만, 어쨌든 중요한 요소들을 목록으로 만들어 보겠다. 버드의 각성은 불완전하며 반복적이다(진단기준 A)헤리어트는 버드를 진정시키는 것이 상당히 어렵다고 보고했다(A2). 만일 그가 꿈 이미지를 가진 적이 있더라도 그는 그것을 보고하지 못했고(B), 전혀 회상해 내지 못했다(그는 여전히 자신이 야경증 삽화를 보였다는 것에 대해 놀랐다 ─ C). (확실히 버드나 헤리어트 모두 이견이 없이) 그들은 이로 인해 고통을 받고 있었다(D). 우리는 그의 개인력에서 물질 남용이 없었는지 좀 더 확인할 필요가 있을 것이다(E). 하나의 진단 연습으로, 이러한 양상들이 악몽장애와 야경증을 감별하는 데 어떻게 도움이 되는지 주목하라(377쪽).

비록 버드는 보이지는 않았지만, 야경증이 있는 많은 환자들에게서 수면보행증이 발생한다. 성인의 경우 수면보행증이 나타나는 정신운동성 뇌전증과 야경증을 변별해야 한다. 때때로 공황발작이 밤에 일어나기도 하지만, 공황장애 환자들은 전형적으로 야경증에서 보이는 지남력 상실이나 와해된 행동을 보이지 않으며 완전히 깨어 있다.

버드는 또한 성격 문제를 가지고 있다. 삽화에서 언급했듯이 그는 상당한 조언과 지지를 필요로 했고, 다른 사람들과 의견이 다를 수 있다는 점에 대해서 어려움을 느꼈다(그는 심지어 해리어트가 외출했을 때 조언을 얻기 위해 그의 전 부인에게 의지했다). 그의 낮은 자존감, 혼자 있게 되는 것에 대한 불편감, 그리고 첫 번째 결혼이 이혼으로 끝나자마자 다른 사람과 바로 결혼한 점은 의존성 성격장애 진단을 내리는 데 강력한 근거가 된다. 다른 환자들의 경우에는 경계성 성격장애를 충족시킬 수도 있다. 버드의 GAF 점수는 61점이다. 이는 각성장애보다는 성격장애에 좀 더 근거한 것이다. 다른 환자들의 경우에 동반해서 보일 수 있는 장애에는 외상후 스트레스장애와 범불안장애가 포함된다.

F51.4	NREM수면 각성장애, 야경증 유형
F60.7	의존성 성격장애
Z63.0	배우자 관계 문제

혼란스러운 각성은 NREM수면 상태에서 깨어나는 시기에 발생한다. 깨어 있는 것처럼 보이지만, 혼란스러움을 경험하며, 지남력을 상실하고, 부적절한 행동을 하게 된다(그래서 때때로는 '잠에 취한 상태'라는 용어를 쓰기도 한다). 혼란스러운 각성상태의 영향을 받는 사람이 병상에 남아 있다는 점에 주목할 만하다.

삽화는 수면박탈 혹은 잠자기 전 알코올이나 최면제를 사용하는 것에 의해 생길 수 있다. 가끔 억지로 깨우면 촉발되는데, 신체적 움직임과 신음이 시작되고 (눈은 뜨거나 감은 채) 소리를 지르고 물건을 부수는 동안 안절부절못하나, 잠을 깰 수 없다. 보다 복잡한 행동이 발생하기도 한다 — 자리에서 일어서기, 앞뒤가 안 맞게 말하기, 그리고 비논리적이지만, 목적 있는 가끔은 위험한 행동하기.

편안하게 해주려는 시도가 저항에 직면하면, 심지어는 더욱더 안절부절못하고 초조해질 수 있다. 삽화가 잠잠해지고 정상적인 수면으로 돌아가기까지 전형적으로 5~15분가량 지속되며, 때로는 더욱 길기도 하다. 이 삽화에 대한 기억 상실증을 전형적으로 보인다. 보통 꿈을 회상하지 못한다. 다치기도 하는데 그것은 누군가가 잠이 든 그 사람에게 다가갔거나 혹은 수면을 방해했기 때문일 것이다. 그렇지만 대부분의 혼란스러운 각성 삽화가 공격적인 행동이나 폭력을 포함하지 않는다는 점은 중요하며, 안심이 되는 부분이다.

이 장애는 주로 영아와 유아들에게서 발생한다고 알려져 있지만, 15세 이상 인구의 3~4%가 이러한 문제를 가진 것으로 알려졌으며, 남성과 여성에게서 동등한 비율로 나타난다. 교대근무와 밤에 근무를 하는 사람들이 특히 취약할 수 있다. 좋은 소식은 이 장애가 DSM-5-TR의 페이지에 포함되지 않더라도, 만약 이를 접한다면 ICD-10 번호 G47.51을 부여할 수 있다는 것이다.

G25.81 하지불안 증후군

하지불안 증후군(RLS)은 심각하게 누군가를 위협하는 것이 아니기 때문에 임상가들이 때로는 무시하고 싶은 고약한 주 호소 문제에 해당된다. 이것은 당사자들을 매우 절묘하게 괴롭힌다. 항상 고통스러운 것은 아니지만, 표현할 수 없을 정도의 심한 불편감은 오직 매초마다(이에 대해 저자를 믿으라) 다리의 자세를 바꾸며 움직이는 것으로만 진정이 된다. 환자들은 가려움, 따끔함, 근질거림 혹은 오싹함을 보고하지만, 이들 중에 어떤 사람도 겉으로 보기에는 대수롭지 않지만 당해 보지 않은 사람은 상상할 수도 없는 이 고통에 대해 잘 요약해서 설명하지 못한다.

잠들기 전에 시작되는 경향이 있으며, 이 평범해 보이는 장애는 잠이 드는 시간을 지연시킬 수 있다. 걷기, 스트레칭, 문지르기, 심지어는 실내 운동용 자전거 타기와 같은 다양한 방식으로 안도감을 느낄 수 있지만, 문제는 이러한 전략들이 때때로 밤 시간 동안 환자를 깨어 있게 만든다. 다음 날 피곤함을 느끼게 하는 것 외에도 하지불안 증후군으로 인해 우울과 불안이 생길 수도 있다. 밤새 증상이 완화되는 경향이 있고, 아침이 되면서 좀 더 깊은 잠에 들게 된다. 비록 몇 주에 걸쳐 증상의 악화와 완화가 반복되지만, 대체로 시간이 지남에 따라 증상이 악화된다. 이는 주요우울증, 범불안장애, 외상후 스트레스장애 그리고 공황장애와 관련이 있다.

하지불안 증후군이 신경전달물질인 도파민과 관련이 있다고는 하지만, 이것이 왜 발생하는지 아무도 알지 못한다(종종 기저핵이 제 역할을 하지 못하는 파킨슨병 환자에게서 나타나기도 한다). 또한 신경병증과 다발성 경화증과 같은 신경학적 장애, 철분결핍 그리고 신부전증이 있는 경우에도 나타난다. 하지불안 증후군은 항히스타민제, 항오심제, 멀타자핀(레메론) 그리고 몇몇 다른 항우울제를 포함한 약물 복용에 의해서도 악화될 수 있다. 경도의 폐쇄성 수면 무호흡증은 때때로 주기성 사지 운동증 같아 보일 수 있으며, 이는 하지불안 증후군 환자들에서 매우 빈번하게 나타난다.

아마도 일반 집단의 2%는 기능의 손상(대부분은 불안성한 수면)을 일으킬 정도로 심각한 하지불안 증후군을 호소할 것이다. 약 2:1의 비율로 여성에게서 더욱 압도적으로 나타나며, 임신한 여성의 1/4이 특히 임신 후기 3개월 때 이를 보고하고 있다. 또한 비교적 생애 초기에 시작되는 경향이 있으며(10대 혹은 20대), 유병률은 나이가 증가함에 따라 높아진다. 유럽계 미국인들이 좀 더 빈번하게 보이며, 아시아인에게서는 그보다는 다소 적게 나타난다. 때때로 하지불안 증후군 가족력이 있는 경우가 발견되기도 하며, 유전적인 소인이 밝혀져 있다. 진단을 내리기 위해서는 간단한 면담이면 충분하다.

기민한 독자라면 자신들에게 질문을 할 것이다. 왜 하지불안 증후군이 수면장애일까? 어떤 점이 수면과 관련이 있을까? 첫째로 하지불안 증후군은 일주기적인 요소가 있으며, 수면과 관련된 다른 문제들처럼 심할 때가 있고, 완화될 때가 있다. 둘째로 이는 수면을 지연시킬 수 있다. 때때로 하지불안 증후군은 환자들이 밤 시간에 깨어 있게 만든다. 마지막으로 하지불안 증후군은 낮 시간에 과다수면증을 유발하여, 종종 고통 혹은 기능을 손상시키는 원인이 된다. 이러한 논리가 당신에게 와닿지 않는다면, 하룻밤 자며 생각해 보길 권한다.

하지불안 증후군의 핵심 특징

불쾌한 다리 감각으로 인해 다리를 움직이려고 하는 충동이 유발되며, 이러한 움직임은 증상을 완화시키는 경향이 있다. 특히 저녁 혹은 그 이후에 휴식 중이거나 움직이지 않을 때 하지불안 증상이 더욱 심하다.

주의사항

ㄱ들을 다루어라

- 기간(3개월 이상의 기간 동안 3회 이상)
- 고통 혹은 장애(직업적/학업적, 사회적, 혹은 개인적 손상)
- 감별진단(물질사용 그리고 신체질환 혹은 장애, 기타 정신장애)

에녹 다이몬드

지금 녹화 세트장에 혼자 앉아서 에녹 다이몬드는 화장을 지웠다. 그는 밤 10시 뉴스를 두 차례 보았고, 그가 본 것이 부끄러워졌다. 그는 맥스팩터(화장품 브랜드)로 깊어져 가는 이마주름을 거의 감출 수 없는 중년의 앵커이다. 그의 방황하는 시선은 카메라를 정면으로 응시하는 것을 피하는 것처럼 보였다. 반쯤 내리깐 눈은 대본에 집중하는 것을 방해했다. 그는 카메라에 비친 잘 닦인 방송용 테이블 밑으로 탭 댄스를 추는 것처럼 움직이는 그의 발을 마음속으로 떠올렸다.

사실 집중력이 큰 문제였다. 에녹은 그에게 무슨 일이 있든지 쉽게 공상에 빠져버렸다. 지난주 무대 감독은 "뭐가 문제죠, 에녹? 사실, 최근 당신은 프로그램에 집중하지 않는 것처럼 보여요."

그렇다. 그는 맞는 말이라고 생각했다. 3~4주 전까지는 아무런 문제가 없었지만, 최근 그는 작은 둑을 달릴 수 있을 정도의 흥미나 의욕도 없었다. (최근에 방송된 금융 시스템에 대한 프로그램에서 그의 농담은 편집되었다.) 항상 집중력 있게 일했던 그는 현재 자신이 하고 있는 일에 만족할 수 없었다. 사실 그는 다른 많은 것에도 더 이상 흥미를 느끼지 못한다. 심지어는 성관계도 지루했다.

어떤 것도 에녹이 자신의 삶이 긍정적인 쪽으로 움직이고 있지 않다고 점진적으로 느끼는 것을 막을 수는 없었다. 그는 불편하고, '뭔가 끔찍한 일이 있어났다'고 느끼기 시작했다.

그가 우울한가? 그것은 그의 부인이 계속해서 묻고 있는 것이지만, 그는 우울하지 않았다. 그가 항상 울며 돌아다닌 것은 아니다. 그러나 그는 확실히 기분이 좋지 않았다. 음식 맛은 별로였고, 그래서 식욕이 조금 저하된 것은 틀림이 없었다. 그리고 하고 있는 일에 전혀 집중할 수 없었다. 그가 두 달 전에 소개한 다큐멘터리를 통해 그는 자신이 죽음과 자살에 대한 생각에 주의를 기울이고 있다는 것을 충분히 알게 되었다.

그의 부인은 최근에 "음, 나는 당신이 우울해 보여요!"라고 말하였다. 그러나 그는 이것이 그녀의 마지막 말은 아니고, 그 이후에도 그러한 말을 계속했을 것이라고 의심했다.

에녹은 차분해질 필요가 있다고 생각했다. 그는 카메라 앞에서 차분히 있었다. 그러나 그가 자신과 가족에 대해 생각할 때마다 내면은 동요되었다. 그는 인위적인 미소와 작위적인 상냥한 태도 등 공적인 행동이 그가 느끼는 고통을 감추기를 바랐다.

아니다, 그가 느끼는 것은 좀 더 기운 없는 쪽에 가까웠다. 피로, 바로 그것이다! 심지어는 8시간을 잔 이후에도 너무 피곤해서 침대 밖으로 빠져나오는 것이 어려웠다. 아마도 이러한 것이 조금도 이완되지 않고, 이두박근에서 느껴지는 돌돌 말려버린 스프링과 같은 별난 긴장감을 설명해 줄 수 있을 것이다. 그는 너무 피곤해서 아마 뜨거운 욕조에서조차도 긴장을 풀 수 없을 것이다.

이러한 신싱은 그가 지난 2년 동안 다리에서 느껴 왔던 별난 감각과는 다른 것이다. 그는 여전히 카메라 앞에서 30분 동안 앉아 있을 수 없었다. 그는 걱정이 되었다 — 종아리 깊숙한 곳에 섬뜩한 암에 걸린 것일까? 다리, 사실 양다리에 발작이 일어나기 때문이다. 일어서서 걷는 것, 심지어는 잠시 동안이라도 걸어 다니는 것은 완전히 그러한 느낌을 이완되게 했지만, 그가 방송을 할 때는 그럴 수 없었다. 밤에 잠자리에서, 그는 자주 일어나서 걸어 다녀야 해서 다음 날 녹초가 된 느낌을 받았다. 그러나 걸으면서 느껴지는 안도감은 일하는 동안에는 허락되지 않았다. '나는 기상 캐스터가 되었어야 했어.'라고 그는 수없이 생각했다. 이 때문에 방송 중에 안절부절못하는 다리에서 안도감을 느낄 수 있는 유일한 방법은 책상 밑에서 다리를 서로 비벼대는 것이다. 그가 누워 있을 때는 증상이 더욱 심해졌고, 밤에 가장 심했다('혹은 아침 쇼를 할 때').

이상하게도 (그는 실제로는 쓸데없이 걱정하는 사람이 아니었기 때문에) 최근에 그는 자신이 해고당할 것에 대해 염려하고 있었다. 이것은 그가 걱정할 것이 아니다. 그는 사장의 딸과 결혼하여 잘 웃는 상투적인 사람으로 살았다. 물론 이것은 그에게 좋았던 것만은 아니다. 그들은 몇 달 동안 사랑을 나누지 않았다. 그는 이와 관련하여 혹은 다른 것에서도 상당히 흥미를 느끼지 못했다. 크리스틴은 그녀가 있는 그대로의 그를 사랑한다고 말했지만, 그는 자신의 체격을 부끄러워했다.

에녹 다이몬드의 평가

에녹은 두 가지 문제를 가지고 있다. 하나는 기분 문제, 다른 하나는 그의 다리이다. 전자는 좀 더 심각한 것이고, 그래서 나중의 토론을 위해 남겨두겠다.

에녹은 전통적으로 하지불안 증후군과 관련된 중요한 증상을 모두 가지고 있었다. 양다리에 별난, 통제할 수 없는 감각이 있고(진단기준 A), 이것으로부터 안정감을 얻기 위해 계속적으로 움직이게 되는데(A2), 오직 가만히 있을 때와 쉴 때 나타나고(A1), 저녁 시간에 악화된다(A3). 수면이 방해를 받으며, 종종 다음 날 '기진맥진함'을 느끼고(C), 진단을 충족시킬 만한 빈도와 기간이 필요하다(B) — 더 적합한 다른 진단이 없어야 하며(D, E), 감별진단을 위해서 철결핍성 빈혈 그리고 신부전증이 있는지 확인해야 한다.

그리고 이제 에녹의 기분 문제에 대해 다뤄야겠다. 여기에 문제가 있다. 그는 몇 가지 우울 증상(흥미 저하, 불만족, 피곤함)을 가지고 있지만, 주요우울 삽화로 보기에는 충분하지 않다. 그는 공황장애 혹은 범불안장애의 진단을 내리기에 충분하지는 않지만, 또한 긴장감과 걱정을 동반한 부정적인 예상을 한다. 한때 DSM-5의 저자들은 혼합된 불안-우울증(mixed anxiety-depression) 진단을 고려했었다(다른 기분장애 혹은 불안장애의 전체 진단기준을 충족시키지 않도록 하기 위해 매우 섬세한 진단기준이 요구되었을 것이다). 그러나 이러한 진단은 채택되지 않았다. 지금 어떤 진단을 내려야 한다면, 우리는 에녹을 DSM-5-TR에서 기술된 '달리 명시되는 우울장애'로서 불특정형 우울증을 가지고 있다고 해야 할 것이다. 이러한 증상이 이후에 주요우울증으로 변화된다면, 불안증 동반 명시자를 추가할 것이다.

그러나 저자는 에녹의 우울하고 불안한 증상이 자연스럽게 호전되는지 아닌지 보기 위해 기꺼이 며칠을 기다릴 것이다. 때때로 시간이 해결해 줄 기미가 있을 때에도 우리는 진단을 너무 빨리 내린다. 너무 빨리 진단을 내려버리는 것은 옳은 진단과 치료법을 제공하지 못하게 할 수 있다.

실제로 다양한 진단의 증상들을 감별해 내는 문제는 DSM-5-TR의 모든 장에서 매우 흔하게 일어나는 일이다. 예를 들면, 에녹의 다리에서 느껴지는 별난 감각이 초조성 기분장애 때문인지, 아니면 전혀 다른 것 때문인지 어떻게 결정할 수 있을까? 두 가지 원칙이 우리를 첫 번째 해석으로부터 멀어지게 이끌어 준다. (1) 에녹의 움직임은 신체 전체에 나타나는 것이 아니고, 하체에 제한적으로 나타나는 것이다. (2) 그리고 좀 더 중요한 것으로, 최소한 1년 이상 다른 기분 증상과 불안 증상에 선행되었다. 전반적으로 보았을 때, 다음과 같이 진단을 내리는 것이 전혀 유리한 것은 아니라는 것을 알지만, 저자는 에녹에게 한 가지 확실한 진단을 내릴 것이다. 하지불안 증후군은 불면증과 다른 문제들을 야기할 수 있다. 또한 GAF 점수 61점을 줄 것이다. 부호화된 진단을 요구한다면 다소 애매하게 말하게 되는데, 다음과 같이 달리 명시되는 우울장애를 사용할 것이다. 그러나 저자는 '기다리며 관찰할 것'이다.

G25.81   하지불안 증후군
F32.89   달리 명시되는 우울장애, 불충분한 증상 동반 우울 삽화

F51.5 악몽장애

악몽장애(nightmare disorder)는 명칭에도 불구하고, 암말(mare)과는 아무런 관련이 없다. 그것은 적어도 13세기로부터 유래된 역사 속의 암말인데, 가슴 위에 앉아서 끔찍한 꿈을 꾸게 하는 마귀이다(그렇다, 이것은 여성 마귀였다). 악몽은 우리를 삽시간에 완전히 깨어나도록 하기 때문에 우리는 생생하게 꿈을 기억할 수 있다. 이것들은 때때로 우리의 안전 혹은 자존감을 위협한다. 누군가 길고 끔찍한 이런 종류의 꿈을 반복적으로 꾼다면, 악몽장애 진단이 타당할 수 있다. 주간 졸림, 짜증 혹은 집중력 상실이 그 결과로 나타날 수 있다.

악몽은 REM수면 시간 동안 발생하며, 밤이 다 지날 무렵에 가장 많이 나타난다. (수면 초기에 나타나는 것은 명시자를 추가하기에 충분할 정도로 주목할 만한 일이다.) 항우울제, 바비튜레이트, 그리고 알코올을 포함한 REM수면을 억제하는 물질이 중단되면 악몽이 증가할 수 있다. 흔히 어느 정도 빠른 심장 박동을 보이지만, NREM수면 기성장애의 악몽증으로 고통받는 사람들보다 교감신경계 각성 증상(발한, 빠른 심장 박동, 높은 혈압)을 적게 경험한다.

아동기 악몽은, 특히 어린 아동에게서 나타나는 악몽은 병리적인 의미를 가지지 않는다. 성인의 경우 전체의 절반 정도가 수시로 악몽을 보고한다. 성인의 5% 정도가 잦은 악몽을 호소하지만(월 1회 혹은 그 이상), 병리적인 것으로 고려할 만큼의 악몽을 꾸는 사람들이 어느 정도인지는 알려져 있지 않다. 악몽은 남성보다는 여성에게 훨씬 더 보편적이다. 어느 정도 악몽을 꾸는 경향은 타고난 것일 수 있다.

악몽을 자주 꾸는 성인이 아마도 정신병리 경향을 가지고 있다 할지라도, 수면 전문가들 사이에서 그것이 어떤 정신병리인지에 대해 일치된 의견은 없는 편이다. 이것이 분류될 수 있다면, 해당 병리가 실제 악몽 경험보다는 악몽을 호소하는 사람과 더 관련이 있다는 것으로 설명될 수 있을 것이다. 생생한 악몽은 때때로 정신병의 발병에 선행한다. 그러나 대부분의 악몽은 스트레스에 대한 (그래서 정상적인) 반응이다. 어떤 임상가들은 악몽이 사람들로 하여금 외상적인 경험으로부

터 빠져나오는 것을 도울 수 있다고 믿는다.

적어도 전체 인구의 절반 정도가 한 번 이상 악몽을 꾼다. 그렇다면, 이러한 사람들 모두 (즉, **우리** 중에서도 많은 사람들이) 수면–각성장애를 가지고 있는 것인가? 많은 다른 상태들처럼, 이것을 결정짓는 것은 양적인 문제(악몽 경험의 수)와 환자가(그리고 주위 사람들이) 악몽 삽화에 대해 보이는 반응의 문제이다. 이 요소들은 임상가가 판단을 통해 배제해야 한다. 달콤한 꿈을 꾸길 바란다.

악몽장애의 핵심 특징

반복적으로, 그리고 보통 밤의 후반부에, 불쾌한 세부사항들까지 생생하게 기억이 나는 위험 혹은 생존과 관련된 길고 끔찍한 꿈에서, 순식간에 그리고 완전히 잠에서 깬다.

주의사항

ㄱ들을 다루어라
- 고통 혹은 장애(직업적/학업적, 사회적, 혹은 개인적 손상)
- 감별진단(물질사용장애 및 신체적 장애, NREM수면 각성장애 — 야경증, REM수면 행동장애, 외상 후 스트레스장애 그리고 급성스트레스장애, 기타 정신적 장애)

부호화 시 주의점

다음의 경우 명시할 것
　　수면 개시 중 발생. 대부분의 악몽들은 아침이 될 즈음에 발생한다.

다음의 경우 명시할 것
　　정신적 장애 동반. 물질사용장애를 포함한다.
　　의학적 상태 동반
　　다른 수면장애 동반

다음의 경우 명시할 것
　　급성. 1개월 미만 지속된다.
　　아급성. 1개월 이상 6개월 미만으로 지속된다.
　　지속성. 6개월 이상 지속된다.

현재의 심각도를 명시할 것

경도. 악몽이 주당 1회 미만으로 발생

중등도. 주당 1~6회

고도. 매일 밤마다

키스 레딩

"나는 결코 오지 않았을 거예요. 그러나 다른 동료들이 오게 했어요." 키스 레딩은 그의 손에 있는 모자를 비틀었고 당황한 것처럼 보였다. "2명의 동료가 정보 제공에 필요한 경우를 위해 복도에서 기다리고 있어요. 그들은 실제로 내가 약속을 지키는지 확인하기 위해 기다리고 있는 것 같아요."

군에서 입대한 지 6개월 후에, 키스는 일등병으로 진급했다. 그는 정비사가 되고 장사를 배울 생각을 하며, 고등학교를 졸업하자마자 입대했다. 그러나 검사 결과 그는 탁월한 재능이 있었으므로 신병훈련소를 마친 뒤, 의무병으로 배정받아 학교로 보내졌다. 현재 그는 2주 동안 텍사스에 있는 새로운 근무지에서 3명의 룸메이트들과 함께 비교적 호화로운 막사에 머물고 있다.

그러나 그의 수면 습관 때문에 룸메이트와 함께 지내는 데 문제가 있었다. "나는 악몽을 꿔요." 키스가 말했다. 매일 밤 꾼 것은 아니지만, 그는 일주일에 여러 번 악몽을 꾼다. 그는 보통 기상나팔이 울리기 1~2시간 전에 다른 사람을 깨울 정도의 큰 소리로 흐느껴 울면서 깬다. 이러한 문제는 몇 년 동안 지속되어 왔고, 어느 정도는 익숙해졌다. 물론 그의 룸메이트들은 그 반대이다. 이러한 문제는 키스가 집을 떠나 돌아다니고, 새로운 일을 해야 한다는 스트레스와 더불어 지난 몇 달 동안 악화되어 왔다.

키스의 꿈은 다양하지만 보통은 공통된 주제가 있다. 이들 중 하나는 그가 정밀검사를 위해 줄을 서 있는 상황이다. 모든 부대가 A등급을 나타내는 군복을 입고 스마트한 모습으로 열을 맞춰 있으나 키스만 알몸이다. 아무도 그를 주목하지는 않았지만 그는 자신을 가리기 위해 애를 썼다. 또 다른 꿈에서 그는 오래된 'cracker-box'라고 하는 구급차의 운전병이었다. 어떤 이유로 그는 상처 입은 고릴라를 태웠다. 상처로 격노한 고릴라는 몸을 앞으로 기울여 그를 덮치기 위해 털이 있는 팔을 뻗었다.

"불행하게도, 끔찍한 장면이 회상이 돼요. 갑자기 깨고, 악몽과 관련된 모든 세부적인 것들이 TV를 보는 것처럼 생생하게 떠올라요. 그러면 1시간 혹은 그 이상 깨어 있게 되고 모두가 다 그래요."

키스의 나머지 개인력은 평범했다. 그는 약물을 사용하지 않고, 술을 마시지 않았다. 건강상태는 양호했고, 그는 특별히 우울하거나 불안해하지 않았다. 의식의 상실이나 발작은 없었고, 약물을 복용하지도 않았다. 그는 진료소 혹은 구급차에서 하는 그의 일을 좋아했고, 부대 지휘관이 그를 민첩하고 성실하게 여긴다고 생각했다. 확실히 그는 일할 때 잠들지는 않는다.

"나는 전투에 참여한 이후 악몽을 꾸었던 몇 명의 노병들을 만났어요." 키스가 말했다. "나는 그것을 이해할 수 있어요. 그러나 입대한 이후 나에게 일어났던 최악의 일은 차바퀴의 바람이 빠진 것 외에는 없어요."

키스 레딩의 평가

키스의 악몽은 그를 많이 괴롭게 하지는 않는다. 성인인 그는 그것에 익숙해졌다. 그가 불편하게 느끼는 것은 그의 악몽을 진단을 내리기에 충분히 심각한 것으로 보는 룸메이트들에 대한 것이다(진단기준 C).

키스가 겪고 있는 문제는 세 가지 측면에서 가장 전형적인 악몽이다 — 이것은 밤 시간의 후반에 발생하며, 그는 즉각적으로 완전히 깨버린다(B). 그리고 그는 분명하게 그 내용들을 회상한다(전형적으로 그의 안전 혹은 자존심을 위협하는 것 — A). 이러한 각각의 특징은 악몽장애를 NREM수면 각성장애, 야경증과 구별해 준다. 야경증은 NREM수면 시간의 초기에 발생한다. 그리고 잘 기억이 나지 않는다. 그리고 환자들은 단지 부분적으로만 깬다. 마지막으로 악몽장애에서는 깨려고 할 때 소리(키스의 경우, 억눌린 울음소리)를 내지만, 보통 REM수면 동안에 나타나는 근육마비는 야경증의 전형적인 증상인 큰 소리를 내고 몸을 움직이는 것을 못 하게 한다.

낮 시간 동안에 졸림을 호소한다면, 수면 무호흡증과 같은 다른 원인이 고려되어야 한다. 악몽이 기면증의 특징이 될 수 있지만, 낮 시간에 수면발작은 없다. 또한 악몽이 나타날 수 있는 다양한 다른 장애들도 고려해야 한다 — 외상후 스트레스장애, 기분장애, 조현병, 불안장애, 신체증상장애, 적응장애, 성격장애(E).

삼환계 항우울제, 알코올 혹은 바비튜레이트와 같은 REM - 억제 물질(REM-suppressing substances)로 인한 금단 증상이 때때로 악몽을 꾸게 할 수 있기 때문에 키스가 약물을 복용하지 않는다는 사실 또한 감별진단에 있어 중요하다(D). 뇌전증(부분 복합 발작과 같은)이 때때로 나쁜 꿈을 꾸게 하기도 한다. 악몽을 꾸는 동안에 함께 잠을 자는 사람에 의해 보고되는 비정상적인 움직임은 EEG를 찍어볼 것을 시사하기도 한다(E). 키스가 직접 언급했던 것처럼 악몽은 외상후 스트레스장애 환자에게서 자주 나타난다. 이러한 악몽은 NREM수면에서 나타날 수 있고, 그것이 외상후 스트레스장애 환자들이 비명을 지르며 깨게 하는 이유이다.

키스의 GAF 점수 75점이다. 그의 진단은 간단하다.

F51.5   악몽장애, 지속성, 중등도

G47.52 REM수면 행동장애

REM수면 동안 골격근은 마비되는데, 이는 우리가 의식이 없는 동안 생길 수 있는 손상으로부터 우리를 보호한다. 그러나 REM수면 행동장애가 있는 사람들은 이러한 기제가 때때로 작동하지 않는다. 그래서 꿈이 행동으로 표현되고, 행동 문제들이 잇달아 발생한다.

비록 문제가 되는 행동이 단지 가벼운 경련뿐일 수도 있지만, 이것은 갑자기 자신이나 함께 자는 사람들에게 해가 될 수 있는 주먹질, 발차기나 심지어는 깨물기와 같은 폭력적인 행동으로 고조될 수 있다. 거친 행동 대신에, 혹은 때로는 이와 함께 속삭이고, 말하고, 소리 지르며, 욕하고 웃거나 울기도 한다. 그러나 자기 자신 혹은 다른 사람들에게 손상을 입히는 경우가 전체의 50%가 넘는다.

보통 이런 환자들은 눈을 감고 있다 — 수면 중 보행과는 다른 차이점이다 — 그리고 침대 밖으로 나오는 일이 드물다. REM수면 행동장애가 있는 환자들은 쉽게 깨어나며, 동물 혹은 사람으로부터 위협 혹은 공격을 당하는 생생한 꿈을 보고한다. 외현적 행동은 그들의 꿈의 내용을 반영하며, 때로는 '꿈을 행동으로 옮기는 것'으로 말할 수 있다. 재미있는 꿈은 미소 혹은 웃음을 유발하기도 한다. 심각한 경우, 이러한 행동은 매주 혹은 더 자주 발생한다.

일반적으로 50세 이후에 발병하므로, 전형적으로 환자는 중년 혹은 노년의 남성 혹은 여성이다. 그러나 이는 아동들에게서도 나타난다. 환자의 1/3 정도가 그들의 증상에 대해 인식하지 못하며, 아마도 절반 정도는 불쾌한 꿈을 회상하지 못한다. 무엇보다도 이러한 상태는 일반 성인 집단에서 1% 미만으로 나타난다. 이는 아마도 다른 정신질환을 가진 사람들에게서 더욱 많이 나타날 것이다.

초기 진단은 함께 잠을 자는 사람의 관찰로부터 의심될 수 있다. 이것을 확증하는 데는 수면다원검사가 필요하다. 한 가지 예외가 있는데 다음과 같다. 환자들이 REM수면 행동장애와 파킨슨병과 그 외 다른 질병과 같은 퇴행성신경질환(synucleinopathy) 상태를 암시하는 증상을 가지고 있는 경우(이중선 안에 기술된 내용을 참조하라)이다.

수면 클리닉을 방문하는 REM수면 행동장애 환자들 중에서 약 절반은 다음의 질병 중 하나를 발달시키게 될 것이다 — 루이소체 신경인지장애(Lewy body NCD), 파킨슨병, 다계통 위축증(multiple-system atrophy). 이들의 기저의 원인이 단백질 알파-시누클레인(α-synuclein)이라는 비정상적인 세포 내 물질이기 때문에 일괄적으로 시누클레인병증(synucleinopathies)이라고 부른다. 이것은 저자가 생각하기에 정신건강 장애가 향후 의학적 질병을 강력하게 예측한다고 볼 수 있는 단 하나의 사례이다. 아마도 우리는 고무되는 동시에 놀랄 수 있다.

REM수면 행동장애의 핵심 특징

잠에서 깰 때, 환자들은 소리 지르기와 말하기 혹은 자신이나 함께 잠을 자는 사람에게 손상을 입힐 수 있는 복잡한 신체적 행동을 보인다. 이러한 삽화 이후, 환자는 완전히 잠에서 깬다 — 지남력이 돌아오고 명료해진다. REM수면 시간 동안 발생하기 때문에 삽화는 수면 개시 후 90분 이후에, 그리고 낮잠을 자는 동안이 아닌 밤에 깊은 잠에 든 이후에 나타나는 경향이 있다.

주의사항
(파킨슨병 혹은 루이소체 신경인지장애와 같이) 위에 기술된 시누클레인병증과 같은 전형적인 개인력이 있는 경우라면, 수면다원검사는 필요하지 않다. 이러한 개인력이 없다면, REM수면 시 근긴장도 유지가 이루어지는지 수면다원검사가 반드시 필요하다.

ㄱ들을 다루어라
- 고통 혹은 장애(직업적/학업적, 사회적, 혹은 개인적 손상)
- 감별진단(물질사용장애 및 신체적 장애, 기타 수면–각성장애, 꾀병)

잭슨 러디

잭슨 러디는 그가 자신을 스스로 결박하여 거의 죽을 뻔한 일로 임상적으로 상당한 주목을 받았다. 11월 어느 새벽에 그의 부인인 쇼나는 응급의료사에게 전화해야만 했다.

이후에, 그는 몇 년 동안 정말로 생생한 꿈을 꾸었다고 설명했다. 대개 꿈이 온건하게 시작되지만, 때때로 다음과 같이 말했다. "나는 크고 털이 달린 동물들이 군침을 흘리며 나를 쫓는 꿈을 꿔요. 그리고 그들은 나를 물다가 쇼나를 공격하려고 돌아서요." 그는 수면 중에 그 동물에게 주먹을 휘두르고 발로 차는데, 결국 그가 가격하는 것은 그의 부인이었다. "나는 그녀를 안전하게 지켜야 된다고 생각했어요 — 그러나 그건 나로부터죠."

소년이었을 때, 잭슨은 목장에서 살았는데 그 주변에는 늑대들이 배회하였다. 그가 실제로 공격을 받아본 적은 없었지만, 그는 가족들이 키우는 소들 주위로 늑대들이 살금살금 돌아다니는 것을 몇 번이나 목격했다.

몇 달 전 밤에 그가 소리를 지르거나 때로는 팔과 다리를 격렬하게 휘두르는 행동을 보였을 때, 그는 주치의와 상담을 했다. "그녀는 내가 다른 방에서 잠을 자는 방법이 있다고 했어요. 쇼나와 나는 그 방법이 설득력이 없다고 생각했어요." 그래서 잭슨은 목장에 가져온 가죽제품의 먼지를 털어내고, 그의 움직임을 자제하기 위해 그것으로 밧줄을 만들었다. "내가 그녀를 가격하는 것을 방지하기 위해 내 팔과 가슴을 묶으면 되겠다 생각했어요. 결국 이것에 내가 뒤엉켜버렸고, 저는 거의 죽을 뻔했어요."라고 그가 말했다.

쟉슨의 동의하에 임상가는 쇼나를 면담했다. 그녀는 그의 공격이 대부분 새벽 직전 시간에 발생하며, 그가 깰 때는 순식간에 완전히 깨어난다고 말했다. 그가 우울한가? 그가 술을 마시거나 혹은 마약이나 약물을 사용하는가? (가능성은 전혀 없다.) 그가 전반적으로 흥미를 상실했는가? 성생활은?

쇼나는 "그는 60세인데도 뭘 만드는 것보다 성관계를 훨씬 더 잘해요."라며 웃었다.

쟉슨 러디의 평가

먼저 진단기준을 살펴보자. 쟉슨의 삽화에는 (쇼나의 도움이 되는 정보를 포함하여) 반복적이고 신체적인 움직임이 있다는 것을 알 수 있는데(진단기준 A), 늦은 밤 시간에 그가 꿈을 꾸는 동안 발생하며(잠이 든 초반이 아니다 — B), 꿈속에서 벌어지는 일들에 대해 신체적인 움직임을 보인다. 그는 바로 깨어나며(C), 이와 유사한 행동의 원인이 될 수 있는 술, 마약 혹은 약물을 복용하지 않았다(F). 응급의료사의 도착은 그 행동이 위험하고 임상적으로 중요하다는 것을 나타낸다(E).

또한 수면다원검사는 수면 동안에 폭력적인 행동이 수반되는 다른 수면장애와의 감별진단을 도와준다 — 수면 중 보행 그리고 NREM수면 각성장애의 야경증, 야간발작(nocturnal seizures), 그리고 폐쇄성 수면 무호흡 저호흡. 그러나 그의 개인력은 이들 장애 중 어떤 것도 강하게 지지하지 않고 있어, 이들을 제외하는 편이 좋겠다. 다른 의학적 장애 혹은 정신질환의 증서는 없다(G).

수면다원검사에 의해 확증되는 남은 진단기준(D)은 DSM-5-TR에서 매우 필수적인 것은 아니다. 몇몇 전문가들은 다른 장애에 대해 고려할 필요가 없는, 상대적으로 경미한 사례에서는 이를 생략할 수 있다고 말한다. 그러나 쟉슨이 자신에게 타격을 준 것같이 심각한 경우에는 안전이 평가에서 매우 중요한 부분이다. 쟉슨은 아마도 그 자신이 아직 나이가 들지 않았다고 생각하겠지만, 우리는 REM수면 행동장애의 원인이 될 수 있는 퇴행성 신경학적 장애가없는지 확인해야 할 필요가 있다 — 루이소체 신경인지장애(전체 사례의 약 70% 정도가 REM수면 행동장애와 관련이 있다), 파킨슨병(50%), 그리고 다계통 위축증(90%까지). 또한 REM수면 행동장애는 알츠하이머병에서는 거의 나타나지 않지만, 뇌졸중, 종양, 그리고 약물 복용(베타 차단제, 특정 항우울제) 시에 발견되기도 한다.

쟉슨이 거의 죽을 뻔한 상황이었기 때문에 성도착증에 대한 몇 가지 질문이 필요하다. 그리고 그의 임상가는 자살 시도에 대한 가능성도 명심해야 할 것이다. 잠시 헷갈릴 수도 있지만, 우리는 항상 진단과정에서 이를 우선적으로 명심해야 한다.

잭슨 러디의 진단은 다음과 같다. 응급의료사가 호출되었지만, 자기 자신에 대한 위험한 행동은 단 한 번이었으며 반복될 가능성은 적었다. 그의 GAF 점수를 70점으로 생각했다. 앞서 언급했듯이, 그의 주치의는 앞으로 추가적인 장애가 발생하는지 그를 조심스럽게 관찰해야 한다.

G47.52   REM수면 행동장애

기타 수면-각성장애

물질/약물치료로 유발된 수면장애

예상하고 있겠지만, 물질 남용은 다양한 수면장애를 유발하는데, 이들 중 대부분이 불면증 혹은 과다수면증이다. 중독 혹은 금단 증상이 나타나는 동안 특정한 수면 문제가 발생할 수 있다.

알코올. 술을 지나치게 많이 마시는 것(중독)은 REM수면을 강하게 억제하고, 전체 수면 시간을 단축시키면서 숙면을 취하지 못하게 할 수 있다. 환자들은 때로는 후기 불면증과 과다수면을 경험하며, 수면 문제는 수년간 지속될 수 있다. 알코올 금단은 수면 개시 잠복기를 현저하게 증가시키고, 자주 깨는 불안한 수면을 유발한다. 그리고 떨림과 (특히 시각적) 환각이 동반된 섬망을 경험할 수 있다. 이는 공식적으로는 진전 섬망(delirium tremens, DTs)으로 알려져 있다.

진정제, 수면제 그리고 항불안제. 여기에는 바비튜레이트, 의사의 처방 없이 살 수 있는 항히스타민제, 그리고 브롬화물, 단시간 작용하는 벤조디아제핀, 그리고 고용량의 장시간 작용하는 벤조디아제핀이 포함된다. 이러한 물질은 다른 원인으로 인한 불면증을 치료하는 데 사용될 수 있다. 이러한 물질들은 중독 혹은 금단 기간 동안 수면장애를 유발할 수 있다.

중추신경계 자극제. 암페타민과 기타 자극제는 전형적으로 수면 개시 잠복기를 증가시키고, REM수면을 감소시키며, 좀 더 빈번하게 각성되도록 만든다. 이 약물이 중단되면, 안절부절못함이 동반된 과다수면과 REM수면 반동 작용으로 인한 꿈이 잇따라 나타날 수 있다.

카페인. 이 대중적인 물질은 중독 시에는 불면증이 생기고 금단 증상으로는 과다수면증을 유발한다(놀랄 만한 일이 아니다).

기타 약물. 여기에는 삼환계 항우울제, 항정신병제, 부신피질자극호르몬(ACTH), 항경련제, 갑상선 약물, 마리화나, 코카인, 환각제(LSD), 아편계, 펜시클리딘(PCP), 그리고 메틸도파가 포함된다.

물질/약물치료로 유발된 수면장애의 핵심 특징

몇몇 물질 사용은 명백하고 심각한 수면 문제를 유발하는 것으로 보인다.

물질과 관련된 원인을 식별하기 위해서, 88쪽의 이중선 안의 내용을 참조하라.

주의사항

ㄱ들을 다루어라

- 고통 혹은 장애(직업적/학업적, 사회적, 혹은 개인적 손상)
- 감별진단(신체적 장애, 섬망, 기타 수면장애)

이 진단은 물질 중독 혹은 금단보다 수면 증상이 더욱 우세하거나 임상적인 주의가 필요한 경우에만 사용한다.

부호화 시 주의점

ICD-10에서 부호화는 사용된 물질과 증상이 실제 물질사용장애를 충족시키는지(그리고 만일 그렇다면, 얼마나 심각한 물질사용장애인지)에 달려 있다. 제15장의 표 15.2를 참조하라.

명시할 것

{중독}{금단} 중 발병. 이것은 진단의 마지막에 붙는 것이다.

치료약물 사용 후 발병. 만약 증상이 약물의 시작, 변경 혹은 중단 이후에 발생했다면, 이 진단을 대신 사용할 수 있다.

명시할 것

불면형

주간 졸림형

사건수면형(수면 시 비정상적인 행동)

혼재형

데이브 킨케이드

데이브 킨케이드는 프리랜서 작가이다. 데이브가 그의 임상가에게 설명한 것처럼, '프리랜서'는 고용되지 않은 상태로 일하는 것이다. 그는 중요하진 않지만 매우 흥미로운 인물들을 취재하는 일을 전문적으로 하는데, 그 일을 꽤 잘했다. 그가 한 일의 대부분은 작은 잡지와 전문적인 비평지에 실려 출판되었다. 그는 또한 몇 개의 팟캐스트에 글을 쓰고 출연하기도 했다. 그의 소설과 여행 수필은 좋은 평가를 받았지만, 처음부터 재고가 많았고 판매가 실망스러웠다.

그는 임시 고용된 직업을 통해서 수입을 충당했다. 글감을 얻기 위해 가능한 한 다양한 직업을 가지려고 노력했다. 택시를 운전했었고, 바에서 경호원으로 일했으며, 부동산 매매를 하기도 했고, (어린 시절에는) 디즈니랜드에서 정글 리버 크루즈의 가이드로 일했다. 현재 35세인 그는 지난 몇 주간 샌프란시스코 북부에 소재한 커피 원두를 볶는 곳에서 일을 하면서 자신의 세 번째 책으로 살인과 관련된 추리물을 쓰고 있었다. 이 일은 최저 임금보다는 임금이 많지 않았지만, 많은 것을 요구하지도 않았다. 정오 무렵 2~3시간 바쁜 것을 제외하고는, 밤에는 책의 한 장을 완성하는 데 충분한 시간이 있었다.

또한 이 일을 하면서 데이브가 커피를 마실 수 있는 시간이 많이 주어졌다. 이곳은 원두를 갈아서 혹은 통으로 파는 것 외에도 볶은 원두커피를 마실 수 있게 팔았다. 일하는 사람들은 원할 때마다 커피를 마실 수 있었다. 데이브는 하루에 서너 잔 정도로 제한을 두고 커피를 마셨다. "내가 지금 느끼고 있는 것을 설명하기에 충분하지 않아요."

그가 어떻게 느끼는지를 한마디로 말하자면 초조함이다. 밤에는 최악이었다. "나는 편안하지 않았어요. 기분은 들떠 있었고, 글을 쓰고 싶었죠. 그러나 때때로 나는 워드프로세서 앞에 앉아 있을 수 없었어요. 근육에 경련이 일어났을 때, '살들이 살아 있는 것'을 느꼈어요. 그리고 심장 박동은 빨랐고, 장에서는 소화액이 쏟아져 나올 것 같아서 화장실에서 상당한 시간을 보냈어요."

데이브는 때때로 상당히 엎치락뒤치락했으며, 새벽 2시 이전에는 거의 잠이 들지 못했다. 일요일에는 정오까지 잠을 잤는데, 월요일부터 토요일까지는 알람에 맞춰서 일어났고, 잠에 취해 있어서 커피가 필요했다.

데이브의 건강은 최상이었는데, 그가 건강보험을 제공해 주는 직업을 거의 가진 적이 없었기 때문에 이 점은 다행이었다. 이른 아침 외에는 그의 기분이 좋았다. 그는 과거에 마리화나를 시도한 적이 있었지만, 그것을 좋아하지는 않았다. 그는 마시는 것을 커피로만 제한했는데, '하루에 단 서너 잔'이었다고 다시 말했다. 그리고 그는 또한 차, 코코아 혹은 콜라를 마신 것에 대해서는 부인했다. 잠시 후에 그는 "물론 커피 원두가 있어요."라고 덧붙였다.

그는 또한 오후에 일이 한가해지고 소설에 대해 생각하게 될 때는 가게에서 팔고 있던 캔디로 코팅한 원두(200g당 1만 5,000원)를 약간 맛보았다. 이것들은 화이트초콜릿 혹은 다크초콜릿으로 코팅되어 있다. 그는 다크초콜릿으로 된 것을 선호했다. 거기에는 또한 디카페인 커피 원두도 있었으나, 그것들은 요거트 안에 들어가 있어서 그는 그것에 대해서는 전혀 신경 쓰지 않았다.

"나는 코팅한 원두에 주의를 기울이지 않아요."라고 데이브가 말했다. "그러나 매일 오후에 몇 움큼 정도를 먹어요."

데이브 킨케이드의 평가

데이브의 커피 섭취량은 적정한 수준이었지만, 농도가 매우 진했다. 아마도 250mg 이상의 카페인을 포함하고 있었고 이는 보통 중독에 요구되는 수준이다. 또한 그는 원두를 먹었다. 커피의 원산지에 따라 진한 커피 한 잔을 만들기 위해서는 70개의 원두를 필요로 하는데, 그는 초콜릿으로 코팅된 원두를 한 움큼 먹었다. 이렇게 하는 것은 하루에 추가적으로 한 잔 혹은 두 잔 정도의 커피를 마시는 것과 같다. (게다가 카페인과 유사한 효과가 있는 크산틴을 포함하고 있다.) 그가 초조한 느낌을 받는 것은 놀라운 일이 아니다. 이것은 당연한 일이고(468쪽), 저자는 데이브의 카페인 중독 증상에 대해 논의할 것이다.

카페인 사용과 함께, 데이브는 수면 개시 잠복기가 증가된 것에 주목했다. 그는 기상할 때 피곤함을 느꼈고, 잠에서 깨기 위해 커피를 마셔야 했다. 따라서 물질로 유발된 수면장애의 기본적인 진단기준을 모두 충족시킨다. 물질의 사용은 수면 문제를 유발하는데(진단기준 B1), 이러한 문제는 임상가의 주의가 요구되기에 충분히 심각한 것이다(A, E). 물론 카페인은 잘 알려진 바와 같이 불면과 상당히 연관되어 있다.

당연히 데이브의 증상을 유발하는 다른 수면장애에 대해서도 모두 생각해 볼 수 있다(C, D). 그러나 합리적인 과정은 카페인 사용을 (점진적으로) 없앤 다음에 환자의 수면을 재평가하는 것이다. 이것은 데이브의 주치의가 했던 방법이다. 어떤 경우에, 신체질병과 이를 치료하기 위해 사용한 약물이 원인적으로 기여한 정도에 대해 혼란이 있을 수 있다. 때때로 두 진단이 타당할 수도 있다.

신딘 시 요구되는 하위 명시자와 함께, 데이브의 진단은 다음과 같다(그리고 그의 GAF 점수는 65점이다).

F15.929 　　카페인 중독, 중등도
F15.982 　　카페인으로 유발된 수면장애, 불면형, 중독 중 발병

물질로 유발된 어떤 것에 대한 진단은 증상이 일반적인 물질 중독 혹은 금단 증상으로 인한 것보다 더욱 심각한지에 달려 있다. 이것은 개인적인 견해에 의한 판단이다. 데이브 킨케이드의 경우, 그의 증상은 진단을 받으러 오기에 충분히 심각하다.

G47.09 달리 명시되는 불면장애

DSM-5-TR은 다음의 예를 제공한다.

단기 불면장애. 3개월 미만으로 불면증이 지속된다.

비회복성 수면에 국한된. 수면에 다른 문제는 없지만, 자고 일어나도 재충전된 느낌이 없다.

G47.00 명시되지 않는 불면장애

불면증 증상이 불면장애(혹은 다른 수면장애) 전체 진단기준을 충족시키지 않을 때, 그리고 특별한 원인이 없다고 판단될 때 '명시되지 않는 불면장애'를 사용하라.

G47.19 달리 명시되는 과다수면장애

G47.10 명시되지 않는 과다수면장애

과다수면증의 다른 모든 가능성들이 배제되었을 때 이 범주 중 하나를 사용하라. 달리 명시되는 것과 명시되지 않는 것을 선택하기 위해서는 일반적인 지침을 적용한다.

G47.8 달리 명시되는 수면-각성장애

G47.9 명시되지 않는 수면-각성장애

이제 당신은 진단 방법을 알고 있다.

CHAPTER 12

성기능부전

성기능부전의 빠른 진단 지침

DSM-5-TR에서는 성기능과 직접적으로 관련된 쟁점들을 세 가지로 분류하여 다룬다. DSM-IV와 그 이전에는 모두 같은 장에 포함되었던 성기능부전, 젠더 불쾌감, 변태성욕장애가 지금은 각기 다른 세 장의 범주로 구분된다. 물질로 유발된 성기능부전을 제외하면, 성기능부전은 성별-특정적이다. DSM-5-TR은 알파벳순으로 구성되어 있다. 저자는 이 장애를 성별 및 기능부전이 발생하는 성행위의 단계에 따라 묶어서 구분하였다.

성기능부전

남성성욕감퇴장애. 일단 성행위가 시작되면 수행은 적절할 수 있지만, 성에 대한 관심이 많지 않다(391쪽).

발기장애. 남성의 발기가 성관계를 시작하거나 끝내기에 충분하지 않다(395쪽).

조기사정. 남성이 반복적으로 성적 절정을 너무 일찍 경험한다(398쪽).

사정지연. 성적 흥분기에는 정상적이지만, 남성의 성적 절정이 지연되거나 전혀 나타나지 않는다(400쪽).

여성 성적 관심/흥분장애. 여성의 성적 관심이 결핍되거나 충분히 흥분되지 않는다(402쪽).

성기-골반통/삽입장애. 여성이 성교 도중에, 혹은 종종 삽입 도중에 성기 통증이 나타난다(406쪽).

여성극치감장애. 성적 흥분기에는 정상적이지만, 여성의 성적 극치감이 지연되거나 전혀 나타나지 않는다(410쪽).

물질/약물치료로 유발된 성기능부전. 알코올이나 기타 물질의 중독 및 금단으로 인해 다수의 성적인 문제가 유발될 수 있다(413쪽).

달리 명시되는(명시되지 않는) 성기능부전. 이는 상기한 성기능부전의 진단기준을 충족하지 못하는 성적인 문제를 가진 환자들을 위한 잔여범주이다(414쪽).

> **성적인 문제의 기타 원인**
>
> **변태성욕장애.** 여기에는 대부분의 사람들이 혐오스럽고 유별나며, 비정상적인 것으로 여기는 다양한 행동이 포함된다. 이러한 모든 행위들이 거의 남성들에 의해서 행해진다(647쪽).
>
> **젠더 불쾌감.** 어떤 사람들은 자신이 가지고 태어난 성과 젠더가 다르다는 강한 느낌을 받고 이는 그들에게 큰 불편감과 고통을 불러일으킨다(415쪽).
>
> **비성적 정신질환.** 많은 환자들은 다른 정신질환의 결과로 성기능부전을 보이게 된다. 성에 대한 관심의 결여는 특히 신체증상장애(273쪽), 주요우울장애(111쪽), 조현병(51쪽)에서 나타날 수 있다.

도입

성기능부전은 대개 초기 성인기에 시작되지만, 일부는 생애 후기가 되어서야 (성적 경험의 기회가 있다면 언제라도) 나타날 수 있다. 대부분의 성기능부전은 꽤 흔하다. 성기능부전은 심리적 혹은 생물학적 요인, 또는 이 둘의 조합으로 인해 유발될 수 있다. 보통 다른 정신질환의 경과 중에만 나타날 경우에는 이 범주의 진단을 사용하지 않는다.

또한 성기능부전 중 일부는 평생형이거나 후천형일 수 있다. (일차성이라고도 불리는) 평생형은 기능부전이 성기능이 활발히 시작되는 시점에서부터 존재해 왔다는 것을 의미한다. 후천형은 특정한 기능부전이 없이 성관계가 가능했던 얼마간의 시기가 있었음을 의미한다. 상상할 수 있듯이, 평생형 기능부전은 후천형보다 더 치료하기가 어렵다.

더욱이 대부분의 성기능부전은 일반화된 유형(전반형), 혹은 (특정 상황에서만 제한적인) 상황적인 유형(상황형)일 수 있다. 예를 들어, 아내와는 조기사정을 경험한 남성이 다른 여성과는 그렇지 않을 수도 있다. 몇몇 기능부전은 동반자가 없는 상황에서도 발생할 수 있는데, 예를 들어 자위행위 중에도 나타날 수 있다.

DSM-5-TR은 진단을 내리기 위해서 얼마나 심한 기능부전이 요구되는지에 대해 엄격한 제한을 두었다. 환자는 6개월 이상의 기간 동안 대부분의 성행위 시(진단기준에서는 '거의 대부분 혹은 모두'로 표현된다) 증상이 나타나야 하는데, 대부분이라는 것은 — 분명하면서도 다소 혼란스럽게도 — 75% 이상을 의미하는 것으로 정의된다. 그러나 진단기준은 또한 '임상적으로 유의미한 고통'을 유발해야만 한다고 명시하면서, 문제의 지속기간과 그러한 문제가 환자 및 파트너에게 영향을 주는 정도에 대한 판단은 임상가에게 맡기고 있다. 성적 자극, 성행위의 양, 관계 맺는 사람과 같은 성행위를 둘러싼 환경이 판단에 영향을 줄 수 있다. 예를 들어, 전희가 없거나 매우 적은 전희 이후 시도한 성교 시에만 여성 성적 관심/흥분장애가 나타났을 경우에는 이 장애를 진단해서는 안 된다.

상술한 사항에 더하여 평가 시, 부가적으로 고려해야 할 요인들은 다음과 같다. (DSM-IV에서 이들은 각 성적 장애의 공식적인 명칭에 덧붙인 명시자였으나, DSM-5-TR은 이들을 권고사항으로 강등시켰음에 주목하라.)

- 파트너 요인(예 : 파트너의 성적 선호, 성적 문제나 건강상태 등)
- 관계 요인(예 : 불량한 의사소통, 관계 불화, 성적 활동의 욕구에 대한 차이 등)
- 개인의 취약성 요인(예 : 불량한 신체상, 학대의 과거력)
- 문화적/종교적 요인(예 : 성적 활동에 대한 금기 등)
- 만성적 질환과 같이 예후, 경과 또는 치료와 관계된 의학적 요인

비록 성기능부전은 흔하지만 이 장애의 평가와 치료에 전문화되어 있지 않은 임상가들에 의해 무시되는 경향이 있다. 매우 빈번하게 그러한 문제들에 대해서 단지 묻지 않게 된다. 기민한 임상가는 성기능부전과 관련이 없는 정신건강 문제 때문에 찾아온 환자들에게서 한 가지 이상의 성기능부전 상태를 진단할 수도 있을 것이다.

F52.0 남성성욕감퇴장애

여성에 비해 남성들의 낮은 성적 관심과 욕구에 대해서는 상대적으로 덜 알려져 있다. 이는 부분적으로 남성성욕감퇴장애가 흔치 않다는 근거 없는 추정의 결과이다. 그러나 1994년 1,400명이 넘는 님싱을 대상으로 한 실문조사에서 16%가 성에 관심이 없던 기간이 여러 달 있었다고 응답하였다(여성에게서는 33%였던 것에 비해). 이러한 남성들은 나이가 더 많고, 결혼한 적이 없으며, 고학력이 아니고, 흑인이며 가난한 경향이 있었다. 이들은 다른 남성들에 비해 사춘기 이전에 '부적절한 성적인 접촉'이 있었거나, 생애 중 동성애적 성적 행위를 경험한 시기가 있거나, 매일 술 마시는 경향이 더 높았다. 비록 남성성욕감퇴장애의 수준에 도달하는 경우는 드물었지만, 심지어 젊은 남성(20대) 중에도 몇 퍼센트는 상대적으로 성욕이 결여되어 있음을 인정하였다.

남성성욕감퇴장애는 일차성 혹은 후천형일 수 있다. 상대적으로 흔치 않은 일차성 유형은 성적 지향, 과거 성적 외상, 파트너와의 성관계보다 자위행위를 선호하는 것에 대한 수치심과 같은 일종의 성적 비밀과 연관된다. 그러한 환자의 낮은 성욕은 새로운 연애를 시작할 때는 가려질 수 있다. 그러나 이러한 성적 욕망은 단지 몇 달간 지속되며, 얼마 지나지 않아 환자와 파트너 둘 다에게 똑같은 좌절감과 심적 고통을 주게 된다(그리고 더욱더 비밀이 된다).

후천형 남성성욕감퇴장애가 더 흔한 유형이다. 이는 종종 발기부전 혹은 조기사정이나 사정지

연의 결과로 나타난다. 이는 곧 다양한 원인이 있을 수 있다는 것이다 — 당뇨병, 고혈압, 물질 사용, 기분 또는 불안 장애, 때로는 파트너와의 친밀감 부족. 원인이 무엇이든 간에 발기에 성공하거나 유지하는 (혹은 파트너를 만족시키는) 능력에 대한 자신감은 예기불안 및 실패에 대한 불안으로 인해 저하된다. 그는 자신의 성관계가 완벽하지 못하다는 것을 인정하기가 어려워, 결국 성관계를 시도하지 않게 된다. 즉, 좌절하게 되고 이에 대해 소통하지 않게 된다.

세 쌍 중 두 쌍 정도는 70대 중반이 되면 성관계를 중단하지만, 남성성욕감퇴장애는 생애 어떤 단계에서도 시작될 수 있다. 전 연령대에서 이러한 증상이 이성 간 연인에게서 나타나면, 거의 대부분(90%) 남성의 문제에 기인하는 경우가 많다.

참고로, DSM-5-TR에서는 이 장애를 다양한 성별의 환자들에게 적용할 수 있도록 권고했다.

남성성욕감퇴장애의 핵심 특징

남성이 습관적으로 성적인 생각이나 성행위에 대한 욕구가 부족하다.

주의사항

임상가는 성기능에 영향을 줄 수 있는 연령 및 다른 요인을 고려하여 성욕 결여를 판단해야 한다.

ㄱ들을 다루어라

- 기간(6개월 이상)
- 고통
- 감별진단(물질사용장애 및 신체적 장애, 관계 문제 혹은 기타 스트레스원, 기타 정신적 장애)

부호화 시 주의점

명시할 것
    {평생형}{후천형}
    {전반형}{상황형}

고통의 정도에 기반하여, 심각도를 명시할 것 {경도}{중등도}{고도}

나이젤 오닐

"그녀는 전형적으로 젊고 아름다운 아내가 아니에요." 나이젤 오닐은 치료자에게 자신 있게 이야기했다. "나는 젬마가 유능하고 체계적이며 좋은 사람이기 때문에 사랑해요." 그는 뒤늦게 생각이 나서 덧붙였다. "다만 젬마는 첫 아내였던 비아가 그랬던 것처럼 나를 흥분시키는 못해요."

53세의 나이젤은 첫 아내가 악성 흑색종으로 죽은 지 3년 만에 엄숙히 시작한 두 번째 결혼생활을 잘 해나가고 있었다. 젬마는 몇 년 동안 나이젤이 근무하던 큰 출판사 사무실에서 그의 개인 비서로 일했었다. 비아가 사망했을 즈음 그는 오전에 마시던 다즐링 차보다 젬마에게 더 많이 의지하였다. 치료의 첫 회기 동안, 그는 이 일에 대해 여전히 죄책감을 느낀다고 인정하였다.

런던에서 태어난 나이젤은 엄격한 가톨릭 집안에서 성장하였다. "엄격한 가톨릭이라는 것은 결혼 전에 비아와 내가 품행이 단정했다는 사실을 공식적으로 말해주죠. 우리는 매우 어렸고 경험이 부족했어요." 이후 나이젤은 성교 시 만족스럽게 발기를 하고 유지할 수 있었다. "대부분 그랬어요, 비아와 내가 문제가 있기는 했지만요." 그는 더 자세히 설명하지 않았고, 지금과 비교해 볼 때 그들은 심각하지 않았던 것 같다고만 진술했다.

젬마는 나이젤보다 15세가 어렸다. 몇 달간 그들은 적극적인 성생활을 이어갔다. "젬마가 체계적으로 일을 처리하는 데는 특별한 무언가가 있어요." 나이젤은 사무실에서 그녀가 자신의 일정을 관리하는 방식에 고마워하였다. "집에서는 그다지요." 지난 6개월간 그녀가 나이젤에게 성적으로 다가갔지만, 그는 보통 너무 피곤하다거나 무엇인가에 몰두해 있다는 핑계로 얼렁뚱땅 넘어가려 하였다. 젬마가 나이젤을 설득할 수 있었던 몇몇 경우에도, 그는 삽입을 할 만큼 발기를 지속하지 못했다. 그들이 성교를 했던 어떤 날은 나이젤의 주의가 '사무실로 향했고'(즉, 직장 일을 생각하고 있었고), 그는 누구도 절정을 느끼지 못한 상태에서 중단했다.

나이젤의 주치의는 그의 테스토스테론 수치를 확인했는데 예상하던 범위였다. 두 번째로 방문했을 때는 셈비시 띠리냈다. 젬마와 나이젤은 그들이 술을 거의 마시지 않으며 약물이나 담배를 사용한 적이 없다는 데 동의하였다. 그녀는 몇 달 전 자포자기하여 그를 위해 성인잡지를 구독했다고 덧붙였다. 그녀는 "정말로 기사만 읽는 남자는 내가 아는 한 남편밖에 없어요."라고 지적했다.

나이젤은 바람피운 적이 없었다. 심지어 자위행위도 하지 않았다. "몇 달간 침대에 올려둔 것은 잡지뿐이었어요. 저는 더 이상 흥분할 만한 공상도 하지 않아요." 나이젤은 자기 스스로는 고통스럽지 않지만("그냥 항상 생각하지 않을 뿐이에요!"), 자신이 젬마를 얼마나 사랑하는지, 그녀가 행복하기를 얼마나 간절히 바라는지, 그녀가 다른 사람 때문에 자신을 버리지 않기를 바란다는 말을 하면서 거의 울먹거렸다.

나이젤과 함께 했던 어느 치료 회기에서 젬마는 이렇게 말했다. "우리 회사는 책과 잡지 외에 영화도 제작하는데, 대부분 사랑이나 사랑을 나누는 것에 대한 내용이에요. 나이젤은 우리 회사가 그런 영화를 제작하는 것이 역설적이라고 생각하지만, 나는 우리 부부의 '영화(사랑 이야기)'가 아직 끝나지 않았다고 생각해요."

나이젤 오닐의 평가

나이젤의 개인력에는 발기, 관심, (젬마의 유혹에 대한) 반응, 심지어는 공상 속에서의 다양한 실패를 포함한(진단기준 A) 지속적인 성적 장애의 지표가 있다. 일에 대한 관심은 괜찮았고 우울감은 부인하였기에 기분장애는 아닌 것처럼 보이나(D), 불안장애일 가능성을 확인하기 위한 철저한 검토는 필요해 보인다. 약물이나 알코올 병인은 배제되었고(D), 관계에서의 고통은 아직까지는 명백하지 않다. 6개월의 지속기간이 충족되었고(B), 나이젤의 고통은 뚜렷하다(C).

추가적으로 나이젤은 발기장애 진단을 충족시킬 수 있을 것이다. 그렇다면, 발기장애도 진단되어야 한다(다른 성적 장애가 남성성욕감퇴장애와 공존할 수 있다). 나이젤과 그의 치료자는 이 쟁점만 더 탐색하면 될 것이다.

일단 주 진단이 확실하게 내려지면, 치료자는 성적 관심이 결여될 가능성 있는 원인들을 평가하기 시작할 것이다. 이들 각각은 탐색해야 할 치료적 방안을 보여줄 수 있다. 성기능부전의 도입 부분에서 언급한 것과 같이, 성기능부전을 초래할 가능성이 있는 다양한 요인들이 고려되어야 한다. 예시로(저자는 모든 환자들에게 이러한 리스트를 적용하면서 당신을 피로하게 만들지 않을 것이다), 모든 가능성에 대해서 고려해 보자.

> 관계 요인 — 나이젤은 젬마가 자신의 삶을 과도하게 관리하는 것에 대해 분개하는가?
> 의학적 요인 — 나이젤에게 당뇨병이나 심혈관 건강 문제가 있는가? (만약 의학적 요인이 나이젤의 현재 성적 문제에 대한 유일한 원인이라면, 이 장애를 진단해서는 안 된다. 진단기준 D를 참조하라.)
> 문화적 또는 종교적 염려 — 비아와의 결혼생활 중 젬마와 성관계를 했던 것이 원인이 될 수 있다.
> 파트너 요인 — 젬마는 건강해 보였으며 물질을 사용하지 않았고, 성에 대한 적절한 흥미를 지닌 것으로 보고했다.
> 개인의 취약성 요인 — 나이젤의 임상가는 그에게 정서적, 신체적 학대의 이력이 있는지, 혹은 숨겨진 정신질환이 있는지에 대하여 보다 깊이 탐색할 필요가 있다.

나이젤과 젬마 모두에 대한 추가적인 탐색적 면담이 필요하다.

나이젤은 첫 아내인 비아와의 성적 문제를 자세히 말하지 않았기 때문에 그의 문제가 평생형인지 후천형인지 알기 어렵다. 나이젤이 비아에 대한 성적 관심도 적었던 때가 있었을까? 그녀가 불평했던 적은? 다른 여성에 대한 공상을 했었는가? 혹은 남성은? 그들이 연인으로서 얼마나 다정했는가?

이러한 틀 내에서 나이젤의 진단은 다음과 같지만, 더 확인해야 할 것이 많다. 성적인 어려움이 있음에도 불구하고, 저자는 상대적으로 건강한 수준인 GAF 점수 70점을 부여하였다.

F52.0 남성성욕감퇴장애, 후천형, 전반형, 고도

F52.21 발기장애

발기부전으로도 알려진 발기장애는 부분적 혹은 전적인 것일 수 있다. 어느 경우에나 발기가 만족스러운 성관계를 맺기에 부적합하다. 발기부전 환자는 또한 (예를 들어, 매춘부와의 관계처럼) 특정 상황에서만 발기할 수 있는데, 그러한 경우는 상황적이라 할 수 있다. 발기장애는 아마도 가장 일반적인 남성 성적 장애인데, 적어도 젊은 남성의 2%가 보이며, 그 수치가 연령에 따라 나아지지는 않는다. 절반 혹은 그 이상의 70대 남성들이 아마도 이 진단에 부합될 것이다. 모든 성기능부전 중에서 발기장애는 생애 후기에 처음으로 발병할 가능성이 가장 높은 장애 중 하나이다.

다양한 정서가 발기장애의 발생 및 유지에 영향을 줄 수 있다. 이는 공포, 불안, 분노, 죄책감, 성적 파트너에 대한 불신을 포함한다. 이러한 느낌이 남성의 주의를 사로잡으면, 성적 쾌락을 느끼는 데 충분히 집중하지 못할 수 있다. 단 한 번의 발기 실패가 예기불안을 유발할 수 있는데, 예기불안은 또 다른 실패를 촉발시키는 악순환을 보일 수 있다. 저명한 성 학자인 마스터스(Masters)와 존슨(Johnson)은 소위 관중(spectatoring)이라는 요인에 대해 말했는데, 이는 환자들이 자신의 수행을 지속적으로 평가하기 때문에 성관계의 쾌감에 집중할 수 없음을 일컫는다. 이러한 환자들은 전희를 통해 발기하더라도 삽입 때까지 발기를 유지하지 못할 수 있다.

생물학적 요인이 주된 혹은 유일한 원인일 때 발기장애를 진단해서는 안 된다. 자위행위나 다른 파트너와의 관계에서 자발적으로 발기될 때는 발기장애의 가능성이 낮다. 오늘날 몇몇 권위자들은 발기부전을 호소하는 환자의 절반 이상이 전립선암과 같은 생물학적 요인을 가지고 있다고 추정한다. 그러나 만약 심리적 요인 또한 원인 중 일부로 판단될 때 발기장애를 진단 내릴 수 있다.

발기부전(erectile dysfunction)과 발기장애(erectile disorder)는 차이가 있다. 전자는, 환자가 발기 및 유지에 대해 주관적으로 호소한다. 후자는 모든 핵심적인 특성들을 충족시킨다.

다른 성기능부전과 마찬가지로 발기장애는 평생형 혹은 후천형일 수 있다. 평생형은 드물며 치료가 어렵다.

발기장애의 핵심 특징

환자는 거의 항상 성관계를 맺기에 적절한 정도로 발기하거나 발기상태를 유지하는 데 현저한 어려움을 겪거나 발기의 상실을 호소한다.

주의사항

ㄱ들을 다루어라

- 기간(6개월 이상)
- 고통
- 감별진단(물질사용장애 및 신체적 장애, 관계 문제, 다른 정신적 장애)

부호화 시 주의점

명시할 것

　　{평생형}{후천형}

　　{전반형}{상황형}

고통의 정도에 기반하여, 심각도를 명시할 것 {경도}{중등도}{고도}

파커 플린

"나는 한물간 것 같아요."

　첫 결혼생활의 잔해를 없애기 위해 받았던 세 번의 상담 회기를 포함하지 않는다면, 파커 플린이 정신건강 전문가를 방문한 것은 이번이 처음이었다. 파커는 45세였으며 신랑이 된 지 7개월 되었고, 성행위능력을 잃을까 봐 두려워하고 있었다.

　결혼 전에는 모든 것이 괜찮았지만, 신혼여행의 첫날밤에 파커는 자신이나 아내가 만족할 만큼 충분히 발기하지 못했다. 그는 평소에는 알코올을 섭취하지 않았기 때문에, 자신이 샴페인을 너무 많이 마신 것이라고 추측했다. 아내인 폴린은 이전에 결혼생활을 한 적이 있어서, 남자에 대해 상당히 잘 알고 있었다. 그녀는 비판하지 않았으며 심지어는 괜찮을 것이라고 말해주었다. 하지만 그녀는 매력적이었고 파커보다 10세나 어렸으며, 그 이후 대부분 발기하지 못했기 때문에 그는 걱정이 되어 내원하게 되었다.

　"어떤 친구들은 이 문제는 좀 더 나이가 들어야 생기는 일이라고 경고했어요." 파커는 "쉬워야할 발기는 어렵고, 어려워야 할 다른 것들은 내게 문제 되지 않아요."라고 주장하였다.

구혼하기 전에 파커는 신체검사를 했고, 겨우 몇 kg 정도 과체중인 것을 제외하면(파커는 초콜릿 아이스크림을 매우 좋아했다.) 완전히 건강하다는 증명서를 받았다. 아이스크림 외에는 알코올, 약물, 담배를 포함한 모든 중독을 부인하였다.

"나는 사랑을 나누는 시간이 너무 두려워져요." 파커가 말했다. "우리가 장난칠 때는 발기가 잘돼요. 그런데 관계가 진지해지면 발기가 안 돼요. 폴린의 첫 남편은 정력이 좋았고, 나는 내가 그 남자보다 얼마나 더 잘하는지를 계속 생각해요."

파커 플린의 평가

흥분기에서는 아무런 문제가 없다는 (정상적인 발기) 징후를 보이고 있어, 성에 대한 파커의 관심은 괜찮은 듯하다. 그러나 발기 유지에 대한 걱정 때문에 정신건강 전문가를 찾을 만큼(진단기준 C), 발기를 유지하는 것에 대한 어려움으로(A2) 스트레스를 받고 있다. 관중 현상(앞의 내용 참조)은 관계를 맺고 있을 때 자신이 얼마나 잘하고 있는지에 대해 염려하는 것으로 성행위를 수행하는 데 영향을 주었고, 이로 인해 파커의 문제가 악화되었다. 이러한 증상은 7개월간 나타났는데 이는 DSM-5-TR의 기간에 대한 필요조건을 충족시킨다(B, 그러나 증상이 명백한 경우 이 필요조건에 관대해도 된다. 즉, '대략'이라고 말할 수 있다).

그는 신체적으로 건강하고, 원인이 되는 신체질환을 거의 배제할 수 있다(D). 발기부전이 있는 어떤 환자들은 수면 무호흡증으로 고통을 받을 수 있으며, 이는 그 장애(발기장애)에 잠재적으로 치명적인 원인이 될 수 있기 때문에 가능성을 탐색해 보아야 한다. 파커에게 발기장애 진단을 배제할 만한 과거의 정신건강 문제는 없었다. 피거이 어려움은 알코올 관련 문제로 시작되있을 수노 있지만, 그의 개인력에서 물질 사용은 원인으로 작용하지 않았다. 파커 연령대의 남성들은 젊었을 때에 비해 한번 발기할 때 더 많은 자극이 필요하다는 점을 주목해야 한다. 이러한 생리적 변화는 발기장애의 증거가 되어서는 안 된다. 또한 큰 고통을 유발하지 않는 간헐적인 발기 문제에 대해 이 진단을 내려서는 안 된다.

파커의 문제는 평생형이 아니라 후천형이며 이 일화에서는 특정 상황에서만 적용되는지에 대한 증거가 없기 때문에 상황형이나 전반형을 명시할 수 없다. 언급되어야 할 다른 명백한 명시자 없이 파커의 진단은 다음과 같다(GAF 점수는 70점이다).

F52.21　　발기장애, 후천형

F52.4 조기사정

장애의 이름이 암시하듯이 남성은 자신이 원하는 시기보다 먼저, 때로는 자신이나 파트너가 삽입하려던 찰나에 절정에 이른다. 그러나 연구들에서 실제로 조기라고 여겨지는 것이 몇 분인지에 대한 규준은 각각 다르다. 7분인가? 1분인가? 두 규준이 모두 제안되어 왔으나, 현재는 2분이라는 규준이 가장 지지받고 있다. 지속기간과 무관하게 절정은 두 사람 모두에게 실망과 실패감을 주며, 종종 이차성 발기부전이 뒤따른다. 관계에서의 스트레스가 상태를 악화시킬 수 있고, 이는 더 큰 통제감 상실을 촉진할 수 있다. 그러나 몇몇 여성들은 원하지 않는 성행위나 임신에 노출되는 것이 줄어들기 때문에 조기사정을 가치 있게 생각할 수도 있다.

조기사정은 성적 장애로 치료받는 남성의 거의 절반을 차지하는 아주 흔한 장애이다. 특히 고학력 남성에게서 더 빈번하다. 짐작건대, 그들이 속한 사회적 집단이 파트너의 만족 여부에 대해 민감하기 때문일 것이다. 흔히 불안이 하나의 요인이 되는 반면, 신체질환이나 신체적 이상은 거의 이 문제를 유발하지 않는다.

조기사정의 핵심 특징

환자는 거의 항상 삽입한 지 몇 분 이내로 자신이 원하기 전에 사정한다.

주의사항

ㄱ들을 다루어라
- 기간(6개월 이상)
- 고통
- 감별진단(물질사용장애 및 신체적 장애, 심각한 관계 문제 혹은 기타 스트레스원)

부호화 시 주의점

명시할 것
> {평생형}{후천형}
> {전반형}{상황형}

심각도를 명시할 것
> **경도.** 환자는 삽입 후 30~60초 내에 사정한다.
> **중등도.** 삽입 후 15~30초 내에 사정한다.
> **고도.** 삽입 후 15초 혹은 그 이내(아마도 삽입 전)에 사정한다.

현실적이고 솔직해져 보자. 공식적인 진단기준은 조기사정 환자에게 두 가지 시간 규준을 명시한다. 요약하면, '1분 정도'와 '너무 이르게'. DSM-5-TR은 남성이 시간을 1분 혹은 그 이하로 꽤나 정확하게 추정할 것을 요구하지만 그 순간이 한창일 때, 극단적으로는 누군가가 행위 중에 스톱워치를 누르는 일은 없을 것이다. 따라서 우리는 대부분의 환자들에게 시간 측정을 하기보다는 "나는 너무 빨리 사정해요."라는 진술을 수용할 것이다.

클라우드 캠벨

클라우드 캠벨은 그 일이 처음 일어났던 때를 민망할 정도로 상세하게 기억할 수 있었다. 그는 전쟁의 마지막 해에 베트남에 배치되었던 매우 젊은 해병 소위였다. 도심으로 외출 나갈 수 있는 승인이 갑자기 떨어졌고, 그는 대대의 목사에게서 A등급의 군복 바지 한 벌을 빌렸다.

그와 두 친구는 노천 쪽 식탁에 앉아 있었고, 매춘부가 클라우드의 옆에 앉았을 때 그는 군인들 사이에서 '폭탄투하'라고 불리는 칵테일을 마시고 있었다. 그녀가 클라우드의 대퇴부 사이로 손을 가져가면서 성욕을 돋우자, 그는 곧 스스로를 조절할 수 없다고 느꼈다. 군복의 카키색 바지 앞부분은 짙게 얼룩졌고, 클라우드의 얼굴은 새빨갛게 붉어졌다.

클라우드는 "그 일은 최악의 순간 중 하나였지만, 그게 마지막은 아니었어요."라고 말했다. 해병대를 제대한 후 그는 대학을 졸업했고 컴퓨터 판매직에 종사했으며 곧 고등학교 시절에 사귀었던 여성과 결혼했다. 베트남 술집에서의 끔찍한 일까지는 아니었지만, 결혼식 날 밤과 그 이후 대부분의 밤들에서도 그는 삽입 직후까지 혹은 1분 이상 지속할 수 없었다.

"그건 아내를 괴롭게 하지는 않아요." 클라우드는 유감스러운 듯 언급했다. "어쨌든 아내는 성관계를 크게 즐겨본 적이 없어요. 항상 서둘러 끝내는 것을 기뻐했죠. 이제는 왜 그녀가 결혼하기 전에 결혼 후를 위해 아끼자고 했는지를 알 것 같아요. 아내가 먼저 관계 갖기를 원했던 적은 한 번도 없었어요."

클라우드는 항상 첫 번째 아내가 고상한 척을 하고 (성관계에 대한) 반감을 가졌던 것이 문제의 주된 원인이었기를 바라 왔지만, 새로운 결혼생활의 수개월 동안에도 증상은 개선되지 않았다. "그녀는 매우 잘 견디어 왔어요. 그러나 우리 모두 절망적으로 느끼기 시작했어요."

클라우드 캠벨의 평가

클라우드의 어려움은 성생활이 시작되자마자 나타났고, 늘 발생했다(진단기준 B). 청소년에게서 혹은 새로운 파트너와 관계를 가진 남자들에게서, 혹은 지속적인 관계에서 잦은 성행위를 하고 있는 성인 남성(클라우드가 평가받은 시점의 연령은 모르지만)에게서 문제를 보이는 몇몇 경우에는 해당이 되지 않을지라도 이 사례에서 보인 문제는 병리적으로 고려되어야 한다(A). 이 문제는 명백하게 클라우드를 고통스럽게 한다(C). 물질 사용에 대해서는 추가적으로 질문해야 한다(D). 앞서 기술한 바와 같이 신체질환은 조기사정의 발생에서 중요한 원인이 아니다.

클라우드의 문제는 두 아내와 매춘부 모두와의 관계에서 발생하였으므로, 상황적이지 않았다. 우리가 알고 있는 한, 그는 평생 이 문제를 겪고 있다. 그의 GAF 점수는 70점이다.

F52.4   조기사정, 전반형, 평생형, 중등도

F52.32 사정지연

사정지연이 있는 환자는 발기하는 데는 어려움이 없지만 극치감에 도달하는 데 어려움이 있다. 어떤 사람들은 사정하는 데 단지 오래 걸릴 뿐이지만, 또 다른 사람들은 파트너와 관계할 때 사정을 전혀 하지 못할 수도 있다. 길어지는 신체마찰은 파트너가 쓰라림을 호소하는 원인이 되기도 한다. 수행에 대한 불안은 환자에게 이차성 발기부전을 유발할 수도 있다.

평생형일 때에도 보통 (혼자 혹은 성적 파트너의 도움을 받아) 자위행위로 사정할 수 있다. 평생형 사정지연 환자의 성격은 경직되고 금욕주의적인 것으로 묘사되며, 몇몇 환자들은 성관계를 죄와 동일시하는 것처럼 보인다. 혹은 이 장애가 대인관계적 어려움, 임신에 대한 공포, 파트너의 성적 매력 부족으로 인해 생길 수도 있다. 사정지연은 불안장애 환자들에게서 좀 더 흔하다.

아마도 사정지연은 흔하지는 않으며(5% 이하), 연령에 따라 증가하는 경향이 있다. 지연된(혹은 부재하는) 절정 문제가 있는 경우 종종 고혈당증, 전립선절제술, 복부 대동맥류 수술, 파킨슨병, 척수 종양과 같은 의학적인 원인을 지니고 있다. 일부 남성들은 절정을 느낄 때 정액을 방광으로 배출하게 만드는(역행사정) 신체적 이상이 있다. 알파메틸도파(항고혈압제), 티오리다진(항정신병제), 그리고 알코올과 같은 약물 또한 원인이 될 수 있다. 이러한 요인 중 어느 것이라도 유일한 원인이라면, 사정지연으로 진단할 수 없다.

사정지연의 핵심 특징

거의 항상 동반자와 있을 때, 남성은 원치 않는 현저한 절정의 지연을 경험하거나, 절정 경험을 드물게 하고 심지어는 하지 못한다.

주의사항

ㄱ들을 다루어라

- 기간(6개월 이상)
- 고통
- 감별진단(물질사용장애 및 신체적 장애, 관계 문제, 기타 정신적 장애)

부호화 시 주의점

명시할 것

{평생형}{후천형}

{전반형}{상황형}

고통의 정도에 기반하여, 심각도를 명시할 것 {경도}{중등도}{고도}

로드니 스텐스러드

로드니 스텐스러드와 그의 여자 친구인 프래니는 로드니의 '성교 시 문제'가 없어지길 바라며 클리닉에 같이 방문하였다. 그들은 거의 1년 가까이 함께 지냈는데, 문제의 심각도에 대해서는 의견이 일치하지 않았다.

솔직히 로드니는 걱정을 많이 하였다. 그는 항상 절정을 느끼는 데 오랜 시간이 걸렸고, 40분 혹은 그 이상의 격렬한 성교에도 종종 발기가 어렵다는 것을 발견하였다. 하지만 프래니는 낙관적이었다. 프래니의 이전 남자 친구는 관계를 5분 이상 지속한 적이 없었고, 그녀는 그에 대해 종종 좌절감을 느꼈었다. "이제 저는 거의 항상 한 번 이상은 극치감을 느껴요." 그녀는 만족감으로 가득 찬 채 말했다. 최근 들어 로드니의 사정지연 시간이 길어지자, 프래니는 꽤나 쓰라리다는 것을 인정했다. "가능하다면 시간을 30분 정도로 줄이는 것이 좋을지도 몰라요." 그녀는 넌지시 말했다.

로드니의 부모님은 그를 엄격하게 교육하였다. 아동기 동안 계속 종교계 학교에 다녔고, 따라서 그는 "선악의 개념이 명백하죠."라고 말했다. 그는 자신과 프래니가 정식 결혼 절차를 밟지 않고 동거하는 것에 대해 죄책감을 느낀다고 인정했지만, 그녀는 아직 결혼 단계를 밟을 준비가 안 돼 있었다. 그녀는 웃으면서 '아기가 태어났을 때를 위해 아껴두기를' 원한다고 말하곤 했다.

프래니를 만나기 전 로드니는 해군 복무 중 접했던 2명의 매춘부와의 경험이 전부였다. 그들 중 누구와도, 언제라도 사정지연은 없었다. 사실 그는 구강성교를 했던 것이 자신을 괄시한다고 느꼈다. "지연된 적은 확실히 없었어요." 그가 말했다. 그는 청소년 시기나, 근래에 프래니가 출장이 길어져 집에 없을 때 자위행위를 할 경우에는 어떤 문제도 경험하지 않았다.

　로드니는 비뇨기과 전문의에게 의뢰되었고, 신체적인 문제는 전혀 없었다. 연인들의 유일한 음주는 가끔 화이트와인 한 잔을 마시는 것이었다. 한때 로드니는 파티에서 가끔 마리화나를 피웠었지만, 프래니가 약물을 강력히 반대했기 때문에 완전히 끊었다.

로드니 스텐스러드의 평가

명백하게 정상적인 성욕과 흥분기 후에도, 로드니는 항상 절정에 도달하는 데 과도하게 긴 시간이 걸렸다(진단기준 A1). 그의 사례에서 평생 동안 문제가 있었던 것은 아니지만, 최근 몇 달 동안은 지속되었다(B). 그는 이 문제로 도움을 찾을 만큼 충분히 고통스러웠다(C). 로드니는 이미 이차성 발기부전으로 진행되고 있는 것처럼 보인다.

　그의 문제는 상황형이다. 매춘부와의 관계에서나 자위행위를 할 때 사정이 지연된 적은 없다. 로드니가 의뢰되었던 비뇨기과 의사는 그의 장애를 설명할 수 있을 만한 신체질환을 언급하지 않았고, 유의미한 물질 사용도 없었다. 대신 진단될 만한 다른 정신질환의 증거가 없다면 진단기준 D의 가능성이 없어진다. 로드니의 가정교육은 금욕주의적이었기에, 장애의 기반이 신체적인 것이 아니라 심리적이라는 인상이 강하다.

　로드니의 장애에 대한 프래니의 반응은 어쩌면 다소 비전형적이었다. 여성 파트너는 종종 절정에 이르기까지 성교가 길어지는 것에 대한 불편감을 호소한다. 프래니가 로드니의 장애에서 긍정적인 가치를 발견했다는 점은 치료해야 할 문제인가? 이들 연인과 작업할 때, 로드니의 치료자는 그가 불안장애일 수 있다는 가능성과 함께 이 요인도 염두에 두어야 할 것이다.

　로드니의 GAF 점수는 70점쯤 될 것이다. 그의 진단은 다음과 같다.

　F52.32　　사정지연, 후천형, 상황형, 중등도

F52.22 여성 성적 관심/흥분장애

여성 성적 관심/흥분장애는 두 가지 더 오래된 진단이 결합된 것이다 — 성욕감퇴장애와 여성 성적 흥분장애. DSM-5-TR은 몇 가지 이유로 이 두 장애를 결합하였다. 여성에게서는 특히 성적 욕구와 흥분이 상당히 중첩된다. 몇몇 전문가들은 욕구를 흥분의 인지적 요소로 생각한다. 더욱이 하나의 단계가 항상 다음 단계로 나아가는 것은 아니다. 성적 욕구와 흥분의 관계는 실제로 개개인에 따라 다르다. 그리고 낮은 욕구를 치료하면 흥분 또한 향상된다.

　성욕은 환자의 타고난 욕구과 자존감, 과거 성적 만족, 실제적으로 가능한 파트너 여부, 그리고 성관계를 제외한 영역에서 파트너와의 좋은 관계를 포함한 다양한 요인에 의해 결정된다. 오랜 금욕으로 성욕이 억눌릴 수도 있다. 드문 성행위 혹은 파트너가 매력적이지 않다는 인식 때문에 이런 문제를 보일 수도 있다. 어떤 환자들은 성 자체를 혐오하여, 성기 접촉이나 성적인 접촉에 대해 혐오감을 표현하게 된다.

여성이 치료하러 오게 되는 가장 흔한 호소는 성에 대한 관심의 결여이다. 18~59세 여성 중 30%가 성욕이 결핍되었던 적이 적어도 몇 개월 있었다고 인정할 것이다. 그 결과, 절반 정도는 자신 혹은 그들 관계에 영향을 줄 수 있는 고통을 느꼈을 것이다. 낮은 성욕은 자연적으로 혹은 수술 후 폐경 여성에게서 더 많다. 환자에게는 아동기나 성생활 초기에 고통스러운 성교, 죄책감, 혹은 강간, 혹은 다른 성적인 외상과 같은 개인력이 있을지도 모른다.

주요우울장애 혹은 물질사용장애와 같은 다른 정신장애 맥락에서 문제가 나타날 때, 여성 성적 관심/흥분장애를 진단하지 말라. 또한 폐경 후의 여성은 젊었던 시절보다 더 많은 전희나 윤활제가 필요할 수 있음에 주목하라.

여성 성적 관심/흥분장애는 종종 여성극치감장애와 같은 다른 성적 장애와 공존한다. 성에 대한 관심을 표현하지 않지만 성행위에 흥분하는 여성은 여성 성적 관심/흥분장애의 진단을 충족시키지 않을 것이다. 스스로를 일생 동안 '무성애자'였다고 생각하는 사람도 이 장애를 충족시키지 않는다.

성적 장애 환자를 평가할 때, 앞에서 언급한 5개의 요인(394쪽)을 고려해야 한다는 것을 기억하자. 파트너 요인, 관계 요인, 개인의 취약성 요인, 문화적/종교적 요인 그리고 의학적 요인. 또한 DSM 5 TR은 이 진단을 성적 다양성을 지닌 사람들에게도 진단할 수 있도록 했다.

여성 성적 관심/흥분장애의 핵심 특징

여성의 낮은 성적 관심이나 흥분은 성행위, 성적인 생각, 파트너가 접근할 때의 반응, 성관계를 즐기는 것에 아주 최소한의 흥미를 보일 때 나타난다. 여성은 일반적으로 성행위를 시작하지 않으며 성적인 책, 영화와 같은 것에 '흥분되지' 않는다.

주의사항

ㄱ들을 다루어라
- 기간(6개월 이상)

- 고통
- 감별진단(물질사용장애 및 신체적 장애, 관계 문제 혹은 기타 스트레스원, 기타 정신적 장애, 불충분한 성적 자극)

부호화 시 주의점

명시할 것

　{평생형}{후천형}

　{전반형}{상황형}

고통의 정도에 기반하여, 심각도를 명시할 것 {경도}{중등도}{고도}

어니스틴 파젯

"그녀는 성관계를 거의 원하지 않아요." 제임스 파젯이 부부치료자에게 말했다.

"그 말은 정확하지 않아요." 어니스틴은 반응했다. "사실은, 저는 한 번도 원한 적이 없어요. 그건 역겨워요."

3년 전 그들이 결혼했을 때, 어니스틴은 성관계에 무관심하였지만 남편이 제안하면 수용하였다. "남편에게 큰 의미가 있는 것 같았어요, 그래서 참고 견뎠죠." 그녀는 설명했다. "그러나 남편은 만족스러워한 적이 없었어요. 우리가 얼마나 자주 성관계를 하든지에 관계없이 며칠만 지나면 남편은 더 원했죠. 그건 시간이 갈수록 빨라졌어요."

"그건 흔한 요구예요." 그녀의 남편은 무미건조하게 언급했다. "그리고 아내가 성장한 환경이 제 잘못은 아니죠."

어니스틴은 가족 내에서 성에 대해 언급할 수 없었고 노출하는 것은 허락되지 않았다. 어니스틴은 성에 대한 관심을 비롯하여 성에 대한 호기심이 많았던 적을 기억할 수 없었다. 그녀는 외동딸이었고, "저는 그녀의 부모님이 딱 한 번만 관계를 했을 거라고 생각해요."라고 제임스가 말했다.

첫 몇 달 동안 어니스틴은 단지 누워서 움직이지 않은 채 그녀에게는 근본적으로 지루한 행위를 참으면서 다른 것들을 생각했는데, 이는 자신의 새 남편에게는 성행위가 중요했기 때문이었다. 그녀를 진찰한 부인과 전문의는 그녀가 해부학적으로뿐만 아니라 호르몬까지 완전히 정상이라고 입증해 주었다. 새롭게 처방된 피임약을 복용해야 할 때인지를 생각해야 하는 경우가 아닌 한, 그녀는 결코 성관계에 대해 생각했던 적이 없었다.

"신은 알 거예요, 저는 성관계에 대해 꿈꿔본 적이 없어요." 어니스틴이 말했다. "남편이 좀 더 많이 이끌어 준다면, 도움이 될지도 몰라요. 전희에 대한 그의 생각은 저녁 토크쇼가 방영되는 시간의 반 정도이고 엉덩이를 때리는 거예요.” 그녀는 제임스에게 이것을 한 번 설명하려 했지만, 그는 어니스틴이 단지 '불감증'이라고 표현했다. 이것은 그들 부부가 이 문제에 대해 나누었던 마지막 말이었다.

제임스는 이제 어니스틴을 상당히 무시하였다. 그녀는 작은 방에서 옷을 벗었다. 그들은 킹사이즈 침대의 양쪽 끝에서 잠을 잤다. 어니스틴은 최근 남편이 성관계를 어디서 하는지 알지 못했지만, 집에서는 하지 않았고 그녀는 신경 쓰지 않았다고 말했다.

“적어도 그는 내가 보빗(Bobbitt) 사건처럼 그의 성기를 자를 것이라는 걱정은 할 필요가 없어요.”[1] 어니스틴은 말했다.

어니스틴 파젯의 평가

어니스틴의 성에 대한 낮은 관심은 단지 관심이 부재한 것으로만 나타나는 것은 아니다(진단기준 A1). 그녀는 심지어 지루한 행위를 하는 것(A4)에 대해 상상하는 것(A2)도 부인하였다. 이는 중요한 점이다. 몇몇 환자들은 어떤 가상의 사람과의 성관계나 성관계에 대한 추상적인 관심은 마음속에 품고 있지만 동반자와의 성관계에 대한 생각을 거부할 수도 있다. 어니스틴이 3년 전 남편과의 성생활을 시작했을 때에도(B), 그녀는 성에 대해 거의 무관심하였다. 성적 접촉에 대한 생각 자체를 견딜 수 없게 된 경험으로 진단기준 A3을 추정할 수 있다. (여성 성적 관심/흥분장애는 진단기준 A의 6개 중 3개가 충족되어야 한다.) 그녀는 평정심을 가지고 성관계가 없을 것이라는 가능성에 직면했지만, 그녀의 남편은 그렇지 못했고, 이러한 불일치가 둘 모두에게 고통을 유발하였다. 따라서 진단기준 C가 충족되었다.

어니스틴의 임상가는 성에 대한 반감을 설명할 수 있는 다른 주요 장애(주요우울장애, 신체증상장애, 혹은 강박장애와 같은)를 그녀가 가지고 있는지 확인할 필요가 있다(D). 이들 중 어떤 것이라도 존재한다면, 다른 병리가 제거된 후에도 성적 증상이 남아 있을 때만 여성 성적 관심/흥분장애의 추가진단을 받을 수 있다. 물질 사용이나 다른 정신상태에서도 유사하다.

파젯 부부는 결혼생활의 다른 측면에서도 심각한 문제를 가지고 있으며, 배우자 관계 관련 Z코드를 공식적으로 언급하기에 충분하다. 그녀가 성적 접촉을 혐오하는 것은 특정 공포증의 진단기준을 충족시킬 수도 있다. 그러나 현 상황에서 이러한 추가진단은 필요하지 않다.

---

1) 버지니아주 매나사스에서 존 보빗이라는 남성이 음주 후 부인인 로레나의 거부에도 불구하고 강제로 성관계를 가져, 로레나가 존 보빗이 잠든 사이 부엌칼로 그의 성기를 잘라 길에 내던져버린 사건 - 역주

어니스틴의 상태는 그녀의 성생활 전반에 걸쳐 지속되었던 것처럼 보인다. 현재 정보를 통해서는 그녀의 장애가 전반형인지 혹은 상황형인지는 결정할 수 없다. 그녀의 양육 내 무언가가 근원이 되었을 것이라고 의심되지만, DSM-5-TR에서는 추정되는 병인을 진단할 방법이 없다. 현재 GAF 점수는 61점이며, 그녀의 진단은 다음과 같다.

F52.22　　여성 성적 관심/흥분장애, 평생형, 고도
Z63.0　　　남편과의 관계 고충(정서적 철수)

여성 성적 흥분 장애와 극치감장애는 종종 높은 상관 관계를 보인다. 당신은 임상가들 중에서 이들 장애에 사용되는 진단기준을 곧이곧대로 고수하지 않는 사람을 만날 수도 있다.

F52.6 성기-골반통/삽입장애

DSM-5에서 새로 추가된 성기-골반통/삽입장애는 DSM-IV의 성교통증과 질경련증을 포함한 장애인데, 이 두 장애를 확실하게 구별할 수 없었기 때문에 결합되었다. 그러나 이전 용어들도 성교와 관련된 골반 통증을 기술하기 위해 통용될 것이다.

몇몇 여성들은 성교를 시도할 때 상당한 불편감을 경험한다. 이러한 통증은 질 근육이 경련을 일으키며 수축하는 것으로 경험될 수 있고, 이는 동통, 쑤시는 듯한 아픔, 혹은 찌르는 듯한 통증으로 기술될 수 있다. 불안이 골반 아랫부분에서 긴장을 유발시킬 수 있고, 그 결과 성관계를 할 수 없을 정도로 심한 통증을 느낀다(때로는 몇 년간). 불안은 곧 성적 쾌감을 대체하게 된다. 몇몇 환자들은 심지어 탐폰조차 사용할 수 없게 된다. 질검사 시 마취가 필요할 수도 있다.

미국 여성의 1/4 정도가 성교 시 반복적인 통증을 경험할 것이며, 이들 중 상당한 비율이 (궁극적으로 알려지진 않았으나) 한 번쯤은 성기-골반통/삽입장애의 진단기준을 충족할 것이다. 감염, 흉터 그리고 골반염증성 질환 역시 원인으로 보고되어 왔다. 통증이 다른 의학적 장애의 증상이거나 물질 오용으로 인한 경우 성기-골반통/삽입장애를 진단하지 말라.

다소 어색하게 명명된 이 장애의 두 가지 예는 다음과 같다.

성기 - 골반통/삽입장애의 핵심 특징

환자는 질 내 성교 시 현저하게 반복되는 통증을 경험하거나 혹은 성교와 관련된 다른 문제를 겪는다. 불안, 공포 혹은 골반 근육의 긴장을 경험할 수도 있다.

주의사항

ㄱ들을 다루어라

- 기간(6개월 이상)
- 고통
- 감별진단(물질사용장애 및 신체적 장애, 관계 문제, 혹은 기타 스트레스원, 신체증상장애, 불충분한 성적 자극)

부호화 시 주의점

성기 - 골반통/삽입장애 환자에게 전반형 그리고 상황형 명시자는 적용하지 않는다.

명시할 것 **{평생형}{후천형}**

고통의 정도에 기반하여, 심각도를 명시할 것 **{경도}{중등도}{고도}**

밀드레드 프랭크

밀드레드 프랭크와 그녀의 쌍둥이 사내 백신 웨일런(다음 사례 참조)은 성교 중 통증을 겪는 문제를 경험했다. 그들의 증상은 차이가 있었고 상당히 사적인 일이었지만, 그들은 항상 모든 것을 같이 의논했다. 이제 그들은 도움을 구하기로 함께 결정했다. 부인과 전문의는 두 사람 모두를 정신건강 클리닉에 의뢰하였다.

"마치 불에 타는 것 같아요." 밀드레드는 자신이 얼마나 힘든지를 설명하였다. "심할 때는 맨손으로 밧줄을 잡은 채 미끄러져 내려오는 것처럼 느껴져요. 끔찍하죠! 바셀린을 바른다고 해도 여전히 괴로워요."

의뢰서에는 밀드레드가 자궁탈출증으로 수술했던 것을 제외하면 건강하다고 기록되어 있었다. "그 얘기를 할 수도 있었어요." 그녀가 말했다. "저는 아이를 가졌을 때를 제외하면 병원에 간 적이 없었어요."

좀 더 자세히 물어보자, 밀드레드는 통증이 자주 발생하지는 않는다고 말했다. 그러나 지난 1~2년 동안 항상 아프게 될 것을 두려워했고, 이러한 두려움은 밀드레드가 남편과 성교를 할 때마다 예외 없이 긴장하게 만들었다. 밀드레드는 질 감염이 약간 있었지만, 지난 몇 달간 대부분 잘 관리되었다. 부인과 전문의는 질 감염이 그녀가 호소하는 통증을 유발한 것은 아니라고 생각 했다. 의뢰서에는 또한 신체검사를 쉽게 마칠 수 있었고, 질수축의 증거가 없다고 기록되어 있었다.

"어쩌면 제가 과잉반응을 보이는 것일 수도 있어요." 밀드레드는 말했다. "적어도 제 남편은 그 렇게 말하죠. 제가 너무 흥분하는 것이니, 단지 긴장을 풀어야 한다고요."

밀드레드 프랭크의 평가

많은 여성들은 성교 시 간헐적인 통증을 경험하지만, 대개 이 정도로는 진단을 확정할 수 없다. 그 러나 밀드레드는 2년가량(진단기준 B) 통증, 긴장감, 공포를 경험했었다. 각각은 과거 성교통증으 로 알려졌던 성기-골반통/삽입장애의 진단기준에 충분히 충족된다(A2, A4, A3). 그녀의 고통은 분명하다(C). 그러나 여전히 다른 원인을 배제하는 것이 우선이다.

밀드레드는 자신이 다른 점에서는 건강하다고 말했고, 그녀의 부인과 전문의는 다른 의학적 문 제를 언급하지 않았다. 질 감염이 약간 있었지만, 의사는 감염이 그녀의 고통을 완전히 설명할 수 는 없다고 보았다. 물질로 유발된 장애는 아닐 것 같아 보이지만, 밀드레드를 진료한 임상가는 이 를 밝혔어야 했다. 다수의 정신상태(불안, 기분, 정신병적 장애)가 성기능부전을 유발할 수 있지 만, 그녀의 개인력은 이들 중 어떤 것도 가능한 원인으로 지지되지 않는다. 고통스러운 성교는 신 체증상장애가 있는 환자에게 전형적으로 나타나지만, 밀드레드는 다른 점에서는 건강하다고 주 장하기 때문에 이 진단의 가능성이 상당히 낮다. 상기한 요인들 모두를 확인하여 다른 원인이 있 을 수 있다는 염려를 잠재웠어야 했다(D).

밀드레드는 성교 시 통증을 최근에 처음 겪게 되었고 단지 가끔 경험하였지만, 이로 인해 그녀 는 치료적 도움을 찾게 되었다. 이 사례에서 다른 사람과는 성관계가 더 잘되었을 것이라고 제시 하지는 않았고, 그녀는 남편 외에는 다른 파트너가 있었던 적은 없다. 성격장애를 확진하기에는 증상이 충분히 언급되지 않았지만, 임상가는 추가적으로 조사해야 할 것처럼 보이는 어떤 행동이 라도 차트에 기록해야 한다. 그녀의 GAF 점수는 71점이다.

    F52.6   성기-골반통/삽입장애, 후천형, 경도에서 중등도

남성의 경우, 고통스러운 성교 증상은 드물며 거의 항상 몇몇 신체질환, 예를 들어 페이로니병(음경이 발기할 때 측면으로 휘는 증상), 전립선염, 혹은 감염(예 : 임균과 헤르페스)과 관련 있다. 신체질환은 성관계 동안 삽입을 끝마치지 못하게 하거나 고통이 발생할 것이라는 두려움을 유발할 수 있다. 그러나 적어도 한 연구에서 예상과 는 달리 골반통증증후군이 있는 남성은 대인관계에 최소한의 영향만을 받는다고 보고하였다. DSM-5-TR이 성

기-골반통/삽입장애를 남성에게도 진단할 수 있게 허용했다 하더라도, 그러한 상황 때문에 아마도 이 진단을 배제하게 될 것이다.

맥신 웨일런

맥신 웨일런과 그녀의 쌍둥이 자매, 밀드레드 프랭크는 모두 성교 중 통증을 겪는 문제가 있었다. 앞서 언급한 것처럼, 그들은 도움을 구하기로 함께 결정했다. 부인과 전문의는 그들 모두에게 해부학적 원인이 없음을 발견하였고, 자매를 정신건강 클리닉에 의뢰하였다.

맥신은 아직 결혼하지 않았고, 결혼을 원치 않는다고 생각하였다. "그렇다고 제가 성적으로 흥분하지 않는 건 아니에요." 맥신은 말했다. "그리고 저는 전희를 좋아해요. 밤새도록 할 수 있죠. 그렇지만 남자가 삽입하려고 시도할 때마다 제 안의 무언가가 덫처럼 내려와서 잠겨요. 음경은 물론이고 연필조차 넣을 수 없을 거예요. 심지어 탐폰도 사용할 수 없어요."

맥신은 자신의 좌절감을 확실하게 절정에 이르도록 해주는 자위행위로 해소하였다. 구강성교 역시 효과가 있었다. "오랫동안 그것만으로 만족하는 남자들은 많지 않아요." 그녀는 말했다. "그래서 제가 괴짜처럼 느껴져요."

맥신의 질 근육이 수축하면 극도의 경련을 일으키는 통증이 느껴졌다. 통증은 너무 극심해서 부인과 전문의는 전신마취를 하고 질경을 삽입해야 했다. 그 검사에서 신체적 이상은 발견되지 않았다.

두 번째로 방문했을 때, 밀드레드가 명백히 몰랐던 무언가를 맥신이 기억해 냈다. 자매가 4세였을 때, 그들은 성추행을 당한 적이 있었다. 맥신도 정확히 무슨 일이 있었는지는 확신하지 못했다. 그녀는 단지 (맥스 삼촌이라고 불렀던 남자일지도 모르는) 어떤 남자가 선술집에 자매를 데려가서 바에 세워두고는 다른 단골들에게 자매와 함께 '놀도록' 했던 것을 기억했다.

맥신 웨일런의 평가

맥신이 평생 동안(진단기준 B) 극심한 통증과 삽입을 가로막는 문제를 겪었던 것은(A1, A2 — 하나만 요구됨) 성기-골반통/삽입장애의 진단을 시사한다. 부인과 전문의가 질경을 삽입하려 시도했을 때 수축이 나타났다는 사실은 진단의 근거가 된다. 환자가 사귀는 사람이 없고 성교를 하지 않는 것에 만족하지 않는 한, 질수축이 고통이나 대인관계적 어려움을 유발할 것임은 자명하다(C).

맥신의 개인력을 고려할 때, 그녀는 성적 활동을 시작한 후로 질수축에서 자유로웠던 때가 없었다는 것을 알 수 있다(B). 따라서 평생형을 붙일 수 있다. 또한 다양한 맥락에서 나타났으므로 상황형이라기보다는 전반형이었다. 맥신을 진찰한 부인과 전문의는 신체적인 원인을 발견할 수 없었다(보통 아무것도 보고되지 않기 때문에 이는 놀랍지 않다 — D). 그녀의 GAF 점수는 65점이다.

DSM-IV에서 맥신의 진단은 질경련증이었을 것이다. DSM-5-TR에서는 다음과 같다.

F52.6　　　　성기-골반통/삽입장애, 평생형, 전반형, 고도

F52.31 여성극치감장애

극치감에 이르는 것이 많은 여성들에게 문제가 될 수 있지만, 이에 대한 정확한 의미는 연구 간 일치되지 않는다. 여성의 30% 정도가 상당한 어려움을 보고하며, 10%는 절정에 이르는 요령을 깨우친 적이 없다. 갑상선기능저하증, 당뇨병, 질의 구조적 손상을 포함한 몇몇 신체질환이 이 상태의 원인이 될 수 있다. 신체질환만이 주된 원인이라고 판단되면, 여성극치감장애의 진단은 배제된다. 극치감은 또한 항고혈압제, 중추신경계자극제, 삼환계 항우울제와 단가아민산화효소억제제와 같은 약물에 의해 억제될 수도 있다. 가능한 심리적 요인에는 일반적으로 임신에 대한 공포, 파트너에 대한 환자의 적대감, 성관계에 대한 죄책감이 포함된다. 여성극치감장애 진단 시, 연령, 과거의 성 경험, 전희의 적합성을 고려해야 한다. 질을 통한 성교로 극치감을 경험하지 못하고 음핵을 자극하면서 극치감을 경험하는 경우, 이 진단을 적용하지 못할 것이다.

　일단 절정에 이르는 법을 깨우치게 되면, 극치감을 경험하는 능력은 유지되며, 종종 생애 전반에 걸쳐 향상된다. 그러나 여성들은 남성들처럼 약한 극치감에 대해 호소하지 않는다. (설문조사에서 나타나듯이) 극치감장애가 나타나더라도, 자주 문제를 유발하지는 않는다. 많은 여성들은 수시로 절정을 경험하지 않아도 성관계를 즐길 수 있다. 여성극치감장애는 종종 다른 성기능부전, 특히 여성 성적 관심/흥분장애와 함께 나타난다.

여성극치감장애의 핵심 특징

여성이 너무 느리거나, 너무 약하거나 너무 드문 극치감으로 인해 어려움을 겪는다.

주의사항

ㄱ들을 다루어라
- 기간(6개월 이상)

- 고통
- 감별진단(물질사용장애 및 신체적 장애, 관계 문제, 기타 정신적 장애)

부호화 시 주의점

명시할 것
   {평생형}{후천형}
   {전반형}{상황형}
   혹은
   어떠한 상황에서도 극치감을 전혀 경험하지 못함

고통의 정도에 기반하여, 심각도를 명시할 것 **{경도}{중등도}{고도}**

레이첼 앳킨스

"제가 겪고 있는 좌절감을 이해해 줄 사람은 없는 것 같아요." 레이첼 앳킨스가 그녀의 부인과 전문의에게 말했다.

그녀의 이전 개인력은 '사회적인 악몽'이었다. 그녀의 어머니는 16세에 고등학교를 중퇴하였고, 그 이후 전 생애에 걸쳐 일련의 결혼을 반복하며 알코올 중독으로 점철된 삶을 살았다. 레이첼이 중학생이었을 때 시작된 몇몇 계부들의 성추행은 그녀가 16세가 되어 매춘으로 도망칠 때까지 지속되었다.

"성관계로부터 도망치는 게 몸을 파는 것이라니 너무 역설적이지 않나요?" 그녀가 물었다. 그러나 그녀는 운 좋게 에이즈를 피할 수 있었고, 양심의 가책을 느꼈던 이전 고객으로부터 지원을 받아 22세에 2년제 대학에 입학할 기회를 잡을 만큼 영리했다.

성매매업 종사자로서 레이첼은 수백 명의 남성들을 경험했다. "생각하는 것만큼 나쁘지는 않았어요." 그녀는 설명했다. "제가 고객을 고를 수도 있었고, 그들 중 몇몇은 오히려 제가 좋아하기도 했어요. 엄마를 배신한 남자들 무리와는 전혀 달랐죠." 레이첼의 경험에서 일어날 수 있는 한 가지 희생은 그녀의 극치감이 항상 결여되어 있었다는 것이다. "극치감을 정말로 원한다면 얻을 수 있을 것이라고 항상 생각했어요. 한 번도 없었지만요."

레이첼이 대학을 졸업하여 학계에 공고하게 뿌리를 내렸을 때(그녀는 지역 사회의 2년제 대학에서 인류학을 가르쳤다), 그녀는 30세를 앞두고 있었고 자신과 결혼하기를 원하는 남자 친구를 만났다. "그는 제 과거를 모두 알고 있고 괜찮다고 해요. 그렇지만 우리가 성관계를 할 때 남자 친구는 제가 극치감을 느끼길 원해요. 제 생각엔 자신이 다른 남자들과는 다르다는 것에 안심하는 것 같아요. 그를 기쁘게 해주기를 절실하게 원하지만 저에겐 단지 무언가가 결여된 것 같아요. 이건 고통을 넘어섰어요!"

레이첼은 헨리와의 사이에서 느끼는 친밀감을 사랑했고 충분히 흥분했다. "단지 절정에 도달한 적이 전혀 없었어요. 재채기를 막 하려고 할 때를 생각하면 비슷해요, 아시겠어요? 재채기가 나오는 대신 코 안으로 사라지죠." 그녀는 분위기 있는 음악, 알코올, 마리화나, 성적인 책들, 음핵을 자극하는 것들을 시도했었다. "제가 성관계를 통해 얻을 수 있는 최선의 것은 깨진 도자기 파편을 얻는 것 정도일 뿐이에요."

보통의 10대들이 실험해 보는 것처럼, 그리고 간단히 긴장을 풀기 위해 화이트와인과 마리화나에 잠깐 손을 댄 것을 제외하면, 레이첼은 약물을 사용하지 않았다. 전반적으로 최상의 건강상태라고 그녀는 말했다.

"헨리에게 항상 진실하기로 약속했고 그 약속을 지킬 생각이에요. 그래서 극치감을 가장하고 싶지는 않아요. 가장은 할 수도 있어요, 그렇지만 지금까지 정말로 약속을 지켜 왔다구요!"

여성이 왜 극치감을 갖게 되는지 그 이유는 사실상 모른다. 물론 남성 파트너에게는 이유가 명백하다. 극치감의 부재는 남성 혹은 여성이 상실감에 빠지도록 할 수 있다. 보다 통속적인 이론은 그것이 남성극치감과 병행해서 발달되었다는 것이고, 극치감을 사라지도록 하는 진화론적인 압력이 단지 없었다는 것이다. 극치감 이론의 창시자는 분명히 남자였을 것이다.

레이첼 앳킨스의 평가

레이첼의 문제는 성에 대한 관심의 결여가 아니었다. 그녀는 남자 친구와의 성관계를 기대했고 전희 동안 정상적으로 흥분하였다. 레이첼의 어려움은 단지 극치감을 한 번도 경험하지 못했다는 것이다(진단기준 B). 그녀가 가끔 극치감을 경험했다거나 자위행위를 할 때만 절정감을 느낀다고 해도 DSM-5-TR의 진단기준 A1에 따라 이 진단을 내릴 수 있다. 낮은 극치감의 강도 역시 충족될 수 있다(A2). 다른 의학적 혹은 정신적 상태나 물질 사용이 기여했다는 증거는 전혀 없다(D). 그녀는 상당히 고통스러워했다(C).

레이첼이 절정을 경험한 적이 한 번도 없기 때문에, 진단에 (다른 가능한 명시자를 배제할 수 있도록) 장황하게 덧붙여야 한다. 그녀의 GAF 점수는 그 어떤 환자들보다도 높은 95점인데, 전반적인 적응은 뛰어났기 때문이다. 여성극치감장애의 심각도는 중등도인데, 주된 이유는 그녀가 임상가와 면담 중에 보였던 자신의 삶에 대한 균형 잡힌 접근과 평정심 때문이다. 그녀의 여성극치감장애는 그녀에게 고통을 주었지만, 그녀를 압도하지는 않았다.

    F52.31   여성극치감장애, 어떠한 상황에서도 극치감을 전혀 경험하지 못함, 중등도

물질/약물치료로 유발된 성기능부전

신체질환처럼, 일련의 향정신물질은 남성과 여성의 성적 능력에 영향을 줄 수 있다. 성기능영역에서 환자의 문제가 물질 중독에서 예상되는 일반적인 경과를 초과할 경우에만 특정 물질 중독 진단 대신 물질/약물치료로 유발된 성기능부전으로 대체할 수 있음에 주목하라.

    평균적으로 항정신병 혹은 항우울제 약물을 복용하는 환자의 절반 정도는 성적 부작용을 보고할 것이지만, 항상 임상적으로 유의미한 수준에 도달하지는 않을 것이다. 길거리 마약을 사용하는 사람들도 종종 성적 부작용을 겪지만, 자신이 선택한 약물이 성관계보다 더 가치 있기 때문에 불평을 덜할 수 있다.

    나타날 수 있는 방식이 방대하게 많기 때문에 이 절에서는 사례를 포함하지 않았다.

물질/약물치료로 유발된 성기능부전의 핵심 특징

물질 사용이 성기능부전을 유발하는 것으로 보이다.
    물질과 관련된 원인을 식별하기 위해서, 89쪽의 이중선 안의 내용을 참조하라.

주의사항

ㄱ들을 다루어라

- 고통
- 감별진단(신체적 장애, 섬망, 다른 성적 장애)

    이 진단은 성기능부전 증상이 두드러지며 임상적 관심이 필요한 경우에만 물질 중독 또는 금단 대신에 사용하라.

부호화 시 주의점

진단을 쓸 때는 정확한 물질의 이름을 진단명에 사용하라(예 : 알코올로 유발된 성기능부전).
    ICD-10에서의 부호화는 제15장의 표 15.2를 참조하라.

명시할 것

{중독 중}{금단 중} 발병. 이는 진단의 말미에 붙여서 쓴다.

치료약물 사용 후 발병. 증상이 약물 사용 시작, 변경 혹은 중단 이후 발생했다면 이 진단을 사용할 수 있다.

심각도를 명시할 것

경도. 성적인 접촉 시 25~50% 정도 기능부전이 나타난다.

중등도. 접촉 시 50~75% 정도 기능부전이 나타난다.

고도. 75% 이상 기능부전이 나타난다.

F52.8 달리 명시되는 성기능부전

F52.9 명시되지 않는 성기능부전

앞서 기술한 일련의 특정 진단기준 중 어떤 것도 충족하지 않는 성기능부전 환자에게 이 범주 중 하나 이상을 사용하라. 이러한 상태에는 성적인 문제가 있으며 다음 중 하나가 존재한다고 판단되는 환자가 포함된다.

비전형적 증상. 증상이 혼재되어 있거나 비전형적이거나 성적 장애를 정의하기에 부족하다.

비특정적 원인. 불충분한 정보.

보통 '달리 명시되는'이라는 용어는 이 장에 기술된 다른 진단 중 어느 하나에 포함되지 않는 이유를 명시할 수 있는 경우에 사용해야 한다. '명시되지 않는'이라는 용어의 지정은 이유를 명시하지 못할 경우 사용해야 한다.

CHAPTER 13

젠더 불쾌감

비록 이 장은 책에서 가장 짧은 장 중 하나지만(단 하나만의 핵심 양상을 포함하고 있는), 다음 판으로 발전하는 과정에서 중요한 의미를 지닌다. 그것은 바로 우리가 휴머니즘의 중요한 측면에 대해 이해하는 방식에서의 변화이다.

젠더 불쾌감의 빠른 진단 지침

주요 젠더 불쾌감

청소년 혹은 성인에서 젠더 불쾌감. 환자들은 타고난 성과 심리적으로 경험하는 젠더(젠더 정체감)가 다르기 때문에 불편감 혹은 고통을 경험한다. 어떤 경우에는 불편감을 해소하기 위해 성별을 확인하는 호르몬 혹은 수술적 개입을 요청하기도 한다(416쪽).

아동에서 젠더 불쾌감. 3~4세 정도의 아동들이 티고난 성별과 주관직으로 경험하는 젠너가 날라 고통을 경험할 수 있다. 젠더 불쾌감은 사춘기 이전에는 의학적으로 치료하지 않는다(418쪽).

달리 명시되는(명시되지 않는) 젠더 불쾌감. 젠더 불쾌감 증상이 진단기준을 완전히 충족하지 않을 때, 이 범주들 중 한 가지를 사용한다(422쪽).

젠더 불만족이나 행동의 기타 원인

조현병. 조현병을 가진 어떤 환자들은 자신이 다른 젠더가 되었다는 망상을 표현할 수 있다(51쪽).

복장도착장애. 복장도착장애 환자들은 자신의 성과 다른 반대 성의 옷을 입고 싶은 강력한 성적 충동을 느끼지만 다른 다른 젠더를 경험하지는 않는다(669쪽).

도입

용어 정리부터 시작하자.

성(sex) 우리의 생식능력에 기여하는 남성과 여성의 외부 생식기, 호르몬, 염색체뿐만 아니라 성 그리고 연관된 충동과 관련된 활동을 일컫는 명사이다.

젠더(gender) 성에 대한 생물학적 구조와는 구별되면서 우리에게 내재되어 있는 사회적, 문화적 역할을 나타내기 위해 (지난 50년 동안 더욱 많이) 사용되는 용어이다.

젠더 불쾌감 개인이 경험하는 젠더 정체성이 그 개인에게 부여된 젠더와 맞지 않을 때 나타나는 부정적인 감정을 말한다. 이 용어는 이것이 장애가 아니라는 견해를 강조한다. 오히려 이것은 부여된 젠더와 경험하는 젠더 간 불일치의 논리적인 결과이다.

부여된 젠더(assigned gender) 태어날 때부터 부여되는 외견이나 외부의 생식기에 기초한 성별이다.

경험되는 젠더(experienced gender) '원하는 젠더'를 대체한다.

출생 시 부여된 여성/남성(individual assigned female/male at birth) '출생 성별(여성/남성)'을 대체한다.

젠더 확인 의료 절차(gender-affirming medical procedure) 우리가 지금까지 '성전환 의료 절차'라고 말했던 것을 의미한다.

F64.0 청소년과 성인에서 젠더 불쾌감

"밀어요, 엄마. 마지막 한 번만 더요!" 이런 소리는 분만장 곳곳에서 매일 울려 퍼진다. 마침내, 누군가가 "오! 아름다운 여자아이구나!"라고 외친다. 물론, 여자아이다. 기쁨에 찬 부모님은 성별을 공개하는 파티 이후로 몇 달간 이것을 알고 있다.

하지만 속단하지 말아라! 부모님은 그들의 '딸'이 실제로는 그들의 '아들'이라는 것을 알게 될 때, 아마 몇 년 후에 놀랄 수도 있다. 젠더 비순응 자체는 정신질환이 아니지만, 많은 트랜스젠더들은 자신에게 부여된 젠더에 대한 강한 불편감을 느낀다. 그들은 자신의 일차적인 혹은 이차적인 성 특성 때문에 고통감을 느낀다. 그들은 다른 젠더처럼 (혹은 두 젠더를 합한 논바이너리나 젠더가 아예 없는 경우도 있다) 입고, 행동하고, 대해지기 원한다.

많은 사람들은 자신이 어느 젠더의 기준에도 맞지 않는다고 생각하면서 젠더 불쾌감에 대한 다소 까다로운 기준을 충족하지 못할 수도 있다. 이 사람들은 점차 자신을 어느 쪽에도 속하지 않는다고 말한다. 당신은 자신을 젠더퀴어, 아젠더(agender), 혹은 듀얼 젠더(dual gender)라고 부르는 사람들을 볼 수 있을 것이다. 젠더 유동체(genderfluid)는 그들의 젠더 정체성에 대해 어느 정도 유연성을 지니기를 원한다. 저자는 특히 인위적인 한계를 설정하지 않은 채 넓은 젠더 스펙트럼을 제안하는 젠더 확장성을 좋아한다. 물론 중요한 것은 저자의 선호가 아니다. 각 용어는 전통적인 남성/여성의 이분법을 따르지 않고 자신을 표현하는 방식을 나타낸다. 모두는 아니지만 많은 논바이너리 사람들이 트랜스젠더로 인식된다.

논바이너리로 확인된 약 120만 명의 사람들은 (미국에서) 그들이 사용하는 예측할 수 있는 인칭대명사들을 가지고 있지 않다. 그중 일부는 전통적인 남성/여성 인칭대명사를 번갈아 사용하고 다른 일부는 '그들'이라는 인칭대명사를 선호하며, 몇몇은 ze, xe, hir과 같은 인칭대명사를 사용한다. 임상의(다른 사람들도 마찬가지로)를 위한 실용적인 접근은 다음과 같다. 개개인이 사용을 요청하는 대명사를 사용해라. 만약 확실하지 않다면 묻는 것도 좋다.

성전환을 위한 단일 경로는 없다. 사회적 전환은 새로운 이름, 인칭대명사 그리고 옷 스타일로 구성된다. 몇몇 트랜스젠더들은 목소리, 가슴 크기 혹은 신체적 외형 등 이차적인 성별의 특성을 갖기 위해 호르몬 치료를 받기도 한다. 다양한 형태의 수술적 중재도 가능하지만, 보편적이지는 않다. 대부분의 트랜스젠더는 젠더 확정 치료에 만족하고 그들이 경험하는 성별에 만족하면서 살고 있다.

젠더 불쾌감을 가진 모든 환자들이 수술적 성전환 조치를 원한다는 구시대적인 성전환증(transsexualism)이라는 용어는 더 이상 널리 사용되지 않는다. 젠더 불쾌감은 DSM-5-TR에서 가장 최근에 기술된 장애 중 하나이다. 1950년대까지 임상의들은 젠더 불쾌감을 가진 사람들의 존재조차 인식하지 못했다. 이 상태가 일반적으로 널리 알려지게 된 것은 1952년 크리스틴 요겐센이 덴마크에서 여성이 되기 위한 수술을 받은 이후부터이다. 지금도 젠더 불쾌감은 꽤 드물게 발생한다(남성으로 부여된 사람의 경우 약 1만 명 중 1명, 여성으로 부여된 사람의 경우 전체의 약 3분의 1). 이는 유아기(일반적으로 유치원)에서 시작되며 만성적인 것으로 보인다. 인과 관계는 확실히 알려져 있지 않다. 그러나 적어도 약한 유전적 요인이 이를 뒷받침한다는 증거가 있다.

젠더 정체성은 성적 지향과 같은 것이 아니다. 트랜스젠더인 사람들은 시스젠더(태어날 때 부여된 성이 젠더 정체성과 일치)인 사람들처럼 다양한 성적 지향을 가지고 있다.

성전환 후 명시자

성전환 후라는 명시자는 지금은 완전히 원하는 젠더로 살고 있는 환자와 반대 성이 되기 위해 하나 이상의 젠더 확인 의학적 절차를 밟은(또는 밟고 있는) 사람들을 말한다. 여기에는 정기적으로 성전환 호르몬 치료를 받거나 경험하는 젠더로 젠더 재부여 수술을 받는 것이 포함된다. 유전적으로 남성이었던 환자의 수술에는 고환절제술, 음경절제술, 질 성형술이 해당되고 태생적으로 여성이었던 환자에게는 유방절제술, 그리고 음경형성술이 포함된다.

F64.2 아동에서 젠더 불쾌감

일반 집단 중에서, 적은 비율의 태어날 때 남성으로 할당된 아이들(1~2%) 그리고 더 적은 비율의 태어날 때 여성으로 할당된 아이들이 다른 젠더 정체성을 지니고 있다. 이러한 차이는 대체적으로 남아들이 더 임상적인 평가를 받는 것과 관련되어 있다. 왜냐하면 부모들은 남자같이 행동하는 말괄량이 딸보다는 여성적인 남아에 대해 더욱 걱정하는 경향이 있기 때문이다. 반대 성에 해당하는 행동을 보이기 시작하는 건 주로 3세경이지만, 그로부터 한참 이후까지 이런 문제로 클리닉에 의뢰되지는 않는다.

정확히 어떤 행동을 말하는 것일까? 매우 어린 나이부터, 이런 아이들은 자신들이 다르다는 것을 안다. 젠더 불쾌감을 경험하는 남아들은 인형을 가지고 놀기를 선호하고, 역할놀이에서 여자 역할을 하려고 하며, 반대 성별의 옷을 입거나 또래 여자아이들 집단에 속하려고 한다. 젠더 불쾌감이 있는 여아들은 소꿉놀이에서 남자 역할을 하려고 하고 인형을 가지고 노는 것과 같은 여성적인 활동을 강력하게 거부한다. 물론 이러한 아이들, 특히 남아들은 짓궂게 놀림이나 괴롭힘을 당하거나, 또래와 가족으로부터 거절을 당할 위험이 있다. 2011년에 출판된 **전환**(*Transition*)이라는 책은 어린 시절, 그의 타고난 젠더 정체성과 힘겹게 싸워 온 채즈 보노의 고통에 대해 설명하고 있다. 그는 사춘기 동안 가슴이 발달하고 월경이 시작되면서 신체적 그리고 정서적 고통을 경험했다고 고백한다. 젠더 불쾌감 환자들에서 높은 자살률이 관찰되는데, 특히 젠더 확정 치료를 하지 않는 경우 그렇다.

물론 젠더 불쾌감이 '다르다'고 여겨지는 행동에 대한 유일하게 가능한 설명은 아니다. 어떤 남아들은 아름다운 것들을 좋아하거나 혹은 단지 스포츠나 거친 게임을 싫어할 수도 있으며 어떤 여아들은 남자가 되는 것이 사회적인 이득이 있다고 생각하면서, 남자의 옷을 더욱 선호한다. 그리고 임상적으로 젠더 불쾌감이 있는 아동들에 대한 추후 연구에서는 10대 후반 즈음에는 대부분이 이전진단을 충족시키지 않았다. 대체로 어린 시절 젠더 불쾌감의 정도가 더 클수록 여전히 증상이 지속되는 것으로 나타났다(때때로 지속성이라고 부르는). 여아들은 남아들보다 젠더 불쾌감이 남아 있기 더욱 쉽다.

일반 인구에서 젠더 불쾌감의 유병률은 1,000명 중 1명 혹은 그 이하이지만 확실하지 않으며, 실제로는 더욱 높을 수 있다. 젠더 불쾌감을 가진 남아들은 성장할수록 젠더 불쾌감을 가지기보다는 동성애자로 성장하는 것이 더욱 일반적이다. 소수의 경우 보통은 양성애자로 성장하기도 한다. 아마도 일부가 성인기 젠더 불쾌감을 가진다(연구에서 이 비율은 굉장히 다양하게 나타날 수 있다). 여아에서 자신의 성을 지속하는 비율이 더 높지만, 여전히 50%보다 훨씬 미만이다. 아동과 청소년기에 보인 행동에 대한 최종적인 진단은 장기적인 평가가 요망된다.

젠더 불쾌감의 핵심 특징

청소년기 및 성인기

부여된 젠더와 환자들이 자기감으로서 경험하는 젠더 사이에는 현저한 불일치가 있다. 이것은 자신이 가진 성적 특성을 거부하거나 다른 성별의 특성을 갖는 것으로 나타날 수 있다. 환자는 다른 젠더에 속하고 싶다는 강력한 소망을 표현하고 자신이 다른 젠더로 취급되기를 바라는 소망을 표출하기도 한다. 어떤 환자들은 그들의 반응이 반대 젠더에서 전형적인 것이라고 믿는다.

아동기

부여된 젠더와 환자들이 자기감으로서 경험하는 젠더 사이에는 현저한 불일치가 있다. 그래서 반대 젠더가 되는 것을 강력히 소망하고 타고난 자신의 젠더를 거부하는 반면, 다른 젠더의 옷, 장난감, 게임, 놀이 친구, 상상 역할을 선호한다. 그리고 자신의 성기가 싫다고 말하거나 성기가 없어졌으면 좋겠다고 표현하기노 한다.

　아이들에게서 명심할 점은, 진단기준을 살펴볼 때 성인(6개 중 2개)에서보다 더 많은 조건(8개 중 6개)들이 충족되어야 한다는 점이다. 이것은 아직 완전히 성장하지 않은 사람들에 대한 보호장치이기도 하다.

주의사항

ㄱ들을 다루어라

- 기간(6개월 이상, 나이와 상관없음)
- 고통 혹은 장애(직업적/학업적, 사회적, 혹은 개인적 손상)
- 감별진단[물질사용장애 및 신체적 장애, 정신병적 장애, 자폐스펙트럼장애, 신체이형장애, 그리고 (청소년기/성인기에서의) 복장도착장애]

부호화 시 주의점

명시할 것

성발달장애/차이 동반(그리고 실제 선천적인 발달장애를 부호화함)

성전환 후(청소년기/성인기). 환자는 경험하는 젠더로 살고 있고 최소 한 차례 젠더 확정 수술 절차(혹은 곧 밟을 예정이거나) 또는 의학적인 치료(호르몬 요법과 같은)를 받았던 적이 있다.

성전환 후 명시자는, 실제로 경험하는 젠더를 갖기 위한 절차를 마친 환자들은 더 이상 젠더 불쾌감에 해당하는 진단기준을 충족시키지 않을 것이라는 사실을 다룬다. 그러나 그들은 심리치료, 호르몬 치료, 아니면 이전에 진단받았을 당시의 치료법들을 지속하기를 원한다.

빌리 워스

"나는 단지 그것을 제거해 버리고 싶어요, 그것 전부 다요." 그날 세 차례나 빌리 워스는 자신이 느끼는 감정을 외적으로 표현했다. 우울하거나 지나치게 감정적이지는 않았다. 침착하고 조용하게 그 사실을 말하였다. 가장 초기 기억을 생각해 보면 TV에서 한 여배우를 봤던 것이었다. 여배우가 걷고 있을 때, 그녀의 손이 스커트를 스쳐 지나갔고 이는 마치 춤을 추는 것처럼 보였다. 빌리의 타고난 성별은 남성이지만 어머니를 기쁘게 하고 칭찬을 받기 위해 그 모습을 따라 하려고 노력했었다. (한편) 빌리의 아버지는 수년간 위조죄로 수감되어 있었다.

6세경, 빌리는 다른 남자아이들같이 장난감 권총과 우주선을 가지고 노는 것이 심한 두통을 유발한다는 사실을 깨달았다. 다른 아이가 쓰레기 수거함에 버린 바비인형을 가져와 노는 것을 좋아했고, 되도록 비슷한 연령대인 이웃집 여자아이들을 놀이 친구로 선택하였다. 소꿉장난을 할 때 빌리는 여자 친구들 중 한 사람이 '아빠' 역할을 해야 한다고 주장하였다.

빌리가 아기였을 때, 6세였던 누나 마샤가 뇌수막염으로 사망했다. 그러나 그 이후에도 빌리의 어머니는 마샤의 방을 마샤가 죽었을 때와 같은 상태 그대로 두었다. 빌리의 가장 행복했던 어린 시절의 기억은 마샤의 드레스를 입어보고 그녀의 침대에 앉아 바비인형과 함께 시간을 보내는 것이었다. 때때로 빌리는 자신이 여자아이였으면 좋겠다고 생각했고 마치 마샤가 되고 싶어 하는 것처럼 보였다. 빌리는 계속해서 자신의 발을 마샤의 검은색 가죽 구두 안에 끼워 넣었는데, 이 행동은 발이 구두보다 커질 때까지 계속되었다.

10대 초반, 빌리는 자신이 사실상 소녀였다는 것을 깨달았다. "내게 있는 유일한 남성성은 내

다리 사이에 있는 이 혐오스러운 것이라는 사실에 갑자기 큰 충격을 받았어요." 그녀는 그녀의 치료사 중 한 사람에게 이 같은 사실을 고백하였다. 만성적인 천식을 핑계로, 그녀는 고등학교 4년 내내 체육 시간에 빠질 수 있도록 병결계를 써달라고 의사에게 요청하였다. 그녀는 수영을 매우 잘했음에도 불구하고 라커룸에 대한 혐오로 인해 수영 팀에 들어가지는 못하였다. 선택과목으로는 속기반과 가정수업에 참가하였다(각각 4학기씩). 빌리는 과학 클럽에 가입했는데, 이는 찾을 수 있는 한 가장 성적인 것과는 관련이 없는 클럽이었다. 어떤 해에는 빵을 굽기 위해 다양한 이스트를 사용하는 과학 박람회 프로젝트에 참여하였다.

빌리는 16세가 되었을 때, 베이비시터로 일하면서 번 돈으로 처음으로 브래지어와 팬티를 샀다. 그녀는 여성의 속옷을 처음으로 입었을 때, 어떠한 긴장감이 풀려버리는 것을 느꼈다. 비록 학교에 갈 때 때때로 란제리를 입었던 적은 있었지만, 대학에 들어갈 때까지 본격적으로 여성의 옷을 입지는 않았다. 왜냐하면 학교를 떠날 때까지 스커트나 블라우스를 입고 화장을 하는 것을 비밀로 하였기 때문이다. 어느 동정심 많은 의사가 그에게 에스트로겐을 처방해 주었고, 3학년 때 빌리는 자신의 이름을 바꾸고 여자로서 살기 시작했다.

대학을 졸업한 지 2년이 되자, 빌리는 성 재부여 수술을 받았다. 이즈음 그녀는 몇 명의 남성 동성애자와 경험을 가졌지만 이는 매우 불만족스러웠다. 왜냐하면 그녀는 자기 자신을 동성애자로 생각하지 않기 때문이다. "나는 게이가 아니에요. 나는 완전히 여자로 느껴요." 지금 그녀는 호르몬 치료를 통해 작지만 잘 발달된 가슴을 가지고 있다. 그녀는 성기와 고환이 '방해가 될 뿐'이라며 제거하기를 원하였고, 필요하다면 멕시코에서 수술을 받을 것이라고 평가를 담당한 임상가에게 밀했다.

빌리 워스의 평가

빌리는 일찍이 자신이 다른 남아들과 잘 어울리지 못한다는 것을 알았는데, 이는 젠더 불쾌감을 가진 아이들의 전형적인 모습이다. 그는 이 장애의 중요한 아동기 지표인 몇 가지 행동을 보였다. 그는 마샤인 척하였고, 자신이 여아이기를 소망했으며(아동기 젠더 불쾌감의 진단기준 A1), 마샤의 드레스를 입고 신발을 신는 것을 좋아했다(A2). 자신과는 반대인 성 역할을 선호하였고, (가상놀이에서) 아빠 역할을 다른 소녀들에게 맡겼다(A3). 남아들이 즐기는 게임 활동은 거절하고(A6) 여아들의 놀이 활동을 선호하였으며(A4), 여아들과 함께 노는 것을 선호하였으므로(A5) 증상들은 만족했다.

성인기가 되자, 빌리는 여성이 되기를 소망하였고(성인기 진단기준 A4), 성기를 제거하고 싶어 했고(A2), 가슴과 질을 가지기를 원했으며(A3), 완전한 여성이 되고 싶다는 강한 감정과 욕구에 대한 확신을 가졌다(A6). DSM-5-TR 진단기준을 충족시키기 위해서는 이 중에서 오직 두 가지만이 필요하다.

스스로 잘못된 성으로 태어났다는 것에 대한 완전한 깨달음은 청소년기까지 나타나지 않았으며 진행 중이었다. 그즈음, 그는 처음에는 여성의 옷을 입어보는 것에서 시작해 호르몬 치료를 받으면서 여성으로서 살기 시작했고 성 재부여 수술을 받는 것으로 정점에 이르렀다. 비록 이 사례가 현재 중성이 아니라는 것을 구체적으로 제시하지는 않지만, 그러한 상태라는 어떠한 정보도 없다. (DSM-5-TR은 성발달장애를 가진 환자들이 젠더 불쾌감으로 진단되는 것을 허용한다. 이와 같은 사람들은 추가적인 명시자를 받을 수 있다.) 어린 시절, 청소년기, 그리고 성인기에 접어드는 동안 빌리의 고통은 '임상적으로 유의한 수준'을 넘어섰다.

젠더 불쾌감의 감별진단에는 조현병이 포함되는데, 환자들은 때때로 반대 젠더가 되었다는 망상을 가질 수 있다. 빌리에게는 망상, 환각 혹은 다른 전형적인 정신병적 증상에 대한 증거가 없었다. 비록 젠더 불쾌감을 가진 어떤 환자들은 처음에 이런 변태성욕을 보일 수는 있지만 반대 성의 옷에 대한 반응으로서 성적인 흥분을 경험하지 않으므로 복장도착장애는 배제될 것이다. 예상하는 대로, 불안 그리고 기분장애는 흔히 동반된다. 물질 사용(알코올 그리고/혹은 길거리 마약)도 태생적으로 여성이었던 젠더 불쾌감 환자에게 특히 중요한 요인이 될 수 있다.

평가 당시 빌리의 진단은 다음과 같다(GAF 점수는 71점).

　　　F64.0　　　　성인기 젠더 불쾌감

아동기에 면담을 했었다면, 빌리는 더욱 엄격하고 제한적인 DSM-5-TR의 아동기 진단기준을 모두 충족시켰을 것이다.

　　　F64.2　　　　아동기 젠더 불쾌감

F64.8 달리 명시되는 젠더 불쾌감

이 진단명은 6개월보다 적은 기간 동안 진단기준을 충족시킨 환자들에게 부여한다.

F64.9 명시되지 않는 젠더 불쾌감

젠더 불쾌감 증상의 사례가 진단기준을 모두 충족시키지 않고, 좀 더 명확히 진단을 내리기 어려운 경우, 명시되지 않는 젠더 불쾌감으로 진단한다.

CHAPTER 14

파괴적, 충동조절 그리고 품행장애

여기 포함된 장애들은 다른 사람과의 갈등을 일으키거나 종종 그들의 권리를 침해하기도 하는 감정 그리고 행동들로 구성되어 있다.

파괴적, 충동조절 그리고 품행장애의 빠른 진단 지침

주요 파괴적, 충동조절 그리고 품행장애

품행장애. 아동 환자들이 지속적으로 규칙을 위반하거나 다른 사람의 권리를 침해한다(427쪽).

품행장애의 제한된 친사회적 정서. 이 명시자는 자신의 잘못에 대한 후회와 타인의 감정을 존중하지 않는 것처럼 보이면서, 냉담하고 파괴적인 품행 문제를 보이는 아동 환자들에게 사용하라(429쪽).

적대적 반항장애. 다양한 거부적인 행동이 최소 6개월 이상 지속된다(425쪽).

간헐적 폭발장애. 다른 명백한 병리(심리적이거나 일반 의학적인) 없이 일정 기간 공격적으로 행동하는 삽화를 보인다. 그 결과, 타인의 신체에 상해를 입히거나 재물을 파손한다(430쪽).

병적 도벽. 자신에게 필요하지 않은 물건을 훔치고 싶은 참을 수 없는 충동에 의해 반복적으로 물건을 훔친다. '긴장과 해방감'이란 어구가 이러한 행동의 특징이 된다(437쪽).

병적 방화. 방화하는 사람들은 불을 지르는 행동과 관련해 '긴장과 해방감'을 경험한다(434쪽).

반사회성 성격장애. 반사회성 성격장애 환자들의 무책임하고, 때때로 법을 위반하는 행동은 아동기 혹은 초기 청소년기에 무단결석, 가출, 잔인한 행동, 싸움, 파괴행동, 거짓말, 절도와 함께 시작된다. 성인이 되었을 때, 범죄행동뿐 아니라 채무를 이행하지 않거나 무책임한 행동을 보일 수 있다. 무모하거나 충동적으로 행동하고, 자신의 행동에 대해 후회하지 않는 것처럼 보인다. DSM-5-TR에서는 반사회성 성격장애를 이 장에 포함시켰지만, 저자는 여기가 아닌 성격장애를 기술한 장에서 이 증상에 대한 세부적인 논의를 할 것이다(618쪽).

달리 명시되는(명시되지 않는) 파괴적, 충동조절 그리고 품행장애. 품행 혹은 반항적 행동이 상기 장애의 진단기준을 충족시키지 않을 때 이 범주 중 하나를 사용하라(440쪽).

파괴적 혹은 충동적 행동과 관련된 다른 장애

발모광(털뽑기장애). 다양한 신체 부위의 털을 뽑는 것은 종종 '긴장과 해방감'을 수반한다(220쪽).

변태성욕장애. 어떤 사람들(대체로 남성)은 타인에게 불쾌감을 주는 다양한 행동에 관여하고 싶은 반복적인 성적 충동을 보인다. 그들은 쾌감을 얻기 위해 그러한 충동에 따라 행동할 수 있다(649쪽).

물질관련장애. 다양한 물질을 오용하는 데에 종종 충동적인 요소가 있다(444쪽).

제 I 형 양극성장애. 급성 조증 삽화의 환자들은 절도, 도박, 폭력적인 행동과 기타 사회적으로 바람직하지 않은 행동을 할 수 있다(122쪽).

조현병. 조현병 환자들은 환각 혹은 망상에 대한 반응으로 법을 위반하거나 부적절한 행동에 충동적으로 가담할 수 있다(51쪽).

파괴적 기분조절부전장애. 아동은 지속적으로 부정적인 기분을 느끼고, 그 사이에 심각한 분노폭발을 보인다(148쪽).

아동 혹은 청소년의 반사회적 행동. 이 진단부호(Z72.810)는 나이가 어린 사람의 반사회적 행동이 적대적 반항장애나 품행장애와 같은 정신질환으로 여겨질 수 없을 때 사용할 수 있다(684쪽).

성인의 반사회적 행동. 이 진단부호(Z72.811)는 정신질환의 맥락 내에서 발생한 것이 아닌, 성인의 불법적인 행동을 기술할 때 사용된다(684쪽).

도입

이 장에서는 다른 전문가들이 '나쁜 행동'이라고 가치 판단할 수 있는 상태에 대해 살펴볼 것이다. 다행히도 우리는 그러한 행동에 대해 판단하기보다는 왜 그러한 행동을 보이는지를 이해하고, 이를 개선시킬 수 있는 방안에 대해 배운다는 관점에서 학습할 수 있는 좋은 기회를 얻게 될 것이다.

이 장애는 행동 및 정서 조절과 관련된 문제들을 수반한다. 문제가 되는 행동은 충동적으로 발생하기도 하고 혹은 계획되었을 수도 있다. 몇몇은 저항하려는 노력이 수반되기도 한다. 이러한 행동은 종종 그 자체가 법을 위반하는 것이며, 가해자나 타인에게 필연적인 부상을 입히기도 한다.

각각의 장애는 우리 모두가 사회적 규준으로 이해하는 것들과 환자가 갈등을 일으키게 한다. 이러한 장애는 모두 다 전형적으로 아동기 혹은 청소년기에 시작하며, 남성이 압도적으로 많다. 때로는 연쇄적으로 일어나기도 하는데, 예를 들어 적대적 반항장애(ODD)에서 품행장애(CD)로, 품행장애에서 반사회성 성격장애(ASPD)로 진행된다. 그러나 단지 오솔길에 한 발 디딘 것을 마치 오솔길 끝에 도착한 것처럼 잘못 결론 내서는 안 된다. 실제로 대부분의 적대적 반항장애 환자들이 품행장애로 진행되지 않는 것처럼, 대다수 품행장애 환자들 역시 반사회성 성격장애로 반드시 진행하는 건 아니다. 하지만 소수 집단에서는 여전히 현저하게 이러한 경과를 보인다.

저자는 보통 아동 진단을 각 장의 맨 마지막에 배치하였다. 하지만 이번 장에서는 한 장애에서 다른 장애로 (때때로) 진행되는 것을 강조하기 위해 그 법칙을 깨고자 한다. 적대적 반항장애나 품행장애가 성인이 되어 처음으로 나타나는 일은 드물다.

F91.3 적대적 반항장애

적대적 반항장애는 거의 밖으로 표출되지 않는 저항부터 실제 심한 문제행동까지의 스펙트럼을 아우르는 삼인조 장애의 시작이다. 적대적 반항장애 자체는 상대적으로 경미할 수 있고, 아동이 성장하면서 보이게 되는 독립을 향한 정상적인 욕구로 여겨지는 거부증 및 반항 증상처럼 보일 수도 있다. 하지만 적대적 반항장애는 심각성과 강도에 있어 일반적인 저항과 구분된다. 또한 이 장애는 타인의 기본적인 권리나 연령에 적합한 사회적 규칙을 위반하지 않는다는 점에서 품행장애와 구별된다.

적대적 반항장애 증상은 3~4세경에 처음 나타나지만, 보통 진단은 몇 년 후에 받게 된다. 더 어린 아동들은 거의 매일 적대적인 행동을 보이지만, 좀 더 나이가 많은 아동들은 그러한 행동의 빈도가 감소하는 경향이 있다. 이 증상은 집에서 가장 심하게 나타나지만, 선생님과 또래 관계에도 영향을 줄 수 있다. 발병 시 나이가 어리거나 더 심각한 증상을 보이는 것은 더 나쁜 예후를 예측한다. DSM-5-TR에서는 발달 연령, 문화 그리고 성별과 같은 가능한 변동요인을 고려하라고 주의를 준다. 적대적 반항장애 증상은 형제 외 다른 사람들과의 사이에서도 반드시 발생해야 한다는 사실에 유념해야 한다.

적대적 반항장애는 집안 내력이지만, 유전적 관계는 아직 분명치 않다. 몇몇 전문가들은 적대적 반항장애를 가혹하고 비일관적인 훈육의 결과로 간주하지만, 다른 이들은 부모의 행동을 모방한 결과로 본다. 낮은 사회경제적 지위는 최소생활비로 생계를 꾸려나가면서 겪는 스트레스를 매개로 하여 적대적 반항장애의 원인으로 작용할 수 있다.

품행장애와 함께, 적대적 반항장애는 아동들이 정신건강 전문가에게 의뢰되는 가장 흔한 의뢰 사유 중 하나이다. 광범위하게는 모든 아동(남아에게서 3:2 비율로 더 흔하다) 중 약 3% 정도에서 나타난다. 이 장애가 여아에게서 나타날 때, 장애의 표현이 더 언어적이며 덜 명백할 수 있다. 이러한 진단을 통해 예측할 때, 여아는 남아보다 증상이 덜 견고하다.

처음 적대적 반항장애 진단기준을 충족했던 환자들 중 반 이상은 몇 년 후 이러한 증상을 보이지 않지만, 그중 1/3은 품행장애로 진단될 수 있으며, 특히 적대적 반항장애의 발병 연령이 어리고, 주의력결핍 과잉행동장애(ADHD, 이 진단은 적대적 반항장애와 공병하는 경우가 매우 흔하다)가 수반되는 경우에 더 그러하다. 결국 약 10%는 반사회성 성격장애로 진단받게 된다. 적대적 반항장애의 성마른 기분 증상(짜증)은 이후의 불안 및 우울을 예측하며, 반항 증상은 품행장애를 예측한다.

적대적 반항장애는 성인에게서 진단될 수 있고, 때때로 실제로 진단되는 경우도 있다. 이 장애는 성인 ADHD 환자 중 12~50%에게서 보고된 바 있다. 그러나 성인의 적대적 반항장애 증상은 다른 장애에 의한 것인지, 아니면 성격장애에 해당되어 나타나는 것인지 불분명할 수 있다.

적대적 반항장애의 핵심 특징

적대적 반항장애 환자들은 화를 자주 내고 과민하며, 이는 짜증과 일촉즉발의 분노로 치닫는 경향이 있다. 그들은 단지 성가시다는 이유만으로 권위적인 대상의 지시에 복종하지 않거나 논쟁하며, 규칙을 따르거나 협조하기를 거부할 수 있다. 그들은 때때로 자신의 악행에 대해 다른 사람들을 원망한다. 몇몇은 악의적인 것처럼 보인다.

만약 증상들이 파괴적 기분조절부전장애의 진단기준을 만족한다면 적대적 반항장애가 아니라 파괴적 기분조절부전장애만을 진단한다.

주의사항

ㄱ들을 다루어라

- 기간(몇 가지 증상들이 6개월 이상 — 5세 이하의 아동은 대체로 매일 — 보여야 함, 더 큰 아이의 경우 일주일에 적어도 1회 정도)
- 고통(환자 혹은 타인들) 혹은 장애(교육적/직업적, 사회적 또는 개인적 손상)
- 감별진단(물질사용장애, 주의력결핍 과잉행동장애, 품행장애, 정신병적 장애 혹은 기분장애, 파괴적 기분조절부전장애, 간헐적 폭발장애, 지적발달장애, 언어장애, 적응장애, 외상후 스트레스장애, 사회불안장애, 일반적인 아동기 성장과 발달)

부호화 시 주의점

심각도를 명시할 것

경도. 증상이 한 장소에서만 일어난다(가정, 학교, 또래 집단).

중등도. 몇몇 증상이 두 군데 이상의 장소에서 나타난다.

고도. 증상이 세 군데 이상의 장소에서 나타난다.

품행장애

빠르면 2세부터 남아는 여아보다 자연스럽게 좀 더 공격적인 행동을 보인다. 그러나 이러한 수준을 넘어서 매우 적극적으로 규칙을 위반하는 것은 일반적으로 아동이 보이는 행동 중에서 드문 것이다. 일부 환자들에게 있어서 품행장애 증상은 단순히 부모로부터 그들 자신이 독립하려는 일반적인 노력의 극단적인 형태일 수 있다. 그러나 대부분의 품행장애 증상은 청소년기에 일어났건 혹은 그 후에 일어났건 간에 꽤 심각한 것이고, 구속이나 다른 법적 처벌로 이어질 수 있다는 사실을 명심해야 한다. 품행장애는 아동의 이러한 행동이 가족, 사회 혹은 학교생활에 영향을 미치는 정도에 따라 규정된다. 이는 빠르면 5~6세부터 시작될 수 있다. 그리고 아동들이 나이가 들어감에 따라 장애가 진행되고 증상들은 더욱 심각해지는 경향이 있다.

DSM-5-TR에서 열거된 열다섯 가지 행동은 (1) 공격성, (2) 재산 파괴, (3) 사기 또는 절도, (4) 규칙 위반의 4개 범주로 구성되어 있다. 품행장애 진단을 위해서는 15개의 증상 중 단 3개만으로도 충분하다(다양한 범주에 걸칠 필요는 없다). 이러한 진단기준에 따르면 아마도 일반 인구 중 4%의 아이들이 품행장애에 해당될 것이며, 남아의 비율이 여아보다 높다. 원인이 될 만한 요인으로는 환경(대가족, 방임, 학대)과 유전적인 요소(물질 사용, 품행장애, ADHD, 정신병)가 포함된다.

품행장애로 진단된 아동의 80% 정도는 이전에 적대적 반항장애의 증상을 보인 과거력이 있다(사실 몇몇 저자들은 적대적 반항장애와 품행장애가 다른 장애인지 아니면 하나의 동일한 장애인지에 대해 의문을 품는다). 그러나 우리가 정말로 알고자 하는 것은 다음과 같다. 이러한 행동이 청소년기에만 보이는 것인지, 아니면 그 이후까지 얼마나 더 지속되는 것인지?

7세 혹은 8세경에 매우 공격적인 아동들은 심각하고 지속적인 반사회적/공격적인 생활 양식을 보일 위험이 있다. 그들은 성인이 되었을 때 다른 아이들에 비해 전과가 있을 가능성이 3배나 높다. 실제로 발병 연령(10세 이전 대 10세 이후)은 우리가 명시자로 지정할 만큼 충분한 예측능력이 있다. 디 일찍 발병한 아동(대부분 남아)들은 더 공격적일 가능성이 크다. 그중 절반은 반사회성 성격장애 진단을 받게 될 것이다. (늦은 발병은 상대적으로 덜 위험한 경과를 밟을 것이라 예측된다. 특히 위험한 행동들은 안 좋은 결과를 예측한다.) 조기 발병 품행장애를 가진 여아가 남아보다 반사회성 성격장애의 경과를 보일 가능성이 적다. 그보다 신체증상장애, 자살행동, 사회 및 직업적 문제, 혹은 다른 정서 장애로 진행될 가능성이 높다.

성인의 품행장애는 어떤가? 적대적 반항장애에서처럼 성인에게 품행장애 진단을 내리는 것은 이론적으로는 가능하나, 성인은 품행장애의 증상으로 보기에는 애매한 다른 장애를 가지고 있을 확률이 훨씬 높다.

마일로 타크(620쪽)와 더들리 라제네거의 생애 초기 내력(493쪽)은 몇 가지 품행장애 증상을 잘 설명해 준다.

품행장애의 핵심 특징

품행장애 환자들은 만성적이고 다양한 방법으로 규칙과 타인의 권리를 무시한다. 가장 심하게는 그들의 동료(때때로 연장자)를 향해 공격을 가한다 ― 따돌림, 싸움 걸기, 위험한 무기를 사용하기, 사람이나 동물들에게 잔인하게 대하기, 심지어 성적 학대를 포함한다. 그들은 의도적으로 불을 내기도 하고 타인의 재산을 파괴하며, 주거침입, 대면 혹은 대면하지 않는 상황에서의 절도, 목표를 이루기 위한 거짓말이 그들의 행동 목록에 포함된다. 증상들을 요약하자면 잦은 무단결석(12세 혹은 그 이전에 시작된), 반복되는 가출, 저녁에 집에 돌아오기를 바라는 부모의 요청을 거부하는 것들이 있다.

주의사항

ㄱ들을 다루어라
- 기간(1년 안에 증상을 보이거나, 한 가지 이상의 증상을 최근 6개월 동안 보임)
- 고통 혹은 장애(교육적/직업적, 사회적 혹은 개인적 손상)
- 감별진단(주의력결핍 과잉행동장애, 적대적 반항장애, 우울장애 및 양극성장애, 간헐적 폭발장애, 적응장애)
- 기타 인구통계학적 배제(18세 혹은 그보다 나이가 많은 경우 반사회성 성격장애의 진단기준을 충족하지 않아야 함)

부호화 시 주의점

발병 연령에 근거하여 명시할 것
　F91.1 아동기 발병유형. 10세 이전에 최소 하나의 품행 문제가 시작된다.
　F91.2 청소년기 발병유형. 10세 이전까지는 어떠한 품행 문제도 보이지 않는다.
　F91.9 명시되지 않는 발병. 정보가 불충분한 경우이다.

심각도를 명시할 것
　경도. 기준을 만족하는 증상을 보이지만 많지는 않다. 그리고 타인에게 피해를 입히는 정도가 경미하다.
　중등도. 증상과 타인에게 피해를 입히는 정도가 중간 정도이다.
　고도. 많은 증상을 보이고 타인에게 심각한 피해를 입한다.

다음의 경우 명시할 것
제한된 친사회적 정서. 자세한 것은 다음의 내용을 참조하라.

품행장애의 제한된 친사회적 정서 명시자

위에서 언급된 품행장애의 진단기준은 이러한 환자들의 행동에 대해 다루고 있다. 제한된 친사회적 정서 명시자는 우리에게 그 행동의 기저에 있는 감정 — 혹은 반응 — 과 연관 짓도록 요구한다. (친사회적이라는 용어는 일반적으로 개인 혹은 사회에 이익이 되는 긍정적 행동을 의미한다.)

품행장애 행동은 두 가지 유형 중 하나일 수 있다. 하나는 환자들이 강렬하고 분노와 적대적인 감정을 조절하는 데 어려움이 있는 것이다. 이러한 아동들은 역기능적인 가정 내에서 학대를 받으며 성장했을 가능성이 있다. 그들은 공격행동, 무단결석, 그리고 비행에 가담하면서 또래들로부터 거부당하기 쉽다.

두 번째 유형으로, 몇몇 소수의 품행장애 환자들은 분노 및 적개심과 같은 감정에 사로잡혀 있기보다는 공감과 죄책감이 결여되어 있다. 어떤 사람들은 자신의 이득을 위해 타인을 이용하는 경향이 있다. 그들은 불안 수준이 낮고 쉽게 지루해하는 경향이 있어, 새롭고 흥분되며 위험하기까지 한 행동을 선호한다. 그 결과, 그들은 전형적으로 제한된 친사회적 정서 명시자로 언급되는 네 가지 증상을 보고할 수 있다.

즉, 그들은 네 가지 명시자 증상을 보고할 것이다. 그러나 개인적 감정 및 행동을 드러내기를 꺼리는 어린 사람들에게 있어서는 솔직하게 보고하는 것이 부재한다. 그러므로 오랜 기간 알고 지낸 지인 등으로부터 부수적인 정보를 찾는 것이 무엇보다 중요하다.

품행장애의 전형적 특성을 읽고 나면, 왜 이 명시자가 때때로 품행장애의 냉담하고 비정서적인 유형이라고 불리는지 알 수 있다. 냉담하고 비정서적인 유형이라는 이전 진단명이 지나치게 비난하는 인상을 주기 때문에 '제한된 친사회적 정서'로 이름이 개정되었다. (최근 품행장애를 진단하는 일이 줄어들었는데, 이는 부분적으로 이러한 진단이 낙인을 찍는 것이 되기 때문이다.) 당신이 뭐라고 부르든, 이 품행장애의 제한된 친사회적 정서 명시자는 아동기 발병유형에서 더욱 흔하며, 품행 문제가 더욱 지속적이고 심각한 환자를 나타낸다.

품행장애의 제한된 친사회적 정서 명시자의 핵심 특징

이런 환자들은 중요한 정서적 기반이 결여되어 있다. 그들은 공감능력이 냉담하게 결핍되어 있다 (즉, 그들은 타인의 고통이나 감정에 대해 관심이 결여되어 있는 것이다). 그들은 제한된 정동을 보이고, 잡혔을 때 후회하는 것 이외에는 후회 및 죄책감을 거의 느끼지 않는 경향이 있다. 그들은 자신의 수행의 질에 대해 관심이 없다.

주의사항

이 명시자를 부여하기 위해서는 상기 증상 중 둘 혹은 그 이상을 지난 1년 동안 보여야 한다.

DSM-5-TR의 진단기준에서는 제한된 친사회적 정서가 동반되지 않은 품행장애를 부호화할 수 없다. 저자는 바로 이것이 임상가들이 할 수 있고, 해야 하며, 교정해야 할 실수라고 생각한다. 제한된 친사회적 정서 진단명과 결부된 특별한 진단부호는 없다. 그저 진단에 추가하면 되는 명시자일 뿐이다. 따라서 모든 품행장애 환자에게 '제한된 친사회적 정서가 동반되지 않은'을 추가할 수 있다. 이러한 이중부정은 환자의 상태가 어떻든 간에 그들에 대한 가치 있는 정보를 제공한다. (물론 저자는 모든 사람들이 친사회적이라고 표현하는 것 혹은 그것의 의미에 대해 알고 있다고 가정한다.)

F60.2 반사회성 성격장애

종종 적대적 반항장애와 품행장애에서 이어지는 마지막 경로는 반사회성 성격장애이다. 이러한 환자들은 모든 사회의 규칙을 어기는 공격적이고 파괴적인 행동에서 정점을 찍으며, 곧 가해자로 불릴지 모른다. 그러나 저자는 DSM-5-TR의 전례에 따라 이 장애에 대한 설명을 뒤로 미루고 제17장에서 다른 성격장애와 함께 설명할 것이다(618쪽).

F63.81 간헐적 폭발장애

간헐적 폭발장애 환자들은 도발 자극이 거의 혹은 전혀 없는 상황에서 갑자기 공격성을 나타내는 (고전적으로 '일촉즉발의 분노') 기간을 보인다. 이 자극들은 친구에게 지적을 받는 것, 도로에서 행인과 우연히 부딪히는 것처럼 사소한 것일 수 있지만, 이로 인해 심한 분노폭발을 보이는 것이다. 이러한 분노폭발은 언어적인 표현에 국한되기도 하지만, 실제 신체적인 폭력을 보일 가능성도 있다. 어느 쪽이든 이러한 상황은 빠르게 고조될 것이고, 때때로 완전히 통제를 잃는 상황까지 도달한다. 전체 삽화가 30분 이상 지속되는 일은 매우 드물며, 개인이 후회를 표현하거나 보석금을 내면서 종결될 수 있다.

간헐적 폭발장애 환자들은 대부분 젊은 남성이며, 상대적으로 교육 수준이 낮다(고졸 이하). 이 장애는 미국인들의 전 생애 동안 4% 정도에서 나타난다(지난 1년 동안에는 2%). 이러한 비율은 특히 연령이 더 어리고, 고등학교를 중퇴한 학력 수준을 가지고 있는 사람에게서 더 높게 나타난다. 다른 국가들에서는 미국에서보다 상대적으로 비율이 낮게 보고된다.

또한 직계 가족의 1/3 정도가 간헐적 폭발장애를 가지고 있다. 몇몇 전문가들은 강한 유전적 요소를 주장한다. 이 외에도 아동기 외상 내력 역시 간헐적 폭발장애 환자에서 비교 집단에 비해 더 높은 것으로 나타났다.

간헐적 폭발장애는 물질 사용, 기분 및 불안 장애 등의 다른 정신상태를 수반할 수 있다. 이 장애는 보통 상당한 시간이 흐른 뒤에 처음 발병한다. (임상가들은 제 I 형 양극성장애 환자의 경우, 조증 삽화 내에 있지 않을 때에만 간헐적 폭발장애로 진단 내릴 수 있음을 명심해야 한다.) 이와 관련해 중요한 것은 우리가 간헐적 폭발장애로 진단 내리기 전에, 폭발적인 삽화를 유발할 가능성이 있는 원인을 모두 배제하기 위해 필사적으로 노력해야 한다는 점이다.

간헐적 폭발장애(IED)[그렇다. 이는 즉석폭발장치(improvised explosive disorder)와 약자가 같다]에 대해 어떻게 생각하든 간에, 이는 오랜 역사를 가진 장애이다. 첫 번째 DSM(1952년 출판)에서는 그 자체가 등재되지 않았으나, 이 개념은 DSM 원서 36쪽 눈에 띄지 않는 자리에 '수동-공격적 성격장애, 공격형(passive-aggressive personality, aggressive type)'으로 위장된 채 늘 있었다. "수동-공격적 성격장애, 공격형은 좌절에 대한 반응으로 지속적으로 짜증, 분노발작 및 파괴행동을 보이는 것"이다. DSM-II에서는 '폭발적인 성격(explosive personality)'으로 불렸고, 1980년에 DSM-III로 넘어와서야 우리에게 친숙한 간헐적 폭발장애라는 형태를 띠게 되었다. 폭탄이 아니다.

간헐적 폭발장애의 핵심 특징

이 환자들은 빈번하고, 반복적이며, 충동적으로 공격폭발(언어적 혹은 해를 입히지 않는 정도의 신체적)을 보이거나 덜 빈번하게는 다른 사람이나 재산 혹은 동물에게 해를 입히는 신체적인 공격행동폭발을 보인다. 이런 폭발은 비계획적이고, 명백한 목적이 없으며, 도발 자극에 대한 극단적인 반응이다.

주의사항

ㄱ들을 다루어라

- 기간(지난 3개월 동안 해가 없는 공격을 일주일에 2회 정도 보이거나, 해를 입히는 공격을 지난 1년 이내 3회 보임)
- 기타 인구통계학적 특징(6세 이상, 혹은 이에 준하는 발달 연령)
- 고통 혹은 장애(학업적/직업적, 사회적, 혹은 개인적 손상)
- 감별진단(물질사용장애 및 신체적 장애, 인지장애, 양극성장애 혹은 주요우울장애, 반사회성 성격장애 혹은 경계성 성격장애, 일반적인 분노, 18세 미만 아동을 위한 적응장애, 파괴적 기분조절부전장애, 품행장애, 적대적 반항장애, 자폐스펙트럼장애, 6~18세의 적응장애)

DSM-5 진단기준에서는 간헐적 폭발장애를 진단하기 위해 두 가지 기준(상대적으로 가벼운 공격을 지난 3개월 동안 일주일에 2회 보임 대 심각한 폭행을 지난 1년 동안 3회 보임)을 사용하도록 처음 제안하였다. 실제로 이는 어떤 장애에 대한 어떤 DSM에서도 새로운 것이다. 이제까지 심각성에 근거를 둔 것 대 빈도에 근거를 둔 것 두 가지 기준을 모두 포함하는 장애는 없었다. 물론 거의 모든 장애의 진단기준에서는 심각성의 상이한 정도를 허용하고 있지만, 진단기준을 충족하는 항목의 개수, 정도 혹은 빈도나 지속기간의 관점에서 장애가 명시되었다.

이처럼 두 가지 측면을 포함하여 진단 내리는 것이 정당한 이유는 기본적으로 폭발의 양상이 두 가지(높은-강도/낮은-빈도와 그 반대의 경우)로 나타나며, 한 가지 측면으로 제한을 두는 것은 공격적 충동과 관련된 문제를 반복적으로 보이는 환자들의 상당 비율을 고려하지 못할 수 있기 때문이다. 실제로 많은 간헐적 폭발장애 환자들은 두 가지 행동 패턴이 혼재된 특성을 보일 수 있다.

DSM-5-TR은 환자들이 초기에 어떤 패턴을 보이는지와는 상관없이 치료의 결과와 반응이 거의 같다는 확신을 우리에게 준다. 그럼에도 불구하고 우리가 이 환자가 어디에 속하는지 말해주는 어떤 특정한 종류의 명시자를 추가하도록 독려받지 않는다면 이상하지 않은가?

리암 오브라이언

리암 오브라이언은 10대 때부터 언제 터질지 모르는 분노를 보였다. 그는 10학년 때 학교 행사가 있는 날에 잘못된 색깔의 옷을 입었다고 놀려대는 반 친구를 가위로 공격한 일 때문에 정학 조치를 받았다. 이듬해에는 야구경기 중에 홈 베이스에서 판정시비가 불거졌을 때, 그를 퇴장시킨 야구 코치의 자동차 전조등을 부순 일로 경찰에 불려가서 전조등 값을 지불한 후 풀려났다. 그 코치는 리암을 '기본적으로 좋은 아이지만 매우 다혈질인 아이'라고 표현하였다. 같은 해 신경과 의사는 그의 신체검사, EEG 및 MRI 결과 모두 정상이라고 보고했다.

리암은 처음 학교를 다니는 몇 년 동안 교실에서 가만히 앉아 있는 것과 학업에 집중하는 데 어려움이 있었다. 그가 중학교에 입학했을 때는 더 이상 그러한 행동이 문제가 되지 않았다. 사실 그는 거의 A와 B 학점을 받았으며, 폭발적인 삽화 사이 2~4개월 동안에는 '다른 평범한 아이들보다 문제가 심하지 않았다.'

고등학교 졸업 후, 그의 주기적인 분노발작 패턴은 크게 변하지 않은 채 지속되었다. 그는 동료와의 다툼으로 인해 연달아 두 번이나 직장에서 해고된 후 군대에 입대했다. 그러나 입대한 지 채 6주가 되기도 전에 그는 총검으로 자신의 선임 부사관을 공격한 일로 불명예 제대를 했다. 이러한 사건은 사소한 의견 불일치나 도발이라고 보기 어려울 만큼 가벼운 말다툼에 의해 촉발되었다. 리암은 이러한 사건 뒤 자신의 행동에 대해 후회했다고 말했다. 그에게 공격을 받은 사람들도 그가 '의도하지는 않았고 단지 예민했을 뿐'이란 점에 동의했다.

리암은 이제 25세이고, 그의 가장 최근 평가는 법원에서 의뢰된 것이다. 리암은 슈퍼마켓에서 비번인 여성 경찰관에게 체포되었다. 그녀가 15개의 참치 캔을 '빠른 계산대'에 올려두었을 때 리암은 그녀를 밀쳤다. 일반적으로 시행되는 엑스레이와 EEG(수면녹화도 시행함)를 비롯한 검사 결과들에서도 이러한 행동을 설명할 만한 병리가 발견되지 않았다. 그는 이제껏 망상이나 환각을 경험한 적이 없다고 보고하였다. 아버지가 술에 취했을 때 그의 어머니에게 함부로 대했기 때문에, 그는 항상 알코올이나 약물을 섭취하는 것에 대해 두려움을 느낀다고 말했다.

리암은 극심한 기분 변화에 대해서도 부인했지만, 그는 자신의 예측 불가능한 폭발적인 행동에 대한 후회를 표현했다. "저는 단지 제가 이러한 행동을 통제할 수 있기를 바라요."라고 그가 말했다. "저는 제가 누군가를 죽일까 봐 두려워요. 그리고 저는 그 누구에게도 화가 나 있지 않아요."

리암 오브라이언의 평가

리암에게는 최소 10년 이상 많은 행동폭발의 이력이 있었다(진단기준 A2). 그의 행동에 대한 사실은 여기서 논의될 주제는 아니다. 그는 쉽게 아래의 요구조건을 충족했다. 나이(E), 빈도, 부적절한 분노(B), 결과(현저한 고통 — D), 고의성의 결여(C). 그보다 리암을 평가한 임상가는 치료에 앞서 도움을 줄 수 있는 다른 장애의 증거가 있는지 신중히 탐색해야 한다(F).

리암의 기분이 기분장애와 관련된 격노가 아니라는 사실이 밝혀지면서, 사실상 조증이나 우울증에 관한 증거는 전혀 없었다. 그는 오랜 간격을 두고 받았던 두 번의 신경학적 평가에서, 경련성 장애에 대한 증거를 보이지 않았다. 그는 약물 혹은 알코올에 손댄 적이 한 번도 없었고, 정신병적 증상을 부인하였다. 혹시 모를 기저의 의학적 장애가 다른 의학적 상태로 인한 성격 변화를 유발할 수 있지만, 이에 관한 증거 역시 없었다.

반사회성 성격장애 환자는 난폭하고 예측 불가능한 행동을 보이지만, 이들은 리암과는 달리 자신의 잘못에 대해 죄책감을 느끼지 않는다. 그는 반사회성 성격장애의 특징인 타인을 조종함, 기만함, 냉정함을 전혀 보이지 않았다. 경계성 성격장애 환자들도 때때로 분노폭발을 보이고 싸움에 휘말릴 수 있지만, 성격장애에 대한 일반적인 진단기준에서는 먼저 다른 정신질환을 배제한 뒤 성격장애 진단을 내리도록 되어 있다(606쪽). 리암의 GAF 점수는 51점이며 진단은 다음과 같다.

F63.81   간헐적 폭발장애

F63.1 병적 방화

병적 도벽과 가게에서 물건을 슬쩍하는 것의 관계처럼, 병적 방화도 방화범 중 극히 소수에게만 해당된다. 병적 도벽이나 병적 방화 진단은 억제할 수 없는 긴장감이 해방감으로 바뀌는 전형적인 과거력이 있어야만 내릴 수 있다.

병적 방화 환자 중 적어도 80%가 남성이며, 종종 아동기 혹은 청소년기에 방화행동이 시작된다. 그들은 불의 다양한 측면에 흥미가 있고, 거짓 경보를 울리기도 하며, 불을 구경하거나 혹은 소방관이 사용하는 도구를 모으기도 한다. 심지어 자원봉사 소방관으로 일하기도 하며, 그들 자신이 소방서의 최고의 고객이 되기도 한다.

병적 방화는 충동조절장애 범주로 분류되지만, 이 환자들은 방화 장소를 물색하거나 가연성물질을 모으는 것과 같은 사전 준비를 하기도 한다. 게다가 그들은 마치 발각되거나 체포당하기를 원하는 것처럼 증거를 남기기도 한다. 방화를 하는 사람들은 자존감이 낮을 수 있고, 알려진 바에 의하면 동료들과 잘 어울리는 데 어려움을 보이는 경우가 많다. 병적 방화를 가진 사람들 사이에서 품행장애, 반사회성 성격장애, 물질 오용과 불안장애의 동반이환 여부를 잘 살펴보아야 한다.

독립적인 진단으로서의 병적 방화는 아마도 매우 드물며, 남성에게서 더 빈번하게 보고된다.

병적 방화의 핵심 특징

이 환자들은 고의로 방화를 많이 하지만, 금전적 이득, 보복, 테러행위 혹은 다른 이득에 대한 동기가 포함되어 있지 않다. 그보다 불 자체 및 불과 관련된 부가물(소방차, 흥분의 여파)에 대해 일반적으로 관심을 가지고 있다. 병적 방화 환자들은 방화하기 전에 긴장과 흥분을 느끼고, 방화 후에 해방감과 기쁨을 경험한다.

주의사항

ㄱ들을 다루어라

- 감별진단(물질 중독, 기분 및 정신병적 장애, 품행장애, 반사회성 성격장애, 섬망 혹은 신경인지장애, 지적발달장애, 일반적인 범죄행동)

엘우드 텔퍼

엘우드 텔퍼의 초기 아동기 기억은 부엌 탁자 위에서 양초가 타고 있는 것이다. 그는 의자 위에 무릎을 꿇고 있었고, 어머니는 어둠 속에 앉아 그의 아버지가 집으로 돌아오시길 기다렸다. 그의 아버지가 술을 마시면, 그들은 아주 오랜 시간 그를 기다려야 했다. 때때로 어머니는 자신의 머리카락을 불꽃에 넣었고, 그러면 구불구불하게 탄 연기가 나선형으로 천장으로 날아가곤 했다.

"아마도 그게 제가 불에 매혹되었던 이유 같아요." 엘우드는 27세 때 범죄 조사관에게 이렇게 말했다. "저는 심지어 낡은 헬멧, 1896년 사설소방대 배지와 같은 소방을 기념할 만한 많은 물품을 모았고, 저는 그것들을 골동품 가게에서 구했어요."

엘우드는 7세라는 어린 나이에 첫 방화를 했다. 그는 낡았지만 여전히 사용하기에 충분한 라이터를 발견했고, 그것으로 겨초 더미가 쌓인 공터의 기름때가 묻은 걸레에 불을 붙였다. 소방차가 도착하여 불을 끄기 전까지 대략 1/4 에이커의 평야가 약 20분 동안 아주 신나게 타들어 갔다. 그는 술에 취하지 않았을 때 그 땅을 관리했던 아버지를 패배시킨 아주 가치 있는 사건으로 그날의 흥분을 항상 기억하고 있었다.

엘우드는 주로 평야나 공터에 불을 질렀다. 한두 번은 버려진 집에 불을 지른 적도 있었는데, 먼저 집에 아무도 없는지, 심지어 뜨내기조차 없다는 것을 확인한 뒤 들어갔다. "저는 절대 누군가가 다치기를 원하지 않아요." 그는 조사관에게 말했다. "제가 좋아하는 것은 화염의 따뜻함과 색깔이에요. 그건 질리지가 않는다고요."

그는 거의 친구가 없었다. 엘우드가 고등학교에 입학했을 때, 교내에 '불팀(fire squde)'이라는 클럽이 있다는 것을 알고는 매우 기뻐했다. 그가 가입에 대해 문의했을 때, 2명의 상급생들은 그를 비웃으며 이 클럽은 명예클럽으로서 오직 학교에서 인정하는 축구 선수들만 가입할 수 있다고 말했다. 엘우드는 실망감에 메스꺼울 지경이었다. 그날 밤 그는 작은 덤불에 불을 붙였고, 이웃집

장비창고를 태워버렸다. 바로 이때 그는 처음으로 불을 통해 치유되는 느낌을 경험했다.

그는 활동을 하지 않은 채 몇 달 동안 조용히 지냈다. 그리고 나서 그는 괜찮아 보이는 평야나 공터를 눈여겨보면서 긴장감이 고조되기 시작했다. 마치 오르가슴처럼 긴장이 완화되는 기분을 더 고조시키기 위해 일부로 며칠을 그대로 보냈다. 그러나 그는 화재 현장에서 자위행위를 했는지에 대해 물었을 때 화를 내며 부인했고, "전 변태가 아니에요." 라고 말했다.

고등학교를 졸업한 후에 엘우드는 보안경보회사의 회계장부를 기입하는 일을 하기 위해, 회계 과목을 충분히 수강했다. 그는 지금까지 그 일을 꾸준히 하고 있다. 그는 결혼은 물론 데이트도 해본 적이 없으며, 가까운 친구도 없었다. 사실 그는 주변에 다른 사람이 있으면 불편감을 느꼈다. 법정 임상가는 그의 기분, 인지 혹은 사고 내용에 이상이 없다고 기록했다.

엘우드는 이번에 처음으로 체포되어 정신감정을 받게 되었는데, 이는 바로 날씨의 변화 때문이었다. 그때는 서머타임이었고, 매일 바람이 계속해서 바다 쪽으로 불고 있었다. 엘우드는 건초와 철쭉으로 채워진, 전망 좋은 평지를 골랐다. 토요일 아침 그는 일을 나갔고 여전히 바다 쪽으로 바람이 불고 있었다. 거의 통제가 불가능할 정도의 흥분과 함께, 그는 가솔린 한 통을 사용하여 불을 붙였다. 하지만 갑자기 바람의 방향이 바다 쪽에서 육지 쪽으로 바뀌었고, 그는 공포와 공황에 휩싸였다. 화염은 그가 차를 타고 왔던 작은 도로를 덮쳤으며, 그는 차로 달려 들어가서 여러 해변 마을을 지나 도주하였다. 소방관이 엘우드를 찾았을 때, 그는 돌이 많은 해변에 앉아 조용히 울고 있었다.

경찰이 엘우드의 아파트를 수색했을 때, 그들은 방화와 관련된 뉴스를 녹화한, 엄청나게 많은 비디오테이프를 발견할 수 있었다.

엘우드 텔퍼의 평가

병적 방화의 진단을 위해서는 '긴장과 해방감' 현상이 요구되는데(진단기준 B, D), 이는 상기 사례에 자세히 잘 나와 있다. 그리고 엘우드가 고의적으로 방화를 했다는 것(A)과 불 자체나 화재 진압에 필요한 도구에 매혹되었다는 점(C)에 대해서는 많은 논쟁이 필요치 않다. 임상가가 해야 할 일은 병적 도벽에서처럼 감별진단을 하는 것이다.

반사회성 성격장애 혹은 다른 성격장애 환자들도 이득을 얻거나 보복하기 위해 방화를 한다. 하지만 엘우드는 10년 동안 한 직장에 종사했고, 그의 법적 문제는 방화에만 국한되었다. 부주의로 인해 인지장애 환자들 역시 때때로 옷이나 부엌을 태울 수 있다. 그러나 엘우드는 이런 인지장애의 증상 중 그 어느 것도 보이지 않았다(F). 조현병, 조증 삽화 혹은 다른 심각한 정신질환 환자들도 때때로 메시지를 주기 위해 방화한다(예를 들어, 감옥에서 나가고 싶을 때, 예전에 살던 곳으로 돌아가고 싶을 때). 이런 행동은 의사소통적 방화(communicative arson)라고 불렸다. 감별진단에서 고려해야 할 또 다른 사항은 목적이 있는 방화이다. 정치적 시위 혹은 방해 공작의 수단이나 이득을 위해 방화할 수도 있지만(E), 이 중 엘우드에게 해당되는 것은 아무것도 없다.

엘우드는 다른 사람과 관계를 맺는 것에 어려움이 컸지만, 이 사례에서는 회피성 성격장애 진단을 지지할 만한 충분한 증거가 포함되어 있지 않다. 이것은 그가 회피성 성격장애가 아니라고 단정 짓는 것이 아니라, 성격장애를 진단 내리기 위해 더 많은 정보가 필요하다는 것을 의미한다. 저자는 그가 '회피성 성격의 특징'을 지녔다고 기록하고 싶다. 엘우드는 방화행동으로 타인을 해할 가능성이 있기 때문에 그의 GAF 점수는 20점으로 매우 낮다.

F63.1   병적 방화

많은 것 중, 이 장에는 두 가지 '마니아(mania)'[병적 방화(pyromania), 병적 도벽(kleptomania)]가 포함되어 있다. 세 번째인 발모광(trichotillomania)은 '강박 및 관련 장애' 장에서 발견할 수 있다. 이러한 장애들은 그 용어가 조증 삽화를 보인다는 의미로 사용된 것이 아니라 어떤 것에 대한 열정이나 열망을 가진다는 의미인 mania(그리스어로 '광기')가 접미사로 붙은 것이다.

F63.2 병적 도벽

병적 도벽에서 이 절도는 그 물건을 밀어로 하거나 혹은 전혀 원하지 않는데도 발생한다. 전형적으로 이러한 환자들은 체포될 때 자신이 훔친 물건값을 지불할 수 있을 정도로 충분한 돈을 가지고 있는 경우가 많다. 만약 발각되지 않았다면, 그들은 훔친 전리품들을 다른 사람에게 나누어 주거나 버릴 것이며, 심지어 가게에 돌려주기도 한다. 이런 사람들은 자신의 행동이 불법이며 그렇기 때문에 위험하다는 것을 인식하고 있지만, 훔치는 행동을 참을 수 없다. 흔히 체포에 대한 공포, 죄책감 그리고 우울이 함께 수반된다.

그렇다, 이들 외에 많은 법을 지키는 사람들도 무언가를 훔친 적이 있다. 한 연구에서 대학생의 1/4 이상이 이를 인정했다. 그러나 이들 중 0.5% 이하의 사람들만이 병적 도벽 진단기준에 부합한다. (이 진단기준은 입원 환자에게선 훨씬 더 흔하여, 8%까지 달한다.) 병적 도벽은 특히 좀 더 어린 사람들 사이에서 훨씬 더 빈번히 나타나며, 전형적으로 청소년기에 시작한다. 여성이 남성에 비해 약 3배 정도 많다. 흔히 아동기에 절도가 시작되면, 만성적인 경과를 밟는 경향이 있다.

병적 도벽은 200년 이상을 거슬러 올라가는, 진단 편람에서 가장 오래된 장애명 중 하나이다.

이 장애는 아마도 과도하게 사용되었을 수 있다. 상점에서 물건을 훔치는 사람 20명 중 단 1명 미만이 병적 도벽으로 진단받을 수 있지만, 체포되었을 때 억제할 수 없는 충동에 이끌렸다고 호소하며 기소를 피하려는 사람들이 있을 수 있다. 동반이환 진단으로는 물질 오용과 우울증을 살펴보라.

병적 도벽의 핵심 특징

이러한 사람들은 반복적으로 자신에게 실제로 필요하지 않은 물건을 훔치고 싶은 충동에 따라 행동한다. 실제 물건을 훔치기 전까지 긴장이 서서히 증가하며, 절도를 한 이후 해방감을 느낀다. 이 행동은 분노, 보복, 망상 혹은 환각으로 인한 것이 아니어야 한다.

주의사항

ㄱ들을 다루어라

- 감별진단(조증 삽화 및 정신증, 반사회성 성격장애, 품행장애, 보통의 범죄행동, 주요 신경인지장애, 꾀병)

로잔느 스타우브

로잔느 스타우브는 눈물 범벅이 된 채로 "15년이에요!"라고 이야기하였는데, 이는 그동안 상점에서 물건을 훔친 기간이자 앞으로 그녀가 징역을 살게 될지도 모르는 기간이었다.

로잔느는 27세였고, 청소년기에 한 번 검거되었던 것을 제외한다면, 이는 두 번째 검거이다. 그녀는 3년 전 20만 원짜리 실크 블라우스를 가지고 상점을 나가다 검거되었는데, 당시 자신의 범행을 인정했고, 조사를 받은 뒤 귀가하였다. 그녀로서는 운이 좋게도, 2주 뒤 그 상점은 불황에 빠졌다. 만약 불황에 빠지지 않았다면, 그 가게 주인은 절도 사건에 신경을 썼겠지만 가게 사정이 나빠지면서 다행히 기소 절차까지 밟지는 않았다. 그녀는 이 사건으로 인해 심한 두려움을 느꼈고, 이후 몇 달 동안 상점에서 물건을 훔치고픈 유혹을 참아냈다.

로잔느는 결혼을 해서 4세짜리 딸이 있었다. 그녀는 군대의 민간 도급업체의 연구 보조원으로 일했기 때문에, 유죄판결을 받는 것은 기밀문서에 대한 보안 허가와 그녀의 일자리를 위태롭게 할 수도 있었다. 로잔느의 남편은 과거 그녀의 절도가 발각되었을 때, 다시 한번 이러한 일을 저지른다면 그녀와 이혼하고 자녀의 양육권도 본인이 갖겠다고 으름장을 놓았다.

"저도 제가 왜 그랬는지 모르겠어요. 저도 스스로에게 왜 그러는지 수천 번씩 되묻곤 해요." 로잔느는 절도행위를 제외하고는 스스로를 꽤 평범한 사람으로 생각했다. 그녀는 친구가 많았고, 적이라 할 만한 사람도 없었다. 대부분의 시간 동안 그녀는 꽤 행복했다. 또한 정직했고, 심지어 남편이 세금을 신고할 때 속임수를 쓰는 걸 허용하지 않았다.

로잔느는 6~7세 때 처음으로 가게에서 물건을 훔쳤는데, 그것은 2명의 학교 친구와 도전 삼아 해본 것이었다. 그녀의 어머니가 편의점에서 가져온 사탕을 발견했을 때, 그녀를 데리고 편의점에 가서 가게 점원에게 직접 사탕을 돌려주도록 시켰다. 그 이후 그녀는 몇 년 동안 다른 것을 훔치고 싶다는 생각이 들지 않았다.

중학생이었을 때, 그녀는 주기적으로 어떤 긴장감이 내면에 점점 커지는 것을 감지했다. 그것은 마치 그녀가 긁을 수 없는 골반의 깊은 안쪽이 간지러운 듯한 느낌이었다. 며칠 동안 그녀는 점점 더 참을 수 없을 것 같은 느낌을 받았지만, 한편으로 흥분되는 기대감을 함께 느꼈다. 결국 그녀는 걸어가는 도중에 있는 아무 가게나 쏜살같이 들어가 어떤 물건을 코트나 핸드백 안에 숨겼고, 밖으로 나가 해방감을 만끽했다. 한동안은 절도행위가 그녀의 월경 주기와 관련이 있는 것처럼 보였으나, 시간이 지나 17세가 되자 이러한 행동은 완전히 무작위로 발생하였다.

"저도 제가 왜 그랬는지 모르겠어요." 로잔느가 다시 말했다. "물론 전 체포당하길 원하지 않아요. 하지만 제가 그럴 만한 행동을 했죠. 전 저와 우리 가족의 삶을 망가뜨렸어요. 저에게 다른 화장품이 필요한 것도 아닌데요. 집에 이미 15개나 있는데도 말이죠."

로잔느 시디우브의 평가

일반적으로 상점에서 물건을 훔치는 사람들은 그들의 절도를 미리 계획하고 이를 통해 이익을 얻지만, 로잔느는 그녀가 필요로 하지 않는 물건들을 반복적으로 절도하고 싶은 충동을 나타낸다(진단기준 A). 그리고 그들은 로잔느의 절도 삽화에서 보인 특징인 고조되는 긴장감(이어지는 해방감 — B, C)을 경험하지 않는다. 반사회성 성격장애 혹은 다른 성격장애 환자들은 충동적으로 절도할 수 있지만, 그들은 로잔느와는 다르게 다른 많은 반사회적 행동을 저지른 내력이 함께 발견된다(E). 범죄자들이 병적 도벽의 증상이 있다고 거짓으로 호소할 때, 병적 도벽보다는 꾀병을 먼저 진단해야 한다. 때때로 조현병이나 조증 삽화를 보이는 환자들도 그들에게 물건을 훔치라고 명령하는 환청을 듣는다. 로잔느는 환각을 경험하지도 않았고, 화가 나거나 보복을 하려는 것으로 보이지도 않았다(D).

종종 불안, 죄책감, 우울감이 이 장애와 관련된다. 그러므로 범불안장애, 지속성 우울장애(기분저하증)와 주요우울장애 등의 진단을 고려해야 한다. 병적 도벽은 또한 섭식장애, 특히 신경성 폭식증과 관련 있을 수 있다. 물질사용장애 환자들은 약물 사용 습관을 유지하기 위해 절도를 할 수 있다. 그러나 이 중 그 어떤 것도 로잔느에게 해당되는 것은 없었다. GAF 점수 65점과 함께, 그녀의 진단은 다음과 같다.

F63.2　　　　병적 도벽

긴장과 해방감(혹은 '안도감')은 몇몇 DSM-5-TR 장애를 기술하는 어구이다. 이러한 장애 중에는 병적 방화와 병적 도벽이 있으며, 발모광에서도 찾을 수 있다(비록 발모광은 더 이상 이 장의 진단기준에 포함되지 않지만). 전형적인 불안과 긴장의 고조는 때때로 하루 이상, 절도에 대한 충동으로 압도될 때까지 나타난다. 일단 훔치는 행동을 하면, 개인은 안도감 혹은 기쁨으로 지각될 수 있는 해방감을 경험한다. 그러나 그 이후에는 후회나 반성이 정서를 지배하게 된다.

F91.8 달리 명시되는 파괴적, 충동조절 그리고 품행장애

F91.9 명시되지 않는 파괴적, 충동조절 그리고 품행장애

충동조절 혹은 품행에 대한 어떤 문제가 위에서 기술하거나 혹은 DSM-5-TR 중 그 어떤 장애의 진단기준에도 충족되지 않을 때 두 가지 범주 중 하나를 사용하라. 늘 그랬듯이 달리 명시되는 범주는 당신이 구체적인 징후에 대해 명시하고자 할 때 사용될 것이다. 명시되지 않는 범주는 당신이 명시하기를 원치 않을 때 사용할 것이다.

R45.89 손상적 감정폭발

CHAPTER 15

물질관련 및 중독 장애

물질관련 및 중독 장애의 빠른 진단 지침

모든 향정신물질은 세 가지 기본적인 장애유형을 야기한다 — 물질 중독, 물질 금단 및 현재 물질사용장애라고 불리는 것(이전에는 '물질의존 및 물질남용'). 대부분의 이러한 DSM-5-TR 진단용어는 논의된 거의 모든 물질에 적용된다. 예외의 경우에는 주의해야 할 것이다. 게다가 도박장애의 진단적 특징과 일부 생리적 특징이 물질 사용의 특징과 거의 유사하기 때문에 도박장애가 이 장에 포함되었다.

기본적인 물질관련범주

물질사용장애. 물질사용장애 환자들은 임상적으로 중대한 고통이나 기능의 손상을 유발하고, 어떤 행동적 특징을 초래할 정도로 빈번하게 물질을 사용한다. 특히 물질사용장애는 만성통증을 치료하기 위해 약물을 사용하면서 우연히 나타날 수 있으며, 카페인을 제외한 모든 종류의 약물과 관련된다는 것이 발견되었다. 논의를 위해 알코올사용장애를 하나의 모델로 제시하면서 444쪽에서 설명하겠다.

물질 중독. 이러한 급성적인 임상상태는 최근이 과도한 물질 사용으로부터 야기된 것이다. 어느 누구라도 중독될 수 있다. 이 진단은 단 한 번만 물질을 사용한 사람에게도 적용이 가능한 유일한 물질관련 진단이다. 니코틴을 제외한 모든 약물이 중독에 대한 특정한 증후군을 보이며, 이러한 증상은 이후에 나오는 표 15.1(453쪽)에 요약되어 있다. 물질 중독에 대한 일반적인 논의는 알코올을 모델로 사용하여 461쪽에서 설명하겠다.

물질 금단. 빈번하게 물질을 사용했던 사람들이 물질을 중단하거나 물질 사용의 양을 현저하게 줄일 때 특정한 증상의 집합이 나타날 수 있다. 펜시클리딘(PCP), 기타 환각제 및 흡입제를 제외한 모든 물질이 공식적으로 확인된 금단 증후군을 보인다. 이는 표 15.1(453쪽)에서 확인할 수 있다. 물질 금단에 대한 논의는 다시금 알코올을 모델로 사용하여 451쪽에서 설명하겠다.

물질의 특정 범주

여기에서는 이후에 세부적으로 논의될 물질들을 제시하였다.

알코올(446쪽)

암페타민 또는 기타 중추신경계자극제(코카인 포함)(509쪽)

카페인(466쪽)

대마(473쪽)

환각제(PCP 포함)(479쪽)

흡입제(490쪽)

아편계(495쪽)

진정제, 수면제 또는 항불안제 약물(502쪽)

담배(521쪽)

기타(또는 미상의) 물질(523쪽)

기타 물질로 유발된 장애

대부분의 DSM-5-TR 장에서는 물질 사용과 관련된 장애를 포함하고 있다. 니코틴을 제외한 모든 종류의 물질이 해당된다. 이러한 장애는 중독이나 금단 기간 동안 경험되거나, 물질 오용 및 금단 증상이 사라진 이후에도 오랫동안 지속되는 물질 사용의 결과로 나타날 수 있다. 여기에는 다음을 포함한다.

정신병적 장애(86쪽)

기분(양극성 혹은 우울)장애(150쪽)

불안장애(200쪽)

강박 및 관련 장애(225쪽)

수면-각성장애(384쪽)

성기능부전(413쪽)

섬망(544쪽)

주요 또는 경도 신경인지장애(594쪽)

비물질관련장애

도박장애. 환자들은 반복적으로 도박을 하며, 종종 이러한 행위로 인해 돈, 직업 및 친구들을 잃기도 한다(531쪽).

도입

21세기의 사람들은 증가하는 다양한 종류의 향정신물질을 접할 수 있다. 그러나 이러한 물질을 사용하는 것은 기본적인 행동적, 인지적 및 생리적 문제들을 야기할 수 있다. 이러한 모든 물질은 중추신경계에 영향을 끼치며, 여기에는 치료약물, 중독성 화학약품 및 불법약물이 포함된다. 그러나 몇몇 물질 — 알코올, 카페인 및 담배뿐만 아니라 일부 흡입제 — 은 처방전 없이 합법적으로 구할 수 있다.

DSM-5-TR은 (ICD-10에서는) 300가지가 조금 넘는 물질관련장애를 열거하고 있다. 모든 하위부호 및 세부진단을 고려할 경우, 물질관련장애가 있는 환자들을 부호화하기 위한 방식이 수백 가지가 될 수 있다. 이러한 모든 물질에 대해서 임상가는 원인이 되는 물질, 문제의 유형 및 어떤 경우에는 문제행동의 시작과 물질 사용 간의 시간 관계를 명시해야 한다.

DSM-5-TR은 물질을 분류하기 위하여 아홉 가지 주요범주와 포괄적인 기타(또는 미상의) 범주를 사용한다. 이러한 범주들이 모두 인위적이기는 하지만 이 범주들 사이에서 우리는 특정한 유사점을 확인할 수 있다.

- 중추신경계억제제(알코올과 진정제, 수면제 또는 항불안제)
- 중추신경계자극제(코카인, 암페타민 및 카페인)
- 지각-왜곡 약물[흡입제, 대마, 환각제 및 펜시클리딘(PCP)]
- 마취제(아편계)
- 니코틴
- 기타 물질(코르티코스테로이드류 및 기타 치료약물)

전문용어는 변화되고 있지만 기본적인 문제들은 바뀌지 않고 그대로 남아 있다. 사람들이 알코올과 약물을 오용한다는 것은 사실이다. 물질사용장애 용어가 가진 문제들 중 하나는 이 장애가 다른 저자, 기타 물질, 다른 시대(및 다른 DSM들에 따라)에 따라 매우 다양하게 정의되었기 때문에 정확히 물질사용장애가 무엇이며, 누가 물질사용장애를 보이는지에 관해서 상당한 의견 차이를 보인다는 점이다.

DSM-5-TR은 거의 일관된 관점으로 모든 물질관련장애를 정의한 전통을 이어받았다. 문제는 우리가 일관성을 계속 재설계해야 한다는 것이다. 현재 사용하는 정의는 '알코올 중독(alcoholism)', '문제가 되는 음주(problem drinking)', '삽화적인 과도한 음주(episodic excessive drinking)', '중독(addiction)', '습관(habituation)', '의존(dependence)', '남용(abuse)' 및 기타 수년간 정신을 변화시키는 물질을 사용하는 사람들에게 적용된 이전의 (종종 비난하는 의미의) 용어들을 대체하고 있다.

물론 대부분의 성인들은 어떤 물질을 사용하지만 대부분은 물질을 병리적으로 사용하지는 않는다. 그렇다면, '병리적인 사용'이란 무엇인가? 이는 긍정적인 효과보다 부정적인 효과가 훨씬 클 정도로 물질을 사용하는 것으로 정의된다. 종종 이는 빠른 시점부터 나타나는데, 일부 환자들 및 일부 물질의 경우에는 처음 그 물질에 노출되었을 때부터 병리적인 사용이 나타난다. 보다 전형적으로는 물질 사용이 빈번하거나 과도하거나 혹은 두 가지 모두 해당되는 경우 나타나며, 항상 신체적 및 정서적 증상 및 부적응적인 행동 변화와 연관된다.

물질 사용의 증상 중 어떤 것도 왜 물질 사용자들이 그들이 선택한 물질을 좋아하는지에 대해서 설명해 주지 못한다는 점에도 주목해야 한다. 객관적이고 일관적이 되기 위한 노력으로, DSM-5-TR 진단기준은 특정한 물질 중독에서의 다양하고 미묘한 차이를 고려하지 않았다. 예를 들어서, 알코올 중독 단계에 대한 풍부한 기술은 사라졌다. 이러한 진단기준을 보충하기 위해서는 정신건강에 대한 교재, 과학적인 논문 및 저작물을 찾아봐야만 한다.

저자는 새로운 용어에 적합하면서 편리하게 기술할 수 있는 물질사용장애에 관한 명사를 오랜 기간 찾고 있었다. 결국 저자는 우려하는 마음을 내려놓고, 이것을 '중독'이라고 부르기로 결정했다. 물질 사용 관련 많은 전문가들이 중독이라는 말이 적절하고 간결하게 행동을 기술한다는 점에서 이 용어가 제외된 것을 유감으로 여길 것이다.

마지막으로 주목해야 할 점은 다음과 같다. **물질-유발**은 거의 모든 약물사용장애, 즉 중독과 금단, 그리고 특정 화학작용제에 의해 발생하는 모든 행동 및 정신 상태(기분 또는 알코올 장애와 같은)를 포괄하는 데 사용되는 DSM-5-TR 용어이다. **물질-관련**은 상술한 모든 상태에 더하여 물질사용장애(우리가 중독이라고 부르는 것)를 의미한다. 이 모든 것들은 필요 이상으로 복잡해 보이지만, 우리는 전문가다. 우리는 대처할 수 있다.

알코올관련장애로 설명되는 기본적인 물질관련범주

본 장의 이 부분에서 저자의 관점은 DSM-5-TR의 구성과는 약간 다르다. 각각의 물질사용장애, 중독 및 금단 범주에 대해 알코올을 예시로 사용해서 그 핵심 특징을 제시할 것이다. 이후에 어떤 중독 및 금단 증후군도 각각의 다른 물질범주에 적용하여 논의된다. 또한 각 물질과 관련된 다른 장애들을 간략하게 언급하고자 한다.

물질사용장애

이중선 안에 기술된 내용과 같이 수년 동안 임상가와 연구자들은 중독의 정의에 대해 논쟁을 했다. DSM-5-TR 접근에서는 물질사용장애를 물질을 오용하는 사람들의 핵심적인 행동으로 정의하였다. 이러한 진단기준은 중독의 유형을 명시하고 있으며, 이는 행동적 증상, 생리적 및 인지적 증상을 포함한다. 물질사용장애 진단에 관한 용어를 연습 삼아 검토해 보자.

1. 물질 사용은 문제가 된다. 비록 처음의 의도는 다른 문제에 대처하기 위해서 시작했을 수 있지만, 결국 이는 자신의 상황뿐만 아니라 친척이나 지인들의 상황까지 악화시킨다.
2. 물질을 사용하는 패턴이 있다. 물질 사용은 예측 가능한 습관적인 패턴으로 반복된다.
3. 효과가 임상적으로 중요하다. 물질 사용 패턴은 전문가가 주의를 기울이게 하거나, 그러한 주의를 받는 게 정당하다. [실제로 공식적인 DSM-5-TR의 표현은 "임상적으로 유의미한

(clinically significant)"이다. 그러나 '유의미한'이라는 단어는 통계적인 함의가 있고, 종종 이를 임상 현장에서 사용하기에는 적절하지 않다. 중요한(important)이라는 단어가 여기에서는 더 적합하다. 저자는 때때로 '**중요한(material)**'이라는 형용사로 대체하여 사용했다.]

4. 물질 사용은 고통 혹은 손상을 야기한다. 물질 사용이 환자의 정서 혹은 활동을 부정적인 방식으로 변화시키기에 충분히 심각해야 한다. 따라서 물질사용장애는 물질과 관련되지 않는 많은 정신적 장애에서 사용된 용어와 유사한 면에서 정의된다.

5. 환자의 삶에서 장애는 열한 가지 목록에서 적어도 두 가지 증상으로 나타나야 한다 — 의도한 것보다 많은 양의 물질 사용, (대부분 헛된) 물질 사용을 줄이려는 시도, 물질을 얻거나 사용하기 위해 많은 시간을 보냄, 물질에 대한 갈망, 역할 책임 회피, 사회적 문제, 직업 혹은 역할 수행에 있어 중요한 활동 감소, 신체적 위험에도 불구하고 물질을 사용함, 신체적 혹은 심리적 장애가 유발될 가능성이 있다는 것을 알면서도 물질을 사용함, 내성, 금단 증상. 이러한 11개 증상 중에서 확인된 개수에 의해 심각도가 판단된다(451쪽 이중선 안에 기술된 저자의 경고를 참조하라).

마지막으로 물질사용장애, 중독 및 금단을 진단하는 데 있어서, 해당 물질의 약효 및 몸에서 제거되는 속도가 환자의 문제에 영향을 미칠 가능성을 고려해야 한다. 물질의 빠른 흡수(흡연, 비강 흡입, 정맥주사)는 약효가 보다 빠르고 짧게 작용되며 물질사용장애를 보일 가능성을 더 높인다. 반감기(몸에 남아 있는 물질의 반이 배출되는 데 걸리는 시간)가 더 길수록 물질 사용자가 금단 증상을 보일 가능성은 줄어들지만 금단 증상을 경험하는 기간이 늘어난다.

'복합물질의존'에서는 어떤 일이 생길까? DSM-IV에서는 환자가 두 가지 이상의 물질을 사용하는 상황을 기술할 때 이 용어를 사용했다. 이러한 물질 중 어떤 하나만으로는 중독 진단에 해당될 만큼의 문제를 보이지는 않지만, 전체를 합치면 진단'범주'를 충족하기에 충분한 물질 사용 증상을 보인다. 이 정의는 덜 복잡하고 거의 사용되지는 않는다. 또한 누구에게 어떤 증상이 예상되는지에 관한 연구가 거의 없다.

DSM-5-TR에서는 앞서 기술된 몇 가지 진단기준을 약간씩 충족하는 사람들에 대해서는 관련된 각 물질에 대해 명시되지 않는 물질관련장애, 혹은 달리 명시되는 물질관련장애로 진단 내려야 한다고 언급하고 있다. 어떤 사람들은 명시되지 않는 물질관련장애, 혹은 달리 명시되는 물질관련장애 범주를 사용하는 것이 도움이 된다고 저자를 설득할 수 있을 것이다.

알코올사용장애

거의 절반 정도의 미국 성인들은 살면서 최소한 한 번쯤은 일종의 알코올로 인한 문제(음주 운전, 숙취로 인한 결근)를 경험할 수 있지만, 훨씬 적은 수의 사람(약 10%)만이 알코올사용장애 진단을 충족하기에 충분한 문제를 보인다. 알코올사용장애 진단기준은 저자가 아래에서 일반적인 형태로 기술한 기타 물질사용장애의 진단기준과 동일하다는 것에 주목하라.

알코올 중독은 매우 흔하다. 미국 인구의 1/4 이상이 한 번쯤은 이러한 문제를 겪으며, 그중 절반 정도는 심각한 정도의 수준에 이른다. 알코올 중독이 발생할 위험은 남성과 여성에서 3:2 정도의 비율로 나타난다. 10대에 발병하는 경향이 있지만, 노년 집단에서도 발생할 수 있다. 이 질환에 있어서 금단과 같은 생리적 문제는 훨씬 이후에 나타날 가능성이 있다.

알코올 중독은 유전성이 높다. 일촌 관계에서는 일반 집단에 비해 위험도가 몇 배나 높다. 알코올 중독은 동반이환 장애가 많으며, 특히 기분장애와 반사회성 성격장애가 이에 해당된다.

물질사용장애의 핵심 특징

물질사용장애 환자들은 그들 삶의 다양한 영역에서 만성적이거나 반복적인 문제를 야기할 정도로 그들이 선택한 물질을 사용한다.

- **개인적인 삶 그리고 대인관계적 삶**. 그들은 선택한 물질을 사용하기 위해서 가정생활(배우자/파트너, 부양 가족으로서의 의무) 및 심지어 가장 좋아하는 취미 활동도 소홀히 한다. 그들이 돌봐야 할 사람들과 (신체적으로나 언어적으로) 다툰다. 그리고 물질 사용이 대인관계 문제를 야기한다는 것을 알아차리지만 물질 사용을 지속한다.
- **고용**. 이전에 직업 혹은 다른 중요한 활동에 전념했던 노력을 현재는 물질을 얻고, 물질을 사용하며 물질 사용을 통해 기운을 차리는 데 쏟는다. 그 결과, 이러한 사람들은 반복적으로 결근하거나 해고된다.
- **통제**. 그들은 자신이 의도했던 것보다 자주 더 많은 양의 물질을 사용하거나, 장기간 물질을 사용한다. 사용을 줄이거나 중단하려는 시도에 실패한다. 이 모든 과정 중에 그들은 자포자기하여 더 많은 물질을 갈망한다.
- **건강 및 안전**. 물질 사용자는 신체적으로 위험한 행동(가장 흔하게는 운전을 하는 것)에 관여하며, 관련된 법적 문제가 뒤따를 수 있다. 그들은 간경변 혹은 정신적인 문제와 같은 지속적인 건강 문제를 유발한다는 것을 알고 있지만 물질 사용을 지속한다.
- **생리적 결과**. 내성이 생긴다. 물질의 효과가 더 줄어들고, 그래서 더 많은 양의 물질을 사용하게 된다. 그리고 그들이 물질 사용을 중단한다면 그 물질에 특정적인 금단 증상으로 고통을 받는다.

주의사항

대부분의 환각제에는 내성이 없지만, 물질 사용자는 펜시클리딘(PCP)의 자극 효과에 대해서는 내성을 보일 수 있다. 그리고 카페인사용장애와 관련된 범주는 없다.

PCP, 다른 환각제 혹은 흡입제에는 금단이 없다.

처방대로 치료약물을 복용하여 유발된 내성 혹은 금단은 이에 해당되지 않는다.

ㄱ들을 다루어라

- 기간(해당되는 증상은 지난 12개월 안에 발생해야만 함)
- 감별진단(신체적 장애, 거의 모든 다른 DSM-5-TR 장의 주요 장애, 정말로 기분 전환용으로 사용한 경우)

부호화 시 주의점

경과 변경인자

조기 관해 상태. 3~12개월간 (갈망을 제외한) 진단기준을 만족하지 않는다.

지속적 관해 상태. 12개월 이상 (갈망을 제외한) 진단기준을 만족하지 않는다.

통제된 환경에 있음. 환자가 물질 사용이 제한된 환경에 있다.

유지치료 중. 담배에만 적용한다.

심각도(변경인자, 임상적 판단에 근거하여)

경도. 2~3개의 증상이 존재한다.

중등도. 4~5개의 증상이 존재한다.

고도. 6개 이상의 증상이 존재한다

표 15.2의 부호를 참고하라.

퀜틴 매카시

"저는 잠깐 중단할 수는 있었지만 완전히 끊을 수는 없었어요." 퀜틴 매카시는 43세이며, 술에 관해 얘기하는 중이다. 그는 성인기 동안에 자신이 성공한 두 가지인 음주와 보험 판매에 관해 이야기하고 싶어 한다. 현재 그는 이 두 가지 모두에서 곤란을 겪고 있다.

퀜틴의 부모 두 분은 모두 변호사이며, 그는 세 형제 중 둘째로 태어났다. 그의 두 형제는 모두 우수한 학생이었다. 퀜틴은 명석했지만 과도하게 활동적이었고, 튀는 행동으로 친구들에게 놀림을 받았다. 학교 재학 중에, 그는 체육 시간 외에는 다른 어떤 수업에도 집중을 잘하지 못했다.

부모님을 기쁘게 해드리기 위해서 고등학교 졸업 이후에 퀜틴은 2년제 대학을 한 학기 다녔다.

퀜틴의 대학생활은 고등학교 때보다도 좋지 않았다. 그가 대학에 다니게 된 유일한 이유는 죄책감이었다. 그의 형은 법학전문대학원을 수석으로 입학했고, 그의 남동생은 주립과학경진대회에서 우승한 데 반해, 퀜틴은 그의 생일날 징병추첨에서 뽑혔던 것이 기쁠 따름이었다. 다음 날 그는 군대에 입대하였다.

학교에 다니는 동안에 퀜틴은 타자 기술을 배운 적이 있었고, 이로 인해 그는 대대의 행정병으로 배치되었다. 그는 4년간의 군복무 동안에 화가 나서 총을 쏜 일은 전혀 없었다는 이야기를 하는 것을 좋아했다. 퀜틴보다 나이 많은 사람들의 음주와 비교했을 때 그의 음주는 적당했다. 몇 번 싸움에 휘말린 적이 있었지만, 잘 대처해서 심각한 문제에 이르는 것은 피할 수 있었다. 그는 두 번의 베트남 복무기간을 거쳐 병장 계급을 달고 22세에 제대하였다.

제대 후에 그의 삶은 갑자기 진지해졌다. 퀜틴은 군대매점에서 아르바이트를 하는 동안에 자신이 영업에 타고난 재능이 있다는 것을 알게 되었다. 그래서 그가 생명보험을 판매하는 직업을 가지게 된 것은 필연적인 것처럼 보였다. 또한 그가 직장 사장의 딸과 결혼한 것은 현명한 선택이었다. 결혼한 지 2년 후에 그의 장인어른이 갑자기 돌아가셨고, 퀜틴은 회사의 사장이 되었다.

"사업이 저를 성공하게 했고, 사업이 저를 망쳤어요."라고 퀜틴이 말했다. "전 사람들과 점심을 먹으면서 보험을 팔았고, 많은 돈을 벌었어요. 저는 영업을 하기 위해서 그들과 술을 마시는 거라고 스스로에게 말했지만, 그건 합리화일 뿐이었어요."

점차 시간이 지나면서, 퀜틴은 점심 식사 중 마셨던 두 잔의 마티니는 네 잔이 되었다. 31세가 되었을 때, 그는 점심을 완전히 거르고, 취기가 도는 상태가 되도록 오후 내내 술을 한 모금씩 마시는 지경에 이르렀다. 최근, 그는 때때로 하루가 끝날 무렵 그의 책상 서랍 속에 있던 많은 술병들이 비워져 있는 모습을 보고 놀라곤 했다.

지난 한 해 동안에 퀜틴에게 뜻밖의 두 가지 불쾌한 일이 발생했다. 첫 번째는 주치의가 그에게 지속되는 배꼽 위의 고통이 궤양 때문이며, 건강을 위해서는 술을 끊어야 한다고 얘기한 것이다. 두 번째 일은 그의 자존심을 손상시켰다는 점 때문에 첫 번째 일보다 더 좋지 않았는데, 그것은 오후에 점심을 먹으면서 발생했다. 퀜틴이 운영하는 회사의 오랜 고객이었던 한 사람이 상당한 규모의 거래를 다른 회사로 옮길 거라고 말한 것이다. 퀜틴의 아내는 퀜틴이 술에 취해서 영업을 한 결과라며 편치 않는 기색을 내비쳤다. 이제와 돌이켜 봤을 때, 퀜틴은 고객들이 계약을 해지했던 몇몇 경우가 있었다는 것을 깨달았다.

이로 인해 퀜틴은 술을 끊거나 아니면 적어도 음주량을 줄이기로 결심했다. ("술을 끊는 것은 쉬워요."라고 퀜틴이 슬픈 듯이 말했다. "저는 한 달에 두 번쯤 그렇게 하거든요.") 처음에 그는 오후 5시 전에는 술을 마시지 않겠다고 스스로에게 다짐했다. 그러나 이는 너무나도 엄격한 것으로 증명되었고, 퀜틴은 이후에 '점심시간 동안에' 술을 마시지 않겠다고 계획을 수정했다. 그의 책상 서랍 속에 버번위스키 술병의 양이 여전히 빠르게 비워지는 것을 본 뒤, 퀜틴은 익명의 알코올 중독자 모임에 참여하기로 결심했다. "그렇게 하는 것은 소용이 없었어요."라고 그는 말했다. "거기 있는 일부 사람들로부터 들은 얘기들은 마치 제가 술을 입에도 대지 않는 사람인 양 느끼게 했어요."

결국에 그의 아내가 한 말이 그로 하여금 평가를 받으러 오게 하였다. "당신은 즐거운 시간을 보내려고 술을 마시곤 했는데 "지금 당신은 술이 필요하기 때문에 술을 마시고 있어요."

퀜틴 매카시의 평가

물질사용장애의 핵심 특징(앞 내용 참조)이 특별히 복잡하지는 않지만 장황한 면이 있다. 퀜틴의 알코올 사용 과거력에는 물질사용장애의 핵심 특징이 많이 기술되어 있다. 진단을 위해서는 적어도 두 가지 특징을 충족하도록 요구되며, 이러한 특징들이 1년 이내에 발생해야만 한다. 이러한 특징들이 평가받기 1년 전에 발생해야 한다는 것은 아니며, 단지 증상이 있는 기간 내에 문제가 나타나야만 한다. 때때로 일부 환자들이 갑작스럽게 새로운 증상을 보이거나 원래 보였던 증상이 없어질 수 있다는 점에 주목해야 한다.

- **과도한 물질 사용.** 대부분의 사람들은 비교적 적은 양의 물질 사용으로 시작한다('식사 전에 딱 한 잔'). 하지만 결국에는 저녁 식사를 거르고 술만 마시게 된다. 결과적으로 그들은 자신이 의도했던 것보다 물질을 더 많이 사용하게 된다. 하루가 끝날 무렵에 퀜틴은 그가 얼마나 많은 버번위스키를 마셨는지에 대해 때때로 놀랐다(진단기준 A1).
- **통제 문제.** 퀜틴이 그랬듯이, 사람들은 물질을 완전히 중단하는 것은 매우 끔찍하고 두려운 것이라고 생각하면서, 규칙을 세워 그들이 사용하는 물질의 양을 줄이려고 시도할 수 있다(A2). 결국 퀜딘은 통제에 대한 도움이 필요하다는 것을 깨닫고 일코올 중독자 모임에 참여했지만 소용이 없었다.
- **시간 투자.** 이러한 증상은 특히 알코올 외의 물질을 사용하는 사람들에게 특징적이다. 알코올 사용자는 술에 취하거나 말거나 종종 다른 활동들을 지속한다. 그리고 담배처럼 알코올은 합법적이며, 따라서 구하기가 쉽다. 퀜틴이 일을 제대로 했다고 하더라도 많은 시간을 음주를 하면서 보냈으므로 아마도 그는 이 진단기준을 충족할 것이다(A3). 특히 알코올 외의 약물(drugs)을 사용하는 다른 환자들은 약물을 지속적으로 구하기 위해서 많은 시간을 허비할 수 있다. 예를 들어서, 커크 오프더하이드의 사례를 참조하라(504쪽).
- **갈망(A4).** DSM-5에서 새롭게 추가된 이 진단기준은 많은 전문가들이 이전 DSM들에서 누

락되어 있다는 점을 불평했던 기준이다. 이것은 물질 사용 및 도박과 같은 다른 행동에서의 도파민 방출과 연관된다. 퀜틴의 사례에서는 알코올에 대한 갈망에 주목하지는 않았지만, 아마도 면담자가 질문해야 하는 것을 잊어버렸던 것 같다.

- **의무 회피(A5).** 알코올사용장애가 있는 대부분의 환자들은 음주를 하기 위해서 가정, 지역사회 혹은 직장에서 자신의 책임을 다하지 못한다. 퀜틴은 이 진단기준에는 해당되지 않는다.
- **악화되는 대인관계/사회적 관계.** 환자는 물질 사용이 가까운 관계에서 다툼과 언쟁을 유발할지라도 물질 사용을 지속한다. 퀜틴의 고객이 다른 회사와 계약을 한 것이 그 예이다(A6).
- **다른 활동의 감소(A7).** 물질사용장애 환자들은 주로 직장 및 사회적 활동을 소홀히 한다. 이것은 일해야 할 시간에는 일에 전념했던 퀜틴의 경우에는 해당되지 않는다(비록 일부 고객이 그의 음주를 반대했지만).
- **신체적 위험을 무시한다(A8).** 물질의 영향하에 있는 동안에 운전을 하는 것은 단연코 가장 흔하지만, 산업용 중장비를 작동하는 것과 같은 다른 많은 일도 발생할 수 있다. 퀜틴의 사례에서는 신체적 위험에 관한 것이 나타나지는 않았다.
- **심리적/의학적 경고를 무시한다.** 퀜틴은 궤양이 있다는 위험에도 불구하고 술을 마셨다(A9). 다른 환자들은 간질환(간경변, 간염), 혹은 오래 지속된 구역질 후에 파열될 수 있는 식도정맥류에 대한 의사의 경고를 무시할 수 있다. 정맥 주사를 통해 약물을 사용하는 사람들은 잘 알려진 HIV 및 간염의 위험에도 불구하고 종종 주삿바늘을 타인과 함께 사용하는 것을 지속한다. 자살 사고, 기분장애 및 정신병이 대부분의 물질에 의해 악화될 수 있으나 마찬가지로 무시된다.
- **내성.** 물질 사용자의 신체에 평소와 같은 화학적 효과를 내기 위해서 훨씬 과도하게 물질을 사용하는 것을 내성이 생겼다고 말한다. 특히 내성은 알코올, 아편계 및 진정제에서 명백하게 보이나, 환각제를 제외한 기타 물질에서도 나타날 수 있다. 내성으로 인해 환자들은 동일한 효과를 얻기 위해서 더 많은 양의 물질을 필요로 하거나 같은 용량으로는 효과가 감소했다고 느끼거나 혹은 이 모두를 경험하게 된다. 퀜틴은 그의 술병 속 술이 빠르게 줄어드는 속도에 놀랐을 때, 이 중 일부를 경험했다(A10).
- **금단(A11).** 이 진단기준은 물질 종류에 따른 특정 범주에 특징적인 증상 혹은 이러한 증상을 다루거나 피하기 위해서 물질을 사용하는 것으로 나타날 수 있다. 퀜틴은 기분 좋고 활기찬 상태를 유지하기 위해 오후 내내 술을 마셨기 때문에, 우리는 아직 그에게 이 진단기준을 부여할 수 없다. 물질 금단에 대해서는 이 이후에 더 자세하게 논의된다.

요약하자면, 퀜틴은 알코올사용장애 진단기준 11개 중에 적어도 5개, 최대 6개의 진단기준에 해당된다. 다음 사례는 퀜틴이 알코올 금단에 대한 진단기준을 충족하는지를 보여줄 것이다.

DSM-5는 물질사용장애들에 특유의 심각도 진단기준을 포함시킨 첫 번째 진단 지침서였다. 이는 본 장에서 물질 남용 범주가 삭제되었기 때문인데 1980년 이후 출판된 이전 DSM들에서 많은 임상가들은 물질 남용 범주를 '물질 사용'의 일종으로 오해하기도 했다. 수년 동안 수많은 연구를 통해 물질 남용 진단기준은 타당도와 신뢰도가 낮다는 것이 밝혀졌다. 알코올 남용 진단을 내릴 때는 전형적으로 한 가지 진단기준에 기초한다. 이는 중독된 상태에서 운전을 하는 것과 같은 위험한 행동이며, 하나의 진단이 되기에는 불충분한 면이 있다. 그러나 무엇보다도, 남용 진단은 그것을 내릴 만한 가치가 있다고 예상되지는 않는다.

심각도 진단기준에 대한 제안은 타당한 것이지만, 심각도 진단기준을 시행하는 것으로 인해 불평이 생길 수 있다. 일부 이유는 충족하는 진단기준의 수를 단순히 합산하여 심각도를 결정하기 때문이다. 중요한 점은, 모든 진단기준이 동등하게 만들어진 것이 아니라는 점이다. 일부 진단기준은 다른 진단기준들보다 훨씬 더 큰 장애 및 고통을 야기한다. 예를 들어서, 내성 혹은 금단은 과도하게 혹은 매우 긴 기간 동안(대부분의 경우에, 수개월, 그리고 혹은 수년 동안) 물질을 사용하는 것을 나타낸다.

다른 진단기준은 훨씬 덜 심각한 의미를 가질 수 있다. 배우자 혹은 파트너와의 논쟁은 그 사람의 실제 물질 사용뿐 아니라 물질 사용에 대한 다른 사람의 지각 및 그 행동에 대한 내성에 의해 좌우된다. 갈망은 물질사용장애의 다른 진단기준을 충족하지 않는 사람들에게서도 발견될 수 있다. 다행스럽게도 이러한 문제들은 아마도 DSM-6에서 더 많은 연구와 경험을 통해 해결될 수 있을 것이다.

물질 금단

금단 증상은 물질을 빈번하게 사용하는 사람의 뇌에 물질의 농도가 감소하면서 나타나게 된다. 물질 금단의 일반적인 진단기준은 단순하다. 환자가 특정 기간 동안 과도하게 사용해 온 물질을 중단한 이후에 특정한 증상을 경험한다는 것만이 요구된다. 필연적으로 스트레스 혹은 손상이 야기되며, 이러한 증상이 신체질환이나 기타 정신적 장애로는 더 잘 설명되지 않는다.

물질 금단 동안에 발생한 증상은 사용된 물질에 특정적이며, 이 장과 관련된 절에 기술되어 있다. 하지만 다음과 같은 특정 증상들은 많은 물질의 금단 시에 발견된다.

- 기분의 변화(불안, 과민성, 우울)
- 이상 운동 활동(안절부절못함, 부동상태)
- 수면장애(불면 혹은 과다수면)
- 기타 신체적 문제(피로, 식욕의 변화)

더 자세하게는 표 15.1을 확인하라.

물질이 금단 증상을 야기하려면, 환자는 먼저 그 물질에 대한 내성이 생겨야 한다. 내성은 일정 기간 동안 빈번하게 물질을 사용하면서 해당 물질에 대한 의존성이 요구된다. 임상적으로 중대한 내성을 유발하는 데 있어서 헤로인은 단지 몇 번의 주입만이 요구되나, 알코올은 수 주 동안의 과도한 음주를 필요로 한다. 물질에 의존하는 대부분의 환자들은 갑작스럽게 물질이 중단되었을 때 금단을 경험할 수 있다.

일부 물질은 금단을 야기하지 않는다. 예를 들어, 환각제는 중독을 유발할 수 있지만 아직까지 금단 증후군이 보고된 바는 없다. 반면에 DSM-IV에서는 카페인 금단 증후군을 열거하지는 않았지만 이는 심각한 실수이다. 커피를 즐겨 마시는 사람들은 누구나 갑작스럽게 카페인을 끊으면 금단 증상이 나타난다는 것을 증언할 수 있을 것이다. 다행스럽게도 DSM-5는 카페인의 금단 증상을 포함하고 있다.

금단의 시간적 경과는 약물의 반감기에 의해 좌우된다. 반감기는 신체에서 물질의 반이 제거되는 데 걸리는 시간이다. 금단 증상은 전형적으로 마지막 물질을 복용한 이후 12~24시간 내에 나타나고, 며칠 내로 끝난다. 종종 물질을 다시 사용하고 싶은 강렬한 욕구가 금단 증상에 동반된다.

혈액, 호흡 혹은 소변 검사를 통해서 환자의 물질 사용을 입증할 수 있으나, 물질을 사용했다는 증거는 대개 과거력을 통해 얻어진다. 환자가 과거력을 부인하는 것은 자기-보고의 정확성을 떨어뜨리므로, 가족이나 친척처럼 환자가 아닌 다른 누군가를 통해 정보를 보완한다면, 종종 과거력이 더 믿음직스러울 수 있다. 경험상 많은 임상가들은 환자들이 사용했다고 주장하는 물질의 양보다 (실제로) 2배를 더 사용했을 거라고 추측한다.

물질 금단의 핵심 특징

과도하게 오랫동안 물질을 사용한 후에 갑작스럽게 물질을 중단하거나 현저하게 복용량을 줄이게 되면, 이로 인해 물질 특정적인 증후군이 발생하여 문제를 야기한다.

주의사항

ㄱ들을 다루어라

- 기간(증상 발병에 소요되는 기간은 일반적으로 몇 시간에서 며칠까지 소요된다.)
- 감별진단(신체적 장애, 주요 정신적 장애)

표 15.1에서 각각의 물질 금단 증후군의 특정적인 내용을 찾을 수 있다.

표 15.1 물질 중독 및 금단 증상

		물질 중독								물질 금단					
		알코올/진정제[a]	대마	중추신경 자극제[b]	카페인	환각제	흡입제	이편계	PCP	알코올/진정제[a]	대마	중추신경 자극제[b]	카페인	담배	이편계
사회	사회기능 손상			X											
	부적절한 성적 표현	X													
	사회적 철수		X												
	대인관계 예민성			X											
기분	기분 변동	X													
	불안		X	X		X				X				X	
	다행감		X	X			X	X			X	X		X	
	둔마된 정동, 무감동			X			X	X			X	X		X	
	분노			X											
	불쾌감, 우울		X	X		X	X	X		X	X	X	X	X	X
	과민성										X	X	X	X	
판단	판단력 손상	X	X	X		X	X	X	X						
	폭력성			X			X		X						
	충동성			X					X						
수면	불면				X					X	X	X		X	X
	악몽			X						X	X	X			
	과다수면			X								X			
행동 수준	공격성	X			X										
	초조, 행동 증가				X					X	X	X		X	
	지치지 않음				X										
	서지 못함				X										
각성	행동 감소, 지체			X			X	X			X	X		X	
	주의력 감소						X	X				X			
	과각성			X											
	흥미 혹은 흥수	X		X					X				X	X	
	시간 흐름이 느리게 느껴짐		X												
	집중력 부족												X	X	

(계속)

a 최면제와 항불안제 또한 포함한다.
b 코카인과 암페타민

표 15.1 물질 중독 및 금단 증상 (계속)

	물질 중독								물질 금단					
	알코올/진정제[a]	대마	중추신경 자극제[b]	카페인	환각제	흡입제	이펜게	PCP	알코올/진정제[a]	대마	중추신경 자극제[b]	카페인	담배	이펜게
지각 혼돈			X											
졸림												X		
관계 사고					X									
마출 것 같은 두려움					X									
피해 사고					X									
지각적 변화					X									
단기 환자/착각					X				X					
이인감/비현실감					X									
입마름		X												
자율 신경계 동공 축소							X							
동공 확대			X		X									X
발한			X		X				X	X				X
떨이 서는 것			X			X								X
근육 근력 저하						X				X				
근육 경련				X										
근육통									X					
근경직								X				X		X
신경계 근육긴장 이상/운동 이상	X							X						
안구진탕	X							X	X					
떨림						X			X					
흐려진 시야						X		X						
복시						X								
반사반응 손상						X		X		X				
발작			X					X	X					
마비감								X						
두통				X								X		
위장계 위장관 증상, 설사				X								X		X
오심, 구토				X					X	X		X		X

(계속)

표 15.1 물질 중독 및 금단 증상 (계속)

분류	증상	물질 중독								물질 금단					
		알코올/진정제[a]	대마	중추신경 자극제[b]	카페인	환각제	흡입제	아편계	PCP	알코올/진정제[a]	대마	중추신경 자극제[b]	카페인	담배	아편계
	복통										X				
	식욕 증가/체중 증가		X									X		X	
	식욕 감소/체중 감소			X							X				
운동	운동 실조	X	X			X	X								
	불안정한 걸음걸이	X					X								
	상동증		X												
	보행 문제						X								
	무기력						X								
	말하는 데 어려움						X								
	불명료한 말투	X					X	X							
심혈관계	흉통			X											
	불규칙한 심장 박동			X		X									
	느린 심장 박동			X											
	빠른 심장 박동		X	X	X	X			X						
	혈압 증가 혹은 감소			X					X						
	활력 없는 호흡			X				X							
	현기증						X								
일반	충혈된 눈		X												
	오한			X											
	열														X
	기억력 감퇴	X						X							
	신경 과민, 흥분				X										
	일관성이 없는 언어				X										
	청각 과민								X						
	홍조				X										
	배뇨 증가				X										
	피로											X	X		
	눈물, 콧물														X
	하품														X

알코올 금단

며칠 혹은 그 이상의 장기간에 걸친 과도한 음주는 알코올 금단 증상을 야기한다. (음주자들마다 견딜 수 있는 알코올의 양은 매우 다를 수 있기 때문에 정확하게 기술하는 것은 어렵다.) 음주를 중단한 후 몇 시간 내에 증상이 시작되며, 이와 동시에 혈중 알코올 수준이 급격하게 감소한다. 대부분의 환자들은 발한, 맥박 증가 혹은 고조된 반사반응과 같은 중추신경계의 과활성화를 보인다 (이중선 안에 기술된 내용을 참조하라). 가장 흔한 증상은 떨림이다. 오심 및 구토도 발생할 수 있다. 일부 환자들은 알코올 중단 후 12시간에서 24시간 사이에 단기 환각을 보일 수 있다. 심지어 몇몇은 이틀이나 사흘 후에 경련(발작)을 보일 수도 있다.

아마도 알코올사용장애 환자들의 절반 정도가 금단을 경험할 것이다. 이는 종종 약하게 나타나고(때때로 이를 단순 금단이라고 부른다) 며칠 동안만 짧게 지속되며, 이틀째 되는 날에 정점에 이른다. 하지만 금단에 수반되는 불안, 과민성 및 불면은 상당히 오래 지속될 수 있다.

과도하게 술을 마실수록 증상이 더 심각해질 가능성이 있으며, '단순' 금단이 서서히 다른 더 심각한 증후군으로 바뀔 수 있다. 이러한 증후군 중 가장 잘 알려진 것이 섬망이며, 금단으로 인해 입원한 환자의 대략 5%가 섬망을 경험한다. 심각한 알코올 금단 중에 섬망이 발생할 때는 이를 흔히 **진전 섬망**이라고 부른다. 환자가 발작 및 섬망을 모두 보일 때는 거의 예외 없이 발작이 먼저 나타난다. 알코올 금단 섬망이 있는 환자인 로드니 파트리지의 사례가 이후에 기술될 것이다(545쪽 참조).

또 다른 알코올 금단 증후군은 환각이 동반된 알코올로 유발된 정신병적 장애이다. 이전에 **알코올 환청증**이라고 알려진 이 장애는 (희귀한 것은 아니지만) 흔하지 않은 장애이며, 증상은 조현병과 거의 유사하다. 이 장애를 보이는 환자인 대니 핀치는 제2장에 기술되어 있다(87쪽 참조).

알코올 금단의 생리적 징후를 찾고자 할 때, 숫자 100은 이를 상기시키는 데 유용한 역할을 한다 — 1분당 100회가 넘는 맥박, 37.8도(화씨 100도)가 넘는 체온, 100mmHg에 근접한 확장기 혈압. 빠른 호흡이 또 다른 징후가 될 수 있다 — 저자는 호흡이 분당 100회가 되지 않기를 바라지만.

알코올 금단의 핵심 특징

과도하게 오랫동안 알코올을 사용한 후에 갑작스럽게 알코올을 중단하거나 현저하게 음주량을 줄이면, 이로 인해 몇 시간에서 며칠 내에 신경계 항진 및 운동 활동이 증가되는 증상이 야기된다. 이와 같은 증상에는 떨림, 발한, 빠른 심장 박동, 불안, 초조, 불면, 오심 혹은 구토, 일시적인 환각 및 대발작성 경련(grand mal convulsions)이 포함된다.

주의사항

ㄱ들을 다루어라

- 기간(증상 발병에 소요되는 기간은 몇 시간에서 하루 혹은 그 이상까지)
- 고통 혹은 장애(직업적/학업적, 사회적, 혹은 개인적 손상)
- 감별진단(신체질환, 정신병적 장애, 기분장애, 불안장애, 기타 물질 금단)

표 15.1에서 각 알코올 금단 증후군의 명시자를 찾을 수 있다.

부호화 시 주의점

다음의 경우 명시할 것

지각 장해 동반. 환자는 온전한 병식이 있으면서 섬망 혹은 환각이 없는 상태에서 청각적, 촉각적, 시각적 착각을 보인다(즉, 지각 증상이 실재하지 않으며 물질 사용으로 인해 유발된 것에 대해서는 인식한다).

ICD-10에서는 지각 장해의 존재 여부에 따라 부호화한다. 표 15.2 참조(526쪽).

퀜틴 매카시로 다시 돌아가서

퀜틴은 도움을 청하기 전까지 하루에 거의 500cc 상당의 독한 술을 마시고 있었다. 그는 알코올 성분을 없애기 위한 단기 입원 제의를 거절했고, 대신에 벤조디아제핀 복용량을 줄여나가는 금단 요법을 외래에서 시작했다. 그는 3일 후에 외래에 다시 내원하기로 했다.

퀜틴이 다시 내원했을 때 안색이 창백했고 불행해 보였다. 그는 접수대에서 떨면서 휘갈기듯이 사인을 했고, 맥박과 혈압을 재기 위해서 팔을 뻗었을 때 그의 손은 떨렸다. 혈압과 맥박 모두 상승되어 있었다.

퀜틴은 3일 동안 술을 전혀 마시지 않았다. 둘째 날 아침부터 그는 갈수록 더 불안해졌다. 그가 크게 울리는 포격 소리에 깨어났던 베트남에서의 첫날 밤을 상기시키는 느낌이었다. 그의 불안은 온종일 커져갔다. 잠자리에 들 무렵에는 기진맥진했지만 거의 잠을 잘 수 없었다. 클리닉에 예약된 시간보다 4시간 일찍 도착했고, 그는 처방받은 약물을 전혀 복용하지 않았다는 것을 시인했다. 그는 "전 스스로의 힘으로 해보고 싶었어요."라고 설명했다.

지금 퀸틴은 그의 약물 계획을 잘 지키고 있다. 며칠이 지나서 퀸틴의 금단 증상이 줄어들었다. 2주 안에 그는 더 이상 약이 필요하지 않게 되었다("이번에는 진짜야."라고 그는 약간의 불만을 토로하며 제안한다). 하지만 고객들과 점심을 먹을 때 술이 몹시 마시고 싶어졌기 때문에 그는 디설피람(안타부스)을 사용한 약물치료를 요구했다.

석 달 후에 퀸틴은 여전히 디설피람을 복용하고 있었으며, 알코올에 손을 대지는 않았다. 그는 매일 적어도 하나의 익명의 알코올 중독자 모임에 참여하였다. 그는 침체된 자신의 보험 업무를 회생시켰고, 심지어 자기 회사의 보험을 다시 계약하도록 이전 고객들 중 2명을 설득했다. 하지만 그는 간혹 술이 마시고 싶을 때 분노를 경험한다는 것을 인정했다.

퀸틴 매카시의 추후 평가

퀸틴이 알코올 사용을 중단했을 때(알코올 금단 진단기준 A), 전형적인 알코올 금단 증상이 발생하였다(표 15.1 참조). 이 증상에는 빠른 맥박, 불면, 불안 및 떨림이 포함된다(B1, B3, B7 및 B2 — 이 진단기준들 중에서 두 가지만이 요구되지만). 그는 이러한 증상들이 결합되어 불편감을 느끼고 정신건강 클리닉에 서둘러 다시 오게 되었다(C). 약물치료 없이 중단을 오랫동안 지속하는 것은 그를 금단 발작 혹은 환청이나 환시와 같은 지각 장해가 나타날 수 있는 심각한 위험에 처하게 할 수 있었다. 만약 그렇다면 그는 다른 진단을 충족할 수 있다. 예를 들어서, 알코올로 유발된 섬망 혹은 환각을 동반하는 알코올로 유발된 정신병적 장애이다. 물론 퀸틴의 금단 증상은 알코올사용장애라는 그의 주 진단을 더 지지해 주는 것이다.

신체적 혹은 기타 정신적 장애가 이러한 증상을 야기할 수 있는가(D)? 금단 증상에 대한 감별 진단은 시간이 길게 소요되고 물질-특정적이다. 아편계 금단의 경우에 독감과 같은 증후군을 포함한다. 전형적으로 코카인 및 암페타민 금단 증상을 보이는 환자들에게는 우울 증상이 나타난다. 그러나 퀸틴의 증상과 과거력은 알코올 금단에서 전형적이며, 다른 진단을 받을 가능성은 거의 없어 보인다.

이 시점에서 그의 진단은 다음과 같다.

F10.230   고도의 알코올사용장애, 금단 증상, 지각 장해를 동반하지 않는

그렇지만 여기서, 우리는 반드시 물질사용장애 경과 변경인자를 고려해야만 한다.

누군가는 물질사용장애 없이 물질 금단이 시작될 수 있는가? 진단기준을 세심하게 살피고, 여러 가지를 종합해 봤을 때 이론적으로는 가능하다. 진단기준에서 물질사용장애가 있어야만 물질 금단이 나타난다고 기술하고 있지는 않다. 하지만 의학적으로 습관화된(알코올은 해당되지 않는다고 말할 수 있을 것이다) 환자를 제외하고는 드문 일이다.

물질사용장애 경과 변경인자

환자에게 적어도 석 달 동안 갈망 외의 물질관련 증상이 없으면, 경과 변경인자가 고려될 수 있다. 두 가지 선택지는 조기 관해 혹은 지속적 관해이다. 조기 관해의 기준은 3개월에서 1년까지이다. 지속적 관해의 경우에는 기준이 1년 이상이다. 각각의 기간에 추후 명시자가 추가될 수 있다. **통제된 환경에 있음**, 즉 환자가 물질에 접근하는 것을 방지하는 시설에 거주하고 있다면 이러한 환경에는 구치소 혹은 교도소, 폐쇄병동 및 치료적인 공동체가 포함된다.

물질사용장애 경과 변경인자의 핵심 특징

이 진단은 단순하며, 따로 설명하지 않아도 이해가 될 것이다. 관해와 통제된 환경에 있음 명시자는 각 물질범주의 사용장애에 적용한다.

관해

관해는 조기 관해와 지속적 관해로 나뉜다. 환자가 90일 동안 물질사용장애 증상이 나타나지 않을 때까지는(혹은 물질 사용을 중단하지 않을 때까지는) 관해 진단을 내리는 것이 불가능하다.

조기 관해 상태. 조기 관해는 물질 사용을 중단한 이후 3개월 동안 물질사용장애 증상이 나타나지 않아야 한다(갈망이 나타나는 것 이외에는 어떠한 물질사용장애 증상도 나타나지 않는다). 이는 물질 사용을 중단한 이후 1년 동안 지속되어야 한다.

특히 환자들이 물질 사용을 중단한 첫해 동안에는 재발에 취약하다. 그렇게 1년의 시간이 지나면 그때는 이하의 자격을 얻는다.

지속적 관해 상태.

통제된 환경에 있음

어떤 사람이 조기 관해 상태 혹은 지속적 관해 상태에 있으며, 물질에 접근하는 것이 제한되는 환경에 있는 경우에는 이와 같은 변경인자가 기술될 수 있다. 물질반입의 적절한 통제가 이러한 환경의 특징으로 간주된다 — 잘 운영되는 감옥, 치료적인 공동체 혹은 폐쇄병동.

통제된 환경에 있는 것은 다음과 같은 물질 사용 범주에 적용할 수 있다 — 알코올, 대마, 환각제, 흡입제, 아편계, 진정제, 수면제 혹은 항불안제, 중추신경계자극제, 기타(또는 미상), 담배.

유지치료 중

물질의 효과를 줄이기 위해서 약물치료를 받고 있는 환자들은 **유지치료 중**으로 기술될 수 있다. 현재 물질사용장애의 증상이 없을 때 아편계 혹은 담배에 대한 명시자로 적용된다.

심각도

경도. 물질사용장애 진단기준 중 2~3개가 존재한다.

중등도. 물질사용장애 진단기준 중 4~5개가 존재한다.

고도. 물질사용장애 진단기준 중 6개 이상이 존재한다.

'유지치료 중' 명시자에 관한 진술에 내포된 매우 중요한 의문이 있다. 왜 담배와 아편계에만 적용되는 것인가? 왜 알코올(안타부스)은 해당되지 않는가? 다른 물질에 대한 효과적인 유지치료에는 적용될 수 없는가? 물론 이 명시자는 단지 일련의 표현일 뿐이므로 원한다면 이 기술을 적용할 수 있다. 환자가 안타부스로 잘 치료된다면 이 명시자를 붙일 수 있다.

퀜틴의 경과 변경인자의 평가

퀜틴이 클리닉에 처음 방문했을 때, 단 몇 시간 동안만 알코올을 섭취하지 않은 상태였다. 그 당시에 그가 받은 알코올사용장애 진단에는 심각도 외의 다른 경과 변경인자가 추가되지는 않았다 (확실히 심각도에서는 '고도'에 해당된다 — 5개 혹은 6개의 진단기준을 충족한다). 더욱이 그가 3일 후에 클리닉을 재방문했을 때, 그는 알코올 금단 진단에 해당되었을 것이다. 그러나 회복 중이었던 3개월 이후의 재평가 시, 그는 알코올사용장애의 증상을 보이지 않았다(아마도 갈망을 제외하고는). 그의 금단 증상은 약화되었다. 그리고 그는 여전히 디설피람을 복용 중이었다.

환자가 술을 마시고 싶을 때 보이는 비정기적인 분노 삽화는 알코올 중독의 회복에서 꽤 전형적이다. 때때로 환자들은 비정상적인 분노 삽화를 '마른 주정(dry drunk)' 경험이라고 스스로 언급한다. 이것이 퀜틴에게 일어난 것이었으며 나는 단순하게 이를 진단적 요약에 기록했다.

표 15.2(526쪽)에 따르면, 치료 후 3개월경, 퀜틴의 진단은 (최종적으로!) 아래에 제시된 것과

같다. 입원 시에 퀜틴의 GAF 점수는 40점이었다. 3개월 지난 후에 퀜틴의 GAF 점수는 70점이었다. 공식적인 지침서에서 기술하고 있지 않지만 저자는 진단에 '디설피람 복용 중'을 덧붙였다. 지금까지는 이에 대해서 어느 누구도 항의하지 않았다.

F10.20　　　고도의 알코올사용장애, 조기 관해 상태, 디설피람 복용 중

물질 중독

누구나 술에 취할 수 있다. 누구나 유독가스를 마실 수 있다. 비록 대부분의 중독된 사람들은 자발적으로 중독되는 것이지만, 우연히 중독될 수도 있다(예를 들어, 공업용 화학물질에 노출되거나 유독물질이 들어간 음료수를 마시는 것). 물질 중독의 진단을 적용하기 위해서는 의도와 관계없이 물질이 중추신경계에 영향을 끼쳐서 부적응적인 심리적 변화 혹은 행동을 야기해야만 한다. 물질 중독은 거의 언제나 가역적이라는 것을 주목해야 한다. 대신에 물질 사용의 효과가 영구적일 때는 다른 진단을 고려해야 한다(예를 들어, 물질로 유발된 인지장애).

　중독된 사람들의 행동은 자신에게 불리한 방식으로 변한다. 즉, 이러한 행동의 변화는 문제가 된다. (DSM-IV에서는 이러한 행동의 변화를 **부적응적인**이라고 불렀고, 이는 우리가 지켜야 할 유용한 용어이다.) 이러한 행동의 변화에는 직업/교육적 문제나 사회적 문제, 비정상적으로 불안정한 기분, 손상된 사고력, 판단력의 결함 및 공격적 행동이 포함된다. 이러한 진단기준은 생리적 감각(예를 들어, 과도한 디기탈리스 사용)에서만 중독된 환자들과 행동의 변화로 인해 기능이 손상된 환자들을 구별하는 데 유용하기 때문에 중요하다. 어떤 사람이 6팩의 맥주를 마시고 나서 다른 사람을 방해하지 않고 조용히 잠을 잔다면, 생리적 감각 측면에서 봤을 때는 꽤 중독되었을 수 있지만 알코올 중독에 대한 정신과적 진단을 내리지는 않는다. (잠을 자는 것은 행동적 변화지만 대개 부적응적인 행동은 아니다. 사실상 그 정반대이다.) 그러므로 어떤 사람을 물질 중독으로 진단 내리기 위해서는 해로운 행동 변화 및 생리적 증상과 징후 모두가 요구된다.

　앞으로 언급될 생리적 손상의 징후에 관해 말하자면, 이는 물질-특정적인 경향이 있지만 확실하게 공통된 특징이 있다.

- 초조 혹은 운동조정실조
- 주의 지속 능력의 상실
- 손상된 기억력
- 감소된 각성(졸음, 혼미)

- 자율신경계에 미치는 영향(입마름, 심계항진, 위장 증상, 혈압의 변화)
- 기분 변화(우울감, 다행감, 불안 및 다른 기분 변화들)

표 15.1(453쪽)에서 더 상세하게 찾아볼 수 있을 것이다.

그다음으로는 모든 신체질환 및 기타 정신질환이 배제되어야만 한다는 진단조건이 있다. 일반적으로 대략 4주 이상으로 오래 지속되는 중독 증상(혹은 금단 증상)은 다른 정신적 또는 신체적 장애를 암시할 수도 있다. 예를 들어, 알코올 중독을 치유하는 과정 후 한 달이 지나서도 여전히 우울 증상을 보이는 음주자는 주요우울 삽화로 평가되어야만 한다.

물질 중독의 핵심 특징

중추신경계에 영향을 끼칠 수 있는 물질을 사용한 직후에 환자는 특징적인 신체 증상 및 임상적으로 중대하고 부적응적인 행동적 혹은 심리적 변화를 보인다.

주의사항

ㄱ들을 다루어라
- 기간(증상 발병에 소요되는 기간은 물질을 사용한 직후이다.)
- 감별진단(신체적 장애, 기타 물질로 인한 중독, 기타 정신적 장애)
  표 15.1(453쪽)에서 물질 중독 증후군의 특정적인 내용을 찾아볼 수 있다.

알코올 중독

여기에서 급성 알코올 중독 상태를 다시 기술하는 것은 거의 불필요할 정도로 매우 익숙하다. 그러나 몇 가지를 논의해야만 한다.

술에 견딜 수 있는 혈중 알코올 농도는 사람마다 다르다. 현재 많은 관할에서는 음주 운전 단속 기준을 0.8mg/ml로 정하고 있지만, 그 범위는 5배 정도의 차이가 날 정도(0.3~1.5mg/ml)로 넓으며 미래에는 더욱 낮게 정해질 수도 있다. 더욱이 알코올 중독 증상은 대개 혈중 알코올 농도가 낮아지거나 술에서 깰 때보다는 혈중 알코올 농도가 높아질 때(음주기간 중 초기 동안에) 더 두드러진다. 혈중 알코올 농도는 소변, 혈액, 입김이나 심지어 타액으로 측정할 수 있다.

알코올 중독은 대부분의 사람들이 취할 충분히 많은 양을 빠르게 마셨다는 증거(대개 과거력상)가 있으며 이러한 행동들이 음주자에게 실제적인 문제를 야기할 때 진단되어야 한다. 이는 젊은 사람들에게 통과의례와도 같기 때문에 많은 일반 인구가 아마도 이 기준을 만족할 것이다. 애매한 경우에는 음주자의 체중, 연령, 일반적인 건강상태를 고려하는 것이 의미가 있을 수 있다.

알코올 중독의 핵심 특징

알코올을 섭취한 직후에 환자들은 심리적으로 혹은 행동적으로 탈억제 상태가 된다(급격한 기분 변화, 성적 혹은 신체적 공격성, 판단력의 손상). 또한 신경학적 손상의 증거가 있다(불균형적이고 불안정한 걸음걸이, 불분명한 말투, 저조한 협응력, 안구진탕이라고 부르는 갑작스레 움직이는 안구 운동, 낮아진 의식 수준 혹은 감퇴된 기억력 혹은 주의폭).

주의사항

ㄱ들을 다루어라

- 감별진단(신체적 장애, 약물 혹은 기타 물질 중독, 기타 정신적 장애)
  표 15.1(453쪽)에서 알코올 중독의 특정적인 내용을 찾아볼 수 있다.

부호화 시 주의점

부호화하기 위해서 표 15.2(526쪽)를 참조하라.

도러스 매카시

도러스 매카시의 가장 어릴 적 기억 중에 하나는 4세 때 할아버지의 무릎 위에 앉아 있었던 것이다. 그녀는 할아버지의 부드럽고 낡은 면 스웨터에 머리를 기대고 휴식을 취했었다. 그녀의 할아버지는 팔로 그녀를 꽉 감싸주었고, 그녀는 그의 목에 매달렸다. 또한 할아버지에게 매달렸을 때 언제나 그녀의 할아버지와 연합된 특유의 냄새가 있었다. 10대가 지나서야 그녀는 그 냄새가 맥주 냄새였다는 것을 알게 되었다.

도러스는 10세 무렵에 그녀의 할아버지가 간경변으로 돌아가시는 것을 두려움 속에서 지켜봤었다. 그 후 그녀가 10대였을 때, 그녀의 아버지가 음주로 인해 이혼하는 것을 보았다. 대학에 다니는 동안에 와인 두 잔이 그녀의 만성적인 긴장감을 완화해 준다는 것을 알게 되면서 그녀는 술을 마시기는 하지만, 자신이 술에 중독되게 놔두지는 않을 것이라고 맹세했다.

그런 이유로, 그녀는 술을 마시는 것을 제한하는 일련의 규칙을 정했다. 그녀는 스스로 저녁 식사 전에 딱 한 잔만 마시도록 허용했고, 결코 하루에 세 잔 이상은 마시지 않았다(주말과 휴가 때는 제외, 이때는 네 잔을 마실 수 있었다). 그녀는 아버지의 불행한 사례로부터 배운 것이 있었다. 특별한 날이라도 일할 때는 음주를 하지 않았고, '예외적인 경우'는 전혀 없었다. 그녀의 스물두 번째 생일이자 아버지 회사에서 젊은 영업사원으로 일했던 퀜틴과 결혼했던 그날에도 그녀는 단지 네 잔의 샴페인만을 마셨다(행사 동안 편안할 정도의 취기가 유지될 만큼만).

스스로 그렇게 통제했음에도 불구하고, 도러스는 두 번의 실수를 했다. 첫 번째 실수는 12개월 전에 있었는데, 그녀가 처음이자 유일하게 임신을 했을 때였다. 그녀는 아이를 원했고 예방 차원에서 양수검사를 받았다. 그녀는 배 속의 아기가 다운증후군이라는 것을 알게 되었고, 어떻게 해야 할지를 결정하는 동안에 몇 잔의 술을 초과해서 단숨에 마시고 나서 음주 운전을 했다. 음주측정기로 잰 그녀의 혈중 알코올 농도는 1.2mg/ml이었고, 정지신호에도 달리는 것을 본 경찰관은 그녀를 낙태 일주일 후에 교통법규 위반을 재판하는 법정에 세웠다.

음주상태로 운전을 해서 검거된 두 번째 실수는 6개월 후에 발생했으며, 그녀의 어머니가 알츠하이머병으로 돌아가신 후에 또다시 자제력을 잃게 되었을 때다. 남편이 치료실에 왔던 날이 세 번째로 그의 아내가 취해 있다는 사실을 알게 된 때였다.

지금 도러스는 남편의 두 번째 클리닉 방문에 동행했다. 그녀는 몇 달 동안 퀜틴에 대해 염려했고, 퀜틴이 초조해했기 때문에 거의 매일 밤에 그들은 잠을 이루지 못했으며, 부엌에 내려가서 각자 술 한 잔씩을 따랐다. 퀜틴이 술을 거절했을 때, 그녀는 퀜틴의 술까지 마셨다. 그다음에 몇 잔을 마셨는지 세는 것을 잊어버린 채 두 잔을 더 마셨다.

다음 날 아침에 도러스는 "어떤 것도 그가 겪고 있는 것보다는 나아요."라고 임상가에게 말했다. 자신을 가다듬은 후에 그녀는 천천히 그리고 신중하게 말했다.

도러스는 퀜틴이 곤란에 빠지지 않도록 하기 위해 순간적으로 그의 면담 약속 시간에 동행하기로 결심했다. 그들은 도러스의 차를 타고 왔으며, 그녀는 운전을 하겠다고 고집을 피웠다. (퀜틴은 싸우는 것을 좋아하지 않았기 때문에 그녀에게 음주 후 운전했을 때 어떤 일이 있었는지 생각해 보라고 감히 말하지 못했다). 운이 좋게도 교통이 원활했으며, 도로변에 주차할 때 추가로 두 번을 더 시도해야 했던 것만이 어려웠을 뿐이다.

하지만 도러스가 클리닉 건물에 들어왔을 때 발을 헛디뎠고, 대기실에서 불안정하게 흔들거리며 서 있을 때, 누군가가 그녀의 팔을 잡아주고, 균형을 잡도록 도와주지 않았더라면 쓰러졌을 수도 있었다. 그녀가 자신이 입은 코트의 단추를 어설프게 더듬거리면서 풀지 못하자, 그녀의 남편이 단추를 풀어주었다. 그리고 나서 그녀는 코트를 벗고, 의자에 풀썩 주저앉았다. 그녀는 치료실로 불려 갈 때까지 대기실에서 깜빡 잠이 들었다.

도러스 매카시의 평가

먼저 알코올사용장애 문제를 설명할 것이다. 도러스가 평균적인 성인들보다는 술을 더 많이 마셨지만 그녀는 스스로 조심했고, 자신의 아버지, 할아버지의 불행한 사례를 보았기 때문에 알코올로 인한 문제들은 거의 보이지 않았다. 그녀는 내성 증상이나 금단 증상이 나타날 만큼의 술을 마시지는 않았으며, 거의 확고하고 철저하게 음주에 대해 통제했다. 통제를 벗어났을 때 법적인 문제가 발생했다. 12개월 이내에 음주상태에서 운전을 해서 두 번 검거되었다. 음주 운전은 알코올 섭취가 위험한 상황에서도 알코올을 사용하는 것에 해당된다(알코올사용장애 진단기준 A8). 다른 환자들의 경우에는 가족이나 친구들과의 다툼 혹은 언쟁, 사업 판단에서의 과실, 부적절한 성적 발언과 같은 당혹스러운 행동 등이 그 증거가 될 수 있다.

이 사례는 한 가지 알코올사용장애 진단기준을 충족하지만, 도러스는 적어도 두 가지 진단기준을 충족할 필요가 있다. 알코올사용장애 진단기준을 유심히 살펴보면, 도러스가 알코올사용장애 진단을 충족하지 않는다는 것을 알 수 있다. 그녀는 내성이나 금단 증상은 전혀 보이지 않으며, 그녀의 일과 개인적 삶이 방해를 받는다는 증거는 없었다. 통제하려는 그녀의 모든 노력이 진단기준에 해당된다고 생각할 수 있지만, 그녀의 노력은 거의 완벽하게 성공적이었다. 알코올 사용을 통제하고자 하는 지속적인 욕구와(A2) 알코올을 사용하고자 하는 지속적이고 강한 바람이 있다는 것에는 동의하므로(A4), 그녀는 가까스로 알코올사용장애 범위에 속할 수 있다. 하지만 그녀는 심각도평가에서는 단지 경도 수준에 해당될 것이다.

그러나 도러스는 알코올 중독 진단기준 C에 해당하는 몇 가지 증상을 보일 수 있으며, 이 증상들 중 어느 한 가지 증상이라도 보인다면, 그녀는 알코올 중독 진단을 충족할 것이다. 음주 직후(A), 그녀의 판단력은 손상되었고(그녀는 운전을 했다 — B). 그녀의 말은 불분명했고, 보행이 불안정했으며, 심지어 자신이 입은 코트의 단추를 푸는 것조차 어려워했다(C1, C3, C2). 마침내 그녀가 사무실에 도착했을 때, 그녀는 깜빡 잠이 들었지만 혼수상태는 아니었다(C6).

도러스를 담당하는 임상가는 그녀의 증상이 다른 의학적 상태로 인한 것이 아니라는 점을 확실하게 하기 위해서 과거력, 신체검사, 혹은 실험실 검사 결과가 필요할지에 대해 고려해야만 한다(D). 그러나 그녀가 보이는 전형적인 증상 및 최근 알코올 사용의 과거력을 보면 이러한 검사가 불필요한 것 같다. 알코올로 유발된 섬망 진단이 도러스의 경우에는 해당되지 않는다. 그녀의 주의폭이 빠르게 감소되고, 의식상태도 급격하게 저하되었지만 지남력장애, 기억 상실, 지각 장해 혹은 언어 문제(그녀의 말투가 불분명하였지만 그녀의 사고과정은 온전한 것 같다)와 같은 인지적 변화의 증거를 보이지는 않았다.

도러스가 낙태와 어머니의 죽음을 경험했지만 이 사건들 중 어느 것도 최근에 발생하지는 않았으며, 이에 그녀의 치료과정에 영향을 끼쳤을 가능성은 없어 보인다. 그러므로 Z코드를 부여할 필요는 없다. 그녀의 GAF 점수는 75점이며, 도러스의 진단은 다음에 제시된 것과 같다. 그러나 진단부호를 붙이기 위해서 우리는 표 15.2(526쪽)를 확인할 수 있으며, 경도 알코올사용장애를 동반하는 중독으로 정확히 기술해야 한다.

F10.120   경도의 알코올사용장애, 알코올 중독 동반

기타 알코올로 유발된 장애

표 15.2(526쪽)에 기타 알코올로 유발된 장애들에 대한 진단부호가 열거되어 있다. 추가적인 알코올 관련 사례들이 다른 장에 제시되어 있다. 대니 핀치(87쪽), 바니 고스(233쪽), 로드니 파트리지(545쪽), 마크 컬페퍼(595쪽), 찰스 잭슨(597쪽), 잭 바이블리히(634쪽) 및 제20장에 기술된 적어도 한 명의 환자.

F10.99 명시되지 않는 알코올관련장애

명시되지 않는 알코올관련장애는 임상적으로 중대한 손상 혹은 고통을 야기하지만 앞서 기술된 장애들의 진단기준을 완전히 충족하지 않는 알코올관련 증상을 범주화하는 데 사용된다. 한 가지 예로 **알코올 특이성 중독**을 들 수 있다. 일부 사람들은 극소량의 알코올에도 강력하게 반응할 수 있다(대부분의 사람들에게는 너무 적은 양이어서 중독이 나타나지 않는다). 예를 들어, 대개는 위축되어 있고 얌전한 사람이 한 잔의 와인을 마신 후에 적대적이고 호전적이 될 수 있다. 이러한 상태는 술을 마신 지 몇 분 만에 발생하며, 최대 몇 시간까지만 지속된다. 취약성 요인은 연령의 증가, 피로, 외상이나 감염으로 인한 뇌 손상이 있다. 이러한 현상은 **병리적 중독**이라고 부르기도 한다. DSM-III-R에서는 병리적 중독에 대한 진단부호가 있었다. DSM-5-TR에서는 문제를 야기할 정도로 심각하다고 추정될 때만 부호화한다.

카페인관련장애

카페인은 전 세계적으로 대단히 널리 사용되는 향정신물질이며, 이는 커피, 콜라, 차, 초콜릿, 다양한 처방약물 및 일반의약품에 함유되어 있다. 아마 모든 성인들 중 2/3에서 3/4은 적어도 이러

한 카페인 함유 식품이나 약물 중 한 가지를 빈번하게 섭취한다. 내성 및 어느 정도의 금단이 명백하게 카페인과 관련되지만 카페인사용장애 진단을 받을 만큼의 사회적 문제를 경험하는 사람들은 거의 없다. DSM-5-TR은 이러한 진단기준에 대해 기술하고 있지는 않다.

블랙커피는 사람들이 과음했을 때 술을 깨게 하는 민간요법으로 오랜 기간 사용되었다. 그러나 카페인은 이러한 증상을 완화시키는 것과는 관련이 없다. 오히려 이전에 '단지' 술에만 취했던 사람에게 카페인이 뒤섞이면서 초조감이 심해지게 될 뿐이다.

저자는 이 장에서 카페인이 유일하게 법적 제약이 없는 물질이라는 점을 다루려고 한다. 그러나 이는 잘못되었다.

호주는 모든 점에서 가장 엄격한 나라이다. 100ml 음료 내 상한이 최대 32mg으로, 이는 표준적인 에너지 드링크가 인스턴트 컵과 비슷한 양 이상의 카페인을 포함할 수 없음을 의미한다. 미국에서는 12온스 음료에 71mg이라는 탄산음료에 대한 법적 제한이 있다. 그러나 다른 음식들의 카페인 함량에 대한 제한은 없다. 레드불은 8온스에 80mg의 카페인을 포함한다.

비록 카페인 함유 음료에 대한 연령 제한은 없으나 우리가 사랑하는 많은 것들과 마찬가지로, 그것이 합법이라고 해서 반드시 좋다는 것은 아니다.

F15.920 카페인 중독

'미스터 커피 너브스'(커피 대체음료인 포스텀 광고에 등장한 은퇴한 스타)에 의해 야기된 이 증상은 너무 익숙하다 보니 많은 곳에서 평가되지 않고 있다. 그러나 성인들이 약 7%가 어떤 때는 카페인 중독 증상이 나타날 수 있다고 추측되며, 이는 카페이니즘(caffeinism, 카페인 중독)이라고 알려져 있다. 이 증상은 범불안장애의 증상과 매우 유사하다(197쪽). 이 환자들은 '초조하다'고 느끼며, 과도하게 에너지가 넘치고, 흥분하며, 의욕이 넘친다. 또한 크게 말하고, 과민하며, 안절부절못하는 증상은 흔히 카페인 중독과 관련된다.

카페인 효과는 몇 가지 요인들에 의해 결정된다. 물론 개개인의 내성이 중요하다. 그러나 섭취하는 양도 중요하다. 커피를 잘 마셔보지 않은 사람들은 250mg의 카페인 — 단지 두 잔의 진한 커피 — 으로도 증상을 경험할 수 있다. 그러나 커피를 많이 마셔봤고, 즐겨 마시는 사람은 하루에 500mg보다 더 많이 섭취하며 중독될 위험이 높다. 연령, 피로, 신체적 상태 및 기대와 같은 기타 개인적인 특징이 중독될 위험을 높일 수 있다. 카페인 중독 진단은 대개 35세 이하의 사람들에게는 내려지지 않는다. 아마도 문제가 있다고 인식하기까지는 수년의 시간이 걸리기 때문일 것이다.

이 장에서는 별개의 사례가 포함되지는 않았지만, 제11장에서 기술된 물질로 유발된 수면장애에 해당되는 데이브 킨케이드의 사례에서 카페인 중독에 대해서도 기술하고 있다(데이브의 전체 사례는 385쪽 참조). 이후에 데이브의 카페이니즘을 평가할 것이다.

카페인 중독의 핵심 특징

카페인을 섭취한 직후에 사람들은 중추신경계 및 운동 활동이 활성화되며, 이러한 증상에는 초조 함이나 흥분감을 느끼는 것, 가만히 있지 못하는 것, 수면 문제, 빈맥 혹은 심부정맥, 근육연축, 위 장관 장애, 이뇨, 흥분, 안면홍조, 언어의 두서없는 흐름, 지치지 않는 기간이 포함된다.

주의사항
그들을 다루어라
- 기간(증상 발병에 소요되는 기간은 최근)
- 고통 혹은 장애(직업적/학업적, 사회적, 혹은 개인적 손상)
- 감별진단[신체적 장애, 기타 물질 중독, 기타 정신적 장애(카페인으로 유발된 불안 및 수면 장애 등)]
표 15.1(453쪽)에서 카페인 중독의 특정적인 내용을 찾아볼 수 있다.

데이브 킨케이드의 카페인 중독에 대한 평가

데이브 킨케이드는 커피전문점에서 일하면서 소설을 쓰는 중이었다. 그는 자신이 일하는 커피전 문점에서 제공하는 향이 풍부하고 진한 커피를 무료로 이용할 수 있었다. 그는 초콜릿이 코팅된 원두 상당수를 간식으로 먹었다. 그가 섭취한 카페인을 모두 합치면, 그는 하루에 1,000mg이 넘 는 카페인을 섭취했고(카페인 중독 진단기준 A), 이는 그가 '컨디션이 좋다고' 느낄 만한 충분한 이유가 되었다(B3). 그는 소설을 쓸 때도 가만히 앉아 있을 수 없었으며(B1), 밤에는 불면증으로 잠이 깬 채로 누워 있었다(B4). 또한 빠른 심장 박동, 위장관 장애 및 신경과민(B10, B7, B2)은 비 교적 경도의 카페인 중독에서조차 보일 수 있는 꽤 전형적인 증상일 수 있다. 그러나 데이브의 경 우는 아니었다.

데이브의 경우처럼 전체 진단기준을 다 부합하지는 않지만, 대부분의 DSM-5-TR 증상은 겨우 두 잔의 커피를 마신 후에도 발견될 수 있다. 근육연축[데이브는 근육연축을 '살들이 살아 있는 것 (Live flesh)'이라고 지칭했다 — B8], 초조 및 지칠 줄 모르는 기간이 나타나려면 훨씬 더 많은 카페 인 섭취(하루에 1그램 이상의 카페인 섭취)가 요구된다. 그가 보인 증상을 모두 합치면 적어도 여섯 가지 증상이 있었다. DSM-5-TR 진단기준에서는 단지 다섯 가지가 요구된다. 그가 고통받는 것은 놀랄 일이 아니다(C).

때때로 카페인 중독 증상이 기타 정신적 장애와 혼동될 수 있기 때문에 카페인 중독을 유념하는 것은 중요하다. 데이브가 자신의 건강이 좋았다고 말했을 때 이 말에는 정신건강도 포함된다고 가정해 본다면, 그는 아마도 불안장애(특히 범불안장애 및 공황장애), 기분장애(특히 조증 삽화 혹은 경조증 삽화 동반) 및 다양한 수면장애와 같은 다른 장애에 대한 이전 과거력이 없었을 것이다. 그는 인생의 한 시기에 약간의 마리화나를 피운 적이 한 번 있었지만 기타 물질의 효과가 카페인 중독과 혼동이 될 정도로 기타 물질을 사용한 적은 전혀 없다. 특히 이러한 물질에는 중추신경계 자극제(코카인, 암페타민 및 관련 물질)가 포함될 수 있다.

카페인으로 인해 유발된 불안장애 및 카페인으로 인해 유발된 수면장애를 고려할지 혹은 배제할지에 대해서는 어느 정도의 임상적 판단이 요구된다. 이러한 장애의 경우, 증상은 전형적으로 단순 카페인 중독에서 발견되는 증상보다는 더 심각해야만 하며, 독립적인 임상적 주의가 요구될 정도로 충분히 심각해야만 한다.

F15.93 카페인 금단

*DSM-IV Made Easy*에서 저자는 카페인 금단이 공식적인 DSM 진단은 아니었지만 진단으로 고려되어야 한다고 언급한 바 있다. 대다수의 다른 임상가들도 같은 생각을 가지고 있으며, 이러한 생각이 좋은 책에서 기술되어야 한다는 아우성은 수년 전부터 시작되었다.

특히 휴가, 주말 등과 같은 한 사람의 사회적 일정이 변하는 동안에 카페인 금단이 나타날 가능성이 있다. 이후에 그 사람은 피로, 두통 및 졸음 증상을 보일 가능성이 있다. 다소 낮은 빈도의 증상으로는 집중력 및 운동 수행의 손상이 포함될 수 있다. DSM-5-TR에서 배제해야 하는 가능한 신체적 장애의 예로는 편두통 및 바이러스 감염이 있다는 것에 주목하라.

카페인 금단의 핵심 특징

장기간 날마다 섭취했던 양의 카페인을 갑작스럽게 끊거나 현저하게 줄이며, 이로 인해 두통, 감기와 같은 증상(오심 혹은 구토, 근육통) 및 중추신경계 우울증(피로, 불쾌감, 집중력 저하)이 야기된다.

주의사항

그들을 다루어라

- 기간(증상 발병에 소요되는 기간은 하루 동안 3개 이상의 증상)
- 고통 혹은 장애(직업적, 사회적 혹은 개인적 손상)
- 감별진단(신체적 장애, 기타 물질 중독 혹은 금단, 기타 정신적 장애)

  표 15.1(453쪽)에서 카페인 금단의 특정적인 내용을 찾아볼 수 있다.

당신

커피를 즐겨 마시는 사람들 중에서 얼마나 많은 사람이 이와 같은 경험을 할까? 친구 집에 가서 머물게 된 첫날 아침, 친구가 커피를 마시지 않으며 집에 커피가 없다는 것을 깨닫게 된다. 정신없이 서두르며 인스턴트커피 한 병을 찾으려는 것도 소용이 없어서 "노력할 가치가 없어. 가끔은 커피가 없어도 나는 잘 지낼 수 있어."라고 결심할 것이다.

그리고 처음 몇 시간 동안은 괜찮을 수 있다. 그러나 점심시간 무렵에는 몸이 좋지 않다는 것을 발견하게 된다. 지난밤, 오랜 친구를 만나고 싶은 생각이 간절해서 새로운 곳에 갔지만 지금은 잠을 자러 돌아갈 힘밖에 없다. 배 속이 부글부글 끓기 때문에 "기내에 있을 때처럼 장이 왜 그런 걸까?"라는 궁금증이 생길 것이다. 몇 시간 동안 두개골 가장자리 뒤에 남아 있던 두통이 지속되었기 때문에, 초대한 친구가 날씨가 정말 좋다는 것을 얘기할 때도 투덜거리기만 할 수도 있다.

마침내 고통스러워하며 같은 거리에 있는 커피전문점으로 갈 것이다. 에스프레소와 진한 라테를 마신 후에 두통에서 급속히 벗어나게 될 것이고, 그날이 활기차게 된다. 그리고 나서 바리스타에게 후한 팁을 남긴 채, 기운을 회복해서 출발한다.

당신에 대한 평가

보아라. 이것은 천체물리학이 아니다. 일상적으로 마시던 커피를 갑작스럽게 마시지 못하게 되었다(진단기준 A). 그 결과, 카페인 금단의 전형적인 증상이 나타났다 ― 두통, 피로, 과민성 및 감기와 비슷한 신체적 호소(B1, B2, B3, B5; 진단기준 B 중 세 가지 증상만이 요구된다). 당신은 금단 증상으로 인해 불쾌감을 느끼게 되어서 아마도 자주 만나지는 않지만 좋은 친구를 멀리하게 되는 고통 및 사회적 당혹감이 나타날 위험을 감수하게 된다(그들이 당신이 마실 커피를 비축해 놓지 않았다는 것을 기억할 정도로 최근은 아니다 ― C).

물론 독감, 다른 의학적 상태 혹은 시차로 인한 증상일 수도 있다. 증상의 원인을 따져서 다른 장애를 배제할 필요가 있지만(D) 어려운 일은 아니다. GAF 점수는 85점이며, 신체검사는 요구되지 않는다. 생명의 묘약인 커피 한잔으로 인해 빠르게 개선되는 것은 다음과 같은 진단을 확증해 준다.

F15.93 　　카페인 금단

카페인 금단의 예로 '당신'을 선택한 숨은 동기가 있다. 어느 누구나 얼마나 쉽게 DSM에 속할 수 있는지를 입증하고자 하기 위한 것이다.

많은 저서와 논문은 수많은 미국인들(그리고 확대해 보면, 전 세계 수십억의 일반인들)이 결국에는 정신장애 혹은 행동장애로 진단받을 수 있다는 것을 언급하고 있다. 심지어 10년 전에 미국인의 46%가 DSM-IV 진단기준에 의해 진단받을 수 있었다.

저자의 말이 설교하려는 것으로 여겨졌다면, 특별히 미안하게 느끼는 마음은 없지만 사과드린다. 그러나 우리가 소중하게 여기는 일부 행동이 병리적인 범위라는 것을 강조하고 싶다. 당신조차도 DSM-5-TR에 속할 수 있다. 그렇지 않은가?

기타 카페인으로 유발된 장애

카페인사용장애는 후속 연구를 위한 주제로서 DSM-5-TR의 III편에 포함되어 있다. 그 이유는 부분적으로 장기간 상당한 양의 카페인을 섭취한 사람들에게는 물질사용장애 증상이 나타날 수 있기 때문이다. 특히 이러한 증상에는 사용을 범추려고 다양하게 시도하는 것, 의학적 문제 및 금단 증상을 유발한다는 것을 알지만 사용을 지속하는 것이 포함된다. 표 15.2(526쪽)에서 카페인으로 유발된 장애에 대한 더 상세한 목록을 찾을 수 있을 것이다.

F15.99 명시되지 않는 카페인관련장애

대마관련장애

대마는 대마 식물, 즉 칸나비스 사티바(cannabis sativa)의 일반 명칭이며, 그것의 유효성분은 테트라히드로칸나비놀(THC)이다. 대마 식물(hemp)의 종류나 자란 곳에 따라서 잎과 상단부는 약 1%에서 10% 사이의 THC를 함유할 수 있으며, 수십 년 동안 효능이 증가하고 있다. (캘리포니아의 일부 지역들은 선택된 품종을 신중하게 키워서 더 높은 수치에 도달했고, 이는 미국 농업 사상 의심스럽긴 하지만 업적이 될 정도였다.) 대마 식물의 잎에서부터 나온 진액인 해시시(hashish)는 대략 10%의 THC를 함유하고 있다.

대마는 미국 및 전 세계적으로 가장 널리 사용되는 불법물질이다(그렇다, 몇몇 지역에서는 이제 합법이 되었다). 대마를 사용하는 미국 성인 중 약 25%가 일생 중 언젠가는 대마사용장애에 해당될 수 있다. 2007년 이후에 대마관련장애의 인구가 또다시 증가했으며 미국 내 절반 이상의 지역에서 합법화되거나 비범죄화되었다. 놀랍지도 않게 대마관련장애는 더 어린 사람들, 특히 남성에게 더 흔하다.

대마를 주 1회보다 더 자주 사용하면 중독 가능성이 높아진다. 과도하게 대마를 사용한 후에 갑자기 사용을 중단한 사람들은 경도의 생리적 증상을 경험할 수 있고, 이러한 증상은 몇 주간 지속될 수 있다. 이러한 증상에는 불안, 불면 및 진정제 금단과 유사한 다른 증상이 포함된다. 기타 물질(코카인, 아편계, 알코올 등) 금단에서 나타나는 심각한 행동적 및 심리적 결과가 대마 금단에서는 문제가 덜 된다. 따라서 DSM-5는 처음으로 대마 금단 진단기준을 포함하기 시작했다. 과도하게 대마를 사용하는 사람들은 자신들에게 내성이 생기는 것을 알게 되면서 놀란다. 대마사용장애가 나타나기까지는 기타 물질사용장애에 비해 오랜 시간이 걸린다. 사회적 사용의 맥락에서 발생하는 경향이 있으며, 다른 약물 남용보다 더 흔하게 발생한다. 결국에는 일반적인 물질사용장애 증상이 나타난다.

플래시백이 나타나는 것은 드물다. 마찬가지로 우울증을 보이는 것도 드물며, 우울은 대개 일시적이고 경한 수준으로 나타난다. 일부 환자들은 며칠 동안 지속되는 편집증을 경험한다. 대마를 사용하는 것은 이미 정신병적 장애를 지닌 사람의 정신증을 악화시킬 수 있다.

일부 환자들에게 있어서 대마는 사용을 중단하기가 가장 어려운 물질 중 하나일 수 있다. 이는 단순히 다른 더 위험한 물질 사용을 중단하게 만드는 의학적 문제를 대마는 더 적게 유발하기 때문이다. 대개 대마는 피우는 것이지만, THC는 위장 기관으로 흡수될 수 있다. 이러한 이유로(종종 실제로), 마리화나 브라우니(대마 초콜릿케이크)에 대한 이야기를 들을 수 있다. 흡수가 일정하지 못하기 때문에 THC를 삼키는 것은 특히 위험하다.

일부 임상가들은 만성적인 대마 사용으로 인한 증후군이 있을 수도 있다고 믿는다. 증상은 변하기 쉽지만, 증상에는 경도의 우울, 동기 저하, 일상적인 활동에서의 흥미 감소, 소위 말하는 무의욕 증후군(amotivational syndrome)이 포함된다. 특히 청소년들은 과도한 사용으로 인한 인지적 문제를 경험할 가능성이 더 높다. 이러한 인지적 문제에는 기억력, 주의력 및 사고력의 감소가 포함되며, 장기간 습관적인 대마 사용으로 인해 이러한 인지적 문제는 급성중독기 이후에도 지속되고 악화될 수 있다.

대마사용장애

대마사용장애의 특징들은 대개의 다른 특정적 물질사용장애의 특징들과 유사하다. 진단기준은 일반적인 물질사용장애(444쪽)의 진단기준과 동일하다. DSM-5-TR은 또한 빈번하게 대마를 사용하는 사람들이 호소하는 오심 및 구토를 일컫는 **대마 과다오심 증후군**(cannabinoid hyperemesis syndrome)에 대해서도 언급하고 있다. 부호화를 위해서는 표 15.2(526쪽)를 참조하라.

대마 중독

대마 애호가들은 대마 사용이 주는 이완(안도감) 및 고양된 기분을 가치 있게 여긴다. 대마 사용으로 인해 색깔이 더 밝게 보이는 것과 같이 지각이 더 예민해질 수 있다. 성인들은 대체로 아동들이 보는 방식으로 새롭게 세상을 바라볼 수 있다. 음악과 미술에 대한 감상력이 향상될 수 있다. 그들의 사고의 흐름은 빠르다. 특히 자신의 대화가 재치 있다는 것을 발견할 수 있다.

  대마의 효과는 매우 다양하고 변동이 있는데, 이러한 부정적인 반응 및 긍정적인 반응은 상황 및 마음의 상태에 의해 강력하게 영향을 받는다. 종종 시간 감각도 변하는데, 몇 분이 한 시간처럼 여겨질 수 있다. 대마 사용자는 수동적이고 졸린 듯이 보일 수 있다. 무감동의 기분에 빠져들 수 있다. 운동 수행이 어려워진다(대마가 운전 수행을 손상시키는 것으로 잘 알려져 있다). 또한 대마 사용은 충혈된 눈 및 빠른 심장 박동을 유발할 수 있다. 실제로 대부분의 사용자는 아마도 중독을 한 번쯤은 경험했을 것이다.

  종종 심하게 중독되있을 때조차도 대마 사용자는 거의 영향을 받지 않는 것처럼 보일 수 있을 것이다. 착각이 나타날 수 있지만 환각이 나타나는 경우는 드물다. 일반적으로 대마 사용자들은 병식이 유지되고 있다. 그들이 잘못 지각한 것에 대해서 확신하지 못하며 그것에 대해서 비웃을 수 있다.

  특히 처음으로 대마를 사용한 사람들에게서 중독은 불안과 함께 시작될 수 있고, 불안은 공황으로 진전될 수 있다. 사실, 대마에 대한 가장 흔한 비정상적 반응은 불안장애이다. 일부 사람들은 그들이 지각한 신체 왜곡이 곧 닥칠 죽음을 의미한다고 여겨 두려워한다.

대마 중독의 핵심 특징

환자들은 대마를 사용한 직후에 운동 실조 혹은 인지적 변화가 나타나며(불안 혹은 다행감, 판단력 손상, 사회적 위축, 시간이 느리게 가는 느낌), 이에 더해 숨길 수 없게 충혈된 눈, 입마름, 빈맥 및 식욕 증가와 같은 증상을 보인다.

주의사항

ㄱ들을 다루어라

- 기간(증상 발병에 소요되는 기간은 투약 방식에 따라 수 분에서 수 시간)
- 감별진단(기타 물질 중독, 기타 의학적 혹은 정신적 상태)

  표 15.1(453쪽)에서 대마 중독의 특정적인 내용을 찾아볼 수 있다.

부호화 시 주의점

다음의 경우 명시할 것

지각 장해 동반. 환자에게 섬망 혹은 환각이 없으면서 병식이 있는 상태에서 시각, 청각 혹은 촉각에서의 착각이 나타난다. (병식이 있다는 것은 환자는 증상이 비현실적이며, 이는 물질 사용에 의해 유발되었다는 것을 인식하고 있다는 것을 의미한다. 병식이 없는 환각은 대마로 유발된 정신병적 장애로 진단 내릴 수 있다.) ICD-10에서의 부호화는 지각 장해의 여부에 따라 다르다. 표 15.2(526쪽) 참조.

대마 중독의 진단기준은 최근의 대마 사용이 고통이나 장해를 유발한다는 조건을 요구하지는 않지만 임상적으로 중요하며, 곤란한 심리적 변화 혹은 행동적 변화를 야기한다는 것을 요구한다. 사회적 위축 및 판단력의 결함이 임상적으로 중요하다는 점에는 논쟁의 여지가 거의 없다. 그러나 다행감의 경우는 어떤가? 한 사람이 몹시 행복하게 느끼며 해로운 결과는 전혀 없다고 가정해 보자. 그렇다면 그 사람은 중독된 것이 아닌가? 일부 진단기준은 다른 진단기준에 비해 더 잘 설명되어 있는 반면에, 일부 진단기준은 여전히 개별적인 임상가에게 더 많은 해석을 맡기고 있다.

러셀 잔

"초코바 있나요?" 러셀은 면담자의 사무실로 비틀거리면서 들어왔고, 소파에 털썩 주저앉았다. 그는 찢어진 청 재킷의 한쪽 어깨 뒤로 머리카락을 넘겼다. "아침 먹은 지 1시간밖에 지나지 않은 걸 알지만 전 몹시 배가 고파요."

러셀이 27세일 때, 그는 일반 구호 프로그램의 도움을 받아 살았으며, 종종 노숙자로도 지냈었다. 그는 캘리포니아 북부의 언덕에서 성장했고, 돈벌이가 되는 주요 작물은 마리화나였다. 고등학교를 졸업한 후 처음 몇 해 동안에 그는 마리화나 재배와 판매 일을 했다. 최근에는 전적으로 자신이 소비자가 되었다. 현재 그는 소량의 마리화나를 소지하여 반복적으로 법정에 출두하였고, 이에 지친 판사는 그를 정신건강 클리닉에 의뢰하였다. 러셀은 클리닉 방문 바로 전에 뒷골목에서 마리화나를 피웠다는 것을 자진해서 말했다.

러셀은 평가받는 것에 대해서 특별히 불행해하지는 않았다. 단지 그는 자신이 평가받을 필요성이 전혀 없다고 여길 뿐이었다. 그는 사는 데 필요한 것이 별로 없었다. 그는 구걸을 해서 돈을 벌었다. 그는 도시의 상업 구역에 있는 자신의 영역에서 하루에 6시간 동안 기부금을 요청하는 표지판을 놓고, 그 뒤에 느긋하게 앉아 있었다. 2시간마다 그는 뒷골목으로 걸어가서 마리화나를 피웠다. 그는 "전 근무 중에는 피우지 않아요."라고 말했다. "일할 때는 좋지 않거든요."

대체로 그가 어렸을 때보다는 지금이 훨씬 나은 삶인 것 같았다. 그가 6세였을 때 부모님 모두 교통사고로 돌아가셨다. 그 후 2년 동안 그는 조부모, 이모, 삼촌 및 사촌들 사이를 전전했으며 아무도 진정으로 그를 원하지 않았다. 결국 그가 14세가 되었을 때 가출하게 되면서 6년 동안 여러 위탁 가정을 전전하던 것이 끝이 났다.

더 나은 삶을 사는 데 마리화나 제조업이 전혀 적합하지 않다는 것을 러셀이 깨닫게 되기 전까지는 캘리포니아 북부에서 마리화나 제조 일을 하는 새로운 생활 방식은 그에게 잘 맞았고, 그는 잘 지냈다. 어떤 일이든 그가 일을 한 지 수년이 지났고, 그는 결코 다시 그때로 돌아가지 않을 거라고 생각했다. 그의 기분은 항상 좋았다. 그는 병원을 방문한 적이 전혀 없었다. 그는 모든 다른 약물을 시도해 봤지만('헤로인 제외. 그것은 죽음이다!'), 그것들 중 어떤 것도 정말로 좋아하지는 않았다.

러셀은 일어나서 스트레칭을 했다. 그는 이미 붉게 충혈된 눈을 비볐다. "뭐, 제 얘기를 들어줘서 고마워요."

면담자는 그에게 어디로 갈 것인지 물었고, 아직 면담 시간이 끝나지 않았다고 알려주었다. "20분밖에 안 지났어요."

"정말요?" 러셀은 의자에 등을 기대고 앉았다. "1시간 이상 된 것 같아요. 전 항상 시간 감각이 형편없어요."

러셀 잔의 평가

러셀의 시간 왜곡(전형적으로 시간 흐름이 느리게 여겨진다)은 DSM-5-TR의 부적응적인 행동 혹은 심리적 변화에 관한 진단조건을 충족할 것이며(대마 중독 진단기준 B), 이는 최근의 대마 사용으로 인한 것이다(A). 이것이 러셀에게 임상적으로 얼마나 중요한지는 불분명하지만 면담자는 그의 충혈된 눈을 확실하게 알아챌 수 있었다(C1). 그리고 증가된 식욕(오전부터 초코바를 찾는 모습에서 시사됨 — C2)은 진단을 내리는 데 필수적인 두 가지 신체적 지표를 제공한다. 부호화에 필요한 지각 장해(착각 혹은 환각과 같은)의 증거가 없다는 것을 주목해야 한다.

물론 대마 중독의 감별진단에 있어서 가능한 기타 물질의 사용(특히 지각 문제가 주목된다면 알코올 및 환각제 사용)을 고려해야만 한다. 기타 물질의 사용을 감별하고, 불안 및 기분 장애와 같은 정신적 장애를 배제하기 위해서는 과거력 및 술 냄새가 중요할 수 있다(D).

러셀에게 대마사용장애가 있었나? 그는 수년간 대마를 피웠으나 자동적으로 예라는 대답을 하기는 어렵다. 그는 평균적인 사용자보다 약물에 대해 내성이 더 크지만(물질사용장애 진단기준 A10), 의도했던 것보다 더 많이 사용하거나 통제하려고 시도했다는 증거는 없었다. (DSM-5-TR에서 비로소 대마의 금단 증후군이 포함되었다. 러셀의 더 많은 과거력을 이어서 살펴보자.

러셀은 마리화나를 획득하고 사용하기 위해 상당한 시간을 소비했다(A3). 그리고 집도 없고, 목적도 없는 삶은 어느 정도는 약물 사용 때문일 수 있었다(A7). (대안적으로, 성격장애가 이러한 문제들 및 대마 사용을 유발한다고 주장할 수도 있지만 내가 보기에는 다소 추측에 가깝다.) 사례에서는 대마에 의해 어떤 신체적 혹은 심리적 문제도 유발되지 않았다는 점이 시사된다. 하지만 낮은 질의 직업 윤리, 대마를 사용하는 데 보낸 시간 및 약물에 대한 내성 가능성을 고려해 봤을 때 그에게 대마사용장애 진단(중등도, 증상의 개수와 상관없이. 나는 이에 대해 임상가의 특권을 주장하고 싶다)을 내리는 것이 타당해 보인다. 그러나 나는 이에 대한 논쟁도 환영한다.

어떤 경우에도 환각 혹은 착각과 같은 지각적 변화의 증거는 없었고, 잠정적으로 진단을 내리기 위해서 표 15.2(526쪽)를 사용할 수 있다. (ICD-10에서는 지각 장해의 여부에 따라서 물질 사용에 다른 번호를 부여한다.)

F12.220   중등도의 대마사용장애, 중독 동반, 지각 장해를 동반하지 않는 경우

대마 금단

DSM-IV가 처음 나왔을 때처럼 최근까지도 일부 연구자들은 대마 금단의 존재 여부에 대해 여전히 의문을 가졌다. 현재는 빈번하게 사용하는 사람들의 많은 비율(거의 모든 사람의 1/3)이 언젠

가는 금단을 경험할 것이라는 점이 잘 알려져 있다. 아마도 단순히 매우 과도하게 대마를 사용하는 사람들의 수가 비교적 적고, 이와 함께 상대적으로 쉽게 이용 가능한 약물이라는 점으로 인해 대마 금단의 존재 여부를 알아내는 데는 시간이 걸렸을 수 있다. 그러나 지난 10여 년 동안 대마 금단이 실제로 있다는 많은 증거가 축적되었으며, 아마도 실제로 대마 사용자의 1/3 정도가 한 번쯤은 불편한 상태를 경험했을 것이다. 어떤 기타 물질범주의 경우와 마찬가지로, 의학적 사용에서 기인된 금단은 대마사용장애 진단기준으로 간주되지 않아야 된다는 것을 반복할 필요가 있다. 현 시대에서는 매우 많은 관할에서 마리화나의 의학적 이용 가능성이 훨씬 더 적절해지고 있으며, 몇몇 곳에서는 기분 전환용 마리화나를 합법적으로 허용하고 있다.

금단을 경험한 반 이상의 사람들은 불쾌감 및 안절부절못함이 동반된 약물에 대한 갈망을 언급한다. 일부 사람들은 종종 생생하고, 불쾌한 꿈 혹은 악몽을 보고한다. 증상은 니코틴 금단만큼이나 심각할 수 있다. 사실상 일부 사용자들은 금단 증상을 막기 위해서 담배(혹은 알코올)로 대체한다. 모든 증상은 며칠에서 2주 동안 지속되며, 신체 증상은 심리적 증상보다는 더 빠르게 감소된다. 몇몇 연구들에서 금단 증상이 재발의 강력한 예측변인이었다.

대마 금단의 핵심 특징

심각한, 장기간의 대마 사용(몇 개월 혹은 그 이상)을 중단한 후에 수면문제, 식욕 저하 혹은 체중 감소, 우울, 불안 혹은 초조함, 안절부절못함 및 떨림으로 인하 신체적 불편, 발한, 오한/열, 두통 혹은 복부 통증이 나타난다. 증가된 과민함이 분노 혹은 공격적인 행동으로 나타나기도 한다.

주의사항

ㄱ들을 다루어라
- 기간(수개월 동안 매일 과도하게 사용, 사용의 감소 후 1~2일 이내에 발병)
- 고통 혹은 장애(직업적/학업적, 사회적, 혹은 개인적 손상)
- 감별진단(신체적 장애, 기타 물질 사용 중독 혹은 기타 정신적 장애)
  표 15.1(453쪽)에서 대마 금단의 특정적인 내용을 찾아볼 수 있다.

부호화 시 주의점

현재 ICD-10[표 15.2(526쪽)]은 금단에 대해서는 단지 하나의 진단부호만을 허용하고 있다는 것을 주의해야 한다(사용장애가 있어야 하며, 그 정도는 중등도 수준이거나 고도 수준에만 해당될 수 있다).

러셀 잔으로 다시 돌아가서

러셀은 평가 이틀 후에 수감되었다. 그의 반복된 대마 사용에 지친 판사는 그가 수감되어야만 한다는 것에 대해 빠르게 판결을 내렸고, 긴 노동절 휴가를 떠났다.

러셀이 감옥에서 보낸 처음 몇 시간은 그렇게 나쁘지는 않았다. 수감된 날과 그다음 날 동안에 그는 친절한 교도관과 이야기를 나누었고, 수감자들과 카드 게임을 했다. 그러나 그는 잠을 설쳤고 일요일이 되었을 때 그는 잠시도 가만히 있지 못하고 초조해했으며, 저녁 식사를 위해 받은 유일한 물건이었던 수저로 감방의 창살을 내리쳤다. 교도관이 그가 손대지 않은 미트로프를 가져갔을 때, 그는 "전 배고프지 않아요, 알겠어요?"라고 톡 쏘면서 말했다.

러셀은 밤새 거의 뜬눈으로 누워 있었다. 그는 식은땀이 나고 오한, 두통, 침상에서 몸을 구부릴 정도의 복부 통증 경련을 느꼈다. "상상했던 것 중 가장 심한 감기 같았어요." 그는 주말이었지만 회진 중이었던 전문간호사에게 우는 목소리로 말했다. 그의 초조해하는 불평에 비접촉식 온도계를 이용하여 체온을 측정했으나, 열은 없었다. 전문간호사는 그가 신체적으로 아무런 이상이 없다는 것을 발견했고, 교도관에게 말했다. "마리화나로 인해 몹시 화를 내는 것 같아요. 2주 동안은 그를 바로잡아 주어야 할 거예요."

러셀 잔의 추후 평가

러셀의 대마 사용 경험이 장기간 지속되었고, 과도했다는 것을 규정할 수 있는가(대마 금단 진단기준 A)? 러셀은 마리화나 사용의 갑작스러운 박탈로 인해 거의 모든 대마 금단 진단기준을 충족하였으며, 이러한 진단기준에는 분노(B1), 불안(B2), 불면증(B3), 식욕부진(B4), 초조(B5) 및 복부통증(B7)이 포함된다. 또한 진단을 내리기 위해서는 고통이 확실하게 야기될 정도여야 한다(C). 이러한 증상이 감기 혹은 어떤 다른 신체질환으로 인한 것이 아니었다는 전문간호사의 말을 받아들일 수 있을 것이다(D).

이러한 대마 금단 증상은 기타 물질(알코올, 진정제, 중추신경계자극제 및 담배)의 금단 증상과 많이 유사하며, 이에 각각의 기타 물질 금단과 감별해야만 한다. 그러나 러셀에 대한 진단은 과거력으로 인해 명확해진다. 그의 이전 사용장애 증상에 금단만이 추가될 것이다. 지금까지 우리가 배웠던 모든 것을 고려했을 때, 진단기준을 만족하는 갯수와 상관없이 그의 대마사용장애 심각도 수준을 고도 수준으로 올려야 할 것이다.

러셀의 GAF 점수는 50점일 것이다(지난해에 가장 심각했던 수준). 표 15.2(526쪽)를 사용하여 러셀에게(더 이상 중독상태는 아니다) 금단 및 사용장애 진단을 내릴 수 있다. 그리고 저자가 기술했던 요약 부분 어딘가에 성격장애의 가능성에 대한 더 깊은 탐색의 중요성을 강조하고 있다. 그러나 지금 당장 신뢰할 수 있는 어떤 성격평가를 하기에는 정보가 너무 적고, 너무 많은 대마를 사용하고 있다.

F12.23	고도의 대마사용장애, 금단 동반
Z59.01	노숙자, 현재 수감 중
Z56.9	실업상태
Z65.3	반복된 체포

기타 대마로 유발된 장애

표 15.2(526쪽)에서 대마로 유발된 장애에 대한 더 상세한 목록을 찾을 수 있을 것이다. 두 가지 가능성이 특별히 언급될 가치가 있다.

대마로 유발된 정신병적 장애, 망상 동반. 이 장애는 대개 피해망상을 포함한다. 이것은 단지 하루 혹은 기껏해야 며칠간 지속된다. 미국에서 이 장애는 드물며, 청소년들에게 가장 흔하게 발견된다. 그러나 다른 나라와 문화에서는(예를 들어, 서아프리카) 더 흔할 수 있다. 대마와 관련된 망상을 보이는 미국 환자들은 조현병 및 약물 간 상호작용과 같은 다른 진단도 받을 수 있다.

대마로 유발된 불안장애. 제4장에서 봤던 대학생인 보니타 라미레즈의 사례에 제시되어 있다 (192쪽 참조).

F12.99 명시되지 않는 대마관련장애

환각제관련장애

환각을 일으키는 약물 혹은 **정신병 유발 약물**인 환각제는 일반적으로 환각이 아니라 착각을 유발한다. 그러나 장기적인 사용으로 인하여 잘못된 이름이 붙었다. 자연에서 얻어진 이러한 두 가지 약물은 실로시빈(psilocybin)(어떤 버섯에서 얻어지는) 및 페요테(peyote)(선인장, 아마도 부엌 선반에 놓여 있는 것은 아니지만)이다. 그러나 펜시클리딘(PCP)은 합성된 환각제이며, 선인장 그리고 버섯과 비슷한 독성 효과를 보인다. 또한 이 장에서는 리세르그산 디에틸아미드(LSD) 및 다른 약물에 대해서도 논의한다. (이 약물범주에서는 금단 증후군이 입증되지 않았으며, 따라서 물질사용장애 진단기준은 관행적인 열한 가지 진단기준이 아니라 단지 열 가지 진단기준을 포함하고 있다.)

펜시클리딘(PCP)

PCP는 그것 자체로 별도의 부분에서 기재되어 왔다. DSM-5부터는 여러 가지 이유로, 각각의 사용장애 및 중독 진단기준은 구별되어 있지만 현재 PCP는 기타 환각제와 함께 묶여 있다. 속칭 엔젤 더스트라고 불리는 PCP는 중추신경계 자극제 및 억제제 특성을 모두 가지고 있는 환각제이다. 전형적으로 길거리에서 복용되는 용량인 5mg을 복용하면, 때때로 조현병과 구분할 수 없다고 확신할 정도의 정신병적 증상을 유발할 수 있는 매우 강력한 물질이다. 조현병의 유전적 소인이 있는 환자가 PCP를 복용하면, 심각한 정신병리가 활성화될 위험이 더 크다.

PCP는 원래 마취제로 개발되었다. 20세기 중반에 해로운 부작용이 야기되어서 사용이 금지되었고, 수의학에서조차도 사용이 중단되었다. PCP보다 덜 강력한 유사 약물인 케타민(ketamine)이 심한 우울장애의 치료에 사용된다. 그러나 PCP가 값이 싸고 생산하기 쉽기 때문에(그건 말 그대로 욕조에서 혼합해서 생산할 수 있다), 때때로 젊은 성인들은 PCP가 다행감을 유발하는 것에 가치를 두고 계속해서 사용하고 있다.

금단 증후군이 사람에게 나타나는 경우는 없지만, PCP의 중독 가능성에 대해서 알려져 있으며, 일부 사람들은 코카인 및 헤로인만큼이나 위험하다고 단언한다. PCP를 삼켰을 때, 증상은 1시간 내에 나타난다. 흡입했다면 증상은 몇 분 내에 나타난다. 황홀감은 4시간에서 6시간 동안 지속되며, 며칠간 반복될 수 있다.

PCP는 코로 흡입하거나 삼키거나 주사로 주입하는 것과 같이 사용자가 원하는 방식으로 사용할 수 있다. 심지어 이것은 질에서도 흡수될 수 있다. 그러나 현재 PCP는 대개 담배를 피우는 방식으로 흡입되며, 이러한 방식이 선호된다. 그 이유는 담배를 피우는 방식으로 인한 효과는 매우 빠르게 발생해서 사용자들이 신중하게 적정 용량을 흡입할 수 있으며, 이는 과다 복용으로 응급실에 가는 것을 방지하기 때문이다.

비교적 적은 수의 사람들이 PCP 및 케타민을 사용하며, 특히 10대 및 20대 남성들이 사용한다.

LSD 및 기타 환각제

합성된 환각제의 고전적인 예시는 LSD이며, 1960년대에는 LSD가 여러 세대에 걸쳐 처음으로 개발된 새로운 향정신물질로 받아들여졌다. 그러나 미국에서 LSD의 합법적 생산은 사라진 지 오래되었다. 주로 캘리포니아 북부의 불법적인 장소에서 만들어진다. MDA, MDMA(3, 4-methylenedioxymethamphetamine, 엑스터시로 불림) 등과 같은 새로운 합성물들이 계속해서 나타나고 있다. 때때로 이것들은 '디자이너 약물'이라고 하는데, 그 이유는 이 약물이 불법이 아닌 잘 알려져 있는 환각제와 약리학적 특징이 유사하기 때문이다. 또한 오래된 자연에서 얻은 물질이 있으며, 여기에는 메스칼린(mescaline), 실로시빈(psilocybin), 그리고 리세르그산 아미드(lysergic acid amide)(LSD와 유사하며 나팔꽃 씨앗에서 발견된다)가 포함된다. 이러한 모든 물질은 일반적으로 LSD 및 PCP보다는 덜 강력한 환각제이다.

지난 20여 년 혹은 그 이상 동안, LSD의 사용은 급락한 것으로 나타났다. 현재 대학생들 중 1% 미만이 사용한다. 그러나 합성약물(특히 환각 유발과 중추신경계자극제 특성을 결합합 MDMA. 510쪽의 이중선 안에 기술된 내용 참조)의 사용은 증가하고 있다. 또한 대부분의 사용자들은 다른 물질도 사용한다. 많은 경우에, 길거리에서 팔리는 약물은 기대되는 것과는 꽤 다르다. 품질관리 윤리가 결여되어 있기 때문에 판매상은 비싼 것을 싼 것으로, 희귀한 것을 손쉽게 이용 가능한 것으로 자유롭게 대체해서 판매한다. 따라서 예를 들어 소위 '실로시빈'은 사실상 판매상이 보통의 버섯 위에 LSD나 PCP를 뿌린 것일 수 있다.

LSD에 대한 내성은 매우 급격하게 발생해서, 사람들이 일주일에 한 번 이상 LSD를 사용하는 경우는 드물 것이다. 더 빈번한 사용이 단순히 문제를 일으킬 만한 효과를 유발하지는 않는다. LSD 혹은 다른 환각제로 인한 금단 증후군에 대해서 분명하게 밝혀진 바는 없지만, 일부 사람들은 중단 후에 반복적으로 갈망을 경험한다. MDMA는 특히 사용장애를 일으킬 가능성이 높다.

연속적으로 계속 출판되어 온 DSM들의 가장 큰 특징은 기술적 정확성을 더 높이기 위해서 장애몇을 다시 짓는 것이었기 때문에, '아직까지' 환각제가 허위 명칭을 유지하고 있다는 것은 놀라운 일이다. (저자는 '아직까지'라는 것을 거듭 말하고 있는데, 이는 20년 전 DSM-IV에서와 마찬가지로 그 말에 질렸기 때문이다.) 전형적으로, 환각제는 전혀 환각을 유발하지 않으며 착각을 유발한다. 일부 저자들은 환각제를 '착각제'로 언급하였다. 현재 '환각을 일으키는'('정신-발현')이라는 용어를 강한 정신적 경험을 하게 하는 마약이나 다른 물질('entheogen')로 대체하려는 움직임이 시작되고 있으며, 이는 종교적이거나 영적인 효과를 불러일으키는 물질을 나타내는 데 사용된다. 저자는 진단명이 바뀔 가망이 있다고 생각하지는 않는다.

펜시클리딘사용장애 및 기타 환각제사용장애

PCP 및 기타 환각제사용장애의 특징은 지침에 제시된 대부분의 기타 물질사용장애의 특징과 유사하다. 대부분의 환각제에서 발생하지 않는 금단 증상을 제외하고는 일반적인 물질사용장애(444쪽) 진단기준에 바로 적용할 수 있다. 다음의 두 사례를 통해 논의하고자 한다. 진단부호 번호는

표 15.2(526쪽)에 제시되어 있다.

펜시클리딘 중독

PCP의 효과는 복용량과 관계되며 매우 다양하다. PCP는 다행감뿐만 아니라 피로, 불안, 우울, 섬망, 그리고 초조, 충동성 및 폭행을 포함하는 행동 문제를 야기할 수 있다. 심지어 긴장증적 증상 및 자살도 보고되었다. 일부 사용자들은 빛이나 소리에 대해 폭력적이고, 과장되며, 예측 불가능한 반응을 경험한다. 그 결과, 임상가들은 중독된 환자에게 감각을 제한하는 것을 권고할 수 있다. 신체 증상에는 고열, 근경직, 말을 하지 못하는 증상 및 고혈압이 포함된다. 과도한 복용은 혼수, 경련 및 호흡정지로 인한 죽음을 초래할 수 있다.

펜시클리딘 중독의 핵심 특징

환자는 PCP 혹은 유사한 것을 사용한 직후에 심각한 행동적 탈억제 증상이 보이게 되며, 이러한 증상에는 충동성, 적개심, 초조, 공격성, 판단력의 결여가 포함된다. 이러한 증상과 함께 신경 손상 및 근육 통제 불능의 징후가 있다 ― 갑작스레 움직이는 안구 운동, 보행 혹은 언어 곤란, 뻣뻣한 근육, 마비감, 혼수 혹은 발작, 심박수 및 혈압이 상승할 수 있으며, 때때로 비정상적으로 소음에 예민해질 수 있다.

주의사항

ㄱ들을 다루어라
- 기간(증상 발병에 소요되는 기간은 1~2시간 이내)
- 감별진단(신체적 장애, 기타 물질로 인한 중독, 기타 정신적 장애)

표 15.1(453쪽)에서 펜시클리딘 중독의 특정적인 내용을 찾아볼 수 있다.

부호화 시 주의점

부호화 시에는 표 15.2(576쪽)를 참조하라.

제니 메이어슨

제니 메이어슨은 24세였으며, 삶의 절반 동안은 순탄치 않았다. 그녀가 12세였을 때, 다툼이 잦았던 부모가 그녀가 기억하는 최악의 말다툼을 하였고, 그러던 중에 그녀의 아버지는 가족을 떠나

버렸다. 그녀의 어머니는 이혼에 대한 생각에 몰두했고, 그 후유증으로 그녀의 언니는 집을 떠났으며, 제니는 완전히 혼자 남겨졌다.

그녀가 14세가 되었을 무렵, 방과 후에 그리고 때때로 수업 사이에 마리화나를 피우기 시작했다. 1년 이내에 그녀는 수업에 들어가는 대신에 마리화나를 피우고 있었다. 그녀가 18세가 되던 날 아침에, 그녀의 어머니는 그녀를 집에서 쫓아냈다. 그녀는 잇따라 남자 친구들과 함께 살았고, 그들 각각은 그녀에게 새로운 기분 전환용 약물을 알려주었다. 그녀는 정신병원을 들락날락했으며, 베티 포드 클리닉(미국 캘리포니아에 있는 마약, 알코올 중독자 치료시설-역주)에 두 번이나 입원했었다.

제니를 마지막으로 만나 면담한 사람은 젊은 순찰 경찰관인 레지 폴란스키였다. 어느 토요일 오후에 그는 전화를 받고 황폐한 아파트 건물의 6층으로 갔는데, 그곳에서 젊은 여자가 거리 위로 높이 나있는 창문턱에 앉아 있었다. 폴란스키가 방을 지나 창가로 걸어갔을 때, 마리화나를 피우는 달콤한 냄새가 그를 감쌌다.

창문 바로 바깥쪽의 창문턱은 아마 25센티미터 폭 정도였다. 그의 왼쪽으로 약 1미터쯤 떨어진 곳에 제니가 앉아 있었다. 그녀는 맨발이었고, 헐벗은 다리를 드러내고 있었으며, 면 블라우스와 얇은 스커트가 바람에 흩날리고 있었다. 그녀는 조용하게 앉아 있었고, 그녀의 얼굴은 늦여름 햇살 쪽으로 기울어 있었다. 24미터 아래의 보도 위에는 많은 사람들이 모여 있었다.

폴란스키는 창문틀을 단단히 잡고, 창밖으로 얼굴을 내밀었다. "거기 밖에서 뭘 하고 있는 겁니까?"

"그냥 쉬-이이, 쉬고 있어요." 그녀는 마침내 애써서 단어를 발음했다. 그녀는 눈을 뜨거나 고개를 돌리지 않았다. "전 날 거예요."

"당신은 정말로 그렇게 하기를 원하지 않을 거예요. 여기 뒤쪽으로 오세요."

"여기서 나-아-가 난 아멜리아 에어하트야. 우리 둘 다 날 수 있어." 제니는 낄낄 웃었고, 그들은 몇 분간 이야기를 나누었다. 그렇다. 그녀는 자신이 아멜리아 에어하트라고 농담하고 있었지만 정말 나는 것을 배울 수 있다고 생각했다. '마약을 한' 후 오늘 아침에 불현듯 떠오른 생각이었다. 그녀는 지난 몇 개월 동안 간헐적으로 엔젤 더스트(즉 PCP)를 사용하였다.

순찰 경찰관인 폴란스키는 그녀의 손을 가리켰다. 그녀는 손가락 사이에서 피를 흘리고 있었다. "뭔가에 베였군요."

제니는 자신이 밖으로 기어나갈 때, 들쭉날쭉한 창문 처마 장식에 베인 것이 틀림없다고 말했다. 아마도 그것은 신으로부터 온 메시지였다. 그녀는 자신이 베였다는 것을 전혀 느끼지 못했기 때문에 그것은 신으로부터 온 메시지임이 틀림없다고 말했다. 그것은 신의 상처와도 같았다. 고통을 느끼는 대신에 그녀는 행복하고, 강하고, 가볍다고 느꼈다. 그녀는 월요일 노동절에 하는 에어쇼를 연습하는 것처럼 느꼈다.

"땅이 얼마나 가까이에 있는지 보세요. 막 땅으로 내려갈 수 있을 것 같아요."라고 그녀는 말했다. 그녀는 그녀의 두 팔을 들어 올리고, 가볍게 앞으로 나아가 바람 위로 몸을 맡겼다.

제니 메이어슨의 평가

제니의 최근 엔젤 더스트 사용 및 부적절한 판단력은 펜시클리딘 중독에 대한 진단기준 A 및 B를 충분히 충족했다. 요구되는 신체 증상 중에서 두 가지가 사례에 기술되어 있다 — 언어곤란(그녀의 발음은 불분명했다 — C5) 및 통증지각의 감소(그녀는 손의 피부가 찢긴 것을 알아차리지 못했다 — C3). 진단기준에서는 두 가지가 요구된다.

또한 제니는 착각을 보였다(창문이 6층 높이처럼 보이지 않고, 오히려 땅이 더 가깝게 보였다). 이러한 지각적 왜곡은 자극제, 아편계 및 대마를 포함한 기타 물질에서 보이는 중독에서도 야기될 수 있다. 방 안의 냄새는 순찰 경찰관인 폴란스키에게 마리화나가 사용되었다는 암시를 주었지만 PCP 사용자들은 종종 자신들이 피울 수 있는 것(마리화나 혹은 담배, 때때로 파슬리) 위에 PCP를 뿌리기도 한다. 신뢰할 수 있는 정보가 부족할 때는 최종진단은 종종 독성물질검사(toxicology report)에 의해 결정된다.

사례에서는 제니의 PCP 문제의 정도에 관한 정보를 제공해 주지 못하며, 이에 펜시클리딘사용장애 진단을 확증할 수는 없다. 제니가 적어도 이전에 다양한 물질의 사용으로 인해 직업적(학교) 문제가 있었다는 것은 사례에 명확하게 나타나 있다. 추후진단은 그녀의 12개월간 물질 사용 패턴에 대한 추가적인 정보에 달려 있을 것이다. 모든 정보들을 고려했을 때, 잠정적 진단은 중등도에서 고도의 펜시클리딘사용장애가 타당한 것 같다. 얼마나 많은 증상을 우리가 생각해 낼 수 있는가와는 상관없이 그 결과를 고려했을 때 고도 진단부호를 부여하는 것이 타당하다.

자신이 날 수 있고, 성흔('신의 상처')이 있었다는 제니의 진술이 확고하게 생각되지는 않았으며, 따라서 나는 그것이 망상적이지는 않다고 여겼다. 이는 조현병 및 어떤 다른 정신병을 배제할 것이다. 그녀의 장애가 신체질환 때문이었다는 증거는 없다(D). 다른 환자들에게서 빠른 완화(종종 치료 없이)는 환각제로 인한 중독을 기분 및 불안 장애와 같은 다른 상태를 감별하는 데 유용할 수 있다. 또한 환각제 사용자들은 성격장애 및 다른 향정신물질의 사용에 대한 평가를 받아야만 한다.

제니의 사후진단은 다음과 같다. 물론 그녀의 GAF 점수는 0점이며, 가능한 성격장애를 탐색해 볼 기회는 절대 없을 것이다.

F16.220   고도의 펜시클리딘사용장애(잠정적), 펜시클리딘 중독 동반

기타 환각제 중독

기타 환각제 중독에서 처음 나타나는 증상은 대개 신체 증상이다. 환자들은 현기증, 떨림, 위약감, 혹은 마비감 및 사지의 저림을 언급할 수 있다. 지각적 변화(대개 착각)에는 소리의 분명한 증폭 및 시각적 왜곡(신체상과 같은)뿐 아니라 **공감각**(한 가지 유형의 감각 경험이 다른 유형의 감각을 유발한다. 예를 들어, 저자가 알고 있는 한 교수는 피아노로 친 C-E-G 화음을 듣고 나서 **빨간색**, 하얀색 및 파란색을 보았다)이 포함된다.

만약 환각이 조금이라도 발생하면, 생생한 기하학적 형태나 색깔로 나타날 수 있다. 환청도 발생할 수 있다. 많은 사람들이 강렬한 다행감, 이인감(즉, 자신으로부터 분리된 느낌), 비현실감(자신의 지각이 현실이 아닌 것 같은 감각), 꿈과 같은 상태 혹은 시간이 빠르거나 느리게 가는 것 같은 감각을 경험한다. 주의력이 손상될 수 있지만 대부분의 사용자들은 병식을 유지한다.

구체적인 특징은 상황 및 개인의 기대에 의해 크게 영향을 받는다. 일부 사용자들은 즐거운 경험을 한다. 어떤 사람들은 극도로 불안해질 수 있다. 무서운 환각 체험은 대개 불안감 및 우울감을 포함한다. 공황발작이 발생할 수 있다. 때때로 이러한 반응은 오랫동안 지속되며, 이는 미칠 것 같은 두려움으로 특징지어진다. 급성 부정적 반응은 전형적으로 24시간 내에 사라지며, 이는 약물이 모두 배출되는 데 걸리는 시간이다.

LSD는 매우 강렬한 물질이다. 아주 약간의 마이크로그램이(우표에 스며드는 정도의 양) 현저한 증상을 야기할 수 있다. LSD는 소화관으로 흡수되며, 대개 증상은 1시간 이내에 시작된다. 이러한 효과들은 2시간에서 4시간 정도에서 절정에 도달하며, 반나절 동안 지속될 수 있다. PCP에서와 같이 LSD 및 기타 환각제는 치명적일 수 있다.

기타 환각제 중독의 핵심 특징

환자들은 비-PCP 환각제를 사용한 직후에 강렬한 우울 혹은 불안, 편집증적 사고, 판단력의 문제, 미칠 것 같은 공포, 관계사고를 일으킨다. 비록 완전히 깨어 있고 명료한 의식상태더라도 그들은 색깔을 더욱 강렬하게 경험하고, 착각, 비현실감/이인감, 혹은 환각과 같은 감각의 변화를 경험하기도 한다. 그들은 심지어 공감각적 감각을 느끼기도 하며, 이는 하나의 감각 자극에서 다른 감각이 출력되는 것을 의미하는데, 벨이 울리는 소리를 듣고 색이 보이는 것을 말한다. 마지막으로, 자

율신경계 과활성화를 보이기도 한다 — 동공 확대 및 흐릿한 시야, 발한, 빠르거나 불규칙적인 심장 박동, 떨림, 근육 협응의 감소.

주의사항

ㄱ들을 다루어라

- 기간(증상 발병에 소요되는 기간은 대개 1시간 혹은 그 이내)
- 감별진단(기타 물질 중독, 기타 정신적 장애, 다른 의학적 상태, 환각제 지속성 지각장애)

  표 15.1(453쪽)에서 기타 환각제 중독의 특정적인 내용을 찾아볼 수 있다.

부호화 시 주의점

진단을 기록할 때는 '기타 환각제'라고 하기보다는 특정한 명칭을 사용하라.

부호화 시에는 표 15.2(526쪽)를 참조하라.

완다 피트싱어

완다는 26세였지만 여전히 영화관에서 일을 했다. 고등학교 3학년 때, 시간제로 일을 하기 시작하였는데 졸업 후에 정규직이 되었고, 그 이후로 일을 지속하였다. 보수는 최저 임금 수준이었지만, 잔돈을 거슬러 주고 팝콘을 만드는 것은 힘들지 않았으며, 많은 영화를 볼 수 있었다(비록 처음부터 끝까지 쭉 볼 수는 없었지만).

완다는 그 일을 결혼생활보다도 더 오래 지속하였다. 그녀가 22세였을 때, 랜디와 거의 열 달 동안의 결혼생활을 했었다. 그녀가 임신 중절 수술을 받은 것 외에도 관계를 끝내게 된 주요한 이유는 LSD를 시작한 것 때문이었다. 그녀는 여전히 랜디를 가끔씩 만났지만, 지금까지 그들은 친구 이상의 관계는 아니었다. 그들이 함께 추구했던 활동은 오로지 마약에 취하는 것이었고, 이는 거의 예외 없이 성욕을 사라지게 했다.

완다는 다른 약물을 시도했다. 마리화나는 그녀에게 두통을 야기했다. 그녀는 코카인으로 인해 신경이 과민해졌다. 그녀가 헤로인을 한 번 흡입했을 때 구토를 했다. 그러나 LSD는 그녀에게 딱 맞았다. LSD는 항상 그녀의 기운을 북돋아 주고, 그녀의 기분이 들뜨게 해주었다. 색이 있는 물체들의 모양이나 크기의 변화는 차치하더라도 때때로 그녀가 거울을 들여다볼 때면 자신이 차차 녹아내리는 것처럼 보였다. LSD를 복용했을 때 기이한 일들이 생길 것임을 흔히 예상할 수 있기 때문에 이에 대해서 그녀는 걱정하지 않았다. 그녀는 LSD가 새로운 의미나 통찰을 드러낼 수 있을 것이라고 생각했고, 깊게 사고하는 감각을 가치 있게 여겼다. 이러한 경험은 그녀의 유일한 부작용인 심계항진 및 흐릿한 시야를 감수할 만큼 가치가 있었다.

심지어 LSD는 완다가 랜디에게 더 좋은 감정을 느끼게 해주었다. 때때로 그녀는 여전히 휴일에 랜디와 여행을 갔으며, 그는 LSD가 스며들어 있는 사각형의 작은 압지를 그녀에게 지속적으로 제공해 주었다. 한번은 그가 그녀에게 물질에 적신 두 장의 영화표를 선물로 주었다. 그녀는 그녀의 옷장 거울 모서리에 그 영화표를 넣어두었다.

완다 피트싱어의 평가

LSD를 복용하는 동안 완다의 심리적 및 행동적 변화는 경미한 수준이었고, LSD 복용의 장점과 단점이 거의 비슷한 수준이었다. 이러한 것들은 그녀가 랜디를 견딜 수 있도록 도와주었으나 그녀는 성적 흥미를 잃었다. 이러한 변화가 임상적으로 중요한 것인지를 논의할 수 있다. 무서운 환각 체험에서와 같은 변화는 그녀가 치료를 받을 만큼 충분하지는 않았다(진단기준 B). 그러나 그녀는 기타 환각제 중독에 관한 추가적인 증상을 보였다. 그녀는 흔히 있는 부작용인 흐릿한 시야 및 심계항진에 대해 언급했다(D5, D4). 또한 그녀에게 몇몇 전형적인 지각적 변화가 나타났다 ― 빛, 패턴 및 모양에 대한 착각(C), 특별한 통찰을 가졌다는 감각에 사로잡히는 것. 게다가 그녀는 이러한 약물에서 흔하게 경험되는 다행감을 느꼈다.

기타 환각제 중독의 감별진단에는 섬망, 신경인지장애, 뇌전증 및 조현병이 포함된다. 완다는 착각의 범위를 넘어서 이러한 장애에서 제안되는 증상 중 어떤 것도 보이지 않았다. 그러나 임상가는 다른 장애를 완벽하게 배제하기 위해서는 정신상태평가를 포함한 철저한 정밀검사를 해야 힌다. 출면 시 심상(각성상태 사이에서 경험하는 시각적 심상)은 플래시백의 측면을 설명할 수 있다. 그러나 완다의 착각 경험은 때때로 그녀가 완전히 깨어 있을 때 발생했다.

DSM-5-TR은 기타 환각제사용장애 진단을 내리기는 하지만 그러한 경우는 드물 것이다. 완다의 경우에서와 같이 대부분의 사용자들은 LSD를 빈번하게 사용하지는 않는다. 급성 내성(효과의 상실)은 일주일에 한두 번보다 더 자주 사용할 때 야기된다. 그녀가 물질 사용에 대한 자제력을 잃었거나 물질 사용으로 인해 일이나 사회생활에 접근하는 방식이 변화되었다는 증거는 없다.

그렇다. 완다가 기타 환각제 중독의 진단을 충족할 수 있는지에 관해서는 문제가 많다 (F16.920). 나중에 보다 완벽한 진단을 내릴 것이다.

F16.983 환각제 지속성 지각장애

환자가 환각제 사용을 중단했지만 중독 동안에 발생했던 증상과 같은 증상을 재경험할 때, 우리는 이를 **플래시백**이 발생했다고 일컫는다. 플래시백 증상에는 얼굴, 기하학적 형태, 색채의 섬광,

질질 끌리는 영상, 잔상 혹은 후광을 보는 것을 포함한다. 또한 왜소착시(작게 보이는 것), 과대착시(거대하게 보이는 것)도 포함된다. 앨리스가 토끼굴에 빠질 때 플래시백을 경험한 것일까? 감퇴된 성적 흥미가 특징으로 나타날 수 있다. 대개 환자는 무슨 일이 일어나고 있는지에 대한 병식이 있다.

플래시백은 스트레스, 어두운 방에 들어가는 것 혹은 마리화나나 페노시아진(phenothiazines)을 사용하는 것에 의해 유발될 수 있다. 아마 몇 초간 지속되는 플래시백이 환각제 사용자들의 반 이상에서 나타날 정도로 흔하지만, 소수의 사용자들은 이러한 증상이 고통을 주거나 그들의 활동을 방해하기에 충분하다고 보고한다. 대개 이러한 경험들은 시간이 지나면서 감소된다. 그러나 이러한 증상은 사용 후 몇 주에서 몇 달 동안 발생할 수 있으며, 수년간 지속될 수 있다.

환각제 지속성 지각장애의 핵심 특징

환자들은 환각제 사용을 중단한 이후에 중독 동안 발생했던 오지각 중 적어도 한 가지 증상을 재경험한다.

주의사항

ㄱ들을 다루어라
- 기간(증상 발병에 소요되는 기간은 다양함)
- 고통 혹은 장애(직업적/학업적, 사회적, 혹은 개인적 손상)
- 감별진단(신체적 장애, 섬망, 기타 정신적 장애, 출면 시 심상)
  표 15.1(453쪽)에서 환각제 중독의 특정적인 내용을 찾아볼 수 있다.

부호화 시 주의점

부호화 시에는 표 15.2(526쪽)를 참조하라.

완다 피트싱어로 다시 돌아가서

완다는 자신이 며칠 동안 LSD를 사용하지 않았을 때, 때때로 LSD 환각 증상이 지속된다는 것을 스스로 발견했기 때문에 도움을 요청하였다.

"저는 일하던 어느 날 밤 영화가 상영되기 직전에 영화관으로 걸어 들어가면서 알아차렸어요. 전 스크린에 있는 제 자신의 얼굴을 봤어요. 처음에는 전부 초록색이었고, 그 후에는 약간 반짝거렸어요. 그러고 나서 제 모습이 약간 녹아내리는 것 같았어요. 그리고 저는 그것이 단지 2주간 상영되었던 우디 앨런 영화의 예고편이라는 걸 알았어요."

다음 날, 완다가 랜디에게 이 일에 대해서 말했을 때 그는 이것을 플래시백이라고 불렀고, "멋진데."라고 말했다. 랜디가 안심시켜 주었지만, 그녀는 이러한 경험들에 대해 걱정이 되었다. 그녀는 하루 이틀간 일을 쉬고 집에 머물렀는데, 그 이유는 그녀가 직장에서는 플래시백에 대처할 수 없을 거라고 느꼈기 때문이었다. 그녀는 그 이후, 어떠한 약물도 사용하지 않았다.

그녀가 LSD를 마지막으로 사용한 지 2개월 정도 지난 후에 완다는 많은 플래시백을 경험했다. 대부분 그녀는 '질질 끌리는 영상'을 보았으며, 이는 그녀의 시야를 가로지르는 사람이나 대상의 유령 같은 잔상이었다. 2시간 정도 그녀는 자신의 침실 천장에서 랜디의 얼굴을 보았다. 한번은 아침을 먹기 위해 식탁 가까이로 갈 수 없다고 생각될 정도로 식탁의 크기가 커진 것 같았던 적이 있었다. 그러나 그녀는 영화관 스크린에 나타난 자신의 모습을 다시 경험하지는 않았다.

완다 피트싱어의 추후 평가

완다가 어두운 극장으로 들어갔던 일로 결국에는 클리닉에 방문하게 되었고, 이때 세부사항들은 변했지만, LSD 중독 동안에 나타났던 착각을 재경험했다(진단기준 A). 어느 정도의 플래시백은 흔하다. 아마도 LSD 사용자들의 1/4 정도는 플래시백을 보일 수 있다. 플래시백이 그녀를 매우 혼란스럽게 하지 않았더라면 완다는 전혀 진단을 충족하지 못했을 것이다(B).

환각제 중독에서와 같이 완다의 임상가는 섬망, 신경인지장애, 조현병, 뇌전증 및 뇌에서의 점거성 병변을 배제해야만 한다(C). 그녀는 환각제로 유발된 정신병적 장애의 진단을 충족하지는 않는데, 그 이유는 그녀는 자신의 오지각이 물질 사용에 의해 유발되었다는 병식을 가지고 있기 때문이다. 그녀의 진단은 LSD 사용에 대한 과거력 및 전형적인 임상양상으로 인해 확실해질 것이다. 그녀의 GAF 점수는 70점일 것이다.

F16.983　　환각제 지속성 지각장애

환각제 지속성 지각장애에 대한 기술이 환각제 지속성 지각장애를 물질로 유발된 정신병적 장애와 명확하게 구별해 주지 못한다는 것에 주의해야 한다. 사실 둘을 구별하는 주요한 보호장치는 플래시백이 다른 의학적 상태로 인한 것이 아니어야만 하며, 기타 정신적 장애로 더 잘 설명될 수 없어야만 한다는 장황한 주장이다. 다른 많은 진단에서와 같이 이 진단조건은 임상가로서의 판단을 필요로 한다. 임상가의 결정은 환자의 병식 정도 및 물질 사용의 과거력에 기반을 두어야만 한다. 여기에서 진단기준은 많은 도움이 되지는 않을 것이다. 당신 자신의 성실한 평가에 근거해서 진단 내리는 것이 더 낫다.

기타 펜시클리딘으로 유발된 장애 혹은 환각제로 유발된 장애

PCP로 유발된 장애 및 기타 환각제로 유발된 장애의 목록은 표 15.2(526쪽)에 제시되어 있다. 특별히 언급할 가치가 있는 몇 가지 장애는 다음과 같다.

환각제로 유발된 기분장애. 우울 및 불안은 비교적 흔하다. 다행감은 드물다. 종종 수면은 감소한다. 환자는 안절부절못하고 죄책감을 경험하기도 한다. 환자들은 자신의 뇌가 파괴될 것 같은 혹은 미쳐버릴 것 같은 두려움을 표현할 수 있다. 환각제로 유발된 기분장애는 비교적 짧게 지속되지만 수개월간 지속되기도 한다.

환각제로 유발된 성격 변화. 만성적인 사용이나 일회성 사용은 마술적 사고의 발달 혹은 태도의 근본적인 변화와 같은 성격 변화를 야기할 수 있다.

환각제로 유발된 지속성 정신병. 종종 환각제는 오랫동안, 어쩌면 영원히 지속될 수 있는 정신병을 유발하는 듯하다. 환각제로 유발된 지속성 정신병이 약물을 사용하지 않았더라도 결국은 발생했을 기저의 정신병이었던 것인지의 여부에 대한 논쟁이 남아 있다.

F16.99 명시되지 않는 펜시클리딘관련 혹은 환각제관련 장애

흡입제관련장애

우발적으로 흡입되는 탄화수소 기반 휘발성물질을 독성물질이라고 부른다. 이것을 중독을 유발하기 위한 목적으로 사용할 때 **흡입제**라고 부른다. 흡입제를 의도적으로 흡입하는 사람은 용기로부터 분무되거나 증기가 되는 어떤 것도 흡입할 것이다. 흡입제는 (아마도 가장 대중적인) 접착제와 가솔린(휘발유), 용제, 시너, 다양한 연무제(에어로졸, 스프레이), 수정액, 냉각제를 포함한다. 효과보다는 쉽게 구할 수 있다는 점 때문에 더 선호되는 것으로 보인다.

사용자들은 다양한 이유로 흡입제를 가치 있게 여긴다. 흡입제는 지루함과 걱정을 달래준다. 사고, 생각, 시간 감각 그리고 지각(색깔, 크기, 혹은 물체의 모양에서의 변화, 때로는 명백한 환각)을 변화시킨다. 모든 흡입제는 또한 가격이 싸고 어떤 것이든 폐를 통해 흡수된다는 점에서 같으며, 효과가 빠르게 나타난다.

흡입제의 장기적인 사용으로 인한 신경학적 손상은 꽤나 다양하다. 뇌병증과 말초신경증이 흔하게 발생된다. 또한 실조(ataxia), 파킨슨병 증상, 시력 상실, 그리고 마비감과 안면마비를 유발하는 제5뇌신경과 제7뇌신경의 개입이 포함될 수 있다. 만성 사용자는 체중 감소, 위약감, 지남력장애, 부주의함, 협응력 상실을 경험할 수도 있다. 드물지만 사망에 이를 수 있는데, 이는 보통 환자가 산소를 차단하는 봉지나 마스크를 사용하여 혼합물을 흡입할 때 야기될 수 있다. 사용으로 인한 또 다른 가능성이 있는 합병증은 태아 기형이다.

흡입제를 사용하는 세 집단은 다음과 같다. 남아 및 여아는 종종 집단 활동으로 시험 삼아 해본다. 발병률은 대략 14세 정도에 최고조에 달하지만 21세기의 첫해부터 내내 하락세를 보이고 있다. 성인(대부분 남성)은 흡입제에 의존적이 될 수 있다. 마지막으로 다른 약물의 만성 사용자들도 흡입제를 사용한다. 많은 흡입제 사용자들은 사회경제적으로 혜택을 받지 못하는 (불우한) 사회적 집단에 속한다. 성격장애, 특히 반사회성 성격장애가 흡입제 사용자들에게서 흔하다.

어디 보자, 일명 웃음 가스라고도 불리는 아산화질소. 이 용어는 1800년에 영국의 화학자인 험프리 데이비 경이 만든 용어로, 그는 이것이 마취(anesthesia)와 웃음을 촉진한다고 언급했다. 이상하게도 아산화질소는 중독을 일으킬 수 있고 흡입할 수 있지만 흡입제로 분류되지는 않는다. 왜냐하면 누군가가 흡입제는 탄소 기반이어야 한다고 정했기 때문인 듯하다(근시일 내에 출시될 예정인 ICD-11에서는 흡입제에 아산화질소도 포함하고 있다). 그러나 DSM-5-TR에서 아산화질소와 관련된 문제가 있는 환자를 분류하려면 '다른(혹은 알려지지 않은) 물질' 범주를 사용해야 한다. 나는 흡입제의 정의에 대해서 하루에 한 번꼴로 조정하려고 했다.

흡입제사용장애

흡입제사용장애의 특징은 다른 거의 모든 물질사용장애의 특징과 유사하다. 환각제와 마찬가지로 흡입제사용장애의 증상에서 금단을 찾을 수 없다는 것을 제외하면, 일반적인 진단기준(444쪽)과 동일하다. (물론 경도의 금단 증상이 있을 수도 있지만, DSM-5-TR은 금단을 진단기준으로 기재할 만큼 심각하다고 고려하지 않는다.) 보통의 규칙에 따른 진단부호는 표 15.2(526쪽)를 참조하라.

DSM-5-TR은 흡입제사용장애의 원인이 되는 휘발성 탄화수소가 정확히 무엇인지를 결정하는 것이 때때로 불가능하다고 언급하며, 확실하지 않을 때는 일반적인 용어인 **흡입제사용장애**로 진단할 것을 권한다. 만약 접착제의 주요 휘발성 성분이 톨루엔이라면, **톨루엔사용장애**라고 할 수 있다. 이산화질소와 아질산염(아질산, 부틸, 이소부틸)은 기타(혹은 또는 미상의) 물질로 간주하며, 이들 중 어떤 것을 포함한 사용장애는 그에 따라 부호화한다.

흡입제사용장애는 드문데, 일차 사용자 집단인 10대 남아에게서도 흔치 않다. 기타 물질 그리고 다양한 기타 정신적 장애로 대체되면서 자연스럽게 관해되는 경향이 있다. 그리고 물론 몇몇 사람들은 마지막 단계로서 흡입 관련 참사인 죽음에 이르게 된다.

흡입제 중독

흡입제 중독인 사람들은 응급실이나 진료실에서 드물게 찾을 수 있다(이따금 영안실에서 그들을 찾기도 하지만). 많은 증상은 알코올 중독이 있는 사람들의 증상과 유사하다. 초기 증상은 졸음, 초조, 몽롱함, 탈억제를 포함한다. 나중에는 실조, 지남력장애 그리고 현기증으로 진행되기도 한다. 더 심각한 중독은 불면증, 위약감, 말하는 데 어려움, 파괴적 행동, 때로는 환각을 발생시킨다. 수면 시간 이후에도 사용자들은 종종 기면상태에 있고, 숙취에 시달린다. 아마도 흡입제를 많이 사용한 사람이라면 때때로 중독을 경험했을 것이다.

톨루엔은 널리 사용되는 용제로 많은 남용 물질의 주성분이다. 이는 두통, 황홀감, 소뇌 실조(저조한 균형, 발을 떨어뜨려 걷는 것, 비틀거리는 것을 동반하는 불규칙하고 협응이 안 되는 움직임)와 연관된다. 적은 용량을 복용하였을 때는 피로감, 두통, 억제된 반사반응, 따끔따끔한 감각(얼얼한 감각)이 있을 수 있다.

흡입제는 보통 봉지나 흡입을 통해 흡수된다. 봉지를 사용할 때 사람들은 봉지에 내용물을 분사하거나 쥐어짜거나 들이부은 뒤 봉지로부터 흡입한다. 그들은 물질을 적신 헝겊을 입에 대고 들이마시는 방법으로 흡입한다. 어떤 방법도 몇 시간 동안 황홀감을 지속시킬 수 있다.

흡입제를 사용할 것이라고 의심되는 사람을 평가할 때, 모든 물질 종류에 대해 조심스럽게 물어봐야 한다. 이러한 환자들은 복합적인 물질을 사용하는 경우가 흔하며, 증상은 부분적으로는 알코올, 대마, 환각제, 혹은 담배를 사용하는 것 때문일 수도 있다. 환자가 무엇을 사용하는지 결정할 수 있는 유일한 방법은 환자의 혈액이나 소변에 있는 물질을 화학적으로 분석하는 것이다.

흡입제 중독의 핵심 특징

화학적 물질을 흡입하면, 그 사람은 판단력 문제, 적대감, 공격성, 무정동 혹은 다른 행동적 변화 등 다양한 정신 및 행동 증상을 경험한다. 게다가 임상적으로 중요한 다른 증상들도 있는데, 신경 근육 운동협응장애의 다양한 증상을 경험한다 — 불안정한 보행, 다행감, 어지러움, 느리거나 약한 반사반응, 떨림, 위약감, 흐려진 시야 혹은 복시, 졸음, 운동 협응 능력의 저하, 혼미 혹은 혼수상태, 안구진탕이라고 하는 갑작스레 움직이는 안구 운동, 불분명한 말투, 정신운동 지체.

주의사항

ㄱ들을 다루어라

- 기간(증상 발병에 소요되는 기간은 몇 분 이내)
- 감별진단(신체적 장애, 기타 정신적 장애, 다른 물질 중독)
  표 15.1(453쪽)에서 흡입제 중독의 특정적인 내용을 찾아볼 수 있다.

부호화 시 주의점

부호화 시에는 표 15.2(526쪽)를 참조하라.

더들리 라제네거

12세 이후로 더들리 라제네거는 가출, 무단침입, 그가 이해할 수 없는 '개선할 수 없는 상태'라고 하는 어떠한 문제를 겪고 있었다. 그의 열여덟 번째 생일 며칠 전, 판사는 그에게 '감옥 또는 군대'라는 선택권을 주었다. 더들리는 6개월째 군대에 있었고 기초훈련을 끝낸 지 상당한 시간이 지났다.

자주 있는 일은 아니었지만, 더들리가 마약을 사용하지 않고 술에 취하지 않았을 때에도 특별히 훌륭한 군인은 아니었다. 그는 종종 무례한 행동을 했고, 영창 대신 군사기지에서 대부분의 주말 시간을 보낼 정도로만 순응하였다. 그의 부대가 해군과의 합동작전을 위해 배에 승선했을 때 더들리도 동행하였다.

명백하게 더들리는 모형 비행기를 접착제로 조립하였다. 어쨌든 더들리가 말한 것은 한밤중에 조리실에서 접착제를 흡입했었다는 것이다. 그가 그 이야기를 할 때 주제에서 벗어나 말하거나 잠이 들지 않도록 하기 위해, 선임 부사관이 여러 번 날카로운 명령을 내렸고 적어도 한 번은 그의 몸을 흔들어야 했다. 그의 입김에서는 페인트 가게와 같은 냄새가 났다.

약 3년간 너들리는 다양한 기화불실, 수로 유기 용제를 흡입했다. 그가 자랐던 곳에서는 많은 소년들이 그것을 흡입하였는데, 그 물건은 구하기 쉬웠으며 가격이 싸고 합법적이기까지 하였다. 합법적이라는 점은 그에게 크게 중요하지 않았지만, 가격과 획득이 용이했던 점은 중요했음을 인정했다.

모형 비행기 접착제는 빠르고 확실히 황홀감을 주었다. 더들리는 비행기 접착제가 그의 기분을 끌어올려 주었고, 긴 시간이 반짝 스치며 지나가는 것처럼 만들어 주었기에 이를 좋아했다. 오늘 밤 그는 자신만의 사적인 파티를 가졌다. 모든 사람은 자러 갔고, 더들리는 자신이 빠져 있는 저조한 기분을 끌어올리기를 원했다. 모형 비행기 접착제는 정말로 효과가 있어서 그는 조리실에서 냄비와 프라이팬을 던지고 싶다고 느꼈으며, 이 때문에 헌병대가 그를 발견했다.

더들리가 군함 내 구금실로 호송되었을 때 바다는 고요했지만, 그는 비틀거리고 휘청거렸으며 침대로 거의 쓰러졌다. 그는 거의 벽돌색이 된 자신의 눈을 비볐다. 그는 자신이 있는 곳이 어디인지를 알아내려고 노력하는 듯이 보였다. "막사일 리는 없어." 그는 키득거리며 설명했다. "벽에 누드모델 포스터가 없잖아."

더들리는 "나는 일주일에 한두 번 이상은 절대 사용하지 않아요."라며 또다시 키득거리며 알아들을 수 없이 말했다.

더들리 라제네거의 평가

접착제를 들이마신 결과로 더들리는 조리실에서 물건들을 집어 던지는 잘못된 판단을 내렸다(진단기준 B). 부적절하게 키득거리는 것은 부적응적인 정서적 변화를 시사한다. 흡입제를 사용한 시간이 명백히 적절하지 않은 시간이었다는 점에 더해서, 그는 흡입제 중독의 많은 신체적 증상을 보였다. 이는 불명료한 말투(C4), 기면(그의 선임 부사관이 면담 동안 그를 깨어 있게 만들어야 했다 — C6), 운동 협응의 어려움(C3)을 포함한다. 키득거리는 것은 다행감(C13)을 암시하지만, 그의 기분을 확인하기 위해 이에 대해 직접적으로 물어봐야 할 것이다. 그의 눈은 충혈되었고 그에게서 용제 냄새가 났다. (안구진탕과 감소된 반사반응을 밝히기에 신체검사가 좋을 수도 있다. 그러나 진단을 위해서는 이러한 여러 증상 중 두 가지만 요구된다.)

감별진단은 알코올과 같은 다른 약물 사용을 포함할 수 있다. 개인력은 보통 이러한 원인을 감별하기 위해 충분하며, 더들리의 입김에서 났던 모형 비행기 접착제 냄새가 결정적인 증거이다. (다발성 경화증과 같은) 다양한 신경학적 상태가 배제되어야 한다(D).

더들리는 흡입제 중독 섬망의 진단기준을 거의 충족시켰다. 체포되어 면담을 했을 때, 그는 충분한 각성(경계)상태가 아니었고 명령 없이는 지속적으로 주의를 기울일 수 없음이 명백하였다. 또한 그는 지남력을 잃었고(그는 자신이 어디에 있는지 알지 못했다), 명료하게 말할 수 없었다. 그러나 섬망은 그의 손상이 중독에서 기대되는 것보다 오랫동안 지속될 때 그리고 임상적 주의가 중독과는 독립적으로 요구될 때만 진단 내린다.

더들리가 흡입제사용장애 진단을 충족하는가? 판단을 위해서 몇 가지를 추정해야 할 것이다. 흡입은 더들리의 업무를 확실히 방해하였지만(물질사용장애 진단기준 A4), 다른 진단기준을 충족시킬 직접적인 증거는 거의 없다. 싸움, 불충분한 직업 수행, 법적 제도와 관련된 그의 문제들은 흡입제 사용과 관련된 것일 수도 있지만, 성격장애의 결과일 수도 있다. (이러한 진단기준 중 한 가지에 대해서도 충분한 정보가 없다. 이는 이후에 탐색되어야 한다.) 그가 흡입제를 갈망하는지에 대해서는 누구도 물어볼 생각을 하지 않은 듯 보인다. 그의 행동을 통해서 흡입제 사용에 대한 강한 욕구를 추론할 수 있지만, 단지 추론으로만 남아 있고, 그 증거는 없다. 심리적 혹은 신체적 문제의 증거에도 불구하고 이러한 물질을 계속 사용하고 있지만, 그가 그것을 아는가? 다시 한번 우리는 그가 흡입제를 얻고 사용하기 위해 얼마나 많은 시간을 사용하는지에 대해 의문을 가지고 단지 추론할 수 있다.

전체적으로 더들리의 경우에 가장 멀게 생각해 볼 수 있는 진단은 잠정적으로 흡입제사용장애라고 부르는 것이다. 결국 진단기준은 우리가 진단을 찾아 항해하는 것을 방해하는 것이 아니라 안내를 해준다는 것이다. 더들리의 3년간 개인력은 진단을 지지하기에 충분한 것처럼 보인다. 확정하기에는 명백한 진단기준을 너무 적게 포함하지만, 중등도의 심각도라고 볼 수 있다. 그와의 면담은 힘들었으며, 더 많은 정보를 위해서는 그가 호전되었을 때를 기다려야 한다. 성격장애 진단을 내릴 수 없지만, 아마 사례 요약에서 그는 반사회성 성격 특질을 가지고 있다고 기록될 것이다. 품행장애를 암시하는 몇몇 증상이 있지만, 회고적 진단을 위해서는 추가적인 탐색이 필요하다.

예를 들어, 톨루엔이 모형 비행기 접착제에 사용되는 용제임을 알고 있다면 진단에 그 단어를 사용할 것이다(톨루엔 중독). 알지 못한다면 (40점의 GAF 점수와 함께) 더들리의 총체적인 진단은 다음과 같다.

> F18.220   (잠정적인) 중등도 흡입제사용장애, 흡입제 중독 동반
> Z65.3   헌병에 의해 체포됨

기타 흡입제로 유발된 장애

표 15.2(526쪽)에서 흡입제로 유발된 장애의 목록을 찾을 수 있다.

F18.99 명시되지 않는 흡입제관련장애

아편계관련장애

수년 전, 아편계는 향정신물질 중 가장 무서운 물질이었다. 한동안은 코카인이 탁월하다고 추정되었으나 지금은 (옥시코틴으로 악명이 높은) 옥시코돈이라는 골칫거리가 있으며 다른 합성 아편들이 선도하고 있다. 그러나 사람들이 소비하는 것과 범죄 활동 측면에서 아편계는 여전히 불법약물 가운데 가장 값비싼 것 중 하나이다. 사용자는 이를 얻기 위해 하루에 수십만 원을 사용할 수

있고, 그 비용은 대부분 범죄 활동을 통해 얻는다. 아편계 약물 중 한때 최악의 약물이었던 헤로인은 사용과 그에 따른 신체적 손상 두 가지 측면에서 옥시코돈에 이어 2위를 차지했다.

헤로인은 사용자들이 통증을 느끼지 않게 한다는 점에서, 다행감을 유발하며 통증지각을 둔화시키는 모르핀의 몇 배의 위력을 가진다. 그리고 펜타닐은 헤로인의 50배의 위력을 가진다. 코끼리나 다른 거대한 동물들을 진정시키기 위해 합법적으로 판매되는 카르펜타닐은 여전히 더욱 강력하다.

어떤 사용자들, 특히 중산층과 중년인 사용자들은 의학적 치료 동안 아편계 남용을 시작할 수도 있다. 건강관리 전문가들은 쉽게 약물에 접근할 수 있기에 아편계 사용의 특수한 위험에 처해 있다. 그러나 대부분의 문제되는 사용자들은 10대 혹은 20대에 또래 압력 때문에 시작하게 된다. 알코올과 마리화나와 같은 다른 약물 사용이 아편계 사용에 선행한다. 이 집단에서 아편계 사용의 위험요인으로는 낮은 사회경제적 지위, 도시 지역에 거주하는 것, 이혼한 부모, 알코올 남용 가족력이 포함된다.

아편계 사용자들은 약물이 행복감과 현재에 대한 걱정을 감소시키기 때문에 그것을 가치 있게 생각한다. 그러나 한편, 아편계를 처음 사용하는 사람들은 구토와 불쾌감을 경험한다. 아편계 약물에 대한 어느 정도의 내성은 처음 몇 번의 복용량 내에서 발생하며, 이후 사용자들의 삶은 빠르게 약물에 대한 추구와 소비에 의해 지배받게 된다. 그러나 왜 마약에 노출된 몇몇 사람들은 중독되지만, 다른 사람들은 중독되지 않는지에 대해서는 아직 명확하지 않다. 그러나 한번 빠지게 되면, 사용자들은 약물을 얻기 위해서 어떠한 행동이든 하게 될 것이다. 그들은 도둑질을 하고, 거짓말을 하며, 애원하고, 세상 어떤 것에 대해서라도 다 약속을 할 것이다.

전반적으로 성인 일반 집단에서 고도의 아편계 사용의 평생 유병률은 약 4%이며(대부분이 처방된 아편계이다) 코호트 조사에 따르면 연령이 증가하면서 그 비율이 감소한다. 실제 사용장애는 거의 10배가량 적다. 약 3:2의 비율로 남성이 여성보다 더 많다. 중독치료 후에도 아편계 사용자들이 일단 익숙한 환경으로 돌아가게 되면, 많은 경우 다시 사용하기 시작한다. 종종 이는 3개월 내에 발생한다. 사망 위험은 (특히 과다복용한 경우) 일반 인구의 6~20배에 이른다. 그러나 오랫동안 산 사람들 중 상당수는 결국에는 중독증에서 벗어난다.

대부분의 헤로인 사용자들은 약물을 정맥 주사로 주입하며, 이러한 사용자들 중 절반 이상은 HIV나 C형 간염에 양성반응을 보인다. 이 집단을 연구하는 임상가들은 이러한 사람들을 중요하게 고려한다. 주사 자국은 헤로인이나 (헤로인과 코카인을 혼합한) '스피드볼(speed-ball)'을 주입했음을 암시한다. 모든 출처(과다 복용, 폭력, 관련 질병)들을 고려할 때, 적극적인 헤로인 사용자들에서 전체 사망률은 연간 2%에 달한다. 그리고 펜타닐 같은 합성물은 현재 전체 아편계로 인한 사망의 거의 3/4을 차지한다.

어떤 저자들은 강력한 약물 사용자들이 대개는 알코올과 마리화나로 시작한다는 사실을 소위 '관문 효과(gateway effect)'를 나타내는 것으로 해석하는데, 이는 이러한 약물이 결국 아편계 중독증으로 이어진다는 것을 의미한다. 이러한 결론이 정확할 수도 있지만, 수년간의 연구 후에도 아직은 그 여부가 확실하지 않다. 유전적 혹은 환경적 선행요인들이 알코올, 마리화나, 아편계 사용을 포함한 다양한 행동을 야기한다는 설명도 여전히 가능하다.

아편계사용장애

이 장애의 특징은 다른 특정 물질사용장애와 유사하다. 양상은 일반적인 물질사용장애(444쪽)의 양상과 같다. 진단부호는 표 15.2(526쪽)에 자세하게 제시하였다.

아편계 중독

아편계 약물이 주입되면 효과는 거의 즉시 느껴진다. 극치감과 비교되는 이러한 '흥분(격렬한 기쁨)' 뒤에는 빠르게 다행감, 졸음, 온기 지각(perception warmth), 입마름, 사지의 무거움이 나타난다. 어떤 사용자들은 상기된 얼굴과 코의 가려움을 경험한다. 코카인 중독과는 대조적으로, 아편계 중독 동안 폭력은 드물게 나타난다.

아편계 중독은 때로 진정제 혹은 알코올 중독과 혼동될 수 있다. 전형적으로 매우 수축된 (아주 작은) 동공이 나타나면 (아편계 중독으로) 구분하는 데 도움이 될 수 있다. 그러나 고도의 (아마도 치명적인) 과다 복용에서는 동공이 확장될 수 있다. 다시 한번 개인의 증상에 대한 다양한 원인들을 구별하기 위해서 소변이나 혈액 검사가 필요할 수도 있다.

비록 아편계 사용자들이 종종 막대한 양에 내성이 생기게 되지만, 아편계의 과다 복용은 항상 의학적인 응급 상황이다. 이는 의식 혼탁(혼수상태 포함), 고도의 호흡 저하, 쇼크를 초래하며, 궁극적으로는 무산소증으로 인한 사망에까지 이를 수 있다. 아편계의 과다 복용은 강력한 아편계 길항제인 날록손을 정맥에 주사하여 효과적으로 치료한다.

아편계 약물을 사용하는 사람들은 종종 짙은 안경을 착용한다. 짙은 안경을 때로는 패션으로 착용하기도 하며, 때로는 자신의 조이는 동공을 감추기 위해 착용한다. 아편계 사용자들과 면담할 때는 짙은 안경을 벗도록 요청하라. 아편계 사용의 다른 신체적 성흔에는 팔에 상처와 주사를 꽂을 수 있을 만한 정맥이 있는 곳이라면 어떤 다른 부위의 상처가 포함된다. '피하 주사'라고 부르는, 피하 경로로 약물을 투여하는 것은 수년간 주삿바늘을 사용하여 주사할 수 있는 정맥들이 이미 많이 손상된 사람의 마지막 수단이다.

아편계 중독의 핵심 특징

아편계를 사용한 직후, 환자는 불쾌함 혹은 들뜸과 같은 기분 변화를 경험하며 이후에는 무감동, 증가된 혹은 감소된 정신운동성 활동, 혹은 판단력 손상을 경험한다. 그러고 나면 손상된 기능의 증거인 기면(무기력 혹은 심지어 혼수상태), 불분명한 말투, 주의력 기복, 기억력 손상과 함께 수축된 '아주 작은' 동공(혹은 심각한 과다 복용에서의 팽창된 동공)이 나타난다.

주의사항

ㄱ들을 다루어라

- 감별진단(신체질환, 다른 물질 중독을 포함한 기타 정신적 장애)
  표 15.1(453쪽)에서 아편계 중독의 특정적인 내용을 찾아볼 수 있다.

부호화 시 주의점

다음의 경우 명시할 것

지각 장해 동반. 환자는 병식을 유지하고 있는 상태에서 환각을 보이거나 착각을 보인다. 이러한 특이상태는 섬망과 구별해야 한다. ICD-10에서는 지각 장해의 존재 여부에 따라 부호화한다. 표 15.2(526쪽) 참조.

험 크라이

험 크라이는 마지막으로 마약을 정맥에 주사한 뒤 24시간 동안 중독치료 병동에 입원되었다. 그가 알기로 그 마약은 질이 좋은 것이었고, 그렇기 때문에 그는 거의 8시간 동안 수면을 취할 수 있었다. 그러나 그 후에 험은 다음 마약을 획득해야 할 시간임을 알리는 너무나도 익숙한 근육통과 콧물 때문에 잠에서 깼다. 그는 적어도 1년 동안 직업이 없었지만, 급여를 기다리지 않고 돈을 얻는 몇 가지 방법을 알고 있었다.

어린 나이에 험은 금단 증상에 익숙하게 되었다. 세인트루이스 지역에 있는 노동자 계층 이웃들에게 그의 아버지의 음주는 잘 알려져 있었다. 그가 10세가 될 때까지, 험은 아버지가 적어도 두 번의 진전 섬망 삽화로 고통받는 모습을 지켜보았다. 알코올은 험에게 결코 만족감을 주지는 못했다. 그는 맛을 별로 중요하게 생각하지 않았고 숙취도 원하지 않았다. 공공 의료기관 간호사인 그의 어머니 또한 데메롤로 인한 문제가 있었다.

12세가 된 이후, 험은 간헐적으로 마리화나를 피웠다. 처음으로 헤로인을 코로 흡입한 것은 그가 16세가 되던 날 밤 이웃 주민 파티에서였다. 그는 가장 최근에 만난 임상가에게 말했다. "헤로인을 하던 그 순간, 저는 길을 찾았음을 알게 되었어요!"

몇 분 이내에, 험은 인생에서 이전에 겪지 못한 행복감을 느꼈다. 마치 그가 가지고 있었던 모든 분노, 우울, 불안을 따뜻한 목욕으로 씻겨주는 듯했다. 몇 시간 동안 자신이 아버지를 얼마나 미워했는지를 잊을 정도였다. 그에게 남은 것은 점차 나른한 무감동상태로 빠져들게 되는 압도적인 평온감이었다. 다음 날 험은 어머니에게서 훔친 살균 주사기를 이용하여 처음으로 헤로인을 주사하였다. 손가락과 발가락 끝으로 쾌감이 급속도로 퍼져나가는 듯 느껴졌고, 이후 그는 거의 즉시 구토했다. 그는 가려운 코를 문지르면서 잠에 빠져들었다. 그가 몸을 일으켰을 때는 몇 시간이 지나 있었다. 험은 다시 좀 더 적은 양의 (그에게 남은 모든) 약물을 주입했다. 이번에 깨어났을 때에는 잠깐 동안 약물을 그만둘까도 생각했다. 그의 다음 생각은 자신이 기억해 낼 수 있는 어떠한 것들보다도 더 헤로인을 다시 사용하길 원한다는 깨달음이었다.

험 크라이의 평가

헤로인(아편계 사용장애 진단기준 A) 주입 후 험이 경험한 평온함과 평화로움은(B) 사람들이 처음으로 물질을 사용하게 되면 몸이 아프게 됨에도 불구하고 다시 물질을 사용하게 만드는 이유가 된다. 물론 며칠간 약물을 사용하면 더 이상 (평온함과 평화로움 같은) 긍정적인 이유는 필요하지 않다. 단지 금단의 폐해를 피하는 것이 약물을 지속하려는 충분한 동기가 된다. 그것이 왜 진단기준에 다행감이 '임상적으로 문제가 될 정도'라고 기록되어 있는지에 대한 이유이다.

험은 또한 아편계 중독의 적어도 하나의 신경학적 후유증을 보였다 — 주입 후 몇 시간 동안 지속된 극심한 졸음(중독 — C1). (콧물과 근육통은 임박한 금단 증상이다. 험의 이야기가 이어지는 다음 사례를 보라.)

진단기준 C는 아주 작은 동공을 보여야 한다는 것이며, 이는 때때로 너무 심해서 사용자들은 앞을 잘 볼 수 없을 정도이다. 환자들이 이러한 양상에 대해 호소하는 일은 드물기 때문에, 아편계 중독을 진단할 때 우리가 이를 관찰하는 것이 필요하다. 험의 동공이 수축되었고 기타 정신적 장애 혹은 신체질환이 그의 증상을 더 잘 설명하지 않는다는 것을 가정할 때(D), 아편계 중독 진단기준이 충족될 수 있다.

대부분의 아편계 사용자들은 동반이환 정신적 장애의 진단기준도 충족한다. 여기에는 기분장애(75%까지), 알코올관련장애(약 30%), 반사회성 성격장애(25%), 불안장애(12%)가 포함된다. 아편계 사용자들의 최대 13%가 자살을 시도한다 — 이들의 곤경을 고려하면 놀랄 일은 아니다.

이 첫 사례에는 성격장애 문제에 대한 자료가 거의 없기 때문에, 성격장애에 대한 진단은 보류해야 한다. 미래의 임상가들을 위해 나는 성격장애 고유의 특성에 대한 편견 없이, 그 가능성을 늘 염두에 둘 수 있도록 이에 대해 요약 부분에 다시 기술할 것이다. 그는 법률 제도와 관련된 문제의 가능성이 있는 것처럼 보이지만, 첫 사례에서는 그러한 증거가 없다.

비록 갈망에 대한 증거를 이미 가지고 있지만, 험이 아편계사용장애 진단을 충족할 수 있는 충분한 자료들이 다음 사례에 더 포함되어 있다. 따라서 이 시점에서는 그에게 사용장애는 없다고 여기고 진단부호를 매길 것이다. 지각 장해가 없다면[표 15.2(526쪽) 참조], 그의 진단은 단순히 다음과 같다.

F11.920　　아편계 중독

아편계 금단

아편계 금단의 일부 증상은 매우 적은 복용 이후 나타날 수도 있지만, 전형적인 금단 증후군이 나타나려면 1주 혹은 2주 동안의 지속적인 사용이 있어야 한다. 아편계 금단은 독감과 유사한 바이러스성 질병과 매우 비슷하다 — 오심, 구토, 불쾌감, 근육통과 통증, 눈물과 콧물, 열, 설사. 금단 중에 보이는 자율신경계의 다른 활성 증상은 털이 곤두섬(piloerection)이다. 작은 털들이 '소름' 끼치게 만들면서 솟아오른다. 이 용어의 기원은 '마약을 갑자기 끊다'이다.

금단 증상이 얼마나 빠르게 나타나는지는 어떤 약물을 사용하였는지에 달려 있다. 특정 약물의 반감기에 대한 정보는 아편계에 관한 참고 자료를 살펴보거나 인터넷을 검색하라. 대부분의 증상이 약화된 후에도, 어떤 환자들은 불안과 낮은 자존감으로 특징지어지는 오랫동안 지속되는 금욕(abstinence)증후군을 겪을 수 있으며, 이는 5개월 혹은 6개월까지 오래 지속될 수 있다. 아마도 60%의 헤로인 사용자들이 언젠가 금단을 경험할 것이다.

아편계 금단의 핵심 특징

몇 주간의 많은 아편계 사용 후에 이를 줄이게 되면 환자는 특징적인 반동 자극 증상을 보인다 — 거기에는 불쾌감, 오심/구토, 설사, 근육통, 눈물(콧물), 하품, 발열, 불면증이 포함되며 확장된 동공, 땀, 털이 서는 것과 같은 자율신경계 증상들도 포함한다.

주의사항

날록손과 같은 아편계 길항제를 투여하여 금단이 유도된다면, 징후와 증상은 몇 분 이내로 시작될 것이다.

ㄱ들을 다루어라

- 기간(증상 발병에 소요되는 기간은 며칠 이내)
- 고통 혹은 장애(직업적, 사회적, 혹은 개인적 손상)
- 감별진단(신체질환, 다른 물질 금단을 포함한 기타 정신적 장애)

   표 15.1(453쪽)에서 아편계 금단의 특정적인 내용을 찾아볼 수 있다.

부호화 시 주의점

부호화 시에는 표 15.2(526쪽)를 참조하라.

험 크라이로 다시 돌아가서

마지막으로 마약을 한 지 16시간이 지난 후에도 험은 새로운 약을 사용하지 못했다. 그의 평소 마약 공급책들은 더 이상 험이 외상으로 구입하는 걸 거부하였기 때문이다. 그는 어머니에게 돈을 빌리려 했지만 거부당했고, 어머니의 보관함에서 훔친 귀걸이는 가치가 없는 것으로 밝혀졌다. 경련성 복통이 악화되고 있었으며 오심을 느꼈지만, 그는 이전에 자신이 잠시 매춘을 알선하였던 전 여자 친구의 아파트로 어떻게든 가려 하였다. 그러나 그녀는 마지막으로 챙겨둔 마약을 막 주사한 상태였고 잠에 빠져 있었다. 그는 나중에 마약을 손에 넣었을 때 사용하기 위해서 그녀가 사용했던 주사기를 훔쳤다.

험은 버스 정류장의 화장실로 들어가 심한 설사로 인한 처참한 결과를 가까스로 피할 수 있었다. 화장실 안에서 나오려 할 때, 그는 갑자기 더러운 변기에 구역질을 하였다. 그는 차가운 타일 바닥에 앉아 팔에 난 소름을 문질러서 없애려 하였다. 그는 작은 휴지 조각으로 콧물을 닦았다. 그는 너무 힘이 없어서 서두를 수 없다는 사실을 깨달았다. 며칠간 중독치료 병동에 들어가서 체력을 되찾아야 했다.

그러고 나면 그는 다시 밖으로 나와 자신을 기분 좋게 하기 위해 정말로 필요한 것을 얻을 수 있을 것이다.

험 크라이의 추후 평가

험은 근육 경련과 콧물 때문에 잠에서 깨어났다 — 아편계 금단의 전형적인 초기 증상(진단기준

B3, B4). 하루가 지나고 더 이상 헤로인을 얻을 수 없게 되자(A1), 그는 구토, 설사와 같은 위장기관 증상(B2, B6)을 보였다. 그는 소름이 돋았고(B5), 그가 입원하였을 때 임상가는 아마도 확장된 동공(B5)을 발견했을 것이다. (금단 진단을 위해서는 진단기준 B의 세 가지 증상만 충족하면 된다.)

두 사례에서 관련된 증상에 근거하여 우리는 이제야 험에게 아편계사용장애 진단을 고려할 수 있다. 물론 그는 금단으로 고통을 받았다(물질사용장애 진단기준 A11). 험에게서 가장 주목할 만한 행동적 증상은 정상적인 기능이 손상된 것이다(범죄 활동을 위해 1년 이상 직업을 그만두었다 — A7). 그는 헤로인을 얻는 데 상당한 시간을 소요하였으며(A3) 1년 이상 직업이 없었는데(A6), 이는 부분적으로 그의 시간을 온전히 약물 습관에 사용했기 때문이다. 약물에 대한 갈망은 험과 같이 갑자기 사용을 중단한 중독자들에게서 거의 보편적으로 나타난다(A4). 이는 첫 사례에서 확인하였다. 사례에서 다루고 있지 않지만, 그는 아마도 내성이나 끊으려는 시도와 같은 아편계사용장애의 다른 진단기준도 충족할 것이다. 그렇다 하더라도 험이 아마도 고도의 의존상태였다는 것에 동의할 수 있을 거라고 생각한다. 표 15.2(526쪽)는 ICD-10을 위한 진단부호를 간결하게 설명한다. 아편계 금단은 험이 치료를 시작하게 된 주요 원인이었으므로, 그의 진단적 요약에서 첫 번째에 제시하였다.

험의 성격장애에 대한 진단은 바뀌지 않는다. 그는 반사회성 성격장애의 몇 가지 특징(도둑질, 매춘 알선)을 가지고 있지만, 우리는 그러한 특징이 기타 물질 사용 맥락 이외에서도 발생하였는지 알지 못한다. 그러나 반사회성 성격장애는 다른 아편계 사용자들에게서 확실하게 더 잘 나타난다. GAF 점수는 55점이다.

F11.23　　　고도의 아편계사용장애, 금단 동반

기타 아편계로 유발된 장애

표 15.2(526쪽)에서 아편계로 유발된 장애에 대한 완전한 목록을 찾을 수 있을 것이다.

진정제, 수면제 또는 항불안제 관련 장애

진정제, 수면제 또는 항불안제는 각기 다른 목적으로 처방되지만 많은 특징을 공유한다. 진정제, 수면제 또는 항불안제가 공통적으로 가진 정신건강 문제는 중독과 금단 증상이다. 이러한 물질에 적용되는 용어는 다소 혼란스러우며 항상 정확하게 사용되는 것은 아니다. **진정제**는 흥분은 줄이고 졸음을 유발하지 않으면서 안정을 유도하는 것이다. **수면제**는 환자가 잠이 들고 그 상태를 유지하는 데 도움을 준다. 항불안제는 불안을 줄이는 데 사용된다. 그러나 복용량에 따라 이 절에서 논의되는 약물의 대부분은 이러한 작용들 중 어떠한 것도 보일 수 있다.

이 절에서 다룰 주요한 약물 종류는 디아제팜(바륨)과 알프라졸람(자낙스) 같은 벤조디아제핀과 펜토바르비탈(넴뷰탈)과 같은 바비튜레이트이다. 다른 종류에는 카바메이트(한때 밀타운으로 악명이 높았던 메프로바메이트) 및 바비튜레이트와 같은 수면제가 포함된다. 사용자들은 바비튜레이트와 벤조디아제핀이 탈억제를 유발한다는 점에서 그것들을 가치 있게 여기는데, 여기서 말하는 탈억제란 그것들이 다행감을 유발하고, 불안과 죄책감을 줄여주며, 자신감과 에너지를 향상시켜 줌을 의미한다. 두 가지 남용양상을 다음과 같이 대략적으로 요약할 수 있다.

일부 사람들은 처음에는 불면이나 불안을 없애려고 약을 처방받아 복용하기 시작한다. 그러고 나면 그들은 복용량을 늘리는데, 그 정도는 다양하다. 그들이 약물 사용을 갑자기 중단하면 금단 증상을 보일 수 있지만, 이러한 사람들 중 많은 사람들은 일반적인 물질사용장애에 대한 행동적인 진단기준에는 부합하지 않을 것이다(417쪽). 이들은 (물질에 대한) 갈망을 인정하지 않거나 심지어는 인지하지 못할 수도 있다.

오용으로 가는 더 빈번한 경로는, (주로 젊은) 사람들이 다행감을 얻기 위해 이러한 약물을 사용할 때 발생한다. 이는 전형적으로 대부분의 물질 오용 경로와 관련된 것이다. 과거에 바비튜레이트 그리고 메타콸론과 글루테티마이드 같은 특수약물 사용이 특히 이와 같은 경로로 발생하였다. 그러나 최근 몇 년간 이러한 약물의 합법적인 제조업체들은 상당히 축소되었거나(바비튜레이트) 완전히 금지되었다(메타콸론). 의사들의 처방 관례 또한 변화하였다. 이러한 변화에는 정부 규제가 중요한 촉매제 역할을 하였다.

벤조디아제핀은 일차성 물질 오용으로는 드물지만, 이들은 종종 다른 약물의 원치 않는 효과를 완화시키는 작용을 한다. 예를 들어, 중추신경계자극제로 유발된 초조함을 진정시키기 위해 사용된다. 벤조디아제핀은 때때로 메타돈의 항홀감을 증가시키거나 아편계 금단의 증상을 덜어주기 위해 이용된다. 2000년대 초반, 진정제와 신경안정제의 사용자는 일반 인구 1,000명 중 3명 정도였다. 사용자들이 선호하는 벤조디아제핀은 디아제팜, 알프라졸람, 로라제팜이다. 사용자들은 진품을 얻기 위해 웃돈을 지불할 것이다. 물질사용장애가 있는 환자들을 제외하면 정신건강 환자들은 남용, 말하자면 벤조디아제핀과 같은 약물을 남용하는 비율이 매우 낮다.

진정제, 수면제 또는 항불안제 사용장애

이 장애의 특징은 다른 특정 물질사용장애와 거의 유사하다. 진단기준은 일반적인 물질사용장애의 진단기준과 같다(444쪽). 그러나 약물이 의료 목적으로 처방될 때에는 내성과 금단이 사용장애의 증상으로 고려되어서는 안 된다는 것을 주목하라. 진단부호는 표 15.2(526쪽)를 참조하라.

진정제, 수면제 또는 항불안제 중독

대부분의 약물처럼, 진정제, 수면제 또는 항불안제 사용의 효과는 복용하는 환경과 사용자의 기대에 따라 매우 달라진다. 기분은 종종 변동이 있는데, 사례 보고에 따르면 다행감에서 적대감과 우울에까지 이른다. 지나친 알코올 섭취에서 나타나는 것과 같은 기억력 상실도 보고되는데, 소위 '데이트 성폭행' 약물로 악명이 높은 플루니트라제팜(로히프놀)이 있다. 다른 공통 효과에는 불안정한 걸음걸이, 불명료한 말투, 안구진탕, 판단력 손상, 졸음이 포함된다. 복용량이 매우 많으면 이러한 약물은 호흡기능의 저하, 혼수 그리고 사망을 유발하지만 이러한 결과는 벤조디아제핀보다 바비튜레이트에서 훨씬 더 많다. DSM-5-TR 진단기준은 알코올 중독의 진단기준과 거의 동일하다.

진정제, 수면제 또는 항불안제 중독의 핵심 특징

진정제, 수면제 또는 항불안제를 사용하고 잠깐 뒤 환자들은 심리적으로 혹은 행동적으로 탈억제(빠른 기분 변동, 성적 혹은 신체적 공격성, 손상된 판단력)된다. 또한 신경 손상의 증거도 있다(불균형적이고 불안정한 보행, 불분명한 언어, 운동 실조, 안구진탕이라고 부르는 갑작스레 움직이는 안구 운동, 혼미 혹은 혼수상태, 감소된 기억력 혹은 주의폭).

주의사항

ㄱ들을 다루어라
- 감별진단[신체질환, 다른 물질(알코올)에 대한 중독, 기타 정신적 장애, 인지장애]
  표 15.1(453쪽)에서 진정제, 수면제 또는 항불안제 중독의 특정적인 내용을 찾아볼 수 있다.

부호화 시 주의점

부호화 시에는 표 15.2(526쪽)를 참조하라.

커크 오프더하이드

아연 도금된 철 파이프로 가득 찬 지게차가 그의 골반을 으스러뜨렸을 때, 커크 오프더하이드는 다리를 다시 사용할 수만 있다면 다시는 어떤 것에 대해서도 불평하지 않겠다고 스스로에게 약속했다. 4개월 후, 그가 병원에서 퇴원하면서 알루미늄 보행 보조기를 사용하여 절뚝거리며 나오던 날, 그는 그 약속을 실행하려 하였다. 그러나 그는 근육 경련을 예상하지 못했다.

15년간 앓았던 인슐린-의존성 당뇨병에도 불구하고, 커크는 그 자신을 건강한 35세라고 여겼다. 그는 단 한 번 아동기에 열성 경련으로 입원한 적이 있었다. 당뇨병 합병증과 엄격한 종교적 양육 방식이 결합하여, 그는 길거리 약물, 알코올 그리고 담배를 피하기 위해 스스로 조심하였다. 이 사고가 있기 전까지 그는 아스피린도 복용해 본 적이 없는 것에 대해 자부심을 느꼈다.

그러나 근육 경련이 이 모든 것을 변화시켰다. 근육 경련은 아마도 사고 후부터 계속 존재했던 것 같지만, 커크는 침대 밖으로 나가는 것이 허락된 첫날까지는 이를 알아채지 못했다. 이후 일어나거나 일어나려 할 때마다, 등 아래의 근육이 극심한 경련과 함께 발작을 하는 것 같았다. 마지못해, 그는 디아제팜 처방전을 받았다. 의사는 그에게 하루 네 번, 5mg 알약 하나가 근육을 풀어주는 데 도움을 줄 것이라고 장담하였다.

기적적으로 디아제팜은 효과가 있었다. 약 2주 동안 커크는 고통이 없는 것은 아니었지만 편안하게 돌아다닐 수 있었다. 다시 경련이 나타났고, 의사가 하루 최대 복용량이 20mg이라고 말하자 그는 다른 의사를 찾아갔다. 몇 달 이내에 커크는 4명의 의사를 찾아갔고 매일 60mg에서 80mg의 디아제팜을 복용하였다. 그는 가명을 사용하여 한 의사를 찾아갔다(커크가 거주했던 곳에서는 벤조디아제핀의 처방이 엄격하게 통제되었다). 세 번째 그리고 네 번째 의사는 커크의 집에서 몇 킬로미터 떨어지지 않은, 주 경계를 넘어간 곳에 있었다. 다섯 번째 의사는 그의 기분저하에 주목했고 약물을 너무 많이 복용하지 말 것을 경고하였다. 그것은 커크가 그 의사를 마지막으로 본 순간이었다.

진료 예약을 기다리거나 멀리 있는 약국까지 운전하는 것을 포함하여, 커크는 자신의 디아제팜 공급량을 얻기 위해 매주 몇 시간을 소비하였다. (그는 아직 직장으로 복귀하지 못했고, 따라서 집에 머물면서 아내와 두 딸을 위해 집안일을 하였다.) 나머지 시간은 거의 대부분 TV 앞에서 보냈지만, 자신이 본 것을 거의 떠올리지 못했다. 그의 아내는 그가 변한 것에 대해 불평하였다. 그는 침울해졌고 대화의 맥락을 따라가는 데 어려움을 겪는 것처럼 보였다.

커크 오프더하이드의 평가

커크의 아내는 그가 침울하다고 기술하였는데, 그것은 디아제팜 중독에서 예상되는 심리적 변화의 일종이다(진단기준 B). 그는 중독의 특정 증상 중 두 가지인 불안정한 걸음걸이와 (그가 보았던 TV에 대한) 기억력 문제를 보였다(C3, C5). 진단에는 한 가지만 더 필요하다.

현재의 진단기준은 알코올 중독과 거의 동일하지만, 감별을 위해 그의 개인력 정보와 입김에서의 알코올 냄새가 나지 않는다는 것이 도움이 된다(D). 커크는 알코올을 암시하는 개인력이 없었다. 그렇지만 다른 환자에게서는 사용을 확인하기 위해 혈액검사가 필요할 수 있다.

커크에게 디아제팜사용장애 진단을 내리는 것이 충분한가? 그는 자신의 의사들 중 어떤 한 사람이 처방해 준 것보다 훨씬 더 많은 양인, 권장된 최대 복용량의 4배를 복용할 만큼 내성을 증가시켰다(물질사용장애 진단기준 B9). 그는 디아제팜 공급량을 얻으려고 4명의 다른 의사와 약국에 가기 위해 상당 시간을 소비하였다(B3). 그는 또한 한 의사가 많은 복용량이 그에게 해를 끼칠 수 있다고 말했음에도 디아제팜을 계속 사용하였다(B8).

GAF 점수 25점과 함께, 이 지점에서 커크의 진단은 다음과 같다.

F13.220	중등도 디아제팜사용장애, 중독 동반
Z87.828	골반 골절(으스러짐), 치료됨
E10.9	제1형 당뇨병, 합병증 없음
Z56.9	실업상태

진정제, 수면제, 항불안제 금단

환자가 진정제/수면제 약물 사용을 중단하거나 혹은 고용량에서 현저하게 줄였을 때, 그 결과는 알코올 사용의 갑작스러운 중단과 매우 유사하다. 사실 금단의 진단기준도 두 물질에서 동일하다. (이러한 맥락에서, 고용량이란 치료적 복용의 몇 배에 달하는 용량을 의미한다. 예를 들어, 60mg 혹은 그 이상의 디아제팜.) 그러나 시간의 경과는 약물의 반감기에 따라 다양하다. 당신은 약물에 관한 참고 자료나 구글을 통해 특정 약물의 반감기에 대한 정보를 읽을 수 있을 것이다.

한 가지 진단적인 난제는 처음에 치료 장면을 찾게 했던 증상의 재발인지 아니면 금단 증상인지를 구별하는 것이다(불안, 초조, 불면증이 각각에서 현저하다). 시간의 경과도 도움을 줄 수 있다. 약물을 중단한 뒤 2~3주 이후 남아 있는(혹은 보이는) 증상은 아마도 오래된 증상이 재출현한 것일 터이다.

진정제, 수면제 또는 항불안제 금단의 핵심 특징

장기간의 진정제, 수면제 또는 항불안제 사용 후, 환자는 갑자기 섭취를 중단하거나 현저하게 줄인다. 몇 시간에서 며칠 내에 떨림, 발한, 오심/구토, 맥박 증가, 동요, 불면, 불안, 일시적인 환각이나 착각, 경련과 같은 신경계 항진 및 증가된 운동 활동을 나타낸다.

주의사항

ㄱ들을 다루어라

- 기간(증상 발병에 소요되는 기간은 몇 시간에서 며칠 이내)
- 고통 혹은 장애(직업적/학업적, 사회적, 혹은 개인적 손상)
- 감별진단[신체질환, 기타 정신적 장애, 알코올 중독 혹은 금단, 본태 떨림(essential tremor), 섬망]

부호화 시 주의점

다음의 경우 명시할 것

> **지각 장해 동반**. 환자는 온전한 병식이 있으며 섬망 혹은 환각이 없는 상태에서 청각적, 촉각적, 시각적 착각을 보인다(즉, 물질 사용으로 유발된 증상이 실재하지 않는다는 것에 대해서는 인식한다).

표 15.1(453쪽)에서 진정제, 수면제 또는 항불안제 금단의 특징적인 내용을 찾아볼 수 있다.

커크 오프더아이드로 다시 돌아가서

사고 후 1년이 되기 4일 전, 커크의 아내는 그녀가 같은 주 내의 다른 지사로 전근해야 한다는 통보를 받았다. 전근으로 가족이 이사를 가야 했다. 새로운 주거지에서 커크는 벤조디아제핀 처방전에 대해 더 언격한 통제에 처하게 되었고, 의사와 약국은 훨씬 더 적었다. 일단 새로운 집에 정착했고, 그는 디아제팜 섭취를 줄이는 것 외에는 선택의 여지가 없음을 깨달았다.

커크는 사용량을 점점 줄이려 의도했음에도 불구하고 약이 거의 없어질 때까지는 이를 보류하였다. 어느 따사로운 여름날 아침, 커크는 자신에게 약이 4알밖에 남아 있지 않은 상황에 처했지만, 그 전날에는 16알이나 복용하였음을 문득 발견하게 되었다. 처음에 그는 약을 먹지 않는 것이 자신을 거의 괴롭히지 않음에 놀랐다. 그는 며칠 동안 불면증을 겪었지만 예상했었던 일이었다. (직업이 없었기에 물질 사용의 영향에 관한 잡지 기사들을 읽으며 시간을 보냈었다.)

그러나 셋째 날 새벽 4시, 커크는 거의 공황에 가까운 불안을 느끼며 잠에서 깼다. 그는 오심을 느꼈고 맥박이 빠르게 뛰었다. 이틀간 그는 자신이 준비한 저녁 식사를 하는 동안에도 앉아 있을 수 없을 정도로 초조함이 증가하였다. 다섯째 날, 그의 아내는 집에 도착했을 때 대발작을 겪고 있는 그를 발견하였다.

커크 오프더하이드의 추후 평가

디아제팜 복용을 현저하게 감소시켰을 때(진단기준 A), 커크는 몇 가지 고전적인 금단 증상(두 가지가 필요함)을 발견하였다 — 맥박 증가, 불면증, 오심(B1, B3, B4). (디아제팜의 약 일주일까지 지속되는 비교적 긴 반감기는 금단 증상이 발생하는 데 꽤 오랜 시간이 걸린다는 것을 의미한다.) 아동기 열성 경련으로 인해 그는 금단발작에 더 취약했을 수 있다. 커크의 발작은 며칠 내에 발생하였다(B8). 물질로부터의 갑작스러운 금단을 겪는 사람들 중 1/4이 아마도 이러한 운명에 처할 것이다. 실제로 그의 손상은 말할 필요가 없을 것이다(C).

불안과 공황발작은 흔히 반동 현상으로 일어난다. 따라서 불안장애 유형은 감별진단의 중요한 부분이다(D). 금단 동안 환각이 발생할 때, 조증 삽화나 다양한 정신병적 장애로 오해될 수 있다. 섬망 또한 비교적 흔한 문제이다. 반사회성 성격장애는 이러한 약물을 불법적으로 획득한 환자들에게서 종종 직면하게 된다.

커크에게는 지각 장해 동반 명시자를 충족할 만한 착각이나 환각이 없었다. 발작이 입원 시 치료의 초점이었기 때문에 이를 첫 번째에 제시하였다. 진단의 나머지 부분은 앞서 제시된 것과 같다.

R56.9	금단 발작
F13.230	중등도 디아제팜사용장애, 금단 동반, 지각 장해를 동반하지 않음

기타 진정제, 수면제 또는 항불안제로 유발된 장애

표 15.2(526쪽)에서 이러한 장애를 모두 포함하는 목록을 찾을 수 있을 것이다. 이들 중 하나에 대해 간략하게 언급하겠다.

> 진정제, 수면제 또는 항불안제의 금단 섬망. 섬망은 일반적으로 환자가 약물을 중단한 후 일주일 내에 발생한다. 다른 원인으로 인한 섬망과 마찬가지로 주의폭의 감소 그리고 지남력, 기억력, 지각(시각적, 청각적 혹은 촉각적 환각이나 착각)에서의 문제 혹은 언어장애가 특징이다. 전형적으로 불면증이 선행한다.

F13.99 명시되지 않는 진정제, 수면제 또는 항불안제 관련 장애

자극제관련장애

(때로는 정신자극제라고 부르는) 자극제는 정신 또는 신체적 기능, 혹은 둘 다에 영향을 준다. 예를 들어, 이러한 약물은 전형적으로 각성, 기분 및 활동 수준을 (적어도 몇 분간은) 향상시킨다. 전 세계적으로 일부 자극제의 경우 정신적 및 신체적 장애의 효과를 개선시키기 위한 처방으로 사용된다. 또한 많은 사람들이 유흥을 위해 사용하거나 오용하고 있다. 비록 카페인도 자극제이지만, 향정신성 약물 중에서 자신만의 자리를 차지하고 있으며 이는 다른 곳에서 다루었다.

DSM-5-TR은 자극제의 두 가지 주요 유형에 대해 언급한다. 암페타민과 코카인이 그것이다. DSM-5 이전에는 이러한 두 가지 약물 분류에 대한 중독과 금단 증상이 동일하지만 서로 별개의 절을 차지하고 있었다. 지금은 인정할 만한 논리에 의해 두 유형이 합쳐졌다. 그렇지만 그 둘의 사용 패턴이 다르기 때문에, 설명을 위해 두 사례를 계속해서 제공하겠다. 오, 그렇다, 그리고 그들은 모든 물질관련 건강 문제들에 대하여 별도의 번호를 유지한다.

암페타민 및 관련된 합성물

암페타민 남용자들은 암페타민이 다행감을 느끼게 하고, 식욕을 억제하며 에너지를 증가시키기에 그것을 가치 있게 여긴다. 많은 사람들이 코로 흡입하여 암페타민 사용을 시작하지만 코의 혈관수축으로 인해 흡수할 수 있을지를 예측할 수 없기 때문에 다른 방법들이 시도된다. 연기를 마시는 것이나 (주사로) 주입하는 것은 빠른 효과를 보이며, 과다 사용자의 경우에는 반나절에서 2~3일 동안 반복해서 사용한다. 약물의 효과는 내성이 증가함에 따라 급속도로 떨어진다. 어쩔 수 없이 사용하지 않는 기간이 발생하겠지만, 사용자들은 그 약물을 사용할 때 이것이 얼마나 '대단한' 것이었는지 기억하고(다행감 이야기이다) 더 많이 원할 것이다. 이런 식으로 약 10일간 지속되는 사용 및 금단의 순환이 시작된다.

암페타민 사용자는 수면 박탈 및 식욕 감퇴를 보이는 경향이 있다. 신체적 징후에는 다크서클, 위생불량, 병변과 유사한 여드름이 나타나기 쉬운 마르고 가려운 피부와 같은 것들이 포함된다. (주사로) 주입하는 사용자는 해당 부위에 피부 괴사를 동반하는 혈관수축을 보일 수 있다. 흡입하는 사람들의 경우에는, 코피와 심지어 천공 비중격이 생길 수 있다. 독성 증상으로는 가슴 통증, 심계항진 및 짧은 호흡 등이 포함된다.

1887년에 처음 합성된 후 수십 년 동안 암페타민 사용에 대한 규제는 전혀 없었다. 20세기 중반에 걸쳐 체중조절, 우울 및 코 막힘에 대해 암페타민 사용을 추천하는 것은 흔한 일이었다. 1960년대와 1970년대에 들어서까지도 널리 남용되었다. 보다 최근에 엄격한 통제와 처방 관례의 변화로 이용 가능성이 급격하게 줄어들었다. 지금은 거의 비만, 기면증, 일부 우울장애 및 주의력결핍 과잉행동장애를 치료할 때 사용하는 것만이 합법적이다.

암페타민은 때때로 트럭 운전사, 학생 그리고 깨어 있기 위해 카페인 이상의 어떤 것을 원하는 사람(대부분이 젊은 사람)이 비교적 적당량을 간헐적으로 복용하기도 한다. 일부는 다행감을 느끼기 위해 이러한 약물을 사용하며, 이는 종종 몇 주간 지속될 수 있는 '빠른 고용량 사용'으로 이어진다. 이러한 고용량 사용은 섬망 삽화를 발생시키거나 약물 공급량이 소진되었을 때 '급성 금단 증상'을 야기할 수 있다. 몇몇 사람들은 진정제 및 기타 남용 약물의 효과를 없애려고 자극제를 사용한다.

약물 관련으로 응급실을 방문하는 사람의 약 2%만이 암페타민 및 관련 종류로 인해서 내원한다. 고등학생 연령의 젊은 사람들에게서 사용률은 약 1,000명당 2명 정도이며 코카인의 유병률과 유사하다. 어떤 자료는 암페타민 의존자들이 10년 정도 후에는 사용을 중지할 수도 있다고 제안한다. 처방전으로 얻을 수 있는 암페타민 관련 물질에는 메스암페타민(데속신), 덱스트로암페타민(덱세드린), 암페타민 화합물(애더럴), 디에틸프로피언(테뉴에이트) 및 메틸페니데이트(리탈린) 등이 있다. 불법 메스암페타민은 작은 양으로 합성될 수 있지만 미국에서 이용 가능한 제품 중 많은 양이 미국 내 또는 멕시코 실험실에서 제조되고 있다.

엑스터시(MDMA)는 암페타민 및 환각제의 일종인 메스칼린 둘 모두와 구조적으로 유사하며 자극제 및 약한 환각을 일으키는 효과가 모두 있다. 100년 이상 정도 되었고, 미국인 가운데 약 4% 정도가 사용해 본 적이 있다. 매일 사용하는 경우는 드물며 오히려 '광란의 파티'와 다른 사회적 상황에서 전형적으로 사용된다. 신체적 피해와 중독증을 초래하기에 평판이 매우 나쁘지만, 2007년 *The Lancet*에 발표된 연구에 따르면 중독증 가능성은 자극제에서 하위를 차지한다.

코카인

코카인은 현재 암페타민이 점유했던 틈새를 상당 부분 채우고 있다. 코카인의 효과는 암페타민과 거의 동일하나 몸속에서의 반감기가 훨씬 짧다. 그러므로 독성 증상이 암페타민보다 더욱 짧다는 것을 알 수 있다. 이는 코카인이 더 매력적이고 중독성이 강하다는 것을 설명할 수 있다. 짧은 반감기로 인해 코카인은 강력한 갈망을 불러일으킨다. 사용자는 암페타민의 경우보다 더욱 빈번하게 코카인을 사용하게 된다. 심각한 주요 증상은 경련, 불규칙한 심장 박동, 고열 그리고 사망이다. 과다 사용이 계속됨에 따라 피해망상적 사고가 증가한다. 종종 (사용자에 대한 음해 및 공격)

망상은 자체-한정적이며 짧다(시간의 문제). 지각적 왜곡이 나타나지만 실제 환각은 드물다.

중탄산염으로 가열된 코카인의 경우 가열로도 파괴되지 않는 하얀 덩어리가 생긴다. 연기로 마실 때 튀는 소리가 나기 때문에 '크랙(crack, 날카로운 소리가 나는)'이라는 명칭이 붙었다. 크랙의 이용이 용이했다는 점이 20세기 후반 동안 코카인 사용 증가의 대부분을 설명한다. 그러나 21세기 초에는 사용자의 수가 다소 감소하고 있다.

대부분의 코카인 사용자는 간헐적인 사용으로 시작하지만 암페타민 사용자와 유사하게 고용량 사용으로 급속하게 진행할 것이다. 코카인에 대한 내성은 거의 생기지 않기 때문에 효과는 하루나 그보다 짧은 것이 일반적이지만, 며칠 동안 지속될 수도 있다. 크랙 코카인 중독은 단지 몇 주 동안의 사용 이후에도 발생한다.

횡단적인 평가는 코카인을 사용하는 환자와 암페타민 또는 관련 약물을 사용하는 환자를 적절하게 감별하지 못할 수 있음에 유의해야 한다. 개인력도 신뢰할 만하지 않을 수 있다. 거리에서 판매되는 것이 광고 내용과 종종 일치하지 않는다. 가장 신뢰할 만한 공급자라도 불순물이나 오염물질을 거의 통제하지 않는다. 환자가 사용하는 물질이 무엇인지 결정하는 유일하게 확실한 방법은 독성 연구를 위해 소변 또는 혈액을 얻는 것이다.

1900년대 초 짧고 강력한 인기 후에 오랫동안 유행되지 않고 있었던 코카인은 1970년대 동안 미국 정부가 암페타민의 제조 및 유통을 단속하면서 다시 한번 인기를 누리게 되었다. 그 이후 가격이 급락하고 이용 가능성이 상승하면서 마리화나에 이어 미국과 세계에서 두 번째로 빈번하게 사용되는 불법약물이 되었다. 최근 몇 해 동안 응급실에 오는 약물과 관련된 사람들 가운데 약 1/4이 코카인 내문에 온다. 여성보다는 남성이 이 골짓거리로 고통받고 있으며 더 젊은 성인(15~34세)에게 집중되어 있다. 코카인을 사용하는 사람들의 사망률 추정치는 비사용자 또래에 비해 4~8배에 달한다.

캇

'캇(khât)'이라고 부르는 아프리카산 식물에는 다양한 의학적 용도로 사용되는 중추신경계자극제인 알칼로이드, 에페드린으로 분해되는 카티논이 함유되어 있다. 이 지역의 (예를 들어 예멘의) 원주민들은 진하게 끓인 커피와 유사하게 다행감과 흥분 효과를 얻기 위해 그 잎을 씹는다. 경도의 금단 증상이 발생할 수 있다. 경도의 정신병이나 조증상태가 보고되었지만, 캇은 신체적 피해나 중독증 가능성은 자극제 중 하위를 차지하고 있다. DSM-5-TR은 이 물질을 기타 또는 명시되지 않는 부분에 배치하였으나 저자는 이 물질이 자극제에 포함된다고 생각한다. 그러나 이러한 분류는 단지 숫자에 불과할 뿐, 환자에게 잘 설명한다면 그리 큰 문제가 아니다.

'배스 솔트'

약물에 관한 주 및 연방 법을 피하고자 '비식용'으로 종종 판매되고 있는 소위 '배스 솔트'는 비교적 새로운 것이다. 이들 합성물은 다양하게 명명되며, 코카인의 대체재로서 온라인이나 마약 가게에서 판매되고 있는데 종종 화학적으로 조제된 카티논 형태를 포함하고 있다. 모노아민 재흡수의 강력한 탈억제는 다양한 신체 및 정신적 증상 — 섬망, 환각, 편집적 망상, 초조, 빠른 심장 박동, 혈압 상승, 열 및 발작 — 을 야기한다. 금단은 심각한 갈망을 발생시키며 과다 복용할 경우 사망에 이를 수 있다. 사용자는 남성이고 비교적 젊은(20대) 경향이 있다. 2012년 이후 배스 솔트는 미국에서 불법이 되었다.

자극제사용장애

자극제사용장애의 특징은 다른 특정 물질사용장애의 특징과 같다. 진단기준은 일반적인 물질사용장애에 대한 진단기준과 같다(444쪽). 진단부호는 표 15.2(526쪽)에 제시하였다.

자극제 중독

DSM-5-TR은 암페타민과 코카인 사용 증후군을 함께 다루었으나, 이는 분리하여 논의해야 할 필요가 있을 정도로 차이가 크다. 그렇지만 중독 및 금단의 핵심 특징은 둘 모두에게서 같다.

자극제 중독의 핵심 특징

자극제 약물을 사용한 직후, 환자는 변화된 행동(상동증적 행동들, 과각성) 및 기분/감정의 변화(분노, 불안, 다행감 혹은 우울, 둔마된 정동)와 함께 판단력 혹은 개인적 기능의 손상(증가된 혹은 감소된 사회성)을 보인다. 더불어 신경계 흥분의 신체적 지표들이 나타난다 — 감소된 혹은 증가된 혈압, 심박수 및 운동 활동, 동공 확장, 발한 또는 오한, 오심/구토, 현저한 체중 저하, 그리고 근육 위약감, 가슴 통증, 호흡기능의 저하, 또는 불규칙적인 심장 박동. 그리고 마지막으로 혼란감, 발작, 혼수, 운동 이상증(수의적인 근육 움직임의 통제 불능), 혹은 근육긴장 이상(근육 경련이나 쥐가 남)을 경험할 수 있다.

주의사항
ㄱ들을 다루어라
- 기간(증상 발병에 소요되는 기간은 몇 분 내)

- 감별진단(신체질환, 다른 원인에 의한 중독을 포함한 기타 정신적 장애)

표 15.1(453쪽)에서 자극제 중독의 특정적인 내용을 찾아볼 수 있다.

부호화 시 주의점

다음의 경우 명시할 것

지각 장해 동반. 환자는 온전한 병식이 있으며 섬망 혹은 환각이 없는 상태에서 청각적, 촉각적, 시각적 착각을 보인다(즉, 물질 사용으로 유발된 증상이 실재하지 않는다는 것에 대해서는 인식한다). 병식이 없는 환각은 자극제로 유발된 정신병적 장애의 진단을 제안한다.

부호화 시, 자극제 명칭을 명시하라.

ICD-10에서는 지각 장해의 존재 여부에 따라 부호화한다. 표 15.2(526쪽)를 참조하라.

암페타민 중독

암페타민을 주입하면, 급격하게 다행감, 자신감 및 안녕감을 느낀다. 사용자들은 에너지와 다행감이 '돌진'하는 것을 경험하고, 자신의 생각이 심오하다는 것을 발견하며, 성적 관심이 증가한다. 하지만 거식증 및 초조라는 대가가 따른다. 중독이 심해지면, 그들은 혼란스럽게 되며 두서없는 말을 하게 된다.

사용기간이 연장되면, 다른 사람들로부터 철수되어 약물을 얻고 사용하는 것에만 초점을 맞추게 되기도 한다. 환각(청각, 혹은 피부에 벌레가 기어다니는 것과 같은 촉각, 혹은 편집적 사고)이 나타날 수 있으며 폭력이 뒤따를 수도 있다. 일부 사람은 상동증적 행동, 즉 그들이 일상적으로 좋아하던 것(전자 장비를 조립하거나 분해하는 것과 같은)을 의례적으로 재연하기도 한다. 이러한 증후군 중 어떠한 것도 조현병과 유사할 수 있지만, 기민한 임상가는 정보제공자로부터 얻어진 종난석인 개인력에 수복할 것이다. 실험실 연구가 행동의 독성 원인을 확인하는 데 도움을 준다.

프리먼 쿡

"나는 어렸을 때 과잉 활동적이었어요."라고 프리먼 쿡이 면담자에게 말했다. "어머니는 내가 느긋해지도록 커피를 주곤 했어요."

안절부절못하여 상담실을 돌아다니는 프리먼은 마치 너무 많은 커피를 마신 것처럼 보였다. 그는 벌써 두 번이나 화장실에 다녀왔으며 거의 토할 뻔했다. 그를 살펴본 간호사는 그의 혈압이 높으며 맥박은 분당 132회 뛰고 있다고 언급했다. 그는 커피를 마시기 얼마 전에 크리스탈 메스(메스암페타민 가루) 0.5g을 흡입했다고 인정했다.

프리먼은 네 형제 중 맏이였다. 그의 어머니는 항상 기분이 나빠 보이는 불행하고 신경질적인 여성이었다. 프리먼의 아버지는 인테리어 목수로 벌이가 좋았지만, 가족이 늘어남에 따라 보드카에 대한 욕구도 증가하였다. 그가 어렸을 때는, 앞으로 자신은 술을 멀리할 것이며, 만약 결혼을 한다면 아버지가 했던 것보다는 아내를 더 존중할 것이라고 스스로에게 약속했다. 그는 이 약속을 절반 정도 지킬 수 있었다. 고등학교를 마친 후 프리먼은 결혼하여 장거리 이사 회사의 조수로 일하게 되었다. 급여는 괜찮았으나 근무 시간은 힘들었다.

그와 사장이 길에서 이동할 때, 때로는 18시간을 연속적으로 근무했다. 많은 트럭 운전사들처럼 프리먼도 스스로 생기를 불어넣고 깨어 있기 위해 덱스트로암페타민을 복용하게 되었다. 처음에는 일하는 동안에만 복용했다. 그는 10일간의 이동 후 집에 돌아오면 '피로해서 쓰러졌고', 때로는 20시간 내내 자기도 하였다. 그러나 그가 자신의 대형 트럭을 살 만큼 상급자가 되고 경험을 쌓았을 때도 프리먼은 암페타민을 취미 삼아 계속 사용하고 있었다.

프리먼은 메스암페타민 가루('메스')를 흡입하는 것으로 시작했지만, 곧 더 나은 '쾌감'을 주는 연기를 마시는 것으로 바꾸었다. 황홀감을 느꼈을 때 그는 미칠 정도로 행복하고 지칠 줄 모르며 힘이 넘쳤다. 그는 "나 혼자서 그랜드 피아노를 들 수 있을 것만 같았어요."라고 설명했다. 그리고 또한 그의 재능을 논쟁하는 데 쓰는 것을 좋아했고 때로는 밤늦게까지 아내를 잠들지 못하게 했는데, 이는 다음 날에는 스스로도 사소한 것이라고 생각하게 되는 일에 대해 장황하게 말하기 위해서였다. 몇 시간만 지나면, 황홀감의 효과는 사라지기 시작하고 기억만이 남으면서, 그는 몇 번이고 '메스'를 되풀이해서 흡입하고 싶은 충동을 느꼈다. 그렇지만 고용량을 사용하면서, 쾌감을 위해서는 더 많은 약물이 필요하게 되었다. 결국 공급량이나 체력이 바닥나게 될 때는 다시 한 번 쓰러지게 되었다. 그가 힘들게 의식을 회복했을 때, 그는 종종 자신이 소비한 약물의 양을 알고 놀라곤 했다.

프리먼이 2일간의 고용량 사용 후 깨어났을 때, 자신의 아내의 메모를 발견했다. 그녀는 그를 떠났다. 처음으로 그는 자신이 얼마나 아버지와 꼭 닮게 되었는지를 알게 되었다.

프리먼 쿡의 평가

다른 모든 약물 중독 유형과 마찬가지로 자극제 중독 또한 현저하게 해로운 행동 또는 심리적 변화(진단기준 B)가 기록되어야 한다. 프리먼의 경우 이는 쉬울 것이다. 그의 최근 사용(A)은 부인과의 논쟁을 일으켰고, 그녀가 떠나는 것으로 끝났다. 신체적 징후 및 증상(두 가지가 필요함) 가운데, 그는 맥박 및 혈압 증가(C1, C3)와 초조, 오심(C7, C5)을 보였다. 평가 시 그는 지각 장해 명시자를 충족할 만한 착각이나 환각을 나타내지 않았다.

또한 프리먼은 암페타민사용장애 진단을 충족하였다. 연속적으로 사용하는 경우, 황홀감을 얻기 위해 더 많은 약물이 필요해지면서 그는 명백하게 내성을 경험했다(자극제 사용장애 진단기준 A10). 그는 때때로 자신이 의도한 것보다 더 많은 메스암페타민을 사용하였으며(A1), 약물을 사용하고 그 효과로부터 회복하는 데 상당한 시간과 에너지를 소비하였다(A3). 저자는 임상가의 권한으로 그가 심각하게 의존적이라고 주장할 수 있지만, 그의 사용유형의 심각성이 고도라고 판단하는 것은 부분적으로는 다음에서 논의되는 암페타민 금단(A11)의 증거를 기반으로 한다. GAF 점수는 55점이다.

F15.220   고도의 메스암페타민사용장애, 중독 동반
Z63.0   아내와의 별거

코카인 중독

코카인은 아마도 이제까지 고안된 가장 강력한 약리학적 강화물일 것이다. 실험실 동물의 경우 음식, 물 및 성관계보다 우선하여 코카인을 고를 것이다. 자유로운 접근이 주어지면, 죽을 때까지 계속해서 코카인을 사용하게 될 것이다.

인간은 코로 흡입, 주사 또는 흡연 형태로 코카인을 섭취한다. 크랙 흡연은 몇 초 이내에 빠르게 밀려오듯 시작되는 다행감과 안녕감을 일으킨다. 사용자는 기민해지고 자신감이 넘치며 성적 욕구가 증가한다. 이러한 긍정적인 느낌은 단지 몇 분간 지속되며, 이후 불쾌감(불안, 우울, 피로)과 너 많은 약물에 대한 강력한 갈망으로 이어진다. 지속적으로 사용하면, 다행감의 효과는 줄어들고 불쾌감이 나타난다. 동기는 단 하나의 목적인 더 많은 코카인을 얻는 것으로 집중된다.

코카인 중독과 관련된 행동 변화에는 공격성과 초조가 포함되며, 이는 종종 싸움과 과잉경계를 유발한다. 코카인은 피로를 지연시키며, 에너지의 증가는 판단력을 손상시키고 위험을 감수하고자 하는 의지를 증가시킨다. 폭력 및 범죄는 종종 코카인에 중독된 상태의 결과물이다.

정신적 증상에는 망상, 전능감, 관계 사고(외부 사건들이 자신에게 특별한 의미가 있다는 믿음) 및 환촉이 포함된다. 다른 증상으로는 과민성, 증가된 감각적 자각, 거식증, 불면증 및 자발적인 사정(spontaneous ejaculation)이 있다. 중독이 심각한 경우, 두서없는 말, 당혹감, 불안, 두통 및 심계항진이 나타날 수 있다.

아만다 브랜트

22세에 대학을 졸업한 이후 아만다 브랜트는 시카고 증권거래소에서 선물거래인으로 일했다. 빠

르게 돌아가고 압박이 심한 삶이었으며, 그녀는 이러한 것을 좋아했다. "저는 대학에서 경제학을 전공했어요. 그것으로 무엇을 할 수 있을까요? 가르치는 것이요?"라고 그녀가 설명했다.

선물거래는 아만다의 기질과 정확하게 맞아떨어졌다. 고등학교 저학년 때부터 그녀는 활동적이며 외향적이었다. 일을 통해 그녀만큼이나 똑똑하고 월급도 많은 젊은 사람들을 많이 알게 되었다.

아만다의 아버지는 침례교 목사였으며, 아버지와 어머니 모두 술은 입에도 대지 않는 금주가였다. 그녀의 할아버지 두 분은 모두 오래전에 돌아가셨고, 알코올 중독을 겪었기 때문이라고 아만다는 생각하였으며 그녀는 이것이 술에 대한 부모님의 태도와 관련이 있을지도 모른다고 추측했다. "부모님은 제가 대학에서 마리화나를 피울 줄은 꿈에도 몰랐을 거예요. 하지만 마리화나는 나를 괴롭게 한 적이 없었고, 사회생활에서 해야만 하는 것이었어요."라고 그녀는 말했다.

증권거래소 구석에서의 사회 활동은 코카인이라는 것을 그녀는 곧 알게 되었다. 그녀와 동료 거래인들은 (비록 아마 실제로 사용한 만큼은 아니었지만) 분말 코카인을 사기 위해 충분한 돈을 벌었다. 크랙의 출현으로 가격이 내려가자 아만다의 코카인 사용은 급격히 늘어났다. 그녀는 항상 주사의 고통을 싫어했으며 코로 흡입하는 것은 역겨워 보였기 때문에 흡연하는 법을 배웠다.

"불을 붙인 지 몇 초 이내에 황홀함보다 더한 기분을 느껴요. 그건 몸 전체가 절정을 맞는 것 같죠. 심지어 폐조차도 절정감을 맞는 것같이 느껴요."라고 그녀가 말했다.

쾌감과 함께 몰려오는 강렬한 황홀감은 초조감과 요동치는 심장 박동을 느낄 수 있는 어떠한 걱정도 지워버렸다. 15분 정도 동안 그녀는 자신이 헤아릴 수 없을 만큼 재치 있다고 느꼈다. 그녀는 전 세계를 사랑했고 통제한다고 느꼈다. 약물의 영향력이 있는 동안에는 사람, 성관계, 음식, 물 심지어 공기조차 필요하지 않았다. 그 15분 동안 그녀는 영원히 살 수 있을 것처럼 느꼈다.

아만다 브랜트의 평가

아만다의 코카인 사용은 그녀의 판단력 및 사회생활에서의 변화를 포함하여 심각한 행동 및 심리적 변화를 유발하였다(진단기준 B). 그녀는 약물에 의해 유발된 쾌락이 그것이 야기하는 부작용— 그녀의 경우 빠른 심장 박동과 초조감(C1, C7) — 과 견줄 만한 가치가 있다고 생각했다. 외부에서 관찰했다면 아마도 진단기준에 언급된 급성 중독으로 인한 다른 증상을 알아차릴 수 있었을 것이지만, 진단에는 두 가지면 충분하다. 그녀의 주관적인 감각은 사람들이 왜 코카인에 중독되는지를 짐작할 수 있게 한다.

암페타민 중독(물론 증상은 코카인과 정확하게 같다) 외에, 과잉행동이나 불안정한 기분이 특징인 제I형 양극성장애를 비롯한 기타 정신적 장애가 고려되어야 한다. 갑상선기능항진증과 같은 신체질환 또한 가장 우선적으로 고려되어야 한다. 펜시클리딘 중독에서는 코카인 중독과 유사한 지각적 왜곡이 나타날 수 있다. 중독되었을 때 정신병적 양상이나 섬망을 보이는 환자들은 조현병 그리고 기타 정신병적 장애 환자 및 여러 의학적 상태로 인한 섬망 환자들과 감별되어야 한다(D).

보다 완전한 진단은 이후에 내려지지만, 본 사례에서 주어진 정보에 따르면 아만다의 주 진단은 다음과 같을 것이다.

F14.920   코카인 중독

자극제 금단

중독에서와 같이, 암페타민과 코카인 금단 증상의 핵심 특징은 동일하여 한 번만 제시한다.

자극제 금단의 핵심 특징

오랜 자극제 사용 후 환자가 갑자기 섭취를 중단하거나 현저하게 줄이면, 불쾌감 증상과 함께 생리학적 변화의 증거가 나타난다. 강렬한 꿈, 감소되거나 증가된 수면 혹은 운동 활동, 허기감, 피로감.

주의사항

ㄱ들을 다루어라

- 기간(증상 발병에 소요되는 기간은 몇 시간에서 며칠)
- 고통 혹은 장애(직업적/학업적, 사회적, 혹은 개인적 손상)
- 감별진단(신체질환, 다른 물질에 대한 중독 혹은 금단을 포함한 기타 정신적 장애)

표 15.1(453쪽)에서 자극제 금단의 특정적인 내용을 찾아볼 수 있다.

부호화 시 주의점

환자를 진단할 때, 금단에 대한 특정 자극제를 제시하라.

부호화 시에는 표 15.2(526쪽)를 참조하라.

암페타민 금단

마지막으로 암페타민을 사용한 지 몇 시간 지나지 않아, 초조, 불안, 우울 및 소진 같은 급성 금단 증상(crash)이 나타난다. 사용자는 강렬한 갈망을 경험하며, 이러한 심한 갈망이 사그라지면서 우울, 피로 및 (수면에 대한 모순적인 갈망이 수반되는) 불면증에 직면하게 된다. 더 이후에도 여전히, 왕성한 식욕이 생길 수 있다. 급성 금단 증상 이후 12시간에서 4일이 지나면 피로와 무감동이 악화된다. 몇몇 증상들은 7~10일, 심지어는 더 길게 지속된다. 자살 시도를 보일 수도 있다. 요컨대 사용자들이 환자가 된다.

프리먼 쿡으로 다시 돌아가서

중독치료를 위해 입원했을 때, 프리먼은 여전히 그날 아침에 흡연했던 메스암페타민의 마지막 0.5g에 취해 있었다. 2일간의 과다 사용에서 벗어난 후 그는 과거의 경험으로부터, 만약 자신의 습관에 대해 무언가를 하려 한다면 중독상태일 때 단행해야 한다는 것을 깨달았다. 급성 금단 증상이 나타날 때까지 기다린다면, 그는 잠자는 것 외에는 아무것도 할 수 없을 것이다. 그 후에는 다시 약물을 찾기 시작할 것이다.

프리먼은 점심 먹는 걸 거절했고, 자신이 악화된다고 느꼈을 때, 다른 3명의 환자들과 휴게실 구석에 있는 테이블에서 카드놀이를 하고 있었다. 그는 자신이 매 순간 느리게 회전하는 낡은 턴테이블 같다는 것에 흥미를 가지고 주목했다. 손으로 카드놀이를 하기가 점점 힘들어졌는데, 마치 카드가 납덩이로 만들어진 것 같았다. 갑자기 그는 깊은 우울감에 압도되어 피곤함을 느꼈고, 여기에서 벗어나려고 시도해야 했다. 그의 몸은 약간의 암페타민(speed)을 갈망했다.

방으로 돌아와서 그는 가져왔던 몇 가지 소지품을 싸기 시작했다. 운동용 가방이 반쯤 찼을 때 그는 가방을 한쪽에 치워두고 침대로 쓰러졌다. 그는 밖으로 나가 마약을 구할 에너지가 전혀 없다는 것을 알았다. 약물에 대한 갈망은 점진적으로 수면에 대한 욕구로 바뀌었지만, 그의 눈은 단호하게 뜨여 있었다. 그는 피로에 마비되어 몇 시간 동안 침대에 누워 있겠지만 잠들지는 않을 것이다. 긴 밤이 될 것이다.

프리먼 쿡의 추후 평가

암페타민 섭취를 중단한 후(자극제 금단 진단기준 A), 프리먼은 급격하게 우울해졌다(B). 그는 또한 피로(B1), 느린 정신운동(B5), (그가 잠들기를 원했음에도) 불면증(B3)을 겪었다. 이는 필요한 두 가지 증상 이상을 충족한다. 암페타민에 대한 전형적이고 깊은 갈망은 자극제 금단에 대한 진단기준은 아니지만, 자극제사용장애의 진단기준이다.

프리먼의 상태에 대한 감별진단에는 제 I 형 양극성장애(그의 기분 변동으로 인해), 코카인 금단 및 펜시클리딘 중독과 같은 기타 물질로 유발된 장애가 포함된다. 중독 동안에 정신병이 나타나는 환자는 조현양상장애나 기타 정신병적 장애라고 오진될 수도 있다. 이 중 어느 것도 그의 증상을 더욱 잘 설명할 수 있는 장애는 없다(D). 그리고 이러한 증상은 그에게 고통을 유발한다는 점에서(C), 프리먼에게 자극제 금단을 진단하는 것은 적합하다.

금단의 급성 효과의 대부분이 사라진 후에도, 기분 증상이 몇 주 또는 몇 개월 동안 지속될 수 있다. 프리먼이 이에 해당한다면, 메스암페타민으로 유발된 기분장애 진단을 고려해 볼 것이다.

프리먼의 진단은 다음과 같이 변경될 것이다.

F15.23　　　고도의 메스암페타민사용장애, 암페타민 금단 동반

코카인 금단

급성 중독 단계 이후, 혈중 코카인 수치는 급격히 떨어진다. 즉시 추가적인 약물을 사용하지 않는다면 빠르게 우울감이 나타난다. 환자는 과민성, 자살 사고, 피로, 흥미 상실 및 쾌감을 경험하는 능력의 감소를 경험할 수도 있다. 공황발작은 흔하며, 코카인에 대한 욕구가 강해진다. 이러한 증상 대부분은 2~4일 동안 증가한 뒤에는 감소하는 경향을 보이지만, 우울은 몇 개월 동안 지속될 수 있다. 자살 시도는 꽤나 흔하다. 그중 일부는 자살에 성공하기도 한다.

코카인 사용 문제가 있는 사람들 중 절반가량은 기분장애, 종종 양극성 혹은 순환성 장애 또한 겪고 있다. 이러한 점은 아편계관련장애가 있는 환자들과 잘 구분되게 해준다.

아만다 브랜트로 다시 돌아가서

중독의 여파로 아만다는 갑자기 치료할 수 없을 정도로 우울해져서 죽어 있는 것처럼 보였다. 몇 분 전에 즐겼던 극도의 자신감은 불확실한 불안감에 의해 밀려났고, 이 불안감은 다음 날 혹은 그 다음 날에 이르기까지 점점 더 그녀를 압도했다. 유일한 치료책은 그것이 다 떨어질 때까지 또 다른 코카인 덩어리를 계속해서 피우고 또 피우는 것이었다. 이후 그녀는 잠이 오지 않고 지쳐 있으면서, 몸 안의 모든 세포가 황홀감을 느끼는 동안 코카인에 취해 있을 때 얼마나 생기 있었는지를 정확하게 기억하였고, 다시 피우고 싶은 갈망을 느꼈다.

거래소에 근무한 지 4년 차가 되면서 아만다의 생활은 흐트러지기 시작했다. 코카인 사용의 중요성과 비교하면, 이제 일은 관심이 없어진 듯했다. 한 번에 며칠 동안 병가를 냈다. 병가에 들어가면 그녀는 자신이 다음 크랙을 언제 얼마나 살 수 있을지에 대해서만 집중했다. 그녀는 결국 해고되었으며, 더 작은 아파트로 이사했고 BMW 자동차도 팔았다. 이제 자신의 모든 시간을 크랙을 얻고 사용하는 데 쏟을 수 있게 되었으며, 자신이 가진 것을 파는 것을 넘어 평생 저축한 돈을 써버리는 데 단 2개월이 걸렸다.

아만다가 치료를 받게 된 것은 마지막 과다 사용 때문이었다. 마지막 한 대분을 피운 뒤, 그녀는 아파트 복도에서 이웃집 문들을 두드리고 울면서 배회하였다. 어떤 사람이 문을 열자 그녀는 들어가려고 했다. 누군가가 경찰을 불렀고, 그녀는 응급실로 이송되었다. 거기서 그녀는 격분하여 주먹을 휘둘렀다. 결국 그녀는 강박되었고, 정신건강 시설에 입원하게 되었다.

아만다 브랜트의 추후 평가

아만다의 개인력은 코카인이 장애의 근원이라는 것을 매우 분명하게 보여준다. 코카인이 떨어지자(진단기준 A), 그녀는 (울고 불안해하는 것으로 나타난) 필수적인 불쾌감 및 진단기준에 제시된 몇 가지 신체적 증상을 보였다 — 불면증, 피로 및 빨라지는 정신운동성 활동(B3, B1, B5). DSM-5-TR 진단기준에 따라 금단 증후군이 진단되기 위해서는, 현저한 고통을 낳거나 환자의 삶에 큰 영향을 끼쳐야 한다(C). 그 누구도 아만다만큼 이에 부합하는 사람이 없을 것이다. 진단기준에는 포함되지 않지만, 전형적으로 나타나는 크랙을 사용한 경험에 대한 직관적 기억과 더 많은 약물에 대한 압도적인 욕구도 보였다.

이 시점에서 아만다에게 기타 물질관련 진단(코카인사용장애)을 내릴 수 있는 충분한 정보가 있다. 그녀는 자신의 차 및 직업과 맞바꾼(물질사용장애 진단기준 A7) 크랙 코카인에 대한 갈망(A4)을 충족시키기 위해 거의 대부분의 시간을 소비했다(A3). 약물에 대한 내성이 충분히 생겼으며(A10), 결국 금단 증상이 나타났다(A11).

DSM-5-TR에는 기타 코카인관련장애가 많이 제시되어 있다. 이 중 몇몇은 많지 않지만 몇몇은 다른 것보다 더 빈번하게 볼 수 있다. 아만다의 우울이 금단기간보다 상당히 더 길게 지속된다면, 코카인으로 유발된 기분장애가 진단에 덧붙여질 수도 있을 것이다.

다른 환자들의 경우, 도박장애, 반사회성 성격장애 및 외상후 스트레스장애와 같은 정신질환과 연관될 수도 있다. GAF 점수는 35점이며 광범위한 개인력을 고려해 볼 때 심각성은 고도로 평가할 것이다. 원한다면 증상의 수를 세어볼 수도 있다.

F14.23	고도의 코카인사용장애, 금단 동반
Z56.9	실업상태

기타 자극제로 유발된 장애

표 15.2(526쪽)에서 암페타민과 관련된 장애를 모두 포함하는 목록을 찾을 수 있을 것이며 일부는 이 책의 다른 장에 더 완전하게 기술되어 있다. 여기서는 세 가지를 간략하게 언급하겠다.

자극제로 유발된 정신병적 장애, 망상 동반. 이러한 환자들은 항상 그런 것은 아니지만 종종 관계 사고 및 잘 형성된 망상을 포함한 편집증을 보인다. 환경에 대한 그들의 자각이 강해진다. 타인을 매우 밀접하게 관찰하며, 나중에는 타인이 자신을 관찰하고 있다고 '알아차리게' 된다. 또한 어떠한 움직임을 지각하는 데 있어 과잉반응을 보일 수 있으며 일부는 환각을 경험한다. 망상은 일주일이나 그 이상 지속될 수 있다. 많이 진전되는 경우 거의 모든 면에서 조현병과 유사할 수 있지만, 시간의 경과가 다르다.

자극제로 유발된 정신병적 장애, 환각 동반. 이 유형의 정신병적 장애를 지닌 환자는 피부에 벌레가 기어다닌다고 생각하게 되면 피부를 심하게 긁을 수 있다.

자극제 중독 섬망. 일부 사용자는 중독과 연관된 초조성 섬망(agitated delirium)을 경험한다. 그들은 놀라운 힘을 보일 수 있으며, 거칠고 비이성적인 행동은 때때로 누군가의 심각한 상해나 죽음을 초래하기도 한다.

F15.99 또는 F14.99 명시되지 않는 자극제관련장애

암페타민(혹은 유사 약물, F15)과 관련된 물질인지 혹은 코카인(F14)과 관련된 물질인지에 따라 부호화한다.

담배관련장애

수천만의 미국인들이 담배에 의존하기 때문에 금단 문제의 가능성은 무한하다. 부분적으로 담배가 유발하는 강렬한 갈망 때문에 미국에서 담배는 가장 널리 사용되는 중독성 약물(addictive drug)이라고 불려 왔다. (그리고 백분율로 나타내면 대부분의 다른 나라 사람들보다 훨씬 적은 미국인들 — 성인의 약 1/5 — 이 담배를 피운다.) 남성이 아마도 3:2의 비율로 여성보다 많다. 매년 전 세계적으로 500만 명이 담배로 인해 사망하고 있다. 헤로인으로 인한 사망보다 적어도 60배는 많은 것이다.

담배에서 일차성 강화물의 명백한 증거를 찾기는 어렵다. 즉, 담배의 화학적 효과는 이를테면 코카인이나 아편계를 사용하는 사람들이 가치 있게 여기는 효과인 다행감, 증가된 자존감, 에너지 상승의 직접적인 산물을 포함하지 않는다. 오히려 특히 초보 흡연자에 있어서 담배는 오심, 구토 및 불안을 유발한다. (담배가 불안을 감소시킨다고 보고되고 있지만, 이는 아마도 사용자의 담배 금단을 '치유'하는 효과일 것이다.) 그렇다면 사람들은 왜 담배를 피우는 것일까? 간단하게 말하자면, 흡연은 사회적 요인에 의해서 시작되며, 이후 빠지게 되는 것이다.

2013년에 정신질환이 있는 사람들은 그렇지 않은 사람들에 비해 흡연할 확률이 70% 정도 높다는 보고가 있었다. 알코올 중독, 조현병 및 기타 정신적 장애는 담배에 대한 중독증과 강한 정적 상관이 있다. 정신건강 환자와 면담할 때 항상 담배 사용에 대해 물어보라.

카페인처럼 담배는 합법적이며 구하기 쉽고 (헤로인에 비해서) 값도 싸다. 대부분의 사람들은 약물과 관련되지 않은 물건을 사듯이 어떠한 물리적인 방해 없이 담배를 사용할 수 있다. 하지만 한 해 동안, 사람들은 금단 증상을 겪으면서 반복적으로 담배를 끊으려 노력하지만, 심혈관 문제를 초래한다는 것을 알면서도 결국 다시 담배를 피우게 된다.

보라, 저자는 중독된 것은 실제로 니코틴이라는 것을 알고 있다. 그리고 그것이 2013년까지 DSM이 이를 니코틴 관련 장애라고 부른 이유이다. 실제로 신체적인 해를 끼치는 것이 타르(tars)와 니트로사민(nitrosamines)이 포함된 담배라는 점 때문에 변화가 이루어졌다. 전자담배의 등장으로, 사람들은 궐련이나 씹는 담배 혹은 코담배를 이용하지 않고 쉽게 니코틴 습관이 생길 것이다. 그러나, 비록 우리가 그 원인이 되는 물질의 이름을 알고 있지만, 이번에는 이러한 흐름대로 진행하고자 한다.

담배사용장애

담배사용장애의 특징은 다른 특정 물질사용장애의 특징과 비슷하다. 그 진단기준은 일반적인 물질사용장애에 대한 진단기준과 같으며(444쪽), 진단부호는 표 15.2(526쪽)에 제시하였다.

F17.203 담배 금단

누군가는 종종 진단기준에 제시된 특정 증상이 아니라 담배에 대한 열망을 가장 격렬하게 호소한다. 이러한 지속적인 갈망은 좀 더 실질적인 (그러나 덜 긴급한) 다른 문제에 집중할 수 있는 능력을 압도한다. 그 결과 충분히 잠을 자지 못하고, 너무 많이 먹는 침울하고 불안한 사람이 되며, 매일 전 세계적으로 10억 명 이상이 사용하는 완전히 합법적인 물질을 단 한 번 사용하면 다 해결될 수 있음을 알게 된다. 이 사람들이 짜증을 잘 낸다는 것은 놀라운 일이 아니다! 금단 증상은 마지막으로 사용한 지 하루 이내에 시작되며, 종종 몇 시간 내에 발견할 수 있다. 금단 증상은 사용을 중지한 사람들의 약 절반 정도에게서 나타난다.

담배 금단에 대한 별도의 사례는 제공하지 않았다. 그러나 호일 가너(11장)는 흡연으로 야기된 만성적인 폐쇄성 폐질환으로 수면장애를 겪었다. 그는 또한 담배사용장애가 있는 것으로 진단되었고, 담배 금단도 한 번 경험하였었다. 그의 이야기는 334쪽에서 시작된다.

담배 금단의 핵심 특징

몇 주 혹은 그 이상 매일 담배를 사용한 이후, 정기적인 담배 사용을 갑자기 중단하거나 현저하게 줄이면 변덕스러운 증상(과민성, 분노, 쉽게 좌절함), 불안, 우울, 안절부절못함, 집중하는 데 어려움, 불면증, 허기와 같은 복합 증상이 나타난다.

주의사항

ㄱ들을 다루어라

- 기간(증상 발병에 소요되는 기간은 24시간 이내)
- 고통 혹은 장애(직업적/학업적, 사회적, 혹은 개인적 손상)
- 감별진단(신체질환, 다른 물질에 대한 중독 및 금단을 포함한 기타 정신적 장애)
  표 15.1(453쪽)에서 담배 금단의 특정적인 내용을 찾아볼 수 있다.

기타 담배로 유발된 장애

표 15.2(526쪽)에 기타 담배로 유발된 장애가 제시되어 있다.

F17.209 명시되지 않는 담배관련장애

기타(또는 미상의) 물질관련장애

기타(또는 미상의) 물질관련장애의 범주는 본 장에서 이미 설명하였던 범주에 속하지 않는 물질과 관련된 장애를 포함한다. 앞서 제시된 물질사용장애(444쪽), 물질 중독(461쪽) 및 물질 금단(451쪽)에 대한 일반적인 진단기준 그리고 다른 장에서 서술된 물질로 유발된 장애(예를 들어, 물질로 유발된 양극성장애)에 대한 진단기준이 여기에서 적절할 때 적용된다. 이 범주에 포함될 수 있는 물질의 몇 가지 예는 다음과 같다.

아나볼릭 스테로이드제. 아나볼릭 스테로이드제 사용자는 운동능력과 지각된 신체적 매력을 증가시키는 데 가치를 둔다. 보디빌더 및 기타 운동선수에게 이 욕구는 이러한 약물을 사용하는 강력한 동기가 될 수 있다. 체격에서의 명백한 효과 외에, 사용자들은 다행감, 증가된 성욕, 때로는 ('스테로이드 분노'라고 하는) 공격성을 보고한다. 스테로이드 사용은 2012년 미육군 하사 로버트 베일스가 16명의 아프가니스탄 시민을 살해한 것과 연관되었으나, 그때는 항말라리아 약물 메플로퀸이었다. 아나볼릭 스테로이드제는 종종 사회적 상황에서 사용되는데, 이러한 사용은 몇 개월 혹은 몇 년간 줄어들지 않고 지속될 수 있다. 기타 물질 오용과 유사하게, 사람들은 처음에 원했던 것보다 더 오랫동안 복용하며, 멈출 수가 없고, 물질을 얻거나 사용하는 데 지나친 시간을 소비하며, 해롭다는 것을 알면서도 사용한다. 물질사용장애와 관련된 일반적인 진단기준을 읽은 사람이라면 익숙할 만한 요인들이다. 사용 중단은 우울, 피로, 안절부절못함, 식욕 상실, 감소된 성적 관심을 포함하는 금단 증상을 유발한다. 일부 사용자는 강렬한 약물 갈망을 보인다.

이산화질소. 이산화질소는 몽롱함과 경도의 다행감을 유발시키는 마취성 흡입제이다. 따라서 고전적인 별칭은 '웃음 가스'이다. 다행감을 유발하기 위해 사용될 때를 제외하면, 휘핑크림과 요리용 스프레이 캔 내의 압축가스로 사용된다. 이인성/이현실성 및 현기증이 나타나거나 일부에서는 소리의 왜곡이 있을 수 있다. 18세기 후반 오락 삼아 처음 사용되었고, 세계에서 가장 오래된 인공적으로 생산된 남용물질일 것이다. 흡입제에서 이것을 제외하는 것에 대해서는 이미 말하였다(490쪽).

처방 없이 살 수 있는 약물/처방약물. 중독을 초래할 수 있는 처방 없이 살 수 있는 약물과 처방약물은 항파킨슨병 약물, 코르티손과 그 파생약물, 항히스타민제 그리고 기타 약물이다.

빈랑나무 열매. 많은 문화권의 사람들(남태평양의 블러디 메리)은 경도의 다행감 또는 둥둥 떠다니는 느낌을 얻기 위해 빈랑나무 열매를 씹는다.

카바. 남태평양에서 자라는 후추나무에서 만들어지는 카바는 진정 효과가 있고 협응력과 체중을 감소시킨다.

기타(또는 미상의) 물질사용장애 혹은 중독 혹은 금단

기타(또는 또는 미상의) 물질사용장애, 중독, 금단 증상은 일반적인 물질사용장애의 증상과 같다. 진단부호는 표 15.2(526쪽)에 제시하였다.

F19.99 명시되지 않는 기타(또는 미상의) 물질관련장애

물질관련장애의 기록 및 부호화

좋다, 표 15.2는 정말로 복잡하다. 이러한 복잡함을 감수할 수도 있고, 혹은 DSM-5-TR에 인쇄된 대로 이를 이해하려고 노력할 수도 있다. 그러나 그렇게 한다면 미칠 것 같은 느낌이 들 수도 있다. 이 표는 DSM-5-TR에서 한 페이지를 차지하는 내용 대부분을 포함하고 있다. 이는 많은 도움이 될 수 있지만, 그만큼의 시간을 할애해야 할 것이다.

주어진 몇 가지 예를 따라가 보자. 각주를 읽어보고 괄호 안의 숫자가 어떤 열에 있느냐에 따라 의미가 다르다는 것을 이해할 수 있다. 그리고 이 표에서 '사용'은 동사가 아니라 명사라는 점을 기억하는 것이 도움이 될 수 있다. 표 15.2를 이용하여 다음과 같은 세 가지 종류의 문제를 진단부호화할 수 있다.

A. 물질사용장애

B. 물질 중독 혹은 금단

C. 물질로 유발된 정신적 장애

'B'와 'C'는 먼저 사용장애 여부와 그 심각성을 파악하는 것에 따라 결정된다는 점을 유의해야 한다. 즉, '사용장애' 유무를 판단하는 것이 첫 번째 순서이다. (진단기준은 444쪽에 나와 있다.)

만약 환자가 물질사용장애, 중독 혹은 금단이 있지만 추가적인 물질로 유발된 정신적 장애가 없다면 다음과 같이 첫 세 칸('단순사용일 경우; I나 W가 아님', '중독', '금단')을 사용하라.

A. 물질사용장애의 경우(중독이나 금단이 아니며 정신적 장애와 무관한 경우)

   1. 물질을 결정하고, 'F' 숫자를 기입하라. (예를 들어) 알코올이라면 F10이 될 것이다.

   2. 현재 물질의 사용량이 경도 혹은 중등도/고도인 경우, F 아래에 해당하는 행을 선택한다. 이제 한 열을 가로질러 '단순사용일 경우; I나 W가 아님' 열을 읽는다. 처음 나오는 괄호가 없는 소수점 아래의 숫자를 기입하면 된다. 단어를 추가하는 것을 제외하고는 다음과 같다.

      F10.20   중등도의 알코올사용장애

   3. 만약 현재 사용 중이 아니라면, 즉 환자가 현재 (조기 혹은 지속적) 관해 상태라면, 괄호 안의 숫자를 사용한다. 경도의 알코올사용장애를 가진 사람이 최근 1년 혹은 그 이상 음주를 하지 않았다면, 아래와 같이 기술한다.

      F10.11   경도의 알코올사용장애, 지속적 관해 상태

   4. 만약 환자의 사용장애 진단이 확실치 않다면, 물론 '사용장애 아님' 열을 선택하면 된다.

표 15.2 물질사용장애, 물질 중독, 물질 금단, 물질로 유발된 정신적 장애에 대한 ICD-10-CM 진단부호

물질 및 사용장애 여부	단순 사용일 경우; I나 W가 아님	물질 사용/중독/금단						물질로 유발된 장애					
		중독	금단	정신병	기분[a]	불안	강박 관련	수면	성	섬망	주요 신경인지	경도 신경인지	분류되지 않은
알코올 F10	I/W	I/W	I/W	I/W	I/W	I/W		I/W	I/W	I/W			
경도의 사용장애 동반	.10 (11)[b]	.120	.130 (.132)[c]	.159	.14	.180		.182	.181	.121 (.131)[d]		.188	
중등도/고도의 사용장애 동반	.20 (21)[b]	.220	.230 (.232)[c]	.259	.24	.280		.282	.281	.221 (.231)[d]	.27 (.26)[e]	.288	
사용장애 아님		.920	.930 (.932)[c]	.959	.94	.980		.982	.981	.921 (.931)[d]	.97 (.96)[e]	.988	.99
카페인 F15				—	—	—		I/W					.99
경도의 사용장애 동반													
중등도/고도의 사용장애 동반													
사용장애 아님		.920	.93	—	—	.980		.982					
대마 F12				—		—		I/W					.99
경도의 사용장애 동반	.10 (11)[b]	.120 (.122)[c]	.13	.159		.180		.188	.121				
중등도/고도의 사용장애 동반	.20 (21)[b]	.220 (.222)[c]	.23	.259		.280		.288	.221				
사용장애 아님		.920 (.922)[c]	.93[g]	.959[g]		.980[g]		.988[g]	.92[g]				

주의. 이 표에서 강박관련 = 강박 및 관련 장애, 수면 = 수면 관련 장애, 성 = 성기능부전을 의미하며 I = 중독 중 발병, W = 금단 중 발병, I/W = 모두를 나타낸다.

a. 물질로 유발된 양극성장애와 우울장애는 같은 번호를 사용한다, 그러나 단어를 사용함으로써 구체화할 수 있다.

b. 두 번째 숫자 (.11) 그리고 (.21)은 조기 혹은 지속적 관해를 나타낸다[조기 & 지속기에 같은 번호를 사용한다].

c. 섬망 간에 두 개의 숫자가 있는 경우, 중독 혹은 금단에 의한 장애를 동반하지 않는(혹은 동반하는) 경우, 다른 진단부호를 사용함을 나타낸다.

d. 섬망과 관련하여, 첫 번째 변동 = 중독, (두 번째 변동) = 금단.

e. 알코올로 유발된 주요 신경인지장애는 작용증과 기억 상실을 동반하지 않거나 동반할 수 있다, 괄호 안의 숫자를 나타낸다.

f. 흥분제와 아편계는 우울장애에만 해당되며 양극성장애에 양극성장애를 나타내지 않는다.

g. 중독 혹은 금단 약물로 유발된 장애의 경우, 변동을 사용하고 지시대로 치료약물을 처방받아 복용한 경우' 라는 문구를 추가한다.

h. 이 진단부호는 환각성 지속성 지각장애를 위한 것이다. 이를 알기 위한 더 좋은 위치를 찾지 못했다. 표는 매우 제한적이기 때문이다.

(계속)

표 15.2 물질사용장애, 물질 중독, 물질 금단, 물질군 유발된 정신적 장애에 대한 ICD-10-CM 진단부호 (계속)

물질 및 사용장애 여부	단순 사용일 경우: I나 W가 아님	물질 사용/중독/금단		물질로 유발된 장애									
		중독	금단	정신병	기분[a]	불안	강박 관련	수면	성	섬망	주요 신경 인지	경도 신경 인지	분류 되지 않음
펜시클리딘 F16				—	—	—				—			.99
경도의 사용장애 동반	.10 (.11)[b]	.120		.159	.14	.180				.121			
중등도/고도의 사용장애 동반	.20 (.21)[b]	.220		.259	.24	.280				.221			
사용장애 아님		.920	.983[h]	.959	.94	.980				.921[g]	0		
기타 환각제 F16				—	—	—				—			.99
경도의 사용장애 동반	.10 (.11)[b]	.120		.159	.14	.180				.121			
중등도/고도의 사용장애 동반	.20 (.21)[b]	.220		.259	.24	.280				.221			
사용장애 아님		.920		.959[g]	.94[g]	.980[g]				.921[g]			
흡입제 F18				—	—	—				—			.99
경도의 사용장애 동반	.10 (.11)[b]	.120		.159	.14	.180				.121	.17	.188	
중등도/고도의 사용장애 동반	.20 (.21)[b]	.220		.259	.24	.280				.221	.27	.288	
사용장애 아님		.920		.959	.94	.980				.921[g]	.97	.988	
아편계 F11				I/W	I/W	W		I/W	I/W	I/W			.99
경도의 사용장애 동반	.10 (.11)[b]	.120 (.122)[c]	.13		.14[f]	.188		.182	.181	.121 (.188)[d]			
중등도/고도의 사용장애 동반	.20 (.21)[b]	.220 (.222)[c]	.23		.24[f]	.288		.282	.281	.221 (.288)[d]			
사용장애 아님		.920 (.922)[c]	.93[g]		.94[f,g]	.988[g]		.982[g]	.981	.921[g] (.988[d,g])			
진정제, 수면제 또는 항불안제 F13				I/W	I/W	W		I/W	I/W	I/W			.99
경도의 사용장애 동반	.10 (.11)[b]	.120	.130 (.132)[c]	.159	.14	.180		.182	.181	.121 (.131)[d]		.188	
중등도/고도의 사용장애 동반	.20 (.21)[b]	.220	.230 (.232)[c]	.259	.24	.280		.282	.281	.221 (.231)[d]	.27	.288	
사용장애 아님		.920	.930 (.932)[c,g]	.959[g]	.94[g]	.980[g]		.982	.981	.921[g] (.931[d,g])	.97	.988	

(계속)

표 15.2 물질사용장애, 물질 중독, 물질 금단, 물질로 유발된 정신적 장애에 대한 ICD-10-CM 진단부호 (계속)

물질 및 사용장애 여부	물질 사용장애 여부 / 물질 중독/물질 금단			물질로 유발된 장애									
	단순 사용일 경우 (W가 아니니)	중독	금단	정신병	기분[a]	불안	강박 관련	수면	성	섬망	주요 신경 인지	경도 신경 인지	분류 되지 않은
암페타민/자극제 F15				I	I/W	I/W	I/W	I/W	I	I			
경도의 사용장애 동반	.10 (.11)[b]	.120 (.122)[c]	.13	.159	.14	.180	.188	.182	.181	.121		.188	
중등도/고도의 사용장애 동반	.20 (.21)[b]	.220 (.222)[c]	.23	.259	.24	.280	.288	.282	.281	.221		.288	
사용장애 미동반		.920 (.922)[c,g]	.93	.959[g]	.94	.980[g]	.988	.982[g]	.981[g]	.921[g]		.988	.99
코카인 F14				I	I/W	I/W	I/W	I/W	I	I			
경도의 사용장애 동반	.10 (.11)[b]	.120 (.122)[c]	.13	.159	.14	.180	.188	.182	.181	.121		.188	
중등도/고도의 사용장애 동반	.20 (.21)[b]	.220 (.222)[c]	.23	.259	.24	.280	.288	.282	.281	.221		.288	
사용장애 미동반		.920 (.922)[c]	.93	.959	.94	.980	.988	.982	.981	.921		.988	.99
담배 F17								W					
경도의 사용장애 동반	Z72.0		-										
중등도/고도의 사용장애 동반	.200 (.201)[b]		.203										
사용장애 미동반								.208					.209
기타(또는 미상의) F19				I/W	I/W	I/W	I/W	I/W	I/W	I/W		I/W	
경도의 사용장애 동반	.10 (.11)[b]	.120 (.122)[c]	.130 (.132)[c]	.159	.14	.180	.188	.182	.181 (.131)[d]	.121 (.131)[d]	.17	.188	
중등도/고도의 사용장애 동반	.20 (.21)[b]	.220 (.222)[c]	.230 (.232)[c]	.259	.24	.280	.288	.282	.281 (.231)[d]	.221 (.231)[d]	.27	.288	
사용장애 미동반		.920 (.922)[c,g]	.930 (.932)[c]	.959[g]	.94[g]	.980[g]	.988[g]	.982[g]	.981[g] (.931)[d,g]	.921[g] (.931)[d,g]	.97	.988	.99

F10.920   알코올 중독

B. 현재 중독 혹은 금단을 경험하고 있는 환자의 경우

1. 물질과 이에 대한 F 숫자를 결정하라.

2. 적절한 열을 선택하라. 경도의 사용장애, 중등도/고도의 사용장애 혹은 사용장애 아님, 그리고 I 혹은 W 칸을 읽어라. 그곳에서 찾은 소수를 적어라.

       F10.920   알코올 중독

       F10.120   경도의 알코올사용장애, 중독 동반

3. 만약 칸에 2개의 숫자가 기입되어 있는 것을 발견했다면, 첫 번째는 지각 장해를 동반하지 않는 경우이고, 두 번째(괄호 안)는 지각 장해를 동반하는 경우이다. 그리고 아래와 같이 사용 가능하다.

       F10.232   고도의 알코올사용장애, 금단 동반, 지각 장해 동반

4. 처방대로 복용한 약에 중독되거나 금단을 경험하는 경우, '사용장애 아님' 행을 선택하고 '지시대로 치료약물을 처방받아 복용한 경우'라는 문구를 추가한다.

       F15.93   암페타민 금단, 지시대로 치료약물을 처방받아 복용한 경우

       F15.922   암페타민 중독, 지각 장해 동반, 지시대로 치료약물을 처방받아 복용한 경우

5. 섬망이 있는 환자의 경우 중독 그리고 금단에 대한 더욱 구체적인 번호를 부여한다.

       F10.121   경도의 알코올사용장애, 중독 섬망 동반

       F10.131   경도의 알코올사용장애, 금단 섬망 동반

C. 만약 환자가 물질로 인해 유발된 정신적 장애를 지닌 경우(기분, 불안 혹은 수면과 같은).

1. 물질과 이에 대한 F 숫자를 결정하라.

2. '물질로 유발된 장애' 아래 10개의 칸 중 적당한 칸을 골라라.

3. 사용장애 여부를 결정하라. 사용장애가 있다면, 경도인가 혹은 중등도/고도인가?

4. 사용장애가 없다면, 해당 물질에 대한 '사용장애 아님' 행을 보라. 해당하는 물질로 유발된 정신적 장애의 칸에서 소수점과 숫자를 기록하라. 전체 진단부호를 만들기 위해서는 F 숫자와 소수점을 합하라. 만약 환자가 중독 혹은 금단을 경험했다면, '중독 중 발병' 혹은 '금단 중 발병' 중 적당한 단어를 추가하라.

       F10.980   알코올로 유발된 불안장애, 중독 중 발병

5. 사용장애가 있다면, 경도 혹은 중등도/고도 사용장애의 행을 선택하고 적절한 물질로 유

발된 장애 칸을 읽어라. 단계 8에서와 같이 중독 혹은 금단에 적당한 장황한 말들을 더 하라.

    F10.281   고도의 알코올사용장애, 알코올로 유발된 성기능장애, 중독 중 발병

6. 마지막으로(!), 처방대로 복용한 약물에 의해 정신적 장애가 발생한 경우, '사용장애 아 님'이라고 적혀 있는 행을 선택하라. 그러므로 아편계로 유발된 기분장애는 F11.94가 되 며, 진정제, 수면제 혹은 항불안제 중독으로 인한 것은 F13.94가 된다. 그리고 장황한 말 들을 추가하라.

    F11.94   아편계로 유발된 우울장애, 지시대로 치료약물을 처방받아 복용한 경우

우리가 때때로 부호화할 때 정보를 잃는다는 것을 알아차렸을 수도 있다(예를 들어, F12.21 코 드는 중등도 혹은 고도의 사용장애에서 조기 혹은 지속적 관해 상태를 나타낸다). 그러나 우리는 숫자에 붙어있는 단어들을 통해 그것을 다시 얻을 수 있다. 예를 들어,

    F21.21   고도의 대마사용장애, 조기 관해 상태

숫자를 부여하는 것 외에 물질로 유발된 장애에 포함된 단어들을 적는 순서를 설명한다. 몇몇 예를 제공한다.

    F10.920   알코올 중독
    F10.232   고도의 알코올사용장애, 알코올 금단 동반, 지각 장해 동반
    F10.14   경도의 알코올사용장애, 알코올로 유발된 양극성장애 동반, 중독 중 발병
    F10.24   중등도의 알코올사용장애, 알코올로 유발된 우울장애 동반, 금단 중 발병
    F10.121   경도의 알코올사용장애, 알코올로 유발된 중독 섬망, 급성, 혼합성 활동 수준
    F10.26   고도의 알코올사용장애, 알코올로 유발된 주요 신경인지장애 동반, 지속성, 기억 상실–작화적 유형, 행동장애 동반

두 가지 혹은 그 이상의 물질이 장애를 유발한 경우, 각각의 물질에 대하여 일련의 설명(상기와 같이)을 붙여야 할 것이다. 그리고 환자가 중독(또는 금단)과 함께 약물에 의한 정신적 장애를 지 닐 수도 있다. 그렇다면 각각의 물질사용장애 상태를 나타내는 두 가지 진단부호 세트가 생기게 된다.

마지막으로, 몇몇 숫자들은 일치하지 않는다는 것을 안다. 저자를 비난하지 말아라. DSM-5-TR 또한 비난하지 말아라, 절차들은 ICD-10-CM의 훌륭한 사람들에 의해 통제되고 있다.

비물질관련장애

F63.0 도박장애

도박은 인생의 다른 많은 것들과 같이 매우 심각할 때만 장애로 진단되는 아주 흔한 행동이다. 병적 도박과 물질 사용은 놀라울 정도로 유사한데, 도박은 물질 사용처럼 뇌의 보상센터(복측선조체)를 활성화시킬 뿐만 아니라 도파민이 연관된다. 따라서 DSM-5-TR은 도박장애를 물질관련장애로 이동시켰다.

삽화 동안, 대부분의 도박자들은 황홀감(고양감)이나 흥분된 느낌을 보고한다. 병적인 행동이 되기까지는 보통 몇 년은 걸린다. 처음에는 이기는 것이 도박행동을 증가시킨다. 어느 시점에서 도박자의 연간 수입을 뛰어넘는 '대박'이 생기면 지나친 자신감이 나타난다. 그리고 더 많은 위험을 감수하게 된다. 여기서부터는 모든 생활이 운에 좌우되는 게임에 치우치게 되기 때문에, (고통스러운 경우) 압도적인 손실, 만회하려는 절망적인 시도, 가족과 친구의 관계 단절, 그리고 결국에는 파멸에 이르는 소용돌이에 빠지기 쉽다. 그 결과, 자살 시도가 빈번한 문제가 된다.

미국에서는 성인 1,000명당 6명 정도가 도박장애를 겪고 있다. 남성이 여성보다 3:1 정도로 많으며, 여성은 남성보다 더 늦게 도박 문제가 생기고 더 일찍 치료를 찾는다. 어떤 사람들은 선호하는 스포츠 경기가 열릴 때와 같은 특정 시기에만 증상을 보인다. 따라서 매해 가을 동안 대학 미식축구에 문자 그대로 전 재산을 거는 사람은 그해의 다른 시기에는 도박 문제가 매우 미미할 수 있다는 것이다. 몇몇 사람들은 도박을 우울, 불안, 혹은 고립된 기분에서 벗어나기 위해 사용하며, 다른 사람들은 만성적으로 영향을 받는다. 또 다른 도박자들은 결국 중독증에서 벗어나서 관해될 것이다.

임상가는 편의점에서 파는 긁는 형태의 복권에서부터 빙고, 일상적인 스포츠, 슬롯머신, 포커, 주사위 게임, 개나 말 경주에 이르는 넓은 범위의 도박행위에 기민해야 한다. 도박자들은 스스로 치료 장면을 잘 찾지 않기 때문에, 친구나 가족의 보고를 경청해야 한다.

도박장애의 핵심 특징

도박은 이 장애로 환자들의 삶을 장악하는데, 그들은 돈을 빌리고, 거짓말을 하며 다른 중요한 관계나 기회를 위태롭게 한다. 그리고 도박에 대한 계획과 과거의 경험에 대한 기억들에 생각을 낭비하게 된다. 흥분감을 유지하거나 손실을 만회하려고 더 많은 돈을 걸며, 통제하려는 반복된 (그리고 무익한) 노력은 과민성과 안절부절못함을 유발한다. 일부는 스트레스에 대처하는 방법으로 도박을 한다. 일부는 가중되는 절망적인 금전적 곤경을 줄이기 위해 다른 사람에게 돈을 빌리거나 훔친다.

주의사항

ㄱ들을 다루어라

- 기간(1년 이상 진단기준은 12개월 동안 계속 있어야 함)
- 고통 혹은 장애('임상적으로 유의미한')
- 감별진단[물질사용장애, 조증 삽화, 전문 도박, 사교적으로 하는 도박, 도파민 관련 약물의 사용(파킨슨병과 같은)]

부호화 시 주의점

다음의 경과를 명시할 것

    삽화성. 증상이 한 번에 몇 달씩 가라앉는다.

    지속성. 증상이 1년 내내 지속된다.

다음의 경우 명시할 것

    {조기}{지속적} 관해 상태. {3~12개월}/{1년 이상} 동안 도박장애 진단기준을 충족하지 않는다.

심각도

    경도. 4~5개의 진단기준을 충족한다.

    중등도. 6~7개의 진단기준을 충족한다.

    고도. 8~9개의 진단기준을 충족한다.

랜디 포터

랜디 포터가 12세 때 크리스마스에 그의 부모는 랜디에게 룰렛을 선물했다. 룰렛은 반짝거리는 흑단나무로 만들어졌고, 자개로 새겨진 숫자가 있었다. 틀은 녹색 펠트에 인쇄되어 있었고, 공은 상아로 되어 있었다. 랜디가 상자를 열어보자, 아버지는 "몬테카를로 외의 다른 곳에서 찾을 수 있는 최고의 품질이야."라고 자랑했다. 고등학교 시절 내내 랜디는 친구들을 위해 카지노를 운영하는 것을 좋아했다. 부모님의 빙고 나이트에 왔던 몇몇 어른들도 한두 번 참여했다. 그들은 실제 돈으로 게임을 했다.

이제 랜디는 25세이고 이혼했으며 파산하였다. 그는 라스베이거스 번화가 근처 레스토랑의 매니저라는 좋은 직업을 가졌었다. 그는 (도박)행동을 할 수 있는 근처로 직장을 구했다고 솔직하게 말할 수는 없었지만, 너무 많은 밤들을 새워가며 (1점당 1페니인) 브리지 게임을 하여 대학을 중퇴했던 후, 그 직장은 하늘이 주신 기회인 듯했다. 랜디가 점심시간에 자주 걸어가곤 했던 도시에서 가장 화려한 두 군데의 카지노까지는 5분 거리였다. "저는 여기의 모든 사람을 알았어요. 도시 전체에 도박 때문에 외상이 있었죠. 그러나 지난 몇 년간 누구도 제게 외상을 주지 않아요."라고 그는 말했다.

랜디가 처음으로 실제 룰렛 테이블을 접했을 때는 해롭지 않았다. 정오에 그는 게임하는 것을 보고 내기를 하기 위해 배회했다. 어느 정도 따긴 했지만 좀 더 많이 잃었다. 대체로 그는 돈을 따거나 잃을 수 있음을 알게 되었는데 대부분은 돈을 딸 수 있었다. 그는 게임에서 돈을 땄을 때 아드레날린이 솟구치는 것을 즐겼다. 그는 약간의 손해는 감당할 수 있었고 그때까지는 결혼한 상태였으며, 그의 아내는 또 다른 카지노에서 블랙잭 게임의 딜러로 일했기 때문에 수입이 좋았다. 그러던 어느 토요일 오후 아내가 근무하고 있을 때, 검은색이 일곱 번이나 연이어 나왔고, 그는 그 테이블에서 6,000만 원 이상을 따서 나왔다. 후에 그는 "그날이 아마도 제 일생 중 가장 불운한 날이었을 거예요."라고 말했다.

이후의 몇 주 동안 랜디는 (6,000만 원에 더하여) 도박 열풍에 넋을 잃었다. 그의 점심시간은 잃은 것을 만회하기 위해 계속해서 도박을 하느라 2시간으로 늘어났다. 그가 고용주로부터 '돈을 빌린' 후에는, 익명의 단도박 모임에 나가보기도 했지만, '더 강력한 힘을 믿지 않기에' 그만두었다. 그의 아내가 한 번 이상 격한 감정을 드러내자, 그는 앞으로 그만둘 수 있을 만한 또 다른 대박을 터뜨리겠다는 생각으로 2년간 '완전히 집착하게' 되었다. 무시당하는 것과 재정에 대해 거짓말을 하는 것에 지친 그녀는 결국 그를 떠났다.

"아내는 슬롯머신과 결혼한 것 같았다고 말했죠." 랜디는 슬프게 말했다.

랜디는 면담 내내 조용히 앉아 있었고, 주의 깊고 유쾌했다. 자신과 타인에게 끼친 어려움에 대해 후회한다고 표현하였지만, 그는 자신의 기분이 우울하거나 황홀하지 않은 '중간'이라고 설명했다. 그의 말은 분명했고 목표 지향적이었다. 그의 인지와 이성은 우수했다.

그의 아내가 떠나갈 때, 랜디는 그녀에게 떠나지 말아달라고 애원했으며, 변하겠다고 약속했다. 하지만 아내는 "나는 이제는 그 말을 믿지 않아요."라고 대답하며 손잡이를 돌렸다.

랜디 포터의 평가

다른 많은 도박 문제를 가진 사람들이 처음에는 그랬던 것처럼, 랜디는 청소년기에 가정에서 도박 행위를 하는 것으로 시작했다. 몇 년 동안 그는 완전히 도박에 집착했고(진단기준 A4), 통제하려는 시도는 성공하지 못했으며(A3), 거짓말을 하고 절도했고, 결국 그의 아내와 직장을 잃었다(A7,

A9, A8). 회복하려는 노력으로 그는 더 많은 내기로 손실을 만회하려 했으며(A6), 오랜 기간 이어진 증상은 도박장애의 진단을 더욱 강하게 규정하도록 한다. 따라서 그의 행동이 조증 삽화(B)로 더 잘 설명되지 않는다면, 도박장애의 진단기준을 충분히 충족한다(네 가지만이 요구됨). 그러나 랜디의 도박행동에서 조증의 증상이나 우울 및 주기성의 증거는 없었고 따라서 안전하게 기분장애를 배제할 수 있다. 사교적으로 도박을 하는 도박자는 자신의 손실에 한도를 두면서 친구와 함께 도박을 한다. 전문 도박자는 배당률을 중시하며 엄격한 자제력을 유지한다. 랜디의 행동은 이러한 유형에 해당하지 않는다.

지나치게 도박을 하는 환자를 평가하는 데 있어 실질적인 문제는 관련된 정신적 장애가 있는지 여부를 결정하는 것이다. 흔히 관련되는 상태에는 기분장애, 공황장애, 강박장애, 광장공포증이 포함된다. 또한 (도박행동에 선행하거나 동반할 수 있는) 물질 사용이나 (도박행동의 결과일 수 있는) 자살 시도와 관련된 문제를 살펴보아야 한다. 이들이 있다면, 동반이환 정신적 장애가 먼저 시작되었을 가능성이 있다.

물론 반사회성 성격장애가 있는 사람들은 아주 심하게 도박에 참여할 수 있으며, 연구에 따르면 도박장애 환자들에게서 경계성 성격장애가 확인된 바 있다. 하지만 랜디는 이러한 성격장애로 진단될 만한 행동을 전혀 보이지 않았다. 그의 행동이 삽화적이라는 증거는 없으며, 분명히 그는 관해 상태가 아니었다(심각도가 아닌 다른 가능한 명시자). 따라서 그의 총체적인 진단은 다음과 같을 것이다. 잠시 심각도에 대해 얘기해 보자. DSM-5-TR 진단기준에 따르면(증상의 개수를 요구한다) 랜디는 중등도의 심각도를 간신히 충족시킨다. 그러나 랜디는 자신의 삶을 근본적으로 파괴한 중독증을 겪고 있다. 그가 지금 어디에서 일하는지는 모르며, 아마도 그의 원래 고용주는 아닐 것이고 차에서 자고 있을지도 모른다. GAF 점수는 비교적 낮은 55점이고, 그렇지만 저자는 이를 중등도라고 볼 수 없다. 다시 한번 임상가의 특권으로 그의 심각도 수준은 고도가 될 것이다.

F63.0   도박장애, 고도, 지속성

Z63.5   이혼

CHAPTER 16

인지장애

여기서는 저자가 왜 이 장애들을 DSM-5-TR의 명칭에 대한 논의로 시작하고 있는지에 대해 설명하고 있다. 책을 출판하기 전, 이 장을 읽어보았을 때 저자는 혼란감이 들기 시작했다. 치매라는 용어의 새롭게 정해진 이름은 신경인지장애인 반면에, 모든 인지장애의 새로운 이름은 신경인지장애들이다. 어떤 면에 있어서는, 이 이름이 하나의 장애인지 아니면 전체적인 집합체인지를 저자 자신도 정확히 확신할 수가 없었다. 만약 저자가 느끼기에 문제가 있다면, 다른 독자들에게도 역시 혼란감을 줄 것이다. 그래서 많은 고민과 자문 끝에, 이 장에서 DSM-IV의 명칭을 그대로 사용하기로 결정하였다. 그리고 저자는 치매라는 익숙한 장애를 신경인지장애(NCD)라고 부르는 것을 보류하고자 한다.

인지장애의 빠른 진단 지침

DSM-5부터 구조가 간략해지면서, 세부사항들이 매우 복잡해졌을 수는 있겠지만, 인지장애의 분류는 논리적이다.

섬망

'섬망'은 급격히 발생하고 감소된 자각상태가 변동하며 다음과 같은 양상을 보인다.

- 환자는 의식(지남력이라고 조작적으로 정의된), 주의 전환 혹은 집중에 어려움이 있다.
- 기억, 지남력, 지각, 시공간 기술, 언어 중에서 최소한 한 가지 결손이 있다.
- 증상은 혼수상태 혹은 또 다른 인지장애로 더 잘 설명되지 않는다.

다음의 원인 중 하나가 확인될 수 있다.

다른 의학적 상태에 의한 섬망.   섬망은 뇌의 외상, 감염, 간질, 내분비장애, 약물치료로 인한 중독, 독소에의 노출, 그리고 거의 모든 신체 부위에 영향을 주는 다양한 다른 질환에 의해 발생할 수 있다. 이러한 질환의 목록은 부록에 있는 '정신질환 진단에 영향을 미치는 신체적 장애'에 정리되어 있다(741쪽). 때때로 섬망에 대한 한 가지 이상의 원인이 같은 환자에게서 나타날 수 있다.

물질 중독 섬망, 물질 금단 섬망, 그리고 약물치료로 유발된 섬망.   알코올과 다른 진정제의 남용뿐만 아니라 거의 대부분의 (길거리) 마약은 중독 및 금단과 관련한 모든 상태에서 섬망을 유발할 수 있다. 그리고 약물치료 또한 관련될 수 있다(544쪽).

다중 병인으로 인한 섬망.   섬망은 같은 환자에게서 여러 가지 원인에 의해 나타날 수 있다(548쪽).

달리 명시되는(명시되지 않는) 섬망.   섬망의 원인을 알지 못하거나 진단기준을 완전히 충족시키지 못할 때, 이 진단범주 중 하나를 사용한다(550쪽).

주요 및 경도 신경인지장애

주요 또는 경도 신경인지장애(NCD)는 여러 면에서 섬망과는 다르다.

- 시간 경과는 상대적으로 느리다. 섬망은 몇 시간에서 며칠에 걸쳐 발생하나 신경인지장애는 몇 주에서 몇 달에 걸쳐서 발생한다.
- 비록 신경인지장애 환자들에서 주의를 집중하고 전환하는 능력이 손상될 수는 있지만, 이것이 두드러진 특성은 아니다.
- 신경인지장애의 원인은 주로 중추신경계 내에서 찾을 수 있다. 섬망의 원인은 대개 신체 내의 어느 곳이나 있다.
- 어떤 환자들은 신경인지장애로부터 회복되지만, 이것이 일반적인 경과는 아니다.

DSM-5-TR은 현재 주요 신경인지장애(DSM-IV 그리고 그 이전에는 '치매'라고 불렀음)와 경도 신경인지장애를 구분하고 있다. 경도 신경인지장애에서, 아래에 기재된 병인들 중 어떤 것은 독립적으로 기능하는 데 필요한 환자의 능력에 상대적으로 경미한 영향을 주는 것으로 보일 수 있다. 주요 및 경도 신경인지장애의 경계를 구분하는 것은 문제가 있을 수 있다. 신경인지장애의 다음 유형 중 하나로 확인될 수 있다.

알츠하이머병으로 인한 주요 또는 경도 신경인지장애.   알츠하이머는 신경인지장애의 가장 흔한 원인으로 서서히 발병하여 주로 급속으로 진행된다. 모든 주요 신경인지장애의 절반 이상이 알츠하이머형이다(565쪽).

혈관성 주요 또는 경도 신경인지장애.   혈관성 뇌질환으로 인해, 기억 및 다른 인지능력의 손상을 보인다. 보통 이 장애는 단계적으로 진행되는데, 상대적으로 갑작스럽게 발병하며 경과에 있어 많은 변동을 거듭한다. 주요 신경인지장애의 약 10~20% 정도가 혈관성이다(586쪽).

다른 의학적 상태로 인한 주요 또는 경도 신경인지장애.   수많은 질병에 의해 신경인지장애가 유발될 수 있다(741쪽 부록에 있는 표 '정신질환 진단에 영향을 미치는 신체적 장애'를 참조하라). 뇌종양, 크로이츠펠트-야콥병(슬로바이러스 혹은 프라이온병에 의한 감염), 외상성 뇌 손상, HIV, 헌팅턴병, 파킨슨병, 그리고 전두측두엽 신경인지장애(이전에는 피크병으로 불렸음)를 포함한다. 신경인지장애를 유발하는 가장 흔한 독소는 신장과 간의 손상에 기인한다.

물질/약물치료로 유발된 주요 또는 경도 신경인지장애.   신경인지장애의 약 5~10% 정도는 알코올, 흡입제, 혹은 진정제의 지속적인 사용과 관련이 있다(594쪽).

다중 병인으로 인한 주요 또는 경도 신경인지장애.   섬망처럼, 신경인지장애는 같은 환자에게서 여러 가지 원인에 기인될 수 있다(599쪽).

명시되지 않는 신경인지장애. 이 진단범주는 환자의 인지적인 상태가 손상되었다는 것은 알지만 이유를 알 수 없을 때 사용한다(601쪽).

인지 증상의 다른 원인

해리장애. 극심하고 일시적인 기억력 손상이 해리성 기억 상실(261쪽) 혹은 해리성 정체성 장애(257쪽)를 겪는 사람에게서 발생할 수 있다.

가성치매. 무감동과 느려진 반응들이 동반되면서, 어떤 환자들은 심각한 기억 손상과 신경인지장애의 증상을 가진 것처럼 보인다. 하지만 신중한 임상적 평가와 심리검사 결과를 통해 심각한 주요우울장애가 밝혀지기도 한다(111쪽). 비록 주의력과 집중력의 문제가 있기는 하지만, 상대적으로 인지기능은 온전한 것으로 나타난다. 치매 정밀검사를 받은 노인 환자의 약 5%가량이 가성치매에 해당된다. 가성치매는 유용한 용어이지만, DSM-5-TR에서는 주요우울장애에서 인용하여 한 번만 사용한다.

꾀병. 어떤 환자들은 돈을 받기 위해서(보험, 회사 보상) 혹은 처벌을 피하거나 군대를 면제받기 위해 인지적 증상을 의도적으로 과장하거나 조작한다(690쪽).

스스로에게 부여된 인위성장애. 어떤 환자들은 인지 증상을 가장하지만 직접적인 이득(돈을 얻거나 처벌을 피하는 것과 같은)을 취하기 위한 것은 아니다. 그들의 동기는 주로 입원을 위한 것이나 보살핌을 받기 위한 것이다(293쪽).

'연령에 따른 인지기능의 저하'에서는 무슨 일이 발생하였는가? 이러한 DSM-IV 진단은 노인 환자들이 종종 이름, 전화번호, 어디에 물건을 두었는지를 기억하는 데 문제가 있다고 보고한 사실에 대해 언급한다. 검사상에서, 그들은 상당히 정상으로 보이는 경향이 있으며 DSM-5-TR에서는 '연령에 따른 인지기능의 저하'를 특별한 진단부호를 받을 필요가 없는 정상적인 부분으로 고려한다. DSM-5-TR에서 주목하게 된 것은 적어도 한 가지 인지영역에서 손상이 있다는 **객관적인 증거**이다.

도입

인지는 정신적인 정보처리과정으로, 더욱 세부적으로는 지식을 얻기 위해 정보를 저장하고 인출하고 조작하는 기억력과 사고능력을 말한다. 임상가는 면담을 하는 동안 환자를 관찰하고 정신상태검사를 실시하여, 어떤 과제를 수행하도록 환자에게 요청함으로써 이러한 처리과정에 대한 정보를 얻는다.

인지장애(주요, 경도, 그리고 섬망)는 이러한 정신적인 처리과정에 있어 이상이 생긴 것으로, 일시적 혹은 영구적인 뇌의 기능장애와 관련이 있다. 그들의 주요한 증상은 기억력, 지남력, 언어, 정보처리, 그리고 과제에 주의를 집중하고 유지하는 데 문제가 생기는 것이다. 인지장애는 뇌의 구조, 화학작용, 생리기능에 손상을 가져올 수 있는 약물 사용이나 의학적 상태에 의해 유발된다. 하지만 기저의 병인이 항상 명확하지는 않을 수 있다.

조기에 증상을 인지하여 적절한 치료를 제공하면, 다수의 인지장애(특히 섬망)는 회복이 가능하다. 하지만 치료를 하지 않으면, 때때로 자발적으로 호전되기도 하지만 주로 영구적인 장애를 유발할 수 있다. 게다가 진단기준이 상대적으로 간단하기는 하지만, 관련 증상은 외견상 다른 의학적 상태로 보일 수 있는 인지장애를 야기할 수 있다. 예를 들어, 섬망은 우울과 불안 증상이 함께 나타날 수 있고 주요 신경인지장애는 정신병과 함께 나타날 수 있다. 환자의 과거력과 증상이 무엇이든지 간에, 감별진단에 있어서 신경인지장애를 최우선으로 고려할 필요가 있다. 만약 당신이 인지장애를 고려하지 않는다면, 정서적인 증상으로 인해 기저에 있는 섬망을 쉽게 알아보지 못하거나, 환자의 문제가 실제로 치매임에도 조현병과 같은 정신병적 장애가 우선적으로 진단될 수도 있다.

기저의 원인에 따라, 인지장애는 어떤 연령에서도 시작될 수 있다. 이 장애는 특히 병원 장면에서 가장 흔하게 볼 수 있으며, 정신건강 입원시설에서 아마도 환자의 1/5명 정도가 이에 해당될 것이다.

섬망

비록 뇌 그 자체가 (뇌종양이나 간질처럼) 직접적으로 관여될 수도 있겠지만, 대부분의 섬망은 중추신경계 외에서 시작한 질병의 경과 중에 발생한다. 이러한 질병 체계는 내분비계 장애, 감염, 약물 중독이나 약물 금단, 비타민 결핍, 열, 간과 신장 질환, 독성물질, 그리고 외과적 수술로 인한 결과를 포함한다(741쪽 부록 표에 더 많은 목록이 있다).

우리는 섬망의 기본적인 증상에 대해 쉽게 말할 수 있다.

- 단지 몇 시간에서 며칠간 증상이 발달하고…
- 의식과 주의력의 감소가 동반되며…
- 지남력, 기억, 언어, 지각, 시공간 능력의 문제와 같은 추가적인 인지적 손상이 있다.
- 증상의 강도는 하루의 경과 동안 변동이 매우 심한 경향이 있다.

처음으로 알아챌 수 있는 증상은 주로 부주의일 것이다. 면담이 진행되는 동안, 환자가 한 가지 주제에 주의를 집중하지 못한다는 것을 알 수 있다. 환자들은 아마도 졸음이나 졸려하는 것으로 이를 경험한다. 그들의 사고과정은 느리고 모호한 것처럼 보이며, 문제를 해결하거나 추론하는 데 어려움을 경험할 수 있다. 당신은 아마도 환자들이 반응을 보이기 전에 여러 번 질문을 해야 할 수도 있다. 반대로 부주의 증상은 초점이 한 가지에서 다른 한 가지로 빠르게 전환되는 과잉 각성된 주의산만으로 대신 나타나기도 한다.

몇 가지 영역에서 추가적인 인지적 손상이 있을 수 있으며 동시에 두 가지 이상이 나타나기도 한다.

언어. 말을 할 때 두서없고 지리멸렬하며, 언어압박 혹은 앞뒤가 맞지 않거나 한 주제에서 다른 주제로 뛰어넘는 등의 언어적인 문제를 확인하게 될 것이다. 어떤 환자들은 무언가를 쓰거나 이름을 말하는 데 어려움을 보일 것이다. 지리멸렬한 사고를 수반하지 않고 단지 말이 어눌한 것이라면 이는 섬망이 아니라 중독을 고려해 볼 것을 제안한다.

기억. 섬망 환자들은 거의 항상 무언가를 기억하는 데 어려움이 있다. 최근 사건들이 항상 가장 처음 영향을 받으며, 훨씬 이전의 기억(특히 어린시절의 기억)은 주로 가장 나중에 영향을 받는다.

집행기능. 인지장애가 있는 사람들은 계획 세우기, 조직화, 순서화 혹은 추상적인 정보처리에 어려움을 겪는다. 실제로 의사결정하기, 습관적인 패턴을 변화시키기 위해 조치를 취하기, 오류 수정하기, 혹은 문제의 근원 찾기(분쟁 조절)에서 문제를 보일 수 있다. 분명 새롭거나 복잡한 상황은 환자들에게 걱정스럽게 다가올 것이다.

지남력. 많은 환자들은 때때로 검사가 적절히 이뤄지기 힘들 정도로 매우 심한 지남력장애를 보일 것이다. 지남력장애는 가장 먼저 시간(요일, 날짜, 월, 연도), 그다음은 장소, 그리고 마지막으로 친인척 및 친구 등 사람을 기억하지 못하는 것(사람에 대한 지남력장애)으로 나타난다. 매우 심한 질병을 가진 환자만이 자신의 신원을 확신하지 못한다.

지각. 경도 혹은 조기 섬망을 보이는 환자들은 그들의 주변 환경을 평소처럼 분명하게 지각하지 못한다. 경계가 모호하고, 색채가 비정상적으로 선명하며, 이미지는 왜곡된다. 어떤 환자들은 그들이 본 것을 오인(착시)하는 반면, 다른 사람들은 오지각(환각은 특히 시각적으로 나타나기 쉬움)을 경험한다. 만약 그들이 이후에 경험하는 잘못된 믿음이나 사고(망상)가 환각에 접목된다면, 이러한 망상은 주로 불완전하고 계속 변화하여, 체계적으로 조직화되어 있지는 않다. 시각적 오지각을 경험하는 환자들은 자신이 꿈을 꾸는지 혹은 깨어 있는지를 구분하지 못할 수 있다. 환각을 실제로 받아들인 사람들은 아마도 매우 불안해하거나 두려움을 느낄 것이다.

섬망에서 종종 나타나는 다른 영역의 장애는 다음과 같다.

수면-각성 주기. 환자의 수면-각성 주기의 변화(불면증, 낮-밤 뒤바뀜, 생생한 꿈 혹은 악몽)는 거의 항상 발생한다.

정신운동 활동 및 행동. 때때로 신체적인 움직임이 느려질 수 있는데, 특히 섬망이 신진대사 문제로 인해 발생한 경우에 상기한 증상이 나타날 수 있다. 이러한 환자들은 느릿느릿해 보일 수 있다. 다른 경우, 환자들은 운동 활동이 증가되어 보이기도 한다(초조해하는 행동, 침대 시트를 계속해서 잡아당기기 등). 손의 날개치기 진전(flapping tremor)도 흔하다. 그리고 발성에 있어서도, 때때로 환자들은 중얼거리거나 신음하는 정도에 지나지 않으나, 어떤 환자들은 심지어 울거나 크게 소리를 지르기도 한다. 위협감을 느낀 환자들은 주먹을 휘두르거나 탈출을 시도할 수도 있다.

기분. 우울과 공포는 위에서 언급한 경험들에 대한 가장 흔한 정서적인 반응이다. 기분은 주로 불안정해지며, 다른 사람들에게 불안정한 정동이 인식된다(때때로 불쾌감이 섬망에서 나타날 수 있고, 이로 인해 주요우울장애로 오진될 위험이 있다). 어떤 환자들은 오직 당혹감만을 느끼지만, 담담하고 차분하게 받아들이는 모습을 보이기도 하며, 심지어 강한 분노나 다행감도 나타난다.

섬망은 주로 갑작스럽게 시작하고, 그 증상의 심한 정도에서 변동이 심하다. 대부분의 환자들은 오전에는 의식이 비교적 명료하지만 밤에는 악화된다. 이러한 일시적인 현상은 **일몰증후군**으로 불린다. 섬망이 의심될 때는 몇 시간의 간격을 두고 여러 회기에 걸쳐, 환자 면담을 시도해야 한다. 왜냐하면 섬망 증상은 일과 동안 변동이 심하기 때문에 점심 때는 평범하거나 미미했던 양상이 저녁에는 질병에 대한 명확한 증거가 될 수 있기 때문이다. 만약 환자를 수차례 만나는 것이 현실적으로 불가능하다면, 간호사에게 (혹은 환자의 차트기록에서) 필요한 정보를 제공받을 수 있다.

비록 증상이 며칠에서 몇 주까지 지속될 수 있지만, 대부분의 섬망은 한 주나 그보다 짧게 나타나고, 일단 기저의 상태가 완화되면 사라진다. 하지만 어떤 경우에는 신경인지장애로 진행되기도 한다. 섬망이 없어진 뒤, 대부분의 환자들은 그 경험에 대해 불완전하게 회상한다. 그들은 어떤 (혹은 모든) 측면에서 기억 상실을 경험할 수 있으며 꿈과 같았다고 회상하기도 한다. 섬망은 병동 내에서 흔하게 볼 수 있다. 그리고 정신병, 우울, 조증, '히스테리아' 혹은 성격장애를 포함한 다른 정신적 장애로 오인될 수 있다.

섬망은 모든 정신적 장애 중에서 가장 발병률이 높다. 추정하기로는 입원한 노인 환자의 절반 가까이가 섬망상태를 경험한다. 젊은 층과 중년에서보다는 어린이와 노인에게서 더욱 흔하게 나타난다.

섬망은 여러 가지 별칭을 가지고 있다. 신경학자들과 내과 의사들은 이를 '급성 혼동상태'라고 부른다. 때때로 '독성정신병', '급성뇌증후군', 그리고 '대사성 뇌병증'을 섬망 대신 사용하기도 한다. 이러한 용어들은 정신건강 영역에서 전문적이지 않은 치료진들과 함께 섬망 증상을 나타내는 환자들에 대해 논의할 때 유용하다.

어떤 치료진은 섬망을 초조성 정신 혼란의 상태로 간주하는데, 이때 환자들은 드물게 생생한 환시를 경험한다. 이는 진전 섬망의 사례이다. 하지만 DSM-5-TR은 핵심 특성에서 언급한 다양한 증상을 포함시키기 위해 보다 넓은 의미로서 섬망이라는 용어를 사용했다.

섬망의 핵심 특징

단시간 내에 환자들은 주의력의 문제로 인해 산만해지고 환경에 대한 의식이 저하된다. 또한 추가적인 인지적 변화(기억력, 언어의 사용, 지남력의 상실, 지각, 시각운동능력)가 시작되는데, 심한 정도는 종종 하루 중에도 변동이 매우 심하다. 과거력, 신체 검진 혹은 검사 결과들은 신체적인 상태, 물질 사용, 독성, 혹은 어떤 생리학적 원인들의 조합에 의해서 나타난 것인지를 직접적으로 보여줄 수 있다.

주의사항

물질과 관련된 원인을 식별하기 위해서 88쪽의 이중선 안에 기술된 내용을 참조하라.

그들을 나누어라

- 기간(몇 시간에서 며칠까지, 한번 나타나면 전형적으로 짧지만 지속적으로 나타날 수 있음)
- 감별진단(다른 신경인지장애, 정신병적 장애, 인위성장애, 꾀병)

부호화 시 주의점

다음의 경우 명시할 것

과활동성. 초조함 혹은 활동 수준이 증가한다.

저활동성. 활동 수준이 감소한다.

혼합성 활동 수준. 정상적이거나 활동 수준의 변동이 심하다.

지속기간

급성. 몇 시간에서 며칠간 지속된다.

지속성. 몇 주나 그 이상 지속된다.

섬망이 다음과 관련된 경우 명시할 것

물질 중독 섬망. (만약 섬망 증상이 두드러지고 임상적 주의를 필요로 할 만큼 심각한 경우 물질 중독 대신 진단한다.)

물질 금단 섬망. (만약 섬망 증상이 두드러지고 임상적 주의를 필요로 할 만큼 심각한 경우 물질 금단 대신 진단한다.)

치료약물로 유발된 섬망. (만약 섬망 증상이 처방받은 약물의 부작용으로 발생한 경우 진단한다.)

물질(그리고 약물치료)로 유발된 섬망의 진단부호 번호는 제15장의 표 15.2(526쪽)에 제시되어 있다. 각주는 기술하는 순서를 나타내고 있다.

F05 다른 의학적 상태에 의한 섬망

섬망은 환자의 연령 집단에 따라 다양한 원인을 가질 수 있다. 아동기에는 열과 감염이 가장 흔한 원인이 되고, 젊은 성인에게서는 마약이, 중년기에는 알코올 금단과 뇌 손상이, 노년기에는 신진대사 문제, 심혈관계 문제 및 과도한 약물 사용이 가장 일반적인 원인이 된다. 노인 환자에게서 나타나는 섬망은 주로 여러 가지 원인을 가진다(548쪽 참조).

섬망은 신경인지장애 혹은 심지어 즉사의 위험으로 이끌 수 있는 질병에 의해 발생할 수 있기 때문에 어떠한 경우에는 정말로 위급하다. 섬망이 의심될 때는 즉시 적절한 의학적 상담과 검사를 받아야 하며, 종종 신경학자의 평가가 필요할 수도 있다. 하지만 정규 신경심리검사는 과제에 적절하게 주의를 유지할 수 없는 환자에게는 실시하기 어려울 수 있다. 그러므로 섬망 진단은 때때로 임상적인 평가에 따른다.

부록에 있는 표(741쪽)를 살펴보면, 섬망의 의학적 원인으로 빈번히 거론되는 종류들이 목록으로 정리되어 있다.

해롤드 호이트

48세의 벽돌공인 해롤드 호이트는 류마티스성 심장질환으로 인해 해가 갈수록 피로감이 심해지고 호흡도 짧아져, 결국 승모판치환술을 받게 되었다. 그의 집도의는 심장개복 수술이 섬망을 유발할 수 있다며 예방법으로 정신건강 상담을 받도록 권유했다. 하지만 해롤드는 "난 미치지 않았는데요."라며 거절하였다.

수술은 잘되었지만, 회복실의 의료진들은 해롤드가 위축되어 있고 말이 없어 보인다며, 주치의에게 즉시 알렸다. 해롤드는 아내와 큰딸이 잠시 병문안을 왔을 때 관심을 보이지 않았고, 말을 하거나 무언가를 적어서 의사를 표현하는 경우에는 콧속의 튜브나 병동이 너무 밝아서 잠을 자지 못하는 것에 대한 불평을 토로했다.

수술을 받은 지 3일째가 되던 날, 해롤드는 점점 더 초조해하였다. 코의 비위관을 제거한 뒤 잠시 동안은 조용했지만, 저녁 시간에 가족들은 그가 울면서 침대에서 벗어나려고 시도하는 것을 발견했다. 그는 간호사에게 자신이 왜 이곳에 있는지 이유를 물어보았는데, 심장 수술을 받았다는 사실을 말해주자 믿지 못하는 것처럼 보였다. 해롤드의 목소리는 차츰 잦아들었고, 누군가 그곳에 있다는 사실을 잊어버린 것처럼 보였다. 그가 다시 말을 시작했을 때, 그는 한 주 전에 있었던 축구 경기의 결과에 대한 질문을 하였다.

다음 날 아침 해롤드는 비록 간단하긴 했지만 아침 식사를 가져온 사람과 대화를 나누는 등 일상적으로 행동하였다. 하지만 해 질 녘이 되자 그는 다시 혼잣말을 하였고 혈관 주사를 빼지 못하도록 강박을 당했다. 그러나 그는 정확하게 날짜를 말할 수는 있었다.

정신건강 전문가는 해롤드를 '전형적인 심장 절개술 후 섬망'으로 진단하고 가족 구성원들이 옆에서 자극을 주고 현실 확인을 하도록 조언했다. 해롤드는 36시간 이내에 지남력을 완전히 회복하여 그의 가족과 대화를 할 수 있었고 신체 상태도 향상되어 회복실에서 나갈 수 있었다. 그는 지난 이틀간의 행동에 대해 전혀 기억을 하지 못하였고 그에게 강박이 필요했었다는 사실에 매우 놀라워했다.

해롤드 호이트의 평가

수술 몇 시간 뒤, 해롤드는 주의집중력 문제 때문에 생각하는 바를 표현하는 것도 어려워졌다. (그의 목소리는 말을 하던 중간에 줄어들었고, 축구에 대한 논의로 주제가 벗어났다.) 그가 주변 환경을 인식하지 못했다는 사실(그는 다른 사람들이 존재한다는 것을 잊었고, 왜 그가 병원에 있는지 몰랐다)도 섬망의 진단기준 A를 충족시킨다. 해롤드의 인지적 문제는 빠르게 전개되었고 하루에도 변동이 심했으며, 저녁과 밤 시간에 심해졌다[밤에 벌이는 소동이나 불안 증상(일몰증후군) — 진단기준 B]. 단기 기억에도 추가적으로 문제가 있었다(그는 수술받았던 사실을 기억하지 못했다). 그리고 최소 한 차례 시간에 대한 지남력을 상실했으며 위의 두 가지 문제는 진단기준 C에 해당한다. 그는 혼수상태에 있지 않았고, 이전에 그의 증상을 더욱 잘 설명해 줄 만한 신경인지장애는 없었다(D). 최근에 심장 수술을 받았던 이력은 섬망과 직접적으로 관련된 증거를 제공한다. 실제로 그의 주치의는 해롤드에게 이러한 일이 발생할 가능성을 경고했었다(E).

우리는 진단기준이 다른 인지장애 이외의 것을 설명하지 못한다 할지라도 감별진단을 고려할 필요가 있다. 섬망이 처음으로 발생했을 때, 해롤드는 위축되고 과민해 보였다. 이러한 특징들은 때때로 인지장애로 혼동될 수 있는 여러 정신적 장애 중 하나인 우울장애로 보인다. 환각은 매우 흔하기 때문에, 조현병과 다른 정신병적 장애에 대한 감별이 필요하나 수술 이력이 있다는 점과 인지상의 빠른 변동은 신뢰할 수 있는 (그러나 전혀 확실하진 않은) 단서가 된다. 때때로 환자(특히 과거 의료 서비스에 대한 경험이 있는 환자)는 돈을 받거나 다른 이득을 취하기 위해서 섬망 증상을 가장한다. 이런 종류의 속임수는 알기 어려울 수 있다. 알려진다면 꾀병으로 진단되어야만 한다(비록 저자는 Z코드를 주는 데 매우 인색한 경향이 있을지라도). 이런 속임수의 실질적인 동기를 찾을 수 없다면 스스로에게 부여된 인위성장애가 고려되어야 할 것이다. 해롤드는 다소 초조해하였고 침대에서 벗어나려고 시도했다. 이는 아마도 이유를 알 수 없이, 자신이 낯선 장소에 있다는 사실에 불안감을 느꼈기 때문일 것이다. 하지만 불안장애가 아니더라도 수많은 사람들이 불안 증상을 가질 수 있다.

섬망의 잠재적인 원인들은 매우 다양하다. 비록 상당수가 부록에 있는 표(741쪽)에 포함되어 있지만, 이 목록이 결코 포괄적인 것은 아니다. 해롤드의 주치의가 말했던 것처럼, 심장 수술은 섬망의 전형적인 촉진요인이다(심장 수술 환자의 약 25%가 섬망을 경험한다). 해롤드에게 다소 역설적이게도, 심장 수술 후 섬망에 대한 가장 강력한 예방법은 수술 전에 정신건강 상담을 받는 것이었다.

섬망에 대한 진단부호를 기록할 때는 의학적 상태를 포함시켜야만 한다. 상담 시 해롤드의 GAF 점수는 40점 이하였다. 하지만 퇴원할 시기에는 상대적으로 양호한 71점까지 향상되었다.

| Z95.4 | 인공판막 치환으로 발생 |
| F05 | 인공판막 치환술에 의한 섬망, 급성, 과활동성 |

"의학적 원인으로 인한 섬망은 자주 오진된다." 몇 년 전 노인정신의학회에서 발표한 연구 결과에 대한 온라인 헤드라인이다. 정신건강장애로 진단받은 112명의 환자들 중 1/4인 27명이 기저의 신체적 장애로 인해 섬망을 겪고 있는 것으로 밝혀졌다. 가장 빈번히 받는 진단은 요로감염이었다. 여러 환자들에게서 나타나는 다른 조건에는 약물 복용과 혈당조절의 어려움이 모두 포함되어 있다. 환자들은 대개 처음에는 다른 인지장애를 가진 것으로 진단된다. 하지만 정신증과 기분장애가 또한 자주 나타난다.

물질 중독 섬망, 물질 금단 섬망, 그리고 약물치료로 유발된 섬망

약물이나 알코올을 남용하는 사람들은 섬망이 발생할 수 있는 심각한 위험상태에 있다. 많은 약물들이 중독 섬망을 일으킬 수 있지만, 알코올이나 바비튜레이트와 같은 다른 진정제 약물을 과다 복용하다 갑작스럽게 중단하면 흔히 금단 섬망이 나타난다. 가장 악명 높은 것은 알코올 금단 섬망으로, 일반적으로 진전 섬망 혹은 DTs로 부르는 것이 있다. 이것의 특징은 초조함, 진전, 지남력 상실, 그리고 생생한 환각이다. 그리고 여러 주 동안 과음을 한 뒤 갑자기 금주를 하면, 진전 섬망(DTs)이 며칠 내에 발생할 수 있다. 진전 섬망은 물질-오용 환자들이 의학적 질환(간 기능 소실, 두부 외상, 폐렴, 췌장염 등)을 보이게 될 때도 나타날 수 있으며 알코올 사용자들은 이러한 상태 각각에 특히 위험하다. 알코올 금단 섬망은 폭음자들에게 특별히 일반적인 것은 아니지만, 치료를 받지 않는다면 심한 경우 15%가 사망하게 된다. 이것은 극도로 중요한 정신건강 사건이 될 수도 있다.

섬망, 특히 중독 섬망뿐 아니라 금단 섬망도 처방된 약물로 인해 유발될 수 있다. 반드시 많은 용량이 필요한 것은 아니며 다른 약물이나 질병과 결합하여, 특히 노인에게서 적은 용량만으로도 발생할 수가 있다. 항콜린제 효과가 있는 약물(항파킨슨병 약물과 항우울제 등)은 섬망이 발생되기 가장 쉽다. 중독 섬망은 코카인이나 환각제를 흡입하고 수분 내에 발생할 수 있지만, 다른 많은 물질들의 경우 약물 수준이 여러 날 이상 혹은 장기간 누적된 후에 발생한다.

로드니 파트리지

로드니 파트리지는 술집에서의 칼부림으로 팔 동맥이 끊어져, 몇 병의 수혈을 해야 하는 수술을 2시간 동안 받게 되었다. 로드니는 일요일 오전, 마취상태에서 깨어났을 때 약간의 떨림을 제외하고는 대부분 새롭고 좋게 느꼈다. 저녁까지 그는 식사도 잘하였고 산호사의 관심을 즐기기도 하는 등 별다른 문제가 없어 보였다. 하지만 월요일이 되어, 집도의가 붕대가 건조한지 확인하려고 회진을 왔을 때, 수간호사가 걱정스러운 목소리로 속삭이며 털어놨다. "그는 밤새 깨어 있었고 풀어달라고 요청했어요. 깨어나기 전 한두 시간은 침대 시트에서 무언가를 계속해서 떼어내려고 했고요."

의료진이 병실 문 앞에 나타났을 때, 로드니는 발목과 왼쪽 손목이 가죽끈에 묶여 있었고 가슴은 면 홀터로 침대에서 떨어지지 않도록 강박되어 있었다. 로드니의 묶이지 않은 다른 손은 파르르 떨리며 침대보를 더듬었고 때때로 공중의 공기를 한 움큼 잡은 뒤 잠시 멈췄다가 바닥으로 내던지는 행동을 보였다. 갑자기, 로드니는 토스트의 한쪽 귀퉁이를 잡아 창문 위 커튼 봉을 향해 집어 던졌다.

"저놈을 잡아! 선방진 놈."

"누구를 잡아요?" 의료진이 물어보았다.

"오! 맙소사!" 로드니는 깜짝 놀라며, 강박되어 있던 가슴 부위를 일으켜 세워서 두 번째 토스트 조각이 떨어졌다. 시트 위에 떨어진 토스트를 그대로 둔 채, 그는 다시 침대보를 잡아당겼다.

"누구를 잡아요?" 의료진이 다시 물어보았다.

로드니의 시선은 다시 커튼 봉으로 향했다. "그 녀석들이 저기 있어요. 그들 중 하나가 나를 조롱하고 있어요."

그 남자들은 키가 10cm 정도 되었고 반바지와 초록색 재킷, 뾰족한 모자를 쓰고 있었다. 그들은 외설적인 몸짓을 하고 여러 색깔의 애벌레들을 침대 위로 던지면서 30분 정도 커튼 봉 주위를 맴돌고 있었다. 애벌레는 떨어질 때마다 침대 시트를 가로질러, 목초를 우걱우걱 씹어 먹으며, 그를 향해 다가오기 시작했다.

로드니는 크게 놀라진 않았지만, 그렇다고 차분한 것과도 거리가 멀었다. 그의 시선은 계속해서 방 안을 빠르게 살폈고, 또 다른 포식자를 찾는 것처럼 보였다. 로드니는 그 사람들과 애벌레가 진짜라고 주장했지만, 왜 그곳에 있는지에 대해서는 이유를 알지 못했다. 이와 함께, 그의 지남력도 역시 불분명했다. 그는 자신이 '전에 들어본 적이 없는' 병원에 있는 것으로 알고 있었고, 심지어 일주일 전에 입원했음에도 거의 다섯 달 가까이 정확한 날짜에서 벗어나 있었다. 그는 100에서 7을 빼도록 요청받았을 때, 다음과 같이 답했다. "아, 93… 80… 음… 보라색 하나가 있네요."

진정시키기 위해 리브륨 고용량을 사용하자, 로드니는 자신이 성인기의 대부분을 폭음자로 살아왔음을 인정했다. 그는 많은 양의 보드카를 폭음하면서 최근 직업(과 결혼생활)에 있어서도 곤란한 상황에 처하게 되었다. 그리고 지난 3개월 동안에는 깨어 있는 대부분의 시간을 하루에 1리터 이상의 독한 술을 마시면서 보냈다. 그는 비록 아침에 떨림 증상이 나타나면 주로 해장술을 마시려고 했지만, 이전에 환각을 보였던 적은 전혀 없었다. 로드니는 자신이 알코올 중독일 수도 있다는 사실에 동의했다. 사실 그는 익명의 알코올 중독자 모임(AA)을 여러 번 시작했었지만 그 과정에 지속적으로 참여하지는 않았다.

로드니 파트리지의 평가

로드니의 개인력에서, 몇 가지 사항들은 일종의 인지장애를 시사한다. 첫째, 그는 지남력에 문제가 있었다(그는 날짜를 정확히 알지 못했고, 그가 있던 병원이 어디인지 알지 못했다 — 환경에 대한 의식 저하). 섬망에 대한 두 번째 정보는 감소된 주의폭이다(그는 의료진과의 대화에 집중하지 못했다). 이러한 두 가지 특징들은 섬망의 진단기준 A를 구성한다. 이 증상은 빠르게 시작되었고 로드니에게 변화를 가져온 것처럼 보였다(B). 로드니의 자문의가 치료적 개입을 하지 않았다면 증상이 시간에 따라 변화된 정도를 알 수 있었을 것이다.

진단기준 C는 지각상의 변화, 기억력, 언어, 시공간적 능력 혹은 다른 지남력 문제 등과 같은 적어도 하나 이상의 인지적 장애를 요구한다. 로드니는 극적인 환각을 경험했다(지각상의 변화, C). 알코올과 다른 금단 섬망에서 보이는 환각들은 전형적으로 시각적으로 나타나지만, 환청이나 환촉으로도 나타날 수 있다. 만약 망상이 발생한다면, 내용은 주로 환각과 관련되어 있다.

로드니는 전형적으로 섬망과 관련된 여러 가지 다른 증상을 보였다. 그는 매우 과활동적이고 (깜짝 놀라는 반응의 증가) 안절부절못하는 증상을 보여서(침대에서 벗어나기를 시도함) 결박될 수밖에 없었다. 그의 진전(tremor)은 분명했다. 로드니의 경우 단지 멍해 보였지만, 많은 환자들은 믿기 힘들 정도로 기괴한 환각에 의해 매우 심하게 놀랄 수 있다. 그의 증상은 분명히 단순한 알코올 금단 증상보다는 더욱 심각했고, 확실히 임상적인 주의를 요구하였다.

환각은 조현병을 제안할 수 있지만, 신중한 임상가는 환자에게 얼마나 오랫동안 정신병적 증상이 지속되었는지에 대한 정보를 물어봄으로써 실수하지 않을 수 있다. (정신병의 원인을 감별하는 핵심사항은 다음 이중선 안에 기술된 내용을 참조하라.) 어떠한 섬망에서도 정신병적 장애, 꾀병과 인위성장애를 포함하는 다른 상태들을 배제해야 한다. 로드니의 과거력은 그의 음주와 증상 간의 관련성에 대한 충분한 증거를 제공한다(E).

비록 로드니 파트리지가 알코올 금단에 대한 진단기준을 충족할지라도, 알코올 금단 섬망이 관리가 필요할 정도로 심각한 그의 증상을 더욱 잘 설명한다. 우리는 급성 그리고 활동 수준에 대한 명시자를 선택할 필요가 있다. 그리고 여기에는 또 다른 유의점이 있다. 왜냐하면 증상이 오직 섬망 동안에만 발생했기 때문에, 정신증과 구분되는 진단을 따로 내리지는 않는다. 이러한 사항은 섬망 동안 나타날 수 있는 기분, 불안, 수면, 그리고 성과 관련된 장애에도 적용이 가능하다.

물론 로드니는 알코올사용장애의 진단을 받기에도 충분하다. 금단 증상(A11)에 더해, 그는 익명의 알코올 중독자 모임에 성공적으로 참여하지 못하였고(A2), 일하는 것보다는 술을 마시기를 선호했다(A5). 비록 여기에 언급된 수많은 물질 사용 증상이 실제로는 많지 않더라도, 저자는 진전 섬망을 가졌던 환자들에 대해서 여전히 심각한 것으로 진단부호를 내린다. 어쨌든, 알코올사용장애의 유무는 그의 두 가지 정신건강 진단을 결정하는 데 도움이 되었으며 표 15.2(526쪽)를 참조했다. 입원 시 그의 GAF 점수는 현저하게 낮은 30점이 될 것이다.

F10.231	심각한 알코올사용장애, 급성 알코올 금단 섬망 동반, 과활동성
S45.119A	상완동맥 봉합
Z56.9	실직
Z63.5	이혼

신경인지장애를 가진 환자에게서 정신병적 증상이 나타나는 경우 섬망이 그 원인이 될 수 있다. 물론 섬망을 치료하면 환각 그리고 때때로 망상이 매우 호전될 수 있기 때문에 이것을 아는 것은 중요하다. 그러나 연구 결과, 섬망은 신경인지장애를 가진 환자에게 주로 과소진단되는 경향이 있는 것으로 나타났다. 그리고 두 가지 장애는 종종 함께 발생하는 것으로 보인다. 하지만 여기에는 신경인지장애와 섬망을 변별하는 데 도움이 되는 몇 가지 차이점이 있다.

망상. 섬망에서의 망상은 전형적으로 당면한 환경 내에서 위험을 걱정하는 경향이 있는 반면, 신경인지장애에서 나타나는 망상은 전형적으로 강탈당하거나 유기당하는 내용이다.

환각. 섬망에서, 환시와 환각은 흔하다. 하지만 알츠하이머병에서 이러한 증상은 흔한 것이 아니다(그러나 루이소체 신경인지장애에서 더욱 흔하게 나타난다).

사고의 흐름. 섬망을 겪는 사람들은 아마도 사고 이탈과 같은 비논리적인 사고과정을 보이는 경향이 있다. 신경인지장애에서는 사고의 빈곤을 더 보이는 경향이 있다.

주의. 섬망에서는 주의력이 손상되지만, 알츠하이머병에서는 상대적으로 유지되는 면이 있다. (하지만 루이소체 신경인지장애에서는 크게 손상을 보인다).

F05 다중 병인으로 인한 섬망

전에 알려져 있던 것보다도 더 많은 수의 환자들이 섬망에 대한 다중 병인을 가지고 있다. 임상가는 한 가지 원인이 주요하고 다른 원인은 불분명하기 때문에 많은 진단들을 의심하지 못한 채 놓치곤 한다. 증상과 징후는 앞에 나온 사례에서와 별반 차이가 없다. 하지만 물론 성공적인 치료는 장애에 기여하는 모든 요인들을 정확히 밝히는 것에 달려 있다.

다중 병인에 의한 섬망은 실제로 하나의 장애가 아니다. 이것은 1명의 환자에게 발생하는 2개 이상의 진단이 모인 것이다. 하지만 여기에서는 치료에 있어 그 중요성을 임상가에게 상기시키기 위해 포함시켰다. 이것은 다양한 의학적 원인을 가지기 쉬운 노인에게서 특히 흔하다.

에밀 브리온

72세인 에밀 브리온은 이미 밤낮으로 산소호흡기를 사용해야 하는 심각한 폐기종 상태에 있었다. "나는 항상 담배에 대해 경고했지만, 남편은 자신이 하루에 담배 세 갑을 피우는 남자라는 사실을 자랑스러워했어요." 그의 아내가 말했다. "지금은, 그가 담배를 피우기 위해 산소호흡기를 떼어 버리면, 바보 같아지고 겁을 낼 거예요."

아내는 에밀이 본 것에 대해 말해주었다. 전선은 뱀을 닮았고 의자에 놓인 옷더미는 달려들 준비가 된 사자같이 보였다. 그는 악몽 속에서 홀쩍이다 깨어난 것 같았다. 때때로 그는 너무 산만하게 보여서 다시 산소호흡기를 차라고 설득하는 것이 힘들었다. 하지만 모든 치료적 개입이 시작되면서, 그는 훨씬 증상이 좋아졌다. 그는 산소호흡기를 하고 있는 한 운전도 조금은 할 수 있었다.

그러던 중 7월 4일, 에밀은 뒤뜰에서 맨발로 산책을 하다가 유리 조각에 발 밑바닥이 찢어졌다. 상처가 심하지 않아, 그는 깨끗이 씻는 것을 잊어버렸으며 며칠 뒤 그와 아내는 상처 난 부위가 빨갛게 부어오른 것을 발견했다. 그때 감염병 전문가는 그가 병원에 입원할 만큼 상처가 심각한 패혈증으로 발전하였다고 말했다.

계속된 IV 항생제에도 불구하고, 3일 동안 에밀의 체온은 38.8℃를 웃돌았다. 심지어 산소호흡기를 사용하였음에도 그의 동맥 산소 포화도는 낮았다. 낮 동안은 대개 잠을 잤고, 밤에는 깨어나 혼잣말로 중얼거리며 불평을 해댔다. 그가 충분히 알아들을 수 있도록 분명하게 말했을 때는, 자신은 이상한 늙은이고 차라리 죽었으면 좋겠다고 불평했다.

병원에 입원한 지 7일째 되던 날, 마침내 열이 떨어졌다. 그는 산소호흡기를 떼어내고 간호사에게 이와 같이 말했다. "나를 밖으로 데려다주세요. 담배 좀 피울 수 있게요."

에밀 브리온의 평가

에밀의 아내는 그가 산소호흡기가 없을 때는 때때로 너무 산만해서, 심지어 다시 이것을 채우기 힘들 만큼 집중하지 못했다고 보고했다. 두 번째 장애(전신감염)에 무산소증이 더해지자, 그는 급격하게(섬망 진단기준 B) 졸려 했다(A). 그의 인지적인 문제들에는(C) 환각(전선 뱀)과 악몽, 그리고 중얼거리기 시작한 것이 포함된다(언어적 곤란).

전형적으로, 섬망과 관련된 몇 가지 다른 증상이 또한 명백하게 나타났다. 그의 수면 패턴에 변화가 있었다(낮에 졸리고, 밤에 깸). 또한 우울해했고 심지어 자신이 죽기를 소망했다. 이때 그는 그가 얼마나 절망적으로 아팠는지를 알고 있었을 것이다. 기존의 인지적 상태와 더불어(D), 오직 한 가지만이 또 다른 섬망의 가능한 원인이 될 것이다.

심지어 감염되기 이전에, 에밀은 때때로 환각을 동반한 의식과 주의 상태에 심한 변동이 있었는데, 이는 무산소증에 의해 유발된 지속적인 섬망으로 제안된다. 그러나 그의 정신상태의 원인은 한 가지 이상이었다. 이는 산소가 제공됨에도 불구하고 감염이 그를 아픈 사람으로 만들었다는 사실로부터 알 수 있다. 이것은 섬망의 원인이 될 수 있으며 섬망의 진단기준 E를 충족시킨다.

일단 혈류 속의 감염이 해결되자 열이 내렸고, 그의 인지기능도 호전되었다. 하지만 신경인지장애나 우울증의 잔여 증상이 없음을 확신하기 위해서는 정신상태에 대한 평가를 수행하는 것이 필요하다. 우리는 그의 지각적 혼란을 조현병과 혼동하지는 않았는데, 왜냐하면 고령인 데다가 매우 빠르게 발병했기 때문이다.

에밀의 섬망에 대한 진단부호에 있어서 명심할 점은, 비록 그의 사례에서 진단 번호들은 그대로 사용하지만, 각 세부적인 원인에 대한 개별적인 진단부호는 다른 줄에 표시한다는 점이다. 그의 GAF 점수는 입원 시에는 25점이었고 퇴원할 당시에는 80점이었다.

J43.9	폐기종
A41.9	패혈증
F05	무산소증에 의한 섬망, 지속성, 저활동성
F05	패혈증에 의한 섬망, 급성, 저활동성

F05 달리 명시되는 섬망

F05 명시되지 않는 섬망

달리 명시되는 혹은 명시되지 않는 섬망의 포괄적인 범주는 앞서 기술한 유형들 중 어느 하나에도 진단기준이 충족되지 않을 때 사용한다. 달리 명시되는 섬망에 대해서, DSM-5-TR은 특별히 다음과 같이 언급하고 있다.

아증후 섬망. DSM-5에서는 약화된 섬망 증후군이라고 불렸으며, 인지 증상이 보다 세부적인 진단을 받을 만큼 충분히 심하지 않다.

증상영역

비록 다른 방식으로 신경인지장애에 관한 우리의 생각을 조직화할 수는 있겠지만, 지금 DSM-5-TR에서 주요 및 경도 신경인지장애로 부르는 것에 대한 연구가 중요한 영역이라는 점에 있어서는 수년간 어떤 합의가 이뤄져 왔다(NCDs). 여기서는 특별히 주요 신경인지장애뿐만 아니라 모든 인지장애에 대해 DSM-5-TR에서 핵심적으로 고려하고 있는 사항에 대한 설명들이 제시되어 있다.

인지적 문제에 대해 연구하는 사람들은 종종 신경인지 영역에 대해 언급한다. 하지만 그들은 자신들이 의미하는 바를 영역(domain)으로만 정의하지는 않는다. DSM-5-TR은 본래 의미를 무시할 정도로 전통을 앞서 나갔으며 본래 그 용어가 가지고 있는 의미를 벗어나기 시작했으며 DSM-5 역시 이를 무시했다. 어쨌든 정의를 해보자.

옥스퍼드 영어사전에서 영역이란 '사고나 행동의 범위'로 사고의 범주나 지식의 분야를 말한다. 그러므로 우리는 신경인지 영역을 사고, 지각, 혹은 기억의 한 측면과 관련된 하나의 기능 집단으로서 간주할 수 있다.

그리고 알다시피, 영역들조차 영역들을 가질 수 있다[때때로 그들을 양상(facet)이라고 부른다]. 예를 들어, 언어의 영역에는 명명하기, 문법, 수용 언어, 유창성, 그리고 단어 찾기가 포함된다. 그리고 DSM-5-TR의 입장은 다소 우려스러운 면이 있다. 어떠한 전문가의 자문을 받는가에 따라서, 당신은 작업기억력이 기억력과 학습, 복합적 주의의 요소, 혹은 집행기능의 하위영역에 놓여 있는 것을 발견할 수 있다. 행운을 빈다.

복합적 주의

복합적 주의란 과제에 집중할 수 있는 능력으로, 수행하던 일이 방해 자극에 의해 벗어나지 않는 것을 말한다. 이것은 환자에게 숫자나 철자를 거꾸로 반복하도록 요청함으로써 평가할 수 있는 단순 주의폭보다는 더욱 복합적인 개념이다. 복합적 주의는 또한 처리속도, 정보를 머릿속에 유지하고 있기, 라디오를 듣는 동안 물품 구매 목록을 작성하는 것과 같이 한 번에 여러 가지 일을 할 수 있는 능력을 포함한다. 경도 신경인지장애 환자들은 아마도 여러 가지가 동시에 진행되는 과제를 수행할 수는 있겠지만, 보다 많은 노력을 기울여야 할 것이다.

> 폴린은 컴퓨터를 사용하는 데 어려움을 겪기 시작했다. 만약 전화벨이 울려 방해를 한다면, 아마도 이전에 잠시 멈췄던 부분을 찾기 위해서 몇 분이 걸릴 수도 있다. 폴린은 신문을 읽고 이메일을 쓰곤 했었지만, 지금은 혼란스러워지지 않기 위해 한 번에 한 가지 일을 하도록 그녀 자신의 활동을 제한해야만 한다.

> 제이슨의 며느리는 지난 몇 달간 그가 옷을 입는 데 점점 더 어려움을 겪고 있다고 호소하였다. "그에게 말을 해줘도, 정신이 산만해져서 신발끈을 묶지 않고 나가곤 해요. 1년 전만 해도 그는 듣거나 말하기, 혼자서 옷을 입는 것을 할 수 있었지만, 지금은 다소 수저하는 것 같아요. 그가 혼자서 다시 시작할 수 있도록 도와줄 필요가 있어 보여요. 나는 지금 제이슨이 다시 할 수 있도록 도와야 해요."

제이슨의 주의폭과 정보처리능력은 더 이상 분할주의력을 필요로 하는 과제를 감당하지 못한다. 1년 전, 제이슨은 조금만 더 추가적인 노력을 기울이면 과제를 완수할 수 있는 경도 신경인지장애에 부합했었다. 지금은 물론 그의 인지기능이 더욱 저하되어 실제로 주요 신경인지장애 수준으로 작동하고 있다. 물론 폴린은 현재부터이고 제이슨은 작년부터이다.

학습과 기억

기억에는 많은 유형이 존재한다. 단지 몇 년 전까지만 해도 우리는 주로 장기 및 단기 기억만을 말했었다. 하지만 지금은 기억력의 범주를 기억해야 할 정도로 다양해졌다. 이를 쉽고 간단하게 범주화하는 것은 연상기호 PEWS로 요약할 수 있다.

- 절차 기억(procedural memory). 이것은 타이핑하기, 플루트 연주, 자전거 타기와 같이 우리가 기술을 필요로 할 때 사용하는 기억의 종류이다. 절차 기억은 의식적인 노력을 들이지 않고도 행동의 순서를 학습하여 그것들을 반복할 수 있도록 한다.
- 삽화 기억(episodic memory). 삽화 기억은 어머니가 돌아가신 날 밤, 여름휴가를 갔던 장소나 어제 외식 때 어떤 디저트를 선택했는지와 같이 개인적으로 경험했던 사건에 대한 기억을 말한다. 삽화 기억은 항상 개인적인 관점을 취하며, 종종 시각적으로 저장된다.
- 작업기억(working memory). 이것은 우리가 적극적으로 처리하는 매우 단기적인 정보 저장을 의미한다. 환자에게 암산을 하거나 철자를 거꾸로 말해보도록 요청함으로써 측정할 수 있다. 작업기억은 주로 즉시기억과 동의어로 여겨지며, 집행기능으로 간주된다.
- 의미 기억(semantic memory). 이것은 우리가 일반적인 지식을 습득할 때 사용하는 기억의 유형이다. 즉, 사실과 자료이다. 의미 기억은 우리가 학습한 대부분의 내용의 종착지로 볼 수 있는데, 우리가 학습할 때 어디에 있었는지와 같은 구체적인(맥락적인) 사항을 더 이상 이와 관련짓지는 않기 때문이다.

작업기억을 제외한 각각의 기억들은 수년간 지속되는 경향이 있다. 삽화 기억은 의미 기억보다 더 짧은 경향이 있다. 하지만 작업기억은 짧다(지속되긴 하지만 몇 분 정도이다).

기억력이 쇠퇴함에 따라, 정보를 처리하는 데 걸리는 시간은 더욱 증가한다. 그래서 암산 혹은 거꾸로 철자를 말하는 것을 어려워하고 전화번호를 기억하여 전화를 거는 데도 문제가 발생한다. 인지능력이 저하됨에 따라, 한때 도움이 되었던 것들도 이전보다는 도움이 되지 못한다.

크리스마스 직전, 74세인 사라는 집 안에 숨겨놨던 선물을 찾기 위해 이틀이나 시간을 보냈다. 그녀와 아들 존은 결국 창고에서 선물을 찾아냈다. 하지만 이것은 문제의 시작에 불과했다. 그녀는 전화번호를 기억해 내는 것에 항상 자신이 있었지만, 2월경 존이 새로운 사무실 번호를 알려주었을 때 번호가 무엇이었는지, 번호를 어디에 써놨는지 기억하지 못하는 것처럼 보였다. 며칠 동안 좌절을 경험한 뒤, 결국 존은 모든 전화기 밑에 새로운 전화번호를 붙여놓았다. 하지만 요리하면서 두 번이나 불을 내자 결국 신경심리평가를 받게 되었다. 그녀는 검사에서 미국 대통령의 이름이 무엇이냐는 질문을 받자, "그건 당신이 직접 알아봤어야죠. 나는 더 이상 당신을 돕고 싶지 않아요."라고 말했다.

80세가 될 즈음, 오드리는 누군가가 그녀가 만들고 있는 샘플러를 좀 더 꿰매라고 이야기해 줄 때까지 그녀는 노인 요양원 방에서 한가하게 앉아 있을지도 모른다. 그녀는 심지어 딸이 찾아왔을 때 누구인지 알아보지를 못했다. 하지만 그녀는 여전히 가장 좋아하는 노래를 피아노로 연주할 수 있었다.

지각-운동능력

지각-운동능력은 시각과 다른 감각 정보를 통합하여 그것을 활용하는 능력이다. 주로 운동기능이 사용되지만, 운동 요소가 없는 안면 인식 기능 또한 포함될 수 있다. 유의할 점으로 지각-운동능력 결함에서 그들의 감각능력 그 자체는 양호하여, 사물을 보는 것은 우리가 생각하는 것보단 낫다. 하지만 지각적 단서가 감소되면 즉각적으로 환경을 탐색하는 데 어려움이 나타날 수 있다(해질 녘 혹은 한밤중). 수작업과 수공예를 하기 위해서는 추가적인 노력이 필요하다. 종이 위에 도안을 따라 그림을 그리는 데도 문제를 보일 수 있다. 다른 인지기능에 기여하는 것과 마찬가지로, 이 영역에서의 문제는 경도에서 주요 신경인지장애에 이르기까지 연속선상에서 존재한다.

3년 전, 진이 노인 전용 아파트로 이사를 갔을 때, 보행기가 어디에 있는지 물어보면 방문 앞에 붙어 있는 '진의 방'이라는 표지에 의존하여 대답을 했었다. 하지만 지금은 누군가 직접적으로 그녀에게 말해주지 않으면, 방문 앞의 표지를 지나치곤 한다.

아그네스는 실인증을 앓고 있다. 그녀의 감각기능은 양호하지만 (볼펜과 같은 종류의) 친숙한 물건을 인식하고 구분하지는 못한다.

지각-운동능력에는 다양한 영역이 기여하므로(예 : 집행기능) 그 영역이 정확히 무엇을 의미하는지에 대해서 연구자들 간에 상당한 혼돈이 있다. 포크나 나이프의 사용과 같이 과잉학습된 운동행동은 전형적으로 신경인지장애의 경과에 있어 이후에 늦게까지도 보존된다. 많은 종류의 다양한 검사들이 권고되어 왔으며, 각각의 검사들은 자문을 구한 전문가에 따라 다양하게 해석될 수 있다. 하지만 단순한 도안을 따라 그리는 것은 모든 사람들이 받아들일 수 있는 하나의 해석만을 제공한다.

집행기능

집행기능이란 옷을 입거나 길을 찾는 것처럼 어떠한 목적을 이루기 위해서, 단순한 생각과 행동을 보다 복잡한 것으로 조직화할 때 사용하는 기제이다. 집행기능에 문제가 발생하면, 새로운 정보를 해석하고 새로운 상황에 적응하는 데 어려움을 겪게 된다. 또한 계획을 하거나 의사결정을 하는 데도 어려움이 발생한다. 인지적 유연성을 상실하면, 행동은 추론과 피드백에 따라 오류를 수정하기보다는 습관에 따라 움직이게 된다.

사라는 자신의 나이인 75세보다 10년이나 어려 보이지만, 또다시 옷을 입던 중 전화를 받다가 실크 블라우스의 단추를 잘못 끼우는 모습을 보였다. 또한 그녀는 세탁물을 분류하려 했지만, 몇 차례나 옷을 주방용 조리대로 잘못 가져갔다.

마르쿠스는 언제나 집에서 요리를 해 왔다(그의 부인은 변호사로 수입이 매우 좋다). 67세경, 그는 요리를 해 오던 주방에서 문제를 보이기 시작했다. 그는 매일 다른 종류의 메뉴를 계획하여 만드는 것을 좋아했지만, 지금은 맥앤치즈를 너무 자주 메뉴로 내놓곤 한다. 심지어 그는 때때로 음식에 소금을 빠뜨리기도 한다. 지난달에는 두 차례나 조리대에 냄비를 올려놨던 사실을 잊어버려, 작은 불이 났다.

언어

언어영역에는 수용 언어(이해)와 표현 언어가 모두 포함된다. 후자에는 이름 대기(만년필과 같은 사물의 이름을 언급하는 능력), 유창성, 문법, 그리고 언어의 구문(구조)이 속한다. 어떤 환자들은 단어를 기억할 수 없어 그 주변 단어들로 에둘러서 표현하기도 한다. 그들은 점점 상투적인 표현에 의존하게 된다. 그들은 점차 모호하고 우회적인 말을 사용하다가 (결국에는) 전혀 말을 하지 않게 될 수 있다.

몇 년간 치매가 진행되어 온 제롬은 지금 책상과 걸상 같은 단어를 혼동하여 사용한다.

마르셀은 명명 실어증이 발생했다. 그녀는 그녀 앞에 있는 사물을 보고 '뭐더라'라는 말을 사용하는 일이 잦아졌다.

사회인지

사회인지는 다른 사람의 감정을 인식하고 적절히 반응할 수 있도록 돕는 처리과정을 말한다. 이것은 의사결정, 공감, 도덕적 판단, 사회적 규준의 이해, 정서처리, 그리고 **마음이론**(theory of mind) — 다른 사람들이 믿고 소망하는 것을 상상하고 우리가 가진 것과 다른 생각이 있을 수 있다는 것을 인식하는 능력 — 을 포함한다. 사회인지에 결함이 있는 사람은 아마도 찡그린(혹은 웃는) 얼굴에서 정서적인 의미를 인식하는 데 어려움을 겪을 것이다.

편도체에 손상이 있는 환자들은 다른 사람에게 과도하게 친근하게 다가가려 할 수 있다. 하지만 어떤 경우에는 일반적으로 용인되는 예절 규범이나 관습적인 사회적 상호작용을 따르지 못한다.

에일린은 손자들의 얼굴을 똑바로 쳐다보며, 그들의 도덕성에 대해 비판하기 시작했다. 아이들은 그저 눈을 굴리며 그녀를 무시하였다. 그녀는 자신의 확대 가족으로부터 거리를 두려고 하였고 식사도 방 안에서 혼자 했다. 다른 사람들은 웃으며 그녀가 '성격 이식 수술'을 받은 것 같다고 말했다.

평생 동안 무신론자였던 해롤드는 일요일에 교회를 지나갈 때, 무례하게도 신성 모독적인 말을 내뱉었다. 그는 지퍼 잠그는 것을 자주 신경 쓰지 않았기 때문에, 아마도 바지 지퍼가 열린 채로 교구민들에게 인사를 했을 것이다.

'혼란(confusion)'은 신경인지장애 환자의 느려진 사고, 기억 상실, 당혹감, 혹은 지남력의 상실을 설명하기 위해 사용했던 용어이다. 물론 당신은 이 단어에 익숙할 것이다. 왜냐하면 의료인(신경학자 혹은 내과 전문의)뿐만 아니라 환자들과 일반인들도 이 용어를 사용하기 때문이다. 심지어 DSM-5-TR도 가끔 슬그머니 이 용어를 사용했었다. 하지만 혼란이란 용어는 부정확하고 혼란을 줄 수 있어, 저서의 모든 지시에서는 가능하면 피하였다. 만일 저자가 혼란된 경우를 제외하고 말이다.

주요 및 경도 신경인지장애

기저에 있는 병인이 무엇이든지 간에, 신경인지장애 환자들은 진단기준으로 사용되는 많은 특징을 공유한다. 주요 및 경도 신경인지장애의 차이는 증상의 강도로 요약할 수 있다. 진단기준으로 넘어가기 전에 몇 가지 중요한 사항들을 살펴보도록 하자.

감퇴

신경인지장애는 '상실'이라는 뜻을 함축하고 있어서, 한 가지 이상의 기능영역에서 이전 수준보다 감퇴(decline)가 발생한다. 항상 낮은 수준에서 기능하던 환자(지적장애를 가진 사람)는 신경인지장애로 진단하지는 않는다. 하지만 다른 사람들과 마찬가지로 지적장애 환자도 신경인지장애 환자가 될 수 있다. 실제로 많은 다운증후군 환자들이 중년의 나이에는 알츠하이머형 신경인지장애로 발전한다. 심지어 어린아이들에서도 인지적 저하가 나타날 수 있는데, 아마도 외상성 뇌 손상의 지속적인 영향으로 인해 신경인지장애를 겪는 것일 수 있다.

신경인지장애를 가진 모든 환자들은 위에서 논의된 인지영역 중 최소한 한 가지 영역에서 손상이 발생한다. 하지만 모든 증상이 질병 경과의 초기에 나타나지는 않는다. 기억력의 손상은 알츠하이머형과 다른 퇴행성장애에서 다른 어느 증상보다도 중요하지만, 혈관성장애를 가진 환자들에게는 반드시 그렇지는 않다. 다른 환자들은 처음에 아마도 언어, 집행기능, 지각-운동기능, 혹은 사회인지에서 문제가 나타날 수 있다. 하지만 언제나 감퇴가 발생한다.

신경인지장애의 전체 유병률은 정확한 정의와 인용된 연구에 따라 다르다. 2013년에는 65세에 2%, 75세에 5~10%, 80세 이상은 15~30% 정도로 나타났다. (실제로 2013년 Rand의 연구에서는 71세에 15%로 보고되었다.) 최근 연구는 생활 양식의 변화(운동의 증가, 흡연의 감소, 다이어트의 증가)가 노인 인구에서 신경인지장애의 발병을 감소시키는 것을 돕는다고 제시하였다.

전적으로 섬망만은 아닌 경우

만약 환자가 섬망상태에 있을 때만 증상이 발생했다면, 신경인지장애로 진단할 수 없다. 하지만 알츠하이머병으로 인한 신경인지장애 환자들이 약물치료를 받을 때 물질 중독 섬망이 유발될 수 있는 것처럼 이러한 두 가지 상태는 (주로) 공존할 수 있다.

다른 정신적 장애 때문이 아닌 경우

인지능력의 감퇴는 때때로 조현병과 관련이 있다(한때 조발성치매로 불린 적이 있는 **조기 치매**). 신경인지장애의 진단기준은 신경인지장애로 진단하기 전에 반드시 이 같은 인지적 감퇴의 원인들을 배제해야만 한다고 언급하고 있다.

검사를 통한 확인

신경인지장애의 진단기준은 검사 결과를 통해 환자에게서 인지적인 감퇴가 있는지 확인하는 것을 필요로 한다. 물론 인지영역에 적절한 정규검사가 선호되지만, 많은 환자들에게 있어서 검사 진행이 쉽지 않을 수 있다. 그렇다면 환자의 능력치에 대한 임상적인 평가로 대체해야 할 것이다.

표준적인 검사는 '잘 지내지만 걱정을 하는' 환자들에게 특히 중요하다. 이런 사람들은 나이가 들어가면서 때때로 깜박깜박 잊고 기억하지 못하거나 이상한 행동을 할 수 있으며, 이로 인해 '내가 왜 이러지?'라는 생각을 하기도 한다. (이 점에 대해선 나를 믿어라.) 따라서 객관적인 검사 결과는 환자, 그들의 친척, 그리고 의료진에게 그들이 삶에서 필요한 모든 것들을 해낼 수 있다고 안심시키게 된다.

검사 하나로 한 사례를 평가하는 것은 잘못된 판단으로 이어질 수 있다. 실제로 표준적인 검사를 시행한 고기능 환자의 사례를 살펴보면, 수치상으로는 평균이나 혹은 그 이상의 수준으로 나타나기도 한다. 하지만 통상적인 기준과는 달리, 이 사람들에게 보통 수준의 기능은 상당한 저하를 의미할 수도 있다. 이런 이유로 DSM-5-TR에서는 부분적으로 다음 두 가지 요건의 조합을 강조하고 있는데, 바로 검사 결과와 그 사람을 알고 있던 사람들의 보고(걱정)이다.

손상

경도 신경인지장애와 주요 신경인지장애 간에는 큰 차이점이 있다. 주요 신경인지장애의 사례에서, 인지능력의 상실은 환자의 직업이나 사회생활에 영향을 미치기에 충분해야만 한다. 하지만 이러한 영향이 심한 상태여야만 하는 것은 아닌데, 어떤 환자들은 누군가의 도움을 통해 만족스럽게 기능할 수 있으며, 예를 들어 계산하기나 쇼핑하기와 같은 활동이 가능하다. 한편 경도 신경인지장애 환자들은 조금만 더 노력을 기울이면 이전과 같이 독립적으로 기능할 수 있다. 주요 및 경도 신경인지장애는 정도의 차이로 볼 수 있다. 특별히 주목할 점은, 많은 경도 신경인지장애 환자들이 반드시 주요 신경인지장애로 진행되는 것은 아니라는 점이다. 문제는 한 집단으로부터 다른 집단을 예측할 수는 없다는 데 있나.

신경인지장애의 발병은 당연히 수많은 원인에 따라 다르겠지만, 보통 점진적이다. 신경인지장애의 첫 번째 징후는 일이나 여가 활동에서 흥미를 잃는 것이다. 혹은 가족과 친구들은 환자가 장기간 유지해 온 성격 특성에서 변화가 있음을 알아차리기도 한다. 집행기능에 문제가 생기면, 판단력과 충동조절에도 어려움이 발생한다. 사회적 예절을 상실한 환자는 이전의 품위 있던 모습과 달리 무례한 농담을 하거나 개인의 외모나 위생을 챙기지 않는 행동을 보일 것이다. 또한 분석하고 이해하며, 기억하고 오래된 지식을 새로운 상황에 적용시키는 능력이 상실된 환자들은 오직 습관적인 틀에 의지해 행동하게 될 수 있다.

신경인지장애 환자들은 점차 정신사회적인 스트레스에 취약해져, 몇 년 전에는 사소한 것으로 경험했던 문제들이 현재 시점에서는 막대한 영향으로 다가오기도 한다. 어떤 환자들은 무감각하거나 다소 신경질적일 수 있다. 다른 경우, 집단의 소망이나 흥미를 무시하려 할지도 모른다. 또 다른 경우, 강박적으로 목록을 만들어서 기억하지 못하는 것을 보상하고자 노력할 수도 있다. 섬망에서 흔히 발생할 수 있는 오지각(환각이나 착각)은 보통 진행 초기에는 나타나지 않지만, 주요 신경인지장애가 악화된다면 편집증적인 사고와 부정망상으로 인해 욕설을 퍼붓는 모습이나 공격적인 행동을 보일 수도 있다.

다른 한편으로는, 특히 질병의 초기에 무감동 증상이 나타나면, 점진적으로 활동이 감소되어 어떤 경우 차분해 보일 수 있다. 약간의 통찰력이 유지되고 있는 환자들은 우울하거나 불안해할 수 있고, 이후에 좌절하거나 위협감을 느낀다면 분노를 표출하기도 한다. 그들은 가만히 앉아 있지 못하거나 빠르게 움직이는 모습을 보일 수 있고 집을 찾지 못하고 방황할 수 있다. 신경인지장애 환자들은 때때로 몇 시간이나 수일 동안 길을 잃어버린 채 이리저리 돌아다니기도 한다. 주요 신경인지장애의 마지막 단계에서는 모든 실용 언어와 자기관리능력을 상실한다. 그리고 간병인이나 가족들을 알아보지 못한 채 침대에서 생을 마감하게 된다.

비록 대부분의 신경인지장애가 노인에게서 발견되지만, 인지기능이 믿을 만하게 측정될 수 있는 시기인 3~4세 이후에는 언제든지 진단을 내릴 수 있다. 병의 경과는 기저의 원인에 따라 다르다. 대부분은 만성적인 감퇴를 경험하지만, 어떤 경우 거의 변화가 없고 심지어 관해될 수도 있다. 증상의 관해는 특히 갑상선기능저하증, 경막하혈종, 정상압수두증과 관련이 있다. 이러한 원인 중 하나가 초기에 진단되고 성공적으로 치료가 된다면 완전한 회복도 가능하다.

신경인지장애 진단은 원인을 확인하고 언제든지 치료적인 개입을 하기 위해서, 의학적 및 신경학적인 평가를 요구한다. 많은 경우, 생물학적인 원인들이 확인될 것이다. 이러한 원인에는 헌팅턴병, 다발성 경화증, 그리고 파킨슨병 같은 중추신경계의 일차적 질병과 신경매독, 에이즈와 같은 감염성 질병, 비타민 결핍, 종양, 외상 및 간, 폐, 심혈관계의 다양한 질병, 내분비계 장애가 포함된다(741쪽 부록 표에 더 많은 목록이 있다). 하지만 어떠한 신경인지장애는 기술된 정신병리에만 의존하여 진단을 내려서는 안 되며, 임상적 특징을 참고하거나 다른 비기절적인 원인들을 배제함으로써 진단해야만 한다. 이러한 경우는 주로 알츠하이머병이나 전두측두엽 변성에 기인된 신경인지장애의 사례이다.

'치매'는 주요 신경인지장애 환자에게 사용되었던 진단명으로, 어떤 상황에서는 과거에 사용했던 용어보다 주요 신경인지장애라는 명칭이 더욱 선호된다. 좋은 예로, 외상성 뇌 손상에 기인한 인지 문제를 가진 젊은 환자의 사례가 있다. 아마도 당신은 치매와 같이 경시하는 듯한 느낌을 주는 용어를 사용하지 않으면서도, 환자의 문제에 관심을 가지기를 원할 것이다. 다른 경우를 살펴보면, 우리가 기억장애로 진단하곤 했던 환자들의 인지 문제는 일반적으로 단순하게 인지영역에 초점이 맞추어져 있다. 그러나 '치매', '치매의'와 같은 용어는 여전히 신경인지장애로 이해되어 전 세계적으로 통용되고 있다. 편의상 저자는 이 장의 나머지 부분에 치매라는 용어를 종종 사용하겠지만, 오직 주요 신경인지장애를 나타내고자 할 때만 사용할 것이다.

{주요}{경도} 신경인지장애의 핵심 특징

어떤 사람(환자, 친척, 치료자)은 인지기능에 {현저한}{경미한} 저하가 있어 왔다는 사실을 의심한다. 정규검사상, 환자는 규준보다 {2 이상}{1~2} 표준편차 아래의 점수를 받는다. 대안적인 임상적 평가도 동일한 결론에 도달한다. 증상은 {실질적으로}{실질적이지 않게} 독립적으로 기능하는 환자의 능력을 손상시킨다. 즉, 환자들은 매일의 삶의 활동(청구서 지불하기, 약물 처리)을 유지하기 위해 보다 많은 노력을 기울이거나 매일 목록을 작성하는 것과 같은 보상전략을 사용함으로써 어려움을 극복할 수 {없다}{있다}.

주의사항

규준보다 1표준편차 이하는 16%ile에 속한다. 2표준편차는 3%ile이다.

ㄱ들을 다루어라

- 기간(증상은 만성화되는 경향이 있음)
- 감별진단[섬망, 정상적인 노화, 다른 정신적 장애(특히 주요우울장애 — 가성치매, 조현병)]

부호화 시 주의점

다음의 경우 명시할 것

행동장애를 동반하는 경우(장애를 명시한다). 인지장애가 임상적으로 현저한 행동장애(예 : 무감동, 동요, 또는 환각이나 기분 문제에 대한 반응)를 동반하는 경우이다.

행동장애를 동반하지 않는 경우. 인지장애가 임상적으로 현저한 어떤 행동장애도 동반하지 않는 경우이다. 신성인시상애의 명칭과 실제 진단부호는 표 16.1과 16.2에 제시되어 있다.

주요 신경인지장애에서만 현재 심각도 수준을 명시할 것

경도. 환자들은 집안일이나 돈 계산 같은 일상생활의 활동에서 도움을 요청한다.

중등도. 환자들은 옷을 입거나 식사하기와 같은 기본저인 활동조치 도움을 필요로 한다.

고도. 환자는 전적으로 다른 사람들에게 의존한다.

주요 신경인지장애의 기록

표 16.1과 16.2에 기술된 대부분의 병인론은, 첫 번째 병인(진단부호와 함께)에 의해 열거되어 있다. 단, 병인이 불확실한 경우 그리고 혈관성 질환의 경우는 예외이다. 이는 단지 임의에 규칙일 뿐이며 곧 분명해질 것이니 걱정하지 마라.

표 16.1에 있는 다섯 가지 병인들은 진단기준이 충족되는지에 따라 거의 확실한지(probable), 가

표 16.1 주요 및 경도 신경인지장애의 거의 확실한 혹은 가능성이 있는 병인

생각되는 병인	거의 확실한 주요 신경인지장애	가능성이 있는 주요 신경인지장애	거의 확실한 경도 신경인지장애	가능성이 있는 경도 신경인지장애
알츠하이머병	G30.9 알츠하이머병 F02.xy	[병인에 대한 질병부호가 없음] F03.xy	G30.9 알츠하이머 병 F06.70 행동 증상이 동반되지 않음 F06.71 행동 증상이 동반됨 구체적인 증상의 명시자를 진단부호로 추가하라[a]	[병인에 대한 질병부호가 없음] G31.84 (행동 문제가 동반되는지/동반되지 않는지 명시하라 — 글만을 사용해서)
전두측두엽 변성	G31.09 전두측두엽 변성 F02.xy	[병인에 대한 질병부호가 없음] F03.xy	G31.09 전두측두엽 변성 F06.70 행동 증상이 동반되지 않음 F06.71 행동 증상이 동반됨 구체적인 증상의 명시자를 진단부호로 추가하라[a]	[병인에 대한 질병부호가 없음] G31.84 (행동 문제가 동반되는지/동반되지 않는지 명시하라 — 글만을 사용해서)
루이소체병	G31.83 루이소체병 F02.xy	[병인에 대한 질병부호가 없음] F03.xy	G31.83 루이소체병 F06.70 행동 증상이 동반되지 않음 F06.71 행동 증상이 동반됨 구체적인 증상의 명시자를 진단부호로 추가하라[a]	[병인에 대한 질병부호가 없음] G31.84 (행동 문제가 동반되는지/동반되지 않는지 명시하라 — 글만을 사용해서)
파킨슨병	G20 파킨슨병 F02.xy	[병인에 대한 질병부호가 없음] F03.xy	G20 파킨슨병 F06.70 행동 증상이 동반되지 않음 F06.71 행동 증상이 동반됨 구체적인 증상의 명시자를 진단부호로 추가하라[a]	[병인에 대한 질병부호가 없음] G31.84 (행동 문제가 동반되는지/동반되지 않는지 명시하라 — 글만을 사용해서)
혈관질환	[병인에 대한 질병부호가 없음] F01.xy	[병인에 대한 질병부호가 없음] F03.xy	I67.9 뇌혈관질환 F06.70 행동 증상이 동반되지 않음 F06.71 행동 증상이 동반됨 구체적인 증상의 명시자를 진단부호로 추가하라[a]	[병인에 대한 질병부호가 없음] G31.84 (행동 문제가 동반되는지/동반되지 않는지 명시하라 — 글만을 사용해서)

메모 : 주요 신경인지장애의 소수점 아래 x와 y의 코딩 :

x　(소수점 아래 첫째 자리) : A = 경도; B = 중등도; C=고도.

y　(소수점 아래 둘째/셋째 자리) : $x2$ = 정신증 동반; $x3$ = 기분 증상 동반; $x4$ = 불안 동반; $x11$ = 초조 동반; $x18$ = 다른 행동 혹은 정신 이상 동반; $x0$ = 행동 혹은 정신이상이 동반되지 않음. 만약 여러 증상을 보인다면, 둘 혹은 그 이상의 진단부호가 필요할 수 있다.

a　임상적으로 특히 경도 신경인지장애와 관련된 중요한 정신/행동 증상. 표 16.3을 참고하라.

표 16.2 주요 및 경도 신경인지장애의 추가적인 병인

생각되는 병인	주요 신경인지장애	경도 신경인지장애
외상성 뇌 손상	S06.2XAS 불특정한 기간 동안 의식 손실을 동반하지 않는 광범위한 외상성 뇌 손상, 후유증 F02.*xy*	S06.2XAS 불특정한 기간 동안 의식 손실을 동반하지 않는 광범위한 외상성 뇌 손상, 후유증 F06.70 행동 증상이 동반되지 않음 F06.71 행동 증상이 동반됨 구체적인 증상의 명시자를 진단부호로 추가하라[a]
인간면역결핍바이러스병(HIV)	B20 HIV 감염 F02.*xy*	B20 HIV 감염 F06.70 행동 증상이 동반되지 않음 F06.71 행동 증상이 동반됨 구체적인 증상의 명시자를 진단부호로 추가하라[a]
프리온병	A81.9 프리온병 F02.*xy*	A81.9 프리온병 F06.70 행동 증상이 동반되지 않음 F06.71 행동 증상이 동반됨 구체적인 증상의 명시자를 진단부호로 추가하라[a]
헌팅턴병	G10 헌팅턴병 F02.*xy*	G10 헌팅턴병 F06.70 행동 증상이 동반되지 않음 F06.71 행동 증상이 동반됨 구체적인 증상의 명시자를 진단부호로 추가하라[a]
다른 의학적 상태; 다중 병인(거의 확실한 원인을 포함한)	[진단부호들] 의학적 상태 [뇌혈관질환에 대한 질병부호는 없음] F02.*xy* [만약 혈관질환이라면, F01*xy*]	[진단부호들] 의학적 상태 [뇌혈관질환에 대한 질병부호 I67.9 포함] F06.70 행동 증상이 동반되지 않음 F06.71 행동 증상이 동반됨 구체적인 증상의 명시자를 진단부호로 추가하라[a]
알 수 없는 병인	[병인에 대한 진단부호가 없음] F03.*xy*	G31.84 (그리고 행동 증상이 동반되는지/동반되지 않는지 기록하라 — 글만을 사용해서)
물질/약물로 유발된	진단부호를 위해 표 15.2를 참고하라 오직 글만으로만 기록하라 : 신경인지장애의 심각도(경도, 중등도, 고도); 정신증 동반, 기분 증상 동반, 불안 동반, 초조 동반, 다른 행동 혹은 정신 이상 동반, 다른 행동 혹은 정신 이상이 동반되지 않음	

메모 : 주요 신경인지장애의 소수점 아래 *x*와 *y*의 코딩 :

x (소수점 아래 첫째 자리) : A = 경도; B = 중등도; C=고도.

y (소수점 아래 둘째/셋째 자리) : *x*2 = 정신증 동반; *x*3 = 기분 증상 동반; *x*4 = 불안 동반; *x*11 = 초조 동반; *x*18 = 다른 행동 혹은 정신 이상 동반; *x*0 = 행동 혹은 정신 이상이 동반되지 않음. 만약 여러 증상을 보인다면, 둘 혹은 그 이상의 진단부호가 필요할 수 있다.

a   임상적으로 특히 경도 신경인지장애와 관련된 중요한 정신/행동 증상. 표 16.3을 참고하라.

능성이 있는(possible) 것인지 알 수 있다. 다른 모든 병인들은(표 16.2) 원인에 대한 충분한 확인이 이뤄져야 하는데(검사 소견, 영상 연구), 가능성 있는 진단이 필수적인 것은 아니다. 진단이 적합하다면 'F0' 숫자를 선택하라. 거의 확실한 경우 'F02', 가능성이 있는 경우는 'F03'이다. 혈관질환의 경우 'F01'이다. 침착해야 한다는 것을 기억하라.

이제 재미있는 부분이다. 대부분의 주요 신경인지장애 진단에 .xy가 덧붙어 있다. 표 각주를 보면 소수점 아래의 x가 신경인지장애의 심각도에 대한 부호임을 알려주고 있고, 이는 A＝경도, B＝중등도, C＝고도의 수준에 해당한다. 쉽지 않은가.

이후 소수점 아래 y를 통해 신경인지장애에 수반되는 행동적 또는 심리적인 증상을 표시할 수 있다. 잠재적으로 여섯 개가 있고, 이는 각주에 제시되어 있다. 하나 이상을 나열해야 할 수도 있는데, 절망하지 말고 예시를 읽어보라.

만약, 원인이 물질 사용에 의한 것일 경우 기록을 위해 표 15.1(453쪽)을 참고하라. 심각도를 명시하기 위해 ABC를 사용하는 것이 아닌, 행동적/심리적 증상을 글로만 기술해야 한다.

해당하는 경우, **확실한** 혹은 **가능성**에 대한 표시는 신경인지장애가 아닌 병인이 되는 병리 바로 앞에 해야 한다. 그 이유는, 어쨌든 신경인지장애의 사실 자체는 의문의 여지가 없고 그 원인이 다소 불확실한 것이기 때문이다. 심호흡하며 따라오라.

자, 여기 몇 가지 예시가 제시되어 있다.

알츠하이머병이 거의 **확실**하고, 중등도 수준의 신경인지장애와 우울 증상이 있는 환자의 경우

G30.9   알츠하이머병
F02.B3   알츠하이머병에 의한 주요 신경인지장애, 중등도 수준, 우울 증상 동반

알츠하이머의 가능성(possible)이 시사되고, 이로 인해 고도의 주요 신경인지장애와 우울, 불안이 동반되는 환자의 경우

[병인에 대해서는 언급되지 않음을 유의할 것]
F03.C4   알츠하이머병에 기인했을 가능성이 있는 주요 신경인지장애, 고도, 불안 동반
F03.C3   알츠하이머병에 기인했을 가능성이 있는 주요 신경인지장애, 고도, 우울 동반

고도의 바비튜레이트사용장애로 인한 고도의 신경인지장애와 불안이 동반되는 환자의 경우. 표 15.2에는 주요 신경인지장애의 심각도나 행동 증상에 대한 부호는 나와있지 않다. 따라서 이를 글로 진술할 것이다.

F13.27   바비튜레이트로 인한 신경인지장애와 불안이 동반된 고도의 바비튜레이트사용 장애

그리고 뇌졸중에 기인함이 명확한 고도의 주요 신경인지장애와 정신증이 있는 환자의 경우

[병인에 대해서는 언급되지 않음을 유의할 것]

F01.C2   혈관질환에 의한 고도의 주요 신경인지장애, 정신증 동반

또한 환자는 주요 신경인지장애와 함께 심한 불안 증상을 경험하고 있으나 원인을 모른다고 가정할 때, 다음과 같이 기록할 것이다.

F03.C4   알려지지 않은 병인으로 인한 고도의 주요 신경인지장애, 불안 증상 동반

다중 병인으로 인한 신경인지장애의 예시는 599쪽을 참고할 것

경도 신경인지장애의 기록

먼저, 표 16.1과 표 16.2에 제시되어 있는 거의 확실한 원인들을 활용해, 원인이 되는 요인을 그 부호에 맞게 기록한다. 경도 신경인지장애이므로 추가적인 심각도 부호는 필요하지 않다.

이후, 다음과 같이 작성하라.

F06.71   경도 신경인지장애, 행동 증상 동반

F06.70   경도 신경인지장애, 행동 증상들이 동반되지 않음

전자의 경우, 부호와 단어를 사용해 동반된 행동적/심리적 증상을 설명할 수 있다. 하나 이상의 부호를 사용해야 할 수도 있으며, 표 16.3에 제시하였다.

기능성이 있는 원인(그리고 알 수 없는 원인)에 의한 경도 신경인지장애의 경우, 원인이 되는 요인에 대해 부호화하지 않는다(왜냐하면 원인은 가능성일 뿐이고, 확실하지 않기 때문이다). G31.84와 상태만 작성하기보다는, 행동적 또는 심리적 증상이 있는지 여부를 글로 전달하는 것이 낫다.

아래에는 예시를 제시하였다.

환자는 기억력이 점차 저하되고 주의력에 문제가 있으나, 알림과 최신 달력의 도움을 받아 여전히 일상생활 활동과 자기관리가 가능하고, 행동적 혹은 심리적인 증상은 동반되지 않는다. 부모 모두 과거에 알츠하이머병을 진단받았다. 이 환자를 설명하는 방법은 다음과 같다.

표 16.3	신경인지장애와 동반될 수 있는 임상적인 문제들
F06.0	[의학적 상태 X에 의한] 정신병적 장애, 환각 동반
F06.1	[의학적 상태 X에 의한] 긴장성 장애
F06.2	[의학적 상태 X에 의한] 정신병적 장애, 망상 동반
F06.3	[의학적 상태 X에 의한] 기분장애
F06.31	[의학적 상태 X에 의한] 기분장애, 우울 양상 동반
F06.32	[의학적 상태 X에 의한] 기분장애, 주요우울 삽화 동반
F06.33	[의학적 상태 X에 의한] 기분장애, 조증 양상 동반
F06.34	[의학적 상태 X에 의한] 기분장애, 혼재성 양상 동반 (혹은 경조증 유사 양상 동반)
F06.4	[의학적 상태 X에 의한] 불안장애
F06.8	[의학적 상태 X에 의한] 다른 특정 장애
F07.0	[의학적 상태 X에 의한] 성격 변화, 기분 불안정성, 탈억제, 공격성, 무감동, 피해의식, 기타, 결합된 혹은 명확하지 않은 유형

G30.9   알츠하이머병

F06.70   알츠하이머병에 의한 것일 수 있는 경도 신경인지장애, 행동 증상이 동반되지 않음

이제, 이 환자가 알츠하이머병 신경인지장애와 관련된 불안과 조증 유사 증상을 가지고 있는 것을 확인하였다.

G30.9   알츠하이머병

F06.71   알츠하이머병에 의한 경도 신경인지장애, 행동장애 동반

F06.4   경도 신경인지장애로 인한 불안

F06.33   경도 신경인지장애로 인한 양극성 및 관련 장애, 조증 양상 동반

혹은 복합적인 병인에 대한 증거 없이, 환자의 기억력과 학습기능이 점진적으로 꾸준하게 감소하고 있다고 판단했다. 하지만 환자가 가족력과 알츠하이머에 대한 유전적인 증거도 없다고 가정했을 때, 알츠하이머병의 가능성을 진단할 것이다. 이 경우 다음과 같이 작성하라.

[병인에 대한 부호가 없음을 유의할 것]

G31.84　　알츠하이머병의 가능성이 있는 경도 신경인지장애, 행동 증상이 동반되지 않음

이제, 다른 환자가 수년간 과도한 흡입제 사용이 우울과 불안을 동반하는 심각한 신경인지장애를 나타낸다고 가정하자. 이 경우 다음과 같이 작성할 것이다.

F18.27　　흡입제로 인한 고도의 주요 신경인지장애를 동반한 고도의 흡입제사용장애, 불안 및 우울 동반

마지막으로, 일부 인지기능 관련 증상을 보이지만, 신경인지장애나 치매를 진단하기에 충분하지 않은 수준이라면 어떻게 하겠는가?

R41.9　　명시되지 않는 신경인지장애

경도 신경인지장애는 많은 동의어들로부터 만들어진 최신의 이름이다. 여기엔 '경도 인지 손상', '연령에 따른 기억 손상' 그리고 '비치매성 인지적 손상'이 포함된다. 이러한 사람들은 완전히 신경인지장애로 볼 수는 없지만 그렇다고 완전히 괜찮다고 볼 수도 없는 경우에 해당한다. 그들은 증상을 가지고 있을지라도, 기능적인 능력들은 대부분 온전하다. 하지만 일을 수행하기 위해서 보다 많은 노력을 필요로 한다. 경도 신경인지장애를 '연령에 따른 인지적 감퇴'와 혼동해서는 안 된다. 연령에 의한 것은 어느 정도는 정상적이다(어디에 내 열쇠를 뒀지?). 그리고 ICD-10에서는 연령에 따른 저하를 더 이상 진단적 상태로 고려하지 않는다. 그러니 제발, 이 명칭을 과잉 해석하지는 않기를 바란다. 비록 어떤 환자들은 경도 신경인지장애로 진단받은 이후 주요 신경인지장애의 형태로 발전하지만, 모두가 그렇게 되는 것은 아니다.

　　여기에 경도 신경인지장애에 대한 부가적인 사소한 논쟁이 있다. The Good Book(DSM)은 만일 우리가 이 신난릴 내릴 수 있다면, 원인으로 추정되는 병인에 대해 진단부호를 기록하지 않도록 말하고 있다. 저자는 이러한 제한에 대해서는 잠시 미뤄두고 싶다. 물론 예를 들어, 환자가 외상성 뇌 손상을 가지고 있고 그 결과로 경도 신경인지장애가 발생했다는 사실을 우리가 안다면, (하여튼, 저자는 '의무적'이라고 말하고 싶다) 그와 동일하게 표시할 수 있을 것이다. 이는 환자를 진료하게 될 다음 치료자에게 유용한 정보가 되며, 아마도 환자에게 상당히 가치가 있을 것이다. 네가 이해한 깃처럼, DSM-5-TR의 서사들은 병인이 무엇인지 확실히 알 수 없을 때 치료자들이 일관적으로 원인을 쓰지 않기를 바라는데, 경도 신경인지장애가 주로 그 경우에 해당된다. 하지만 매우 강력한 증거가 있다면, 우리의 의무는 책이 아니라 환자에 대한 것이라는 점을 기억해야 한다.

알츠하이머병으로 인한 신경인지장애

알츠하이머병으로 인한 신경인지장애는 한때 노화라고 불렸던 상태의 가장 흔한 원인으로, 1900년대 초기 이래로 알려졌다. 전체 신경인지장애 환자들 사례의 반 이상을 설명하는 알츠하이머형은 연령에 따라 꾸준히 증가하고 있으며, 요양원에 있는 노인 환자 대부분이 퇴행성장애를 겪고 있

다. 다운증후군이 있는 40세 이상의 환자들 역시 고위험군이다. 실제로 노인 환자를 치료하는 임상가는 빈번하게 알츠하이머형 환자들을 만나게 될 것이다. 조기에 발병한 알츠하이머병 환자들은 동일한 장애를 가진 친척을 두었을 가능성이 높다.

인지장애나 그 외의 다른 많은 장애들이 알츠하이머병으로 인한 신경인지장애로 잘못 진단될 수 있기 때문에 이 진단은 중요하다. 진단적인 발전에도 불구하고, 여전히 다른 모든 원인들(특히 치료될 수 있는 원인들)이 일단 배제될 수 있을 때만 진단을 내려야 한다.

알츠하이머병 환자들은 종종 혹은 일반적으로, 추후 '행동장애'라고 묘사될 수 있는 행동적, 심리적인 증상을 가장 먼저 경험한다. 흔히 기존의 성격적인 특성이 더욱 강조될 수도 있다. 환자들은 더욱 강박적이고, 비밀스러우며 성적인 행동을 보이기도 한다. 치매의 다른 초기 증상들은 무감각, 정서적인 불안정성(갑자기 울거나 화를 표출함), 혹은 기존의 유머 감각을 갑자기 상실하는 것을 포함한다. 결국, 거의 모든 알츠하이머병 환자는 위와 같은 증상 중 일부를 경험할 것이고, 이는 특히 장애를 악화시키고 급격한 감퇴와 조기 사망을 예고할 수 있다.

결국 다른 치매에서처럼, 기억 감퇴가 두드러질 것이다. 최근 기억(정보를 기억하기 위한 능력은 바로 앞의 몇 초 내에서 학습된다)은 주로 장애의 초기에, 과거의 기억은 나중에 영향을 받는다. 환자들은 익숙했던 이름을 잊어버리거나 이미 대답했던 사실에 대해 반복적으로 질문을 한다. 이를 보상하기 위해, 어떤 사람들은 노트에 기록을 하거나 목록을 만들기도 한다. 비록 일반적으로 자기감은 장애의 말기까지 보존되지만, 심각한 치매 환자들은 친척이나 오랜 친구들을 기억해 내지 못하고 결국 이름을 기억해서 말하는 것조차 실패할 수 있다.

(주로 전두엽 손상에 기인한) 집행기능의 손상은 주로 간이정신상태검사(MMSE)를 통해서 환자들에게 공통점과 차이점을 확인하도록 하거나 순서대로 과제를 수행하도록 요구함으로써 직접 평가할 수 있다. 하지만 집행기능은 주로 과거력이나 다음과 같은 행동을 관찰함으로써 가장 잘 평가된다. 치료자나 동료를 똑같이 따라 하기(모방행동), 촉진해 줄 때까지 표현력이 얼어붙음(자발성 부족), 바지 한 벌 이상을 덧입는 행동(보속증), 혹은 집에서는 방향을 잘 찾지만 병동에서 반복적으로 길을 잃어버리는(환경적 의존) 모습을 보인다. 고정되고 친숙한 환경에서는 합리적으로 잘 기능하고 방향을 잡을 수 있지만, 바뀐 환경에는 적응하는 데 어려움이 있다. 어떤 환자들은 익숙하지 않은 새로운 환경에 대처할 수 없을 때가 되어서야 평가를 받으려고 한다. 그리고 실제로 대부분의 지능검사 과제 수행 시 알츠하이머병 환자들은 편안할 때 더욱 수행을 잘한다.

언어적인 기능에는 아마도 단어를 떠올리는 것의 어려움이 가장 처음에 나타난다(실어증). 환자들은 상투적인 표현과 틀에 박힌 구문으로 대화를 하며, 더 이상 복잡한 문장을 사용하지 않는다. 읽고 쓰는 능력은 점차 악화되고 대화는 횡설수설하게 된다.

많은 알츠하이머병 환자들은 착각과 환각과 같은 지각적인 문제 또한 경험한다. 그들은 아마도 비정상적으로 의심이 많아지고 편집증적으로 발전할 수 있다. 약 20% 정도는 우울증을, 심지어 우울하지 않은 사람들도 불면증이나 식욕부진을 경험한다. 그러므로 우울장애를 시사하는 증상을 보이는 노인 환자의 감별진단에 있어, 알츠하이머(혹은 신경인지장애의 다른 원인들)를 고려하는 것은 매우 중요하다.

전형적인 환자들은 알츠하이머병이 시작된 후 8년 혹은 10년 정도를 산다. 임상적인 경과는 다양하지만, 전형적으로 3단계를 거치며 꾸준히 저하된다.

1. 1년에서 3년까지 건망증이 진행된다.
2. 2년에서 3년까지는 지남력 상실, 언어 기술의 상실, 부적절한 행동이 증가한다. 다음 단계에 도달하기까지 대부분의 환자들은 매우 정상으로 보이지만, 신체검사에서는 손바닥-턱 반사(손바닥을 가볍게 쳤을 때 입술을 오므리는 증상과 같은 전형적인 '전두엽 해체 징후(frontal release sign)'가 나타날 수 있다(하지만 어떤 노인들은 치매의 증거가 없어도 전두엽 해체 징후가 발달할 수 있다). 환각과 망상이 이 단계에서 나타날 수 있다.
3. 심각한 치매의 마지막 단계에서는 사람에 대한 지남력과 자기관리 능력의 완전한 상실이 발생한다.

환자들은 대체로 통찰력이 없고 이내 판단력이 손상된다. 결국 완전히 말을 하지 않게 되고 반응도 없어질 수 있다. 알츠하이머병 환자는 신체적 질환을 견디는 능력이 약하여, 알츠하이머병이 없는 경우 쉽게 회복할 수 있는 감염이나 영양실조에도 섬망이 발생할 수 있다.

알츠하이머병은 65세 이상의 노인에게서는 11%, 85세 이상의 노인의 경우 1/3에서 나타난다. 또한 전체 치매 사례의 절반 이상을 차지한다. 비록 알츠하이머병이 매우 흔하지만, 병인론적 관계는 반드시 다른 가능한 원인이 없는지 확인함으로써 추론될 수 있다. 어떤 병인들은 치료가 가능하지만 알츠하이머병은 예후가 나쁘기 때문에, 다른 모든 가능한 원인들을 배제하는 것은 필수적이다(DSM-5-TR은 당신이 혼란스러워하지 않도록 알츠하이머형 신경인지장애를 처음에 포함시키고 있다).

거의 모든 신경인지장애 환자들이 기억력과 학습에 문제를 보일 수 있지만, 이것은 신경인지장애에 의해 영향을 받을 수 있는 여섯 가지 인지영역 중 하나일 뿐이다. 하지만 DSM-5-TR에서 초기 기억력 결함은 알츠하이머병으로 인한 신경인지장애의 진단에 필수적이다.

알츠하이머병으로 인한 신경인지장애의 핵심 특징

{주요}{경도} 신경인지장애(555쪽)가 천천히 그리고 점진적으로 진행된다. 다음 증상영역 중 두 가지 이상이 포함되어야 한다. 복합적 주의, 학습 및 기억, 지각-운동능력, 집행기능, 언어, 사회인지 (550쪽).

주의사항

ㄱ들을 다루어라

- 기간(만성적)
- 감별진단(섬망, 연령에 따른 인지 저하, 지적발달장애, 다른 신체적·정신적·신경학적 장애, 물질 사용, 신경인지장애의 원인 중 특히 혈관질환 루이소체병, 전두측두엽 변성.

거의 확실한 알츠하이머병으로 인한 주요 신경인지장애 진단을 내리기 위한 두 가지 방법이 있다. 한 가지는 가능성 있는 주요, 거의 확실한 경도의 진단을 각각 부여하는 것이고, 아니면 거의 확실한 알츠하이머병으로 인한 경도 신경인지장애로 진단을 한다. 다음의 표를 보라.

	알츠하이머병으로 인한 주요 신경인지장애		알츠하이머병으로 인한 경도 신경인지장애	
	거의 확실한	가능성 있는	거의 확실한	가능성 있는
	{주요}{경도} 신경인지장애의 진단기준을 충족시킴			
	잠행적인 발병, 장애의 점진적인 진행			
#영향을 받는 영역	두 가지 혹은 그 이상		한 가지 혹은 그 이상	
알츠하이머병에 관한 유전적 증거(검사 혹은 가족력)가 양성임	거의 확실한 알츠하이머병으로 인한 주요 신경인지장애	—	거의 확실한 알츠하이머병으로 인한 경도 신경인지장애	증거 없음
지속적·점진적 저하, 장기간의 정체기가 없음	세 가지 요인이 모두 존재함 : 거의 확실한 알츠하이머병으로 인한 주요 신경인지장애	세 가지 요인 중 어떤 것은 없음 : 가능성 있는 알츠하이머병으로 인한 주요 신경인지장애	—	기복 없이 안정적이고 점진적인 저하를 보임; 혼재성 요인에 대한 증거가 없음[a]; 기억 및 학습의 저하 : 가능성이 있는 알츠하이머병으로 인한 경도 신경인지장애
혼재성 요인에 대한 증거가 없음[a]				
기억과 학습 그리고 한 가지 이상의 영역에서 감퇴를 보임				

a 혼재성 원인에 대한 증거는 여러 가지 원인으로 인한 신경인지장애의 진단을 내리도록 한다.

부호화 시 주의점

진단과 진단부호 번호들은 표 16.1에 기록해 두었다.

행크 알틱

서니 에이커스로 이사를 가기 2년 전, 행크 알틱은 대형 상점 입구에서 고객을 맞이하는 안내원으로 취직을 했다. 그는 몇 년 동안 은퇴를 한 상태였는데, 66세가 되자 그는 보다 활동적으로 살고 싶어 했다. "나는 더 이상 빈둥거리는 것 같은 느낌이 싫더군요." 그는 고용되기 전에 받게 된 신체검사에서 취업 담당자들에게 이와 같이 말했다. "나는 여전히 괜찮은 나날들을 보내고 있어요." 그는 그의 주소나 사회보장번호, 그리고 새로운 핸드폰 번호를 기억할 수 있었지만, 때때로 방 안에 들어갔을 때 그 이유를 기억해 내지 못하여 의아해하며 큰 소리로 중얼거렸다. "누구나 다 그렇지 않아?"

행크의 이전 직업(그는 회계사로 거의 40년간 일했었다)은 집중력과 지루함에 대한 높은 인내력을 요구했었다. 입구에서 고객을 맞이하는 일은 오직 그곳에서 미소를 짓기만 하면 되었고 이러한 면들은 그에게 긍정적으로 다가왔다. "이 일을 성공적으로 해내기 위한 비결의 80%는 단지 출근만 하면 된다는 거야." 그가 말했다.

몇 달간, 행크는 매일 출근할 때마다 깔끔하게 면도를 하고 옷과 신발, 심지어 그의 머리와 손톱까지 세심하게 신경을 썼다. "나는 안내원들의 안내원이야." 그는 가까운 거리에 살고 있고 그의 임상적인 평가에 있어서 중요한 정보를 제공하는 딸 샌디에게 이와 같이 말하였다.

하지만 직업을 가진 지 거의 1년이 되어갈 즈음, 그는 문제를 나타내기 시작했다. 그가 처음 채용되었을 때는 '상점 물품의 절반' 정도의 위치를 정확히 기억해 낼 수 있었다. 하지만 몇 년마다 상점의 물품이 옮겨지면, 머릿속에 새로운 물건의 위치를 더 이상 기억할 수가 없었다. 샌디는 그에게 작은 몰스킨 노트를 사주었고 이에 행크는 사람들이 자주 물어보는 물품의 목록을 적어두었다. 또한 그는 약속들 — 대부분은 샌디와의 저녁 식사 약속이었다 — 그리고 다른 중요한 정보도 노트에 기재했다. 행크가 무언가를 기억해 내는 데 어려움을 보일 때마다 샌디는 웃으며 "몰리(행크의 노트)가 어디에 있죠?"라고 말했다. 행크는 알고 싶어 하는 것들을 주로 노트에서 찾아보았다.

18개월 후, 샌디는 정말로 행크가 걱정이 되기 시작했다. 극적인 변화가 있지는 않았지만 그의 인지기능은 꾸준히 저하되고 있었다. 행크의 퇴근을 기다리던 어느 날, 샌디는 누군가 행크에게 도움을 요청하는 모습을 보게 되었다. 하지만 처음에 행크는 이를 인식하지 못하는 것처럼 보였다. 그리고 그녀는 그가 수차례 지각을 하고 때때로 면도를 하지 않는다는 사실도 알게 되었다. 만약 그녀가 이에 대해서 지적을 하면, 행크는 어깨를 으쓱거리며 돌아서 버릴 뿐이었다.

이제, 그들은 진료실을 다시 방문하였다. 샌디는 행크가 요리하는 것을 그만두었다고 말하였다. 샌디가 그에게 관심을 가지고 무언가를 가져다주지 않으면, 그는 거의 항상 차가운 시리얼만 먹었다. 샌디는 너무 걱정된다며, "다른 가족 중에는 이런 사람이 아무도 없었어요."라고 말했다.

"장을 보러 어디로 가는 것을 좋아하세요?" 면담자가 물어보았다. 행크가 선뜻 대답을 하지 못하자, 샌디가 즉시 "몰리가 어디 있죠?"라고 물어보았다. 하지만 행크는 멍해 보였고 그의 가디건 주머니 속에 있는 작은 노트를 꺼내지 못하였다.

행크 알틱의 평가

행크가 처음으로 안내원으로 일하고자 했을 때, 그는 기억력 문제에 대해 걱정을 했었다. 이런 (환자 혹은 누군가에 대한) 염려는 필연적이었지만 신경인지장애로 진단될 정도로 충분하지는 않았다. 행크의 초기 걱정은 그 시기 치료자의 평가상 임상적으로 유의하지 않았다. 진단의 필수 요건에는 저하에 대한 걱정과 객관적 증거가 둘 다 있어야 한다. 이는 신경심리학적 검사 혹은 간이정신상태검사와 같은 임상적 평가를 통해 얻어질 수 있다. (우리는 이러한 논의에 있어서 약점이 있다. 왜냐하면 검사 결과를 가지고 있지는 않기 때문이다. 우리는 이러한 점을 다소 보완해야 한다.

우리는 그가 일을 시작했을 때, 중요한 인지적 결함을 가지지는 않았다는 사실에는 확신이 있다. 그는 정확히 우디 앨런에 대해서 말할 수 있었고 실행능력도 이전 그대로였다. 그는 스스로 아침에 일어나 멋지게 외모를 가꾸고 정시에 출근하였고 상점에 있는 수많은 물품의 위치를 기억하는 것에 전념할 수 있었다. 하지만 몇 달이 지나고 그는 머뭇거리는 듯한 모습을 보이기 시작했다.

첫 평가. 당시 행크는 걱정이 되었고 샌디도 행크에 대해 우려하기 시작했다(신경인지장애 진단기준 A1). 그는 새로운 정보를 학습하는 데 어려움을 겪었다. 그의 기억은 이전만큼 괜찮지가 않아 보였다. 그는 상점 물품의 새로운 위치를 기억하고 회상하기 위한 능력을 상실한 것처럼 보였다. 하지만 그는 샌디가 그에게 준 작은 노트를 통해 이러한 문제를 보상하였는데(B), 이는 경도 신경인지장애의 진단기준에 해당한다. 진단평가를 수행하기 위해, 우리는 인지적인 저하에 대한 객관적인 증거가 필요하다 — 인지적인 평가 혹은 진료실에서 임상가에 의해 수행된 간이정신상태검사와 같은 검사 종류(A2). 나머지 진단기준은 섬망(C), 우울이나 조현병과 같은 다른 정신적 장애(D)가 현재 있지 않아야 하는데, 이는 행크의 사례에서 충족된다.

지금 그의 치료자는 표준적인 정신상태검사를 끝내야 하며, 최소한 간이정신상태검사와 같은 인지능력의 평가가 완료되었어야 한다. 추가적으로 신경학적 검사, 충분한 검사 결과(특히 방사선)를 통해, 감퇴의 원인을 가능한 범위에서 정확히 하는 것이 필요할 것이다. 노인환자에서, 두부에 타격이 있었는지에 대한 과거력을 따라 외상성 뇌 손상을 배제할 것이고, 약물로 유발된 치매는 물질이나 약물 사용의 중요한 이력을 특징으로 할 것이다. 신체검사상에서 파킨슨병의 증거가 나타나지 않으며, 과거력과 보존된 감정(preserved affect)은 우울장애로 인한 가성치매를 배제한다. 두개골 엑스레이와 MRI는 뇌종양과 정상압수두증을 배제할 것이다. 혈액검사는 갑상선기능

저하증과 비타민 B12 결핍과 같은 발생 가능성이 있는 원인들을 배제한다. 점진적인 저하가 나타나면 혈관성 병인은 아닐 가능성이 크다. 혈관성 병인은 노년기 치매의 흔한 원인이 된다. 사례에서, 행크는 루이소체병 혹은 전두측두엽 변성으로 인한 치매가 시사되는 핵심적 혹은 암시적 특징을 가지고 있지는 않았다.

이러한 점들을 모두 고려하면, 배제해야 할 장애로 알츠하이머병으로 인한 신경인지장애가 남는 것으로 보인다. 하지만 '거의 확실한' 아니면 '가능성 있는' 진단이 부여될 수 있는가? DSM-5-TR 진단기준은 다소 까다롭다. 하지만 이를 통해 보다 정확한 진단을 내릴 수 있을 것이다. 행크가 처음으로 경도 신경인지장애의 문제를 나타내기 시작했던 순간부터 살펴보자.

알츠하이머병으로 인한 경도 신경인지장애의 진단기준은 유전학적 검사 혹은 가족력에 있어 양성으로 나타난 환자들에게 '거의 확실한'(강력한) 진단을 부여하도록 한다. 행크에게는 어떠한 조건도 해당되지 않는다. 그래서 핵심적인 특징으로 요약되는 다른 증거가 있는지를 살펴봐야 한다. 그의 인지기능 저하는 꾸준하게 나타났고, 안정기에 도달했다는 최소한의 증거도 찾아볼 수 없었다. 그다음은 그의 증상에 대한 또 다른 가능한 병인이 있는지 증거를 찾아봐야만 한다. 위의 몇 단락을 살펴볼 때, 그런 증거들은 모두 빠져 있다. 결국 그의 주된 증상은 기억과 학습 능력의 저하이다. 그러므로 이 시기에 그는 가능성 있는 알츠하이머병으로 인한 경도 신경인지장애의 진단기준(C)을 충족시킨다.

두 번째 평가. 그의 이후의 이력을 살펴보자. 몇 달이 지나갈 무렵, 샌디는 업무 시간 동안에 행크의 주의력에서 종잡을 수 없는 기복이 있다는 사실을 알아챘고 그는 이전보다 정돈되지 않은 모습으로 출근했다. 이러한 모습은 집행기능이 저하되었다는 사실을 추정할 수 있는 근거가 된다. 그리고 그는 더 이상 포켓 노트를 사용해 기억 문제를 보상할 수 없었다. 그 결과, 서니 에이커스로 이사를 갔다는 사실로부터 추론해 보자면, 인지기능 저하는 점진적으로 이뤄졌고(그의 전체 이야기는 2년에 걸쳐 있다) 매일의 삶의 활동을 영위하는 데 필요한 행크의 독립적인 능력이 손상되었다(B). 이를 확인하기 위해 공식적인 검사가 필요하다. 이를 통해 행크의 인지능력이 크게 떨어졌음을 선언할 수 있다.

다시 한번 확인을 해도 유전적 요인 혹은 가족력은 없다. 하지만 위에서 언급한 것처럼, 행크는 혼재된 원인에 대한 증거 없이 기억과 학습에서의 저하를 점진적으로 나타냈다. 그리고 이 시기에 우리는 집행기능 및 주의력과 같은 다른 인지영역에서의 손상에 관한 증거를 찾을 수 있었는데, 이는 검사에서 더욱 잘 드러난다. 우리는 거의 확실한 알츠하이머병으로 인한 주요 신경인지장애의 진단을 지지하기 위한 증거를 지속적으로 수집해 왔다(또한 진단기준 C).

이와 같이 결론을 내리기 전에, 행크에게 나타난 행동장애가 무엇이었는지를 생각해 보자. 행크는 샌디의 마지막 질문에 대답할 수가 없었고 요리에 흥미를 잃었으며 면도도 하지 않았다. 저자는 이것을 무감동으로 해석할 것인데, 진보적인 DSM-5-TR 정의에서는 이를 행동장애로 간주한다(우울, 정신병 그리고 초조와 마찬가지로). 그래서 행크의 GAF 점수를 결정하는 것은(두 차례) 이만 마치도록 할 것이다.

초기 평가(GAF=65) :

    G.31.84   가능성 있는 알츠하이머병으로 인한 경도 신경인지장애, 행동장애를 동반하지 않음

두 번째 평가(GAF=40) :

    G.30.9   알츠하이머병

    F02.B18   거의 확실한 알츠하이머병으로 인한 주요 신경인지장애, 중등도 수준, 무감동 동반

루이소체 신경인지장애

이 책에서 새로운 신경인지장애의 진단 중 하나인 루이소체로 인한 신경인지장애(루이소체 주요 형태 치매 혹은 DLB로 부른다)는 1990년대 중반까지 소수의 연구자와 임상가의 눈에만 희미하게 보였었다. 현재 DLB는 신경인지장애에서 두 번째로 많은 원인으로 알려져 있으며, 알츠하이머형이 60~75% 정도를 설명하는 것에 비해, DLB는 사례의 10%가량을 설명한다. 현재 미국에서만 환자들이 100만 명을 훌쩍 넘은 상태이다.

1세기 전 처음 알려진 루이소체는 구형의 단백질 조각(알파-시누클레인)으로서, 뇌간 세포핵, 흑질, 청반핵에 주로 위치해 있는 뇌세포의 세포질에서 발견되었다. 환자들은 알츠하이머형에서 전형적인 아밀로이드 플라크를 가지고 있다. 그들은 파킨슨병과 알츠하이머병 모두의 임상적인 특성을 가진다. 이러한 유사성은 DLB가 왜 오랫동안 불분명한 상태로 남아 있었는지를 설명해 준다.

- **주의의 변동.** DLB 환자들은 알츠하이머병 환자에게 전형적인 조기 기억 상실을 거의 경험하지 않는 경향이 있다. 대부분은 주의폭과 각성에 문제가 발생하여 DLB 환자의 반 이상은 몇 분, 몇 시간, 심지어 며칠 동안 주의력의 문제가 좋아졌다 악화되었다를 반복한다. 이러한 증상의 변동은 주요한(핵심적인) 특성 중 첫 번째를 구성한다.

- 환각. 두 번째 핵심적인 특징은 체계화된 환시로, 조기에 발병하여 지속되는 경향이 있다. 환각은 전형적으로 동물이나 침입자의 형태로 나타난다. 환각은 통찰력이 있거나 없는 상태에서 발생할 수 있고 아마도 때때로 체계화된 망상에 동반될 수 있다.

- 이후 **파킨슨형 증상의 발병.** 파킨슨병의 전형적인 운동 특성인 얼굴경직, 손떨림, 발을 질질 끌면서 걷는 좁은 보폭은 세 번째 핵심 증상을 구성한다. 하지만 이러한 증상이 인지적 감퇴에 선행하여 나타날 수는 없다. 만약 그렇다면, 진단은 절대 DLB로 내릴 수 없다. 오히려 치매를 동반한 파킨슨병이 맞을 것이다. 경험의 법칙 : DLB 증상은 운동 증상이 나타나기 최소 1년 전에 시작되어야만 한다.

DLB 환자들은 또한 어지러움, 넘어짐, 그리고 설명되지 않는 졸도를 보일 수 있다. 우울이 흔하게 나타날 수 있는데, 이는 자율신경계의 불균형 때문이다(기립성 저혈압, 요실금). REM수면 행동장애(381쪽)가 때때로 나타나거나 초기 증상일 수 있다. DLB를 조기 진단하는 것은 특히 중요한데, 왜냐하면 이러한 환자들은 항정신병 약물에 극도로 예민해질 수 있기 때문이다. 상대적으로 낮은 용량에서도 근경직, 발열, 그리고 다른 신경이완제 악성증후군이 유발될 수 있다(688쪽).

DLB는 전형적으로 75세 즈음에 시작하는데, 남성이 여성보다는 좀 더 많이 발병한다. 진단을 받은 이후, 환자들은 전형적으로 10년 가까이 생존한다.

파킨슨형 신경인지장애와 루이소체 신경인지장애(DLB)가 서로 다른 독립체인지는 불분명하다. 어떤 저자들은 이들이 연속선상에서 존재한다고 믿는다. 두 장애는 모두 알파 - 시누클레인 단백질과 뇌의 흑실의 퇴회를 포함하고 있다. 이들은 모두 파킨슨의 운동 증상의 특성을 이루지만, 시기상으로 서로 이질적인 면이 있다. DLB 진단을 내리기 위해서는 반드시 인지 증상이 나타나고 1년 이후에 운동 증상이 발생해야만 한다. 운동장애가 기존에 있었다면 파킨슨형 신경인지장애로 진단을 바꿔야 할 것이다.

물론 아직 발생하지 않은 일에 대하여 진단기준을 사용한다는 것이 지금 바로 진단을 내려야 하는 임상가들에게는 딜레마를 가져올 수 있다. 실제로 이러한 환자들 중 어느 누구도 파킨슨형 운동 증상으로 발전하지는 않는다. 그리고 이 장애를 거의 확실한 형태로 진단하기 위해서는 두 가지 핵심 특성들을 필요로 한다. 결국 병인을 확인하지 않고 확정적으로 진단을 내릴 수는 없다.

루이소체 신경인지장애의 핵심 특징

환자들은 {주요}{경도} 신경인지장애를 가진다(555쪽).

이 장애는 천천히 시작하여 점진적으로 진행되며, 다음과 같은 핵심 특징을 가지고 있다 — 주의의 기복이 매우 심하고, 정교하고 분명한 환각을 보이며, 파킨슨 증상은 인지 증상이 나타나고 1년 이상이 지난 뒤에서야 시작된다.

어떤 환자들은 DLB로 제안되는 특징들을 가지는데, 여기에는 REM수면 행동장애, 항정신병 약물 대한 두드러진 민감성이 포함된다.

주의사항

ㄱ들을 다루어라

- 기간(만성화되는 경향이 있음)
- 감별진단[섬망, 물질관련장애, 다른 정신적 장애(특히, 우울 혹은 정신병적 장애), 신체적 장애, 다른 신경인지장애의 원인 — 특히 알츠하이머병, 혈관질환, 그리고 전두측두엽 변성]

다음의 표를 보면, 진단을 내리는 데 있어서의 지침을 확인할 수 있다.

		거의 확실한 루이소체 신경인지장애	가능성 있는 루이소체 신경인지장애
핵심 특징	주의와 각성의 변동	한 가지 핵심 특성에 한 가지 혹은 그 이상 추가적인 핵심 특성 혹은 제안되는 특성이 더해짐	한 가지 핵심 특성 혹은 제안되는 특성
	반복적이고 생생하며, 세부적인 환각		
	인지적인 저하가 발생한 이후에 파킨슨증이 시작		
제안되는 특징	REM수면 행동장애(381쪽)		
	항정신병 약물에 대한 과도한 예민성		

부호화 시 주의점

표 16.1을 참조하여 진단과 진단부호 번호들을 기록하라.

행동장애 동반에 대한 진단부호를 매길 수는 없지만, 만약 행동장애가 있음을 관찰했다면 어떤 방식으로든 기술하여 이에 대해 언급해야만 한다.

쉐일라 월톤

"브랜틀리 박사는 그녀가 조현병이라고 말했어요." 소피아가 보고했다. 소피아는 쉐일라 월톤의 성장한 의붓딸로 쉐일라의 과거력에 대한 대부분의 정보를 제공하고 있었다. 그녀는 "난 1분도 브랜틀리 박사를 믿은 적 없어요."라고 말하였다.

그 문제는 3개월 전, 쉐일라가 상점에서 돌아오는 데 어려움을 보이면서 시작되었다. 그녀는 수년간 길모퉁이에 있는 대형마트에서 쇼핑을 해 왔지만, 최근 두 차례나 우회전을 해야 할 곳에서 좌회전을 하였고 여러 블록을 그냥 지나쳐 길을 잘못 들었다. 처음에는 경찰관이 그녀를 집에 데려다주었다. 두 번째에는 그녀를 알아본 한 이웃이 소피아에게 전화를 걸어 데려가도록 하였다. "처음에, 그녀는 뭔가 흐릿하고 혼란스러워 보였어요." 소피아는 몹시 애석한 표정을 지었다. "하지만 내가 주소 같은 것들을 말해달라고 했을 때, 그녀는 전부 말할 수 있었어요."

며칠 후 소피아는 쉐일라가 침대의 끝머리에 앉아, 곁에 서 있는 남편의 생생한 환영과 대화를 하고 있는 것을 보았다. "남편은 내가 일어나서 아침을 차리도록 감시하고 있어." 그녀는 끝내 아침밥을 차렸다. "아버지는 이미 7년 전에 돌아가셨잖아요." 소피아가 결국 말하였다.

그들은 의료진을 찾아갔고, 담당의는 그녀에게 아무런 문제가 없는지를 파악하기 위해 쉐일라를 심리학적 평가에 의뢰하였다. 쉐일라는 잠정적으로 조현병 진단을 받았다. 그리고 다른 의사에게 다시 진료를 받은 뒤, 소견에 따라 결국 할로페리돌을 처방받았다. "그런 다음 순식간에 아수라장이 되어버렸어요."

쉐일라의 매우 얌전했던 환각은 적대적으로 돌변하였다. 환각 속의 남편은 때때로 주먹을 쥐거나 무거운 지팡이를 공중에 들어 올리는 식의 몸짓으로 그녀를 위협했다. 그녀는 처음에는 초조함, 그다음은 격노함으로 반응하였고 결국에는 당혹감으로 점점 반응이 줄어들었는데, 이는 호전과 악화를 반복하는 것처럼 보였다. 하루 이틀 내에 그녀는 상당히 가라앉았고 경직되었다. 걷기 매우 힘들 정도로 뻣뻣해졌다. "의료진들은 그녀는 긴장증 상태이고 충격치료가 필요하다고 했어요." 소피아가 보고했다. "나는 이해할 수가 없어요. 우리 가족 중 어느 누구도 이전에 정신질환을 가졌던 적이 없었단 말이에요."

그날 동안 불규칙적으로 쉐일라는 때때로 자신이 있는 곳이 어디인지 몰라 혼란스러워했다. 하지만 진료실에서는 지남력을 완전히 유지하고 있었고, 오직 이틀 정도만 정확한 날짜에서 벗어나는 대답을 하였다. "그런 것은 나도 마찬가지로 그럴 수 있을 거예요." 소피아가 대답했다. "하지만 이것은 그녀가 보였던 매우 전형적인 방식이에요. 처음에는 정신이 없는 듯 보이다가 다시 되돌아와요. 브랜틀리 박사는 그녀가 내가 주는 관심을 얻기 위해 그렇게 행동한다는 것을 암시했으며, 이에 대해 '꾀병'이라는 용어를 사용했어요."

쉐일라 월톤의 평가

잠시 환각은 접어두고 쉐일라의 인지 증상의 다른 영역에 집중을 해보자. 여기에는 지각-운동(환각과 별도로 우선 그녀는 집에 가는 길을 찾을 수가 없었다)과 복합적 주의(그녀는 의식의 변동을 보였다)가 있다. 우리는 그녀의 기능 저하의 범위에 관한 측정치를 얻기 위해 정규검사를 해야만 했다. 이로부터, 그리고 사례 속 다른 정보를 통해 저자는 그녀를 임상적으로 주요 신경인지장애 진단에 해당하는 중등도 손상 수준으로 판단하였다. 그녀의 증상은 집 주변을 산책하거나 돈을 관리하는 것같이 중요한 최소한의 일상 활동을 독립적으로 수행하지 못하도록 그녀를 방해하였다. 직접 옷을 입고 음식을 먹을 수는 있어 보이므로 그녀의 현재 심각도 수준은 경도에 해당할 것이다. (차이점에 주목하라 : 그녀는 경도 신경인지장애가 아니라 주요 신경인지장애에 해당한다. 이런 의미론적 악몽은 임상가의 가슴앓이를 유발할 수도 있을 것이다.)

그리고 이러한 기본적인 신경인지장애의 진단과 더불어 명시자를 살펴보자. 쉐일라가 환각을 경험했다고 말하기보다는 오히려 행동장애(환각)를 가진 것으로 보는 것이 합당하다.

우리는 신경학적 자문을 통해 보다 설득력 있는 논의를 할 수는 있지만, 다른 의학적 장애가 있어 보이지 않으며, 확실히 다른 정신적 장애도 아니라는 점(조현병 진단은 명백히 오진이다)은 그녀의 증상을 보다 잘 설명해 준다. 요컨대, 그녀는 신경인지장애의 한 유형을 가진 것으로 보인다. 하지만 어떤 것일까? 첫 번째로, 두 가지 사실은 확실한 결과를 얻고 싶어 하는 사람들에게 매우 중요하다. 신경인지장애를 가진 많은 환자들에게 있어, 정확한 진단은 삶을 마감한 뒤에야(사후 검사의 실시) 최종적으로 정확한 진단을 내릴 수 있다. 뇌영상 검사 그리고 검사 결과를 통해 신경인지장애의 유형을 다른 장애로부터 감별하는 것은 매우 어려운 일이다. 하지만 자! 시작해 보자.

쉐일라는 외상성 뇌 손상의 과거력이 없었기 때문에, 우리는 외상으로 인한 신경인지장애의 가능성을 확실히 배제할 수 있다. 그녀는 이전에 기억력과 관련된 문제를 보이지는 않았었는데, 그래서 우리는 알츠하이머병도 잠시 제외시킬 것이다 — 비록 완전히 관심 밖에 둘 수는 없을지라도. 고혈압이나 증상의 단계적인 진행 둘 다 없었으므로 혈관성 원인과도 차이가 있다. 과거력과 신체 증상을 볼 때, 헌팅턴병, 파킨슨병 혹은 HIV 감염과도 일치하지 않는다. 전두측두엽 신경인지장애의 두 가지 유형의 진단기준은 정말 화가 날 정도로 복잡한데, 이에 대해서는 추후에 알아볼 것이다. 하지만 그녀의 언어나 행동 어떤 것도 하위유형의 진단을 유지할 만큼 충분히 악화된 것처럼 보이지는 않았다. 따라서 이를 조금 더 미룰 수 있다.

물론 신경인지장애를 유발할 수 있는 수많은 장애가 여전히 남아 있지만, 우리의 진단적인 시도는 한 가지도 완전히 배제해서는 안 된다. 쉐일라나 다른 환자에게서 루이소체 신경인지장애를 고려하는 확실한 이유가 몇 가지 있다. 가장 중요한 것은, 진단이 치료에 대한 시사점과 직접적인 관련이 있는데, 쉐일라의 사례에서처럼 항정신병 약물은 인지 증상을 악화시키고 신경이완제 악성증후군의 신체 증상을 발생시킬 수 있는 위험성이 있다(이것은 DLB로 제안하는 증상 중 하나이다)는 점이다. 실제로 그녀는 각성과 주의에 큰 변동이 있었고 체계화된 환각을 보였는데, 이는 루이소체 신경인지장애의 핵심 특징이다.

거의 확실한 루이소체 주요 신경인지장애 진단을 내리기 위해서, 쉐일라에게는 최소한 한 가지 핵심적 증상과 함께 다른 증상 하나가 있어야 한다(핵심적 혹은 제안되는). 쉐일라는 두 가지 핵심적 증상과 함께 한 가지 제안되는 증상이 있어, 진단을 받기에 충분하다. 저자는 그녀에게 GAF 점수 45점을 줄 것이다. 만약 당신이 다른 점수를 준다면 동의할 수 없을 것이다. 하지만 그녀를 완전히 이해하기는 어렵다.

쉐일라 월튼의 이야기에는 두 가지 감별진단인 꾀병과 조현병이 포함된다. 사실 그러한 장애가 절대로 발생하지 않는 것은 아니다. 물론 임상가들은 때때로 평가하고 이해하고 치료하고 낙관적으로 보기 어려운 증상으로부터 벗어나기 위해 이 두 진단을 사용해 왔다. 이러한 진단 각각은 평가과정에 있어서 나중에야 나타나기 시작했다.

G31.83   루이소체병
F02.A2   거의 확실한 루이소체 주요 신경인지장애, 경도, 환각 동반

외상성 뇌 손상으로 인한 신경인지장애

미국에서는 매년, 수백만 명 이상의 사람들이 머리에 충격을 받거나 혹은 또 다른 부상으로 인해 외상성 뇌 손상(TBI)을 겪는다. 비록 외상성 뇌 손상 사례의 대부분은 경도 수준이지만, 전쟁이나 스포츠 상해로 인한 손상은 굉장히 치명적인 타격을 가져올 수 있다. 그리고 물론 소수의 경우 부상으로 인해 사망하기도 한다.

외상성 뇌 손상 환자들의 대부분은 청소년기 혹은 성인기 초기에 해당하고(남성이 우세함), 스스로 넘어져 낙상을 입는 노인들이 그다음으로 많은 연령 그룹에 속한다. 낮은 사회경제적 상태도 또 다른 위험요인이지만, 가장 큰 위험요인은 알코올이나 약물의 복용과 관련이 있다. 이는 외상성 뇌 손상의 거의 절반 가까이를 구성한다. 오토바이사고(횡단보도사고를 포함한)는 가장 주된 원인이며, 넘어짐(특히 노인에게서)이 두 번째이다. 스포츠 상해는 젊은 사람들에게 중요한 문제의 원인이 된다. 복싱이 관련되어 있다는 것은 잘 알려져 있으나, 확률적으로는 여성 운동선수들이 더 영향을 받을 가능성이 있다.

외상성 뇌 손상의 증상은 두부의 강한 외부 충격에 기인된 뇌 구조 혹은 생리기능의 파괴에 의해 유발된다. 즉각적인 의식 손실이 흔히 나타나고, 깨어난 뒤에 환자들은 주의를 집중하거나 유지하는 데 어려움을 경험할 수 있다. 섬망은 매우 흔하며, 심지어 의식이 명료해진 뒤에도 주의력 결핍이 흔히 나타난다. 많은 환자들은 전향적 혹은 후향적 기억 문제를 호소한다. 심한 외상성 뇌 손상 환자의 1/3 정도에서는 언어 문제가 발생한다. 특히 유창성(수용성) 실어증이 많지만, 비유창성(표현성) 실어증도 또한 나타난다. 집행기능도 흔히 영향을 받는다. 외상성 뇌 손상 환자들은 또한 수면, 두통 그리고 과민성 문제를 호소할 것이다.

비록 몇 달이 걸릴 수도 있겠지만, 대부분의 환자들은 결국에는 회복한다. 하지만 우울장애(가장 빈번함), 불안장애, 그리고 물질 오용 등의 후유증이 흔히 나타나며, 때때로 성격적 변화도 유념해야 한다. 부상 전의 정신적 장애는 부상 이후의 장애에 대한 위험성을 매우 증가시킨다. 그리고 외상성 뇌 손상이 만일 반복된다면, 알츠하이머병의 가능성도 높아질 수 있다 — 아마도 4배 가까이.

어떤 저자는 외상후 스트레스장애(PTSD)와 외상성 뇌 손상으로 인한 신경인지장애를 감별하는 것이 매우 어려울 수 있다고 말한다.

만성 외상성 뇌병증은 반복적인 뇌 손상에 의해 야기되기 때문에, 외상성 뇌 손상의 패러다임에 정확히 들어맞지는 않는다. 이것은 복싱(때때로 권투 선수 치매로 불린다), 미식축구, 축구, 아이스하키, 럭비, 그리고 전문적인 레슬링과 같이 신체적인 접촉이 많은 스포츠와 관련이 있다. 기억력 저하, 공격성, 충동조절의 어려움, 파킨슨증, 우울, 그리고 자살 등과 같은 증상이 나타나며, 안타깝게도 17세의 어린 운동선수에게서도 발견되곤 한다. 2명의 미식축구 선수는 반복적인 경기 부상으로 인해 뇌에 손상이 생겼다는 사실을 알게 된 뒤 자살을 하였다. 그들은 사후 검사를 위해 뇌를 보존할 수 있는 방법을 신중히 선택하였는데, 검사 결과 반복적인 경기 부상으로 인해 그들의 뇌가 손상되었다는 사실이 명백히 밝혀졌다. 이 현상은 관심을 끌 만한 과학적인 연구, TV 특집 프로그램, 그리고 소송 사건을 만들어 냈다.

외상성 뇌 손상에 의한 신경인지장애의 핵심 특징

두개골 내 뇌의 빠른 움직임을 야기하는 두부 외상 직후, 의식을 잃거나 기억 상실, 지남력 상실과 당혹감, 혹은 발작과 같은 신경학적인 징후, 시야에서의 맹점, 후각 상실, 반부전마비(반신불완전마비), 혹은 뇌영상에 의해 설명되는 손상이 나타난다.

　　이후 환자들은 (경도)(주요) 신경인지장애에 준하는 증상을 보인다(555쪽). 그리고 부상 직후 기간보다 더 오래 지속된다.

주의사항

ㄱ들을 다루어라

- 기간(곧바로 시작하여 한 주 이상 지속됨)
- 감별진단(다른 의학적 그리고 정신적 장애, 인위성장애, 꾀병)

부호화 시 주의점

표 16.2를 참조하라(561쪽).

선톤 나구치

선톤 나구치가 전쟁을 끝내고 집에 도착했을 때, 그의 환영회는 그 자신이나 가족 어느 누구도 상상했던 모습이 아니었다. 브라스밴드와 색종이 조각(그의 판타지)은 없었다. 반면에 소나무 박스가 있었는데 이는 그의 어머니가 내내 두려워하던 것이었다. "그녀는 머피의 법칙의 독실한 숭배자였어요. 뭔가 잘못될 수 있는 것은, 정말로 그렇게 된다고 믿었어요." 그는 며칠 동안 입원해 있던 VA 병원에서 주치의에게 이와 같이 말했다.

　　선톤의 조부모는 제2차 세계대전 동안 아이다호에 억류되어 있었고, 이는 그의 할아버지를 극도로 비참하게 만들어서, 할아버지는 종종 정부에 대해 욕하곤 하였다. 그는 일종의 폭군 같았다. 선톤의 복수는 성년이 되자마자 군대에 입대하는 것이었다. 몇 달 이내에 육군은 그가 전혀 들어본 적도 없는 이라크의 한 지역으로 그를 파병하였다.

　　선톤이 이라크에서 첫 주를 보내는 동안, 부대에서 장갑차를 타고 가다 사제 폭발물을 건드리고 말았다. 그가 공중으로 발사했을 때, 금속 파편은 그의 헬멧 끈을 끊어버렸고 그는 공중으로 날아올라 정확히 머리부터 거꾸로 떨어지게 되었다. 그는 거의 24시간이 지나서야 깨어날 수 있었는데, 미션이 시작되었던 사실은 기억했지만 폭발이 있었던 것에 대해서는 기억을 하지 못했다. 그의 상관(병장)이 당시의 상황을 재구성해서 설명해 주었다.

　　사고 이후, 그는 살아남게 되었다는 사실에 감사했다. 하지만 TV를 집중해서 보는 데 다소 어려움이 있었다. 그는 밝고 매력적인 성격이었지만, 이제는 돌변하게 되어 일어나서 직접 TV 채널을 바꿔보라고 제안한 간호사를 이빨로 깨물어 버리기도 하였다.

　　그가 전역증서를 기다리는 동안, 집 가까이에 있는 전자제품 매장의 핸드폰 판매원으로 일할 수 있는 기회를 얻게 되었다. 그는 어려서부터 전자제품을 사용하며 성장해 왔고 군대에 있는 동안 최신품을 가졌기 때문에, 스마트폰의 기본적인 특성을 다루는 데는 전혀 문제가 없었다. 하지만 다양한 모델의 미묘한 차이를 숙지하는 것은 그에게는 힘든 일이었다. 그는 함께 일하는 다른 젊은 사람들보다 더 많은 노력을 필요로 했다. "일을 지속하기 위해서는 전화기 위에 커닝 페이퍼를 적어 두어야 했어요."라고 그가 말했다. "내 말은 우리가 태블릿은 말할 것도 없고 지금 여기에 있는 15개에서 20개 정도의 다른 모델들을 설명해야 한다는 거예요." 그는 만약 고객들에게 말을 할 때 동료가 갑작스러운 질문을 하면, 무슨 말을 하려고 했었는지 잊어버린다는 사실을 깨달았다. "나는 우리가 어디쯤 말하고 있었는지 고객에게 물어봐야만 했어요. 나는 그것이 내게 보너스가 된다는 것을 알거든요."

선톤은 4년 동안 사귀어 온 여자 친구인 유키와 함께 살고 있었다. 그녀는 그가 산만해 보인다고 했고, "마치 영원히 다른 사람이 되어버릴 것 같아요."라고 말했다. 그녀는 그가 정말로 우울하다고 생각하진 않았지만, 그는 짜증을 내거나 충동적이었고 때때로 옷을 내던지거나 문을 쾅 닫기도 하였다. 그는 집에 되돌아왔을 때, 그저 산책을 하다 왔다고 말했다. "그리고 그는 큰 소리를 내며 흥분상태가 됐어요."

그 일은 그가 아파트에서 커튼을 설치하고 있던 어느 날 오후에 발생했다. 유키는 주방에서 냄비 뚜껑을 떨어뜨렸는데, 이는 그가 올라서 있던 사다리에서 3m도 떨어지지 않은 곳이었다. 그는 균형을 잃고 쓰러져 딱딱한 콘크리트 바닥으로 넘어졌다. "머피는 낙관주의자였네요." 그는 6개월 만에 두 번째로 타게 된 구급차에서 그를 옮긴 응급의료사에게 이와 같이 말했다.

선톤 나구치의 평가

주요 또는 경도 신경인지장애의 진단에 있어서 첫 번째 단계는 이전 기능에 비해서 어떠한 저하가 발생했는지를 확인하는 것이다. 이것은 선톤의 사례에서도 나타나는데, 그는 자신이 팔아야 하는 여러 가지 핸드폰의 종류를 기억하기 위해서 도움을 필요로 했다. 그는 그의 기억 문제를 보완하기 위해서 추가적인 노력을 기울여야 했고, 이때 커닝 페이퍼를 지니고 다니면서 업무가 방해받지 않도록 하였다. 그는 또한 과민한 모습을 보였는데, 아마도 이는 사회인지 영역에서 경도 수준의 저하가 있다는 신호일 것이다. 그리고 집행기능에 있어서도 다소 경미한 문제가 있었다. 이는 대화가 중단된 사실로부터 알 수 있다.

정규검사는 그의 인지적 능력에서 소폭의 저하가 있음을 확증해 주었다(경도 신경인지장애 진단기준 A2). 검사 결과가 없더라도 경도 신경인지장애의 진단은 임상적인 면담과 검사에 기반하여 내릴 수 있다. 그는 지속적으로 자신을 지지하려고 노력했으며(B), 섬망은 없었고(C), 다른 정신적 장애도 없었다(D).

자! 이제 외상성 뇌 손상에 대해 말해보자. 물론 외상성 뇌 손상의 필수 요건은 외상인데, 선톤의 사례는 이에 잘 부합한다. 머리를 부딪힌 후 그는 의식을 잃었고 사건에 대한 기억 상실을 경험했다. 이들 모두 진단기준을 충족시킨다(외상성 뇌 손상에 의한 신경인지장애에 대한 진단기준 B). 장시간 후에(상해 후의 주기를 훨씬 넘어선 ─ 진단기준 C), 그는 기분장애의 확실한 증상은 없었지만 과민함과 주의집중의 어려움을 경험했다. 여전히 저자는 그의 정서적 혹은 행동적 후유증이 **행동장애**를 명시자로 부여할 수준으로 증가했다고 생각하지는 않는다. 당신은 이에 동의하지 않을 수 있다.

DSM-5-TR은 그가 얼마나 오랫동안 의식이 없었는지, 기억 상실 기간, 초기 평가에서의 지남력 상실과 혼란스러움에 기반하여 그의 외상성 뇌 손상의 심각도를 평가한다. 솔직히 말하면, 저자는 이게 너무 많다고 생각한다. 우리가 정말로 돌보아야 하는 것은 그의 상해가 아니라 선톤이다. 가장 최근에 넘어진 것 이전에 그의 GAF 점수는 상대적으로 높은 71점이었다. 지금 그가 만성적인 외상성 뇌염으로 발전하지 않기를 바란다(이중선 안에 기술된 내용을 참조하라). 외상성 뇌염이 '아니다'라고 가정한다면, 그의 진단은 다음을 따를 것이다.

S06.2X4S   6~24시간 기억 상실 후유증을 동반한 확산된 외상성 뇌 손상
F06.70   외상성 뇌 손상으로 인한 경도 신경인지장애, 행동장애를 동반하지 않음

한 가지 더 유의해야 할 것이 있다. 우리가 선톤의 두부 외상에 대해 부호화한 것을 보라. 이것이 왜 주목할 만한가? DSM-5-TR이 처음 출판되었을 때, 우리는 그렇게 하지 말라고 들었다. 하지만 규칙이 바뀌었고, 우리도 마찬가지다. 우리는 협동해야 한다.

전두측두엽 신경인지장애

한때 피크병(Pick's disease)이라고 불렸던 전두측두엽 신경인지장애(FTD)는 매우 드물게 고려되곤 했었다. 여기서는 전두측두엽 치매에 대해 전통적인 약어를 사용할 것이다. 지금 FTD는 모든 신경인지장애 사례의 5%를 설명하는 것으로 알려져 있으며, 6명 중 1명 정도는 젊은 환자이다. 평균 발병 연령은 50세 정도이다. FTD는 성별이나 인종과 관련이 없지만, 가족력이 있을 수 있고, 사례의 절반 가까이는 17번 염색체 유전자와 관련된 상염색체 우성 특질로 전이된다.

FTD가 뇌의 전두 그리고 측두엽에 영향을 끼친다는 사실에 대해 놀라진 않을 것이다[뉴런이 손실되고 타우(tau) 단백질을 축적한다]. 그럼으로써 다양한 임상적 특성을 보일 수 있다. 행동 변형은 (전두엽이 관여하는) FTD 사례의 약 80%에서 나타난다. 이는 무감동과 사회적 위축 혹은 탈

억제로 특징지어진다. 무감동한 사람들은 침대에 주로 머물려고 하며 치료를 받는 것을 멈추고자 한다. 반면에 탈억제된 사람은 사회적으로 부적절한 행동을 보인다. 무례한 성적 농담을 하거나, 혹은 물건을 훔치거나 폭식을 보이는 등 다른 사회적 규범을 준수하지 않는다. 이 두 가지 유형 모두에서, 이러한 행동들이 나타난다는 사실을 알 것이다.

언어 변형은 주로 특정 사물 혹은 개념에 대한 적절한 단어를 찾을 수 없는 것으로 시작된다(실어증). 하지만 사물이 앞에 주어지면 정확히 손으로 가리킬 수는 있다. 큰 소리로 읽고 말한 언어를 이해하는 능력이 처음에는 손상되지 않지만, 시간이 지날수록 점차 유창하게 말을 하지 못하고 의미 있는 말도 할 수 없게 된다. 행동적 그리고 언어적 유형들은 모두 모르는 사이에 시작되어 천천히 진행되고 기억과 지각-운동 기술의 상대적인 손상이 동반된다. 결국 두 가지 모두 일상의 활동을 방해하는 것으로 정점을 이루게 된다. 증상이 진행됨에 따라 두 가지 유형의 경계는 거의 구분할 수 없게 된다.

부분적으로는 증상의 변산이 크고 중복되는 특성 때문에 FTD증후군은 종종 인식되지 못한다. 최종적인 진단은 뇌영상 검사와 신경심리검사에 크게 의존한다. 65세 이전에는 FTD가 상대적으로 빈번한 신경인지장애의 원인이며, 언어유형보다는 행동유형이 다소 더 일반적이다. 우리는 아직 필요한 검사들을 받지 않은 환자들을 만날 경우를 설명하기 위해 여러 가지 사례에 초점을 맞출 것이다.

피크병처럼, FTD는 1890년 이후부터 존재하고 있는 오랜 역사가 있는 진단이다. 이 장애가 수년간 단순 조현병으로 불렸던 사실은 얼마나 증상이 유사한지를 설명해 주며, 1980년까지는 공식적인 장애명으로 유지되었다. DSM-II의 설명을 살펴보자. 이것은 "외부에 대한 애착과 흥미가 모르는 사이에 서서히 감소하며 주로 무감동, 대인관계가 궁핍해지도록 만드는 무관심, 정신적인 황폐화, 낮은 기능 수준에서의 적응으로 명시되는 다." 이 용어의 출현은 조현성 성격을 가지는 것보다는 증상이 훨씬 진행되었지만, 조현병의 다른 하위유형으로 보기에는 증상이 극적이지 않은 경우를 설명하기 위한 것이다.

전두측두엽 신경인지장애의 핵심 특징

환자는 {경도}{주요} 신경인지장애를 가진다(555쪽). 상대적으로 기억과 시공간 기능의 손상은 없지만, 증상은 천천히 시작하고 점진적으로 진행될 것이며, 환자의 증상은 주로 이 두 가지 유형 중 하나가 될 것이다. (일부 환자는 두 유형을 모두 보일 수 있다.)

행동 변형. 환자들은 다음과 같은 행동 문제 중 일부를 경험할 수 있다. 탈억제(매너, 예의가 없거나 무분별한 충동성 등을 포함하는 사회적으로 부적절한 행동), 무감동 혹은 무기력함을 보인다. 동정심을 느끼는 능력이 감소하고, 충동적이거나 반복적인 행동, 그리고 과탐식과 함께 나타나는 식이 변화(폭식, 이식증, 음주, 흡연)가 나타난다.

언어 변형. 말하기, 단어 찾기, 물건 이름 대기, 그리고 문법을 사용하는 것과 단어의 의미를 이해하는 능력이 점진적으로 손상된다.

주의사항

ㄱ들을 다루어라

- 기간(만성적)
- 감별진단(신체질환, 다른 정신병적 장애, 신경인지장애의 다른 원인 — 특히 심혈관계 질환, 알츠하이머병, 루이소체, 물질 사용)

부호화 시 주의점

다음의 경우를 명시할 것

거의 확실한 전두측두엽 신경인지장애. 병인론적 돌연변이의 존재 여부(유전자검사 혹은 가족력) 혹은 뇌영상에서 전두측두엽과 관련이 높은 것으로 나타난다.

가능성 있는 전두측두엽 신경인지장애. 유전적 증거가 없고 뇌영상 촬영이 실시되지 않는다.

표 16.1(560쪽)에 명시되는 것처럼 기록하고 부호화하라.

토비 루소

시카고에 있는 한 남자로부터 전화가 왔다. 그는 그의 아버지인 토비 루소에 대해 걱정을 하고 있었다. "휴일 내내 아버지를 봤는데, 예전의 모습이 아니었어요. 꽤 오랫동안, 아마도 1년기량, 그는 흥미를 잃어버린 것 같았어요. 그는 56세에 불과했지만, 최근에는 일하던 택배회사에서 해고되었어요. 나는 그의 상사에게 전화를 걸어봤어요. 상사는 고객들이 그가 전화도 없이 택배를 두고 가거나 문 안쪽에 들어오기도 전에 물건을 떨어뜨렸다고 항의를 했다고 하더군요. '하지만 그는 더 이상 개의치 않아 하는 것처럼 보인다'고 했어요. 그는 아버지가 불쾌한 듯 어깨를 으쓱거리며 마지막 월급봉투를 주머니에 챙겨넣었다고 말했고요. 그게 바로 6개월 전 일이에요."

그때 후로 토비는 수차례 교통사고를 냈지만 운전을 지속하였다. 아들은 치료자가 그의 아버지를 만나기 위해 집에 방문해 줄 수 있는지를 마지막으로 물어보았다. 그의 아버지가 치료자를 만나기 위해 진료실에 가는 것을 거절했기 때문이다.

치료자와 대화를 하는 동안, 토비 루소는 그의 아파트에 앉아서 치토스를 잔뜩 집어 먹고 있었다. 그는 체중이 지난 몇 년간 급격하게 증가했다는 사실을 순순히 인정하면서도 전혀 이를 신경쓰지 않았다. 그의 옆에는 비어 있는 치토스 봉지와 시리얼 상자가 놓여 있었다. 그의 셔츠의 목과 소매 주위는 회색빛으로 물들어 있었고 흉하게 뜯겨 있었다. 그는 최근에 샤워를 한 것처럼 보이진 않았다. 하지만 그의 최근이나 이전 기억은 모두 손상되지 않았고 특별히 우울해 보이지도 않았다. 토비가 말하길, 그는 망상이나 환각을 보이지도 않았다. 교통사고의 경우는? 그는 수많은 차량들과 충돌을 하였다. 문제는 없다. 그는 보험이 정지되긴 했지만 차를 수리할 수는 있었다.

토비는 거실 바닥에 매트리스를 펴놓고 자곤 했다. 그 옆엔 찢어진 사각팬티 한 장이 걸려 있었는데, 치료자는 거기에 있는 얼룩과 반점이 무엇인지를 알고 싶어 했다. "나는 담배를 피워요, 그래서 기침을 많이 해요." 토비는 대수롭지 않다는 듯이 설명했다. "한밤중에 나는 일어나고 싶지 않아요, 그래서 그곳에 침을 뱉어요." 그는 그가 같은 팬티를 그곳에 매일 밤, 몇 주간 걸어뒀을 것이라고 추측했다. 보기엔 분명해 보였다. 하지만 그는 간단한 검사[간이정신상태검사(MMSE)] 결과 30점 중 28점을 받았는데 무슨 요일인지, 그리고 불러준 사물 3개 중 하나의 목록을 회상하지 못하였다.

어느 날 토비는 비탈길 아래로 빠르게 미끄러져 넘어지고 말았다. 그의 아들이 찾아와 아파트에 혼자 있는 그를 찾아냈다. 그는 최근 이틀간 매트리스에서 조금도 움직이지 않았던 것이 분명했다. 결국 그는 입원을 하였다. MRI 결과상, 그의 전두엽과 전두측두엽 양쪽이 현저하게 위축되어 있는 것으로 나타났다.

트루디 칸터

트루디 칸터의 60세 생일 파티에서, 그녀의 오빠 테드는 그녀가 보다 적절한 단어를 찾기 위해 말을 머뭇거릴 때가 많다는 사실을 알게 되었다. 그녀는 반복적으로 보다 정확한 단어를 찾기 위해 노력하는 것처럼 보였다("예, 바로 그거예요, 행복." 그녀는 말을 할 때 도움이 될 만한 제안을 해주면, 안도감을 느끼는 것이 분명했다). 그러면 그녀는 농담을 했다. "나의 노년기는 함께 성장하고 있네요."

그것은 2년 전 일이었다. 테드가 꾸준히 다니라고 설득한 진료 예약에서, 지금 그녀는 인쇄된 종이를 큰 소리로 읽을 수는 있지만, 자발적인 발화는 장황하고 두서없으며 어떠한 요점을 전달하는 것에는 한 번도 성공하지 못했다. 그 어떤 주장이라도.

"이건 내가 해 왔던 방식이에요. 나는 첫 번째로 얻기를 원했고, 음, 그것은 옳은 것이 아니에요, 나는 그것이 다른 것이라고 생각했어요. 대부분의 시간에, 나는 꽤, 어, 매우, 아시다시피, 잘

… 그렇게 하는 방식이에요. 내가 했던, 내 뜻은." 그녀는 미소와 함께 말을 멈추었다.

이때까지 그녀는 펜이라는 명칭을 명확히 말하는 데 어려움이 있었다. 하지만 건축 도면의 초안을 작성하는 아르바이트를 지속해 왔는데, 이는 거의 기적처럼 보였다.

토비 루소의 평가

이 환자들 각각은 여러 해에 걸쳐 인지적인 변화를 보여 왔는데, 이는 주요 신경인지장애의 진단을 충족시킨다(전두측두엽 신경인지장애 진단기준 A). 그리고 점진적으로 악화되었던 개인력이 있었다(B). 인지적인 상태에 있어서 최소한 처음에는 기억의 손상이 두드러지지 않았다.

토비의 사례에는 무감동의 징조들뿐 아니라(진단기준 C1a-ii), 탈억제행동(반복적으로 차를 충돌시키고도 신경을 쓰지 않았다, C1a-i)과 과탐식(간식을 입에 끊임없이 밀어넣었는데, 다른 사람들은 아마도 흡연이나 음주를 지나치게 하거나 입속으로 물건을 넣기도 한다, C1a-v)이 포함된다. 간이정신상태검사(MMSE) 결과, 그의 기억과 지각-운동기능들은 그의 초기 평가 시기에는 적절히 유지되고 있었다(D, 비록 그의 차가 반복적으로 충돌한 원인에 대한 의문이 있을지라도). 그의 저하된 상태가 MRI에서 확정적으로 나타났다는 사실은(거의 확실한 전두측두엽 신경인지장애 진단기준 2), 그의 진단이 거의 확실하다는 사실을 말해준다. DSM-5-TR은 토비의 진단에 추가적으로 '행동장애 동반' 진단을 부여하도록 한다. 이는 약간 바보처럼 보일 수도 있지만 탈억제와 무감동이 우리의 걱정을 유발하고 있다는 것을 주목할 수 있게 해준다. 거의 확실한 사례였기 때문에, 우리는 의학적 진단을 먼저 기술한다. GAF 점수는 10점으로, 토비의 진단은 다음과 같다.

G31.09　　진두측두엽 변성

F02.C18　　거의 확실한 전두측두엽 변성으로 인한 주요 신경인지장애, 행동 변형, 고도, 무감동과 탈억제 동반

트루디 칸터의 평가

수년 동안, 트루디는 언어 기술에 있어 두드러진 손상을 경험해 왔는데, 단어를 명명하는 데 점진적으로 어려움을 보였고(진단기준 B) 정상적으로 발화를 할 수는 있었지만 대화 속에 내용이 담겨있지는 않았다(C2a). 사실 그녀는 건축 도면의 초안을 작성하는 일을 지속적으로 할 수 있었는데, 이는 아직 지각-운동기능이 유지되고 있다는 사실에 대한 지표가 된다(D). 그녀의 학습능력을 평가하기 위해서는 추가적인 검사가 필요하다. 하지만 그녀의 언어적인 문제는 심각했고, 경도 신경인지장애의 수준을 훨씬 넘어선다. 그러므로 검사 결과나 유전학적 정보가 없더라도 저자는 그녀의 진단이 임상적으로 가능성 있는 전두측두엽 주요 신경인지장애가 되어야 한다고 생각한다. 비

록 그녀는 의사소통에 있어 끔찍한 문제가 있지만, 매일의 삶의 중요한 활동을 수행하는 데 있어서 도움을 필요로 하지는 않았다. 그래서 저자는 그녀의 50세경의 GAF 점수와 함께 전반적인 심각도 수준은 경도로 평가할 것이다.

F03.A0   가능성 있는 전두측두엽 변성으로 인한 주요 신경인지장애, 언어 변형, 경도, 행동장애를 동반하지 않음

잠시만 주목해 보자. 표 16.1는 '언어 변형' 혹은 '행동 변형'에 대해 언급하고 있지 않다. 정말 그러한가? 물론 대답은 "언급하지 않고 있지만 언급해야만 한다."이다. 이러한 추가적인 정보는 치료자에게 있어 중요한 가치가 있을 것이다. 환자 역시 마찬가지이다. 그래서 저자는 바로 앞에 이러한 부분에 대해 기술하였다. 진단부호 번호를 부여하지는 않았지만, 그래서 문제가 무엇인가?

혈관성 신경인지장애

신경인지장애의 약 10% 정도는 혈관성 원인을 가진다(알츠하이머병 다음으로). 혈관성치매는 다발성 경색 치매로도 불려 왔는데, 이는 추정되는 원인이 주로 일련의 뇌졸중이기 때문이다. 하지만 어떤 환자들은 한 차례의 뇌졸중으로 치매가 발생하기도 하며, 다른 경우 경색이 유발되지 않는 소혈관질환이 원인이 되기도 한다. 알츠하이머병 환자들은 점진적으로 저하가 나타나는 반면, 혈관성 신경인지장애 환자들은 뇌졸중이 발생함에 따라 작은 단계를 통해 악화된다. 그러나 경과는 때때로 서서히 그리고 점진적으로 나타날 수 있는데, 이는 다발성 소혈관(multiple small vessel)이 축적되어 좁아지는 것에 기인한다. 혈관성 신경인지장애는 특히 당뇨 혹은 고혈압을 가진 환자에게서 발생하기 쉽다.

환자들은 기억력의 저하 외에도 집행기능의 손상을 경험하게 되는데, 이는 새로운 과제를 다루지 못하는 것으로 나타날 수 있다. 또한 무감동, 느려진 사고, 위생불량 문제가 자주 발생한다. 상대적으로 경미한 스트레스원들은 병적인 웃음이나 울음을 촉발시키기도 한다. 이러한 환자들은 알츠하이머병 환자들이 보이는 실어증, 실행증, 실인증을 보일 가능성은 적지만, 정신적인 기능의 어떠한 측면에서는 영향을 받을 수 있다.

혈관성 신경인지장애의 증상은 뇌 병변의 정확한 위치에 따라 다르지만, 피질하 경색 혈관형 질환(subcortical ischemic vascular disease)의 증상으로 알려진 몇 가지 특성이 특히 전형적으로 나타난다. 그들은 초기에 집행기능과 주의력이 손상되고, 느려진 운동 수행, 정보처리 속도의 저하가 발

생한다. 사례 기억(551쪽)은 알츠하이머병에 비해 거의 영향을 받지 않는다. 하지만 기분 증상(우울, 정서적 변덕스러움)과 무감동이 매우 현저하게 나타난다.

DSM-5-TR에서 경도의 혈관성 신경인지장애는 한 차례의 뇌졸중으로 충분하지만 주요 신경인지장애의 경우 전략적으로 부여하는 것이나 다른 뇌영상 소견이 있는 것이 아닌 이상 한 차례 이상의 뇌졸중이 요구된다는 것을 강조한다.

현장 연구에 따르면, 혈관성 신경인지장애의 진행률은 알츠하이머병과 거의 같다. 그리고 치료를 받은 환자들에게서 질병은 더욱 천천히 진행된다.

어떤 저자들은 치매의 구분을 '피질'(혹은 알츠하이머병으로 인한 신경인지장애와 같은 퇴행성)과 '피질하'(대부분의 다른 원인으로 인한 신경인지장애)로 나눠야 한다고 주장한다. 전해지는 바에 의하면 피질하 치매(어떤 책에서는 '이차성' 치매라고도 한다)에서는 실인증, 실어증, 실행증이 거의 발생하지 않는다. 다른 저자들은 장애의 병리가 확실하지 않고 모든 치매가 피질과 피질하 병변 모두를 어느 정도는 가지고 있다는 점을 지적하며 이러한 의견을 반대한다. 중첩되는 증상이 많기 때문에, DSM-5-TR의 분류는 보다 안전한 것으로 보인다. DSM-5-TR은 추정되는 기저의 원인에 따라, 신경인지장애를 훨씬 더 단순한 범주로 나누었다.

혈관성 신경인지장애의 핵심 특징

환자들은 {경도}{주요} 신경인지장애를 가진다(555쪽). 증상은 혈관성 문제가 발생한 후에 시작되고 주로 단계적으로 진행된다. 복합적 주의와 전두/집행기능에서의 현저한 저하가 주로 나타난다.

주의사항

ㄱ들을 다루어라

- 기간(만성화되는 경향이 있음)
- 감별진단(섬망, 신경인지장애의 다른 원인 — 특히 알츠하이머병과 전두측두엽, 다른 정신적 장애, 다른 신체적 장애)

부호화 시 주의점

다음의 경우 명시할 것

거의 확실한 혈관성 신경인지장애. 진단은 뇌영상, 근접성(뇌혈관 발작 직후에 발생했는지), 혹은 임상적 그리고 유전적 증거 모두에 의해서 확실해진다. [예를 들어 백혈구감소증(CADASIL)].

> **가능성 있는 혈관성 신경인지장애.** 뇌영상 자료가 없고, 뇌혈관질환에 영향을 미칠 수 있는 원인이 발견되지 않았다.
>
> 다음의 경우 명시할 것
>   **행동장애를 {동반함}{동반하지 않음}**
>
> 표 16.1(560쪽)에 명시되는 것처럼 기록하고 부호화하라.

CADASIL(백혈구감소증)이 대체 무엇인가? 이는 cerebral autosomal dominant arteriopathy with subcortical infarcts and leukoencephalopathy(휴!)의 약어로, 혈관 손상을 일으켜 다양한 신체 부위에서 조직 손상을 일으키는 유전질환이다. 이는 흔치 않으며(인구 10만 명당 2~3명), 종종 조짐이 있는 편두통을 가진 젊은 성인에서 시작된다. 우울증, 감정적 무절제, 그리고 양극성 증상 역시 관찰된다.

미니 벨 리치

주치의의 요청에 따라, 미니 벨 리치의 딸과 사위는 그녀를 상담에 데리고 오게 되었다. 그녀는 두 번째 뇌졸중이 발생한 지난해부터 그들과 함께 살고 있었다. 거의 5년 전에 발생했던 그녀의 첫 번째 뇌졸중은 왼쪽 다리에 부분적인 마비를 남겼지만, 그녀는 자기 자신을 스스로 돌볼 수 있었고, 심지어 장도 보러 갈 수 있었다. 하지만 두 번째 뇌졸중이 발생한 이후로 그녀는 휠체어 신세를 지게 되었다. 그녀의 딸 플로라는 그녀를 보살피는 데 더욱 신경을 쓰게 되었다.

지난 몇 달간 미니 벨은 실수를 하기 시작했다. 그녀는 고혈압을 위해 복용하는 약을 용기에 넣어두었음에도 불구하고, 약을 복용해야 한다는 것을 잊어버렸다. 처음에는 아침, 점심, 잠자기 전에 약을 먹어야 한다고 상기시켜 줘야 할 필요성이 생겼다. 1~2주 후에 이 점은 호전되어, 한동안 예전의 모습으로 거의 돌아간 듯 보였다.

하지만 지난주 일요일 아침, 미니 벨은 더욱 악화된 것이 분명했다. 그녀는 치마의 지퍼를 올리지 않았고 블라우스의 단추를 다른 구멍에 끼워 넣었지만, 이러한 실수들 중 어떤 것도 알아채지를 못하였다. 그녀는 또한 표현력에도 문제가 발생하여 아침 식사 때, 토스트에 바를 '빨간 물건'을 달라고 요청했다(그것은 그녀와 딸이 지난 여름에 만든 딸기잼이었다). 그리고 오직 상기시켜 주었을 때만 다시 약을 복용하였다.

미니 벨은 자신의 나이인 68세보다 조금 더 나이가 들어 보였다. 그녀는 휠체어에 조용히 앉아서 그녀의 오른손으로 왼손을 받치고 있었다. 면 드레스 위에는 외투를 걸치고 있었는데, 한쪽 어깨가 흘러내려 갔음에도 이를 알아채지 못하는 것처럼 보였다. 그녀는 비록 상담 내내 눈맞춤을 잘 유지하였지만, 오직 직접적으로 말을 걸 때만 이야기를 하였다. 그녀의 말은 분명하고 일관성이 있었다. 그녀는 환각, 망상, 혹은 우울감에 대해서 부인하였다. 하지만 일시적으로 기침, 가빠진 호흡, 그리고 많은 아픔과 통증을 호소하였다. 그녀는 자신이 걸을 수 없다는 사실에 대해서는 간과하였다.

간이정신상태검사(MMSE)상, 미니 벨은 30점 중 20점을 기록했다. 그녀는 올해가 몇 년도인지 알고 있었지만 정확한 날짜에서 두 달이나 벗어나 있었다. 하지만 도시와 주에 대해 대답이 가능하였고 시계와 연필을 명명할 수 있었다. 비록 그녀는 3개의 사물 이름(공, 의자, 전화)에 대해서는 들은 직후에 바로 기억해 낼 수 있었지만, 5분 뒤에는 공 하나만을 회상해 내었다. 그녀는 3단계의 지시를 따르도록 했을 때, 혼란스러워했고 바닥에 종이를 접어서 놓는 것을 지속적으로 잊어버렸다. 실행증은 없었다. 단순한 도형을 따라 그리기 위해 연필을 사용하는 것이 가능했다.

신경학적 검사 결과, 미니 벨의 왼손은 약해져 있었고 그쪽에서 비정상적인 바빈스키 징후(Babinski sign)가 나타났다(발바닥에 상처가 났을 때 발가락이 위를 향했다).

미니 벨 리치의 평가

미니 벨이 신경인지장애를 가졌다는 증거는 다음과 같다. 그녀는 기억력의 문제가 증가하였는데, 이는 처방약물을 복용하는 것을 잊어버렸던 것과 단기 기억에서 분명한 문제를 보였다(MMSE와 과거력을 고려했을 때)는 사실로부터 알 수 있다. MMSE 결과상, 실인증이나 실행증의 문제는 없었다. 하지만 그녀의 딸은 그녀가 잼을 '빨간 물건'으로 말하는 실어증에 대해 보고하였다(언어문제). 그녀는 또한 집행기능에서도 문제가 증가했는데, 이는 외모에 무관심하고 3단계 지시를 따르지 못했던 점을 통해 알 수 있다. 이러한 문제들은 이전의 기능 수준으로부터 주요한 저하가 발생한 것을 나타내 주며, 그녀의 일상생활을 최소 중등도 수준으로 방해했다는 사실을 알려준다.

질환의 장기적인 경과는 섬망이 아니라는 사실을 분명히 보여준다. 또한 미니 벨은 우울, 망상, 혹은 환각을 부인하였으므로, 가성치매와 같은 비인지적 장애의 진단에도 해당되지 않는다(혈관성 신경인지장애 진단기준 D). 그녀의 장애가 혈관성 병인인 점은 고혈압의 과거력과 여러 차례 뇌졸중이 발생한 이후 그녀의 능력에서 장애가 단계적으로 진행했다는 사실로부터 제안된다(B1). 기능 저하가 시작되었을 때의 신경학적 징후는(손의 약함, 위로 향하는 발가락) 혈관성 병인의 추가적인 증거를 제공한다(C). 그녀의 임상적인 경과는 거의 확실한 혈관성 병인을 지지한다(B2).

미니 벨의 뇌영상 자료는 이런 신경인지장애가 거의 확실한 혹은 가능성 있는 것인지를 구분하는 데 중요할 것으로 보이나 저자는 이러한 자료를 볼 수 없었다. 하지만 그녀가 경험하는 어려움은 여러 뇌졸중을 경험한 후 분명하게 단계적으로 진행되었다. 이는 DSM-5-TR의 진단을 만족시키기에 충분하다. 미니 벨의 핵심 증상은 집행기능에 문제가 있는 것으로 보였기 때문에, 그녀의 진단은 다음과 같을 것이다(이와 함께 GAF 점수는 31점이다).

F01.B0   거의 확실한 혈관성 주요 신경인지장애, 행동장애를 동반하지 않음, 중등도

다른 의학적 상태로 인한 신경인지장애

DSM-5-TR은 신경인지장애의 몇 가지 다른 원인들에 대해 자세하게 기술하고 있는데, 대부분은 전체 사례들 중 매우 낮은 비율에 해당한다. 저자는 DSM-5-TR에서 세부적인 진단기준에 부합하는 장애를 살펴보기 위해 그 특징을 요약해 두었다. 더욱 자세한(하지만 여전히 미완성의) 목록은 부록에 있는 표에서 찾아볼 수 있을 것이다(741쪽 참조).

파킨슨병. 구부정한 자세, 느린 움직임, 경직, 앞뒤로 흔드는 진전(환약말이 떨림), 그리고 종종걸음, 발을 질질 끄는 듯한 걸음걸이가 파킨슨병의 특징으로 알려져 있다. 덜 알려진 것은 아마도 신경인지장애가 발생한 정도와 관련이 있을 것이다 — 파킨슨병 환자들의 1/4 혹은 그 이상이 연령이 증가함에 따라 주요 신경인지장애를 가질 가능성이 80%만큼 높아지는 것으로 나타났다.

루이소체 신경인지장애와는 대조적으로, 파킨슨병의 신체적인 증상은 맨 먼저 나타나며, 인지적인 특성은 절대 첫 번째로 나타나는 증상이 아니다. 이는 거의 확실한 혹은 가능성 있는 진단을 부여하기 위해 확인해야 하는 두 가지 요인 중 하나가 된다. 또 다른 하나는 다른 장애 — 특히 뇌혈관 질환, 알츠하이머병, 루이소체 신경인지장애 — 혹은 다른 정신적, 신경학적, 혹은 신체적 장애가 신경인지장애의 발달에 영향을 준다는 증거가 없어야 한다는 것이다. 이 두 가지 요인이 모두 존재한다면 거의 **확실한** 진단을 내리지만, 둘 중 한 가지만 있다면 **가능성 있는** 진단을 내리게 된다. 세부적인 기록 방법은 표 16.1을 살펴보도록 하라.

헌팅턴병. 헌팅턴병의 발병 연령은 평균적으로 40세 정도이다. 처음에는 아마도 성격과 집행 기능에서 경미한 변화가 나타날 수 있고, 기억과 판단력의 저하가 뒤따른다. 안절부절못하는 행동이 운동완만(즉, 수의적 운동의 지연)과 무도병(즉, 불수의적인 갑작스러운 움직임)보다 선행한다. 유병률은 북미와 유럽 지역에서 10만 명당 6명 정도이다(아시아권에서는 훨씬 덜 빈번하다). 그 원인은 4번 염색체의 상염색체 우성 유전자에 있다.

프리온병. 프리온병은 유병률은 낮지만 매우 심각한 질환으로 전체 신경인지장애 사례에서 매우 소수에 해당한다. 아마도 매년 100만 명당 한 사례 정도가 발생할 것이다. 하지만 '미친 소병(광우병)'은 매우 극적(그리고 비전형적)이어서, 병이 발생할 때마다 헤드라인을 장식하기도 한다. 더욱 흔한 유형인 크로이츠펠트–야콥병은 핵산을 포함하지 않는(즉, DNA 혹은 RNA가 없음) 감염성 단백질에 의해 유발된다. 이러한 질병은 뇌를 공격하여 미세한 영역에 구멍을 만들며, 통칭적인 이름인 광우병으로 설명된다. 증상에는 기억 상실, 성격 변화, 그리고 운동 문제들이 포함된다. 연령의 범위는 넓지만 주로 노년기에 발생하며, 소수의 사례에서는 가족력이 있기도 하다. 프리온병은 주로 1년 내에 죽음에 이르게 될 정도로 치명적이며, 근본적으로는 치료가 불가능하다.

HIV 감염. 항생제치료의 발전은 HIV 감염으로 인해 노출되는 다양한 위협들을 감소시켰다. 하지만 감염된 사람들의 절반 가까이는 인지장애의 몇 가지 증상을 나타내며, 1/3 정도는 경도 또는 주요 신경인지장애의 진단기준을 충족시킨다. 비록 HIV 감염이 신경인지장애에서 가장 흔한 원인 중 하나는 아니지만, 빠르게 가장 중요한 원인들 중 하나가 되어가고 있고 젊은 사람들에게 발병하여 활기찬 삶을 파괴시켜 버린다. 이 때문에 저자는 신경인지의 범주에 대한 실례로 HIV를 포함시켰다.

다른 원인들. 증상과 병의 경과는 대체로 기저의 의학적인 원인에 달려 있으며, 그래서 치료와 예후도 이에 따라 다르다. 다른 원인들에는 정상압수두증, 갑상선기능저하증, 뇌종양, 비타민 B12 결핍, 그리고 다른 원인들이 포함된다. 더 많은 원인은 부록의 표(741쪽)에서 찾아볼 수 있다.

다른 의학적 상태로 인한 신경인지장애의 핵심 특징

환자들은 {주요}{경도} 신경인지장애의 진단기준을 충족시킨다.

	헌팅턴병	파킨슨병[a]	프리온병	HIV 감염	다른 의학적 상태
환자들은 다음의 증거를 갖는다.	헌팅턴병(가족력 혹은 유전학적 검사)	파킨슨병의 운동 증상	프리온병의 운동 특징(운동실조증, 근육간대경련, 경련)	문서로 기록된 HIV 감염	가족력, 신체검사, 혹은 다른 비정신적 장애의 검사 결과
증상은 위의 상태로 더 잘 설명되지 않는다.	다른 정신적 혹은 의학적 장애			정신, 인지, 비-HIV 신체적 장애	다른 의학적 장애 혹은 세부적인 신경인지장애
발병은	서서히, 점진적으로 진행됨		서서히, 종종 빠르게 진행됨	—	—

a 거의 확실한 혹은 가능성 있는 신경인지장애를 기록한다. 본문을 참조.

부호화 시 주의점

진단부호 절차를 위해서 표 16.1과 표 16.2를 참조하라.

알렌 윙

알렌 윙은 4개월 동안 세 차례나 병원에 입원을 하였는데, 체중의 20%인 14킬로그램이 빠져버렸다. 그는 마치 삶의 의지를 상실해 버린 것처럼 보였다. 그는 저하된 면역 체계를 강화시키기 위해 처방된 항생제 복용을 소홀히 했다. 이에 무감동이 더해지자, 그는 입원하여 즉시 정신건강 상담을 받는 것이 필요해 보였다. 알렌의 주치의는 CT 뇌 촬영에서 확산되어 있는 피질위축이 나타나며, EEG 결과상에서 '비초점성 서파(nonfocal slowing)'가 관찰된다고 말했다.

알렌은 댄서가 되기 위해서 연습을 해 왔었다. 하지만 그는 조프리 발레단에서 직업을 얻는 데 실패한 뒤, 오랜 동료인 알렉스의 앤티크 인형 사업에 합류하게 되었다. 두 사람은 알렉스가 갑자기 주폐포자충폐렴(pneumocystis pneumonia)으로 죽기 전까지, 경매와 인형 전시회를 위해 나라 곳곳을 여행하면서 만족스러운 삶을 살았다. 하지만 알렌은 곧 자신이 HIV-양성이라는 사실을 알게 되었고, 즉시 예방약을 복용하기 시작했다. 그는 몇 달 전까지 사업체 운영을 지속해 왔지만, CD4 세포가 200 이하로 떨어지면서 최근에 입원을 하게 되었다.

의료진이 방문 목적을 설명하는 동안, 알렌은 눈맞춤을 유지하며 공손하게 이야기를 들었다.

그의 목소리는 느리고 부자연스러웠지만, 말의 흐름에 있어서 다른 이상한 점은 없었다. 그에게는 망상, 환각, 비정상적인 사고 내용도 없었다. 그는 슬프거나 불안한 감정에 대해서도 부인하였고 '단지 피곤함'만을 호소하였다.

알렌은 그의 이름과 입원해 있는 병원의 이름, 지금이 몇 월인지에 대해서는 알고 있었지만 날짜와 연도를 정확하게 알지는 못하였고, 병원에 온 지 하루가 지났다고 생각했다(실제로는 일주일이 지났다). 그리고 지난 3년 동안 그를 치료해 온 주치의의 이름을 정확히 떠올리지 못하였다. 그는 간이정신상태검사(MMSE)에서 30점 중 14점을 받았다. 종이를 집어서 반으로 접고 바닥에 내려놓으라고 요청했을 때, 그는 두 번이나 종이를 접지 않았고 바닥에 떨어뜨렸다. 그리고 사과와 오렌지의 유사점이 무엇인지를 물어보자 대답을 하지 못했다. 그는 자신의 병이 심각해지고 있다는 것을 알면서도 최근에 약물 복용을 거부했다는 사실을 인정했다. "나는 기분이 최악이에요." 그가 말했다. "그리고 약물이 나를 아프게 만들었다고 생각해요."

알렌 윙의 평가

알렌의 과거력과 명백한 지적 능력의 저하(주요 신경인지장애 진단기준 A)를 고려해 볼 때 신경인지장애가 확실하다. 그의 주의력이 유지되고 그가 검사에 적절히 주의를 기울였다는 점은 섬망과는 전혀 거리가 멀다(C). 그의 최근의 기억 상실은 특히 HIV와 관련된 신경인지장애에서 흔하며, 또한 전형적으로 무감동과 느린 어투도 나타난다. 그는 이전 기능 수준에 비해 유의한 손상을 나타냈다(B). 이 사례에서는 실인증, 실행증, 실어증이 없었기 때문에 치매 중 비-알츠하이머형인 것으로 예상된다. 모든 면에 있어서, 그는 분명히 신경인지장애의 진단기준에 일치하였고 그의 HIV 양성상태는 병인에 관한 필요한 정보를 제공하였다. 우리는 알렌이 무감동 같은 행동 문제를 겪었다는 사실을 알고 있다.

그를 잘 알고 있는 정보제공자는 알렌의 집행기능에 대한 매우 만족스러운 정보를 제공한 것이다(스스로 옷을 입고, 쇼핑하거나 다른 일상적인 일을 하는 데 어려움이 있었는가?). 하지만 간이정신상태검사에서 순서를 따르는 데 어려움을 보였던 것이 또한 증거가 될 수 있다. 약물치료를 중단했다는 사실은 판단력이 나빠졌다는 것을 의미하는데, 이는 HIV와 관련된 신경인지장애의 말기 단계에서 나타나는 전형적인 모습이다. 그는 우울감에 대해서는 부인하였는데, 이는 가성치매를 동반한 우울장애가 아니라는 증거(확정적이지는 않을지라도)가 된다. 그는 스스로를 돌보기를 포기했기 때문에 GAF 점수를 21점을 주었는데, 다른 임상가들은 이보다는 다소 높게 그를 평가할 수도 있을 것이다. 그의 주요 신경인지장애의 심각도 평정은 덜 심각하다. 그는 아직 전적인 도움이 필요할 정도로 완전히 의존적이지는 않다.

| B20 | HIV 감염 |
| F02.B18 | HIV 감염으로 인한 주요 신경인지장애, 중등도, 행동장애(무감동)를 동반함 |

물질/약물치료로 유발된 신경인지장애

신경인지장애는 알코올, 진정제 그리고 흡입제의 장기적인 사용에 의해 유발될 수 있는데, 대다수의 사례에서는 알코올이 가장 주된 원인이 된다. 환자들은 구성 과제(예 : 그리기), 행동, 그리고 기억력의 곤란을 경험하며, 주로 망상적인 질투심이나 환각을 가지고 있는 것으로 묘사된다. 비록 병의 발병은 전형적으로 점진적이지만, 환자들이 며칠 또는 몇 주 동안 술을 끊기 전까지 어떤 것도 진단될 수 없다.

이 장애의 한 가지 형태는 코르사코프 정신증(korsakoff's psychosis) 혹은 DSM-IV에서 물질로 유발된 지속적인 기억상실장애와 같이 다양하게 알려진 유형이다. (DSM-5는 기억장애의 이전 분류를 알코올로 유발된 주요 신경인지장애, 기억 상실 — 작화적 유형으로 이동시켰다.)

물질/약물치료로 인한 신경인지장애의 핵심 특징

어떤 물질의 사용은 {주요}{경도} 신경인지장애를 유발하는 것으로 보인다(555쪽).

주의사항
물질과 관련된 원인을 식별하기 위해서 88쪽의 이중선 안에 기술된 내용을 참조하라.

ㄱ들을 다루어라
- 기간(흔히 예상되는 중독이나 철수 과정 이후에도 계속됨)
- 감별진단(신체적 장애, 다른 정신적 장애, 섬망)

부호화 시 주의점
진단을 기록할 때, 이름에 정확한 물질명을 기록한다. 예를 들어, 알코올로 유발된 주요 신경인지장애로 기록한다. 부호화를 위해 표 15.2 참조.

다음의 경우 명시할 것
　　지속형. 신경인지장애 증상이 장기간의 금주를 통해 회복한 이후에도 한참 동안 지속된다.

마크 컬페퍼

마크 컬페퍼는 56세까지 매일 양주병의 1/5가량을 마셨지만 이에 따른 대가는 성공적으로 피해 왔다. 그는 대학에서 30년 동안 발달생물학을 가르쳐 왔는데, 6개월 전 조기 퇴직을 권고받았다. 이후 그의 딸 아말렛이 가사를 도와주고 그와 친구처럼 지내기 위해 이사를 오게 되었다. 그녀는 그의 장애에 대한 대부분의 과거력을 제공했다.

아말렛은 아버지가 술을 마시면서도 교수직을 어떻게 유지해 왔는지 전혀 이해할 수가 없었다. 물론 말년에 그의 수업은 수준이 매우 낮았고 10년 넘게 학술적인 글은 쓰지 않았다. 학생들은 그를 '종신보장에 편승해 가는 사람'이라고 불렀다. 하지만 그의 종신 재직권은 대학에서 강력한 힘을 가지고 있었기 때문에, 그가 숙취로 인해 수업에 참석하지 못하거나 성적을 전혀 제출하지 않았다는 사실 모두를 용서받았다.

딸이 이사를 온 즈음 마크는 완전히 퇴직하였고, 대부분의 시간을 술을 마시는 데 소비했다. 아말렛은 빠르게 술을 마시지 못하도록 개입을 하였다. 그녀는 위협과 함께 수치심을 줌으로써 그의 술을 모두 가져갔고 그가 술을 완전히 끊을 수 있도록 그의 경제적인 부분을 관리하기로 했다. 그녀는 그가 토하고 '감전된 쥐처럼' 떨 때도 변함없이 그와 함께 있었다. 뇌졸중이 발생했을 때, 그녀는 아버지의 30년 묵은 습관을 없앴다.

그 결과는 딸이 기대했던 그 이상 그 이하도 아니었다. 이후 4개월 동안 그는 술을 입에 댈 수 없었지만 그렇다고 금주를 완전히 성공한 것도 아니었다. 술에 취하지 않았음에도 그는 면도를 하지 않은 채 외출을 하는 등 외모에 신경을 쓰지 않았다. 딸이 말한 것과 같이 그는 대부분의 시간을 '논문 작업'을 하는 데 보냈지만, 내용을 바꾸지 않고 그대로 베꼈다. "말이 되는 게 하나도 없어요. 아마도 오래된 신입생 생물학 교재에서나 읽을 수 있는 내용이에요. 굉장히 오래된 교재요." 그가 입원 동의서에 서명하는 동안 그녀가 지켜보았다.

그 전날 일어난 사건이 그를 입원하게끔 만들었다. 그녀가 간단한 심부름을 마치고 집으로 돌아왔을 때, 그는 욕조 물을 틀어놓고 잠그는 것을 잊어버려, 거실까지 넘친 물을 닦고 있었다. 하지만 수도꼭지는 여전히 틀어져 있었다.

마크는 빨간 코와 볼 때문에 다소 소년 같았고 매우 유쾌해 보였다. 그는 귀퉁이가 접혀 있는 폴더에서 서류 한 묶음을 가져왔다. 제목은 '도롱뇽의 사지재생'이었다. 그의 어투는 정상이었고, 망각, 환각, 우울증, 그리고 자살 사고는 부인하였다. 그는 간이정신상태검사(MMSE)에서 주의 집중하는 듯 보였지만, 30점 중에 단 19점만을 받았다. 그는 기억력검사에서 5분 뒤에 3개의 사물 중 2개를 회상하지 못했다. 그는 간신히 'world' 스펠링을 거꾸로 틀리지 않고 쓸 수 있었다. 3단계의 지시(종이를 잡아서, 그것을 접고, 바닥에 놓으세요)에 따르도록 요청하자, 종이 접기를 계속하지 않았다. 이에 대해 물어보면, 그는 외면하며 "글쎄요, 나는 내 연구에 대해 생각하고 있었어요."라고 대답할 뿐이었다.

마크 컬페퍼의 평가

많은 신경인지장애의 사례에 있어서, 가장 핵심적인 특징은 기억력 손상이다. 마크의 사례에서, 이것은 평상시의 관찰에서는 분명하게 관찰되지는 않았다. 그는 유쾌했고, 자연스러운 방식으로 대화를 했으며, 심지어 과학적인 논문 작업을 하는 것처럼 보였다. 하지만 그는 간이정신상태검사에서 제시한 세 물건 중 하나만을 5분 후에 회상할 수 있었다.

마크는 언어, 주의, 사회인지 혹은 지각-운동 능력과 관련된 문제의 증거가 없었지만, 딸이 제공한 과거력에 대한 정보에서, 그는 자신을 돌보는 데 어려움을 경험했다는 사실을 알 수 있다(그의 외모에 무관심했고 욕조 물이 집 안에 넘치게 만들었다). 이러한 집행기능의 손상은 검사에서 3단계 지시를 따라오지 못했던 사실을 통해 알 수 있다. 이것은 주요 신경인지장애로 고려되기에 충분하지만(진단기준 A), 저자는 마크가 아직 스스로 음식을 먹거나 옷을 입을 수 있기 때문에 경도로 평가한다.

마크는 주의집중을 잘하였고, 면담하는 동안 종잡을 수 없이 배회하는 모습을 보이지는 않았던 점을 볼 때, 섬망이 시사되지는 않는다. 금단의 일반적인 시간 경과를 거친 그의 증상의 지속성은 진단 요건을 충족시킨다(B). 과도하고 장기간 동안 지속된 알코올 사용은 확실히 그의 증상을 유발할 수 있다(C). 증상의 경과는 딸이 그에게 술을 마시지 못하게 한 뒤에도 오랫동안 지속되었다는 사실과 일치한다(D). 다른 정신질환의 증거는 없다. 마크는 우울이나 정신병 증상을 부인하였는데, 이러한 두 가지 상태에서 부주의와 기억 손상이 나타날 수는 있다. 물론 신체검사와 다른 검사를 통해 다른 의학적 질환을 배제할 필요성이 있다(E). 하지만 그의 과거력을 고려할 때, 알코올로 유발된 주요 신경인지장애일 가능성이 매우 높아 보인다.

마크의 알코올사용장애는 다소 고민해 볼 필요가 있다. 그가 금주를 했을 때, 수전증과 구토가 나타나서 우리는 그가 알코올 금단이라고 생각했었다. 알코올은 분명히 딸과의 관계나 직업에 지장을 주었으며, 알코올사용장애로 진단되기에 충분했다. 이 사례에서 언급되지는 않았지만 알코올에 대한 갈망과 내성같이 물질사용장애의 진단기준으로 남아 있는 여러 가지 증상이 있다. 보다 철저히 탐색을 해본다면, 아마도 그에게 증상의 심각도 수준을 확인할 수 있는 충분한 증상이 있음을 알 수 있을 것이다. 어찌 되었든 알코올 금단 준거와 일치하지 않았고 오해의 소지가 있기 때문에, 경도로 기록할 수밖에 없었다. 맞다, 아마도 우리가 가지고 있는 자료를 다소 넘어서는 것이지만, 임상적으로는 마크의 알코올사용장애를 고도(severe)로 기록하는 것이 적절할 것으로 보인다. 저자는 표 15.2에서 적절한 진단부호를 선택할 것이다.

마크는 최근 퇴직하고 여가 시간이 많았는데, 이것은 문제가 될 수도, 반대로 기회가 될 수도 있을 것이다. (그는 작업치료나 레크리에이션 치료 아니면 주간 보호시설에 다니며 좋아질 수도 있다.) 어느 쪽이든 간에, 저자는 Z코드를 부여할 것이다. 저자는 그의 의학적 상태가 고려되지 않았다는 사실을 쉽게 믿을 수가 없다. 우리는 이후에 그 사람의 상태를 다시 봐야 할 것이다. 그의 GAF 점수는 아마도 41점이 될 것이다.

F10.27   조기에 관해된 고도의 알코올사용장애, 알코올로 유발된 주요 신경인지장애 동반, 비기억 상실 — 작화적 유형, 지속성

Z60.0   생활 문제의 단계(퇴직)

찰스 잭슨

키가 182cm 정도 되는 찰스 잭슨은 여전히 군인다운 태도를 보였다. 군대를 떠나기 1년 전, 그는 이등병으로 좌천되었는데, 이것은 만취상태에서 보인 행동에 대한 최고의 징계 처분이었다. 운이 좋게도 그는 21년간 복무해 왔고 퇴직금을 몰수당하지도 않았다.

수년 동안 그는 면담자에게 매달 상담을 받아 왔다. 최근에 받은 찰스의 간이정신상태검사(MMSE) 점수는 17점이었다. 언어에서는 만점인 9점을, 'world'를 거꾸로 'drolw'로 적어서 3점, 기억력에서 3점(세 항목을 즉시 반복하기), 도시와 주 이름에서 2점을 받았다.

이런 상황에서, 면담자는 우리가 마지막으로 만난 게 언제였는지를 물어보았다. 그는 "글쎄요, 잘 모르겠어요. 당신은 뭐라고 생각하는데요?"라고 대답했다. 다음 질문에서, 그는 전에 면담자를 만난 적이 있었던 것으로 추측된다고 말했다. "아마도 지난주였던 것 같네요."

면담자는 그에게 앉아 있도록 한 뒤, 대기실로 와서 그의 아내에게 남편의 행동이 어떠한지를 물어보았다. 그녀는 "아, 그는 전과 같아요. 그는 무언가를 스케치해요. 당신이 그 사람 옆에 있어 있다면, 여전히 캐리커처를 매우 잘 그릴 수 있을 거예요. 하지만 대부분 집 안에 앉아서 TV만 봐요. 내가 집에 돌아와 무엇을 보고 있었는지 물어보면, 그는 대답을 하지 못해요."

찰스는 시골로 이사 간 최근에는 더 이상 술을 마시지 않았다. 가장 가까운 편의점까지는 적어도 3km를 가야 했고 그는 더 이상 잘 걷지도 못했다. "하지만 그는 여전히 술에 대해서 얘기해요. 어떤 때는 그는 여전히 자신이 군대에 있다고 생각하는 것처럼 보여요. 그는 나에게 나가서 진을 사오라고 명령해요."

그는 예전에 있었던 사실 몇 가지만을 기억하고 있었는데, 예로 진과 관련하여 그가 아이였을 때 그의 아버지와 술을 마셨던 사실을 기억했다. 하지만 그는 30개월인 그의 딸 이름은 기억할 수

가 없었다. 대부분 그는 '그 소녀'라고만 불렀다.

면담자는 사무실 안으로 되돌아왔다. 찰스는 그를 쳐다보며 미소를 지었다.

"내가 전에 당신을 본 적이 있나요?" 면담자가 물어보았다.

"예, 확실히 그렇죠."

"그게 언제였는데요?"

"그건 지난주였던 것으로 추측되는데요."

찰스 잭슨의 평가

찰스는 특히 고도의 순행성 기억 상실(그는 새로운 기억을 형성하지 못했다)뿐 아니라, 상당 수준의 역행성 기억 상실을 겪고 있었다(그는 심지어 딸의 이름도 회상하지 못했다). 그가 유의한 수준의 인지능력 저하를 겪고 있다고 결론짓기 위해, 객관적인 검사를 실행할 필요는 거의 없다(주요 신경인지장애 진단기준 A). 그의 아내는 그가 단지 앉아 있기만 한다고 증언하였는데, 이로부터 그가 청구서 처리나 집안일 등 어떤 것도 하지 않는다는 사실을 추론해 볼 수 있다(B). 우리는 그가 자기관리를 할 수 있는 정도인지 결론을 낼 수가 없다. 찰스는 주의력이 산만해지거나 의식이 감소하였다는 증거를 보이지는 않으므로 섬망은 배제될 것이다(C).

약간의 유도만으로도, 찰스는 검사자와의 이전 만남에 대해 작화적으로 이야기를 만들어 내는 것처럼 보였다. 비록 작화증은 진단기준에 있지 않지만, 하위유형의 이름이 만들어질 정도로 전형적인 증상 중 하나이다. 알코올로 유발된 기억 상실 — 작화적 증상에서, 기억은 핵심적인 문제이다. 하지만 집행기능에 동반된 문제들(MMSE에서 찰스의 수행에 의해 제안된)도 발생할 수 있다.

감별진단에 있어서 핵심사항에는 주요 신경인지장애의 다른 원인들과 알코올 중독의 다른 합병증이 포함된다. 물론 이러한 혼란스러운 원인 중 어떤 것 하나라도 과거력에서 분명해야만 한다. 물론 찰스의 지리적 고립은 그의 건망증이 알코올 사용으로 인한 기억 상실과는 무관함을 보장한다.

비록 사례에는 과거력에 관한 정보가 빠져 있지만, 찰스는 아마도 알코올사용장애 진단도 역시 받아야 한다. 그는 지난해 동안 진단기준을 충족하지 않았으므로, 지속적 관해 상태 수식어를 받게 될 것이다. (통제된 환경에서 추가적으로 평가되어야 하는데, 왜냐하면 그가 살고 있는 지역은 알코올을 얻기 쉽지 않은 곳이기 때문이다. 하지만 반드시 그런 것은 아니다.) 그의 GAF 점수는 41점에 불과할 것이다. 그의 진단은 표 15.2로부터 확인할 수 있다.

F10.26   알코올사용장애, 지속적 관해 상태, 알코올로 유발된 주요 신경인지장애, 기억
상실 — 작화적 유형, 지속성

다중 병인으로 인한 신경인지장애

신경인지장애의 원인이 하나이든 아니면 여러 가지이든, 기본적인 증상은 동일하게 유지된다. 많은 의학적 및 신경학적 장애가 신경인지장애를 유발할 수 있으며, 그 조합들은 거의 끝이 없을 정도로 많다. 어떤 환자들의 증상은 기저의 병리와 일치해야 하지만, 순수하게 임상 장면에서 신경인지장애에 기여하는 요소들을 변별해 내는 것은 어려울 수 있다.

한 가지 이상의 원인을 가진 신경인지장애는 넘어지기 쉽고 다양한 질환에 특히 취약한 노인과 음주 및 약물 사용으로 다양한 의학적 장애의 위험에 놓여 있는 사람들에게서 흔히 나타난다. 예를 들어, 알코올로 유발된 주요 신경인지장애 환자들은 두부 외상, 감염 혹은 마르키아파바- 비냐미병과 같은 퇴행적 상태 또한 가질 수 있다(뇌의 뇌량은 만성적인 음주에 영향을 받는다).

증상은 신경인지장애의 다른 원인들에 의한 것과 매우 유사하므로, 사례를 들지는 않을 것이다. 사실 저자는 심지어 핵심적인 특성을 규정하지도 않았는데, 따로 증명할 필요가 없을 정도로 자명하기 때문이다. 당신이 증상을 수집하여 진단을 내린다면, 오직 다음과 같은 문제가 남을 것이다. "어떻게 진단부호를 작성해야 하지?" 기본적으로 여기에는 계획된 형식이 있다(표 16.2 참조).

먼저, 이름을 쓰고 의학적 상태에 기여하는 각각의 진단부호를 기록하라. 그리고 주요 신경인지장애, 행동장애를 {동반함}{동반하지 않음}에 대한 적절한 부호를 추가적으로 작성한다.

다음은 신경인지장애와 중등도의 장애, 즉 헌팅턴병을 오랜 기간 경험했고 두부 외상, 우울감을 경험한 환자의 진단기록이다.

G10	헌팅턴병
S06.2XAS	명시되지 않는 기간의 의식 손실을 동반한 확산된 외상성 뇌 손상, 후유증
F02.B3	헌팅턴병 및 두부 외상으로 인한 주요 신경인지장애, 중등도, 우울증 동반

여기까지는 좋아 보인다. 하지만, 여기에는 옥에 티가 있다.

유념할 점 1. 만약에 환자가 중등도 혹은 고도의 신경인지장애에 기여하는 혈관성장애를 가지고 있다면, 그것을 별도로 언급할 필요가 있다. 따라서 우리의 운 없는 헌팅턴병을 가진 환자가 두부 외상을 피할 수 있었지만, 그 대신 뇌졸중을 경험했다고 해보자. 여기서는 이런 경우에 진단을 어떻게 작성해야 할지를 보여주고 있다.

G10	헌팅턴병
F02.B3	헌팅턴병으로 인한 주요 신경인지장애, 중등도, 우울증 동반
F01.B3	혈관성 주요 신경인지장애, 중등도, 우울증 동반

혈관질환과 관련해서 추가적인 부호화가 이루어지지 않음을 확인하라.

유념할 점 2. 우리의 헌팅턴병 환자가 뇌졸중을 겪은 것이 아니라 지난 몇 년간 심한 음주를 했다고 가정해 보자. 작화증이 관찰되는 정도는 아니었으며 우리는 신경인지장애의 일부는 음주에 의한 것으로 간주했다. 그렇다면 표 15.2의 도움을 받아 다음과 같이 표기할 수 있다.

G10   헌팅턴병

F02.B3   헌팅턴병으로 인한 주요 신경인지장애, 중등도, 우울증 동반

F10.27   알코올 사용으로 인한 주요 신경인지장애가 동반된 심한 알코올사용장애, 비기억 상실 — 작화증 유형, 중등도, 우울증 동반

우리는 물질사용으로 인한 신경인지장애의 심각도를 부호화로 표시하지 않고, 말로 설명해 두었다는 점을 확인하라.

유념할 점 3. DSM-5-TR 기준에 따르면 유전 정보(가족력 또는 검사)가 없는 경우, 만약 혼합된 병인의 증거가 존재한다면 알츠하이머병으로 인한 가능성이 있는 주요 신경인지장애 진단은 내려질 수 없다. 특별히 언급된 것이 혈관성질환의 예이다. 그러나 여러 요인으로 인한 신경인지장애를 논의할 때, DSM-5-TR은 알츠하이머병과 혈관질환으로 인한 주요 신경인지장애의 예를 둘 다 제시한다. 나는 에디스 로만의 진단을 논할 때 이 Catch-22에 대해 불평한다. 이에 대한 더 많은 정보를 원한다면 해당 부분(724쪽)을 참조하라.

유념할 점 4. 다시 '유념할 점 1'로 돌아가자. 우리의 환자가 경도의 신경인지장애와 헌팅턴병을 가지고 있고, 거의 확실한 뇌혈관장애가 있다. 이 경우 다음과 같은 방식으로 표시할 수 있다.

G10   헌팅턴병

I67.9   뇌혈관질환

F06.71   헌팅턴병과 뇌혈관질환으로 인한 경도의 신경인지장애, 우울증 동반

F06.31   헌팅턴병과 혈관질환으로 인한 기분장애, 우울 양상 동반

DSM-5-TR의 2022년 10월 업데이트에 따르면, 혈관질환이 거의 확실하고 신경인지장애가 경도 수준일 때만 혈관질환의 병인을 부호화한다. 감이 오는가?

R41.9 명시되지 않는 신경인지장애

명시되지 않는 신경인지장애의 범주는 인지적 결함이 섬망이나 신경인지장애(경도 혹은 주요)로 보기엔 충분하진 않지만, 명백한 고통 혹은 기능 손상을 야기하는 환자들을 포함한다. 병인이 명확하지 않기 때문에, 다른 부호화는 가능하지 않다. 하지만, 행동장애를 {동반함}{동반하지 않음}을 숫자가 아닌 글로써 추가적으로 기록할 수는 있다.

CHAPTER 17

성격장애

성격장애의 빠른 진단 지침

DSM-5-TR에서는 DSM-IV에 있던 10개의 성격장애를 모두 유지했다. 이 중 아마도 6개의 장애는 연구 장면에서 충분히 연구되고 많은 지지를 받았던 것 같다. 나머지(편집성, 조현성, 연극성, 의존성 성격장애)는 과학적 기반이 충분치 않음에도 진단영역에서 위치를 유지하게 되었는데, 이는 그 진단의 실용적인 용도, 솔직히 말해서는 전통 때문이었다.

　　전통에 대해 말하자면, 1980년 DSM-III 이래로 성격장애는 군(cluster)이라고 지칭하는 세 집단으로 나뉘었다. 과학적 타당성의 부족 때문에 심한 비판을 받은 이 군들은 아마도 우리가 성격장애의 모든 측면을 떠올리도록 도와주는 가진 유용한 상지빌 것이다.

A군 성격장애

A군 성격장애가 있는 사람들은 사회적으로 위축되고, 냉담하고, 의심 많고, 비이성적인 것으로 기술될 수 있을 것이다.

편집성.　이 사람들은 의심이 많고 쉽게 기분이 상한다. 대체로 친한 사람이 거의 없고, 별 뜻 없는 말 속의 숨은 의미를 읽으려 할 수 있다(607쪽).

조현성.　이들은 사회적 관계를 거의 고려하지 않고, 정서의 범위가 제한되어 있으며, 비판이나 칭찬에 무관심한 듯 보인다. 혼자 있으려고 하며, 친밀한 관계(성적 관계를 포함)를 피한다(611쪽).

조현형.　이들은 다른 사람들에게 독특하고 이상해 보이기 때문에 대인관계가 매우 어렵다. 가까운 친구가 없고 사회적 상황을 불편해한다. 이들은 의심, 비일상적인 지각이나 사고, 엉뚱한 언어, 부적절한 정동을 보일 수 있다(614쪽).

B군 성격장애

B군 성격장애를 가진 사람들은 극적이고, 감정적이며, 관심을 끌려고 한다. 이들의 기분은 대개 깊이가 얕고 불안정하다. 또한 이들은 종종 강렬한 대인관계 갈등을 보이기도 한다.

604 | 쉽게 배우는 DSM-5-TR 진단 : 임상가를 위한 진단지침

반사회성. 이 사람들이 보이는 무책임하고, 때로는 범죄가 되는 행동이 아동기 또는 초기 청소년기의 무단결석, 가출, 잔혹성, 싸움, 파괴성, 거짓말, 절도로 시작된다. 성인들은 범죄행위에 더하여 빚을 지거나 무책임하게 행동하기도 하고, 무모하거나 충동적으로 행동하기도 하며, 자신의 행동에 대한 후회를 보이지 않는다(618쪽).

경계성. 이들은 충동적이고 자신에게 해가 되는 행동들(성적인 모험, 현명하지 못한 소비, 물질 남용이나 과도한 음식 섭취)을 한다. 정동이 불안정하고, 종종 강렬하고 부적절한 분노를 보인다. 이들은 공허하거나 지루하다고 느끼며, 버림받는 것을 필사적으로 피하려 한다. 이들은 또한 자신이 누구인지에 대해 불확실하고 안정적인 대인관계를 유지할 수 있는 능력이 결여되어 있다(622쪽).

연극성. 이들은 과도하게 감정적이고, 모호하며, 관심을 간절히 원하며, 자신의 매력에 대해 끊임없이 확인받기를 원한다. 이들은 자기중심적이고 성적으로 유혹적일 수 있다(626쪽).

자기애성. 이 사람들은 자만심이 강하고 종종 질투심을 느끼거나, 성공에 대한 환상에 몰두되어 있고, 그들 자신의 문제의 특별함에 대해 몰두한다. 그들은 특권의식과 동정심의 결여로 인해 다른 사람들을 이용한다. 그들은 비판을 강하게 거부하고 지속적인 관심과 찬양을 원한다(630쪽).

C군 성격장애

C군 성격장애를 가진 사람들은 불안하고 긴장하며, 종종 과잉통제적인 경향이 있다.

회피성. 이 사람들은 소심하고 비판에 쉽게 상처를 받기 때문에 다른 사람들과 얽히게 되는 것을 주저한다. 이들은 감정을 드러내거나 바보같이 보이는 행동을 해서 당황하게 되는 것에 대한 두려움을 갖기도 한다. 가까운 친구가 없을 수 있고, 일상적인 과업 외의 일을 맡는 것에서 위험을 과도하게 지각한다(633쪽).

의존성. 이 사람들은 타인의 승인에 대한 욕구가 너무나 강해서 독립적인 결정을 내리지 못하고, 과제를 시작하기가 어렵다. 이들은 다른 사람이 틀렸다는 것을 알고 있더라도 그 사람들의 의견에 동의할 수도 있다. 버림받는 것을 두려워하고, 혼자 남게 되었을 때 무력함을 느끼며, 관계가 끝나면 불행해진다. 비판에 쉽게 상처를 받고 다른 사람의 호의를 얻기 위해 심지어 좋아하지 않는 일이라도 자원해서 할 것이다(637쪽).

강박성. 완벽주의와 경직성이 이 사람들의 특징이다. 이들은 일중독자들이며, 우유부단하고, 과도하게 꼼꼼하며, 세부사항에 집착한다. 이들은 다른 사람들이 자신의 방식으로 일하도록 고집한다. 감정을 표현하는 데 어려움을 보이고, 관용이 부족하며, 더 이상 필요가 없는 가치 없는 물건들을 버리는 것에도 저항한다(639쪽).

장기간 지속되는 성격장애의 다른 원인

다른 의학적 상태로 인한 성격 변화. 의학적 상태는 환자의 성격에 좋지 않은 방향으로 영향을 미칠 수 있다. 이는 덜 광범위하고 이른 시기부터 나타나지 않기 때문에 성격장애의 요건을 만족시키지는 않을 수도 있다(642쪽).

다른 정신적 장애. 다양한 다른 정신적 상태들이 오랜 기간(대개 수년간) 지속될 때, 그 사람의 행동하는 방식과 다른 사람과 관계 맺는 방식을 왜곡시킬 수 있다. 이는 성격장애처럼 보일 수 있고, 특히 지속성 우울장애, 조현병, 사회불안장애, 인지장애가 여기에 포함되는 좋은 예이다. 일부 연구들은 기분장애를 가진 환자가 임상적으로 우울할 때 성격 특질이나 성격장애를 보이기 쉽다는 것을 발견하였으며, A군과 C군 성격 특질이 특히 그러할 것이다. 우울한 환자들에서 나타나는 성격병리는 우울감이 관해되었을 때 반드시 재평가해야 한다.

달리 명시되는(명시되지 않는) 성격장애. 위에서 기술한 어떤 장애에도 진단기준이 부합하지 않는 성격장애나 아직 공식적인 지위를 얻지 못한 성격장애는 이 범주를 사용한다(646쪽).

도입

모든 인간은 (수많은 다른 종과 마찬가지로) 성격 특질을 가지고 있다. 성격 특질은 개인이 자신의 주변에서 일어나는 모든 일에 대해 경험하고, 상호작용하며, 생각하는 몸에 밴 방식이다. 성격장애는 개인의 약점을 경직되게 고수하여 기능을 손상시키거나 고통을 초래하는 지경까지 이르게 하는 특질들의 집합체이다. 이런 행동과 사고 패턴은 초기 성인기에 나타나기 시작하여 오랜 기간에 걸쳐 두드러지게 나타난다.

성격, 성격장애는 범주보다는 차원으로 생각해야 할 것이다. 즉, 성격장애의 요소(특질)들이 거의 모든 사람에게 나타나는 것이지만 장애를 가진 사람들에게는 더 두드러지게 나타난다는 의미이다. 타당하기도 하고, 타당하지 않기도 한 이유로, DSM-5-TR은 몇십 년 동안 사용되어 온 전통적인 범주적 구조를 유지하였다.

최근 DSM-5-TR에 정의된 바에 의하면, 모든 성격장애는 다음의 특징을 공유한다.

일반적 성격장애의 핵심 특징

내적 경험(사고, 느낌, 감각)과 행동의 지속적인 유형이 개인이 속한 문화에서 기대되는 바로부터 현저하게 편향되어 있다. 이러한 형태는 둘 혹은 그 이상의 정동(유형, 강도, 불안정성, 적절성), 인지(개인이 자신과 환경을 어떻게 보고 해석하는지), 충동조절, 대인관계 기능을 포함한다. 이 유형은 고성되어 있고 순응성이 없으며 개인의 사회적·개인적 삶에 광범위하게 영향을 미친다.

주의사항

ㄱ들을 다루어라
- 기간(청소년기와 혹은 그 이전에 기반을 두며, 평생 지속됨)
- 광범위한 맥락에서 삶에 영향을 미침
- 고통 혹은 장애(직업적/학업적, 사회적, 혹은 개인적 손상)
- 감별진단(물질 사용, 신체질환, 다른 정신적 장애, 다른 의학적 상태로 인한 성격 변화)

성격장애에 대한 정보들은 임상가가 환자의 행동에 대해 더 잘 이해할 수 있도록 하며, 많은 환자들을 다루는 데 있어 우리의 이해를 넓힌다. 앞서 기술된 내용과 요약에서 읽었듯이, 성격장애에서 기억해야 할 두 가지 중요한 특징은, 이른 시기(전형적으로 후기 청소년기)에 발병한다는 점과 장애의 광범위한 특성, 예를 들면 순응성이 없는 고정된 측면이 직업적·개인적·사회적 삶의 다양한 측면에 영향을 미친다는 점이다.

성격장애 진단

성격장애 진단은 많은 문제를 가지고 있다. 한편으로는 쉽게 간과되고, 다른 한편으로는 종종 과 잉진단되기도 한다(개인적인 견해로는 경계성 성격장애가 오랫동안 악명 높았던 예이다). 어떤 경우(반사회성 성격장애)는 예후가 매우 좋지 않고, 전부는 아니지만 대부분의 경우 치료가 어렵다. 상대적으로 타당성이 낮기 때문에, 다른 정신적 장애로 임상 양상의 증상 및 증후를 설명할 수 있다면, 어떤 성격장애도 단독진단되어서는 안 된다. 상기한 이유로, 성격장애를 진단하는 다음과 같은 기준을 마음속에 갖고 있는 것이 좋을 것이다.

1. 기간과 증상을 확인하라. 환자의 증상이 적어도 초기 성인기(반사회성 성격장애는 15세 이전)부터 나타났는지를 확인하라. 정보제공자들(가족, 친구, 직장 동료)을 면담하는 것이 가장 타당한 자료를 제공할 것이다.

2. 증상이 환자의 삶의 여러 영역에 영향을 미치는지를 확인하라. 구체적으로 직업(또는 학업), 가정에서의 삶, 개인적 삶, 사회적 삶이 영향을 받는가? 이 단계는 스스로는 자신의 행동이 문제를 일으킨다는 것을 알지 못하는 환자들의 실제 문제를 보여줄 수 있을 것이다. ("그건 세상이 잘못된 거예요.")

3. 내리려고 하는 특정 진단을 환자가 완전히 충족시키는지를 확인하라. 이 말은 열 가지 성격장애 진단기준 모두의 특성을 확인하고 면담하라는 것이다. 때로는 판단을 내려야 할 때도 있을 것이다. 가능한 한 최대로 객관적이 되도록 노력하라. 다른 정신적 장애에서와 마찬가지로, 다양한 진단에 환자를 대입해 보려는 충분한 노력을 기울여야 한다.

4. 만약 환자가 18세 미만이라면, 현재 보이는 증상이 적어도 12개월 이상 지속되었는지(그리고 다른 정신적 장애나 신체적 장애가 아니라고 정말 확신할 수 있는지)를 확인하라. 저자는 이런 진단을 이처럼 어린 나이에는 내리지 않는 편이다.

5. 더 급성이고 잠재적인 해로움이 큰 정신병리를 배제하라. 다른 정신적 장애는 성격장애보다 종종 치료에 대한 반응성이 높다는 일면이 있다.

6. 성격장애 진단은 놓쳤을지도 모르는 필수 요건과 총체적인 특징을 다시 한번 되돌아볼 수 있는 좋은 기회를 제공한다. 환자는 4개(인지, 정동, 대인관계, 충동성) 중 두 유형 이상에서

행동, 사고, 정서상의 지속되는 문제를 보여야 함을 기억하라(이것은 환자의 문제가 삶의 한 영역 이상에 실제로 광범위하게 영향을 주고 있음을 확인할 수 있게 도와준다).

7. 다른 성격장애를 찾아보라. 다른 추가적인 성격장애가 있는지를 확인하기 위해 전체 개인력을 평가하라. 많은 환자들이 하나 이상의 성격장애를 보이며, 이런 경우 모두를 진단한다. 때로는 진단을 하기에는 다소 부족한 증상을 발견하는 경우도 종종 있을 것이다. 이런 경우에는 요약문에 '조현성 및 편집성 성격 특질'과 같은 취지의 노트를 추가할 수 있다.

8. 모든 성격적 · 비성격적 정신 진단들을 기록하라. 다음 부분에서 몇몇 기록의 예를 제시하였다.

비록 여기에 제시한 내용들을 통해 각 성격장애에 대한 기본적인 것을 배울 수 있지만, 이 요약된 기술들은 매우 풍부한 정신병리의 일부만을 맛본 것이다. 이 장애를 공부하고 싶다면, 기본서들을 참고할 것을 권한다.

A군 성격장애

A군에 속하는 성격장애는 사회적으로 위축되고, 냉담하며, 의심이 많고, 비이성적인 것으로 기술되는 행동들을 공유한다.

F60.0 편집성 성격장애

편집성 성격장애에서 가장 두드러지는 것은 그들이 얼마나 타인에 대한 신뢰가 부족하며, 얼마나 타인을 의심하는지이다. 그들이 품는 의심은 근거가 없는 것이지만, 이용당하는 것에 대한 두려움 때문에, 자신의 신뢰를 얻지 못한 사람들의 행동을 믿지 못할 것이다. 대신 호의적인 말이나 행동에서도 의도치 않은 의미를 읽어내고, 우연한 사건은 고의적인 의도의 결과로 해석하게 될 것이다. 그들은 오랫동안, 아마도 영원히 앙심을 품는 경향이 있다.

이 사람들은 경직되고 소송을 일삼는 경향이 있으며, 모든 걸 스스로 해결해야 한다는 급박한 요구가 있다. 다른 사람들에게는 비난과 친밀함을 동시에 피하려는 차갑고 계산적이며, 방어적인 사람들로 보일 수 있다. 이들은 긴장된 것처럼 보일 것이고, 면담 중에도 이완하는 것을 어려워할 것이다. 이 장애는 특히 직업적인 어려움을 초래하는데, 편집성 성격장애 환자들은 지위와 권력을 너무 의식한 나머지 상급자 및 동료들을 대하는 데 어려움을 겪는다.

비록 편집성 성격장애가 드물지 않게(인구의 약 1~2%) 나타나는 장애이지만 임상적인 관심을 받게 되는 경우는 드물다. 만약 임상 장면에 오게 된다면 주로 남성에게 진단된다. 조현병으로 진행되는 것과의 관계는 (있다손 치더라도) 불명확하지만, 만약 조현병에 선행한 경우를 발견한다면, 성격장애에 명시자(**병전**)를 추가로 기록한다.

편집성 성격장애의 핵심 특징

많은 경우 편집성 성격장애를 가진 개인들은 다른 사람의 충성심이나 신용을 믿지 못하겠다고 말한다. 그들은 다른 사람들이 자신을 속이고, 상처 주며, 착취하고 싶어 한다고 의심하기 때문에 개인적인 정보를 공유하는 것을 망설인다. 배우자나 파트너의 신의에 대해 근거가 없는 의심, 또는 모든 사건이나 말 속의 숨겨진 내용에 대한 (오)지각으로 인해 원한을 품게 될 수 있고, 보복하기 위해 급격한 분노나 공격을 보이게 될 수 있다.

주의사항

ㄱ들을 다루어라

- 기간(10대나 20대 초반에 시작되어 지속됨)
- 광범위한 맥락에서 삶에 영향을 미침
- 감별진단[신체적 장애, 정신증을 동반한 기분장애, 조현병, 조현형 및 조현성 성격장애, 물질남용장애, 성격 변화, 신체장애와 동반된 편집적 특성(예를 들어 청각 소실)]

부호화 시 주의점

만약 편집성 성격장애가 조현병 발병에 선행할 경우 명시자를 추가한다(**병전**).

샤츠키 박사

대학병원의 피부과 교수인 샤츠키 박사는 한 번도 정신건강 전문가에게 진찰받은 적이 없다. 그러나 병원에서 그를 모르는 사람이 없고 동료들 사이에서도 그는 악명이 높다 — 동료들은 대부분 그를 그냥 '샤츠키'로 불렀다. 동료 중 코헨 박사가 이 삽화에서 대부분의 정보를 제공해 주었다.

　샤츠키 박사는 수년간의 경력이 있었고, 믿을 만한 연구자로 알려져 있었으며 훌륭한 임상가였다. 그는 열심히 일하는 사람으로, 2개의 기금연구 과제에서 전임의들을 지도했으며, 원래 가르쳐야 하는 몫 이상을 수행해 냈다.

　그의 연구실에서 일하던 수련의 중 하나인 마스터스는 피부과 학문이 천직인 듯 보이는 명석하고 능력 있는 젊은 의사였다. 마스터스 박사가 보스턴에서 조교수 자리와 단독 실험실에 대한 제의를 받았을 때, 그녀는 샤츠키 박사에게 유감이지만 이번 학기를 마지막으로 떠날 것이며, 나아가 연구 자료의 일부를 사용하기를 원한다고 말했다.

샤츠키 박사는 도가 지나치게 화를 냈다. 그는 마스터스 박사에게 "이 실험실에서 있었던 일들은 실험실 밖으로 나갈 수가 없네."라고 말하며, 누구라도 '자기 것을 훔쳐가는' 것을 좌시하지 않겠노라고 하였고, 마스터스 박사에게 만약 그녀가 여기서 발견한 것들에 대해 논문을 출판하려 한다면 그녀는 매장될 것이라고 협박하기도 했다. 더불어 샤츠키 박사는 마스터스 박사에게 떠나기 전까지 학생들에게서 떨어져 있으라고 말했는데, 이에 대해 다른 피부과 전문의들은 격분했다. 마스터스 박사는 부서에서 가장 인기 있는 젊은 교육자 중 한 사람이었고, 그녀가 학생들과 접촉해서는 안 된다는 것은 모두에게 처벌적일뿐더러, 학문적 자유에 대한 도전에 가까운 일처럼 보였다.

다른 피부과 전문의들은 샤츠키 박사가 출장 가 있는 동안 이 상황에 대해 부서회의를 열어 논의했다. 나이 많은 교수 중 한 사람이 마스터스 박사가 계속 가르칠 수 있도록 그를 설득해 보겠다고 자원하였다. 이후에 샤츠키 박사는 "제가 당신께 뭘 어쨌다고 이러는 거죠?"라고 반응하며 제안을 거절했는데, 그는 이제 다른 교수가 그에게 앙심을 품었다고 생각하는 것 같았다.

이 교수는 코헨 박사에게 놀랍지도 않다고 말했다. 그는 샤츠키 박사를 대학 때부터 알고 지냈는데, 그는 항상 의심이 많은 유형이었다는 것이다. 어떤 교수는 "그는 충성 선서에 서명을 하지 않은 사람에게는 어떤 이야기도 털어놓지 않을 겁니다."라고 표현하기도 했다. 샤츠키 박사는 만약 그가 어떤 좋은 것을 말하면, 그것이 어떻게든 그에게 나쁘게 돌아올 것이라고 믿는 것 같았다. 그가 완벽하게 믿는 것처럼 보이는 유일한 사람은 그의 부인이었는데, 평생 그에게 반대라고는 절대 하지 못할 것 같은 소신한 인물이었다.

회의에서, 어떤 이는 부서장에게 샤츠키 박사와 이야기를 하면서 사탕발림이라도 좀 해줘야 한다고 제안했다. 그러나 샤츠키 박사는 유머 감각이라고는 거의 없었고 '원한에 대한 기억이 이 지구상에서 누구보다도 가장 오래가는 사람'이었다.

모든 직원들의 기억을 취합해 볼 때 샤츠키 박사는 기분의 기복이나 정신병이 있었던 적이 결코 없었고, 회식 자리에서도 술을 마시지 않았다. "절대 현실에서 벗어나지 않지만, 고약하기만 한 사람"이라고 코헨 박사는 말했다.

샤츠키 박사의 평가

평가에 앞서 책임의 범위를 한정하고자 한다. 이 삽화에서 얻을 수 있는 정보에 따르면, 샤츠키 박사는 정신건강 전문가와 한 번도 면담을 한 적이 없었다. 그러므로 어떤 결론도 잠정적인 것이 될 것이다. 임상가는 충분한 정보를 취합하지 못한 환자에 대해 (혹은 일반인에 대해서도) 진단을 할 때에는 매우 조심스럽게 접근해야 한다.

샤츠키 박사의 증상은 명백히 한동안 지속되어 온 것으로 보이고, 이는 그의 성인기 삶 전반에 걸쳐(최소한 대학 이후) 나타나는 것처럼 보인다. 그의 문제는 사고와 대인관계 기능, 두 영역에 관련되어 있으며, 이로 인해 직업 및 개인적 삶에 문제가 생기게 되었다.

샤츠키 박사에게는 어떤 편집성 성격장애의 증상이 있었을까? 그는 근거도 없이 마스터스 박사가 그의 자료를 '훔치려고' 계획하고 있다고 의심했다(진단기준 A1). 동료들은 그가 오랜 기간 동료의 충성심에 대해 의심해 왔다고 보고했다(A2). 그는 다른 사람에게 결코 마음을 터놓지 않았으며(A3), 마스터스 박사가 학생들을 가르치지 못하게 하려 했는데, 이것은 앙심을 품은 것처럼 보인다(A5). 그러나 그는 부인의 충성심에 대해서는 한 번도 의심하지 않았는데, 배우자의 충성심에 대한 의심은 이 성격장애의 공통 증상 중 하나이다. 그래서 우리는 편집성 성격장애 진단에서 요구하는 총 4개의 증상을 발견할 수 있었다.

비-성격장애 진단이 앞서 기술한 샤츠키 박사의 행동을 설명할 수 있을까? 정보가 불충분하기는 하지만, 약물 또는 알코올 사용은 가능성이 낮아 보인다. (성격장애를 일으킬 만큼 약물을 지속적으로 복용하여 이 상태가 성인기 전체에 지속되는 것일 가능성도 낮아 보인다.) 이 삽화에서는 다른 의학적 상태의 증거도 없으며, 제공된 정보에 따르면 샤츠키 박사는 망상장애나 조현병 같은 명백한 정신병이나 기분장애가 있었던 적이 없었다(B).

다른 성격장애는 어떤가? 조현성 성격장애 환자들은 차갑고 냉담하여 그 결과 의심이 많아 보일 수는 있지만 편집성 성격장애 환자들에게 주요한 특성인 의심이 많은 성격은 나타나지 않는다. 조현형 성격장애 환자들은 편집증적 사고를 보일 수 있지만, 또한 특이하고 이상한 모습도 보인다(이 경우는 그렇지는 않았다). 샤츠키 박사는 혼자 있는 것을 선호하기는 했었다. 반사회성 성격장애는 차갑고 냉정하며, 의심을 보이기도 하고, 대인관계를 형성하는 데 어려움을 보인다. 그러나 그들은 전문적인 학문을 끝마칠 인내를 가진 경우가 거의 없고, 샤츠키 박사에게는 범죄나 다른 사람의 안전을 고려하지 않는 무모한 행동의 전력이 없었다 — 단지 그들의 기분만 상하게 했을 뿐.

GAF 점수가 70점으로, 샤츠키 박사의 잠정적인 진단은 다음과 같다(다시 한번 우리는 그를 임상적으로 면담한 적이 없음을 주의하라).

F60.0　　　편집성 성격장애

F60.1 조현성 성격장애

조현성 성격장애는 타인에게 무관심하고, 때로는 극도로 관심이 제한되어 있다. 전형적인 조현성 성격장애는 일생에 걸쳐 외톨이이며 제한된 범위의 정서를 보이는데, 이들은 비사회적이고, 냉담하며, 은둔적이다.

이들은 다른 사람들은 견디기 어려워하는 혼자서 하는 직업에서 성공을 거둘 수도 있다. 과도한 백일몽에 빠져 있고, 동물에 애착을 느끼며, 대개는 결혼을 하지 못하고, 오래 지속되는 연애관계조차도 형성하지 못한다. 조현병으로 발병하지 않는 한 현실과의 접촉을 유지한다.

조현성 성격장애는 흔히 진단되지는 않지만, 전체 인구의 몇 퍼센트 정도가 해당될 정도로 비교적 흔하고, 남성이 여성보다 발병 위험이 높다. 다음 사례의 환자는 앞의 조현병과 관련된 부분에서 개인력이 제시되었던 리오넬 차일즈의 남동생이다(55쪽).

조현성 성격장애의 핵심 특징

이 환자들은 많은 상황에서 고립된 채로 남아 있고, 정서의 범위가 좁다. 혼자서 하는 활동들을 선호하며, 가족을 포함하여 친밀한 관계를 원하지도 즐기지도 않는다. 몇몇 친인척을 제외하고는 가까운 친구가 전혀 없을 것이다. 실제로 이들은 활동을 거의 즐기지 않으며, 심지어 다른 사람과의 성관계에도 거의 흥미를 보이지 않는다. 정서적으로 냉담하거나 거리감이 있고, 다른 사람의 비판이나 칭찬에도 무관심한 듯 보인다.

주의사항

ㄱ들을 다루어라

- 기간(10대나 20대 초반에 시작되어 지속됨)
- 광범위한 맥락에서 삶에 영향을 미침
- 감별진단(신체적 장애와 물질남용장애, 기분장애, 정신병적 장애, 자폐스펙트럼장애, 조현형 및 편집성 성격장애, 성격 변화)

부호화 시 주의점

만약 조현성 성격장애가 조현병 발병에 선행할 경우 명시자를 추가한다(**병전**).

레스터 차일스

"리오넬에게 그 일이 있고 나서 저희는 이 아이를 데려오게 되었어요. 둘은 참 비슷한 점이 많아 보이고, 그런 점이 저희는 걱정이 됐어요." 레스터의 어머니는 경직된 자세로 사무실 소파에 앉아 있었다. "리오넬이 체포된 직후에 우린 결심했죠."

20세인 레스터 차일스는 많은 면에서 형의 복사판이었다. 그는 조산으로 태어나 몇 주를 인큐베이터에 있었지만, 빠른 속도로 체중이 늘었고, 곧 또래와 비슷한 수준으로 좋아졌다.

걷기, 말하기, 배변훈련이 적절한 시기에 이루어졌다. 부모가 농장에서 매우 힘들게 일했기 때문인지 아니면 레스터에게 함께 놀이를 할 다른 어린아이들이나 형제가 없었기 때문인지는 몰라도, 그의 부모는 레스터가 취학하기 전까지는 전혀 이상한 점을 알아채지 못했다. 취학 후 몇 주 만에 담임선생님은 면담을 요청하는 전화를 하셨다.

그들이 듣기로, 레스터는 충분히 밝은 아이처럼 보이며, 학업 수행은 문제가 아니라고 하였다. 그러나 그는 사회성이 거의 없는 것 같았는데, 쉬는 시간에 다른 아이들이 피구나 술래잡기를 하며 놀 때, 그는 교실에 남아 색칠하기를 하고 있었다. 그는 그룹 토의에 거의 참여하지 않았고, 둘러앉아서 책을 읽는 시간에는 항상 다른 아이들로부터 얼마간 뒤로 물러나 앉아 있었다. 그가 무언가를 보여주거나 말해야 하는 차례가 올 때는 학급 앞에서 잠시 동안 조용히 서 있다가 주머니에서 연줄을 꺼내 바닥에 떨어트리고는 자리에 다시 앉았다.

이런 행동의 대부분이 리오넬과 대체로 비슷했기 때문에(리오넬에게 아직 심한 정신증이 발병하지 않았을 때) 부모가 특별히 많이 걱정하지는 않았다. 심지어 그들은 레스터를 주치의에게 데려가 보이기도 했는데, 의사도 그들 가족을 고려할 때 아마도 정상적인 것 같고, 자라면서 괜찮아질 것이라고 했다. 그러나 레스터는 자라기만 했지 전혀 괜찮아지지는 않았다. 그는 가족 활동에 조차 참여하지 않았고, 크리스마스에는 선물을 열어보고, 구석으로 가지고 가서 혼자 가지고 놀았다. 리오넬조차도 이런 행동은 한 적이 없었다.

레스터가 방에 들어왔을 때, 그는 이 만남에 대해서는 전혀 관심이 없는 듯 보였다. 한쪽 무릎에 구멍이 있는 청바지, 낡을 대로 낡은 스니커즈, 한때는 소매가 있었을 법한 티셔츠를 입고 있었고, 면담하는 내내 천문학과 수학에 관한 잡지의 책장을 대충 넘겨보는 모습이었다. 레스터가 뭔가를 말하기를 1분 이상 기다린 후에, 면담자는 "오늘 기분이 어때?"라고 물었고, 레스터는 계속 잡지를 읽으며, "괜찮은데요."라고 말했다.

"부모님께서 오늘 여기 와서 나를 만나라고 했는데, 그 이유를 말해줄 수 있겠니?"

"글쎄요."

"조금이라도 짐작 가는 것이 있니?"

[침묵]

대부분의 면담이 이런 식으로 이루어졌다. 레스터는 직접적인 질문에 대해서는 기꺼이 구체적인 정보를 제공했지만, 무언가를 자발적으로 하는 데는 전혀 흥미가 없어 보였다. 조용히 앉아서 잡지에 코를 박고 있는 것 외에 다른 비정상적이거나 독특한 행동을 보이지는 않았다. (그나마 했던 말이 있다면) 말의 흐름은 순차적이고 논리적이었다. 지남력이 잘 유지되고 있었고, 간이정신 상태검사(MMSE)에서 30점 만점을 받았다. 기분은 너무 행복하지도 너무 슬프지도 않은 '괜찮은' 정도였고, 알코올이나 어떤 종류의 약물도 전혀 사용하지 않았다. 그는 목소리를 듣거나, 환시를 보거나, 감시나 미행을 당하거나, 누군가가 자신에 대한 이야기를 하거나, 자신을 방해한다는 믿음을 가진 적이 있는지에 대하여 차분하지만 단호하게 부인했다. 이 시점에서 그는 "저는 형과는 달라요."라고 자발적으로 한 말 중에 가장 긴 말을 했다.

그렇다면 그가 누구와 비슷한지를 물었을 때, 레스터는 그레타 가르보라고 했다. "그녀는 혼자 남겨지길 원했어요" — 그는 자신에겐 가족도 친구도 필요 없고, 섹스도 필요 없다고 말했다. 그는 성과 관련된 잡지와 해부학 책을 살펴본 적이 있었는데, 남성이나 여성이나 지루하긴 마찬가지였다. 자신의 삶을 보내는 가장 좋은 방법에 대한 그의 생각은 로빈슨 크루소처럼 섬에서 혼자 사는 것이었는데, "다만 프라이데이(로빈슨 크루소가 섬에서 사귀게 된 원주민 친구 - 역주) 없이 말이에요."라고 덧붙였다.

레스터는 잡지책을 팔에 끼고 사무실을 떠났고, 다시는 돌아오지 않았다.

레스터 차일스의 평가

모든 성격장애 진단에서는, 문제가 지속적이고 만연하게 나타날 것이 요구된다. 레스터는 20세밖에 되지 않았지만, 그의 문제는 (그의 부모에게만 문제처럼 보였지만) 확실히 지속적으로 나타나고 있었다. 이러한 문제는 그가 6세일 때 드러나기 시작했다. 우리가 아는 한 그의 대인관계 접촉에 대한 거부는 가족, 사회, 학교 등 그의 삶의 모든 영역에 걸쳐 있었다.

레스터는 친밀한 관계를 거부했고, 심지어는 가족과도 그러했다(진단기준 A1). 혼자 하는 활동들을 선호했으며(A2), 누군가와 성적인 관계를 맺는 것에 대한 개념조차도 거부했다(이는 성숙이나 기회의 여부에 따라 달라질 수는 있을 것이라고 생각되기는 하지만 — A3). 그는 항상 가까운 친구가 없었다(A5). 그의 정동은 단조롭고 무심한 듯 보였다(이는 그가 첫 면담에서 면담자를 꺼려서 그렇게 보였을 소지도 있다 — A7). 어쨌든, 레스터는 적어도 4개, 아마도 5개의 조현성 성격장애 진단기준에 해당된다(4개가 요구됨). 이 증상은 일반적 성격장애의 진단기준에서 언급했던 세 영역(인지, 정동, 대인관계 기능)을 충족시킬 것이다. 그의 수학과 천문학에 대한 흥미는 이 장애를 가진 사람들에게서 드물지 않은데, 이 사람들은 다른 사람들이 즐기기엔 너무 고독한 일이라고 생각할 만한 일들을 주로 즐긴다.

다른 장애가 레스터의 임상양상을 더 잘 설명할 수 있는가? 우울장애 환자들은 종종 사회적으로 위축되고 비사회적이지만 일생에 걸쳐 지속되는 일은 드물다. 게다가 레스터는 명확하게 우울감이나 외로움을 부인했다. 약간의 의심이라도 남아 있다면, 우울증의 생장 증상(식욕이나 수면의 변화)에 대한 질문을 함으로써 해소될 수 있을 것이다. 그는 또한 조현병을 시사할 만한 증상(망상 또는 환청)에 대해서도 모두 부인하였고, 이는 추가적인 정보제공자인 어머니의 보고에 의해 뒷받침되었다. 자폐스펙트럼장애에서 있을 법한 상동행동이나 의사소통능력의 손상과 관련된 증상이 없었고, 인지장애에서 요구되는 의식적 기억장애도 없었다. 우리가 가진 정보에 따르면, 그는 신체적으로는 건강했고, 약물이나 알코올 사용 또는 처방약물 복용력도 없었다(B).

다른 어떤 성격장애가 고려되어야 하는가? 조현형 성격장애 환자는 제한된 정동과 특이한 외모를 보인다. 레스터의 옷차림은 전문가의 사무실을 방문하는 용으로는 잘 어울리지 않는 것이었지만 20세의 옷차림으로는 꽤 흔한 것이었고, 괴상한 믿음을 가진 적이 없다고 부인하였다. 그는 편집성 성격장애에서 보일 수 있는 깊은 의심 또는 불신과 관련된 생각을 말한 적이 없었다. 회피성 성격장애 환자들도 다른 사람들로부터 고립되어 있지만, 조현성 성격장애 환자와는 달리 그들은 고립을 스스로 선택하지 않고, 고립으로 인해 고통받는다.

레스터가 후에 조현병으로 진행된다면, 진단받는 시점에서 수식어(병전)가 추가되어야 할 것이다. 그가 GAF 점수 어디에 해당하는지를 정확하게 판단하기가 어렵다. 개인적인 판단에 따라 65점을 매기지만, 논쟁의 여지가 있다.

F60.1　　　조현성 성격장애

F21 조현형 성격장애

조현형 성격장애 환자들은 이른 나이부터 지속적인 대인관계적 결함을 보이는데, 이는 타인과 친밀감을 형성하는 능력을 심하게 감소시킨다. 이들은 또한 왜곡되거나 엉뚱한 사고, 지각 및 행동을 보이는데, 이는 그들을 괴상하게 보이게 한다. 낯선 사람과 있을 때면 종종 불안감을 느끼는데, 그래서 이들은 가까운 친구가 없다. 이들은 의심이 많고 미신을 믿을 수 있다. 이들의 독특한 사고는 마술적 사고, 텔레파시 또는 다른 특이한 의사소통 방식에 대한 믿음을 포함한다. 이 환자들은 '포스(절대적인 힘)'나 '프레젠스(전지전능한 존재)'를 감지하는 것에 대해 말하기도 하며, 모호함, 주제에서 벗어남, 과도한 추상성, 빈곤한 어휘, 또는 비일상적인 단어 사용으로 특징지어지는 화법을 보인다.

조현형 성격장애 환자들이 결국 조현병으로 진행될 수도 있다. 이들이 처음 임상적 관심을 받게 될 때, 많은 경우 우울한 상태다. 엉뚱한 생각과 사고방식은 이들이 컬트에 가담하게 될 위험성을 높인다. 이들은 타인과 잘 어울리지 못하며, 스트레스에서는 단기 정신병을 보일 수도 있다. 이들의 괴상한 행동에도 불구하고, 많은 수는 결혼을 하고 일을 한다. 이 장애는 대략 조현성 성격장애와 유사한 비율로 나타난다.

조현형 성격장애의 핵심 특징

여러 사회적 상황에 걸쳐 이 환자들은 고립되어 있고, 타인과 함께 있을 때 좁은 범위의 정서를 보인다. 이들은 의심이나 편집증적 사고를 보이며, 심지어는 관계 사고를 보일 수도 있다(그러나 이는 망상적인 정도까지는 이르지 않는다). 옷차림 또는 버릇으로 인해 이들은 괴상한 외모를 갖게 되고, 정동은 부적절하거나 제한되어 있으며, 화법은 모호하거나 빈곤하거나 과도하게 추상적이다. 이들은 이상한 지각 또는 신체 감각을 보고할 수 있는데("누군가 제 무릎 뒤쪽을 간질이고 있어요."), 이들의 독특한 행동은 마술적 사고, 기이한 환상 또는 다른 괴상한 믿음(미신, 텔레파시에 대한 믿음)에 영향을 받은 것일 수 있다. 피해 사고와 동반될 수도 있고, 친분이 생기더라도 나아지지 않는 심한 사회불안을 동반하며 이들에게는 친밀한 친구가 전혀 없다.

주의사항

기틀을 나루어라
- 기간(10대나 20대 초반에 시작되어 지속됨)
- 광범위한 맥락에서 삶에 영향을 미침
- 감별진단(신체적 장애, 정신병적 장애, 정신병적 양상 동반 기분장애, 다른 신경발달장애, 편집성 및 조현성 성격 상애, 성격 변화, 물실사용상애)

부호화 시 주의점

만약 조현형 성격장애가 조현병 발병에 선행할 경우 명시자를 추가한다(**병전**).

티모시 올드햄

"하지만 이건 내 아기라구요! 그 사람이 뭘 하고 싶어 하든 전 상관없어요!" 만삭으로 고통스러워 보이는 샬롯 그렌빌은 면담실에 앉아 있었고, 좌절의 눈물을 흘리고 있었다. 그녀는 아직 태어나지 않은 아이에 대한 면접교섭권에 대한 다툼과정에서 재판장의 요구 때문에 이 자리에 와 있었다.

아이 아버지의 정체에 대해서는 의심의 여지가 없었다. 두 번의 생리를 거르고 난 후 샬롯은 산부인과 의사를 찾았고, 티모시 올드햄에게 소식을 전했다. 그녀는 양육비 청구 소송을 하겠다고 협박을 할까 생각했지만 그럴 필요도 없었다. 티모시는 카펫을 설치하는 일을 해서 돈을 잘 벌었고, 따로 부양해야 할 식구도 없었다. 그는 그녀에게 매달 넉넉한 비용을 제공하겠다고 했고, 즉각 지불하기 시작하였다. 그러나 그는 아이 양육을 돕고 싶어 했다. 샬롯은 그 의견을 즉각 거절했고, 이 소송을 제기했다. 처리해야 할 사건이 많이 적체되어 있었기 때문에, 이 건은 거의 샬롯의 임신기간 내내 지루하게 이어졌다.

"내 말은, 그 사람은 정말 이상하다니까요!"

"'이상하다'는 게 무슨 뜻인가요? 예를 한번 들어보세요." 면담자가 제안했다.

"글쎄요. 저는 그 사람을 정말 오래 알았어요. 몇 년이나요. 어쨌든. 그 사람한테는 죽은 여동생이 있는데, 마치 살아 있는 것처럼 동생에 대한 이야기를 해요. 그리고 이상한 행동들도 하는데, 예를 들면 우리가 사랑을 나누는 도중에 그는 '성스러운 사랑'이 어쩌고를 중얼거리기 시작하더니, 이내 사정을 했어요. 그 즉시 저는 그럴 기분이 싹 사라져서, 그에게 그만하고 나한테서 떨어지라고 말했지만, 때는 이미 늦었죠. 제 말은, 당신의 아이라면 이런 아버지 곁에서 자라게 하고 싶나요?"

"그가 그렇게 독특하다면, 당신은 어떻게 그와 관계를 맺게 되었죠?"

그녀는 당황한 듯 보였다. "글쎄요, 우린 그때 딱 한 번 했고, 전 약간 취해 있었던 것 같아요."

티모시는 조용한 정도가 아니라 거의 미동도 하지 않고 있었다. 멀쑥한 키에 금발인 그는 면담 의자에 가만히 앉아 있었고, 그의 머리카락은 이마를 가로질러 눈썹까지 내려와 있었다. 그는 둔하고 단조로운 말투로 일말의 정서적 흔적조차 드러내지 않으며 자신의 입장에서 이야기를 들려주었다.

티모시 올드햄과 그의 쌍둥이 여동생 미란다는 4세 때 고아가 되었다. 그는 부모님이 북부 캘리포니아에서 마리화나 농장을 해서 먹고 살았던 것 같다는 막연한 인상 외에 부모에 대한 기억이 전혀 없었다. 두 아이들은 남침례교도인 삼촌 내외에게 맡겨졌고, 그의 표현에 따르면 그들은 그랜트 우드의 **아메리칸 고딕** 그림에 나오는 농장 커플에서 표정만 밝게 해놓은 것 같은 사람들이었다. "딱 그 그림에 나오는 사람들 같아요. 제 침실에 그 그림 복제품도 있어요. 가끔은 삼촌이 저한테 신호를 주려고 쇠스랑을 앞뒤로 움직이는 게 보일 정도였어요."

"그게 정말 당신의 삼촌이었나요? 정말 그 쇠스랑이 움직였고요?" 면담자가 알고 싶어 했다.

"글쎄요. 그건 뭐랄까 느낌 같은 것이었어요. 저는… 아닐 수도 있지만… 저의 기독교적 노력에 대한 신호 같아요…" 티모시의 시선은 여전히 정면을 향하고 있었지만, 목소리는 차츰 작아졌다.

'기독교적 노력'이라는 것은 모든 사람은 이 땅에 특별한 목적을 가지고 왔다는 뜻이라고 그가 설명했다. 그의 삼촌이 항상 그렇게 말하곤 했었다. 그는 자신의 목적이 샬롯의 배 속에서 자라고 있는 아기를 키우는 것을 돕는 것이 아닐까 생각했던 것이다. 그는 자신의 삶이 하루 종일 카펫을 까는 것보다는 뭔가가 더 있을 것임을 알았다.

티모시에게는 소수의 친구만 있었고, 그중 어느 누구도 친밀한 사이는 아니었다. 그와 샬롯이 함께 보낸 시간은 몇 시간이 채 되지 않았다. 질문에 답하면서 그는 여동생에 대한 이야기를 했다. 미란다와 그는 당연히 가까웠다. 그녀만이 그가 가져본 유일한 진짜 친구였다. 그녀는 뇌종양으로 16세에 사망했고, 티모시는 절망했다. "우리는 태어날 때부터 거미줄로 얽혀 있어요. 저는 그녀의 무덤에 대고 절대 되돌릴 수 없는 맹세를 했어요."

여전히 목소리 음조의 변화가 없는 채로, 티모시는 '거미줄로 얽혀 있다'라는 것은 타고난 어떤 것을 말한다고 설명했다. 그와 미란다는 여전히 거미줄에 있다. 그것이 기독교적 노력이어서, 그녀는 저승에서 그가 여자아이를 갖도록 해준 것이다. 그는 그 여자아이로 인해 미란다가 다시 돌아올 것이라고 말했다. 그는 아기가 실제로 미란다가 되는 것은 아니라는 것을 알지만, 그 아이가 여자아이일 것은 알고 있다고 말했다. "이건 제가 느끼는 그런 느낌들 중 하나예요. 하지만 전 제가 옳다는 걸 알아요."

티모시는 환각, 망상, 비정상적인 기분, 물질 사용, 두부 외상과 같은 다른 의학적 문제, 경련장애에 대한 통상적인 질문들에 대해 모두 부인하였다. 그러고는 자리에서 일어나 다른 말 한마디 없이 면담실을 떠났다.

그날 저녁에 샬롯 그렌빌은 출산을 했고, 건강한 남자아이였다.

티모시 올드햄의 평가

샬롯의 증언에 따르면, 티모시의 독특함은 수년간 지속되었다. 비록 우리가 그의 학교나 직업 생활에 대해 많이 알지는 못하지만, 그의 증상은 삶 전반에 걸쳐 영향을 미쳤을 가능성이 높다. 이 점은 더 충분히 탐색될 필요가 있다.

티모시의 조현형 증상은 다음과 같다. 괴상한 믿음(그 아기가 이 땅으로 돌아온 여동생일 것이라는 확신), 그가 이러한 종류의 생각이 관습적인 것으로 여겨지는 하위문화에 속해 있다는 데 대한 아무런 증거가 없다 — 진단기준 A2), 착각(그림 속의 농부가 쇠스랑을 움직인다는 — A3), 제한된 정동(A6), 친밀한 친구의 부재(A8). 그가 사용하는 단어들('거미줄로 얽혀 있다', '기독교적 노력')은 은유적이고 경직되어 있다(A4). 관계 사고, 편집증적 사고, 괴상한 행동, 과도한 사회불안의 가능성에 대해서는 면담자가 탐색하지 못했으나, 인지, 정동, 대인관계 증상이 제시되었다 ('일반적 성격장애의 핵심 특징'을 참조하라).

평가에서 또 다른 정신적 장애를 시사하는 면은 발견되지 않았다. 티모시는 망상장애나 조현병 진단에 필수적인 실제 정신병적 증상에 대해서는 명백히 부인했다. 정신병적 증상이 동반될 수 있는 다른 상태들에는 기분장애와 인지장애가 있는데, 두 장애를 배제할 수 있는 증거가 있었다(B).

고려될 수 있는 다른 성격장애로는 조현성 성격장애와 편집성 성격장애가 있다. 두 장애 모두 일정 수준의 사회적 고립을 내포하고 있으나, 조현형 성격장애처럼 정상을 벗어나는 생각은 없다. A군에 속하는 세 가지 성격장애를 가진 환자들은 기능이 저하되어 단기 정신병을 보일 수도 있고, 이러한 특징은 경계성 성격장애에서도 흔하다. 경계성 성격장애와 A군 성격장애 중 하나가 공병하는 등 일부 환자들은 두 진단 모두를 동시에 충족시킬 수도 있다. 회피성 성격장애 환자들은 사회적으로 고립되어 있지만 그로 인해 고통스러워하며, 괴상한 행동이나 사고는 보이지 않는다. 물론 심각하거나 만성적인 질병이 있는 사람이라면 다른 의학적 상태로 인한 성격 변화가 반드시 고려되어야 하는데, 티모시는 이러한 질병이 없었다.

이 평가에서, 티모시는 GAF 점수 75점을 받을 수 있을 것이다. 그는 조현병으로 진행되지 않았고, 우리는 명시자(병전)를 쓸 필요가 없다.

F21	조현형 성격장애
Z65.3	자녀 면접교섭권과 관련된 소송

B군 성격장애

B군 성격장애는 극적이고, 감정적이고, 관심을 끌려고 하고, 불안정하며 대개는 깊이가 얕은 기분을 동반한다. 이들은 종종 심한 대인관계 갈등을 보이기도 한다.

F60.2 반사회성 성격장애

반사회성 성격장애는 만성적으로 타인의 권리를 무시하고 침해한다. 이들은 사회적 규범에 순응할 수 없거나 순응하려 하지 않을 것이다. 즉, 이 사람들이 반사회성 성격장애를 드러내는 데는 수많은 방법이 있다는 말이다. 일부는 달콤한 말로 꼬드기는 달변의 사기꾼일 수 있고, 다른 사람들은 말 그대로 흉악한 폭력배로 나타날 수 있으며, 여성들(그리고 일부 남성들)은 매춘에 가담할 수도 있다. 그리고 어떤 정적인 사람들에서는 불법적인 약물남용(대개 공급책이 되기도 함)으로 인해 보다 전형적인 반사회적 측면이 분명하게 드러나지 않기도 한다.

비록 이들 중 일부가 표면적으로는 매력적이게 보일 수 있지만, 대다수는 공격적이고 과민하다. 그들의 무책임한 행동은 거의 일상생활 전반에 영향을 미친다. 물질 사용 외에도 폭력, 거짓말, 모든 상상할 수 있는 종류의 범죄행위(도둑질, 폭행, 신용사기, 아동 및 배우자 학대)가 있을 수 있다. 이들이 죄책감을 호소할 수도 있지만, 자신의 행동에 대한 진정한 양심의 가책을 느끼는 것처럼 보이지는 않는다. 다수의 신체 증상을 호소할 수도 있고, 때로는 자살 시도를 할 수도 있으나, 조종하는 식의 상호작용 방식 때문에 그들의 호소가 진정성이 있는지를 판단하기가 어렵다.

반사회성 성격장애에 대한 DSM-5-TR의 진단기준은 15세 이전에 시작되고, 환자의 개인력이 반드시 품행장애(389쪽)에 부합해야 한다고 명시하고 있다. 성인이 되어서도 이런 행동이 지속되고 확장되어야 하며, 반사회성 성격장애에 해당하는 최소 4개의 증상을 보여야 한다.

남성의 3%, 여성의 1%에 해당하는 사람들이 이 장애를 보이며, 교도소 수감자의 1/3 정도에서 이 장애가 발견된다. 사회경제적 지위가 낮은 사람들에서 더 흔하며, 집안 내력으로도 나타나는데, 이는 아마도 유전과 환경적 원인이 함께 영향을 미치는 것 같다. 남성 친척은 반사회성 성격장애를, 여성 친척은 신체증상장애를 보이고 두 성별 모두 물질사용장애의 위험이 있다.

치료가 반사회성 성격장애 환자들에게 별로 효과적이지 않은 것처럼 보이지만, 나이가 듦에 따라 장애가 감소한다는 일부 증거가 있으며, 이 사람들은 보다 부드러워져서 '단순한' 물질 사용자가 된다. 자살이나 타살로 인한 죽음도 많다.

일반적으로 반사회적 행동이 물질 남용 중에만 발생한다면 반사회성 성격장애 진단이 합당하지 않을 것이다. 물질 남용자들이 범죄행위에 가담하기도 하지만, 이는 약물을 얻으려는 목적에 국한된다. 그래서 잠정적인 반사회성 성격장애 환자가 물질을 사용하지 않을 때도 불법적인 행위에 가담하는지를 확인하는 것이 필수적이다.

환자들이 어린 시절이 구제 불능, 비행, 무단결석과 같은 학교 문제 등으로 짐칠되어 있는 경우가 많지만, 이런 과거력을 가진 아이들의 절반 조금 못 미치는 정도만 결국 완전한 성인기 증후군으로 진행된다. 그래서 우리는 18세 이전에는 이 진단을 결코 내려서는 안 된다.

끝으로, 반사회성 성격장애는 효과적인 치료법이 알려져 있지 않은 일련의 심각한 장애이기 때문에 이 진단은 최후의 수단으로만 내려야 한다. 진단을 내리기 전에, 다른 중요 정신적 장애나 성격장애를 배제하기 위해 2배의 노력을 기울여라.

반사회성 성격장애의 핵심 특징

이들은 15세 이전에 재산 파괴, 심각한 규칙 위반, 또는 사람이나 동물에 대한 공격성을 보였던 과거력이 있어야 한다(즉, 품행장애의 진단기준을 만족시켜야 한다, 427쪽). 그 이후로 그들은 많은 상황에서 거짓말을 하고, 사기를 치며, 체포당할 수 있는(실제 수감 여부와 관계없이) 행동에 가담할 때 익명을 사용한다. 그들은 싸우거나 타인을 공격하며, 대체로 활동에 대한 계획을 세우지 못하고 즉흥적인 영감에 따라 행동한다. 이런 행동에 대해, 잡힌 것을 유감스러워할 뿐 전혀 양심의 가책을 보이지 않는다. 이들은 빚을 청산하지 않으려 하고, 일정한 직업을 유지하지 않으려 할 것이다. 또한 무책임하게 자신이나 타인을 위험에 빠뜨릴 수도 있다.

주의사항

ㄱ들을 다루어라

- 기간 및 인구통계학적 특징(진단은 18세 이전에 내릴 수 없으며 행동 패턴이 지속적이어야 함)
- 광범위한 맥락에서 삶에 영향을 미침
- 감별진단(신체적 장애, 물질사용장애, 양극성장애, 조현병, 다른 성격장애, 보통의 범죄행위)

마일로 타크

23세인 마일로 타크는 잘생기고 똑똑했다. 그가 온풍기와 에어컨을 설치하는 일을 할 때는 돈도 잘 벌었다. 그는 그 일을 고등학교 1학년 중반쯤에 시작하여 고등학교를 중퇴하면서 그만두었는데 이후로 15개의 다른 직업을 가졌으며, 가장 길게 지속된 것이 6개월이었다.

마일로는 현금인출기에서 나이 많은 고객에게 사기를 쳐서 돈을 받으려고 하다가 붙잡혔고, 평가가 의뢰되었다. 그 인출기는 그의 어머니가 부매니저로 일하는 은행 지점에서 운영하는 두 대의 기계 중 하나였다.

초기면담에서 그의 아버지는 "저 악마 같은 자식!"이라고 말했다. "아이일 때조차도 언제나 키우기가 어려웠어요. 때로는 제 자신을 떠올리게 하는 면도 있었지요. 단지 저는 손을 털었지만 말입니다."

그의 어린 시절, 마일로는 싸움이 잦았다. 5세 때 처음 코피가 나서 왔고, 아버지에게 무지막지하게 엉덩이를 맞음으로써 주먹을 참지 말아야 한다는 것을 배웠다. 중학교 1학년 때는 8세 아동에게 4,000원과 잔돈을 강탈해서 정학 처분을 받았으며, 정학이 끝난 후에는 47일 연속으로 수업을 빼먹었다. 이후 그는 경찰과 연을 맺기 시작하였는데, 절도(콘돔)로 시작하여, (네 차례의) 무단

침입을 거쳐, 자동차를 훔치는 데까지 이르렀을 때, 그의 나이 15세였다. 도요타 차를 훔친 건으로 주립 청소년 교정국에서 운영하는 캠프에 보내져 반년을 지냈다. "애가 밤에 어디 있는지를 애 엄마와 내가 알 수 있었던 유일한 6개월이었지요."라고 아버지가 말했다.

마일로의 구금은 적어도 처음에는 효과가 꽤 좋은 듯 보였다. 그러나 그는 학교로 돌아가지 않았고, 그 후로 2년 동안 체포당하는 것을 피하면서 간헐적으로 그 업계의 일들을 배웠다. 그러고는 술 먹고 군대에 자원입대하는 것으로 19세 생일을 기념했다. 그는 막사에 코카인을 돌리고, 2명의 상병, 병장, 소위를 폭행하여 불명예 제대를 하게 되었고, 몇 달 지나지 않아 다시 길거리로 나오게 되었다. 이후 몇 년간은 돈이 필요할 때마다 일했고, 달리 돈을 구할 방법도 없었다. 평가에 오기 얼마 전에 그는 16세 여자아이를 임신시킨 상태였다.

"걘 그냥 바보 같은 계집애예요." 마일로가 뒤로 기대며 한쪽 다리를 면담의자의 팔걸이에 올려놓았다. 그는 듬성듬성 자란 턱수염을 기르고 있었고, 입가에는 이쑤시개를 물고 이리저리 돌리고 있었다. H-A-T-E와 L-O-V-E라는 글자 문신이 양손 주먹을 가로지르며 어설프게 새겨져 있었다. "걔랑 자려고 할 때, 걔가 거절하지 않았다구요."

마일로의 기분은 좋은 상태였고, 조증과 유사한 상태는 경험해 본 적이 없었다. 스피드(마약)를 끊는 동안을 제외하면 정신병적 증상을 경험한 적도 없었다. 그는 '약간 편집증적인 느낌'을 갖기도 했지만, 오래 지속되지는 않았다.

현금인출기 건은 친구가 생각해 낸 사기수법이었다. 친구는 이 비슷한 것을 신문에서 읽고는 손쉽게 현금을 얻는 좋은 방법이라고 생각했다. 그들은 잡힐 것이라고는 생각지도 못했고, 마일로는 이 일이 자신의 어머니에게 미칠 영향을 전혀 고려하지 않았다.

그는 하품을 하며 말했다. "엄마는 언제든 다른 직장을 가질 수 있는 걸요."

마일로 타크의 평가

마일로의 행동은 학교, 직업, 가족, 대인관계 등 그의 인생 전반에 걸쳐 지속적으로 영향을 미치고 있다. 15세가 되었을 때, 그는 품행장애의 진단기준을 쉽게 만족시켰다(반사회성 성격장애 진단기준 C). 그 후에는 20대 초반 내내 지속되는 완전한 성인기 범죄행위들로 이환되었다. 반복적인 불법적 행위들(A1), 폭행(군대 소속원들에 대한 — A4), 직업에서의 무책임(A6), 충동성(계획 없이 현금인출기를 턺 — A3), 후회의 결여(어머니나 자신이 임신시킨 여자아이에 대한 — A7). 그의 증상은 인지, 정동, 대인관계 기능, 충동조절 영역 전반에 영향을 미쳤다('일반적 성격장애'에 대한 기술을 보라). 물론 그의 나이(18세 이상 — 진단기준B) 또한 반사회성 성격장애의 진단을 충족시키기에 충분해졌다.

조증 삽화나 조현병이 있는 사람들은 때로 범죄행위에 가담하기도 하는데, 이것은 삽화성(episodic)이고 다른 조증 또는 정신병적 증상과 동반되어 나타난다. 마일로는 기분장애나 정신병적 장애를 시사하는 모든 행동들에 대해 일관되게 부인했다(D). 지적발달장애가 있는 환자들이 법을 어길 수도 있지만, 그것은 그 행위가 잘못된 것임을 알지 못하기 때문이거나, 타인에 의해 너무나 쉽게 영향을 받기 때문이다. 비록 마일로가 학교에서 특별히 잘하지는 않았지만, 그가 낮은 지능 때문에 뒤처졌었다는 증거는 없다.

수많은 중독 환자들이 약물을 살 돈을 얻기 위해서라면 무슨 짓이든 하려고 하기 때문에, 물질사용장애가 감별진단에 있어 중요하다. 마일로는 코카인과 암페타민을 사용했었지만(그에 따르면 일시적으로만 사용했다고 한다), 대부분의 반사회적 행동들은 약물 사용과 관련이 없었다. 충동조절장애 환자들은 불법적인 활동에 가담할 수 있지만, 이것은 나이가 어리다면 품행장애에 국한될 것이고, 싸움이나 기물 파손은 간헐적 폭발장애에 국한될 것이다. 신경성 폭식증 환자들에서는 때로 상점에서 물건 훔치기가 나타날 수 있으나, 마일로는 폭식증 삽화가 없었다. 물론 (불안장애를 포함하여) 이런 많은 상태들이 반사회성 성격장애 환자들에 동반된 진단으로 내려질 수 있다.

반사회적 행동이 '전문가적 삶'에 국한되어 있는 직업적 범죄자들은 반사회성 성격장애의 모든 진단기준을 충족시키지는 못할 수도 있다. 대신 그들은 성인 반사회적 행동으로 진단받을 수 있고, 이것은 Z72.811로 부호화할 수 있을 것이다. 이것은 성격장애 감별진단의 한 부분이 된다.

마일로의 GAF 점수는 35점이고, 최종진단은 다음과 같다.

F60.2	반사회성 성격장애
Z65.3	현금인출기 사기로 체포됨

F60.3 경계성 성격장애

경계성 성격장애는 성인기 삶 전반에 걸쳐 불안정성을 보인다. 실제로 국제질병분류법에 따르면 이 질환은 정서 불안정성 성격장애(emotionally unstable personality disorder, EUPD)로 명시하고, 이런 이름이 국제적으로는 더 잘 알려져 있다. 경계성 성격장애를 경험하는 사람들은 기분, 행동, 또는 대인관계에 있어서 위기에 처하는 경우가 많다. 대다수가 공허감과 지루함을 느낀다. 그들은 타인과 강한 애착을 맺으려 하고, 그들이 의지하는 사람으로부터 무시당하거나 제대로 대우받지 못한다고 느끼면 강한 분노를 경험하거나 적대적으로 변한다. 그들은 충동적으로 스스로를 상처 입히거나 손상시킬 수 있다. 이런 행동들은 분노의 표현, 도움을 구하는 외침, 또는 정서적 고통으로부터 스스로를 무감각하게 하려는 시도이다. 비록 경계성 성격장애 환자들이 단기 정신병적 삽화를 경험할 수도 있지만, 삽화는 빠른 시간 내에 해소되기 때문에 조현병과 같은 정신병과 혼동되는 경우는 드물다. 강렬하고 빠른 기분 변화, 충동성, 불안정한 대인관계는 이 환자들이 사회적, 직업적, 학업적으로 충분히 성취하는 것을 어렵게 한다.

경계성 성격장애는 가족력이 있고, 전체 인구의 약 3% 정도에서 발병한다(남성과 여성이 동일한 비율이나 여성 환자의 경우 치료를 추구할 가능성이 더 많다). 이 사람들은 정말로 비참하고, 그렇기 때문에 자살에 이를 수 있는 위험성이 매우 높다.

경계성 성격장애의 개념은 20세기 중반에 고안되었다. 이 환자들은 원래는(때로는 요즘에도 역시) 신경증과 정신병 사이에 머무는 것으로 일컬어졌다. '경계성'이라는 것의 존재 여부에 대해 많은 임상가들의 논쟁이 있었다. 이 개념이 성격장애로 진화하면서 상당한 대중성을 얻게 되었고, 아마도 그래서 이 광범위한 정의에 수많은 환자들이 끼워 맞춰진 것 같다.

비록 일반 인구의 1~2%만이 경계성 성격장애의 진단을 적절히 만족시키지만, 정신건강 서비스를 찾는 환자들에게는 이보다 훨씬 많은 비율로 진단이 내려지고 있을 것이다. 저자의 개인적인 생각으로, 이 장애는 여전히 진단 편람에서 가장 많이 과잉진단되는 장애 중 하나이다. 이 환자들 중 대다수는 주요우울장애, 신체증상장애, 물질관련장애와 같은 더 쉽게 치료 가능한 다른 장애를 가지고 있다.

경계성 성격장애의 핵심 특징

경계성 성격장애를 경험하는 사람들은 기분이나 행동의 끊임없는 위기 속에서 존재한다. 그들은 대개 외로움과 지루함을 느낀다. 혼란된 정체감(불안정한 자기상)은 이들로 하여금 타인에게 강한 애착을 형성하게 하고, 이후 필사적으로 거부하게 한다. 한편으로 이들은 유기(실제적일 수도 있고 공상일 수도 있다)를 피하려고 필사적인 노력을 할 것이다. 확연한 충동성이 잠재적으로는 상처 입히거나 손상시키는 행동, 예를 들어 무분별한 성관계, 흥청망청 돈 쓰기, 폭식, 난폭 운전 등으로 이어질 수 있다. 비록 스트레스가 해리나 편집증과 같은 단기 삽화를 유발할 수 있으나, 이는 빠른 시간 내에 해소된다. 강렬하고 빠른 기분 변화는 부적절하고 통제되지 않는 분노를 야기할 수도 있다. 그리고 반복적으로 언급하지만, 그들은 자신에게 피해를 주거나, 자해하거나, 자살을 협박(혹은 실제 자살 시도)할 수 있다.

주의사항

그들을 다루어라

- 기간(10대나 20대 초반에 시작되어 지속됨)

- 광범위한 맥락에서 삶에 영향을 미침
- 감별진단(기분장애와 정신병적 장애, 분리불안장애, 다른 성격장애)

조세핀 아미타지

"저 자해하고 있어요!" 전화 속 목소리는 음조가 높고 떨리고 있었다. "저 지금 자해하고 있다구요! 오! 시작해 버렸어요." 목소리는 고통과 분노에 차서 울부짖고 있었다.

20분 후에 임상가는 조세핀으로부터 주소와 바로 응급실로 가겠다는 약속을 얻어낼 수 있었다. 두 시간 후, 조세핀 아미타지는 왼손 팔뚝에 붕대를 감은 채로 정신건강의학과 진료실에 앉아 있었다. 붕대가 감겨 있지 않은 오른쪽 팔에는 손목부터 팔꿈치까지 수많은 십자형의 흉터들이 새겨져 있었다. 그녀는 33세에, 약간 과체중이었으며, 껌을 씹고 있었다.

"기분이 훨씬 나아졌어요," 그녀가 웃으며 말했다. "전 정말 당신이 제 생명을 구했다고 생각해요."

임상가는 그녀의 붕대가 감겨 있지 않은 팔을 잠시 내려다보았다. "이번이 처음이 아니죠?"

"이렇게 뻔할 줄 알았어야 했는데. 당신도 결국은 그렇게 멍청이처럼 굴 건가요? 내 지난 상담가처럼?" 그녀는 쏘아보다가 몸을 90도 돌려 벽을 보고 앉았다. "제길!"

조세핀의 이전 치료자는 원래보다 낮은 상담료로 그녀를 보고 있었지만, 그녀가 요구하는 대로 시간을 더 늘려줄 수는 없었다. 이에 대한 반응으로 그녀는 이전 치료자의 새로 산 BMW 바퀴 4개의 바람을 모두 빼버렸다.

최근의 문제는 남자 친구에 대한 것이었다. 그녀의 친구 중 하나가 이틀 전 제임스가 다른 여자와 함께 있는 것을 '꽤 확실히' 본 것 같다고 말했다. 어제 아침에 조세핀은 회사에 전화를 해서 아프다고 한 후, 제임스와 대면하기 위해 그의 직장에 가서 잠복했다. 그는 나타나지 않았고, 저녁에는 이웃이 경찰을 부르겠다고 위협할 때까지 그의 아파트 문을 두드렸다. 그녀는 떠나기 전에 문 옆의 벽을 구멍이 날 때까지 걷어찼다. 그러고는 술에 취해 번화가 이리저리를 운전하며 데이트 상대를 찾으려 했다.

"위험하게 들리는군요." 임상가가 말했다.

"전 미스터 굿바(Mr. Goodbar)를 찾아다녔지만 아무도 나타나지 않았어요. 그래서 다시 자해를 해야겠다고 결심했어요. 그건 항상 도움이 되는 것 같았거든요." 조세핀의 분노가 다시 차츰 사라졌고, 벽에서 다시 몸을 돌려 앉았다. "사는 건 엿 같아요. 그리고 누구나 죽어요."

"자해를 할 때, 정말 죽으려는 의도를 가지고 했던 적이 한 번이라도 있나요?"

"글쎄요, 한번 봅시다." 그녀는 껌을 씹으며 곰곰이 생각했다. "전 정말 화가 나고 우울해져요, 무슨 일이 일어나든 상관이 없죠. 지난번 상담가는 제가 인생 전부를 빈껍데기처럼 느껴 왔다고 말했고, 제 생각에도 그건 맞는 것 같아요. 제 안에는 아무도 살고 있는 것 같지 않아요. 그래서 피를 다 뽑아버려서 삶을 끝내려 했는지도 모르죠."

조세핀 아미타지의 평가

초기에 임상가가 해야 할 일은 보고된 (그리고 관찰된) 행동이 조세핀의 10대 후반부터 나타나기 시작했는지를 확인하는 것이다. 그녀의 보고에서 나온 '지난번 상담가'가 했다는 코멘트를 보면 그럴 것 같기는 하지만, 그래도 반드시 확인되어야 한다.

조세핀은 많은 부적응 행동들을 보였고 이러한 행동들이 삶의 전반에 만연했다. 그녀의 직업에 영향을 미쳤고(일시적인 기분에 휩쓸려 아프다고 전화를 함), 남자 친구 및 이전 치료자와의 관계에도 영향을 미쳤다. 그리고 제임스의 아파트에서 잠복을 한 전체 삽화 자체가 버림받는 것을 피하려는 필사적인 노력이라고 볼 수 있다(진단기준 A1). 현재의 임상가와 가진 초기의 짧은 순간에서조차도 이상화와 평가절하를 오가는 변화가 나타났다(A2). 그녀는 위험한 충동성의 증거들을 보였고(음주상태에서의 운전, 낯선 사람과 데이트를 하려고 함 — A4), 반복적인 자살 시도(혹은 관련된 행동)를 했다(A5).

그녀의 기분은 이 사례에만 국한시켜 보더라도 눈에 띄게 불안정해 보였고, 임상가가 그녀를 대하는 태도라고 자신이 지각한 바에 따라 기분의 반응성을 보였다(A6). 그녀의 분노는 갑작스럽고 부적절하며 긴렬했다(A8). 그녀는 '빈껍데기'라는 자신에 대한 기술에 동의했다(A7). 비록 경계성 성격장애 환자가 종종 정체감 혼란을 보이고 때때로 단기 정신병의 경과를 보이는 것으로 기술되지만, 조세핀의 사례에서는 둘 다 나타나지 않았다. 그렇다고 해도 그녀는 요구되는 다섯 가지 증상을 상회하는 예닐곱 가지 증상을 가지고 있다.

수많은 정신적 장애가 경계성 성격장애와 혼동될 수 있다. 경계성 성격장애가 단일(또는 주요한) 진단으로 확정되기 전에 각각의 장애가 반드시 고려되어야 한다(이것은 알려진 감별진단이 없는 경계성 성격장애의 진단기준은 아니지만, 일반적 성격장애 진단기준의 하나이다). 많은 경계성 성격장애 환자들은 주요우울장애와 지속성 우울장애 또한 가진다. 자살행동, 분노, 공허감이 우울 삽화 동안에만 경험되는 것은 아니라는 점을 확실히 하는 것이 중요하다. 이와 유사하게, 정서적 불안정이 순환성장애로 인한 것이 아니어야 한다. 공식적인 진단기준이 이러한 가능성을 언급하고 있지는 않지만, 이러한 특징이 문맥에 나타나 있다.

경계성 성격장애 환자들은 정신병적 삽화를 경험할 수도 있지만, 이러한 삽화는 단기간에 발생하고 스트레스 상황에 나타나는 경향이 있으며, 빠르고 자연적으로 사라진다. 이러한 점이 조현병과의 혼동을 방지해 준다. 다양한 물질의 오용으로 인해 자살행동, 불안정한 기분, 충동조절의 어려움을 보일 수 있다. 물질관련장애 또한 경계성 성격장애에 종종 수반되어 나타나며, 항상 주의하여 조사해야 한다. 신체증상장애 환자들은 종종 꽤 극적일 수 있고 약물을 오용하여 자살 시도를 하기도 한다. 비록 이러한 사례가 상기 증상에 대한 증거가 되지는 않지만, 평가를 하는 임상가는 목록을 주의하여 고려해야 한다.

경계성 성격장애 환자들은 다른 성격장애의 특징을 보이기도 한다. 조세핀의 경우는 극적인 점에서 연극성 성격장애를 시사할 수 있다. 자기애성 성격장애 환자들 또한 자기중심적이지만, 조세핀처럼 충동성을 보이지는 않는다. 반사회성 성격장애 환자들은 충동적이고 분노를 조절하지 못한다. 조세핀의 일부 행동은 파괴적이긴 했으나, 그녀는 공공연하게 범죄활동을 저지르진 않았다.

마지막으로, 경계성 성격장애 환자에게 때때로 해리성 정체성 장애가 동반되기도 한다. 이 매우드문 상태를 배제하기 위해서는 추가적인 면담과 관찰이 필요할 것이다. 조세핀의 개인력을 고려할 때, 그녀의 진단은 다음과 같을 것이다. 우리는 그녀의 팔에 있는 상처들을 볼 때 자살의 의도없이 가한 것으로 식별할 수 있었음을 유념하라. 이로 인해 나는 그녀에게 51점의 GAF 점수를 부여할 것이다.

F60.3	경계성 성격장애
R45.88	자살의 의도가 없는 자해행동
S51.809	팔 하박부 자상(刺傷)

생의 후반기에 나타나는 성격장애라는 것은 없다. 정의에 따르면, 성격장애는 정도의 차이는 있지만 처음부터 나타나는 상태이다. 만약 성인기에 성격 구조가 바뀐 환자를 만났다면, 찾을 수 있을 때까지 그 원인을 찾아야 한다. 대개는 다른 의학적 상태로 인한 성격 변화, 기분장애나 정신병적 장애, 다른 물질관련장애, 인지적인 문제, 또는 심한 적응장애가 발견될 것이다.

F60.4 연극성 성격장애

연극성 성격장애 환자들은 오랜 세월에 걸쳐 과도한 관심 끌기 및 감정중심성(과도한 정서)을 보이고, 이는 그들 삶의 모든 영역에 스며들어 있다. 이 사람들은 무대의 중심이 되려는 욕구를 다음과 같은 두 가지 주된 방식으로 충족시킨다. (1) 그들의 관심과 주된 대화주제는 자기 자신의 욕망과 활동에 대한 것으로 초점이 맞추어져 있다. (2) 그들은 말과 행동을 통해 지속적으로 관심을 구한다. 신체적인 매력에(자신의 매력 또는 자신과 관련이 있다면 타인의 매력에도) 지나친 관심을 쏟으며, 그들의 자기표현은 터무니없이 과장되어 있어서 마치 정상적인 정서를 서투르게 흉내 내는 것처럼 보일 지경이다. 그들은 승인에 대한 욕구로 인해 유혹적으로 행동하고, 이는 대개 부적절하다(심지어는 대담하기까지 하다). 대부분은 정상적인 성생활을 하지만, 일부는 난잡한 생활을 하게 되기도 하고, 성에 관심이 없는 사람도 있을 수 있다.

연극성 성격장애를 가진 사람들은 대개 타인에게 매우 의존적이기 때문에 지속적으로 타인의 승인을 구한다. 이들의 기분은 깊이가 얕아 보이거나 주변 환경에 과도하게 반응하는 것처럼 보인다. 좌절에 대한 낮은 인내력은 분노발작을 초래하기도 한다. 이들은 흔히 정신건강 전문가와 이야기하는 것을 좋아하는데(이는 관심의 중심이 되는 또 다른 기회이기도 하다), 이들의 말은 대개 모호하고 과장으로 가득 차 있어서 면담이 별 소용이 없다는 것을 스스로 증명하게 된다.

연극성 성격장애 환자는 새로운 관계를 빠르게 형성하고, 또한 매우 빠르게 요구적이 된다. 사람을 믿는 경향이 있고, 쉽게 영향을 받기 때문에 그들의 행동은 비일관적인 것처럼 보일 수 있다. 이들은 분석적으로 생각하지 않기 때문에, 암산하는 것과 같은 논리적인 사고가 요구되는 과제에서 어려움을 겪을 수 있다. 그러나 창조성이나 상상력을 가치 있게 여기는 직업에서는 성공할 수 있다. 이들의 새로운 것에 대한 갈망은 감각 또는 자극 추구를 하게 하고 때로는 법적 문제가 되기도 한다. 일부는 정서적 부담이 있는 내용들을 잊어버리는 주목할 만한 경향을 보이기도 한다.

연극성 성격장애는 특별히 잘 연구된 장애는 아니지만, 꽤 흔한 것으로 알려져 있다. 전체 인구의 약 1% 이상에서 발병하는 것으로 보이고 가족력이 있을 수 있다. 전형적인 환자는 여성이지만 남성에게서도 발병할 수 있다.

연극성 성격장애의 핵심 특징

이 환자들은 스포트라이트를 갈망할 뿐만 아니라, 관심의 초점이 되지 못했을 때 불행하게 느낀다. 이들은 신체적 매력이나 매너리즘을 이용해서 자신에게 관심을 끌려는 적극적인 시도를 한다. 이들의 말하는 방식은 지나치게 극적이지만 말의 내용은 구체적이지 못하고 모호하다. 정서를 표현할 때는 지나치게 과장되어 있고 야단스럽지만, 이는 피상적이며 금세 지나가는 경향이 있다. 이 사람들은 피암시성이 높고 매우 쉽게 영향을 받기 때문에, 실제로는 친밀하지 않은 관계를 친밀하다고 해석할 수 있고, 부적절하게 도발적이고 유혹적인 방식으로 행동하는 지경에까지 이를 수 있다.

주의사항

ㄱ들을 다루어라

* 기간(10대나 20대 초반에 시작되어 지속됨)
* 광범위한 맥락에서 삶에 영향을 미침
* 감별진단(물질사용장애, 신체증상장애, 다른 성격장애, 의학적 상태로 인한 성격 변화)

안젤라 블랙

안젤라 블랙과 그녀의 남편 도널드는 부부 상담을 위해 찾아왔다. 늘 그렇듯이 그들은 싸웠다.

"그는 제 말을 전혀 듣질 않아요. 개한테 이야기하는 거나 마찬가지예요!" 눈물과 마스카라가 안젤라의 목이 깊이 파인 실크 드레스 앞섶에 떨어졌다.

"들을 게 뭐가 있나요?" 도널드가 말했다. "제가 그녀를 짜증 나게 한다는 건 알아요. 그녀가 항상 불평을 많이 하니까요. 하지만 제가 어떻게 바뀌었으면 좋겠는지를 물어도 전혀 꼭 집어 말해주질 못해요."

안젤라와 도널드는 37세 동갑이었고, 결혼한 지는 거의 10년이 다 되어가는데, 이미 두 번 별거한 적이 있었다. 도널드는 법인 고문 변호사로 돈을 매우 잘 벌었고, 안젤라는 패션모델이었다. 그녀는 예전만큼 자주 일을 하진 않지만 남편이 충분히 벌어오는 돈으로 잘 차려입고 좋은 신발을 신었다. "제 생각에 그녀는 같은 드레스를 두 번 입은 적이 없을 거예요." 도널드가 투덜댔다.

"입은 적 있어." 그녀가 응수했다.

"언제? 한 번이라도 말해봐." 도널드의 질문은 부드러웠고, 질문에 대한 답을 진심으로 궁금해 하는 듯했다.

"항상 그랬지. 특히 최근에는." 잠시 동안 안젤라는 구체적인 사실에 대한 내용은 전혀 말하지 않고 자신을 변호했다.

"과실 추정의 원칙(res ipsa loquitur)."이라고 도널드가 만족스러워하며 말했다.

"오, 맙소사, 라틴어라니!" 그녀는 거의 울부짖었다. "그가 자신의 저 우월하고 쓸데없는 라틴어를 끼워 넣을 때마다 전 손목을 긋고 싶어져요!"

부부는 한 가지에는 동의했다. 그들에게는 이것이 전형적인 대화 방식이라는 것이다.

그는 대부분 늦게까지 야근하고 주말에도 일을 했고, 이것이 그녀를 화나게 했다. 그녀는 보석과 옷을 사는 데 너무 많은 돈을 소비했다. 그녀는 자신이 여전히 다른 남자를 유혹할 수 있다는 사실에 즐거워했다. "당신이 나에게 좀 더 관심을 기울였다면 그러지 않았을 거야." 그녀가 입술을 삐죽이며 말했다.

"당신이 마릴린 말을 듣지 않았다면 그러지 않았겠지." 그가 대답했다.

마릴린과 안젤라는 고등학교에서 치어리딩을 할 때부터 가장 친한 친구였다. 마릴린은 부유하고 독립적이었다. 그녀는 다른 사람들이 어떻게 생각하는지 신경 쓰지 않고 행동했고, 대개는 안젤라가 이를 바로 따라 했다.

"지난 여름에 있었던 수영장 파티처럼 말이지." 도널드가 말했다. "당신이 시합을 '응원'하겠다고 수영복을 벗어던졌던 그때 말이야, 아님 그건 당신 생각이었나?"

"당신이 뭘 안다고 그래? 당신은 늦게까지 일했잖아. 그리고 상의만 벗었던 거라고."

안젤라 블랙의 평가

안젤라의 성격은 결혼생활에 심각한 영향을 미쳤고, 사례를 통해 그녀의 사회적 관계(예를 들어, 파티에 온 남성들) 역시 영향을 받았음을 알 수 있다. 그녀가 성인기 삶 전체에서 이런 식으로 지내 왔는지를 입증할 수 있는 더 많은 정보가 필요할 것이다. 그러나 그녀가 세상과 거래하는 방식이 최근에 새로 생겨났을 가능성은 낮아 보인다.

안젤라의 증상은 다음과 같다. 성적 도발(상의를 탈의한 채로 춤을 춘 데서 알 수 있음 — 진단기준 A2), 관심의 중심이 되려는 강한 욕구(A1), 신체적 매력에 대한 과도한 관심(A4), 극적인 정서 표현(A6), 피암시성(친구 마릴린이 이끄는 대로 따라 함 — A7), 모호한 말(남편이 이에 대해 언급함 — A5). 정서 표현이 급격하게 변화하는 것이 약간 보인 것 같기도 한데(A3), 저자만 그렇게 느낀 듯도 하다. 보수적으로 채점하더라도, 그녀는 연극성 성격장애 증상 중 적어도 6개를 가지고 있다(DSM-5-TR 진단기준에서는 5개를 요구한다).

치료자는 연극성 성격장애에 흔히 동반되는 다른 주요 정신적 장애가 있지는 않은지를 적절히 판단하기 위해 정보를 모아야 한다. 흔히 동반되는 장애로는 신체증상장애(그녀의 신체적 건강은 양호했는지?)와 물질관련장애가 있다.

안젤라가 다른 성격장애 진단을 충족시키지는 않는가? 그녀는 주로 자기 자신에게 초점이 맞추어져 있었고, 찬사받는 것을 좋아했다. 그러나 그녀는 자기애성 성격장애 환자들의 특징인 성취에 대한 과장된 지각이 결여되어 있었다. 연극성 성격장애의 특징은 경계성 성격장애와 동일시되기 쉬운데, 안젤라의 기분이 다소 불안정하기는 했지만 그녀는 대인관계 불안정성, 정체감 혼란, 일시적인 편집증적 사고를 보고하지는 않았다. 높은 피암시성은 의존성 성격장애를 시사할 수도 있으나, 그녀는 지지를 구하기 위해 남편에게 의지하는 것과는 거리가 멀었고, 오히려 적극적으로 남편과 맞서 싸웠다. GAF 점수는 65점이며, 진단은 다음과 같다.

F60.4   연극성 성격장애

Z63.0   배우자와의 관계 갈등

F60.81 자기애성 성격장애

자기애성 성격장애는 일생 동안에 걸쳐 지속되는 과대성(행동에서나 환상에서), 찬사에 대한 갈망, 공감능력이 결여된 양상을 보인다. 이러한 태도는 그들 삶의 대부분 영역에 스며들어 있다. 그들은 스스로를 흔치 않은 특별한 사람들이라고 여긴다. 이들은 자기가 중요한 사람이어서 자신의 성취를 과장하는 경우가 흔하다. (시작하기에 앞서, 이러한 특질들은 성인기의 성격장애에만 해당한다는 것을 알아둘 필요가 있다. 아동과 청소년은 본래 자기중심적이고, 어린아이들에서 자기애적 특질들은 이후의 병리를 함축하지는 않는다.)

그들의 과장된 태도에도 불구하고, 자기애성 성격장애 환자는 자존감이 취약하고, 종종 무가치감을 느낀다. 엄청난 개인적 성공을 거두는 때조차도, 그들은 부정을 저지른 것 같은 또는 자격이 없는 것 같은 느낌을 받을 수도 있다. 다른 사람들이 자신에 대해 어떻게 생각하는지에 과도하게 민감하여, 칭찬을 얻어내야만 할 것 같은 느낌에 사로잡힌다. 비판을 받게 되면, 그들은 자신의 고통을 표면적으로는 싸늘한 무관심으로 포장할 수 있다. 자신의 감정에 민감해질수록, 다른 사람의 감정이나 욕구에 대한 명확한 이해를 하지 못하게 되고, 공감을 가장할 수도 있으며, 자신의 잘못을 감추기 위한 거짓말을 할 수도 있다.

자기애성 성격장애 환자들은 큰 성공에 대한 공상을 자주 하며, 이를 성취한 사람들을 시기한다. 이들은 자신이 원하는 것을 갖도록 도와줄 수 있을 거라고 생각하는 친구들을 선택할 수 있다. 직업 활동은 나빠질 수도(대인관계 문제 때문에), 좋아질 수도(성공에 대한 끊임없는 욕망 때문에) 있다. 이들은 꾸미는 데 관심이 많고 젊어 보이는 것에 가치를 두기 때문에 나이가 듦에 따라 점차 우울해질 수 있다.

자기애성 성격장애는 거의 연구가 되지 않았다. 일반 인구 집단의 1% 미만에서 나타나며, 대부분의 환자는 남성이다. 이런 까다로운 성격들을 이해하는 데 도움을 줄 수 있는 가족력, 환경적인 선행 사건, 또는 다른 배경 자료에 대한 정보는 없는 상태이다.

자기애성 성격장애의 핵심 특징

자기애성 성격장애를 경험하는 사람들은 과대성을 가지고 있고, 동시에 찬사를 갈망하며, 타인의 감정에 대한 고려가 부족하다. 그들은 전형적으로 자신의 능력이나 성취를 과장한다. 아름다움, 탁월함, 이상적인 사랑, 권력, 또는 끝없는 성공에 대한 환상에 사로잡히는 경향이 있으며, 그들은 자신이 매우 특별해서 지위가 높은 사람들이나 단체들과만 어울려야 한다고 믿는다. 대개 거만하거나 방자하며, 다른 사람이 자신을 시기한다고 믿는다(실제로는 그 반대가 사실일 수 있지만). 공감의 결여는 특권의식을 느끼게 하고 자신의 목표를 성취하기 위해 타인을 착취하는 것을 정당화한다.

주의사항

ㄱ들을 다루어라

- 기간(10대나 20대 초반에 시작되어 지속됨)
- 광범위한 맥락에서 삶에 영향을 미침
- 감별진단(물질사용장애, 양극성장애, 다른 성격장애, 지속성 우울장애)

베르나 위트로

"위트로 박사님, 오늘 오후에 응급 클리닉 담당이시죠? 도움이 좀 필요해요!" 정신건강 클리닉의 사회복지사인 엘레노어 본듀락은 분노와 좌절감으로 얼굴이 빨갛게 상기되어 있었다. 이 임상가와 일하는 데 있어 어려움이 있었던 것은 이번이 처음이 아니었다.

50세의 베르나 위트로는 수도권에 있는 거의 모든 정신건강 클리닉에서 일한 경험이 있었다. 그녀는 잘 수련받은 매우 명석한 사람이었으며, 자신의 전문 분야에 대한 책들을 탐독했다. 이런 자질 덕분에 그녀는 수년 동안 직장을 끊임없이 얻을 수 있었다. 그녀를 한 직장에서 다른 직장으로 계속 이직하도록 만든 자질들은 그녀를 고용하는 사람들보다는 함께 일하는 사람들에게 더 잘 알려져 있었다. 그녀는 동료들 사이에서 잘난 척하고 자기중심적인 것으로 유명했다.

"그녀는 제 지시를 받지 않겠다고 말했어요. 그녀의 태도가 '사회복지사 주제에'라고 말하고 있었어요." 엘레노어는 클리닉 책임자와의 열띤 토론 끝에 잠시 진정되었다. "그녀는 제 상사에게 말하거나 또는 당신에게 말하겠다고 했어요. 제가 두 분 다 지금 클리닉에 없고, 환자는 지금 서류가방에 총을 가지고 왔다고 말했어요. 그랬더니 그녀가 저더러 '그걸 서면으로 써서 제출하세요'라며 그러면 자기가 '어떤 조취를 취할지를 결정하겠다'고 말했어요. 그래서 그때 전 당신을 호출했죠."

위기가 지나고 나서(그 총은 장전이 되어 있지 않아서 환자는 위험하지 않았다), 클리닉 책임자는 위트로 박사와 이야기하기 위해 잠시 들렀다. "베르나, 평소에는 사회복지사가 환자를 먼저 보고 당신이 관여하기 전에 서면으로 정리해서 주는 게 맞아요. 하지만 이건 평소 같은 상황이 아니잖아요! 특히 이런 응급 상황에는, 전체 팀이 다 같이 함께 행동해야 해요."

베르나 위트로는 키가 크고 날카로운 콧날에, 주걱턱을 가진 권위를 내뿜는 인상이었고, 그녀의 긴 머리는 숱이 많은 금발이었다. 그녀는 턱을 약간 높게 들고 말했다. "당신은 팀 접근법에 대해 저한테 가르칠 필요가 없어요. 전 이 시내에 있는 거의 모든 클리닉에서 리더였으니까요. 전 최고의 팀 리더예요. 누구한테든 물어보세요." 말하면서 그녀는 엄지를 제외한 거의 모든 손가락에 끼워져 있는 금반지들을 문질러 댔다.

"하지만 팀 리더라는 것은 단순히 지시만 내리는 역할 그 이상이에요. 정보를 모으고, 합의를 이끌어내고, 다른 사람의 감정도 돌보—"

"보세요." 그녀가 끼어들었다. "제 팀에서 일하는 게 그녀가 할 일이에요. 제가 할 일은 리더십을 제공하고 결정을 내리는 거고요."

베르나 위트로의 평가

우리가 가진 자료에 따르면(임상적 면담이 포함되어 있지 않기 때문에, 우리의 결론은 반드시 잠정적인 것이 되어야 할 것이다), 위트로의 성격 특질은 많은 세월 동안 어려움을 초래한 것으로 보인다. 그녀의 삶에 광범위하게 영향을 미쳤고, 직업(많은 직업들) 및 대인관계를 방해했다. 물론 종합적인 평가를 통해 그녀의 성격이 가정 및 사회 생활에도 영향을 미쳤는지를 알아봐야 한다.

자기애성 성격장애를 시사하는 증상은 다음과 같다. 방자한 태도(진단기준 A9), 자신의 성취에 대한 과장("전 최고의 팀 리더예요." — A1), 높은 지위의 사람들로부터만 지시나 요청을 받겠다고 고집함(A3), 복종을 기대함(특권의식에 기인하여 — A5), 동료 직원들에 대한 공감의 결여(A7). 5개의 진단기준을 필요로 하며, 정서적, 인지적, 대인관계적 특징이 나타났다('일반적 성격장애의 핵심 특징'을 참조하라).

다른 성격장애가 자기애성 성격장애에 동반되거나 혹은 자기애성 성격장애와 혼동될 수 있다. 연극성 성격장애도 극도로 자기중심적이지만, 위트로 박사는 연극적이지는 않았다(비록 그녀가 많은 반지들을 끼고 있기는 했지만). 경계성 성격장애의 사례에서처럼(그리고 대부분의 다른 성격장애도) 자기애성 성격장애 환자들은 다른 사람들과 관계를 맺는 데 큰 어려움을 겪는다. 그러나 이들은(위트로 박사를 포함해서) 불안정한 기분, 자살행동, 또는 스트레스에서의 단기 정신병을 보이는 경향이 특별히 높지는 않다. 비록 자기애적 과장에서 기만의 요소가 있기는 하지만, 이 사람들은 전형적인 반사회성 성격장애에서 보이는 지속적인 범죄행위나 타인의 권리를 무시하는 면이 없다.

지속성 우울장애와 주요우울장애가 자기애성 성격장애에 빈번하게 동반되지만, 이 사례에서는 이런 진단들을 지지할 만한 증거가 없다. 위트로 박사의 GAF 점수는 61점이며, 잠정적 진단은 다음과 같다.

F60.81　　자기애성 성격장애

C군 성격장애

C군 성격장애는 불안하고 긴장되어 있으며 과잉통제적인 것으로 특징지어진다.

F60.6 회피성 성격장애

회피성 성격장애 환자는 부적절감을 느끼고, 사회 활동이 제한되어 있으며, 비판에 과도하게 민감하다. 이러한 특징들은 성인기 삶 전반에 걸쳐 나타나고, 일상생활 대부분의 측면에 영향을 미친다. (자기애성 특질과 마찬가지로 회피성 특질도 아동기에 흔하지만, 이런 특질이 반드시 궁극적으로 성격장애를 암시하지는 않는다.)

비판 및 불승인에 대한 민감성 때문에 이 사람들은 자기를 내세우지 않고 다른 사람의 기분을 맞추려 애쓰지만, 이 또한 심각한 사회적 고립을 조래할 수 있다. 이들은 별 뜻 없는 말도 비판적인 것으로 오해석할 수 있고, 그들이 수용될 것이라는 확신이 없는 한, 새로운 관계를 시작하는 것을 거부하는 경우가 많다. 그들은 사회적 상황에서 뭔가 바보 같은 말을 하는 것에 대한 두려움 때문에 망설이게 될 것이고, 사회적 요구가 관련된 직업을 피하게 될 것이다. 부모, 형제, 자녀를 제외하고는 가까운 친구가 거의 없다. 그들은 규칙적인 일상을 편안하게 여기며, 자신이 설정해 놓은 틀에서 벗어나는 것을 피하기 위해 무엇이든 감수하려 할 것이다. 면담에서는 긴장과 불안을 보일 수 있다.

회피성 성격장애가 DSM에 등장한 것은 1980년부터이지만, 관련된 연구들은 여전히 드물다. 빈도 측면에서는 성격장애 중에 중간 정도를 차지하고 있으며(일반 인구 집단의 2% 정도), 성비는 대략 비슷하다. 이 환자들의 대부분은 결혼을 하고 직업생활을 하지만, 지지 체계를 잃게 되면 우울해지거나 불안해질 수도 있다. 때로 이 장애는 외양을 흉하게 만드는 질병이나 상태를 가진 것과 관련되어 있기도 하다. 회피성 성격장애는 임상 장면에서 흔히 보이지 않는다. 이 환자들은 다른 질병이 발생했을 때만 평가를 위해 내방하는 경향이 있다. 사회불안장애와 상당 부분 중첩되는 면이 있다.

회피성 성격장애의 핵심 특징

회피성 성격장애를 가진 사람들은 사회적으로 억제되어 있고, 비난에 과도하게 민감하며, 부적절감을 느낀다. 몇몇 환자들은 거절에 너무 민감하여 친밀한 관계를 형성하는 것을 피하기도 한다. 그들은 자신이 수용될 것임을 미리 아는 상황에서만 다른 사람들과 관계하려 할 것이다. 스스로를 열등하고 매력 없고 사회적으로 서투르다고 느끼며, 이런 사람들은 조롱거리가 되거나 수치심을 느끼는 것에 대한 두려움이 너무 커서, 새로운 활동을 하는 것을 개인적인 위험으로 느낀다. 직업적 또는 사회적 상황에서 거절당하거나 비난받는 것(또는 창피를 당하는 것)에 대한 걱정으로 인해 그들은 새로운 관계를 꺼릴 수 있다. 실제로 이들은 새로운 사람과의 접촉을 피하고 이는 이들의 부적절감을 더욱 부추기게 한다.

주의사항

ㄱ들을 다루어라
- 기간(10대나 20대 초반에 시작되어 지속됨)
- 광범위한 맥락에서 삶에 영향을 미침
- 감별진단(물질사용장애, 사회불안장애, 성격 변화, 광장공포증, 다른 성격장애)

잭 바이블리히

잭 바이블리히는 기분이 나아지려고 간 곳에서 기분이 더 나빠졌다. 적어도 익명의 알코올 중독자 모임에서 그가 새로 만난 사람들에게 말한 바에 따르면 그러했다. 어떤 사람은 그에게 30일간의 금주가 그의 몸에 '마지막 남은 세포 하나까지 독성을 빼는 데 필요한 시간'이라고 상기시켜 주었고, 또 다른 사람은 그가 '마른 주정'을 경험하고 있는 것이라고 생각하기도 했다.

"뭐가 '마른 주정'이든 간에, 확실한 건 알코올을 끊은 지 5주가 지났지만 모든 면에서 술을 전혀 마시지 않았던 15년 전과 마찬가지로 불쾌한 기분을 느낀다는 것이에요. 전 이 불쾌한 기분보다는 숙취를 더 즐겼어요!"라고 이후에 잭이 말했다.

32세에 잭은 숙취를 선택하는 경우가 훨씬 많아졌다. 그는 고등학교 3학년 때 첫 음주를 시작했다. 그 전에는 그는 다른 사람을 만나는 것을 고문처럼 여기는 이상하고 외로운 유형의 아이였다. 그가 겨우 고등학생이었을 때부터 머리카락이 빠지기 시작하였고, 지금은 눈썹과 속눈썹을 제외하고는 완전한 대머리가 되었다. 그는 또한 약간씩 지속적으로 고개를 까딱이게 되는 것 때문에 괴로워하였다. "소뇌장애로 인한 떨림이에요. 걱정하진 않으셔도 돼요."라고 신경학자는 말했다. 아침마다 거울에서 보게 되는 대머리에 고개를 까딱거리는 모습은 잭 자신이 보기에도 흉측하고 우스꽝스러워 보였다. 10대 때 그가 대인관계를 형성하기란 거의 불가능했고, 그는 자신처럼 독특한 사람을 좋아해 줄 사람은 아무도 없을 것이라고 확신했다.

그러던 어느 날, 그는 알코올을 발견했다. "첫 잔을 마시자마자 저는 제가 뭔가 중요한 것을 발견했음을 알게 되었어요. 두 잔의 맥주를 마시고 나니, 저의 머리에 대해서는 잊어버리게 되었죠. 심지어는 어떤 여자에게 데이트 신청을 하기도 했어요. 그녀는 거절했지만, 그게 그렇게 중요한 일인 것 같지도 않았어요. 전 제 삶을 찾은 거예요."

그러나 다음 날 아침에 그는 예전 성격으로 돌아와 있음을 알게 되었다. 그는 기분을 좋게 할 정도로 낙관적이기는 하지만 기능을 어렵게 할 정도로 너무 낙관적이지는 않은 만큼의 충분한 취기를 유지하려면 언제 그리고 얼마만큼의 술을 마셔야 하는지를 익히기 위해 향후 몇 달간 실험을 거쳤다. 법학전문대학원 3년 차에 3주 동안 완전히 금주한 적이 있었는데, 알코올 없이는 이전에 느꼈던 고립과 거절의 느낌을 여전히 갖고 있음을 발견하게 되었다.

"술을 마시지 않을 때 슬프다거나 불안하지는 않아요." 잭이 말했다. "하지만 저는 외롭고 저 자신에 대해 불편함을 느껴요. 그리고 다른 사람들도 저에 대해 똑같이 느낄 거라는 느낌이 들어요. 아마도 그게 제가 친구를 만들지 않는 이유겠지요."

법학전문대학원을 졸업하고 색은 법인법을 전문으로 하는 작은 로펌에 취직했다. 그는 매일같이 근무 시간의 대부분을 자료를 찾느라고 법학도서관에 들어앉아 있었기 때문에 동료들은 그를 '두더지'라고 불렀다. "저는 그냥 고객을 만나는 것이 불편해요. 전 새로운 사람들과 결코 잘 어울리지 못하거든요."

그의 삶에서 유일한 예외는 잭이 속해 있는 우표 수집 모임이었다. 그는 할아버지로부터 일련번호가 새겨진 기념우표 수집품을 다량 물려받았다. 그는 수집품을 우표 수집 모임에 가져가면 ("뭐, 어쨌든 나의 수집품이니까.") 그들이 두 팔 벌려 그를 환영할 것이라고 생각했으며 실제로도 그러했다. 그는 할아버지의 수집품을 계속해서 늘려나갔으며, 한 달에 한 번씩 모임에 참석했다. "아마도 그곳에서는 저를 좋아하는지 아닌지를 걱정할 필요가 없어서 괜찮은 것 같아요. 저는 그들이 감탄할 만한 엄청난 우표 수집품을 가지고 있거든요."

잭 바이블리히의 평가

잭의 증상은 그의 직업 및 사회적 삶에 심각한 영향을 미쳤을 만큼 만연하고, 10대 때부터 충분히 긴 시간 동안 나타나서 회피성 성격장애의 진단기준을 충족시킨다. 증상은 다음의 전형적인 회피성 성격장애 특징을 포함한다. 그는 대인관계 접촉을 피했다(예를 들어 로펌에서의 고객들 — 진단기준 A1). 그는 자신이 매력이 없다고 느꼈다(A6). 비록 그가 우표 수집 모임에 참여하기는 했지만, 이는 그의 수집품이 받아들여질 것이라고 확신했기 때문이다(A2). 그는 거절당하는 것에 대해 매우 걱정했다(A4). 4개의 기준만이 요구되며, 그의 인지적, 직업적, 대인관계적 영역이 영향을 받았다('일반적 성격장애의 핵심 특징'을 참조하라).

우울과 불안 모두 회피성 성격장애에서 흔하다. 그러므로 타인과의 접촉을 피하는 환자들에서 기분장애 및 불안장애(특히 사회불안장애)의 증거들을 찾는 것이 중요하다. 잭은 슬프거나 불안하지 않았다고 명백히 말했지만, 그는 심한 알코올 남용이 있음을 인정했다. 물질관련장애 또한 흔히 회피성 성격장애 환자를 정신건강 서비스 제공자의 관심 아래 데려오게 한다.

회피성 성격장애와 조현성 성격장애 환자들은 대부분의 시간을 혼자서 보낸다. 물론 회피성 성격장애 환자들은 이러한 자신의 상태를 불행하게 여기는 반면, 조현성 성격장애 환자는 이를 선호한다는 차이점이 있다. 좀 더 어려운 감별진단은 회피성 성격장애와 의존성 성격장애이다. (의존적인 환자들은 책임을 지는 위치를 피한다, 잭이 그런 것처럼.) 그러나 잭의 회피적인 삶의 양식은 두 가지 신체적인 독특함, 즉 대머리와 고개 까딱이기에 몰두했기 때문일 수 있음을 주목할 필요가 있다.

비록 잭은 알코올사용장애가 있었지만, 그의 임상가는 이것이 현재의 어려움은 거의 초래하지 않았고, 성격장애야말로 치료를 요하는 근본적인 문제라고 생각했다(다른 임상가는 이 해석에 대해 논박할 수도 있을 것이다). 그래서 성격장애가 주 진단으로 기술되었다. 물론 그가 금주한 기간이 5주밖에 되지 않았기 때문에, 그는 알코올사용장애 경과의 변경인자도 충족시키지 않는다(417쪽). 그의 알코올 사용은 실제로 꽤 경미해 보인다. [그리고 물질사용장애를 부호화함에 있어 성격장애는 포함되지 않는다. 제15장의 표 15.2(526쪽) 참조]. GAF 점수는 61점이다.

F60.6	회피성 성격장애 (주 진단)
F10.10	알코올사용장애, 경도
L63.1	전신성 탈모증
R25.0	고개 까딱임

F60.7 의존성 성격장애

의존성 성격장애 환자들은 다른 누군가가 자신을 돌봐주기를 바라는 욕구를 대부분의 사람보다 훨씬 많이 느낀다. 그들은 분리를 극도로 두려워하기 때문에 행동이 매우 복종적이며, 매달리게 되고, 이런 행동으로 인해 타인이 이들을 이용하거나 거절하는 결과를 낳기도 한다. 이들이 리더십을 요구하는 자리에 떠밀리게 되면 불안이 만개하게 되고, 혼자 있을 때 불편하고 무력하다고 느낀다. 이들은 전형적으로 안심을 많이 필요로 하기 때문에, 의사결정을 하는 데 어려움을 겪을 수 있다. 이런 환자들은 다른 누군가의 세심한 감독 아래에서는 잘해 낼 수 있을지라도, 그들 스스로 프로젝트를 시작하고 일을 지속해 나가는 것에는 어려움을 보인다. 이들은 스스로를 하찮게 여기는 경향이 있으며, 틀렸다는 것을 알면서도 다른 사람에게 동조할 수 있다. 이들은 또한 상당한 학대를 견딜 수도 있다(심지어는 종종 구타까지도).

의존성 성격장애는 드물게 보고되고, 이는 잘 연구가 되지 않았다. 일부 저자들은 그 이유를 이 장애가 회피성 성격장애와 구분이 어려워서이기 때문이라고 믿는다. 남성보다는 여성에게서 더 빈번한 것으로 밝혀졌다. NREM수면 각성장애 중 야경증 환자였던 버드 스탠호프는 의존성 성격장애도 있었다. 그의 개인력은 370쪽에 나와 있다.

의존성 성격장애의 핵심 특징

이 사람들은 지지적인 관계에 대한 욕구로 인해 복종적이고 매달리는 행동 및 분리에 대한 두려움을 보인다. 승인받지 못하는 것에 대한 두려움으로 인해 다른 사람에게 반대하기가 어렵다. 지지를 얻기 위해서 불쾌한 일을 도맡아서 하는 것과 같은 터무니없는 행보를 보일 수도 있다. 낮은 자신감 때문에 프로젝트를 독립적으로 시작하거나 수행하지 못한다. 실제로 이들은 자신의 중요한 삶의 영역도 다른 사람이 책임져 주기를 원한다. 매일의 일상적인 결정들이라도 하게 되면, 그들은 엄청난 조언과 안심을 필요로 한다. 버림받는 것에 대한 과장되고 비현실적인 두려움과 자신을 스스로 돌볼 수 없다는 생각 때문에, 이 사람들은 혼자가 되었을 때 무력하거나 불편함을 느낀다. 이들이 친밀한 관계를 상실하면 필사적으로 대체자를 구하려 할 수 있다.

주의사항

그들을 다루어라

- 기간(10대나 20대 초반에 시작되어 지속됨)
- 광범위한 맥락에서 삶에 영향을 미침
- 감별진단(신체적 장애 및 물질사용장애, 기분장애 및 불안장애, 다른 성격장애)

자넷 그린스펀

실리콘 밸리 대형 회사의 비서인 자넷 그린스펀은 우수 직원 중 하나였다. 그녀는 결코 아프거나 결근한 적이 없었고, 무슨 일이든 할 수 있었다. 그녀는 심지어 약간의 회계 경력도 있었다. 그녀의 상관은 그녀가 전화상에서 예의가 바르고 귀신 같은 타이핑 솜씨를 가지고 있으며, 무슨 일이든 자원해서 할 것이라고 평했다. 빌딩 유지보수 직원들이 파업에 들어갔을 때, 자넷은 일주일 내내 매일같이 일찍 와서 화장실과 싱크대를 청소했다. 그렇지만 그럼에도 불구하고 그녀는 어쩐지 일을 잘 해내지는 못했다.

그녀의 상관은 자넷이 너무 많은 지시를 필요로 한다고 불평했는데, 심지어는 안내장을 쓰는데 어떤 종이를 쓸지와 같은 매우 간단한 일에서도 그러했다. 그녀에게 본인이 생각하기에는 답이 무엇인 것 같으냐는 질문을 했을 때, 그녀의 판단은 적절했지만, 그래도 어쨌든 항상 지도를 원했다. 그녀의 끊임없는 안심추구의 욕구는 상관의 시간을 과도하게 빼앗았다. 그래서 그녀는 회사의 정신건강 자문가에게 평가가 의뢰되었다.

28세인 자넷은 날씬하고 매력적이었으며, 옷을 잘 차려입고 있었다. 그녀의 밤색 머리카락에는 벌써 새치가 몇 가닥 보이고 있었다. 그녀는 사무실 입구에 들어서며 물었다. "제가 어디에 앉으면 좋을까요?" 그녀가 일단 이야기를 시작하자, 삶과 직업에 대해 쉽게 이야기를 털어놓았다.

그녀는 항상 스스로를 소심하다고 느꼈고, 자신에 대한 확신이 없었다. 그녀와 두 여동생들은 다정하지만 독재적인 아버지 밑에서 자랐다. 그들의 귀여운 어머니는 아버지의 애정 어린 독재를 좋아하는 것 같았다. 어머니의 슬하에서 자넷은 복종에 대해 제대로 배울 수 있었다.

자넷이 18세가 되었을 때, 아버지가 갑자기 돌아가셨다. 몇 달 만에 그녀의 어머니는 재혼했고 먼 도시로 이사했다. 자넷은 깊은 상실감을 느끼고 공황상태에 빠졌다. 그녀는 대학을 가는 대신 은행 창구 직원으로 취직했다. 얼마 지나지 않아 그녀는 고객 중 한 사람과 결혼했다. 그는 30세의 독신남이었고, 나름대로 굳어진 삶의 방식이 있었으며, 두 사람의 모든 결정을 자신이 내리는 것을 좋아한다고 밝혔다. 그는 심지어 그녀의 옷을 정해주기도 했다. 자넷은 1년 만에 처음으로 편안함을 느꼈다.

그러나 이런 안도감에도 불안은 따르는 법이다. "그가 저보다 나이가 더 많아요. 가끔은 한밤중에 잠이 깨서, 만약에 그를 잃게 되면 나는 어쩌지 하는 생각이 들어요."라고 자넷은 면담자에게 말했다. "그런 생각을 하면 심장이 너무 빠르게 뛰고, 탈진해서 심장이 멎어버릴 것 같아요. 제가 스스로 뭔가를 해낼 수 있을 것이라는 생각이 도무지 들지 않아요."

자넷 그린스펀의 평가

자넷은 다음의 의존성 성격장애 증상을 가지고 있었다. 그녀는 일상적인 결정을 하는 데도 상당한 조언을 필요로 했다(진단기준 A1). 그녀는 부부의 결정을 남편이 내려주기를 원했다(A2). 아버지가 돌아가시고 어머니가 떠났을 때 그녀는 공황상태에 빠졌고, 이른 결혼으로 도망쳤다(A7). 그녀는 혼자 남겨져 자립해야 하는 것에 대해 두려워했고, 이런 일이 일어날 것이라는 조짐이 전혀 없는데도 그러했다(A8). 그녀는 심지어 사무실 화장실을 청소하는 일에 자원하기도 했는데, 아마도 나머지 직원들의 호의를 얻기 위해서였을 것이다(A5). 그녀가 다른 사람의 의견에 반대하는 것을 꺼렸다는 증거는 없지만, 그 외의 진단기준들에는 꼭 들어맞는다. 진단을 위해서는 5개의 준거를 필요로 한다.

자넷은 아동기부터 이런 식으로 살아왔다고 보고했다. 개인력을 고려해 볼 때, 그녀의 성격 특질은 직업 및 사생활에 영향을 미쳐 왔던 것 같다. 다행히도(혹은 불행히도) 그녀는 자신의 의존성과 맞는, 책임을 지기를 원하는 사람과 결혼했다. 인지, 정동, 대인관계 영역이 관련되어 있다('일반적 성격장애'의 진단기준을 살펴보라).

의존적인 행동은 자넷은 가지고 있지 않은 질병불안장애, 광장공포증과 같은 다른 몇몇 정신적 장애에서도 나타난다. 이중 정신증(또는 공유 정신병 — 요즘은 흔히 망상장애로 진단된다)이라고 부르는 이차성 정신병(secondary psychosis)을 보이는 사람들도 의존적 성격인 경우가 많다. 자넷이 범불안장애의 모든 생리적 증상을 다 충족하더라도 이 진단은 내려지지 않을 것인데, 왜냐하면 그녀의 걱정들이 명백히 유기에 대한 두려움에 국한되어 있기 때문이다.

의존성 성격장애 환자들은 감수성이 예민하고 타인으로부터 영향을 받기가 쉬운 연극성 성격장애와 반드시 감별되어야 한다. 그러나 자넷은 특별히 관심을 끌려고 하는 것처럼 보이지는 않았고 오히려 반대였다. 감별진단에 흔히 포함되는 또 다른 장애는 경계성 및 회피성 성격장애이다.

GAF 점수는 70점으로, 자넷의 진단은 단순하다.

F60.7　　의존성 성격장애

F60.5 강박성 성격장애

강박성 성격장애 환자들은 완벽주의적이고 정리정돈에 집착한다. 이들은 대인관계 및 정신 측면에서 통제력을 행사하려고 한다. 이런 특질들은 평생에 걸쳐 존재해 온 것으로, 효율성, 융통성, 개방성의 상실이라는 대가를 치르게 한다. 그러나 강박성 성격장애는 강박장애의 단순한 축소판이 아니다. 대다수의 강박성 성격장애 환자들은 실질적인 강박 사고 및 강박 행동이 전혀 없지만,

일부는 결국 강박장애로 진행되기도 한다.

환자들의 경직된 완벽주의는 우유부단함, 세부사항에 대한 집착, 고지식함, 타인이 자신의 방식을 따를 것을 고집하는 등의 결과를 초래한다. 이 행동들은 직업이나 사회적 관계 상황에서의 효율성을 방해할 수 있다. 그들은 종종 우울해 보이는데, 이런 우울감은 심해졌다 약해졌다를 반복할 것이고, 이들은 심해진 시점에서 치료를 찾게 될 것이다. 때때로 이들은 인색하다. 이들은 절약가이고, 더 이상 필요가 없는 무가치한 물건도 버리는 것을 거부한다. 이들은 애정을 표현하는 것을 어려워할 수도 있다.

강박성 성격장애 환자들은 할 일의 목록을 만들고 자신을 위한 시간을 잘 배정하지 않으며, 심지어 자신의 여가 시간조차도 면밀하게 계획해야만 하는 일중독자들이다. 이들이 자신의 휴가를 계획할 수는 있으나, 결과적으로는 미루게 된다. 이들은 타인의 권위에 저항하지만, 자신의 권위는 내세운다. 이들은 지나치게 격식을 차리고, 뻣뻣하며, 도덕주의자처럼 구는 것으로 지각될 수 있다.

이런 상태는 꽤나 흔할 것이다. 다양한 연구에서의 유병률은 5% 정도로 요약된다. 여성과 남성에서 동등하게 발견되며 가족력이 있을 것이다.

강박성 성격장애의 핵심 특징

이러한 사람들은 통제, 정리정돈, 완벽에 극도로 초점이 맞추어져 있다. 이들은 활동의 세부사항, 조직화, 규칙에 너무 집착하게 되어서 본래의 목적을 잃어버릴 수도 있다. 이들은 경직되고 완고한 경향이 있고, 지나친 완벽주의가 과제 완수를 방해할 수도 있다. 이들은 윤리, 도덕, 가치 문제에 있어 지나치게 양심적이고, 융통성이 없으며, 고지식할 수 있다. 이러한 사람들은 과제의 책임을 맡고 있지 않는데도 일중독자이며, 또 다른 사람들은 타인이 자신의 방식대로 일하는 것에 동의하지 않으면 일을 하지 않으려고 할 것이다. 어떤 사람들은 무가치한 물건들을 간직하려 할 수 있고, 또한 어떤 사람들은 자신이나 타인에게 인색하다.

주의사항

ㄱ들을 다루어라

- 기간(10대나 20대 초반에 시작되어 지속됨)
- 광범위한 맥락에서 삶에 영향을 미침
- 감별진단(물질사용장애, 강박장애, 저장장애, 다른 성격장애, 성격 변화)

로빈 채터지

"인정해요. 제 깔끔함이 지나치죠." 로빈 채터지는 사리(인도 여성들이 입는 옷 – 역주) 끝에 접힌 부분을 펴고 있었다. 뭄바이에서 태어나 런던에서 교육받은 로빈은 생물학 전공 대학원생이었다. 요즘 그녀는 시간을 쪼개어 조교로 일하고 있었고, 나머지 시간은 주요 대학교에서 학위과정에 쏟아붓고 있었다. 그녀는 면담자를 가만히 응시하고 있었다.

그녀를 이 면담에 오도록 한 사람이자 그녀의 지도교수인 무뚝뚝한 스코틀랜드인 매클리시에 따르면, 그녀의 문제는 깔끔함이 아니었다. 문제는 일을 완수하는 데 있었다. 그녀가 제출하는 모든 과제는 훌륭했다 — 모든 사실이 기술되어 있었고, 모든 결론과 그 근거가 정확했으며, 쉼표를 찍는 것조차도 오류가 없었다. 지도교수가 그녀에게 왜 업무를 조금 더 일찍 해내는 법을 배우지 못하는지를 물었을 때, "쥐들이 나이 들어서 죽기 전에요?"라고 하며 당시에는 웃어넘겼지만, 이 문제는 그녀를 생각하게 만들었다.

로빈은 항상 정돈되어 있었다. 어머니는 그녀에게 항상 해야 할 일들을 깔끔한 목록으로 만들게 했고, 습관이 굳어져 버렸다. 로빈은 자신이 '목록의 미로'에 빠지게 되어 때로는 자신의 일을 끝마칠 시간이 거의 없다는 것을 인정했다. 그녀의 학생들은 그녀를 좋아하는 것 같았다. 하지만 몇몇은 그녀가 자신들에게 좀 더 책임을 맡겨주면 좋겠다고 말했다. 한 학생이 매클리시 박사에게 말하기를, 로빈은 학생들이 해부에서 절개를 하는 것조차도 맡기기를 두려워하는 것처럼 보인다고 했다. 학생들이 하는 방식은 그녀가 하는 방식과 완전히 정확하게 맞지 않았고, 그래서 그녀는 스스로 해야만 했다. 결국 그녀는 그러한 일하는 습관 때문에 거의 매일 밤 실험실에서 밤늦게까지 일하게 되었음을 인정했다. 그녀는 네이트는커녕 사회생활이라고 할 만한 것을 한 지가 몇 주나 지나 있었다. 이러한 깨달음이 그녀로 하여금 매클리시 박사의 조언에 따라 정신건강평가에 오도록 한 원동력이 되었다.

로빈 채터지의 평가

비록 로빈이 전형적인 강박성 성격장애에 잘 들어맞는 것처럼 보이지만, 그녀는 공식적인 진단기준을 간신히 충족시킬 수 있을 것이다. 그녀는 일중독자이고 완벽주의자이며(강박성 성격장애 진단기준 A3, A2), 지금 시점에서 이런 특질들은 그녀가 가르치는 학생들의 배움을 크게 방해하고 있다. 그녀는 일을 위임하는 데 엄청난 어려움을 겪고 있으며, 심지어는 학생들에게 스스로 해부하고 절개하는 것조차도 맡기지를 못한다(A6). 그리고 그녀는 과제 목록에 너무나도 맹렬히 집중한 나머지, 때로는 과제 그 자체를 끝마치지를 못했다(A1). 그녀의 이런 경향성은 초기 성인기 내내 있어 왔다.

우울한 기분은 이런 사람들에게 흔하다. 강박장애뿐만 아니라 강박성 성격장애 환자들에게서 찾아볼 수 있는 흔한 장애는 주요우울장애와 지속성 우울장애이다. 다른 다수의 강박성 성격장애 환자들과는 달리 로빈은 우울하지 않았고, 다른 장애를 가진 것처럼 보이지도 않았다. 그녀가 진단기준을 간신히 만족시키기 때문에 그녀의 기능은 전반적으로 좋은 편이었고, GAF 점수는 상대적으로 높은 70점이었다.

F60.5　　　강박성 성격장애

다른 성격적 상태

F07.0 다른 의학적 상태로 인한 성격 변화

일부 의학적 상태는 성격 변화를 초래할 수 있는데, 이는 환자의 이전 성격 특질이 변화하는(흔히는 나빠지는) 것으로 정의된다. 의학적 상태가 초기 아동기에 발생하면, 이런 변화가 평생에 걸쳐 지속될 수 있다. 대부분의 성격 변화의 사례들은 뇌 손상 또는 뇌전증이나 헌팅턴병과 같은 중추신경계장애로 인해 초래된 경우들이다. 그러나 뇌에 영향을 미치는 전신성 질병, 예를 들어 전신홍반성 루프스(systemic lupus erythematosus)도 때로는 관련이 되어 있다.

몇몇 종류의 성격 변화가 흔하게 나타난다. 기분은 불안정해지고 분노나 의심이 폭발할 수도 있다. 다른 환자들은 무감동해지고 수동적이 될 수 있다. 기분상의 변화는 뇌의 전두엽 손상에서 특히 흔하다. 측두엽 뇌전증 환자들은 과도하게 종교적이고 장황하며, 유머 감각이 부족해질 수 있다. 일부는 현저하게 공격적으로 변할 수 있다. 편집증적 사고 또한 흔하다. 호전성은 분노폭발을 동반하기도 하며, 일부 환자들의 사회적 판단력은 심하게 손상되는 정도에까지 이르기도 한다. 성격 변화의 특성을 범주화하기 위해 부호화 시 주의점에 나와 있는 유형 명시자를 사용하라.

뇌 구조상의 주요한 변화가 있는 경우라면 이런 성격 변화는 아마도 지속될 것이다. 만약 문제가 교정 가능한 화학적 문제의 일종이라면, 아마도 해결될 것이다. 심각한 경우, 결국 치매로 진행될 수도 있을 것이고, 이는 다발성 경화증 환자 사례에서 종종 있는 일이다.

다른 의학적 상태로 인한 성격 변화의 핵심 특징

심리적인 관점에서, 질병으로 인한 의학적 상태가 개인의 지속적인 성격 변화를 겪게 하는 것으로 보인다.

주의사항

기대되는 발달 패턴에서, 아동들은 성격 변화를 경험할 것이고 1년 혹은 그 이상 지속된다.

ㄱ들을 다루어라

- 기간(오랜 기간 동안 지속됨)
- 고통 혹은 장애(직업적/학업적, 사회적, 혹은 개인적 손상)
- 감별진단(섬망, 다른 신체적 또는 정신적 장애, 물질사용장애, 성격장애)

부호화 시 주의점

주된 특성에 따라 다음의 유형을 명시할 것

공격형

무감동형

탈억제형

불안정형

편집형

기타형

혼합형

명시되지 않는 유형

이 장애의 진단부호를 매길 때 실제적인 일반 의학적 상태 명칭을 기재하고, 의학적 상태는 따로 진단부호를 매겨라.

에디 올트웨이

에디 올트웨이는 로스앤젤레스 중심가에서 태어났고, 어머니가 (약물이나 알코올 사용으로) 입원해 있거나 (매춘으로) 감옥에 가 있을 경우를 제외하고는 어머니 손에서 자랐다. 에디는 그의 부모가 아마도 잠시 스쳐 지나갔던 사람이었을 것이라고 항상 의심했다.

에디는 학교를 빠질 수 있을 때면 항상 빠졌고, 가시적인 롤모델이 없이 성장했다. 그의 주된 성취는 주먹을 사용하는 법을 배운 것이었다. 15세가 되었을 때, 그와 그의 무리들은 영역 다툼을 하게 되었고, 그는 공격적인 적으로서 이름을 떨치게 되었다.

그러나 에디는 범죄를 저지르지는 않았고, 생계를 유지하기 위해 곧 직업을 가져야 했다. 교육 수준이 낮고 훈련이 되어 있지 않은 그에게 기회는 패스트푸드나 막노동 정도로 한정되어 있었다. 때때로 그는 여러 개의 일을 동시에 하기도 했다. 그러나 이전 보호관찰기록에서는, 그가 여전히 '부당함을 느낄 때 격노함'을 보인다는 언급이 있었다. 비록 그가 점차 그 무리들과 어울리는 것을 그만두었지만, 20대 중반까지 그는 즉각적인 행동을 요하는 모든 상황을 공격적으로 해결하려는 모습을 지속적으로 보였다.

그의 27세 생일도 그런 상황 중 하나였다. 에디는 예전 이웃 동네의 아파트에 피자 배달을 갔고, 골목에서 노부인에게 총을 들이대며 위협을 하는 10대 청소년과 맞닥뜨렸다. 에디는 한 발짝 앞으로 내디뎠고, 그 순간 총알이 왼쪽 눈 주변으로 들어와서 앞이마의 머리선이 있는 쪽으로 관통하게 되었다.

그는 병원에 입원했고 곧장 수술실로 갔으며, 외과의는 괴사 조직을 제거했다. 그는 의식을 잃지도 않았고 일주일 내에 퇴원했다. 그러나 그는 직장으로 돌아갈 수 없었다. 사회복지사의 기록에 따르면 에디의 신체적 상태는 한 달 이내에 회복되었으나, 그가 '의욕이 없는 상태'라고 쓰여 있었다. 그는 매번 예정된 직무면접에 참석했으나, 그의 미래 고용주들은 한결같이 "그는 그저 일하는 데 크게 관심이 없어 보였어요."라고 보고했다.

"저는 회복할 시간이 필요해요." 에디가 면담자에게 말했다. 그는 앞이마의 머리카락이 서서히 벗어지기 시작한 잘생긴 청년이었다. 절개한 흉터가 그의 두개골을 가로지르고 있었다. "전 아직 준비가 안 된 것 같아요."

그는 2년 동안 회복을 했고, 이제 그는 이유를 알기 위해 평가를 받게 되었다. 왼쪽 눈꺼풀이 살짝 아래로 처지는 것 외에 그의 신경학적 검사들은 완전히 정상이었다. EEG에서는 전두엽 쪽에 약간의 서파가 보였다. MRI에서는 뇌 조직의 국지적인 손실이 나타났다.

에디는 검사 절차에 협조하는 데 아무런 어려움이 없었고, 그를 검사한 모든 임상가들은 그가 예의 바르고 유쾌한 사람이라고 말했다. 그러나 임상가 중 한 사람은 "그가 협조하는 모습은 뭔가 약간 기계적인 것처럼 보이는 게 있었어요. 그는 지시에 잘 따르기는 했지만 결코 예측하는 법이 없었거든요. 그리고 진행 절차에 대해 거의 관심을 보이지 않았어요."라고 말했다.

그의 정동은 중간 정도였고 정서적 불안정성은 거의 보이지 않았다. 그의 말은 명료했고, 조리 있고, 일관적이었다. 그는 망상, 환각, 강박 사고, 강박 행동, 공포증에 대해 모두 부인했다. 관심 있는 것이 무엇이냐고 물었을 때, 그는 몇 초간 생각하더니 아마도 자신이 관심 있는 것은 집에 돌아가는 것인 것 같다고 답했다. 그는 간이정신상태검사(MMSE)에서 만점을 받았다.

　에디는 부상을 당한 이후 산재보험으로 생계를 꾸려나갔고, 대부분의 시간을 TV를 보며 보냈음을 인정했다. 그는 다른 누군가와 논쟁하지 않았다. 한 검사자가 그에게 또다시 강도를 당하는 사람을 보게 되면 어떻게 할 것인지를 묻자, 그는 어깨를 으쓱하며, "그 사람은 그 사람이고 저는 저대로 살아야죠."라고 말했다.

에디 올트웨이의 평가

에디의 개인력과 검사 결과는 명백히 의학적 원인이 그의 지속적인 성격 변화를 초래하였음을 보여준다(진단기준 A). 뇌 외상의 생물학적 작동 원리에 따라 에디의 성격 변화가 일어났음을 유념하라. 이는 진단에 있어 분명한 필수 요건이며(B), 심한 통증과 같은 불특정적인 의학적 상태에 동반되는 성격 변화가 있는 경우는 해당하지 않는다.

　에디는 정상적인 주의폭을 유지하고 있었고, 기억 결손도 없었기 때문에 섬망이 배제되며(D), 주요 신경인지장애도 배제할 수 있을 것이다. 그러나 신경심리검사가 반드시 요구된다. 의존성 성격장애와 같은 성격장애도 에디의 상태를 설명할 수 없는데, 왜냐하면 그의 행동이 병전(뇌 손상이 있기 전까지의) 성격과 현저하게 다른 양상으로 나타났기 때문이다. 에디의 성격 변화 특성들은 다른 신체적으로 유발된 정신적 장애로 더 잘 설명되지 않는다. 뇌 외상으로 인한 기분장애가 가능한 선택 중에 하나일 것이다.

　두부 외상을 제외하고도, 다른 다양한 신경학적 상태들이 성격 변화를 초래할 수 있다. 이런 상태들에는 다발성 경화증, 뇌혈관 발작, 뇌종양, 측두엽 뇌전증 등이 포함된다. 성격 변화와 유사한 행동 변화를 가져올 수 있는 다른 원인들에는 망상장애, 긴힐지 폭빈장애, 조현병 등이 포함된다. 그러나 에디의 성격 변화는 총상 이후 갑작스럽게 나타났고, 앞서 언급된 다른 장애와 일치하는 이전 과거력이 없었다(C). 그러나 많은 환자들이 물질 중독증을 포함한 여러 정신적 장애와 관련된 명백한 성격 변화를 경험한다.

　에디는 자신의 상태로 인해 고통스러워하지는 않았으나, 그것이 직업적 및 사회적 손상을 야기했다. 이 점이 이 진단준거를 충족시킨다(E). 그의 임상적 양상에서 무감동과 수동성은 명백히 두드러지게 나타나는 특성이다. 그래서 세부적인 하위유형이 결정되었고, 그의 GAF 점수는 가슴 아프게도 55점이다.

S06.330	대뇌피질의 개방형 총상, 의식 소실 없음
F07.0	두부 외상으로 인한 성격 변화, 무감동형

F60.89 달리 명시되는 성격장애

F60.9 명시되지 않는 성격장애

DSM-5-TR은 논의에서 특정 성격장애의 일부 특질을 가지고 있지만 어떤 성격장애의 진단기준도 완전히 충족시키지 않는 환자들을 이 두 범주 중 하나로 기술할 수 있다고 제안하고 있다. 이 전략에는 문제가 있다. 전형적인 성격장애 환자들보다 훨씬 손상이 덜한 사람을 우리가 낙인을찍을 수 있다는 것이다. 저자의 개인적인 신념으로는, 더 많은 정보들이 수집되기 전까지는 이런 종류의 확고한 진단을 내리기보다는, 우리가 확인한 특질들을 그저 요약에 기록해 주는 것이 낫다고 생각한다.

CHAPTER 18

변태성욕장애

변태성욕장애의 빠른 진단 지침

변태성욕은 대부분의 사람들이 혐오스럽거나 특이하거나 비정상적인 것으로 여겨 거부하는 다양한 성적 행동을 포함한다. 이는 합의가 이루어진 성인들 간의 정상적인 성교가 아닌 다른 어떤 행동들에 관여하는 것이다. 하지만 그것 자체만으로는 정신병리가 될 수 없다. 변태성욕장애는 개인이 이런 행동들로 인해 고통을 겪거나 손상이 있을 때만 진단될 수 있다. 거의 모든 변태성욕은 대체로, 아마도 전적으로 남성에서 나타난다.

노출장애. 낯선 사람들에게 그들이 예상하지 못하는 상태에서 성기를 노출하고 싶은 욕구가 있다(650쪽).

마찰도착장애. 합의되지 않은 사람에게 성기를 문지르고 싶은 욕구가 있다(656쪽).

관음장애. 다른 사람이 탈의하거나, 발가벗고 있거나, 성행위를 하고 있는 것을 몰래 지켜보는 것과 관련된 욕구가 있다(673쪽).

성적피학장애. 상처 입고, 구속당하고, 굴욕감을 느끼는 것과 관련된 성적 욕구가 있다(663쪽).

성적가학장애. 다른 사람에게 고통을 겪게 하거나 굴복감을 주는 것과 관련된 성적 욕구가 있다(666쪽).

물품음란장애. 무생물적인 대상을 사용하는 것에 대한 성적 욕구가 있다(653쪽).

소아성애장애. 아동들과 성적인 활동을 함께 하려는 욕구가 있다(658쪽).

복장도착장애. 반대 성의 옷을 입는 것과 관련된 성적 욕구가 있다(669쪽).

달리 명시되는(명시되지 않는) 변태성욕장애. 상당수의 변태성욕장애는 임상 장면에서 잘 다루어지지 않았고, 혹은 고유한 진단부호를 매길 만한 임상적 관심을 충분히 받지 못했다(675쪽).

도입

변태성욕과 변태성욕장애 정의하기

말 그대로, 변태성욕은 '그릇된 애정'을 의미한다. 변태적 성관계는 정상적인 관계와는 선호되는 성적 대상이나 개인이 그 대상들과 관계 맺는 방식 측면에서 차이가 있다. (여기서 정상적이라는 것은 법적으로 성관계를 동의할 수 있는 나이가 된 성인 동반자와의 성기 자극에 초점을 맞춘 성행위를 의미한다.) 변태적 성행위들은 다음과 같은 주제가 중심이 된다. (1) 무생물 또는 인간이 아닌 동물을 대상으로 하는 것, (2) 자신이나 동반자에게 굴욕을 주거나 고통을 겪게 하는 것, (3) 아동이나 동의하지 않은 사람을 대상으로 하는 것. DSM-5-TR은 대안적으로 변태성욕을 비정상적인 대상(아동, 물품음란, 반대 성의 옷을 입는 것)과 관련되어 있는 것과, 비정상적인 활동(노출증, 관음증, 가학증, 피학증, 마찰도착)과 관련된 것으로 나누었다. 이 세상에는 그 외에도 많은 변태성욕이 있지만, DSM-5-TR에 열거되어 있는 목록들이 더 흔한 것들이고, 몇몇 경우는 더 심각한 영향이 있는 것들이다.

우리는 변태성욕과 변태성욕장애를 반드시 구분해야 한다. 변태성욕장애는 개인에게 고통을 초래하거나 다른 사람에게 해를 끼치는 변태성욕이다. 이런 구분은 정신건강 진단을 내림에 있어 약간의 간결성을 제공해 준다. 예를 들어, 반대 성의 옷을 입는 행동을 스스로 편안하게 느끼고 그 행동으로 인해 겪는 중요한 불편이 없는 사람에게, 우리는 그 행동에 대해 장애라는 명칭을 붙일 필요가 없다. (1991년에 대학생을 대상으로 한 조사에 따르면, 절반 이상이 일종의 변태성욕 행동을 해본 적이 있다고 답했다.) 간단하게 말해서, 변태성욕이 욕구라면, 변태성욕장애는 욕구로 인해 촉발되는 고통이나 손상으로 정의할 수 있을 것이다.

이러한 성행위에 대한 단순한 욕망이나 환상만으로도 일부 환자들은 진단을 충족시킬 만큼 힘들어하기도 하지만, 욕망에 따라 행동화하는 환자들이 훨씬 더 흔하다. (실제로 DSM-5-TR은 고통이나 장애 — 직업/학업적, 사회적, 개인적, 또는 다른 손상 — 가 없다고 주장하는 사람들도 그런 생각을 반복적으로 행동화하고 있다면 진단을 받을 수 있다고 조심스럽게 기술하고 있다.) 이런 성적 행동과 관련된 환상을 가지고 있지만 이를 실제로 실천하지는 않고, 죄책감이나 다른 고통을 느끼지도 않는다면 변태성욕과 관계가 있다고 여겨질 수는 있지만, 변태성욕장애로 진단되지는 않을 것이다. 가장 흔한 변태성욕장애는 소아성애, 노출증, 관음증, 마찰도착 순이며, 나머지는 접하게 되는 빈도가 훨씬 덜하다.

이런 몇몇 행동들은 동의하지 않은 피해자와 관련이 된다. 마찰도착증, 관음증, 가학증, 노출증이 있는 사람들은 자신이 법적으로 위태로운 상태에 있다는 것을 정확하게 알고 있으며, 발각되는 것을 피하려 애쓰거나 도주 계획을 세워 놓는다. 소아성애자들은 그들이 하는 행동이 그들이 표적으로 하는 아동들에게 어떤 식으로든 이득이 된다고 스스로를 기만하기도 하지만('교육'이라든지 혹은 '인생 경험'), 그럼에도 불구하고 피해자에게는 부모님이나 다른 사람에게 말하지 말라고 주의를 준다. 법에 저촉되는 행동으로 인해 임상적 도움을 구하게 된 환자들은 자신의 행동에 대한 동기를 신뢰할 만하게 기술하지 못할지도 모른다.

변태성욕 행동은 많은 환자들에게는 높은 비율의 성적 삽화로 나타날 것이지만, 다른 환자들은 가끔씩만, 예를 들면 스트레스를 받을 때 충족시키는 것으로 나타날 수 있다. 많은 환자들이 여러 개, 예를 들어 서너 개의 변태성욕을 가지고 있다. 한 변태성욕 행동에서 다른 행동으로 옮겨갈 수도 있고, 피해자의 부류가 성별, 연령, 접촉 대 비접촉, 친족 대 비친족 상태로 바뀔 수도 있다.

비록 소아성애자를 제외하고는 구체적인 성별에 대한 진단기준이 없지만, 거의 모든 변태성욕장애 환자들은 남성이다. 대부분은 피해자와의 성적 접촉에 대한 환상을 갖는다. 그리고 진단에 있어 해당 행동을 통해 개인이 즐거움이나 만족을 느꼈음을 인정하는지 여부는 요구되지 않음을 명심하라. 행위의 증거만으로도 충분하다.

변태성욕장애는 다른 의학적 상태 때문인 경우가 매우 드물다. 그러나 비일상적인 성적 행동은 몇몇 다른 정신적 장애에서도 나타날 수 있는데, 조현병, 조증 삽화, 지적발달장애, 강박장애가 그러하다. 더불어 성격병리도 변태성욕 행동에 자주 수반된다.

진단기준에서 연령을 특정하게 규정하지는 않았지만, 대부분의 변태성욕은 청소년기에 시작된다. 이는 사람들이 자신의 성적 취향에 대해 탐색하고 발견하는 시기이기도 하다. 특히 남자 청소년들은 전형적으로 다양한 성적 행동들을 실험한다. 그러나 진단기준에는 미치지 못하는 것처럼 보이지만 변태성욕 행동에 심하게 몰두하고 있는 10대 청소년의 경우에는 그러한 진단을 고려해 보아야 한다.

인간의 성행동에서 정상으로 간주되는 것의 경계를 명확히 지을 수 없다는 것을 반드시 염두에 두어야 한다. 비록 소아성애는 어디서나 비난을 받고, 심지어는 수감 중인 흉악범들 사이에서도 비난을 받지만, 대부분의 다른 변태성욕은 일반 인구 집단에서도 유사한 행동을 보이기도 한다. 스스로를 노출하고, 관찰하고, 만지는 것은 일상의 성적 경험 중 일부이다. 심지어는 (적당한 선에서의) 강압과 고통도 자신의 성생활이 꽤나 관습적이라고 여기는 많은 사람들의 성행위에서 나타날 수 있다. 반대 성의 옷을 입는 것은 수 세기 동안 연극에서 중요한 부분이었다. 하지만 물품음란증의 '정상적인' 맥락은 상상하기가 어려운 것이 사실이다.

변태성욕장애의 명시자들

각각의 변태성욕장애에는 대상자가 더 이상 특정 행동을 지속하고 있지 않을 때 사용할 수 있는 두 명시자가 있음을 알아두어라. 이 명시자들은 법적인 곤란을 초래할 수 있는 행동을 하는 사람들에게 적용하기가 더 쉽다. 구체적으로는 노출장애, 마찰도착장애, 소아성애장애, 관음장애, 그리고 때때로는 성적가학장애가 그러하다.

통제된 환경에 있음 명시자는 환자가 최근 물리적으로 자신의 변태성욕적 흥미를 추구할 수 없는 장소에서 살고 있음을 의미한다. 이런 장소에는 감옥, 병원, 요양원 및 감시 없이는 자유롭게 돌아다니지 못하도록 구금하고 있는 다른 시설들이 포함된다.

완전 관해 상태 명시자는 통제된 환경에 살고 있지 않은 사람들의 진단에 덧붙일 수 있는 덜 구속적인 용어로서, 최소 5년간 문제가 된 행동이 재발하지 않았고, 그로 인한 고통이나 장애도 없음을 의미한다.

F65.2 노출장애

얼마나 많은 노출증 환자들이 이 세상에 있는지 그 누구도 알 수는 없지만, 노출증은 가장 흔하게 발생하는 성범죄 중 하나이다(관음증 다음으로). 일반 인구 집단 대상 조사에 따르면, 일부 여성에게서도 나타나긴 했지만, 임상적 혹은 법적인 관심을 받게 되는 사람들의 거의 대부분은 예외 없이 남성이며, 피해자는 거의 항상 여성이다. 대부분의 사례에서 피해자들은 예상치 못하고 있는 낯선 사람이다. 그러나 적은 비율로 노출증 환자와 면식이 있는 사람에게 노출을 하기도 한다. 아동에게 노출을 한 남성은 성인에게 노출을 한 사람들과는 꽤 다를 수 있는데, 예를 들면 이들의 재범률이 더 높다.

노출증 환자들은 각 범행에서 유사한 패턴을 따르는 경향이 있다. 그들은 피해자를 찾기 위해 운전하면서 관련 공상을 할 수 있다(종종 자신이 피해자 외의 다른 사람에게 발견될 경우 빠져나갈 수 있는 도피 경로를 주의 깊게 살필 정도로 조심스럽다). 또한 한 개인은 발기된 상태로 자신을 타인 앞에 노출할 수 있고, 또 다른 개인의 경우는 발기되지 않은 상태로 노출할 수도 있다. 일부는 꽤 공격적이며, 이로 인해 유발된 충격받거나 공포감에 질린 타인의 모습을 즐긴다. 또한 노출증 환자는 타인에게 자신을 노출하는 도중 혹은 이후에 이를 다시 상상 속으로 되뇌이면서 자위를 할 수 있다. 많이들 피해자와의 성관계를 상상하지만, 대부분의 노출증 환자들은 이러한 상상을 행동으로 옮기려 하지 않는다.

노출증은 일반적으로 18세 이전에 시작되지만, 30세 또는 그 이후까지 지속될 수 있다. 노출에 대한 욕구는 파도처럼 나타나는 경우가 많다. 환자는 일주일 또는 이주일 동안 매일 노출증 관련 행위를 하고, 그 후에는 몇 주 또는 몇 달 동안 비활동 상태를 유지할 수 있다. 노출 행동은 환자가 스트레스를 받거나 자유 시간이 있을 때 가장 자주 발생한다. 알코올 사용은 드물게 관련이 있다.

많은 노출증 환자는 성에 대한 흥미가 평균보다 더 높기는 하지만, 대개 배우자 또는 파트너가 있으며, 상대적으로 정상적인 성생활을 추구한다. 비록 이 행동이 관습적으로 타인에게 실제적인 위험이 되기보다는 성가시게 하는 것으로 여겨져 왔으나, 이는 다른 변태성욕과도 공존할 수 있다. 아마도 이 중 15%가량이 강압, 소아성애, 또는 강간과 같은 접촉이 포함되어 있는 범죄를 저지를 것이다. 확실한 것은, 노출증과 관련된 모든 환자에게는 변태성욕적 흥미에 대한 완전한 평가가 필요하다는 것이다.

노출장애의 핵심 특징

경계하고 있지 않은 낯선 이에게 자신의 성기를 노출함으로써 흥분을 얻는 사람들이며, 이러한 욕구를 반복적으로 행동화한다(또는 이러한 성적인 공상, 행동, 욕구로 인한 고통/장애가 있다).

주의사항

ㄱ들을 다루어라

- 기간(6개월 이상)
- 감별진단(신체적 장애 및 물질사용장애, 정신병적 장애 및 양극성장애)

부호화 시 주의점

유형을 명시할 것

　　사춘기 이전의 아동에게 성기를 노출함으로써 성적 흥분을 일으킴

　　신체적으로 성숙한 개인에게 성기를 노출함으로써 성적 흥분을 일으킴

　　사춘기 이전의 아동과 신체적으로 성숙한 개인에게 성기를 노출함으로써 성적 흥분을 일으킴

다음의 경우 명시할 것

　　완전 관해 상태(5년 이상 증상이 없음)

　　통제된 환경에 있음

로널드 스피비

로널드 스피비는 39세 변호사로, 한때 고향에서 지방자치 법정의 판사직을 임시로 맡아 일하기도

했다. 그는 같은 아파트에 사는 여성에게 아파트 단지 내 수영장에서 발기된 성기를 보여준 일로 그 여성이 자신을 고발할까 봐 걱정하게 되면서 생긴 불안 증상 때문에 스스로 찾아왔다.

"저는 그녀가 저에게 관심을 갖고 쳐다보고 있다고 생각했어요." 머리를 쓸어 넘기며 그가 말했다. "그녀는 아주 노출이 심한 비키니를 입고 있었고, 저는 그녀가 저를 드러내도록 유혹한다고 생각했어요. 그래서 전 그녀가 제 수영복 바지의 다리 사이를 볼 수 있도록 자세를 잡고 앉았죠."

로널드는 장학금으로 법학전문대학원을 다녔다. 그는 도심의 슬럼 주변 동네에서 성장했고, 그곳엔 해군 신병모집소에서 멀지 않은 곳에 후퍼스 스트립쇼 극장도 있었다. 그가 초등학생일 때 가끔 친구와 함께 쪽문으로 쇼의 일부를 몰래 훔쳐보곤 했다. 15세가 되자, 이제 막 건물을 나서고 있는 2명의 스트리퍼 앞에서 바지를 내렸다. 여성들을 웃고 환호했다. 후에 그는 그녀들이 애무해 주는 것을 상상하며 자위를 했다.

그 이후로도 때때로 대학과 대학원에 다니는 동안, 로널드는 간헐적인 드라이브를 다녔는데 그는 이것을 '낚시질'이라고 불렀다 — 고립된 곳에서 혼자 걸어 다니는 여자아이나 젊은 여성을 찾아다닌다는 것이다. 그는 운전하면서 자위를 했다. 적당한 상황의 조합이 이루어지면(그의 맘에 드는 여성이 주변에 아무도 없는 고립된 장소에 있을 때), 그는 차를 골목에 주차하고, 차에서 뛰어내려 발기된 채로 여성 앞에 서는 것이다. 대개는 여성의 얼굴에 드러난 놀란 표정이 그를 사정하게 했다.

대학원 졸업과 동시에 결혼을 하면서, 로널드의 노출증 활동이 잠시 동안은 사그라졌다. 아내와의 성관계는 두 사람 모두에게 만족스러웠지만, 그는 계속해서 낯선 사람에게 자신을 보여주는 상상을 했고, 그 사람과 그 후에 성관계를 맺는 환상을 가졌다. 변호사로 일하면서, 지속되는 법정 소송 사건 사이에 때로는 할 일이 없는 오후 시간이 있었다. 그러면 그는 또 낚시질을 나섰고, 어떤 때는 한 달에 수차례일 때도 있었다. 또 어떤 때는 이런 활동 없이 몇 달이 지나가기도 했다.

수영장의 이 여성에 대해서 로널드는 "전 정말 그녀가 분명 원했다고 생각해요."라고 말했다. 그녀의 비키니가 노출이 심했고, 그는 며칠 동안 그녀와 성관계를 하는 생각을 해 왔었다. 그는 그녀가 확실히 자신의 허벅지 사이를 볼 수 있도록 부자연스러운 자세를 하고 앉았다. 그가 무엇을 보여주려 하는지를 그녀가 알아챘을 때, 그녀의 반응은 "그걸 보니 내가 항상 변호사들에 대해 생각했던 것이 맞았다는 걸 알겠네요!"였다. 그 이후로 그는 그녀가 변호사협회에 알리면 어쩌나 하는 생각 때문에 거의 공황상태가 되었다.

변태성욕장애의 진단기준들은 성적 행동에 대한 환상만을 가지고 있는 경우에도 그 환상이 고통을 유발한다면 진단에 부합한다. 저자는 변태성욕장애의 어떤 형태의 활동도 없이 환상만을 가지고 진단을 받은 사람의 사례를

찾을 수 없었다. 아마도, 어딘가에서 누군가가 타인의 성관계를 관음하는 것과 관련된 환상으로부터 고통받고 있다 하더라도, 그 사람이 임상적인 관심을 받을 가능성은 극히 희박해 보인다.

로널드 스피비의 평가

동의하지 않은 사람에게 자신을 노출함으로써 흥분을 경험하는 로널드의 개인력은 10대 시절부터 시작되어 20년간 지속되었다(진단기준 A, B). 만약 그가 체포되었다면, 구속되지 않더라도 생계를 잃게 될 것이다. 그가 대가를 치를 가능성이 있음에도 불구하고 불법적인 행동을 지속한 것은 그의 욕구의 강도를 보여준다. ('낚시질'은 노출증 환자들에게서 전형적인 행동이며, 다시 만날 가능성이 있는 사람에게 자신을 노출하지는 않는다 — 그래도 종종 있기는 한 것 같다.)

여성이 자신을 '드러내기를' 원했다는 로널드의 가정은 이런 사람들이 빠지기 쉬운 전형적인 인지적 왜곡이다. 낯선 사람이 공공 수영장에서 자신에게 성기를 보여주는 데 흥미가 있는 여성은 거의 드물 것이다.

비록 노출장애와 다른 정신적 장애가 함께 나타날 가능성은 있지만, 조현병이나 제I형 양극성 장애가 20년 동안이나 발견되지 않고 있어서 이런 행동을 설명해 줄 가능성은 낮아 보인다. 당연히 지적발달장애가 있었다면, 로널드는 법학전문대학원에 입학하고 학업을 마치는 것이 훨씬 어려웠을 것이다. 임상가는 로널드의 추가적인 변태성욕장애에 대해 완전한 평가를 하기 위해 애써야 하며, 물질사용장애, 기분장애 및 불안장애에 대해서도 마찬가지이다. 저자는 또한 스스로에게 "다음 면담에서 성격 특질을 찾아보자."라는 노트를 남겨둘 것이다.

로널드의 흥미는 성인 여성에게만 국한되어 있어 명시자를 지정하였다. 그는 최근에 관해 상태가 아니기 때문에 완성된 최종진단은 (GAF 점수 65점과 함께) 다음과 같다.

F65.2　　　노출장애, 신체적으로 성숙한 여성에게 성기를 노출함으로써 성적 흥분을 일으킴

F65.0 물품음란장애

페티시(fetish)라는 용어의 본래 뜻은(포르투갈어에서 기원하였다), 마술적인 의미가 있는 우상 또는 부적이라는 뜻이다. 성적 활동의 맥락에서 사용될 때, 이 용어는 개인의 성적인 환상이나 욕망을 불러일으키는 어떤 것을 의미한다. 이런 대상에는 속옷, 신발, 스타킹 및 다른 무생물 물체들이 포함된다. 브래지어와 팬티가 기호물로 사용되는 가장 흔한 대상일 것이다.

물품음란장애에 대한 DSM-5-TR의 정의는 생식과정에 필수적이지 않은 신체 부분에 대한 것도 포함하고 있다. 발에 대한 성적인 끌림이 신체부분도착증의 예이며, 때로는 다른 물품음란증

과 함께 나타난다. (여성의 없어진 신체 부위, 예를 들어 다리가 하나만 있는 여성에 끌림을 느끼는 남성도 보고되고 있는데, 일종의 생소함에 대한 물품음란증인 것이다.) 복장도착장애에서는 반대 성의 옷을 입는 것이 성적인 흥분을 일으킨다. 딜도나 바이브레이터같이 성행위 동안 사용하도록 디자인된 물건을 통해서 흥분을 얻기도 하는데, 이는 물품음란장애의 정의에서 배제된다.

일부 사람들은 자신이 좋아하는 기호물을 방대하게 수집하기도 한다. 이런 물건을 얻기 위해 상점이나 빨랫줄에서 훔치기도 한다. 그들은 이런 대상을 냄새 맡고, 문지르거나 자위하는 동안 만지고 있기도 하며, 성적 파트너에게 이것을 입어달라고 요구하기도 한다. 이런 사람들은 기호물 없이는 발기를 하지 못할 수 있다.

물품음란증은 대개 청소년기에 시작되지만, 많은 환자들이 이러한 유사한 흥미를 심지어는 아동기부터도 보고한다. 일부 여성도 어느 정도의 물품음란 행동을 보일 수 있지만, 거의 모든 물품음란장애 환자는 남성이다. 만성적인 상태가 되는 경향이 있으며, 어떤 사람들에게는 기호물이 더 전형적으로 사랑스러운 대상들을 밀어내기에 이르기까지 한다.

물품음란장애의 핵심 특징

무생물 물체(신발이나 속옷과 같은)나, 성기가 아닌 (발과 같은) 다른 신체 부분에서 흥분을 얻고, 이런 행동, 성적 공상, 생각 혹은 욕구로 인한 고통/장애가 있다.

주의사항

ㄱ들을 다루어라
- 기간(6개월 이상)
- 감별진단(복장도착장애, 바이브레이터 혹은 유사한 것)

부호화 시 주의점

유형을 명시할 것
> **신체 일부**
> **무생물 물체**
> **기타**(아마도 처음 두 유형의 혼합일 수 있음)

다음의 경우 명시할 것
> **완전 관해 상태**(5년 이상 증상이 없음)
> **통제된 환경에 있음**

코르키 브라우너

코르키 브라우너는 13세 때 어머니가 실수로 누나의 팬티를 자신의 서랍 속에 넣어놓은 것을 발견했다. 그것에는 꽃무늬와 '토요일'이라는 수가 놓여 있었고, 그는 그것을 보며 특별히 흥분되는 것을 느꼈다. 그는 며칠 밤 동안 팬티를 베개 아래에 놓고 잠을 잤고, 누나의 서랍에 금요일 밤에 몰래 가져다 놓기 전까지 자위를 두 번 했다. 남은 청소년기 내내 그는 집에 혼자 있을 때면 누나의 속옷들을 가져오곤 했다.

대학에서 코르키는 혼자 살았기 때문에 발각될 염려 없이 작은 옷장에 란제리를 수집하고 보관할 수 있었다. 약간의 브래지어와 슬립을 가지고 있기는 했지만, 그가 가장 좋아하는 것은 팬티였다. 4학년이 되었을 때는 수십 개를 소유하고 있었다. 이 중 일부는 그가 구매한 것이었지만, 데이트 후에 그가 두고 가라고 설득해서 상대 여성이 남기고 간 것을 더 선호했다. 한두 개는 뒷마당의 빨랫줄에서 훔치기까지 했는데, 이것은 위험한 행동이기에 자주 하지는 않았다.

때때로 코르키는 즐길 상대가 없을 때, 옷장에서 팬티를 꺼내와서 그것을 가지고 놀았다. 그는 팬티 냄새를 맡고, 얼굴에 문지르고, 그것으로 자위를 했다. 이런 활동을 하는 동안 그는 팬티의 원래 주인과 사랑을 나누는 것을 상상했고, 주인을 모르는 경우에는 그녀가 어떤 모습일지를 상상했다.

코르키는 가장 최근의 여자 친구와 사랑을 나눌 때 그가 발기를 하기 위해 그녀의 속옷을 베개 아래에 넣어놓아야 한다는 것을 알게 된 여자 친구가 폭소를 터뜨린 것 때문에 치료에 오게 되었다. "저는 팬티에 완전히 고착되어 있어요." 그가 초기면담에서 말했다. "저는 여자보다 그걸 더 좋아하는 것 같아요."

코르키 브라우너의 평가

코르키의 팬티에 대한 열망은 수년간 지속되어 왔고, 6개월 이상의 기간 기준을 훨씬 더 충족시킨다(진단기준 A). 몇 년에 걸쳐 그는 다양한 경로를 통해 기호품을 얻고 상당한 수집품을 모았다. 코르키의 고통(B)은 자신의 행동에 대한 자각으로부터 나오지는 않았지만, 여자 친구가 이에 대해 그를 조롱했다는 사실에서 생겨났다. 이런 식으로 그는 자신이 사람보다 팬티를 더 좋아한다는 것을 알게 되었다 ─ 이는 물품음란증 환자들에게서 드문 진행양상이 아니다.

물품음란장애의 감별진단에는 복장도착장애가 포함되는데, 이는 남성(거의 항상 남성)이 여성의 옷을 착용하고 자신을 보면서 자극을 받는 것이다. 물품음란장애 환자가 반대 성의 옷을 입을 수는 있지만, 이들은 옷 자체에서 얻어지는 성적인 만족을 위해 부수적으로 입는 것이며, 착용했을 때 자신이 매력적으로 보이는 것에 대한 환상은 없다. 코르키는 반대 성의 옷을 입는 것에 대한 흥미는 보이지 않았다(C).

많은 물품음란장애 환자들은 강간, 노출증, 마찰도착증, 소아성애, 관음증을 보이기도 하는데 코르키의 사례에서는 이 중 어떤 것도 나타나지 않았다(그의 임상가는 이에 대해 반드시 물어야 한다). 이런 질문들의 결과가 나오기 전까지, 코르키의 완전한 진단은(GAF 점수 61점과 함께) 다음과 같다.

F65.0　　　물품음란장애, 무생물 물체(팬티)

F65.81 마찰도착장애

마찰도착(Frottage)(프랑스어 단어 frotter에서 나온 말로, 의미는 '문지르다'라는 뜻)은 전형적으로 붐비는 보도나 대중교통에서 발생한다(도주 방법을 준비하는 것은 마찰도착이 있는 사람들의 관심사이다). 가해자(예외 없이 남성)는 피해자(대개 여성)를 선택하는데, 접근이 가능하고 딱 붙는 옷으로 인해 매력이 배가된 사람들을 선택한다. 마찰도착이 있는 사람들은 자신의 성기를 피해자의 허벅지나 엉덩이에 문지르거나 그녀의 가슴이나 성기를 어루만진다. 절차는 효율적이다. 지하철에서 일어나며, 사정은 주로 두 역 사이의 주행 시간 동안 이루어진다.

피해자는 전형적으로 즉각 소리치지 못하는데, 아마도 지금 일어나고 있는 일이 오해이기를 바라는 마음에서일 것이다. 이는 강압이 관련되어 있지 않은 만지거나 문지르는 것임을 기억하라. 이것이 마찰도착이 있는 사람들을 흥분시킨다. 그러나 절반 이상이 다른 변태성욕, 특히 노출증 및 관음증과 연관되었던 과거력이 있다. 마찰도착이 있는 사람들은 피해자와 지속적인 친밀한 관계를 맺는 공상을 자주 한다.

이러한 상태는 보통 청소년기에 시작되고 때로는 다른 사람이 마찰도착 행동을 하는 것을 관찰하면서 시작되기도 한다. 대부분의 마찰도착 행동은 15~25세 사이에 발생하며, 그 후로는 점차적으로 빈도가 줄어든다. 이 상태가 얼마나 흔한 것인지는 아무도 알지 못하지만, 아마도 과소보고되고 있을 것이다.

마찰도착장애의 핵심 특징

동의하지 않은 사람을 문지르거나 느끼면 흥분을 얻는 사람들로, 이러한 욕구를 반복적으로 행동화한다(또는 이러한 성적 공상, 행동, 욕구로 인한 고통/장애가 있다).

주의사항

ㄱ들을 다루어라

- 기간(6개월 이상)
- 감별진단(물질사용장애, 조현병, 조증 삽화, 지적발달장애, 품행장애, 반사회성 성격장애)

부호화 시 주의점

다음의 경우 명시할 것

> **완전 관해 상태**(5년 이상 증상이 없음)
>
> **통제된 환경에 있음**

헨리 맥윌리엄스

헨리 맥윌리엄스는 런던에서 태어났다. 그곳에서 그는 짧은 바지, 흰 셔츠, 학생용 넥타이를 하고 있었고, 고급 사립학교를 가기 위해 매일 지하철을 타고 다녔다. 9세가 된 어느 날 헨리는 한 여성에게 몸을 문지르고 있는 남성을 보게 되었다.

헨리는 9세 때 키가 작았고, 혼잡한 지하철에서도 그의 눈높이에서 아주 잘 볼 수 있었다. 그 여성(그녀는 성인이었고, 몇 살인지는 알 수 없었다)은 약간 과체중이었고 딱 붙는 미니스커트를 입고 있었다. 그녀는 남자에게 등을 돌리고 있었고, 남자는 문을 통해 밀려드는 인파의 체중을 실어 그녀를 누르고 있었다. 그 남자는 가랑이를 잡아당겼고, 그러고는 지하철이 움직이기 시작하자 그녀에게 자신을 문지르기 시작했다.

"전 그녀의 얼굴을 보지는 못했어요. 하지만 그녀가 좋아하지 않는다는 것을 알 수 있었죠. 그녀는 그를 밀어내려 하기도 하고 자신이 움직여 보려 하기도 했지만 둘 다 움직일 만한 공간이 전혀 없었어요. 그리고 지하철이 멈췄고, 그는 문밖으로 뛰쳐나갔죠." 헨리가 말했다.

헨리는 15세 때 부모님과 함께 미국으로 이주했다. 지금은 24세이며, 그는 이런 사연을 가지고 스스로 치료를 찾았다.

고등학교를 졸업한 이후 그는 대형 법률회사에서 배달원으로 근무했다. 업무상의 이유로 하루 중 많은 시간을 지하철에서 보내야 했다. 그는 5년 동안 약 200명의 여성에게 몸을 문질렀다. 지난주에 같은 회사의 경영자 중 한 사람과 우연히 같은 지하철을 타게 되었고, 경영자는 그가 하는 행동을 목격한 후 도움을 받을 것을 요구하여 그는 치료를 받게 되었다.

헨리는 욕구가 일어나면, 바지에 얼룩을 남기지 않기 위해 화장실로 가서 콘돔을 착용했다. 그의 흥미를 끄는 여성을 찾을 때까지 변두리의 붐비는 지하철 승강장을 이리저리 배회했다. 대상은 약간 어리면서도 완전히 어리지는 않은 사람이며('이들은 소리 지를 가능성이 낮다'), 약간 통통해서 치마나 바지의 옷감이 착 달라붙어 있는 사람이었다. 그는 특히 옷감이 가죽이면 더 좋아했다. 그녀가 탄 후에 따라서 탑승했고, 그녀가 뒤를 돌아보지 않으면, 지하철이 출발함과 동시에 발기된 성기를 그녀의 엉덩이에 대고 위아래로 문질렀다.

헨리는 매우 민감해서 많은 압력을 필요로 하지 않았다. 때로는 여성이 무슨 일이 일어나고 있는지조차 알아차리지 못할 때도 있었고, 아마도 그녀 스스로도 인정하고 싶지 않았는지도 모르겠다. 그는 대개 1분 안에 절정에 이르렀다. 그리고 나서는 다음 역에서 부리나케 내렸다. 절정에 이르기 전에 중단되게 되면, 다른 군중들 사이에서 다른 여성을 찾을 때까지 승강장을 배회했다.

"우리가 결혼을 했다거나 약혼을 했다고 상상하는 것이 도움이 되었어요. 그녀가 제가 준 반지를 끼고 있고, 저는 잠깐 동안의 섹스를 즐기기 위해 집에 들른 거라고 가정을 하는 거죠." 그는 설명했다.

헨리 맥윌리엄스의 평가

헨리의 작업 방식은 마찰도착이 있는 사람들에게 꽤 전형적인 양상이며, 이들 중 대부분은 매번 같은 패턴을 따른다. 헨리는 매우 많은 경우에 범죄를 저질렀고(진단기준 A, B) 로맨틱한 상상이 종종 동반되었다. 헨리는 자신의 행동에 대해 특별히 마음이 혼란스럽지는 않았다. 그는 고용주가 요구했기 때문에 치료를 받게 되었다.

조현병이나 지적발달장애가 있는 환자들이 때로는 이러한 맥락에 부적절한 성적 행동에 가담할 수 있으나, 헨리가 이런 상태를 보였다는 어떤 증거도 없다. GAF 점수 70점과 함께, 그의 진단은 단순하게 다음과 같다.

F65.81　　마찰도착장애

F65.4 소아성애장애

소아성애(pedophilia)는 그리스어로 '아동에 대한 사랑'을 의미한다. 물론 변태성욕의 맥락에서는 아동과의 성관계를 의미한다. 소아성애장애는 변태성욕장애 중에 단연코 가장 흔한 장애이며, 실질적인 접촉이 포함되어 있다. 추정치는 다양하게 나와 있으나, 미국 아동이 18세가 될 때까지 어떤 식으로든 성적인 침해를 받는 경우가 20%에 달한다. 대부분의 가해자들은 낯선 사람이기보다는 친척, 지인, 이웃들이다. 소아성애자의 절대다수가 남성이지만, 범죄기록에 따르면 여성도 12%에 달한다(이 중 일부는 직접적인 행동으로 저지르기보다는 아동들이 학대를 당하도록 부추긴 것도 포함한다).

　선호되는 특정 행위의 유형은 범죄자에 따라서 다르다. 어떤 소아성애자는 보는 것만을 찾기도 하고(아동 포르노나 실제 아동), 다른 사람들은 만지거나 아동의 옷을 벗기기를 원한다. 그러나 대부분은 구강성교나 아동의 성기를 만지거나 아동이 가해자의 성기를 만지도록 하는 행위이다. 근친상간의 경우를 제외하면, 대부분의 소아성애자들은 실질적인 삽입을 요구하지는 않는다. 그러나 실제 삽입을 하는 사람들은 이를 이루기 위해 물리력을 행사할 것이다.

　일부 소아성애자들은 중년기까지 공격성을 보이지 않기도 하지만, 이런 행동은 대개 10대 후반에 시작된다(소아성애장애의 정의에서 가해자 그 자신이 청소년이거나 피해자보다 최소 5세 이상 나이가 더 많지 않은 경우는 명확하게 배제하고 있다). 아동기에 그 자신이 학대를 당한 적이 있는 사람들에게서 더 흔할 수 있다. 소아성애가 한번 시작되면 만성화되는 경향이 있다. 아동과의 접촉에 앞서 알코올을 사용하는 경우가 50%에 달한다. 절반 이상이 다른 변태성욕을 가지고 있다.

　많은 소아성애자가 아동에게 국한되어 있으며(이런 소아성애의 유형을 **배타적 유형**이라고 한다), 이들은 종종 이후에 특정 성별과 특정 연령대의 아동으로 스스로를 제한한다. 그러나 대다수는 성인에게도 매력을 느끼며, 이러한 소아성애를 **비배타적 유형**이라고 부른다. 다른 변태성욕이 있는 사람들처럼, 소아성애자들도 자신의 행동에 대한 어느 정도의 인지적 왜곡을 발달시킬 수 있는데, 이들은 아동이 성 경험을 즐긴다거나, 성 경험이 아동의 발달을 위해 중요하다고 스스로를 설득한다. 대부분의 소아성애자들은 그들이 하려는 행동을 아동에게 강요하기보다는 친분, 설득, 속임수 등에 의존한다. 많은 연구들이 외롭거나 돌봄을 받지 못하는 아동들이 특히 소아성애자의 속임에 걸려들기 쉽다고 제안한다.

　전체적으로 유죄판결을 받은 사람의 약 15~25%가 감옥에서 출소한 후 몇 년 이내에 재범한다. 알코올 사용 및 성인과 친밀한 관계를 형성하는 데 있어서의 어려움이 재범률을 높인다. 남아를 선호하는 남성은 여아를 선호하는 남성에 비해 재범의 가능성이 2배이다.

　일부 소아성애자들은 딸, 의붓딸, 또는 자신과 친족 관계인 피해자들에게만 관심이 국한되어 있다. 이런 경우 근친상간에 국한된 경우라는 명시자를 사용할 수 있으나, 이 명시자를 부여하는 것이 어떤 이득이 있는지는 불명확하다. 일부 근친상간 가해자는 소아성애자일 수 있으나, 많은 남성(대부분의 근친상간을 하는 성인은 남성이다)은 사춘기에 도달한 딸이나 의붓딸에게만 흥미를 보이기 시작한다

　소아성애자는 자신의 행동에 대해 거짓말을 할 가능성이 매우 유력하기 때문에 평가에 있어 부가적인 정보가 필수적이다. 대개 사실을 말하려는 동기가 매우 낮다. 형기가 길고, 유죄판결을 받은 소아성애자는 감옥에서 혹독

한 치료에 직면할 수 있으며, 약물을 통해 성적인 흥미를 억제하자는 생각은 호소력이 없다.

진단기준에서 가해자와 피해자 간에 5년의 나이 차이를 요구하는 점이 혼란스러울 수 있다. 부호화 시 주의점에서 언급한 것처럼, 15세는 어느 연령의 사람과 성관계를 맺더라도 소아성애장애로 진단되지 않을 것이다. 그러나 20세가 14~15세와 관계를 맺는 것은 진단을 받을 수 있다.

그리고 또 다른 어려운 문제가 있다. DSM-5-TR 진단기준에 따르면, 피해 아동은 반드시 사춘기 이전이어야 한다. 우리가 이를 엄격하게 해석한다면, 피해자가 성적인 발달을 하기 시작한 경우에는 이 진단을 내릴 수가 없을 것이다. 이러한 현재의 DSM-5-TR 정의를 유지하는 것이 성적 발달이 이루어진 13세 이하의 아동을 선호하는 특정 남성들을 병리적이지 않은 것으로 만드는 것에 대해 임상가들 사이에는 많은 불만이 있다.

소아성애장애의 핵심 특징

사춘기 이전 아동과의 성관계라는 개념에서 성적인 흥분을 얻고, 이러한 욕구를 행동화한다(또는 이런 생각, 성적 공상, 욕구로 인한 심한 고통 혹은 대인관계에서의 손상이 있다).

주의사항

ㄱ들을 다루어라
- 기간(6개월 이상)
- 기타 인구통계학적 특징(환자는 최소 16세여야 하며, 피해자보다 최소한 5세는 많아야 함. 12세 혹은 13세와 관계를 맺은 후기 청소년에게 해당 진단을 사용하지 않음)
- 감별진단(신체적 장애 및 물질사용장애, 정신병적 장애 및 양극성장애, 지적발달장애, 이윤을 위해 아동을 학대하는 범죄행위)

부호화 시 주의점
명시할 것
　　배타적 유형(아동에게만 매력을 느끼는 경우)
　　비배타적 유형

다음의 경우 명시할 것
　　성적으로 남아 선호
　　성적으로 여아 선호
　　성적으로 양성 모두 선호

다음의 경우 명시할 것
　　근친상간에 국한된 경우

여기에 또 다른 문제가 있다. 소아성애장애의 진단기준은 이 장에서 **통제된 환경에 있음** 명시자를 허용하지 않는 유일한 장애이다. 물론 **완전 관해 상태**도 허용하지 않으나, 이것은 최소한 합리적이기는 하다. 소아성애자는 평생에 지속되는 상태라는 것이 오랜 기간 정립되어 왔다. 그러나 소아성애자보다 형기를 더 사는 사람이 얼마나 있겠는가? 수감되어 있는 동안 재범을 할 가능성은 얼마나 있겠는가? 이런 사람을 내가 다시 평가하게 된다면, 나는 곧바로 **통제된 환경에 있음** 명시자를 사용할 것이다.

레이몬드 보그스

58세 레이몬드 보그스는 재소자처럼 보이지 않았다. 그의 오렌지색 죄수복은 조롱박 같은 그의 몸에 꽉 끼었다. 으스대며 걷는 나이가 어린 동료 수감자와는 대조적으로, 그는 발을 질질 끌고 고개를 숙인 채로 면담실 복도를 따라 걷고 있었다.

레이몬드는 매우 어린 나이에 성에 관심을 갖게 되었다. 가장 오래된 기억 중 하나는 그와 영아인 여동생을 돌봐주던 10대 베이비시터와 성적인 놀이를 했던 기억이었다. 성인이 되자, 어린 소녀의 육체를 보는 것이 특별히 그를 매혹시켰다. 그는 7~8세 무렵에 어머니가 욕실에서 그를 내쫓을 때까지 여동생이 목욕하는 것을 맴돌며 지켜보던 것을 기억했다. 그들이 10대가 되었을 때, 그는 밤에 여동생이 잠자기 전 옷을 벗는 것을 훔쳐보기 위해 그녀의 방 창문 밖에서 지켜보았다. 여동생이 사춘기에 들어섰을 때 그의 저녁 나들이도 멈췄다. "몸에 난 털 때문이었어요. 그건 너무 굵고 혐오스러웠어요. 그때 전 알게 되었죠. 제가 정말 좋아하는 건 오직, 어… 매끄러운 여자아이라는 것을요."

이런 취향에도 불구하고, 레이몬드는 20대 중반에 그가 일하던 인쇄소 공장장의 딸과 결혼했다. 결혼 초반에 둘은 활발한 성생활을 유지해 나갔다. 그는 대개 어린 소녀와 성관계를 한다고 상상했다. 한번은 그가 아내를 설득하여 모든 털을 밀게 한 적이 있었는데, 그녀는 털이 다시 자라면서 가렵다고 하며, 다시 하는 것은 거절했다. 그들은 세 자녀를 두었는데 모두 아들이었으며, 후에 되돌아볼 때 이는 작은 기적과도 같은 일이었다. 어린 소년은 그에게 전혀 유혹이 되지 않았다.

시간이 흐르면서, 레이몬드는 아동이 찍힌 포르노그래피 잡지 더미를 갖게 되었다. 그는 이것을 공구창고의 넝마 더미 아래에 보관했다. 그의 성적인 긴장감이 너무 높아질 때면, 그는 이 사진들 속의 벌거벗은 아이들과 장난치며 노는 상상을 하며 자위를 했다.

50대 초반이 되었을 때, 레이몬드의 삶은 악화되었다. 그의 아들들은 모두 집을 떠났고, 일련의 골반 수술로 인해 아내는 그가 성적으로 접근하는 것을 거부했으며, 때로는 한 번에 몇 달씩 지속되기도 했다. 시간을 때우기 위해 그는 사진을 찍었다. 특히 긴 여름 동안은, 그와 친해진 이웃집

아이들이 손쉬운 대상이 되었다. 그는 일부 어린 소녀들을 설득하여 부분적으로 혹은 완전히 옷을 벗고 포즈를 취하게 할 수 있었다.

그는 5~6세 소녀들을 선호했으나, 때때로 8세 여아의 사진을 찍기도 했다. (나이가 많은 아동은 더 독립적이고 설득하기가 어렵다.) 이런 활동은 주로 그의 공구창고 뒤 고립된 장소에서 발생했다. 그는 사탕과 동전을 미끼로 사용했고, 끝난 후에는 아이들에게 부모님께 말하면 그들이 좋아하지 않을 것임을 상기시켜 주었다.

"자랑스럽지는 않아요." 그는 죄수복에서 불거져 나온 허리 밴드를 느슨하게 하려고 하면서 말했다. "그냥 그건 제가 저항할 수 없는 어떤 것이었어요. 그 아이가 팬티를 내릴 때의 제 느낌은 불안, 황홀감, 배 속에 뭔가가 꿈틀거리는 그런 느낌이에요. 만약 당신이 복권에 당첨된다면 느낄 만한 그런 느낌이지요. 하지만 전 절대 만지지는 않았어요. 전 보기만 했어요. 그 아이들을 해칠 생각은 결코 해본 적도 없고요."

레이몬드는 12세 소년이 과학 전시회에 사용할 자연 식물 표본을 찾기 위해 공구창고 뒤를 탐험하다가 이를 발견하기 전까지 10년간 대부분의 시간을 여자아이를 관찰하고 사진을 찍는 데 보냈다. 이 소년은 아버지에게 말했고, 아버지는 사진 찍힌 소녀의 어머니를 불렀으며, 소녀의 어머니는 경찰을 불렀다. 재판에서—3주 동안 언론을 떠들썩하게 한—현재는 다양한 청소년기 상태에 있으며, 한때는 레이몬드 보그스의 피해자였던, 최소 7명의 이웃집 소녀들의 확실한 증언이 제시되었다.

교도소에서의 5~10년 형량을 받고, 레이몬드는 수십억 원이 걸린 민사소송에도 직면해 있다. 그가 체포된 다음 날, 그의 아내는 이혼소송을 냈고 치료에 들어갔다. 그의 아들 중 하나는 그와 연락을 끊었고, 다른 아들은 다른 주로 이사했다.

레이몬드 보그스의 평가

사례에서 드러난 사실은 명백하다. 소아성애장애라는 진단에 대해서는 논란의 여지가 거의 없다. 물질 중독 상태에 있는 사람이 한 번쯤 아동을 만지는 일이 발생할 수 있으나, 대개는 성적 수단이 아니라는 것이 명백하게 나타난다. 전반적인 판단력의 결함이라는 측면에서, 지적발달장애나 조현병 환자들이 때때로 이러한 성적인 일탈에 빠져들기도 한다. 부모들(악명 높은 유명인사들)은 때때로 지저분한 이혼과정에서 아동 성추행의 혐의를 받기도 한다. 이러한 소송에서는 사실이 밝혀지지 않는 경우가 빈번하다. 레이몬드 보그스의 경우에는 법적 사실들이 논박할 여지가 없다. 그는 자신이 오랜 기간 지속된 흥미와 행동을 가지고 있었음을 순순히 인정했다(진단기준 A, B). 물론, 피해자들의 나이와 비교했을 때 그의 나이는 논쟁의 여지가 없다(C). 그는 접촉은 결코 없었고 보기만 했다고 주장했으며, 이는 이런 사람들의 대다수에서 전형적인 양상이다.

노출장애가 있는 사람들도 자신을 아동에게 노출할 수 있으나, 이들은 추가적인 성적 활동을 위해 피해자에게 접근하지 않는다. 일부 소아성애자들은 성적가학장애도 가지고 있을 수 있다. 만약 그렇다면 두 진단 모두가 내려져야 할 것이다.

우리는 환자의 병리를 특정하는 것을 돕기 위해 몇 가지 명시자를 선택해야 한다. 레이몬드는 아주 어린 여자아이에게만 성적 끌림이 있었다. 그의 GAF 점수는 55점이다. 소아성애장애의 진단 기준이 통제된 환경에 있음 명시자를 제공하지는 않지만, 저자는 이 명시자를 어떻게든 진단에 끼워 넣을 것이다.

F65.4　　소아성애장애, 비배타적 유형, 성적으로 여아 선호, 통제된 환경에 있음

Z65.1　　수감 중

F65.51 성적피학장애

많은 사람들은 — 아마도 일반 인구 집단의 15% 정도 — 어느 정도의 고통을 겪는 것으로부터 성적인 쾌락을 얻는다. 그러나 이런 행동/생각들은 그 자체로는 대개 해롭지 않은 것이며, 당연히 장애라는 진단을 내리기에도 불충분한 것이다. 실제로 피학적 행동에 가담하는 대부분의 사람들은 사회적으로나 심리적으로 기능을 잘한다. 심지어 일부 여성들은 성관계 도중에 엉덩이를 맞는 것을 좋아한다거나, 강제로 성관계를 맺게 되는 것에 대한 공상을 한다고 인정한다. 그래서 성적 피학증은 상당수의 여성이 관여된 것으로 보이는 유일한 변태성욕 행동이다.

반면에 성적피학장애는 세 가지 주요한 특징을 가진다. 고통, 굴욕감, 통제의 부재이다. 변태성욕장애는 주로 아동기에 시작된다. 이런 행동들에는 신체 결박, 눈 가리기, 엉덩이 때리기, 칼로 상처 내기, 굴욕감 주기(배변하거나 배뇨함으로써, 또는 복종적인 동반자에게 동물 흉내를 내도록 강요함으로써)가 포함된다. 일종의 신체적 학대가 아마도 가장 흔하게 사용될 것이다. 시간이 지날수록, 성적피학장애 환자들은 동일한 정도의 성적인 만족을 얻기 위해 더 심한 고문을 필요로 할 것이다. 이런 점에서 성적피학장애는 중독과 닮아 있다.

목 조르기, 찌르기 또는 전기충격 등을 통해 일부 피학증 환자들은 스스로 고통을 가하기도 한다. 아마도 이들 중 30% 정도는 때때로 가학적 행동에 관여하기도 할 것이다. 소수의 사람들은 질식기호증(또는 저산소기호증)이라고 부르는 극도로 위험한 행동을 추구하기도 하는데, 목에 올가미를 걸거나, 공기가 통하지 않는 봉지를 머리에 뒤집어쓰거나, 'poppers'라고 부르는 아질산 아밀(amyl nitrites)을 흡입함으로써 거의 질식하기 직전의 상황을 만드는 것이다. 이런 사람들은 호흡

이 제한된 느낌이 극도로 강렬한 성적인 황홀감을 촉발한다고 보고한다. 이런 행동으로 인해 일반 인구 집단에서 매년 100만 명에 1~2명 꼴로 사고사가 발생한다.

비록 피학증이 있는 사람들이 고통이나 수모를 통해 성적인 만족을 얻기는 하지만, 이들이 반드시 완전한 통제권을 넘겨주는 것은 아니다. 많은 가학피학적 관계는 주의 깊게 계획되어 있다. 동반자들은 피학증이 있는 사람이 이제 정말 중단할 때라는 것을 알릴 수 있도록 하는 비밀 단어에 대해 서로 합의할 수도 있다.

성적피학장애의 핵심 특징

이 사람들은 매질을 당하거나, 구속당하거나, 굴욕감을 느끼거나 또는 고통을 주는 다른 방법들로 반복적인 성적인 흥분을 얻고, 이런 행동, 성적 공상, 욕구로 인한 고통/장애가 있다.

주의사항

ㄱ들을 다루어라

- 기간(6개월 이상)
- 감별진단(신체적 장애 및 물질사용장애, 의식적인 채찍질 그리고 다른 고통스러운 의식행동)

부호화 시 주의점

다음의 경우 명시할 것

　질식기호증 동반 만약 호흡 제한이 포함된 경우

다음의 경우 명시할 것

　완전 관해 상태(5년 이상 증상이 없음)

　통제된 환경에 있음

마틴 알링햄

마틴 알링햄은 거의 죽을 뻔한 날에 의학적 관심을 받게 되었다. 그는 샘 브록과 함께 아파트에 살았고, 둘은 정교한 장치를 고안해 냈는데, 이 장치에는 도르래, 밧줄, 목줄, 족쇄 등이 달려 있어서, 샘이 채찍질을 하는 동안 마틴을 거꾸로 뒤집을 수도 있고 어느 정도 목을 조를 수도 있었다.

"기절하기 직전에 내 생애 가장 아름다운 오르가슴을 얻었어요."라고 후에 마틴이 보고했다.

샘과 마틴은 학교를 함께 다녔고, 샘은 운동선수였으며, 마틴은 그 반의 겁쟁이였다. 그들이 15세였던 어느 토요일 오후까지는 두 사람이 서로 얼마나 완벽하게 맞는지를 알지 못했었다. 이들은 운동장 흙바닥에서 서로 뒹굴며 싸웠고, 샘이 마틴 위에 올라타서 손가락을 비틀었다. 물론 마틴은 울었고, 고통이 심해질수록 금방이라도 발기가 될 것 같은 느낌이 점차 커져갔다. 그들이 헤어지고 난 후에 마틴은 그 굴욕적인 느낌을 회상하며 자위를 했다.

별로 논의할 것도 없이, 샘과 마틴은 2주 후에 다시 만나기로 했다. 이들이 19세가 되었을 때 동거하기 시작하였고, 그 후로는 계속 함께 살고 있으며, 지금은 28세가 되었다.

마틴은 섹스를 즐기기 위해 반드시 고통을 겪어야 하지는 않았지만, 그렇게 하는 것이 쾌락을 상당히 증가시켰다. 그는 엉덩이 때리기와 결박을 시도해 보았으나 질식이 가장 좋았다. 그가 더 어렸을 때는 많은 상대를 만나면서, 다른 상대와도 시도를 해보았다. 그러나 대부분은 그를 너무 아프게 하거나 혹은 충분히 아프게 하지 못했다. 게다가 그와 샘은 둘 다 에이즈를 두려워했다. 그래서 지난 몇 년간은 같은 백화점에서 일하면서 서로에게 충실하고 있었다.

사고가 있었던 날 밤에, 마틴은 샘이 직장에 있는 동안 스스로 벨트를 채웠다. 아마도 올가미를 다소 많이 조여 맨 탓인지 의식을 잃었고, 그는 이 사실을 기억하지 못했다. 샘이 마틴을 발견했을 때 맥박이 없었고 숨을 쉬지 않았다. 보이스카우트에서 샘은 심폐소생술을 배웠고, 911에 전화한 후에 열심히 심폐소생술을 했다.

경찰에 신고가 들어갔고, 두 경찰관이 이들을 면담했다. "우리는 완벽하게 어울려요." 샘이 설명했다. "저는 하는 걸 좋아하고, 그는 당하는 걸 좋아해요." 그는 최근 들어 그들의 성생활이 점점 더 폭력적으로 되고 있으며, 심지어는 죽음 직전에 이를 지경임을 인정했다. 하지만 이렇게 하는 것이 샘의 생각은 아니었고, 같은 효과를 얻기 위해 더 심하게 할 것을 요구하는 사람은 마틴이었다. 샘은 자신이 고통으로 인해 '흥분'되는 것은 맞지만, 어떤 고통은 심각한 결과를 초래하는 것 같다고 인정했다.

"전 그를 정말 다치게 하고 싶지는 않아요. 그를 사랑하거든요." 샘이 말했다.

마틴 알링햄의 평가

마틴의 성적인 행동에는 자신에게 고통을 가하는 면이 포함되어 있다(진단기준 A). 결박도 이런 면 중 하나이며, 마틴이 자신의 성적 쾌락을 증가시키기 위해 실행한 질식기호증도 그러하다. 마틴은 이러한 욕구를 수년간 행동화해 왔다. 최근에는 거의 죽음에까지 이르는 손상이 있었다(B). 그래서 그는 성적피학장애의 진단기준을 충분히 충족시킨다.

일부 성매매 종사자들은 제한된 범위 내에서 고통을 받아들이는데, 왜냐하면 그렇게 하는 것이 보통의 성행위보다 돈을 많이 받을 수 있기 때문이다. 이러한 사람들이 행위로부터 쾌락을 얻고,

이러한 행위로 인해 고통이나 손상이 있지 않는 한, 성적피학장애로 진단되어서는 안 된다.

피학증이 있는 사람들은 가학적인 동반자의 요구에 응해 때로는 이성의 옷을 입게 될 수도 있다. 이때 반대 성의 옷을 입는 행위가 (단지 수치심뿐만 아니라) 성적 흥분도 일으킨다면, 복장도착장애도 함께 진단해야 한다. 이 사례에서 다루고 있지는 않으나, 마틴의 임상가는 성격장애 — 성적피학장애 환자들에서 흔하다 — 의 가능성을 철저하게 탐색해야만 하며, 이는 치료에 중대한 영향을 미칠 수 있다. 이를 요약에 언급하라. 그의 성적인 흥분이 질식감에 의해 증가되었기 때문에, 마틴의 진단은 다음과 같다(최근의 GAF 점수는 25점이다).

F65.51　　　성적피학장애, 질식기호증 동반

F65.52 성적가학장애

가학증이 있는 사람들의 많은 행동들은 피학증이 있는 사람의 행동과 상호 보완적이다. 차이점은 가학증이 있는 사람은 수용자이기보다는 가해자라는 점이다. 고통이나 성적인 굴욕감을 주는 것이 이들을 자극한다. 다른 사람이 고통을 겪는 것이 이들을 성적으로 흥분시키고, 이들은 지배와 통제에 대한 공상을 한다. 일부 여성들도 이런 종류의 활동들에 관여함을 자인한다.

비록 일부 사람들이 초기 아동기의 처벌 경험에서 이런 만성적인 상태를 미리 알게 될 수도 있으나, 외적인 행동은 대개 개인의 10대 시절 동안의 환상에서부터 시작한다. 궁극적으로 사용되는 물리적인 방법에는 신체 결박, 눈 가리기, 엉덩이 때리기, 칼로 상처 내기, 굴욕감 주기가 있다. 성적 피학증처럼, 성적 가학증을 가진 사람들도 시간이 지날수록 같은 정도의 성적 만족을 얻기 위해 더 심한 강도의 고문을 필요로 한다.

가학적 행동에 가담하는 대부분의 사람들은 기꺼이 하려고 하는 소수의 동반자에게만 한정하여 이런 행동을 한다. 정의에 따르면, 이런 사람들은 자신의 욕구로 인한 고통이나 장애가 있지 않는 한 DSM-5-TR 진단기준을 만족시키지 않을 것이다. 가학증이 있는 사람들의 10% 미만이 강간을 저지르지만, 이들은 다른 강간범들보다 더욱 잔인할 수 있고, 물리적인 힘을 더 많이 사용하며, 자신의 욕구를 충족시키는 데 필요한 정도보다 더 심한 고통을 가할 수 있다.

우리는 성적가학장애가 일반 인구 집단에서 나타나는 빈도를 알지 못한다. 입원한 240명의 성범죄자들에 대한 연구에서, 52명(21%)이 이 장애를 가진 것으로 진단 내릴 수 있었다. 이들 중에서 16명만이 이 연구 이전에 정확하게 진단받았었다.

성적가학장애의 핵심 특징

다른 사람이 신체적 혹은 심리적인 고통을 겪는 것에서 발생하는 성적 흥분이나 행동이 환자에게 고통 혹은 장애를 경험하게 하거나, 동의하지 않은 사람에게 이러한 욕구를 행동화하게 한다.

주의사항

ㄱ들을 다루어라

- 기간(6개월 이상)
- 고통 혹은 장애(직업적/학업적, 사회적, 혹은 개인적 손상)
- 감별진단(신체적 장애 및 물질사용장애, 품행장애 및 반사회성 성격장애, 성격장애, 가학증적이 지 않은 강간)

부호화 시 주의점

다음의 경우 명시할 것

완전 관해 상태(5년 이상 증상이 없음)

통제된 환경에 있음

도나시앵 알퐁스 프랑수아 드 사드

정신적 장애와 관련된 사람을 불가피하게 꼭 한 사람만 꼽으라면, 그건 가학증의 수호성인인 도나시앵 알퐁스 프랑수아 드 사드일 것이다. 프랑스에서 두 세기도 더 전에 활약했던 이 사람의 개인력을 어느 정도 살펴보는 것은 흥미롭고 유익할 것이다. 개인력에는 그의 이름을 따서 만든 상태가 반영되어 있다.

사드(전기 작가들은 그를 이렇게 불렀다)는 가난하지만 사회적으로는 걸출한 집안에서 태어났고, 이것이 그가 자부심이 강하고 거만한 독재자로 자란 이유를 설명하는 데 도움이 될 것이다. 아버지의 부재로 인해 그의 인격 형성에 중요한 초기 시기의 양육은 난봉꾼 삼촌의 손에 맡겨졌다.

그가 겨우 16세가 되었을 때, 사드는 군대에 입대했고 전투에서 탁월함을 보였다. 가족의 강요로 인해 사랑 없는(사드 쪽에서의) 결혼을 하게 되었고, 결혼한 지 얼마 지나지 않아 문제가 될 수 있는 성적 흥미를 보이기 시작하였다.

아이였을 때 그는 어머니의 포옹을 갈망했었고, 성인이 되었을 때 그는 매춘부의 품 안에서 위안을 찾으려 했다. 그가 고용한 사람들은 그가 채찍질을 하려고 한다며 정식으로 고발했고, 어떤 사람은 그가 버번에 악명 높은 (그리고 과장된) 스패니시 플라이(spanish fly)라는 최음제를 타서 자신을 아프게 만들었다고 주장했다. 그는 그가 자주 찾았던 많은 매춘부들에게 자신을 채찍질 해 달라고 요구했다. 18세기 프랑스인에게 이런 요청은 드문 일이 아니었으며, 이들은 때때로 채찍으로 때림으로써 발기부전을 다루기도 한 것으로 알려져 있다. 이후에 그는 감옥에서 성적 만족을 얻기 위해 거대한 항문 딜도를 사용했다(이는 그가 아내인 르네에게 구해달라고 요청한 것이었다).

그의 궁극적인 몰락을 확정한 것은 그의 열정도 궁핍도 아니었으며, 바로 장모의 반감을 산 것이었다. 이 대단한 여사께서는 그의 난봉꾼 성향에 대응하는 방편으로 사적인 권리를 박탈하는 개별 법안을 발의하도록 왕을 설득했고, 탄원을 하던 프랑스 대중들의 지지를 얻었다. 이로 인해 당국은 사드를 재판 없이, 기한 없이 감옥에 가두거나 구류할 수 있게 되었다.

구금되어 있는 동안 — 그는 거의 29년간을 감옥 또는 샤랑톤에 있는 정신병원에서 보냈고, 프랑스 혁명의 공포 정치가 이루어지는 동안 그는 첫날에 끌려나와 처형당했다 — 그는 모든 언어를 통틀어 가장 성적으로 노골적이고 폭력적인 글을 썼다. 그의 책 저스틴(*Justine*)은 젊은 여성이 12세 때부터 다양한 남성들의 손에서 성적인 고문을 당하는 내용이다. 소돔의 120일(*The 120 Days of Sodom*)은 그가 바스티유에 수감되어 있는 한 달 조금 더 되는 기간 동안 써내려 갔고, 이는 살인으로 막을 내리는 역겨운 성적 호러의 절정이었다. 그의 평판을 지속시킨 것은 그의 성적인 성향이기보다는 그의 저작물들이었다.

이런 평판에도 불구하고, 적어도 사드의 성격에 대해서는 혼동이 남아 있다. 어떤 사람들은 그를 급하고 폭력적인 성질을 가진, 진정한 친구가 전혀 없는 성난 외톨이라고 간주했고, 다른 사람들은 그를 사람들을 쉽게 조종하고 때로는 자살 위협을 통해 조종하기도 하는 매력적인 사람으로 기술했다.

그는 후에 아내인 르네와 관련된 피해의식을 갖기도 했다. 그는 그녀가 보낸 편지에서 숨은 신호를 찾기 위해 면밀히 조사했고, 여기에 그의 출소 날짜를 의미하는 신호가 담겨 있다고 생각했다. 그가 출소할 수 있었던 몇 안 되는 날들 동안 그는 처가에 복수를 할 수도 있었으나 그렇게 하지 않았다. 그 결과로 그는 다시 체포되어 투옥되었고 여생을 감옥에서 보냈다.

도나시앵 알퐁스 프랑수아 드 사드의 평가

그가 직접 쓴 것과 다른 사람이 쓴 저작물들을 통해 볼 때, 사드가 타인에게 고통과 굴욕감을 줌으로써 성적인 쾌락을 얻는 것에 지대한 관심이 있었음은 자명하다(진단기준 A). 비록 이런 욕망으로부터 고통을 겪는 것처럼 보이지는 않았으나, 그는 이러한 욕망을 동의하지 않은 개인을 대상으로 젊은 시절부터 반복적으로 행동화했다(B). 그는 현대의 엄격한 기준에 비추어 볼 때도 성적가학장애의 진단을 충족시킨다. (사드의 소돔의 120일에 기술된 인물들을 보면, 그가 진단을 완전히 충족시키는 것 그 이상임을 의심할 여지가 없다.)

그러나 그의 전체 인생을 고려해 볼 때, 사드는 성적피학장애에 더 잘 부합할 것으로 생각된다. 그는 채찍질로 고통받으려는 경향이 있었고, 이는 구금기간을 늘리는 데 기여했다. 전통의 힘이라는 것은 그런 것이어서, 그의 삶 전체에서는 상대적으로 짧은 기간 동안 추구한 것처럼 보이는 행동들에 그의 이름이 확고하게 붙은 채로 남아 있다.

다른 진단은 어떤 것이 적절하겠는가? 물론 이런 성향을 가진 사람이라면 누구라도 성격장애를 고려할 것이다. 하지만 이는 변태성욕장애 진단을 대신하는 것이 아니라, 진단에 추가적으로 덧붙일 수 있을 것이다. 이에 대한 관련 내용을 요약에 언급하라.

위에 주어진 정보에만 기반해 볼 때, 사드의 진단은 (증상이 출현한 순으로) 다음과 같고, GAF 점수는 71점이다.

F65.51	성적피학장애
F65.52	성적가학장애
F52.32	지연된 사정

레오폴트 폰 자허마조흐는 19세기의 오스트리아 작가로, 6개월간 스스로 내연녀의 노예가 되어 살았던 사람이다. 이 상태에서 그녀는 매우 자주 모피를 입었고, 그는 그녀의 하인 취급을 받았다. 그는 후에 이 경험을 *모피를 입은 비너스(Venus in Furs)*라는 소설로 집필했다. 이로 인해 그의 이름은 (사드의 이름과 함께) 1886년에 리처드 본 크래프트에빙이 집필한 교과서 *Psychopathia Sexualis*에서 각각의 변태성욕을 지칭하는 것으로 각색된다. 슬프게도 이 교과서 저자의 이름은 어디에도 붙지 않았다.

DSM-5-TR에서는 이름이 명칭의 시조로서 사용된 사람들이 점차 줄어가고 있는데, 이 가운데에 사드와 자허마조흐가 있다. 그리고 이들의 이름은 유일하게 형용사로 사용된다. 물론 '프로이트학파(freudian)', '융학파(Jungian)'라는 용어도 있기는 하다. 뮌하우젠 증후군 같은 다른 사람의 이름을 사용한 장애는 좀 더 기술적인 용어로 개정되었다. 비록 덜 생생하지만.

F65.1 복장도착장애

복장도착이 있는 사람들은 성적인 흥분을 얻기 위해 반대 성의 옷을 입는다. 이런 행동이 저지당할 때 이들은 좌절감을 경험한다. 반대 성의 옷을 입는 것의 정도는 매우 다양하다. 어떤 사람들은 가끔 혼자 있을 때 그럴 수 있고, 다른 사람들은 빈번하게 완전히 차려입은 채로 공공장소를 활보할 수 있다. 어떤 사람들은 속옷을 입는 것에만 한정되어 있고, 다른 사람들은 완전하게 차려입는

다. 어떤 남성은(다시 한번, 남성이 상당히 우세하다) 일주일에 몇 시간을 여자 옷을 입어보는 데 소비한다. 다수는 반대 성의 옷을 입은 상태에서 자위를 하거나 성관계를 갖는다. 이들은 자신이 여자라는 공상을 하고, 계속해서 여자 옷을 수집하며, 정상적인 남성의 옷차림 아래에 여자 옷을 입는 경우도 종종 있을 수 있다. 그러나 이러한 행동을 추구하는 것으로 인해 중요한 면에서의 손상이나 고통이 있는 사람만 복장도착장애 진단을 받을 수 있다. 자신의 행동을 수용하는 사람은 단순히 반대 성의 옷을 입기를 즐기는 사람이다.

복장도착장애는 주로 청소년기 동안 시작되며, 심지어는 아동기에 시작되기도 한다. 그러나 대부분의 남성 복장도착자들은 소년기에 여성스럽지 않았다. 이들 중 20% 미만이 성인기에 동성애자가 된다. 다른 일부 변태성욕에서 나타나는 것처럼, 이들의 일탈적인 행동은 점차 성적 만족을 줄 수 있는 더 평범한 방식으로 대체된다. 비디오, 잡지, 개인적인 상호작용을 통해, 복장도착자 하위문화에 상당히 깊게 관여하게 될 수 있다. 소수의 사람들은 점차 반대 성의 옷을 입는 것을 편안하게 느끼게 되고, 젠더 불쾌감으로 진행되는데, 이는 그들이 치료적 도움을 구하는 데 마지막 자극이 될 수 있다. 나이가 들어감에 따라 반대 성의 옷을 입는 것에 수반되는 성적인 흥분은 줄어들고 전반적인 안녕감으로 대체될 수 있다.

일부 환자들은 이전에 관음증, 노출증, 피학적 행동에 관여했던 적이 있을 것이다. 옷 자체에서 성적인 흥분을 얻는 사람이나(물품음란증 동반), 스스로를 여성이라고 생각함으로써 성적인 흥분을 얻는 사람에게는(자가여성애 동반) 명시자를 추가할 수 있다. (복장도착장애를 가진 여성은 매우 소수이기 때문에 '자가남성애'라는 용어를 정당화할 수는 없는 것으로 보고되었다.)

일반 남성 인구 집단에서 성적인 자극을 얻기 위해 반대 성의 옷을 입는 행동의 발병률은 약 3% 미만으로 나타나고 있지만, 이 중 절반 정도만이 복장도착장애 진단기준을 충족시킨다.

복장도착장애의 핵심 특징

반대 성의 옷을 입는 것(생각, 행동 또는 욕구)에서 흥분을 얻으며, 이것이 환자의 고통과 직업적/교육적, 사회적, 혹은 개인적 손상을 반복적으로 야기한다.

주의사항
ㄱ들을 다루어라
- 기간(6개월 이상)
- 감별진단(물품음란장애, 젠더 불쾌감)

부호화 시 주의점

다음의 경우 명시할 것

물품음란증 동반(옷이나 옷감에서 성적인 흥분을 얻음)

자가여성애 동반(여성의 모습을 한 자신을 보며 흥분을 얻음)

다음의 경우 명시할 것

완전 관해 상태(5년 이상 증상이 없음)

통제된 환경에 있음

폴 카스트로

폴 카스트로가 7세였을 때, 그의 부모님은 이웃집 10대 소녀를 베이비시터로 고용했다. 줄리는 조숙하고 상상력이 풍부한 아이였다. 그녀는 폴을 설득해서 자신의 옷을 입어보게 하였고, 때로는 그녀가 벗은 옷을 입게도 했다. 처음에 폴은 이것을 인내심을 갖고 참아내야 했지만, 나중에는 그녀의 실크 팬티를 자신의 마른 허벅지에서 끌어올릴 때의 감각에 의해 흥분하기 시작하였다.

줄리가 남자 친구를 사귀게 되자 그녀는 폴에게 관심을 잃었고, 그는 어머니의 브래지어와 팬티를 몰래 가져와서 입어보곤 했다. 10대 후반에는 여성 속옷을 모아놓은 작은 서랍을 갖게 되었고, 그는 일주일에 한두 번 정도 이것을 입어보았다. 그는 보기 좋게 패드가 채워진 브래지어를 착용하고 거울 앞에 서서 누군가가 자신을 안아주는 공상을 했다 — 남자일 때도 있고, 여자일 때도 있었다. 한두 번 정도 그는 립스틱을 바르고 어머니가 거의 입지 않는 오래된 드레스를 입어본 적이 있었다. 그러나 자신의 모습이 우스꽝스럽게 보이고 튄다고 생각했고, 이후에는 란제리를 입는 것으로만 제한되었다. 그러나 그는 자신이 남성이라는 것을 의심하거나 불만족스러워한 적은 없었다.

전문대를 졸업한 후 폴은 서점 점원으로 취직하였고, 혼자 사는 아파트로 이사를 갔다. 어떤 날은 스포츠 셔츠와 바지 아래에 팬티와 (패드가 없는) 브래지어를 착용하고 직장에 나가기도 했다. 그러고는 점심시간에 화장실에서 자신이 아름다운 여성과 사랑을 나누는 상상을 하며 자위를 했고, 상상 속에서 둘 다 실크 속옷을 입고 있었다. 점심 때 다른 할 일이 있었던 날에는, 오후 내내 피부에 닿는 실크의 기분 좋은 감촉과, 그날 저녁에 거울에 비친 자신을 바라보며 자위할 것에 대한 기대를 즐겼다.

폴은 어느 날 아침 출근길에 버스에 치여서 구급대원이 그를 실어갔을 때도 여느 때와 다름없는 복장을 하고 있었다. 그는 깨어나서 오른쪽 팔 상박부에 부목을 대어놓은 것과, 90C 사이즈의 메이든폼 브래지어에 대해 궁금해서 안달이 나있는 사람들을 발견했다. 이 일에서 경험한 수치심으로 인해 그는 자신의 행동을 되돌아보고 치료에 오게 되었다.

폴 카스트로의 평가

서구사회는 어느 정도는 반대 성의 옷을 입는 것에 대해 관대하며, 심지어는 이를 정상적인 것으로 간주하기까지 한다. 성전환자 연기는 연극이나 영화에서 유구하고 명예로운 역사를 가지고 있다. 핼러윈 의상도 생각해 볼 수 있다.

성적피학장애 환자들은 가학적인 연인을 흥분시키기 위해 억지로 반대 성의 옷을 입을 수 있다. 만약 그들 역시 성적인 흥분을 경험하지 않는다면, 복장도착장애는 진단될 수 없다. 젠더 불쾌감 환자들은 종종 반대 성에 적절한 옷을 입지만, 성적인 자극은 없다. 동성애자가 반대 성의 옷을 입을 때는, 다른 동성애자에게 보이는 매력을 증가시키기 위해 그러는 경우가 종종 있다. 그러나 대개는 과장하기 위해서나 사회를 비웃기 위해 그러는 경우가 많다. 어쨌든, 성적 자극이 목적이 아닌 경우가 종종 있으며, 복장도착장애에는 부합하지 않는다.

명백하게 폴의 행동은 이런 대안적인 설명 중 어떤 것에도 부합하지 않는다. 사실상 란제리에 대한 관심을 제외하면, 그는 꽤 관습적인 이성애적 관심을 가지고 있다(그가 자위할 때 하는 공상에 근거하여 판단함, 진단기준 A). 그러므로 그는 **자가여성애 동반**이라는 명시자를 받을 수 없다. 그는 실크의 감촉에 의해 흥분을 얻는 것처럼 보이기 때문에, 우리는 그에게 **물품음란증 동반**이라는 명시자를 부여할 수 있다. 구급대원이 그를 호송했을 때 그의 심한 고통은(GAF 71점) 진단기준 B를 충족시킨다.

F65.1	복장도착장애, 물품음란증 동반
S42.009	쇄골 골절

여성도 지금은 복장도착장애로 진단받을 수 있으나 DSM-5 이전에는 그러지 못했다. 반대 성의 옷을 입는 것을 통해 성적인 자극을 추구하는 여성을 보고한 유일한 연구에서는 1,171명 중 5명이 발견되었으며(0.4%), 이 소수의 사람들이 그들의 행동으로 인해 고통받거나 손상이 있는지는 우리가 알 수 없다. 실질적인 측면에서 이 영역은 '남성 전용'으로 남아 있다.

F65.3 관음장애

관음증이 있는 사람들은 다른 사람들이 사적인 활동을 하는 것을 관찰함으로써 흥분을 얻는다. 물론 변태성욕을 가지지 않은 많은 사람들 또한 이렇게 보는 것을 즐긴다. 예를 들어, 포르노 필름이나 웹사이트를 애용하는 사람들이다. 차이점은 바로 관음증이 있는 사람들의 만족은 평범한 사람들을 관찰하는 것으로부터 오는데, 이들은 자신이 관찰당한다는 것을 알아차리지 못하고 있으며, 아마 알아차린다면 이를 허락하지 않을 것이라는 데 있다.

2006년 스웨덴 조사에 따르면, 남성의 12%(여성의 4%)가 최소 한 번은 관음증적 행동을 한 적이 있다고 인정했다. 근래의 기준에 따르면, 이러한 대부분의 사람들은 변태성욕장애로 진단받지 못할 것이다. 다른 조사에서는 성별에 관계없이 많은 사람들이 만약 걸리지 않을 것 같다면 다른 사람이 옷을 벗거나 성관계를 하는 것을 지켜볼 것이라는 점을 발견했다. 다른 변태성욕장애와 마찬가지로, DSM-5-TR은 이 행동이 반복적으로 행동화되거나 개인의 고통 또는 손상을 초래할 것을 요구한다. 요점은, 관음증은 가장 흔하게 보고되는 성범죄이고, 관음 행동을 하는 거의 모든 사람은 남성이라는 점이다.

관음증은 대개 10대 때 시작된다. 거의 항상 늦어도 15세 이전에는 시작된다. 하지만 청소년기에 전형적으로 나타나는 성적인 호기심과 구분하기 위해 18세 이전에는 진단할 수 없다. 관음장애가 한번 생기면 만성적이 되는 경향이 있다. '엿보기 좋아하는 사람'의 피해자는 거의 항상 낯선 사람이다. 관음증이 있는 사람들은 관찰하는 동안 주로 자위를 할 것이다. 그 후에는 피해자와 성관계를 하는 공상을 할 수도 있으나, 그 피해자와 어떤 활동을 하려고 시도하는 것은 드물다. 일부 관음증이 있는 사람들은 이런 방식으로 성적 만족을 얻는 것을 선호하지만, 대부분의 사람들은 정상적인 성생활도 한다. 노출증이 있는 사람들과 마찬가지로, 걸리지 않기 위해 주의를 기울인다.

관음장애의 핵심 특징

경계하고 있지 않은 사람이 탈의하거나 성행위를 하고 있는 것을 관찰하는 것에서 흥분을 얻으며, 이 개인은 이러한 욕구를 반복적으로 행동화하거나 이런 성적 공상, 행동, 욕구로 인해 고통 또는 손상을 경험한다.

주의사항

ㄱ들을 다루어라

- 기간(6개월 이상, 18세 이상)
- 감별진단(품행장애 및 반사회성 성격장애, 물질사용장애, 전통적인 성적 흥미)

부호화 시 주의점

다음의 경우 명시할 것

완전 관해 상태(5년 이상 증상, 괴로움이나 장애가 없음)

통제된 환경에 있음

렉스 콜링우드

렉스 콜링우드는 그가 올해만 벌써 두 번째 법정에 왔다는 것을 알아차리고 언짢아진 대법원 판사의 요청으로 치료에 오게 되었다. 렉스는 23세였고, 이번에는 조용한 교외에 있는 집 침실 창밖에서 바지를 내리고 자위를 하다가 발각되었다. 그는 방 안의 여자가 속옷을 벗는 것에 심하게 매료되어 개를 산책시키고 돌아오던 그녀의 남편이 다가오는 것을 알아채지 못했다.

렉스가 성장할 때, 그의 가족은 작은 대학 캠퍼스 근처에 살았다. 그는 학생회관 관리인과 친해지게 되었는데, 그는 롤로라고 하는 멀쑥하게 생긴 철학과 학생이었고, 소소한 관리 일을 하면서 2층의 방 하나를 무료로 사용하였다. 렉스가 14세가 되었을 때, 롤로는 그가 바닥에서 발견한 여자 화장실로 바로 연결되는 작은 구멍을 보여주었다. 몇 주 동안 간헐적으로 렉스와 롤로는 어둠 속에서 구멍 위 바닥에 납작 엎드려서 여성이 들어오기를 기다렸다. 그들은 위에서 일직선으로 내려다봐야 했기 때문에 많은 것을 볼 수는 없었지만, 상상만으로도 렉스의 공상 속 세계를 작동시킬 수 있는 충분한 양식을 제공해 주었다.

고등학교를 졸업한 후에, 렉스는 정비소에 취직했다. 사서였던 달레인은 그보다 2세 연상이었고, 두 사람은 곧 함께 살기 시작했다. 렉스와 달레인은 일주일에 4~5회 정도 사랑을 나누었고, 이런 방식에 대해 서로 만족감을 표시했다. 렉스는 가끔 자신이 '성욕 과잉'이 아닌지 염려했는데, 왜냐하면 여전히 '훔쳐보러 가고 싶은' 욕구가 간혹 들었기 때문이다. 그는 성인용 비디오를 보려고도 해보았지만, 그건 전혀 같지가 않았다. 거기에 나오는 사람들은 자신이 관찰당한다는 것을 알고 있고, 그걸로 돈을 벌기 때문이다.

그래서 2~3개월에 며칠 밤 정도는 밤에 차를 몰고 나가서 조용한 거리에서 적당한 장소를 물색하는 데 시간을 보냈다. 벌거벗은 몸을 약간이라도 보는 것도 흥분되었지만, 옷을 벗고 있는 여성을 관찰하는 것은 얼마큼 벗을지를 모른다는 기분 좋은 긴장감을 더해주었다. 어떤 장면을 보든 간에 렉스는 달레인과 사랑을 나눌 때 그걸 떠올리기 위해 그 이미지를 기억의 저장소에 추가했다.

모든 관찰하는 것 중 최고는 사람들이 성관계를 하는 것이었다. 그는 그런 장면을 보았던 몇몇 장소들을 신중하게 기억했고, 욕구가 생길 때면 그 장소들을 반복해서 찾아갔다. 여름은 최상의 기간이었는데, 사람들이 이불 속으로 잘 들어가지 않기 때문이다. 그는 그가 목표로 하는 사람들이 그들의 열정과 자신의 열정을 채워주는 것을 지켜보며 덤불 사이에서 2시간이나 서 있은 적도 한두 번 있었다. 이것이 그가 체포되었던 집으로 다시 이끌려 오게 만든 이유이며, 이 집은 1년 전에 체포되었던 집으로부터 네 블록도 채 떨어져 있지 않았다.

"제가 수치스러워해야 하는 거겠죠? 하지만 전 그렇지 않아요. 저는 관심을 갖는 것은 정상이라고 생각해요. 만약에 그 사람들이 정말 사생활을 중요하게 생각한다면 커튼을 쳤었어야죠. 그렇지 않나요?"라고 렉스가 면담자에게 말했다.

렉스 콜링우드의 평가

렉스와 같은 과거력에서는 특별히 감별진단할 것이 많지 않다. 그는 손쉽게 진단기준 A, B를 충족시킨다. 만약 그가 무대나 인터넷에 나오는, 돈을 받고 보여주는 사람들을 지켜보는 데 시간을 보낸다면 우리는 전혀 문제라고 생각하지 않을 것이고 판사도 그러할 것이다. 비록 렉스가 그의 욕구를 반복적으로 행동화하기는 했지만, 그가 느낀 유일한 고통은 처벌받을 가능성에 대해서만 있었다. GAF 점수 61점과 함께, 렉스의 최종진단은 다음과 같다.

F65.3 관음장애

Z65.3 체포 및 기소

F65.89 달리 명시되는 변태성욕장애

다양한 종류의 다른 변태성욕장애가 기술되었다. 앞서 말한 장애와 비교할 때, 여기서 기술된 장애의 대부분은 덜 흔하거나 덜 연구되어 있으며, 혹은 둘 다이다. 달리 명시되는 변태성욕장애 진단부호는 다음의 것들을 포함한다.

강제적 변태성욕장애. 내키지 않아 하는 동반자에게 강제로 성관계를 맺는 것에 대해 생각하기를 즐기는 사람들이다.

전화음란증. 명칭에서 암시하고 있는 것처럼, 이는 전화를 통해 '외설적인 대화'를 하는 데 몰두해 있는 것이다. 노출증 및 관음증과의 관계가 발견된 바 있다.

동물성애증. 이 변태성욕은 다양한 포유동물 및 다른 동물들과 성관계를 하는 것에 몰두되어 있는 것이다. 임상 장면에서 흔하지 않으며, 이런 사람들은 단순하게 성관계에 끌리는 것이 아니라 동물에 대한 사랑에 끌리는 것이라고 보고하곤 한다.

시체성애증. 시체와 성관계를 하는 것은 고대 이집트 장의사들에 의해서만 행해졌다고 전해 내려오고 있다. 현대에 시체와 성관계를 하는 것은 거의 보고되지 않으며, 있다면 거의 다른 정신질환이나 성격장애의 진단이 타당할 것이다.

관장성애증. 성적피학장애와 어느 정도 닮아 있는 이 변태성욕이 있는 사람들은 스스로 관장을 하는 데서 성적인 쾌락을 얻는다. 이런 사람들 중 일부는 반대 성의 옷을 입는 것과도 관련되어 있다. 이런 행동은 꽤 흔할 수 있으나, 전문적인 문헌에서는 드물게 관찰된다.

분뇨성애증. 이는 대변을 가지고 자위를 하는 것으로, 실제로는 매우 흔하지 않다.

방뇨성애증. 일부 사람들은 소변으로 장난을 치거나 자위를 함으로써 성적으로 흥분된다. 이는 성적 피학증의 한 형태와는 반드시 구별되어야 하며, 피학증이 있는 사람은 자신에다 대고 방뇨하기를 욕망한다('금빛 샤워'). 관장과 소변에 몰두해 있고 이를 즐기는 사람들은 이를 총괄하여 '체액 스포츠(water sports)'라고 부른다.

유아증. 이 변태성욕이 있는 환자들은 아기처럼 취급을 받는 데서 성적인 만족이 생겨난다. 아마도 기저귀를 차고 음료를 젖병에 담아서 마시려 할 것이다.

F65.9 명시되지 않는 변태성욕장애

변태성욕이 이 장에서 기술된 어떤 장애의 진단기준도 만족시키지 않고, 이유를 기술하지 않기로 결정했다면, '명시되지 않는 변태성욕장애'를 사용하라.

CHAPTER 19

임상적 주의가 필요한 다른 요인

환자를 진단하거나 관리하는 데 영향을 줄 수 있는 특정 환경적 사건이나 다른 신체적 또는 심리적 사건, 상황들을 보고하기 위해 이 장에서 제공하는 부호를 사용할 수 있다. 그것들을 명시할 때 가능한 한 구체적으로 명시하라. (다른 문제들도 나타날 수 있다. 이것들은 예시들이다.) 이들의 대부분은 DSM-IV의 축 IV에 실려 있다. DSM-5-TR은 우리가 확인한 문제들에 대해 ICD-10-CM의 부호를 사용할 것을 요구한다. 다음은 알맞게 완성된 사용 가능한 목록들이다.

하지만 이 행동이나 상태, 관계들은 정신적 장애가 아니라는 것을 기억하라. 나는 정상적인 인간의 실존과 관련된 행동이나 상태들을 병리적인 행동으로 간주하는 우리의 경향성을 줄이고자 이 점을 강조한다.

자살행동 및 자해

T14.91XA 현재 자살행동, 초기대면

자살행동이 임상적 발현 징후가 있는 초기대면의 부분일 경우 사용하라.

T14.91XD 현재 자살행동, 후속대면

자살행동이 임상적 발현 징후가 있는 후속대면의 부분일 경우 사용하라.

Z91.51 자살행동의 과거력

Z91.52 비자살적 자해의 과거력

R45.88 현재 비자살적 자해

관계 문제와 가족 문제

부모-자녀 관련 문제

부모와 자녀의 상호작용 방식이 임상적으로 중요한 증상이거나 기능에 부정적인 영향을 미칠 때 '부모-자녀 관계 문제'를 사용하라. 문제가 있는 상호작용 방식에는 잘못된 의사소통, 비효과적인 훈육, 또는 과잉보호가 포함될 수 있다. 이로 인해 다양한 정서적·행동적 문제들이 잇따라 생길 수 있다. 당신은 다음의 진단부호를 사용할 수 있다.

Z62.820 부모-생물학적 자식

Z62.821 부모-입양된 자식

Z62.822 부모-양육된 자식

Z62.898 기타 보호자-아동

Z62.898 부모의 관계 고충에 의해 영향받는 아동

부모의 언쟁이나 다른 문제점이 아동에게 영향을 주는 경우. 기타 보호자-아동 관계 문제와 관련된 경우에도 같은 번호를 부여한다.

Z63.0 배우자나 친밀한 동반자와의 관계 고충

환자와 배우자 또는 친밀한 동반자와의 상호작용 방식이 임상적으로 중요한 증상이거나 기능에 부정적인 영향을 미칠 때 '배우자나 친밀한 동반자와의 관계 고충'을 사용하라. 문제가 있는 상호작용 방식에는 잘못된 의사소통 또는 의사소통의 부재가 포함될 수 있다. 그러나 이 범주에서 학대와 관련된 문제들은 명백하게 제외된다(학대와 관련된 문제들은 다음에 기술된다).

Z62.891 형제자매 관계 문제

형제자매 간의 상호작용이 임상적으로 중요한 증상이거나 기능에 부정적인 영향을 미칠 때 '형제자매 관계 문제'를 사용하라.

Z62.29 부모와 떨어진 양육

아동이 위탁 가정에서 거주하거나 또는 친척이나 친구와 함께 거주하여 문제가 발생한 경우에 사용하며, 양육시설이나 기숙학교는 포함되지 않는다.

Z63.5 별거나 이혼에 의한 가족 붕괴

Z63.8 가족 내 고도의 표출정서

가정 내에서 고함과 강한 정서의 폭발적 표출은 조현병의 재발과 관련이 있으나, 그 누구에게나 영향을 끼칠 수 있다.

Z63.4 단순 사별

친척이나 가까운 친구가 죽으면 비통해하는 것이 자연스럽다. 비통해하는 과정의 증상이 임상적 초점을 받게 되는 이유가 될 때, DSM-5-TR은 '단순 사별' 부호를 사용할 수 있도록 한다. 증상은 너무 길게 나타나지 않고 너무 심각하지도 않다(표 19.1 참조). 문제는 비탄의 슬픔이 주요우울 삽화의 슬픔과 유사할 수 있다는 것이다.

특정 증상은 환자가 사별에 따른 비통함에 더하여 주요우울 삽화를 겪고 있는 것은 아닌지 당신이 결정할 수 있게 도와줄 수 있다.

- 죄책감(죽음을 막을 수 있었을지도 모르는 행동에 대한 것이 아닌)
- 죽음에 대한 동경(사랑하는 사람과 함께 죽고 싶다는 생존자의 소망이 아닌)
- 정신운동성 활동의 속도 저하
- 무가치함에 대한 심각한 집착
- 상당히 오랜 기간 심각하게 손상된 기능
- 환각(고인을 보거나 고인의 소리를 듣는 것이 아닌)

표 19.1 주요우울장애의 증상과 단순 사별의 증상 비교

	주요우울장애	사별
정서 표현	절망과 무망감	상실감 또는 공허감
시간 경과	꾸준하거나 점점 심해짐	시간(주 단위)이 경과할수록 감소함
정서의 안정성	지속됨	정서에 휩싸였다가 사라짐
유머나 오락 활동에 대한 반응	적거나 없음	고통의 경감이 나타남
사고 내용	대체로 자신의 고통에 대한 생각이 지속됨	떠난 자에 대한 기억/생각을 하지만, 다른 사람에 대한 일부 긍정적인 생각이 나타남
자존감	죄책감, 비난, 무가치감	"난 최선을 다했어."
시간의 소요	시간의 흐름이 느림	전과 같이 시간이 지나감
죽음	자신의 죽음을 소망함, 자살 계획	삶은 여전히 살 만한 가치가 있음
임상적 손상	있음	없음

또한 '단지' 비통해하는 사람은 전형적으로 자신의 감정을 정상적인 것으로 받아들인다. 전통적으로 이런 경우 증상이 2개월 이상 지속될 때까지 우울장애 진단은 보류한다. 현재 우리는 증상의 근거가 있다면, 사별과 상관없이 주요우울장애 진단을 주도록 권장된다. 표 19.1은 주요우울장애의 증상과 단순 사별의 증상을 비교한 것이다.

교육적 문제

학업적 노력과 관련된 문제가 있는 환자, 그리고 문제의 이유가 되는 특정 학습장애 또는 다른 정신적 장애가 없는 환자에게는 '교육적 문제'를 사용하라. 예를 들어, 문맹, 학교를 다닐 수 없는 경우, 낮은 학업 수행, 낮은 성취, 교사 또는 다른 학생들과의 불화 등이 포함된다. 다른 장애로 문제가 설명될 수 있다 하더라도, 학업적 문제 자체가 상당히 심각하면 임상적 주의를 독립적으로 받는 것이 정당하다. 예를 들어, 콜린 로드버그(345쪽)의 사례를 참조하라.

Z55.0 문맹과 낮은 문해력

Z55.1 학교교육 이용 불가 및 달성 불가

Z55.2 학교 시험 실패

Z55.4 교육적 부적응과 교사 및 급우들과의 불화

Z55.8 부적절한 가르침과 관련된 문제

Z55.9 교육 및 문해력과 관련된 기타 문제

직업적 문제

Z56.82 현재의 군대 배치 상태와 관련된 문제

심리적 반응은 여기에 포함시키지 말라. 대신 배치 자체가 초점의 중심이 될 때 이 범주를 사용하라.

Z91.82 군대 배치의 과거력

Z56.0 실직

Z56.1 이직

Z56.2 일자리 상실 위험

Z56.3 스트레스를 주는 업무 일정

Z56.4 상사 및 동료와의 불화

하지만 이는 '상사 혹은 동료와의 불화'여야 한다.

Z56.5 적합하지 않은 직장 환경

Z56.81 직장 내 성희롱

Z56.9 고용과 관련된 기타 문제

'고용과 관련된 기타 문제'에는 직업 선택 및 일과 관련된 전반적인 불만이 포함될 수 있다.

주거 문제

Z59.01 보호 노숙

환자가 노숙자 숙소, 모텔 혹은 다른 전형적인 생활시설에 사는 경우

Z59.02 비보호 노숙

환자가 안정된 공간이 아닌 차나 텐트, 판지상자에서 생활하는 경우

Z59.1 부적절한 주거

예 : (수도, 전기, 가스 같은) 공공시설의 부재, 과밀거주, 해충, 지나친 소음

Z59.3 주거시설 생활과 관련된 문제

이는 어린이(혹은 성인)들에게 적용되며, 그들의 문제가 집을 떠나 다른 기관에서 생활하는 것에서 비롯하는 경우에 사용한다. 기관에서 생활하는 것과 관련된 정서적 반응은 포함하지 않는다.

Z59.2 이웃, 세입자 또는 임대주와의 불화

Z59.9 기타 주거 문제

경제적 문제

Z59.41 식량 불안정

Z58.6 안전한 식수 부족

Z59.5 극도의 가난

Z59.6 저소득

Z59.9 기타 경제 문제

사회 환경 관련 문제

Z59.7 부족한 사회 및 건강 보험 혹은 복지지원

Z60.2 혼자 살기와 관련된 문제

Z60.3 문화적응의 어려움

예 : 이민 후

Z60.4 사회적 배척이나 거부

따돌림의 피해자가 된 경우 이에 부합한다.

Z60.5 (지각된) 부정적 차별이나 박해의 표적

인종적 혹은 성적 차별이 예시로 포함될 것이다.

Z65.8 종교적 혹은 영적 문제

환자의 종교적 믿음과 관련해서 평가와 치료가 필요한 경우

Z65.8 사회적 맥락과 관련된 기타 문제

이 포괄적인 범주는 친인척의 사망 또는 질병, 부모의 재혼 등을 포함한다. 맞다, '종교적 혹은 영적 문제'와 동일한 진단부호 번호를 가진다. 삶은 불완전하다.

Z60.9 사회 환경과 관련된 기타 문제

Z.65.9 명확하지 않은 심리사회적 맥락과 관련된 명확하지 않은 문제

이것은 상당한 범위를 포괄할 수 있다.

법적/행동적 문제

Z65.0 불구속 상태의 민사 또는 형사 소송에서의 유죄판결

Z65.1 구속 또는 기타 구금

Z65.2 출감과 관련된 문제

Z65.3 기타 법적 상황과 관련된 문제

예 : 체포, 고소, 피소

Z72.811 성인의 반사회적 행동

만약 임상적 초점을 받은 이유가 정형화된 행동 양식의 일부가 아닌 반사회적 행동에 있을 때(그리고 반사회성 성격장애, 품행장애, 또는 충동조절장애 때문이 아닌 경우), '성인 반사회적 행동'이 부호화될 수 있다. 예를 들어, 어떠한 장애도 없는 전문 절도범의 행동이 포함된다.

Z72.810 아동 혹은 청소년의 반사회적 행동

건강관리 문제

건강관리 범주의 많은 진단부호의 명칭들은 그 자체를 잘 설명한다.

E66.9 과체중 또는 비만

Z64.0 원하지 않는 임신과 관련된 문제

Z64.1 임신 반복과 관련된 문제

Z75.3 건강관리기관 이용이 불가능하거나 가기 어려움

Z75.4 기타 도움을 주는 기관 이용이 불가능하거나 가기 어려움

이 두 영역에서의 문제는 건강보험이 불충분하거나 혹은 건강관리기관을 이용할 수 없을 때 진단 부호를 붙일 수 있다.

Z91.19 의학적 치료를 멀리함

이 진단부호는 정신적 장애 혹은 다른 의학적 상태에 대한 치료를 무시하거나 거부하여 주의가 필 요한 환자에게 사용하라. 약물 복용을 거부하여 반복적인 입원이 필요한 조현병 환자가 예가 될 수 있다.

Z91.83 정신적 장애와 연관된 배회

이 진단부호는 자신의 거주지를 떠나 스스로 자신의 존재를 지워버리기 쉬운 주요 신경인지장애 환자에게 특히 적용된다. 때때로 부정적인 결과는 국가적인 기삿거리로 대서특필되기도 한다. 정 신적 장애 부호를 먼저 기입하고, 다음에 Z코드를 붙인다.

Z31.5 유전적 상담

Z70.9 성 상담

Z71.3 다이어트 상담

Z71.9 기타 상담 또는 자문

외상 관련 문제

Z64.4 보호관찰관, 사례관리자 및 사회복지사 등과 같은 사회복지 제공자와의 불화

Z65.4 범죄의 피해자

Z65.4 테러 및 고문의 피해자

오, 범죄의 피해자와 같은 번호이다.

Z65.5 재앙, 전쟁 혹은 다른 적대적 상황에의 노출

PTSD가 배제되었을 때만 적용할 수 있다.

Z91.49 기타 심리적 외상의 과거력

Z91.89 기타 개인적 위험요인

학대 혹은 방임 관련 문제

다양한 유형의 학대 혹은 방임에 대한 Z코드의 제목은 꽤 자명하다. 저자는 그 모두를 기술하는 대신에, 표 19.2에 기입하였다. 또한 표 19.2에 있는 ICD-10의 각각의 부호는 XA(초기대면)

표 19.2 방임과 학대를 위한 부호		
	학대 확인됨	학대 의심됨
아동 신체적 학대 [부모 혹은 양육자로부터]	T74.12	T76.12
아동 성적 학대 [부모 혹은 양육자로부터]	T74.22	T76.22
아동 방임 [부모 혹은 양육자로부터]	T74.02	T76.02
아동 심리적 학대 [부모 혹은 양육자로부터]	T74.32	T76.32
배우자나 동반자 신체적 폭력	T74.11	T76.11
배우자나 동반자 성적 폭력	T74.21	T76.21
배우자나 동반자 방임	T74.01	T76.01
배우자나 동반자 심리적 학대	T74.31	T76.31
배우자나 동반자가 아닌 사람에 의한 성인 신체적 학대	T74.11	T76.11
배우자나 동반자가 아닌 사람에 의한 성인 성적 학대	T74.21	T76.21
배우자나 동반자가 아닌 사람에 의한 성인 심리적 학대	T74.31	T76.31

또는 XD(후속대면)를 첨부해야 한다. 예를 들어, 아동의 학대가 확인되었고, 초기대면일 경우 T74.02XA로 부호화한다. 일부 부호 번호는 같으나, 용어는 다르다는 것에 주목하라. 이것은 의도적인 것으로 보이지만, 누구의 의도인지는 알 수 없다.

여기에 세 가지 유용한 정의가 있다.

성적 학대. 가해자나 다른 이들의 욕망을 채우기 위한 모든 성적 행동(사진 촬영과 같은 접촉과 관계되지 않는 행위를 포함)

방임. 개인의 기본적인 욕구를 박탈하여 신체적 또는 심리적으로 해를 입히는 행위(또는 행위를 하지 않음)

심리적 학대. 심리적으로 해를 입힐 수 있는 양육자의 의도적인 언어적 또는 상징적 행위(예 : 질책, 전가, 위협, 강압, 신체적 감금)

면담의 초점이 정신건강 서비스를 받는 피해자인지 또는 가해자인지에 따라 사용할 수 있는 부호가 다르다. 또한 가해자가 부모인지 아닌지에 따라 다른 부호를 사용한다(표 19.3 참조). 그리고 만약 환자에게 학대나 방임의 과거력이 있다면 그에 해당하는 부호도 있다(표 19.4 참조).

표 19.3 정신건강 서비스를 위한 대면이 강조될 때 방임과 학대를 위한 부호

정신건강 서비스를 위한 대면	피해자	가해자
부모에 의한 아동 방임 또는 신체적/성적/심리적 학대	Z69.010	Z69.011
부모가 아닌 타인에 의한 아동 방임 또는 신체적/성적/심리적 학대	Z69.020	Z69.021
성인 배우자/동반자의 방임, 신체적/성적 폭력 또는 심리적 학대	Z69.11	Z69.12
성인 배우자나 동반자가 아닌 타인에 의한 학대	Z69.81	Z69.82

표 19.4 환자가 방임 또는 학대의 과거력이 있는 경우 사용하는 부호

아동기 신체적 또는 성적 학대	Z62.810
아동기 방임	Z62.812
아동기 심리적 학대	Z62.811
배우자나 동반자의 신체적 또는 성적 폭력	Z91.410
배우자나 동반자의 방임	Z91.412
배우자나 동반자의 심리적 학대	Z91.411

약물치료로 유발된 운동장애

약물치료로 유발된 운동장애는 두 가지 이유 때문에 정신건강관리에서 중요하다.

- 이는 (틱장애, 조현병, 또는 불안장애와 같은) 정신적 장애로 잘못 진단될 수 있다.
- 이는 향정신성 약물을 복용하는 환자의 관리에 영향을 미칠 수 있다.

G21.0 신경이완제 악성증후군

항정신성 약물 사용(기존의 '신경이완제' 용어는 부정확하다고 판단되어 이 용어가 지칭하는 맥락 외에서는 사용되지 않음)으로 인해 근경직, 발열, 발한, 연하곤란, 실금, 섬망과 같은 증상이 3일 내에 발생할 수 있다.

G21.11 항정신성 약물 및 다른 도파민 수용체 차단제로 유발된 파킨슨증

이전에는 단순히 '신경이완제로 유발된 파킨슨증'으로 불렸었다.

G21.19 기타 약물치료로 유발된 파킨슨증

지난 70년 이상 사용되고 발전되어 온 많은 항정신성 약물들은(일부 다른 약물들도 마찬가지이다) 굳은 얼굴, 발을 질질 끄는 걸음걸이, 환약말이 떨림을 유발할 수 있으며, 이는 자연적으로 발생하는 파킨슨병의 증상과 유사하다.

G24.01 지연성운동이상

환자가 항정신성 약물을 몇 개월 또는 그 이상 복용하고 나서 안면, 턱, 혀, 또는 사지에 현저한 불수의 운동이 나타날 수 있다. 한번 증상이 시작되면, 항정신성 약물의 영향이 지속되지 않아도 이 불수의 운동이 영구적으로 나타날 수 있다.

G24.02 약물치료로 유발된 급성 근육긴장이상

머리, 목, 또는 다른 신체 부분의 갑작스러운 근육수축은 고통스럽고 때로는 무서운 경련을 유발할 수 있다. 이는 항정신성 약물(그리고 다른 약물) 사용으로 인해 나타나며 꽤 흔하게 나타난다.

G24.09 지연성 근육긴장이상

G25.1 약물치료로 유발된 자세떨림

항우울제, 리튬, 발포레이트와 같은 약물을 사용하면 환자가 어떠한 자세를 유지하려고 할 때 미세한 떨림을 유발할 수 있다(예를 들어, 손을 쫙 펼 때).

G25.71 약물치료로 유발된 급성 좌불안석

항정신성 약물(또는 다른 약물) 복용을 시작하거나 복용량을 증가한 직후에 어떤 환자들은 급작스럽게 안절부절못하거나 가만히 앉아 있지 못한다.

G25.71 지연성 좌불안석

G25.79 기타 약물치료로 유발된 운동장애

DSM-5-TR에서는 기타 약물치료로 유발된 운동장애 진단이 신경이완제 악성증후군과 유사한 증상을 보이지만 항정신성 약물 이외의 약물을 복용한 환자들에게 유용할 수 있다고 제안한다.

T43.205 항우울제 중단 증후군

항우울제 복용을 중단하고 며칠 이내에 현기증, 불면, '뇌에 대한 전기충격'이라고 때때로 묘사되는 특이한 감각, 오심, 발한, 그리고 다양한 다른 증상이 포함되는 비특이성 증상이 나타날 수 있다. 증상의 발현은 아마도 항우울제 복용량에 비례할 것이다.

T50.905 치료약물의 기타 부작용

'치료약물의 기타 부작용' 진단부호는 운동장애 이외의 원치 않았던 부작용을 보이는 것이 임상적 주의의 중요한 초점이 되는 경우 사용할 수 있다. 예를 들어, 항정신성 약물로 인한 심한 저혈압과 트라조돈으로 인한 음경의 지속적인 발기가 포함된다.

앞에서 언급한 두 운동장애에서 일곱 번째 숫자에 추가적인 명시자를 부여할 수 있다(A=초기대면, D=후속대면, S=연속).

임상적 주의의 초점이 될 수 있는 기타 상태…

… 그러나 이는 정신적 장애는 아니다.

R41.83 경계선 지적 기능

경계선 지적 기능은 지적 기능이 제한되어 있지만 경도 지적발달장애의 수준까지는 아닌 범위에 있는 환자들에게 사용한다. 환자의 IQ와 기능 수준이 대략 71~84 범위로 저하되어 있을 때 사용한다. 경계선 지적 기능과 경도 지적발달장애 간의 감별진단은 꽤 어렵다. 특히 DSM-5-TR에서는 IQ 점수에 따라 지적장애를 더 이상 정의하지 않는다.

Z60.0 생의 단계 문제

생의 단계 문제는 환자의 문제가 정신적 장애로 인한 것이 아닌 결혼, 이혼, 이직, 빈둥지 증후군, 은퇴와 같은 삶의 변화 때문에 나타나는 경우 사용한다. 이는 적응장애와 구별되어야 한다.

Z72.9 생활 방식과 관련된 문제

예 : 안 좋은 수면 위생, 위험성이 큰 성적 행동

Z76.5 꾀병

꾀병은 신체적 장애 또는 정신적 장애의 징후나 증상을 의도적으로 만들어 내는 것으로 정의된다. 이것의 목적은 어떤 종류의 이득에 있다 — 가치 있는 것의 획득(돈, 약물, 보험합의) 또는 불편한 것의 회피(처벌, 일, 군복무, 배심원의 의무). 꾀병은 때때로 인위성장애(인위성장애의 동기는 외적인 이득에 있지 않고, 환자 역할을 하고 싶다는 소망에 있다), 그리고 다른 신체 증상 및 관련 장애(이 경우 증상이 전혀 의도적으로 만들어진 것이 아니다)와 혼동된다.

다음과 같은 상황에서는 꾀병을 의심해야 한다.

- 환자에게 법적 문제가 있거나 경제적 이득이 있을 수 있는 경우
- 환자에게 반사회성 성격장애가 있는 경우
- 환자가 하는 이야기가 정보제공자의 이야기 또는 다른 알려진 사실과 일치하지 않을 경우
- 환자가 평가에 협조적이지 않은 경우

꾀병은 의심하기는 쉽고 증명하기는 어렵다. 확실한 증거 없이는(누군가 소변샘플에 모래를 넣는 것을 보거나 또는 밝게 빛나는 전구 밑에서 온도를 재는 것을 보는 것과 같이), 확고하고 영리한 꾀병은 거의 알아채기가 힘들다. 꾀병이 전적으로 정신적 또는 정서적 증상만 포함할 때, 알아채는 것은 불가능하다. 게다가 이 진단의 결과는 상당히 심각하다. 임상가와 환자가 완전히 멀어지게 되는 방식으로 종결하게 된다. 그러므로 저자는 가장 확실하고 반드시 진단을 내려야 하는 상황에서만 이 진단을 내리도록 권고한다.

부가적인 진단부호

마지막으로, 관리상의 목적에 유용한 몇 개의 부가적인 진단부호가 여기 있다.

Z03.89 무진단

환자에게 주요 정신장애 또는 성격장애가 없다는 것을 의미한다. 물론 자주 있는 경우는 아니지만, 모든 정신건강 전문가들은 언젠가 정신장애를 갖고 있지 않은 환자를 만날 수 있다.

F48.9 명시되지 않는 비정신병적 정신장애

명시되지 않는 비정신병적 정신장애 진단이 적합한 몇 개의 상황이 있다.

- 당신이 내리고 싶은 진단이 DSM-5-TR에 없을 때
- 환자에게 정신장애가 있다는 것을 알지만 어떤 장애인지 기술하기에는 정보가 충분하지 않을 때, 그리고 다른 명시되지 않는 범주가 적합해 보일 때. 정보를 더 얻으면 구체적인 진단으로 바꿔야 한다. 만약 환자에게 정신병적 증상이 없다는 것을 확신하지 못한다면, 다음 진단부호를 사용한다.

F99 명시되지 않는 정신장애

여기에 (최종진단으로는) 거의 사용하지 않을 진단이 있다. 하지만 저자는 이를 첫 번째 평가에서 자주 효율적으로 사용한다. 이는 환자가 DSM-5-TR의 어느 장의 장애에 속하는지 알 만큼 충분한 정보가 없다는 의미이다(예를 들어, 만약 정보가 부족하다면 당신은 명시되지 않는 우울장애 진단을 사용할 수 있다). 저자는 이 범주를 입원초진기록 시 환자를 기술하기 위해 가장 자주 사

용한다(물론 입원초진기록에 저자는 어떠한 번호도 포함시킬 필요가 없다).

F09 다른 의학적 상태에 의한 명시되지 않는 정신장애

이것은 당신이 언제 이것을 사용해야 하는지 상당히 구체적으로 알려준다.

R69 명시되지 않는 질환

이는 가장 덜 구체적인 진단부호이다. 그러나 당신은 대개 정신질환이라는 것을 알 만큼의 충분한 정보를 가지고 있지 않은가?

CHAPTER 20

환자와 진단

임상가는 환자에게 어떤 진단을 내릴지 결정하기 위해 규칙을 적용한다. 자신이 규칙을 적용하는지 항상 알아채는 것은 아니지만 규칙은 적용된다.

전문가로서의 삶 내내, 저자는 이러한 규칙(자, 저자는 종종 그것들을 '원칙'이라고 부른다)과 이 원칙들을 효율적으로 사용할 수 있는 방법에 대해 생각하고, 말하고, 기록하는 데 많은 시간을 보내 왔다. 이 장에서는 정신건강 환자들을 진단하는 데 사용할 수 있도록, 그 원칙들을 열거하고자 한다. 독자가 정신건강 임상 활동에서 이 중요한 부분을 이해하고 적용하는 방법에 대해 더 알고 싶어 하기를 바란다.

진단적 건강관리 원칙

다음의 환자 사례를 읽을 때, 대문자로 기입된 원칙들과, 마찬가지로 대문자로 기입된 DSM-5-TR의 진단기준을 혼동하지 않도록 하라. 행운을 빈다 — 저자도 한두 번 혼동했다. 어쨌든 저자는 다음의 원칙들을 저자의 책들 중 하나인 *Diagnosis Made Easier*(The Guilford Press)에서 인용했다. 이 책을 강력히 추천한다.

감별진단 만들기

A. 감별진단을 안전 위계에 따라 나열하라.

B. 가족력은 진단에 지침이 될 수는 있지만 종종 보고를 믿을 수 없기 때문에 임상가는 각 가족 구성원들을 재진단하려고 시도해야 한다.

C. 신체적 쟁애 및 이에 대한 치료가 정신과적 증상을 유발하거나 악화시킬 수 있다.

D. 증상이 일치하지 않거나 치료 효과가 없을 때는 신체증상장애(신체화)를 고려하라.

E. 물질 사용은 다양한 정신적 쟁애를 일으킬 수 있다.

F. 증상의 편재성, 손상의 잠재성, 치료에 대한 준비된 반응 때문에 항상 기분장애를 고려해야 한다.

출처가 다른 정보들이 서로 일치하지 않을 때

G. 과거력이 현재의 상태보다 우세하다.

H. 최근의 과거력이 먼 옛날의 과거력보다 우세하다.

I. 때때로 주변 사람들로부터 얻은 부수적인 과거력이 환자 스스로 보고한 것보다 더 우세하다.

J. 징후가 증상보다 우세하다.

K. 위기로 인해 생긴 정보를 평가할 때는 주의하라.

L. 객관적 자료가 주관적 판단보다 우세하다.

M. 절약의 원칙(Occam's razor)을 사용하라. 가장 단순한 설명을 선택하라.

N. 말은 얼룩말보다 더 흔하다. 더 자주 내려지는 진단을 선호하라.

O. 모순되는 정보를 주의 깊게 관찰하라.

불확실성 해결하기

P. 미래 행동의 가장 좋은 예측인자는 과거의 행동이다.

Q. 특정 장애에 해당하는 증상이 더 많을수록 당신이 고려하고 있는 진단의 가능성은 높아진다.

R. 특정 장애의 전형적인 특징은 당신이 고려하고 있는 진단의 가능성을 높인다. 비전형적인 특징이 존재할 때는 대안적인 진단을 찾아보라.

S. 이전에 특정 장애의 치료에서 전형적으로 보였던 반응은 당신이 고려하고 있는 진단의 가능성을 높인다.

T. 진단에 대해 확신을 할 수 없을 때마다 진단 미정이라는 용어를 사용하라.

U. 환자에게 정신과 진단을 내려서는 안 되는 경우가 있음을 고려하라.

다중진단

V. 환자가 보이는 증상이 하나의 장애로는 충분히 설명되지 않을 때 다중진단을 고려하라.

W. 환자가 급성으로 주요 정신장애를 앓고 있을 때는 성격장애 진단을 내리지 않도록 하라.

X. 가장 위급하고, 치료가 용이하고, 분명한 진단을 다중진단 목록에서 첫 번째로 배치하라. 그리고 가능하면 진단을 시간 순으로 제시하라.

사례들

경력이 쌓이면 환자의 개인력과 정신상태검사를 통해 정보를 분류하는 것이 점차 쉬워진다. 200명 이상의 환자를 평가하고 나면, 절차가 사실상 아주 간단해진다는 것을 알게 될 것이다. 이 장의 나머지에서, 당신은 다양한 환자들에게 스스로 진단을 내려볼 기회를 갖게 될 것이다. 그들 중 몇몇은 다양한 정신장애를 갖고 있는데, 이는 예외적인 것이 아니라 일반적인 것이다. 일반 성인 인구 집단을 대상으로 한 전국적인 조사에서, 60% 이상의 사람들은 평생 동안 하나 이상의 정신장애를 가진다는 것이 발견되었다. 미국인의 약 14% 이상은 평생 동안 3개 또는 그 이상의 진단을 받는다.

지면 관계상 이 사례들은 어느 정도 요약되었다. 어떤 임상가들은 저자가 내린 결론들 중 일부에 대해 동의하지 않을 수도 있다. 이것들을 제시하는 저자의 주요한 목적은 임상가들이 진단을 내리기까지 정보들을 통해 어떻게 추론하는가를 보여주는 것이다.

여기에 추가적인 제안이 있다. 사람들은 자신이 적극적으로 개입되어 있을 때 좀 더 빨리 배운다. 그러므로 단순히 사례들과 저자가 내린 결론을 읽기보다는, 진단 원칙과 저자의 DSM-5-TR 핵심 특징을 이용하여 스스로 진단을 내려보기를 제안한다. 그리고 나서 당신이 내린 답과 저자의 답을 비교해 보라.

로라 프레이타스

32세의 이혼 여성 로라 프레이타스는 다음과 같은 주 호소로 정신건강 병동에 입원했다. "나는 신이다." 그녀는 외래 클리닉에서 의뢰되었고 그녀의 주요 정보제공자가 데려왔다.

로라가 19세일 때 정신질환의 첫 삽화가 있었는데, 그때는 그녀의 두 번째 아이가 태어난 이후였다. 그녀는 이 시기에 대해 거의 기억하지 못하지만, 당시 증상이 '산후정신병'으로 진단되었으며 병원의 주간 휴게실에서 벌거벗고 춤을 춰서 얼마간 고립된 시간을 보냈다는 것은 기억하였다.

그녀는 회복되었고, 그녀가 기억하지 못하는 어떤 이유로 리튬을 복용하기 전인 3년 전까지는 잘 지냈다. 그녀는 이 약을 그때로부터 7~8일 전까지 먹었으며, "나는 기분이 좋고, 너무 강력해져서 그 약이 필요하지 않다."라며 복용을 그만두었다. 그 후 며칠 동안 그녀는 급격히 불안해하고 잠을 거의 자지 않았으며 말을 매우 많이 해서 그녀의 친구들이 결국 치료를 위해 데려왔다.

로라는 일리노이에서 태어났고, 그녀의 아버지는 자동차 정비공이었다. 그녀는 '우리 부모는 아이가 없다면 더 행복할 거야.'라고 종종 느끼는 외동딸이었다. 그녀는 부모 모두를 '알코올 중독자'라고 묘사했고, 13세 때 적어도 한 번 이상 밤새도록 그들에게서 도망쳤다고 이야기했다. 그녀는 10대 때 마리화나를 두 번 피워봤지만 알코올을 포함한 다른 마약의 사용은 부인했다.

18세 때 로라는 빵 판매원과 잠깐 결혼생활을 했고 두 아이를 얻었다. 13세짜리 딸은 그녀의 아버지와 함께 살았다. 로라와 함께 사는 14세 아들은 과잉행동이 있어서 리탈린으로 한 번 치료받은 적이 있다.

로라는 지난 2년 동안 여행사에서 일해온 가톨릭 냉담자이다. 그녀는 자신의 건강이 '완벽 그 이상'이라고 말했는데 6세 때 받은 편도선절제술과 딸을 낳은 후 받은 난관결찰술을 제외하면 알레르기나 의학적인 문제가 없었다는 걸 의미했다. 부모와 조부모 모두 알코올 중독의 가족력이 있었다. 로라의 고모는 간헐적으로 '몸과 마음이 허물어지곤' 했는데, 그녀는 극도로 종교적이 되었고 다양한 죄를 상상하면서 지나친 죄책감을 느꼈다.

로라는 주변의 또래 여자들에 비해 다소 과체중이었다. 그녀는 다소 초조해했고, 몇 분마다 의자에서 일어나서 문 쪽에서 서성거렸다. 면담을 하면서 아침 식사가 주어졌을 때 그녀는 지나가는 간호사의 바지에 의도적으로 포도젤리를 문질렀다. 그 뒤에 그녀는 황홀경에 빠져 바닥에 누워 허공을 향해 다리를 찼다.

로라는 말하는 것을 제어하기 위해 애쓰는 것처럼 보였다. 그럼에도 불구하고 그녀는 한 주제에서 다른 주제로 뛰어넘곤 했다. 그러나 어떤 부분은 거의 정상적으로 말했다. 그녀의 정서는 확실히 고양되어 있었고, 그녀는 인생에서 이렇게 기분이 좋은 적이 없었다고 진술했다. 그녀는 노래하는 소리가 들린다고 인정했고(면담자는 어떤 음악 소리도 들을 수 없었다), 들리는 노래를 같이 따라 부르는 것을 즐겼다. 그녀는 자신이 '전능한 자'라고 말했고 약을 먹을 필요가 없다는 걸 이제 깨달았다고 했다.

로라는 사람, 장소, 시간에 대한 지남력이 있었다. 그녀는 최근 5명의 대통령을 정확하게(그리고 매우 빠르게) 말했고, 음수가 될 때까지 7을 연속적으로 뺄 수 있었다. 그녀는 뺄셈을 마치고 나서 숫자로 하는 작업을 완료하는 데 오랜 시간이 걸린 것에 대해 사과했다. "결국에는 내가 그것들을 창조했어요." 그녀가 말했다.

로라 프레이타스의 평가

로라의 사례에서는 두 가지 진단영역인 정신병과 기분장애가 두드러진다. 정신병은 간단하게 다뤄질 수 있다. 그녀의 망상은 단기 정신병적 장애 또는 물질로 유발된 정신병적 장애를 제외한 다른 정신병 진단을 내리기에는 너무 단기적이었다. 그러나 각각의 이 진단들은 기분장애로 증상이 더 잘 설명되지 않아야 하고, 아래에 기록하겠지만 상기 증상에 관한 사례가 아니다. 로라의 이전 조증 삽화들은 어떤 정신병적 장애의 진단기준도 충족하지 않는다.

로라의 현재 증상은 조증 삽화를 강하게 시사한다. 이전 임상가도 그렇게 생각한 것 같다. 그녀는 이번에 입원하기 전까지 (양극성장애의 치료에만 특정하게 쓰이는) 리튬으로 성공적으로 치료되었다. 조증 삽화를 진단할 때 필요한 단계를 밟아보자(118쪽 참조).

1. **기분의 질.** 로라가 자신을 표현하는 광범위한 방법, 그리고 이렇게 기분 좋은 적이 없었다는 그녀의 말에서 고양된 기분이 드러났다.
2. **지속기간.** 그녀의 현재 증상은 최소 일주일 동안 지속되었다. 정보제공자의 정보에 따르면 (진단 원칙 I은) 아마도 그녀의 현재 삽화가 훨씬 오래전, 아마 그녀가 점점 더 기분이 '좋아진' 시점부터 시작됐다고 설정되었을 것이다.
3. **증상.** 로라는 조증 삽화의 증상 중 최소한 4개의 증상(3개가 요구된다)을 보였다. 그녀는 웅대성을 보였다(그녀는 자신을 신이라고 불렀고 신체적 건강이 '완벽 그 이상'이라고 말했다). 그녀는 또한 불안해했고, 말이 과도하게 많았으며, 수면 욕구가 감소했다. 저자는 또한 그녀가 조증의 전형적인 증상(원칙 R)을 많이 보였음을 지적할 수 있다.
4. **손상.** 이것은 로라가 병원에 입원해서 간호사에게 젤리를 문지른 사실에서 확실히 드러났다.
5. **배제.** 물질 사용(그녀는 10대 때만 마리화나를 피웠다)과 일반적 의학상태를 포함하여 어떤 것도 주목되지 않았다. 그러나 갑상선기능항진증과 다른 내분비적 장애는 입원 중에 하는 관례적인 혈액검사로 배제되어야 한다.

따라서 로라는 조증 삽화의 기본적인 진단기준을 충족한다. 어떤 일반적 의학상태나 인지장애의 가능성이 더 있어 보이지 않는다(원칙 C). 추가의 확신이 필요하다면, 그녀에겐 재발하는 정신병을 가진 것으로 보이는 고모가 있다. 이런 종류의 가족력(원칙 B)은 조현병과 같은 만성적 정신병보다는 제 I 형 양극성장애와 같은 관해 가능한 장애를 더 잘 뒷받침한다. 게다가 안전 원칙(A)은 좀 더 치료 가능한 장애를 먼저 고려하도록 요구한다. 그리고 상기하기 위해 원칙 F를 다시 읽어라.

이 사례는 로라에게 우울증 삽화가 있었는지를 보여주지는 않았다. 진단부호를 붙이기 위한 목적에 이는 문제 되지 않는다. 그녀의 가장 최근(현재) 삽화는 조증이고 그녀에게는 적어도 두 번의 삽화가 있었다(하나는 13년 전, 다른 하나는 그녀가 리튬을 복용하기 시작한 3년 전). 정신병적 양상을 동반하는 고도의 정신병 진단에 충족된다. 자신이 신이라는 망상은 조증의 기분과 일치하는 망상에 해당한다.

그런데 이 논의를 다시 읽다 보니 저자가 다른 감별진단을 고려하지 않았다는 것을 깨달았다. 조증의 증상이 저자를 너무 압도해서, 전형적인 제 I 형 양극성장애 말고는 그 무엇도 이 환자에 대한 이해를 도울 수 있다고 생각하지 못했다.

로라는 어떤 삽화 명시자에도 들어맞지 않는다(제3장의 표 3.3 참조). 이 사례는 그녀에게 성격장애가 있음을 암시하는 정보를 주지 않는다. 그녀의 신체적 건강은 좋았다. 그녀의 이혼상태나 과잉행동으로 치료받은 아들이 그녀의 조증 치료에 영향을 미쳤다는 증거는 없기 때문에, 저자는 그녀에게 Z코드를 부여하지 않았다. 그녀가 자신이나 다른 사람들을 해칠 위험은 없어 보이지만, 망상에 의한 행동과 함께 지금 많이 아프다는 사실을 기반으로 GAF 점수 25점을 주었다. 그녀에 대한 총체적인 진단은 다음과 같다.

F31.2   제 I 형 양극성장애, 현재 조증 삽화, 기분과 일치하는 정신병적 양상 동반, 고도

KD 라일리

"너무 큰일이었고, 너무 갑작스러웠어요. 제발 저를 도와줄 수 있기를 바라요."

학생 간호사의 이름표에는 KD 라일리라고 쓰여 있었고 그 아래에는 '성별 : 그들'이라고 적혀 있다.

"저는 방금 논바이너리(제3의 성)라고 고백했고 친구들로부터 정말 좋은 반응을 얻었고 부모님에게서도 많은 사랑을 받았어요. 그런데 갑자기 불이 났어요." 한 방울의 눈물이 KD의 뺨을 따라 떨어졌다. "물론, 지난 몇 년 동안의 경험으로 미루어 보면 우리는 큰일이 올 것을 예상하고 있었죠. 숲에 살 때는 항상, 불길한 재앙을 생각하게 되니까요."

지난 두 해 동안, KD의 숲 지역은 겨우 이를 비껴갈 수 있었지만, 올해는 그 행운이 끝난 듯 보였다. "금요일 오후에 바람이 마치 공습경보처럼 울리고 있었고, 공기 속에서 재앙을 느낄 수 있었어요. 아빠는 집 주변에 넓은 화재 방지선을 만들어 놓았지만, 이것만으로 충분하지 않았어요. 주변 숲의 덤불은 건조했고, 한번 불이 붙으면 큰 잣나무들이 폭죽처럼 터져나갔어요. 불꽃은 집 지붕에 바로 내려와 우리는 가방과 개를 챙겨서 폭발 직전 겨우 차에 뛰어들 수 있었어요."

도시 중심에 위치한 KD의 병원은 피해를 입지 않았다. 모든 학생 간호사의 서비스가 강력하게 요구되었다.

"FEMA(재난관리청)가 우리에게 건조하고 안전한 대피처를 찾아줬어요. 그리고 모든 화장실은 남녀공용이고 개인적이라서 남자용인지 여자용인지 걱정할 필요가 없어요." 또 다른 눈물이 흘렀다. "모두가 정말 사랑스럽고 친절했는데, 왜 나는 이렇게 두려워하고 슬퍼할까? 우리 모두가 같은 궁지에 처해 있는데 왜 나만 이렇게 스트레스 받는 것 같지? 그리고 우울해? 이해가 안 가요!"

실제로, 가족들이 이 재앙에서 벗어난 지난 한 주 동안 KD는 우울증을 경험했다. "거의 하루 종일 나를 압도하는 기분이에요. 우리 모두에게 희망이 없다는 느낌이 들어요. 저도 논리적으로는 이 모든 것이 합리적이지 않다는 것을 알고있어요. 화재 방지선 외에도 아빠는 집에 좋은 보험을 가입했고, 주정부에서 중요한 일을 하고 있으니까 우리는 굶지 않을 거예요. 친구들도 늘 다 사랑스럽고… 그리고…" 더 많은 눈물이 흘렀다.

질문과 평가 결과, 식욕과 몸무게는 안정적으로 유지되고 있었다. KD는 죽음이나 자살에 대한 생각, 집중력 또는 흥미에 문제가 없다고 보고했으며, 피로 또는 죄책감을 느끼지 않는다. 또한, 공황발작, 강박적 사고, 또는 공포 증상의 증거를 찾을 수 없었다. 신체적 건강은 '아주 좋다.' 알코올이나 길거리 약물 사용 여부에 대한 질문에는 매우 완강하게 부인했다.

그리고 잠시 멈췄다가 "보세요, 당신이 나한테 PTSD에 대해 물어볼 거란 걸 알아요. 나는 건강 유지 수업에서 PTSD에 대해 읽어봤어요. 하지만 나는 밤에 죽은 듯이 잘 자고, 놀라거나 예민하거나 무모하지 않아요. 그리고 해리 증상을 경험하지도 않고요. 나는 모든 걸 꽤 명확하게 기억해요. 너무나 선명하게. 그리고 그게 저를 겁나게 해요! 아빠는 우리가 삶을 되찾고 다시 살아갈 거라고, 제게 걱정 말라고 말해요. 저도 마음속으로는 우리 가족이 운이 좋다는 걸 알고 있어요. 근데 왜 저는 그렇게 느끼지는 않는 걸까요?" 그리고 이제 눈물은 그의 뺨을 따라 홍수처럼 흘러내린다.

KD 라일리의 평가

KD의 증상은 그녀와 가족이 사는 집에서 일어난 끔찍한 화재로 인해 발생했으며, 이는 당시 그들의 삶에 위협으로 작용했다. 이 자연재해로 인해 우리는 고려해야 할 세 가지 스트레스 관련 진단인 급성스트레스장애, 외상후 스트레스장애 및 적응장애를 고려할 수 있다.

외상후 스트레스장애와 급성스트레스장애는 동일한 증상으로 정의되지만, 증상이 그룹화되는 방식과 시간 경과가 차이를 만든다. 짧은 시간 동안만 지속되는 경과는 우리로 하여금 PTSD를 손쉽게 배제하게 하며, KD의 자기보고(침습, 해리, 각성의 증상이 거의 없음)가 급성스트레스장애를 배제하게 만든다. 우리는 주요우울장애를 고려하는 것도 잊지 않았다(원칙 F); 우울한 기분을 제외하고는 다른 증상들은 관찰되지 않는다.

신체건강은 좋았고(원칙 C), KD는 물질을 사용하지 않는다(원칙 E). 그리고 이로 인해 우리는 적응장애를 진단할 수 있다. 스트레스 요인은 명백하게 식별 가능하며 3개월 이내에 발생했다(DSM-5-TR 진단기준 A). KD의 고통은 우리가 기대할 것보다 크다. 심지어 KD 자신이 예상한 것 이상이다 — 그들의 형제, 부모 및 친구들은 동일한 사건을 경험했지만 KD를 괴롭히는 우울증 및 불안과 같은 심각한 증상이 없었다(B1). 개인 및 사회적 기능은 영향받지 않았다(B2). 그러나 진단을 위해 진단기준 B 중 하나만 필요하다. 누구도 죽지 않았으므로 애도와 지속된 슬픔은 문제가 아니다(D). 그리고 주요우울장애의 기준을 충족시킬 충분한 증상을 찾기는 어렵다(C). 증상은 짧은 시간 동안 있었으므로 '급성'이라는 명시자가 적절할 것이다.

진단기준 E에 따르면 증상은 스트레스 요인이 감소된 후에 지속해서 나타나서는 안 된다. 분명히 몇 달 후에 KD(현재 GAF 점수는 약 60점)를 다시 방문하여 확인해야 할 것이지만 나는 자신 있게 아래와 같이 기술하겠다.

F43.23　　　혼합된 불안 및 우울 기분이 동반된 적응장애, 급성

아드리안 브랜스컴

아드리안 브랜스컴은 자신의 회사에 있는 정신건강 전문의에게 스스로 찾아간 49세의 임원이었다. 그가 사무실에 들어오며 한 첫마디는 "내가 정신과 의사에게 상담을 하게 될 줄은 몰랐어요."였다.

육군 병기 부대에서 2년 동안 하사관으로 복무한 후, 아드리안은 석유 분야 개발을 전문으로 하는 큰 석유회사 중 하나의 자회사에 채용되었다. 명석하고 에너지가 넘치는 그는 중간관리직으로 빠르게 승진했고 불황 때 부사장 직급에 있었다. 구조조정으로 인해 부사장직에서 물러나고 10%의 급여 삭감이 있었음에도 불구하고 그는 자리를 보전할 수 있어 행운이라고 생각했다. 아내의 관점은 덜 낙관적이었다.

요시코는 일본인 부인이다. 그들은 아드리안이 아시아 근무 때문에 도쿄에 있을 때 많은 일들이 정신없이 진행되는 2주 동안 결혼했다. 그들의 아들과 딸이 태어나고 지난 20년 동안 그녀는 아이들과 함께 집에 있었다.

"그녀는 일본 집에 있기를 바라요." 아드리안은 냉담하게 말했다. 결혼식 이후로 거의 항상 요시코는 자신을 가족으로부터 멀어지게 했다며 그를 비난해 왔고, 결국 그는 '그녀를 포기했다.' 그들이 함께 사는 동안 그녀는 친구를 단 한 번도 사귀지 않았다. 그녀는 대부분의 자유 시간을 일본 도자기 공예품을 수집하며 보냈다. 이제 그녀는 남편의 좌천과 수입 감소에 대해 매우 억울하게 생각한다.

"우리는 몇 년 동안 잘 지내지 못했어요." 아드리안이 말했다. "하지만 최근 몇 년 동안 우리는 점점 더 나빠졌어요. 그녀는 내가 진정한 남자라면 그녀에게 더 잘해줘야 한다고 말해요."

아드리안은 요시코에게 그들의 문제를 서로 논의해야 한다고 여러 번 말했다. 보통 그녀의 반응은 "그러니까 어디 해봐요. 토론을!"이었다. 그가 자신의 관점을 말하려고 했을 때, 그녀는 문장의 반 정도를 들었다. 그러고 나서 "그녀는 항상 내 말을 가로막아요. 여섯이나 여덟 문장을 말하고 나면 나는 보통 포기해요." 아드리안이 부부 상담을 해보자고 제안할 때마다 요시코는 마구 욕설을 퍼부으며 이혼을 요구했다. 그가 이혼에 대해 논의하려 하자, 그녀는 그가 자기를 없애버리려 하고 자기가 자살을 하면 상황이 더 나아질 거라고 울면서 말했다. 이런 장황한 비난들은 그에게 죄책감을 가지게 만들었고, 그들은 지난 몇 개월 동안 사이가 더 나빠졌다.

아드리안은 평소에는 낙천적인 사람이었음에도 불구하고, 지난 6주간 그는 우울하고 화가 나 있었다. 식욕과 에너지는 변하지 않았지만, 그는 잠을 자지 못했다. 가슴이 두근거리고 숨이 막혀 죽을 것 같은 느낌이 들어서 자주 깨곤 했다. 일에 대한 그의 집중력과 자신감은 모두 곤두박칠쳤다. 지난주 내내 그는 죽음과 다락 어딘가에 아직 있을 총에 대해 점점 더 많이 생각했다. 두려움에 사로잡혀, 그는 마침내 도움을 청하기로 결정했다.

아드리안은 서부 텍사스 중심에서 태어났는데, 그의 아버지는 학교 선생님이었고 약간의 농사를 지었다. 그는 세 자녀 중 막내였는데, 그들은 모두 대학에 갔고 사업이나 직업에서 성공했다. "우리 부모님이 찢어지게 가난하다는 걸 깨달은 것은 내가 대학을 졸업하고 나서였어요." 그는 말했다. "우리는 모두 행복했기 때문에 부유하다고 생각했던 것 같아요."

물질 사용이나 다른 정신적 상애의 과거력은 없었다. 아드리안은 마약이나 술을 사용한 적이 없었고, 과도하게 기분이 좋거나 화가 난 적도 없었다. 그는 대부분의 시간을 일하면서 보냈고 친구가 아주 적었다. 그는 부부침대(그는 곧바로 '트윈침대'라고 정정했다)에서 멀어진 적이 없었다. 집에서 그는 돌을 수집하고 아들과 하이킹하는 것을 즐겼다.

아드리안은 옷을 수수하게 입었고, 주변의 또래 남자들에 비해 다소 과체중이었다. 그는 면담하는 동안 사무실 의자에 조용히 앉아 있었다. 한 번인가 두 번 그는 눈가를 닦기 위해 휴지를 집어 들었다. 그의 말은 명확하고 일관적이며 적절했고 자발적이었다. 그의 기분은 사고 내용에 적합했고 보통의 감정기복을 보였다. 그는 어떤 환각이나 망상도 없다고 부인했다. 그는 항상 '해결사'였다고 말했다. 그는 모두를 위해 일이 돌아가게 하는 것이 그의 직업이라고 느꼈다. 그는 간이정신상태검사(MMSE)에서 만점을 받았다. 그의 통찰력과 판단력은 손상되지 않은 것으로 보였다. "내 생각에, 우리는 따로 살면 더 나아질 것 같아요." 그가 결론 내렸다. "이것은 내가 해결할 수 없을 것 같은 단 한 가지 일이에요."

아드리안 브랜스컴의 평가

아드리안의 과거력에 대해 빨리 읽어보면 세 가지 가능한 진단으로 기분장애, 불안장애, 그리고 적응 문제가 암시된다. 적응장애를 가장 먼저 고려하기 위해 아드리안의 문제가 완전히 그의 결혼 생활의 어려움에 국한되어 있다고 가정하는 것이 쉬울 것이다. 그에게는 정신적 장애의 과거력이 없으며, 그는 극도로 문제가 많은 결혼을 했다. 하지만 그는 기분장애에 충족하는 증상을 충분히 보였고(아래 참조), 우울 기분을 동반하는 적응장애의 기준은 다른 정신적 장애의 진단기준을 만족시키지 않아야 함을 꽤 명확하게 요구한다.

우리가 가진 정보를 살펴보면, 그의 성격 구조가 약간 순진한 면은 있으나 성격장애에서 기대되는 대인관계와 관련된 어려움은 보이지 않았다. 그러나 임상가는 추후 면담에서 정보제공자로부터 정보를 얻어야 한다(원칙 I). 사례에서는 결혼생활의 갈등에 대한 아드리안의 해석만을 제공한다.

불안장애와 관련하여, 아드리안에게는 가슴이 두근거리고 숨이 차 잠에서 깨어난 삽화가 있었고, 이전의 몇 주 동안 불안감을 느껴 왔다. 이러한 증상은 공황발작(수면 중에 나타날 수 있다)의 진단기준에는 충분하지 않다. 당연히 우리는 공황장애로 진단하지 않을 것이다. 그의 증상은 특정공포증, 사회불안장애, 광장공포증, 또는 강박장애를 암시하지 않는다. 그는 참전 용사였지만 명백한 극도의 외상성 사건(외상후 스트레스장애의 사례가 될 만한)에 노출되지 않았다. 범불안장애는 6개월의 지속기간과 더 많은 증상을 요구한다. 아드리안이 과체중임에도 불구하고 비만은 불안 증상과 알려진 연관성이 없다. 그러나 이것은 그의 진단 요약에서 언급되어야 한다.

마지막으로, 아드리안에겐 명백한 기분 증상이 있었다. 거리에서 말발굽 소리를 듣는다면 얼룩말이 아니라 말을 생각하라(원칙 N). 그의 증상에는 대부분의 시간 동안 느끼는 우울감, 불면증, 집중력의 문제, 죄책감, 그리고 증가하는 자살 사고가 포함된다. (DSM-5-TR은 낮은 자신감과 울음을 우울 증상에 해당하는 것으로 여기지 않는다.) 그의 증상은 한 달 이상 지속적으로 나타났고 그의 직업에 어려움을 초래하고 있었다. 다른 어떠한 장애도 적용되지 않으며(일반적 의학상태 또는 물질 사용), 그래서 그는 주요우울 삽화의 진단기준과 주요우울장애 단일 삽화의 진단기준을 충족한다.

경과나 삽화 명시자도 적용되지 않는다(제3장 표 3.3 참조). 그는 최소한의 개수에 해당하는 증상만을 충족했으나, 이것 중 하나(자살 사고)는 심각했다. 그래서 그의 임상가는 심각도 등급에서 적어도 중등도에 해당한다고 생각했다. 중등도의 증상으로 인해 그는 GAF 점수에서 60점을 받았다. 아드리안에게 자살 사고가 있기는 했으나, 그에 대한 계획을 갖고 있지 않았고, 심각하고 즉각적인 위험으로 나타나지 않았다. 하지만 누군가는 여전히 다락방에 있는 산탄총을 확보하기 위한 조치를 취해야 한다. 그에 대한 총체적인 진단은 다음과 같다.

F32.1	주요우울장애, 단일 삽화, 중등도
E66.9	비만
Z63.0	결혼생활 불화

잠깐! 요시코에 대한 것은? 확실히 그녀에게는 어떤 종류의 진단이 필요하다. 당신은 아마 성격장애를 생각했을 것이다.

물론 요시코의 성격 특성은 꽤 걱정스럽게 들리며, 정신질환 진단을 내리기에 매우 충분한 가능성이 있어 보인다. 두 가지 문제가 있다. 우리에겐 충분한 정보가 없고, 그녀는 우리의 환자가 아니다. 우리는 그녀를 면담해본 적도 없다. 우리가 가진 것은 아드리안으로부터의 정보뿐이며, 그는 정확한 관찰자일 수도 있으나 정확히 이해관계가 없는 사람이 아니기 때문에, 우리는 그녀를 위한 진단을 내리기 전에 반드시 그녀 입장에서 이야기를 들어보아야 한다. 그것은 저자의 진단 원칙 중 하나는 아니지만, 그럼에도 불구하고 모든 임상가가 따라야 하는 원칙이다.

제프 디모트

디모트는 새로 나온 전기 자동차의 뒷좌석에 안전벨트를 찬 채 앉아 있었다. 그의 옆에는 아내 일레인이 앉아 있었다. 그들은 제프가 일하는 자동차 판매소에서 잠재적인 고객과 함께 새로운 차를 시승하려 하는 중이다. 톰슨 부부는 일레인의 친구 마티 덕분에 왔다. 로저 톰슨은 약간 거만한 사람이지만, 제프는 1시간 정도라면 서로 참을 수 있을 것 같다고 생각했다.

로저는 자율주행 주차 기능을 시도한 다음 도시에서 벗어나는 주행을 시작했다. 크루즈 컨트롤기능은 앞 차와의 안전한 거리를 유지하며 자동 조향은 차를 차선에 유지시킨다. 로저는 속도 제한을 초과하여 과속하기 시작했고 제프가 이를 경고하려 할 때, 로저는 핸들을 놓고 뒤를 돌아보며 말했다. "봐봐, 도로를 보지 않아도 돼! 나 눈도 완전히 감았어! 그리고 핸들을 온전히 맡겼어!" 눈을 감고 양손을 천장에 향한 채 그는 웃었다.

갑자기 마티가 핸드폰에서 시선을 옮겼을 때 비명을 지르며 말했다.

"로저, 세상에! 당신은 충돌할 거야-!"

그녀의 말이 채 끝나기도 전에 차는 고속도로에 막 진입한 대형 트레일러와 충돌했다. 유리가 깨지고 금속이 구겨지는 소리가 들렸다. 그 후로 제프는 방향을 잃었다. 먼저 옆으로 기울이고, 그 다음은 거꾸로, 그리고… 아무 일도 없었다.

응급실에서는 제프의 흉부를 엑스레이로 촬영하고(갈비뼈 두 대 골절, 어깨 탈구) 그의 턱을 18바늘이나 꿰맸다. 그런 다음 목사가 그에게 와 "유감스럽지만, 당신은 유일한 생존자입니다."라고 전했다.

하루 동안 병원에 머무른 후, 부서질 것 같은 마음으로 제프는 빈집으로 돌아왔다. 보험금으로 의료비를 지불하고 상사는 그를 급여 명단에 넣어 두었지만, 제프는 자신이 일에 복귀하고 그의 생애 최악의 날의 고통스러운 기억들을 마주할 수 있을지 의문이 들었다.

때때로 자신이 어디에 있는지 확실하지 않아 며칠 동안 그는 소파에서 홀로 앉아 울며 지냈고, 가끔 그는 일레인이 문 앞에 서 있는 것 같다는 생각에 두려움에 떨며 일어나려고 애쓰기도 했다. 잠시 동안 그는 술로 치유하려 시도했지만, 3일간 지속된 두통과 구토가 그를 다르게 생각하게 했다. 전화벨이 울릴 때마다 그는 크게 분노했고, 화를 내며 전화에 대답한다. 자정쯤 그는 침실로 옮겨가지만 몇 시간 동안 천장을 바라보며 잠자는 것을 방해하는 비명을 떨치지 못한다.

추모식이 다가올 때까지 여러 날 동안 제프는 일레인과의 가장 기억에 남는 순간을 작성해 보려고 노력하지만, 내용이 떠오르지 않았으며 어떤 다른 지적 과제에도 집중할 수 없었다. 그는 친구들이 방문하거나 함께 나가자는 제안을 거부했고, 차 근처에는 가지도 않는다. 전기 자동차를 생각만 하더라도 그 오만한 동력이 불쾌함을 일으켜 몸을 털고 화장실로 뛰어가야 할 정도였다.

3주가 지나면서 그의 경험은 변하기 시작했다. 나중에 한 치료사에게 "좋은 방향으로 나아진 것도 아니에요."라고 그는 말했다. 분노와 공포감이 가라앉은 후에는 몇 주에 걸쳐 만성적이고 침울한 슬픔이 그의 하루를 가득 채웠다. "온 세상이 지옥으로 변했어," 그는 누구에게나 이를 반복해서 말했다. "그리고 내 잘못이야."

그의 꿈조차도 변했다. 먼저, 밤에 일레인이 그에게 나타나면, 그녀의 모습은 아프게 선명하고 가까웠다. 그다음 몇 주 동안 매번 꿈에 그녀가 나타날 때마다, 그녀는 점점 더 먼 거리에서 나타나는 것처럼 보였다. 결국 그녀의 실체 한 줌만이 그의 잠에 간신히 닿았다. 슬픔 속에서 그는 그녀가 가도록 놓아주었다는 것을 깨달았다.

하지만 정신적 고통은 여전히 그를 놓아주지 않았다. 그는 아무런 수면도 취하지 못하고, 식사 시간이 무시되며, 체중은 계속해서 감소하고 있다. 잠시 일에 복귀하기도 하지만 그는 일에 집중할 수 없었다. 그는 고객과 함께 차에 탈 수는 있지만, 그 사실은 그를 비참하게 만들었다. "이건 절망적이에요, 저도 절망적이에요." 그는 상사에게 말했다. 그는 직장을 그만두길 원했고, 결국 그렇게 되었다.

그는 이후 몇 달 동안 어떻게든 우울함을 제거하려고 노력하며, 그의 생각으로는 간단히 모든 것을 끝낼 수 있을 것 같았다. 사고가 있던 날을 추모하는 주에, 여전히 보험금과 이웃들의 연민에 의존하며, 그는 마침내 정신건강 클리닉을 방문했다.

제프 디모트의 평가

제프의 진단은 복잡하다. 왜냐하면 그는 하나가 아닌 두 가지 장애를 가지고 있기 때문이다. 실제로 추후 우리는 세 번째 장애가 있는가에 대한 질문을 던질 것이다.

그러나 처음에는 충분히 간단하다. 왜냐하면 그 장애는 그의 아내를 잃은 충격적인 사고로 시작되었기 때문이다. 그는 그 사고를 목격했을 뿐만 아니라 직접 체험하였다. 그의 증상은 사고 후 며칠 혹은 몇 시간 안에 발현되었고 이는 우리로 하여금 PTSD가 아니라 그것의 초기-발병된 사촌급 장애인 급성스트레스장애로 이끈다. 목격자이자 피해자인 제프는 급성스트레스장애의 진단기준 A(사실 진단기준 A1 및 A2 둘 다 충족한다. 사건을 직접 체험하고 다른 사람들에게 일어난 사건을 직접 목격함)를 충분히 충족하며, 시간은 진단기준 C에서 명시한 30일 이내에 있다. 제프의 고통은 명백하며(D), 물질 사용과 관련이 없다(E).

진단기준 B에 포함되는 증상들 중에는 몇 가지를 찾을 수 있을까? 사례에 따르면 그가 차를 타는 것과 관련된 고통스러운 공포를 경험하고 있고(B1), 그것이 그의 꿈 내용에도 영향을 미치고 있다(B2). 심지어 자신의 차에 앉는 것도 복부 불편감을 일으키는데 이는 외부 자극에 대한 생리적 반응으로 취급될 수 있다(B4). 일레인과 관련된 긍정적인 생각을 표현할 수 없는 것에서 부정적인 기분이 나타난다(B5). 처음에는 어리둥절하고 주변 환경에 대해 확신이 없었고(B6), 술로 괴로운 기억을 피하려고 시도하기도 했다(B8). 그는 차 타기가 그에게 가할 수 있는 감정의 재발을 피하기 위해 이를 회피할 수 있니(B9). 그의 수면은 현저하게 방해받고 있으며(B10), 전화를 짜증스럽게 받고(B11), 결국 도움을 주려 전화를 건 사람들에게 화를 낸다.

또한 전화벨 소리에도 쉽게 놀라는 것(B14)을 종합해 보면 그는 최소 아홉 가지 이상의 증상을 가지고 있으며(필수적인 특징을 쉽게 충족시킨다), 이는 급성스트레스장애 진단을 충족시킨다.

논리적으로 진단을 확장해 본다면, 우리는 제프가 PTSD로 이어질 것으로 예상할 수 있다. 이것은 급성스트레스장애를 가진 환자들 중 상당수에서 발생한다. 그러나 제프에게는 대신 다른 일이 일어났다. 사고와 관련된 주제는 서서히 사라지고 우울장애와 더 연관된 문제로 대체된다. 그리고 우울증이라면, 아주 초기의 진단 노력은 환자가 주요우울 삽화에 해당하는지를 결정하는 데로 향해야 한다(106쪽 참조).

제프에게 적용할 수 있는 것은 다음과 같다. 제프의 우울 증상은 실제로 최소한 2주 이상 존재해 왔으며, 이전의 기능과 분명히 다르다(주요우울장애 진단기준 A). 이 증상들은 (압도적인) 임상적 고통을 유발한다(B). 그리고 우리는 제프가 약물이나 알코올을 사용하지 않는다는 정보를 가지고 있다(C). 그래서 진단기준 A에 포함되는 기준을 세어보자. 그의 슬픔은 만연되어 있다(A1), 거의 모든 것에 대한 흥미가 사라졌다(A2), 그의 음식에 대한 흥미는 없으며 체중이 급락했다(A3), 그는 매일 밤 후기 불면증에 시달린다(A4), 그는 부적절한 죄책감을 가지고 있으며("나 때문에"라고 했지만 시승을 준비한 것은 일레인 자신이었다 — A7), 일에 집중할 수 없고(A8), 피로하며(A6), 죽기를 원한다(A9). 모두 합해보면, 완전한 증상들보다는 적지만 주요우울장애 진단을 위해 필요한 다섯 가지 이상의 증상을 충분히 갖추고 있다.

그런데 잠깐만, 지속성 비탄장애(PGD)는 어떤가? 그것이 제프의 진단에 포함되지 않아야 할까? PGD를 한번 살펴보는 것도 좋은 생각이다.

제프의 현 상태(1년 이상 전에 사랑하는 사람의 죽음)가 지속성 비탄장애를 고려해야 하는 상태임은 부인할 수 없다(맞다, 그것은 꼭 사랑하는 사람일 필요는 없다. 가까운 사람이면 된다 — 진단기준 A). 그런데 환자는 죽은 사람의 생각에 머무르거나 강렬한 그리움을 경험해야 한다(B1 또는 B2). 사례를 읽어보았을 때, 첫 달이 지난 후 제프는 이미 일레인에게 작별 인사를 한 것 같다. 이제 그의 우울한 생각은 더 일반적이다.

그래서 우리는 주요우울증의 증상을 PGD와 비교하는 표 6.2(247쪽)로 가게 된다. 한 달이 지나면 그의 우울한 생각은 이제 일레인의 상실("온 세상이 지옥으로 변했어.")에 초점 맞추어져 있지 않다. 그는 그녀를 생각나게 하는 물건들을 찾지 않았고, 그의 죽음을 바라보는 욕망은 그녀와 함께 있을 수 있기보다는 그의 전반적인 슬픔에서 벗어나고자 하는 것이었다. 그는 절망적이며 전반적으로 자신에 대한 자기가치감이 부족하다는 생각이 든다. 이런 증상들은 주요우울증에 더 부합한다. 그의 유일한 PGD 기준 증상은 수면장애이며, 그것은 두 장애 모두에서 발견된다. 마지막으로, PGD 진단기준 F는 명시적으로 증상이 주요우울증으로 더 잘 설명되지 않아야 한다고 요구하고 있는데, 저자는 제프의 증상이 이 경우에 해당한다고 생각한다.

따라서, 우리는 두 개의 다른 시점에 대해 제프에게 두 가지의 진단을 정당화할 수 있는 것으로 보인다.

사고 이후 한 달까지는,

F43.0   급성스트레스장애

그리고 1년(이상 혹은 미만) 이후,

F32.2   주요우울장애, 고도

제임스 채터튼

제임스 채터튼이 18세였을 때, 그는 자신이 깬 유리창의 유리로 자신의 손목을 그었다. 이 행동으로 인해 그는 처음으로 정신병원에 입원하게 되었다. 제임스의 고모는 이때 주요 정보제공자였다. "그는 항상 조금 차가워 보였어요. 그의 사촌 베티처럼요." 그녀가 말했다.

제임스는 어렸을 때부터 꽤 독특했다. 그는 4학년 때 다른 사람들이 뭐라고 생각하는지 별로 신경 쓰지 않았다. 그는 자신이 교사를 '연골 엉덩이(Gristle Butt)'라고 부를 때, 다른 아이들이 웃음을 참는 것조차 알지 못했다. "그는 학교에 친구가 하나도 없었던 것 같아요." 그의 고모가 말했다. "그는 한 번도 방긋 웃은 적이 없고, 화를 낸 적도 없어요. 다른 아이들이 자신에 대해서 이야기한다고 생각한다고 저에게 말할 때조차도요. 제가 기억하기에 그는 그 이야기를 꽤 자주 했어요." 그가 더 나이를 먹었을 때도, 그는 여자에 대한 최소한의 관심이나 섹스에 대한 호기심도 전혀 보인 적이 없었다.

제임스가 14세 때, 그의 어머니가 갑자기 사망했다. 다른 주에서 일하고 있던 그의 아버지는 아이를 돌볼 시간이 없어서 그를 고모와 살도록 보냈다. 대화 나눌 친구가 전혀 없이 그는 많은 시간을 공부를 하며 보냈고, 고등학교 1학년 동안은 잘 지냈다. 그는 과학을 좋아했다. 대부분의 소년들이 더 이상 갖고 놀지 않는, 9세 크리스마스 때 받은 화학세트를 그는 계속 가지고 놀았다. 그가 고등학교 3학년이었던 어느 봄날, 그의 사촌 베티는 그녀의 '월간잡지'를 갖고 집에 있었다. 그녀는 자신의 치마를 들고 제임스에게 자신을 만지게 하였다. "제임스는 저에게 와서 바로 이야기했어요." 그의 고모가 말했다. "그는 구역질이 났다고 말했어요." 그다음 날 베티가 조현병으로 다시 병원에 입원할 때 온 가족이 안도했다.

그 후 몇 달, 제임스는 상태가 안 좋아지는 것처럼 보였다. 학업 점수가 하락하여 고모가 왜 그런지 묻자, 그는 어깨를 으쓱했다. 그는 대학에 가는 것이나 직업을 갖는 것에 관심을 보이지 않았다. 그는 대부분의 여가 시간을 화학교과서를 읽거나 책의 여백에 메모를 하면서 보냈다. 간혹 그의 고모가 아침 일찍 일어났을 때, 그녀는 제임스가 자신의 방을 서성이는 소리가 들린다고 생각했다. 몇 번 그는 혼자 웃는 것처럼 보였다. 그는 늦게까지, 가끔은 정오를 지나서까지 잤고, 점차 학교에 가지 않게 되었다.

그해 여름, 항정신성 약물로 치료받은 베티가 병원에서 퇴원하였다. 일주일 이내에 베티는 제임스가 자신에게 약을 먹지 말라고 강력히 충고했다고 그녀의 어머니에게 비밀을 털어놓았다. 제임스는 그것이 그녀를 불임으로 만들려는 모르몬교의 음모 중 일부라고 그녀에게 이야기했다. 그 후 2개월 동안 그는 그녀에게 외계인에 대해 몇 번 연설을 늘어놓았다.

제임스는 음식을 먹지 않았고, 몸무게가 최소 약 9kg이나 빠졌다. 몸무게 감소와 수면장애로 인해 그는 수척하고 늙어 보였다. 추수감사절 바로 직전에 그는 유리창을 깨고 자신의 손목을 그었으며, 결국 베티가 입원했었던 병원에 입원하였다.

그가 친구가 없고 부모와 분리되었다는 것 이외에, 제임스의 어린 시절은 주목할 만한 것이 없었다. 그는 시험 삼아 마리화나를 몇 번 피웠으나, 다른 마약이나 알코올은 전혀 사용하지 않았다. 그는 하루에 담배 한 갑을 피웠다. 그의 유일한 의료 문제는 그가 5세 때 배꼽 헤르니아로 수술을 받은 것이었다. 그의 사촌 이외의 가족력으로는, 친조부가 알코올 중독이었고, 아버지와 삼촌은 갑상선기능항진증이 있었다. 그의 어머니는 신경과민이었다.

제임스는 마르고 혈색이 나빠서 나이보다 몇 살 더 들어 보였다. 그는 낡을 대로 낡은 청반바지와 티셔츠를 입고 있었다. 그의 테니스 신발에는 끈이 없어서, 그는 천천히 신발을 끌면서 면담실에 들어왔으며, 머리를 숙이고 땅을 응시하고 있었다. 그의 표정은 거의 항상 무표정했으나 가끔 웃었고, 마치 무언가를 듣고 있는 듯이 고개를 옆으로 돌렸다. 그는 처음에는 환청을 부인하였으나, 나중에 두 번째 면담자에게는 그에게 계속 "자위해."라고 이야기하는 여자의 목소리가 들린다고 인정하였다. 그는 과대망상 또는 피해망상을 비롯한 어떠한 망상도 부인하였다. 그의 사촌을 불임으로 만든다는 모르몬교의 음모에 대해 직접적으로 물어보자, 자신은 그것에 대해 자유롭게 토론할 수 없다고 이야기하였다.

제임스는 우울함과 자살 충동을 느끼지 않는다고 주장하였다. 그는 '화가 나서' 유리창을 깨고 팔을 그었다고 말하였다. 그는 간이정신상태검사(MMSE)에서 30점 만점에 28점을 받았다(그는 날짜를 며칠씩 빠트렸고, 병원의 이름을 대지 못했다). 그는 팔에 대해서는 치료가 필요하다고 동의했으나, 정신질환에 대한 병식은 없었다.

제임스 채터튼의 평가

제임스에게는 임상적 관심을 받을 세 가지 영역의 증상이 있었다. 바로 정신병적 사고, 신체적 증상, 그리고 사회적 및 성격적 문제이다. 신체적 증상(식욕 저하와 몸무게 감소가 포함되는)과 갑상선기능항진증의 가족력이 있으므로, 임상가는 그의 정신병 원인에 대해 일반적 의학상태를 고려해야만 한다(원칙 C). 그의 동의하에 그는 종합신체검사와 갑상선검사를 포함한 관련 임상검사를 받았다. 이 논의의 목적을 위해 갑상선 질병은 없다고 가정하자.

제임스의 정신병적 사고에 대한 논의는 제2장 'F20.9 조현병'(51쪽 참조)영역의 개요를 따를 것이다. 먼저 증상의 정도를 고려해야 한다. 제임스가 조현병의 진단기준 A를 충족할 만한가? 그의 정신병적 활성 증상에는 피해망상(모르몬교의 음모)과 그에게 명령하는 여자 목소리의 환청이 있다. 이 두 증상은 그 자체로 진단기준 A를 충분히 충족시키며, 그는 의욕 상실과 같은 음성증상도 가지고 있었다(학업 점수는 하락했고, 그는 직업을 갖는 것이나 대학에 진학하는 것에 관심을 보이지 않았다).

그의 행동이 보여주는 것과 다르게, 제임스는 처음에는 환청을 부인하였다. 이는 진단원칙 J(징후가 증상보다 우세하다)의 가치를 증명하는 것이며, 다른 면담자에게 사실은 자신에게 환청이 있다고 나중에 인정했을 때 이는 확인되었다. 혼자 웃는 것(아마도 환청으로 들리는 웃기는 이야기에 대한 반응일 수도 있는)과 조현병을 앓는 친척이 있다는 것(원칙 B) 또한 조현병 진단을 강하게 시사한다.

정신병적 장애의 경과는 진단을 밝히는 데 상당히 중요하다. 제임스의 장애는 물질 사용이나 외상 경험과 같은 촉발요인 없이 점진적으로 시작되었고, 관해나 회복 없이 진행되었다. 이는 진단기준에는 없으나, 확실히 조현병처럼 보인다. 여기에 진단기준을 제시한다(DSM-5-TR 조현병 진단기준 C). 철수되고 의욕 부족을 보이기 시작하는 전구기를 포함하여, 그는 6개월 이상 증상이 있었다(4월부터 11월까지). 병전 성격은 아래에 논의하였다.

증상의 결과 역시 조현병 진단을 내릴 수 있을 정도로 충분히 심각하다. 증상은 제임스의 사회적 생활과 학교에 출석하는 그의 능력을 심하게 방해했다(진단기준 B). 조현병의 다양하고 전형적인 증상이 나타나므로, 우리는 점점 더 조현병 진단을 내려야 한다고 설득된다(원칙 Q).

조현병 진단에 대하여 남은 우리의 임무는 다른 진단들을 배제시키는 것이다. 정신병적 증상을 초래하는 다른 의학적 상태의 가능성은 이미 논의하였고 기각되었다(조현병에 대한 DSM-5-TR 진단기준 E). 제임스는 마리화나를 몇 번 피워본 적이 있으나, 그의 두드러지는 악화를 설명할 만한 물질을 사용한 적은 없었다(진단기준 E). 그는 간이정신상태검사에서 만점에서 2점 부족한 점수를 받았으며, 이는 인지장애로 진단될 수 있는 점수를 훨씬 초과한다. 제임스는 몸무게가 감소하고, 잠을 잘 자지 못했고, 유리로 자신의 손목을 그었으며, 이 모든 증상은 기분장애를 시사하는 듯 보인다. 그러나 그는 우울감을 부인했을 뿐만 아니라, 그의 정동은 때때로 부적절했으며, 손목을 그은 행동에는 자살의도가 없었다고 주장했다. 그러므로 저자는 안전상의 이유로 기분장애가 거의 항상 감별진단의 맨 위에 올라와 있음에도 불구하고, 기분장애 진단을 기각한다(원칙 A).

마지막으로, 우리는 사회적 및 성격적 문제를 반드시 고려해야 한다. 그의 고모에 따르면, 제임스가 어린 소년이었을 때 타인들은 그를 '다르다'고 여겼다. 그는 정서적으로 거리감이 있었고(조현성 성격장애 진단기준 A1), 다른 사람들의 생각에 신경 쓰지 않으며(A6), 친한 친구도 없었고(A5), 정서 표현을 거의 보이지 않으며(A7), 혼자 하는 활동을 선호했다(A2). 우리는 그의 성에 대한 관심 부족에 대해서는 오직 그의 고모의 견해만 알고 있으나, 조현성 성격장애 진단에 요구되는 4개의 증상을 초과하는 1개 증상을 더 확인했다. 또한 그는 관계 사고가 있었으며(다른 아이들이 자신에 대해 이야기할 것이라는) — 이는 조현형 성격장애의 증상이다 — 그의 고모는 그의 다른 특이한 믿음 또는 독특한 말이나 행동에 관해서는 보고하지 않았다. 제임스는 독특하다기보다는 일반적으로 동떨어져 보였다. 다른 의심되는 증상이 없으므로 편집성 성격장애의 진단도 배제할 수 있다.

그는 1년 동안 아직 활성 단계 증상을 나타내지 않았으므로 경과 명시자는 기입하지 않는다. 저자는 이미 그의 성격장애를 언급했으며, 이는 조현병이 시작되기 이전부터 있었기 때문에 (병전) 상태에 명시자가 부가적으로 기입되어야 한다.

또한 제임스에게는 주목할 만한 수면 문제가 있었다. 이에 대해 독립적인 진단이 내려져야 할까? 그는 대부분의 비수면장애(non-sleep-disorder) 동반이환 불면장애 진단기준을 충족했다. 그러나 이에 대해 뚜렷하게 호소하고 있지 않고, 치료의 주요 초점도 아니다. 이런 종류의 지속적인 불면증은 기저의 정신병이 성공적으로 치료되면 보통 정상화된다. 따라서 우리는 이를 독립적인 평가 대상으로 간주하지 않는다. 20점의 GAF 점수와 함께, 제임스의 총체적인 진단은 다음과 같다.

F20.9   조현병
F60.1   조현성 성격장애(병전)
S61.519A   손목의 열상

제임스의 평가 첫 부분에 저자가 '임상적 관심의 영역'이라고 언급한 것을 당신은 알아챘을 것이다. 이것들이 무엇일까?

수년 전, 저자는 만나는 환자의 모든 증상을 집단으로 묶어서 구분하면 설명에 도움이 될 것이라고 생각했다. 저자는 일곱 집단으로 나누었는데, 그중 세 집단이 '정신병적 사고', '신체적 증상', 그리고 '사회적 및 성격적 문제'였다. 여기에 그 나머지가 있다. '기분 증상', '불안 증상', '인지적 문제', '물질 사용'이 그것이다. 저자의 저서인 *The First Interview*에서 이에 대해 훨씬 더 많은 내용을 다루었으며, 현재 네 번째 개정판까지 나와 있다 (The Guilford Press).

게일 다우니

"잘라요!" 게일 다우니는 천장을 응시한 채 병원 침대에 똑바로 누워 있었다. 그녀의 머리카락은 정성스럽게 감은 채로 빗질이 되어 있었으나, 표정은 뻣뻣하였다. "저는 뇌엽절제술을 원해요. 동의서에 서명하겠어요. 더 이상은 못 참겠어요."

게일은 세 아이를 둔 34세의 이혼녀이고, 제 나이보다 더 들어 보였다. 5년 동안 그녀는 우울했으나 조증이나 경조증은 없었다. 그녀의 치료는 잦은 자살 시도와 입원으로 얼룩져 있었다. 거의 5주째 지속되는 그녀의 현재 삽화에서 그녀는 거의 매일 극도의 우울감을 느꼈다. 그녀는 매일 밤부터 이른 아침까지 깬 채로 누워 있다고 호소했다. 그녀는 활력, 흥미, 식욕이 없었다. 그녀는 자주 울었고, 정서적 혼란으로 인해 매우 산만해져서, 그녀의 상관은 그녀를 마지못해 해고하였다.

게일은 최소한 6개의 항우울제를 처방받았으며, 종종 혼합된 약물이었다. 처음에는 이 약물들이 대부분 우울증에 도움이 되는 것처럼 보여서, 최소한 그녀가 집으로 돌아올 수 있을 만큼은 그녀의 기분을 상승시켜 주었다. 또한 그녀는 몇 번의 ECT 치료과정에서 치료반응이 좋았다. 그러나 각각의 새로운 치료를 받고 몇 달 안에 그녀는 증상이 악화되어 손목에 새로운 상처들을 남긴 채 병원으로 되돌아왔다. 입원 얼마 전에, 그녀는 거의 치명적인 양의 클로랄 수화물을 삼켰다.

게일이 9세에 그녀의 부모가 이혼하고 나서, 그녀는 어머니에게 양육되었다. 게일은 자신의 어린 시절을 '공포'라는 단어로 묘사하였다. 13세 이후, 게일은 백화점에서 팬티스타킹이나 립스틱과 같은 작은 물품을 훔치다가 3~4회 정도 체포되었다. 각각의 사건은 그녀에게 특정 스트레스가 있을 때 발생하였는데, 보통은 일자리나 대인관계가 틀어지는 경우 때문이었다. 그녀는 항상 이러한 물품들을 훔치기 전에 긴장감이 고조되는 것을 느꼈으며, 주머니나 코트 안에 물건을 넣고 상점을 나올 때마다 그녀는 폭발할 듯한 즐거움을 느꼈다. 청소년 시절에는 잡힐 때마다 어머니의 관리감독 아래 풀려났다. 성인이 된 후에는 더 교활해져서 좀처럼 잡히지 않았고 한 번의 벌금형 밖에는 받지 않았다. 가장 최근의 사건은 이번 입원 직전에 일어났으며 이는 가게 주인이 기소를 취하하도록 설득하는 데 도움이 되었을 것이다.

게일의 병력은 일종의 증상 목록이었다. 증상에는 요폐색, 그녀의 목을 조르는 것같이 보이는 목의 혹, 가슴 통증, 심한 생리통, 발작적인 구토, 만성적인 설사, 심계항진, 편두통(신경학자는 이 증상이 '전형적이지 않다'고 이야기했다), 심지어 잠깐 동안의 실명도 포함되었다(그녀는 치료 없이 며칠 만에 증상이 회복되었다). 이혼할 당시, 게일의 남편은 그녀가 '불감증'이고, 종종 성교 중 삽입 시의 고통을 호소하였다고 털어놓았다. 10대가 시작되면서 그녀는 서른 가지 이상의 이러한 증상으로 인해 약을 복용하거나 의사에게 의뢰되었다. 의사들은 그녀에게서 신체적으로 그렇게 잘못된 점을 찾지 못했다. 그들은 그녀에게 신경안정제를 주거나 잇따라 정신건강의학과 의사에게 의뢰하였다.

게일이 아파트에서 쫓겨나고 몇 년 후, 그녀의 남편은 세 자녀에 대한 양육권을 취득했다. 그녀가 대화를 나눈 유일한 비의료진은 그녀의 어머니였다. 지금 그녀는 뇌의 어떠한 연결을 영구적으로 절단하는 수술을 요구하고 있다.

게일 다우니의 평가

게일은 현재 삽화를 주요우울 삽화(106쪽에서 특징을 확인할 수 있다)로 충족시킬 만큼 충분한 기분 증상(기분저하, 즐거움 상실, 불면증, 식욕부진, 자살 사고, 활력 상실, 사고의 어려움)을 가지고 있다. 심한 우울 증상을 보이는 환자는 주요우울장애로 평가되어야 하고(원칙 F), 이는 잠재적으로 생명을 위협하는 요소가 될 수 있으며, 적합한 치료에 종종 빠르게 반응한다.

게일에게는 많은 우울 삽화가 있었으나, 조증이나 경조증 삽화, 정신병적 증상은 없었다. 또한 그녀는 삽화 사이에 최소한 2개월 동안 분명하게 증상이 회복되었다. 그러므로 그녀는 주요우울장애, 재발성 진단에 적합하다. 반복되는 자살 시도에 대해서는 정신병적 특징을 동반하지 않는 고도의 우울장애로 기입될 수 있다. 사례는 다른 명시자를 지지할 만큼 충분한 정보를 제공하지 않는다. 그러나 게일의 우울증이 꽤 자주 치료되었고 그리 성공적이지 못했다는 사실이 문제이다. 전형적인 치료 방법에 대한 반응은 이를 지지한다(원칙 S). 그러나 그 반대를 말할 수 있을까? 치료 효과에 대한 진단적인 원칙은 없으나, 아마도 있어야 할 것이다. "전형적인 치료 방법으로 치료되는 것에 반복적으로 실패하면 다른 장애에 대해 고려한다."

그러나 게일은 10대 때부터 다양한 신체 증상을 가지고 있었고, 그중 적어도 어떠한 증상은(편두통과 같은) 비전형적이었기 때문에, 우리는 신체증상장애를 고려할 필요가 있다(원칙 D). 우리는 그녀의 신체 증상에 대해 두 번 평가할 것이다. 첫 번째는 공식적인 DSM-5-TR 기술에 따라 평가하고(274쪽), 그리고 나서 이전 DSM-IV의 신체화장애에 대한 가이드라인(이중선, 275쪽)에 따라 평가할 것이다. 그녀는 전자의 기준은 충분히 충족할 것이다. 적어도 하나의 신체 증상은 현저한 정신적 고통을 주고, 삶의 중요한 부분에 지장을 초래하였다. 그녀는 진단에 필요한 6개월을 훨씬 초과하여 증상을 보여 왔고, 증상과 관련하여 상당한 수준의 불안감을 경험하였다.

물론 그녀의 증상은 DSM-IV의 신체화장애 진단기준 역시 충족하며, 저자는 이것이 실제 병리를 식별하는 데 훨씬 더 유용하다고 믿는다(이중선, 283쪽). 고려해야 할 의학적 장애와 신경학적 장애는 다발성 경화증, 척수 종양, 심장과 폐의 질병이다. 그러나 그녀가 많은 내과 의사들의 치료에 성공적으로 치료되지 않았다는 사실은 다양한 다른 의학적 장애를 가지고 있을 가능성을 감소시켜 준다(원칙 C). 사례에 따르면 게일이 이득(꾀병)이나 덜 구체적인 동기(인위성장애)를 위하여 일부러 증상을 가장했다는 증거가 없다.

게일의 식욕부진에 대한 부가적인 진단은 필요 없다(원칙 M). 몸무게를 유지하는 것과 관련된 문제는 그녀가 음식을 거부해서가 아니라, 단지 식욕이 없어서이기 때문이다. 그녀의 불면증은 독립적인 임상평가를 받을 정도로 충분히 심각하여 분리된 진단을 내릴 수 있을까(비수면장애 정신질환 동반이환 동반 불면장애). 그렇지 않다. 유사하게, 그녀의 성기능부전도 독립적으로 진단부호를 붙이지 않는데(사례가 정확한 그 특성에 관한 충분한 세부사항을 제공할지라도), 왜냐하면 신체증상장애의 증상으로 쉽게 설명되기 때문이다. 그리고 그녀는 물질을 남용하지 않기 때문에 우리의 진단 목록에서 지울 수 있다.

마지막으로, 게일의 과거력은 긴장과 해방감으로 특징지어지는 반복적인 절도(병적 도벽 참조, 437쪽)의 패턴을 보인다. 이러한 특징들은 분노나 복수에 근거하거나 또는 다른 정신적 장애로 인한 것이 아니다. 이런 이유로 우리는 병적 도벽의 진단을 내릴 수 있다(원칙 V).

따라서 게일은 3개의 정신질환 진단부호를 가지게 된다. 이것들은 어떻게 열거될까? 그녀의 주요우울장애는 최소한 5년 동안 치료의 초점이 될 만큼 충분히 심각했다. 치료를 시작할 시점에는 그 접근이 아마도 타당하였을 것이다(원칙 X). 그러나 현재, 그 동일한 진단원칙 X는 꽤 다른 접근을 제안한다. 만약 우리가 치료에 초점을 두고 신체화장애로 진단을 내린다면(좋다, DSM-5-TR에 맞게 신체증상장애로 부를 수 있다), 그녀가 보이는 몇 개의 문제들에 대해 일반적인 접근을 제안할 것이다. 게일은 많은 신체 증상으로 인해 약물을 사용하고 있고, 그 결과 여러 사회적 상황(이혼, 양육권 상실, 실직)을 경험하고 있으며, 여러 번의 자살 시도로 이어진 우울증으로 고통받고 있다. 이러한 모든 생물심리사회적 문제는 6개월보다 훨씬 더 오래 지속되므로 게일의 치료자는 그녀의 신체증상장애를 심각하고 지속적이라 평정하였다.

사례는 그녀의 성격에 대해 거의 정보를 제공하지 않는다. 우리는 그녀의 진단적 요약에 추후 조사가 필요하다는 것을 덧붙일 필요가 있다. 게다가 우울증과 다른 문제들이 너무 급성으로 나타날 때는 성격장애 진단을 피하는 것이 좋다(원칙 W). 그녀의 최근 개인력을 모두 고려할 때, 그녀는 40점이라는 낮은 GAF 점수를 받게 된다.

F45.1	신체증상장애, 지속적, 고도
F33.2	주요우울장애, 재발성, 정신병적 양상을 동반하지 않는 고도
F63.2	병적 도벽
Z56.9	실직
Z65.3	양육권 상실
Z59.0	퇴거

레지 안스네스

레지 안스네스가 35세였을 때, 그는 집에서 멀리 떨어진 정신병원에 입원해 있었다. 초기 입원일지에는 그가 초조해하고, 다소 웅대하며, 자신이 어느 도시에 있는지조차 알지 못했다고 기록되어 있었다. 그는 말을 많이 했지만, 그가 하는 말은 이치에 맞지 않았다. "저는 조현병이에요."가 그가 한 말 중 뜻이 분명한 몇 안 되는 말이었다.

"그는 조현병이 분명해요." 그의 아내인 파예는 그를 입원시킨 임상가에게 전화로 이야기하였다. "이전에 조현병에 걸린 적이 있다고 그가 저에게 이야기했어요. 우리는 결혼한 지 3년밖에 되지 않았어요."

5년 전, 레지는 정신병으로 보스턴에 있는 정신병원에 입원한 적이 있었다. 파예는 당시 그가 자신이 예수의 아들이라고 믿었다고 생각했다. 그러나 그녀는 그의 증상에 대해 그 이외의 것들은 알지 못했다. 의사는 그에게 편집형 조현병이라고 말했었다. 그는 클로르프로마진으로 치료받았다. 파예는 그들이 데이트를 시작했을 때 그가 약을 복용하고 있었기 때문에 이를 알고 있었다.

그 입원치료 2년 후 레지는 우울해졌다. 그는 일에 집중하기 어렵다고 호소하곤 했고, 파예는 퇴원 후 얼마 되지 않아 그에게 자살 사고가 있다고 생각했다. 그러나 우울감은 점차 사라졌고, 비교적 경미한 식욕 문제와 수면 문제만 남겨놓은 채 없어졌다. 결혼할 당시에는 이러한 우울감마저도 해소되었고, 그 이후로 그는 잘 지냈다. 그는 몇 년 전부터 어떠한 약물도 복용하지 않았다.

최근 출장 며칠 전, 레지는 평소와 달리 쾌활했다. 그는 말을 많이 했고, 에너지가 증가한 것처럼 보였으며, 출장 간 사이에 못할 일을 미리 하기 위해 일찍 일어났다.

파예는 그녀의 남편이 '약간의 갑상선 문제'로 인해 소량의 갑상선 약물을 복용하는 것을 제외하면 건강상태가 좋다고 이야기했다. 그녀는 3개월 전 그가 내원하여 상태를 확인했다고 생각했다. 그녀가 알기로는, 그는 술을 마시지도 않고 약물을 사용하지도 않았다.

입원하여 처음 24시간 동안, 레지는 극도로 활동이 많았고 전혀 잠을 자지 않았다. 그의 기분은 현저하게 고양되었고, 말을 너무 빨리 해서 간혹 이해할 수 없었다. 이해할 수 있는 그의 말은 "나는 신의 아들이다."였고, 그는 병원 운영을 향상시키기 위한 자신의 생각들을 늘어놓았다. 그는 당면한 어떠한 과제에도 거의 주의를 기울일 수 없었고, 간이정신상태검사(MMSE)를 완료할 수 없었다.

레지 안스네스의 평가

갑상선 질병은 기분 증상을 초래할 수 있는 일반적인 의학상태이다. 그러나 레지의 내과 의사는 최근 그의 갑상선 상태를 평가했고, 그의 갑상선 상태는 그의 현재 기분상태와 유사한 증상을 이전에 한 번도 초래한 적이 없었다. 갑상선 기능에 대한 재검사는 어쨌든 타당한 절차이다(원칙 C).

물질 사용에 대해서 말하자면, 그가 물질 복용을 끊은 동안 장애가 발병했기에 파예의 정보로부터 물질로 유발된 정신병적 장애 진단을 내릴 수 없다. 그러나 혈액 독성 효과 검사를 실시함으로써 (펜시클리딘 중독과 같은) 중독 동안의 정신병 발병의 가능성을 배제해야 한다. 다른 과거력에 따르면, 이 물질 사용의 가능성은 낮다. 조증 또는 다른 정신병으로 인한 불편감을 약화시키기 위해 환자는 알코올을 사용하는 것이 더 일반적이다.

기분장애가 한층 더 유력한 후보이다. 5년 전, 레지에게는 과대망상이 있었다. 그 이후 그는 몇 달간 우울했다. 완전히 정상인 것처럼 보이는 2년간의 기간 후, 그에게는 고양된 기분, 과활동성, 불면증(수면 욕구의 감소), 주의산만이 동반된 정신병이 다시 나타났다. 갑상선기능검사와 독성 효과 검사가 정상으로 나온다고 추측한다면, 그는 조증 삽화의 필수적 특징(118쪽)을 완전하게 충족하며, 따라서 제 I 형 양극성장애, 현재 조증 삽화(122쪽)로 진단 내릴 수 있다. 만약 당신이 원한다면, DSM-5-TR에서 이 기준을 확인할 수 있다. 이는 지루하지만 좋은 연습이다.

이전의 조현병 병력은 이 명백한 정신병 환자에게 준비된 진단을 제공하는 것 같다. 만약 레지의 이전 장애가 정말 조현병이었다면, 이는 현재 삽화가 나타나기까지 완전 관해된 상태일 것이다. 이는 상당히 드문 일이며, 지금 기분 증상이 현저하듯이 당시에도 그러했다면, 그의 새로운 병력에 대해 진지한 재고가 필요하다(원칙 H). 더욱이 레지가 횡단적으로 정신병적 증상을 얼마나 보였든 간에, 정신병적 삽화가 완전히 회복하였기에 사실상 우리는 그를 제 I 형 양극성장애로 진단하게 된다(원칙 G). 또한 현재의 명백한 기분장애와 수년 전의 조현병은 절약의 원칙을 위반하며(원칙 M), 조현병의 기본 진단기준에 충족되지 않는 것은 말할 것도 없다.

레지의 현재 조증 증상은 명백하게 장애를 초래하므로 고도 수준의 진단이 적합하다. 그의 정신병적 특징은 조증에서 보이는 주제와 완전하게 일치하며(그는 자신을 신의 아들이라고 생각했다), 이에 대해 다음의 진단부호를 기입한다. 다른 가능한 명시자는(제3장의 표 3.3) 적용하지 않는다. 그의 이전 조현병 진단은 틀렸고, 그의 기록에서 (가능하다면) 삭제되어야 한다. 입원 시 그의 GAF 점수는 30점 이하였다. 퇴원 후 그의 GAF 점수는 90점까지 올라갔다.

F31.2	제 I 형 양극성장애, 현재 조증 삽화, 고도의 기분과 일치하는 정신병적 양상 동반
E03.9	후천형 갑상선기능저하증

리나 월터스

리나 월터스는 자신의 이야기를 주변에 모인 소수의 학생들에게 들려주면서 행복 이상의 감정을 느꼈다. 그녀는 (이번에) 4일 동안 입원했었으며, 그동안 그녀는 주로 앉아서 다양한 검사를 받기 위해 기다리며 보냈다.

"동맥류였어요. 나는 무서웠어요." 그녀는 쓴웃음을 지으며 학생들에게 이야기했다. "크리스마스 날, 칠면조를 막 자르려고 하는데 발작이 왔고, 결국 여기에 있네요. 장애인으로요, 더 할 일들이 많았지만요."

"하지만 당신은 어떻게 폐쇄병동에 오게 되었죠?" 학생 면담자가 질문했다.

리나는 의자에 편안하게 앉았다. "여기는 병원에서 유일하게 방에 TV가 없는 병동이에요." 면담하던 학생은 당혹스러워 보였다. "의료진은 내 발작이 TV의 깜빡거림 때문에 악화될 것을 두려워했어요." 그녀는 참을성 있게 대답했다. "당신은 유도된 발작을 잘 알죠, 그렇죠? 좋아요. 수년간 저는 이와 동일한 문제를 가진 아동 환자를 몇몇 봤어요. 저는 제가 질환을 가진 한 사람이 되리라고 전혀 생각하지 않았어요." 현재 그녀는 약물 — 약물의 이름은 그녀가 바로 기억해 내지 못했다 — 로 증상이 꽤 잘 조절되고 있다.

리나는 자신의 이야기를 계속 이어갔다. 그녀는 머데스토 근처에서 자랐으며, 과일과 토마토를 따는 것으로 생계를 잇는 떠돌이 농부의 딸이었다. 그녀의 가족은 이사를 자주 다녔고, 그녀가 18세가 되던 해까지 '말 그대로 수십 개의 다른 학교'에 다녔다. 그러나 그녀가 마지막으로 다닌 고등학교의 장학금 운영위원회는 그녀를 농장에서 벗어나 대학에 갈 수 있게 하였다. 그때부터 부모의 생활 방식에서 탈출하기 위해 그녀는 지능과 투지로 서던캘리포니아 의과대학에 진학했고, 아이들을 치료하는 일을 하게 되었다. 그녀는 중요한 사람이 되었고, 신생아의 낭포성 섬유증을 확인하기 위한 결정적인 검사 중 하나를 발전시켰다는 것에 자부심을 가졌다. "그때가 저의 전성기였어요." 그녀는 거의 속삭였다. 현재 59세인 그녀의 가장 큰 후회는 30대 초반에 자궁경관 확장과 내막 소파 수술에 실패하여 이어서 자궁절제술을 받은 것이었으며, 이는 그녀가 절대 아이를 가질 수 없다는 것을 의미했다.

이제 학생 면담자는 교착상태에 빠져, 다음에 무엇을 물어야 할지 확신이 없었다. "아마 당신은 저의 가족에 대해 듣고 싶을 거예요." 리나는 친절한 미소로 알려주었다. 그녀는 자신의 아버지(작은 말다툼도 하지 않는 조용하고 온화한 남자)와 어머니(97세로 여전히 살아 있으며, 자신의 차를 여전히 직접 운전하는 성인군자 같은 사람)에 대해 이야기하였다. 리나는 두 번 결혼했었는데, 첫 번째 상대는 동료 의과대학 학생으로, 그는 우간다에 의료사절단으로 갔다가 몇 년 전에 사망했다. 약 10년 후 그녀는 그들이 살았던 동네에서 진료를 하고 있는 정신건강의학과 의사와 다시 결혼했다. 그는 업무량이 많아서, 아직 그녀에게 병문안을 올 수 없었다.

"병원에 어떻게 오게 되었는지 말해줄 수 있나요? 그러니까, 무엇이 여기 오게 했나요?"

리나는 발작이 있었던 한 경험을 설명하였는데, 그녀는 종종 자동적으로 행동했다. "그것은 복합부분발작이라고 불러요, 혹시 아나요? 좋아요. 저는 제가 어디 있는지 잊게 되지만, 제 몸은 계속 전진해요. 저는 걷고 또 걸어서 때로는 몇 킬로미터를 걸을 수 있어요. 이번에 그들은 제가 알고 지내던 한 배우의 집 밖에서 저를 찾았어요. 경찰들이 말하길, 제가 '숨어' 있었대요." 그녀는 전염성 있는 유머를 하며 웃었고, 실습생들도 함께 웃었다.

몇 분 후 리나는 면담 장소를 떠났고, 강사는 학생들에게 그녀를 어떻게 평가했는지 물었다. 그녀의 침착성과 예의 바른 행실, 그리고 논리적인 설명은 몇몇 학생들에게 매우 설득력 있게 다가왔다. "어쩌면 우리는 그녀의 이야기를 액면 그대로 받아들여야 해요." 강사가 제안했다. 이는 그녀가 (정신건강 병동에서) 정신질환 진단을 받지 않는 드문 사례가 되게 할 것이다(원칙 U).

한편 그녀 자신이 의사임에도 불구하고 약물의 이름을 기억해 내지 못했다는 사소한 문제를 한 학생이 지적했다. 물론 이는 단지 나이 든 사람의 건망증일 수 있으나, 대신 우리가 그녀의 이야기 전체를 다시 생각하도록 만드는 일종의 모순되는 증거(원칙 O)가 아닐까? 좀 더 깊이 생각해 봤을 때, 병원의 어느 병동에서든 방 안의 TV를 그냥 꺼버리는 것이 가능하지 않았을까? 그 진단실습 강의에서는 더 많은 정보를 얻을 때까지 그녀의 진단을 내리지 않는 데 동의했다(원칙 T).

논의 동안 조용히 웃던 한 학생이 그때 어떤 내용을 이야기하였다. 그녀는 리나를 돌보는 의료진들과 함께 논의에 참석하였고, 그녀는 다음과 같은 부가적인 정보를 실습생들과 나누었다.

리나가 완전히 정확하게 이야기를 한 것은 오직 그녀의 이름이었다. 그녀의 세 남편 중 누구도 의사는 아니었다. 그녀는 현재 다시 한번 이혼했다. 그리고 그녀의 부모는 모두 몇 년 전에 사망했다. 그녀는 의대에 다닌 적이 없고, 대학조차 졸업한 적이 없다. 리나는 병원의 접수 직원으로 한 번 일한 적이 있었다. 거기서 그녀는 전문용어를 주워들었고, 이처럼 정확하고 효율적으로 사용하였다.

자신에게 발작장애가 있다는 그녀의 믿음은 진짜인 것처럼 보인다(그녀는 이 문제에 대해 자주 면밀하게 질문했다). 그녀는 어린 시절 맡았던 토마토 냄새에 대해 설명할 수 있었다("어렸을 때 농장에서 나던 냄새 같아요, 제 생각에."). 데자뷔 후에는 거의 항상 장기적인 부의식의 기산이 이어졌으며, 그동안 그녀는 종종 낯선 동네를 배회했다. 수년 동안, 그녀는 발작장애에 대한 몇 번의 검사를 받았으나, 모든 MRI와 EEG 결과들은 정상이었다. 어느 누구도 그녀가 실제로 발작을 일으키는 것은 보지 못했다. (그러면 그녀기 인위성장애를 가진 것이 아닌지 묻는다면? 그러나 그녀는 오직 한 동네의 한 병원에서 치료받았고, 그녀가 증상을 만들어 내는 것을 아무도 보지 못했다. 그러면 꾀병일까? 만약 그렇다면, 그녀가 얻는 이득은 무엇인가?)

한편 그녀는 지역 경찰서에 긴 전과기록을 갖고 있다. 각각의 기록은 그녀가 매혹당했던 가끔 TV에 나오는 지역 배우와 관계가 있었다. 수년간 그녀는 그의 출연을 지켜보았고, 그와 가까워지고 싶어서 스토킹을 하게 되어 반복적인 체포와 여섯 번의 금지명령을 받게 되었다. 학생은 다음과 같이 말하며 마무리하였다. "만약 당신이 그녀에게 물어본다면, 그녀는 자신이 임신을 했다고 기쁘게 말할 겁니다. 그녀의 나이나 자궁절제술은 신경 쓰지 마세요."

리나 월터스의 평가

조현병 진단기준 A를 충족하지 않는(망상장애 진단기준 B) 다양한 망상이 수년간 존재(망상장애 진단기준 A)하여, 이러한 드문 장애가 감별진단의 맨 앞에 오게 되었다. (좋다, 리나가 토마토에 대한 환후를 언급했으나, 이는 그녀의 망상적 발작과 밀접하게 연관되어 있다. 이런 종류의 환각은 조현병 진단기준 A를 충족시키는 것으로 간주되지 않으며, 망상장애에서 종종 볼 수 있다.) 그녀의 구체적인 망상 내용 이외에 그녀의 행동과 정서는 평범해 보였고(C), 기분 삽화와 관련되어 있다는 증거도 없다(D).

물론 그녀의 개인력은 우리가 확정적인 진단을 내리기 전에 배제해야 하는 몇 가지 가능한 공병이 있을 수 있음을 보여준다. 우리는 그녀가 물질을 사용했는지 알아볼 필요가 있다(F) — 그리고 그녀가 거짓을 이야기하는 버릇이 있음을 고려하여, 이에 대한 정보는 좀 더 믿을 만한 정보원으로부터 들어야 한다. 다른 정신질환, 특히 신체이형장애나 강박장애가 있음을 지지하는 증거는 없다(D). 망상의 유형에 관해서, 저자는 망상의 대부분이 신체적인 것이라고 이야기할 것이다(그녀는 자신에게 측두엽 뇌전증이 있다고 믿는다). 오직 시사되는 바는, 그녀가 배우와 관계를 맺고 있다고 생각하는 과대망상을 보일 수 있다는 것이다. 만약 더 포괄적인 (그러나 모호한) 분류를 선호한다면, 망상장애 혼재형 진단을 내려라. 저자는 그녀의 GAF 점수를 35점으로 매겼고, 망상에 대한 논쟁을 기쁘게 즐기겠다. 그리고 진단 요약 부분에 그녀의 성격 구조에 대해 총체적으로 평가할 수 있도록 확실하게 기입한다 — 그러나 나중에 할 것이다.

F22	망상장애, 신체형
Z65.3	스토킹으로 인한 금지명령

사라 윙클러

사라 윙클러는 앉기 전에, 이마에서 가슴에 걸쳐 성호를 세 번 그었다. 그녀와 그녀의 남편은 둘다 25세였고, 그들은 결혼한 지 4년이 되었다. "16세 때부터 저는 그녀를 알았어요." 로렌 윙클러가 말했다. "그리고 그녀는 항상 꽤 신중했어요. 알다시피, 가스레인지가 꺼졌는지 확인하거나, 외출하기 전에 문이 확실하게 잠겼는지 확인하는 행동 말이에요. 지난 몇 년간 증상은 훨씬 심해졌어요."

사라는 대학을 졸업하고 아기를 갖기 위해 일을 쉬기 전까지 변호사 조수로 잠깐 일했다. 그녀는 건강했고, 알코올이나 약물을 사용한 과거력이 없었다. 그들의 아들 조나단이 겨우 생후 6개월이 되었을 때 그녀는 끔찍한 꿈을 꿨는데, 꿈속에서 그녀는 부엌 테이블에 놓여 있는 인형의 가슴에 몇 개의 칼을 꽂았다. 칼이 플라스틱 몸통에 들어갔을 때 팔과 다리가 움직이기 시작했고, 그녀는 그것이 진짜 아이라는 것을 알았다. 부엌 벽에 '죽여라(KILL)'라는 글자가 그녀의 눈앞에서 위쪽으로 올라가는 것처럼 보였고, 그녀는 소리를 지르며 잠에서 깨어났다. 그녀가 다시 잠에 들기까지는 몇 시간이 걸렸다.

다음 날 저녁 샐러드에 넣을 당근을 썰고 있을 때, 그녀는 갑자기 이런 생각이 들었다. "내가 조나단을 다치게 할 수도 있을까?" 비록 이러한 생각이 터무니없어 보이지만, 그 전날 그녀가 느꼈던 것과 같은 종류의 불안과 함께 이러한 생각이 떠올랐다. 그녀는 저녁 식사 준비가 끝날 때까지 아기를 로렌에게 맡겼다.

그 이후 칼 그리고 작고 약한 누군가를 찌르는 생각이 사라의 의식 속에 떠올라 그들의 삶을 점점 더 좀먹기 시작했다. 그녀가 독서를 하거나 TV를 보는 데 집중할 때조차도 그녀의 눈앞에 '죽여라'라는 큰 글자가 갑자기 떠오르곤 했다.

자신이 실제로 조나단을 다치게 한다는 생각은 비합리적으로 느껴졌으나, 계속되는 의심과 불안감은 그녀의 일상에 고통을 안겨주었다. 그녀는 부엌에 아기와 함께 있는 자기 자신을 더 이상 믿지 못했다. 때때로 그녀는 팔뚝의 근육이 칼을 잡으려는 행동으로 인해 수축하기 시작하는 것을 느꼈다. 비록 그녀가 절대 이러한 충동을 따른 적은 없으나, 자신이 그렇게 할 수도 있다는 생각은 그녀를 몹시 두렵게 만들었다. 지금 그녀는 칼 서랍을 여는 것조차 거부하고 있다. 자르는 것과 관련된 가위, 만능 조리기구, 또는 그녀의 남편까지도 거부하였다.

그녀가 꿈을 꾸고 얼마 지나지 않아, 사라는 문제적인 생각과 충동을 막으려고 노력하기 시작했다. 가톨릭 냉담자였던 그녀는 그녀가 어린 시절 알았던 어떤 종류의 송교적 의례를 다시 하기 시작했다. 그녀가 두려워하는 생각 중 하나가 떠올랐을 때, 처음에 그녀는 성호를 긋거나 성모송을 부르면 편안함을 느꼈다. 그러나 마침내 이러한 간단한 방법들은 효력이 약해졌다. 그때 사라는 성호를 세 번 긋거나, 싱모송을 세 번 외우면(또는 다른 행동을 세 번 하면) 기분이 나아지는 것을 느꼈다. 그러나 결국 그녀는 아들과 자신을 충분히 보호한다고 느끼려면 이러한 행동이 아홉 번 필요하게 되었다. 공공장소에 있을 때는 성호를 한 번 긋고 낮은 목소리로 성모송을 중얼거림으로써 의식을 마쳤다.

현재 조나단은 1세 가까이 되었고, 하루에 몇 시간을 사라는 반복적인 사고와 행동으로 소비하고 있다. 사실상 로렌이 모든 식사를 준비했다. 몇 주 동안 그녀는 점점 더 우울함을 느꼈다. 그녀는 기분이 거의 항상 나쁘다는 것을 인정했으나, 자살 사고나 죽음에 대한 소망은 없었다. 그녀는 그다지 흥미로운 것이 없었고, 거의 항상 피곤했다. 그녀는 4.5kg 이상 몸무게가 줄었고 불면증이 생겼다. 그녀는 밤에 자주 소리를 지르며 깼다. 그녀가 연속해서 27회의 속죄행동을 하는 것을 보고, 그녀의 남편은 도움을 받으러 가자고 했다.

"저도 이것이 미친 것처럼 보인다는 것을 알아요." 사라가 눈물을 흘리며 말했다. "하지만 저는 이 바보 같은 생각을 제 머리에서 지울 수가 없을 것 같아요."

사라 윙클러의 평가

2주 이상 사라는 대부분의 시간 동안 우울했다. 그녀의 증상에는 불면증, 피로감, 흥미와 체중의 감소가 포함되었고, 모든 증상은 주요우울 삽화와 일치한다. 그녀는 신체적으로 건강했고(원칙 C), 물질 사용의 과거력이 없다(원칙 E). 그녀의 문제가 우울증에 의한 것인지, 아니면 강박장애 (OCD) 증상에 의한 것인지는 확신하기 어렵다. 그녀가 그 둘 모두에 의해 어려움을 겪었다고 생 각하는 것이 합리적인 것처럼 보인다. 이전에 주요우울 삽화나 조증 삽화, 또는 경조증 삽화가 없 었으므로, 그녀의 진단은 주요우울장애, 단일 삽화가 될 것이다. 저자는 증상의 심각도 명시자에 중등도로 평정할 것이다(상대적으로 증상의 수가 적고 자살 사고가 없으나 상당한 고통감이 있 음). 그녀가 실제로 자신의 아들을 다치게 할 위험은 거의 없다.

사라의 불안에 대해 살펴보면, 그녀에게는 공황발작이나 범불안장애가 없다. 대신 그녀에게는 강박 사고와 강박 행동이 있었으며, 그 둘 모두 강박장애 진단기준을 충족한다(208쪽). (비록 그녀 에게 다른 정신적 장애가 있지만, 그녀의 강박 사고는 주요우울장애와 관련된 죄책 반추에 제한 된 것이 아니다.) 그녀는 강박장애 증상으로 인해 하루에 1시간 이상 소요하였고(진단기준 A, B) 심각하게 고통받았다. 다른 정신적 또는 신체적 장애로는 그녀의 증상을 설명할 수 없다(진단기준 D, C). 사라의 걱정은 실생활에 있을 수 있는 문제가 단지 과장된 것이 명백하게 아니므로 그녀의 걱정은 병리적이다. 그녀는 스스로도 자신이 비합리적이라는 것을 알고 있다. 우리는 그녀의 병식 이 꽤 양호하다고 평정할 수 있다.

사라의 진단기록에서 우울증이 처음으로 제시되는데, 이는 그녀의 주치의가 우울증이 가장 임 상가의 주의를 받아야 하는 장애라고 여긴다는 것을 나타내기 위해서이다. (다른 사람들은 동의 하지 않을 수도 있다.) 그녀의 의례적 강박 행동의 심각성 때문에 GAF 점수로 45점을 주는 것은 정당하다.

| F32.1 | 주요우울장애, 단일 삽화, 중등도 |
| F42.2 | 강박장애, 양호한 병식 동반 |

젬마 리빙스톤

"저는 먹고 토해요." 이는 젬마 리빙스톤이 첫 번째 면담 시 자신의 문제를 기술한 방법이다. 23세가 되면서부터 그녀의 이러한 행동은 거의 4년간 지속되었다.

10대일 때도 젬마는 자신이 어떻게 보이는지에 대해서 걱정했다. 고등학교 때 그녀는 반 친구들과 함께 가끔 칼로리를 극단적으로 제한함으로써 체중을 빠르게 감소하는 다이어트를 했다. 그러나 그녀의 몸무게는 53kg에서 거의 변화를 보이지 않았다. 167cm의 키로, 그녀는 날씬한 편이었으나 그렇게 마르지는 않았다. 청소년기와 성인 초기를 보내면서, 그녀는 만약 자신이 섭식 습관을 엄격하게 통제하지 않으면 급격하게 살이 찔 것 같은 기분이 들었다. "두꺼비처럼 부어올라요."라고 그녀는 표현했다.

원치 않았던 임신과 이어지는 낙태(유산)의 후유증을 겪으면서 젬마는 그녀의 생각을 시험해 볼 기회가 생겼다. 그녀는 자신이 먹고 싶은 것을 먹으면서 6개월 조금 못 미치는 기간 동안 사이즈 S에서 사이즈 XL까지 늘어났다. 그녀가 마침내 음식을 통제할 수 있게 되자, 그녀는 다시는 이러한 통제력을 잃지 않겠다고 맹세했다. 3년 동안 그녀는 사이즈 XXS보다 큰 옷을 사지 않았다.

젬마가 10대일 때로 되돌아가서, 그녀와 그녀의 친구들은 단순하게 먹지 않았다. 레스토랑에서 친구들과 저녁을 먹을 때마다, 그녀는 자신이 실제로 얼마나 조금 먹는지 숨기기 위해서 자신의 접시에 음식을 덜어놓았다. 그러나 집에 오면 그녀는 종종 배가 꽉 찰 만큼 식사를 했고, 그러고 나서 화장실에 가서 토했다. 처음에는 토하기 위해 티스푼으로 목 뒤쪽을 건드려야 했고, 그녀는 이러한 목적으로 티스푼을 욕실에 비치했다. 연습을 통해서 그녀는 자신이 원할 때 역류하는 법을 배웠다. "이것은 코를 푸는 것만큼 쉬워요."라고 그녀는 나중에 보고하였다.

비만에 대한 공포로 젬마는 삶의 원칙을 세우게 되었다. 냉장고 문에 그녀는 자신이 '두꺼비'였을 때의 사진을 붙여놓았다. 그녀는 그 사진을 볼 때마다 식욕을 잃는다고 말했다. 예전에는 오직 변비 때문에 하제를 사용했으나, 최근에 그녀는 속을 비우기 위한 다른 목적으로 하제를 사용하기 시작했다. "매일 배변을 하지 않으면, 꽉 차서 터질 것 같아요. 제 눈까지도 통통 붓는 것 같아요."

그녀는 또한 이뇨제도 복용했으나, 월경이 멈추자 이뇨제 복용을 그만두었다. 그녀는 그 둘 간에 정말로 상관관계가 있다고 믿지는 않았으나, 최근 그녀는 다시 월경을 시작하였다. 만약 그녀가 살찌는 것보다 더 두려워하는 것이 있다면, 그것은 임신하는 것이다. 그녀는 성적으로 활동적인 적은 없으나, 현재 그녀와 남편은 성관계를 한 달에 한 번 이상 하지 않는다. 그때조차도 (피임용) 페서리와 콘돔 모두를 사용하자고 주장한다.

41kg 이하로 떨어진 그녀의 몸무게 이외에, 젬마는 겉으로는 건강이 좋아 보였다. 건강검진에서 그녀는 복부팽창 정도만 나타났다. 비록 그녀가 때때로 하루나 이틀 정도 기분이 저하되고 자신을 애처롭게 생각하기는 하지만, 그녀는 '월경전 증후군'으로 여기며 웃어넘겼고, 이는 현재 분

명하게 그녀를 괴롭히지 않는다고 덧붙였다. 그녀는 조증 삽화나 환각, 강박 사고, 강박 행동, 공포증, 공황발작, 또는 자살 사고가 없었다.

젬마는 버지니아 해변에서 자란 외동딸이었고, 그녀의 아버지는 해군으로 근무했다. 그 후에 그는 냉난방기 회사를 운영하였고 가족은 꽤 부유했다. 그녀는 학창 시절에 학습 문제나 품행 문제의 과거력이 없었다. 그녀는 21세에 결혼했고, 이후 3년 동안 은행 출납원으로 일했다. 그들에게는 2명의 자녀가 있었는데, 아들은 7세, 딸은 5세였다.

젬마가 유일하게 법을 어긴 일은 2년 전에 일어났는데, 당시 그녀는 다이어트를 위한 암페타민을 얻기 위해 처방전을 위조하였다. 그녀는 가벼운 죄를 인정하였고, 1년의 집행유예를 선고받았다. 그녀는 그 이후로 암페타민을 양심적으로 피했다. 고등학교를 졸업했을 때 한두 번 마리화나를 피워본 적이 있었으나, 알코올이나 담배는 사용한 적이 없었다. 그녀가 받은 유일한 수술은 양쪽 가슴 확대술이었으며, 실리콘이 아닌 자가 이식을 통한 수술이었다.

젬마와 분리되어 진행된 인터뷰에서, 젬마의 남편은 자신의 아내가 부적절감과 불안정감을 느끼는 것 같다고 이야기하였다. 그녀는 보통 몸매를 드러내며 매혹적인 옷을 입는데, 그는 몸무게가 많이 감소한 지금의 아내는 덜 유혹적이라고 이야기하였다. 그녀는 자신의 행동 방식에 응해 주지 않을 때 때때로 몇 시간 동안 뿌루퉁해졌다. 그는 그녀의 이러한 감정 표현 뒤에 훨씬 더 진실한 감정이 있다고 생각하지 않았다. "그녀는 관심의 중심이 되는 것을 좋아해요." 그는 말했다. "그러나 많은 사람들이 그녀의 행동을 더 이상 믿지 않아요. 제 생각에는 그것이 그녀를 좌절하게 만드는 것 같아요."

젬마는 갈색 머리에, 몸무게가 많이 빠지기 전에는 꽤 예뻤을 것 같은 여성이었다. 그녀는 브이넥 블라우스와 아주 짧은 스커트를 입었는데, 다리를 꼴 때 치마를 아래로 잡아당기려고 하지 않았다. 그녀는 눈동자를 상당히 굴리고 억양에 변화를 주며 이야기하였으나, 검사자의 질문에 대한 그녀의 대답은 모호하고 종종 두서가 없었다. 그녀는 우울감이나 죽음에 대한 소망은 부인하였다. 망상이나 환각을 경험한 적이 없었으나, 자신이 여전히 '돼지처럼 뚱뚱하다'고 주장하였다. 이를 설명하기 위해서 그녀는 엄지와 검지로 자신의 팔에 늘어져 있는 피부를 잡았다. 그녀는 간이정신상태검사(MMSE)에서 만점인 30점을 받았다.

젬마 리빙스톤의 평가

젬마는 과거 고등학교 시절에 섭식장애를 겪었던 과거력이 있다. 그녀는 다음과 같은 신경성 식욕부진증의 특징을 가지고 있다. 그녀는 아주 여위었고 몸무게가 증가하는 것에 대해 두려워했으며(진단기준 B), 자신을 뚱뚱하다고 지각했다(C). 몇 년간 그녀는 섭식 제한을 위해 다양한 조치를 취했다(A). 그녀의 현재 하위유형은 폭식/제거형일 것이다. 10대 때는 제한형이었다. 그녀의 식욕부진증의 심각도는 어떻게 평정할까? DSM-5-TR 진단기준에서는 단지 체질량지수(BMI)에 기초하여 평정하는데, 저자의 생각에 이는 잘못된 것 같다. 행동 방식을 고려하여 심각도를 평정해야 할 것이다. 젬마의 몸무게가 41kg 이하이고 키가 167cm이므로, 그녀의 BMI는 14.4이며 그녀의 심각도는 극도 수준에 해당한다.

그녀 자신이 제공한 정보에만 기초하여 살펴보면, 젬마는 성격장애 진단을 받을 수 없다. 이는 환자의 보고로만 정보를 얻는 보통의 임상 경험이다. 그러나 남편으로부터의 정보(원칙 I)와 정신상태평가로부터의 정보(원칙 L)는 다음의 연극성 성격장애 진단기준을 충족시킨다. 관심의 중심이 되기를 원하고, 감정이 잘 변하고 피상적이며, 스스로 관심을 끌고(몸매가 드러나는 옷을 입고 다리를 꼼), 모호하게 이야기하며, 극적으로 표현한다. 연극성 성격장애는 종종 신체화/신체증상장애와 관련이 있으나, 건강검진에서는 최소한의 증상만 나타났고, 신체증상장애에 해당되는 균형이 안 맞는 건강 문제를 그녀는 보고하지 않았다.

처방전을 위조하고 약물을 사용하는 것은 물론 불법이지만, 젬마는 집행유예 이후에 두 행동 모두 지속하지 않았다. 저자는 분명히 이것들을 진단할 수 있을 정도의 병리로 여기지 않는다. GAF 점수 45점과 함께, 그녀의 완전한 진단은 다음과 같다.

F50.02   신경성 식욕부진증, 폭식/제거형, 극도
F60.4   연극성 성격장애

에디스 로만

76세의 에디스 로만은 그녀의 딸 실비아의 호소로 병원에 왔다. "그녀는 뇌졸중을 겪은 후 우울해졌어요." 1년 전부터 에디스는 잘 잊기 시작했다. 이러한 증상은 4주 중에서 3주 동안 그녀가 멀리 떨어진 곳에 살던 실비아에게 금요일 밤에 전화하는 것을 잊는 것으로 니타나기 시작했다. 그 때마다 그녀의 딸이 대신 전화했고, 에디스는 전화를 받고 놀라는 것처럼 보였다.

실비아가 결국 에디스를 방문하기 위해 일주일 휴가를 냈을 때, 그녀는 에디스가 장을 보거나 집을 청소하는 것도 잊어버렸음을 알게 되었다. 싱크대는 가득 차 있었고, 냉장고는 거의 비어 있었으며, 먼지가 집 안 모든 것에 덮여 있었다. 비록 에디스의 언어능력과 신체적 상태는 변한 것이 없었으나, 분명히 무언가가 잘못되어 있었다. 그 주가 끝날 무렵, 실비아는 신경학자로부터 답을 듣게 되었다. 초기 알츠하이머병이었다. 그녀는 주를 가로질러 위치한 자신의 집으로 어머니를 이사시키기 위해 추가로 일주일의 휴가를 더 냈다. 또한 실비아가 부재중일 때 에디스를 돌봐줄 가정도우미를 고용하였다.

몇 달간 이러한 조치는 효과가 있었다. 에디스의 증상 악화는 점진적이었고 경미한 수준이었다. 그러나 뇌졸중이 오면서 다리를 절고 단어를 기억하지 못하게 되었다. 이후 그녀의 기억력 저하는 한층 심해졌고, 이때 우울증이 시작되었다. 에디스가 그나마 이야기를 할 때, 그녀는 가정도우미에게 자신이 얼마나 쓸모없고 외로운지 호소하였다. 그녀는 잠을 잘 자지 못했고, 굉장히 적게 먹었으며, 자주 울었고, 자신이 짐이라고 이야기하였다.

에디스는 세인트루이스에서 태어났는데, 그녀의 부모님은 그곳에서 그녀가 12세가 될 때까지 작은 세탁소를 운영하였다. 그 무렵 아버지가 사망하였고, 어머니는 10대인 전처 자녀가 2명 있는 에디스의 아버지 쪽 친척과 곧 재혼했다. 그들 모두는 꽤 잘 지냈고, 에디스는 고등학교를 졸업하고 결혼하여 외동딸을 낳았다.

일생 동안 그녀는 쾌활하고 투지에 차 있었으며, 공예품과 다양한 종류의 가사에 흥미가 있었다. 남편이 죽고 나서도 그녀는 사교 모임과 브리지(카드놀이의 일종) 모임에 계속 활동적으로 참여했다. 1년 전까지 그녀의 신체건강은 좋았다. 그녀는 알코올과 담배를 한 적이 없었다.

면으로 된 나이트가운을 입고 퀼트 천을 어깨에 두른 노년의 여성인 에디스는 자신의 침대 모서리에 꼿꼿하게 앉아 있었고, 왼손은 무릎에 얹어두었다. 그녀는 평가자와 눈맞춤을 잘하였다. 비록 그녀가 유창하게 말하지는 못했으나, 그녀는 모든 질문에 반응하였다. 그녀의 발화는 명료했으나, 때때로 그녀는 말하고자 하는 단어를 찾기 어려워하였다. 잡지를 가리켜 무엇인지 물었을 때, 그녀는 잠시 동안 생각하더니 그것을 '이 종이'라고 불렀다. 그녀는 우울감이 있다고 인정했고, 자신에게 미래가 보이지 않아 빨리 죽기를 바란다고 이야기하였다. 환각이나 망상은 부인했다. 간이정신상태검사(MMSE)에서 그녀는 30점 중 16점밖에 받지 못하였다.

에디스 로만의 평가

에디스의 주요 신경인지장애 증상에는 기억력 저하와 자조능력의 퇴보가 포함된다(555쪽). 알츠하이머병(565쪽)의 증상과 일치하는 이러한 증상은 점진적으로 시작되었고, 뇌졸중으로 인해 더욱 악화되었다. 그 시점에 그녀의 기억력은 갑작스럽게 더 나빠졌고, 실어증이 진행되었다(그녀는 자신이 사용하고 싶은 특정 단어를 생각해 낼 수 없었다). 그녀는 눈맞춤을 유지하였고 평가자에게 주의를 집중하는 것처럼 보였다 — 이는 섬망이 아니라는 증거이다. 이전에 실시했던 신경학적 검사에서는 그녀의 증상을 더 잘 설명하는 다른 의학적 상태의 증거를 찾지 못했다.

에디스에게는 2주보다 훨씬 더 오랫동안 우울 증상도 있었다. 여기에는 지속적인 우울 기분, 식욕과 수면 저하, 죽음에 대한 소망, 짐이 된 것 같은 느낌(무가치감에 거의 상응하는)이 포함된다. 그녀의 증상은 주요우울 삽화 진단기준에 해당하는 것처럼 보이며, 우리는 다른 장애가 있음에도 불구하고 증상이 진단에 적절하다면 언제라도 진단을 내려야 한다(원칙 F, V). 그러나 당연한 것으로 여겨지는 병리가 있기 때문에(즉, 알츠하이머병과 신경혈관성장애), 우리는 다른 의학적 상태, 즉 신경인지장애로 인한 우울장애라고 진단을 내릴 것이다.

에디스의 신경인지장애에는 두 가지 원인이 있으며, 각각의 원인으로 인해 의사소통의 어려움, 그녀와 그녀의 딸이 일상생활 기능을 유지하는 데 어려움이 초래되었다. 채점 체계(ICD-10)의 특성 때문에 우리는 알츠하이머병과 혈관성 병인론을 따로 기록해야 한다. 각각의 심각성 평정치는 중등도이다. (만일 당신이 심각한 정도라고 생각한다면, 그에 대해 당신과 다투지 않을 것이다.) 그녀의 우울 증상은 '행동장애 동반' 명시자와 함께 평정될 것이며, 그녀의 GAF 점수는 31점이 될 것이다.

에디스 로만의 진단을 내리는 방식에서 재미있는 일이 일어났다. DSM-5-TR의 모순이 얽혀버렸다. 거의 확실한 알츠하이머 치매의 진단기준(DSM-5-TR 원서 690쪽 참조)에는 명백한 감퇴, 점진적 진행 그리고 혼재된 병인의 증거가 없어야 한다고 기술되어 있다. 하지만 다중 병인으로 인한 신경인지장애의 진단기준(DSM-5-TR 원서 731쪽 참조)에는 알츠하이머병과 뇌혈관 장애로 인한 신경인지장애의 예시가 나와 있다. 지금 에디스에게는 뇌졸중으로 인한 신경인지장애가 있다. 그렇다면 우리는 알츠하이머병의 진단을 '가능한'으로 바꿔야 하는가? 걱정하지 마라. 우리는 환자에게 최선이 되는 것을 할 것이고, 두 진단을 그냥 모두 내릴 것이다. 항의하고 싶은 사람 있는가? 수업 끝나고 나를 찾아와라.

G30.9	알츠하이머병
F02.B3	거의 확실한 알츠하이머병에 의한 주요 신경인지장애, 중등도, 우울증 동반
F01.B3	주요 혈관성 신경인지장애, 중등도, 우울증 동반

클라라 위디콤

클라라 위디콤은 오랫동안 과체중이었으며, 14세인 현재 그녀는 둥근 얼굴에 통통하다. 어느 날 저녁 갑자기, 그녀의 어머니에 따르면 그녀가 '매우 잽싸게' 말하기 시작하기 전까지는, 통통함에도 불구하고 학교생활이 양호하고, 사춘기에도 정상적으로 성장하는 것처럼 보였다. 그녀는 부모님에게 자신과 함께 '자신의 현안(agenda)'에 대해 이야기를 나누자고 고집을 부렸다. 먼저 그녀의 기분은 고양되어 보였으며, 아버지가 잠자리에 들고 싶다고 이야기했을 때 화를 냈다. 몇 시간 내에 클라라는 굉장히 초조해져서 성인 폐쇄병동에 입원해야 했다.

클라라는 약 159cm의 키에 몸무게가 약 95.7kg으로, BMI는 37이었고, 비만으로 간주할 정도로 정상을 훨씬 초과하는 수준이다. 그녀의 혈압은 계속해서 230/110 이상이었다. 그녀가 옷을 벗었을 때, 병원 직원은 몸무게 증가 때문에 복부 피부에 빨갛게 튼 자국이 있는 것을 볼 수 있었다.

이후 며칠 동안 클라라의 기분은 의기양양했고 잠을 별로 자지 않았다. 중간에 말을 제지하여도 그녀는 몇 분이 지나도록 말을 멈추지 않았다. 그녀는 계속해서 자신이 예수의 어머니라고 주장했다. 그녀는 다양한 문제 — 에이즈, 죄, 지구온난화 — 에 대한 해결책을 예언했다. 그녀는 사고 비약이 있었고, 자신의 생각이 질주하듯이 연달아 일어나는 것을 인정했다. 몇 분 이상 그녀를 제지하는 것은 불가능했고, 그녀를 집중시키기는 어려웠다. 어느 순간에 그녀는 몇 명의 문병인들 바로 앞에서 옷을 벗었다 — 뻔뻔스러운 행동은 그녀의 성격에 완전히 맞지 않는 것이었다.

클라라는 우울증이나 조증의 과거력이 없었고, 그녀의 가족들도 기분장애의 과거력이 없었다. 그녀는 비정상적인 혈청 코르티솔 수준을 보였다. 내분비학자는 MRI 검사를 권유했고, 그 결과 뇌하수체 선종이 발견되었다. 수술로 이를 제거한 후, 그녀는 향정신성 약물을 더 이상 필요로 하지 않았다. 그녀는 평상시 기분상태가 되었고, 학교로 되돌아갔다.

클라라 위디콤의 평가

성공적인 수술 이후에 원했던 수술 결과를 얻은 후, 기분 증상이 종양에 기인된 것으로 보는 것은 물론 쉽다. 문제는 수개월 또는 수년이 경과하기 전에 이 둘을 연결 짓는 것이다. 발병 시 클라라의 나이(양극성장애라기에는 이른 나이), 그녀의 외모(전형적인 '둥근' 얼굴, 뚜렷한 과체중, 전형적으로 나타나는 복부의 튼살 무늬)는 진단을 쉽게 내릴 수 있게 한다. 다른 환자들은 운이 좋지 않았다.

일주일 동안 클라라는 증상을 보였다. 그녀는 다행감을 보이고 과민했으며, 활동량이 늘었다(조증 삽화 진단기준 A에 모두 필요한 증상이다). 그녀는 조증의 다른 증상을 몇 가지 보였으나 — 그녀는 빠르게 말했고, 잠을 별로 자지 않았으며, 웅대함이 있었고, 심지어 자신이 예수의 어머니라는 망상이 있었다 — 완전한 증상 목록이 유발된 양극성장애의 진단에 필요한 것은 아니다. 우리는 그녀가 다른 사람들과 소통할 수 없다는 것으로부터 주의가 산만했다는 것을 추론할 수 있으나, 섬망으로 진단할 만큼 충분히 자세하게 알지는 못한다(D). 증상의 심각도에 관해서 살펴보면, 그녀는 진단기준 E에서 언급했던 세 가지 결과 때문에 고통을 받았다. 바로 정신병, 입원, 손상된 기능이다.

마지막으로, 저자에게는 다른 정신적 장애의 증거가 보이지 않는다(C) — 당신은 보이는가? 감별진단 목록 윗부분에 제Ⅰ형 양극성장애가 있으나, 의학적 상태와 물질로 유발된 기분장애를 먼저 배제시키는 것이 필요할 것이다. 이는 우리로 하여금 다시 그녀의 뇌하수체 종양과 쿠싱 증후군을 떠올리게 만들고, 이는 조증 증상을 유발하는 것으로 잘 알려져 있다(B). 저자는 그녀에게 25점의 GAF 점수를 줄 것이다.

최종진단을 일단 내리면, 임상가는 가능한 명시자를(만약 있다면) 결정해야 할 것이다. 몇몇 다른 의학적 상태는 조증 증상을 유발할 수 있다.

D35.2	뇌하수체 선종
E24.9	쿠싱 증후군
F06.33	쿠싱 증후군으로 인한 양극성 및 관련 장애, 조증 유사 삽화 동반

조증 증상을 발생시킬 수 있는 다른 다양한 의학적 상태는 부록 A를 참고하라.

클라라의 사례는 다소 흔치 않은 경우로, 이 사례에서 클라라는 DSM-5-TR의 조증 삽화 진단기준을 완전하게 충족한다. 이것이 흔치 않은 것인가? 저자가 경험한 바에 따르면 대부분의 환자들은 다행감과 과활동성을 보였다. 그러나 다른 적합한 증상 ― 웅대성, 수면 욕구의 감소, 언어압박, 사고 비약, 주의산만 ― 은 부족했다. ICD-10은 명시자를 통해 해당 삽화가 진단기준을 완전하게 충족하는지(조증 삽화 부재), 아닌지(조증 양상 동반)를 구분할 수 있게 했다. 이것은 DSM-IV에서는 가능하지 않았다. 범국가적 합의가 이뤄낸 이익이라 할 수 있다.

제레미 다울링

"저는 비잠해요."가 24세의 내학원생 제레미 다울링의 주 호소였다. 평생 동안 완벽주의자였기에, 2주라는 학위논문 마감기한은 문제를 나아지게 만들지 않았다. 그는 예정보다 몇 주 늦었는데, 이는 그가 다음 단락을 쓰기 전에 모든 단락을 완벽하게 하려고 하기 때문이다.

10대 이후 대부분의 시간 동안 그는 '충분히 좋지 않다'고 느꼈으며 다소 우울했다. 그는 조증 삽화를 겪은 적은 없었다. 그는 사회적으로 철수되었고, 어떤 것에도 큰 즐거움을 느끼지 못한다고 주장했다. "저는 거의 비관주의자예요." 그가 말했다.

제레미는 자신의 식욕이 양호하고, 자살 사고를 가진 적이 없다고 하였다. 그러나 수면은 다른 문제였다. 논문 마감기한이 다가올수록 그는 논문을 쓰기 위해 대부분의 밤을 깨어 있어야 한다고 느꼈다. 그래서 그는 많은 양의 커피를 마셨다. "하루에 잠을 8시간 이하로 자야 할 때, 저는 2~3시간마다 커피를 한 잔씩 마셔요. 밤새 깨어 있을 때는 네댓 잔이 돼요. 강한 커피로요." 제레미는 커피 이외에 알코올이나 길거리 마약과 같은 물질 오용은 부인하였다.

제레미는 3일 연속으로 밤을 새웠고, 그가 항상 피곤함을 느끼는 것은 당연했다. 또한 그는 만성적으로 죄책감과 과민함을 느낀다고 인정했다. 그는 한바탕 울어본 적은 없었으나, 그의 주의력은 '평생 동안 큰 문제'였다. 예를 들어, 그가 컴퓨터로 일을 할 때 다른 생각과 걱정들이 그의 의식에 침입하고, 이럴 때 그는 일을 끝마치기 어려웠다.

또한 제레미는 불안감도 호소하였다. 예를 들어, 저녁 식사 시간의 끝 무렵이 될수록 그는 자신이 해야 하는 일의 양에 대해 걱정하기 시작했다. 그는 위장이 조이는 것 같았고, 세상이 끝나는 것 같았다. 요즘에는 그가 느끼는 것에 차이가 별로 없으나, 학기말 리포트나 다른 중요한 과제를 제출하고 나면 잠시 기분이 나아지곤 했다. 그는 엄청나게 많은 양의 커피를 마시지 않는 한, 숨가쁨, 근경련, 심계항진과 같은 문제를 겪지 않는다고 했다. 그는 긴장감을 느꼈고, 종종 배탈이 났으며, 그럴 때는 학교를 결석하고 집에 있어야 했다. 그는 종말이 임박한 느낌이나 재난이 일어날 것 같은 느낌에 대해서는 부인하였다.

제레미는 항상 목록을 작성하는 사람이었음에도 불구하고, 그는 어떠한 강박 사고나 강박 행동에 대해서는 보고하지 않았다. ("저는 종종 양말 서랍을 정리해요." 그는 자신의 행동을 지적하는 데 조심스러웠다.) 그는 자기 자신에 대해 항상 결정하는 데 어려움을 겪는 사람이라고 보고했으며, 더 이상 필요하지 않은 가치 없는 물건을 버리는 것을 결정하는 것조차도 어려워한다고 말했다 — 한 가지 예로, 그가 10세 때부터 가지고 있던 부활절 바구니가 있다.

제레미는 브라질에서 태어났는데, 그곳에서 그의 아버지는 열대우림의 곤충을 연구했다. 그의 가족은 제레미가 4세 때 캘리포니아 남부로 돌아왔다. 그의 어머니는 하프 연주자로 일했다. 그녀는 25년간 1~2명의 상담가에게 치료를 받았다. 그녀는 항상 다소 시무룩했고, 삶에서 큰 기쁨을 느낀 적이 없었다. 제레미가 16세였을 때, 그의 어머니는 남편이 부부 관계에 헌신한다고 느낀 적이 없다며 이혼했다. 이혼 후, 그녀는 마침내 항우울제를 복용하는 데 동의할 정도로 변했다. 이는 '그녀의 삶을 호전시키는 것'이었고, 지금 그녀는 그녀 인생에서 처음으로 행복했다. 지금 제레미가 치료를 받으려는 데는 그의 어머니가 강력히 권한 것도 어느 정도 영향을 주었다.

부동액을 마시고 자살한 사촌을 포함하여, 제레미의 몇몇 외가 쪽 친척들이 우울증을 겪었다. 다른 친척도 자살을 했는데, 제레미는 자세한 내용은 알지 못한다.

제레미가 고등학생 때 그는 기독교인으로 '다시 태어났다.' 그때부터 그는 근본주의 교회에 나갔다. 그가 2년 동안 그의 아버지에게 다른 여자와 결혼하지 않고 동거만 하는 것에 대해 너무 강력하게 비난하여, 부자간에 서로 이야기를 나누지 않았다. 제레미가 가진 유일한 신체적 문제는 손톱을 물어뜯는 것이었다. 그는 법적 문제를 겪은 적이 없었다. 그는 깊게 사귀는 여자 친구가 있으며, 그들은 결혼할 때까지 성적으로 속박시키는 것을 삼가도록 '상당히 노력하고 있다.'

제레미는 키가 컸다. 정확히 말하면 키가 크고 여윈 남자로, 그의 수척한 얼굴과 퉁퉁 부은 눈은 그를 나이 들어 보이게 했다. 그가 정상적으로 움직이고 쉽게 미소를 짓는데도 불구하고, 최근 그의 이마에는 주름이 생겼다. 그의 언어는 명료했고 조리 있었으며 적절했다. 그가 자발적으로 이야기할 때, 그 내용은 주로 그의 논문을 마치는 것에 대한 걱정이었다. 그는 죽음에 대한 소망이나 자살 사고는 부인하였다. 그의 지남력은 온전했고, 지식이 풍부했으며, 계산을 빠르게 할 수 있었다. 그의 단기 · 장기 기억은 손상되지 않았다. 그의 통찰력과 판단력은 훌륭해 보였다. "삶은 충분히 의미 있어요. 저는 그것을 낭비하고 있고요."

제레미 다울링의 평가

기분장애를 평가할 때, 가장 먼저 할 일은 주요우울 삽화나 조증 삽화가 있었는지 알아보는 것이다. 제레미는 전자의 진단기준을 거의 충족한다. 그는 오랜 시간, 어쩌면 그의 성인기 대부분 동안 '다소 우울했다.' 우울감은 대부분의 시간 동안 존재했고, 무엇인가에 큰 즐거움을 느낀 적이 없었다. 그는 만성적으로 죄책감을 느꼈고, 집중력 저하와 낮은 자존감을 경험했다. 그러나 과거력 및 직접적으로 관찰한 바에 의하면, 그는 식욕이나 체중, 자살 사고, 정신운동성 활동의 수준에 문제가 없었다. 그는 피로감을 호소했으나, 이 증상은 그가 커피를 마시는 것과 관련 있는 것으로 보인다. 그의 가족력은 기분장애를 강하게 지지한다(그의 어머니에게 우울증이 있었고, 2명의 친척은 자살하였다).

제레미는 주요우울 삽화의 진단기준 중 4개의 증상이 있었고(5개가 요구됨), 지속성 우울장애(PPD)의 진단기준 중 2개의 증상이 있다(2개가 요구됨). 따라서 우리는 질문해야 한다. 환자가 진단기준을 정확하게 충족한다고 주장하는 것이 타당한가? 결국 제레미는 주요우울 삽화의 진단기준을 거의 충족하고, 그의 가족력은 이를 강력하게 지지한다. 주요우울장애로 진단하는 것은 치료의 방향을 알려주고 추후 (자살 사고와 같은) 더 나쁜 증상이 나타날 가능성에 대해 임상가에게 경고할 것이다. 그러나 임상가는 제레미가 보이는 증상의 장기적인 경과를 강조하는 것이 더 중요하다고 느꼈고, 이는 그의 성격장애로 서서히 전환되는 것처럼 보인다(아래 참조). 지속성 우울장애는 주요우울장애의 이후 단계이며, DSM-5-TR 진단기준에서는 완전한 주요우울장애조차도 기분저하증의 명시자로 진단될 수 있도록 명백하게 기술해 놓음으로써 그 두 장애를 혼합해 놓았다.

저자는 이 영역에 대해 오랜 시간 논쟁하며 시간을 낭비하지 않을 것이다 ― 두 훌륭한 진단가는 증상의 개수에 따라 (집요하게) 환자를 판단하지 않고 이상적인 환자의 원형과 맞춰봄으로써 환자를 판단하는 데 이점이 있다는 것에 대해 영원히 동의하지 않을 수 있다. 계속해 보자. 그리고 효과적인 치료를 촉진시킬 진단을 내리자.

또한 제레미의 불안 증상에 대한 문제가 있다. 그는 실제로 불안발작이나 공포증, 강박 사고나 강박 행동을 보인 적이 없다. 그러나 어쨌든 그는 확실하게 불안했다. 그는 다양한 것들에 대해 걱정했다 ─ 학교, 자신의 성격, 여자 친구와의 관계의 강도. 그는 피로감, 수면 문제, 집중의 어려움을 호소했고, 이는 범불안장애의 진단기준을 (간신히) 충족시킨다. 그러나 이러한 증상은 기분장애의 경과 중에 나타났고, 그의 임상가는 공존병리로 불안장애 진단이 필요하다고 느끼지 않았다. (그는 심지어 기분장애 불안증 동반 명시자의 진단기준도 충족시키지 않는다. 159쪽 참조). 게다가 그의 불안 증상은 카페인 중독과 모두 밀접한 관계가 있는 것이므로, 저자는 이 추가적인 진단적 장황함을 덧붙이지 않을 것이다.

물질 사용에 관해서 살펴보면, 제레미가 알코올이나 길거리 마약은 사용하지 않았으나, 그의 커피 사용(카페인 중독 진단기준 A)은 종종 긴장감(B2), 배탈(B7), 심계항진(B10), 근경련(B6), 불면증(B4)을 초래한다. 이러한 증상은 때때로 그가 학교를 가지 못할 만큼 심각했다(C). 그가 다른 면에서는 건강하다고 할 수 있다면(D) 이러한 증상은 카페인 중독 진단기준을 충족시킨다. 당신은 카페인사용장애의 진단에 대해 궁금할 것이다. 그러나 이 장애는 DSM-5-TR에서 인정하고 있지 않다. 그럼에도 불구하고 그의 커피 섭취는 놀랄 만하다.

마지막으로, 제레미는 자기 자신을 충분히 만족스럽지 않다고 만성적으로 느끼는 완벽주의적인 비관론자로 기술하고 있고, 목록을 작성하고, 서랍을 정리하며, 결정을 내리기 어려워하고 물건을 버리지 못한다. 이러한 특징들과 더불어 도덕주의자처럼 아버지를 비난하는 점은 강박성 성격장애로 진단 내릴 수 있다. 그의 증상들을 (강박적으로) 세어보는 것은 독자의 과제로 남겨두겠다.

제레미의 지속성 우울장애는 몇 년 전, 아마도 10대 때부터 시작된 것으로 보인다. 그의 과다수면과 증가된 식욕은 비전형적 양상 동반(160쪽) 명시자에 충족되며, 이러한 사실이 확인되지 않았다면 이 사례에서 기분반응의 증거는 찾을 수 없었을 것이다. 아마도 우리는 추가 면담이 필요할 것이다. 정신사회적/환경적 문제는 Z코드와 함께 기록되는데, 이는 적어도 이후의 몇 주 동안 환자관리에 영향을 미칠 수 있기 때문이다. 그의 장애가 복합적이라는 것에 근거하여, 그의 GAF 점수는 65점이 될 것이다.

F34.1	지속성 우울장애, 조기 발병, 간헐적인 주요우울 삽화 동반, 현재 삽화
F15.920	카페인 중독
F60.5	강박성 성격장애
Z55.9	학업 문제(논문 마감기한)

쿠키 코츠

쿠키 코츠는 '거미가 보인다'는 주 호소로 정신건강 병동에 입원한 23세의 미혼 여성이었다.

기록에 따르면, 쿠키가 태어날 때 의사가 늦게 도착하여 간호사는 그녀의 머리를 누르면서 출산을 지연시키려고 했다. "저는 그것이 어떤 차이를 만들어 냈을지 모르겠어요." 그녀의 어머니가 사회복지사에게 전했다. "저는 임신기에 홍역을 앓았어요."

원인이 무엇이건 간에 쿠키는 발달이 느렸다. 그녀는 18개월에 걸었고, 2세 때 단어를 말했으며, 3세 때 문장을 만들었다. 그녀는 엄마에게 강하게 매달리는 내성적이고 겁이 많은 아이였고, 심지어 베이비시터에게도 맡겨둘 수 없었다. 그녀는 거의 7세가 될 때까지 학교에 입학하지 못했다. IQ가 70 이하 정도 되는 그녀는 입학 후 2년 동안은 특수학급에서 보냈고, 이후 일반학급으로 합류하였다.

저학년 때 쿠키는 다른 아이들을 물고 발로 차는 것으로 소문이 나 있었다. 11세 때는 다른 아이들의 점심도시락을 훔치는 것 (그리고 먹는 것) 때문에 반복적으로 징계를 받았다. 그 당시부터 그녀는 자신의 머리카락을 뽑기 시작했다. 그녀는 앞머리를 한 번에 단지 몇 가닥 정도 뽑았으나, 하루 종일 부지런히 뽑았다. 수업이 끝날 무렵에는 책상 위에 약간의 머리카락 더미가 쌓였다.

그러나 그녀를 처음으로 정신건강 진료실에 오게 한 것은 자기 자신을 지속적으로 상처 입히고 훼손시키는 경향 때문이었다. 9세 때 그녀는 피가 날 때까지 자신의 입술을 깨물었다. 그다음 해에 그녀는 점차 탁자의 모서리에 자신의 팔뚝을 반복적으로 치는 습관이 생겼다. 이 습관 때문에 만성적으로 붓고 멍이 생겼고, 결국 끊임없이 상처가 생겼다. 13세 때 그녀는 자신의 얼굴을 칼로 긋고 상처에 먼지를 문질러서 영구적인 비대흉터를 만들었다.

몇 번의 이러한 일들로 그녀는 정신건강 병동에 입원하게 되었다. 입원은 대부분 며칠 정도였으나, 16세 때 한번은 그녀가 자신의 스타킹에 불을 붙여서 4개월 동안 입원하기도 하였다. 이 입원기간 동안, 그녀가 7세 때부터 거의 매주 그녀의 아버지와 두 오빠로부터 성추행을 당해 왔다는 것을 알게 되었다. 그녀는 처음으로 발달장애인을 위한 몇 개의 그룹홈에 연속적으로 들어가게 되었다.

쿠키는 각각의 시설에서 1명 또는 그 이상의 직원, 특히 남성과 즉각적이고 강한 관계를 맺으려는 패턴을 보였다. 보통 그녀는 그들 중 한 사람을 '아빠'라고 불렀다. 직원이 그녀를 실망시키면 (직원들은 불가피하게 그렇게 한다), 그녀는 그 직원을 미워한다고 이야기했다. 그녀의 적대감은 몇 주 동안 지속되었는데, 그동안 그녀는 때때로 부루퉁하여 우울하다고 말했으며, 욱하고 화를 내며 방 안에 있는 물건들을 던졌다. 또 언젠가 그녀는 자신의 상담가가 자신을 미치게 하려는 음모를 꾸민다며 상담가를 고발했고, 그들은 그녀를 다시 병원으로 돌려보냈다. 병원에 익숙해질수록 그녀는 특권(저녁 식사에서의 추가적인 음식, 늦게까지 자지 않는 것)을 요구했고, 이것들이 수용되지 않으면 극적인 방식으로 자해를 했다.

점점 쿠키는 성적인 문제행동을 표출하기 시작했다. 남자그룹홈 환자들과 함께 파티나 다른 활동을 할 때 그녀는 가까이 있는 아무 남자 환자의 무릎에 머리를 대고 눕거나, 남자의 허벅지 사이에 손을 넣었다. 상담가의 반복적인 주의와 상담에도 이런 종류의 행동은 사라지지 않았다. 이러한 행동을 하는 장소와 시점에 대해서만 조심하게 될 뿐이었다. 대부분의 남자들은 불평하지 않았다.

다양한 그룹홈에서 생활하면서 그녀가 폭식하는 것도 알게 되었다. 습관적으로 많이 먹는 그녀는 다른 사람들이 식사를 끝내면 그 접시의 남은 음식들도 먹었다. 종종 그녀는 자신의 차례가 아닐 때도 식탁 치우는 것에 자원했다. 병원의 임상가에게 정보를 제공한 직원들 중 누구도 그녀가 스스로 구토를 유발하거나 하제를 사용하는지에 대해서는 알지 못했다. 그리고 그들은 그녀의 일상적인 활동 수준에 대해 '소파에 앉아 TV만 보며 많은 시간을 보내는 정도'로 기술했다.

병동에 입원했을 때 쿠키는 화장을 하지 않고 트레이닝복을 입는 비만한 여성이었다. 그녀는 머리카락을 만지작거렸다. 면접 동안 그녀가 머리카락을 뽑지 않았음에도 불구하고, 500원짜리 크기로 거의 대머리에 가깝게 두피가 드러나 있었다. 그녀는 머리카락 뽑는 것과 관련하여 긴장이나 해방감의 느낌은 부인하였고, 이에 대한 고통감의 증거를 보이지 않았다. 그녀는 비정상적인 움직임의 증거는 보이지 않았으며 조용히 앉아서 평가자에게 협조했다. 그녀는 '절망감'을 느낀다고 이야기했다. 그녀의 다소 둔마된 정서는 전반적으로 이러한 사고에 적절했다. 그녀는 느리게 말했고, 자발적으로 정보를 제공하지는 않았지만 질문에는 항상 대답했다. 그녀의 사고는 순차적이었고 목표 지향적이었으며, 사고이완의 증거는 없었다.

쿠키는 가끔 침실 천장의 환풍기에서 '거미가 쏟아져 내리는 것'이 보인다고 보고하였다. 몇 년 동안 그녀는 자해를 지시하는 목소리들을 간헐적으로 들었다. 그녀는 행복하지 않을 때 보통 그런 경험들을 했다. 그 목소리들은 꽤 명료하게 들렸고, 그녀가 아는 목소리가 아니었으며, 머릿속에서 들려왔다. 면밀한 질문 중에 그녀는 그것들이 자신의 생각일 수 있다는 것에 동의하였다. 그녀는 다른 사람들도 그 목소리를 들을 수 있다고 생각하지 않았다. 그녀는 아버지와 오빠로부터 당한 성적 학대에 대해 자유롭게 이야기하였고, 그림을 보듯 (그리고 외견상으로 정확하게) 자세하게 묘사하였다. 그러나 이러한 경험들에 대한 재경험이나 억압의 증거는 보이지 않았다.

쿠키는 간이정신상태검사(MMSE)에서 30점 중 28점을 받았다(그녀는 5분 후 세 가지 물건 중 두 가지만 기억할 수 있었고, 며칠간의 정확한 날짜를 맞히지 못했다). 그녀는 주의집중력을 양호하게 유지할 수 있음에도 불구하고 굉장히 단순한 계산만 할 수 있었다. 그녀는 자신에게 뭔가 문제가 있다는 것을 인지했으나, 그러한 문제를 그녀가 목소리가 들린다고 이야기했을 때 웃으면서 그녀를 무시한 그녀의 부모님과 그녀가 이전에 살던 시설의 직원 탓으로 돌렸다. 그녀는 자신이 병원에 있어야 할 필요가 있다고 느끼지 않았고, 자신의 아파트를 갖고 웨이트리스로 일하고 싶다고 이야기하였다.

쿠키 코츠의 평가

쿠키는 낮은 지적 능력뿐만 아니라 정신병적 문제, 기분 문제, 불안, 충동조절 문제, 섭식 및 성격 장애를 잠재적으로 포함하는 다양한 임상적 문제와 증상을 보였다.

낮은 지적 능력에 대해 먼저 고려해 보자. 쿠키는 지속적으로 IQ 70 이하였다. 그녀는 간이정신 상태검사에서 수행이 양호했으며 주의력에 문제가 없었다. 따라서 그녀는 섬망이나 주요 또는 경도 신경인지장애에 해당하는 것처럼 보이지 않는다. 그녀의 임상가는 그녀의 결함(자기관리, 가정 생활, 사회적/대인관계적 기술, 자기 지시, 안전에서의 문제)의 정도가 경도 지적발달장애 진단에 해당된다고 생각했다.

쿠키는 또한 절망감과 우울감을 보고했으나 이러한 증상은 일시적이었고, 그녀의 상황에 의한 반응인 것으로 보이며, 어느 정도는 다른 사람을 조종하기 위한 것이었다. 정신병 증상(거미를 보거나, 목소리를 듣는)에는 실제 환각이라는 확신이 없었다. 환각은 그녀가 행복하지 않을 때 나타났고(원칙 K), 목소리들이 그녀 자신의 생각일 수 있다는 것을 알았다. 그녀는 사고의 이완, 긴장증적 행동 또는 조현병의 전형적인 음성증상을 보이지 않았다. 사실 정신병 진단을 내리지 않는 것이 정당해 보인다. 비록 그녀에게 비정상적인 섭식행동이 있을지라도 그녀는 이에 대해 고통감을 보이지 않았고, 그녀에게는 구토나 하제 및 이뇨제 사용의 과거력이 없다. 그녀는 자기평가 시 체중이나 체형을 지나치게 중요시하지 않는다. 그녀의 사례를 살펴본 한 임상가는 그녀의 과거력에 외상후 스트레스장애의 일부 특징들이 있다고 느꼈다. 그러나 그녀는 아동일 때 당했던 성적 학대를 재경험한 과거력이 없다.

쿠키의 행동화에는 물기, 발로 차기, 머리카락 뽑기, 훔치기가 포함되며 이런 행동들은 사회 규범을 위반하거나 타인의 권리를 침해하는 큰 문제로 보이지 않으므로 품행장애는 배제된다. 머리카락 뽑기는 스트레스와 관련되어 있지 않으며, 그녀가 이를 그만두려고 노력했다는 정보가 없다. 따라서 발모광으로 진단하지 않는다. 자해는 상동증적 운동장애와 근접한 면이 있으나, 쿠키의 행동은 반복적이고 상동증적인 것처럼 보이지 않는다. 어린아이였을 때 그녀는 탈억제성 사회적 유대감 장애의 진단기준을 충족시켰을 수 있다(지나치게 쉽게 낯선 이에게 접근하는 면 때문에). 그러나 돌이켜봐도 우리는 진단 내릴 만큼 이에 대한 충분한 정보를 갖고 있지 않고, 현재 이것이 문제로 나타나고 있지 않다.

이제 우리는 이러한 행동들의 원인으로서의 주요 정신적 장애를 배제하면서 성격장애를 고려할 수 있다(원칙 W). 사실 자기 파괴적인 그녀의 행동들은 대부분 경계성 성격장애로 잘 설명되는 것 같다. 10대를 시작하면서 삶의 많은 영역에 영향을 주었던 이와 관련된 증상에는 자해, 강한 대인 관계(여러 명의 직원들과), 충동성(섭식, 성적 행동화), 반응성 있는 기분(분노발작), 그리고 편집증적 사고가 포함된다. 이는 불안정성의 모델이며 세계 다른 지역에서는 '정서적으로 불안정한 성격장애(emotionally unstable personality disorder)'라는 용어를 지혜롭게 사용하기로 한다.

쿠키가 경계성 성격장애의 모든 증상을 가진 것은 아니지만, 그녀가 보고한 것에 따라 저자는 고도 수준을 부여하겠다. 그녀의 모든 어려움이 혼합된 양상을 보인다는 것을 반영하여, 그녀의 GAF 점수는 30점이다.

F70	지적발달장애, 경도
F60.3	경계성 성격장애, 고도
E66.9	비만

딘 와나마커

"계속 목소리가 들리고, 이 소리를 꺼버릴 수가 없어요." 딘 와나마커가 말했다. 그 목소리들은 매일 그를 괴롭혔고, 그는 얼마나 더 버틸 수 있을지 알지 못했다. 딘은 54세였고, 그가 처음 목소리를 들은 것은 40대 초반이었다. 사실 그는 세 번 병원에 입원한 적이 있었다. 각각의 입원 시 그는 약물로 성공적인 치료를 받았다. 그가 마지막으로 병원에 입원했었던 것은 6년 전이었다.

"그 소리들은 제 머릿속에 있어요. 그러나 그 목소리들은 마치 라디오에서 나오는 소리처럼 크고 명료해요." 딘이 말했다. 대부분은 남자 목소리였으나, 여자의 목소리도 일부 있었다. 그중 친숙한 목소리는 없었다. 그들은 단지 구절로만 말했고 문장을 말하지는 않았으나, 그에게 이래라저래라 명령을 하려고 했다. 그들은 그에게 집에 갈 시간이라고 말하거나 또는 술 한잔을 더 마시는 것은 괜찮다고 이야기했다. "대부분 그들은 저를 지키려고 하는 것 같아요." 그는 이번에는 3주 정도 그들이 자신에게 말하고 있다고 생각했다.

딘은 자신이 술꾼이라는 것을 인정했다. 그는 겨우 12세가 되었을 때부터 달콤한 와인을 마시기 시작했다. 군대에서 그는 약간의 싸움을 했고, 한번은 군법회의에 회부당할 뻔하기도 했다. 그러나 그는 '명예 제대를 함으로써 간신히 피하는 것'으로 일을 처리했다. 수년간 그는 술을 마신 상태에서 운전을 하여 몇 번 정도 체포를 당했다. 가장 최근의 일은 겨우 2주 전에 있었다.

딘이 보였던 보통의 패턴은 몇 달 동안 술을 많이 마시고, 갑자기 음주를 그만둔 채 몇 년간을 지내는 것이었다. 그가 술을 진탕 마셨던 것은 3, 5, 11년 전이었다. 그가 술을 진탕 마셨던 11년 전, 그의 아내는 영원히 그를 떠났다. 그녀는 딘의 교통법규 위반 벌금을 내는 것, 또한 딘이 직장에 나가지 않아서 해고되었을 때 뒷바라지를 하는 것에 질렸다. 그러나 그때 그에게는 여자 친구 애니가 있었기에 ― 지금도 그녀는 함께이다 ― 그는 아내에 대해서 별로 신경 쓰지 않았다. 그가 가장 생생하게 기억하는 것은 3개월 가까이 목소리가 들렸을 때이다. "그것은 충분히 사람이 술을 마시게 할 정도였어요." 그는 비꼬는 기색 없이 말했다.

이번에 그에게 술을 마시게 한 것은 미국 국세청이다. 그는 거래로 돈을 잘 벌었고(그는 정육업자이다), 술을 진탕 마셨던 3년 전 그는 수입의 일부를 보고하지 않았다. 지금 그는 체납 세금, 이자, 벌금을 내야 하는 채무에 시달리고 있는데, 그에게는 기록조차 남아 있지 않았다.

"저는 음주를 시작할 생각이 아니었어요." 그가 말했다. "그냥 한 잔만 마시려고 했어요." 지금 그는 2개월 동안 하루에 버번위스키 약 1리터 이상을 마시고 있다. "그는 절대 취해 보이지 않아요." 애니가 덧붙였다. 그리고 그녀는 그가 한동안 술을 마신 후에 이러한 환각이 생겼다는 것을 확인해 주었다.

세 남매 중에 둘째인 딘은 시카고에서 태어났고, 그의 아버지는 고기 판매원이었다. 그의 부모님은 그가 9세 때 이혼했다. 그의 어머니는 두 번 재혼하였다. 그의 큰형은 4년 전 우울증을 앓고 있던 중에 권총으로 자살했다. 그의 여동생은 간호사였는데, 그녀는 신경안정제 남용으로 입원한 적이 있었다.

군대 제대 후 딘은 2년제 대학에 다녔으나, 그는 자신이 별로 잘한다고 생각하지 않았다. "저는 먹고 살기 위해 죽은 동물을 자르는 크고 바보 같은 전형적인 도시인일 뿐이에요." 그가 말했다.

애니는 딘이 지난 한 달 반 동안 대부분의 시간을 우울해했다고 보고했다 ― 그가 음주를 한 시간만큼 길지는 않았다. 그는 몇 번 울었고 잠을 잘 못 잤으며, 가끔 이른 아침에 일어나면 다시 잠들지 못했다. 그의 식욕은 줄었고, 체중이 약 9kg 빠졌다. 그는 만성적으로 피곤해 보였고, 술에 취해 있을 때를 제외하고는 성적인 관심도 줄어들었는데, 그는 대부분의 시간 동안 술에 취해 있었다.

딘은 54세라기보다는 60세 이상으로 보였다. 그는 확실히 체중이 감소했다. 그의 키는 182cm가 넘었으나, 그의 큰 사이즈의 옷은 그를 실제 체구보다 작아 보이게 만들었다. 그는 의자에 고꾸라지듯이 앉아 있었고, 말을 시켰을 때만 이야기를 했다. 그의 목소리는 낮고 단조로웠으나, 그의 언어는 적절하고 일관성이 있었다. 그는 정신이 명료했고 대화에 주의를 기울였다. 그는 기분 변화가 거의 없었으며 우울감을 인정했다. 그는 시간, 장소, 사람에 대한 지남력이 있었다. 그는 간이정신상태검사(MMSE)에서 30점 중 29점을 받았으며, 5분 후 단지 거리의 주소를 회상하는 데 실패했을 뿐이다. 그는 망상이 있었던 적은 없었으나, 자신이 듣는 것이 사실이 아니라는 것에 대한 통찰은 없었다.

딘은 자살 사고를 가지고 있었다. 그것은 우울증과 함께 시작되었고 지금은 그런 생각이 목소리로 들렸다. "그것은 내가 죽거나 그와 비슷한 것을 하라고 명령하지 않아요."라고 그가 말했다. "그것은 단지 내가 나아질 것이라 생각해요."

딘 와나머커의 평가

저자가 이 복잡한 과거력을 어떻게 분석했는지가 다음에 제시되어 있다.

우선, 딘의 음주행동에 대한 가능한 진단은 무엇일까? 물론 그는 알코올사용장애(444쪽)의 다양한 진단기준들을 충족시킨다. 우선 사회적 증상이 있다(이혼, 체포). 현재 음주 삽화 동안 그는 내성(그는 하루에 강한 술 1리터를 마시고도 취해 보이지 않았다)을 보였고, 환각이 있음에도 불구하고 술을 계속 마셨으며, 자신이 의도한 것보다 많은 양의 술을 마셨다("저는 단지 한 잔의 술만 마시려고 했어요."). 금단 증상을 고려하지 않더라도, 그는 알코올사용장애의 진단기준을 충족한다. 그는 지난달 동안 술을 적극적으로 마셨으므로 경과 명시자는 부여하지 않는다.

딘이 호소하는 신체 증상에는 식욕과 체중 감소, 성욕 감소, 불면증이 있다. 이 증상은 세 가지 영역의 DSM-5-TR 범주에 해당하며(섭식, 수면–각성, 성적 장애), 각각에 대한 감별진단을 구성할 수 있다. 그러나 독립적인 주요 정신질환의 결과로 딘에게 통계적으로 또는 논리적인 관점에서 각각이 진단으로 내려질 가능성은 없다(원칙 M — 단순하게 생각하라). 이러한 신체적 호소들은 우울증, 정신병, 또는 알코올관련장애를 가진 환자들 모두에게서 나타날 수 있다. 다른 의학적 상태로 인한 기분장애는 항상 고려되어야 하며, 특히 건강 요구를 무시하는 환자들에게 특히 고려해야 한다(원칙 F). 비록 신체검사와 실험실 검사로 확실히 해야 하지만, 사례는 딘에게 의학적 장애가 있다는 정보를 제공하지 않는다.

그는 후기 성인기 동안 간헐적으로 목소리를 들었다. 정신병적 증상을 보이는 환자에 대한 진단 원칙은 조현병의 가능성을 고려하게 한다. 그러나 딘은 기본적인 진단기준 A에 해당하는 증상이 부족하다 — 그는 목소리를 들었지만, 그것이 그가 가진 유일한 정신병적 증상이다. 조현병뿐만 아니라 조현양상장애와 조현정동장애도 배제된다. 그의 간이정신상태검사 결과로 섬망과 주요 또는 경도 신경인지장애는 배제된다. 과거력에 의하면 다른 의학적 상태로 인한 정신병적 장애도 배제된다. 애니는 그의 환각이 오직 음주 후에만 나타났다고 지적했다. 물론 다른 모든 정신병적 장애는 증상이 물질 사용과 직접적으로 관련되지 않아야 한다는 것을 요구한다. 그것은 단기 정신병적 장애에 대한 고려도 배제하게 한다.

물질/약물치료로 유발된 정신병적 장애의 진단기준을 보라(86쪽). 이 장애로 진단되기 위해서는 현저한 환각 또는 망상이 있어야 한다. 딘이 환각이 나타나기 전에 항상 음주를 했다는 점을 고려했을 때, 그리고 환각이 음주를 그만둔 후 몇 주 이상 지속되지 않았다는 점을 고려했을 때, 그는 환각을 동반하는 알코올로 유발된 정신병적 장애의 진단기준을 충족한다. 만약 이것이 정말 맞는 진단이라면, 우리는 명시자로 금단 중 발병을 추가할 수 있다.

기분장애에 관해서 살펴보면, 딘은 주요우울 삽화의 진단기준을 충족한다. 그는 2주 이상 지속적인 기분저하, 피로감, 체중 감소, 불면증, 자살 사고가 있었다. 그의 증상은 의학적 상태로 인한 것이 아니고, 평소의 자기감에 변화를 보였으며, 명백하게 그를 고통스럽게 했다. 그러나 이러한 증상은 그가 술을 마시기 시작한 후에 나타났고, 그러므로 알코올과 관련이 있는 것이다. 만약 그렇다면 주요우울장애는 배제된다.

물질로 유발된 기분장애의 진단기준은 간단하고, 딘은 이를 충족시키는 것처럼 보인다. 그는 지속적으로 우울했고, 주요우울 삽화의 진단기준을 충족시킨다. 또한 그는 몇 개월 동안 음주를 했고, 우리는 알코올이 심각한 우울증을 유발할 수 있다는 것을 알고 있다. 비록 그의 형이 우울증을 겪으면서 자살을 했을지라도, 우리는 그 또한 술꾼이었는지 알지 못한다. 그의 여동생은 약물을 사용했다. 좋다. 유전적 정보는 진단기준은 아니지만, 이는 유용한 지침이다(원칙 B).

주요우울장애는 치료 가능하기도 하고 치명적일 수도 있다. 이 장애는 가장 먼저 조사하고 치료해야 한다(원칙 F). 그러나 물질을 사용한 환자에게 주요우울장애를 자동적으로 진단해서는 안 된다. 기분장애가 있는 많은 경우 환자가 물질 사용을 중단하면 증상이 호전된다.

그러면 딘의 다양한 진단들 간 관계를 어떻게 고려해야 할까? 물질 사용이 이러한 증상보다 확실히 먼저 나타났기 때문에(원칙 X) — 딘은 12세부터 음주를 시작했고, 그가 군대에 있던 젊은이였을 때 이로 인한 약간의 행동 문제가 있었다 — 물질사용을 처음으로 고려하는 것은 합당하다. 우리에게는 두 가지 시나리오가 있다. (1) 알코올 사용이 정신병을 유발했고, 그에게는 독립적인 주요우울장애가 있다. 또는 (2) 알코올 사용이 정신병과 기분장애 모두를 유발했다. 두 번째 개념화의 간결함과, 불필요한 치료를 할 가능성으로 돌진하지 않고자 하는 마음에, 보수적인 임상가는 처음에 물질로 유발된 기분장애를 고려하게 된다 — 적어도 딘이 완전하게 절주할 때까지는. 그리고 이는 진단 원칙 M을 따른다.

ICD-10에 따르면, 정신병이나 우울증을 물질사용장애와 동시에 진단할 경우, 저자는 정신병을 처음으로 목록에 기재한다. 정신병이 더 급하게 치료되어야 하는 것으로 보인다. 그러나 저자는 기쁘게 논쟁을 즐길 것이다. 딘의 GAF 점수는 40점이 될 것이다.

| F10.259 | 고도의 알코올사용장애, 알코올로 유발된 정신병적 장애 동반, 금단 중 발병 |
| F10.24 | 알코올로 유발된 우울장애, 중독 중 발병 |

필수적인 표

전반적인 기능 수준(Global Assessment of Functioning, GAF)

기록하겠지만, 당신은 이 책에서 기술된 대부분의 환자들이 진단을 받을 시점에 목록(약 50~70)을 공정하게 훑어 내려가야 한다. 우리는 이러한 번호들 가운데 하나를 기입할 수 있으나, 5단위 간격(65, 25 등)보다 더 세밀하게 기입하려고 노력하는 것은 아마도 소용없을 것이다. 그러나 당신도 알게 되겠지만, 저자는 이 방식을 그만두지 않을 것이다.

전반적인 기능 수준(GAF) 점수

정신건강과 정신질환의 가설적인 연속선상에서 심리적 · 사회적 · 직업적 기능을 고려해 본다. 신체적(환경적) 제한으로 인한 기능 손상은 포함되지 않는다.

부호 (주 : 적절한 중간의 부호를 사용하라. 예 : 45, 68, 72)

100~91	**전반적인 활동에서 최우수 기능, 생활의 문제를 잘 통제하고 있고 개인의 많은 긍정적인 특질로 인하여 타인의 모범이 되고 있음. 증상 없음**
90~81	**증상이 없거나 약간의 증상**(예 : 시험 전 약간의 불안)**이 있음, 모든 영역에서 잘 기능하고 다양한 활동을 하고 있고 흥미를 느끼고 있음. 사회적인 효율성이 있고, 대체로 생활에 만족, 일상의 문제나 관심사 이상의 심각한 문제는 없음**(예 : 가족과 가끔 말싸움)
80~71	**만약 증상이 있다면, 일시적이거나 심리사회적 스트레스에 대한 예상 가능한 반응임**(예 : 가족과의 논쟁 후 집중하기가 어려움). **사회적, 직업적, 학교 기능에서 약간의 손상 정도 이상은 아님**(예 : 일시적인 성적 저하)
70~61	**가벼운 몇몇 증상**(예 : 우울한 정서와 가벼운 불면증) **또는 사회적, 직업적, 학교 기능에서 약간의 어려움이 있음**(예 : 일시적인 무단결석, 또는 가정 내에서의 도벽). **그러나 일반적인 기능은 꽤 잘되는 편이며, 의미 있는 대인관계에서 약간의 문제가 있음**
60~51	**중간 정도의 증상**[예 : 둔마된 정동과 우회적인 말(우원증), 일시적인 공황상태] **또는 사회적, 직업적, 학교 기능에서 중간 정도의 어려움**(예 : 친구가 없거나 동료와 갈등함)**이 있음**
50~41	**심각한 증상**(예 : 자살 생각, 심각한 강박적 의식, 빈번한 소매치기) **또는 사회적, 직업적, 학교 기능에서 심각한 손상**(예 : 친구가 없거나 일정한 직업을 갖지 못함)**이 있음**
40~31	**현실 검증력과 의사소통에서의 장애**(예 : 말이 비논리적이고, 모호하고, 부적절하다), **또는 일이나 학교, 가족 관계, 판단, 사고, 정서 등 여러 방면에서 주요 손상이 있음**(예 : 친구를 피하는 우울한 사람, 가족을 방치하고, 일을 할 수 없고, 나이 든 아동이 나이 어린 아동을 빈번하게 때리며 집에서 반항하고, 학업에 실패함)
30~21	**망상과 환각에 의해 심각하게 영향받는 행동, 또는 의사소통과 판단에 있어서 심각한 손상**(예 : 지리멸렬, 전반적으로 부적절하게 행동하기, 자살 충동), **또는 거의 전 영역에서 기능할 수 없음**(예 : 하루 종일 침대에 누워 있음, 직업과 가정과 친구가 없음)
20~11	**자신이나 타인을 해칠 약간의 위험**(예 : 죽음에 대한 명확한 예견 없이 자살을 시도, 빈번하게 폭력적이고 조증의 흥분상태), **또는 최소한의 개인 위생을 유지하는 데 실패**(예 : 대변을 묻힘), **또는 의사소통의 광범위한 손상**(예 : 대개 부적절하거나 말을 하지 않음)**이 있음**
10~1	**자신이나 타인을 심각하게 해칠 지속적인 위험**(예 : 재발성 폭력), **또는 최소한의 개인 위생을 유지함에 있어서 지속적인 무능, 또는 죽음에 대해 명확한 기대 없는 심각한 자살행동이 있음**
0	불충분한 정보

Note. The *Diagnostic and Statistical Manual of Mental Disorders* (4th ed., text rev., p. 34) by the American Psychiatric Association. Copyright © 2000 the American Psychiatric Association. 허락하에 재인쇄.

정신질환 진단에 영향을 미치는 신체적 장애

의학적 장애	불안	우울	조증	정신병	섬망	치매 (주요 신경 인지장애)	긴장증	성격 변화	발기 부전	사정 부전	성적 통증 증후군	불감증
심혈관												
빈혈	X											
협심증	X											
대동맥류									X			
부정맥	X				X							
동정맥기형							X					
울혈성 심부전	X				X				X			
갑상선기능항진증	X				X							
심근경색	X											
승모판탈출증	X											
발작성 심방빈맥	X											
충격	X				X							
내분비												
애디슨씨병 (부신기능부전증)	X	X			X							
카르시노이드 종양	X											
쿠싱병	X	X	X		X			X				
당뇨병	X								X			X
부갑상선기능항진증							X					
갑상선기능항진증	X	X	X		X				X			
저혈당증	X	X			X	X						
부갑상선기능저하증	X	X										
갑상선기능저하증	X	X		X		X			X	X		X
부적절한 항이뇨 호르몬 분비					X							
갈색세포종									X			
폐경	X										X	
췌장종양		X										
크롬친화성 세포종	X											
월경전 증후군	X											
고프로락틴혈증												X

정신질환 진단에 영향을 미치는 신체적 장애 (계속)

의학적 장애	불안	우울	조증	정신병	섬망	치매 (주요 신경 인지장애)	긴장증	성격 변화	발기 부전	사정 부전	성적 통증 증후군	불감증
감염												
에이즈	X	X	X			X		X				
뇌농양					X							
아급성 세균성 심내막염	X											
전신감염	X				X							
비뇨기 감염					X							
질염											X	
바이러스 감염		X										
유독성												
아미노필린					X							
항우울제	X			X	X				X	X		X
아스피린 과민증	X											
브롬화물					X							
시메티딘					X							
디기탈리스					X							
디설피람				X	X							
에스트로겐									X			
불소							X					
중금속	X	X										
제초제									X			
엘도파					X							
스테로이드	X			X								
테오필린	X											
신진대사												
전해질불균형	X				X							
간장병		X			X	X			X			
탄산과잉					X							
과호흡	X											
저칼슘혈증	X											
저칼륨혈증	X	X										
저산소증					X							
영양실조		X			X				X			
포르피린증	X							X				(계속)
신장질환	X			X	X				X			

정신질환 진단에 영향을 미치는 신체적 장애 (계속)

의학적 장애	불안	우울	조증	정신병	섬망	치매 (주요 신경 인지장애)	긴장증	성격 변화	발기 부전	사정 부전	성적 통증 증후군	불감증
신경학적												
알츠하이머병						X						
근위축성 측삭경화증						X			X			
뇌종양	X			X	X	X	X	X				
소뇌의 변성(퇴화)						X						
뇌혈관 발작	X					X		X				
크로이츠펠트-야콥병						X						
뇌염	X				X	X	X					
간질발작	X	X			X	X		X				
경막외혈종					X							
두부 외상	X				X	X	X	X				
헌팅턴병	X	X				X		X				
대뇌내혈종					X							
메니에르병	X											
뇌수막염					X							
편두통	X											
다발성 경화증	X	X	X			X			X	X		
다발성 경색						X						
신경매독			X		X	X			X	X		
정상뇌압수두증						X						
파킨슨병						X			X			X
무산소증 후						X						
진행성 핵상마비						X						
척수질환										X		
지주막하출혈					X		X					
경막하혈종					X	X	X					
일과성 내허혈발작	X				X							
윌슨병	X							X				

정신질환 진단에 영향을 미치는 신체적 장애 (계속)

의학적 장애	불안	우울	조증	정신병	섬망	치매 (주요 신경 인지장애)	긴장증	성격 변화	발기 부전	사정 부전	성적 통증 증후군	불감증
폐												
천식	X											
만성 폐쇄성 폐질환	X				X				X			
과호흡	X											
폐색전	X											
기타												
교원병	X											
자궁내막증											X	
골반질환									X		X	X
페이로니병									X			
수술 후 상태					X							
전신 홍반성 루프스	X	X		X	X			X				
측두동맥염	X											
비타민 결핍												
B12(악성 빈혈)	X	X				X						
엽산						X						
니이아신(펠라그라)					X	X						
티아민(B1) (베르니케병)					X	X						

(계속)

정신적 장애를 유발하는 약물의 종류(또는 명칭)

	불안	기분	정신병	섬망
진통제	X	X	X	X
마취제	X	X	X	X
항불안제		X		
콜린억제제	X	X	X	
항경련제	X	X	X	X
항우울제	X	X	X	X
항히스타민제	X		X	X
항고혈압제/심혈관제	X	X	X	X
항미생물제		X	X	X
항파킨슨병 약물	X	X	X	X
항정신병 약물	X	X		X
항궤양제		X		
기관지 확장제	X			X
화학치료제			X	
코르티코스테로이드	X	X	X	X
디설피람(안타부스)		X	X	
위장약			X	X
히스타민작용제				X
면역억제제				X
인슐린	X			
인터페론	X	X	X	
리튬	X			
근이완제		X	X	X
비스테로이드 항염증제			X	
경구 피임약	X	X		
갑상선대체제	X			

Note. *Diagnosis Made Easier* (2nd ed., p. 116) by James Morrison. Copyright © 2014 by The Guilford Press. 허락하에 게재.

찾아보기

제임스 모리슨

제임스 모리슨 박사는 미국 포틀랜드에 있는 오리건 보건과학대학교 정신과 겸임교수이다. 그는 개업과 공공의료 분야 모두에서 방대한 경험을 한 바 있다. 모리슨 박사는 호평을 받고 있는 책 *Diagnosis Made Easier*, 제2판[한결 쉬워진 정신장애 진단, 제2판(시그마프레스, 2015)], *The First Interview*, 제4판을 통해 수많은 정신건강 전문가들과 학생들이 복잡한 임상 평가와 진단을 할 수 있도록 안내해주었다.

역자 소개 (가나다순)

신민섭

서울대학교 의과대학 정신과학교실 명예교수

임상심리전문가

현 고려대학교 심리학부 특임교수

김현희

서울대학교병원 정신건강의학과 임상심리전문가 수련과정

남기은

서울대학교병원 정신건강의학과 임상심리전문가 수련과정

박찬솔

서울대학교병원 정신건강의학과 임상심리전문가 수련과정

엄수빈

서울대학교병원 정신건강의학과 임상심리전문가 수련과정